簡約ハンガリー語辞典
MAGYAR-JAPÁN KÉZI SZÓTÁR

今岡十一郎 編著
IMAOKA JUICHIRÓ

大学書林

「はしがき」に代えて

　先に刊行された『ハンガリー語辞典』（平成13年2月発行）は，何分にも図書館や研究所に備える式の大著となり，学習者の持ち運びには不便なので，著者の令嬢の小野顕恵様とも相談の上，ご要望に応えてこの度の『簡約ハンガリー語辞典』を発行する運びといたしました。

　『ハンガリー語辞典』には約四万二千語が収録されているが，今回の簡約版では約半分の，一般のハンガリー語学習者に必要不可欠の語彙にしぼったつもりである。

　『ハンガリー語辞典』の内容を尊重することを第一に努めたが，今回も日本語の訳語のリニューアルには特に留意した。

　なお，編集方針など全般の監修にわたることについては岩﨑悦子が担当したが，校正については森本覚が行った。

　本辞典『簡約ハンガリー語辞典』が更に広く学習者のお役に立てば，幸いである。

　　2009年6月　　　　　　　　　　　　　　岩﨑悦子
　　　　　　　　　　　　　　　　　　　　　森本　覚

略 記 号

1. 品詞

[名] 名詞　　　　　　　　　　　[後] 後置詞
[固] 固有名詞　　　　　　　　　[間] 間投詞
[代] 代名詞　　　　　　　　　　[頭] 接頭辞
　[人・代] 人称代名詞　　　　　[尾] 接尾辞
　[関・代] 関係代名詞　　　　　[疑] 疑問詞
　[再・代] 再帰代名詞　　　　　[否] 否定詞
[形] 形容詞　　　　　　　　　　[派] 派生辞
　[関・形] 関係形容詞
[副] 副詞　　　　　　　　　　　複　　複数形
　[関・副] 関係副詞　　　　　　目　　目的格
[冠] 冠詞　　　　　　　　　　　不　　不定詞
[他] 他動詞
[自] 自動詞　　　　　　　　vki.　valaki　或者(誰)
[数] 数詞　　　　　　　　　vmi.　valami　或物(何)
[接] 接続詞

2. 略語

(医)　医　学　　　　　　　　　(化)　化　学
(印)　印　刷　　　　　　　　　(絵)　絵　画
(韻)　韻　律　　　　　　　　　(解)　解　剖
(映)　映　画　　　　　　　　　(貝)　貝　類
(音)　音　楽　　　　　　　　　(海)　海運, 航海, 海軍
(音声)　音声学　　　　　　　　(幾)　幾　何

略記号

(機)	機械	(心)	心理学
(魚)	魚類	(審)	審美学
(漁)	漁業	(神)	神学
(競)	競技	(人類)	人類学
(劇)	演劇	(数)	数学
(経)	経済	(政)	政治
(芸)	芸術	(聖)	聖書
(建)	建築	(生)	生物
(言)	言語 (学)	(占星)	占星学
(空)	航空	(俗)	俗語
(鉱)	鉱物	(代)	代数
(坑)	炭鉱, 鉱業	(地)	地理
(工)	工学 (業)	(地質)	地質学
(工芸)	工芸	(鳥)	鳥類
(交)	交通	(哲)	哲学
(光)	光学	(鉄)	鉄道
(虫)	昆虫	(テレビ)	テレビジョン
(算)	算術	(天)	天文, 星学, 天体
(史)	歴史	(電)	電気
(詩)	詩語	(動)	動物 (学)
(磁)	磁気	(農)	農業
(写)	写真	(博)	博物
(宗)	宗教	(卑)	卑語
(修)	修辞学	(比)	比喩
(商)	商業	(美)	美術
(植)	植物	(物)	物理学

(文)	文　法		(冶)	冶　金
(兵)	軍事，陸海軍		(郵)	郵　便
(簿)	簿　記		(理)	理　学
(砲)	砲　術		(料)	料　理
(法)	法　律（学）		(猟)	狩　猟
(紡)	紡　績		(倫)	倫理学
(無線)	無線電話（話）		(論)	論理学
(紋)	紋　章（学）			

参考文献

A Magyar Nyelv Értelmező Szótára. Budapest, 1966, Akadémiai Kiadó. (7巻)

Országh László: Magyar-Angol Szótár. Budapest, 1953, Akadémiai Kiadó.

Új Magyar Lexikon. Budapest, 1962, Akadémiai Kiadó. (6巻)

Sauvageot: Magyar-Francia Nagy Kéziszótár, Budapest, 1937, Dante Könyvkiadó. (「ハンガリーー仏」「仏ーハンガリー」2巻)

Kelemen Béla: Magyar-Német Zsebszótár, Budapest, az Athenaeum Kiadása. (「ハンガリーー独」「独ーハンガリー」2巻)

Dr. Ballagi Mór: Magyar-Német Szótár, Budapest, 1875, Franklin-Társulat.

Dr. Hoffmann Frigyes: Magyar-Német Zsebszótár, Lipcse, 1900, Otto Holtzes Nachfolger.

Révai Nagy Lexikona. Budapest, 1913, Révai Intézet Kiadása. (21巻)

Genius Kis Lexikona. Budapest, 1930, Genius Kiadása.

ハンガリー語の字母

A	a	M	m
Á	á	N	n
B	b	Ny	ny
C	c	O	o
Cs	cs	Ó	ó
D	d	Ö	ö
Dz	dz	Ő	ő
Dzs	dzs	P	p
E	e	R	r
É	é	S	s
F	f	Sz	sz
G	g	T	t
Gy	gy	Ty	ty
H	h	U	u
I	i	Ú	ú
Í	í	Ü	ü
J	j	Ű	ű
K	k	V	v
L	l	Z	z
Ly	ly	Zs	zs

A, Á

a [冠] 定冠詞：語頭が子音のときは a, 母音のときは az を用いる。

abba [副] その中へ, その中に, その…の中へ。

abbahagy [他] (…を)中止する, 停止する；そのままにしておく, そのままにして思い止まる。

abbahagyás [名] 止める(停止・中止する)こと；中断。

abbamarad [自] そこに止まる, そのままになる, なげやりにしておく, 中途で止む, 中止される；それでよろしい。

abban [副] その中において, その…において。〔abban a városban, その町において。〕

abból [副] その中から, それから, その…の中から。〔abból nem lesz semmi, それは何にもならない。〕

ábécé [名] アルファベット, 字母。

ábécéskönyv [名] 小学校１年生の国語の本。

ablak [名] 窓, 窓口。

ablaknyílás [名] 窓の開き, 明り取り窓, のぞき窓。

ablakrács [名] 窓格子。

ablakredőny [名] 窓のおおい。

ablaktábla [名] 窓ガラス；よろい戸, 窓戸。

ablaküveg [名] 窓ガラス。

abortusz [名] 人工妊娠中絶。

ábra (目 ábrát) [名] 形姿, 形像, 象徴；図, 図形；(幾何の)図解。

abrak [名] (馬などの)飼料, 乾草, まぐさ, 馬糧。

abrakol [他] (燕麦, カラスムギなど)飼料を与える, 飼料として食わせる。[自] 飼料を食う。

ábránd [名] 空想, 幻想, 想像, 夢想；(音)幻想曲。

ábrándos [形] 夢をみるような, 夢の如き, 夢想的；空想的；突飛の, 気まぐれの。

ábrándozás [名] 夢中になること, うかれ歩き, 夢想(空想)にふけること；夢想, 幻想, 気紛れ；(宗)狂信。

ábrándozik [自] 夢をみる, 夢にみる；空想にふける, 夢心地である, ぼんやりしている；夢中になる。

ábrázat [名] 顔, おもて；顔付, かんばせ, 顔色, 人相, 風采, 容ぼう, 面相.

ábrázol [他] 絵図で表わす, 象徴で示す, 比喩で示す；述べる, 叙述する；図解する, 描く, 描写する；演出する.

ábrázolás [名] 形に表わすこと, 象(かたど)ること, 模写すること；描写, 写生, 写し, 複写；叙述；(劇)演出.

ábrázoló [形] 象(かたど)る, 象徴する；描写する, 表現する；演出する. [名] 象る人, 表現者；図案家, 設計家. 〔ábrázoló mértan, 図式幾何学, 図形幾何学. ábrázoló művészet, 造形美術.〕

abroncs, abrincs [名] (樽の)たが(輪), 輪回わし, 輪鉄；(自動車の)ゴム輪, タイヤ；(法服・式服などの)帯輪.

abrosz [名] 食卓布, テーブル掛け；(地)地図. 〔földabrosz, 地図.〕

acél [名] はがね, 鋼鉄；刃物. [形] はがねの, 鋼鉄製の.

acéllemez [名] はがねの薄板, 鋼板(こうばん).

acélmetszet [名] 鋼版彫刻(術)；鋼鉄彫刻物, 鋼板印画.

acélos [形] 鋼鉄の, 鋼鉄製の；鋼鉄のような；(比)鍛え上げた, 強固な, 固い.

acéloz [他] 鋼鉄(はがね)にする；装甲する；(比)鍛える, 錬る.

ács [名] 木工, 大工.

ácsol [他] (建物など)木組をする, 骨組をする, 組立てる, 建てる；(木材で)建具などを細工する；大工仕事をする.

ácsorgás [名] ぼんやりぶらぶらすること, 所在なく立ちつくすこと.

ácsorog [自] 所在なく立ちつくす, 一所でうろうろする, のらくらする.

ad [他] 与える, 施す；差し出す, 捧げる；渡す, 呈する, 授ける. 〔pénzért ad, 売る. férjhez ad, 嫁にやる, 結婚させる. tudtára ad, 公布する.〕

adag [名] (薬の)用量, 一服量；(食料)一皿の食物, 一人前の食物.

adakozás [名] 施与する(物惜しみせぬ)こと；気前よさ, 仁恵, 慈悲深いこと, 寄付, 喜捨, 義援, 施し. 〔az adakozás erénye, 慈悲心, 慈善心.〕

adakozik [自] 施与する, 寄付する, 喜捨する, 義援する,

施しをする。

adakozó [形] 慈悲深い, 施しを好む, 気前のよい。[名] 施主, 施与者, 寄付者, 慈善家。

adalék [名] 論拠, 事実, 資料；寄稿, 提案(議), 寄与。

adás [名] 与える(渡す・譲る・払う・贈る・授与・贈与する)こと；(ラジオの)放送。〔bérbeadás, 賃貸借。〕

adásvétel, adás-vevés [名] 売買, 取引, 商業。〔adásvételi (adás-vevési) szerződés, 売買契約。〕

adat¹ [名] 論拠, 証拠(文書), 史実, 構成分子；問題となった事柄, 事情, 理由, 細目, 委細；参考, 資料, 事実。〔személyi adatok, 人的資料, 履歴書類。〕

adat² [他] (…に…を)与えさせる, 恵ませる, 分けさせる；届けさせる, 提出させる。

ádáz [形] 怒り狂った, 激怒した, 狂暴な；猛々しい, 猛烈な, 烈しい；がん強な, 執ような, 残忍な。〔ádáz tekintet, 怒った眼差。〕

addig [副] (時)…するまで, それまで；(場所)そこまで, あそこまで。

adjunktus [名] 助教授。

admirális [名] 海軍将官, 提督。

adó [名] 税, 租税, 公課；税金, 賦課金；みつぎ(貢), 貢税, 年ぐ(貢)。〔adó alá eső, 課税すべき, 税のかかる, 納税の義務ある。〕

adóállomás [名] (ラジオ)放送局, 発信所(局)。

adódik [自] 与えられる；存在する, 在る；生ずる, 起る。

adófizető [名] 納税者。

adogat [他] (…に…を, なんべんも)与える, 渡す；さし出す, 捧げる；手渡す, 交付する；(テニスで球を)サーヴする。

adóhivatal [名] 税金取立官庁, 収税局, 税務署。

adóköteles [形] 納税の義務ある, 税のかかる。

adoma [名] 逸話, 奇聞, 珍談, 新奇な話, 一口ばなし。

adomány [名] 贈与, 進呈；授かり物, 賜物；天賦の才能, 天性の才能；慈善的寄付, 喜捨；施物, 贈物, 寄付金。

adományoz [他] 与える, 授ける, 授与する, 贈与する, 贈る, 呈する；寄付する, 喜捨する。

adományozás [名] 贈る(授ける)こと；授与, 付与, 進

adományozó 4

呈，寄付。

adományozó [名] 贈る人，贈与者，寄付者；授与者。

adómentes [形] 無税の，免税の。

adómentesen [副] 無税で，免税で。

adós [形] 債務を負うた，負債のある，債務のある；負う所のある，義務のある，恩義がある。[名] 負債者，債務者，借主。

adósság [名] 支払の義務あること；債務；(商)負債，借方，借金。〔adósságot csinál, 借金する。adósságba veri magát, 負債をする，借金する。adósságba merül, 借金で首が回らなくなる。〕

adószedő [名] 収税吏。

adott [形] 所与の，与えられた，与件の，約束した。[名] (商)貸方，債権。〔adott szó, 与えられた言，約束。adott esetben, 所与の場合に，当該の場合に。〕

adózás [名] 納税すること，租税(年貢)を支払うこと。

adózik [自] 税を払う，納税する；(…に対し)貢(みつぎ)を納める；(…に対し)感謝の報酬を支払う，敬意を払う。〔hálával adózik, 謝意を表する，感謝する，満足に思う。tisztelettel adózik, 敬意を表する。〕

adózó [形] 納税すべき，納税の義務ある；みつぎを納める；(比)感謝(または敬意)の義務ある。[名] 納税者。

adóztat [他] 税を課す，課税する。

Adriai-tenger [固] アドリア海。

advent [名] (カトリック教の)待降節(たいこうせつ)；(新教の)降臨節。

áfa [名] (=általános forgalmi adó)付加価値税；消費税。

afelé [副] あの場所へ，あちらへ，あちらの方へ，そこへ。

afelett [副] その上に，この上に，これに加えるに；しかのみならず，あまつさえ；それについて，そのために。

afelől [副] それに関して，それについて，そのために；(…の)方面(方向)から。〔afelől bizonyos lehet, hogy titkát senkinek el nem mondom, わたくしは秘密を守るゆえ，心配御無用。afelől kétség nincsen, hogy ő igazat mondott, 彼の言が本当であることについては疑いない。〕

affektál [他] (…の)風をする，装う，気取る，てらう；(フ

ランス風，学者風などを)真似る，装う；(気取って何を)言う (行う)；愛きょうを作る。

afféle [形] かかる，かくの如き；その種の，あの種の。〔afféle ember nincsen. かかる人はいない。〕

áfonya (目 áfonyát) [名] (植)こけもも(岩梨子)。

Afrika [固] アフリカ(大陸)。〔Afrikautazó, アフリカ旅行者。〕

afrikai [形] アフリカの。[名] アフリカ人。

ág (複 ágak) [名] (木の)枝；(河川の)支流；(学問の)科目；(熊手・肉差しなどの)歯，ぎざぎざ；系統。〔leány ágon, 女系統において。esze ágában sincs, 彼は夢にも想わない。〕

agancs [名] 鹿(しか)のまた角(枝角)。

agár (目 agarat) [名] (動)快足の猟犬，グレーハウンド，うさぎ猟犬。

ágas-bogas [形] 枝の多い，枝の繁茂した；灌木の茂った，ヤブだらけの；(比)もじゃもじゃした，混乱した，錯雑した(問題など)。

ágaskodik [自] (馬が)後足で突っ立つ；(比)(何に)反抗する，逆らう；つま先で立ち上がる，つま立ちする，伸び上がる。

ágazat [名] 枝差し，枝振り；枝群，枝条；また角；全体の一部分；(各種職業などの)一部門；箇条，項目；(宗)教条。

ágazik [自] 枝を出す，分岐する，枝葉に分かれる；分岐(派)する，派生する，分かれる。

agg [形] 年寄った，老いた。[名] 老人，白髪のおきな。

aggály [名] 心配，不安，憂慮，危ぐ，心配の種；おそれ，恐怖；狐疑，しゅん巡，ためらい。

aggastyán [名] 老人，おきな。

aggaszt [他] 心配させる，不安にする，懸念させる，気づかわせる，びくびくさせる，恐れさせる，恐怖させる。

aggasztó [形] 気づかわせる，気をもませる，心配になる，不安にする，びくびくさせる，恐れさせる。〔aggasztó egészségi állapot, 憂慮すべき健康状態。〕

aggat [他] (壁やカギクギなどに)掛ける，つるす；(次々に)つるし上げる，高く掲げる；針などで留める，くぎづけにする。

aggkor [名] 老年；老人。

agglegény [名] 男の老独身者，独身主義者。
aggodalmas [形] 心配な，気づかわしい，憂慮すべき，不安にみちた，びくびくさせる，悩まさせる，苦しませる。
aggodalmaskodik [自] 心配する，気づかう，不安を感ずる，心痛する，恐れる。
aggodalom [名] (目 aggodalmat)心配，不安，憂慮；気の沈むこと，物思い，懸念，恐怖。
aggodalomkeltő [形] 気づかわしい。
aggódik [自] 気づかう，不安を感ずる，心配する，煩もんする，恐怖する。〔ne aggódj!，心配するな!〕
aggódó [形] 心配している，気づかっている，憂慮している，憂えている，心を痛めている。
agitál [他] 宣伝を行う；扇動する，使そうする(…に反対して)。
agitátor [名] 宣伝者，扇動者，発頭人，首謀者。
agrár [形] 土地の，耕地の；農地の，地面の；農業の，耕作の；農芸の，農学の。
ágrólszakadt [形] おちぶれた，貧しい。[名] 浮浪者，ごろつき；無宿者，こじき。
agy [名] (目 agyat)(解)脳，脳髄；知能；(兵)銃床尾，銃床；(車輪の中央の軸をつらぬく)轂(コシキ)，車軸。〔agyon üt，打ち殺す，殺害する。agyba-főbe ver，したたか打つ。〕
ágy [名] (複 ágyak)ベッド，寝台(所)；(農)苗床，花畑，花壇；河床；(鉱)層，鉱層(脈)。〔kettős ágy，ダブルベッド。függő ágy，つり床。tábori ágy，野営寝台，野床，折りたたみベッド。hordágy, hordozó ágy，担架，かつぎ床，輿(みこし)，つり床。ágyat vet，寝床をとる(作る)。ágyba fektet，寝かす。az ágyat nyomja，病床に就いた。〕
agyafúrt [形] わる賢い，すれっからしの，こうかつな，横着な，くえない，抜け目のない。
agyag [名] 粘土，陶土；混砂粘土。〔agyagból való，粘土製の。〕
agyagedény [名] 粘土製のじゅう器(つぼ・なべなど)，土器，陶器。
agyagipar [名] 土器(土焼)工業，製陶工業。
agyagos [形] 粘土の；粘土質の；粘土を含んだ。

〔agyagos föld, agyagos talaj, 粘土質の土地, 粘土質の土壌。〕

agyalágyult [形] だらしのない, 活気のない, 頭の鈍くなった, 愚鈍な, 麻ひした。

agyar [名] (猛獣の)牙(きば)；(猪の)長きば。

ágyás [名] 花壇, 花畑；養殖池。(農)打床場, 脱殻床(たたき)。

ágyaz [他] ベッドを用意する, 寝床をしつらえる；(農)花壇(花園・菜園)を整備する, 配置する。

ágyék [名] (目 ágyékot) (解)腰, 腰部；下腹部。

agyérelmeszesedés [名] 脳梗塞。

agyhártyagyulladás [名] 脳膜炎。

agykéreg, agykér [名] (解)大脳の周辺の灰色の皮質, 脳膜。

ágynemű [名] 寝具, 夜具, シーツ類。

agyondolgoztat [他] 働かせすぎる, 過労にする, 死ぬほど働かせる。

agyonhallgat [他] (…について)沈黙する, 黙殺する；滅却する, 抑圧する, 押える。

agyonlő [他] 射殺する, 銃殺する。

agyonlövés [名] 射殺, 銃殺。

agyonnyom [他] おし潰す, おし殺す, 圧殺する, 窒息させる；鎮圧する。

agyontapos, agyontipor [他] 押しつぶす, 踏み砕く, 踏み殺す, 撃滅(粉砕)する；踏み荒す, 踏みにじる。

agyonüt [他] なぐり殺す, 打ち殺す。

agyonver [他] 乱打(強打)して殺す。

agyrázkódás [名] (医)脳震とう(盪)。

ágytakaró [名] ベッドの上掛(被い), 掛ぶとん。

ágyterítő [名] 寝台掛け, 寝台覆布。

ágyú [名] (兵)大砲, 火砲, カノン砲。

ágyúdörgés [名] 大砲のとどろき, (いんいんたる)砲声。

ágyúlövés [名] 砲撃。

ágyútűz [名] 砲火, 砲撃, 砲戦。

ágyúz [自] 発砲する。[他] (都市を)砲撃する。

ágyúzás [名] 砲兵の射撃, 砲撃, 砲火, 砲戦。

agyvelő [名] (解)脳髄, 脳味噌；(比)頭脳, 知恵。

agyvérzés [名] (医)脳卒中, 脳出血。

ah! [間] ああ! おお! (驚き・悲嘆などの情を表わす叫声)。

aha! [間] ああ! (あることを了解した場合に用う), ははあ! そうですか, そうでしょう。

ahány [関・形][名] (目 ahányat) その数の(つねに他の語と結びついて用いられる)。

ahányan [関・副] その人数で。

ahányszor [関・副] (…)する度ごとに;(何回くり返すとも)それをする度ごとに。

ahelyett [副] (…の)代りに, その代りに。[接] する代りに, …を為さずに, …をしないで。〔ahelyett, hogy a tanácsomat megfogadta volna, folytatta kicsapongó életmódját, 私の忠告をきかないで, 彼は放とう生活をつづけた。〕

ahhoz [副] それにたいして, それに向って, そのために;その上に, おまけに, さらに。〔mit szól ahhoz?, それにたいしてどう思いますか? ahhoz képest, …に関して(を顧慮して), それに応じて, それに相応して, それに従って;それ故に;(…に)しては, 比して, 比べれば。〕

áhít [他] (…を)慕う, 恋しがる;熱(渇)望する, 待ちこがれる;(に)あこがれる, 郷愁を抱く。

áhítat [名] 熱心(烈);信仰熱, 信仰に専心, 一心不乱;信心, 敬けんの念;あこがれ, 恋慕;渇望, 郷愁。

áhítatos [形] 専心している, 一心になっている, 熱誠に充ちた;信心深い, 敬けんな, 祈禱三昧の。

áhítozik [自] (…に向って)衷心より恋しがる, あこがれる;熱(渇)望する;(何を得ようと)心から努力する。

ahogy [関・副] …する如く;(…に)従って, 応じて, 比例して;(…の)事情に応じて, 都合次第で;するや否や。〔tégy, ahogy tetszik!, お前の気に入るようにせよ!〕

ahol [関・副] そこに, その所に;…する所に。〔ahol nincs, ott ne keress!, 何もない所を捜すな! ahol ni!, おや! あら! さあ!;見よ, あそこを!。〕

ahonnan, ahonnét [関・副] その場所から, その所から, そこから〔felment a dombra, ahonnan megláthatta a hajót a tengeren. 彼は, そこから海上の船の見える丘に登った。〕

ahova, ahová [関・副] その所へ, その方へ, そこへ。〔menj, ahová tetszik!, 君の気にいった所へ行け!〕

ájtatosság

AIDS [名] エイズ。
ajak, ajk [名] (解)くちびる(唇); (動物の)垂れくちびる; (植)唇弁(蘭科植物の花冠の上弁)。
ajakhang [名] (文)くちびる音; 唇音(m. b. p. v. 等)。
ajándék(複 ajándékok) [名] 贈物, 進物, 賜物; 施物, 喜捨, 寄付品; 供物, 奉献物。〔ajándékba ad, hoz, 贈物をする。ajándékba kap, 贈物としてもらう。〕
ajándékoz [他] 贈る, 進呈する; 与える, やる, (ただで)くれる。
ajánl [他] 推薦する, 紹介する, 推挙する, 勧める; 申出る, 提供する; (著書を)捧げる, 献ずる, 寄せる; 提議する, 提出する; (郵)書留にする。〔vkit tagul ajánl, 彼は誰かを会員に推薦する。ajánlom magam! 暇を告げる, 立去る, さようなら!〕
ajánlás [名] 推薦すること; 勧め, 推挙, 紹介; (著書の)献呈, 奉献, 題寄(の辞); (郵)書留にすること。
ajánlat [名] 提供, 供給; 申込, 申出, 提議(案); 動議; (商)入札; 推薦(挙), 紹介; 参照, 引照。〔házassági ajánlatot tesz, 結婚を申し込む。ajánlat útján, 入札に依り, 請負に依り。〕
ajánlatos [形] 推薦するに足る, 推賞すべき, 勧め得る; 得策の, ためになる, まさに然るべき, 適当の。
ajánlkozik [自] (…に何の助力を)申出る; 暇を申出る・告げる(立去る); (…に対して義務または責任を)引受ける(帯びる); (何をしようと自発的に)申出る; (云々であることを)自ら申出ている, (即ち, …であることは)自明である。〔segítségül ajánlkozik, (誰に自ら)助力を申出る。〕
ajánló [形] 提供する, 値段を申出る; 推薦する, 勧める, 紹介する; 献上する, 題寄る, 献著する。[名] 推薦者, 紹介者; 請負人, 入札者; 題寄者, 献著者, 献上者。〔legtöbbet ajánló, 最高の値付け人, 落札者。〕
ajánlólevél [名] 推薦状, 紹介状。
ajánlott [形] 提供(差出)された; 推薦(紹介)された; 書留にされた。〔ajánlott levél, 書留にされた書簡。〕
ajánlva [副] 書留めにして, 登録(記入)して。
ájtatos [形] 信仰ふかい, 敬けんな, 祈祷三昧の; 信心家らしい。
ájtatosság [名] 信心深いこと; 勤行, 礼拝, 祈祷; 敬け

ん，敬神。

ajtó [名] 戸, とびら(扉), ドア；戸口, 入口；玄関。〔ajtót betesz, 彼は戸を閉める。ajtót kinyit, 彼は戸を開ける。ajtóstul beront (berohan) a házba, いきなり途方もないことをする，要求などをやぶから棒に持ち出す；うっかりと口走る，軽挙な振る舞いをする。〕

ajtófél [名] (建)方立(ほうたて)，門柱, 入口柱, 戸口・窓などの側柱。

ajtófélfa [名] 同上。

ajtónyílás [名] 戸・ドアの開いた場所, 入口, 開き。

ajtószárny [名] (門・戸口などの)とびら(扉)。

ájul [自] → elájul.

ájulás [名] 気絶すること；卒倒, 失神, 人事不省。

ájuldozik [自] (しばしば)人事不省になる, 気絶する, 卒倒する。

ájult [形] 気絶(失神)した。

akác, akácfa [名] (植)アカシア(の木)。

akad [自] 当たる, 的中する；落ち合う, 出会う；ぶつかる, 衝突する, 遭遇する；(に)くっついている, 引っ掛かっている；停止している, 留っている；存在する；到達する, 来る；起こる, 生ずる, 現われる。〔nehézségekre akad, 困難に遭遇する。〕

akadály [名] 妨げ, 妨害, 支障, さしつかえ；じゃま, 障害, 阻止；異議, 苦情。〔akadályra bukkan, 障害に出会う(ぶつかる)。akadályt legyőz, 障害を克服する。akadályt támaszt, akadályt gördít, じゃまをする, 妨害をする。〕

akadályoz [他] 妨げる, はばむ, さえぎる, じゃまする, 困らせる；異議を唱える, 反対する, 逆らう。〔akadályozva van, それは阻止されている, 彼は差支えがある。〕

akadálytalan [形] 妨げられない, さしつかえのない。

akadályverseny [名] 障害物競争(躍乗)。

akadékoskodik [自] 難癖をつける, あら探しをする, 妄評をする；故障を唱える；手こずらせる, けちをつける；不平をいう, とがめる, もったいぶる。

akadémia (目 akadémiát) [名] アカデミー, 学園, 学院；単科大学, 高等専門学校；学士院, 翰林院；美術(音楽)大学。

akadémiai [形] 学園の；大学の；大学風の；(比)学者くさい，融通のきかない，う遠な；型にはまった，気取った。

akadémikus [形] 学士院の；学者風の；学術的。[名] 大学の一員(教授・学生等)；大学教育を受けた者；学士院会員。

akadozás [名] (流通・循環が時々妨害に依り)停止(滞)すること；(モーターの運転などが)中断・停止すること；(弁士の話が時々)口ごもる(どもる)こと；(商)不振，不況。

akadozik [自] (時々)停滞(止)する，中断する；どもる，口ごもる；はかどらぬ，渋滞する；ささりこんだままである；(演説)立ち往生する。

akadozva [副] 停滞して，中断して；どもって。

akar [他] 好んでする，願う，欲する，望む，しようと思う，積りである，志す。〔akar, nem akar, 彼が欲しようが，欲しまいが。〕

akár [副][接] たとえ…でも；ではあるが…；恰も…するように，…かの如くに；…の様式に，…にならって；…だとしても，それにしても。〔úgy repül, akár a sas, 彼は恰もワシの如く飛ぶ。〕

akár … akár [接] たとえ…であろうと；…しようが…しまいが；…にかまわずに；どうなりとも，どっちみち，いずれにせよ。〔akár jössz, akár nem, nekem mindegy, お前が来ようが来まいが，私はどうでもよい。〕

akarat [名] 意志(思)；意向，意図，計画；決心，決意；願望，志。〔egy akarattal, 異口同音に，一致して。tudtomon és akaratomon kívül, 私の知ること及び同意なしに。〕

akaratlan [形] 独自の意思のない，無意志の，無気力の，不決断の；何心なき，故意のない，不意の，思いがけない，偶然の。

akaratlanul [副] 何心なく，故意でなく，心ならずも。

akaratos [形] わがままの，我執の，意地っぱりの；頑固の，強情な，しつこい。

akárcsak [接] 恰も…の如く，正しく…の如く，ちょうど…の通り。〔akárcsak az atyja, 彼は全く父の通りだ。〕

akárhány [形] 如何に多くの，いくつもの，無数の。

akárhányszor [副] 幾度でも，何度でも。

akárhogy, akárhogyan [副] どうあろうと，どうしても，

akárhol 12

如何にあろうとも；たとえ，よしんば…でも。
akárhol [副] 何処にあろうと，何処にでも，何処でも。
akárhonnan, akárhonnét [副] 何処からでも。
akárhová [副] 何処へでも。
akárki [代] 誰であろうと，誰でも。
akármeddig [副] (時)何時まででも；(場所)何処までも，何処まででも。
akármelyik [代] どれにしても，いずれにしても。
akármennyi [形] どんな量でも。
akármerre [副] 何処へでも，どちらへでも。
akármerről [副] 何処からでも，どちらからでも。
akármi [代] 何物でも，何でも，何物であろうと。
akármiféle [代] どんな種類でも，どんな種類であろうと。
akármikor [副] いつでも。
akármily, akármilyen, akárminő [代] どんなであろうとも，どんなでも，どんな種類のものであろうとも。
akarva [副] つとめて，わざと，故意に，下心あって。〔akarva nem akarva, követnie kell, 欲しようが欲しまいが，従わねばならぬ。〕
akaszt [他] 掛ける，つるす，下げる；くぎ付けにする；(誰を何に)つるし上げる，つるしてくびり殺す，絞殺する；阻止する，妨げる；延期する，中止する。
akasztás [名] つるし引っ掛けること；絞殺すること，絞刑。
akasztó [名] 小さいかぎ(衣類掛けに引っ掛けるために衣服についている)；(少女の)ゆったりした上衣。
akasztófa [名] 絞架，絞首台。
akasztófavirág [名] やくざ者，極悪人(絞刑にすべき)。
aki [関・代] …するところの其の人，…するところの者(人)。〔ő az, aki tegnap érkezett Japánba, きのう日本へ着いたのは彼である。〕
akként, akképp, akképpen [副] そのように，そういう風に，その通りに，それほどに；…のように，…するほどに。〔tégy akként, amint mondtam, わたしの言った通りにせよ。〕
akkor [副] その時，その頃，その節，当時；然る時，その場合；然らば，それから，その次に。
akkora [形] それほどの大きさの；それほどの年ばいの(年寄りの)。

akkorában, akkoriban [副] その当時, その頃, その時, その時代に.
akkori [形] その時の, 当時の.
akkortájban [副] その当時, あの頃に, あの時代に.
akkumulátor [名] (工) 蓄電池, バッテリー, 充電池, 電そう(槽).
akna (目 aknát) [名] (鉱) 立坑, 井戸式の穴, 垂坑道；(兵) 坑道, 火道；地雷, 水雷；(比) 陰謀.〔szárazföldi robbanó akna, 地雷. vízi akna, 敷設水雷.〕
aknaharc [名] (兵) 坑道戦, 地下戦, 地雷戦.
aknamunka (目 aknamunkát) [名] 立坑(井戸)を掘ること；(兵) 対壕作業, 地雷作業；(比) 陰謀を企むこと, 秘密行動, 奸計, 悪企み.
aknász [名] (鉱) 坑夫, 坑手；(兵) 坑道兵, 火坑兵.
aknavető [名] (兵) 迫撃砲, 追撃砲.
akol (目 aklot) [名] (家畜を放養する) 囲い場；家畜小屋(牛・羊・豚・犬などの)；(比) 教区信者の教会堂.
ákombákom [名] めちゃ書き, ぞんざい書き, なぐり書き, 乱筆, まずい字.
aközben [副] その間に, そうする中に, かれこれする中に, …する間に.
akrobata [名] 曲芸師, 軽業師.
akta [名] 証書, 記録；(記録ばさみ・訴訟記録の)文書, 書類.
aktuális [形] 現在の, 現実の, 目下の；実際の, 活動する, 現役の.
akupunktúra [名] 鍼(はり).
alá[1] [副] (…の)下に.
alá[2] [後] 下へ, 下方へ(行動を表わす).〔az asztal alá bújik, 彼は机の下へ隠れる. alám, 私の下へ.〕
aláás [他] の下を掘る；(比)を転覆する, ひっくりかえす.
alabárdos [名] マサカリのついた槍を持つ兵士, 戦斧兵.
alabástrom [名] (鉱) 雪花石膏(エジプトのアラバステルに産す).
alább [副] さらに下に, より低い所に；より低く, もっと下方へ, より深く；より安価に.〔alább nem adhatom, より安く出来ません.〕
alábbhagy [自] 下がる, ゆるむ, 和らぐ；(雨が) 小降りにな

alábbi 14

る；(風が)なぐ，おとろえる，弱まる；惰(だ)れる，怠る；(体温が)下がる，減る；(価格が)下がる。〔a láz alábbhagy, 熱が下がる。a hideg alábbhagy, 寒気がゆるむ。〕

alábbi [形] 下の，下記の，左記の。

alábukik [自] (水中に)沈む，没する，もぐる；下向きになる；隠れる，姿を消す。〔a nap alábukik, 太陽が沈む。〕

alacsony [形] 下の，低い，下位の，下級の，下等の；いやしい，げびた，卑せんの，下品の，卑劣の；(水の)浅い；程度の低い；(値段の)安い。〔alacsony árak, 安価。〕

alacsonyan [副] 下へ，低く；いやしく，下品に；より安く。

alagcső [目 alagcsövet) [名] 排水管，下水管；排水溝。

alagcsövezés [名] (農)排水溝によって土地を乾かすこと；排水，疎水(すい)；乾土法；排水設備。

alagút [名] 地下道，トンネル。

aláhúz [他] (字句の)下に線を引く，アンダーラインを引く；(比)強調する，力説する。

aláír [他] (…に)署名(自署・捺印・調印・記名)する；申し込みをする。

aláírás [名] 署名すること；署名；申し込み，予約。

aláíró [名] 署名者，調印者；申込者，予約者。

alája [副] その(彼の)下に；その下の方に；それ以下に。

alak [名] 形状，形態；形式，方式，形相；姿，人物；(文)態，語形。

alaki [形] 形式の，形式的，形式上の；正式の，形而上の；形式に関する。〔alaki hiba, 形式上の誤びゅう(誤り)，方式違反，手続の不備。〕

alakiság [名] (文学上の)形式，形質；格式，方式，合式；形態的様子，外観；形式拘でい，虚礼。

alakít [他] 形づくる，形成する，かたどる；組織する；教化する，教養を与える；(劇)演出する。〔jellemet alakít, 人格を養成する，性格を作る。〕

alakítás [名] 同上のこと；形成，組織，構成；設立，建設；養成，陶や(冶)，訓練；(劇)演出(奏)；様子，態度，風。

alakító [形] 形を作る，かたどる，形作る，造形する，創造する。[名] 創立者，建設者，設立者，元祖。

alakoskodás [名] すばやく誤魔化すこと，手品を使うこと；

奇術，ごまかし，偽り，ぺてん，虚偽，まん着；偽装，変装，仮託，偽善。

alakoskodik [自] …の風をする，装う，ごまかす，偽る；手品(奇術)をする；偽善を行う。

alaktalan [形] きまった形のない，定形のない，形の定まらない；不整形の，奇形の；(化)不定形の。

alakú [形] …(特有の)形をした，のような形をした。〔körte alakú, 洋梨(なし)のような形をした。〕

alakul [自] …の形になる，形づくられる，状態になる；(会などが)形成・組成・構成・制定される，成り立つ。

alakulás [名] …の形になること；形成，形態；(社会・協会の)組立て，組織，構成；外観，様子，態度。

alakulat [名] 形象；形態，構造；編制，組織，隊形；(地理)形態(状)，地形。

alakuló [形] 成立の，形式の，組織の，制定の。〔alakulóban van, …の途中にある，…の形成中である。alakuló közgyűlés, 創立総会；憲法制定議会。〕

alakzat [名] 形成，形態；組み立て，構成(造)；設立，建設；(文)修辞，形容，比喩；(幾何)図形；(音)音形(調)。

alámerül [自] …の下に入り込む，落ち込む；(水中に)没する，沈没する；零落する，落ちぶれる。

alamizsna (目 alamizsnát) [名] 施し，喜捨，施物，慈善。

alámos [他] 洗い去る，かじる，かみへらす；(…の下を)掘る，浸食する(潮が岸辺を浸食する)。

alamuszi [形] 陰険な，腹の黒い；なまける，無精な，怠惰な。

alant [副] …の下の方に，下部に，かげに；下に，下で，低く。〔alant jár, 地をはう。〕

alantas [形] 下の，下方の，下部の；低い，下位の，部下の，下役の，隷属の；劣等な，野卑な，卑しい。〔alantas személy, 下位の者，下役。〕

alany [名] 主体，主観；(論)主辞；(文)主語，主格；(音)主題，題目；人，人間；(俗)野郎；(財)納税者；(園芸)さし木，取り木(つぎ木の台木)。

alap [名] 土地，地面；(建物の)土台，石積み，基礎；(地)地層；(農)土壌；(比)下敷，基底，根底(本)；基本金，

alapdíj

資金, 財団；課税基礎, 税の割当。〔alapjában véve, 根本において, ひっきょう, 実際。〕

alapdíj [名] (電報などの)基準料金, 基礎料金；直接評価法。

alapelem [名] (化)元素, 原子, 成分；(物)物資；(比)原理, 原則, 本則；てびき, 初歩, 入門；(学芸などの)基礎。

alapelv [名] 根本原理, 原則, 主義；(数)公理, 原理。

alapeszme [名] 根本思想, 根本観念；主旨, 主義。

alapfal [名] (建物の)礎壁；(建)台座, 下構。

alapfeltétel [名] 根本条件。

alapfogalom [名] 根本概念(観念)。

alapfok [名] (文)(形容詞・副詞の比較のときの)原級。

alaphang [名] (物, 音)基調音, 基音, 原音, 根音, 主音；(絵)根本の色調, 基調。

alapít [他] 基礎をおく, 基礎を作る；建てる, 設ける；建設(創設・創立・設立・建立・建国)する。

alapítás [名] 基礎をおくこと, 基礎工事；建設, 設立, 創設(立)；建国；開基。

alapító [形] 創立の, 建設する；発起する。[名] 建設者, 創設者, 創立者；発起人；開基者；建国者。

alapítvány [名] 設立, 創立, 造営, 建立；基金(寄付), 寄進, 喜捨, 献金；慈善施設；(法)財団(法人)；(宗)開基。

alapkő [名] (建)土台石, 礎石, 基石。

alapletétel [名] 基石をおくこと, 基礎を築くこと；基礎工事, 起工；建設, 設立。

alapművelet [名] 〔a négy alapművelet, (数)四則(加減乗除の四法)の運算(演算・計算)。〕

alapos [形] 基礎的の, 底よりの, 徹底的な, 根本的；基礎(根拠)のある, 精密な, 深遠な(学識など)；しっかりした, 堅牢な；甚だ, ひどい。

alaposan [副] 徹底的に；しっかりと；ひどく。

alaposság [名] 根本的(徹底的)なこと；しっかりしていること, 堅牢, 堅実；(知識)の深遠・精密なること；重大なこと, ひどいこと, 甚だしいこと。

alapoz [他] 土台をすえる, 基礎をおく；創立(設)する；(比)固める, 固定する；(画布に)基色をおく。

alapozás [名] (建)土台をすえること，基礎を定めること，基礎工事；画布に基色を塗ること。

alaprajz [名] 見取図，略図，素図；(地)基底図，平面図；(比)設計，案，綱領，概念(要)，梗概(本などの)。

alapszabály [名] 基本規定，基本則，原則；条例，定款；会則，規約。

alapszám [名] (数，文)基数，原数。

alapszó [名] (文)根源語，基語；(動詞の)語根，語幹；(合成語の)基根語。

alaptalan [形] 底なしの，根拠のない；(比)いわれのない，理由のない，無根の。〔alaptalan hír, 根拠のない風説。〕

alaptőke [名] (商)(会社創立の)基本資本，投下資本；投資金，資本金，元手。

alapul [自] …に基礎をおく，に基づく；に由来する，に起因する。

alapvető [形] (建造物の)礎石をすえ付ける，基礎をおく；(学問などの)基礎を定める，基礎的な，基本的な，根本的な。[名] 創立者，創設者。

alapvonal [名] 基線，主線；(幾)(三角形の)底辺，底線，底部；(絵)輪郭，下絵，粗塗り；(学問などの)基本，初歩；(文字中の)肉太の線；(比)草案，梗概，下書。

alapzat [名] (建物の)土台，基礎，腰石；下構，下部構造；(像や花びんなどの)台，下敷；基本，根本。

álarc [名] 面(めん)，仮面；覆面。

álarcos [形] 面をつけた，覆面した，仮装をした；カムフラージュした，迷彩を施した。[名] 面をかぶった人，仮装者。

álarcosbál [名] 仮装舞踏会。

alárendel [他] …の下の序列(下位)におく；に従属(隷属)させる；(に)準ぜしめる，応ぜしめる。

alárendelt [形] 従属した，従属の，部下の，配下の；次位の，下位の；副の，第二次の，第二義の。[名] 部下，手下。〔alárendelt mondat, 従属文。〕

alárendeltség [名] (…の下に)下位にあること；従属，隷続；従属関係，付随；下位，次等。

alátámaszt [他] (支柱に依り)支える，支持する，維持する；(に)支柱を与える；(…の意見を証拠にして)支持する；(に)寄りかからせる，もたれかからせる；(比)援助(助力)する，味方する。

alátesz [他] の下に置く，の下に入れる，の下に敷く。

alatt [後] (場所)の下に，のもとにおいて；(時)の間に，の期間に，の以内に；の内に，内側に。〔kéz alatt, 手の下に，手元に。egy év leforgása alatt, 一年間に。büntetés alatt, 刑罰の下に；刑罰に処すべきものとして。alatta áll, 彼の下位に立つ，次に位する，後にある。〕

alattomban [副] ひそかに，眼をかすめて，こっそり，内密に。

alattomos [形] 偽った，背信の，陰険な，腹の黒い，わるがしこい，奸悪な。

alattomosság [名] 陰険，こうかつ；かん計，悪計；背信，裏切；陰険な手段；陰険な挙動(言行)。

alattvaló [名] 部下，臣下，家来，従者；臣民。[形] 部下的な，恭順な，恭しい。

alávet [他] 屈服(服従・降参・隷続)させる，征服する。〔aláveti magát, 彼は屈服する，降参する。〕

alázat [名] へりくだりの心，へりくだった態度，謙そん；(神に対する)従順，謙虚；屈従，卑屈，卑下。

alázatos [形] へりくだった，謙そんした，屈従的な。〔alázatos szolgája, 恐惶謹言，敬具。〕

alázatoskodik [自] 謙そんに振舞う，恭謙な風をする，へりくだった挙動をする；屈従を装う，追従する，へつらう。

albán [形] アルバニアの。[名] アルバニア人。

Albánia [固] アルバニア(国)。

albérlet [名] (家屋などの)また貸し，転貸；用益転貸借，再用益賃貸借。

albérlő [名] (土地・家屋などの)転借人，また借り人。

albíró [名] (法)下級裁判官(判事)，次席判事，陪席判事。

album [名] アルバム，綴り帳。

álca (目 álcát) [名] 幼虫；面(めん)，仮面→ álarc。

álcáz [他] 仮面をかぶらせる，仮装させる；おおう，カムフラージュする，迷彩する，偽装する。

alcím [名] (書籍の)副題。

áld [他] 十字を切る；福を下す，恵みをたれる，幸福を与える，祝福する；口をきわめてほめる，ほめそやす；(食後など誰に)別れを告げる。〔az ég áldjon!, (仕合せにお過ごしなさい)さようなら！〕

áldás [名] (十字を切っての)祝福, 天恵(福), 恩恵, 祝禱; 施与, 喜捨, 慈善; (晩の)勤行, 礼拝(式)。〔asztali áldás, 食前の祈禱。〕

áldásos [形] 祝福ゆたかな, 多幸な; 慈善(悲)の; 恩恵を施す, 親切な; 豊穣な, 肥沃な。

áldatlan [形] 不運な, 因果な; 豊かでない, 不毛の, 不作の, 子を産まない; いとうべき, 不快な。

áldomás [名] 祝杯(乾盃)の辞(祝詞); 神聖にすること, 清祓式; 祝福, 天恵; (商)(取引が成立したとき祝いに飲む)手打ち酒; 犠牲供養。〔áldomást iszik vmire, …のために祝杯をあげる。〕

áldott [形] 祝福された, 恵まれた, 神にささげられた, 安らかな。〔áldott állapotban van, 彼女は妊娠している。áldott jó, 心から親切な, 誠意ある, 情深い。áldott szív, 愛情の深い人。〕

áldoz [他] (…を)贄(いけにえ)として捧げる, 犠牲に供する, 献ずる(祖国のためなど); (…のために時を)捧げる, 費やす; (宗)聖さんを授ける, 聖体を拝受する; 神聖にする, 清祓する。〔a hazának áldozza életét, 祖国に生命を捧げる。〕

áldozás [名] 犠牲を供すること; 奉献式; (宗)聖さん, 聖さん礼, 聖体拝領。

áldozat [名] 犠牲, 供物; 犠牲にされたもの, 犠牲物(者), 生贄(いけにえ); 奉納物, ごへい, 幣束(へいそく)。〔áldozattal járó, 犠牲を伴う。áldozatul esik, 犠牲となる, 犠牲に陥る。〕

áldozatkész [形] 犠牲をいとわぬ, 犠牲的精神に満ちた, 献身的な。

áldozatkészség [名] 犠牲をいとわぬこと, 犠牲的精神, 献身; 仁恵, 仁慈, 恩恵; おうよう, 寛大, 寛容, 雅量; 施与。

áldozik [自] 聖さん式を共にする, 聖さんにあずかる。

áldozócsütörtök [名] (宗)キリスト昇天祭。

Alduna [固] 低地のドナウ地方, 下流ドナウ(地方)。

alelnök [名] 副大統領; 副会長; 副議長。

alélt [形] 気絶(卒倒・失神)した。

alezredes [名] (兵)陸軍中佐。

alfaj [名] 亜属, 亜類, 亜種, 変種。

alföld [名] 低地；低地ハンガリー地方(平原地帯)。〔Nagy Magyar Alföld, ハンガリー大低地(大平原)。〕

algebra [名] (数)代数学。

alhadnagy [名] (兵)陸軍少尉。

alhas [名] (解)下腹部, 下腹。

álhír [名] 偽りの報, 虚偽の報, 根も葉もない噂(うわさ)。

alig, aligha [副] 辛うじて, やっと, わずかに；あまり, 殆ど…しない。〔alig menekült el a halálból, 彼は辛うじて死を免れた。〕

alighanem [副] 推察するに, 多分, おそらく, 大抵, きっと。

alighogy [副] ほとんど…しない, 辛うじて, やっと。

alispán [名] (ハンガリーの)副知事, 知事代理；(米国の)郡長, 郡守。

alj [名] 下部, 底部, 台脚；底, 海底；山麓；裾(すそ), 女のスカート；沈でん物, 沈着物, 残りかす, おり；(商品の)見切物, くず物, 傷物；(庭などの)辺縁；(化)塩基(アルカリ)；(比)(社会の)下層民, 下民。〔csésze alja, 皿台。ruha alja, 着物の裾。〕

aljas [形] 下等の, 劣等の, 低い；卑しい, 卑賤な, 下品な, げびた；不純な, 不潔な, 卑わいな；くず物の, 煮がら・カスなどの。

aljasság [名] 卑劣, 下劣, 俗悪, 下品, 野卑；恥ずべき言行, 醜行, 汚行。

alkalmas [形] 役に立つ, 丁度よい, 適当な；適任の, 相当する, 合格の, 有為の；具合のよい, 都合のよい(時など)；ふさわしい, 礼儀にかなった。〔katonai szolgálatra alkalmas, 兵役に適する, 兵役合格。〕

alkalmasság [名] 役に立つこと, 適当すること；適合性, 適任, 適格(能力・才能など)；好都合, 好機会。

alkalmatlan [形] 役に立たない, 不適当(任)の, 具合の悪い, 拙劣な；不合格の；やっかいな, 面倒な, うるさい；(時)折悪しき(来客など)。

alkalmatlankodás [名] 面倒をかけること, うるさいこと, しつこいこと, 執念深いこと, やっかい, 面倒, 不都合。

alkalmatlankodik [自] (…に…で)やっかい(面倒)をかける, うるさがらせる, 迷惑がらせる, 迷惑をかける, 邪魔をす

alkat

る，しつこく迫る，不都合をかける。
alkalmatlanság [名] うるさいこと，煩わせること，悩ますこと；面倒，やっかい，煩累；不便，不都合；役に立たぬこと。
alkalmaz [他] ふり向ける；使用する；(時を)費す；採用(任用・任命)する；(…に法律を)適用(応用・実施)する，処置する；(…に)適合(順応・調和)させる。
alkalmazás [名] 使用すること；応用，適用，使用，利用；ふり向け，順応，実施；据えること；任用，任命；雇用すること。
alkalmazható [形] 当てはめられる，応用される，適用される；役に立つ，使用に堪える，使われる；適当の，手頃の；用い得る，有効の。
alkalmazkodás [名] 適応(適合・順応)すること；相応，従順；(理)(視力の)調節(調整)など。
alkalmazkodik [自] (…に)適合(順応・適応)する；(…に従って)方向を定める，合わせる；(法律・習慣などに)従う，応ずる，服する。
alkalmazkodó [形] 順応する，調和していく，和合する；逆らわぬ，扱い易い，従順な；打ち解け易い，融通の利く；親切な，懇切な。
alkalmazott [形] あてはめられた，応用(適用)された；使役(採用)された。[名] 使用人，従業員；雇員，奉公人。〔alkalmazott mértan, (数)応用幾何学。〕
alkalmi [形] 機にふれ・折りにふれての，その時々の；状況により，臨時の；序の；偶然の。〔alkalmi vétel, 適時の購買，折りにふれての買物，見切り物の売買。alkalmi költemény, 折りにふれて作る詩歌，即興詩。alkalmi munka, アルバイト。〕
alkalmilag [副] 折りにふれて，時折，その時々；臨時に；序に；偶然に。
alkalom (目 alkalmat) [名] 機会，好機，時宜；場合，折；動機，誘因，機縁，きっかけ。〔alkalomadtán, adandó alkalommal, 事情に応じて，機に臨んで。alkalmával, …の機会に，…の折りに。〕
alkar [名] (解)前腕，前膊(まえうで)。
alkat [名] 構造，結構；組織，組立，形成；体のつくり，骨格，骨組，体格，体つき；体質；恰好，姿；国の結構。〔testalkat, 体格。véralkat, 気質，気性，気だて。〕

alkatrész [名] 構成要素；(化)成分；元素。

alkohol [名] アルコール，酒精。

alkony, alkonyat [名] 夕暮，黄昏(たそがれ)；(比)下り坂，ちょう落，衰微，衰亡；晩年。

alkonyodik [自] 薄暗くなる，日暮れる，たそがれる；(比)傾く；衰える，ちょう落する，勢いが衰える。

alkot [他] (芸術品を)作り出す，創造(創作)する；形成(作成)する，形造る；(協会を)組織(組立・構成)する；(法律を)制定する，編集する。〔világot alkot, 世界を創造する。〕

alkotás [名] 形作ること；(芸術品を)創造(作)すること；(会・協会の)構成，組織，組立；(法律の)編集；調整；(建造物の)構造。

alkotmány [名] (国の)構成，憲法；(聖)(世界の)組織；(神の)創造，創始；(工)構造，構え，組立。

alkotmányellenes [形] 憲法違反の，違憲の。

alkotmányos [形] 憲法に従った，憲法に基づいた，立憲的の。

alkotmányosság [名] 憲法に適うこと，立憲的なこと；立憲主義；立憲的状態；立憲制，立憲政体。

alkotó [形] 創作力のある，創造的，独創的；(医)形成の。〔alkotó sebészet, 形成外科。〕[名] 創作者；創造者，造物者(主)；(数)母線，母面，母点。

alku [名] (商)取引，売買；(法)商行為；商議，交渉；売買契約；(交戦国間における)和解交渉(妥協・示談)。〔alkura lép, (…)商議(交渉・取引)に入る。alkut köt, 取引契約を結ぶ。〕

alkudik, alkuszik [自] (…と…に関し)折れ合う，和解する；(商)商談(取引)する；値段を掛け合う，値切る；(条約について)商議(談判)する。

alkudozás [名] 商議(交渉・談判)すること；値切ること。

alkudozik [自] (…と条約・契約について)交渉する，掛け合う，商談(談判)する；(値段について)交渉し値切る。

álkulcs [名] 合鍵(あいかぎ)，にせかぎ。

áll¹ [名] (解)あご(顎)。

áll² [自] (どこに)立つ，存する，位置している；…である，…の値で立っている(買える)；(…に)似合う，適する；(…から)成る，形成される；(どこへ)行く，接する，近づく；止まる；(…

に)かかわる, 関係する；(仕事を)始める, 着手する；確立している。〔jól áll a ruha, この服はよく似合う。talpon áll, 直立している。egyenest áll, 同上。alig áll a talpán. 彼はやっと立っている。ügyed jól áll, 君の事件は順調だ。mint áll egészsége, あなたの健康はどうです。abban a hírben áll, hogy gazdag, 彼は裕福だという評判だ。rajtam áll, それは私の挙措如何にかかる。szóba áll vkivel, …と話を始める。munkába áll, 仕事を始める。〕[他] 耐えられる；守る。〔állja a hideget, 寒さに耐えられる。állja a szavát, 約束を守る。〕

állag [名] → állomány. (哲)実在, 実存；(商)現在高, 現在商品；(法)(相続の)付属物件, 物体。

állam [名] 国家, 国；(アメリカの)州。

államadósság [名] 国債, 公債。

államcsíny [名] クーデター, 非常違憲行為, 武断政治。

államellenes [形] 国家の安全を危うくする, 国家にとって危険な。

államférfi [名] 政治家。

államforma [名] (国の組織) 国体, 政体。

államfő [名] 国家の元首, 主権者。

államháztartás [名] 国家の歳計, 財政。

állami [形] 国の, 国家の, 国家的；国家に関する, 公共に関する；国有の, 国立の；公共の, 政治上の。〔állami adó, 国税。állami élet, 国家生活。〕

államjog [名] 国法；公法；憲法。

államkincstár [名] 国庫。

államkölcsön [名] 国債, 公債。

államosít [他] 国有(官有)化する；国営(官営)にする；国立(官立)にする。

államosítás [名] 同上すること；国有化。

állampapír [名] 官文書；国(公)債証券。

állampolgár [名] (公民権のある)市民, 公民, 国民。

állampolgárság [名] 公民の資格, 国籍。〔állampolgárságot megszerez, 国籍を取得する, 帰化する。〕

államrendőrség [名] 国家の治安(保安)警察, 国家警察。

államszövetség [名] 国家連合, 国際連合。

államtitkár [名] (ハンガリーでは)次官, 書記官長；(アメ

リカでは)国務長官，大臣。
államtudomány [名] 国家学，政治学。
államügy（複 államügyek）[名] 国務，国事，国家の業務。
államügyész [名] 検事。
államvasút [名] 国有鉄道。
állandó [形] 絶えざる，継続した，永続性の，不断の，不変の，恒久的；確固たる，堅固な；常雇的の；固定した，定まった(定価など)；一定の(俸給など)；安定した，動かぬ；常任の；常置の；一定の場所にすむ習慣ある(鳥など)。[名]（数）定数，不易量。〔állandó jövedelem, 常(定)投入。állandó lakás, 定住宅。állandó mennyiség, (数)常量，不易量，定数。állandó vendég, 常客。〕
állandóan [副] 常に，絶えず，始終，恒久的に；いつも，変らず，常習的に。
állandóság [名] 恒常，不変，永続；(分量・価値などの)不変；(色の)不変，固定，固着；(行為・態度などの)継続，永続；持続性，安定性。
állandósul [自] 安定する，固定する；恒常化する；正常化する。
állapot [名] 立っている有様，状態，状況，情勢；容態；地位；境遇，身の上。〔egészségi állapot, 健康状態。〕
állás [名] 立っていること；状態，形勢，立場；態度，姿勢；身分，役目，地位，官職；職，勤め口；台座，足場。〔állást keres, 職を求める。állást foglal, 態度を定める；確固たる地位を占める，立場を固める。állásához illő, 身分相応の。állásához mért, 地位に相応する(相応した)。〕
állásfoglalás [名] 立場(態度，意見)の決定。
álláspont [名] 立場，立脚地；見地，観点。
állat [名] 動物，（とくに）四足の獣，（人間に対し）獣；家畜。
állatállomány [名] 家畜の実体，家畜の実存(ストック，貯蔵)。
állati [形] 動物の，獣の；動物質の；動物的の，獣的；(比)野卑な，残酷な。〔állati termékek, 動物質の生産物。〕
állatias [形] 野獣のような，獣性の；(比)獣的，畜生同様な，粗野な；残忍な，非人情な。

állatkert [名] 動物園。
állatkinzás [名] 動物虐待。
állatorvos [名] 獣医。
állatsereglet [名] 動物飼育所；(今日までは)見せもの，巡回動物園。
állattan [名] 動物学。
állattani [形] 動物学の，動物学的。
állattenyésztés [名] 家畜飼養，畜産，牧畜。
állatvédelem [名] 動物保護，動物愛護。
állatvédőegyesület [名] 動物愛護協会。
állatvilág [名] 動物界。
állcsont [名] (解)あご骨。
álldogál [自] 用もなく立っている，所在なく立ちつくしている。
állhatatos [形] 確立的，永続的，固定的，不変な；確固不動の，き然たる；がん強な；堅忍不抜の，一貫した，恒常的な。
állít [他] 立てる，前に置く，据える，陳列する；組み立てる，配置する；推挙する，挙げる；建てる，建立する；主張する，言い張る；(法廷に)届け出る，告訴する；誓って言う，確言する。〔helyre állít, 原状に復せる，回復させる，建て直す。〕
állítás [名] 同上すること；建立；配置，排列；主張，申立て，陳述。felállítás を参照。
állítmány [名] 陳述，明言；(文)述部，客語(主語について述べる)；(法)供述，証言。
állító [形] 陳述する，供述する；主張する；肯定的な。
állítólag [副] 表向き，名義上；恐らく，おおかた。
állítólagos [形] 言うところの，自称の，名義上の，表向きの；虚構の。
állkapocs, állkapca [名] (解)あご(顎)；あご骨。〔alsó állkapocs, 下あご。felső állkapocs, 上あご。〕
álló [形] 立っている，起立(直立・垂直)の；永続的，持続的，不変の；完全な；(兵)常備の。〔egy álló óráig, 全一時間。négy álló hétig, 全四週間。álló gyümölcs, 長持ちする果物。álló polc, 立って書く高足の机。álló sör, (しばらく貯蔵してからでないと飲めない)

állócsillag [名] (天)恒星。
állóharc [名] (兵)陣地戦。
állóhely [名] (劇)立ち見席。〔állóhelyemből ki nem mozdultam, 私は自席を離れなかった。〕
állomány [名] 実体, 実存；(商)現在高, 現品, 在庫品；(兵)現員；情況, 有様, 事情。〔pénztári állomány, 現金在高。raktári állomány, 在庫品, 現在商品。〕
állomás [名] 止まる所, 宿場；停車場, 駅, ステーション；持場(職), 部署；専門, 部；(商)(計算の)箇条, 項目。〔katonai állomás, 衛戍地。〕
állomásfőnök [名] 駅長。
állomásozik [自] 止まっている, 駐在(駐車・停泊)する；(兵)屯営する。
állott [形] 永く置かれたので生気を失った, 気の抜けた, 腐れかかった, 品質の落ちた, 味の変わった。
állóvíz [名] 止水, よどみ, 滞水。
állvány [名] (建)(木造の)足場, 足台；(画家の)架台；(音)見台；脚立(きゃたつ)；台；支柱。
alma (目 almát) [名] (植)りんご(林檎)。〔az alma nem esik messze a fájától, りんごはその木から遠くへ落ちない(トンビは鷹を産まない)。bele harapott a savanyú almába, 彼はすっぱいりんごにかみついた。befőtt alma, ビン・缶詰めのりんご。〕
almabor [名] りんご酒。
almafa [名] りんごの木。
almanach [名] こよみ, 暦, カレンダー；年鑑。
almárium [名] 箱(函)；衣裳ひつ, たんす；戸だな。
almás [形] りんごの；りんご製の, りんごで調理した。〔almás kert, りんご園。〕
almasav [名] (化)りんご酸。
álmatlan [形] 眠れない, ねられない, 不眠の。
álmatlanság [名] 眠れないこと；(医)不眠症。
álmélkodás [名] (人・物に)びっくり驚く(眼を見張る)こと, いぶかること。
álmélkodik [自] (…に)驚く, びっくり仰天する, 眼を見張る。
álmodik [自] 夢を(に)みる；空想にふける。

álmodozás [名] 夢をみる(空想にふける)こと, 夢想。
álmodozik [自] 夢をみる；夢想する, 空想にふける。
álmodozó [形] 夢見るような, 夢幻的な。[名] 夢みる人, 空想家。
álmos [形] 眠たい, 眠気を催させる, 眠くてたまらない, 嗜眠(しみん)の；なまける, ものうげな。
álmoskönyv [名] 夢占いの書, 夢判断の書。
álmosság [名] 眠たいこと, ねむ気(眠気)；ものうげなこと, けん怠。
álnév [名] 偽名, 変名；雅号, ペンネーム。〔álnév alatt, álnéven, 変名で。〕
álnok [形] 虚偽(不実・不信)の, 表裏のある；陰険な, わるがしこい, 詐欺的な。
álnokság [名] 同上のこと。
alól [後] …の下から。〔a víz alól, 水の下から。〕
alom (目 almot) [名] 敷きわら, 寝わら, (家畜などの)わら床。〔almot szór, 家畜にわらを敷いてやる。〕
álom (目 álmot) [名] 夢；(比)夢想, 幻想, 空想, 夢のようなもの；ねむり, 睡眠。〔mély álomba merül, 深い眠りに入る。〕
álomfejtés, álomhüvelyezés [名] 夢解き, 夢判断, 夢占い。
álomkép [名] 夢のなかの姿, まぼろし, 幻像。
álomkór [名] (医)嗜(し)眠病, こん睡病。
álomkóros [形] 同上の。
alosztály [名] 小分, 細別；小区分, 小部門, 細別科；目(もく), 科, 課。
alperes [名] (法)被告(人), 民事被告人。
Alpesek, Alpok [固] (複)アルプス連山。
alpesi [形] アルプス山の, 高山の；アルプス産の, 高山生の。〔alpesi kunyhó, アルプス山中の小屋。alpesi lakó, アルプス住民。alpesi virág, アルプス高山の花。〕
álruha [名] 仮装, 変装；(劇)扮装。〔álruhába öltözik, 変装(仮装・ふん装)する。álruhában, 変装(仮装)して。〕
álruhás [形] 変装した, 仮装した。
alsó [形] 下の, しもの, 下方の；低級の, 下級の, 下等の；劣った, いやしい。[名] (トランプの)ジャック。

alsóbbrendű [形] より下級(劣等)の。[名] 下僚, 部下, 属官。
alsófokú [形] 下級の。〔alsófokú bíróság, 下級(第一審の)裁判所。alsófokú középiskola, 中学校。〕
alsóház [名] 下院, 衆議院。
alsóing [名] 下に着るシャツ, 肌着, 肌衣。
alsónadrág [名] ズボン下, 股引き。
alsórendű [形] 下級(下位・部下)の; 卑せん(劣等)の。
alsóruha [名] 下着(したぎ)。
alsószoknya [名] (女性用)下着; ペチコート, スカート。
álszemérem [名] 偽りの恥じらい, ねこかぶり。
álszemérmes [形] ねこかぶりの。
álszent [名] 偽善者, にせ聖人, にせ道義者, 外面を装う人。
álszenteskedés [名] 偽善, 偽信, 不誠実; 偽善的行為。
alszik, aluszik [自] 眠る, 寝る; (牛乳が)凝結する。
altábornagy [名] (兵)陸軍中将, 師団長。
által [後] …を通って, を通過して; …に依って, の手段に依って, の方法で。
általában [副] 一般に, 総じて, 概して; 要するに, 結局。
általános [形] 一般の, 普遍的の, 全般(総体・普通)の; 共通(共有)の。〔általános választójog, 普通選挙権。〕
általánosan [副] 一般に, たいてい, おおかた。
általánosít [他] 一般化する, 一般的にする, 一般に及ぼす, 普遍化する。
általánosítás [名] 同上のこと。
általánosság [名] 普遍的(一般的・共通的)なこと。〔általánosságban, 一般に, 普通, 通例。〕
altaraj, altaréj [名] (雄鶏のくちばしの下の)たれ肉。
altat [他] ねつかせる, 寝入らせる, 眠らせる; (比)気休めをいう; (医)麻ひさせる。
áltat [他] (…を)巧みに見せかける, さもありそうに思わせる; 欺く, だます, 迷わせる。
áltatás [名] 欺くこと, だますこと, 欺まん, 欺きだますこと, 詐欺; 愚ろう, ばかにしてからかうこと。
altatódal [名] 子守歌。

altatószer [名] 麻酔剤, 睡眠剤。
altest [名] (解)下腹部, 腹。
altiszt [名] (兵)下士官；下級官吏, 下僚, 下役, 属官。〔altiszti iskola, 下士官学校。〕
aludt [形] 凝固(結)した(牛乳など)。
aludttej [名] 凝結した(すっぱい)牛乳, 酸乳, 発酵乳。
alul¹ [副] 下に, 下で。
alul² [後] …の下方に, 下部に, 下流に；以下で。〔parin alul, 額面価格以下で, 平価以下で。100 forinton alul nem adjuk, 百フォリント以下ではあげられない。〕
alulírott [形] 署名して同意した, 自署した。[名] 署名者, 記名者。
alulmarad [自] 負ける。
alulról [副] 下から, 下方から。
aluszékony [形] 眠たい, 眠気を催させる, 眠そうな；(比)のろのろした, なまけた。
aluszékonyság [名] 同上のこと。
alva [副] 眠って；眠っていて, 眠りながら。
alvajáró [名] 夢遊病者；眠っているうちに床を抜け出して彷徨う人。
alvás [名] 眠ること, 睡眠。
alvezér [名] (兵)副司令官。
alvilág [名] 下界, めい府, めい土, 地獄, 黄泉。
alvilági [形] 地下の, 地獄の；悪魔のような。
alvó [形] 眠っている, 眠れる。[名] 睡眠者；寝坊。
ám [間] そうですとも, さっと；さあさあ, いざ, いかにも, たしかに。〔ám lássa！, さあご覧よ！ ám jöjjön！, さあおいでよ！〕
ama, amaz [代] あの, その, かの；それの。
amarra [副] あちらへ, かなたへ, そこへ。
amarról [副] あそこから, あちらから, かなたから。
amatőr [名] アマチュア, しろうと, 好事家。
amaz [代] あれ, あの, かなたの, それの。
ámbár, ámbátor [接] (たとえ)…でも, …ではあるが, …だけれども；…とはいえども, …にも拘らず；よし…にもせよ。
ambíció [名] 野心, 功名心, 名誉心。
ambiciózus [形] 功名心のつよい, 野心(野望)をいだく。
ámde [接] けれども, それにしても, それでも, それにも拘らず；

ameddig 30

であるのに，なおかつ，やはり。

ameddig [関・副] そこまで(距離)；それまで(時間)；それほどまで；…する限り，…する間。

amellet [副] それと並んで，そのかたわらに；同時に，その際；その上に，おまけに，その外に。

amely [関・代] そのもの，ところのもの。〔amelyből, それから。amelyre, それに。〕

amelyik [関・代] …のうちのもの，そのもの。〔amelyiket, それを。amelyiket akarod, お前が望むところのそれを。〕

Ámen [名] アーメン！(神よ，かくあらせ給え。)

amennyi [関・形] それほど，それだけ。

amennyiben [接] …する間に，…していると，その間に；そこまでは，その範囲において；その点に関する限りでは。

amennyire [関・副] そこまでは，その点においては，その点までは；その限り。

Amerika [固] アメリカ，米国。

amerikai [形] アメリカの。[名] アメリカ人，米国人。

amerre [関・副] …の方へ，何のために；(不定的)何かの方へ，何かのために；…の方へ。

amerről [関・副] …の方から；(疑問的)どこから。

ami [関・代] ところのもの，そのもの。

amiatt [副] そのために，それ故に，その理由で；かかるが故に，そこで。

amiért [関・副] そのために，それ故に；何のために。

amíg [関・副] …する間は，その間は，…するまで(時間)。

amikor [関・副] …する時，その時，その場合に。

amilyen, aminő [関・形] …の種類の，…のような，…の質の。

amint [代] …の如く，の通りに。

amióta [関・副] …の時から，…以来，…以降。

amire [関・副] その上へ，その上に；そのために，その方へ；そこへなお，しかのみならず。

ámít [他] 欺く，だます，迷わす，まどわす；幻滅を感じさせる，さもありそうに見せかける。

ámítás [名] 同上のこと；欺まん，詐欺，げん惑。

amnesztia [名] 恩赦，特赦，大赦。

amoda [副] あそこへ，かなたへ。

amolyan [形] かかる，こういう，かような，こんな。

amortizál [他] なしくずしにする，償却する。
amott [副] そこで，かなたで，彼処で。
amputál [他] (医)切断(離断)する。
amputálás [名] 切断すること；(医)切断術。
amúgy [副] そういう風に；ちがって，ちがった方法で，他の仕方で。
ámul [自] (…に)おどろく，あきれる，仰天する，(を)怪しむ。
ámulás, ámulat [名] おどろくこと，あきれること，びっくり仰天すること，けげん。
analfabéta [名] 文盲。 [形] 文盲の。
analizál [他] 分解(分析)する；(数)解析する。
analizis [名] (理・哲)分解，分析；(数)解析。
analóg [名] アナログ，相似形。 [形] アナログの。
ananász [名] (植)パイナップル。
anarchia [名] 無政府(状態)，乱世；(比)混乱。
anarchista [名] 無政府主義者(党員)。
anatómia [名] (医)解剖；解剖学。
andalító [形] 夢のような，夢みるような；夢幻的，魅惑的，うっとりさせる，魅する。
andalog [自] 夢みる如く歩きまわる，うかれる；考えに沈む(ふける)；夢中になる，熱中する。
anekdota [名] 逸事，逸話，新奇な話，珍談，一口ばなし。
anélkül [副] …することなく，…なしに。
Anglia [固] イギリス，英国。
anglikán [形] 英国国教会の。〔anglikán egyház, 英国国教会，聖公会。〕
angol [形] イギリスの，英国の。 [名] 英国人。
angolkór [名] イギリス病，くる病，せむし。
angolkóros [形] 同上の；不具の，奇形の。
angolna (目 angolnát) [名] うなぎ(鰻)。
angolos [形] イギリスの，英国の；英語の；英国風の。
angoltapasz [名] (薬)英国式ばんそうこう(絆創膏)。
angolul [副] 英語で。〔angolul tanul, 彼は英語を学んでいる。〕
angyal [名] 天使，天女，エンゼル。
angyali [形] 天使の；天使のような。〔angyali jóságú, 天使のように善良な。angyali tisztaságú, 天使のよう

angyalka [名] 小天使；(女名)アンゲリカ。
ánizs [名] (植)アニス, ういきょう(大茴香)。
Anna [固] (女名)アンナ(めぐみの意)。
antenna [名] アンテナ。
antik [形] 古い, 古代の；古典的の。
antikvárium [名] 古本屋。
antikvárius [名] 古物商人。
antológia [名] アンソロジー, 詩華集, 詩歌選。
anya (目 anyát) [名] 母, 母親；(解)子宮。〔anyák napja, 母の日。anyámasszony katonája, 母の秘蔵子, 甘ちゃん；弱虫, 憶病者。〕
anyacsavar [名] めねじ(雌らせん)。
anyaföld [名] 郷土, 故郷；祖国, 母国, 本国；産地, 耕作地。
anyag [名] 原料, 素材, 材料；物質, 物体；(比)資料, 題材；(化)成分, 要素。〔nyers anyag, 原料。fűtő anyag, tüzelő anyag, 燃料。〕
anyagcsere [名] 物質交代, 新陳代謝。
anyagi [形] 物質の, 物質的；材料の, 原料の；物質主義の, 実利主義の；(哲)形而下の, 有形の。〔anyagi jólét, 物質的福祉。〕
anyagias [形] 唯物的, 唯物論の, 物質主義の。
anyagilag [副] 物質的に, 経済的に；資料的に, 材料上；有形的に。
anyai [形] 母の；母のような, 母らしい；母方の, 母系の。〔anyai kötelesség, 母親の義務。anyai rész, 母方。anyai részről, 母方の。anyai szeretet, 母性愛, 母の慈愛。anyai szív, 母の心情。〕
anyajegy [名] 生れつき体にある斑点；母の胎内よりの印, 母斑, ほくろ；(比)汚点。
anyajuh [名] (動)母羊, 雌羊。
anyakönyv [名] 台帳；名簿；(大学の)在籍簿など；登記簿(録)。〔anyakönyvi kivonat, 台帳の抄本(書き抜き, 摘録)。anyakönyvi hivatal, 登記所。anyakönyvbe bejegyez, 登録する。〕
anyaméh [名] (人間の)子宮；(動)母蜂(みつばち)の女王。

apai

anyanyelv [名] (母から覚えた言葉)母語, 母国語；原語。

anyaország [名] 母国, 祖国, 本国。

anyarozs [名] (植)薬用麦角(ばっかく：麦角病の薬, 血の道の薬, 子宮病の薬)。

anyás [形] 甘やかされた, かわいがりすぎて我がままな。

anyaság [名] 母たること, 母性；母の身分, 母の道, 母の努め。

anyaszült meztelen [形] 身に一糸もまとわざる, 赤裸々の。

anyatej [名] 母乳。

annyi [形] それほどの, それだけの；云々するほど。

annyian [副] その人数で。

annyiban [副] その限り, そこまでは；その範囲内で, その点では。

annyiból [副] それだけで, その点からは；の限りにおいては, その範囲からは。

annyifelé [副] 各方面へ, 所々方々へ。

annyiféle [形] 色々の, 多種の, 多種多様の。

annyifelől [副] 所々方々から, 諸方面から。

annyira [副] それほど(多く, 沢山に；非常に)；及ぶかぎり, できるだけ；このように, そういう風に。

annyiszor [副] …する度毎に, それほどに幾度も。

annyit [副] それほどに, そんなに多く。

annyival [副] それだけで, それだけを以て；多ければそれほど(より良い…)。〔annyival is inkább, 何ぞ況んや。〕

anyós [名] しゅうとめ(姑), 義母。

anyu [名] (母に対する愛称)お母さん, お母ちゃん。

apa (目 apát) [名] 父, 父親, お父さん, パパ；小父(おじ)さん。

apáca (目 apácát) [名] 尼, 尼僧, 尼女；修道女。

apad [自] 衰える, 減ずる, 減少する；潮が(引く), 沈む。

apadás [名] 低くなる(下がる)こと；減少, 衰微；引き潮, 干潮。

apagyilkos [名] 父殺し(の犯人)。

apagyilkosság [名] 父殺したること。

apai [形] 父の；父親らしい；父方の, 父系の。〔apai örökség, 父の遺産。apai rész, 父方。apai részről,

apály

父方の。〕

apály [名] → apadás. 干潮。〔apály és dagály, 干潮と満潮。〕

apaság [名] 父たること, 父の身分, 父子の関係。

apát [名] 僧院長, 修道院長；院主, 方丈。

apátság [名] 僧院, 修道院, 大修道院；僧院長の職；僧院領。

APEH [名] (=Adó- és Pénzügyi Ellenőrzési Hivatal) 税務及び会計監査局。

apó [名] (老人に対する愛称) 小父さん, おじいさん。

ápol [他] 世話(手入れ・保護・愛護・養育)する。

ápolás [名] 世話, 養育, 扶養；後見；看病, 看護；(植) 栽培, 培養, 手入れ。〔ápolási díj, 看護料, 世話料, 治療費。〕

ápolatlan [形] 世話していない, 手入れしていない, 粗野な, だらしない。

ápoló [名] 世話人, 看護士, 扶養人, 養育者；うしろだて, 保護者, 奨励者；看視人, 付添人。

ápolónő [名] 看護婦。

áporodott [形] くさった, 腐敗した。

após [名] しゅうと(舅), 義理の父。

apostol [名] 使徒(特にキリストの十二使徒の一人), 聖徒, アポステル。〔az apostolok lovain jár, 徒歩で行く, ひざ栗毛をする, てくてく歩く。〕

apraja-nagyja [名] 各人, 人皆, すべての人；老若, 貴賤貧富。

apránként [副] 漸次に, 次第に, 徐々に；一個ずつ, 少しずつ, ちびちびと；(商)小売で。

április [名] 四月。

aprít [他] 細かくする, 小分する, 切り刻む, 砕く, 粉末にする。

apró [形] 小さい, 些細な, 微細な；幼少の, 背の低い。〔apróra megbeszél, 詳しく話す。〕

apró-cseprő [形] 微々たる, 言うに足らない, 極少の, 些細な。

apród [名] 侍童, 小姓, 近習, 貴婦人のすそ持ち。

aprófa [名] (マッチの)軸木；たきつけ。

aprójószág [名] 鳥類, 家禽(とくに食用の)。

aprólék [名] (料)(鳥類の)臓物(特にガチョウの臓物)；細事, 僅かなもの, つまらぬ事物.
aprólékos [形] まわりくどい, 形式的な, 儀式張る, 小やかましい, こせこせする；細かい, 綿密な.
aprólékosság [名] まわりくどいこと, 形式張ること, 小やかましいこと, くだくだしく煩わしいこと；けちんぼう, しわんぼう.
aprópénz [名] 小銭, つりせん.
apróra [副] 粉々に；詳しく.
apróság [名] 些細なもの；小さい者(子供ら).
apróságok [名](複) 細事, つまらない事；僅かのもの, つまらぬ事物.
apu [名] (父に対する愛称)お父さん, お父ちゃん.
ár[1] [名] 価, 価格, 値段, 代価.〔szabott ár, 定価. leszállított ár, 減価, 割引価. piaci ár, 市価. olcsó áron, 廉価(安価)で.〕
ár[2] [名] せん孔器, 穴あけ機, 突き錐(きり)(くつ屋などの用具).
ár[3] [名] 上げ潮, 高潮；潮流.〔az árral úszni, 潮に乗って泳ぐ. a folyó árja, 中流.〕
arab [形] アラブの. [名] アラブ人.
árad [自] みなぎる, あふれる, 増水する；(光・熱が)放射する；(群衆が)おし寄せる, 人波がうつ.
áradás [名] はん濫, 洪水, 増水, 大水.〔áradás és apadás, 潮の干満.〕
áradat [名] 潮；上げ潮, 満潮, 高潮, 洪水, 大水.
áradozás [名] あふれること；(比)懸河の弁, 快弁, 能弁；(心情の)流露, 発露, 吐露.
áradozik [自] (とうとうと)流れ出る；(喜びに)あふれる；口を極めてほめたたえる(言葉があふれる)；長たらしく話す(語る).
áradozó [形] みなぎる, あふれ出る.
áram [名] 流れ；流れるもの, 潮流；(電)電流.
árammerősség [名] (電)電流(の強度).
áramfejlesztő [名] 発電機, 電気機械.
áramkör [名] (電)電路, 回路(線).
áramlás [名] 流れ, 潮流；(比)思潮, 動向, 傾向.〔a levegő áramlása, 気流. a vér áramlása, 血の循環.〕

áramlat [名] → áramlás.〔szellemi áramlat, 思潮〕

áramlik [自] (とうとうと)流れる, 流れこむ；(群衆が)押し寄せる, 殺到する。

arany [名] 金, 黄金；金貨。[形] 金の, 金製の。〔vert arany, 正金。termésarany, 純金。rúd arany, 地金, 金の延棒　aranyból való, 金の, 金製の。〕

arány [名] 比較関係, 割合, 比率；つり合い, 均衡, 調和；(数)比例。

aranyalap [名] 金メッキの地金, 金地；金を含む渓谷。

aranybánya [名] 金坑, 金の鉱山, 金山。

Aranybulla [固] 黄金憲章(1222年のハンガリーのマグナカルタ)。

aranyér [名] (坑)金鉱脈；(医)痔静脈, 痔出血, 痔疾。

aranyérc [名] (坑)金鉱。

aranyérem (目 aranyérmet) [名] 金メダル, 金牌, 金賞牌。

aranyeres [形] 痔疾にかかった。

aranyérték [名] 金本位(制度)。

aranyfoglalatú [形] 金にはめられた, 金縁の。〔aranyfoglalatú szemüveg, 金縁眼鏡〕

aranygyűrű [名] 金の指輪。

aranyhal [名] (魚)金魚；(俗)金持ちの女子相続人。

aránylag [副] 比例して, 割合に, 比較的に；相当に, かなりに。

aránylagos [形] つりあった, 比例した；比較的, かなりの。

aránylagosan [副] つり合って, 均斉がとれて；比例して；比較的に, かなりに。

aranylakodalom [名] 金婚式。

aranylánc [名] 金鎖(きんくさり)。

aránylat [名] 比較的関係, 割合, つり合い, 比率；類比；均衡, 調和；(数)比例。

aranylemez [名] 金の延板；金箔(きんぱく), 黄銅はく；金の箔糸(はくし)。

aránylik [自] (数)…と比例する, …との比に同じ。

aranyműves, aranymíves [名] 金細工師(人)。

aranyos [形] 金の, 黄金の, 金製の；金色の, 金のような；金色にかがやく, 金色さんらんたる；金メッキした, 金を塗った；

かわいい。〔aranyos gyermek, 愛児。〕
arányos [形] つり合った，均斉のとれた，ふさわしい。
aranyosan [副] 黄金のように，金色さんさんと；かわいらしく。
arányosan [副] つり合い(均衡)がとれて，ふさわしく；比例的で。
arányosít [他] 均斉を保たせる，つり合わせる。
arányosság [名] つり合い，比例；均斉，調和。
aranyoz [他] 金メッキ(金色)にする，塗金する。
aranyozás [名] 金メッキすること，金色にすること，鍍金(メッキ)。
aranyozott [形] 金メッキした，金メッキの；金を塗った，金色の。
aranypénz [名] 金貨。
aranypróba [名] 試金。
aranyrúd [名] 金の延棒。
aranysárga [形] 黄金色の，金色の。〔aranysárga ló, 金栗毛の馬。〕
arányszám [名] (数)比例数，対数。
aránytalan [形] 不均衡な，不つり合いな；不相応な，不ぞろいの。
aránytalanság [名] 不つり合い，不均衡，不平均，不適当。
aranyvaluta [名] 金本位，金本位制度。
árapály [名] 潮の干満。
arasznyi [形] 親指と中指を延ばした長さの，指尺の長さの。
áraszt [他] 注ぎ出す，流出(氾らん)させる，あふれさせる；(比)流布(伝ぱ)させる。
arat [他] 刈取る，取入れる，刈入れる，収穫する；(比)(行為の結果として)享受する，獲得する。〔győzelmet arat, 勝利を博す。〕
aratás [名] 取入れ，収穫；刈入れ時，収穫期；収穫物；(比)収益。
arató [名] 刈入れる人，刈り手，収穫者；収納者。
árboc, árbocfa [名] (海)帆柱，マスト；旗ざお；(空)繋留柱；(電)電柱，アンテナ塔。
arc [名] 顔，おもて，かんばせ；(建)正面，前面。〔előre

arcátlan 38

arc !, 前方へ, 進め! hátra arc !, 後方へ, 回れ右! arcba fordul, (…に)面(正面)をむける(敬礼)。arcába szökik a vér, 血が顔に来る。〕

arcátlan [形] 恥を知らない, 破廉恥の, 図々しい, あつかましい, 生意気な; 図太い, 厚顔の, 不敵な, 押しの強い。

arcátlanság [名] 破廉恥, 厚顔, 生意気, 不敵, 図太さ; 同上の行為。

arcbőr [名] 顔の皮; 顔色; (比)(事態の)様相, 旗色。

arcél [名] (物の)側面, 側面図; (人の)横顔, プロフィル; (地・建)縦断面(図)。

arcfesték [名] 脂粉, コスメチック, 美顔料, 化粧品, 白粉(おしろい)。

arcizom [名] 顔面筋肉, 顔面筋。

arcjáték [名] 表情, 目くばせ; 身振り, 手真似, 所作(しょさ); (劇) しぐさ, 無言劇。

arckép [名] 肖像画, 画像; (比)性格描写, 人物描写。

arckifejezés [名] 顔の表情, 顔色, 面相, 顔かたち, 顔付。

arcszín [名] 顔色。

arcul [副] まともに, 面を見て, 面と向って。〔arcul csap, まともに打つ, 顔を打つ; (比)(…を)侮辱する。arcul üt, 同。〕

arculat [名] 顔面, 容ぼう, 顔だち, 面相, おもて(面)。

arculcsapás [名] 横面を張る(横面を打つ)こと, ほお打ち。

arcvonal [名] 顔かたち, 顔だち, 相ぼう; (建)前面, 正面; (兵)戦線, 正面。

arcvonás [名] 顔面の線, 顔の輪郭; 容ぼう, 面相, 人相。

árcsökkenés [名] 値下がり, 価格の下落 (低落)。

árcsökkentés [名] 値を下げること, 値下げ, 割引。

árdrágítás [名] 値をせり上げること, 物価のせり上げ。

árdrágító [名] 価格をせり上げる人。

áremelés [名] 物価引き上げ(値上げ)すること。

árengedmény [名] (商)価格の割引, 減価, 値引き。

árfolyam [名] (商)(為替・株式の)相場, 市価。

arisztokrácia [名] 貴族(の階級); 貴族政治(体)。

arisztokrata [形] 同上の。[名] 同上の人。

arisztokratikus [形] 貴族的; 上品な。

árjegyzék [名] 価格表, 相場表, 定価表。

arkangyal [名] 大天使。

árkász [名] (兵)対壕兵, 工兵卒。

árkol [他] 掘る；(兵)ざん壕をめぐらす, 堡塁でかこむ, 堡塁を築く。〔körül árkol, 壕で囲む, ざん壕でとりまく。〕

árkülönbözet [名] (商)相場差額, 相場差, 価格差。

árlejtés [名] 入札, 競売, 公売。

árleszállítás [名] 価格の引き下げ, 値引き, 減価, 割引。

ármány [名] 陰謀, 奸計, 内密のたくらみ, 計略。

ármányos [形] 奸悪な, 陰謀を好む, 術策をろうする, 奸知にたけた, 油断のならない(人物など)。

árny [名] 陰(日かげ, 物かげ, 樹陰)；かげ, 薄暗がり, 影；影像, 影法師。

árnyal [他] 影をつける, 陰影(濃淡)をつける, 明暗を表わす；ぼかす, くまどる(隈取る)。

árnyalat [名] ニュアンス, 濃淡(明暗), 陰影；色合い, 色調, (微細な)差異。

árnyas [形] 陰ある, 光をさえぎる, 影となる。

árnyék [名] 陰, 薄暗がり；影, 影像, 影法師。〔a maga árnyékától megijed, 自分の影におどろく, 憶病である。nyomomban jár, mint az árnyéka, 彼は私の跡に影の如く従う。hajszálnak is van árnyéka, 髪の毛にも影がある。〕

árnyékol [他] (絵)陰影をつける, ぼかす, 濃淡をつける, 明暗の差をあらわす。

árnyékos [形] 陰ある, 光をさえぎる；かげ多い, 陰となる。

árnyékszék [名] かわや, はばかり, 便所(汲み取り式の)。

árnykép [名] 影像, 影法師；まぼろし；影絵。

árnyoldal [名] 日光を受けない側, 陰の側, 北側；(比)暗黒面, 短所, 弱点。

árok (目 árkot) [名] ほり(堀, 濠)；(兵)ざん壕。〔árkon-bokron át, まっしぐらに, しゃにむに。〕

árokpart [名] 濠の岸, 濠堤。

árpa (目 árpát) [名] (植)大麦；(医)ものもらい。

árpadara, árpagyöngy [名] 殻をはいだ大麦, つき大麦, 真珠状に精製した大麦(スープにする)；ハト麦。

arra [副] (方向)そこへ, あちらへ, あちらに, その方へ；(場所)その上に；(時)その次に, その後に。

arrafelé [副] かなたへ, そこへ, 彼の地へ, その側へ。

arravaló [形] それに適した，それに適任の；それに役立つ，それに有用な。

arról [副] (方向)そこから，その方から，あそこから；それについて，それに関し。

árt[1] [自] 害になる；不利益である；損する，不利を招く。

árt[2] [他] magát vmibe árt, …に関与する，干渉する。

ártalmas [形] 害になる，有害な，有毒な；損害を与える，不利益な；悪性の。

ártalmatlan [形] 害にならない，無害の；悪意のない，罪のない，無邪気な；素朴な，純な。

ártalom [名] → kár. 害，損害；不利(益)，損失；(比)妨害，邪魔；不便，不都合，迷惑，やっかい。

ártatlan [形] 罪のない，無邪気な，害のない；純な，素朴な。

ártatlanság [名] 罪のないこと，無害，無邪気；素朴，清浄，潔白，純なこと。

artézi-kút [名] 掘り抜き井戸。

áru [名] (商)商品，貨物，品物。〔áruba bocsát, 売物に出す，売りに出す。vásár nélkül is elkel a jó áru, よい品物は市場でなくともたやすく売れる。〕

árubehozatal [名] 商品の輸入。

árucikk [名] → áru.

áruforgalom [名] 商品の取り引き，商品の売れ行き；貨物の交易(運輸)。

áruház [名] 百貨店，デパート；(昔)商品倉庫。

árujegyzék [名] 商品目録；送り状。

árukészlet [名] (商)現在商品，現物，在庫。

árukivitel [名] 商品輸出。

árul [他] 売る，販売する；裏切る，謀反する。

árulás [名] 売ること，売却，販売；(比)裏切，謀叛，背信，叛逆。

árulkodik [自] 告げ口(密告)する；秘密をもらす，裏切る。

árulkodó [形] 背信的の，裏切りの，密告好きの。[名] 密告者，裏切り者。

áruló [形] 裏切りの，謀反の，不信義の，背信的，秘密をもらす。[名] 裏切り者，反逆者，密告者。

áruminta [名] 商品見本。

áruraktár [名] 商品倉庫；仕入商品, ストック。
árus [名] 小売商人, 売り手；店員, 売り子。
árusít [他] 売る。→ elárusít.
áruszámla [名] (商)送り状(商品の), 品物の表, 仕切状, インヴォイス。
árva [形] 孤児の, 見捨てられた, 孤立の；(比)さびしい, 独りの。[名] 孤児。〔egy árva fillérem sincs, 私はただの一文も持たない。egy árva szót sem tudott, 彼はただの片言をも知らなかった。〕
árvácska [名] (植)三色すみれ。
árvaház [名] 孤児院。
árvalányhaj [名] (植)はねがや属の一種。
árverés [名] 競売(すること)。
árverez [他] 競売する, 競売に付す。
árvíz [名] 水があふれること, はんらん(氾濫), 洪水, 大水。
árvízveszedelem, árvízveszély [名] 大水(洪水)の危険。
ás [他] 掘る, 掘りかえす；(どこへ)埋め隠す, 埋蔵する；(比)かき乱す, かきさがす；かく乱する。
ásatag [形] (考古)化石となった；発掘された；(比)時代遅れの。
ásatás [名] (考古・地質)発掘, 掘り出すこと。
ásít [自] (退屈で)あくび(欠伸)をする。
ásítás [名] 大きく口をあけること, あくび。
ásítozik [自] (しばしば)大きく口をあけてあくびをする。
áskálódás [名] かき乱すこと, 陰謀(悪計)を企てること；(比)かく乱(扇動)すること。
áskálódik [自] 陰謀を企てる, 使そうする, そそのかす。
ásó [名] 掘る人, 墓掘り人；シャベル；(農)踏みくわ(鍬), すき(鋤)；(兵)円さじ。
áspis [名] (動)一種の毒へび, まむし；(比)毒心ある人, 邪悪な人, 奸物(かんぶつ～心のまがった人)。
ásvány [名] (鉱)鉱物, 金石, 化石。
ásványi [形] 鉱物の；鉱物質の；鉱物を含む；鉱物学の。
ásványolaj [名] 鉱油, 石油。
ásványtan [名] 鉱物学。
ásványvíz [名] 鉱泉水, 鉱水, 炭酸水。
aszal [他] 乾かす, 干す, 乾燥させる；焙(あぶ)る, 焦がす。

aszalt [形] 乾かした，干した。〔aszalt gyümölcs, 干し果物。aszalt körte, 干したナシ。〕

aszály [名] 乾いたこと；乾燥，かんばつ，ひでり；(比)無味乾燥，退屈なこと。

aszfalt [名] (鉱)アスファルト。

aszfaltoz [他] アスファルトで舗装する，(道路を)アスファルトで塗る。

asszony [名] 女あるじ，女主人，主婦；奥様，有夫の女，妻，女房；女性。

asszonyi [形] 女の，女性の，女子の；(生)めす(雌)の。〔asszonyi állat, (さげすむ言葉)女，雌，あま，淫婦。〕

asszonynép [名] 婦女，女ども。

asztag [名] 乾草の積み重ね(堆積，禾堆，いなむら。)

asztal [名] 食卓，テーブル；机，卓，卓子；仕事台。〔fiókos asztal, 引き出し付机。szárnyas asztal, 折りたたみテーブル。kihúzó asztal, はめこみ式テーブル。játszó asztal, カルタ台，とばく台。bolti asztal, 勘定台。szabad asztal, 無料(接待)の食事。asztalt terít, 配膳をする。asztalt felszed, leszed, 食卓を片付ける。asztalhoz ül, 食卓につく。asztalnál ül, 食卓についている。asztalt bont, 食事を終える，宴を徹する。asztaltól felkel, 食卓を離れる。〕

asztaldísz [名] 食卓の中央におく飾台(飾架)(花・果物・糖果をおくための)。

asztalfiók [名] 机の引き出し。

asztalfő [名] 食卓(テーブル)の最上席につく人；名誉の座席，栄位，上席。

asztali [形] 卓の，テーブルの；卓に関する。〔asztali áldás, 食事のさいの祈禱。asztali bor, テーブルワイン。asztali edény, 食器。asztali készlet, 卓布，食器など。〕

asztalka [名] 小机，テーブル；小さい食卓。

asztalkendő [名] (食卓用の)ナプキン。

asztalláb [名] 卓の下部，机の足。

asztalos [名] 指物大工，指物師，家具師。

asztalosmester [名] 指物師(の親方)。

asztalosmunka [名] 指物細工；指物業，指物職。

asztalosműhely [名] 指物工場。

asztalosság [名] 指物；指物職業；指物師の仕事場。
asztalterítő [名] テーブルクロス，食卓布，卓布。
asztma [名] (医)ぜんそく(喘息)。
aszú [形] 乾いた，ひからびた，乾き切った。
aszúbor [名] 最上のぶどうの絞り液，最良のぶどう酒。
át [後] (場所)通って，通じて，経て，経由して，を越えて；(時間)…日時を通じて，…中(年中，夏中，冬中，夜中，一日中，一生など)。〔Dunán át, ドナウ川を越えて。nyáron át, 夏中。egész életén át, 一生涯。〕
átad [他] 引き渡す，譲渡する，手渡す；委せる，委託する；(兵)降服する。
átadás [名] 手渡し，手交；引き渡し，譲渡；委任，委託；(兵)降服，開城。
átadó [名] (手形などの)持参人，所持人；伝達者。
átalakít [他] 変形する，造りかえる；変える，変ずる；(比)改造する，改革する。
átalakítás [名] 同上のこと；変形，改造，改革。
átalakul [自] 変ずる，変形する，変様する，改造される。
átalakulás [名] 変えること；変化，変改，変態，変形；改造，改革，革命。
átalány [名] 総計，全額，全部；ひっくるめて，こみで。
átall [他] さし控える，ちゅうちょする，ためらう；遠慮する，おそれる，はばかる，恥ずかしがる。〔átallok neki szólni, 私は彼に言うのをためらう。〕
átázik [自] すっかり水に浸る，びっしょりぬれる，ぬれ通る；(湿気が)しみ出る；全く軟らかくなる。
átáztat [他] すっかりぬらす，十分に湿らせる。
átbocsát [他] (光や湿りを)通過させる，通す；(試験に)合格させる；こ(濾)す。
átbújik [自] 滑り抜ける，すばやく抜ける；(比)逃げる，滑り込む，まぎれ込む，這って通り抜ける。
átcsábít [他] 勧誘する，誘引する，誘惑する。
átcsal [他] (こちら・あちら)へ誘う，おびき寄せる，誘惑する，だましてそそのかす。
átcsap [他] (球などを)あっちへ打つ。[自] 急変する；(他党へ)移る；(宗)改宗する；話題を変える；(火が)燃え移る；(極端から極端へ)走る。
átdob [他] (…へ)投げかける，あっちへ投げる，投げ渡す。

átdolgoz [他] 働き通す, 仕遂げる, 完成する；仕直す, 創り変える, 改作(修正)する, 変曲する。

átdolgozás [名] 仕直し, 改造；改作, 改訂, 修正, 変曲。

átdöf [他] 刺し通す, 突き貫く, 突き通す, 突き開く, 突き破る。

átél [他] (ある時期を)過ごす, 暮す；…を体験する, を親しく見聞する；(苦難を)なめ尽す；…より長生きする, 生き延びる。

átellenben [副] 差し向かいに, 相対して, 向かい合って, の内側に。

átellenes [形] 向かいの, 向こうの；向かい合って立っている, 相対している, 対立している。

átenged [他] 譲る, 委ねる；引き渡す, 譲り渡す；放棄する。

átengedés [名] 委ねる(任せる)こと；(法)譲渡, 引き渡し；放棄, 撤退。

átér [他] (どこへ)届く, 達する；(…を)かかえ包む(張り包む)ことが出来る。

átereszt [他] → átbocsát. 向こうへ渡ることを許す, 行かせる；(光を)通す, 通過させる；(試験に)合格させる；(液体を)ろ過する, こす。

átérez [他] (何を貫いて)感ずる, 感覚する；共感(共鳴・同情)する, 深く感ずる。

átértékel [他] (…の)評価を改める, 再評価する, 換価する。

átesik [自] (病気に)うち勝つ, (を)克服する, しのぐ, 破る；(…に)耐える, 耐え通す；持ちこたえる, 切り抜ける, 脱する(危険などを)；(試験などに)失敗する, 落第する。

átevez [他] [自] (…へ)漕(こ)ぎ渡る, 漕ぎ通る, 漕いで横切る。

átfázik [自] 冷えきる, 全く凍る, 凍えきる；風邪をひく, 風邪にかかる。

átfog [他] 抱く, 包む；握る；囲む, 包括する；(両手で)張り包む。

átfogó [形] 鋭い, 鋭敏な；抱く, 包むところの。[名] (数)(直角に対する)斜辺, 弦。

átfolyik [自] (…の上に)あふれる, はん濫する, 流れ通る,

áthelyez

流れぬく, 貫通する。
átfordít [他] (着物を)裏返しする, 向きをかえる；ページをめくる；話題を変える, 別の言語に変える；(原文を)翻訳する, 訳す。
átfordul [自] 回転する, まわる；後ろを振り向く；ひっくりかえる, 起きかえる；引き返す；変わる；(比)態度をかえる。
átfúr [他] 刺し通す, 突き貫く, うがつ, えぐる, 貫く。
átfut [自] 走って通る, 走り通る(渡る・回す)。[他] (新聞などを)ざっと目を通す, 通覧する；見のがす, 看過する。
átgázol [自] (川を)徒歩で渡る, 徒渉する。[他] (困難をして)首尾よく切り抜ける。
átgondol [他] 篤と考える, 熟考(熟慮)する, 十分に省察する。
átgondolt [形] 熟慮した。
áthág [他] (の制限を)踏み越す, 無視する；(法律を)犯す, に違反する。
áthágás [名] (道徳・法律上の)違反, 違背, 反則；法を犯すこと, 違警罪。
áthajóz [他] (…を)船で通る, 舟で運んで通る。[自] 舟で渡る, 船で航行する, 渡航する。
áthalad [自] 通りすぎる, 横ぎる, 通過する, 通る。
áthárít [他] (…に…を)押しつける；(責任を)転嫁する；(罪を)なすりつける；罪を免れる, 罪の弁解をする。
áthasonít [他] 同化させる, 一様にする。
áthasonítás [名] 同化させること；同化作用。
áthasonul [自] 同化する, 同化される。
áthat [他] (液体が)行きわたる, しみわたる；貫き入る, 侵入する, 押し入る；(光)さしこむ；(声)とおる；(比)(目的を)貫徹する。
átható [形] えぐる(貫く・刺す)ような；しみ通る, 透徹する, 鋭い。
áthatol [自] 障害を排して押し進む(押し寄せる)；貫き入る, 押し入る, 侵入する；(液体が)しみこむ。[他] (困難に打ちかって)目的を達する。
áthatolhatatlan [形] 通りぬけられない, しみこみにくい, 透しがたい；(比)推測しがたい。
áthelyez [他] 移す, おきかえる, 転移(転置)する；転任させる。

áthelyezés［名］移すこと；転置, 転移；転任, 転補；移転, 譲渡(権利などの)。

áthevül［自］しゃく熱する, 熱くなる；赤く熱して輝く；(比)情熱がたかまる。

áthidal［他］(の上に)橋を架ける；(比)橋渡しする, 調停する, 和解する。

áthidalhatatlan［形］橋渡しできない, 渡れない, 越せない；克服できない, 打ち勝ちがたい。

áthoz［他］(あちら, またはこちらへ)もたらす(持ち行く)；持ち越える, 向こうへ渡す, 越えて運ぶ；(数)転項(移項)する。

áthúz［他］(こちら, またはあっちへ)引く, 引き寄せる；(文字を)線で引いて消す, まっ殺する；(ベッドの)シーツを取りかえる。

áthúzódik［自］貫通する；延び広がる, 連合する；(軍隊・行列などが)通過する, ひいて通る。

áthűl［自］風邪をひく, 風邪にかかる。

átír［他］書き換える, 書き改める；(商)譲り渡す, 振り換える；登記する。

átírás［名］書き移すこと；写字, 転字；改訂, 編曲；(商)書きかえ(譲渡), 振替。

átírási［形］同上の。〔átírási díj, 書きかえ料, 振替料。〕

átirat[1]［名］書状, 書面；(公文)通ちょう, 訓令；(法王の)裁決書；(音)楽曲改作。

átirat[2]［他］(…を…に)譲る, 譲渡する。

átismétel［他］くり返す, 復習(練習)する。

átjár［他］くまなく透る, しみ渡る, 透徹する；貫徹させる, 行き渡らせる, 普及させる；向こうへ行く, 渡る；通り抜ける, 貫き通る, 通過する；(液体が)しみとおる；(水が)漏る, もれる。〔a hideg átjárja a testet, 寒さが身にしみる。〕

átjárás［名］→ **átkelés**. 通行, 通過；通路, 門；(建)廊下；(商)通過運送(外貨の)。

átjáró［名］通路, 門, 歩いて通る所；渡船場；(建)廊下；狭い道, あい路, 峠道, 間道。

átjön［自］こちらへ来る。

átjut［自］(あちら, またはこちら側へ)横切って行く, 達する, 届く, 着く, 至る。

átkapcsol［他］(転路器・換路器・スイッチなどを)変える；(電話を)切りかえる；速力を調整する；繰り合わせる。

átlép

átkarol［他］抱く，抱擁する；(に)抱きつく，すがりつく；しっかりつかむ。〔egymást átkarolják, 互いに抱き合う。〕
átkel［自］(乗り物で)向こう岸へ渡る，とび越える；渡河(渡航)する；筏(いかだ)で渡る。
átkelés［名］越え渡ること，渡過；渡河，渡洋，渡航。
átkos［形］のろうべき，憎むべき，のろわれた，たたりを受けた。
átkoz［他］(誰の災害を)願う，のろう，呪詛(じゅそ)する。［自］(口汚く)ののしる，毒づく，のろう。
átkozódás［名］(口汚く)ののしること，毒づくこと，のろうこと；悪口雑言。
átkozódik［自］(…に向かって)のろいの声を発する，のろう；(口汚く)ののしる，毒づく。
átkozott［形］のろわれた，いまいましい，罰あたりの。
átköltözés［名］移住，移転，引っ越し。
átköltözik［自］移住(移転)する，引っ越す。
átkutat［他］くまなくそう索する，探しまわる；(厳重に)検査する。
átküld［他］向こうへ送る，送付(発送・送達)する。
átlag［名］平均。［副］平均して，概して。
átlagár［名］平均価格，平均値段，普通値段。
átlagos［形］平均の。〔átlagos ár, 平均価。átlagos érték, 平均値。átlagos összeg, 平均額。〕
átlagosan［副］平均して，概して。
Atlanti-óceán［固］大西洋。
átlapoz［他］(全部を通じて)ページをめくる，ざっと目を通す，通覧する，一覧する。
atlasz[1]［名］地図帳。
atlasz[2]［名］(織)しゅす。
átlát［他］透かして見る，見抜く，洞察する，見破る，看破する；見渡す，展望する；概観する，通観する。
átláthatatlan［形］見透かされない，不透明の。
átlátszatlan［形］不透明の。
átlátszik［自］透き通る，間から照る，照り通る，輝き透かす。
átlátszó［形］見通される，透明な，清澄な；(比)明せきな，透徹した；たやすく見透かし得る，見え透いた(口実など)。〔átlátszó kép, 透視画，すかしえ(透かし絵)。〕
átlép［他］［自］越して行く，歩み越える，足を踏み入れる，

立ち入る；(比)違反する；転向(改宗)する；移り行く，(他党に)移る；踏み切る，渡河する；敷居をまたぐ，またげる；(水が)あふれる。

atléta [名] 競技者，運動選手，力技者。

átló [名] (幾)対角線，斜線；(坑)斜坑。

átlő [他] 射通す，射抜く。

átlyukaszt [他] 穴をあける，打ち抜く；穴だらけにする；(鉄)(切符に)パンチを入れる；(比)(法律を)犯す。

átmászik [自] (壁などを)よじ登って越す，這っ(はらばっ)て通り抜ける。

átmegy [自] 移り行く，移る，変る；通り抜ける，通過する；横ぎる，横断する；(川を)渡る，他の側に移る；(比)(学校・試験を)終了する。

átmelegít [他] 十分に温める，よく温める，熱を行きわたらせる。

átmelegszik [自] よく温まる，十分に温まる；身体がよく温まる。

átmenet, átmenetel [名] 通行，移行，過渡；(商)通過；(比)推移，変遷，経過；移り目，過渡期；通路。

átmeneti [形] 通過する，一時的の，過渡的の。〔átmeneti forgalom, 通過貿易。átmeneti időszak, 過渡時代，過渡期。átmeneti intézkedés, (法)暫定規則，経過規定。átmeneti kereskedés, 通過商業，通過貿易。átmeneti korszak, 過渡期。átmeneti vám, 通過税。〕

átmérő [名] (数)直径；(兵)口径；(物)鏡径。

átmetsz [他] 切断する，たつ，切る；交差する，横切る。

átmetszés [名] 切ること，切断；交差，交切(点)；直径；(建)断面，断面図。

átnedvesít [他] 十分にぬらす，すっかりぬらす，すっかり湿す。

átnéz [他] 通して見る，のぞき見る；十分に見る，し細に検する；洞見(どうけん～見抜く)する；校閲(校正)する；書類に目を通す，閲読する。[自] 見やる，見渡す，視線を向ける。

átnyergel [他] くら(鞍)を換える；(比)商売(職業)をかえる；意見をかえる。

átnyújt [他] 引き渡す，手渡す，譲渡する；差し出す，提出する；捧呈(贈呈)する。

átnyúlik [自] (…にまで)達する, 届く, 及ぶ。
átok (目 átkot) [名]のろい, 呪詛(じゅそ);(聖)冒瀆(ぼうとく), たたり, 天罰;のろいの言葉, ののしり, 悪たい;(宗)破門。〔birodalmi átok, 国外追放。egyházi átok, 教会破門, 呪逐。〕
átolvas [他] 読み通す, 通読する, 読過する。
atom [名] (理)原子, 極微分子。
atomenergia [名] 原子力。
atomerőmű [名] 原子力発電所。
atomfegyver [名] 核兵器。
átölel [他] → átkarol. 抱擁する。
átöltözik, átöltözködik [自] 着替える, 更衣する。
átöltöztet [他] 着替えさせる, 更衣させる, 身仕度をかえさせる。
átpártol [自] 転向する,他党に組みする;敵に投ずる,裏切る。
átpártolás [名] 転向する(裏切る・敵方に投ずる)こと。
átrak [他] (荷を)積み換える;包み換える, 詰め直す。
átrakás [名] 積み換えること, 転載;包み換える(詰め直す)こと;荷造りの仕直し。
átrepül [自][他] (飛行機などが)飛び越える;飛んで過ぎる, 疾過する;(比)急いで読みおえる, 素読する。〔átrepülni a Csendes-óceánt, 太平洋を横断飛行する。〕
átruház [他] 譲渡する, 書き換える, 振り替える;委ねる, 任せる, 委任する。
átruházás [名] 譲り渡し, 譲渡, 引き渡し;委任, 委付;書きかえ(名義などの);振替。
átruházható [形] 譲渡し得る, 書き換え得る, 譲渡性の。〔át nem ruházható, 譲渡の出来ない。〕
átsiet [自] (向こう側へ)急いで行く, 急いで越す。
átsiklik [自] あっちへ滑る, 滑り落ちる, 滑走する。
átsuhan [自] 急ぎ去る, す早く逃げる;こっそり通りすぎる, ひそかに通過する, かすめ去る。
átsül [自] 芯まで焙(あぶ)られる。
átsüt [他] よくあぶる, 十分にあぶる;あまねく照らす。
átszáll [自] (鉄)乗り換える;(飛行機)飛び過ぎる, 飛んで越す(山や海などを)。
átszállás [名] 同上のこと。

átszállít [他] あちらへ渡す, 引き渡す；あちらへ運ぶ, 送り渡す, 送付する。
átszállóhely [名] 乗換場所。
átszámít [他] 換算する；両替する。
átszámítás [名] 換算, 両替。
átszitál [他] → **átrostál**. ふるい分ける, こす。
átszökik [自] とんで抜ける, 向こうに走る；(兵)(敵側に)降る, 投降する；脱営(逃亡)する。
átszúr [他] 刺し通す, 突き刺す, 突き貫く, 穴をあける。
átszűr [他] ろか(濾過)する, こ(漉)す, しみ通す。
áttekint [他] (上を)見渡す, 通観(概観・展望)する, ざっと目を通す。
áttekintés [名] 同上のこと；見通し, 展望, 概観；通覧, 一覧；(比)検閲, 閲読, 校正。
áttekinthető [形] 見渡し得る, 一目瞭然の, 要領を得た, 簡明な；(比)理解しやすい, 包括的。
áttelel [自] 冬を越す, 冬ごもりする, 冬眠する, 越年する。
áttér [自] 宗教をかえる, 改宗する；(比)(裏切って)敵方に投ずる。
átterjed [自] (…に)手をつける, 干渉する, 侵害する；(病気が)伝染する；(火が)移り広がる。
áttesz [他] 運び移す, 移転する, 譲渡する；移す, 運送する；転写する；肩を換える；移牒(いちょう)する；転任させる；追放する；(商)繰り越す。
áttétel [名] (商)繰り越し, 繰越金；(文)語の転置；移転, 譲渡；引渡, 授与, 委託；(医)転移。
áttetszik [自] 間から照り通る, すき徹る；(比)それと察せられる, 見え透く。
áttetsző [形] 半透明の；すきとおった。
áttör [他] (兵)破り開く, 突き破る, 突破する, 囲みを破る, 封鎖を破る；(壁に)穴をあける。[自] 血路を開く, 破り出る；(花が)咲く；(河川が)あふれる, はんらんする。
áttörés [名] (兵)突破, 突入, 侵入；血路を開くこと；はんらん, 破壊。
áttüzesedik [自] 赤熱化する；(比)(感激して)燃え立つ。
átugrik [自] (濠を)飛び越す, 飛んで通り抜ける。
átúszik [自] 川を向こう側へ泳ぎ渡る, 泳ぎ越す；泳いで通る；(物が)流れ過ぎ去る。

átutal [他] 交付(譲渡)する；委任する；送る，送金する，振り込む；(商)(手形などを)裏書きする；振り替える，流用する。

átutalás [名] 指定，送致，送金；譲渡；振替；費目流用。

átutazás [名] 旅行通過，通過旅行，旅の道すがら。

átutazik [自] (旅行して)通過する，通過旅行する。

átutazó [名] 通過旅客，通りすがりの旅人。〔átutazóban [副]，通過旅行中，旅の道すがら。〕

átültet [他] (植)植えかえる，移植する；(比)(著作物を)翻訳する；(人間を)移す；(思想を)伝える。

átvág [他] 切断する，たち切る，切り開く，断ち割る；(比)一刀両断に解決する。

átvállal [他] (の義務を)負う，引き受ける，預かる；(責任を)担当する，請負う。

átvált [他] (…を…に)変える；(金を)両替する；(場所を)変える。

átváltozás [名] 変化，変更，改変，変動；変形，変態；変性。

átváltozik [自] → átalakul. 変わる，改まる，変化する。

átváltoztat [他] → átalakít. 変更(改変)する；(文)変化させる。

átvergődik [自] 重荷をおろす，一厄(わざわい)をすます，難場を切り抜ける；困難に打勝つ。

átvesz [他] 引き受ける，預る，請負う，担当する，引きつぐ，発言する。

átvétel [名] 引受，引つぎ，担当，請負；受取，受領。

átvevő [名] 引受人，引継人，請負人；名宛人，受取人，受領者。

átvezet [他] (…を通って)向こうへ(又はこちらへ)渡す(運ぶ・手引きする・案内する)。[自] (河川を)横切る；(山を)越える。

átvirraszt [他] 寝ずに過ごす，徹夜する。

átvisz [他] あちらへ(向こう側へ)持ち行く，運び移す，持ち越す，背負って渡る；(舟で)運ぶ，渡す；(簿記)繰り越す。

átvitel [名] 運送，運搬，引渡；(商)繰越(金)；通過，通航；移行。

átvitt [形] (商)繰り越した；翻訳した；(ラジオ)中継した；(文)転用の；転義の；字義通りでない, 比喩的な。〔átvitt értelem, 転義。átvitt értelemben, 転義にて, 比喩的意味で。〕

átvizsgál [他] 検査する, 精査する, 校閲する；(印)校正する；吟味する, 試験する。

átvizsgálás [名] 試験, 検査, 精査, 校閲；(印)校正, 校合；(法)再審。

átvonul [自] (軍隊・行列などが)通りすぎる, 通過する；のび広がる。

átvonulás [名] (軍隊・行列などの)通過；(渡り鳥の)移行。

atya (目 atyát) [名] 父, 親父, おやじ, おとうさん；(宗)教父, 霊父, 神父, 師。〔édes atya, 肉身の(実の)父。mostoha atya, 継父。atyámfiai！ わが同胞よ。atyáról rokon, 父方の血縁者, 近親。〕

atyafi [名] 近親者, 親戚の人, 同族の者；同国人, 同郷人。

atyafiság [名] → rokonság. 近親同族。

atyai [形] 父の；父方の；父らしい。

augusztus [名] 八月(アウグストゥス帝に捧げた月の義)。

Ausztrália [固] (地)オーストラリア(豪州)。

Ausztria [固] オーストリア(墺太利)国。

ausztriai [形] 同上の。[名] オーストリア人。

autó [名] 自動車, 車。

autóbusz [名] バス, 乗合自動車。

automata [名] 自動器, 自動販売器；自動販売式食堂；自動人形, ロボット。[形] 自動的の, 自動式の。

autópálya [名] 高速道路。

autópálya-csomópont [名] (高速道路の)インター(チェンジ)

autózik [自] 自動車を走らせる(運転する)。

avagy [接] …かまたは, …か或いは；しからざれば, さもなくば, それとも。

avar¹ [名] 荒れ地, 荒れ野原, 不毛の地；枯れ草, 枯れ葉；(植)すげの類。

avar² [名] (民族)アヴァル人。

avas [形] 古い, 腐った臭いのする, 悪臭をおびた(バターや脂

肪など)。
avasodik [自] 古くて腐臭を帯びる, 悪臭を放つ。
avat [他] (織物に蒸気を通じて)縮める；はらい清めて導き入れる；僧職を授ける；祝福する；祝って…の使用始めをする；秘密をあかす；聖人に列せしめる；(ナイトに)叙任する。〔lovaggá avat, ナイトに叙する。〕
avatás [名] 清め, 清祓；奉納；僧職授与；学位授与；昇進；献堂式(落成式・開校式・開通式)などを挙行すること；列聖式；司祭品級(叙任)；(秘けつの)伝授, 手ほどき；(布を)浸すこと。〔szentté avatás, 列聖式。〕
avatatlan [形] まだ秘伝を示されていない, その道の奥義に達しない；消息に通じない。[名] 門外漢, 局外者, しろうと；(宗)俗人(僧侶に対して)。
avult [形] 古くなった, すたれた, 時代おくれの。〔avult áru, すたれた商品, 古物。〕
az¹ [冠] 定冠詞；a をみよ。
az² [代] (目 azt) あれ, それ, かれ。
azaz [接] 即ち, つまり, いうこころは。
azért [接] そのために, それ故に, それだから, そのことで；そのような訳で, かかるが故に。
ázik [自] ぬれる, (湿気が)しみ出る；軟かくなる。〔könnytől ázva, 涙をたたえて, 両眼に涙をたたえて。〕
aznap [副] 当日, その日, 同日。
azonban [接] しかし, それでも, だが；それにしても, それでもなお；…ではあるが, それにもかかわらず。
azonnal [副] 直ちに, 直ぐに, 即刻, 即座に, 間もなく。
azonnali [形] 同上の。
azonos [形] 同一の, 同様の；違わない, 一致した。
azonosít [他] (…を…と)同一にする, 一致させる；同一視する；相違ないことを確かめる。
azonosság [名] 同一なること, そのものなること；相違ないこと；同一性；同様, 一致；(法)同一人(または物)であること。
ázott [形] ぬれた, びしょぬれの；ふやかされた。〔vértől ázott, 血塗れの, 血の滴る。〕
aztán [副] その後に, それから, その次に, そののち, さらに。
áztat [他] ぬらす, 湿らす, うるおす, 浸す, つける；(麻を)水につけて柔らかくする(浸漬する)。

azúrkék 54

azúrkék [形] 空色の, 紺碧の, 晴れ渡った。
Ázsia [固] アジア, 亜細亜。
ázsiai [形] アジアの。 [名] アジア人。
ázsió [名] (商)打歩, 利ざや, 差益；両替の差額；投機。

B

-ba, -be [尾] 内へ, 内部へ, 中へ；(方向)の方へ, に向かって。〔házba, 家の内部へ, マンションの中へ。Bécsbe, ウィーンに向かって, ウィーンへ。〕
bab [名] (植)豆(大豆, いんげん豆など)。〔futó bab, つる豆, いんげん豆。egy babot sem ér, 一銭の価値もない。〕
báb [名] 人形, あやつり人形, からくり人形；(比)他人にあやつられる人, でくの坊, かいらい；(動)さなぎ, 幼虫；(チェスの)駒(こま)；(スポーツ)九柱戯。〔mézes báb, コショウまたはハチミツ入りの菓子人形。〕
baba (目 babát) [名] ひな(雛), 人形；人形のように飾り立てた少女；赤ん坊, 嬰児(えいじ)；好きな友, 愛する女。〔babám, わがいとしき友, 恋人。〕
bába (目 bábát) [名] 産婆, 助産婦。〔vasorrú bába, (物語の)魔法使いの老女。〕
bábeli [形] バベルの。〔bábeli nyelvzavar, バベルの言語混乱。バベルの塔は言語混乱の表徴。旧約聖書創世紀十一参照。〕
babér [名] (植)月桂樹, 月桂樹の枝；(比)月桂冠, 栄冠；武勲, 栄光。
babérkoszorú [名] 月桂冠。
bábjáték [名] 人形をもてあそぶこと；人形芝居。
bableves [名] (料)豆入りのスープ, 豆スープ。
babona, babonaság [名] 迷信, 盲信, 盲目的信仰, 御幣かつぎ；魔法, 妖術。
babonás, babonáshitű [形] 迷信の, 迷信的, 盲信した。
babrál [自] たわむれる, ふざける；(指で)いじくる, ひねくる, もてあそぶ；些細なことにたずさわる。

bájos

bábszínház [名] あやつり人形劇場，人形芝居。
bábu [名] 人形，あやつり人形，木偶(でくのぼう)。
bacilus [名] (医)黴菌(ばいきん)，バクテリア。
bácsi, bácsika [名] おじさん，小父(おじ)さん(子供が年長者に対する親しみの呼びかけ)。
badarság [名] おろかなおしゃべり，たわごと，だ弁，むだ口；愚かさ，ばかなこと，無意味。
bádog [名] 金属の薄板，ブリキ，亜鉛板，とたん板。[形] ブリキ製の。〔fehér bádog, ブリキ板，すずびきブリキ。〕
bádogos [名] ブリキ屋，ブリキ職人。
bagoly (目 baglyot) [名] (鳥)フクロウ。
bágyadt [形] 疲れた，疲労した，衰弱した；生気のない，しょう然たる。
baj [名] 悪，害，禍；不幸，災やく，災難；苦痛，悩み，不快；病気，疾病；辛苦，労苦；(法)苦情，不平ごと；不自由，面倒，困難；(比)心的もんちゃく。〔mi a baj?, どこが悪いのか。mi a baja?, あなた(彼)はどこが悪いのですか。mi a bajod?, 君はどこが悪いですか。nekem semmi bajom, 私はどこも悪くない。minden embernek van baja, 誰にでもやっかいなことがある。bajt vív, 決闘する。〕
báj [名] 引きつける力，魅惑(力)，誘惑(女の)；愛らしさ，愛きょう，妖えん；優美，優雅，典雅，上品。
bajlódik [自] 悩む，苦しむ；骨を折る，辛苦する；努力する，苦闘する。
bajnok [名] 果たし合いをする者；闘士，戦士，勇士；(小説・劇などの)主人公，主役；(比)大立物，人物者；(闘牛における)うしあわせ者，闘牛士；(スポーツの)選手，チャンピオン；名人，大家。
bajnoki [形] 同上の；騎士らしい，英雄らしい，勇ましい；義きょう的の；チャンピオンの。
bajnokság [名] 勇敢なこと，豪勇；選手権；選手たること；大胆な行為。
bajor [形] バイエルン(バヴァリア)の。[名] バイエルン人。
Bajorország [固] バヴァリア(バイエルン)国。
bajos [形] 気むずかしい，無愛想の；煩わしい，やっかいな，不便な，困難な，面倒な；手に負えぬ，強情な，困った。
bájos [形] 魅惑する，魅力ある，快美の；愛きょうのある，愛

らしい，品のよい。
bajosan [副] 辛うじて，殆ど…ない；むずかしく，骨折って，やっとのことで。
bajtárs [名] 仲間，友人；(兵)戦友；同室者，僚友；同窓生，クラスメート。
bajusz [名] 口ひげ，鼻下ひげ；(動物の)ひげ；(植物の)巻きひげ(ぶどうなどの)。
bajuszos [形] 口ひげのある，口ひげの生えた。
bak [名] (動)雄山羊(おやぎ)；(有角四足獣の)牡または雄(を意味する語)；(天)磨羯(まかつ)宮(黄道帯の十二宮中の第十位)，獣帯の星座；(馬車の)御者台；(古の)拷問器具；(体操の)鞍馬。〔bakot lő，しくじる，失敗する，失策する。bakot tesz kertésszé，ネコにかつおぶし(鰹節)の番をさせる。〕
baka (目 bakát) [名] (兵)(編上げ靴をはいたハンガリーの)歩兵卒。
bakancs [名] ヒモでしめる靴(くつ)，編上げ靴の一種，(ハンガリーの)兵隊靴。
bakdácsol [自] (喜びで)とぶ，はね上がる，飛び踊る(兎のように)。
bakkecske [名] 雄山羊。
baklövés [名] 失策，失敗，へま，下手；誤り，間違い，誤びゅう。
baktat [自] のろのろ歩く，ぶらぶら歩く；ぐずつく，ぐずぐずする。
bal [形] 左の，左側の，左方の；左利きの；無器用な；あべこべの；つむじ曲がりの；不合理の，背理の；不運な失敗の。〔bal felé，左へ，左方へ，左側へ。bal felől，左方(左側)から；左翼の方から。bal oldal，左側。bal kéz，左手；左方，左側；左党(議会の)。〕[名] 左；左側，左方，左翼。
bál [名] 舞踏会。
bála [名] (商)(商品をズック等に包んでくくった)コリ(梱)，大包み；商品の数量の単位(例えば，紙の束など。)
Balaton [固] バラトン湖(ハンガリー最大の湖，598平方キロ)。
baleset [名] 意外のこと，不幸，事故，災害，傷害。
balesetbiztosítás [名] 傷害保険。

balett [名] バレエ，所作ごと，舞踊劇，無言行列劇。

balfogás [名] 失策(錯)，過失，しくじり，へま；誤びゅう，間違い；へた，無器用，拙劣。

balga [形] 愚かな，ばかげた；へたの，ぶざまな，無器用な。[名] ばか者，愚者，まぬけ。

baljóslatú [形] 凶事・わざわいを告げる，凶兆ある，縁起の悪い。

Balkán [固] (地)バルカン(半島)。

balkezes [形] 左利きの；(比)へたな，無器用な。[名] 左利きの人，ぎっちょ；無器用な人。

ballada [名] (元来は舞踏歌)，バラード，通俗歌，物語詩；小歌，俗謡。

ballag [自] ぶらぶら歩く，ぶらつく，漫歩する。

ballépés [名] 踏みはずし，つまずき；(比)失策，間違い，過失，失敗；(女の)不品行。

bálna (目 bálnát) [名] (動)鯨(クジラ)。

baloldal [名] 左側；(政)左党(野党席)；(兵)左翼；(海)左舷。

balsiker [名] 不成功，不結果，失敗。

balsors [名] 不幸，不運；災禍，災難。

balszerencse [名] → balsors.

balta (目 baltát) [名] 手おの，なた，まさかり。

bálvány [名] 偶像，神像，邪神，偽りの神；(比)崇拝の的，熱愛の的。

bálványoz [他] (…を)神として崇める；(誰を神の如く)尊崇する，景仰する。[自] 偶像を崇拝する。

balzsam [名] バルサム香油，香膏，リンス。

bamba [形] のろまの，愚直な，無知な，愚鈍な。[名] のろま，ばか，あほう。

bambusz [名] (植)竹。

bámészkodik [自] 口をあけて見とれる，ポカンと見とれる，あほうずらして見とれる。

bámul [他] びっくりして凝視する，おどろきあきれて見守る，口を開いて見とれる。[自] びっくりして眼を見張る，仰天する，怪しむ。

bámulatos [形] びっくりさせる，仰天させる，あ然たらしめる，驚嘆すべき，意外な。

-ban, -ben [尾] …おいて，の中に，の内に。〔a házban,

家の内で，マンションの中で。〕
bán¹ [名] (旧ハンガリー領クロアチアの)太守，総督。
bán² [他] (誰を)憐れむ，気の毒に思う，同情する；残念に思う，惜しむ，悔いる，後悔する。〔nagyon bánom, 非常に気の毒だ。nem bánom, それは何でもない，そんなことは一向に平気だ。〕
banán [名] (植)バナナ(芭蕉の実)。
bánásmód [名] 取り扱い方；待遇法；処理法；治療法。
bánat [名] 悲しみ，悲哀，悲愁，憂い，嘆き；(宗)悔悟，悔恨，傷心；気の毒に思うこと，同情すること，残念がること，遺憾の念。〔bánatában, 悲哀の中に，憂いて，傷心の余り。〕
bánatos [形] 悲しそうな，心配そうな，残念そうな，切なそうな；悲しめる，苦しめる，悩める，悔悟する；うれいに沈んだ，物悲しい，傷ましい。
banda (目 bandát) [名] (悪人の)群れ，一味，徒党；(音)楽隊；(兵の)一隊；(俳優の)一座。
bandita [名] 賊，悪漢；強盗，盗賊，山賊，馬賊，ひ賊，土ひ(匪)。
bandzsít [他] (…を)斜視で見る，横目で見る；やぶにらみする，ぬすみ見る。
bánik [自] (…と)関係がある，往来する，交際する；取扱う，接待する，待遇する；(厚・冷)遇する。〔jól bánik velünk, 彼は我々を好く扱ってくれる，厚遇する。〕
bank [名] 銀行；両替店；(カルタの)とばく台。
bankár [名] 銀行業者，銀行家；両替屋；財政家。
bankett [名] 供宴，宴会，盛宴。
bankjegy [名] 銀行紙幣，兌換券，銀行券。
bánkódik [自] 悩む，深く悲しむ，憂える，物思いに沈む。
bankszámla [名] 銀行の勘定書(計算書)；銀行口座。
bánt [他] (…を)煩わす，心配をさせる，悩ます，害する，苦しめる；心を傷つける，感情を傷つける，侮辱する，無礼を加える。〔nem bántom, 私は彼を煩わさぬ。ne bántsd!, お前は彼を苦しめるな！〕
bántalmas [形] (人の)感情を害する，侮辱的な，無(非)礼な，人の心を傷げる(言動など)。
bántalmaz [他] 感情を害する，無礼を加える，侮辱する，不快ならしめる，怒らせる；苦しめる，悩ます，いじめる，つら

くあたる。

bántalom [名] (心を)傷つけること；侮辱，無礼；煩わすこと；煩累，やっかい，苦労，心配；悩み，苦しみ，苦痛。

bántó [形] 感情を害する。侮辱的，無礼の；煩わす，妨害する，妨げになる(騒音)。

bánya (目 bányát) [名] 石切場；鉱山(坑)，炭坑；採鉱場。

bányász [名] 鉱山労働者，坑夫。

bányászat [名] 鉱山業，採鉱業；鉱業(に関する一切の事項)。

bányászik [他] [自] 鉱山を採掘する，鉱山から掘り出す；苦心して調べる。

bár [接] …にもかかわらず；…だけれども；たとえ…でも；よし…にもせよ；…ではあるが；…といえども。

barack [名] (植)杏(あんず)；桃(もも)の類。〔sárga barack, 黄色いあんず。őszi barack, 桃, 秋あんず。〕

barakk [名] (木造の)仮小屋，粗末な建物，掛小屋，バラック；(兵)仮兵舎，廠舎。

barangol [自] うろつきまわる，うろつく，歩きまわる，はいかいする，さすらう，流浪する。

bárány [名] (動)小羊；(比)小羊のように柔和な人(または動物)。

báránybőr [名] 小羊の皮。

bárányfelhő [名] 綿雲(わたぐも)；(天)巻雲。

bárányhimlő [名] (医)水疱瘡(みずぼうそう)；(獣医)羊痘，羊の疱瘡(ほうそう)。

barát¹ [名] 友人，朋友，仲間，友達；(俗)愛人，情人。

barát² [名] 修道者，僧侶，坊主。

baráti [形] 友人の；友誼的，友情ある，親愛なる，むつまじい，親切な，親しみある。〔baráti kör, 友人仲間；交友関係(範囲)，交友サークル。〕

barátkozik [自] (…と)親交を結ぶ，親しくなる；(…と)親しむ，慣れる；好きになる。

barátnő [名] 女性の友，女友だち；情婦，恋人。

barátság [名] 友人関係；友情，交情；親善，友誼，友愛，親交，なじみ；友人たち，知己。〔barátságban állok vele, 私は彼と懇意に，親交関係にある。〕

barátságos [形] 友情ある，友誼厚い，親愛な；親切な，

barátságtalan 60

好意ある，愛想のよい；なれなれしい。
barátságtalan［形］友情のない，不親切な，無愛想な，温かみのない；不快な，陰うつな。
barázda（目 barázdát）［名］（農）畦底(うねぞこ)，（ウネとウネとの間の)溝(みぞ)，畝溝(うねみぞ)；(比)皺(しわ)，折目；(工)条溝，蟻溝(ありみぞ)。
barbár［形］野蛮の，蛮的の，残忍な；(文)語法に反する。［名］野蛮人，蛮人。
bárca（目 bárcát）［名］札(ふだ)，教え札；合札，引換証，預り証；保険証券；付札，符帳，レッテル；(娼婦の)しるし(札)。
bárcsak［接］…でさえあれば；…なら良いのだが。(疑いを表わして)；…さえしたなら；せめて…ならば。
bárd¹［名］斧(おの)，まさかり，鉈(なた)；戦斧；肉切り包丁。
bárd²［名］(文学)(古代ケルト人の間における弾唱詩人)英雄詩人，歌う人。
bárdolatlan［形］荒けずりの，鉋(かんな)をかけない，研がない；(比)あらい，粗野な，無作法な，無骨な；野卑な，いなか風な。
bárgyú［形］愚直な，愚かな，間抜けた，低能な。
bárhol［副］どこであろうと。
bárhonnan［副］どこからでも。
bárhova, bárhová［副］どこへでも。
bárka（目 bárkát）［名］箱舟(ノアの箱舟)；小舟，はしけ，ボート，漁舟。
bárki, bárkicsoda［代］(たとえ)誰であろうと，どんな人でも，誰でも。
barlang［名］ほら穴，岩くつ，洞くつ，
bármely［代］どれ(どの人，どの物)であろうと(物・人)
bármennyi［形］どれだけであろうと(量)。
bármerre［形］どちらへであろうと(方向)。
bármi［代］何であろうと(物)。
bármikor［副］いつであろうと，いつでも(時期)。
bármilyen［形］如何なる種類であろうと，どんなであろうと(種類・性質)。
barna［形］かっ色の，茶色の，キツネ色の，トビ色の，トビかっ色の，浅黒の。

bátya

barnás [形] かっ色(トビ色)がかった，さび色の，赤茶色の，日に焼けた。
barnít [他] かっ色(トビ色)にする，茶色に染める；(顔を)日に焼けさせる；(鉄を)青銅色にする。
barnul [自] かっ色(トビ色)になる；日に焼ける。
báró [名] 男爵。
barom (目 barmot) [名] 家畜；有角家畜，牛類；(比)畜生同様の人，人非人。
barométer [名] 晴雨計，気圧計，バロメーター。
baromfi [名] (食用の)飼い鳥，家きん。
baromfiudvar [名] 養鶏場。
báróné [名] 男爵夫人。
bárónő [名] 女男爵。
báróság [名] 男爵の位階；男爵領。
basa (目 basát) [名] 旧トルコの総督または将軍の称号；(比)独裁者，暴君。
bástya (目 bástyát) [名] (兵)砦；(比)ひ護，守護，防衛；(西洋将棋の)塔形の駒(飛車に相当)；(海)後甲板。
basszus [名] (音)低音部；低音奏(唱)者；低音部楽器；低音，バス。
bátor [形] 勇気ある，勇ましい，勇敢な，大胆な，豪気の；(儀礼的形式に用いる)。〔leszek olyan bátor, 私は敢て…をする；…することを許されるだろう。〕[名] 勇者。
bátorít [他] 勇気を出させる，勇敢にする，元気をつける；気をひき立てる，励ます，鼓舞する。
bátorkodik [自] 敢て…をする，大胆にも…を為す，遠慮なく…する，厚かましくも…をする，失礼をも顧みず…する。〔bátorkodom önt felkérni, 失礼ですが，あなたに願
bátorság [名] 勇気，意気，鋭気；敢為，勇敢，大胆，度胸，豪勇；落ち着き，泰然たること，確信；図々しさ。
bátortalan [形] 勇気(元気)のない，気落ちした，気おくれした，無気力の；気の小さい，臆病な，へこたれた。
bátran [副] 大胆に，勇敢に，元気よく，意気揚々と，勇ましく；確信して，安心して。〔ezt bátran elhiheti, これを安心して信じてかまわない。〕
bátya (目 bátyát) [名] 兄；伯(叔)父；(比)(よその)小父(おじ)さん；好人物；遠縁の親類。〔bátyám uram, お

batyu 62

兄さん；おじさん；親類のおじさん。uram bátyám, 同上。〕

batyu [名] 行李(こうり)，包み，小包；手荷物，小荷物，旅行荷物，旅行かばん，行嚢(こうのう)。

bazár [名] 雑貨店，市場；勧工場；慈善市；バザール。

bazsarózsa [名] (植)しゃくやく(芍薬)。

-bb, -(a, e)bb [尾] 比較級のしるし。

be¹, bé [副] (こちらの)内へ，中へ；その中へ。

bead [他] 差し入れる；(薬を)服用させる，飲ませる；(窓からカギを)差し出す，渡す；(願書を)提出する；(訴訟を)提起する，告訴する；(城を)明け渡す，屈服する。〔beadja derekát, (…に)屈する，身を委ねる，降服する。〕

beadvány [名] 申請書，請願書，陳情書，願書，覚え書き。

beáll [自] (避難のためにどこへ)歩み入る，立ち入る；入社する；軍籍に入る，服役する；列に加わる，仲間になる，加入する；職につく；(どこに)姿を現わす，出席する；(夏・冬が)始まる，来る；(夜が)始まる，来る；(ドナウ川が)凍る，氷結する；(弁舌が)止まる，停まる，中断する；(磁針が)動かなくなる。〔az éj beállta előtt, 夜が始まる前。〕

beállít [他] (中に)置く，しまい込む，納める；(焦点を)合わせる；(…を)雇う；(兵)編入する；(工)調整する。[自] (…に突然)現われる，出現する，見える，出席する；ほろ酔いする。

beárul [他] (比)告訴する，告発する，届け出る；密告する，裏切る，そむく。

beás [他] 埋め隠す，土をかける，埋める；埋蔵する；埋葬する。〔beássa magát a fedezékbe, 避難所に隠れる。〕

beavat [他] (…を…の)奥義に通ぜしめる，秘密を教える，手解きをする；(…を…会に)引き入れる，導き入れる，紹介する；(何を)奉納する；(誰を)聖職に任命する；上棟式をする；(橋の開通式などの)使い初め式をする；除幕式をする；(衣類の)着初めをする；(工)(毛織物の)光沢(つや)を消す。

beavatás [名] はらい清めて導き入れること；僧職を授けること；祝って使用を始めること；献堂式を行うこと；開通式または奉納式を行うこと；除幕式；開業式；(秘訣の)伝授，手ほどき。

beavatkozás [名] 干渉，口出し，手出し，おせっかいする

こと，関与すること。
beavatkozik［自］（…に）口出しする，さし出る，干渉する，おせっかいする。
beavatott［形］奥義に通じた；内情にあかるい，消息に通じた。［名］消息通。
beáztat［他］水に浸す，湿気を含ませる，ぬらす，潤（うる）おす；（麻類を）水につける，浸漬（しんし）する。
bebarangol［他］（…を）当てなくさまよう，漂泊する，遍歴する，走り回る，ぶらつく。
bebizonyít［他］証拠を示す，証拠だてる，立証する，実証する；（数）証明する。
bebizonyosodik［自］（真実なることが）証拠だてられる，確証される；表明される，判明する，判る。
bebocsát［他］入れる（通す）ことを許す，入場を許す。
beborít［他］おおう；かぶせる，かけふさぐ，掛ける，着せる。
beborul［自］暗くなる，曇る；（植）（キャベツ等が）リンゴ形の球（タマ）になる。
bebörtönöz［他］牢（ろうや）に入れる，投獄する；監禁する，幽閉する。
becéz［他］なでさする，愛ぶする，あまやかす，へつらう；愛称で呼ぶ。
becipel［他］（…を…へ）引きずり込む；（伝染病などを）輸入する，持ちこむ；（悪い結果を）背負いこむ，もたらす。
becs［名］価値；価格，値；評価；（比）尊重。〔vkit／vmit nagy becsben tart,（…または…）を尊重する。〕
Bécs［固］ウィーン市（オーストリアの首都）。
becsap［他］（戸をバタンと）閉める，（荒々しく）閉じる；押し売りする，つかませる，（何を）質入れする，抵当に入れる；一撃を加える；（…を）ごまかす，だます。［自］（雷が）落ちかかる，落雷する；（軍隊が敵国に）侵入する。
becsenget［他］ベル（鈴）を鳴らして（…の開始を）告げる；ベルを鳴らして（誰を）呼び入れる。［自］（入るために）鈴が鳴る。
becsepegtet［他］（眼薬などを）滴注する，そそぐ，滴り込ませる，一滴ずつ注ぎこむ，浸みこませる。
becserél［他］とり換える，交換する；（商）（他の貨物と）交換して売る，交易する，貿易する。
becsérték［名］（商）評定価格，査定価格，評価（見積）

価格。
becses [形] 価値の多い，高価な；優れた，大切な，尊い，貴重な；尊敬すべき。〔becses sorait vettem, 貴書拝受。〕
bécsi [形] ウィーン(市)の。[名] ウィーン人。
becsinált [形] 煮込みの；塩または砂糖漬けにした。[名] 煮込み肉；塩または砂糖漬(物)。
becsíp [自] ほろ酔いする；酔っ払う，めいていする。[他] はさむ，締めつける，身動きもできないようにする。
becslés [名] 評価，見積，算定，査定。
becsmérel [他] 見くびる，軽視する，見下げる，けなす，くさす；とがめ立てする，非難する，中傷する，けちをつける。
becsomagol [他] (…を…の中に)包む，荷造りする，包装する。
becstelen [形] 名誉心のない，体面をかえりみぬ，卑劣な，破廉恥な；不名誉な，恥ずべき，卑しい；価値のない，つまらぬ。
becstelenség [名] 恥ずべきこと；不面目，不名誉；卑劣，破廉恥；同上の行為。
becsuk [他] (戸を)閉める，とざす，ふさぐ；押し込める，監禁する，幽閉する。
becsúszik [自] はいりこむ，滑り込む，潜入する，そっと忍びこむ，巧くもぐり込む。
becsül [他] 敬う，重んずる，貴ぶ，尊敬する，尊重する；鑑定する；査定する；評価する，見積もる。〔nagyra (sokra) becsül, 大いに尊敬する。kevésre becsül, 軽視する，軽侮する。〕
becsület [名] 名誉，体面，面目；信用；名望，栄誉，光栄；尊敬，敬意；節操，貞節；名誉の地位，名誉上の成功；行儀正しいこと，礼節にかなうこと，丁重，丁寧。〔becsületbe vágó, 名誉に係わる；名誉き損の，ひぼう的，そしる。becsületbe vágó dolog, 名誉にかかわる事柄。becsületemre, 私の名誉にかけて，誓って。〕
becsületes [形] 正直な，誠実な，まじめの；見苦しくない，正々堂々の；尊敬を受けるに足る，尊敬すべき，名望ある，信用ある。
becsületsértés [名] 名誉き損，ひぼう，そしり，中傷，侮

辱。

becsületszó [名] 名誉にかけての言葉(約束, 言明), 誓言, 誓約, 男子の一言。〔becsületszavát adja, 彼は誓約する, 彼は名誉にかけて誓う。becsületszavamra, 私は誓って言う, 余の名誉(体面)にかけて誓う。〕

becsüs [名] 鑑定人, 評価人, 査定人, 見積人。

becsvágy [名] 名誉心, 功名心, 名聞心；野心, 野望, 覇気。

becsvágyó [形] 名誉心の強い, 功名心の盛んな, 野心ある。

bedob [他] (…の内へ)投げ込む, 投げ入れる；ぶち込む, 打ちつける；(窓の外から石を)投げて砕く, 割る。

bedől [自] つぶれる, くずれる, 崩壊する；墜落する；おち込む, 陥没する；没落する；飛び込む, 突進(入)する；(俗)(ワナに)落ち込む。

bedug [他] (…で開き口を)ふさぐ；(…を…に)差し込む, 詰め込む, 詰め物をする；(入口から頭を)入れる, のぞく；(すき間を)ふさぐ。

bedugaszol [他] (ビンに)コルクせんをする, せんでふさぐ。

bedugul [自] (じゃ口などが)詰まる, ふさがる；(井戸が)枯れる, 尽きる；(医)秘結する。

beépít [他] (空地・地所に)建築する, 建て増しする；(家の内部に)建て増す, 取付ける；(建物で)ふさぐ, 建て囲む。

beér [他] 達する, 届く；(…に)追いつく, 及ぶ, 追及する, 比肩する。[自] (目標に)届く；(何で)満足する, 済ます；(何で)間に合う, 足りる, 十分である；(…と)和する, 親しくなる。〔ezzel beérem, これで私は満足だ。〕

beereszt [他] 入ること(入場)を許す；入らせる, 通す；(工)はめ込む；(諸色を)塗り立てる, 七宝を焼きつける；(床に蠟を)塗りこむ, ろう引きする。

beérkezés [名] 走り入ること；入来, 入場；到着；(比)入口, 戸口。

beérkezik [自] 走り入る, 入り来る；(汽車が)到着する；(手紙が)到来する, 届く；(商)(注文が)続々として来る。

beesik [自] 落ち込む；陥没する, 崩壊する；(光が)射し込む；(雨が)降り込む；(顔が)やせこける；(勝負事で)損をする, 失敗する。

beesteledik [自] 日暮れになる, 黄昏(たそがれ)時になる。

befagy［自］凍る，凍結する；(比)(計画が)中止になる，失敗に終る；(商)(信用が)凍結する，動きがとれなくなる，停滞する。

befalaz［他］(開き口や窓などを)障壁でふさぐ，壁で取り囲む；(…を)壁の内に押し込める，幽閉する。

befárad［自］(中へ，内へ入るべく)骨を折る，努力する，労する；苦労して入る。〔tessék befáradni, どうぞお入り下さい。〕

befecskendez［他］(医)注射する，注入する；(泥水を)はねかける，はね飛ばす；(比)(顔に)泥を塗る，面目をつぶす。

befed［他］おおう，かぶせる，蓋をする；(カワラで屋根を)葺(ふ)く；(農)(ブドウの樹を)被って保護する；(比)隠す，秘する；(兵)隠ぺいする。

befejez［他］成し終る；(訴訟を)終える，終了する；仕上げる，完成する，済ます，果たす；閉じる，閉める，閉鎖する。〔befejezte szavait, 彼は自分の言葉(話)を済ませた。〕

befejezés［名］結末をつけること；完了，終了，結末；結び，結論，結語；(戯曲の)大団円；(商)帳じめ，決算。

befejezetlen［形］仕遂げられない，完成しない，未完成の，未完の，未了の。

befejezett［形］仕遂げた，仕上げた，成就した，済まされた，終結した；完成した，完結した，完全な，まとまった；一致した，取り決められた，協定済みの。

befejeződik［自］完成する，仕上がる，出来上がる；結末がつく，落着する，終わる，終える。

befeketít［他］黒くする，暗くする；黒く塗る；(比)(誰の名を)汚す，けなす，くさす，悪しざまに言う，中傷する；(法)誣告(ぶこく)する。

befektet［他］(…の中に)置く，入れる；(赤児を揺籃・ゆりかごに)寝かせる；(商)投資する，出資する；設定する，敷設する。〔befektetett tőke, 投下資本，設備資本。〕

befektetés［名］設定，設置；(商)資本設定，投資；貸付，融通。

befelé［副］(…の)内の方へ，内側へ，内方へ，内へ，中へ。

befér［自］空席がある，場所がある；入れる，容れられる。

befest［他］色を塗る，染める，彩色する；なすりつける。

befészkel［自］根城を構える，みこしを据える，巣をつくる，巣くう，丸くなってひそむ；(比)定住する(不法に)。

befizet [他] 払い込む；預金する。
befog [他] (盗人を)閉じこめる，投獄する，取り押さえる；(馬を)馬車に繋駕(けいが)する；(…を重労働に)拘束してむりやりに働かせる；(水道のじゃ口を手で)締め鎖ざす，閉鎖する；(口を)閉じる(ふさぐ)，黙らせる；(死者の眼を)閉める，閉じる；指で自分の鼻をふさぐ。〔fogd be a szádat !, お前の口を締めよ。黙れ！〕
befogad [他] (…を社交団体に)迎える，待遇する，もてなす；収容する，入れる；採用する；泊める，宿らせる。
befogadóképesség [名] 収容力, 受容力；(商品の)消化能力。
befogó [名] (幾)直角三角形において直角をはさむ一辺。
befolyás [名] (水や川の)流れ込むこと；流れの蝟集(いしゅう)，流入，合流；(比)影響，感化；勢力，声望。〔befolyást gyakorol vkire, …に影響を及ぼす。〕
befolyásol [他] 影響を及ぼす，感化を及ぼす，作用する；(を)動かす，左右する；(に)干渉する。
befolyásos [形] 影響の多い，感化力のある；信用のある，有力な，声望ある。
befolyik [自] (水が室へ)流れ込む，注ぎ込む；(商)(金が)入って来る，収入がある；(注文が)続々と入って来る；(…に)影響を及ぼす；(何に)交ざる，交ざり合う。〔befolyt összeg, (一日の)売上高，収入高。〕
befordul [自] 内方へ振り向く；(馬車が溝の中へ)転げこむ，転覆する；(町角を内の方へ)曲がる；(vkihez) (…の家に)立寄る，客となる，訪ねる。
beforr [自] (医)傷が癒着する，瘢痕(はんこん)を形成する，傷がふさがる(治る)；(骨が)接合する。
beforraszt [他] (金属を)ハンダで付ける，接合(ろう接)する；(隙を)ハンダでふさぐ；(医)癒着させる。
befőtt [形] 煮詰めた。[名] 果物の砂糖煮，かん詰物。
befőz [他] (果物を)煮詰める；煮つめて貯蔵する。
befut [自] (汽車が)到着する；(船が)入港する；(…へ)逃げ避難する；(…へ)はせつける；有名になる。[他] はせまわる；(…経歴を)かけ登る；(水蒸気がガラスを)曇らせる，どんよりさせる；(植物が)生いかぶさる；(ツルが)巻きつく，からまる，からみつく。
befűt [他] 熱くする；(ストーブを)たく，もやす；(比)(…を)

カンカンに怒らせる,激怒させる。
befűz [他] (くつ・コルセットのヒモを)締める,結びつける,くくりつける,縛りつける;(針に糸を)通す,貫く;(本を)仮とじする。〔befűzi magát, コルセットで身体を締める。〕
béget [自] 嘶く,(羊,子羊が)メーとなく。
begombol [他] ボタンで締める,ボタンを掛ける;(金を)カクシに入れる,納める。
begörbít [他] (内側へ)曲げる,折り込む。
begubózik [自] (蚕が)蛹(さなぎ)になる;マユを作る,マユを結ぶ;(比)貝殻の中に入る。
begy [名] (鳥の)餌袋(えぶくろ);砂袋(砂のう);胃,胃部。〔az a fickó már régen a begyemben van, あいつには昔からうんざりしているのだ。〕
begyakorol [他] 練習して覚えこむ,暗記する;(ピアノを)けいこする,練習して覚えこむ;(兵)訓練して覚えさせる;慣れさせる。
begyógyul [自] (病気が)なおる;(傷が)癒える,癒着する。
begyújt [自] (ストーブを)たきつける,熱くする;(暖房の火を)起こす。[他] 点火する;(比)(…を)怒らせる。
begyűjt [他] よせ集める,集合させる;(投票を)取り集める;(農)(作物を)刈り入れる,取り入れる,収穫して家へ運ぶ。
behajlik [自] (内側へ)曲がる,折り込まれる。
behajóz [自][他] 巡航する;船に積み込む。
behajt [他] (家畜を小屋へ)追い込む;(債権を)取り立てる,回収する;(本のページや名刺の角を)内側へ端折る,折り込む;(比)(人を)追詰めて当惑させる。[自] (車で)乗り込む,乗り入れる。
behajthatatlan [形] 取戻(回復)しがたい,償いがたい(損失);未だ払ってない(罰金)。
behálóz [他] (…を)網にかける;(全国を鉄道網で)張りめぐらす;(…を)網で囲む,網にかける;(口車に)乗せる,ろう絡する,だまし誘う,ワナに掛ける。
behatás [名] しみこむこと;浸透,浸潤;作用,影響;感化力,勢力。
behatol [自] 侵入する,押し入る;攻め入る;貫通する,浸透する,浸入する;(比)(奥義を)きわめる。

behatolás［名］押し入ること；侵入，ちん入，あばれこみ；浸透，浸出；(比)秘密を突き止めること。

behavaz［他］(窓から)雪が降り込む；雪で閉じこめられる，雪に埋もれる，雪でふさがる。

beheged［自］→ beforr.（傷が）癒着する。

behív［他］（…を…の内へ）呼び入れる，招き入れる；(法廷へ)召喚する；(兵)召集する，呼び集める。

behívás［名］召喚；(兵)召集，呼集。

behívó［名］(国会などの)召集状；(兵)召集令。

behízeleg［他］(behízelgi magát)（…にこびて）巧みに取り入る，うまくもぐり込む。

behódol［自］（…に）従う，屈する，服従する，帰順する；(兵)降服する。

behord［他］(収穫物を納屋に)運び入れる，搬入する；(靴が泥を室内に)持ち込む；(ミツバチが蜜を巣箱に)運びこむ，貯える；(外国思想を)持って来る，引き入れる。

behorpad［自］(箱の蓋が)へこむ，くぼむ；(墓が)ひっこむ，落ち込む，入り込む；押し入れられる，押し込まれる。

behoz［他］持ち込む，引き込む；連れ込む，導き入れる；(習慣を)持ち来る，採用する；(商)利益をもたらす；輸入する；(資本を)導入する；(遅滞を)取り返す，ばん回する，追いつく。

behozatal［名］引入れ，引入り；(商)搬入，入荷；入金；輸入。

behuny［他］(眼を)閉じる，つぶる，締める，閉鎖する。〔(比) behunyja a szemét, 彼はその目を閉じる；彼は死す。〕

behurcol［他］（…をどこへ）ひきずり込む，もたらす；(比)(悪病を)背負い込む；密輸入する。

behúz［他］(車などを庭へ)引っ込める；(頭を)引っ込ませる；(肩を・腹を)すぼめる；（…に革・布を）張る，おおう，敷く；(ドアを)引いて締める；(金を)回収する，取り立てる；(法)取り押える，没収する。

behűt［他］冷やす，さます，つめたくする，冷却する，凍らせる；(比)静まらせる；冷淡にする。

beidéz［他］(法廷へ)召喚する；(公判の時間を)指定する。

beigazít［他］(納まるべき所に向ける)調整する，具合よくする；(時計を)合わせる，整える；(写真機や大砲の度を)合わせる，調節する；整頓・整理する，配置する；処理する，仕

beigazolódik

組む；(道を)指示する。
beigazolódik [自] 証明される，立証される，表明される，分明する。
beiktat [他] 書き込む，記入する；(登記簿に)記入する，登録する；(新聞などに広告を)そう入する，差し込む；(法律を)公布する；(官公吏を)任命する；(僧職を)授与する。
beilleszt [他] (…を)整え合わせる，適合させる，順応させる；(工)はめ込む，接合する；(広告を)そう入する；(着物の)寸法を合わせる。
beillik [自] 適する，適合する；(兵士に)適当する；(衣類が)合う，似合う；つり合う，かなう，ふさわしい；気に入る。
beír [他] 書き入れる，記入する，書き込む，記帳する；登記する，登録する；(入学を)許可する；(…に)編入する。
beirat [他] 書き込ませる，記入させる；登記させる；(大学へ)入れる。
beiratkozás [名] 記入，記載；登記(録)；(大学への)入学；入社；入会。
beiratkozik [自] (何に)記入する；(学校に)入学する；(協会に)入会する；(会社に)入社する。
beismer [他] 是認する，許容する；(進んで)認める；(罪を)自白する，白状(告白)する；(商)(受け取ったことを)認める，証明する。
bejár [他] (世界を)遍歴する，回遊する，はいかいする；(順次に)訪れる，行く；(噂が)伝わる。[自] (…へ度々)出入りする，訪問する；(乗物で)出入りする；出入を許されている。
bejárat [名] (…への)入口，戸口，玄関；(…への)入路(いりみち)，近寄，接近；取付，最初，始め；入るのを許すこと。
bejáratos [形] (ある所へ)出入りを許されている，入ることの許しある，入場自由の。
bejegyez [他] 書き入れる，記入する，記帳する；登記する；付記する；書き留める。
bejelent [他] (訪問などを)告げる，予告する；届出をする，申告する；(…に…について)知らせる，報知(通知)する；言いつける，告げ口する；(法)告発する，告訴する。
bejelentés [名] 申立，申告，届出；予告，通知，報告；催告；(商)通知書，案内書；(法)通告，告示，布達。
bejelentő-hivatal [名] 外国人の到着届出所；戸籍役場；(兵)志願兵受付所。

bejelentőlap [名] (外人の)到着申告用紙；届出用紙，通知票。

bejön [自] 入る，入って来る，入来する，到来する，到着する；(河・海に)流れ入る；(収入金が)入る；(競馬がゴールに)走り入る。

bejut [自] (…に)入り込む，到着する；(選挙で)当選する；(地位を)得る；(決勝戦に)入る；入るを許される，入場許可を得る。

béka [名] (動)カワズ(蛙)，がま，青がえる。〔béka-egérharc, カエルとネズミの合戦(イリアスに模して作ったギリシャ史詩)。〕

bekanyarodik [自] (内へ)曲がる，折れ込む，転ずる；(他の通りへ)曲り入る，差し掛かる，転じ込む；(船が方向を)転ずる；(道が)屈曲する(内側へ)。

bekap [他] かじりつく，ひっかむ；ぐっと飲みこむ，飲下する，はっと吸い込む；(中へ)引き付ける，回収する；(金を)受け取る，手に入れる。[自] …する習慣が出来る，…する癖がつく，…するように慣れる；酔う，めいていする。

bekapcsol [他] (ホック・ボタンを)掛ける；(木の枝に)つるす；(電流を)通ずる；(機械を)連結して運転させる；(電灯を)つける；(男女を)取り持つ，なかだちする；結び付ける，仮とじする。

béke (目 békét) [名] 平和，和ぼく，講和；和合，親和，親ぼく；安心，安楽，安泰，安寧，泰平；平時。〔békén él, 和合生活する，仲よく暮らす。békével elbocsát, 平和的に解雇する。〕

bekebelez [他] (国土を)合併する，合体(編入)する；(土地台帳に)登記する；(比)かっさらう，かっぱらう，くすねる，盗む；丸のみにする，飲み込む；暴飲暴食する。

békejobb [名] 平和(和合)への右手を伸ばすこと；和合の手打ち(約束の印)；和ぼく。〔békejobbot nyújt, (…に)和合の印しとして右手を差出す，(…に)和ぼくを申し込む。〕

békekötés [名] 講和の締結；平和条約。

békéltet [他] なだめる，慰ぶする；調停する，和解させる，とり成す，平和を回復させる；静める，和らげる。

beken [他] (…で…を)塗る；(壁に白粉を)塗り込む；(滑車に油を)すりつける，こすりつける。〔magát bekeni, 体

に油や色などをすりつける，塗り込む。〕

bekeretez［他］額縁をつける，額に入れる，額にする；取囲む；組み入れる。

békés［形］平和の，平和的；平和を好む，和協的，争いを好まぬ；おとなしい，穏和な，静かな；(法)妥協的，和平の，親ぼくの。〔békés természetű, 争いを好まない性格の，和協的志向の。békés úton, 和協的方法で，友誼的に，和解によって。〕

békeség［名］平和を好むこと；親ぼく，和平；平和な時代，平時；(宗)やわらぎを求めること。

békeszerető［形］平和を愛する，平和を求める；温和な，おとなしい。

békeszerződés［名］平和条約。

béketárgyalás［名］和議の折衝，講和会議。

békétlen［形］不満な，不平な，不穏な，不安な；落ち着かない，平和でない，争いを好む，ケンカ好きの。［名］不平家。

béketűrő［形］根気のよい，辛抱強い，堅忍の；寛容な。

bekezdés［名］(印)改行，新しい段落；(法律・論文の) 項，節，段，章句。

békít［他］(怒りなどを)鎮める，静める，和らげる，なだめる，慰ぶする；仲直りさせる，和解させる，調停する，取り成す。

béklyó, békó［名］枷(かせ)，足かせ，鎖(くさり) (獣類の足をつなぐ)；(比)きずな，束縛。〔béklyóba ver(vet), かせを掛ける。〕

bekopogtat［他］(ドアを)たたく，ノックする；(クギを槌で)打ちつける，たたいて付ける，打ち込む；ちょっと立ち寄る。

beköltözik［自］移住する，引っ越す；引き移り来る。

beköszönt［自］(…の宅に)あいさつに歩み入る，立ち寄る；(どこに)姿を現わす，出席する；(役人が職務に)就任する，就任演説(あいさつ)をする；(季節が)訪れて来る。〔beköszöntött a tavasz, 春が訪れた。〕

beköt［他］(袋の口を)結んで締める；(本を…で)くくる，表紙をつける，製本する；(傷を)包帯する；(布で顔を)くるむ，目隠しをする；結び合わせる，結合する；(馬を小屋に)結びつける；(河岸に船を)繋留する；(比)(…に)感謝の義務を負わせる，恩義を施す。

bekötöz［他］何度も結んで締める；くるむ；包帯する。

bekövetkezik [自] 歩み入る；結果として起こる，随って起こる；(予期通りに)行われる，実現する；(予想が)本当になる，的中する。

békül [自] (…と)仲直りする，和解する；(…で)なだめられる，静まる。

beküld [他] つかわす，差遣する；送り届ける，送達する；投書する，寄書する；引き渡す，差し出す(郵便局などに)；交付する，納入する。

békülékeny [形] 融和的，和解的，なだめうる，妥協的，折合う，平和的，平穏な，穏便な。

bél (複 **belek**) [名] (解)腸，腸管，内臓；(果物の)核，心(しん)，果心；(ローソクやランプの)心(しん)；パンの軟らかい中味；(果物の)果肉；(比)内部の物。

belát [自] の中を見る，のぞく；見える，見えてくる。[他] 見抜く，(心を)どう察する；見分ける；見通しをつける，先見する；認識する，自認する；展望する，大局から考える。

belátás [名] のぞきこむこと，見入ること；どう察，見解；検分，考察；理解(力)，判断，さとり；思慮；認識。〔legjobb belátása szerint，ご随意に。〕

beláthatatlan [形] 予想の出来ない，見極めのつかない；測りがたい，際限のない，広大な。

belátható [形] 眼の利く，見得る，見易い；認め得る，予知し得る；(時間)近い中に；(比)理解ある，分別に富む。

belátó [形] 眼の利く；理解力ある，どう察力ある，物のわかる，分別に富む。

bele [副] …の内の方へ，内に；…の中へ，の中に。

belé, beléje [副] その中へ，その中に，その中の方へ。

beleakad [自] (…に)引っ掛かったままである，つり下っている，たれている，付着している；(…に)ぶつかる，衝突する，つまずく；(ジュウタンに足が)引っ掛かる；(比)懸案になっている，停滞している。

belebeszél [自] (ラジオ放送機などに)向かって話す，吹き込む；(他人の話を)さえぎる，(他人の話し中に)発言する；(他人の話に)干渉する。

belebocsátkozik [自] (…に)掛り合う；(事件の渦中に)投ずる，身を投ずる；(事業に)たずさわる，関与する，関係する。

belebolondul [自] (…に)夢中になる；(…に)ほれ込む；

belebotlik

(に)惑できする, 馬鹿になる。

belebotlik [自] (…に)ぶつかる, 衝突する；つまずいて転ぶ, つまずく；ばったり会う, たまたま知り合う；(比)失脚する, 失策する, 落ち込む。

belebújik [自] (…の中に)滑り込む, 忍び込む, 隠れこむ；(背広の中に入りこむ)背広を着る；(…に)入り込む, うずくまる。〔belebújt az ördög, 彼は悪魔に取りつかれている。〕

beleegyezés [名] 一致すること；承諾, 同意, 応諾, 賛成；許可, 認可。

beleegyezik [自] (…に)同意する, 承諾する。

beleél [他] (beleéli magát)(…に)順応する, 服する, 従う；…を運命と諦める；(…に)熟達する, 通暁する；(…に)身を適合させる, 慣れる。

beleértve [副] (…を…に)含めて, くるめて；合して, 算入して, 加算して。

belefárad [自] (…に)骨を折る, 疲労する, 疲れる；(…に)あきる, 退屈する, 嫌悪する。

belefog [自] (…に)手をつける, 取り掛かる, 着手する, 従事する(仕事に)；(馬が車に)繋がれる；(比)(…との)関係を生ずる；からむ。

belefojt [他] でき死させる, おぼれさす；窒息させる。〔szót belefojt)黙らせる；(…を)はねつける, きびしくことわる。〕

belefolyik [自] → befolyik. …に注ぐ, …に流れ入る；加わる。

belefúj [自] (ラッパなどに息を)吹き込む, 吹き鳴らす；(比)耳語する, そそのかす；(布に)鼻をかむ。

belefullad [自] (水に)おぼれる, でき死する；窒息する, 気絶する。

belegabalyodik [自] (…に)惑わされる, 引っ掛かる；(問題に)困らせられる, 引っ掛かる；(…に)夢中になる, のぼせる, ほれこむ。

belehal (vmibe) [自] (…で)死ぬ；(病気・負傷などのために)死す。〔a vízbe belehal, 水中に死す, でき死する。〕

beleharap [自] (…に)食いつく, かみつく。

beleilleszkedik [自] (環境に)順応する, 適応する；(比)…の中に入る；加入する。

beleilleszt [他] (…を…の中に)はめこむ, 順応させる, 適合させる, 合わせる；くっつける, 接合する；しっかりさせる, 据え

付ける，取り付ける；向ける。
belekapaszkodik [自] (…に)すがりつく，しがみつく；かじりつく，ひっかかる，ひっつく，つかまえる。
belekeveredik [自] (…に)入り込む，介入する，混ざり合う；(比)(事件に)巻き込まれる，掛かり合いになる；干渉する，おせっかいする。
belekezd [自] (…に)とりかかる，着手する；始める，開始する。
beleköt [他] (…の中へ)くるめる，包む；結びつける，くくり付ける；合体する，からます。[自] (…と友好または敵対の)関係を生ずる，因縁をつける，けんか(口論)を吹っかける。
bélel [他] (…に)裏を付ける，被覆する；(ワタや毛を)詰める，綿入れにする；(工)(板で)かぶせる，装う。
belelát [他] (…の中を)見抜く，看破する，透徹する(心中・意図を)。
belemarkol (vmibe) [自] (何を)手一杯につかむ，充分につかむ，ひょと一つかみにつかむ。
belemegy [自] (…の中に)入る；(ある事件に)入り込む；(容器に)入る，容れられる；(会場に)入れる，席がある。
belemélyed [自] (…に)没頭する，沈潜する，専念する；(研究に)ふける；(…に)考え込む，沈思する。
belenyugszik [自] (…に)落ちつく，安んずる，甘んずる，満足する；(神の意思に)身を任せる，忍従する，あきらめる。
beleöl [他] (水に)おぼれ死なせる，でき死させる；(比)(金を事業に)つぎ込む，投資する。〔beleölte magát a vízbe, 彼は入水自殺をした。〕
beleömlik [自] (河川が海に)流れ込む，注ぐ。
belep [他] (…を)被う，おおう；(チリ・ホコリが着物を)おおう；(兵)隠蔽(いんぺい)・遮蔽(しゃへい)する。
belép [自] (部屋へ)入る，歩み入る；(軍隊に)入る；(会に・同盟に)加入する，会員となる。
belépés [名] 入ること；入場，入室，入会，入学；(事物の)生起，発生，開始；(比)初め，最初。
belépődíj [名] 入場料，木戸銭；入会金。
belépőjegy [名] 入場券，入場切符。
beleránt [他] (…の中に)引き込む，ひきずり入れる，巻添えを加わせる；合体させる，編入する；(…を不幸に)陥れる；(…を…に)引っ張り込む，つり込む；…の掛り合いにする，関

bélés 係させる；(…の心を)奪う，感動させる。

bélés [名] (衣服の)裏地，内側；(帽子・頭きんの)裏；(工)(壁の)被覆，表装。

belesül [自] 焼け通る；(ちょっと)停滞する，差しつまる；(談話中に言葉が)つまる，立往生する；(討論中に)混乱する，もつれる，失敗する；(役者がその役において)しばし立往生する。

beleszámít [他] 〔beleszámítva, 含めて，算入して(費用などを)。〕

beleszeret [自] (…に)惑溺する，ほれこむ，懸想する，ほれる，恋する。

beleszól [自] (談話中に)発言する，言葉をはさむ，容かい・口出しする；(…の言葉を)さえぎる，(に)干渉する。

beletalál (vmibe) [自] (目標に)届く，達する。〔pontosan beletalál a célba, 正確に)目標に命中する；(予想が)当る，実現する，本当になる。〕[他] (beletalálja magát vmibe) (…に)耐える，忍ぶ，あきらめる；慣れる，順応する；通じる，勝手が分かる。

beletanul [自] (…に)慣れる，熟達する，通暁する，通じている；覚え込む，習得する，深く研究する。

beletelik [自] → telik. (時が)過ぎ行く，経過する，かかる，必要である。〔beletelik abba egy év is, それには一年もかかる。〕

beletesz [他] (…の中に)置く，入れる，容れる；(花びんに花を)差し込む；はめる。

beletörik [自] (…の中で)砕ける，破れる，折れる；(キリが…の中に)めり込む，刺さり込んだままになる；(ナイフの刃が)欠ける，折れる；いやいや慣れる。

beletörődik [自] (…に)従う，順応する，耐え忍ぶ，あきらめる。

beleun(vmibe) [自] (…に)退屈する，飽きる，うむ，いやになる。

belevág [自] (…の中に)切り込む；(おのを樹に)突っ込む；(…に)襲いかかる，切りこむ；(雷が家に)落ちる；(指を)切り落とす；(比)(新企業を)思い切ってやってみる，敢行する；(他人の話に)言葉をはさむ，話をさえぎる。〔beszédbe belevág, 話に口をはさむ。〕

belever [他] (…の中に)たたき込む，打ち込む，押し込む；

押して型をつける, 打刻する, 押なつする; (比)(心に)留めさせる。

belevesz [他] (beleveszi magát)(寄生虫が…の中に)身をおく, 隠れこむ, 巣食う, 巣を作る;(香気が)しみ込む;(比)(不法に)定住する;地歩を占める, 勢力を得る;(…を何の中に)置く, 含める。

bélféreg [名] (動)回虫, 腸虫。
belföld [名] 内国, 国内, 内地。
belföldi [形] 国内の, 内地の。[名] 国内人, 内地人。
belga [形] ベルギーの。[名] ベルギー人。
Belgium [固] ベルギー(国)。
bélgörcs [名] (医)神経性腸痙れん, (腸の)疝痛(せんつう～せん気の痛み)。
belgyógyász [名] 内科医。
belgyógyászat [名] 内科医学, 内科。
belkereskedelem [名] 国内商業。
belőle [副] 彼の(その)中から。
belpolitika [名] 内政, 内治。
bélsár [名] ふん便, 排せつ物;(医)人ふん。
belső [形] 内の, 中の, 内部の, 内側の, 内面の;奥の;精神的の;心からの, 親密な, 衷心よりの。〔belső baj, 内科病。belső barát, 腹心の友, 親友。belső élet, 内的生活。belső ember, 内輪の人;消息通。belső leány, 部屋女中(おてつだい)。belső szózat, 内心の声。〕[名] 内面, 内部;奥;心中, 精神;心髄。
belsőleg [副] 内に, 内側に, 内部に, 内面的に;衷心より, 心から。
belsőség [名] (村・町内の)地所, 領地, 敷地(家とかわやと庭)。
beltenger [名] 内海。
belügy [名] 内務, 内部的事務(用務);国内的業務。
belügyminiszter [名] 内務大臣, 国務大臣。
belügyminisztérium [名] 内務省, 国務省。
belül [副] 内で, 内に, 中に;内方に, 内部に, 内側に;(時)以内に;心の中で。[後] …の内側に, …の内側で;…以内に。
belváros [名] 都市の中心, 都心。
belviszály [名] 内の不和, 内部の紛争;内戦, 内乱。

belvizek [名] (複)内地の水路(湖・河川等)。

bélyeg [名] 切手;印, 印章;なつ印, 銘刻;しるし, 証;焼印(やきいん);(罪人におす)烙印(らくいん);(比)(名誉上の)汚辱。

bélyegez [他] 切手をはる;スタンプを押す, なつ印する, 極印を押す;(罪人に)らく印・焼印を押す;(工)浮彫の型をつける;(比)(誰に汚名を)着せる。

bélyeggyűjtemény [名] (郵便)切手収集(アルバム)。

bélyeggyűjtő [名] 切手収集家(愛蔵家, 研究家)。

bélyegilleték [名] 印紙。

bélyegmentes [形] 切手免除の, 印紙税免除の。

bélyegző [名] 印判, 消印, 消印機。[形] 印判をつける;特質を表わす, 特色ある, 独特の。

bemagol [他] 覚えこむ, つめこみ勉強をする, にわか勉強をする;(学課を一語一語)綿密に調べる, くり返し調べる。

bemárt [他] (…に)沈める, つける, ひたす, ぬらす(パンをミルクに, ペンをインキに浸すなど);汚名を着せる。

bemászik [自] (…へ)はっ(はらばっ)て入る, よじ登って入る;(比)(窓から室内へ)忍び足で入る, 滑り込む。

bemázol [他] (色を…に)すりつける, 塗り込む;塗る;(顔・衣類などを)きたなくする, よごす。

bemegy [自] (…へ)入る, 入り込む, 入来する, 入場する;席がある, 入れる, 容れられる;しみこむ。

bemelegít [他] 温める;ウォーミングアップをする;(比)興奮させる, 熱中させる;引き立たせる。

bemenet, bemenetel [名] (…へ)入ること;近寄り, 接近, 入場;入口, 戸口, 玄関。[副] 入って, 入場して。

bemond [他] (マイクロフォンに)吹き込む, 口授する, 放送する;(…の耳に)ささやく, 助言する;(名を)告げる, 名乗る;届け出る, 告訴する;(比)しかりせめる, しっ責する。

bemondó [名] 告げる人, 告知者, 報告者;(ラジオやテレビの)アナウンサー。

bemutat [他] (…に…を)紹介する, ひき合わす;(…に新発明品を)出して見せる, 提示する;(手形を)差し出す, 提示する, 示す;(法)(書類を)提示する, 陳列する;初演する;(…に敬意を)表する, 呈する。

bemutatkozik [自] (…に)名乗って出る, 自己紹介する;(俳優などが)初舞台を務める, 打って出る。

bénulás

bemutató [名] (劇)第一回上演, 初演; (商)(手形の)提示人, 持参人, 所持人; 紹介者, 推薦者.〔bemutatóra szóló, 持参人払いの(手形など).〕

-ben [尾] →-ban. …の中において, …の中における, …の中で, …の中にて.〔Bécsben, ウィーンにおいて。bennem, 私の中に。benned, 君の中に。benne, 彼の中に, 彼女の中に, その中に。bennünk, 我々の中に。bennetek, 君たちの中に, お前らの中に。bennük, 彼らの中に, 彼女らの中に, それらの中に。〕

béna [形] (肢体の)麻ひした, 不随の, 利かない; 不具の; 病身の, 弱い. [名] 不随者, 肢体不自由な人; 病身者.

benedekrend [名] (カトリックの)聖ベネディクト教団.

benedvesít [他] 湿(しめ)す, うるおす, ぬらす; (比)水を割る(酒に).

benépesít [他] 人を住まわせる, 植民する, 人口をふやす, 人口を増加させる.

bénít [他] → megbénít. 不随にする, 麻ひさせる, しなびさせる; 無力にする, 活気を失わせる.

benn [副] → bent.

benneteket [代] (目・複)=titeket, 君たちを, お前たちを.

bennfentes [形] に精通した, 熟知した; 親しい, 親密な. [名] 内情に通じた人, 消息通; 奥義に通じた人.

bennlakás [名] 寄宿, 寄宿生活; 寄宿舎, 寮.

bennlakó [名] 寄宿生, 寄宿者.

bennszülött [形] 生来の, 生れつきの; 土着の, 先住の. [名] 土着人, 先住民.

bennünket [代] (目・複)=minket, 我々を, 我らを.

benő [他] (草で道を)おおう, (草木が繁茂して庭を)おおう, 被う. [自] ((爪が)肉に)食いこむ; (草で道が)おおわれる, 生え茂る; (医)(傷が)癒着・癒合する.

bensőleg [形] 内方の, 内部の, 内面の; 精神的の; 親しい, 親密な, 心の底からの, 真心からの. [名] 心, 内部.

bensőséges [形] 精神的; 内心よりの, 衷心よりの, 心からの; 真心からの, 誠実の.

bent [副] 内で, 中に; その中に, そこに; 屋内で, 室内で, 車内で; 心中で.

bénulás [名] 不随になること, しびれること, びっこになること;

麻ひ，中風；(比)弱り，衰弱。
benzin [名] ベンジン油，揮発油；ガソリン。
benyíló [形] 室内の方へ開く(ドア)。[名] (住居の)入口；(住居に隣接の)小室，別室；私室；(劇)仕切さじき，観覧室。
benyom [他] (内の方へ)押え込む，押し入れる；押印する，打印する；(何に模様などを)押して付ける，跡をつける；押しつぶす，押して砕く。
benyomás [名] 打込み，押すこと，刻むこと；極印，なつ印；(比)感じ，感銘，印象。
benyomul [自] 入り込む，落ち込む；押し入る，侵入する，ちん入する；(液体が)浸透する；(敵がわが軍の中へ)押し寄せる；(風が窓から室内へ)入りこむ，吸い込まれる。
benyújt [他] 中へ渡す，交付する；(官庁へ届を)差し出す，提出する；(法)(訴訟を裁判所へ)提起する。
benyúlik [自] (どこまで)広がる，延長する，伸びる，達する，及ぶ；(…の中へ)突出する，蚕食する，侵す，越権行為をする。
beolt [他] (医)種痘する；(農)接穂する，接枝をする；(比)(…の心に何を)植え付ける，しみこませる。
beolvaszt [他] (…の中に)溶かし込む，鋳造する；融解させる，溶かして無くす；(比)(異民族を)吸収する，融合する，併合する。
beomlás [名] (壁の)崩壊；(土地の)陥没，崩れ，地すべり；(建物の)倒壊，が解。
beomlik [自] (壁が)崩れる，崩壊する，が解する，倒壊する；落ち込む，陥没する；(比)破滅する。
beoson [自] (…の中に)滑りつつ入りこむ，滑りこむ；上手に(ひそかに・こそこそと)入りこむ，忍びこむ。
beoszt [他] (…を…に)つかわす，派遣する；(…を…の任務に)充てる，割り当てる，任命する；(必要に応じて…を)分配する，定め分つ，分ける，区分する，区画する，度盛りする，分画をつける；分類する；(文)句読点をつける(施す)。
beöntés [名] (液体を受容器に)注入すること；(鉛でスキをふさぐ(密閉する)こと；(工)(鋳型に金属を)流し込むこと；(医)洗浄，灌腸(かんちょう)。
bepakol [他] → becsomagol. (…の中に)包装する，こんぽうする，詰め込む；スーツケースに詰め込む，からげる，荷造

りする；(比)むさぼり食う。

beperel [他] (…を)訴える；(損害賠償のため…に対し)訴訟を提起する。

bepillant [自] (窓から室内に)一瞥を投ずる, 目撃する；(…をちょっと)観る, 見物する；(記録に急いで)目を通す, 一覧する；(…にちょっと)立ち寄る。

bepillantás [名] 同上のこと；(…に)一瞥を投ずること；瞥見, 一覧, 概観。

bepiszkít, bepiszkol [他] よごす, 汚す, 不潔にする, きたなくする, シミをつける, 泥だらけにする；(比)(神聖を)汚す；(名を)汚す, 辱かしめる。

bepiszkolódik [自] 汚れる, きたなくなる；(比)汚れる, 自瀆(手淫)する。

bepólyáz [他] (赤児をおくるみで)包む, オシメを当てる；(手を包帯で)巻きつける, くるみ込む。

bér [名] 賃金, 給料；家賃；地代, 小作料；用益料, 賃貸借料。〔bérbe ad, 賃貸する, 貸す, 小作させる。bérbe vesz, 賃借する, 借りる, 小作する。bérért, 賃金のために, 報酬のために。〕

berak [他] (船や車両に)積み込む；(パンを窯に)入れる；(…を箱に)納める, 容れる；片付ける, 整備する；(スカートにヒダを)付ける；(工)入れ込む, ちりばめる, 象眼する(何に)；壁で囲む(ふさぐ)；(髪を)水でぬらしてカールさせる。

beránt[1] [他] (…へ)引きずり込む；(…を…へ)誘いこむ, 引き寄せる, つりこむ, 誘惑する；(比)(…を不幸の淵に)追い込む, 陥れる。

beránt[2] [他] (料)(スープを)濃くする。

bérc [名] 山のいただき, 尖った峰, 高峰, 頂上；岩石, 岩山, 岩。

bércsökkentés [名] 賃金を下げること；賃下げ, 減給, 減俸。

bereked [自] (声が)しゃがれる；(言葉が)詰まる；(導管が)詰まる。

berekeszt [他] (…の中に)閉じ込める, 密閉する；(道路を)はばむ, ふさぐ, 閉ざす；(文)かっこ内に入れる。

bérel [他] (座席・部屋などを)賃借する；(不動産を賃貸借契約により)借りる；(田畑を)小作する；(船舶を)用船・チャーターする。

béremelés [名] 賃上げ，増給；賃金の上昇(増加)。
bérenc [名] 金で働く人，雇い下男；(兵)よう兵，雇い兵。
berendez [他] 整備する，整とんする；(部屋を)配置する，装置する；(機械を)据付ける，配置する；道具(用具)を供える。
berendezés [名] 整備，設備，施設；(工場の)装具，配置，装置，据付；機構，組織，制度；家具調度。
béres [名] (農家の)下男，作男；(大地主の)家僕，雇人(賃金契約に依る)。
bereteszel [他] 閂(かんぬき)で締める，閂を下ろす；(比)閉じこめる。
bérház [名] 貸家，賃貸アパート，賃貸マンション。
bérkocsi [名] 貸馬車，辻馬車。
bérlet [名] 賃貸借，賃貸借契約；借地，小作；賃貸料；予約，前金注文，申込；(劇)通しチケット；定期券。
bérlő [名] 賃借人；借家人；借地人，小作人。
bérmál [他] (宗)(誰に)堅信礼を受けさせる，堅信礼を施す。
bérmentes [形] 切手免除の，切手無料の；切手支払済みの。
bérmentesít [他] (切手を)免ずる，無料にする。
bérmentve [副] 切手無料で；料金無料で。
bérmunka (目 bérmunkát) [名] 賃仕事，賃金労働，賃労働。
berohan [自] (…へ)飛び込む；(敵の中に)飛びかかる，襲いかかる，突進する，侵入する。
beront [自] (…の中へ，怒り狂って，激しく)飛び込む，飛びかかる；侵入する，押し入る。[他] (戸・錠を)無理にあける。
berúg [他] (ドアなどを足で)突き込む，突き破る，突き倒す；(スポーツ)ゴルフの標的に点数をつける，ホールに入れる。[自] ひどく酔う，めいていする。
beruház [他] 金を出す，出資する，投資する。
beruházás [名] (経)投資すること；出資，貸付け，資金の融通，投資。
berzenkedik [自] 怒る，立腹する，憤怒する；(…に対し)逆らう，反抗する，抵抗する；(動物が)髪毛を逆立てる，逆立つ。

besároz [他] (汚物やどろで)よごす，けがす，不潔にする。
besavanyít [他] (料)(キュウリ・キャベツ等を)酢(す)の中につける，浸す。
besoroz [他] (兵)兵籍に入れる，兵籍に編入する，兵士に採用する；(比)(車や馬を)軍用にする。
besóz [他] 塩を振りかける；塩で味をつける，塩気をつける；塩漬けにする。
besötétedik [自] 暗くなる，たそがれる，日が暮れる；おおわれる；曇る。
besúg [他] (…に…を)耳打ちする，耳語する，脇で教える；告げ口する，吹き込む，ほのめかす，そそのかす；(法)密告する。
besúgó [名] 告げ口する者，中傷者；(法)密告者，告訴人；(学校で)告げ口する者，おしゃべり；(舞台で)プロンプト。
besurran [自] (室内へ)忍び入る，滑り込む，はい入る，忍び足で入る。
besüllyed [自] (…の中に)入り込む，落ち込む，陥没する；(水やどろの中に)沈む，沈没する；(土地や建物が)くぼむ，沈下する，倒壊する。
besüt [自] (室内へ陽光が)射し込む，照り込む。[他] (動物などに)焼印をおす。
beszakad [自] (…の内の方に)つぶれる，転覆する，が解する；くぼむ，めり込む，押しつけられる，割れ込む，折れ込む，ひびが入る；落ち込む，陥没する，崩壊する；(服装が)裂ける，やぶれる。
beszakít [他] 割れ目(裂け目)を入れる；(紙や布を)引き裂く，引き破る；裂き込む，引き倒す。
beszáll [自] (鳥が室内へ)飛んで入る；(自動車などに)乗り込む；(ある事件に)入る，関係する；(ホテルに)投宿する；(坑内に)下りる；(…の家へ)立ち寄る；(…の後を)継ぐ。
beszállás [名] 飛び入ること；乗車(船)；投宿；入坑；立寄。
beszállásol [他] 宿泊させる；(兵)宿営させる，舎営させる。
beszállít [他] (…に)運搬する；(商品を倉庫へ)運送する；(病人を病院へ)運び入れる；(商品を)納入する，引き渡す，手渡す。
beszállókártya [名] (飛行機などの)搭乗券。
beszámít [他] (…を計算の中に)加算する，算入する；(…

beszámíthatatlan 84

に費用を)含める，加える；(比)(…の責・とが・功に)帰する。
beszámíthatatlan [形] 算入できない。充当できない；責任を顧みない，無責任の，責任能力のない，不確実な，心の狂った。
beszámol [自] (…について)報告する，説明する，釈明する，弁明する，の理由を述べる。
beszámoló [名] 決算書；始末書，報告書，弁明書。
beszappanoz [他] (洗たく物に)石けんをすり込む；(ひげ剃りのために)石けん泡を塗り込む。
beszárad [自] 乾く，干上がる，ひからびる，枯れる，しなびる；(傷が)癒着する。
beszed [他] (果実を)採集する；取り入れる，受け入れる；(商品を)たな卸しする，陳列だなからおろす；(貸金を)回収する，取り立てる；(租税を)徴収する；(薬を)服用する；(栄養物を)取る。
beszéd [名] 会話，対話，談話；むだ話，長演説；スピーチ，弁舌，講演；式辞，あいさつ；言い方，話法，話術；文体；議論，討論。〔beszéd közben, 談話中に。beszédet intéz(tart) a néphez, 民衆に向かって演説をする。〕
beszédes [形] 口数の多い，おしゃべりの；愛想のよい，話好きの，打解けた；多弁な，雄弁な。
beszédhiba [名] 語法上の誤びゅう，言い表わし方の間違い；失言；(医)言語不全。
beszédmód [名] 話し方，言い回し，話し振り，語法；表現方法。
beszeg [他] 縁どる，囲う；(布の縁を)かがる；(レースで)縁を付ける，縁付けする；(枠に)嵌(は)めこむ；ちりばめる。
beszél [自] (上手に)話す；(…語で)言う；(…と…について)述べる，説く，談ずる，論ずる。〔vkinek lelkére beszél, …の良心に訴える。vkinek szája-íze szerint beszél, …の気に入るように話す。〕
beszélget [自] (…と…について)話す，談話する，会話する；愉快に語り合う，打ち解けた話をする，懇談する，談笑する，雑談する。
beszélgetés [名] 談話，談合；会話，対話，問答；会談，相談，商談；雑談，談笑。
beszentel [他] はらい清める，神聖にする。
beszerez [他] 得る，もたらす；(…に…を)調達してやる，供

給する, 入手させる, 世話する；求める, 買い取る, 購入する；仕入れる；(…を)就職させる；(必要物を)入手する；(…に関する資料を)まとめる, そろえる。

beszerzés [名] 調達, 購入, 供給；(食料の)補給；(資料の)獲得, 収集；(商品の)入手, 仕入れ。

beszerzési [形] 仕入の。〔beszerzési ár, 買入価格, 仕入値, 原価。beszerzési hely (forrás), 仕入地, 購入地, 仕入元, 注文先。

beszív [他] (空気・煙を)吸い込む, 息と共に吸い込む；(土地が水を)吸収する, 飲み込む；(比)(思想・意見を)受け入れる, のみ込む, 同化する。

beszivárog [自] (水がどこへ)しみ込む, しん入(透)する, 浸潤する；浸み出す, もる, 流出する；(隣接国人がざんじ国内へ)浸入する。

beszól [自] (窓を通して)内へ呼びかける；(…へ・…の許に)立ち寄る, を訪ねる；(比)(…のために…に)執りなす。

beszolgáltat [他] 引き渡す, 手渡す, 交付する, 差し出す；供給する, 支給する。

beszolgáltatás [名] 引き渡し, 交付；送達；納入。

beszorít [他] (敵を村落へ)押しつける, 押しやる；(…を狭い所に)押しこむ, 追いこむ, 押し入れる, 詰めこむ；(ドアで指を)締めつける, はさむ；(比)ひどく束縛(強制)する。

beszúr [他] (の中に)差しこむ, 突きこむ, 刺しこむ；(ふとんに針を)突きさす；(文中に語句を)書き加える, 記入する, 書きこむ, 書きそろえる。

beszüntet [他] 一時中止させる, 停止させる；(仕事を)やめさせる(ストライキをやる)；廃止する；削除する；禁ずる, 止める, 休止させる。

betakar [他] (…を…で)包み隠す, おおう；かぶせる, 蓋をする；(顔を…で)おおい隠す；(比)かばう, ひ護する, 保護する；(穀物を)納屋に収める。

betakarít [他] (農)(収穫物を納屋に)収める, 運びこむ, 収蔵する, 取り入れる, 収納する；(比)ぼろもうけをする。

betakaródzik [自] おおわれる, 引っかぶる, 体を包む, 着衣する；覆面する, 仮装する。

betanít [他] (…に…を)教え込む, 説き込む, 注入する；(知識を)吹きこむ；(召使を)しつける, 仕込む；(劇)下げいこをする；けいこさせる；(馬を)調教する。

betanul [他] 練習して覚え込む，習得する；(劇)下げいこする，本読みして暗記する。

betart [他] 守る，護る；(規則を)遵奉する；(約束を)厳守する；(期限を)違えぬ；(口を)しめる，ふさぐ；(門や戸を)締めておく；(…の中に)閉じ込める，禁足する，監禁する。

beteg [形] 病気の，病める，苦しんでいる，悩んでいる，具合が悪い，不快の。[名] 病人，患者。〔halálos beteg, ひん死(危篤・重体)の人。〕

betegágy [名] 病床；さんじょく(産褥)，分べんの床。

betegápolás [名] 病人看護，看病，介抱。

betegápoló [名] 病人看護人；(兵)看護兵。

betegápolónő [名] 看護師(病人の)。

beteges [形] 病身の，病気がちの，虚弱の；病的の，異常の。

betegeskedik [自] 病身である，病んでいる，病気がちである，虚弱である。

betegség [名] 病気，疾患，疾病；不快，煩い。

betekint [自][他] (…の中へ)一瞥を投ずる，ちょっと見る；(の内を)見入る，のぞき込む；(比)どう察する；(書類を)通覧する。

betelepít [他] (外国人を国内に)住まわせる，植民させる；(無人の地に)移住者を住まわせる；(木などで)移植する。

betelik [自] (…で)満たされる，一杯になる；(…で)満腹する；(…で)充ちている，詰まっている；(予期通りに)行われる，実現する，成就する，的中する。

beteljesedés [名] 果たされること；実行，遂行；成就，完成，完結；(予言の)実現，的中。

beteljesedik [自] (予定通り)実現される，果たされる，成就する；(予想が)あたる，的中する。

betemet [他] (土の中に)埋める，埋葬する；(くぼ地を)埋める，土砂でふさぐ，満たす，盛る。

betér[1] [自] (…の家に又はホテルに)入る，立ち寄る，訪れる。

betér[2] [自] 席がある，場所がある，入場できる，入り得る。

beterjeszt [他] (法案を議会に)提出(起)する；(どこに就職を)申し込む；(願書を)差し出す；提供する，交付する，渡す。

betesz [他] (…の中に)入れる，納める；(本を引き出しに)入れる；(足を…へ)置く；(銀行へ)預金する；(…へ)就職さ

betör

せる；(広告を新聞に)載せる；(戸を)閉める；(勝負事に)かける. [自] (比)困難をもたらす.

betét, betétel [名] 入れること, 納めること；(銀行へ)預金；投資, 出資；保証；賭(かけ), かけ金, 賞金；詰め替え；(音)幕間の演奏, そう入曲；抵当, 質；(工)(装飾のための)張りつける物；(レースの)飾り.

betetéz [他] (困難などの)頂点を窮める.

betétkönyv [名] 預金通帳, 貯金簿 (郵便貯金の).

betéve [副] (…の中へ)入れて, 置いて；(門を)閉めて, 閉じて；(銀行へ)預けて, 預金して；(比)暗記して, そらんじて.

betevő [形] (の中に)入れる, 置く, そう入する；預ける；最少必要限の口に入れる. [名] 入れる人；預金者, 寄託者；はめ入れ工, 象眼師.〔betevő falatja sincs, 彼は一切れのパンも持たぬ, 彼は赤貧だ.〕

betilt [他] → eltilt. 禁ずる, 禁止する, やめる；(法)停止する, 中止する, 差し止める.

betódul [自] (留保された場所などへ群衆が)われ先にと集(たか)る, 群をなして押し寄せる, 押し入る, 侵入する, ちん入する, なだれ込む, 押しかける.

betolakodik [自] (…へ)無理に立ち入る, 押しのけて入る, 押し分ける, 侵入する；入り込む, 潜入する, 出しゃばる, 接近する(団体などへ).

beton [名] コンクリート, 混凝土.

betonoz [他] コンクリートで固める(造る).

betoppan [自] (…の内へ不意に)やって来る, 到達する；(…の中へ)突然入りこむ, 歩み入る；思いがけなく出会う.

betölt [他] (…の中へ)注ぎ込む；(酒をビン・タルに)注入する；(穀物をジョウゴに)注ぎ入れる；(溝や穴を土砂で)充たす, ふさぐ；詰め込む；(地位を)占める, 職に就く；(欠員を)補充する；(芳香が部屋を)満たす, 一杯にする；(思想などが)主流となる；(義務を)遂行する, 果たす；(年を)過ごす, 経過する.

betöm [他] (…の中に)みたし詰め込む, 充てんする, 詰め込む；(井戸を土砂で)埋める, ふさぐ；(スキ間を麻くずで)ふさぐ；(くず毛をふとんに)詰める；(むし歯を)充てんする；(ゴミや砂が下水道を)埋める, ふさぐ.

betör [他] (窓や戸を)破り開く, こじ開ける, 突破する, 押しあける；(ガラス窓を)破砕する, 破り落とす；(頭・鼻を)砕

betörés 88

く；(家に)強盗が入る。[自] (敵が)突破する；押しよせる。
betörés [名] (ガラス窓や生垣を)破ること；破砕；破壊盗, 強盗；不意に入り込むこと, 押し入ること, ちん入, 侵入(軍隊などの)。
betörik [自] くずれる, 折れる, 破れる；(馬が)調教される。
betörő [名] 侵入者；押入どろぼう・強盗, 空巣；(工)破壊器具。
betud [他] (…に…を)割り当てる, 帰属させる, 負担に帰する；(…を…の勘定に)帰する, 算入する, 含める；みなす。
betuszkol [他] (…の中に)無理に連れて来る, 引きずり込む, 強いて引き入れる；(…に…を)無理に強いる, 押しつける。
betű [名] アルファベット, 文字；読み書きの知識, 文章, 正確な表現；(印)字母, 活字。〔betűk, (複)活字, 字母。gót betűk, ゴシック活字。betűt vet, 文字を書く, 文字を記す。〕
betűrend, betűsor [名] 文字順, 字母順, アルファベット順。〔betűrendben, betűsorban, 字母順に従って, アルファベット順で。〕
betűsoros, betűrendes [形] 字母順の, アルファベット順の。
betűz¹ [自] たどたどしく読む；字母を読み上げて語につづる；語を字母に分解する；(比)字句に拘でいする。
betűz² [他] (…を何に)差し込む, さし入れる；(バラの花をボタンの穴に)針で留めこむ；つづり合わせる, 縫いふさぐ, 縫いつける。[自] (太陽が室内へ)入射する, 輝き入る。
betyár [名] (昔ハンガリー平野に横行した馬賊, 乗馬の)追いはぎ, 盗賊, 山賊；浮浪人, 無宿者；悪ガキ。
beugrat [他] (…の中に)はね飛ばす, 飛び込ませる, 投ずる；(…を…へ)急がせる, せき立てる, 急派する；(…をある計画に)引きずり込む, だます, 欺く；(…へ獣を)追い込む, 狩り出す。
beugrik [自] (…の中に)飛び込む；(都心へ)出掛ける, 行く；(…の中に)飛び付く；(劇)(…の代理役を)務める, 救援する；(…会に)入会する；(カギやバネが)パチンと掛かる；(比)(術策に)陥る, 計略にかかる, だまされる；(窮地に)陥る。
beúszik [自] (川の奥深く)泳ぎ入る, 泳いで進む。[他] 泳ぎまわる。

beutal [他]（…を…へ）差しつかわす，送る；(病院へ患者を)入院するように命令する，保養させる。

beutazik [他] はせまわる，ばっ渉する，遍歴する，踏破する。

beül [自]（船・車に）乗り込む；（所有権の上に）すわる，腰を据える(所有する)；（地位の上に）構居する(就職する)；(車内などに)席を得る，すわりこむ，着席する。

beültet [他]（…を…に）据える，すわらせる；（…に信頼を）植えつける，信頼させる；（…の中に…を）差しこむ，はめこむ；（庭に…を）植えつける。

beüt [他]（…をどこに）打ちこむ，差し込む；（壁にくぎを）打ちつける，たたきこむ；（…に）突き刺す，穴を打ち抜く；（…にスタンプを）押しつける；（体の部分を）ぶつける；（比）（…に…を）干渉する，手出しする，出しゃばる；（兵）侵入する，入寇する。[自]（雷が塔に）落ちかかる，激しくぶつかる，落雷する；…に関係する；（…に）きく，奏功する，効能がある；（…がうまく当たる）成功する；（敵が国内へ）侵入する。

bevádol [他]（…に）罪を被せる；（…を何の罪ありとして）責める，論告する，弾劾する；訴求する，告訴(発)する。

bevág [他] 切り込む，刻みこむ，彫りこむ，キズをつける；（…の道を）さえぎる；（ドアを烈しく）ガタンと閉める，閉鎖する；切る；むさぼりつく；（章句を）覚えこむ，暗記する。[自] …に関係する，属する；よくほう(逢)着する，好結果を得る，うまく行く，成功する；斬りかかる，襲いかかる。

bevágás [名]（…に）切り込むこと，切れ目を入れること；切れ目，刻み目；裁断；(医)切開，切断；(修辞)句とう，停唱；(敵中に)斬りこむこと，襲いかかること。

beválik [自] 真なる(正しい)ことが証明される，確証される；(原理の確実さが)分かる，判明する；(兵役に役立つことが)証明される，合格する。

bevall [他] 白状する；(宗)ざんげする；(罪を)認める，承認する；(税関で課税品を)申し立てる，申告する。

bevallás [名] 自白，告白；言明，申立，陳述；(税関への)申告。

bevált[1] [他] (商)兌換する，両替する，取替える；(約束を)履行する，果たす；(希望を)実現する。

bevált[2] [形] 証明された。〔a szer bevált, この薬はよく効いた。〕

bevándorlás [名] (外国人の国内への)移住，入国。

bevándorló [名] (外国からの)移住民，入国移民。
bevándorol [自] (外国から)移住する，入国する。
bevár [他] (…を)待つ，期待する，予期する，待望する；(…の到達や終了を)待ち通す。
bevarr [他] (破れ目を)縫いつける，繕(つくろ)う；(金をポケットの中に)縫い込む，縫いふさぐ；(医)(傷を)縫い合わせる。
bevásárlás [名] 買入，購入，購買。
bevásárló [名] 買手，購買者。
bevásárol [他] 買い入れる，買い物をする。
bevégez [他] 終える，済ます，果たす；完成する，完了する；終了する，終わる。
bever [他] (壁にくぎを)打ち込む；(戸・窓を石で)打ち破る；(樽の底を)打ち抜く，穴をあける；(学課を頭に)詰め込む。
bevesz [他] (金銭を)受け入れる，受け取る，収納する；(要さいを)占領する，占取する；(薬を)服用する，飲む；(胃が)吸収する，消化する；(帳簿に)そう入する；(商品を店から)たな卸しする；(団体・組合に)収容する，採用する；承諾する，引き受ける，受理する。〔beveszi magát, 隠れる。〕
bevet [他] (…を…へ)投げ入れる，投げこむ；(橋から川に何を)投げる；(農)(畑に種を)まく；(かまにパンを)入れる(焼くために)；(ポストに)投函する；寝床をつくる。
bevétel [名] 収入，取立て；収益，所得；(商)(一日の)売上高；(兵)(要さいの)占領，占取。
bevett [形] 飲み込まれた；受け入れられた，受納された，収容された；因習久しい，在り来たりの，伝来の，慣習的の；とらわれた，偏狭の。〔ez bevett szokás, これは因襲的な慣習だ。〕
bevezet [他] (室内へ)案内する；(船を港へ)導入する；(入会の)紹介をする；(音)序楽を奏する；序文を書く；(電気・電話を)架設する；(風習・流行を)採用する；(…を…に)手ほどきする，入門させる；(…の)基を開く，創設する，制定する。[自] (道や戸が) 通じる。
bevezetés [名] 案内すること；引き入れ，導入，入門；前口上，序文(言)，前置き；(講演や入会などの)紹介；(工)(水道の)導水；(電灯の)架設。
bevisz [他] (…の中へ)運びこむ，搬入する，持ちこむ；(市

内・劇場などへ)連れて行く，連れこむ；(商)輸入する；(スポーツ)(拳闘家が敵に一撃を)与える。

bevitel [名] (…の中へ)運び入れること；(穀物などを)搬入，入庫；(商)輸入(貿易)。

bevon [他] (…の内部に)引く；(旗・帆などを)引きこめる，引き下ろす；(貨幣を流通から)回収する；(…に金銀を)着せる，かぶせる；(皮・幕などを…に)張る，敷く，おおう；(費用を…に)含ませる，入れる；(兵)(予備隊を戦線に)引き入れる。

bevonul [自] (…の中に)入りこむ；(春が)到来する；(兵)(敵が城内に)入る，進入する，ねりこむ；(軍隊に)入営する，軍務に就く。

bevonulás [名] (団体・軍隊に)入ること，入り込むこと；(季節の)到来；(軍隊が城内に)進入，入城；入営。

bezár [他] (劇場・商店を)閉ざす，閉鎖する；錠(じょう)をかける；(道路を)しゃ断する；(…を…へ)幽閉する，投獄する；(討論会などを)終わりにする，閉会する。

bezárkózik [自] (部屋に)閉じこもる；(比)世に隠れる，とん世する，退隠する。

bezáródik [自] (戸が自動的に)閉まる，閉じられる；(花が)しぼむ；(比)(あらゆる道が彼の前に)ふさがる，封じられる；完結する，終結する，終わる，閉鎖される。

bezárólag [副] …を含めて，を込めて，を入れて。

bezörget [他] (戸・窓を)打つ，たたく，ノックする，案内を請う。

bezúz [他] (くぎ・くいを…に)打ち込む；打ち破る，打ちくだく，粉砕する；(比)苦しませる，責め立てる。

bezzeg [副] もちろん，たしかに，きっと；実際，本当に，まことに；しっかり，よろしく。

bezsebel [他] 失敬する；(衣服・カクシ・ポケットなどに)入れる，突き込む；(カクシに金を)納める。

bibe[1] (目 bibét) [名] 小さい傷；(比)(傷の)痛手，弱点。〔itt a dolog bibéje, 問題(眼目)はここだ，そこが難しい所だ，骨だ。ki-ki érzi a maga bibéjét, だれでも自分の弱い点(悪い箇所)が分かっている。〕

bibe[2] (目 bibét) [名] (植)(しべい・雌蕊の)柱頭，花柱。

bíbelődik [自] むだ骨折る，苦しむ；色々やってみる(工夫をこらす)；(くだらぬことに)手だしする，たずさわる。

bibircs, bibircsók [名] (医)疣(いぼ), 吹出物, はっしん(発疹); (植)樹こぶ。

biblia (目 bibliát) [名] (宗)バイブル, 聖書; (比)最貴重の書。

bibliai [形] 聖書の; 聖書に関する。〔bibliai mondás, 聖書のかん言・戒めの言葉, 聖書の句。〕

bíbor [名] 紫色, 深紅色, 深紅; 紫衣(帝王や大僧正の法衣)。[形] 紫色の, 深紅色の。

bíbornok, bíboros [名] (カトリックの)カルジナル, 大僧正; 枢機卿(官), 主教。

biccent [自] びっこをひいて歩む; うなずく。

biceg [自] びっこをひく; よろめく, ゆれる, ぐらぐらする; よろよろ歩く; 千鳥足で歩く。

bicegő [形] よろよろする, よちよち歩く; びっこの, 跛行(はこう)の。

bicikli [名] → kerékpár. 自転車。

bicsak, bicska [名] 懐中ナイフ, 折込ナイフ, 小刀; 逆立ち。

bika (目 bikát) [名] (動)雄牛, 種牛; (比)屈強な男, 好色漢; (天)金牛宮(星座); (建)バイレン(杭を打ちこむ道具)。

bikaviadal [名] 雄牛の闘争, 闘牛; 人と雄牛との格闘。

biliárd [名] ビリヤード, 玉突き。→ dákó.

biliárdozik [自] ビリヤードをする, 玉突きをする。

bilincs [名] 手錠(てじょう), 手かせ, 足かせ; (比)束縛, きずな。

billeg [自] 揺れる, 震える, ゆらめく, よろめく, ぐらぐらする; (比)ためらう, 決心がつかぬ。

billen [自] ゆらつく, ゆれ動く, ゆれる; (秤などが)平均を失う, 傾く; 傾いて倒れる, 転覆する; うなずく, 会釈する。

billentyű [名] 電信伝送機; (オルガン・クラリネットなどの)発音板; (ピアノの)キー; (木笛の)舌, 響板。

billentyűzet [名] (ピアノの)鍵盤, キー, キーボード。

bimbó [名] (植)つぼみ, 芽; 芽胞(胞子), ほう芽(めばえ); (解)乳頭, 乳首(ちくび)。

bimbózik [自] つぼみがつく, 発芽する, きざす, 芽ぶく。

bír(vmit, vmivel) [他] を持つ, がある; (を)保つ, 所有する, 占領する; 可能である, 能う, 出来る, 力がある, 達し

bírósági

得る；(誰との戦に)耐える；(…に)勝つ，まさる，しのぐ；(…を)忍ぶ，我慢する，持ちこたえる；(…に比べて)そん色がない，たち打ちが出来る，おとらない；(…の心を)動かす，説き伏せる，納得させる。〔nem bír magával, 自制(克己)できない。〕

bírál [他] 判断する，判定する，評価する；批判(評)する，批評紹介する。

bírálat [名] 判断，批判；批評，評論。

bíráló [形] 批評する。[名] (書籍・芸術などの)批評家，評論家，懸賞審査員，審判員。〔bíráló bizottság, 審査委員会。〕

bíráskodás [名] 裁判すること；司法(裁判)事務；裁判(司法)権；(スポーツなどの)判定，審判。

bíráskodik [自] 裁判官として働く；法を司る，判決を下す，裁判する；(スポーツなどの)判定をする，審判する。

birka (目 birkát) [名] (動)羊；羊肉。

birkanyírás [名] 羊の毛を刈ること，羊毛刈り。

birkózás [名] 格闘すること；レスリング；奮闘，争闘，死闘；(比)努力。

birkózik [自] (誰と)格闘する；レスリングをする；奮闘する，努力する，戦う。

bíró (複 bírák) [名] (法)裁判官，判事；(競争，試験，スポーツなどの)判定人，審判人；町村長。〔bíró elé visz, 告訴する，提訴する。〕

birodalmi [形] 帝国の；国家の，邦家の，全国の；帝国(全国)に関する。〔birodalmi gyűlés, 帝国議会，国会，ドイツ連邦議会。〕

birodalom (複 birodalmak) [名] 王国，帝国；(統治体としての)国，邦；範囲，領域，領土；(動・植・鉱物の)世界，界。

bírói [形] 裁判官の，判事の；裁判所の，法廷の；裁判の，司法の。〔bírói eljárás, (法)裁判手続，訴訟手続。bírói ítélet, (法)判決。〕

bíróság [名] 裁判所，法廷；司法官職；司法官たち；裁判権，司法権；司法機関。〔választott bíróság, 仲裁裁判所。bíróságon kívüli, 裁判以外の；裁判によらない，示談の。〕

bírósági [形] 同上の，同上に関する。

bírság [名] (法)罰金，科料。

birsalma [名] (植)マルメロの実，ボケの実。

birtok [名] 所有，占有；所有物,財産；不動産,所有地，地所；領地。〔birtokába jut, …を捕える，手に入れる。birtokába vesz, 所有権を得る，占取する。birtokában van vminek, …の所有権がある，…を所有している。〕

birtokol [他] 所有する，占有する。

birtokos [形] 所持する，保護する；(文)所有の，持ち主の。[名] 所有者；地主；(法)占有者；持ち主。〔birtokos személyrag, (文)所有者人称表示。〕

birtokrag [名] (文)所有者人称表示，所有者を示す表示。

bitang [形] 走り迷う(家畜など)；流浪する，おちぶれた；持ち主のない，主人のない(人畜など)。〔bitang jószág, 無主物,遺棄物；漂流物；うろつく家畜。bitang ló, 迷馬。〕 [名] 放浪者，浮浪人，無宿者，ならず者，下せんな者。

bitorlás [名] (権利のない者が)他人の権利を僣有(横領)すること；(法)占有侵害(の越権)，不法取得，横領；(主権・王位の)簒奪(さんだつ)，僣位。

bitorol [他] 僣位(せんい)する，簒奪する，横領する；(…を)僣する，我物とうぬぼれる，我物と僣称する。

bivaly [名] (動)水牛；(比)野人，無骨者。

bíz(vmit vkire) [他] (…を…に)任せる，委ねる，委託する，委任する，託する；投げやりにする。〔bízd csak rám!, お前はただ私を信ぜよ！ ezt rád bízom, 私はこれをお前に任せる。〕

bizakodás [名] (自身に)信頼すること；自信，確信，安心；(他人に)信頼すること；期待，信用。

bizakodik [自] (自身に)信頼する，確信する；(…に)信頼する，頼る，期待する；(…を)頼りにする，当てにする。

bizakodó [形] 自信に充ちつつ，確信のある，自信のある；期待する，信頼する，確実な，有望な。

bizalmas [形] 心安い，なれなれしい，親しい，親密な；深く信任した，腹心の；秘密の，内密の，内証の，内々の。〔bizalmas barát, 腹心の友。bizalmas beszéd, 内々の話。〕

bizalmaskodik [自] (…と)なれなれしく行動する(話をす

bizonytalan

る)，親密に振る舞う，親しくする。

bizalmatlan [形] 信用しない，不信任の，信じない；疑い深い，邪推した，不安らしい。

bizalmatlanság [名] 不用心，不信任；邪推，さい疑，けん疑，疑惑，疑念。

bizalmi [形] → bizalmas. 信頼できる，信用ある，信任の；信任厚い，腹心の。〔bizalmi férfi, 信頼できる男，腹心の友；仲介者，受託者，調停者。bizalmi állás, 信任厚い地位。 bizalmi szavazat, 信任投票。〕

bizalom (目 bizalmat) [名] 信用，信頼，信任，信託；確かな期待，確信，安心。〔bizalommal van vkihez, …を信用(信頼)する。〕

Bizánc [固] ビザンツ帝国，東ローマ帝国。

bízik (vkiben) [自] (…を)信頼している，たのむ，頼りにする，当てにする，信用する；期待する，確信する。

bizomány [名] (商) 委託，委任(事務)；取次，委託販売；用命，注文，予約。〔bizományba ad, (商品を)委託する。〕

bizományos [名] (商) 委託販売業者，取次業者，仲介業者，問屋業者；委託引受人，受託者。

bizony [副] まことに，真実に；本当に，疑いもなく；確実に，必ず，きっと。

bizonyít [他] (…について真なることを)肯定する，証拠だてる，立証する，証言する；(書類により)証明する；(誓約により)表明する，実地に示す。

bizonyítás [名] 同上のこと；立証，挙証，論証；(数) 数学的証明，検算，吟味。

bizonyíték [名] 証拠，証拠文書，典拠，論拠，実証。

bizonyítvány [名] (官庁・医者などの)証書，証明書；(卒業の)免状；(学校の)成績証明書(表)。

bizonylat [名] 証明，確認；(…の真実なることの)証明書，証拠文書；受取証；(法) 外国の法規もしくは慣習を公証する文書。

bizonyos [形] 決まった，一定の；確定的の，確実な，たしかな，間違いのない，安全な；ある，一種の，なんとかいう。〔bizonyos esetben, ある一定の場合に。egy bizonyos személy, ある人。〕

bizonytalan [形] 不確かな，おぼつかない，不安定な；あい

bizonyul [自] 真実であることが確かめられる，真実なることが実証される；真実なることが判明する，真実なることを示す。

bizottság, bizottmány [名] 委員(団体)；委員会；派遣団体(一行)。〔japán-magyar kultúr bizottság, 日洪(日本・ハンガリー)文化委員会。〕

biztat [他] (…を…に対し)勇気を出させる，鼓舞する，激励する，元気づける；勧める，説得する。

biztató [形] 勇気を出させる，元気をつける，気を引立てる，鼓舞する，励ます；信頼の念を起こさせる，頼もしい。

biztonság [名] 確実，確信；安全，安心；保証，保険，担保；(法)安寧，安全保障。

biztos[1] [形] 確かな，確実な；安心のできる，信用しうる，頼りになる，疑いない。

biztos[2] [名] (政府の特別任命にかかる)委員；(兵)兵站官(へいたんかん)；巡査，警官。

biztosan [副] 確かに，きっと，しっかり，疑いなく。

biztosít [他] (危険に対し)保証する；保険に付する；安全にする，確実にする；請合う，担保する；断言する。

biztosítás [名] 同上のこと；保全，確保；保証，担保；補償，保険；断言，請合い。

biztosíték [名] 請合い，保証；保証金，保釈金；担保(義務)，保証物，質物，抵当物；(工)(電気の)ヒューズ(可溶片)。

biztosító [形] 保険の；(工)安全の；保証する。 [名] 保険者，保険業者；保証を与える人；(要人を)警護する人。〔biztosító bárca, 保険証書，保険証券。biztosító intézet, 保険所，保険会社。biztosító szelep, (工)安全弁。〕

biztosítótársaság [名] 保険会社。

biztosítótű [名] 安全ピン，留針。

bizsereg [自] チクチク刺す，ピリピリさせる，むずかゆい，刺激する。

blúz [名] ブラウス。

bóbiskol [自] 居眠りする，こっくりしながら仮睡する(まどろむ)。

bóbita (目 bóbitát) [名] (鳥の頭上にある)毛冠，鳥冠(とさか)；(植)(殻粒の頭上の)冠毛；(部屋女中の)ずきん，

頭被。
boci [名] (動)若い水牛。
bocs [名] (動)熊の子,子熊。
bocsánat [名] 許し；(礼儀の形式において)宥恕(ゆうじょ),勘弁,ご免；(宗)容赦,赦免,免罪。
bocsánatkérés [名] わび,謝罪,陳謝。
bocsát [他] → megbocsát, elbocsát. 放置する,放免する,釈放する,許す,手放す；を免ずる,免除する；(…の出入を)許す；(試験を)通過させる。〔szabadon bocsát,放免する,釈放する,自由にする。árúba bocsát vmit,(…を)発売する,販売する。vízre bocsát,(船を)進水させる。〕
bocskor [名] 革ひもとボロで作ったサンダル,革ひも付きのぞうり(昔の農民ぐつ)。
bódé [名] (市場などの)小屋がけ売店,露店,屋台,出店；(新聞やタバコなどの)売店,スタンド。
bódító [形] 無感覚にする,麻ひさせる,麻薬性の。
bodnár [名] 樽屋(たるや),桶屋(おけや)。
bodorít [他] (毛髪を)縮らす,波立たせる,巻き縮める；(貨幣に)ギザギザをつける；(織物に)襞(ひだ)をつける。
bódul [自] うっとりする,混迷する,麻ひする,しびれる,無感覚になる。
bódult [形] しびれた,無感覚の,麻ひした,混迷した。
bodza (目 bodzát) [名] (植)接骨木(ニワトコ)の一種。
bog [名] 結び目,結び玉；(樹木の)結節,節(ふし),こぶ,いぼ；(植)聚繖花(シュウサンカ)。〔ág bog, 枝振り(樹木の枝全体を指す)。〕
bogács [名] → bogáncs.
bogáncs [名] (植)あざみ(薊)。
bogár (複 bogarak, 目 bogarat) [名] こん虫(一般に)；甲虫,カブトムシ,ヨロイムシ；(解)瞳(ひとみ)；(比)気まぐれ,出来心,むら気,思い付き；かわいい子(女性)。〔szentjános bogár, 蛍(ホタル)。〕
bogaras [形] (比)気まぐれの,思い付きの,出来心の,気の変りやすい,気の狂った。
boglya (複 boglyák) [名] (農)枯草の推積(やま),乾草づみ,稲塚(いなづか)。
bognár [名] 車製造人,車大工,車工。

bogrács [名] 鉄製の煮なべ, 自炊なべ。

bogyó [名] (植)ベリー, 漿果(しょうか, イチゴなど果肉が多くて多量の水分をふくんでいる果実)。

bohó [形] ばかな, おろかな；いたずらな, おかしな, おどけた, 面白い。

bohóc [名] 道化役者, おどけ者；滑けい家, じょうだん家；人形芝居。

bohóckodik [自] 道化を演じる, おどける, 冗談をする, 悪ふざけをする。

bohókás [形] 滑けいな, おかしな, 面白い, おどけた；変な, 奇異な, 珍妙な。

bohózat [名] おどけ, 滑けい, 道化, ふざけ, ばかげたこと；道化芝居, 茶番。

bója [名] (海)浮標, ブイ, 航路警標。

bojkottál [他] 排斥する, ボイコットする。

bojt [名] 総(ふさ), 房(ふさ), たれふさ；小さな束(たば), 小さいふさ；飾毛, 毛ふさ, 羽かんむり；(植)接穂(枝)。

bojtár [名] 若き羊飼, 羊飼牧童(ボーイ)。

bók [名] お世辞；敬い, 敬礼, おじぎ, あいさつ, 会釈。

boka (目 bokát) [名] (解)(足の)踝(くるぶし), 足首。

bókol [自] お世辞を言う；(…に)低頭する, おじぎする, うなずく；(…に)あいさつする。

bokor (目 bokrot) [名] (植)灌木, 低木；灌木林, しげみ, やぶ；バラの茂み；花束；鍵(かぎ)の環(わ)。〔ilyen ember nem minden bokorban terem, それは普通人ではない。árkon, bokron át；tüskén, bokron át, 困苦をしのいで。〕

bokréta (目 bokrétát) [名] 花束, 花環；ヘルメット帽の飾毛(まえたて), 羽根飾り；(植)(花の)花冠。

-ból, -ből [尾] …の中から, の内から；(どこ)から(どこへ)；(…)から(作る・成る)。

boldog [形] 幸せな, 至幸の, 仕合せな, 幸福な, 幸運な；楽しい, うれしい, 喜びあふれる；(死後)楽土にいる, 極楽往生した, 天国に往生している, 天国に行った。

boldogasszony [名] (宗)聖女マリア, 聖母マリア。〔kis boldogasszony, 聖女の誕生(祭)。nagy boldogasszony, 聖女の昇天(節)。〕

boldogít [他] 幸福にする, 祝福する, 喜ばせる。

boldogság [名] 幸運, 幸福；吉, 仕合せ；福祉, 福利, 繁栄；喜びあふれること, 至幸。

boldogtalan [形] 不幸な, 不運な；憐れな, みじめな, 貧窮の；(俗)発狂した, 気違いじみた；不器用な, 下手な。

boldogul [自] 好運に恵まれる, 幸いになる；好結果を得る, 成功する；繁栄(盛)する；昇進する, 進歩する；(…を)仕上げる, しとげる；(問題を)解く, 解答する。

boldogult [形] 神に帰依した, 天国に往生した, 天福をうけた, 故の, 亡き(父母など)。[名] 天国に行った人, 故人。

bolgár [形] ブルガリアの。[名] ブルガリア人。

bolgárul [副] ブルガリア語で；ブルガリア的に, ブルガリア風に。

bolha(目 bolhát) [名] (虫)のみ(蚤)。

bólint [他] 頭を下げる, おじぎする, 首肯する, うなずく, 承知する。[自] 会釈する, うなずく。

bolond [形] ばかな, ばかげた；滑けいな, 道化じみた；乱心した, 狂気の；鈍感の, 無感覚な。[名] ばか, あほう；狂人, 気違い。〔bolonddá tart(tesz), ばかにする。gyermekek bolondja, 子ぼん悩。udvari bolond, 宮廷の道化役者。〕

bolondít [他] ばかにする, だます, たぶらかす, 愚ろうする。

bolondokháza [名] 精神病院。

bolondos [形] ばかな, ばかげた, あほらしい；道化じみた, 滑けいな；狂気の, 酔狂の。

bolondoz, bolondozik [自] ばかなことをする, 愚行をする；(…と)戯れる, 笑談する, おどける。

bolondság [名] ばか, 愚鈍, 狂愚；ばかな振舞, ばかな真似, 愚行, ばかげたこと。

bolondul[1] [副] ばからしくも, おろかにも；道化じみて, 滑けいにも。

bolondul[2] [自] (…に対して)ばかになる, 気が狂う, 迷いこむ, ほれこむ, 惑できする(美女などに対して)。

bolsevik [名] ボルシェヴィスト, 過激主義者。[形] ボルシェヴィキ, 過激派の。

bolsevizmus [名] ボリシェヴィズム, 過激主義。

bolt[1] [名] 店, 商店, 百貨店。〔boltot nyit, 開店する, 開業する。〕

bolt[2] [名] (建)円天井, 穹窿(きゅうりゅう)；円天井のある

家；墓標。
bolthajtás [名] 丸天井。
bolthajtásos [形] きゅうりゅう状(弓形・アーケード・アーチ形)の；迫持のある，円天井のある，カマボコ形の。
boltív [名] (建)円天井，きゅうりゅう，円天井の迫持(せりもち)；アーチ，湾曲，弓形，反り。
boltíves [形] (建)円天井の，きゅうりゅうの，弓形の，湾曲した。〔boltíves folyosó, (建)アーケード，きょう廊；渡り廊下。〕
boltos[1] [形] (建)弓形の，円天井形の，アーチ形の；店の，商店の。
boltos[2] [名] 販売人，小売商人，店主。
boltozat [名] 円天井形，きゅうりゅう形，アーケード形，弓形；反り，湾曲；同上の形をなすもの。
boltozatos [形] 円天井形の，弓形の；迫持(せりもち)のある，カマボコ形の。
boly [名] 積み重ね，小さい山，固まり，堆積；蟻(あり)の巣，蟻づか，蟻群；虫の巣くつ；(比)群衆，集団，群。
bolygat [他] 動かす，動揺させる，かきたてる，さわがせる，かく乱する，乱す；妨げる，邪魔する，不安にする。
bolygó [形] 当てのない，迷い回る，うろつく，放浪する；遊牧の，水草を追う；(動)移動性の；(天)引き付けられる(星など)。[名] 惑星。
bolygócsillag [名] (天)遊星，行星，惑星。
bolyhos [形] たれ毛の，毛ふさのある；もじゃもじゃの，毛むくじゃらの。
bolyong, bolyog [自] さすらい回る，迷い歩く，うろつきまわる，遍歴する，放浪する，はいかいする。
bolyongás [名] 同上のこと；流浪，放浪，遍歴，はいかい。
bomba (目 bombát) [名] 爆弾，てき弾，爆裂弾。
bombáz [他] 砲撃する；爆撃する；(比)うるさく攻め立てる。
bombázás [名] (兵)砲撃；爆撃。
bomlás [名] 分解，解体，腐ること，崩壊，が解，壊滅，砕け落ちること。
bomlaszt [他] 腐らす，腐敗させる；(比)乱す，混乱させる，かく乱する，分解させる。
bomlik [自] 分解する，解体する，腐る，くずれる，崩壊す

る，壊滅する；乱れる。
boncol [他] 解剖(体)する；死体解剖をする；(比)(問題を)分析する，分解して検討する。
boncolás [名] (解)解剖すること，剖検すること；(医)死体解剖。
bonctan [名] (医)解剖学。
bont [他] (もつれを)解く，ほどく；(謎を)解き明かす，解決する；分ける，ばらばらにする；(天幕を)取りこわす，取り払う；(寝床を)あげる；(鳥の臓ふを)取出す；(食卓を)片付ける，離れる；(旗を)広げる；(平和を)破る。
bontakozik [自] → kibontakozik. 分解する，解ける；溶ける，分かれる；広がる，開く；(比)展開する，発展する。
bonyodalmas [形] → bonyolult.
bonyodalom [名] もつれ，紛糾，複雑，混雑，錯雑；面倒，困難。
bonyolít [他] もつらせる，もつれ合わす；(比)紛糾・混乱させる；掛け合いにする，巻きこむ；連座させる，連累にする；結び目を作る。
bonyolult [形] 複(煩)雑な，混乱した，もつれた，紛糾・錯そうした，こみ入った，こんがらかった，面倒な。
bor [名] ぶどう酒，ワイン，酒。〔óbor, 古ぶどう酒。égett bor, 火酒，焼ちゅう，ブランデー。borban az igazság, 酒は本性を表わす。〕
borász [名] 造酒術に通じた人；ぶどう酒通，酒の味をみる人；ぶどう栽培者。
borászat [名] ぶどう栽培学；ぶどう酒醸造学(術)。
borbély [名] 理髪師，床屋。
borda [目 bordát] [名] (解)肋骨，あばら；(海)船の肋材；(織工の)筬(おさ)；(料)豚の肋肉(あばら肉)；(建)拱肋(きょうろく)，せりもちわく。
bordal [名] 酒の唄，酒宴の歌，酒興の歌(宴席の)。
bordély [名] 女郎屋，青楼，遊女屋。
bordó [形] 赤紫色の，暗紅色の。
borít [他] (…を)おおう，かぶせる，かくす，包む；曇らせる；(縫工)縁縫いする，飾り(レース)をつける；(建)板で張る，板張りする；(火・霧などが…を)おおう；(喪服に)沈める。
boríték [名] おおう物，被覆，カバー；表紙(本などの)；封

borjú 102

筒。〔borítékba tesz, 封ずる, 包む, 被覆する。〕
borjú, bornyú [名] (動)小牛, 犢(こうし)。
borjúbőr [名] 小牛の皮。
borjúcomb [名] 小牛のモモ肉。
borjúpecsenye [名] 小牛の焼肉。
borjúsült [名] 同上。
borjúszelet [名] (料)小牛肉の薄い一切れ(カツレツ)。
borogat [他] 温(冷)湿布をあてる, あんぽうを施す。
borogatás [名] (医)あんぽう, 温(冷)湿布。
borona (目 boronát) [名] (農)耕うん機(すいた後の耕土をならす歯の多い農具)。
boronál [他] すきならす。
borospince [名] ぶどう酒貯蔵の穴倉, 酒蔵；(地下室の)酒店, 居酒屋, 一杯屋。
borospohár [名] ぶどう酒の杯, 酒杯, 杯。
borostás [形] いがぐり毛の；剛毛(ごうもう)状の；不精ひげの；(植)トゲだらけの。
borostyán [名] (植)月桂樹, 常春藤(きづた)。
borostyánkő [名] (鉱)琥珀(こはく)。
borostyánlevél [名] 月桂樹の葉。
borotva (目 borotvát) [名] 剃刀(かみそり)。
borotvál [他] (…のヒゲを)そる(カミソリで)。
borotválatlan [形] ヒゲをそらない。
borotválkozik [自] (自分でヒゲを)そる；(床屋でヒゲを)そらせる。
borozás [名] 酒を飲んで時を過ごし楽しむこと；酒宴(さかもり), ぶどう酒の宴会。
borozó [名] 酒場, ワインバー。
borravaló [名] 酒代, 祝儀, 心づけ, チップ, 茶代。
bors [名] (植)コショウ。
borsó [名] (植)えんどう(豌豆)。
borsódzik [自] 悪寒が走る；脅える, 反対する；鳥肌(とりはだ, 粟肌)がたつ, 背に冷汗する, 肌(はだ)に粟を生ずる。〔borsódzik a hátam, わが背に冷汗をする。〕
borsos [形] コショウをふりかけた, コショウで調味された, 辛い；(比)辛らつな, 目の玉の飛び出るような。〔borsos ár, 非常に高い値段。〕
borstartó [名] コショウ入れ。

borszesz [名] 酒精，アルコール。
bortermelő, bortermesztő [形] ぶどう栽培の。[名] ぶどう栽培者。
bortermő [形] ぶどう栽培の；ぶどう酒を生産する，ぶどう酒醸造の。〔bortermő vidék, ぶどう栽培地方。〕
ború [名] 薄暗がり，曇り；積雲，集雲；(比)悲愁，悲哀，憂愁，落胆；不幸，災難。〔borúra derű, 苦あれば楽あり；暗夜から光明へ。〕
borul [自] (空が)曇る，にごる，あいまいになる，かすむ；(炎が)おおう；(足下に)平伏する，ひざまずく；(…の肩に)もたれ・よりかかる，抱き合う。〔mellére borul, 胸に抱きつく。gyászba borul, 喪に入る。ködbe borul, 霞(かすみ)におおわれる。könnybe borul, 眼に涙が宿る。〕
borús [形] 曇った；(比)暗然たる，憂うつな，悲しそうな。
borzad [自] 恐ろしがる，恐怖する，身ぶるいする，戦りつする，いやでたまらぬ，ぞっとする；(髪が)逆立つ。
borzalmas [形] 恐ろしい，物すごい，戦りつすべき，身の毛のよだつ；いやな，残酷な，むごたらしい。
borzalom, borzadalom [名] 身ぶるい，ぞっとすること；戦りつ，恐怖；恐怖させる事物・行為；嫌悪(けんお)。〔borzalom vett rajta erőt, かれは驚がくおく所を知らなかった。〕
borzas [形] (毛髪の)こわい，逆立っている，粗剛な，もじゃもじゃの；皺(しわ)くちゃになった。〔borzas haj, かき乱した髪。〕
borzaszt [他] おどろかせる，身ぶるいさせる，戦りつさせる；(毛髪を)逆立せる，乱髪にする，もじゃもじゃにする。
borzasztó [形] → borzalmas. 恐ろしい，物すごい，すさまじい，おどろかす。
borzol [他] (髪を)ふり乱す，むしって乱す，かきむしる；(比)びっくりさせる，驚かせる。
borzong [自] 恐怖(戦りつ)する，ふるえる，おののく，身ぶるいする，ぞっとする。
bosnyák [形] ボスニアの。[名] ボスニア人。
Bosznia [固] ボスニア(国)。
boszorkány, boszorka [名] 魔女，女魔法使い；人を惑わす者，鬼ばば，巫女(ふじょ，みこ)；人を魅する女；(俗)老売笑婦。

boszorkánység [名] 魔法(術)；奇術，妖術；手品。
bosszankodik [自] 腹を立てる，怒る；不きげんになる，(気が)むしゃくしゃする，しゃくにさわる。
bosszant [他] 怒らせる，不きげんにする，不愉快にする，いや気を催させる，うんざりさせる。
bosszantó [形] いらだたせる，怒らせる，腹立たせる，しゃくにさわる，忌しい，うるさい，やっかいな，めんどうな。
bosszú [名] 復しゅう，かたきうち，報復，あだ討，意趣返し；憤怒，立腹。〔bosszút áll, (…に)復しゅうする。bosszút forral, 復しゅうを企てる。〕
bosszúállás [名] 復しゅうすること；復しゅう行為，意趣返し，報復。
bosszúálló [形] 復しゅう心を抱く，復しゅうせんとする，復しゅうに燃えた，執念深い。[名] 復しゅう者。
bosszús [形] 不きげんな，しゃくにさわる，腹の立つ，不愉快な，いやな；おこりやすい，短気の，忌しい。
bosszúság [名] いとわしいこと，いやなこと；不きげん，立腹，憤慨，ふんまん。
bosszúvágyó [形] 復しゅう心を抱く。
bot [名] 棒，さお，つえ，ステッキ，むち。〔olyan, mint a bot, 彼は大ばかだ。a botnak két vége van, 売言葉に買言葉。bottal ütheted a nyomát, 雲を霞と逃げのびている。〕
botanika → növénytan. 植物学。
botlik [自] 足をふみはずす，つまずく，よろめく；(比)過失をする，失錯(脚)する，失敗する；ぶつかる。
botorkál, botorkázik [自] よろめく，よろよろする，ふらふら歩く，つまずく；(比)さてつ・失錯・失脚する。
botrány [名] 人の憤慨(不快)を起させる事件(事情)；けしからぬこと，憤慨の種，腹立たしいもの，憤りを起こすもの，人騒がせ，スキャンダル；不面目，醜聞，失態。
botrányos [形] 感情を害する，侮辱的の，忌むべき，いとうべき，不快な，けしからぬ，人の憤激をまねく；醜聞の，外聞の悪い，不面目の，破廉恥な。
bozontos [形] (髪の)逆立った，粗剛な，乱髪の，むしゃくしゃの，もじゃもじゃの；ざらざらの。
bozót [名] 藪(やぶ)，そう林，しげみ；かん木林，茂み林。
bozótos [形] かん木のそう生した，藪に被われた，かん木の茂

った；薮のような，薮のように茂った。

bő, bőv [形] → bőséges. (衣類の)幅の広い，ゆとりのある，広くゆったりした；富んだ，富裕な；潤沢な，おびただしい，有り余る，十二分の；広い，広びろとした，多量な。

bőbeszédű [形] 口数の多い，多弁の，おしゃべりの；話好きの，愛想のよい。

bödön [名] 小たる，小おけ。〔egy bödön túró, 一おけのカッテージチーズ。〕

böffen [自] ゲップをする。

böfög [自] 何度もゲップをする。

bőg [自] (子供が)空泣きする，声をあげて泣く，わめく；(牛・羊が)ほえる，うなる，なく。

bögre [名] (土製の)つぼ，かめ；小つぼ，水がめ；マグ。

böjt [名] 大斎，断食，精進。[名] (複) (宗)四旬斎期，大斎期(復活祭前四十日間の斎期)。

böjtöl [自] 大斎する，断食する；精進する，肉食を断つ。

bök [他] → megbök. ちくりと刺す，突く，刺込む；ぶつからす，衝突させる。

bőkezű [形] 物惜しみせぬ，気前のよい，寛大な，おうような；金惜しみせぬ，施しを好む。

bökkenő [名] 紛糾，むずかしさ，困難，難事；障害，故障；邪魔物。〔bökkenője van a dolognak, そのことに障害がある。〕

bölcs [形] 賢い，賢明な，知恵のある，悟りを開いた；思慮ある，分別ある；利口な，世才に長じた。[名] 賢人，賢者，哲人。

bölcselkedik [自] 哲学する，哲学的思索をする，推理する，哲学論をする。

bölcsesség [名] 賢いこと；賢明，知恵；哲学，信念；思慮，分別；学識，博学；教訓，金言。

bölcsész [名] 思索家，思想家，哲学者；哲学科の学生；人文学科の学生。

bölcsészet [名] 哲学；人文学。

bölcső [名] (幼児の)揺らん，ゆりかご；(比)発祥地，起原，発端。

bölcsőde [名] 乳児院，幼児預り所，託児所。

bölény [名] (動)野牛の一種，バイソン。

bömböl [自] → bőg. (動物が)ほえる，うなる；(大砲・嵐

böngész 106

が)うなる，とどろく。
böngész, böngészik [他] 刈残りを拾い集める，落穂を拾う；(比)寄せ集める，一字一字たどりながら読む。
bőr [名] 皮，毛皮；はぎ皮，革，なめし皮；皮膚，はだ。
bőráru [名] 皮革製品。
bőrgyógyász [名] 皮膚科医。
bőrgyógyászat [名] 皮膚科学。
bőrkeményédés [名] (表皮が硬化すること)たこ，まめ；打身(うちみ)，紫斑，血斑。
bőrkiütés [名] (医)皮膚発疹(ひふはっしん)。
bőrönd [名] 革の手さげかばん・スーツケース，革の小形トランク。
börtön [名] 刑務所，ろう屋，監獄。
börtönőr [名] ろう番，看守，獄吏；刑務所長，典獄，看守長。
bőség [名] 有り余ること；豊富，充満，たくさん，充実；あふれるほど多いこと；みちあふれること，充いつ；広いこと，広がり，広さ。
bőséges [形] 豊富な，ゆたかな，おびただしい，沢山の，十分の，潤沢の。
bősz [形] 怒り狂った，激怒した，怒気を含んだ；激しい，猛烈な，荒れ狂う，ひどい。
bővebben [副] より立入って，より詳細に；より広く，ゆっくり，豊富に，十分に。
bővében [副] たっぷり，潤沢に，有り余るほど；詳細に。
bőven [副] たっぷり，豊富に，潤沢に，十分に，あり余るほど；詳細に。
bővít [他] 広くする，広げる，拡大する，拡張する；増す，増加(大)する，増やす；(書籍)増補する。
bővízű [形] 水に富む，水の多い。
bővül [自] 広がる，拡大する；増す，増える。
brácsa (目 brácsát) [名] (音)ビオラ。
Brassó [固] ブラッショー，ドイツ語のクローンスタット市(トランシルヴァニア，現在のルーマニア領ブラショフ)。
bravó! [間] 見事見事！あっぱれ！うまい！出かした！よろしい！(賞賛・快哉の叫び)。
Brazília [固] ブラジル(国)。
brazíliai [形] ブラジルの。[名] ブラジル人。

brekeg [自] (鳥・ガチョー・カエルなどが)鳴く；(俗)泣き声を出す，嘆く。

brigád [名] (歩・騎兵の)旅団；作業チーム。

briliáns [名] 光輝；金剛石，ダイヤモンド。[形] 光る，光輝を放つ。

brit [形] イギリスの，イギリス人の，英国の。[名] イギリス人，英国人。

bronz [名] 青銅，唐金(からかね)；青銅製品。[形] 青銅製の。

bronzkor [名] 青銅器時代(石器時代と鉄器時代との間)。

bruttó [名] (商)総量，風袋ぐるみ，粗はかり(包装をこめての総量，nettó の対)。[形] 総体の〔bruttó jövedelem, 総所得。〕

bú [名] 心の重いこと，気の沈むこと，物思い；悲愁(哀・痛)，悲しみ，嘆き；憂愁，わびしさ，悩み。〔meghal bújában, 悲哀の余り死す。〕

búb [名] (頭頂の)毛髪の総(ふさ)，頂髪，前髪；(動)冠毛，鳥冠(とさか)；帽子のふさ；頭頂(あたまのいただき)；(山などの)頂点。

búbánat [名] 心の重いこと；憂愁，悲愁；(比)不幸，災難。

búbánatos [形] 憂いに沈む，心配の多い，苦労ある；悲しい，深くなやむ，悲痛の念に充ちた。

buborék [名] あわ(泡)，水あわ，気あわ；(比)誇張，ほら。〔szappanbuborék, しゃぼん玉；(比)はかない空想。〕

buborékol [自] あわ立つ，あわを生ずる；ブツブツ煮え返る，沸騰する；(比)ホラを吹く。

búcsú¹ [名] いとま，わかれ，離別，告別，送別；辞去，辞職。〔búcsút mond, (…に)別れを告げる。búcsút vesz, 暇を告げる，告別する。búcsút vesz hivataltól, 職を辞する。búcsút vesz földi élettől, 死去する。〕

búcsú² [名] 教会建立記念祭，寺院開基式；守護祭，氏神祭；教区ごとに行われる年中行事の祭典；祭日の大市(縁日)；霊地詣り，巡礼；(宗教上の)贖宥(しょくゆう)，赦罪。〔búcsút jár, 霊場詣りをする，巡礼する。〕

búcsújárás [名] 霊場詣り；巡礼行列，回国巡行。

búcsújáróhely [名] 巡礼地，霊場。

búcsúszó [名] 別れの語, 告別の辞。
búcsúzás [名] → búcsú. 別れを告げること；暇乞い, 別離。
búcsúzik [自] (誰に)別れを告げる, 暇乞いを告げる；告別する, 暇をとる, 辞去する。
búcsúztat [他] 別れを告げる, 晴ればれしく去らせる, 見送る。
Buda [固] ブダ市(ブダペストの前身), ドイツ語のオーフェン市。〔Buda vára, ブダ城。〕
Budapest [固] ハンガリー国の首都。
budapesti [形] ブダペスト市の。[名] ブダペスト市民。
búg¹ [名] 鳩小屋；(比)屋根裏の住居。
búg² [自] うなる, ほえる；ブンブン羽音をたてる；(鳩が)クークー鳴く；(牛が)ほえる；(雌豚が)サカリについている；(大形オルガンが)うなる, うめく；(モーターが)うなる, 鳴る；(汽笛・サイレンが)鳴る。
bugyborékol [自] あわ立つ, 沸きあふれる, 沸き立つ；真珠のようにあわ立つ。
bugyog [自] わき出る, ほとばしる, 噴出する；あわ立つ, たぎる, 波打つ。
buja [形] きままな, みだらな, 多淫乱の；(植)繁茂した, 茂った, うっ蒼たる；あふれるばかりの, 沢山の。
bujdosás [名] 逃亡すること, さすらいまわること；亡命, 漂泊, 流浪, はいかい。
bujdosik [自] さすらいまわる, 逃亡する, 漂浪する, はいかいする；避難する, 亡命する。
bujdosó [形] さすらいまわる, 逃亡する；亡命する。[名] 放浪者；逃亡者, 亡命者, 亡命移住者。
bújik [自] 隠れる, 潜伏する, もぐりこむ, 逃げ隠れる。
bujkál [自] 逃げ隠れる, 隠れている；(隠れて)流浪する, さすらう, さまよい歩く, うろつく；(兵)待ち伏せる, 伏兵となる。
bújócska [名] 隠れん坊(遊び)。
bújtat [他] 隠れさせる, かくまう(…を…に対して)；(…を)おおいかくす, 秘す；(農)取木にする；(…にオーバーを)背負わせる, 身に着けさせる。
bujtogat [他] (繰返し)刺激する, 激励する, 促進する；(…を…に対し)しり押しする, 扇動する, けしかける。
bujtogató [名] 扇動者, 教唆者, 張本人, 元凶。

burkolódzik

bukás [名] 倒れること，落ちること；墜落；(政府の)転覆；(商)破産；(試験の)失敗，落第；(独立戦の)敗退；(水中に)潜水；(劇)上演物の失敗，堕落，転落，破滅，没落，滅亡。

bukdácsol [自] つまずきながら行く，よろめく；(水中に)沈む，もぐる，もぐりこむ；ひっくり返る，とんぼ返りをする，ころりところぶ；(船が)縦にゆれる；落第しながら進む。

bukfenc [名] (運動)とんぼ返り，宙返り。〔bukfencet vet (hány), とんぼ返りをする。〕

bukik [自] 墜落する；滅亡する；(試験に)落第する；(比)堕落する，身をほろぼす；ひっくり返る；(水中に)もぐる；まぎれ込む；(トバクに)負ける；(…に)心酔する，迷い込む，かぶれる。〔hanyatt bukik, ひっくり返る，転覆する。a víz alá bukik, 水中に没する。〕

bukkan (vkire, vmire) [自] (…に偶然)出会う，突き当たる，ぶつかる，衝突する，つまずく；見付かる，見出す，発見する。

Bulgária [固] ブルガリア(国)。

bulgáriai [形] ブルガリアの。

bunda (目 bundát) [名] 毛皮のオーバー，毛皮付のマント；(キツネ・クマなどの)毛皮，獣皮。

bunkó [名] 丸太棒の先のふくれた部分；太く短い棒。こん棒，鉄棒(古代の武器)；(工)(ポンプの)ピストン；(建)汽槌，スチーム・ハンマー；(俗)不満足な成績。

bunkósbot [名] ふし多きつえ，こん棒，丸太；大頭棒(牛馬を屠るに用いる)；護身用鉛込め棒。

burgonya (目 burgonyát) [名] (植)ばれいしょ(じゃがいも)。

burjánzik [自] (雑草が)生い茂る，繁茂する；(比)はびこる，増殖する。

burkol [他] (…の中に…を)包む，くるむ，かぶせる；(金属・木板を)かぶせる，着せる；(道路を)舗装(石)する；壁を被覆する，壁板を取りつける；(列車を)被甲する；(比)隠す，秘する；(俗)食べる。

burkolat [名] おおう物，包被；包み，封，おおい，被覆物，ほろ；(壁の)被覆，塗壁，壁石，羽目板；(道路の)舗装(石畳)工事；包み隠すこと，行李(こうり)に詰めること，荷造り。

burkolódzik [自] (…の中に)包まれる，封じられる，おおわ

burok 110

れる, 含まれる; (マントの中に)身を包む(くるむ), 身にまとう。

burok (目 burkot)［名］おおい, 包み; (解・動)外皮, 包装, 薄膜(はくまく); (植)内種皮; 殻(から), 莢(さや); (紙の)帙(ちつ); 包装, 荷造; (医)後産(あとざん), えな(胞衣), 胎盤; (工)操縦し得られる気嚢(きのう, 気球などの); (大釜の)被い, 被覆; (糸の)結び目; (網・編み物の)目; (商)風袋(ふうたい)。〔burokban született, (大網膜を具えて生れた, 富者の生れの児)幸運児。〕

bús［形］暗い, 陰気な, 憂うつな, 悲しい; しょう然たる, 心配の多い, 憂いに沈んだ, 悩ましい。

busás［形］→ bőséges. 豊富な, 多くの, おびただしい, ゆたかな, 沢山の, 十二分の, 有り余る。

búskomor［形］憂うつな, 陰気な; (医)ふさぎ性の, 憂うつ症の。

búslakodik［自］→ búsong, búsul.

búsong［自］悲しむ, 悩む, 苦しむ。

búsul［自］悲しむ, 嘆く, 恨む, 噴る, 悩む。

buta［形］愚かな, 鈍い, ばかな, 間抜けの, あほうの。［名］愚人, ばか者。

butaság［名］愚鈍, ばか, 無知, もうまい; ばかなこと, 愚事, 愚行。

butít［他］ばかにする, 愚鈍にする, 無知にする。

bútor［名］家具, 家財, じゅう器; 室内装飾品, 調度。

bútoroz［他］家具を備えつける。

bútorozott［形］家具付きの。

bútorzat［名］家具を備え付けること; 住居の設備, 室内装飾品, 家具調度, 家具家財。

butul［自］愚かになる, ばかになる, 愚鈍になる。

búvár［名］潜水者, 潜水夫; 探す者, 研究者, 調査者, 学者; (鳥)潜水鳥(かいつぶり等)。

búvárkodik［自］潜水する, 潜水夫の仕事をする; (学者が)研究する, 探究(調査, せんさく)する。

búvóhely［名］隠れ所, 潜伏所, 避難所。

BUX［名］(＝budapesti értéktözsde részvény-indexe)ブダペスト証券取引所株価指数。

búza (目 búzát)［名］(植)(優良な)小麦。

búzaszem［名］小麦の粒(殻粒)。

búzavirág［名］小麦の花; 最上の小麦粉; (植)やぐるま

bűnbánat

ぎく(矢車菊)。

buzdít [他] 力を与える, 元気づける, 鼓舞する, 激励する, 奨励する, 鼓吹する。

buzdító [形] 力をつける, 奨励する, 元気づける, 刺激を与える。

buzgalmas [形] 熱心な, 熱中した; 熱望する, 心からの, 熱烈な, 熱狂(心酔)した。

buzgalom (目 buzgalmat) [名] 躍起となること; 熱心, 熱中, 熱意; 熱情, 熱望, 精励。

buzgó [形] 熱心な, 熱烈な; 熱中した, 忙しい; 心からの, 衷心よりの, 真心からの。

buzgólkodik [自] (…に)熱心になる, 熱中する, 努力する, 意気ごんでやる; (宗)熱心に祈る, 礼拝する, 勤行する。

buzgóság [名] 情熱的努力, 熱心, 熱中; 衷心, 真心; (宗)信仰熱, 信心, 敬神。

buzog [自] わき出る, わきあふれる, 射出する; (小川が)あわ立つ; (煮え)沸き立つ, たぎる; (何に)熱中する; 熱心である。

buzogány [名] (中世の)戦槌(おの), 戦棒; 節(ふし)多きつえ, こん棒; (植)がま(蒲)。

bűbáj [名] まじない, 魔術, 魔法; 魔力, 魅力, 魅惑(みわく); 手品。

bűbájos [形] 魔法の, 魔法による, 不思議の, 神秘な; (比)人の魂を奪う, 人の心をそそのかす, 魅力ある, ようえんな, あだっぽい, 魅惑的な。 [名] 魔術師, 魔法使い, 妖術者; 手品師, 奇術師。

büdös [形] 悪臭紛々たる, 嘔吐(はきけ)を催させる, 臭い。

büdösség [名] 悪臭, 異臭; (比)いとわしい・いやがること; 悪評, 醜聞。

büfe [名] ビュッフェ。

bükk, bikk [名] (植)ブナ(橅), けやき。

bükköny [名] (植)やはずえんどう, のえんどう。

bűn [名] (宗教的・道徳的の)罪, 罪悪; (法律上の)違反, 過ち, 間違い; 不法行為, 犯罪, 非行。

bűnbak [名] (聖)身代りの山羊, しょく罪の雄羊(人民の罪を負わせて放った羊), あがないの羊; (比)他人のために罪を負う人。

bűnbánat [名] 悔い, 後悔, 改しゅん, 悔悟, 傷心; (宗)

ざんげ, しょく罪, 償い。
bűnbánó [形] 悔い改める, 後悔する, 悔悟(恨)する, ひどく残念に思っている；(宗)ざんげする, 告白する。
bűnbarlang [名] 罪悪の巣くつ。
bűncselekmény [名] 犯罪行為, 犯罪。
bűnhődés [名] (宗)罪を贖(あがな)うこと, 罪滅ぼしをすること, 贖罪(しょくざい)。
bűnhődik [自] 罪をあがなう, 罪滅ぼしをする, しょく罪する, ざんげする。
bűnjel [名] (法)証拠書類(刑事裁判における), 罪体(犯罪を組成する物質的要素の全体)；犯罪・けん疑の証拠。
bűnös [形] (宗)罪を犯した, 罪を負える, 罪障深い；(法)罪を受くべき, 有罪の, 罪のある。[名] 罪を犯した者；違犯者, 犯罪人。
bűnöző [名] → bűnös.
bűnper [名] (法)刑事訴訟。
bűnrészes [名] (法)共犯者, 連累者, 同罪者。
bűnrészesség [名] 共犯, 連累, 共謀, 加担；共犯関係。
büntelen [形] (法)責めのない, 罰せられない, 非難の余地ない。
büntet [他] (…を)罰する, 処罰する, 処罰を加える；(子供を)懲らす, きょう正する；(スポーツ)罰を科す, 罰に付する。
büntetendő [形] 罰すべき, 許しがたい, けしからぬ；処罰さるべき, 罪になる, 有罪の。
büntetés [名] 罰すること, 懲らすこと；処罰, 刑罰, 懲罰；懲戒。〔büntetés alá esik, 罰則にふれる；処罰される, 罰金を取られる。büntetés alá eső, 処罰さるべき。büntetés terhe alatt, 処罰すべきものとして。büntetést kiszab(kiró), (…に)罰を下す。büntetésre méltó, 刑罰に値する, 刑罰を受けるべき, 罰す(懲らす)べき, 有罪の；非難すべき。〕
büntetlen [形] 刑を受けたことのない；罰せられない, 受刑しない；無罪の；非の打ちどころのない, 非難のない。
bűntett [名] 犯行, 犯罪；悪行, 非行。
bűntudat [名] 犯罪意識, 罪の意識, 有罪性の意識。
bűnügy [名] 刑事事件。
bűnügyi [形] 刑事事件の。
bűnvád [名] (検事の)公訴, 告訴, 告発, 刑の申請(求

刑）；罪の意識。

bűnvádi [形] 刑事上の, 刑法上の；犯罪の, 犯罪的；犯罪に関する。〔bűnvádi eljárás, 刑事訴訟手続。bűnvádi kereset, 刑事訴訟, 公訴。〕

büszke [形] 自ら頼むところある, きょう持高き, 高ぶる；ごう慢な, 威張っている, 自負(慢)の, 尊大な, 不そんな。

büszkélkedik (vmivel) [自] 高ぶる, 威張る, 自慢する, 誇る；うぬぼれる, えらそうにする, 気取って歩く, 意気揚々として歩く。

büszkeség [名] 誇り, ごう慢, 尊大, 得意；きょう持, 気位, 自負；横柄, 不そん；誇るべき物, 誉れ。

bütyök (目 bütyköt) [名] 骨質の小突起, ふくらみ；指関節, くるぶし(踝)；(樹の)瘤, フシ(結節)。

bűvész [名] 手品使い, 奇術師；魔法使い, 魔術師, 妖術者。

bűvkör [名] 魔法圏, 魔術界, 妖術界。

bűvös [形] 魔力のある。〔bűvös tükör, 魔法の鏡。〕

bűz [名] 悪臭, 異臭, 臭気；(比)いまわしい事；悪評, 醜聞。

bűzlik [自] 臭い, 悪臭を発する, いやな臭いがする。

bűzös [形] 臭い, 悪臭のする；鼻持ちならぬ。

C

cafat [名] ぼろきれ, 布片, 布くず；(比)(きたない・不潔な)むさくるしい風をしている人(女)；みだらな女, だらしない女, 売春婦。

cafatos [形] ぼろぼろの, つぎはぎの, ずたずたに裂けた；ボロをまとった；よごれた, けがれた。

cáfol [他] 反ばくする, 論破する, 否認する, 否定する；取消す。

cáfolat [名] 否認, 反ばく, 弁ばく, 否定, 論破。

cáfolhatatlan [形] 反ばくし得ぬ, 論ばく出来ない；否みがたい, 争えない。

cammog [自] 重い足どりでよろよろ歩く, 不恰好によちよち歩く, ぶらぶら歩く。

cápa (目 cápát) [名] (魚)さめ，ふか。
cár [名] 帝政ロシア皇帝(ツァール)。
CD-játszó [名] CDプレーヤー。
cédrus [名] (植)西洋杉。
cédula (目 cédulát) [名] 小紙片，紙片，紙札；覚書，手控，メモ，書付；レッテル，正札；はり札，引札，ビラ，ポスター；投票用紙。
cég [名] 会社；商会；商店；商標，屋号，商号，社名。
cégbejegyzés [名] 会社登記。
cégér [名] (店の)看板；門標，標札；掛け看板；口実。〔jó bornak nem kell cégér, 良品には広告の必要はない。cégéré teszi magát, 張り出される，掲示される；身を任せる，捨鉢になる；(女が)肌(はだ)を許す。〕
cégtábla [名] (商店の)看板。
cégvezető [名] 商事代理人，業務代理人，業務管理者，業務執行者；支配人，番頭。〔cégvezetőként aláír, 業務代理人として署名する，代理署名をする。〕
céh [名] (経)同業組合，ギルド(中世期の)。
cékla (目 céklát) [名] (植)赤テンサイ，砂糖大根。〔fehér cékla, 白かぶら，白テンサイ。〕
cél [複 célok] [名] 目標，標的；(射撃の)標的の中心，的(まと)，射的；(比)目指すところ，目的，志し，意図，志望，所存。〔célba vesz, (…を)ねらう，目掛ける。célba lő, 的を射る。célnál van, 目標(決勝点)にある。célt ér, 目的を達する。célt téveszt, 目標をはずす，やり損う。〕
célgömb [名] (兵)照星(しょうせい)(銃の)。
cella (目 cellát) [名] 小室，小房；僧房，いおり；監房，独房；(ハチの巣の)蜜房；(生)細胞；(比)小団体，細胞(共産党などの)。
céllövés [名] 射的，標的射撃；射撃競技，射的競争。
céllövészet [名] 同上。
cellux [名] セロテープ。
céloz [他] (銃)ねらう，目指す，照準する；目的とする，志す，企てる；(比)風刺する，ほのめかす，あてこする。
célpont [名] 目標；標点；(標的の)黒点，金的，急所；(兵)照準点。
célszerű [形] 目的に適う，役に立つ，合目的の，適当な，有効な，都合のよい。

célszerűtlen [形] 目的に適わない，都合の悪い，実際的でない，不得策の。

céltábla [名] (射撃の)的(まと)，標的；(比)(ちょう笑の)対象，まと。

céltalan [形] 標的(目標)のない，目的のない；無益の，役に立たない。

céltudatos [形] 目標を意識した，目標を忘れない，目標を追求する，目的に向かって進む；目標に順応した，目的に適合した。

célzás [名] ねらうこと，ねらいをつけること；目標を定めること，標的をきめること，照準すること；(比)志すこと；風刺，暗示，あてこすり，当てつけ。

célzatos [形] 意図ある，底意ある，為にするところある，故意の；傾向的，偏向的。

cement [名] (工)セメント，洋灰；(医)(歯の)白あ質，充てん剤。

centrifuga [名] 脱水機。

cenzúra [名] 検閲，監査。

ceremónia (目 ceremóniát) [名] 儀式,礼式；礼法，儀礼，典礼；式，作法。

cérna (目 cérnát) [名] (紡)より糸，紡糸(つむぎいと)，糸。

cérnaszál [名] (麻)より糸，より糸の切れ端(はし)。

ceruza (目 ceruzát) [名] 鉛筆(えんぴつ)。

cet, cethal [名] (動)鯨(くじら)。

cibál [他] (ゆすぶって)引っぱる，かきむしる，引きむしる，引きずっていく。〔hajánál fogva cibál, 髪をつかんで引きむしる。〕

cica (目 cicát) [名] (動)小猫(ねこ)，ねこの子；女性に対する愛ぶ的呼称。

cicázik [自] 猫遊びをする；猫にじゃれる(戯れる)。

cici [名] (解)(幼児語)乳くび，乳頭，母の乳ぶさ。

cicoma (目 cicomát) [名] めかし飾り立てること，気取り，取澄まし；粗末な装飾品，安っぽい物(装身具，衣裳など)。

cicomáz [他] めかしたてる，飾りたてる，装わせる；不器用に衣装をつける，こてこて飾る。

cifra [形] (色とりどりに・多彩に)飾られた，着飾られた，め

かし立てた；気取った，すました，わざとらしい；着飾った，凝り過ぎた(辞句など)。〔cifra magyarság, 愉快な粗野なマジャル民族。cifra nyomorúság, 外は華やかで，内は窮せること。〕［名］装飾品，装身具；からくさ模様。

cifraság ［名］けばけばしい装飾，虚飾，デコレーション；飾物，からくさ模様；装飾品，装身具，飾り。

cifráz ［他］飾る，美しくする，飾り立てる，めかす；からくさ模様で飾る；(音)装飾音で飾る；(比)虚飾する。

cigány ［名］ジプシー(人)，ロマ民族(漂浪民族の名，インドから出て十四，五世紀ごろヨーロッパに入る)；(比)放浪好きの人，ボヘミアン。［形］ジプシー風の；放浪の，流浪の，さすらいの。

cigányasszony ［名］ジプシー女；女占い師。

cigánykerék ［名］(体操)とんぼ返り，宙返り；(クジャク・七面鳥などが)輪をつくること，威張ること。〔cigánykereket hány, 片手を突いて横に宙返りを繰り返す，横ざまにとんぼ返りを繰り返す；(クジャクが)尾を広げる，得意になる。〕

cigányos ［形］ジプシーのような，ジプシー的・流浪の，さすらいの。

cigányság ［名］ジプシーたること；ジプシー民族，ロマ民族；ジプシー気質；ジプシー風俗；(比)放浪生活；詐欺，欺まん，まん着(あざむくこと)。

cigányvajda ［名］ジプシーの頭(かしら)(首長，統領)。

cigányzene ［名］ジプシー音楽。

cigányzenekar ［名］ジプシーの楽隊。

cigaretta (目 cigarettát) ［名］紙巻タバコ，シガレット。

cigarettázik ［自］シガレットを吸う，巻きタバコをのむ，喫煙する。

cikázik ［自］(電光が)ひらめく；(考えが脳に)ひらめく，浮かぶ。

cikk ［名］論説，論文，記事；(法)条款，個条；項目，節；(宗)教条，信条；(商)商品。

cikkely ［名］段落；(宗)信条の一；(法)款項，箇条；(印)文節記号。

ciklon ［名］大旋風，具風，ハリケーン。

cikornyás ［形］からくさ模様で飾った；飾り書きの；わざとらしく飾りたてた，飾り過ぎの；(音)装飾音のモチーフ。

cím [名] (位階・族称などの)称号, 尊称, 官名;名宛, 住所, 届先;表題, 書名, 標題。〔küldjön címemre, 私の住所に送って下さい。címet visel, 称号を持つ。〕

cimbalmos [名] (音)ツィンバロム奏者。

cimbalmozik [自] ツィンバロムを奏でる。

cimbalom [目 cimbalmot] [名] (音)ツィンバロム(ハンガリーではジプシー楽団の用いる打楽器)。

cimbora (目 cimborát) [名] 仲間, 友達, 同輩;僚友, 親友;同窓;悪党仲間, 悪事の相棒(手先), 共犯者, 加担者。

címer[1] [名] 紋, 紋章, 定紋;見せかけ, 看板;(鹿の)また角, 枝角;(絞首台に掛けられる)極悪人。

címer[2] [名] (雌山羊の)背肉。

címeres [形] 紋章のついた;枝角のある;横着な, 悪名高き。〔címeres gazember, 札つきの悪者, 大悪漢。〕

címez [他] 宛名を書く;名称・肩書・称号をつける;標題をつける;名称・番号をつける;(…と)称号を以て呼ぶ, 話しかける, 言葉をかける;(…に)差し向ける, 差し出す。

címjegyzék [名] (団体などの)住所録・人名録。

címke [名] 札(ふだ), はり札;(商品・荷物などの)符帳紙, 符せん。

címkép [名] (書籍のカバーの)装飾画, 口絵, 銅版の口絵, とびら絵。

címkórság [名] 称号狂, 肩書狂。

címlap [名] (奥付のある)本の扉(トビラ)ページ。

címlet [名] (経)額目金額, 単位。

címszerep [名] (劇)戯曲の題と同名の役, 主役, 主人公の役割。

címü [形] …と称する, …と題する, …と言う。

címzés [名] 上書き・表記・宛名を書くこと;全称号を付して呼ぶこと;称号を与えること。

címzetes [形] 名義上の, 名義だけの, 称号だけの, 名誉の。〔címzetes püspök, 名義上の司教。〕

címzett [形] …と呼ばれた, …と表題をつけた;宛名書きにある, (…に)差し向けられた。[名] 名宛人, 受取人, 発送先。

cin [名] (鉱)錫(スズ)。[形] スズの, スズ製の。

cincog [自] (ひよこ・ねずみなどが)チューチュー・キーキー鳴く;

バイオリンをへたに掻き鳴らす。

cincogás [名] (ひよこが)ピヨピヨ(チューチュー)鳴くこと；(ハツカネズミが)キーキーうなること；(比)バイオリンのへたな演奏。

cinege [名] (鳥)やまがら(山雀)属の鳥。

cingár [形] やせた, やつれた, 脂気のない；やせっぽちの, やせすぎの, しなやかな, 華奢(きゃしゃ)な。

cink [名] (鉱)亜鉛；とたん。

cinke [名] → cinege.

cinkos [名] 共犯者, 連累者, 悪事の相棒, 悪党仲間；悪者, かたり。[形] 悪党の。

cinkosság [名] 共犯, 連累；詐欺, あざむき；悪事。

cinóber [名] (鉱)辰砂(シンシャ), 朱；(絵)朱色。

cintányér [名] スズ皿(盆)；(音)シンバル；(床屋の看板)ヒゲソリ用のさら(皿)。

cipel [他] (重荷を辛じて)引きずる, 引っ張って行く, 引きずるように運ぶ；(…を)引き連れる；(船を)引船する。

cipellő [名] (俗)くつ状のもの(女性や子供の短ぐつ・半ぐつ・上ぐつ・スリッパなど)。

cipész [名] くつ屋, くつ匠, 製靴工。

cipó [名] 小さい白パン, 小麦パン；やや小形の白パン。

cipő [名] くつ, 履物(はきもの)；半(短)ぐつ。

cipőbolt [名] くつ店。

cipőfűző [名] くつの組みひも, くつひも。

cipősarok [名] くつの踵(かかと)。

cipőtalp [名] くつの底(そこ), くつの底革。

cipőtisztító [名] くつ磨き(人)。

ciprus [名] (植)糸杉(いとすぎ)。〔japáni ciprus, ひのき〕。

cipzár [名] チャック, ファスナー。

cirkál [自] (船が)巡航する, 巡洋する, 遊弋(ゆうよく)する；(偵察隊が市内を)巡回する, 巡察する。

cirkáló [名] (海)巡洋艦, (兵)偵察隊。

cirkusz [名] サーカス, 曲馬場；曲馬団。

cirmos [形] きたない, よごれた, ごみごみした, 塗りたくった；猫のような灰色の, くすんだ色の。

cirógat [他] なでる, さする；愛ぶする, 可愛がる；おもねる, へつらう。

citadella(目 citadellát)[名] 要さい内の独立した小保塁, とりで, 城さい, 内城, 牙城(がじょう)。

citera(目 citerát)[名] (音)キタラ(古代ギリシャ人の琴の類, 弦楽器)。

citerázik[自] キタラを奏でる。

citrom[名] (植)レモン, 橙(ダイダイ)の果実および樹。

citromhéj[名] レモンの皮。〔cukros citromhéj, 砂糖漬けのレモン皮。〕

citromlé[名] レモンジュース。

citromos[形] レモンの；レモンで調味された(酸味を帯びた)。

citromsárga[形] レモン色の, ダイダイ色の。

civakodás[名] 争い, 口げんか, 口論, 争論, 討論；不和, 仲違い；絶えずがみがみ言うこと。

civakodik[自] (誰と)争う, 口げんかする, 争論する, 口論する。

civil[形] 人民の, 市民の, 庶民の；丁寧な；(法)民事の；非軍人の, 文官の；文の。[名] 市民；私服。

civilizáció[名] 文明, 文化, 開化。

civilizált[形] 教養のある, 文明に導かれた, 開化した, 文明化した。

cókmók[名] 衣類財宝一切合切, 一切の持物；下らぬ物, がらくた。

comb[名] (人間の)股(もも), 大腿(すね)；(料)(羊・子牛・若鶏の)股の肉, また肉, 後脚の肉。

copf[名] 編んだ毛, 弁髪, ちょんまげ。

cölöp[名] くい(杙, 杭), 棒ぐい, 大ぐい；(建)垂直材, 突き棒, 突きこみ用丸太。

cövek[名] (地中に打込む)杭(くい), 棒ぐい；(大工の用いる)木栓, 楔(くさび), 割くさび, 木釘(きくぎ)。

cucc[名] 手荷物(口語的)。 → cf. **kézipoggyász.**

cudar[形] 汚辱を受けた, 恥ずべき, 不面目な；下卑な, いやしい；不潔な, みすぼらしい, 邪淫な；ひどい。[名] 汚辱を受けた人, 下劣漢, 破廉恥漢。

cukor(目 cukrot)[名] 砂糖；(化)糖分, 糖。〔sárga cukor, 氷糖, 氷砂糖, ざらめ。törött cukor, 振りかけ砂糖, 粉砂糖。〕

cukorbetegség[名] (医)糖尿病(とうにょうびょう)。

cukorborsó [名] (植)あまえんどう, いんげん豆；さやえんどう。
cukorgyár [名] 製糖工場。
cukorka [名] 砂糖菓子, ドロップス, 飴, ボンボン(菓子の名)。
cukornád [名] (植)砂糖きび, かんしょ。
cukorrépa [名] (植)砂糖大根, てんさい。
cukrász [名] ケーキ職人, 製菓業者, 菓子屋。
cukrászda [名] 菓子屋の店, ケーキ店。
cukros [形] 甘い；可愛らしい；砂糖の, 砂糖で出来た, 糖性の；砂糖をかけた, 砂糖を含む；糖分を生ずる；砂糖づけにした；甘口の；糖尿病の；(比)巧言の, 口先の旨い, お世辞の。[名] 糖尿病患者。〔cukros gyümölcs, 砂糖づけの果物。cukros mandula, 砂糖づけにした(又は砂糖をかけた)扁桃(ハタンキョウ)。cukros víz, 砂糖水。〕
cukroz [他] 砂糖をかける, 砂糖を入れて甘くする, 砂糖で作る；(果物を)糖果にする。
cukrozott [形] 砂糖をかけた, 甘くした；(比)巧言の, お世辞の。
cuppant [他] 音高くひびかせてキスする, 心をこめてキスする。

Cs

csábít [他] おびき入れる, つり込む, 引き入れる；誘う, 誘惑する, 迷わせる。
csábítás [名] 同上のこと；誘惑, 魅惑。
csábító [形] そそのかす, 引き入れる, 迷わすような, 誘惑的な, 魅惑的な。[名] 誘惑者, 堕落させる人, 女たらし。
csacsi [名] → szamár. (動)子ろば；(比)小ばか, ばか正直者。
csacsiság [名] 愚鈍なこと；ばかげた言行。
csacska [形] おしゃべりの, じょう舌の, 多言の, 話好きの。
csacskaság [名] おしゃべりすること；多弁, じょう舌。
csacsog [自] さえずる；叫ぶ；ペチャペチャしゃべる, しゃべりちらす, むだ話をする。
csahol [自] ほえる, ほえつづける；(比)むやみに叫ぶ, かみつく

(人が)。[他](火打石や金などで)火を打ち出す。

csak [副] ただ，単に；…切り，…だけ，…のみ；僅かばかり，たった；(時間)初めに，最初に，一番先に；やっと。〔amenynyire csak lehet, 出来るだけ。csak egy napig, 一日だけ。〕

csákány [名] (土工用の)つるはし，開墾用つるはし；戦槌(つち)；金づちの尖頭；ピッケル；(音)チャーカーン(吹奏楽器)。

csakhamar [副] じきに，直ちに，さっそく；間もなく，やがて。

csakhogy [接] ただ，単に，でももっと。[副] 但し，ようやく，やっと；ただ…これだけだ(これのみだ)。〔csakhogy egészséges vagyok, 私はただ健やかなだけだ。〕

csakis [副] ただ，単に，僅かに；ただ…それだけ；ひとり…のみ；もちろん。

csáklya (目 csáklyát) [名] つり鉤(かぎ)，掛くぎ；(小舟の)かぎ棒，かぎざお；(流木を引く)とび口，かぎざお；(海)つかみいかり，引っかけいかり；火かき；スケートぐつ。

csaknem [副] 殆ど，おおむね，大抵，大方，おおよそ；まさに，すんでのことで，危うく。

csakugyan [副] 実際に，現実に；本当に，実に，真に。

csal [他] → megcsal. あざむく，ごまかす，迷わせる，惑わす；おびき寄せる；詐欺をする，だます。

család [名] 家族，一族，一家；子孫；家系；家庭；家柄；(動・植)属，科，たぐい。

családapa [名] 家父。

családfa [名] 家譜，系図，系譜，血統；系統樹。

családfenntartó [名] 世帯主，家族の生計支持者，かせぎ手。

családfő [名] 家長，戸主，主人。

családi [形] 家族の，家の；家庭の，内輪の。〔családi boldogság, 家庭の幸福。családi élet, 家庭生活。családi gond, 家庭の悩み。családi kör, 家庭の圏内，一家の人々；家の内，内輪(うちわ)。családi név, 家族の名，苗字，姓。családi székhely, 祖先伝来の邸宅；家族の発祥地。családi ügy, 家族の要件，家事。〕

családias [形] 家族的，親しい，心安い。

családos [形] 家族のある。〔családos ember, 家族の

ある人，世帯持ち(人)；家長，家父。〕
családtag [名] 家族の一人，家族員。
csalafinta [形] 小賢しい，こうかつな，横着な，くえない。
csalafintaság [名] 詭計，策略，企み，仕組み；わるがしこいこと，悪事の才能あること。
csalamádé [名] (植)まぐさ用の(飼料用)トウモロコシ。
csalán [名] (植)刺麻(イラクサ)科，いたいた草。〔árva-csalán，おどり草，おどりこ草。〕
csaláncsípés [名] (医)イラクサにまけること(刺し傷・痕)。
csalánkiütés [名] (医)ジンマシンの発疹(発生)。
csalárd [形] 人だましの，人を欺く，詐欺的な，ごまかしの；不実な，不信な，当てにならぬ，欺いた。
csalárdság [名] 詐欺，欺き，うそ，偽り，不信；同上の言行。
csalás [名] ごまかし，偽り，ぺてん，欺きだますこと；(裏切りに依り)引きつけること；(法)詐欺；(感官の)惑わし，迷妄。
csalétek [名] (狩・漁)(誘いの)餌食(エジキ)，えさ；(比)好みさえ，誘惑物；おとり。
csalfa [形] 人を欺く，偽りの，欺まんの；不正の，不正直な，不実の；ごまかしの，意地悪い，ずるい。
csalhatatlan [形] 間違いのない，誤りなき，まぎれもない，確かな。
csalhatatlanság [名] 間違いないこと，過失なき・過誤なきこと(法王無過誤説など)。
csalitos [形] やぶの，灌木の茂った，灌木のある；(比)もじゃもじゃした。
csaló [形] だます，まん着する，詐欺的。[名] 欺く人，まん着者，詐欺師。
csalódás [名] 欺かれること；迷い，迷妄，錯誤；思い違い，間違い；当外れ，見当外れ，幻滅，失望。
csalódik [自] あてがはずれる，失望する；思い違いする，間違える；だまされる，欺かれる。
csalogány [名] (鳥)さよなき鳥，夜ウグイス，ナイチンゲール；(比)美声の女歌手。
csalogat [他] (…を…へえじきで)おびき出す，おびき寄せる；(比)誘惑する，そそのかす。
csalóka [形] 人を欺く，人をだます，ごまかす；あてにならぬ，偽りの，詐欺的の。

csámcsog [他][自] 舌打ちする，舌鼓を打って食う；楽しんで噂をする。

csámpás, csámlábú [形] O(オー)脚の，S(エス)脚の，がにまたの，足曲がりの；(比)不恰好な，不器用な。

csángó [名] チャーンゴー・マジャル人(モルドヴァ・ブコヴィナ・エルデーイ地方における住民)。

csap¹ [名] (水道の)蛇口(じゃぐち)；(樽の)のみ口，栓(せん)，柄(ほぞ)。〔csapra üt, (樽の)のみ口を切る，のみ口をつける，口を開ける；(比)(…から…を)巻き上げる；秘密を聞き出す。〕

csap² [他] 打つ，なぐる；投げつける；(警鐘・ラッパなどで)警報する，騒ぎ立てる；(宴会などを)用意する，催す，企てる；まき揚げる，盗む。[自] (雷など)落ちかかる，激しくぶつかる；(波などが)打ち寄せる；手打ちする。

csáp [名] (動物の)触角，触手；(こん虫の)触鬚(しょくしゅ〜ひげ)；触覚器；触毛。

csapadék [名] (化)沈でん物，かす(滓，粕，糟)；(気)(ガラス面の)曇り，露；降雨，降雲。

csapágy [名] (機)軸受け台，軸受け，座金；(昔の鉄砲の)火皿。

csapás¹ [名] 平手で打つこと；殴打，打撃；不運，やく災，災難；苦しみ，辛苦。〔elemi csapás, 自然力に依る災害。〕

csapás² [名] (猟)獣の足跡。

csapat [名] 群，群衆；隊，徒党；(兵)軍隊，軍勢，部隊；(ス)チーム。

csapatosan [副] (それぞれ)群をなして，隊をなして。

csapda [名] (猟)係蹄(わな)；落し穴，落し戸を付けた落し穴；(比)計略。〔csapdát állít, わなを掛ける。〕

csapdos [他] (繰り返し)たたく，打つ；(あちこち)なぐる；あちこち切りつける，打撃を加える。

csapkod [自] (水が揺れて)ピチャピチャ音をたてる(波が岸を打つなど)；(雷が)落ちる；(猛鳥が空から)飛びかかる；(あちこちへ)ぶつかる，打ち当る。[他] (手あたり次第に何でも)投げる，投げつける；あちこち(あてどもなく)ぶつ，たたく，打つ。

csapóajtó [名] 落し戸，引き窓，はね上げ戸。

csapodár [形] 浮気な，軽薄な；心の変り易い，移り気のする，平常心のない。

csapódik [自] 落ちる，あたる；急に飛ぶ，はね上がる，はじける；(波が)岸に当たって砕ける，岸を打つ；(雨が)窓を打つ；(…が…に)激しく倒れかかる，打ちかかる；(ドアが)バタンと音をたてて閉まる。

csapol [他] のみ口をつける，のみ口を開ける；(建)ほぞ穴をつくる；(溶鋼を)るつぼから注ぎ出す；(医)うみを出す。

csapong [自] うろつく，はいかい・遍歴する，流浪する；ひらひら飛ぶ，ひるがえる；(比)想像をめぐらす，色々と思いをはせる；ぐらぐら心が動く，よく気が移る。

csapongás [名] 同上のこと。

csapos [形] のみ口または栓のある。[名] (酒樽の)のみ口を開ける人；酒(又はビール)をくむ者，酒くみ給仕。

csappan [自] (ドアが)バタンと閉まる；(ナイフが)バチンとしまる；やせる，衰える；減少する。

csárda (目 csárdát) [名] 町はずれの居酒屋，プスタの宿屋兼料理屋。

csárdás[1] [名] チャールダ(安宿)の主人。

csárdás[2] [名] ハンガリー・ダンス。

csarnok [名] 堂，館，廊；大式場；大広間，半円形の大会堂；柱廊玄関；市場の建物，勧工場。

császár [名] 皇帝，帝王，天皇。

császári [形] 皇帝の，帝王の；皇室の，帝室の；帝国の。〔császári birodalom, 帝国。császári ház, 帝室，皇室。császári korona, 帝冠。császári udvar, 宮廷。〕

császármetszés [名] (医)帝王切開術(腹及び子宮を切開して胎児を取り出す法)。

császárné [名] 皇后。

császárnő [名] 女帝。

császárság [名] 帝国；帝位；帝権；帝政；天皇制。

csat [名] (衣服などの)締金(しめがね)，尾錠(びじょう)，バックル；(本などの)閉じ金，とめ金；(髪の)留針，ブローチ。

csata (目 csatát) [名] 戦い，戦闘，会戦，戦争；(比)争闘，論争。〔csatát veszt, 戦に負ける，敗戦する。csatára kel, 戦いを始める。〕

csatabárd [名] 戦斧(おの)。

csatadal [名] 戦いの歌，戦歌，軍歌。

csatahajó [名] 戦艦，軍艦。

csatakiáltás [名] 鬨(とき)の声(戦争にさいし士気を鼓舞する叫び声)。

csatakos [形] きたない, よごれた, 泥だらけの；びしょびしょした；(比)しみったれの；だらしない, 卑わいな, けがらわしい。

csataló [名] 軍馬。

csatamező [名] → csatatér.

csatangol [自] ぶらつく, はいかいする, 放浪する, うろつきまわる。

csatár [名] (兵)陸軍軍人；散兵, 狙撃(そげき)歩兵；(フットボール)前衛選手。

csatározás [名] (兵)各個射撃, 随意射撃；前しょう戦, 小ぜりあい, 小衝突, 散開戦闘。

csatatér [名] 戦場, 戦地。

csatáz, csatázik [自] 戦う, 戦闘する, 交戦する, 打ち合う；争う。

csatlakozás [名] (…に)結びつけること；付加, 参加；(軍隊・船の)合併, 集合；(交通・通信の)接続, 連結, 連接；(敵軍に)参加, 加盟, 組すること。

csatlakozik [自] (…に)接合する, 連結する；加わる, 参加する, 加盟する, 合併する, 合同する；(…の提案に)同意する, 賛成する；(他党に)加入する, 組する；(交通・通信が)連結する, 接続する；(兵)集合する, 隊列間を詰める。

csatlakozó [形] (交通・通信の)接続する。〔csatlakozó állomás, 乗換駅。csatlakozó vonat, 接続(連結)列車。〕

csatlós [名] (王侯の)子分, 取巻き；先駆者；(馬車の)先乗り；(比)恩顧を受けている人；供奉員, 随員, 従者, 侍者。

csatol [他] 付加する, 添付する；封入する, 併合する；連結する, 結合する；(止め金で)締める, 固定させる。

csatolt [形] 添えられた, 封入した, 同封の。

csatorna (目 csatornát) [名] 運河, 堀割り；海峡, 水路, 水道, 瀬戸；堀, 溝(みぞ), 濠；排水きょ, 下水道；樋(とい), かけひ, 雨滴受け；(解)聴管, 耳道；(兵)塹濠(ざんごう)；(テレビの)チャンネル。〔az ég csatornái, 土砂降りの雨。〕

csatornázás [名] 運河工事, 運河開さく；下水道の建設。

csatos [形] 閉じ金のある, 止め金のある, びじょう止めのある, 締め金のある。[名] 締め金製造人。

csattan [自] パチッと音がする；(ムチが)ピュッと鳴る, 響く；きつく響く。

csattanás [名] パチッという音, ムチの音；(雷電の)はためき。

csattanó [形] 音を立てる, 響く。[名] (かっさいの)爆発, 爆発的効果, (話の)落ち。

csattanós [形] 響く, 響きのよい；ムチ打つ, べんたつする；鳴り響く, 輝かしい, 華々しい, 光彩ある；顕著な, 明白な。

csattant [他] パチッとムチを鳴らせる；(指を)パチッとはじく。

csattog [自] (サーベルなど)鋭い音をたてる, がたがたさせる；(鳥の)羽ばたきが音する；(ウグイスのさえずるように)歌う, 鳴く；(波が)ひたひたと打寄せる, 波音がする, ピシャピシャ音がする。

csáva (目 csávát) [名] (工)渋酸水, 製革用液汁, 腐蝕剤；(なめし皮用の)樹皮末；(なめし革用の)灰汁おけ；(比)窮境, 窮地。〔csávába kerül, 板ばさみになる, 進退窮まる。〕

csavar¹ [名] (工)らせん, ねじ, ねじボルト；(船の)スクリュー, (飛行機の)プロペラ；ねじ状の物。

csavar² [他] (らせんで)ねじる, 回転する；(ねじを)回す；ねじで締めつける；(比)(話を)ゆがめる, 曲げる, 曲解する；(誰を)苦しめる, いじめる。

csavargás [名] うろつき回ること；はいかい, 放浪；回りくどい言動；言いぬけ, 遁辞。

csavargó [名] うろつく人, 浮浪人, 風来坊, 無宿者, ならず者。

csavarhúzó [名] (工)ねじ回し。

csavarkulcs [名] スパナ, ねじ回し, らせん回し, らせん鍵(かぎ)。

csavarmenet [名] らせん筋の入った部分。

csavarodik [自] (…に)からみつく, 巻きつく, まといつく；回転する, 旋回する；体をねじる, のたくる；うねって進む, うねりくねる, 曲折する。

csavarog [自] 流浪する, さまよう, うろつく, 漂泊する；迂回する。

csavart [形] ねじれた，ゆがんだ；違った，背理の；巻きついた，からまれた；うねった。

cseber, csöbör [名] 一つの取っ手がある手おけ，水おけ，バケツ；液量の名(ぶどう酒を量る)。〔cseberből vederbe, 小難を免れて大難に合う，一難去ってまた一難。〕

csecs [名] (女の)乳首(ちくび)，乳頭，乳豆；(雌牛の)乳房(ちぶさ)；(比)(飲器等の)口(くちばし状の)。

csecsbimbó [名] (女性の)乳頭，乳首，乳豆；(雌牛の)乳首。

csecsebecse [名] 金ぴか物，小さい装飾品，小置物；つまらない物；女性の装身具。

csecsemő [名] 乳児，赤ん坊，赤子。

cseh [形] チェコの。[名] チェコ人。

Csehország [固] チェコ国。

csekély [形] 僅かな，高のしれた，僅少の，少しの；ささいな，取るに足らぬ，価値の低い，さしたる意義のない，重要でない，つまらぬ；浅薄な，皮相な；へり下った，謙そんな(私の意見など)。

csekélység [名] 小事，さ事，易々たること，細事；僅かな物；つまらぬ事物；取るに足らぬこと，くだらぬこと。〔csekélységem, 不肖の私，拙者。〕

csekk [名] (商)小切手，為替券。〔keresztezett csekk, 線引小切手，横線小切手。〕

csel [名] 謀(はかりごと)，策略，悪計，謀略，術策；陰険，こうかつ，悪企み；詐欺，欺まん；わな。〔hadi csel, 戦略。vkinek cselt vet, …を捕えんとする，わなに掛ける，待伏せする。cselhez folyamod, 策略に掛ける，謀略をろうする，だます。cselt sző, 陰謀をたくらむ，謀略をめぐらす。csellel él, 術策をろうする，だます，ごまかす。〕

cseléd [名] 下男，下女，召使，奉公人。〔fehércseléd, vászoncseléd, あま，女郎，女。〕

cselekedet [名] 行い，行為，行動；仕業，行業；実行，履行。〔nemes cselekedet, 慈善行為。〕

cselekedik, cselekszik [自] 為す，行う，する；行動する，動作する。〔jót cselekszik vkivel, …に善事を行う。〕

cselekmény [名] 行い，動作；振舞，行状，挙措；(劇)事件の進行，筋書，プロット。

cselekvény [名] 行い, 行為, 行動；行状, 品行；行事, 挙措；(劇)所作, しぐさ。

cselekvés [名] 行うこと, 行動すること；よく働くこと, 活動すること；行為, 所作。

cselekvő [形] 働く, 活動する, 熱心な；実際の；主動的, 能動的；(文)動詞の能動形の(他動詞)。〔cselekvő állapot, 能動状態(態勢)；(兵)現在兵力, 戦闘力；(商)貸方財産。cselekvő ige, (文)(能動動詞), 他動詞。cselekvő vagyon, 現在資産(財産)。〕［名］実行者, 行為者；犯人。

cseles [形] 人をだます, 人を欺く；策略に富む, こうかつな, 陰謀を好む, 術策をろうする, 奸知に長けた, わるがしこい。

cselfogás [名] 人をだます細工(仕組)；いつわりのはかりごと, 陰謀, わるだくみ, 策略；手練, 骨(こつ), 手管(てくだ)。

cselgáncs [名] 柔道。

cselszövés [名] 謀(はかりごと), 陰謀を企てること, 策動すること。

cselszövő [形] 陰謀ずきの, わるがしこい知恵に長けた。[名] 陰謀家, 策動家。

csemege (目 csemegét) [名] おいしい物, 美味の物, 美食；珍味, デザート；(比)(思いがけない)嬉しいこと。

csemete (目 csemetét) [名] (植)つぎ木のための野生台木；若樹, めばえ出た芽；(農)苗木, 取木, さし木用の枝；(比)ひこばえ, 苗裔, 子孫。

csempész[1] [名] 密輸出入者, 密売買者。[形] 密輸出入の。

csempész[2] [他] 密輸出(入)する, 密売買する。

csempészáru [名] 密輸品。

csempészés [名] 密売買, 密貿易, 不法売買。

csend [名] 静けさ, 静寂, 平静；平穏, 平安, 平和。〔csend lett, 深い静寂が襲って来た。légy csendben!, 静かにあれ！csendben, ひそかに, こっそり, 人知れず。〕

csendélet [名] 静かな生活, ゆうゆう自適の生活, 隠遁生活；(絵)静物画。

csendes [形] 静かな, 動かぬ, じっとした；流れない, 沈滞した；穏やかな, 安らかな, 平穏な, 落ち着いた, 平然たる, 冷静な。

csendesít [他] (誰を)静める, おさめる, なだめる, すかす,

安心させる, 和らげる, 落ち着かせる；黙らせる, 静かにさせる；(飢・渇を)いやす。

Csendes-óceán [固] 太平洋。

csendháborítás [名] 妨害的な騒ぎ, 騒動；治安妨害, 安眠妨害。

csendőr [名] (兵)憲兵；武装警官。

csendül [自] 鳴る, 余韻が響く, 鳴り渡る。〔fülébe csendül vmi, …が彼の耳に鳴り渡る, 聞える。〕

csenevész [形] 発育不充分の, 萎縮した, いじけた, わい小な；貧弱な, 虚弱な, 弱々しい, 病身な。

csenevészedik [自] 悲しみ(憂い)にやつれる, 煩もんする, 青白くなる；(動植物が)発育を妨げられる, 萎縮する, いじける；衰える, 退化する。

cseng [自] 音がする, 鳴る, 余韻が響く；鋭く響く, うなる。〔cseng a füle, 彼は耳鳴りがする。〕

csengés [名] 音響, 鐘の音, 鈴の音, 呼鈴；耳鳴り。

csenget [他] (鈴を)リンリン鳴らす, ベルを鳴らせる。[自] ベルが鳴る, リンリン鳴る。

csengetés [名] リンリン鳴らすこと；絶えざる鈴の音；(学校の)ベルの音。

csengettyű [名] 小鐘, 鈴, 呼鈴, リン, ベル。

csengő [形] 音のする, 鳴る；響く, 響きのよい。[名] → csengettyű.

csepeg, csöpög [自] したたる, 滴下する, ポタポタたれる；ポツポツ降る, もる；(比)(いつわりの感情を)大げさにふりまく。

csepegő [形] したたり落ちる, したたる。[名] 雨滴(あまだれ)；(屋根の)軒(のき), 庇(ひさし)；雨滴受け, 樋(とい)。

csepegőkő [名] → cseppkő.

csepegtet [他] (一滴ずつ)したたらせる, したたらす；滴注する, 一滴ずつ流しこむ；(比)(感情などを)徐々にもちあげる。

csépel [他] (穀物を)打って脱粒する, 打穀する, 打禾(だか)する。〔üres szalmát csépel, むだ骨を折る；むだ口を利く。〕

csepereg [自] (雨がポツポツ)降る, しとしと降る。

cséplés [名] 穀物を打って脱粒すること；打穀, 脱禾。

cséplőgép [名] 打穀機。

csepp, csöpp [名] 滴, したたり, 点滴。〔utolsó csepp vérig, 最後の一滴の血まで。egy cseppel sem jobb,

毫もよくない。egy cseppet sem, 一滴たりとも…しない, 少しも…しない(せぬ)。egy cseppet sem félek, 私は少しも恐れない。〕

cseppen [自] 滴下する, したたり落ちる；(たまたま)…に着く。

cseppent [他] したたらせる, 滴注する, ポタポタしたらせる。

cseppfolyós [形] 滴になって流れる, 流動性の。

cseppkő [名] (鉱)点滴石, 鍾乳石, つらら石；湯の花, 石灰の花。

cseppkőbarlang [名] 鍾乳石洞(しょうにゅうせきどう)。

cseppnyi [形] 一滴の, 少量の, 僅かの。

csepül [他] むち打つ, なぐる；苦しめる；(比)非難する, けなす, くさす。

cser [名] (植)カシ, カシワ；カシの皮, なめし皮用樹皮(タンニンに富む)。〔cserben hagy, 見捨てる, 見殺しにする；だまされる。〕

csere (目 cserét) [名] (商)(物々)交換, 取り替え；交易, 貿易；(スポーツなどで, 位置の)変更, 交替。〔cseréében, 交易によって, 交換して。〕

cserebere (目 csereberét) [名] (商)物々交換；かけ引き商売, 不正商い；(物や人を)とっかえひっかえ。

csereberél [自] 物々交換する；ひそかに交換する, かけ引き商売する, 不正商いをする；とっかえひっかえする。

cserebogár, cserebüly [名] (虫)コガネムシ(黄金虫), こふきこがね。

cserekereskedés [名] 物々交換, 物品交換, 現物交換。

cserél [他] [自] 交換する, 取り替える, 引き換える。

cserélget [他] (しばしば)取り替える, 交換する；(度々)変える, 換える；(衣裳など)着替える。

cserép (複 cserepek) [名] タイル；(陶器などの)破片, かけら；陶器, 土器；屋根かわら, 陶土れんが；つぼ；植木ばち。〔virágcserép, 花ばち〕

cserepes [形] かわらぶきの(家など)；(手に)タコの出来た, タコだらけの, 硬変紫斑ある；(皮膚の)キメのあらい, ざらざらした, ヒビだらけの, アカギレの切れた。[名] かわら屋根ふき師。

cserepez [他] かわらで屋根をふく。

cserépkályha [名] 陶土れんが造りの暖炉, 陶器暖炉。

cseréptál [名] (陶器の)盛り皿, 給仕皿, ハチなど。
cseréptető [名] かわらぶき屋根。
cseresznye, cseresnye [名] (植)桜の実, サクランボウ。
cseresznyefa [名] 桜の樹；桜材。
cseresznyepálinka [名] 桜の実の火酒, サクランボウのブランデー。
cscreüzlet [名] (商)物々交換。
cserez [他] (皮を)なめす, 調製する；日焼けさせる。
cserje (目 cserjét) [名] かん木, わい木；はやし, やぶ, 茂み。
cserkész [名] ボーイスカウトに入団している少年。
cserkészet [名] ボーイスカウト制度, 少年団の組織；(猟)猟犬で狩る猟。
cserkészik [自] 猟犬をつれて獲物を追跡する, 犬で鳥獣を探す, 狩り出す, ねらい撃ち猟をする。
cserzett [形] (タンニン含有の樹皮液で)なめした, 製革された。〔cserzett bőr, なめした革, なめし皮。〕
csésze (目 csészét) [名] カップ, 湯のみ茶わん；一わん, 一杯；洗面器(金だらい), (トイレなどの)シンク；(植)花托, 萼(うてな)。
csészealj [名] (カップの)受け皿。
csetepaté [名] (騒がしい)口論, 争論, 口げんか；(兵)小戦闘, 小ぜりあい, 前しょう戦, 小部隊戦。
csetlik-botlik [自] よろめく, つまずく, 踏みはずす；(比)失敗する, しくじる。
csettent [他] (指を)パチッとはじかせる；(ムチを)ヒュッと鳴らせる；(満足して舌を)打鳴らせる。〔a puskát csettent, 小銃を発射させる。〕
csettint [他] 同上。
cséve (目 csévét) [名] (工)カタン糸巻き；絹糸を巻きつける管・くだ；導管, 筒(つつ)；(電)線輪, コイル。
cseveg [自] しゃべる, ぺちゃくちゃしゃべる, むだ話をする；(鳥が)さえずる, チッチッと鳴く。
csevegés [名] おしゃべり, むだ話, 漫談；(新聞の)漫録, 漫筆, 随筆；(鳥の)かすかなさえずり, チッチッと鳴く声。
csibe (目 csibét) [名] (鳥)ひなどり；幼鶏, 若い雌鶏。〔rántott csibe, 焼きひなどり, チキンロース。sült csibe, 若い雌鶏の焼肉。〕

csibész [名] 腕白小僧, 悪戯小僧; 無作法者, ろくでなし。

csicsereg [自] (鳥が)さえずる, 鳴く; (比)(女性や子供が)ぺちゃくちゃしゃべる。

csicsergés [名] (鳥がしきりに)さえずること; 楽しげに歌を歌うこと。

csiga (複 csigák) [名] (動)カタツムリ(蝸牛); (デンデンムシの)貝殻; (解)(内耳の)蝸牛殻; (建)渦形(うずがた)装飾, こま(独楽); (機)巻揚器; 滑車, ローラー, セミ, ころ, 巻きロクロ。

csigabiga [名] (動)(幼児語)カタツムリ, デンデンムシ。

csigalépcső [名] (建)ねじ形はしご, らせん階段, 回り階段。

csigasor [名] (工)滑車(セミ), 複滑車。

csigavonal [名] 巻貝・ネジ状線, らせん, カタツムリ状線。

csigolya (目 csigolyát) [名] (解)椎骨(ついこつ), 脊椎骨; (植)きぬやなぎ。

csík[1] [名] 縞(しま), 筋(すじ), 線, 条; 紋理, 条紋, 木理(もくめ)。

csík[2] [名] (料)そうめん, うどん; (動)どじょう属。

csikar [他] つめる, 苦しめる, 悩ます, 痛める; 腹痛を催させる, 激痛を生ぜしめる, 苦痛を起こさせる; (比)絞り取る, 強奪する, 強かつして取る。

csikland, csiklandoz [他] くすぐる, むずむずさせる; (比)情をそそる, ゆすり動かす。

csiklandós [形] くすぐったい, くすぐったがりの; (比)感じ易い, 過敏な; 直ぐむっとする, 神経質な; 辛らつな, 手ひどい(からかい等); きわどい, みだらな(談話など)。

csikó [名] (動)子馬, 駒(こま), 若駒。

csikorgás [名] ギシギシきしること; 歯ぎしりすること; ギシギシ鳴ること, (靴の)きしる音。

csikorgat [他] (戸・窓・車などを)ギイギイ鳴らせる, きしらせる; (腹を立てて)歯をギイギイ鳴らせる, 歯ぎしりする。

csikorgó [形] ギシギシきしる; 歯ぎしりする; (比)刺すような。〔csikorgó hideg, 刺すような寒さ, 猛烈な寒さ。〕

csikorog [自] (戸・くつ・雪などが)きしる, ギーギー鳴る; (比)苦しい生活をしている, 細々と暮す。

csikós [名] (乗馬で馬群を牧す)馬牧者, 馬飼。

csíkos [形] 線入りの縞(しま)のある; 線条ある, 条斑ある,

条文ある。
csíkoz [他] (織物に)線条(条文)をつける，縞(しま)をつける；(画)線影を施す。
csilingel [自] (電話・電車などが)チリンチリン又はチャランチャラン鳴る；音がする，余韻が響く。
csillag [名] (天)星；(比)運命の星，運命(勢)；天体(名称)，星辰；(動)額の白斑，(額に白斑ある)牛馬。〔álló-csillag, 恒星。bolygó csillag, 惑星, 遊星。üstökös csillag, ほうき星, すい星。〕
csillagász [名] 星学者，天文学者。
csillagászat [名] 星学，天文学。
csillagászati [形] 星学の，天文学上の。
csillaghullás [名] 流星。
csillagkép [名] (天)星座，星宿；星辰の方位・位置；運星。
csillagos [形] 星が出ている，星明りのある，星に満ちた，星斗さんらんたる；星ある，星の印をつけた，星条の。〔csillagos ég, 星空。〕
csillagvizsgáló [名] 天文台。
csillagzat [名] (天)星(総称)，星辰；星座，星宿。
csillámlik [自] ピカピカする，微光を放つ，ほのかに光る，きらめく，キラキラ輝く，ひらめく。
csillan [自] キラッと光る，きらめく，せん光を放つ，ピカリと光る；(比)(良い可能性が急に)訪れる。
csillapít [他] (苦痛を)和らげる，しずめる，いやす；飢え(渇きなど)をいやす；(比)落ちつかせる，なだめる，軽くする；(子供を)すかす，黙らせる。
csillapító [形] 和らげる，しずめる。[名] 鎮静剤，鎮痛剤。
csillapodik [自] ゆるむ，和らぐ，静まる，おさまる，落ちつく；(飢・渇きが)しずまる；(熱が)下がる；(風が)穏やかになる，なぐ。
csillár [名] (あかりのための)つり燭台，シャンデリア，技形燭架。
csille (目 csillét) [名] トロッコ，鉱石運搬車。
csillog [自] キラキラ輝く，ピカピカする，ほのかに光る；火花を発する。
csillogás [名] きらめくこと；せん光，ひらめき；(比)光輝，光彩，はえ，華麗，華美。

csillogó [形] キラキラする, さんらんたる, 光輝ある, ギラギラする, かくかくたる, まばゆい；華々しい, 素晴らしい。

csimpaszkodik [自] (…に)しがみつく, すがりつく；ひっつく, ひっかかる；かじりつく, ぶらさがる。

csinál [他] 作る, 製する, 調える。 [自] 為す, する, 行う。

csinált [形] 作った；人工の(花など)；人為の, 模造の；不自然の, 作為の, 見せかけの, わざとした。

csináltat (vkivel vmit) [他] (…に…を)為さしめる；作らせる, 造らせる(注文して)。

csínján [副] 用心深く, 慎重に；やさしく, ねんごろに, 丁寧に；静かに, 上品に；穏やかに, 徐ろに。

csinos [形] 可愛らしい, 奇麗な, 小ざっぱりした, 小ぎれいな；清そな, きちんとした, 粋な；愛きょうのある, なまめかしい。

csintalan [形] 気ままの, 我がままの, 気まぐれの, 性急な；ふざけた, 腕白な, いたずらの；からかい気分の, おどけた, 冗談好きの。

csintalankodik [自] いたずらをする, 腕白をする, ふざける；気ままにする, 我がままをする。

csintalanság [名] 気まま, 我がまま, 勝手, 気まぐれ；腕白, ふざけ。

csíny [名] 悪戯(いたずら)；ばかげた事, 不条理な事, 道化芝居；無分別, 腕白；(比)不意の行動。〔csínyt tesz, 装う, 振りをする。 állam csíny, 非常違憲行為, クーデター。〕

csíp [他] つねる, ひねる；(虫がチクチク)刺す, 食う, かじる；(鳥が嘴でエサを)つつく, つまむ；(トウガラシが)火をつける, 燃やす；こっそり盗む, ちょろまかす；(比)(人を)苦しめる, 悩ます。〔nyakon csíp vkit, …を現行犯で捕える。〕

csipás [形] 目やにの出る；うみの出る, 化膿性の；樹脂質の；(比)青二才の。

csip-csup [形] 細かい；僅かの, つまらぬ。〔csip-csup adósság, ちょっぴりの(僅かな)負債。〕

csipeget [他] (繰返し)つめる, はさむ；(比)(人を)苦しめる, 悩ます, からかう；果物盗みをする；(鳥が)食を求める, 食をあさる。

csiperke, csiperkegomba [名] (植)はらたけ(食用菌)。

csípés [名] (虫が)かむこと；(いら草が)刺すこと；刺傷, かみ

傷；つまむこと，はさむ・つめること，ひねること；(比)皮肉。
csipesz, csipeszke [名] 小さいはさむ道具；小さいやっとこ，小さいくぎ抜き，ペンチ；つまみ，毛抜き；(外科の)ピンセット。
csipke¹ (目 csipkét) [名] レース，レース編み，ささべり；(植物の)とげ；(歯の)ぎざぎざ。
csipke² (目 csipkét) [名] (植)さんざし属；野ばらの実。
csipkebogyó [名] (植)野ばらの実。
csipked [他] 刺す，(何度も)つねる，つめる，はさむ，つまんで引張る，ひねる；(一粒ごと)食べる；(比)あてこする，皮肉を言う。
csipkerózsa [名] (植)(一種の)野バラの樹，イヌイバラ(生垣などに作る)。
csipkés [形] レースの付いた，ささべりの付いた；ギザギザの縫取りふちのある；(植)ギザギザのある(葉)；歯形(ギザギザ)のついた。[名] レース商人。
csípő [名] (解)坐骨部，ふともも関節部，腰。
csípőfogó [名] (工)くぎ抜き；カラスグチノミ(鳥嘴のみ～工具)；(医療機械の一)鉗子(かんし)(はさみのようなもの)。
csipog [自] (ひなどりが)ピヨピヨと鳴く，鳴きつづける，呼びつづける；(小鳥が)さえずる。
csípős [形] 刺す；(寒気)刺すような，鋭い；(味覚)ピリピリする，ピリッとする，え辛い；(言葉)手痛い，辛らつな，皮肉な。
csípősség [名] 鋭いこと，烈しいこと；(ブドウ酒・チーズ等の)辛味，え辛さ；(比)皮肉な言葉，毒舌，いや味，辛らつ。
csíptető [名] はさむ道具；締めるもの，しめこ，しめ金，かすがい；しめ木(または金)；くぎ抜き，やっとこ；(角砂糖)はさみ；洗たくばさみ；(医)ピンセット；(鳥を捕る)もちざお；つまむ者，こそ泥，万引，すり。〔égető csíptető，烙印(らくいん)，やき印。〕
csíra (目 csírát) [名] (植)芽，ほう芽，つぼみ，胚子(はいし)；(医)ばい菌；(比)…の源。
csíramentes [形] 殺菌した，消毒した。
csírátlan [形] 胚子(はいし)のない，精気のぬけた，発芽しない；殺菌した。
csiricsáré [形] けばけばしい色の，くだらない。

csiripel[自](すずめが)さえずる；(比)高い声でおしゃべりする。

csiriz[名](ねり粉)糊(のり)。

csirke(目 csirkét)[名](鳥)ひな鳥，幼鶏，ひよこ，雌ひなどり；鶏肉。

csirkefogó[名]けんか買い，ならず者；ろくでなし，やくざ者；浮浪人，ごろつき。〔kis csirkefogó, 悪童，腕白小僧。〕

csiszol[他]なめらかにする；(ダイヤモンド等を)みがく，研磨する，つやを出す，光沢をつける，仕上げる；(皮を)調製する；(文や詩を)訂正する，修正する，推敲する。

csiszolatlan[形]みがかぬ，みがき上げられない，粗(あら)い；(比)粗野な，無作法な，あかぬけのしない，行儀の悪い。

csiszolópapír[名]金剛砂紙，紙やすり。

csiszolt[形]みがき上げられた，光沢のある。

csitít[他]静める，和らげる，なだめる，軽くする；(子供などを)すかす，黙らせる。

csitt[間]シッ！(静粛を求むる呼び声)，静かに！黙って！

csizma(目 csizmát)[名]長ぐつ，ブーツ。

csizmadia(複 csizmadiák)[名]くつ屋，くつ工，くつ直し。〔politikus csizmadia, 居酒屋政論家，カフェー政治家，デモ政論家。〕

csizmanadrág[名]乗馬ずぼん。

csizmaszár[名]長ぐつの胴(脚部・筒)。

csobban[自](水が)ピシャピシャ音を立てる，小波を立てる，ピチャピチャさせる。

csobog[自](水が)ピチャピチャ音を立てて流れる；波音がする，ひたひたと打ち寄せる，小波(さざなみ)を立てる。

csobogás[名]小波(さざなみ)のざわめき；ピチャピチャ音がすること。

csoda(目 csodát), **csuda**(目 csudát)[名]驚き，驚異，驚嘆；不思議，奇跡，奇異，怪が(訝)。〔csodát művel, 奇跡を行う。〕

csodabogár[名]奇異な男，変り者，奇人，変屈者；奇妙なこと。

csodagyermek[名]不思議な子供，神童。

csodál[他]敬服する，感心する，嘆美する；驚いてみつめる，あきれて見守る，驚嘆する。

csodálat [名] 驚嘆すること；嘆賞，感嘆，嘆美，敬慕。
csodálatos [形] 不思議な，驚くべき，驚嘆すべき；奇異な，妙な，奇怪な，奇跡的な；素敵な。
csodálatosan [副] 不思議に，驚くべく；奇妙に，珍奇に。
csodálkozás [名] おどろき，驚嘆，けげん，仰天，びっくり，驚がく。
csodálkozik [自] 驚く，びっくりする，仰天する。
csodáló [形] 感心する，驚嘆する，仰天する。[名] 驚嘆者。
csodás [形] → csodálatos.
csodaszarvas [名] (ハンガリー神話の霊獣)不思議な雄鹿。
csodaszép [形] 何とも言えぬほど美しい，奇跡的に美しい，非常に美しい，絶美の。
csodaszer [名] 不思議の効験ある薬，霊薬，秘薬，万能薬。
csodatevő [形] 奇跡を行う；奇跡的な，不可思議な。[名] 奇跡を行う人；奇術師，魔術師。
csók [名] 接ぷん，くちづけ，キス。
csóka (目 csókát) [名] (鳥)一種の鳥(カラス)(人語をまねる)。
csókol [他] 接ぷんする，キスする。
csokoládé [名] チョコレート(菓子)，ホットチョコレート(飲物)。
csókolgat [他] くりかえしキスする。
csókolódzik [自] (男女が)接ぷんし合う，互いにキスし合う；(ハトが)くちばしを突き合わせる。
csokor (目 csokrot) [名] (網・編物の)結び目；ちょう形結び(のリボン)；ネクタイ；花束。
csomag [名] 包み，小包，小荷物，手荷物；(商品の)こうり，包装した荷物；(紙の)小束，とじ。
csomagol [他] 荷造りする，包装する，包む，梱包する，くくる，束ねる。
csomagolás [名] 荷造りすること，包装すること，梱包，束ねること，パッキング。
csomagolópapír [名] 包装用紙。
csomó [名] 結び目；小束(たば)，小づか，小包，小荷物；(樹木の)結節，木こぶ，ふし；(人の)群れ，多数；固まり，

csomópont 上段の続き: 凝塊(ぎょうかい); (鉄道の)結び目, 要点; (鍵の)環(わ); 総(ふさ)。〔csomót köt, 節をつくる。egy csomó ember, 人の群れ。〕

csomópont [名] (鉄道の)接続点, 連結点, 交差点。

csomós [形] 結び目の多い; 結節(ふし)のある; 結び目状の; (牛乳・血液に)粒々のある, 凝塊性の; (樹木に)ふしの多い; 総(ふさ)をなした; そう生した。

csomósodik [自] 結び目になる; 節(ふし)でおおわれる, 節だらけになる; (牛乳・血液が)粒々に固まる, 粒々の固まりができる, 凝結する。

csomóz [他] 結び目を作る; こうり包みする, 包装する, くるむ; 結びつける, しばる。

csónak [名] ボート, 小舟, 川舟, はしけ; 平底舟, 荷舟; (気球の)つりかご, ゴンドラ。

csónakázik [自] 小舟で行く, 舟遊びをする; ボートをこぐ。

csónakos [名] (小舟の)船頭, こぎ手; 渡守, 河渡し。

csonka [形] 切り取られた, 切断された; 奇形の; 不完全な, 欠陥ある; 切れない, 刃のない(小刀など)。〔csonka Magyarország, 切断されたハンガリー国。〕

csonkít [他] (手足を)切り取る, 切断する; 奇形にする; 切り詰める, 端を切る, 刈り込む; (医)切断する; (財産・権利を)はく奪する, はぎ取る。

csonkítás [名] 同上のこと。

csont [名] (解)骨。〔rossz, gonosz csont, 悪い奴。csupa csont és bőr, 彼はただ骨と皮だけだ。〕

csontképződés [名] 骨に化すること; 骨化, 成骨; (医)骨質形成, 骨部生成。

csontos [形] 骨のある; 骨の多い, 骨だらけの; 骨太の, 骨組のたくましい; 骨性の, 骨質の。

csonttörés [名] 骨折れ, 骨折, 骨のざ傷。

csontváz [名] (解)骨格, 骨組; 骸骨, どくろ; (比)骨と皮ばかりの人, やせこけた人。

csontvelő [名] (解)骨髄; (比)真髄, 精髄。

csoport [名] グループ, 団体, 群, 組, 班, 隊, 類; (兵)部隊; 集団; 軍団。

csoportos [形] 群をなした, 集団的の; グループ毎の, 組ごとの, 集団ごとの。

csoportosít [他] 群にする, 集める, 集団にする, まとめる;

(群ごとに)分類する，区分する；配置する，配列する。
csoportosítás [名] 同上すること。
csoportosul [自] 群をなす，集団になる；寄り集まる，群る；結束する。
csoportosulás [名] 同上のこと；集合，群集，人だかり，集団。
csorba (目 csorbát) [名] (刀の)こぼれ，欠け；割れ目，切り目，刻み目；すき，間げき；欠乏，欠点，きず。〔csorbát szenved, 損害をこうむる，損害を受ける。csorbát kiköszörül, 欠点を改める，欠陥を取り戻す。〕 [形] 刃の欠けた(小刀など)；欠歯の；欠陥ある，欠けた，不完全な。
csorbít [他] ぎざぎざをつける，刻目をつける；刃を欠く，いためる，傷つける；損害を与える，不利に陥れる；(威信などを)侵害する，減らす；(権利を)拘束する，制限する。
csorbítatlan [形] 手をつけない，元のままの，減らされない，損害のない，完全な。
csorbul [自] 刃が欠ける，ぎざぎざになる；(比)(威信が)傷つけられる，損害を受ける，不利になる，損する。
csorda (目 csordát) [名] 家畜の群，畜群；(比)群集；大衆；漂泊の民，浮浪の群。
csordás [名] 羊(牛)飼，家畜番，牧人；(野蛮)遊牧民の群れ。
csordul [自] (ゆるやかに)流れる，したたる，漏る；(血が)ほとばしる，流れ出る；流れあふれる，噴出する，わく。〔vér csordul a sebből, 傷から血が流れ出る。〕
csorog, csurog [自] (ゆるやかに)流れる，したたる；(サラサラと)流れ出る；(雨がポツポツ・シトシトと)降る。
csoszog [自] だらしなく歩く，足を引きずり歩く，重い足どりで歩く。
csótány [名] (虫)油虫(アブラムシ)；ゴキブリ(=svábbogár)。
csóva (目 csóvát) [名] (警戒信号としての)燃え木，わらの松明(たいまつ)，わらの炬火；(すい星の)尾。
csóvál [他] (頭を)ゆする，ふりうごかす，振る；(犬が尾を)動かす，ゆする，振り動かす。〔fejét csóválja, (だめだと)頭を振る。〕
cső (目 csövet) [名] 管(かん)，くだ，導管，筒(つつ)；吹管，ピストン，吸子(ポンプの)；(とうもろこしの)穂；(兵)銃

csöbör

身, 砲身。
csöbör [名] → cseber.
csőd [名] (法・商)破産, 倒産。〔csődbe jut, 破産する。csődöt mondat, 破産を通告する。〕
csődeljárás [名] (法・商)破産手続。
csődör [名] (動)種雄馬, 種馬, 雄馬。
csődtömeg [名] (法)破産者の資産。
csődül [自] (群衆が)走り集まる, 押し寄せる, 殺到する, なだれ込む; 徒党を組む, 一揆(いっき)を起こす。
csődület [名] 徒党を組むこと; (暴徒の)集まり, ほう起, 暴動; 雑とうする群衆。
csökken [自] 減る, 減少する; 下落する; 低下する。
csökkenés [名] 減少; 衰微; 低くなること, 下落; 低下。
csökkenő [形] 漸減的, 逓減的; 衰弱する; 下落する; 低下する。[名] 減少; 減損; 下落。
csökkent [他] (価格・賃金などを)減らす, 引き下げる, 下落させる; (比)けなす, おとしめる, くさす, 軽視する。
csökönyös [形] 強情な, 片意地な, がん固な, しぶとい; 反抗的な, 不従順な, すねた。
csömör [名] むかつき, 吐気(はきけ); いや気, 不快; (医)消化不良, 胃カタル。
csöpög [自] → csepeg.
csöpp [名] → csepp.
csőr [名] (鳥の)嘴(くちばし); (動物の)口; (土びんの)注口; (比)くちばし状のもの。
csőrepedés [名] (水道管などの)管(くだ)折れ, 漏れ, 流出; 漏れ口, 裂け目。
csörgedezik [自] (小川などが)チョロチョロ(サラサラ)流れる; したたる; (血液が血管の中を)流れる。
csörgés [名] ガラガラ鳴ること; ガタガタ騒音を発すること。
csörget [他] チャラチャラと鳴らせる, ガラガラ(ガタガタ)騒音を響かせる。
csörgő [名] 鈴, りん, 呼鈴; ガラガラ鳴るおもちゃ。
csörgőkígyó [名] (動)響尾へび, がらがらへび。
csörög [自] ガラガラ(ガタガタ)騒音がする, ざわめく; チャンチャン鳴らす。
csöröge [名] (料)揚げ物(粉製のセンベイのような粉菓子, フリッター)。

csörömpöl [自] ガチャンガチャンという騒音がする。
csörömpölés [名] ガチャンガチャン(チリンチリン, カラカラ, カタカタ)鳴る騒音。
csörtet [自] ノシノシ進む；慌てふためいて急ぐ。[他] (剣など を)ガタガタさせる；ガチャガチャ(ガラガラ)音をさせる。
csősz [名] 田畑の番人(監視人), 田園警吏；公園の番人。
csöves [形] 管(筒)の；管状の, 円筒状の；ピストンの付いた；真空管のある(ラジオ)。〔csöves kukorica, csöves tengeri, (植)穂状花とうもろこし, 肉穂とうもろこし。csöves kút, 筒側井戸(つつがわいど), 掘抜井戸。csöves tészta, (料)マカロニ, 管状うどん。〕
csővezeték [名] (工)導管装置, 導管, 水道管；パイプライン。
csúcs [名] 先端, 末端；(山の)天辺, 山頂, 山背, 峰；(樹木の)いただき, 梢(こずえ)；(屋根の)頂上, 尖塔；(機)稜角(とがった角)；(槍の)刃先, 剣尖。
csúcsforgalom (目 csúcsforgalmat) [名] ラッシュアワー。
csúcsív [名] (建)尖った弓形門, ゴシック式の尖頭アーチ；尖頭迫持(せりもち)。
csúcsíves [形] 尖り弓形の, 迫持(せりもち)形の, ゴシック形の。〔csúcsíves stílus. 尖頭(せりもち)式, ゴシック様式。〕
csúcsos [形] 尖った, 先端のある, 先鋭な；鋭利な, 鋭い。
csúcspont [名] 頂点, 絶頂；(天)天頂；(比)絶頂, 最高潮, 極。
csúcstalálkozó [名] 首脳会談, サミット。
csúcstechnika (目 csúcstechnikát) [名] 先端技術, ハイテク。
csuda [名] → csoda.
csúf [形] むかつくような, いまわしい, いやな；醜い, 無格好な；ひどい, げびた, 卑しい；ぐろうされた。[名] あざけり, からかい, ひやかし, ぐろう；物笑い。〔csúfot űz vmiből, …をひやかす。csúffá van, 笑い草になる, 物笑いになる。csúffá tesz, 笑い草にする, 面目を失わせる, 侮辱する。〕
csúfnév [名] 綽名(あだな)；汚名。
csúfol [他] → gúnyol. あざける, バカにする, からかう。
csúfolódás [名] からかうこと, 皮肉ること；ちょうろう, ちょ

csúfolódik [自] あざける，ちょう笑する，からかう，茶化す，皮肉る。

csúfolódó [形] ちょうろう的，あなどった，ちょう笑的。[名] あざけりからかう人，やゆする人。

csúfondáros [形] 侮辱的，ひぼう的，口ぎたない，無礼な，恥になる，不名誉の。

csúfos [形] 恥ずべき，恥ずかしい，恥になる；侮辱的，不面目な，不名誉な；中傷的，そしる，口ぎたない。

csúfság [名] ちょうろう，愚ろう，ちょう(冷)笑；侮辱，ひぼう；汚辱，不名誉。〔csúfságból, 笑い草に，物笑いに。〕

csuha (目 csuhát) [名] 修道士の服(ころも)，僧衣，法衣(ゆったりした，ゆるやかな)。

csuk [他] (戸・窓を)閉める，閉じる，閉鎖する；閉じ込める，密閉する；投獄する，拘禁する；しゃ断する，阻止する，制止する。

csuka (目 csukát) [名] (鋭い歯を持つ淡水魚)だつ，かます。

csukamájolaj [名] 肝油(かんゆ)。

csuklás [名] しゃくり上げること；シャックリ。

csuklik[1] [自] シャックリする，しゃくり上げる。

csuklik[2] [自] 骨をくじく，脱きゅうする。

csukló [名] (解)関節，つがい(手首・腕首など)；(馬の)肩胛関節；(植)葉腋；(工)接合点，接ぎ目，合せ目；蝶番(チョウツガイ)。

csuklya (目 csuklyát) [名] (修道士の僧衣についた)頭巾(ずきん)，僧帽；眼のところを開けた頭きん。〔női csuklya, 婦人用頭きん。〕

csukódik [自] 締まる，ふさがる，閉じる(戸などが自動的に)；(傷が)合う，癒着(ゆちゃく)する。

csukva [副] 閉じられて，閉鎖されて，しゃ断されて。

csúnya [形] 醜い，見苦しい，無恰好な；いやな，むかつくような，下品な，卑劣な；恥ずべき，破廉恥の。[名] 同上のこと。

csúnyán [副] 醜く，げびて，卑しく，さもしくも，卑劣に；いやらしく；きたなく，見苦しく；けちに。

csúnyaság [名] 見苦しいこと，醜悪；破廉恥，卑劣；卑しむべき行為，醜行。

csúnyul［自］きたなくなる；醜くなる，無恰好になる；野卑になる，いやしくなる；みだらになる。

csupa［形］ただの，ほんの，全くの，…だけの；純粋の，真正の，混り気のない；むき出しの；それ自身，そのもの。

csupán［副］ただ，単に，専ら，ひとえに；全くひとりで，ただ…だけ，ただ…のみ。

csupasz［形］裸の，すっぱだかの，被いのない，露出した；禿(は)げた，毛のない，頭髪のない。〔csupasz hegy, はげ山。csupasz fa, 葉のない木。csupasz falak, 飾りのない壁。〕

csuromvizes［形］びしょぬれの，ずぶぬれの，したたるほどぬれた，ぬれねずみの。

csurran［自］（ゆっくり）流れ出る，どろどろ流れる；したたる，もれる。

csusza（目 csuszát）［名］（料）卵や牛乳の入ったウドンのような粉食（小麦粉をねって作ったもの）。〔túrós csusza, カッテージチーズの入ったウドンのような粉食。〕

csúszás［名］すべること，すべり，滑走；（は虫類の）はうこと，匍匐(ほふく)，潜行；（地）地すべり。

csúszik［自］すべる，滑走する；すべり落ちる，滑り込む；（自動車が）空転する；はう，はらばう；忍び足で歩く，忍び込む。

csúszik-mászik［自］はう，は行する；（比）へいつくばる，追従する，卑屈である。

csúszkál［自］すべる，滑走する；氷滑りをする；（土地が）すべり落ちる；はう，匍匐(ほふく)する，はいまわる。

csúszó-mászó［形］へつらう。［名］（動）爬虫類(はちゅうるい)；（比）おべっか者，へつらい者。

csúszós［形］すべりっこい，滑らかな，つるつるする；（のどに）滑らかな，おいしい；（比）不確かな，取扱いにくい。

csúsztat［他］すべらせる；（材木を坂道に）滑らせる；（金をポケットに）滑らせる；（丸太を下へ敷いて樽を）転がし運ぶ。［自］（仕事時間を）ずらして働く。

csutka（目 csutkát）［名］（植）茎(くき)；果物の柄，果柄；（とうもろこしの）空穂；（果実・野菜の）心(しん)，心核；（キャベツ等の）太くして短い茎；残余，切れ端。

csúzli［名］石投げおもちゃ，投石バンド（児童の用いる石投具，パチンコの類）。

csücsök（目 csücsket）［名］（布片などの）端，角，縁(へ

csücsül [自] (幼児の言葉)腰を下ろす, すわる；(鳥が)止る。

csügg [自] (…の首に)ぶらさがる；(彼の眼は…に)止まっている, くっついている。〔szeretettel csügg vkin, …に愛着する。〕

csügged [自] 気おちする, 落胆する, 意気がくじける, 失望する, い縮する。

csüggedés [名] 気落ちすること；落胆, 意気消沈, 失望；気後れすること, い縮すること。

csüggedt [形] 気おくれした, 気落ちした, 落胆した；意気を失った, 絶望した。

csülök [名] (動物の)かぎ爪, けづめ；(馬の)蹄(ひづめ)；(豚の)ひざ関節上下の肉；(動物の)前足；(解)距骨。

csüng [自] (…に)掛かっている, たれ下がる, つり下がっている。

csűr [名] 殻倉, 稲置倉, 納屋(なや)。

csűr-csavar [他] こじつける, ごまかす, にげ口上を設ける, 言い抜ける。

csűrés-csavarás [名] まわりみちをすること；まわりくどいこと, 遠まわし；口実をなすこと, とん辞, にげ口上, こじつけること。〔nem szeretem a sok csűrés-csavarást, まわりくどいことは嫌いだ。〕

csürhe (目 csürhét) [名] 子豚の群れ；(比)無頼の徒, 下民, 下層民。

csütörtök [名] 木曜日。〔csütörtökön, 木曜日に。nagy csütörtök, 洗足木曜日(復活祭前週の木曜日)。áldozó csütörtök, キリストの昇天日(祭)。csütörtököt mond, うまくいかない；(比)(銃が)発火しない, 不発になる。〕

D

dac [名] 不従順；がんこ, 強情, 負けじ魂, 反抗心, 意地。〔csupa dacból, 全くの反抗心から。〕

daliás

dacára [副] にもかかわらず。〔annak dacára, それにもかかわらず, …であるにもかかわらず。mindennek dacára, それらすべてにもかかわらず。〕

dacol [自] （人・物に）反抗する；に負けぬ, 意地を張る, 逆らう, ちょう戦する；（…を）物ともしない；強情を張る, すねる。〔minden veszéllyel dacol, 一切の危険をものともせぬ。〕

dacos [形] 強情な, すねている, 反抗的な；物ともせぬ, 大胆な, 不敵の。

dada (目 dadát) [名] （幼児語）乳母（うば）。

dadog [自] どもる, 口ごもる, どもりつつ話す。

dadogás [名] どもること, 絶えずどもること。

dagad [自] ふくれる, はれる；隆起する, 高まる；（水が）増す；（帆が風を）はらむ。

dagadó [形] 増大する, ふくらんだ。

dagadt [形] （医）はれている, ふくれた；ふくらんだ, 隆起した；増水した。

dagály [名] 大水, 満潮, 上げ潮；（文章の）誇張, 誇大。〔apály és dagály, 干潮と満潮, 潮の干満；（比）栄枯盛衰；増減。〕

dagályos [形] はれあがった；（比）誇張した, 大げさな, 誇大の；高慢の。

daganat [名] はれ（物）；（医）腫瘍。

dagaszt [他] ふくらます, 膨張させる, みなぎらせる；増大させる, 高める；（粉を）こねる, こね上げる。

dajka (目 dajkát) [名] 乳母（うば）；保母, 子守り。〔szoptató dajka, 乳母（うば）。〕

dajkál [他] 乳母をする, 乳を飲ませる, 哺乳する；（幼児を）腕でゆする, 子守りをする；（比）世話する；保護する, 養育する；（考えや思いを）はぐくむ。

dajkamese (目 dajkamesét) [名] 乳母の話, 子供向けの物語（昔話）, おとぎばなし。

dákó [名] 玉突き棒, キュー（ビリヤードの）。

dakszli [名] （動）ダックスフント。

dal [名] 歌, 歌謡, 詩歌；小歌, 小曲。〔dalra kel, （歌を）歌い始める。dalra gyújt, 吟誦し始める。〕

dália [名] （植）ダリヤ（天じく牡丹）。

daliás [形] 勇敢な, 英雄的な；騎士らしい, おとこ気の, 紳

dallam

士らしい；(風采の)堂々たる，荘麗な，りっぱな。

dallam [名] (音)曲調，調子，旋律；(歌の)節(ふし)，しらべ，佳調，好音律；イントネーション。

dallamos [形] 佳調の，好音の，美しい旋律の，曲調の美しい。

dallamtalan [形] 調子の悪い，旋律のない，曲の悪い。

dalmát [形] ダルマチアの。[名]ダルマチア人。

dalol [他][自] 歌う，吟ずる，唱歌する；(比)(鳥が)さえずる。

dáma (目 dámát) [名] → hölgy. 貴婦人，淑女；(カルタの)クイーン，女王。

dámvad [名] (動)だましか(淡黄色の地に白ぶちのある鹿)。

dán [形] デンマークの。[名]デンマーク人。

dandár [名] 群集，大勢，多数；(兵)旅団。

dandárparancsnok [名] 旅団長。

Dánia, Dánország [固] デンマーク国。

dánul [副] デンマーク語で；デンマーク風に。

dara (目 darát) [名] ひき麦，ひきわり麦；あらびきの穀粉；霰(アラレ)の粒。

darab [名] 部分，切片，破片，かけら，片割れ，塊(かたまり)；少しばかり；(時)暫時，しばし；(路)距離，道程；(劇などの)作品，曲；(商)足し前(金銭の)；…個。〔darab idő, 小時間，少しの時。egy darabig, ちょっとの間，暫時。egy darab citrom, レモン一個。〕

darabáru [名] 一個ずつ売られる商品，分割して小売りされる商品。

darabol [他] 切り刻む，寸断する，小分けする，分割する，細かくする。

darabonként [副] 一個ずつ，一つずつ；個々に，一個ごとに；小売で。

darabos [形] 小塊の，かたまりの；あらい，粗粒の，大粒の；荒削りの，粗製の，荒い；(比)粗暴な，無作法な，たくましい，がんじょうな。

darál [他] (穀物を)ひきわりにする；(石・砂を) 砕く，おしつぶす，粉にする；(比)早口にべちゃくちゃしゃべる，むだ口をたたく。

daráló [形] つき砕く。[名] ひきわり機(臼)；つき砕き機，コーヒー・ミル；粉ひき水車。

darázs [名] (虫)黄蜂(キバチ)，スズメバチ。
darázscsípés [名] スズメバチの刺傷(さした跡)。
darázsfészek [名] スズメバチの巣。〔darázsfészekbe nyúl, スズメバチの巣をつつく(やたらに敵をちょう発して襲われる，ヤブを突いてへびを出す)。〕
dárda (目 dárdát) [名] やり(槍)，投げやり，猟やり。
dáridó [名] 大きな乱れ酒宴，飲めよ歌えよのばか騒ぎ，大騒ぎの酒宴。
daru[1] (複 darvak) [名] (鳥)つる(鶴)；あおさぎ。
daru[2] (複 darvak) [名] (工)クレーン，起重機(ツルの首に似る)。〔forgó daru, 回転起重機。〕
datolya (目 datolyát) [名] (植)ナツメヤシの実。
dátum [名] 日付，日にち。
de[1] [接] しかし，しかしながら，けれども；…だが；それでも；それにもかかわらず。
de[2] [間] 何と，いかに，どうして。〔de jó!, 何とよいことよ! jaj, de szép!, ああ，何と美しいことよ!〕
de. [名] → délelőtt. 午前。
debella (目 debellát) [名] ひょろ長い人，のっぽ(女性)；不器用で不活発な人。
december [名] 十二月。
decigramm [名] 十分の一グラム。
deciliter [名] 十分の一リットル。
deciméter [名] 十分の一メートル。
dédanya [名] 曾祖母，祖母の母，ひいおばあさん。
dédapa [名] 曾祖父，祖父の父，ひいおじいさん。
dédelget [他] 愛ぶする，ゆすぶる；可愛がる，甘やかして損ねる(虚弱または我がままにする)。
dédszülők [名] 曾祖父母。
dédunoka [名] 曾孫，ひまご。
deficit [名] 欠損；不足額。
dehogy [間] どのみち(決して，どうしても，必らず，とんでもない)；…しない；少しも…しない；よせ!，いかんいかん!；(なぜかなんて)ばかな，そんなことがあるものか。
dékán [名] 専科大学長，学部長；(カトリックの)修道院長。
dél[1] (目 delet) [名] 南，南方，南部。〔dél felé, 南へ，南方へ，南方に。dél felől, 南(方)から。〕

dél² (目 delet) [名] 正午，昼。〔dél felé, 昼ごろ，正午ごろ。〕
Dél-Afrika [固] 南アフリカ。
Dél-Amerika [固] 南アメリカ，南米。
delegáció [名] 派遣員，委員；(議会の)委員会。
delel [自] 昼休みする，午睡する；(天)(天体が)最高点(子午線)に達する，南中する，子午線を経過する。
delelő [名] 昼休みする所；昼寝。
délelőtt [名] 午前。[副] 午前に。
délelőtti [形] 午前の。〔délelőtti órák, 午前の時間。〕
déli [形] 南の，南方の；南国の；南向きの；正午の。
délibáb [名] 蜃気楼(しんきろう)；空中の楼閣。
déligyümölcs [名] 熱帯果物，南国産の果実。
Déli-sark [固] 南極。
délkelet [名] 南東。
délkeleti [形] 南東の。
délkör [名] (天)子午圏，子午線(圏)。
délnyugat [名] 南西。
délnyugati [形] 南西の。
délszaki [形] 南の，南方の，南国の；熱帯の，熱帯地帯の。[名]南国人。
delta [名] (地)デルタ，三角州。
délután [名] 午後。[副] 午後に。
délutáni [形] 午後の。
demokrácia [名] 民主主義，デモクラシー；民主政体，民主政治。
demokrata [形] 同上の。[名] 民主主義者；民主党員。
demokratikus [形] 民主的，平民的；民主主義の，民本的の，民主制(政治)の。
denevér [名] (動)こうもり(蝙蝠)。
deportálás [名] 流刑，追放。
deportál [他] 流刑に処する，追放する。
deprimál [他] 押し下げる，低下させる，へこます；(比)元気をそぐ，消沈させる，憂うつにさせる；(商)不振にする，不況にする。
dér (複 derek) [名] 霜(しも)，白霜，氷花；白髪。
derék¹ (目 derekat) [名] 腰，腰部；ウエスト，胴，軀幹，からだ；樹幹；切株；背，背部；中頃(中旬)；コルセットよ

うの女性胸衣。〔vkit derékon fog, 腰を取って…をつかまえる。fáj a derekam, 私は腰が痛い。nyár (tél) dereka, 夏(冬)の真中。〕

derék² [形] 勇ましい，勇敢な；正直な；役に立つ，有為の，有能の；感心な，健気な；優秀な，すぐれた；上手な，精通した；堂々たる，立派な。

derékfájás [名] 腰痛。

derékszíj [名] 腰帯，腹巻，胴巻，腰巻；(兵)革帯，バンド；弾帯。

derékszög [名] (幾)直角。

derékszögű [形] 直角の，方形の。

dereng [自] れい明になる，夜が明ける；薄明りになる，たそがれる；(天気が)晴れやかになる。

deres [形] 霜でおおわれた，霜枯れした；灰白色の，白髪(半白)になった；粉を吹いた，白粉でおおわれた。[名] むち打台，鞭刑台；灰色の馬，葦毛(あしげ)の馬。

derít [他] 明るくする，明快にする，晴れやかにする；(エ)(液体をこして)澄ます；(ブドウ酒を)精溜・蒸りょうする；快活にする，憂うつを晴らす，喜ばす，慰める；(疑問を)鮮明にする，解き明かす；(比)暴露する，あばく。

dermedt [形] 麻ひした；かじかんだ；硬直した。

dermesztő [形] (比)恐るべき，ひどい(光景・寒さなど)。

derű [名] 日光，光明；晴天，晴れ；清朗，明るさ，透明；(比)快活，陽気；気晴らし，娯楽；心配のないこと，気楽。〔borúra derű, 雨後には晴天来たる。〕

derül [自] (天気が)晴れる，明るくなる；(比)晴れやかになる，陽気になる，にぎやかになる，浮かれる。

derült [形] 晴れた，澄んだ，晴朗な；(比)陽気な，ほがらかな，快活な，よろこばしい。

derültség [名] 晴朗，晴澄；(比)陽気，快活，上きげん。

derűs [形] 晴れた，晴朗な；喜ばしい，快活な；(比)晴れやかな，笑いをさそう，こっけいな，楽しませる。

deszka (目 deszkát) [名] 板，薄板；板で造ったもの；板張りの床，床板；(海)船板；(劇)舞台。

deviza (目 devizát) [名] 外貨。

dézsa (目 dézsát) [名] 二つの取っ手のある手桶，汲み桶，水桶。

dézsma (目 dézsmát) [名] 十分の一税；十分の一の小

作料。

diadal [名] 勝利, 戦勝；大成功；凱旋(がいせん)(式)；得意満面, 勝ち誇ること, 勝利のよろこび。

diadalittas [形] 勝利に酔った, 勝ち誇る。

diadalív [名] 凱旋門。

diadalmámor [名] 勝利に陶酔すること, 勝利に狂喜すること, 勝利の熱狂。

diadalmas [形] 勝利を収めた, 圧倒的に勝った；勝利の, 凱旋の；勝ち誇った, 得意の；決定的の, 堂々たる(議論)。

diadalom (目 diadalmat) [名] 勝利, 成功；凱旋, 戦勝；勝ち誇ること, 勝利のよろこび。

diagnózis [名] (医)診断, 診察；(理)鑑別, 識別。

diák [名] (中学・高校の)生徒；学生；大学生；(中世の)聖職者。〔író diák, 写字生, 筆耕。〕[形] ラテン語の。

diáknyelv [名] 学生段階の(特に語彙の面で)言葉；ラテン語。

diákság [名] 大学生の総称；大学生たること；大学生の身分・地位・資格；大学生気質。

dicsekedés, dicsekvés [名] 大言壮語, 大げさな話, から威張り, 自慢話, ホラ, 虚勢。

dicsekedik, dicsekszik [自] 自慢する, 誇る；大言を吐く, ホラを吹く。

dicsér [他] ほめる, たたえる, 賞賛する；推奨する, 勧める。

dicséretes [形] ほめるべき, 賞賛すべき, 称揚すべき, 殊勝な, 光栄ある, 名誉ある。

dicsőít [他] ほめる, ほめたたえる, 賛美する, 称揚する；(誰に)光栄を帰する。

dicsőítés [名] 同上のこと；賛美, 頌徳, 称賛, 名誉表彰。

dicsőség [名] 壮麗(みごと)なこと；光栄, 栄誉；(神の)栄光, 尊厳, 誉れ；名誉に値する性質(こと, または人)。

dicsőséges [形] 誉れ高い, 名誉ある, 光栄ある；高名ある, 盛名ある, 華々しい。

dicstelen [形] 不名誉な, 不面目な, 恥ずべき；名声なき, 無名の。

didereg [自] (寒気で)震える, 寒気を感ずる, ぞっとする。

didergés [名] 寒気(さむけ)を感ずること, ぞっとすること。

diéta [名] (医)摂生, 養生法；規定飲食, 減食法；ダイエット。

diftéria [名] (病)ジフテリヤ。
digitális [形] デジタルの。〔digitális hangfelvétel, デジタル録音。〕
díj (目 díjat) [名] 賞, ほう賞, 賞金；賃銀, 給料；手数料, 料金；印税, 謝礼(金), 報酬。
díjaz [他] 報酬を与える, 給料を支払う；謝儀を払う, 報いる；賞を授与する。
díjazás [名] 報いること；報酬(給料)を与えること；報酬, 謝礼；手数料；ほう美・ほう賞を与えること, 授賞。
díjmentes [形] 無料の。
díjszabás [名] 料金を定めること；定価表, 料金表, 賃率(表)。
díjtalan [形] 無賃の, 無料の, ただの。
diktál [他] 書き取らせる, 口授する；(誰に罰を)科する；(権威を以て)命ずる。
diktátor [名] (古ローマの)執政官；独裁者, 圧制者；命令者。
dinamit [名] 爆発薬, 雷火薬, ダイナマイト。
dinamó [名] (電気の)発電機, ダイナモ。
dinasztia [名] 君主の家系, 王統, 王家, 王朝, 皇家。
dínomdánom [名] (費用持寄りの)宴会, 酒宴；供宴, 大供宴, 酒池肉林。
dinnye (目 dinnyét) [名] (植)まくわうり属, メロン。〔görögdinnye, 西瓜(スイカ)。sárgadinnye, 甜瓜(マクワウリ)。〕
dió [名] (植)クルミ(胡桃)。
dióbél [名] クルミの核。
diófa [名] クルミの木；クルミ材。
dióhéj (目 dióhéjat), **dióhaj** [名] クルミの殻(から)。
diós [形] クルミの；(料)クルミ(実)入りの, クルミの実で調理した。
diótörő [名] クルミ割り(器)。
diploma [名] 公文書；免状, 卒業証書；学位証；賞状。
diplomácia [名] 外交(術)；外交官の職；外交界, 外交団；(比)権謀術数。
diplomata [名] 外交官；外交通；外交術に長けた人；駆け引きのうまい人, 対応の上手な人。
dísz [名] 飾り, 装飾, デコレーション；華美, 華麗；(比)名

誉，ほまれ；壮観，盛観；盛装；(兵)観兵式，閲兵式。
〔teljes díszben, 盛装して。〕
díszebéd [名] (祝祭の)供宴，祝宴。
díszeleg [自] 外見を飾る，見栄を張る，よそおいを飾る；華美である，派手やかに目立つ；誇示する，見せびらかす。
díszelőadás [名] 祝典興行，祭典演劇，祭祝余興(上演)。
díszes [形] 華麗な，華美な，豪しゃな，派手な，立派な，優美な；いきな，つやのある；尊敬の意を表わす，栄誉である。
díszít [他] (…を…で)飾る，装飾する；飾りつける，美化する。
díszítés [名] 飾ること；(服装などの)装飾，修飾；(工)(物や設備を)飾り付けること，美化すること。
díszítő [形] 飾る，飾りつける，装飾的の。[名] (劇)舞台装置家，大道具。
díszlet [名] 飾り付け，装飾；(劇)舞台装置。
díszmenet [名] 祝祭の行列。
díszműárú [名] (女性用の)小物類(装身具・宝石などの商品)。
disznó [名] (動)豚(ブタ)；豚肉；イノシシの肉；(カルタの)一点；(インキの)汚点(しみ)；きたない奴，いやな奴，不潔漢；ばか。
disznóbőr [名] 豚革。
disznócsorda, disznónyáj [名] 豚の群。
disznóhús [名] 豚肉。
disznólkodik [自] (…と)不潔なことをする；わい談(また，わいせつな行為)をする。
disznóól [名] 豚小屋；(比)むさくるしい家，ろう屋。
disznóölés [名] (田舎の農家などで豚の脂をとるために)豚を屠殺すること；屠豚(祭)(この日，農家では酒宴を張る)。
disznópásztor [名] 豚飼いをする番人，豚飼い。
disznóság [名] 豚にも等しいこと；不潔，不浄；卑わいな言行(わい談など)；ばかげたこと。
disznósajt [名] (料)豚の胃袋に刻んだ豚の厚肉や脂身などを詰めこんだ腸詰(ソーセージ)；味付豚肉。
disznótor [名] 豚殺し祭(農家で豚を屠殺したときのお祝いの宴)，屠豚宴。
disznózsír [名] 豚の脂肪，豚脂，ラード。

dísznövény [名] 観賞植物，飾りになる植物。
díszőrség [名] (兵)儀仗兵，護衛兵。
díszpolgár [名] 名誉市民(名誉の印として公民権を贈られた当該自治体外の人)。
díszruha [名] 大礼服，礼(盛)装，式服，晴着。
dísztárgy [名] 装飾品，装身具(宝石，珠玉など)。
díszterem [名] 華麗な室；(特に)大広間；(儀)式場；貴賓室。
diván [名] (昔の)トルコ政府(内閣)。
dívány [名] (トルコ風の)安楽いす，長いす，ソファー。
divat [名] 流行，時好，今様，はやり；(服装の)ファッション；人気，時流。〔divatba jön, 流行になる。divatba hoz, 流行させる。divatját múlta, 流行おくれになった。〕
divatáru [名] 流行品，流行装身具(服装，小物類など)。
divatcikk [名] 流行商品，小物類。
divatlap [名] 流行を紹介する雑誌，ファッション誌。
divatos [形] 流行の，はやりの，当世風の，最新の，新流行の。〔divatos betegség, 流行病。〕
divatosan [副] 流行に従って，当世風に。
divatozik [自] 最新流行の服を着る；流行している，盛んである。
dívik [自] 流行している。
dob¹ [他] 投げる，投げすてる，放る；(比)投げ売りする。
dob² [名] (音)太鼓(たいこ)；(解)耳の鼓膜；(大時計の)巻き上げ鼓胴。〔dobra kerül, 競売に付せられる(槌を打って落札の合図をすることから)。dobra üt, 競売にする；(比)ラッパで吹き知らせる，仰々しく吹聴する。〕
dobál [他] (…に…を)投げつける，投げ出す，投げ散らす；(次々に)投げつける，投げつづける。
dobálódzik [自] (そこらじゅうに)投げ散らす；互いに投げ合う；(比)(出たらめに)投げ出す，見せかける，衒(てら)う，あざむく，まん着する，自慢する，誇る。
dobás [名] 投げること；(スポーツ)(砲丸)投げ，投てき，射撃；(比)打撃。
dobban [自] → megdobban. 響きわたる，とどろく；震動する，ふるえる；(トントン)たたく；足音がする；(心臓が)激しく鼓動する。
dobbanás [名] (強く踏みつけて歩く)響き；たたくこと，打

dobbant

つこと；震動；動悸，胸騒ぎ；(心臓の)脈動，鼓動。

dobbant [他] 地を踏み鳴らす，じだんだ踏む；(足で)踏みつぶす，粉砕する，押しつぶす。

dobhártya (目 dobhártyát) [名] 太鼓の革；(解)(耳の)鼓膜(こまく)。

dobog [自] (足で)強く踏む；じだんだ踏む；(馬が)あがく；(心臓が)鼓動する。

dobogás [名] 打つこと，たたくこと；じだんだ踏むこと；(馬が)あがくこと；(医)鼓動，動悸。

dobogó [名] (学校の)教壇，演台；(器械体操の)踏切台；はね橋，歩橋。

dobol [他] 太鼓を打つ，太鼓ばやしをする；(指で机など)ドンドン鳴らす；釜太鼓(かまたいこ)を打って村中の人の目を覚ます。

dobos [名] 鼓手。

doboz [名] 箱，(とくに)ボール箱；貴重品入れ，宝石箱。

dobpergés [名] 太鼓を打ち鳴らすこと；鳴鼓(めいこ)。

dogma [名] (宗)教条，教義，信条；(哲)独断の見解，独断説；確説，定説。

doh [名] 腐敗した黴(かび)の臭い(悪臭)。

dohány [名] タバコ(煙草)。

dohánygyár [名] タバコ工場。

dohányos [名] 喫煙家。

dohányozik [自] タバコを吸う，喫煙する。

dohányzás [名] 喫煙すること。〔tilos a dohányzás, 禁煙。〕

dohányzó [形] 喫煙可能な(場所)。[名] 喫煙家，愛煙家，タバコ好き；喫煙所。

dohányzószakasz [名] 喫煙車室(汽車などで仕切ったスペース)。

dohog [自] 断続的に鈍い音を出す；つぶやく，ぶつぶつ言う，不平を言う。

dohos [形] カビ臭い；むっとする，しめっぽい。

dohosodik [自] カビ臭くなる；腐敗する。

dokk [名] ドック，船渠。

doktor [名] ドクトル，博士；医者；先生。

dolgos [形] 仕事に熱心な，勤勉な；活動的な，労苦をいとわない，まめな。[名] 勤労者。

dolgozat [名] 業績, 著作, 研究の結果；宿題, レポート。
dolgozik [自] 働く, 労働する, 仕事する；骨折る, 尽力する, 勉励する, 研究する；(…のために)努力する。
dolgozó [形] 同上する。[名] 勤労者；働く(研究する)人。〔dolgozó asztal, 仕事をする机, 仕事台。dolgozó méh, (虫)働きばち(労働みつばち)。dolgozó szoba, 仕事部屋(書斎・研究室・画室)。〕
dolog (目 dolgot) [名] 仕事, 働き, 労働；物事, 用件；事件, 物件, 事柄；事情, 形勢；問題；作業, 研究。〔a dolog jól áll, 事は順調に進んでいる。ez nem az én dolgom, これは私に関係ない。sok a dolgom, 私は忙しい。az nem a te dolgod, それは君に関係のないことだ。ízlés dolga, 趣味に関することだ。úgy áll a dolog, そういう事情なのだ。〕
domb [名] 小山, 丘, おか, 高地, 高み, 丘陵。
dombhát [名] 丘陵の背, 丘背, おかの背, 山の背部。
domboldal [名] 丘腹(きゅうふく), 丘の坂(傾斜), 山腹。
dombormű [名] 浮き彫り, 浮き出し；凸状の作品, レリーフ。
dombornyomás [名] (印)凸版(とっぱん), 凸版印刷。
domborodik, domborul [自] 浮き出る, 秀でる, 高まる；突出する, 引き立つ, ふくれ上がる, 中高かに盛上がる。
domború [形] 突き出た, 凸状の, 凸面の；中高の, 突起した；胸高の。〔domború mellű, 胸の高い, ハト胸の；(比)高慢の, ごう慢な。〕
domborulat [名] 高まり, 隆起, 突起；凸面, 中高；浮き彫り。
domborzati [形] 〔domborzati viszonyok, 中高の地勢, 凸起地域。〕
dombos [形] 丘陵の多い, 坂の多い；丘陵状の, 小山のある。〔dombos vidék, 丘陵地方。〕
dombtető [名] 丘の頂上。
dominál [他][自] 威勢を振るう, 勢力を有する, 幅をきかせる, 重きをなす, 支配する。
dominó[1] [名] ドミノ遊び；(遊戯用の)ドミノ札(牌)。
dominó[2] [名] ドミノ(仮面舞踏会用のずきん・外衣・寛服)；ドミノ服着用者。
domonkos [名] ドミニコ派僧団の修道士(僧侶)。

donga (目 dongát) [名] (タル・オケの)板, 細長いおけ板。
dongó [形] ブンブン言う。[名] (虫)穴ばち；肉ばえ, 青ばえ(肉に産卵する)。
dongólégy [名] (虫)肉ばえ, 青ばえ。
dongóméh [名] (虫)土ばち, 山ばち, くまんばち。
dopping [名] ドーピング。
dór [形] ドリア人の；(建)ドリア風(式)の；(音)ドリア旋法。[名] ドリア人。
dorbézol [自] 飽食する, 飲食をむさぼる；飲酒で夜を明かす, 酒宴を張る, たんできする。
dorgál [他] なじる, とがめる, 叱責する, 非難する；けん責する。
dorgálás [名] なじること；小言, 忠告, 叱責；戒告, 説諭, 訓戒；ばり, ののしり, 非難；(法)けん責(処分)。
dorombol [自] 口琴を鳴らす；(ネコが)ゴロゴロうなる；(比)ゴロゴロ(ガタガタ)音をさせる。
dorong [名] こん棒, 丸太棒, 笞(むち)。
döbbenés, döbbenet [名] びっくり仰天, 驚嘆, 驚がく, 喫驚。
döcög [自] (車などが)動揺する, がたつく, がたがたする, よろめく。
döf [他] (剣先や角で)突く, 撞(つ)く, 刺す；押しやる。
döfés [名] (剣先などで)突くこと, 刺すこと；撃突；けり, キック。
dög [名] (獣類の)死体, 死骸, しかばね；腐肉, 死肉；廃馬, ど馬, やくざ馬；疫病, 伝染病；憎んだ相手；大量；とても。
döglik [自] (動物が)斃死(へいし)する；(俗)くたばる, おだ仏になる；のらくらする。
döglött [形] (動物の)へい死した；(俗)くたばった, のたれ死した；役立たずの。
dögönyöz [他] (剣で)突く；(誰に)拳骨(げんこつ)を食わせる, したたか打つ, 打ちなぐる；打っていじめる；マッサージする。
dől [自] 倒れる, 転覆する, 崩壊する, 墜落する；(農)(収穫物が)吹き倒される；(船が岸に)吹きつけられる, より掛かる；(群衆が)なだれ込む, 人波を打って押し寄せる。
dőlt [形] くつがえされた, 転覆した, 倒壊した；ゆがんだ, 傾

いた，斜めの，反(そ)った。
dölyfös［形］尊大な，高慢な，不そんな。
döng［自］鳴りひびく，どよめく，とどろく，ビリビリ響く；振動する；(はちなどが)うなる，ブンブンいう。
dönget［他］(戸)をたたく；(棒で)打つ；動揺させる；鳴りひびかせる，とどろかせる。
döngicsél［自］(はちなどが)ブンブンうなる；(電話などが)リーンと鳴る。
döngöl［他］(地面などを)突き固める，たたき固める；強く突く(押す)；平らにする，滑らかにする。
dönt［他］くつがえす，打ち倒す，突き倒す，転覆させる；(危地に)投ずる，投げ落とす，追い落とす；決定する。［自］(法)決定する，裁定する，判決を下す；(スポーツ)判定する，審判する。
döntés［名］決心，決定；(法)判定，裁決，判決；(劇)大詰め；(兵)決戦。
döntő［形］決定的の，最後の，断定的の；勝負を決する，危機一髪の。
dörej［名］(大砲などの)絶えずゴロゴロとどろくこと；号音，とどろき；雷鳴。〔ágyúdörej, 砲声。〕
dörgés［名］とどろくこと；砲声；雷鳴，雷。
dörmög［自］(熊が)うなる；ブンブン言う；ぶつぶつ不平を言う。
dörmögés［名］(ハエなどが)ブンブン言うこと；(熊が)うなること；(比)ブツブツ不平を言うこと，ブーブー言うこと。
dörög［自］雷が鳴る，雷鳴がする；(大砲が)とどろく，響く；(比)どなる。
dörömböl, dörömböz［自］(戸を)ドンドンさせる，たたく；(馬車が)がたぴしゃする，ゴロゴロ(ガラガラ)音がする；(比)がみがみしかる，騒々しく言い争う。
dörren［自］爆音を発する，鳴りひびく，パチパチ音がする。
dörzsöl［他］(体を)こする，さする；すりみがく，研ぐ。
dőzsöl［自］暴飲暴食する，飲食におごる；たんできする。
drága［形］大切な，貴重な；高価な，値が高い；大事な，かわいい，好きな，親愛な，敬愛する。
drágakő［名］宝石，宝玉；(比)宝物。
drágáll［他］値段が高すぎると思う。
drágán［副］高価に，貴く；(比)(…に対して反対給与が)

drágaság 158

高価に(つく)。〔drágán fizet vmiért, …に対して犠牲が多すぎる。〕

drágaság [名] 物価騰貴；貴重品, 装飾品；宝, 宝物；宝石, 宝玉。

drágít [他] 値を高くする, 値上げする, 高くつかせる, 騰貴させる。

drágul [自] 値上がりする, 騰貴する, 高くなる。

drágulás [名] 値上がり, 騰貴, 高騰；価格引き上げ, せり上げ。

dráma (目 drámát) [名] 戯曲, 劇, ドラマ；脚本；劇的事件。

drámai [形] 同上の。

drámaíró [名] 劇作家, 戯曲作家。

dramatizál [他] 戯曲化する, 劇的興味をそえる, 芝居がかりにする。

dramaturg [名] 脚本家。

Dráva [固] ドラーヴァ川(ドイツ語の；ドラウ川)。

Drezda [固] ドレスデン(ドイツ)。

drezdai [形] ドレスデンの。[名] ドレスデン人。

drog [名] 麻薬。→ kábítószer.

drót [名] 針金, 金属線, 電線。

drótkötélpálya [名] 鋼索道(こうさくどう), 索条鉄道, ケーブルカー。

drusza (目 druszát) [名] 同名の人, 同名異人(クリスチャン・ネームの同じ人, 教理の兄弟)。

du. [名] → délután. 午後。

duda(目 dudát) [名] (音)袋笛(風袋に吹きこんで空気で鳴らす), 小風笛, バグパイプ(主としてスコットランド高地人の用いる楽器)。

dudál [自] 袋笛を吹く, 風笛を鳴らす；(船や工場の汽笛などが)鳴る, (風が)うなる。

dudás [名] 風笛(袋笛)を吹く人。

dúdol [他][自] 歌を口ずさむ, 俗歌を歌う；(風が)うなる。

dúdolgat [他][自] (たえず)風笛を奏する, ブンブン鳴らす；小声で歌う, 低声で歌う, 口ずさむ。

dudorodás, dudor [名] はれること, ふくらむこと；(身体の)こぶ；(物の)突起, 隆起；膨脹, はれふくらみ；(医)腫物(はれもの), 瘤腫(こぶ)；おでき, たこ。

dudva（目 dudvát）[名]（植）雑草，害草。
dug [他] 押し込む，突っ込む，差し込む；入れる，詰める，詰め込む；隠す，秘す(誰に)。〔zsebre dug, ポケットに突っ込む。〕
duga [名] → donga. おけ板，細長い板。〔dugába dől, 難破する，難船する；座礁する；(比)だめになる，失敗する，水泡に帰する。〕
dugaszol [他] 栓をする，コルク栓でふさぐ。
dugattyú [名]（蒸気汽かんの)ピストン，ポンプのピストン(活塞)；(音)調声弁。
dugdos, dugogat [他]（たびたび)差し込む；(ポケットに)入れる；(刀をサヤに)納める；(…を誰に)隠す。
dugó [名]（ポンと抜く)栓(せん)，コルク栓；(樽などの)詰め物，塞子(つめ)；(パイプなどの)詰まった箇所。〔Forgalmi dugó, 交通渋滞。〕
dugóhuzó [名] 栓抜き，コルク抜き。
dugvány [名]（農)さし木，とりき。
duhajkodik [自] だらしない振舞をする；放とう生活をする，大いに飲み歩く；(子どもが)無軌道に遊ぶ。
dukál [自] → illet.（権利・功績上，誰に)当然帰属すべきである，帰する；(誰に)適当する，相応する，至当である，ふさわしい。
dúl [他] 荒らす。荒廃させる，侵害する；じゅうりんする，略奪する。[自] 荒れる，猛烈を極める。
dulakodás [名] 格闘，戦い；押し合いへし合い；つかみ合い，取っ組み合い，なぐり合い。
dulakodik [自]（誰と)格闘する，つかみ合いする，なぐり合いする。
dúl-fúl [自] 興奮する，烈火の如く怒る；泡を飛ばして怒る，がみがみしかる，騒々しく言い争う。
Duna [固]（地)ドナウ川。
dunáninnen [副] ドナウ川のこちら(内)側に(すなわち，ハンガリーにおいては，ドナウ川の東岸地帯に)。
Dunántúl [固] ドナウ川のあちら側，トランス・ダニューヴ地方(ハンガリーにおいては，ドナウ川の西側地帯)，ドナウ川の向う側(アルフェルド地帯から見て)。
dunántúli [形] 同上の。
dunna（目 dunnát）[名] 羽根ぶとん，綿毛ぶとん。

dunyha [名] → dunna.

dupla [形] 二倍の，二重の，重複の；二つの，複の，両の。

dúr [名] (音)長音階。

durcás [形] ぶつぶつ言う，不平を言う；気むずかしい，不きげんの，無愛想の，怒り易い(女など)；反抗的な，強情な，すねている，偏屈な。

durran [自] 爆音を発する，爆鳴する；破裂する，爆発する。

durranás [名] 爆音を発すること；はげしい音，爆音，爆発，破裂。

durrant [他] 爆音を発せしめる，爆発させる，破裂させる。

durva [形] 粗野な，野卑な，粗暴な；粗製の，粗造の，あらい，ザラザラした；(比)生の，荒い，無作法な，下品な。

durván [副] 粗野に，野卑に，下品に，無作法に。〔durván bánik vkivel, …を粗暴に取り扱う。〕

durvaság [名] 粗暴，乱暴，粗野；無作法，無礼，無愛想。

dús [形] 富んだ，富裕な；豊富な，潤沢な；茂った，繁茂した，うっそうたる。[名] 富者，金持ち。

dúsgazdag [形] おびただしい，有り余るほどの，多すぎる；巨富を有する，大金持ちの，富豪の。

dúskál, dúskálkodik, dúslakodik [自] あり余る，あふれる；ぜいたくな生活をしている。

duzzad [自] ふくれる，はれる，むくむ，腫脹する；太くなる，隆起する；増大する。

duzzog [自] 顔をしかめる，渋面する；すねる，ふくれ面する，ふてくさる。

duzzogás [名] 顔をしかめること，ふくれ顔すること；すねること，ふてくさること。

dübörgés [名] (ゴロゴロ，ドンドン，ガタガタ)とどろきの騒音，わめき騒ぐこと，絶えざるけん騒。

dübörög [自] とどろく，鳴りひびく，どよめく，鳴動する。

düh [名] 激情，激怒，激高，憤怒；狂熱，狂暴。〔dühbe jön, 激怒する。〕

dühöng, dühösködik [自] 暴れる，激する，激怒している，怒り狂っている，熱狂する；荒れる，猛烈を極める。

dühöngés [名] 荒れ狂うこと；狂暴，狂乱，狂気；暴行，狂暴な所為。

dühöngő [形] 怒り狂う，狂気の，狂乱の；憤怒(激怒)し

ている。
dühös [形] 憤怒する，激怒する，暴れ狂う；短気な。
dühroham [名] 怒りの激発，憤怒の発作；発狂，激怒。
dülled [自] → kidülled. ほとばしる，わき出る，噴出する；突出する。
dülledt [形] 突出した，はれ出た，突起した；（頬骨などの）秀でた。
dülöng [自] 動揺する，よろめく，ぐらつく；よろめき歩む，千鳥足で歩く；（船が）横揺(よこゆれ)する。
dűlőút [名] 田野の畦道，野道，里道。
dünnyög [自] モゴモゴ言う。

Dzs

dzsessz [名] ジャズ。
dzsida [名] やり（槍）。

E, É

e [代]（指・代）ez の短縮形，この。
eb [名]（動）犬，特に雄犬；猟犬。〔egyik eb, másik kutya, どっちもどっち。〕
ebadta [名]（しかりせめる語）畜生，ろくでなし。
ebbe [副] この中へ，この…内へ(に)，これへ。
ebbeli [形] これについての，これに関しての，これに関する。
ebben [副] この中に，この内に；この点では。
ebből [副] これから，ここから，この内から；これによって，この故に。〔ebből a házból, この家の中から。〕
ebcsont [名] 犬の骨。〔ebcsont beforr,（子どもに）そんな傷はなんでもない。〕
ebéd [名] 昼食，午さん。〔ebéd alatt, 午さん中。ebédre hív, 昼食に招く。〕
ebédel [他][自] 昼飯を食べる，午さんする，中食する。
ebédlő [名] 食堂，ダイニングルーム。

ébenfa [名] (植)黒檀(コクタン)；黒檀材。[形] 黒檀の；黒檀製の。

éber [形] 目覚めた，気をつけた，注意深い，警戒的の；機敏な，油断のない；生き生きした，活発な，快活な。

éberség [名] 同上のこと；注意，警戒，用心。

ebihal [名] → békaporonty. おたまじゃくし。

ébred [自] → felébred. 目覚める，目を覚ます；(比)復活する，蘇生する。

ébredés [名] 目覚めること，覚せい；(比)復活，蘇生。

ébredezik [自] (次第に)目をさます，覚める；(比)蘇生する。

ébren [副] 眠らずに；目覚めて，油断なく見張って。

ébrenlét [名] 目を覚ましていること，眠らずにいること；油断なく見張ること；不寝番。

ébreszt [他] (誰を)目覚めさせる，起こす；呼び起こす，喚起する；(比)刺激する，元気づける，鼓舞する，蘇生させる。

ébresztés [名] 同上のこと。

ébresztő [形] 目覚めさせる，覚せいさせる；刺激する，鼓舞する。[名] 呼び起こす人；呼びリン，警鐘；(兵)起床号音。

ébresztőóra (目…órát)[名] 目覚まし時計。

ecet [名] 酢(す)。〔ecetbe eltesz, 酢につける。〕

ecetes [形] 酢の；酢漬けの；酢のように酸(すっぱ)い；(化)酢酸の。〔ecetes uborka, 酢漬けのキュウリ(胡瓜)。〕

ecetsav [名] (化)酢酸(サクサン) ($C_2H_4O_2$)。

ecset [名] 筆；刷毛(はけ)，刷子；画筆(えふで)。

ecsetel [他] (医)(喉などを)消毒する；筆または刷毛で彩色する，または描く；(比)描写的に記述する。

ecsetelés [名] (医)(喉などを)消毒すること；刷毛で塗ること，彩色すること；絵筆で描くこと；(比)絵画的の描写(記述・叙述)。

ecsetvonás [名] (絵)刷毛でなでること；タッチ，一刷毛(一筆)で描くこと。

eddig [副] (場所)ここまで；(時)これまで，今まで，従来。

eddigi [形] 同上の。

éden [名] (宗)楽園，パラダイス，エデンの園；極楽，浄土，天国。

édeni [形] 同上の；楽園のような，(比)非常に楽しい，至楽の。

edény [名] 入れ物，容器，うつわ(什器)，食器(サラ・ハチなど)，(解)血管。

édes [形] 甘い，うまい；好ましい，こころよい(歌など)；肉親の，実の，真の。〔édes testvérem, わが肉親の兄弟。〕[名] あなた，おまえ，君。〔édesem, わが愛する者(お人好し，あなた，そなた)。〕

édesanya [名] (肉親の)実の母。

édesatya, édesapa [名] (肉親の)実の父。

édesded [形] うまい，美味の；感じのよい，心地よい；やさしい，親切な；愛らしい，好ましい，いじらしい。

édesdeden [副] やさしく，愛らしく；心地よく，親切に。

édesedik [自] 甘くなる，甘ったるくなる；やさしくなる，愛らしくなる；(誰に)親切にする，(誰の)友となる。

édesen [副] 甘く，うまく；愛らしく；こころよく，実意をこめて，ねんごろに。

édesget [他] (…を)引き寄せる，誘惑する；(猟)おびく，おびき寄せる(餌食などで)。

édesít [他] 甘くする，甘ったるくする；(比)和らげる，楽しくする，愉快にする。

édeskés [形] 甘味ある，やや甘い，甘ったるい；(比)取り入れたげな，愛想のよすぎる，うれしがらせの。

édeskevés [形] きわめて少ない，極く僅かな。

édesség [名] 甘いこと，甘味；甘美なること；(比)甘ったるいこと，気持ちよいこと，柔らかな感じ，温雅なこと；うれしがらせ，甘言；甘い物，砂糖菓子。

édesvíz [名] 淡水。

edz [他] 鍛えあげる，堅くする，鍛練する；(抵抗力を)強くする，練磨する；(鉄を)鋼(はがね)にする。

edzés [名] きたえあげること；(鉄を)鋼化すること；(身心を)鍛練すること。

edzett [形] きたえ上げた，鍛練した。

edző [形] (冶)鋼にする…，(比)(心身を)強くする，強固にする，鍛練する，きたえる…。[名] コーチ。

edződik [自] 鍛練される，鍛えられる，強くなる；(冶)鋼にされる，鋼になる。

efelől [副] このことに関して，これに就いて，このために；ここから，これから；(空間的に)その上に，それを越えて；(時間的に)その間に，その継続中に。

efféle [形] かかる, かくの如き；この種の, このような種類の。

ég[1] [自] 燃える, やける；火がつく, 発火する, しゃく熱する；ほてる, 熱する；(傷や眼が)ヒリヒリ痛む。

ég[2] (目 eget) [名] 天, 空, 青空；(宗)天国, 神の国；(比)極楽, 至福。〔az ég áldjon meg!, ごきげんよう!, 天帝は汝に恵みあれ! az égbe, 天空へ, 天国へ。az égig, 天まで(高める, 高く上げる)。az ég felé, az égnek, 天に向って, 天の方に。dörög az ég, 雷が鳴る。eget verő zaj, 天地を震わせる大騒ぎ, 大騒動, やかましさ。〕

égbekiáltó [形] 天に訴えて神罰を要求するような；罰あたりな, 恥ずべき, 残忍な, 極悪な。

égbolt, égboltozat [名] 空, 天空(天穹), 青空, 青天井。

éger [名] (植)はんのき(赤揚)。

egér (目 egret) [名] (動)はつかねずみ(二十日鼠)；マウス(コンピューター操作用の)。

égerfa [名] → éger。

egérfogó [名] ネズミ捕り, 捕鼠機(比)窮地。

egérlyuk [名] ネズミの穴。

egérrágta [形] ネズミのかんだ, ネズミにかじられた。

egérút [名] 鼠道, 逃げ道, 出る道；難関；切り抜け策, 打開策。〔egérutat nyer, 難関を切り抜ける。〕

égés [名] 燃えること, 燃焼；火事, 火災；(医)火傷, 焼灼(しょうしゃく)；烙印(らくいん)をつけること。

égési [形] 燃焼の, 焼けた。〔égési seb, 火傷, やけど。〕

egész [形] 傷のない；全き, 全体の, すべての, 完全な。[名] 全部, 全体；総体, 悉皆(しっかい)；総計(額)；(兵)総員。〔egész Magyarország, 全ハンガリー国。〕

egészen [副] 全く, 全体的に, すっかり, 完全に, 徹頭徹尾。

egészség [名] 健康, 健全, 壮健, 丈夫；健康状態；健康(衛生)によいこと。〔Egészségére!, 乾杯!〕

egészséges [形] 健康な, 達者な, 健全な, 元気な, 丈夫な；衛生的な。

egészségesen [副] 丈夫で, 元気に, 健全で。

egészségi [形] 健康上の, 衛生上の, 健康の。〔egészségi állapot, 健康状態。egészségi csapat, 衛生

égtáj

隊。egészségi tekintetből, 健康上の点から。〕
egészségtan [名] 衛生学。
egészségtelen [形] 不健康な, 不健全な, 健康に害ある, 非衛生的な。
egészségügy [名] 保健衛生制度；衛生事務。
éget [他] 焼く, 燃やす, 焦がす。
égetés [名] 火をつけること, ともし火を点ずること；燃やすこと, 焼くこと, 焚(た)くこと；焦がすこと；烙印すること。
égetett [形] 焼けた；焦がした。
égető [形] 燃焼させる, しゃく熱させる；(比)燃えるような, 赫々(かくかく)たる(眼差等)；熱烈な, 熱心な；切迫した, 緊急の, 焦眉(しょうび)の, 切なる。〔égető kérdés, 緊急問題。égető szükség, 極度の窮乏, 急迫せる困窮。〕
égetően [副] 熱して, 燃えて；(比)熱中して, しゃく熱的に, 切に。
égett [形] やけどをした；焼けた；焦がした。
éggömb [名] 天球儀, 天球, 天体儀。
éghajlat [名] 気候, 風土；地帯(方)。
éghajlati [形] 同上の。
éghetetlen [形] 燃えない, 不燃性(質)の。
éghető [形] 燃えやすい, 燃焼し得る, 可燃性の。
égi [形] 天界の, 空の, 宇宙の；天国の；在天の；(比)神のような, この世ならない；崇高な, 絶妙の；神の, 永遠の；めい福の, 来世の。〔égi adomány, 天の賜物, 天恵, 天賦, 天与。égi kéj, 天の歓楽。〕[名] 天上人。〔égiek, 天の住人, 天使の群。〕
égiháború [名] 雷風雨, 暴風雨。
égitest [名] 天体(日月星辰)。
égő [形] 燃える；刺すような, ヒリヒリする；(比)激しい, 熱烈な。[名] (ガス燈の)火口, ともし口。
égöv [名] (地)気候帯, 気候の地帯。〔forró égöv, 熱帯。hideg égöv, 寒帯。〕
egres [名] (植)まるすぐり, 西洋すぐり, グズベリー。
égretörő [形] 天を襲う, 意気天を突く；(比)偉大・強力なる。〔égretörő tervek, ユートピア的な計画。〕
égszínkék [形] 空色の, 紺碧(こんぺき)の, 淡青色の。
égszínű [形] → égszínkék.
égtáj, égtájék [名] (東西南北の)方位；四方天。

egy¹ [数] 一，壱；種類；一つの。〔nem egy, 幾多の，少からぬ。egy se(m), 一つも…ない。〕

egy² [冠] 或る(人または物)。

egyáltalában, egyáltalán [副] 概して，一般に，要するに，結局；全く，断じて，徹頭徹尾，絶対的に，あくまで，ぜひとも，とにかく。

egyaránt [副] …も…も，同じように，一様に，平等に。

egyazon [形] 同一の，同様の，同じ。

egybegyűjt [他] 集合させる，集める，召集する；取り集める，収穫・刈り入れをする。

egybegyűlik [自] 集まる，集合する，会合する；合併する。

egybehangzó [形] 一致する，相和する，調和する；同感する，同意する。

egybehangzóan [副] 同上して。

egybehív [他] 呼び集める，召集する，集合させる。

egybekel [自] (誰と)結合する，合体する；結婚する。

egybekelés [名] 一緒になること；与みすること；結婚すること。

egybeköt [他] 一緒に結びつける，つなぎ合わせる，束ねる；(比)結合させる，一緒にする。

egyben [副] まとめて；直ちに，すぐさま。

egybeolvad [自] 溶けこむ，溶け合う；融合する，混和する；(比)合同(体・併)する，同化する。

egybeolvadás [名] 溶け合うこと；溶解，液化，融合(解・和)；(比)合併，同化。

egybeolvaszt [他] (…を)溶かす，溶解する，溶かし合わせる，融合させる；(比)合併させる。

egybevág [自] (意見が)相一致する，符合する，調和する；適合する；(形が)相合う，等しい，同形である。

egybevágó [形] 同上である；(数)等しい，一致する，相合の，合同の。

egybevet [他] 均らす，等しくする，同列におく；一致させる，和解させる；比較(対照)する；照合する，校合する；(商)相殺する，清算する。

egyéb (目 egyebet) [形] 他の，その他の，その上の；他の時の；他の所の；他の方法の。〔egyéb dolga nincs, 彼には他の仕事はない。〕[副] 然らざれば，さもなくば；他の状態では，然らざる場合には；その他に，別に。

egyébiránt, egyébként [副] なお，且つ，さらに；その他の点では，その他に；ともかく，それはそうとして，別に。
egyebütt [副] どこか他の所で，ある他の場所で。
egyed [名] → egyén. 個体；個人，一員。
egyedárus [名] 専売者。
egyedárusság [名] 専売(権)，独占(権)。
egyedi [形] → egyéni. 個体の，個々の；個人の，独特の。
egyedül [副] ひとり，ひとりで；独力で；それのみで，ただ，だけ，のみ。
egyedülálló [形] 独りの，単独の；孤立した，離れた；孤独の，独身の；唯一の，無比の；独特な，風変わりな。
egyedüli [形] 唯一の；独りの，単独の；独特の。
egyedüllét [名] ひとりなること，独居；ひとり身なること，独身；孤独，寂りょう，隠遁。
egy-egy (目 egyet-egyet) [数] 一つ一つの，一つずつの，一々の；ひとりひとりの，一つずつ。
egyelőre [副] 差し当たり，当分，かりに，当分の内；一時的に，暫時，しばらくのところ；前もって，最初に，まず。
egyén [名] 個物，個体，個人。
egyenérték [名] 等価物；同種同量のもの，置き換えられるもの；(理)等量；同価，等価。
egyenértékű [形] 同価値の，同価(等価)の；等しい；同意義の。
egyenértékűség [名] 同上のこと；等価，同値；同等，均等，類似。
egyenes [形] 直立の，真っすぐの，一直線の；直接の，じかの；正直の，包みかくさない，あからさまの，腹蔵のない；平らな，平滑の。〔egyenes adó, 直接税。egyenes vonalú, 直線の，直線より成る。〕
egyenesen [副] 真っすぐに，寄り道しないで；直接に；(比)率直に，ざっくばらんに，遠慮なく；正しく，(それこそ)全く，本当に。
egyenesít [他] 真っすぐにする，一直線にする；直っすぐに向ける，立て直す；きょう正する，平らにする。
egyenesség [名] 真っすぐなこと；正直，誠実；真摯(し)，率直；方正，厳正。
egyenetlen [形] 平らでない，凹凸のある，起伏のある，でこぼこの；不同の，不ぞろいの；(比)一致しない，不和の，不

egyenetlenség

統一の。
egyenetlenség [名] (土地に)不同・でこぼこのあること；不整, 不ぞろえ；(比)不和, 不統一, 不一致, 意見の相違。
egyenget [他] 平らにする, 平坦にする, 平滑にする；(…のために)道をひらく；(工)(地層などを)平らにして水平にする；整える, 整とんする。
egyéni [形] 個性(体)の；個々の；個人の；独特な。
egyénileg [副] 個別に；個性的に；独特に。
egyéniség [名] (哲)個性, 人格, 個人。
egyénít [他] 個々別々にする, 個別化する；(…に)個性を与える, 個性(体)化する。
egyenjogú [形] 同権の, 平等の。
egyenjogúság [名] 同権なること, 同等の権利。
egyenjogúsít [他] 同権にする, 同等の権利にする。
egyenként, egyenkint [副] 個々に, 別々に；一つずつ, 単独に；一々, 詳細に；(商)小売で。
egyenleg [名] (商)(差引)残高, 差額；繰越高。
egyenlet [名] 等(均)しくすること；均等化；(数)方程式, 等式。
egyenletes [形] 均整のとれた, つり合いのある；同等の, 均等の, 一様の。
egyenletesen [副] 均等に；均整がとれて, つり合って。
egyenletesség [名] 均整のとれたこと；(運動・動作の)一様, 一律。
egyenlít [他] 均す, 均しくする, 均等にする；(比)(困難を)除く；(争いを)解決する, 調停する。[自] (ス)同点になる。
egyenlítő [名] 赤道(南北両半球に等分するゆえこう名づける)。
egyenlítői [形] 赤道の。
egyenlő [形] 同じの, 同等の, 等しい, 一様の；均整のとれた, つり合った；(数)等しくする。〔egyenlő oldalú, (数)等辺の。egyenlő szárú, (数)二等辺の(三角など)。〕
egyenlően [副] 等しく, 一様に；均等に, つり合いがとれて。
egyenlőség [名] 同等, 同様；均一性；平等, 無差別；(数)等式, 方程式, 同次。
egyenlőségjel [名] 等式符号, イコール。
egyenlőtlen [形] 等しからざる, 不同の, 不整の；不ぞろいの, 互に似ない；不平等の；平坦でない, でこぼこのある(土地

egyetemes

など)。

egyenlőtlenség [名] 同上のこと。

egyenrangú [形] 同等の, 同地位の, 同階級の；同家格の, 同じ身分の。

egyenruha [名] 制服；軍服。

egyenruhás [形] 制服を着た。

egyensúly [名] 平衡, つり合い, 均勢, 均衡。

egyensúlyoz [他] つり合わせる, 平均を保たせる, 平衡させる, 平均する。

egyértékű [形] 同価値の, 等価の；同意義の。

egyértelmű [形] 同意義の, 同意の；異口同音の, 心を合わせた, 協同した, 一致した。

egyértelműség [名] 心を一にすること, 協同団結；同意義なること。

egyes [形] (数)一の；(文)単数の；一号の(室), 一番の(バスなど)；或る；別々の, 単一の, 単独の, それぞれの。〔egyes váltó, (商)一枚手形。egyes szám, (文)単数。〕[名] 一位の数；一の字, 一；(サイの目の)一；(テニスの)単試合。

egyes-egyedül [副] たった一人で, 全く一人で, 独りぼっちで；無比に, 無類に。

egyesít [他] 一にする, 合一する；結合する, 合併する；連結させる, 同盟させる；一致させる, 調和させる。

egyesített [形] 同上した。

egyesül [自] 一になる, 結合する；合併する, 合同する；同盟する, 連合する；団結する；統合する；(河川が)合流する；(化)化合する。

egyesülés [名] 合一すること；合併, 統合, 同盟, 団結。

egyesület [名] 協会, 会, 団結, 結社, 組合。

egyesült [形] 結合した, 同盟した, 集中した；連合した；(川)合流した, (化)化合した。〔Egyesült Nemzetek Szervezete = ENSZ, 国際連合。〕

egyetem [名] (総合)大学；全体, 総体；天地, 万物, 宇宙, 万有。

egyetemben [副] …と一緒に, …と共に；ことごとく, 全部, 一つ残らず, すっかり。

egyetemes [形] 一般の, 全般の, すべての, 全体の；総括的の；世界の, 宇宙の；(哲)普遍的の。

egyetemi [形] 大学の。〔egyetemi tanár, 大学教授。egyetemi hallgató, 大学生。〕

egyetemleg, egyetemlegesen [副] 共同して, 相互扶助によって；(法)連帯で, 連帯責任で。

egyetemleges [形] 共同の, 共通の；連合した；総体の；(法)連帯の, 連帯責任の；相互扶助の。

egyetért [自] (…において…と)一致する, 同意見である, 合意する；了解する, 賛成する。

egyetértés [名] 同上のこと；一致, 団結；融和, 調和；了解, 意思疎通；同意, 合意；承認, 協定。〔bűnös egyetértés, 共謀, 共犯。〕

egyetlen, egyetlenegy [形] 唯一の, 単一の, ひとりの；不可分の。〔egyetlen egyszer, ただ一度。〕

egyéves [形] 一歳の, 一年の；(植)一年生の。〔egyéves önkéntes, 一年志願兵。〕

egyezés [名] 一致和合すること；合意, 折り合い；取り決め, 協約, 協定, 約定。

egyezik [自] (誰と)一致調和する, 同意見である；和合する, 適合する。

egyezkedés [名] 談判, 商議；調停, 協調, 和解, 妥協；示談, 協定。

egyezkedik [自] (…について)談判する, 妥協する, 商議する, 討議する；和解する, 協調する, 示談にする。

egyezmény [名] 条約, 協定, 協約, 約定。

egyező [形] 和合する, 一致する, 調和する；同意見である。

egyezség [名] 歩み寄り。

egyeztet [他] 照合する；(…について)意思のそ通をさせる, 一致・調和させる；解決する, 調停する；(色を)組み合わせる, 配合する；(文)(数・性・格などを)一致させる。

egyeztetés [名] 照合；和解させること, 調停すること；申し合わせ, 協議；(色の)取り合わせ。

egyfajta [形] 同種の；同型の；一様の；均一の；一種類の。

egyfedelű [形] 単一の(平板の)。〔egyfedelű repülőgép, 単葉の飛行機。〕

egyfelé [副] 一方向へ, 同じ方に。

egyféle [形] → egyfajta. 同種・同質・同一の；差別のない。

egyféleképen [副] 同じように, 同じ方法で, 同様に。

egyfelől [副] 一方から, 同じ方から；一面には, 一方では, 一部には。

egyfelvonásos [形] 一幕の(演劇)。[名] (劇)一幕物。

egyfogatú [形] 一頭立の。[名] 一頭立の馬車。

egyfolytában [副] 間断なく, 絶えず；つづけて, 引きつづき, つづけざまに。

egyforma [形] 同形の, 一様の；相等しい, 相合っている；一種類の, 同様の；(比)変化のない, 千篇一律の, 単調の。

egyformán [副] 一様に, 同様に, 変化なく, 千篇一律に。

egyhamar [副] やがて, さっそく, 間もなく；…するや否や, そうそうに, 云々次第。

egyhangú [形] (満場)一致の, 異口同音の；一本調子の, 無変化の, 単調の, 千篇一律の, 退屈な。

egyhangúlag [副] 口をそろえて, 満場一致で；千篇一律に。

egyhangúság [名] 変化のないこと, 単調なこと；千篇一律, 退屈なこと, 全部の意見の一致, 満場一致。

egyház [名] (宗)教会。

egyházi [形] 教会の；宗教上の, 宗規の。〔egyházi átok, 破門。egyházi atya, 教父。egyházi beszéd, 説教, 説法。〕

egyházjog [名] 教会法；教会の権利(特権)。

egyházjogi [形] 教会法の；宗規に適った。

egyházkerület [名] (カトリックの)司教教区；(新教の)教会管区。

egyházközség [名] 教会区民, 教徒組合(員)；教徒共有財産。

egyházmegye [名] (カトリックの)司教管区, 大司教管区；(新教の)監督管区。

egyházpolitika [名] 宗教政策(教会に対する国家の政策)。

egyházszakadás [名] 教会の分離, 離教(分裂), 宗派分裂, 教派分立。

egyháztanács [名] (カトリックの)長老会議(法王の御前会議)；(新教の)公会会議；教会の役員会議。

egyháztörténet [名] 教会史, 宗門史, 宗教史。

egyhetes, egyheti [形] 一週間の，一週の，八日目の。
egyhuzamban [副] 一息に，一度に，一気呵成に；続けざまに，絶えず。
egyidejű [形] 同時間の；同時代の。
egyidejűleg [副] 同時に。
egyidejűség [名] 同時間；同時(性)；同時代であること。
egyidős [形] 同年齢の。
egyik [形] 一の，一人の；(代名詞の場合)たとえば。〔egyik a kettő közül, 二人の中の一人。egyik sem, 誰も…せぬ，…ない。egyikünk, 我々のうちの一人。egyikőtök, お前たちの中の一人。egyikük, 彼らのうちの一人。egyik barátom, 私の友人のうちの一人。〕
Egyiptom [固] エジプト，埃及(国)。
egyiptomi [形] エジプトの。[名] エジプト人。
egyirányú [形] 一方通行の。
egyistenhivő [形] 一神教の。[名] 一神教信者，一神教徒；一神論者。
egykarú [形] 一本腕の，片腕の，隻腕の；(機)単ひじ(臂)の；踊り場のない。
egyke [名] ひとりっ子。
egykedvű [形] 気分の変化のない；おちついた，平気の；むとんじゃくな，無関心な，無情な，冷淡な；あきらめた。
egy-két [形] 一つ二つの，二三の，若干の。
egykettőre [副] またたく間に，手のひらをかえす間もなく，直ちに，即座に。
egykor, egykoron [副] いつか，昔に，以前に，かつて。
egykori [形] 昔の，以前の，いつかの，かつての。
egykorú [形] 同年齢(代)の，同時代の。
egykönnyen [副] 軽く，軽快に，軽やかに，気軽に；軽妙に，軽々しく，浅はかに；容易に，楽々と，たやすく。〔nem egykönnyen, そうたやすくはなく。
egylábú [形] 一本足の，隻脚の，片足の。
egylaki [形] (植)雌雄同株の，雌雄花同生の，両性花の。
egylet [名] 会，協会；団体，結社；組合。
egymaga [副] ひとりで。〔egymagában, 只…のみ；孤独で，全くひとりで，独りぼっちで。〕
egymás [代] 互いに，相互に。〔szeressétek egymást,

互いに愛せよ。egymásba fon, 組み合わせる, 編む。egymásért, 相互のために, 相互に, 連帯的に。egymáshoz, 互いに(向って), 向い合って；相接して, 一緒に。egymás közt, 相互の間で, 親しい間で。egymás mellett, 並んで。egymásnak, 相対して, 相互に。egymásra, 重なり合って；相次いで, 順々に, つづいて。egymásra következő, 一が他に重なりつつ, 連続して, 引きつづいている。egymástól, 相互より, 相互に；互いに分離して, 相分れて, 別々に。egymásról, 互について。egymás után, 相前後して, 相次いで, 順々に, 次々に；つづいて, 連続して, 続々と。〕

egymásután [名] 順番(序)；連続。

egynapi [形] 一日の, 一日間の, 一日限りの(昆虫・花などの)；(比)一時的の, はかない。〔egynapi út, 日帰りの旅行。egynapi járás, 一日の行程。〕

egynapos [形] 一日の, 一日間の, 一日限りの；生れて一日の(赤子)。

egynéhány [形] いくらかの, いくつかの；少数の, 若干の, 二三の。

egynejű [形] 一夫一婦の；(植)一雌ずい(蕊)の。 [名] 一夫一婦主義者。

egynejűség [名] 一夫一婦主義, 一夫一妻制。

egynemű [形] 同種の；同質の；同性の。

egyoldalú [形] 一面の, 一方的な；一個の, 単独の；(法)片務的の；(比)一面的の, 不公平な, 偏ばな。

egyoldalúan [副] 同上で。

egyöntetű [形] 一つ型の鋳造の, 同形の；同様の, 一様の, 均等の；(比)変化のない, 単調な；統一的の。

egypúpú [形] 単峰の, 一瘤(こぶ)の。〔egypúpú teve, 単峰のラクダ(駱駝), 一こぶラクダ, アラビア・ラクダ。〕

egyre [副] 間断なく, たてつづけに, つづけざまに；引きつづいて, 続々；只一つ；(午前または午後の)一時までに(は帰宅する等)。

egyrészt [副] 一面には；一部には；一方では。

egység [名] 一であること；単一性；単位, ユニット；唯一, 一元；統一, 帰一, 合一；一致, 合同；同一, 均一；(兵)(戦術)単位。

egységár [名] 均一価格。

egységes [形] 統一的，帰一的の；共同一致の；完結せる；一様の，均等の。〔egységes valuta, 単一通貨。〕

egységesít [他] 統一する，基準化する，一にまとめる，一致させる，合併する。

egyszarvú [形] 一本の角を持つ，一角獣の。[名] (伝説の)一角獣。

egyszer [副] 一回，一度；一倍；かつて，昔，以前に；将来に，いつか。〔egyetlen egyszer, たった一度。nem egyszer, 一度ならず，度々。〕

egyszeregy [名] (数)九々の表，掛算表。

egyszeres [形] 一度の，一回の；単一な，単純な，簡単な，解り切った。

egyszeri [形] 一度の，一回の；いつかの，昔の，以前の；いつか将来の，この先の，他日の。〔egyszeri cigány mondta, 昔のジプシーは言った。〕

egyszeriben [副] 直ちに，即刻，早く。

egyszer-másszor [副] 折々，時々，しばしば，往々，時とすると。

egyszerre [副] 時を移さず，すぐさま，一度に；突然に，不意に，だしぬけに；同時に。

egyszersmind [副] と同時に，と一緒に，と共に。

egyszerű [形] 単純な，簡単な；分かりやすい；質素な，素ぼくな；偽らざる，率直な。

egyszerűen [副] 簡単に，素ぼくに，率直に。

egyszerűség [名] 簡単，単純；質素，素ぼく。

egyszerűsít [他] 簡単にする，単純化する，簡易化する。

egyszerűsítés [名] 同上のこと。

egyszíkű [形] (植)単子葉の。

egyszínű [形] 一色の，単色の，単彩の；(織物などの)無地の。

egytagú [形] (文)単音節の，単音の，単綴(つづり)の，一つづりの；(数)一項の。

együttal [副] 同時に，一度に；一緒に，共に。

együgyű [形] 単純な，ばか正直な，考えの足らぬ，愚かな，ばかな。

együgyűség [名] 単純なること；愚直，愚鈍，無能。

együtt [副] 共に，一緒に；共同で，協力して；…をも含めて，ひっくるめて，ことごとく，残らずに；…と同時に。〔együtt

vagyunk, われらは全員出席だ，全部そろっている。〕
együttélés [名] 共に暮らすこと；同居(棲)；共同生活，社会生活；(生)共棲。
együttérzés [名] 共感，同感，同情。
együttérző [形] 同感する，同情する。
együttes [形] 共同の，共有の；共通の，合同の；全体の；連帯(責任)の；相互扶助の。〔együttes felelősség, 連帯責任。együttes jegyzék, 共同覚書；(数国の)共同通ちょう(牒)。〕[名] グループ；アンサンブル。
együttesen [副] 共(合)同して，連帯で。
együttható [名] (数)係数。
együttlét [名] 一緒に居ること，同所にあること；共存，共在；同居，同棲。
együttműködés [名] 共に働くこと，協力すること；共に作業すること；協同，協力。
együvé [副] 一緒に，共に；集めて，協力して，ひっくるめて；二つを合わせて。〔együvé tartozik, 対(つい)を成す，組みになっている。〕
egyvágányú [形] (鉄)単線の。
egyveleg [名] 混合；混合物，寄せ集め，ごったまぜ；(本の)雑集，収集，随筆；(音)混成曲，雑曲，雑楽。
éh [名] → éhség. 空腹，飢え。[形] 飢えた，空腹の；渇望の；どん欲の，欲ばりの。
éhen [副] 飢えて；渇望して。〔éhen hal, 餓死する。〕
éhenhalás [名] 餓死すること；餓死。
éhenkórász [名] 飢えに苦しむ者，赤貧者，飢餓者。
éhen-szomjan [副] 飲まず食わずで。
éhes [形] 空腹の，飢えた；渇望している；どん欲な。
ehetetlen [形] 食べられない，食えない；不味な，まずい。
ehető [形] 食べられる，食える，食用に適する，味わえる。
éhezik [自] 空腹である，飢えている；渇望する。
éhező [形] 飢えている。[名] 飢えている人。
éheztet [他] 飢えさせる，食べさせないでおく，ひもじい思いをさせる，空腹にする。
éhgyomorra [副] 空腹に，空の胃に，空腹のとき。
éhhalál [名] 餓死。
ehhez [代] これに，これに対し。〔mit szól ehhez?, これについてどう思いますか。ehhez képest, これに比較して。〕

éhinség [名] はげしい飢え；飢きん，食料の欠乏。
éhség [名] 飢え，空腹；飢きん。
ej! [間] (驚きの声)おや!，えっ!；(注意を促す声)おい!，これ!，こら!
éj [名] 夜，夜間。
éjente [副] 毎夜，夜ごとに；夜に，夜間。
éjfél [名] 深夜，真夜中，夜半。〔éjfélkor, 真夜中に。éjfétájban, 夜半に。〕
éjféli [形] 同上の。〔éjféli mise, 夜半のミサ，クリスマス早朝の勤行。éjféli óra, 夜半時，丑三時。〕
éji [形] → éjjeli.
éjjel [副] 夜に，夜分に。〔késő éjjel, 深更に，夜ふけて。tegnap éjjel, 昨夜。〕[名] 夜，夜間。
éjjelenként, éjjelenkint [副] → éjenként.
éjjeli [形] 夜の，夜間の；(比)夜陰の，暗黒の。〔éjjeli munka, 夜業；夜の勉強。éjjeli őr, 夜番人，夜回り，夜警。〕
éjjel-nappal [副] 昼夜。
ejnye! [間] おや!，これはこれは!，さてさて!，あらまあ!，おやおや!
éjszaka [名] 夜。[副] 夜に。〔jó éjszakát kívánok!, おやすみなさい! éjszakánként, 夜毎に，毎晩；夜に，夜分に。〕
éjszakai [形] 夜の，夜間の；夜陰の。
éjszakázás [名] 夜ふかしすること；夜遊びすること，夜あるき；徹夜・不寝番・見張りなどをすること。
éjszakázik [自] 夜を明かす，徹夜する；夜なべをする，夜業をする；(夜通し)見張りをする，監視する；夜おそくまで勉強する；一夜を騒いで過ごす；夜を過ごす。
ejt [他] (…を地上に)落とす；(涙を)流す；(動物を)倒す，殺す；(…に傷を)負わせる，被らせる；(…に侮辱を)加える；(過失を)行う，犯す；(…を考えに)沈ませる，考えこませる；(…を心配に)沈下させる；(…を心の動揺に)おとしいれる，恐怖させる；(…を危険に)おとしいれる；(…の手段・方法を)見出す，考え出す，思い付く；(…を途中に)待ち伏せる；(言葉や音を)発する。〔foglyul ejt, 捕虜にする。hibát ejt, 間違いをする，過失を犯す。könnyeket ejt, 涙を流す。〕
ejtőernyő [名] パラシュート，落下傘。

ék¹ [名] → ékesség.
ék² [名] 楔(くさび), 割りくさび, キー。
eke (目 ekét) [名] (農)すき(鋤, 犁)。
ékel [他] くさびを打ちこむ；くさび止めにする；(印)(組版を)くさびで締める。
ékes¹ [形] 美しい, 飾りたてた；優美な, はでやかな, いきな。
ékes² [形] くさびのついている。
ékesít [他] (着)飾る, 装飾する, 装う；麗しくする, 美化する。
ékeskedik [自] きらきらする, きらびやかである, 輝く；みごとである, 立派である；美を誇る, 誇示する, 見せびらかす, 人の注意をひく；クジャクが尾を広げる, 得意になる。
ékesség [名] 飾り, 装飾, デコレーション；誉れ；飾り物, 装飾品, 装身具。
ékesszólás [名] 美辞麗句を用いること；雄弁, 能弁；雄弁術。
ékesszóló [形] 能弁な, 雄弁な。
ekevas [名] スキの刃(は), 犁頭(リトウ, スキガシラ)。
ékezet [名] (文)長母音´や˜, ¨などの記号。字上符。
ékírás [名] 楔形文字。
ekként, ekkép pen [副] この方法で, こういう風に, この通りに, このように, (まさに)かくの如く。
ekkor [副] この時；当時, その時。
ekkora [形] この位の, これ位の, これほどの, こんな大きさの。
ékkő¹ [名] 宝石。
ékkő² [名] (建)要石(かなめいし)；迫石(せりいし)。
eklézsia (目 eklézsiát) [名] (プロテスタントの)教会区；教会区民, 教徒組合；寺院管区(民)。
ékszer [名] 高価な装飾品, 宝石の飾り, 金銀の装身具。
ékszerész [名] 宝石細工師；宝石商人。
éktelen [形] みにくい, ぶかっこうの, 奇形の；節度のない, 粗野な；甚だしい, ひどい, 法外な。
el [副] あっちへ, 離れて, 去って, 彼方へ；あっちへ行け！, 去れ！, のけろ！, 失せろ！〔el innen！, ここから失せろ！〕
él¹ [名] 角, 稜(かど)；刃, 刃先；尖端；(比)要点, 眼目, 核心；(冗談などの)急所, 落ち；(事物の)縁(ふち), へり, はし；(顔の)プロフィール, 横顔。〔élén áll, 先頭に立っている, 前に立つ, (…の)長・頭である。élére áll, 先頭に

立つ，指揮を担当する。élére állít vmit, 極端にまで押し進める，極端にまでやる。élére ver a pénzt, (金を)取っておく，ためる，貯金する。〕

él² [自] [他] 生きる；存在する；暮らす；利用する，使用する；従事する。〔vmivel él, 何を利用する，使用する。élve, 生きていて，生き生きして，現存して；活発に，活動的に，活気よく。〕

elad [他] 手放す，譲り渡す；売る，販売する，小売りする。

eladás [名] 手放すこと，譲り渡すこと，売ること；譲渡，売却，販売；小売り。

eladási [形] 同上の。〔eladási ár, 売り値，販売代価，売価。〕

eladható [形] 売ることのできる，売れる；(比)買収し得る，賄賂(わいろ)の利く。

eladó [形] 売るべき，売物の；(比)結婚適齢の，年ごろの(娘)。[名] 販売者，売手，店員；小売商。

eladósodik [自] 負債を作る；借金のふちに沈む，負債で動きがとれなくなる。

elágazás [名] 分枝；分岐；支流；支派，分派；(鉄)支線。

elágazik [自] 枝を出す，分枝する；(道が)分岐する；分派する；(意見が)分かれる，離れる。

elaggott [形] 年寄った，老いた，高齢の，老い衰えた。

elagyabugyál [他] 打ちのめす，なぐる，殴打する，乱打する。

elajándékoz [他] 贈る，差し上げる；進呈する，プレゼントする。

elájul [自] 気が遠くなる，気絶する，人事不省となる，失神する。

elakad [自] 中断する，引っ掛かる，停滞する；(交通が)途絶する；(言葉が)詰まる；(車がぬかるみに)はまる，ささったままである，立ち往生する。

elalél [自] → elájul.

eláll [自] (雨が)止む；(風が)静まる，なぐ；(果物の)持ちがよい，腐敗せぬ；(息が)切れる；(驚いて)口をあんぐり開ける；(話の本筋から)それる，離れる，脱線する；(意図を)あきらめる；(権利を)放棄する。[他] (誰の道を)さえぎる，邪魔する。〔elállt tervétől, 彼はその計画を放棄した。elállt a lélegzete, 彼の息が切れた。elállt a szeme-szája, 彼はぼうぜんとして目と口をあんぐり開け放した。]

elállás [名]（…から）離れ・孤立していること；放棄・中止・中断・断念すること；背信・違約すること；(訴えの)取り下げ；(機械の)停止；(道路の)通行止め。

elállít [他]（出血・機械を）止める，制止する，妨げる，阻止する；除ける，移す，置きかえる；(騒ぎを)静める，沈黙させる。

elálmélkodik [自]（…に）考え込む；驚く，びっくりする，怪しむ；目を見張る。

elálmodozik [自] 夢をみる；空想にふける，夢心地である，ぼんやりしている。

elálmosodik [自] 眠くなる，眠気を催す，居眠りする，うたた寝する。

elalszik [自] 寝つく，寝入る；(比)眠るが如く死す；絶える，消える(ローソクなど)。[他] 寝すごして遅刻する，寝て時をすごす。

elaltat [他] 寝つかせる，眠らせる；(比)麻酔をかける；和らげる。

elaltatás [名] 寝入らすこと；(比)気休めを言うこと，なだめること；(苦痛を)和らげること；催眠させること，麻酔をかけること。

elalvás [名] (人が)寝入ること；(光・火が)消滅すること，消えること。

elámít [他] 目をくらます；迷わす，だます，惑わす，欺く，たぶらかす；驚かす。

elámul [自]（…に）驚く，あきれる，びっくりする，驚がくする，あんぐり開口する(驚いて)。

elandalít [他] → andalít. 幻想にふけさせる。

elandalodik [自] 考えに沈む，思いに沈む；空想にふける，めい想に沈む。

elannyira [副] こんな風に，このように，こんなにも。

elapad [自] 涸(か)れる，干上がる，尽きる，たえる；(比)弱る，衰える，衰退する。

elapróz [他] 細かくする，小分けにする，こま切れにする，切り刻む。

eláraszt [他] 水浸しにする，みなぎらせる，あふれさせる，はん濫させる。

elárul [他] 売る, 売りつける；裏切る, 背く, 謀反する, 秘密をもらす；(法)告発する, 告訴する。
elárulás [名] 裏切ること；謀反, 背信, 不信義。
elárusít [他] 販売する, 小売する, 売る。
elárusító [名] 販売人, 小売人；売子, 店員；小売商。
elárverez [他] 競売する。
elárverezés [名] 競売すること；競売。
elárvul [自] 孤児になる；(比)(世間から)見捨てられる, 放棄される, 孤立する。
elárvult [形] 孤児となった；孤立した, 見捨てられた；寂しい。
elás [他] 埋め隠す, 埋蔵する, 埋める。
elaszik [自] ひからびる, 枯死する, ひ上がる；(比)やせる；尽きる。
elátkoz [他] のろう, 呪詛(じゅそ)する。
elátkozott [形] のろわれた, 呪詛された；いまわしい, いやな。
elavul [自] 古くなる；役に立たなくなる, 不用になる；(比)時勢(流行)に遅れる, すたれる。
elavult [形] 役に立たない, 通用しない；流行遅れの, すたれた；(法)時効にかかった。
elázik [自] びしょぬれる, ぬれてぐちゃぐちゃになる；雨で無効になる；(比)微酔する, 酒に酔う。
elázott [形] びしょぬれの；(比)酔っぱらった。
eláztat [他] すっかりぬらす, 浸しすぎて台無しにする；(比)泥酔させる；そしる, あしざまに言う, けなす, くさす, 悪し様にいう；(雨が)無効にする。
elbágyad [自] 疲れる, ぐったりする, くたびれる；衰える, 弱る, 無気力になる。
elbágyaszt [他] 疲労させる, 衰弱させる, 弱らせる；うませる, あきさせる。
elbájol [他] 魔力で支配する, 魔法にかける；(比)うっとりさせる, 魅了する；心を奪う, ほれぼれさせる, 狂喜させる。
elbámészkodik [自] (…に)見ほれる；(…に)ほれこむ；口を開けて見とれる, 驚嘆する。
elbánás [名] あしらうこと；処理, 処置；取扱, 待遇。
elbánik [自] あしらう, 取扱う, 処理する, 待遇する；(誰を)制御する, やっつける, 意のままにする。〔vkivel elbánik, (…を)取扱う；始末する, やっつける, 処理する。〕

elbátortalanodik [自] 気力(勇気)を失う；落胆する，失望する。

elbeszél [他] 詳しく述べる，話をする。

elbeszélés [名] 話すこと；話，説話，物語。

elbeszélget [自] 雑談する，よもやまの話をする，昔話をする；楽しく語り合う。

elbeszélő [形] 物語風の，叙事体の。[名] 物語る人，話し家，講談師；物語作家，小説家。

elbír [他] → elvisel. 携え得る，担い得る，選びうる；(比)耐え忍ぶ，持ちこたえる，しんぼうする；(…に)打ち克つ；支える，保つ(何を)。〔ő két mázsát elbír, 彼は 200 キロを運ぶことができる。〕

elbírál [他] 批判する，判断する；審判する，裁判する；評価する。

elbírálás [名] 批判，判断；審判，裁判；評価。

elbíz [他] 〔elbízza magát, うぬぼれる。〕

elbizakodás [名] 自慢すること；自負，うぬぼれ；不そん，心おごること。

elbizakodott [形] 自負した，うぬぼれた，高慢ちきの，尊大な。

elbocsát [他] ゆるめる，解放する，去らせる；解雇する，免職する，暇をやる；解除する，除隊する。

elbocsátás [名] 同上のこと；解雇，免職；除隊，免役。

elbódít [他] 麻痺させる，無感覚にする，知覚を失わせる，しびれさせる；(比)失神させる，心を奪う，目をくらます。

elbolondít [他] 愚ろうする，あざむく；惑わす，迷わす，だます；(女を)口説きおとす，口車に乗せる。

elborít [他] おおい始める；包む，かぶせる，掛ける；敷く；(比)(…の上に)みなぎらせる，あふれさせる。

elborul [自] おおわれる；曇る，暗くなる；(比)(精神が)もうろうとする，不明瞭になる，散乱する。

elborzad [自] → borzad. びっくりする，がく然とする，身ぶるいする。

elbődül [自] (野獣が)ほえる，うなる；なく；とどろく。

elbúcsúzik [自] 別れを告げる，告別する，いとまごいする，辞去する。

elbúcsúztat [他] → búcsúztat. (死者を)見送る，(弔辞をもって)別れを告げる；(田舎で)死者に告別の歌を唱え

る。

elbujdosik [自] 亡命する，遠隔の地へ去る，海外へ去る，流浪する。

elbújik [自] (…へ)はい隠れる，逃げ隠れる，もぐりこむ。

elbújtat [他] (…を)隠す，しまう；秘する。

elbukik [自] つまずく，ころぶ；落ちる，落第する；落選する，失敗する；(比)堕落する，不品行をする。

elbuktat [他] ひっくり返す，くつがえす，突き落とす；零落させる；落第させる(試験に)。

elbutít [他] 愚かにする，愚鈍にする，無知にする。

elbutul [自] 愚かになる，ばかになる。

elbűvöl [他] 魔法にかける，妖術(ようじゅつ)をかける；魅する，魅惑する，化かす。

elbűvölő [形] うっとりさせる，魂を奪う，魅力ある。[名] 魔法使い，妖術師。

élc [名] 機知，とんち，才知，かしこいこと；冗談，しゃれ，ふざけ，こっけい。

élcelődik [自] とんちをいう，しゃれをいう；からかう，皮肉をいう。

elcipel [他] 引きずる，引きずり行く，引っぱり出す。

elcsábít [他] 誘惑する，堕落させる；(邪道に)誘う，そそのかす。

elcsal [他] (邪道に)誘い出す，おびき出す；(誰から何を)かたり取る，詐取する；(顧客を)奪い取る。

elcsap [他] 一撃のもとに切り殺す；(その場所から)追い出す，追い払う；(比)解雇する，暇を出す；ゆるめる，ゆるやかにする；(打撃を)避ける；遠くへ投げる。

elcsavar [他] ねじ違える，ねじをゆがめる，ねじ曲げる(ガス・水道などの口を)；(比)こじつける，曲解する。

elcsen [他] (…から…を)ちょろまかす，ちょいと失敬する，くすねる；こっそり持ち去る，万引きする，すり取る，盗む。

elcsendesedik, elcsendesül [自] (風などが)静まる，なぐ；静かになる，(比)落ちつく，おさまる，安心させる。

elcsendesít [他] 静める，和らげる；なだめる，すかす，安心させる。

elcsépelt [形] 言い古された，陳腐の，常とう的な，ありふれた，空疎な。

elcserél [他] 取り替える，交換する，交易する；(比)取りち

がえる，混同する，思い違える。
elcseveg [他] おしゃべりして時を過ごす，雑談にまぎれて(…を)忘れる(又は怠る)。[自] 雑談に時を過ごす，うっかり秘密をしゃべる，口をすべらす。
elcsigáz [他] 散々に苦しめる；疲れさせる，散々骨折らせる，むだ骨を折らせる；使い過ぎる，使いへらす。
elcsigázott [形] 使いすぎた；疲れきった。
elcsinál [他] → elvégez. 処理する；整とんする，きちんとする；(争いを)片付ける，始末をつける，落着させる，調停する；内密に片付ける；取りつくろう；妊娠中絶をする。
elcsíp [他] 引っ捕える，捕縛する；無理に取る，奪い取る，ひったくる；巻き上げる，横取り(横領)する，つまみ取る。
elcsitít [他] → elcsendesít. 静める，和らげる；だまらせる，沈黙させる；抑制する。
elcsodálkozik [自] 驚く，あきれる；驚異・驚嘆する；奇怪に思う，不思議に思う。
elcsúfít [他] 醜くする，ぶかっこうにする，形を損ずる，ゆがめる。
elcsuk [他] しまいこむ，閉じこめる，押しこめる；閉そくする，幽閉する，監禁する；しゃ断する。
elcsúszik [自] ずれる，滑る；滑って踏みはずす，足を滑らす；(比)紛れる；堕落する。
elcsügged [自] → csügged. 気落ちする，ひるむ；意気消沈する，落胆する；絶望する，失望する。
elcsüggeszt [他] 元気を失わせる，意気を阻喪させる，落胆させる。
eldalol [他] (…に…を)歌って聞かせる；(…の)歌い方を教える；ばく然と歌う；(機械的に)朗吟する。
éldegél [自] つましく暮らしている；のんきに生を過ごす，安らかに暮らす。
eldicsekedik [自] (何を)見せびらかす，誇示する，得意がる，自慢する，ほこる，威張る，見栄を張る(…で)。
eldob [他] (遠方へ)投げ捨てる，放棄する；捨てる；(比)投げ出す。
eldől [自] 倒れる，転覆する，くずれる；(事件が)決定的となる，決定される，決まる。
eldönget [他] なぐる，打ちのめす，強打する，乱打する。
eldönt [他] (事件を)決定する，解決する；(法)裁決する，

eldöntetlen 184

判決を下す；決心する；(兵)戦を決する；押し倒す，突き倒す，転覆させる。

eldöntetlen [形] 決定しない，未決定の；決心のつかない；勝敗の決しない，決着のつかない。

eldöntő [形] 決定的の，最終的の；断固たる，危機一髪の。

eldördül [自] (火器が)爆発する，発火する，発射される；(爆弾が)破裂する。

eldug [他] (何をどこへ)押しこむ，突きこむ；しまいこむ；隠す，秘す，おおう；左遷する，飛ばす。

eldugott [形] 人里離れた。

eldugul [自] ふさがる，つまる，さえぎられる。

eldurran [自] (銃器が)鳴り響く；発火する，爆発する，発射する。

eldurvul [自] 野卑になる，粗暴になる；(手などが)荒れる。

elé [後][副] …の前へ，前の方へ，前方へ，先へ；(中から)外へ，表へ。〔az ajtó elé, ドアの前へ。a törvényszék elé idéz, 法廷へ召喚する。〕

elébe [副] …の前へ，前方に；の方へ，に向かって；の出迎えに；(時)以前に，前に。〔elémbe állt, 私の前に立った。〕

éled [自] 生き返る，よみがえる，そ生する；元気づく，活気づく。

eleddig [副] これまで，今まで。

eledel [名] 栄養分，滋養品(物)；飲食物，たべもの；一人前の食料。〔sovány eledel, 貧弱な食事。〕

éledezik [自] (次第に)生き返る，元気づく，そ生する，復活する，よみがえる；(比)復興・回復する。

elefánt [名] (動)象(ゾウ)。

elefántagyar [名] 象の牙(きば)；ぞうげ。

elefántcsont [名] 象の骨(象牙)；ぞうげ細工。〔elefántcsontból való,ぞうげの。〕

elég¹ [自] 燃える，焼ける；焼失する，灰になる；焼け死ぬ；(比)尽きる。

elég² (目 eleget) [形] 十分の，沢山の，不足ない，申し分ない；間に合う，足りる。[名] 同上のこと。[副] 足りて，十分に，存分に，満足して。〔elég szép, かなり美しい。elég pénzünk van, 我々は十分金を持っている。elég későn jössz, 君はかなり遅れて来る。〕

elegancia [名] 優美(雅)，典雅，高雅；上品，粋，きゃしゃ。

elegáns [形] 優美(雅)な；上品な，粋な。

elégedetlen [形] 飽き足らない，不満足な，不満の，不平の。

elégedetlenség [名] 不満足，不満，不平。

elégedett [形] 満足している，喜んでいる，楽しんでいる；節制ある。

elégedettség [名] 満足；喜悦，幸福。

elegen [副] 相当に，かなりに；十分に，存分に。〔elegen figyelmeztették, 彼らは相当に誉められた。〕

elegendő [形] → elég.² 十分な，不足なき；足るを知る。

eléget [他] 焼き尽くす；(肉を)焼く，焦がす；火傷させる；焼却する；火葬にする，灰にする。

eléggé [副] 不足なく，十分に。

elégia [名] (詩学)対連の詩形；哀歌，哀詩，挽歌(ばんか)。

elégséges [形] → elegendő. 足りる，間に合う，満足の；(学校などの成績の)可の。

elégszer [副] かなりしばしば，たびたび。

elégtelen [形] 不十分の，不足の，乏しい；(成績の)不可の，落第の。

elégtelenség [名] 同上のこと。

elégtétel [名] (相手に)満足を与えること；補償，賠償，つぐない；(侮辱に対し)名誉を回復させること；(カトリック教におけるザンゲの後の)あがない，贖罪(しょくざい)，謝罪，苦業。〔elégtételt ad, 満足を与える，賠償をする；名誉回復(すなわち決闘)の要求に応ずる。〕

elegy [形] 混合せられた，まじり気のある，雑多の。[名] 寄せ集め，混合物。

elegyedik [自] (何に)まじる，まざる，混入する；(…との話に)口出しする，言葉をはさむ；(…との論争に)干渉する，介入する，おせっかいする，関わり合いになる。

elegyes [形] 混合した，雑多の，種々の。〔elegyes gabona, 小麦とライ麦との混合飼料。〕

elegyít [他] まぜる，混合する；混和する，調合する；(比)介入する，干渉する，関わり合う。〔mások dolgába elegyíti magát, 他人のことに関わり合う，介入する。〕

eleim (eleid, elei, eleink, eleitek, eleik) [名]
(複) わが(君の, 彼の, 我々の, 君らの, 彼らの)祖先たち。
eleinte [副] 第一に, 初めに；真っ先に, 最初に。
eleje (目 elejét) [名] …の前部；前面, 正面, 表；(牛の)胸の肉；初め, 最初, 始まり；初期, 開始；起源。〔tél elején, 冬の初めに。elejét vesz, 先んずる；先回りする；予防する。elejétől fogva, 最初から。elejétől végig, 初めから終りまで。〕
elejt [他] (物を地上へ)落とす；(一語を)もらす；(野獣を)殺す, たおす；(議案を)握りつぶす；(告訴を)取り下げる。
elektroencefalgram [名] 脳波(＝EEG)。
elektrokardiogram [名] 心電図(＝EKG)。
elektromágneses [形] (物)電磁気の, 電磁的の, 電磁石の。
elektromos [形] 電気の；電気性の, 電気を帯びた。
elektromosság [名] → villanyosság. 電気。
elektron [名] (理)電子, 電素。
elektrotechnika [名] 電子工学。
elél [自] 生計を立てている；生きつづける, 生きのびる；(…で)間に合う, 済ます。
élelem (目 élelmet) [名] 養分, 滋養物, 栄養物；食料品, 糧食, 食料。
élelmes [形] 器用な, 利口な；実用的な, 巧妙な；如才のない。
élelmesség [名] 実用的な才能；巧妙なること；如才ないこと。
élelmez [他] 食事の世話をする, まかなう, 糧食を供給する, 給養する。
élelmezés [名] 食事の世話をすること；賄(まかない), 食糧供給；給養, 扶養；飼畜。
élelmiszer [名] 食料品。
elem [名] 元素；要素, 成分；生活必要物；(学術の)原理, 初歩, 入門；電池, 電そう(槽)。〔elemében van, 彼は得意の境がい(涯)にいる, お手のものだ。elemek, 四大元素(水, 火, 土, 空気)。〕
élemedett [形] 年をとった, 年老いた。
elemészt [他] 食い尽くす, 飲み尽くす；吸収する, 吸い込む；消費する, 消耗する, 無くする；(火が)焼き尽くす；(比)

elered

絶やす, 根絶する, せん滅する。〔magát elemészt, 自殺する。〕

elemez [他] 分解する, 分析する；解明する；読解する；(数)解析する。

elemi [形] 原始の；自然力の, 不可抗力の；元素の, 原子の；元の, 始めの；初歩の, 原理の。〔elemi csapás, 暴風雨の害。elemi iskola, 小学校。elemi oktatás, 小学校教育。〕

elemista [名] 小学生, 小学児童。

elemzés [名] 分解, 分析；解体, 解剖；解明；(数)解析。

elemző [形] 分析的, 分解的；解明的。

elénekel [他] ばく然と歌い, (機械的に)暗誦(朗吟)する；歌って聞かせる。

elenged [他] → elbocsát. 手離す；行かせる；暇をやる, 罷免する, 解雇する；(罪を)免ずる；減価する, 割引する。

elengedés [名] 免ずること, 寛大にゆるすこと, ゆうじょ, 緩和, 免除；(要求の)軽減；(商)減価, 割引；(宗)免罰。

elengedhetetlen [形] 免除し得ない, 許しがたい；欠くべからざる, なしで済まない, 絶対に必要な。

élénk [形] 生き生きした, 活発な, 元気な, 活気ある, 快活な；盛んな, 繁華な, にぎやかな(町など)。

élénken [副] 生き生きして, 元気で, 活発に；にぎやかに。

élénkít [他] 生気を与える, 生き返らせる, 活気づける, 鼓舞する, 激励する。

élénkség [名] 生き生きした(元気のよい)こと；活発, 快活；にぎやかなこと。

élénkül [自] 活気(元気)づく, 活発になる；盛んになる, にぎやかになる；(比)そ生する, 復興する。

elenyészik [自] 消える, 消失する, 無くなる；(色が)鈍くなる, ぽやける, さめる；(比)姿を消す, 逃亡する。

elenyésző [形] 消えんとする, あるかなきかの微小の；最後の, 最下の, 最低の。

eleped [自] (…に焦れて)やつれる, やせおとろえる；(恋に)思い悩む；(暑さ・渇き・飢えに)衰弱する, 尽きる, 身を滅ぼす。

elér [他] (努力して目的を)達成する；(…に)追い付く；(高齢に)達する；(手が)届く；(どこに)着く；(成果を)獲得する。[自] (…に)達する, 着く, 到達する。

elered [自] (涙など)こぼれ出る, 流れ出る。〔elered az

orra vére, 鼻血が出る。〕

ereszt [他] 放す, 放任する；放免する, 解放する；(比)(感情を)もらす, ゆるめる。

elérhetetlen [形] 到達しがたい, 及びがたい；遂げられない；得がたい；手の届かない。

elérhető [形] 到達し得る, 手の届く, 得ることの出来る；近寄れる, 接近し易い；(に)追い付ける。

elérkezik [自] (に)近づく, 来る；届く, 着く, 到達する。〔elérkezett az ideje, 時はまさに来た。〕

elernyeszt [他] 元気を失わせる, 無気力にする；弱らせる, 疲労させる；だらけさせる, なえさせる。

elerőtlenedik [自] 力を失う, 弱まる, 疲れる；元気がなくなる。

elerőtlenít [他] …の力をそぐ, 弱らせる, 元気をそぐ, 衰弱させる。

elért [他] 聞き分ける, よく理解する, 悟る, 分かる；(を)認める, 気付く；誤解する。

elértéktelenedik [自] 価値が下がる, 価値を失う, 無価値になる；(比)(互いに)けなし合う, くさし合う。

elérzékenyedik, elérzékenyül [自] 心に触れる, 動かされる, 感動する；(感涙を)催す。

éles [形] するどい, 鋭利な, とがった；(痛みなど)はげしい, 刺すような, ピリッとする；激しい(風)；金切り(声)；(比)辛らつな, 皮肉な。

élés [名] 生活, 暮らし, 生活ぶり；食料(糧), 口糧；食料の貯え；(…の)利用, 使用, 適用。

élesedik [自] 鋭くなる, 鋭利になる, とがる；(比)烈しくなる, 先鋭化する, (事態が)ひっ迫する, 極端化する。

eleség [名] 食料, 糧食；(家畜の)飼料；(兵)糧まつ。

éleselméjűség [名] 敏感, 明敏, 聡明, 機敏, 利発。

élesen [副] 鋭く, はげしく；かみつくように；刺すように, ピリッと。

elesett [形] 弱った；不運な。[名] 戦死者；不運な人。

elesik [自] 倒れる, くずれる, 崩壊する；転ぶ；(戦場で)たおれる, 戦死する；(要さいが)陥落する；脱落する, 落ち去る；(休暇が)中止になる, 取りやめになる。

élesít [他] 刃をつける, 切っ先をつける, とがらす, 鋭くする, 研ぐ。

éléskamra (目 éléskamrát) [名] 食物貯蔵室, 食料品室。

éleslátás [名] 鋭い眼光；けい眼, どう察力, 明察(敏), 聰明。

éleslátású [形] 同上の。

élesség [名] 鋭いこと, 鋭利, 先鋭；鋭敏, 明敏, かしこさ；(比) 皮肉な言葉, 辛らつ, 毒舌；辛い物, 辛味(からみ)；厳しさ, 烈しさ, 激烈；(対照の) あざやかさ；(語勢・調子の) 鮮明さ；(黒板の) 明白さ。

élestár [名] → éléskamra. 糧食庫。

éleszt [他] 生気を与える, 生かす, 活気づける, 鼓舞する；(火を) 起こす；(灯を) ともす；(比) (感情を) あおる, たきつける, ちょう発する。

élesztés [名] そ生させること；鼓舞激励；燃やすこと；助長すること；ちょう発, 扇動。

élesztő [形] 元気づける, 活気づける。[名] 酵素, 酵母, こうじ, パン種。

élet [名] 生活, 生存, 生涯；人生, 人命, 生命, 命；現実の生計, 生活費；現実；活力；穀物, 麦。〔életbe lép, 効力を生ずる；実施される。életbe léptet, 有効ならしめる, 効力を生ぜしめる；実施する。életben hagy, 効力をあらしめる, 生かしておく。életben marad, 効力がある；生存している, 生きている。életemben, わが生涯において, わが一生涯に。életére tör, (誰の) 命をねらう。életrehalálra, 生死を賭(と)して。életre kelt, 覚せいさせる；そ生させる。élettől duzzadó, 活気のあふれた, 生き生きした, 活発な。〕

életbelépés [名] (法律などの) 効力を生ずること；効力発生, 施行。

életbeléptetés [名] 有効ならしめること；実施, 実行。

életbevágó [形] 生死に関する；決定 (最終) 的な, 断固たる, 危機一髪の；すこぶる重要な, 急所の。

életbiztosítás [名] 生命保険。

életbölcseség [名] 世才に長けたこと, 世渡りの上手なこと；人生知, 処世術, 処世哲学；(哲) 生の哲学。

életcél [名] 人生の目標, 生涯の目的。

életerő [名] 生活力, 精力；活気, 元気。

életerős [形] 生活力のある, 生活力の盛んな；精力ある, 元

életfeltétel [名] 生活条件, 生存条件。
életfenntartás [名] 暮し, 生活, 生計；生活費。
életfogytig, életfogytiglan [副] 死ぬまで, 終身, 終生, 一生。
életfolyamat [名] 生活過程, 人生行路, 履歴；生活機能, 生活作用。
élethalálharc [名] 死物狂いの戦い, 生死の闘い, 存亡の戦い, 決戦。
élethossziglan [副] 一生, 一生涯, 終身。
élethű [形] 生き写しの, 写実(生)の, 真実の, 真に迫った。
életjáradék [名] 終身年金, 終身恩給。
életjel [名] 生きている印, 生きている兆候。
életkedv [名] 生への愛着, 生命欲；生活欲, 人生の快楽。
életkép [名] 風俗画, 世態画, 浮世絵；(文学)性格描写, 時代(風俗)描写。
életképes [形] 生活力のある；(新生児などの)生存し得る；耐久性の, 永続性の。
életkor [名] 年齢, 年輩。〔magas életkor, 老年期。〕
életlen [形] 鈍くなった, 切れない, とがらない；(比)鋭くない。
életmentés [名] 人命を救うこと；人命救助。
életmentő [名] 人命救助者, 救難者；海難救助者。
életmód [名] 生活ぶり, 生活方法, 生活様式, 生活習慣。
életmű [名] 生涯の総作品, ライフワーク。
életműködés [名] 生命のからくり(仕掛け・機構・器官)；有機体, 生物体。
életnagyság [名] 自然大, 実物大, 等身。
életnagyságú [形] 実物大の, 等身の。〔életnagyságú kép, 実物大の絵。〕
életösztön [名] 生活本能, 生存欲, 生活力。
életpálya [名] 人生の行路, 人生の発展過程；生涯の経歴(履歴)；職業, 専業。
életrajz [名] 伝記。
életrajzi [形] 伝記の。
életrajzíró [名] 伝記作者(家)。
életrevaló [形] 生活力のある, 生活力の強い, 生存力のあ

る；役にたつ，実際的な，手腕のある；耐久性のある。
életrevalóság [名] 同上のこと；処世上手，世才に長けたこと；処世の道，世渡りの道；生活力，活気(力)，生育可能。
életszínvonal [名] 生活水準。
élettan [名] 生物学；生命論。
élettárs [名] 生涯の伴侶。
élettartam [名] 生存期間，寿命。
élettelen [形] 生命のない，死んだ，無意識の；生気のない，活気のない，ぼんやりした(目など)；(商)沈滞した，不況の。
élettörténet [名] 伝記，評伝。
életunt [形] 生活に疲れた，生活にあきた，世を嫌った，えん世的。[名] えん世家。
életveszedelem, életveszély [名] 生命の危険。
életveszélyes [形] 生命にかかわる，生命の危険がある；命のあぶない，命がけの；危篤の。
életveszélyesen [副] 生命にかけて，命がけで。
életvidám [形] 生の喜びに満ちた，朗らかな，快活な，陽気な，楽天的な。
eleve [副] 前もって，あらかじめ；元々，元来。
eleven [形] 生きている，生命ある；活気ある，発剌たる，生き生きとした，元気のよい；鮮やかな，にぎやかな。〔eleven erő, (肉体的な)活力，生きている力，生活力。〕
elevenedik [自] 生き生きとする，活気づく；よみがえる，そ生する；にぎやかになる。
elevenen [副] 生き生きして，活気づいて；元気よく；にぎやかに。
elevenség [名] 生き生きとした(元気ある・活気ある・発剌たる)こと；すばしこいこと。
elévül [自] 年月を経て古くなる；(法)時効にかかって消滅する(失効する)。
elévülés [名] 年月を経ること，年寄ること，古くなること；(法)時効にかかって消滅すること(権利などが)。
elévülhetetlen [形] (法)時効にかからない；不滅の，不死の。
elévült [形] 年功を経た；(法)時効にかかった，時効によって得た。
elfacsarodik [自] 身体を締める，ひもで縛られる，ひもでく

くられる；ねじ曲げられる；(比)胸を締めつけられる, 痛められる。〔elfacsarodik az ember szíve, 人の胸が痛む(締めつけられる)。〕

elfagy [自] 凍える, 氷結する；霜枯する；凍え上がる, 凍傷する；寒さに苦しむ；凍えて死ぬ。

elfagyott [形] 凍死した；凍傷にかかった；(手足などの)かじかんだ。

elfajul [自] 変性・変種・変質する；悪化する, たい廃する, 退化する, 堕落する；(病気の)高進する。

elfajulás [名] 同上すること。

elfárad [自] 疲れる, くたびれる, 疲労する；出かける。

elfáraszt [他] 疲れさせる；(比)うるさがらせる, 煩わす；苦しめる, 悩ます。

elfásul [自] 無感覚になる, 鈍くなる。

elfásulás [名] 無感覚(無神経・鈍感)になること。

elfásult [形] 鈍感になった, 鈍らされた；無感覚の, 無神経の；(比)興味を失った, 冷淡な。

elfecseg [他] (秘密を)うっかり漏らす, しゃべりもらす, 口を滑らす；しゃべって時を過ごす。

elfecsérel [他] (精力を)浪費する, 乱費する, むだ骨を折る；(財産を)とう尽する, つかいつくす；(時を)徒費する。

elfed [他] おおう, 蓋をする；(比)隠す, 秘す；(兵)隠ぺいする, しゃへいする。

elfehéredik [自] 青くなる, 白くなる, 血色が悪くなる；色があせる。

elfekszik [自] 横になっている, ふせっている；置いてある；(日が)暮れる；(書類の中に)埋もれている；就寝する；(商)(売れずに)倉庫に眠っている。

elfelejt [他] (…を)忘れる, 忘却する, 失念する；脱漏する, なおざりにする。

elfenekel [他] (手のひら又はひらたい物で)たたく, なぐる；(ことに)尻(しり)を打つ。

elfér [自] (…に)場所(席)がある, 入れる, 入場できる。

elferdít [他] ねじ違える, 曲げる, ゆがめる；(比)むりにこじつける, 歪曲(わいきょく)する；ぶかっこうにする, 醜くする。

elferdül [自] ゆがむ, 曲がる, ねじれる；(比)こじつけられる, 歪曲される。

elfintorít [他] (顔を)しかめる, ゆがめる。

elfog [他] （動物を）捕える，つかまえる；捕縛（拘引）する；（兵）捕虜にする；（手紙を）横取りする；（眺望を）さえぎる；（恐怖に）襲われる。〔elfogott a félelem, 恐怖に襲われた。〕

elfogad [他] 受け取る；受け入れる，受納する，受理する；承諾する，応ずる；（手形を）切る；（提案を）可決する；（誰を）迎え入れる，応接する，応待する。〔elfogadom, 私は（…を）容認する。〕

elfogadás [名] 受取，受領；（契約の）受諾；迎え入れること，引見，接待，応待；（手形の）引受。

elfogadhatatlan [形] 採用しがたい，承諾しがたい，同意しがたい；不都合な，気に入らない；（法）受けつけられない，不受理の。

elfogadható [形] 受理できる；受諾しうる，承認できる，差支えない；妥当な，結構な；人の気に入る，好ましい。

elfogadvány [名] （手形の）受理，引受，承諾。

elfogató [形] 逮捕させる，逮捕の，逮捕に関する。〔elfogató parancs, 逮捕令。〕

elfoglal [他] 場所を取る（占める），席に就く；（国土を）占領（拠）する；取る，取っておく，占取する；使っている；役を務める，就任する；時間をとる。

elfoglalás [名] 占取，占拠；（兵）占領，奪取；（法）占有獲得。

elfoglalt [形] （座席の）ふさがった，占められた；（兵）占領された；仕事に従事中の；使用中の；多忙な，忙しい。

elfoglaltság [名] 同上のこと；占めること，占有；占拠；占領；…をしていること，従事，従業；仕事，用事。

elfogódik [自] とらわれる，締めつけられる，途方にくれる，憂慮する；（胸が）ふさがる，胸苦しくなる（不安や苦痛で）。

elfogódott [形] とらわれた，偏狭の，偏見の；当惑した，途方にくれた；胸苦しい，不安な，憂慮の。

elfogulatlan [形] とらわれざる，偏見のない；私心なき，公平無私の；率直な，自然の，無邪気な。

elfogulatlanság [名] 同上のこと；公平無私；無邪気，天真らんまん。

elfogulatlanul [副] とらわれずに，私心なく；公平無私に；無邪気に。

elfogult [形] とらわれた；ひがんだ，偏狭の，偏見の；先入

elfogultság 194

観にとらわれた，偏頗の。

elfogultság [名] とらわれたること；偏見，偏頗(執)，えこひいき；不公平。

elfogy [自] (金が)尽きる，消える，消滅する；消費される；売り切れる；(堪忍袋の緒が)切れる。

elfogyaszt [他] 食い尽くす，飲み尽くす；消耗する，使い尽くす，使い古す。

elfojt [他] 息を止める，窒息させる；(暴動を)鎮圧する；(火を)もみ消す；(情欲を)制する，しずめる；(涙を)忍ぶ；抑制(我慢)する。

elfojtás [名] 圧迫，抑圧，圧止，鎮圧，抑制。

elfojtott [形] 息を止められた；抑制された；鎮圧された；しずめられた；低くされた，ひそめた(音など)。

elfolyik [自] 流れ去る；(時が)経過する；(潮が)退(ひ)く；流れて消える；(色が)あいまいになる。

elfonnyad [自] しぼむ，しおれる，枯れる；(比)衰える。

elfordít [他] (他方に)転ずる，あちらへ向ける，そらす；(…の)向きを変える；(顔を)そむける，(危険を)避ける；(理)偏斜させる。

elfordul [自] 身を転ずる，方向を変える，背を向ける，ふりすてる；離反する，遠ざかる，見捨てる，わきへ向く，そむく。

elforgácsol [他] ずたずたに裂く，寸断する，粉みじんにする；(精力・時間・財産を)分散させる，浪費する。

elforgácsolódik [自] ずたずたに裂ける，割れる。

elforgat [他] (…を)他の方へ向ける，(頭を)他方へ転ずる，(眼を)そむける；(本の)ページを繰る，めくる；(比)(…の言葉を)こじつける，曲解する，誤った解釈を下す。

elforr [自] せんじつまる；(沸騰して)蒸発する，発散する，気化する。

elföldel [他] → elhantol. 土葬する，埋める。

elfúj [他] (火を)吹き消す；吹き払う，吹き散らす；(ガラスを)吹いて作る；(音)(吹奏楽器を)奏する。〔fújd el az én nótamat!, 私の愛誦歌を吹奏してくれ。〕

elfut [自] 走り去る，逃げ去る；(時が)飛び去る；(ウワサが)広がる；(兵)脱走する；(危険を)脱する。[他] 急におおう；急におそう。

elfűrészel [他] 鋸(のこぎり)で挽(ひ)き切る，切り割る。

elfüstöl [他] (鳥や心配を)煙で追っ払う，駆逐する；(時や

金を)喫煙に費やす；(タバコを)吸い尽くす。

elgáncsol [他] → gáncsol. つまずかせる，失敗させる；妨害する，邪魔する；とがめる，非難する。

elgázol [他] 踏み砕く，踏み荒らす，踏みつぶす；(車で)轢(ひ)く；(車に)轢かれる。

elgémberedik [自] かたくなる，硬直する，こわばる；しびれる，麻ひする。

elgondol [他] 考える，思う；想像する，心に描く，思い浮かべる；めい想にふける，想い沈む。

elgondolkodik, elgondolkozik [自] (…について)熟慮する，考えこむ，沈思する；思いめぐらす。

elgörbít [他] 曲げる，湾曲させる；たわめる，折りまげる，ねじる；(比)ゆがめる。

elgörbül [自] 曲がる，たわむ；ゆがむ。

elgurít [他] 転がす，転がりつづけさせる(去らせる)。

elgurul [自] (…から)転がり落ちる，転がり去る。

elgyengít [他] 弱める，弱くする，衰弱させる；力をそぐ；(証拠・主張を)論ばくする；(法)無効にする。

elgyengül [自] 弱る，衰える，衰弱する；無気力になる；だれる。

elgyötör [他] さんざん苦しめる，悩ます，虐待する；責めいじめる，拷問する。

elhadar [他] (物語を)すらすらと述べる；無意味にしゃべる，(しゃにむに)べらべらしゃべる，早口にしゃべる。

elhagy [他] (を)あとにする，見捨てる，遺棄する；見殺しにする，そのままに捨ておく，打ちやっておく；立ち去る，離れる；(兵)撤兵する；(悪癖などを)脱する，捨てる，改める。

elhagyás [名] (を)去ること，あとにすること，見捨てること；(兵)脱営すること；(政)離党すること。

elhagyott [形] 見捨てられた，よるべない，頼りない；孤独の；寂しい，荒涼とした，人の住まない。

elhajít [他] 投げ捨てる，放棄する；振り落とす；排する，退ける。

elhajlás [名] 傾く・曲がること；それること；屈折，転向；湾曲，屈曲；常軌を逸すること，脱線；(磁針の)傾斜；光行差；(弾丸の)偏差。

elhajlik, elhajol [自] 傾く，傾斜する，曲がる；そる，ゆがむ；遠ざかる，はずれる；(磁針が)傾斜する；(道が)分岐す

る，かわる。

elhajózik [自] 舟で去る，船出する，出帆する。

elhajt [他] （動物を）追いやる，放逐する，追い払う；（馬車馬を）御する，あつかう，駆逐する，（本のページを）めくる；（機械を）進行させる，動かす；取り除く，駆除する；（医）（胎児を）流産させる，堕胎させる。

elhal [自] 死滅する，生気を失う，死にたえる；（比）消滅する；（植）枯死する。〔a szó elhalt ajkain, 言葉が唇で消えた。〕

elhalad (vki～vmi mellett) [自] （…の側を）通り過ぎる（過ぎ行く）；行き過ぎる，乗り過ぎる；（時）過ぎ去る，経過する。

elhalálozás [名] 死去，死亡，崩御。

elhalálozik [自] 死去する，世を去る，死ぬ。

elhalaszt [他] 延期する，猶予する；（開会を）おくらす，延ばす；（…を）押しやる，ずらす。

elhalasztás [名] 同上のこと。

elhallatszik [自] 聞きとれる，聞こえる，聞き得る，耳に入る。〔szobámba elhallatszik, それは私の部屋まで聞こえる。〕

elhallgat [他] 耳を傾ける，傾聴する，聞きいる；（…を）言わずにおく，秘密にする，隠す，黙する；（法）聴取する。〔szívesen elhallgatom, 私は喜んで傾聴する。〕[自] （急に）沈黙する，黙りこむ，秘密にする；（音楽が）ハタと止まる。

elhallgattat [他] 黙らせる，沈黙させる，やりこめる；（兵）（敵の砲火を）沈黙させる。

elhalmoz [他] 積み重ねる，積み過ぎる，荷を負わせ過ぎる；（…に）過分の仕事を負わせる；（…を…で）酷使する，悩ます，苦しめる；（…に非難を）浴びせる；（…に恵みを）重ねて施す。

elhalványodik [自] 青ざめる，青白くなる；退色する；光が弱る；勢いが衰える。

elhamarkodik [自] 軽率に振る舞う（行う）。

elhamarkodott [形] 急ぎ過ぎた，あわただしい；性急な，早計の；軽率の，無思慮な。

elhamvad [自] 灰になる，焼失する，焼け失う；朽ち消える；（比）死滅する。

elhamvaszt [他] 焼いて灰にする，灰じんに帰す，焼却する；火葬にする。

elhangol [他]（楽器の）調子を乱す(狂わせる)；(比)（…の)きげんを損ずる。

elhangzik [自] 聞こえる；(音響が)消えて行く，響きが止む；(演奏などが)始まる。

elhantol [他] 埋める，埋め隠す；葬る，埋葬する。

elhány [他] 投げ捨てる，放棄する；取り除ける，投げ散らす；(財を)浪費する；(比)だらしなくしてだめにする。

elhanyagol [他]（仕事を)怠る；(友情を)疎にする，おろそかにする；等閑に付す，怠慢に付す，ゆるがせにする，放っておく，軽んじる。

elhanyagolás [名] おろそかにすること；等閑(なおざり)，手落ち，不注意，怠慢。

elhanyagolt [形] 等閑に付せられた，投げやりにされた，放任された。

elhányódik [自] 散乱している，乱雑になっている；(乱雑の中に)見当たらなくなる，紛失する。

elharap [他] かみ切る，かみ取る；(語を)のみこむ，言葉じりを濁す；(喜怒・苦痛を)かみ殺す，抑制する。

elharapódzik [自]（火勢が)盛んになる，勢力を得る，広がる；四方八方に手を出す，発展する；まんえんする。

elhárít [他]（何を)他方に向ける，そらす，避ける；(…を)振り捨てる，否認する，拒む；(けん疑を)解く，除く，防ぐ；(故障を)除去する；(剣の打込みを)受け止める。

elháríthatatlan [形] 避くべからざる，免がれがたい；宿命的の，必至の，必然の。

elhasad [自]（切れ切れに)割れる，裂ける，ちぎれる，破れる；き裂を生ずる，ヒビが入る，割れ目が出来る；(比)不和になる(友人間が)。

elhasznál [他] 使い損ずる，使い切る，使いへらす，使い古す；使用し尽くす。

elhasználódik [自] 使用される，へる；悪くなる，損じる，いたむ。

elhasznált [形] 使い古された，使い損じた；腐敗した(空気)。

elhatalmasodik [自] 勢力を得る；増加する，増大する；盛んになる，まんえんする，はびこる；(病気が)つのる；(欲が)深くなる。

elhatárol [他]（畑に)境界をつける，区画をする；(職権に)

elhatároz

限界を定める, 区域を限定する, 局限する。
elhatároz [他] 定める, 決する, きめる, 確定する；決定する；決議する；(法)の判決を下す。〔elhatároz magát, 決心する, 覚悟する。〕
elhatározás [名] 決心すること；覚悟, 決定；果断, 決断；決着。
elhatározó [形] 決定(規定)する, 決定的, 最終的；断固とした。
elhatározott [形] 決まった, 一定の；決定的, 決然たる, 断固たる；確かな, 確定的；決意した, 覚悟した。
elhegedül [他] バイオリンを弾いて聞かせる(演奏してみせる)；(比)浪費する, 乱費する。〔elhegedülte azt már Szent Dávid, それはとっくに無くなった。〕
elhelyez [他] (順々に)並べる, すえる, 配列する；預金する；席を定める, 座らせる, 着席させる；宿を与える；(機械を)すえつける；(倉庫へ物を)納める, 入れる；(職に)就かせる, 世話をする；(資本を)卸す, 投資する；(柵に物を)置く。
elhelyezés [名] 保管すること；配列；座らせること, 着席させること；職に就かせること, 世話すること；投資すること；(商品を)売りさばくこと。
elhelyezkedik [自] 座る, 席に就く, 腰をおろす；地位を得る, 就職する。
elhervad [自] しぼむ, しおれる, 枯れる；衰える。
elhervaszt [他] しぼませる, 枯らす, ひからびさせる；(比)衰えさせる。
elhibáz [他] (目標を)誤る, 的をはずす；やりそこなう, しくじる, 逃がす, 逸する。
elhibázott [形] 誤まった, やりそこなった, 失敗の；的(マト)はずれの。〔elhibázott élet, 失敗の人生。〕
elhidegül [自] 冷える, さめる；疎遠になる。
elhidegülés [名] 冷えること；冷却；(比)疎遠になること, 遠ざかること。
elhint [他] (種を)まく, まき散らす；取り散らす, 散布する；(ウワサを)言いふらす, 流布する。
elhíresztel [他] (知らせを)広める；(…を…と)評判を立てる, 悪評する, 非難する, そしる。
elhisz [他] (…を)信ずる, 信用する, に信をおく；…と思う, と考える。〔elhiszi magát, 自負する, 高ぶる, 誇る, 自

慢する，鼻にかける。〕
elhitet [他] 信じさせる，まことしやかに話す，説きすすめる，吹き込む。
elhív [他] （…を…へ）呼ぶ，連れて行く；（医者を）呼んで来させる。
elhívat [他] （人をして）呼びにやる；（医者を）呼び寄せる。
elhízás [名] 家畜・家禽を肥やすこと；肥満；（医）脂肪過多症。
elhízik [自] 肥える，太る；脂肪質になる。
elhízott [形] 肥えた，太った，脂肪質の。
elhódít [他] （…を）ひったくる，もぎ放す，奪い取る；征服する，略取する，占領する；（恋人を）横取りする；（誰の愛を）かち得る。
elhomályosít [他] 暗くする；曇らせる；（比）（意味を）不明瞭にする，あいまいにする。
elhomályosodik [自] 暗くなる；曇る；不明瞭になる。
elhord [他] 運び去る，移す；除去する，取り除く；片付ける。〔hordd el magad!, 下がれ！，消え失せろ！〕
elhoz [他] 持って来る，取り寄せる；迎えに行き連れて来る，連れて来る。
elhozat [他] 取り寄せさせる，取りに行かせる；連れに行かせる；（…を）呼びにやる。
elhull [自] 落ちる，離れ落ちる；倒れる，くつがえる；（戦場に）倒れる，戦死する。
elhuny [自] （漸次）静かに死ぬ，死亡する，永眠する。
elhunyt [形] 死んだ，故人の。[名] 故人，死者。
elhurcol [他] 引きずり行く，引きずり去る；（力で）運び去る，ひきずり寄せる；（…を）引き連れて行く。
elhurcolkodik [自] → elköltözik. 引き移る，引っ越す；退去する；移住する，転居する。
elhúz [他] 引き抜く，引き除ける；（時を）長びかせる，長たらしくする；（実行を）遷延する；（バイオリンで歌を）奏でる。〔húzd el a Rákóczyt!, ラーコーツィ行進曲を弾け！〕
elhúzódik [自] （線が引かれるように）延びる；（時が）長びく，延びる；（裁判が）長引く；（夕立が）進み行く，去り行く，逃げる。
elhűl [自] （食物が）冷える，冷却する；（比）（関係が）さめる，冷える；驚いて胆をつぶす，びっくりして体をすくませる，あ

ぜんとする。

elidegenedik, elidegenül［自］遠ざかる，冷淡になる，うとくなる，疎遠になる，仲が悪くなる。

elidegenít［他］(…を)疎外する，遠ざける，離間する，うとくする；(財産を)横領する，着服する，私物化する。

elidegenítés［名］遠ざけること，離間；横領，着服，万引。

eligazít［他］整える，整理する；真っ直にする；道を教える；処理する，解決する；(比)(争いを)調停する，示談にする。

eligazodik［自］正道を見出す，行くべき道が分かる；(方角を)見定める，見分ける；(…を)理解する，熟知する，精通する；(…の)勝手が分かる。

elígér［他］(誰に…を)約束する，確言(約)する；期待させる。

elígérkezik［自］行くと約束する；(…と)先約する；承諾する，受諾する。

elijed［自］しりごむ，しりぞく，ためらう，萎縮する；恐れる，おじける。

elijeszt［他］恐れさせる，こわがらせてひっこませる，おじけさせる，おどかして止めさせる；おどかして去らせる，追いやる，追い散らす。

elillan［自］(…から)すばやく逃げる，逃げ去る，こっそり逃げる；(危険を)脱する；(何から蒸気となって)逃げる，蒸発する。

elindít［他］(機械を)運転させる；(荷物を)発送する；(汽車を)動き出させる；(運動を)開始させる；(使節を)派遣する。

elindul［自］動き始める；出発する；発車する；出帆する。

elindulás［名］始動；出発；発車；出帆，発信。

elintéz［他］処理する，処分する；済ます，果たす；仕上げる，片付ける。

elintézés［名］処分すること，片付けること，済ますこと；落着，解決，決済，結了。

elintézetlen［形］未処分の，未決の，未決済の。

elintézett［形］即決の，完済の，処分済みの，解決済みの。

elismer［他］認める，承認する；容認する，是認する，認知する；白状(告白)する；保証する；受取証を書く；称賛する。

elismerés［名］承認，是認；批准；裏書，確認；価値を

認めること；称賛，感謝；表彰。
elismert [形] 認められた，承認された；知られた，定評ある，周知の；異議ない。
elismervény [名] 証明するもの；証明書，証書；預り証；裏書；借用書，受取証。
eliszaposodik [自] 泥土(どろ)でふさがる；どろで埋まる，どろ沼に没する。
eliszik [自][他] 飲み尽くす，飲み干す；(酒を)飲んで財を費やす。〔elissza a pénzét, 彼は飲んで暮す，飲酒に金を費やす。〕
eliszonyodik [自] (何を見て)びっくり仰天する，驚き恐れる，がく然とする。
elítél [他] 判決を下す，(有罪を)宣告する，罪を下す；非難する，批判する；(宗)のろう，呪詛(じゅそ)する。
eljár [自] (どこへ)しばしば行く，訪れる；(時計が)進む，動く；(時が)過ぎて行く，経つ；(…の家に)出入りする，行き来する，交際する；(…に)従事する；(を)処理(置)する；(…に対し)起訴する；(委任を)果たす。〔táncot eljár, ダンスを行う。〕
eljárás [名] やり方，仕方，取扱；処置，処理；手続；(法)裁判手続；手段，方策。
eljátszik [自] 奏でる，弾く；上演する；(子供と)遊び暮らす。[他] (トバクに)負けて金を失う，名誉を失う；(比)失敗する。
eljegyez [他] (…を…と)婚約させる；(娘を…と)いいなずけにする。
eljegyzés [名] 婚約させること；婚約，いいなずけ(許嫁)。
éljen! 万歳！〔éljen a király!, 国王万歳！〕
éljenez [他] (誰のために)万歳を唱える。
éljenzés [名] 同上のこと。
eljön, eljő [自] (予定通りの時に)来る，到着する；出席する；近づく，近寄る；(予定通り)実現する，起こる。
eljut [自] 達する，至る，届く，着く，到着する。
elkábít [他] 無感覚にする，麻酔させる，しびれさせる；(誰の)眼をくらます，失神させる。
elkábul [自] 無感覚になる，無意識になる，失神する。
elkacag(elkacagja magát) [他] 高笑する，どっと笑う，笑声をあげる，爆笑する。

elkalandozik [自] 運命を試みる, 危険を冒す；当てなく行く, うろつく, 迷い歩く；(比)(本題を)離れる, 岐路に入る(講演などで)。

elkallódik [自] 迷い込む, 見当たらなくなる；失う, なくなる, 紛失する；(比)衰える, おちぶれる, 零落する。

elkap [他] ひっつかむ, 捕える, つかまえる；(…から…を)横取りする, 奪い去る, ひったくる；(乗り物に)間に合う；(病気が)うつる, 伝染する。

elkapat [他] (子供を)甘やかす, わがままに育てる；悪習に染まらせる, ぜいたく三昧をさせる；頭を狂わせる, 高慢にする。

elkapkod [他] 奪い去る, ひったくる, 横取りする；(商品を)急ぎ買い占める。

elkárhozik [自] 地獄に落ちる, 地獄の責苦にあう。

elkárhozott [形] 地獄に落ちた, 罰当りの, のろわれた, いまいましい。[名] 同上の人。

elkárhoztat [他] (宗)永遠に罰する, 地獄に落とす, 永遠の責苦にあわせる；のろう, 呪詛(じゅそ)する。

elkártyáz [他] トバクに負けて…を失う(トランプ遊びで)。

elkártyázik [自] トランプ遊びをする。

elkedvetlenedik [自] …する気を失う；顔をしかめる；不きげんになる, いやになる；落胆する, 失望する。

elkedvetlenít [他] (…の)きげんを損ずる, ふきげんにする, いやがらせる, 不愉快にする, うんざりさせる, 怒らせる。

elkékül [自] 青くなる, 蒼白になる, 空色になる。

elkel [自] (品物が)出る, 売れ行きがよい, よく売れる；品切れになる, 絶版になる；入用だ, 必要だ；望ましい, 歓迎される；(こね粉パンが)余りにふくれ上がる。〔egy kis eső már elkelne, 小雨がもう望ましい。〕

elkényesedik [自] 甘やかされて悪くなる, 可愛がりすぎて柔弱(わがまま)になる；敏感になる；怒りやすくなる；好ききらいが甚だしくなる, 気むずかしくなる。

elkényeztet [他] 甘やかして損ねる, 可愛がりすぎて虚弱になる, 我がままにする；悪習に染まらせる, 甘やかして柔弱にする。

elkényeztetett [形] 甘やかされた, 躾(しつけ)の悪い, 我がままな；洗練された(趣味など)。

elképed [自] びっくりして体をすくませる, あ然とする, ぼう然自失する, 腰を抜かす。

elképeszt [他] (驚いて)ぼう然自失させる, あ然とさせる, びっくりさせる, あきれさせる。

elképesztő [形] おどろきあきれさせる, びっくりさせる, 胆をつぶさせる。

elképzel [他] (…を)心に描き出す, 思ってみる, 考える；想像する, 思い浮かべる。

elképzelhetetlen [形] 考えられない, 不可解の, 想像できない；とんでもない, 驚くべき, 突飛な。

elképzelhető [形] 考えられる, 想像し得る, 考えてみることができる。

elkér [他] (…から…を)求める, 要求する, 請い求める。

elkéredzkedik [自] (外出の)許しを請う。

elkerget [他] (どこから誰を)追い出す, 駆逐する, かり出す；(支配者を)追放する。

elkerít [他] (…を)垣で囲う, 垣をめぐらす。〔leányt vkinek elkerít, 娘を…に得させる, 従わせる。〕

elkerül [他] (…を)避ける, 遠ざける, 逃避する；(危険を)免れる, 脱する；(…を)はばかる, 敬遠する, 忌避する；行き違う。

elkerülhetetlen [形] 避けられない, 逃げられない, 不可避的の, 免れがたい；争えない, 拒みがたい, やむを得ない。

elkerülhető [形] 避けられる, 免れられる。

elkeseredés [名] 不きげんになること, すねること；絶望, 自暴自棄；憤怒(激), 立腹。

elkeseredett [形] 立腹した, 不きげんな, すねた, やけの, 自暴自棄の。

elkeseredik [自] 憤る, やけになる, やけを起こす；不きげんになる, すねる, 自暴自棄になる。

elkeserít [他] 怒らせる, 憤激させる；不愉快にする, つらくする。

elkésés [名] 遅れること；遅刻, 遅滞；(鉄)延着, 遅着。

elkésett [形] 遅れた, 遅刻した。

elkésik [自] 遅れる, 遅刻する；(鉄)延着する。

elkésve [副] 遅れて；延着して。

elkészít [他] → készít, előkészít. 作る, 成す；(文書を)作成する；(仕事を)完成する, 仕上げる；こしらえる, 製作する；(薬を)調剤する；(着物を)仕立てる。

elkészítés [名] 製造, 製作；調製, 調合。

elkészül [自] 成る, 成立する, 出来あがる, 成就する；済む, 終る；片付く, 始末がつく；準備ができる；(比)心構えをする, 覚悟する。

elkever [他] 混合させる, 混和する, まぜる。[自]まざる。

elkeveredik [自] 混ざる, 混合する；(比)(ある事件に)かかり合う, 関係する, 関与する。

elkezd [他] → kezd. (…を)始める, 開始する；(…に)取りかかる, 着手する, 企てる。

elkezdődik [自] → kezdődik. 始まる, 起こる；開かれる。

elkezel [他] 誤った治療をする；つかいこむ, 私物化する；着服する, 詐取する, 横領する。

elkiált [他] 叫ぶ。〔elkiáltja magát, 絶叫する, わめく。〕

elkísér [他] (…に)同伴する, 付き添う, 伴う；(音)伴奏する；(…を)案内(護衛)する, 見送る, 送り届ける。

elkívánkozik [自] (しきりに)去りたがる, 去らんことを願う, 飛び出したがる。

elkoboz [他] 没収する, 取り上げる；(法)差し押える, 発禁にする。

elkobzás [名] 同上のこと；差し押え, 押収, 没収, 発禁。

elkomolyodik [自] まじめになる, 本気になる；重大化する。

elkomorodik [自] 暗くなる, どんよりする, 曇る；顔をしかめる, 陰気になる, 憂うつになる, ふさぎこむ。

elkopik [自] すり切れる, 消耗する, 損じる, いたむ。

elkopott [形] すり切れた, ぼろぼろの, みすぼらしい, 消耗した。

elkoptat [他] (衣類を)着古す, 使いへらす, 使いいためる, 疲弊させる。

elkorcsosodik, elkorcsosul [自] 変性する, 退化する, 変質する；(比)悪化する, 堕落する。

elkorhad [自] 腐朽(敗)する, くさる, 分解する；かびる, かびが生える。

elkotródik [自] 急ぎ去る, 立退く, 小躍りして去る；逃げ失せる, 逃亡する。

elkölt [他] (金を)出す, 支出する, 支払う；使い果たす；(食物・酒を)食べ(飲み)尽くす；無くする, 消耗する。

ellátás

elköltözik → elköltözködik.
elköltözködik [自] 移住する, 引き移る, 引っ越す, 転居(住)する；(比)行(逝)く, 死す。
elkönyvel [他] 帳簿に記入する, 記帳(登録)する；記入する, 記載する。
elkövet [他] (不正を)行う, 為す, 犯す；演ずる；(自殺を)行う；(全力を)尽くす。〔mindent elkövetett, de hasztalan, 彼は全力を尽くしたが, しかし無駄であった。〕
elkövetés [名] 行うこと, 為すこと；(式典などを)挙行すること；(罪を)犯すこと, 悪事をすること。
elkövetkezik [自] 次いで来る；(時が)来る, 到来する；(…の結果として)出来する, 起こる, 生ずる；行われる；(誰から)暇ごいする, 辞去する。
elküld [他] 送り出す, 発送する；派遣する；去らせる, 追いやる；暇をやる, 免職する。
elküldés [名] 発送；発信；派遣；(雇人を)追出すこと, 解雇。
elkülönít, elkülönöz [他] 分ける, 別にする；区分する, 分類する；(患者を)隔離する。
elkülönítés [名] 同上のこと；分離, 隔離。
elkülönül [自] 脱退・隠退する。
ellágyít [他] 柔らかにする；(比)人の心を和らげる, 静める；同情を起こさせる, あわれみを感じさせる, ほろりとさせる, 感動させる。
ellágyul [自] 柔らかくなる；和らぐ, ほろりとする, 感動する, 動かされる；譲歩する。
ellankad [自] 疲れる, だれる, ぐったりする, 衰える；弱る, 無気力になる。
ellankaszt [他] 疲れさせる, 弱らせる, ぐったりさせる, 疲れ果てさせる。
ellanyhul [自] 衰弱する, やつれる；(熱心が)さめる, だれる。
ellaposodik [自] 平たくなる, 浅くなる；(比)浅薄になる, 無味乾燥になる。
ellát¹ [他] 世話をする；炊事をする；(家政を)司る；(…を)備え付ける；(食物を)供給する；扶養する。
ellát² [自] (遠方が)見える, 眺められる。〔innen Tokióig ellát az ember, ここから東京まで見える。〕
ellátás [名] 食事の世話をすること；食物の供給, まかない,

扶養；(官職などを)司ること；供給。
ellátogat (vkihez) [自] (…の宅へ)訪問する, 訪れる, 見舞う。
ellátszik [自] 見える, 見ることができる。
ellen [後] に反して, に対して；に反対して, に抗して, に反抗して, に敵対して。〔az ár ellen úszik, 流れに抗して泳ぐ。ellene van, それに反対である。ellenem fordult, 彼は私に反対した。ellenemre van, 彼は私に背いている。〕
ellenáll [自] (…に)抵抗する, 反抗する, 逆らう, 抗する；譲歩しない；(比)よく耐える。
ellenállás [名] 抵抗, 反抗；抵抗力；防御, 自衛。
ellenállhatatlan [形] 反抗(抵抗)しがたい。
ellenálló [形] 抵抗する, 反対の, 逆らう；(比)よく耐える。[名] 抵抗者。
ellenállóképesség [名] 抵抗力；抵抗勢力。
ellenben [接] これに反して, 反対に；それどころか, 他方では；引き替えに。
ellenbizonyíték [名] (法)対証, 反証。
ellenére [副] それに逆らって, それにもかかわらず。〔ellenére is megteszem, それが彼の気に入らなくても私はそれを為す。〕[後] …にもかかわらず。
ellenérték [名] (商)対価, 等価物, 補償物。
ellenérv [名] 反対理由；反対論法。
ellenérzés [名] 反感, 憎悪。
ellenez [他] (…を)賛成しない, 反対する, 対抗する, 異論を唱える；対立する。
ellenfél [名] 反対者, 攻撃者, 非難者, 競争者；敵, 敵側, 相手方, 反対党。
ellenforradalmár [名] 反革命者；革命反対党。
ellenforradalmi [形] 反革命の, 革命に反対の。
ellenforradalom [名] 反革命, 反動革命, 第二革命；反革命運動。
ellenhatás [名] 反動, 反発；対抗, 反撃(かえりうち)；反響；(化)反応, 反作用。
elleni [形] 反対の, 敵の, 敵意ある；逆の。
ellenindítvány [名] 反対動議；対案, 異案。
ellenintézkedés [名] 対抗処置。

ellenjavaslat [名] 対案, 改正案, 修正案。
ellenjegyez [他] (政)(大臣などが)副署する, 連署する, 連印する。
ellenjegyzés [名] 同上のこと;(国務大臣の)副署, 連署;(公吏の)奥書。
ellenjelölt [名] 反対の候補者, 競争者, 相手;敵手, 敵対者。
ellenkezés [名] 反対すること;反抗, 抵抗, 対立;抗言, 抗議;敵対行為。
ellenkezik [自] (…に)反対する, 反抗する, そむく, 逆らう, 抗する;(…に)矛盾する;(法律に)違反する。
ellenkező [形] 相反する, 矛盾する;反対の, 対抗的な;(比)相対する, 向かい合った。〔ellenkező esetben, 反対の場合に。〕[名] 反対, 逆;否定;反対する者。
ellenkezőleg [副] これに反して, 反対に, 却って, 逆に, それどころか。
ellenlábas [名] 対蹠者(たいせきしゃ)(地球の正反対側に住んでいる人);(比)(性質や意見の)正反対の人。
ellenméreg [名] (医)解毒剤。
ellenőr [名] 監督官, 監視官;会計検査官;検札。
ellenőriz [他] 監督(視)する;検査する, 監査する;管理する, 統制する。
ellenőrzés [名] 監督すること;監査(視);管理;統制;検証;会計検査。
ellenpárt [名] 反対党, 敵側, 敵方。
ellenség [名] 反対者;敵, 仇(あだ);憎悪者, 憎む者。
ellenséges [形] 敵意ある, 敵がい心ある, 敵対(視)する;反対する;反対の, 敵の。
ellenségeskedés [名] 敵意をいだくこと;敵がい心, 敵視, 反目, 憎悪, えん恨, うらみ;敵対行為, 戦争。
ellenségeskedik [自] (…に対して)敵意をいだく;互いに敵視する, 反目し合う, 不和である;戦っている, 戦争をしている, 戦争状態にある。
ellensúly [名] 釣合いおもり, 平衡量, 対重, 平衡錘(へいこうすい), 対錘(たいすい), 分銅;(比)平衡, 対抗, 均勢。
ellensúlyoz [他] 相殺する。
ellenszámla [名] 反対勘定, 対照勘定。
ellenszegül [自] (…に)反対する, 抵抗する, 逆らう。

ellenszegülés [名] 抵抗(反抗)すること，逆らうこと。
ellenszenv [名] 虫のすかないこと；反感，毛ぎらい；けんお，大きらい。〔ellenszenvet érez, (…に対し)反感をいだいている，(が)きらいである。〕
ellenszenves [形] おう吐を催させる，いやな，反感をいだかせる，気持に逆らう，虫の好かない。
ellenszer [名] 対抗手段，救済方法；(医)解毒剤。
ellentábor [名] 反対陣営；(兵)敵陣。
ellentámadás [名] 逆襲。
ellentengernagy [名] (兵)海軍少将。
ellentét [名] 対立，対置；反対，相反；矛盾；対比，対照。
ellentétes, ellentett [形] 相対した，向き合った；相反した，矛盾した；反対の，正反対の，逆の；対蹠(たいしょ)的の；対抗的，反対的。
ellentmond [他] 反対の意見を述べる，異議を称える；矛盾する。
ellentmondás [名] 抗言；矛盾。
ellenvád [名] (法)反訴。
ellenvélemény [名] 反対意見；異論，異議。
ellenvet [他] 異議を称える，ばく論する，抗議する。
ellenvetés [名] 異論(議)，ばく論，抗弁(論)，反対論。
ellenzék [名] 反対，敵対；(政府の)反対党，(在)野党。
ellenzéki [形] 同上の。
ellenző [名] 反対者；競争者，敵手；(法)相手方；(帽子の)ひさし；(ランプの)かさ(笠)；(ストーブの)つい立，遮熱板(しゃねつばん)。
ellep [他] (雪やゴミで)おおい被せる，おおう；(水が)おおう，はん濫する，あふれる；(敵が)侵入する。
ellép [自] 大股(また)に進む，前進する；通り過ぎる；(兵)縦列を作って行進する，分列行進をする。
elleplez [他] おおう，包み隠す；目立たないようにする，まぎらす，取りつくろう；(真相を)おおう，かぶせる，秘する。
elles [他] (耳を傾けて誰の言を)聞き取る，ぬすみ聞きして知る；待ち伏せる；(機会を)ねらい待つ；(秘密を)探知する。
ellés [名] 小牛を産むこと；小羊を産むこと。
ellipszis [名] (数)楕円(だえん)。
ellipszoid [名] (数)楕円体。

elliptikus [形] 楕円形の。
ellobban [自] (炎が)ゆらめいて消える，燃えて消滅する，焼失する；(比)(感情などが)爆発する，燃えつきる。
ellóg [自] 逃走する，逃げる，姿を消す。
ellop [他] 盗む，盗み取る，窃取する。
ellő [他] 発砲する，発射する；射落とす，射たおす。
ellök [他] 突いて落とす，つき落とす，押し除ける，つき除ける，はねつける，突き飛ばす，押しやる。
ellustít [他] 怠けさせる，怠惰にする，不精にする；無気力にする，だるくする。
ellustul [自] なまける，怠惰になる，不精になる；(比)不活発になる。
elmagyaráz [他] 説明する；解説する。
elmállaszt [他] 風化させる，崩壊させる；分解(離)させる。
elmállik [自] → mállik. 風化する，崩壊する，チリとなって飛び散る，朽ち腐る。
elmar [他] (動物)かみ取る，かみ捨てる；(比)(誰を)排斥する，追い払う；(押し除けてその地位を)奪う。
elmarad [自] 欠席(不参)する，欠勤する；現れない，遠のいている；脱落している，漏れている，落ちている；遅れる，落伍する；遅刻する；取消になる，中止になる，取りやめになる。
elmaradhatatlan [形] 避けがたい；必然の，必至の；確かな，免れられない。
elmaradott [形] 時勢遅れの；残された；(精神的に)発育不全の。
elmaradozik [自] (度々)来ない，遠のいている；おくれる，後に留まる，落伍する。
elmarasztal [他] (…に費用の負担を)命ずる；刑を宣告する，有罪(刑罰)を決定する；…の判決を下す。
elme (目 elmét) [名] 悟性，知性；知恵，知力；秀でた人。
elmeállapot [名] 精神(心理)状態。
elmebajos [形] 精神病の，狂気の。[名] 精神病者。
elmebeteg [形][名] 精神病の，狂気の。
elmefuttatás [名] 知恵くらべ，機知をもてあそぶこと；(思想の)こう概(大要)；(文)雑談，談笑，座談。
elmegy [自] 出掛ける，出発する，立ち去る；(船)出帆する；(時)経過する，過ぎ去る；なくなる；(芝居に)行く；まあ

まあだ。
elmegyógyász [名] 精神科医。
elmegyógyintézet [名] 精神病院。
elmeháborodott [形] → elmebajos.
elmélet [名] 理論, 学理, 純理；原理, 原則；学説, 説；定理。
elméleti [形] 理論の, 理論的の, 学理上の。
elméletileg [副] 理論上, 理論的に, 学理上。
elmélkedés [名] めい想, 考察；思念, 沈思, 熟考, 深思, 熟慮；論及。
elmélkedik [自] (…について)めい想する, 熟考する, 思いめぐらす, 思念する, 思索する；論及する。
elmélyed [自] 考えこむ, 思いに沈む, 沈思する, 沈潜する；没頭する, ふける。
elmenekül [自] (…から)脱出する, 逃げる, のがれる, 逃げ去る。
élmény [名] 体験, 閲歴, 経験；変った事柄(見聞の)。
elmeorvos [名] 精神科医。
elmérgesedik [自] 炎症が起きる；(比)悪くなる, 悪化する, 重くなる(病気などが)。
elmérgesít [他] 炎症を起こす；(比)(病気などを)重くする, 悪くする, 悪化させる；(論争を)こじらせる。
elmerül [自] 沈む, 沈下する；(比)(思案に)沈む, 考えこむ, 没頭する, ふける；陥る。
elmés [形] 才知に富む, 気のきいた, 多才な；快活な；機知に富む, しゃれ好きの, こっけいな。
elmesél [他] 詳しく話す, 物語る, 話をする。
elmeszesedés [名] 石灰質化, 石灰化；(冶)煅焼(かしょう)；(医)硬結, 硬化；(動脈)硬化症。
elmeszesedik [自] 石灰質化する, 石灰化する；(医)硬化する。
elmezavar [名] 精神の錯乱, 精神障害, 乱心。
elmond [他] 逐一話す, 詳しく述べる；伝える, 知らせる；暗誦する, 唱える, 朗吟する；(質問・命令など)くり返して言う。
elmondhatatlan [形] 言い表わしがたい, 言うに言われぬ, 名状しがたい。
elmos [他] (食器を)洗う；洗い去る, 洗い流す；ぬぐい去る, 消す。

elmosódik [自] 消える, 消失する, (記憶)忘れ果てる; (色が)あせる, 青ざめる。

elmosódott [形] 洗いざらしの, 色のあせた; (比)はっきりしない, あいまいな, ぼんやりした。

elmosolyodik [自] 微笑する, ほほえむ, ニコニコする, 笑いだす。

elmozdít [他] 押しのける, わきにずらす, 移す; (比)免職する(位から追う); (王を)廃位させる。

elmozdul [自] 動く, 移転する; 撤退する, 退去する。

elmulás [名] (時が)過ぎ行くこと; (苦痛が)消え失せること; 有為転変, 無常; 死去。

elmulaszt [他] (義務を)怠る, ゆるがせにする, 等閑にする; (機会を)失う, 逸する, はずす; (汽車に)遅れる; (学校を)遅刻する, 欠席する; (痛み等)消失させる。〔elmulasztja az alkalmat, 機会を逸する。〕

elmúlik [自] 徐々に終わる; (時が)過ぎ去る, 経過する; (苦痛が)消失する, なくなる, (ある年齢を)越える。

elmúlt [形] 過ぎ去った, 過去の, 去んぬる, 既往の, 以前の。

elnapol [他] (会議を)延期する, 休会する, 停会する。

elnapolás [名] 延期; 休会; 停会。

elnémít [他] 黙らせる, 静まらせる, だまり込ませる, やりこめる; (比)(敵の砲火を)沈黙させる; 抑圧する, 圧制する; (情欲を)抑制する。

elnémul [自] 黙る, 沈黙する, 静まる; 音信不通になる。

elnéptelenedik [自] 過疎になる, 住民が絶える; (比)寂れる。

elnevet (elneveti magát) [他] 大声で笑う, 声高く笑う, こう笑する; 笑いでしゃべれない。

elnevez [他] 名を付ける, 命名する。

elnevezés [名] 命名すること, 名称を付与すること; 命名; 名称。

elnéz [他] (…を)見つめる; 大目にみる, 寛恕する, 寛大な処置をする; 傍観する, 見過ごす, 見のがす, 過ちを許す; 見間違える。〔elnézném ítéletnapig, 私は一生涯大目に見るかも知れない。〕

elnézés [名] 大目に見ること, 見逃がすこと; 寛恕, 寛大, 容赦(ゆるすこと), 堪忍; 看過, 見落とし。〔elnézést

kérek, ご免なさい。〕
elnéző [形] 大目にみる, 寛大の, 堪忍強い；やさしい, 思いやりある, 慈悲深い。
elnök [名] 大統領；会長；議長；総長；上席にすわる人, 座長。
elnöki [形] 同上の。〔elnöki titkár, 同上の秘書(官)。〕
elnöklés [名] 議長の役, 座長の職(又は地位)。
elnököl [自] 議長(会長)となる；上席にすわる；議長・会長の事務をとる, 会を司る。
elnökség [名] 座長又は議長の職；上役, 幹部, 首脳部。
elnök-vezérigazgató [名] 代表取締役。
elnyel [他] のみこむ, 丸のみする, のみ下す；(眼で見詰める)見ほれる, じろじろ見る；(金をのむ)金がかかる。
elnyer [他] 入手する, 獲得する, かち取る, 儲(もう)ける, 勝負で取る；勝つ, 制する, 先んずる；(地位などを)得る, 奪う；(何に)達する, 手を届かせる, 追及する。
elnyom [他] 抑える, (比)抑圧する, 弾圧する, 圧政する, しいたげる, いじめる；(暴動を)鎮圧する；(アクビを)のみこむ；(眠気に)襲われる；(書類を)差し押える；(報道を)差し止める；(情欲を)抑制する；(涙を)抑える。〔elnyomta az álom, 眠気が彼を圧倒した(彼は眠気に耐えられなかった)。〕
elnyomás, elnyomatás [名] 抑圧；圧制；弾圧, 鎮圧；圧服(迫)(奴隷にすること)。
elnyomó [形] 圧制する, 圧制的, 抑圧する；押しつける。[名] 圧制者, 抑圧者, 弾圧者。
elnyomorít [他] 不具にする, 奇形にする, 手足を切断する。
elnyomorodik [自] 不具になる, 発育不全になる, いじける；みじめになる。
elnyomott [形] 圧迫された, しいたげられた。[名] 被抑圧者, 被圧迫者。
elnyújt [他] (長さを)延ばす, 延長させる；(幅を)広げる；(比)(交渉を)長びかせる；(会議を)伸ばす；(音)声を長引かせる。
elnyúlik [自] 広がる, 伸びる, 延びる；(に)及ぶ, 達する；手足を伸ばす, ねころぶ；差し出される, 伸ばされる。

elnyűtt [形] 着古しの；使い古しの，使いへらした，すれた；(比)年をとった，老いぼれた。

elolt [他] (火・灯を)消す；(渇きを)いやす。

elolvad [自] 溶けてなくなる，とける，溶解する；(財産など)消滅する。

elolvas [他] 読む，読み終わる；読みとる，認める。

elolvaszt [他] 溶かす，溶解させる，とかす；(比)融合させる，併合する。

eloszlik [自] 分かれる，解ける；分散する，散る，消散する；(霧・雲などが)散ずる；(天気が)晴れる；(疑いが)はれる。

eloszt [他] 分ける，分配する；部分にする，割り当てる；区別する，分離する；(数)割る，除る。

elosztás [名] 同上のこと。

elő¹ [副] の前に(で)；(の前に)あらわれて；前方へ，先へ；こちらへ，この方へ。

elő² [名] 前部；発端，初期。

élő [形] 生きている，生命ある，生存している；現存の；生気ある，活気ある，生き生きとした，元気よい；現実の。

előad [他] 差し出す，紹介する，呈示する；陳述・説明・報告する；(詩歌を)朗読する，暗誦する；講演する，講義する；(音)演奏する；(劇)上演する。

előadás [名] 講演，講義，朗読；(劇)上演，演出，興行，演芸；言い回し，話し方；(音)演奏。

előadó [形] 演述する；説明する，講義する。[名] 報告者，講演者；講師；演出者；朗読者；演奏者。

előáll [自] 歩み出る，進み出る，現れる；紹介される；(劇)登場する；生ずる，生成する，起こる；(兵)出動・進発する。

előállít [他] 作り出す，製作(造)する；(犯人を法廷に)引き出す；(警察に)拘引する。

előállítás [名] 製作，調製；(証人を)提出；引致，拘引。

előbb [副] より以前に，より先に；前以て，あらかじめ，先ず，第一に；これより先；より好んで，むしろ，いっそう。〔előbbre keltez, より前の日付にする，日付を過去に遡及する。előbbre való, 切迫する，切なる，緊急の，焦びの；先立つ，先んずる，優先的の。a beteg előbbre való, 病人は先んずる。〕

előbbi [形] 前の，先の，以前の。〔az előbbi munkahelye, 前の職場。〕 [名] 前のこと，前の人。

előbb-utóbb [副] 遅かれ早かれ, 早晩, 兎も角。
előbukkan [自] 浮かび上がる, 立ち現われる, 出現する(突然に); (比)(念頭に)浮かぶ。
előcsarnok [名] (建)玄関ホール; (神殿の)入口; 控の間。
előd [名] 先祖, 祖先; 先任者, 先輩。〔elődeink, われらの祖先たち。〕
előélet [名] 経(履・来)歴, 行跡。
előérzet [名] 予感, 予測, 虫の知らせ。
előeste [名] (祭日などの)前夜, 前の晩, 前日; (比)(重大な事件の起こる)少し前, 間際。
előétel [名] (料)第一の皿, 初めの食品, 前菜; 間品(あいしな), 間皿(あいざら)。
előfeltétel [名] 前提, 予定, 仮定; 留保(予定)条件。
előfizet (vmire) [自] (…に対し)予約する, 前金払いする; 予約購読する。
előfizetés [名] 前払, 前金, 予約; 前金払, 前金注文; 予約購読。
előfizetési [形] 予約の。〔előfizetési díj, 受信料, 購読料。〕
előfizető [名] 前金申込者(支払者), 予約者; 定期購読者。
előfordul [自] 起こる, もち上がる, 生ずる, 発生する; 見出される。
előfutár [名] 先ぶれ, 前触れの使者, 先駆者; (比)前兆, 兆候; (医)前駆症状。
előhang [名] → előszó. (書籍の)序, 緒言, まえがき; (劇)序幕, 序曲; (文)語または綴り(ツヅリ)の初音。
előhírnök [名] 先(前)触れ, 先駆者; (比)前兆, 兆候, きざし。
előhív [他] 呼び出す, 召喚する; (写真を)現像する。
előhívás [名] 呼びかけ, 招き; 呼び集め; (写真の)現像。
előhoz [他] 持って来る, 持ち出す; 序に言う, 前以て述べる; 出して示す, 提示する, 申し出る。
előidéz [他] もたらす; 誘う, 誘引する, 引き起こす。
előír [他] 命ずる, 命令する; 規定する。
előirányoz [他] 予定する, 予想する; 充当する。
előirányzat [名] 予定, 予想; 充当。

előirányzott [形] 予定の，予定した。
előírás [名] 規則，規定；命令，訓令；(医)処方。
előítélet [名] 先入見，先入観，成心；偏見。
előjáték [名] (音)前奏曲，序曲；(劇)序幕；(比)序の口，先駆(事件の)。
előjegyez [他] あらかじめ記入する，書き留める；(商)予約する；予告する。
előjegyzés [名] 同上のこと。
előjel [名] 兆(きざし)，前兆，兆候；予感；符号，表示，しるし。
előjön [自] 出て来る，出現する，見えて来る；起こる。
előkelő [形] 突出した，そびえ立つ；秀でた，優れた；高貴の，上流の，貴族的；高位の，勢力ある，名望ある；上品な，気高い，優雅な。
előkelőség [名] 身分の高いこと；高位，高貴，尊貴；気品の高いこと；上品，優雅。
előképzés [名] 予備(準備)教育をすること；素養。
előképzettség [名] 予備教育のあること；素養のあること。
előkerít [他] 探し出す，見付ける，見出す；取り寄せる；(金などを)調達する，才覚する，手に入れる，得る。
előkerül [自] → előbukkan. 見付かる，現れる。
előkészít [他] (…の)用意をする，準備をする，支度する。
előkészítés [名] 予備，準備，用意，仕度；(比)心構え。
előkészítő [形] 準備の，予備の。〔előkészítő tanfolyam, 補習科，予備講習会。〕
előkészül [自] (…に対して)用意する，準備する，支度する；(比)(…に対し)心構えをする，覚悟する。
előkészület [名] 準備，用意，支度；準備品，調製品。〔előkészületben, 準備中。〕
elöl [副] → elül.
elől [後] …の前から。
előleg [名] 頭金，手付金；前払い，前貸；前払金，前金。
előlegez [他] 前以て出す；前払いする，前渡しする，前貸しする，立て替える。
előlép [自] 歩み出る，立ち現れる，現れ出る；前進する，進み出る；昇進する，進級する。
előléptet [他] 昇進させる，昇級させる。

előléptetés [名] 昇進(昇級)させること；振興。
elöljáró [形] 導入の。[名] 上官；上役, 目上, 上位の人；長, 頭；(商)店主；(文)前置詞。〔elöljáróban, 導入として。〕
elöljáróság [名] 御上(おかみ), その筋；官憲, 当局；管理職。
előmozdít [他] 助成する, 助長する, 奨励する；進める, はかどらせる, 促進する；保護する, 支持する, 援(扶)助する。
előmozdítás [名] 同上のこと；助成, 奨励, 促進；後援, 加勢。
elönt [他] 注ぐ, 注ぎ出す；注ぎそこなう, こぼす；(…地方を)水浸しにする；あふれさせる。
előny [名] 利点, 長所；優越, 特権。〔előnyben részesít, 優遇する, ひいきする, 特に愛する；優先を与える, 有利の地位を与える。〕
előnyös [形] 有益の, 得になる, 有利な；資する, 好都合の；(比)人好きのする, 好ましい。
előnytelen [形] 不利の, 損の。
előőrs [名] (兵)前哨；推進者。
előrajzol [他] (…に…の略写を)描いて見せる；(…の)描き方を教示する；見取図(略図)を描く, スケッチする；(比)草案を書く。
előránt [他] (…を前方に)引き出す, 前へ引っ張る, 引き寄せる；(比)持ち出す。
előre [副] 前に, 前へ, 前方へ；前へ！, 進め！；(時間)前以て, 先立って, 予め。
előrebocsát [他] 先に行かせる；先につかわす, 先発させる；(比)前置きを述べる。
előregedett [形] 老いた, 年寄りの, 高齢の；老い衰えた。
előregedik [自] 年とる, 年寄る, 老いる。
előrehajol [自] 前方に曲がる, 前にかがむ, 前かがみになる(身体が)。
előrehalad [自] 歩み進む, 歩み行く；上達する, 前進する, 発展する；(時が)刻々と進む。
előre-hátra [副] 前後に, あちこちに, 至るところ, どの点でも。
előrelátás [名] 予想(測・見), 推測, 先見；あらかじめの配慮, 先慮；用心, 慎重。

előreláthatólag [副] 恐らく。
előrelátó [形] 先見性のある。
előrelép [自] 歩み出る，進み出る；前進する，進歩する；進級する。
előremegy [自] 前進する；(…を)先んずる，先に立って進む；上達する。
előresiet [自] 前方へ急ぎ行く，前に急ぐ；急いで来る。
előrész [名] (物・船などの)前部。
előretol [他] 前方に押しやる，前(推)進させる(時計などを)。〔előretolt hadállások, 前進陣地。〕
előretör [自] 突然現れる，どっと出る，突き出る，進出する；(兵)突進する，突撃する，出撃する。
előretörés [名] (兵)突撃，突進。
előrohan [自] 不意に現れる，急に現れる；飛び出す；噴出する；(兵)突進する(潜伏所から)。
élősdi [形] 寄生する；寄生質の；寄食する，居候の。[名] 寄生(動・植物)；食客，寄食者，居候。
elősegít [他] 進める，促進させる，振興する；助成する，支持する，後援する。
élősködő [形] 寄食する，寄生する，居候する。[名] 寄生植物；寄食者，食客。
előszeretet [名] (…に対する)偏愛，ひいき；好み，愛好。〔előszeretettel, 喜んで；心から。〕
előszó [名] 前置き，緒言，序(文)，はし書き，まえがき。
előszoba [名] 玄関，次の間，控えの間。
először [副] 初めて，先ず，第一に，最初に。〔először is, 先ず最初に。〕
előtér [名] 前面；(建造物・城さいなどの前面の)広場；(寺院の)前庭；(フットボールの)罰則区域。〔előtérbe tol, 前面へ押す，前の方へ置く，目立たせる。előtérbe lép, 歩み出る；見えて来る，現れる，前景に出て来る；(比)きわ立つ，秀でる。〕
előteremt [他] 得る，調達する，才覚する(金を)，算段する，手に入れる。
előterjeszt [他] 提出(示)する，差し出す，閲覧に供する。
előterjesztés [名] 提出(示)，差出。
előtt [後] …の前に，前方に；の面前で；(時)前に，以前に。〔ebéd előtt, 食事前。lefekvés előtt, 就寝前。előt-

tem, 私の前に。elŏttünk, われわれの前に。〕
elŏtte [副] その前に。〔elŏtte való napon, その前日に。〕
elŏtűnik [自] 現れる, 出現する, 出て来る; 浮かび上がる; 見える, 思われる。
elŏugrik [自] とび出る; (建物が)突き出る, 張り出す, 隆起する。
elŏváros [名] 郊外, 市外, 町はずれ。
elŏvesz [他] 取(引)出す; 引っ捕える; 取り掛かる, 着手する, 始める; 企てる, もくろむ; 呼びつける; 面責する, 訓戒する; 圧倒(服)する, 打ち負かす; (…を)問題とする, 課題にする。
elŏvétel [名] 先買, 期限前の買受; (劇場の)座席の申し込み; (法)先買権。
elŏvezet [他] 前に導く; (…の前に…を)連れ(引き)出す; 引致・拘引する; 眼前に示す, 観覧に供する; (比)(証拠などを)提出する。
elŏvigyázatos [形] 用心・注意深い; 慎重の, 控え目の。
elŏzékeny [形] 察しのよい, 気のきく; 親切な, 愛想のよい, 懇切な, 丁寧な。
elŏzetes [形] 予め行うべき, 先決すべき; 先の; 先行の, 前の; 予めの, 差し当たりの, 当分の; 予備の, 暫定の, 仮の。[名] 予告編。
elŏzmény [名] (論)前提; 仮定; 先行(前述・上記)の事件(事実); (法)先例, 判決例。〔az elŏzmények, 先立つ物, 前例, 先行の出来事。〕
elŏzŏ [形] 先行の, 以前の; 前述の, 上記の。
elŏzŏleg [副] 先に, 前に; 前以て, 予め, 以前に。
elözönöl [他] (…を)水浸しにする; (…に)はん濫する, あふれさせる; (兵)大軍が占領する。
elpáhol [他] 散々なぐる, たたきのめす。
elpalástol [他] (幕で)おおう, 隠す, 秘密にする; (過失などを)目立たぬようにする, 言いつくろう, 取りつくろう, 知らせずにおく。
elpanaszol [他] (…に…を)訴える, 不平・苦情を言う(かこつ)。
elpárolog [自] 蒸発する, 発散する。
elpártol [自] 脱党する, 脱退する; 離れる, 離反する, 背

く。
elpatkol［自］この世を去る，死す，死亡する，のびる，くたばる。
elpattan［自］粉々に破裂する，砕け散る，割れ裂ける；折れる，切断される；（泡が）消える；（矢が）弾（はじ）ける，飛ぶ。
elpazarol［他］蕩尽する，浪費する，濫費する，徒費する。
elpirul［自］（喜・怒・恥などのため）赤くなる，赤面する。
elpiszkolódik［自］きたなくなる，よごれる。
elpityeredik［自］泣き始める，すすり泣きだす；ベソをかく，おいおい泣く。
elpocsékol［他］浪費する。
elpuhul［自］柔らかくなる；（比）柔弱になる，だらしなくなる。
elpuskáz［他］的をはずす；やりそこなう。
elpusztít［他］亡ぼす，破壊する；荒らす，荒廃させる，強奪する；（比）だめにする，だいなしにする；（家から）たたき出す。
elpusztul［自］荒れる，荒廃する；亡びる，滅亡する，破壊される；生命を失う，非命に死す；（家から）追い出される。
elrabol［他］略奪する，誘かいする。
elrág［他］嚙（か）み砕く，嚙み破る；嚙み続ける。
elragad［他］ひったくる，もぎ放す，奪取する，奪い取る；（…を）連れ去る；（死神に）取りつかれる；（比）有頂天にする，夢中にならせる，うっとりさせる。
elragadó［形］人の心をかりたてる，感動させる，うっとりさせる，魅する；愛すべき，実に美しい。
elragadtat［他］うっとりさせる，有頂天にする，無我夢中にさせる。〔elragadtatja magát, わが身を忘れる，ぼう然自失する。el van ragadtatva, うっとりとしている，魅せられている，無我夢中になっている。〕
elragadtatás［名］うっとりさせること，狂喜，歓喜，無我夢中，有頂天。
elrak［他］かたづける；除去する，整とんする；貯蔵する；（比）なぐる，強（乱）打する。
elránt［他］引ったくる，裂き取る，引っ離す，奪い去る；取り払う，引きのける。
elrejt［他］見えなくする，おおう，秘する，かくす。
elrejtőzik［自］（…へ）隠れる。
elrémít［他］おどかす，威嚇する，おじけさせる，驚かせる。
elrémül［自］おじける，びっくりする，恐慌を来す，（おそれて）

飛びのく, しり込みする。
elrendel [他] 定める, 命ずる, 命令する, 指令する；規定する, 指定する；手配する, 処置する。
elrendez [他] かたづける, 並べる, 配列する；順序を立てる, 次第を整える, 整理する；配置する；品分けする, 分類する；処理する, 解決する。
elreped [自] 裂ける, 割れる；破裂する, 砕け散る, さく裂する；ひびが入る。
elrepül [自] 飛び去る；飛行機で行く；(時が) 早くたつ, 流れ去る。
elreteszel [他] 閂(かんぬき)を下ろす(掛ける)；(比)閉鎖する, 閉じ込める。
elrettent [他] おどかす, 威嚇する, 追い払う, 駆逐する。
elrettentő [形] 懲らしめになる, 見せしめになる, 戒めの；威嚇的な；物すごい, ひどい。〔elrettentő példa, 戒めの例, 見せしめ。〕
elriad [自] おどろいて(恐れて)飛びのく, しり込みする, ひるむ。
elriaszt [他] おどかして去らせる, 追いやる, おどかして逃がす, おじけさせる, 驚かせる。
elringat [他] 揺すって寝いらせる, 眠らせる。
elrobog [自] (車などでガチャガチャ鳴らしつつ)全速力で走り去る；疾駆し去る；(汽車・自動車などで)遠ざかる, 遠のく。
elrohan [自] 走り去る, 速やかに去る；(時が)素早く過ぎ去る。
elromlik [自] 壊れる, だめになる, こわれる, 損ずる；(食物が)腐る；(眼が)衰える, 悪くなる；(機械に)故障が起こる；(比)堕落する。
elrongyolódik [自] 切れぎれに裂ける, ちぎれる；(衣類が)破れ損じる, ぼろぼろになる。
elront [他] 破壊する, だめにする, だいなしにする；傷める, 悪くする, こわす；興(きょう)をそぐ, 妨げる；腐らせる；(比)堕落させる。
elrothad [自] 腐敗する, 腐朽する, 崩壊する, 分解する；(比)死滅する。
elrúg [他] 突き(押し)倒す；突き落とす, 突きくずす, 打ち落とす；突きのける, 押しやる, 押しのける；けり飛ばす；(雌牛が)子を流産する。

elsajátít [他] (…を)わが物とする，獲得する；修得する；採用する，自己の所有とする；横領する。

elsápad [自] 青ざめる，青白くなる。

elsárgul [自] 黄色くなる，黄変する；血の気が引く。

elseje [名] → első. その第一のもの。〔május elseje, 5月1日，メーデー。〕

elsiet [自] (…の許から)急ぎ去る，急いで立ち去る。[他] むやみに急がす，せきたてる；急いでする，早める。

elsikkaszt [他] 横取りする，横領する；私消する，着服する(金などを)。

elsiklik [自] 足を滑らす，滑って踏みはずす，滑る。〔elsiklik vmi fölött, …を見過ごす。〕

elsimít [他] 平らにする，平滑にする，滑らかにする；(比)整える；(争議を)調停する；(事件を)内々にもみ消す，握りつぶす；(訴訟を)示談にする。

elsimul [自] 平らになる，滑らかになる；(事件が)落着する(整う)，解決する。

elsír [自] 泣きつづける；泣いて語る。[他] 泣きついて人から物を貰う，泣いて物を請う(求める)。

elsirat [他] (…のために)泣き悲しむ；(死を)悲しむ，嘆く，悔む，いたむ。

elsodor [他] 押し流す，さらって行く；心を奪う，感動(激)させる。

elsorol [他] 数えたてる，列挙する，枚挙する。

elsorvad [自] (病気・悲愁で)身を滅する，力をつかい尽す；(生物)萎縮する，衰弱する，やつれる，やせる。

elsorvaszt [他] 衰弱させる，やつれさせる；萎縮させる，衰えさせる。

elsóz [他] 塩を入れすぎる，塩からくしすぎる；(比)(…の計画に)茶々を入れる，…をぶち壊す。

első (所 elseje)[形] 第一の；第一流の；最初の，真っ先の。〔első fok, (法)一審。〕[名] 第一のもの，首席者。〔e hónap elsején, この月の朔日に。〕

elsőbbség [名] より先なること；上位，先位，上席；優先(位)。

elsöpör [他] 掃き棄てる，掃き除ける；掃討する。

elsőrangú [形] 第一級の，第一等の，第一流の；(性質)ばりばりの，最上級の(種類)。

elsőrendű [形] 第一序列の, 第一次の, 第一選の(商品など);最初の;初歩の, 根本の, 基礎的.〔elsőrendű vádlott, 主犯.〕

elsőszülött [形] 初めての. [名] (長男, 長女)長子.

elsötétedik elsötétül [自] 暗くなる, 曇る;(比)陰気になる, 憂うつになる.

elsötétít [他] 暗くする, 曇らせる;陰気にする.

elsuhan [自] かすめ過ぎる, 疾過する, 急ぎ通り行く;急ぎ逃げ去る, 滑走する.

elsül [自] 発火する;(銃が)発射する;(日照りで野菜等が)だめになる;(事件が)うまく行く, 成功する, うまく当る;(肉や菓子が)焼け焦げる;(日に)焼ける.

elsüllyed [自] 沈む, 沈没する;落ち込む, 陥る;(比)没落する, 滅亡する.

elsüllyeszt [他] 沈める, 沈下させる;沈没させる;深くねじ込む.

elsüt [他] (銃を)発砲する, 発射する;焼く, 焼き尽くす;焦がす;(比)やっとものにする.

elszabadul [自] 自由になる;離れる, はずれる;まぬがれる, のがれる, 脱する.

elszakad [自] 裂ける, こわれる, 切れる, ちぎれる, 破れ損じる, ぼろぼろになる;身をもぎ離す;(…と)断交する, 分離する;離れる;(比)離反する, 背く, 脱党する.

elszakít [他] 裂き取る, 引き裂く, ひきちぎる;引き離す, 取り払う.

elszalad [自] 走り去る, 急ぎ去る, 出発する;(馬が)逃げ去る;(時が)素早く過ぎ去る.

elszalaszt [他] 逃げ去らせる, のがれしめる;(機会を)逸する;(汽車に)乗り遅れる.

elszáll [自] 飛び去る, 飛び立つ;(比)過ぎ去る, 逃げ去る.

elszállásol [他] 宿泊させる, 泊める, 宿らせる, 舎営させる.

elszállít [他] (物を)運び出す, 発送する;運送する, 運搬する.

elszámít (elszámítja magát) [他] 計算を誤る, 誤算する;(比)当てがはずれる, 見当違いをする, 間違う.

elszámol [自] 勘定する, 清算する, 決済する, ケリをつける.

elszámolás [名] 計算すること;清算, 差引勘定, 決済.

elszán (elszánja magát) [他] (…を成すよう)決心・

覚悟する。
elszánt [形] 決意(心)した，覚悟した；断固たる，決然たる。
elszaporodik [自] 繁殖する，増加する，増す。
elszárad [自] ひからびる，枯死する，しぼむ，枯れる，朽ちる。
elszédít [他] めまいさせる，混迷させる，失神させる，ふらふらさせる，無感覚にする，目をくらます；ごまかす，欺く，まん着する，誘惑する。
elszédül [自] めまいがする，目がくらむ，ふらふらする。
elszegényedik [自] 貧しくなる，貧乏になる；零落する，落ちぶれる。
elszégyell (elszégyelli magát) [他] 恥ずかしがる，赤面する。
elszenesedik [自] 炭になる，炭化する。
elszenved [他] こらえる，我慢する，しんぼうする，堪え忍ぶ，もちこたえる；(外からの害悪などを)被る，受ける；侮辱を受ける。
elszeret [他] (愛に依り…を)奪い取る，心を奪う；(…を誘って…に)背かせる，離反させる；(…に)不忠実ならしめる，裏切らせる；(義務に)背かせる。
elszigetel [他] 孤立させる，島の如くする；離す，別にする；絶縁する，隔離する。
elszigetelt [形] 分かれた，孤立した，隔離した；(電)絶縁された。
elszív [他] (空気等を)吹き散らす；(タバコを)吸う，ふかす，喫煙する。
elszokik [自] 習性にならない，習慣を脱する；(…の)癖を止める(直す)；(訪問先から)足が遠のく。
elszomorít [他] (…の)心を暗くする，悲しませる，悩ます。
elszomorodik [自] 悲しくなる，悲しむ；暗くなる。
elszór [他] まき散らす，散らかす；追い散らす，分散させる。
elszóródik [自] 散り散りになる，四散する，散乱する。
elszórt [形] ばらまかれた，ばらばらの，散乱した；散発的な。
elszorul [自] 胸苦しくなる，胸が迫る；不安になる，心配になる。〔a szívem elszorul, 私は胸苦しい。〕
elszökik [自] (…から)逃げる，脱する，脱走する，逃亡する；(兵)脱営する。

elszörnyed [自] びっくり仰天する, がく然とする, 恐怖する, 驚く; ぶつかる。

eltakar [他] おおう, かぶせる, 掛ける, 蓋(ふた)をする; 包み隠す, 隠ぺいする, 忍ばせる。

eltakarít [他] 取り除ける, 運び去る; 片づける, そうじする; (死骸を)埋葬する; (農)倉庫に入れる, 貯蔵する。

eltakarodik [自] 退去する, 引きしりぞく; 立ち去る, 出て行く; 撤退する, 退却する, 逃亡する; (雪等が)消える。

eltalál [他] (偶然に)当てる, 推し(言い)当てる, 考え当てる; (謎など)判じる; (意中を)言い当てる, 推察する; (場所を)探し当てる; (目標を)射止める(…に的中する); (比)正確に当たる。〔jól el van találva, 肖像は本物そっくりだ。〕

eltapos [他] 踏み砕く, 踏みつぶす; (比)踏みにじる, じゅうりんする, 踏み荒らす。

eltart [他] 保つ, 養う, 扶養する, 支持する; (果物などを)貯蔵する。[自] 続く, 存続する; 持ちこたえる。

eltartás [名] 保存, 保有; 扶養, 支持; 貯蔵; 持続。

eltaszít [他] 突いて落とす, 押しのける, 突きのける, 突き離す, 放棄する。

eltávolít [他] 遠ざける, のける, 除去する, 除く; (群衆を)追い払う; (地位から)追い払う, 排除する; 疎遠にさせる。

eltávolodik [自] (何から)遠ざかる, 離れる, 去る, ひく; (何に)離反する, そむく。

eltávozik [自] 遠ざかる, 離れる, 去る; 出て行く, 出かける, 出発する; 離反する。

eltekintve [副] (…を)除いて; それは差しおき, それは別にして, それを顧みないで; それ(次のこと)はともかく。

eltékozol [他] (財産を)浪費する, 乱費する, 徒費する, むだ使いする。

eltelik [自] (…で)満ちる, 一杯になる, 充たされる; 飽食する, 満腹する; (時が)経過する, 過ぎ去る; 満期になる。

eltelte [名] 経過, 満期。〔a próbaidő eltelte után, 試練(見習)期後。〕

eltemet [他] 埋葬する; 埋める, 埋蔵する; (比)秘す, 隠す。

eltép [他] 引き裂く, 引きちぎる, ずたずたに切る; (束縛を)脱する; (鎖を)断ち切る。

eltér¹ [自] それる, ほかの方へ行く, はずれる(的などを); 離れる, 遠ざかる; 異なる, 違う; 意見を異にする, 不同意である; (磁石が)偏差を生ずる; (海)(嵐で船が)押し流される, 漂流する。

eltér² [自] 場所がある, 余地がある。

elterel [他] (人の注意を)わきへ向ける, 他方へ向ける, そらす; (問題を)転向させる, ほかへまぎらす; 追い払う, 駆逐する; (けん疑を)取り除く。

eltérés [名] それること, はずれること; 常軌をそれること, 脱線; (討論において)問題外の議論, 枝葉の話; (見解の)相違, 不一致; (法)命令の違反; (慣習の)差異; 格差; (船の)偏流; (理)(磁針の)偏斜; 光行差。

eltérít [他] わきに向ける, 方向を転ぜしめる; 転向させる, そらす, 断念させる; (…をして…に)そむかせる, 離れさせる; (光を)重屈折させる; (理)磁針をそらす, はずす。

elterjed [自] 広がる, 広まる, 伝わる, 伝ばする; はびこる; 伸びる, 展開する; (…に)達する, 及ぶ。

elterjedt [形] 広められた, 広く行われる; 広い, 広範な; (木の枝などの)広がった。

elterjeszt [他] 広げる, 広める, 流布する, 普及させる; (噂などを)行き渡らせる, 放送する。

eltérő [形] 異なる, 相違する; 片寄った。

elterül [自] 広がる, 伸びる, 延びる; (…まで)のびる, 達する, 及ぶ; (疲れて)大の字になる。

eltesz [他] 預ける; (…を)取りのける, 片づける, しまう; 貯える, 納める; (果物を)かん詰めにする; 左遷する。〔láb alól eltesz, 片づける, 取りのける。vkit eltesz, …を片づける, 亡きものにする。〕

éltet [他] 生気を与える, 生き返らせる, 元気をつける, 活気づける, 鼓舞する; 万歳を唱えて喝采する, 歓呼祝福する。

eltéved [自] (道に)迷う, 道を誤る; (比)正道を踏みはずす, 常軌を逸する; (郵便物が)誤配される。

eltéveszt [他] (的を)はずす(目標をそらす); (道を)誤まる; (比)やり損う, 取り違える, 思い違いをする, 混同する。

eltilt [他] 禁ずる, 禁止する; 許さない, 拒む。

eltipor [他] 踏みつぶす, ふみ荒らす, ふみ破る, じゅうりんする; (馬が)踏みならす, 踏みにじる。

eltitkol [他] 隠す, 秘密にする; 隠蔽する, いつわる, 目立

たぬようにする；カムフラージュする；知らさずにおく。

eltol [他] 押しやる，押しのける，脇へ押しやる，取り除く，ずらす；(期日を)延ばす，延期する；(仕事を)ぞんざいにして片づける，さっさと作り上げる。

eltompul [自] (刃が)つぶれる，鈍る，鈍くなる；(比)(能力が)にぶる，弱くなる。

eltorlaszol [他] 閉鎖する，しゃ断する，阻止する，ふさぐ；(兵)防さいを設けてしゃ断する。

eltorzít [他] (…を)ゆがめる；形を損ずる，ぶかっこうにする，醜くする，不具にする；(顔を)しかめる；戯画化する。

eltorzul [自] ねじれる，ゆがむ；渋面(じゅうめん)する，しかめ面になる。

eltökél [他] (…をすることを)決定(意)する，決心する。〔eltökéli magát, (…に対しわが心を決する)決心する，覚悟する。〕

eltökélt [形] 決定した，確定した；決心した，覚悟した；果断な，断固たる，決然たる。〔eltökélt szándékom, わが固い意図。〕

eltölt [他] 満腹にする；(…を)充たす，一杯にする，充てんする；遂行する，果たす；(予期を)充たす；(時を)費やす，過ごす。

eltör [他] 割る，破る，こわす，折る，砕く，破砕する；骨折させる。

eltörik [自] 破れる，こわれる，くずれる，砕ける，割れる；骨折する。

eltöröl [他] ぬぐう；ふき消す，消し去る；(比)撤廃する，廃棄(止)する(法令を)；撤回する。

eltörpül [自] 小さく見える。

eltulajdonít [他] (何を)自己のものとする，占有する，私する；こっそり持ち去る，くすねる，ちょろまかす；万引きする；私消する，着服する。

eltűnik [自] 失せる，消失する，消滅する；姿を消す，失そうする。

eltűnődik [自] 沈思黙考する，反省する。

eltüntet [他] 隠す；消失させる，消滅させる；姿を消させる，逃げさせる；ごまかす，ちょろまかす。

eltűr [他] 耐え忍ぶ，がまんする，もちこたえる；許容する，大目にみる；(侮辱を)受ける，被る。

eltüzel [他] (まきなどを)焼き尽くす, 焼却する, 灰にする。
elun [他] (…を)飽く, あきる, きらいになる, うむ。〔elunja magát, あく, けん怠する, 退屈する, ぶりょうを感ずる。〕
elúszik [自] 泳ぎ去る;(比)(波に)運び去られる, 持ち去られる, さらわれる;滅失する, 消失する;期限に間に合わない。〔minden pénze elúszott, 彼は金を使い果たした, 彼の金は消え失せた。〕
elutasít [他] 追い払う, こばむ, はねつける;しりぞける;拒絶する;(法)却下する, 棄却する, 忌避する;(兵)撃退する(敵の攻撃を)。
elutasítás [名] 同上のこと;拒絶;(法)却下, 棄却;(商)(手形の)引受拒絶。
elutasító [形] 拒絶の, 断りの;却下的の。
elutazik [自] 旅立つ, 出発する;出帆する。
elül[1] [副] 前に, 前方に, 前面に;先立って, 先頭に, 先に;前へ, 前方へ。〔elülről, 前から, 初めから。〕
elül[2] [自] 座り直す;(鶏が)寝に行く;座り込んでいる;(嵐が)止む;(風が)なぐ;(騒ぎが)おちつく, 静まる, おさまる。
elüldöz [他] 追いやる, 追い出す, 放逐する, 追い払う;駆逐する, 取り除く。
elülső [形] 前の, 正面の, 前面の。
elültet [他] (植物を)植え替える, 移植する;(来客に)席を指定する;席を変えさせる, 他の場所に座らせる。
elüt [他] (玉を)投げやる;(頭を)したたか打つ, 打ちのめす;切り倒す;打ち割る, 打ちこわす;(…を)冗談事にする;(トランプを)切ってまぜる;ごまかす, ちょろまかす;ひったくる, 巻き上げる, 横取りする;(敵を近寄らせずに)退ける, 追い払う;(攻撃を)受け止める, 防ぐ, はずす。〔elütötte már a tizenkettőt, もう12時を打った。tréfával elüti a dolgot, 冗談で気分を和らげる。〕 [自] 目立つほど違う, 著しく異なる, 相違する, それる;対照的となる。〔nagyon elütött az atyjától, 彼は全く父に似ていない。〕
elütő [形] 似ていない, 似もつかない, 異なる;相対する, 反対の;調子はずれの, 不調和の。
elv [名] 原理, 原則;主義;規範;(数)公理;(宗)教義。
elvadul [自] 荒くなる, 野生化する;粗野になる;おじける, 恐怖する, 驚く;(子供が)手におえなくなる。
elvág [他] 切り離す, 切断する;切りのける, 切り捨てる。

elvakít [他] 盲目にする，失明させる；(目を)くらます，げん惑させる，心を奪う；あざむく，まどわす。

elvakult [形] 失明した；げん惑された；先入見にとらわれた，うぬぼれの強い。

elválás [名] 分かれること；分散，分離；別離，離別；絶交，絶縁；離縁(婚)。

elválaszt [他] 引き離す，分離する，別々にする；(夫婦を)離別させる，縁を切らせる；(悪習を)脱せしめる；(乳児を)離乳させる；(文)(語を)切る，分離する；選ぶ，選定する；決定する，判定する；(生)分泌(ぶんぴ)させる。

elválasztás [名] 同上のこと。

elválaszthatatlan [形] 分けられない，分離しがたい，離すべからざる。

elválik [自] 別れる，離れる，解ける；分離する，分枝する；離婚する；別れを告げる；分かる，さとる，明らかになる，知れる；姿を見せる，現れる。〔majd elválik, いずれ明らかになる。〕

elvállal [他] 請け合う，受け容れる，引き受ける；世話をする，預かる，担当する。

elváltoztat [他] 変化させる，変更する，変形させる；(声を)変える，真似る，模偽する；(…を…に)変ずる；(…を金に)換える。

elvámol [他] (の)関税をかける；税関の検査を終わる。

elvan [自] いられる；存在する；折り合いがつく；暮らして行く，生存(活)する。〔elleszek én nélküled is, 私は君が居なくても暮らしてゆかれる。elvagyunk mi pénz nélkül is, 我々は金が無くても不自由しない。nélküle is elvan, 彼が居なくとも済まされる。elvan csendesen, 静かに生存する。〕

elvár [他] (…を)待つ,待ち通す；待ち設ける,待望する；予期する，期待する。

elvásik [自] 鈍くなる，鋭利でなくなる，切れなくなる(刃などが)；消耗する，使い古びる，磨滅する。

elvégez [他] …を終える，済ます，果たす；完了する，仕上げる，完成する；成し遂げる，成就する；(学校を)卒業する；決定する，決議する。

elvégre [副] 終わりに，最後に；結局，ひっきょう，つまり。

elvegyül [自] まじる，まざる；(群衆の間に)紛れこむ。

〔elvegyült a tömegben, 彼は群衆の中へ消えた。〕

elver [他] さんざんになぐる, ぶんなぐる;(金を)浪費する;(財産を)使いつくす, とう尽する;(あらしが作物を)荒らす;(風等が)追い払う;(鐘が)時を打つ;打ちくだく。〔elverte már a kettőt, すでに二時を打った。〕

elvérez [自] 出血して衰え果てる;出血して死ぬ;(野獣が)へい死する, たおれ死ぬ;(比)失敗する。

elvesz[1] [他] 取り去る, 奪い去る;受け取る, 受け入れる;採用する;(妻として)娶(めと)る;(兵)略取する;(法)差し押さえる。

elvesz[2] [自] なくなる, 失せる, 紛失する;消え失せる;(ひとごみの中に)紛れ込む;没落する, 沈没する;滅びる, 死ぬ。

elveszett [形] 失われた, 紛失した, 消え失せた;(比)没落した, 破滅した。

elveszít, elveszt [他] 失う, 無くする, 紛失する;損失する;空費する;亡くす;(勝負に)負ける;(希望を失う)落胆する;(気分を失う)いやになる;(頭を失う)ろうばいする;滅ぼす, 片づける, 殺す。

elvet [他] (magot)(種を)まく;投げ散らす;断念する, 放棄する;排斥する;拒否する, 否決する(議案などを)。

elvét [他] 誤まる, 間違う(拍子・韻律を);(踏み)はずす;やりそこなう;見過ごす, 逸する;見誤まる, 誤認する。

élveteg [形] 肉欲にふける, 快楽的の, いん乱の, いんとうの。

elvetél [自] 流産する, 早産する;堕胎する;(比)(考え等が)実現しない。

elvetődik [自] 吹き流される, 漂流する, それとなくさまよう;(…へ)偶然に来る, 不意に出会う。

elvétve [副] まれに。

élvez [他] 愛用する, 享受する, 享楽する;楽しむ, 味わう。〔ösztöndíjat élvez, 給費を享受する(学生が)。〕

elvezet [他] 運んでいく;連れて行く, 案内する;お伴する, 随行する, 送り届ける(娘などを家まで);(仕事等を)指示できる;(兵)護送する。[自] (道が…のそばを)通る。

élvezet [名] 飲食すること;享受, 享有;享楽, 楽しみ, 慰楽, 歓楽。

élvezetes [形] 楽しい, 歓楽の多い, 享楽的, 興味ある, おもしろい。

élvhajhász [名] 快楽主義者, 道楽者。

elvi [形] 原則上の，原理上の；主義上の，根本的の。

elvirágzik [自] （花が）しぼむ，散る，ちょう落する；花盛りが終る，開花期が終る；（比）容色が衰える（女性などの）。

elvisel [他] 身につける，着る；着古す，着破る；たえ忍ぶ，しんぼうする，がまんする。

elviselhetetlen [形] 堪えられない，たまらない，忍びがたい，がまんのできない，容赦できない；（比）めんどうな，落胆させる，うるさい。

elvisz [他] 運び去る，持って行く，持ち去る，携帯して行く；（人を）連れて行く，同行する，案内する；だめにする；（兵として）徴募する；（捕虜を…へ）流刑に処する；（鉄砲の玉が）…まで達する，命中する。[自]（道が…へ）通ずる。

elvitathatatlan [形] 争えない，議論の余地ない，異論をはさみえない；明白な，確実な。

elvon [他] （カーテンを）開ける；（注意を）わきに向ける，他に転じさせる，（気を）そらす；誘い行く，転向させる；（…から…を）取り去る，引き去る，奪い取る，取り上げる；（哲）抽象化する，推論する。

elvonás [名] 引きのける（引き離す）こと；引き去ること，奪取；（注意を）そらすこと，方向を変えること；撤回すること；（哲）抽象化，推論。

elvont [形] 抽象的な，概念的な；哲学的の，難解の；（法）無因の，空論の。

elvonul [自] 通り過ぎる；引く，隠退する，引っ込む；（夕立が）逃げる，去る，消散する；（兵）（陣を）撤する，退却する。

elvonulás [名] 通過，通行；（兵）退却。

elvörösödik [自] 赤くなる，赤味を帯びる；（喜怒・恥じらいのために）顔を赤くする，赤面する。

elvtárs [名] 同主義者，同志（者）（社会主義者や共産主義者の間で用いる）；党員；味方。

elvtelen [形] 主義のない，無主義の；準則のない，無道の。

elzálogosít [他] 質に入れる，抵当にする；（不動産に）抵当権を設ける。

elzár [他] 錠（じょう）を下ろす；閉ざす，閉鎖する；ふさぐ，さえぎる；封かんする；（ガス等を）消す；（法）幽閉する，監禁する。

elzárás [名] 鍵（かぎ）を掛けること；閂（かんぬき）を掛けること；（栅やじゃ口など）しゃ断閉そくすること；（法）拘留，禁

固，監禁；通行を留めること。
elzárkózik [自] (室に)閉じこもる；世を捨てる，とん世する，世に隠れる；(要求を)拒絶する；(…に対し)目を閉じる，心を打ち明けない，(胸に)秘める。
elzavar [他] (…を…から)追い払う，追い出す；(蚊・鳥などを)おどかして去らせる，駆逐する。
elzülleszt [他] 身を持ちくずさせる，堕落させる。
elzüllik [自] 身を持ちくずす，おちぶれる，堕落する，零落する，りん落する，名声を落とす；(経済等が)衰退する；(獣鳥が)おどかされて逃げ去る，さまよい歩く。
elzsibbad [自] ぐったりする，気力がなくなる，疲れ切る；かじかむ，しびれる，麻ひする，硬直する。
e-mailezik [自] 電子メールのやりとりをする。
emancipáció [名] (同権に)解放すること。〔női emancipáció, 女性解放。〕
emancipál [他] 後見を解除する；解放する；自由にする。
ember [名] 人，人間，人類；男；男らしい人；(…の)部下，人員；夫(おっと)，主人；(秀れた)人物。〔emberek, 人々，世人，世間の人々，世の中。〕
emberáldozat [名] 人身御供をすること，人間を犠牲にすること；(宗)人身御供(ヒトミゴクウ)；犠牲者。
emberbarát [名] 仁者，人道主義者，博愛家，慈善家。
emberélet [名] 人生，人命。
emberevő [形] 食人者のような；(比)残酷な，野蛮な。[名] 食人者(族)；(比)残忍(野蛮な)人。
emberfaj [名] 人類；人種。
emberfajta [名] 人種；人間の種類(身分・地位などの)。
emberfölötti [形] 人間以上の，人間わざでない，超人的の；神わざの；(比)非凡な。
emberi [形] 人間の；人間らしい，人間的の。〔emberi nem, 人類，人間の部類(種属)。emberi mű, 人工，人造物。〕
emberies [形] 人間らしい；人情ある，人道的の，慈悲深い；親切な；礼儀ある。
emberiség [名] 人類，人間全体；人たること，人間性，人間味，人道；人情，親切，仁慈。
emberismeret [名] 人間通，世態人情の知識，人間洞察に長けたこと。

emberismerő [名] 人間通の人, 世態人情通の人, 世故に長けた人, 人間洞察に長けた人。

emberke [名] 小さい人, 一寸法師, こびと；子供。

emberkerülő [形] 人おじする, 内気な, 交際ぎらいな, えん世的な。[名] 人間ぎらい, 交際ぎらいの人。

emberlakta [形] 人の住んでいる。

emberölés [名] 人殺し, 殺人, 殺害；(法)殺人。

emberöltő [名] 人の一代(約30年), 世代。

emberrablás [名] (人間の)誘かい・かどわかし；(法)略取誘かい罪。

emberség [名] 人間性；人情あること, 仁愛；仁愛の行為；人間的なこと, 仁心あること；人道主義；行儀よきこと, 礼儀, 温雅。〔a maga emberségéből, 自(独)力で。〕

emberséges [形] 人間らしい, 人間的, 人情ある, 慈悲深い；深切な, 愛想よい, 温順な, おとなしい；行儀のよい, 上品な, 端正な；まじめな, 正直な, 切実な。

embertan [名] 人類学；(哲)人性(間)学。

embertárs [名] 人類の一員, 人間仲間, 同じ人間, 同胞。

embertelen [形] 人間らしくない；不人情な, 無情の；人面獣心の, 残忍の, 無慈悲の；非人間的な。

embertelenség [名] 非人間的なこと(行為・振舞)；不人情, 無情, 残忍；非人間的境遇。

emberül [副] 剛き・勇敢に；大いに, しっかりと。

embrió [名] 胚(はい)；胎児；幼虫。

emel [他] 上げる, 揚げる, 高める；(祝杯を)あげる；持ち上げる, 引き上げる；(手を)あげる(敬礼・誓約のため)；崇仰する；引き立てる, 賞揚する；昇格させる；建てる, 築く；昇給する；値上げする；(苦情を)持ち込む, 告訴する；(貴族などに)列せしめる；(トランプを)切る, まぜる。〔szót emel, 発言する。〕

emelés [名] 上げること, (上へ)揚げること；高めること(増加), せり上げること。

emelet [名] (建)層；(家屋の)階, 階層。

emeletes [形] (建)(何)階の, 層の。〔egyemeletes ház, 二階建ての家。〕

emelkedés [名] 上がること, 高まること；昇格, 昇級；増加, 増大；値上げ, 騰貴；昇俸；増水；上り坂, 傾斜；高み, 小山, 丘。

emelkedett [形] 高所にある，高められた，高所の；奮える，活気ある，活躍する，飛躍的，隆盛なる；熱ある；(商況の)活発な；高尚な，壮重な；加わった。〔emelkedett hangulat, 上きげん。〕

emelkedik [自] 立ち上がる；そびえ立つ；ひらりと飛び上がる，舞い上がる；増加する，増大する；値が上がる；増水する；傾斜が上昇する，上って行く，上がる，登る；(気分が)陽気になる；(熱が)上がる。

emelkedő [形] 上昇する；傾斜する，こう配のある；増加する，漸増的；騰貴する。[名] 坂路，斜坂。

emellett [副] このそばに；これと共に；同時に；このほかに，おまけに；これにもかかわらず。

emelő [名] (工) てこ，こうかん(槓杆)；起重装置，巻き上げ機，引き揚げ機，昇降機，エレベーター；(比)原動力。

emelőgép [名] 引き上げ機械(昇降の)，エレベーター。

emelvény [名] 高い段，高壇，演壇；舞台。

émelyeg, émelyedik [自] 吐気を催す，けんおの情を催する。〔émelyeg a gyomrom, 私は胸がむかつく，吐気を催す。〕

émelygés [名] 吐気を催すこと，むかつき；気分が悪いこと，不愉快，不興。

émelyít [他] 吐気を催させる；あきあきさせる，不快を与える，けん怠させる。

émelyítő [形] 吐気を催させる；いやな，忌わしい，気持に逆らう，不快な。

emészt [他] 消化する，こなす，吸収する；(何を)消費する，使い尽くす；(比)よくのみこむ，理解する。〔emészti magát, 力を尽くす，身を滅ぼす，衰弱する，やつれる；深く悲しむ，悩む。〕

emésztés [名] 同上のこと；消化；(比)会得，理解。

emésztő [形] (比)衰弱させる，消耗性の。

emez [代] [形] この，その，あの；これ，このもの。

emiatt [副] このために，このことで，これに関して；これ故に，このせいで。

emigrál [自] → kivándorol. (国を出て)移住する；出かせぎする；亡命する。

emigráns [名] → kivándorló. (外国への)移住者；出かせぎ人；亡命者。

emleget [他]（…について繰り返し）述べる，告げる，話す；（…に）言及する；（…の名前を）繰り返し言う。

emlék [名] 忍ぶこと，回想，追想，思い出；記憶力；記念（物・碑・建築物）；遺跡。〔emlékül, 思い出として，記念に。〕

emlékezet [名] 思念，想起；記憶力；思い出；記念。〔friss emlékezetben, 新たなる思い出において。〕

emlékezetes [形] 記憶すべき，記念すべき，銘記すべき，いちじるしい；忘れられない。

emlékezik, emlékszik (vmire) [自]（…を）思う，忍ぶ；思い出す，回想する；記憶している，覚えている；考える。

emlékeztet [他] 思い起こさせる，回想させる，思い出させる；（忘れないよう）注意する，促す。

emlékeztető [形] 回想させる，思い起こさせる。〔emlékeztető jel, 思い出の印，形見。〕[名] 覚書，備忘録；想起。

emlékirat [名] 回想録，追悼録；備忘録，覚書；碑銘，追悼の詩文。

emlékkő [名] 記念碑。

emlékmű [名] 記念碑；記念作品。

emlékpénz [名] 記念硬貨。

emléktábla [名] 記念碑，記念プレート。

említ [他]（…について）述べる，陳述する，記述する，言及する。

említés [名] 述べること；言及。〔említésre méltó, 述べるに価する，言及するに足る，あげる価値ある；顕著な，重要な，注意すべき。〕

említett [形] 前に述べた，前にあげた，既述の，上記の。

emlő [名]（女性の）乳房（ちぶさ）。

emlős [形] 乳房を持つ；哺乳（ほにゅう）の。〔emlős állat, 哺乳動物。〕

én [代] 私，われ，ぼく。[名] 自我。〔énmagam, 私自身。〕

ének [名] 唱歌，歌，歌唱；賛美歌；物語歌；詩歌；（比）鳥のさえずる声。〔énekek éneke, （宗）聖歌，雅歌，賛美歌。〕

énekel [他] 歌う。[自] 唱歌する，吟ずる，歌う；（鳥が）さえずる，鳴く，歌う。

énekes [名] 歌う人，歌手；声楽家。
énekesmadár [名] 鳴き鳥。
énekesnő [名] 女性歌手，歌姫；ソロの女性歌手。
énekhang [名] (音)歌声。
énekkar [名] 合唱団。
énekóra [名] 唱歌の授業(課業)；唱歌の時間。
énekszó [名] 歌，歌声。
energia [名] 活力，精力，エネルギー；元気，気力，根気；運動を起こす力，勢；効能(力)。
energikus [形] 精力ある，元気おう盛な；力強い，勢いのある。
enervált [形] 精力を失った，衰弱した，弱った。
enged [自] 譲る，従う，服する；(寒さが)ゆるむ；し緩する；和らぐ，しずまる；減少する，衰える。[他] 譲る，渡す；委ねる，任せる；まける，引き下げる；忍ぶ，放置する，許容する；認可する，許可する。
engedékeny [形] 人の意に逆わない，寛容な，譲歩的な；扱い易い，御し易い，従順な，謙そんな；世話好きな，親切な；弾力的な。
engedelmes [形] すなおな，従順な，やさしい，よく言うことをきく。
engedelmeskedik [自] 従う，譲る，従いゆく；(…の言に)服従する。
engedelmesség [名] おとなしい(すなおな)こと；従順，聴従，服従。
engedély [名] 同意，許可，承諾，承認；(法)認可，免許，特許。
engedélyez [他] 許容する，認可する；許可する，免許する，特許する；同意する，承認する。
engedetlen [形] 不従順な，片意地な，我がままな；服従しない，命令を拒む，反逆的な。
engedmény [名] 譲歩，妥協；承認，認容；許可，認可，免許；(商)減価，割引，値下げ。
engem, engemet [代] 我を，私を，ぼくを，わしを。
engesztel [他] なだめる，和らげる，しずめる；調停する，和解させる，妥協させる；(宗)あがなう，贖罪する。
engesztelhetetlen [形] 和らげられない，和しがたい；執念深い，不ぐたい天の。

ennek [代] これの, この；これに, このものに。〔ennek előtte, これより先に, 以前に, かつて。ennek okáért, これ故に, この理由で。〕

ennél [代] これにおいて；これよりも。〔ennél fogva, これ故に, このために；この結果として, これに依って, 従って。〕

ennivaló [形] (比) 食いつきたいほど愛らしい, 可愛い, 最も愛すべき (子供など)。[名] 食べ物。

ENSZ [名] (=Egyesült Nemzetek Szervezete) 国連。

enyeleg [自] 冗談を言う, からかう, 戯れる；(女に) ふざける, いちゃつく；じゃれつく, 愛ぶする。

enyelgés [名] (しきりに) 戯れること, ふざけること；いちゃつき合うこと。

enyém, enyim [代] 私の物；身内の者。〔az enyém, 私の物。az enyéim, 我が家族員 (親戚・近親・身内の者・味方等)。〕

enyhe [形] 温和な, 温順な, やさしい；(天気の) 穏やかな, 心地よい；(光・色などの) 柔らかい；(刑罰などの) 寛大な。

enyheség [名] 温和, 温順, 温良, 柔和；温暖；柔らかいこと；寛大。

enyhít [他] 穏やかにする；(痛みを) 和らげる；(飢渇を) いやす, 緩和する；(判決を) 減刑する。

enyhítő [形] 和らげる, 緩和する, 鎮静的；慰謝する；軽減する。〔enyhítő körülmények, 軽減すべき事由, しゃく量すべき情状。〕

enyhül [自] 和らぐ, 緩和する, やさしくなる；しずまる；(刑などが) 軽くなる, 減ずる；(天気などが) 穏やかになる, ほどよくなる。

enyhülés [名] 和らぐこと；緩和, 鎮ぶ；痛みがしずまること；緊張緩和。

ennyi [形] これぐらい, これほど, これだけ。〔ennyi ideig, これほど長い間, この間, 久しく。ennyire, これほど沢山に, これほど多く, 非常に。〕

enyv [名] にかわ (膠), のり (糊)。

enyvez [他] にかわで張る, にかわでつける；(に) にかわを塗る, にかわ水を敷く。

ép [形] 損傷のない, 無傷の；手をつけない, 元のままの；無病の, 健やかな, 壮健な；全き, 完全な。

epe (目 epét)［名］(医)胆汁(たんじゅう)；(比)ふきげん，ふん怒，かんしゃく；苦味。

epebaj［名］胆汁疾患，胆嚢病(たんのうびょう)。

epehólyag［名］(医)胆嚢(たんのう)。

epekő［名］(医)胆石，胆結石。

eper (目 epret)［名］イチゴ。(植)桑の実。〔fai eper, 桑の木の実。földi eper, オランダ・イチゴの実。〕

eperfa［名］(植)桑の木。

epés［形］胆汁の多い，胆汁質の；苦い(苦味のある)；(比)ふきげんの，気短かの，怒りっぽい，かんしゃく持ちの；皮肉な，いや味のある。

epeszű［形］気のたしかな，正気の；常識のある。

epigramma［名］エピグラム，格言的短詩，寸鉄詩，奇警詩；警句，風刺句，短嘲詩。

epika［名］叙事詩，史詩；英雄詩，雄壮な詩。

epikus［形］叙事詩の，英雄詩の，史詩的；雄壮な。〔epikus költő, 叙事詩人。epikus költészet, 叙事詩。〕

epilepszia［名］(医)てんかん(発作的病気)。

epilógus［名］(文章・詩歌の)結びの言，跋(ばつ)，跋文，結語；(劇)結びのせりふ，納めのせりふ，大切り口上；(音)後奏曲。

épít［他］建てる，建造する；(要さいを)築く；組立てる；組織する，造る；(比)(…を)あてにする，頼りとする，たよる。

építés［名］同上のこと；建築，造営，建造，組立；普請，工事。

építési［形］同上の。〔építési költség, 建築費。〕

építész［名］建築家，建築技師。

építészet［名］建築術(様式)；建築学。

építészmérnök［名］→ építész.

építkezés［名］建造すること；建設，造営，工事，土木；建築物，工作物。

építkezik［自］家を建てる，建築する；建造する；建築に従事する。

építmény［名］(特に公共的の)建築物，建物，家屋；工作物。

építő［形］建築する，建築用の。［名］建築師，とうりょう；建築請負人；建設者，建立者。

építőanyag［名］建築用材。

építőmester [名] 建築師，とうりょう。
épkézláb [形] 壮健な，屈強な。[副] 無傷で，無事に。〔épkézláb elmenekült, 無事に免れた。〕
eposz [名] 英雄詩；英雄史詩。
éppen, épp [副] 正確に，きちんと；正しく，ちょうど；確かに，明確に；ちょうど(その時)；ちょうど(同じように)。〔éppen úgy, 全く同様に。〕
épség [名] 完全，保全；(比)無傷，無欠点；健康，強健，丈夫。〔épségben, 損傷なく；無事で，完全で；無事息災で。〕
épül [自] 建つ，建てられる，建設される；(…に)基づく，拠する，基因する；教化される，教訓をうける，警めをうける。
épület [名] 大建築物，建物，家屋；(比)構造，組織，組立。
épületes [形] 建設的な，有益な，為になる，教化的な，徳に導く；感化を与える。
ér¹ (目 eret) [名] (解)脈管，血管，動脈；(植)(葉の)筋，葉脈；木理；(坑)鉱脈(層)；(地下水の)水脈；源泉，細流，小川。
ér² [自] (…に)値する，価値がある，値打ちがある；役に立つ，用いられる，適する。(vhová)(…に)達する，届く，至る，着く，及ぶ；当たる，触れる，接する。[他] (に)届く，達する；(に)追いつく，追求する；(に)及ぶ；匹敵・比肩する；(を)得る，獲得する；(を)つかむ，捕える；当てる，打ち当てる；出合う，会う；ふりかかる，衝突する。〔mindnyájunkat érhet baleset, 災害は私たち誰にでも起こり得る。〕
érc [名] (鉱)鉱石；金属；鉱；青銅。[形] 青銅の，黄銅の，真ちゅうの；(比)堅き，鉄石の。
érces [形] 鉱石を含有する；(比)能く響く，リュウリュウたる；能くとおる(声など)。
erdei [形] 森林の，山林の；森に関する。
érdek [名] 利益，利害；利害関係；関係，関与；関心，興味。〔saját érdekében, 自己の利害において。〕
érdekel [他] 関心を持たせる，興味を覚えさせる，関係させる，関与させる；かかわらせる，注意を引く。
érdekelt [形] 利害関係のある，関係している；関心を持っている，関与している。
érdekeltség [名] 利害関係；関係，関与；関心，興味。

érdekes [形] 興味ある，おもしろい；注意を引く，関心事項たる，大切な。

érdekesség [名] 注意を引くこと，興味あること；おもしろ味；関心事項。

érdeklődés [名] 興味(関心)を持つこと；問い合わせること，照会。〔érdeklődéssel viseltetik az irodalom iránt, 文学に興味を持つ。〕

érdeklődik [自] 関心を持つ，興味を持つ；問い合わせる。〔vkinek egészség állapota iránt látogatással érdeklődik, …の見舞いに行く。vki után érdeklődik, …の安否を尋ねる。vkinél vmi után érdeklődik, …に何について照会する。〕

érdektelen [形] 利害関係のない，無関係の；無関心の，むとんちゃくの；興味のない，退屈な，おもしろくない。

Erdély [固] トランシルヴァニア(元ハンガリー領, 現在ルーマニア領)。

erdélyi [形] トランシルヴァニアの。[名] トランシルヴァニア人。

érdem [名] 価値；真価；業績，功労，手柄，功績，勲功；(比)(事件の)本質，本体。〔érdemeket szerez, 手柄を立てる，功労がある。érdem szerint, 功績に応じて，手柄相応に。〕

érdemel [他] (功労に依り)得る，得るに価する；(賞賛に)価する，相当する；…の価値がある；(…に)恥ずかしからぬ。

érdemes [形] 価値のある；(推賞に)値する，相当する；功労のある，功多き，功ある。〔nem érdemes, 価値がない，骨折るかいがない。〕

érdemleges [形] 内容のある，実質のある，実際的の，実質上の；注目に値する。

érdemrend [名] 勲章。

érdemtelen [形] 功労(績)のない；価値のない。

érdes [形] (皮膚の)きめの荒い，ざらざらした，小皺(じわ)のある，あらい；でこぼこの，高低ある；(比)厳しい，かすれた。

erdész [名] 山林監守，山番；営林官，林務官；山林に通じた人；山林学校の生徒。

erdészet [名] 林業，植林，養林；森林事項；山林学。

erdészeti [形] 山林に関する；林業家の；山番の；山林の，営林の。

erdészház [名] 山林監視人の家, 山番の家。
erdő (3単所有者表示 erdeje) [名] 森, 林, 森林, 山林；森林地帯。
erdőgazdaság [名] 山林経営, 林業, 営林, 造林。
erdőmérnök [名] 山林技師；治水保林技師。
erdős [形] 森林の；森林の多い；樹木の繁茂した。
erdősít [他] 森林地にする, 山林にする；造林する, 植林する。
erdősítés [名] 同上のこと；造林, 植林。
erdőszél [名] 森林の周縁(境界地帯), 林の周辺。
ered [自] (…から源を)発する, 起こる, 由来する, 生起する, 生成する；…から系統をひく, …の出(後裔)である；(誰と話を)始める, 会話に入る；とんで逃げる, 飛び去る；急に出発する, 出かける。〔eredj innen, ここから出て行け(去れ)。útnak ered, 出発する。〕
eredet [名] 根元；起源, 源泉, 本原, 出所；発生, 由来；門地, 系統。
eredeti [形] 本原の, 原…, 初めの；独得の, 特異の；原始的の, 本来の, 最初の, 元の。[名] 本物, 原文；原文；原画；原書。
eredetileg [副] 元来, もともと, 最初に。
eredetiség [名] 本原的なること；自然のまま；独創(性)；特異性, 特色, 奇抜。
eredmény [名] 結果, 成果, 効果；成功；成績；収穫, 収益；(数)答(和・差・積・商など)。
eredményes [形] 効果ある；大成功の, 上首尾の。
eredményez [他] 結果として生ずる, 結果に終わる, 結果になる；に帰着する。
eredménytelen [形] 不首尾の, 不成功の；失敗の, 無効果の。
eredő [形] (…より)起原する, 起因する；発する, 生ずる, 起こる。[名] 合力, 合成力(多くの要目より結果として生ずる)。
ereklye (目 ereklyét) [名] (カトリックの)聖遺物(聖徒の遺骨・記念物など)；(比)(歴史上の人物の)遺品。
érelmeszesedés [名] (医)動脈硬化(固結)。
erély [名] (活動する)力, 精力, 勢力, エネルギー；元気, 気力, 根気。

erélyes [形] 精力(気力)ある, 根気強い; 活気ある, 活動的な, 実行的な。

érem (目 érmet) [名] 貨幣(硬貨, 金銀銅貨); 記念はい, 賞はい, メダル。

éremtan [名] 銭貨学, 古銭学。

erény [名] 徳(有用の性質, 能, 長所, 美点);(道徳的の)徳; 徳行; 徳性, 淑徳, 貞潔; 有用な事, 役立つ事。

erényes [形] 徳のある, 有徳の; 道徳堅固の, 品行方正の; 淑徳高い, 貞節な。

eres [形] 血管の, 血管のある; 血管状の;(石・木などの)条紋・木理のある; 糸状の。

érés [名] (果物の)熟すること; 成熟すること;(比)機が熟すること。

eresz [名] (屋根の)軒(のき), 庇(ひさし)(戸口又は窓の); のきの樋(とい)。

ereszalj [名] 軒下。

ereszkedik [自] 下がる, くだる, おりる;(土地が)沈下する;(…に)寄り掛かる;(水が)減ずる; 沈でんする; 関与する; の意に従う, 譲歩する, 服従する。〔beszédbe ereszkedik, 談話に関与しはじめる。〕

ereszkedő [形] 下がる, 沈む, 低下する, 降下する; 傾斜する; 沈でんする。〔ereszkedő sor,(数)逓降級数。〕[名] 傾斜, 斜面, 坂。

ereszt [他] → kiereszt. ゆるめておく, 放ちおく;(のみ口)を開ける, もらす, 外へ出す;(犬を)放つ;(…を…から)去らせる(自由にする, 釈放する);(語句を)冗長にする;(請願を)許す。〔szakált ereszt, ひげ(髭)を生えさせる。eresszen el, 放っておいてくれ(自分を)！〕

éretlen [形] (果物などの)未熟の, 熟れていない;(比)時宜をえない, 機の熟さない; 未発達の; 考えの足らない。

eretnek [名] (宗)異端者, 異教徒, 邪教者。[形] 異端の, 邪教の。

eretnekség [名] 異端, 異説, 邪教, 迷信, 外道。

érett [形] 成熟した, 熟した; 時宜を得た, 折よき, …の時期にある, 機が熟した; 高等学校卒業の, 成年の。〔érett leány, 妙齢の娘。érett megfontolás, 熟慮。érett kelés, 十分化のうした腫瘍(しゅよう)。jelesen érett, 優等で高校を卒業した。az aggastyán érett a halálra,

あの老人は死期に達している。〕

érettségi [形] 高校卒業の。〔érettségi bizonyítvány, 高等学校卒業証書(大学入学資格)。érettségi vizsgálat, 国による高等学校卒業試験。〕

érettségizik [自] 国による高等学校卒業資格試験をうける。

érez [他] 感じる；かぎとる，かぎ知る，においで知る；触れて感ずる，感知する，知る，覚える。〔vki iránt ellenszenvet érez, (…を)忌む，きらう。hogy érzi magát?, ごきげん如何。sértve érzi magát, 彼は侮辱を感ずる。〕

erezet [名] (植)葉脈；年輪；脈状の紋理，大理石模様。

érezhető [形] 触知し得る，知覚しうる；感じ得る，感知される，気のつくほどの，判然たる。

éreztet [他] 感じさせる，覚えしめる，思い知らせる，知覚させる，さとらせる。

érik [自] 成熟する，熟する，うれる；(比)円熟する；機が熟する。

érint [他] (に)触れる，接触する；(数)接する；経由する(旅行中都市などを)；(問題に)言(論)及する。〔egymást érinti, 相接する。〕

érintetlen [形] 触れられない；言及されない，関係しない；手をつけない，純潔の，純情な。

érintkezés [名] 接触(関係)すること；交通，通信；つき合い，交際；情交，性交。

érintkezik [自] 互いに触れる，相合う；(誰と)近づきになる，交際する；情交する。

érintő [形] 接触する，接する。[名] (数)接線，正接(タンゼント)。

erjed [自] 発酵(沸騰)する，(比)動揺する。

erjedés [名] 発酵(沸騰)すること；(比)動揺，興奮，激昂。

erkély [名] (建)(家屋の上階にある眺望のための)張り出し窓(縁)，バルコニー；(劇場の)階上の桟敷。

érkezés [名] 到着，来着；(時間)余暇(ひま)。

érkezik [自] 到着する，着く；達する，至る，届く；時間(余暇)がある。

erkölcs [名] 道義，道徳，倫理；礼儀，礼節；風紀，風儀。

erkölcsi [形] 道徳上の，道義上の，倫理的。〔erkölcsi romlottság, 風紀退廃，徳性の堕落。〕

erkölcsös [形] 徳のある，有徳の；道徳に適った，道徳堅固の，品行方正の，倫理的の；(けなす語)有徳者ぶる(人)。

erkölcstan [名] 倫理学，道徳哲学。

erkölcstelen [形] 不道徳の，不徳義の；不品行の，風俗を乱す，不倫な。

erkölcstelenség [名] 同上のこと。

érlel [他] 熟させる，発酵さす；(比)熟考する，(考えを)あたためる。

érme [名] 貨幣(硬貨)。〔pénzérme, 硬貨幣。〕

ernyő [名] かさ，雨がさ，からかさ，こうもりがさ；パラソル；車蓋(ほろ)。〔napernyő, 日がさ。ejtőernyő, 落下傘。〕；(動)(くらげの)かさの部分。

erő [名] (3単所有者表示 ereje)力，勢力，体力；意力，心力，気力；効力；(兵)兵力；強さ。〔erőnek erejével, 全力を尽して，猛烈に。teljes erővel, 一生懸命に，力の限り。erőt vesz magán, 克己する，自制する，あきらめる。…erejénél fogva, …の力で，…に依って。〕

erőd [名] 固めた場所；(兵)要さい，砦(とりで)，堡塁。

erőfeszítés [名] 発奮，全力。

erőgép [名] 発動機，エンジン。

erőlködik [自] 発奮する，格闘する。

erőltet [他] 強いる，強要する，強制する，余儀なくする；従わせる，克服する。

erőltetett [形] 強いられた；不自然な，作った，無理な，わざとらしい，様子ぶった，気取った。

erőmű [名] (工)発動機，動力機；発電所。

erős [形] 力のある，強い；強壮な，激しい，しっかりした，堅い；不屈な，き然たる；(味)ぴりぴりする，辛い；(コーヒーなどの)濃い。

erősít [他] 強くする，強化する，補強する；増大する；度を増す；濃くする；(兵)増援する，防御施設を固める；しっかりと結びつける，固定する，固める；(言葉で)確言する，誓言する，保証する；裏付ける(例えば，主張を証拠によって)；(報道を)実証する，行為によって現わす；(食物で)元気をつける。

erősítés [名] 同上のこと；(兵)加勢，増員；(場所)築城，

設堡（とりで）；元気をつけること。
erősítő [形] 強くする，強壮にする，元気をつける。[名] 強壮剤，興奮剤。
erősödik [自] 強くなる，力がつく，力が増す，元気づく。
erősség [名] (兵)とりで，要さい；兵力；体力，勢力；強さ，強度；強壮，強健；剛き（毅）。
erőszak [名] 強制力，無理強い；暴力，腕力，暴状；手込め，凌辱，暴行，強姦（ごうかん）。〔erőszakot követ el vkin, …を強姦する。〕
erőszakol [他] しいる，強制する；暴力で得る。
erőszakos [形] 暴力的，強制的，強行的，無理の，手込めの。
erőszakoskodik [自] 無理強いする；暴行する，暴行を加える。〔nővel erőszakoskodik, 女を強姦する。〕
erőteljes [形] 力に満ちた，力強い，活動力の旺盛な。
erőtlen [形] 力のない，無力の，無気力の；弱い，薄弱な。
erre [副] この上へ；(場所)此方へ，こちらへ，こなたへ；これに関し，(時)これに次いで，この後に，ここにおいて。〔erre nézve, この点で，これに関して。〕
errébb [副] もっと此方へ，より近くへ。〔jöjjön errébb!, もっとこっちに近づきなさい！〕
errefelé [副] 此方へ，こっちへ；この辺りで。
erről [副] この上から；こっちから；これについて，これに関して。
érsek [名] (カトリックの)大司教，大僧正，大ビショプ；(プロテスタントの)大監督。
erszény [名] 財布，金袋，がまぐち，金入れ；(動)(有袋動物の)袋。
erszényesek [名] (複)有袋動物。
ért [他] (を)理解する，会得する，了解する，悟る。[自] 分かる，出来る；精通・熟達している。〔főzéshez ért, 料理が出来る。〕
érték [名] 価値，値打ち；貨幣価値，公定価値；対値，対価；所有物，財産；価値ある人；(数)値，価。
értékel [他] 値ぶみする，評価する，価をつける；尊重する，大事にする。
értékes [形] 価値のある，高価の；貴重な，大切な。
értékesít [他] 有価値のものに変ずる，有効にする；使用す

る，利用する；金にかえる，硬貨に換える。
értekezés [名] 評議すること，討議，商議，論議，審議，相談；(一般の)論文。
értekezik [自] (誰と)相談・協議・談合・商議する；論述・考究する。
értekezlet [名] 討議，商議，会議，協議，審議，相談。
értékpapír [名] 有価証券。
értéktelen [形] 価値のない，無価値の；つまらない，ろくでもない。
értéktőzsde [名] (商)証券取引所。
értékű [形] …の価の，…の価値を持つ。〔teljes értékű pénz, 完全な価値を有する貨幣。〕
értelem (目 értelmet) [名] 思考力，理解力，悟性；知力，知能力；意味，意義。〔átvitt értelemben, 比喩的意味において。szorosabb értelemben, 狭義において。〕
értelmes [形] もの分かりのよい，理知的な，理解力のある；分別のある，常識のある；聡明な，かしこい；分かりよい，明瞭な，明らかな。
értelmetlen [形] 理解・会得しがたい；不明瞭な，判然としない；無意味な，愚かな。
értelmetlenség [名] 同上のこと。
értelmez [他] 解釈する，説明する；判断する。
értelmezés [名] 解釈，説明，注解。
értelmi [形] 悟性の，理知の，理解ある；知性的の，知力の，知的の，精神的の。
értelmiség [名] 知識階層。
értelmiségi [形] 同上の。〔az értelmiségi pálya, 知的職業。〕
értés [名] 理解すること；理解，了解；理解力。〔értésére, értésül ad, (…に…を)分からせる，ほのめかす，暗示する，知らせる，説明する。〕
értesít [他] 知らせる，分からせる，説明する；通知する，報告する，報ずる。
értesítés [名] 同上のこと；知らせ，通知，報告，情報；告示，通告，注意。
értesül [自] (間接に)知る，聞きこむ；見聞する，学び知る；分かる，判ずる；(…の)知らせを受ける。

értesülés [名] 知ること, 承知；知らせ, 報道, 通知；通知を受けること, 聞き込み。

értetődik (magától) [自] よく分かる, 自明である, 自明の理である；もちろんである, 無論である。

érthetetlen [形] 理解・会得しがたい, 分からない, 不可解の；わかりにくい, 不分明の, 判然としない。

érthető [形] 理解し得る, 合点のゆく；聞き分け得る, 会得しやすい, 分かり易い；明らかな, 明瞭な。

érv [名] 理由, 論拠, 証拠。

érvel [自] 論証する, 推論する。

érvelés [名] 論証すること；弁論, 論弁, 論証, 推論, 立証。

érvény [名] 有効, 効力；通用。〔érvényre jut, 有効になる, 効力を生ずる, 実施される。érvényre juttat, 効力を生ぜしめる, 有効にする, 実施する。〕

érvényes [形] 有効な；通用する(貨幣など)；(法)正当な, 合法の, 適法の。

érvényesít [他] 通用させる, 有効にする；有効に働かせる, 利用する；(権利・意見などを)主張する, 貫徹する。

érvényesség [名] 有効なこと；効力；通用；適法, 合法。

érvényesül [自] 効力を発生する, 有効になる；勢力を得る, 台頭する；成功する。

érvényesülés [名] 効力を発生すること；勢力を得ること；成功すること。

érvénytelen [形] 無効の, 通用しない。

érvénytelenít [他] 無効にする；効力を取り消す。

érverés [名] 脈打つこと；(医)脈動, 脈拍。

érzék [名] 感覚, 感官, 感能；感覚器, 五官；才能。

érzékcsalódás [名] (五官的)幻覚, 錯覚。

érzékel [他] 感ずる, 知覚する；認知する；想像する。

érzékelés [名] 感ずること, 気付くこと；感知, 知覚；注視すること。

érzékeny [形] 感じられる, 感じうる, 敏感の；感動的, 感じ易い, 多感な, 感傷的な；心痛；怒り易い, 怒りっぽい。

érzékenység [名] 感じ易いこと；感性, 感傷性；怒り易さ；(機)感度, 感受性；(写)感光度。

érzéketlen [形] 感覚のない, まひした；無情の, 冷酷の；無

関心な，無とんじゃくな，鈍感な。

érzéki [形] 感覚の，感官の，官能的，感性的；知覚し得る；肉感的，肉欲的，肉欲にふける。

érzékiség [名] 官能的なこと；肉欲的快楽，いん欲，情欲；肉感性；感受性。

érzékszerv [名] (解)感覚器官。

érzeleg [自] 感傷的に話す・書く・なる。

érzelem (目 érzelmet) [名] 心の感じ，感ずる心(念)；感覚，気分；感情，情操。

érzelgő, érzelgős [形] 感情的；多感の，感情をもてあそぶ，感傷的，センチメンタルな。

érzelmes [形] 感情・情緒ゆたかな；感じやすい，多感の，感傷的な，情にもろい；情深い，優しい。

érzés [名] 感じ，気分；感知，感覚；感情，気持ち。

érzéstelenít [他] 感覚を鈍らせる，麻ひさせる，知覚を失わせる。

érzet [名] → érzés.

érző [形] 感じ易い，敏感の，多感の；感情にもろい，思いやりのある。

érződik [自] においがする，感じられる；(気配を)感知する，気づく，さとる；(比)認められる。〔borszag érződik rajta, 彼は酒のにおいがする。〕

és, s [接] と，及び，並びに；そして，それから；且，又，等。〔és pedig, しかも；ところが；但し；その上に；特に。s a többi (=stb.), その他，等々。〕

esedékes [形] (商)支払の期限に達した，満期の(手形など)。

esedékesség [名] (手形などの)満期，支払期限。

esély [名] 或いは起り得ること；偶然の幸運，回り合わせ；機会，チャンス。

esemény [名] 出来事，事件，事変。

esernyő [名] 雨がさ，こうもりがさ。

esés [名] 下がること，低くなること；落下，下降，墜落；(物価の)下落；(比)堕(零)落；衰退。

eset [名] (突発的)事件，(不意・突然の)出来事；場合；(文)(印欧語の)格。〔abban az esetben, かかる場合に，…の場合には。ellenkező esetben, 反対の場合には。szükség esetén, 必要の場合には。〕

esetleg [副] ひょっとすると，場合によっては；偶然に，不意に，思いがけなく；条件によっては，必要によっては。

esetleges [形] 思いがけない，不慮の，万一の，偶然の，偶発の，不意の，心にもない。

esetlegesség [名] 偶然のこと，偶発性；偶発事，事故。

esetlen [形] 重そうな，鈍重な，遅鈍な，のろのろした，下手な；ぶざまな，無器用な，無骨な，ごつごつした。

eshetőség [名] 或いは起こり得べきこと；有り得べき場合；可能性。

esik [自] 落ちる，落下する，墜落する；降る；(病気・罪などに)陥る，かかる；(気に)入る；(敵の手に)陥る；(…の分け前)になる；行われる，起こる，生ずる。〔az alma nem esik messze a fájától, リンゴは樹から遠くないところに落ちる。betegségbe esik, 病気になる。esik az eső, 雨が降る。esik a hó, 雪が降る。〕

esket [他] 宣誓させる；結婚させる，夫婦にさせる。

esketés [名] (結婚の)宣誓・誓い。

eskü [名] 誓い，誓詞，宣誓，誓約。〔hamis eskü, 偽証；(法)偽証罪。esküt tesz, 誓約する。

esküdözik [自] (たびたび)誓う；確信する。断言する。

esküdt [形] 宣誓した。[名] 誓約者；宣誓して任命された官吏；(法)陪審員。〔esküdt bíróság, 陪審裁判所。esküdt ellenség, 不倶戴天の敵。〕

esküdtszék [名] 陪審裁判所。

esküszegés [名] 誓約の違背，宣誓違反。

esküszegő [形] 同上の，破誓の。[名] 誓約違反者，破誓者。

esküszik [自] 誓う，宣誓する，誓約する。

esküvő [名] 結婚式，婚礼。

eső [形] 落ちる，降下する，墜落する。[名] 雨。〔országos eső, 国中に降る雨，全国的の長雨，いん雨。zápor eső, 土砂降りの雨，豪雨，にわか雨。〕

esőcsepp [名] 雨滴。

esőfelhő [名] 雨雲。

esőköpeny [名] 雨外とう，雨合羽(あまがっぱ)。

esős [形] 雨の，雨模様の，雨を含んだ，雨天の；雨がちの。

esővíz [名] 雨水。

esőzés [名] 雨降り，雨天；長雨，霖雨(りんう)；(映画等

の画面の)雨降り。
esperes [名] (宗)修道院長, 僧院長；司祭長, 大司祭。
est [名] → este.
este [名] 夕, 晩, 宵(よい), 夜。[副] 晩に。
estefelé [副] 夕方, ひぐれに, 暮れ方に。
esteledik [自] たそがれ時になる, 日が暮れる, 夜になる。
estély [名] 夜会, ソアレ。
esténként [副] 毎晩, 夜ごとに。
esti [形] 夕の, 晩の；夕方に起こる, 夕方に行われる；夕方のような。〔esti lap, 夕刊紙(新聞)。〕
ész [名] 知覚力, 理解力, 判断力, 思考力, 理解力；条理, 理性, 道理, 悟性；知恵, 知力；分別, 常識。〔majd eszembe jut, そのうちに私の頭(心)に浮かぶ(思い出す, 思い付く)。a falu esze, 村一番の利口者。eszét veszti, 理性を失う, 正気を失う, 気が違う。〕
észak [名] 北, 北方。〔északra, észak felé, 北へ, 北方へ。észak felől, északról, 北から, 北方より。〕
Észak-Amerika [固] 北アメリカ。
északi [形] 北の, 北方の。
Északi-sark [名] (地)北極。
északkelet [名] 北東。
északnyugat [名] 北西。
észbeli [形] 悟性の, 理知の；知性的の, 理解ある；知力の, 知的の, 精神的の。
észbontó [形] 頭に来る, 悟性を乱す, うっとりさせる, 魅惑的。〔észbontó szépség, 魅惑的美, 絶世の美。〕
eszerint [副] これに応じて, これに従って；これに依って, これ故に。
eszes [形] 理性のある, 理性的の, 判断力のある；思慮ある, 物の分かった, 分別のある, 常識ある；賢い, わかりよい, 気の利いた。
eszeveszett [形] 正気でない, 狂気の, 発狂した, 狂暴な；ばかばかしい。
eszik [自] 食事する, 食う。[他] (…を)食う, 食べる。
észjárás [名] 考え方, 思惟(しい)方法；性向, 心構え。
eszkábál [他] カスガイで止める, 止め金で締めつける。
eszkimó [名] エスキモー(人)。
eszköz [名] 道具, 器具, 家具, 装具；(比)手段, 方法,

észlel

仕方，道，策；資力，財力，金銭。
észlel [他] 知覚する，感知する，認める，看取する；見る，観測する，観察する，見守る。
észlelés [名] 観察・看取すること；知覚，観測；感知；てい察，探察。
eszme (目 eszmét) [名] 観念，概念，表象；思想，考え，想念，理念，イデー。
eszmecsere [名] 思想の交換，意見交換。
eszmei [形] 観念上の，想像上の，空想の；理想上の；精神(概念)的の，形而上の。
eszmél [自] 思い出す，気付く，想起する；正気・本心に帰る，意識を回復する，自覚する。
eszmélés [名] 正気にかえること，自覚すること，想起すること；物心がつくこと。
eszmélet [名] 正気，意識，知覚，自覚；想起，熟考。
eszméletlen [形] 無意識の，失神した，知覚を失った，知らずしての。
eszményi [形] 理想・模範・典型的の，完全無欠の。
észrevehető [形] 認めうる，認知しうる，人目につく；よく分かる，明白な，著しい。
észrevesz [他] 気づく，認める，看取する，見付ける，発見する，知覚する。
észrevétel [名] 認めること，気付くこと；認知，知覚；注意書き，覚え書き；所見(を述べること)，評語，思付。
észrevétlen [形] 目につかぬ，認められない，気づかれない。
ésszerű [形] 道理のある，合理的の，理性的の；道理にかなった，妥当な；理解ある，物の分かった。
ésszerűtlen [形] 背理の，不合理の。
esztelen [形] 道理を弁えぬ，理屈に合わない，不合理な，背理の，道理にそむく；愚鈍な，ばからしい，気の違った。
esztelenség [名] 不合理なこと；不条理，没理，背理；ばからしいこと，愚鈍。
esztendő [名] → év. 年。〔ma egy esztendeje, 今から一年前。〕
esztendős [形] → éves. (…の)年の，または歳の；一年この方；一年の，一歳の。
esztergályos [名] 旋盤工，ろくろ工(人)。
esztétika [名] 美学，審美学。

esztétikus [形] 同上の。[名] 美学者。
Észtország [固] エストニア(国)。
étel [名] 食物, 食品；料理, ちそう。
ételhordó [名] 給仕(食卓の)；岡持(おかもち), 食器(食物を運ぶ何段かの)。
Etelköz [固] (河間の義), ブーグ河とプルート河畔におけるマジャル人のかつての祖国の名称。
ételmaradék [名] 食物の残り, 残飯, 食べ残し。
éter [名] (天)大空, 天上；エーテル, 精気(宇宙にびまんする光熱伝播の媒介)。
etet [他] (子供・病人などを)養って食べさせる, 食べさせる；(動物に)餌(え)をやる, 飼料を与える。
etetés [名] 小児や病人に食物を食べさせること；動物に飼料を与えること；飼養。
etimológia [名] 語源学(語の真意を究める学)；語源。
étkezde [名] (兵)酒保(しゅほ), (会社などの)食堂。
étkezés [名] 食事すること；まかない；食事。
étkezik [自] 食事をする。
étkezőkocsi [名] (汽車の)食堂車。
étlap [名] 献立表, メニュー。
étlen-szomjan [副] 飲まず食わずに, 空腹で。
étrend [名] 献立；ダイエット。
étterem (目 éttermet) [名] レストラン。
étvágy (目 étvágyat) [名] 食欲。
étvágygerjesztő [形] 食欲を起こさせる, 食欲促進の。
étvágytalan [形] 食欲不振の。
EU [固] (=európai unió)欧州連合。
eunuch [名] 宦官(かんがん), 閹人(えんじん), 閹官(えんがん), 去勢された男(婦人付の役人)。
Európa [固] ヨーロッパ(欧羅巴)大陸。
európai [形] ヨーロッパの。[名] ヨーロッパ人。
év [名] 年。〔nincs három éve, まだ三年にならない。év elején, 年の初めに。év közben, 年のうちに。éveken át, 数年の間, 多年。évek múlva, 数年後。évről évre, 年々。〕
évad [名] シーズン。
evangélikus [形] 福音(書)の, 福音を信ずる；新教の, ルーテル派の。[名] 新教徒, ルーテル派教徒。

evangélista [名] 四福音書の著者, 福音史家；福音宣布者, 伝道師。

evangélium [名] (救世主出現の)よき知らせ, 福音；福音書。

évelő [形] 多年生の(植物)。

evés [名] 食べること；食事。

éves [形] …年の, …歳の。〔hány éves vagy?, 君は何歳か? 15 éves vagyok, 私は15歳です。〕一年間の；一年生の；生まれて一年の, 一歳の。

evés-ivás [名] 飲食(すること)；宴会。

evez [自] こぐ, 水を搔く。

evezés [名] (舟を)こぐこと；そう艇。

evező [形] こぐ, 水を搔く。[名] こぎ手；櫂(かい), 櫓(ろ)。

evezőlapát [名] (海)櫂(かい), 櫓(ろ)；かい身(ひら)(かいの扁平部)。

evezős [形] 櫂の付いている。[名] こぎ手。

évezred [名] 千年。

évezredes [形] 千年の, 幾千年間の。

évfolyam [名] (定期刊行物の一年分の)巻, 年次；…年級；(兵)…年兵；…期生。

évforduló [名] 一周年忌；年忌；(例年の)記念日(誕生日など)。

évgyűrű [名] (植)年輪(材木などの)。

évi [形] 年の, 年々の, 毎年の, 例年の。

évjáradék [名] 年金；年俸。

évjárat [名] (その年の)ワイン；同年生まれ。

évkönyv [名] 年鑑, 年報；年譜, 年代記, 編年史。

evő [形] 食う。[名] 食べる人。

évődés [名] (悪意のない)からかい, いらだたせ, いやがらせ, じらすこと。

évődik [自] からかい合う, あてこする, 皮肉を言う。

evőeszköz [名] (一人前の)食器(ナイフ・フォーク・さじ等)。

evőkanál [名] 食さじ(匙), スプーン。

évszak [名] 四季の一つ, 季節, シーズン。

évszám [名] 紀元(または年号)の年数。

évszázad [名] 百年, 一世紀。

évszázados [形] 百年(間)の；百歳の；百年目の，百年(一世紀)ごとの。
évtized [名] 十年(間)。
evvel [副] → ezzel. これを以て，これに依り；このことで，これで，これと共に；(時)これと同時に。
export [名] 輸出。→ kivitel.
expressz [形] 速達の。[名] 超特急。
expresszvonat [名] (鉄)最急行列車，超特急。
ez [代] これ；この。
ezalatt [副] この間に，この中に，こうする中に；かれこれする中に；云々する間に。
ezáltal [副] これを通じて，これに依って，このようにして；このために。
ezelőtt [副] これ以前に；かつて，昔。
ezen [副] これにおいて，これに依って。〔ezen nincs mit csodálkozik, これは驚くほどのことではない。〕
ezenfelül [副] この上に，この外に，これに加うるに，こればかりでなく，あまつさえ。
ezenkívül [副] これ以外に。
ezennel [副] これを以って，これと共に；これに依り；こう言って，こうして；この書状で；これに添えて。
ezentúl [副] 今から，今後，以後，将来；今度から，引き続いて。
ezer (目 ezret) [数] 千(という数)；千の。〔ezer meg ezer ember, 幾千人。〕
ezeregyéjszaka [名] 一千一夜。〔Ezeregyéjszaka regéi, 一千一夜物語(アラビア夜話)。〕
ezeréves [形] 千年の；千年来の；とても古い。
ezermester [名] 千の術の達人，多芸人。
ezernyi [形] 千の；千倍の；千種の。〔ezernyi ezer, 数千の。ezernyi ezerszer, 幾千度(回)の；幾千倍。〕
ezerszer [副] 千度，千回；千倍。
ezerszeres [形] 千倍の，千重の，千回の。
ezerszerte [副] 何千倍。
ezért [副] このために，この故に，かかるが故に，この事で，この理由(わけ)で。
ezóta [副] この時から，これ以後，これ以来，以後。
ezred [名] (兵)連隊。

ezredes [名] 陸軍大佐；連隊長。
ezredéves [形] 千年の，一千年間生存の。
ezredik [形] 第一千番目の，千番目の。
ezredrész [名] 千分の一。
ezrelék [名] 千につき，毎千，千ごと；千分の一(の)，千に対する率。
ezres [名] (数)千位の数；千；千という数字；千位の紙幣(たとえば千円札)。
ezután [副] この後，この後間もなく，これにつづいて；次に，それから；さらに，今後，将来。
ezúttal [副] このたび，今度。
ezüst [名] 銀；銀器；銀色。[形] 銀の，銀製の，銀色の；銀のように響く。
ezüstlakodalom [名] 銀婚式。
ezüstnemű [名] 銀製(家庭用)器具，銀器。
ezüstös [形] 銀の，銀製の；銀色の，銀光ある；銀を被せた，銀張りの；銀の響きある。
ezüstpapír [名] 銀紙。
ezüstpénz [名] 銀貨。
ezzel [副] これと共に；これに依って，これを以って；これと同時に；このことで，これで，かくして。

F

fa (目 fát) [名] 木，樹木，立木；木材，材木，まき。〔élő fa, 立木。fából való, 木造の，木製の。fából készült, 木の，木製の。〕
fabatka [名] 木の銭，一銭(batka は昔の小銅貨の名)。〔fabatkát nem ér, 三文の価値もない。〕
faburkolat [名] 板張り；壁板，羽目板；木れんが鋪道(床)。
fácán [名] (鳥)雉(キジ)。
facér [形] 無職の，失業の；未使用の；暇な。
facipő [名] 木ぐつ。
facsar [他] 圧搾する，しぼり取る；ねじる；(洗たく物の水を)しぼる；(果汁を)しぼり取る。

fafaragás [名] 木材彫刻(術);木彫品。
faggat [他] 尋ねさぐる,根ほり葉ほり問う;尋問する,質問で苦しめる,拷問する;しぼり取る。
fagy[1] [名] 氷点下;氷の張る寒さ,酷寒,極寒,凍寒;霜,氷。
fagy[2] [自] 氷点下になる;氷が張る,凍る,氷結する;霜が下りる,霜枯する。
fagyás [名] 氷結すること,冷凍すること;霜焼け。
fagyaszt [他] 凝結させる,凍らす,氷結させる;冷凍する。
fagyasztott [形] 冷凍した。
faggyú [名] 獣脂,硬脂,皮脂(とくに牛や羊の);脂肪;牛ろう。
fagykár [名] 霜害。〔fagykárt szenved,霜害を被る。〕
fagylalt [名] アイスクリーム。
fagylaltozik [自] アイスクリームを食べる。
fagyos [形] 氷の,氷のように冷たい;霜のおりた,氷でおおわれた;霜焼けした;(比)冷淡な;ぞっとする。
fagyoskodik [自] 寒く感じる,寒気に悩む;凍える,氷結する;(比)ひやりとする,ぞっとする。
fagyöngy [名] (植)やどりぎ(寄生木)。
fagypont [名] (理)氷点。
faház [名] 木造家屋。
fahéj [名] (植)樹皮,靱皮(じんぴ);肉桂(ニッケイ),桂皮。
faipar [名] 木材工業。
faiskola [名] (林)養樹園,苗圃(びょうほ)。
faj [名] 種類(品種);人種,種族。
fáj [自] 痛む,苦痛である。
fajankó [名] 野卑な人間,ぶこつ者,まぬけ,のろま,ばか。
fájás [名] (心身の)痛み,苦痛,苦しみ,悲痛,心痛。
fájdalmas [形] (心身を)痛ましめる,苦しい,痛い,悲しい,悲痛の,苦悩の;(声)あわれな,悲しい。
fájdalom [名] (心身の)痛み,苦しみ,苦悩;悲しみ,悲痛,傷心。[間] 悲しいことには,惜しいかな,残念ながら,不幸にして。
fájdalomcsillapító [形] 鎮静(鎮痛)の。[名] 鎮痛剤。
fájdalomdíj [名] 膏薬代,負傷手当金,見舞金;慰謝

料，涙金；(法)違約金，損害賠償金。

faji [形] 人種の，種族の，種族上の。〔faji ösztön, 種族本能。faji öntudat, 種族の自覚。faji jelleg, 種族の性格。〕

fájlal [他] (…を)悲しむ，哀れむ，同情する，残念がる；不平・苦情を訴える。〔fájlal vmit, …について不平を言う。fájlalja a barát halálát, 友人の死をいたむ。〕

fájó [形] 痛む，悲しい，苦しい，苦痛になやむ。〔fájó szívvel, 暗然たる(悲しい)心情をもって，憂え心で。〕

fájós [形] (心身を)痛ましめる，苦しい，悲痛な，苦悩の；堪えがたい，はげしい，きびしい，手痛い。

fajsúly [名] (理)比重，濃度。

fajta [名] 類，種，種類，品質；(一定の肉体的・精神的遺伝質を共有することにより他と区別される人類団体)種族，人種，民族；(動物の)種属，品種。〔magunk fajta, 我々の一族，我々のごとき者，うちの家族，我々の仲間(味方)。〕

fajul [自] 変性する，退化する；(比)悪化する，悪く変わる，堕落する。

fakad [自] (植)発芽する，芽を吹き出す；(つぼみが)開く，開花する；(川が)決壊する；(川が)源を発する，わき出る，ほとばしり出る；(比)(に)起因する；…の出である，後裔である。〔sírva fakad, わっと泣き出す。〕

fakanál [名] 木のサジ，木製スプーン。

fakép [名] 木の立像，木像；野外礼拝像(カトリック地方の)(わが国の地蔵尊の如し)。〔faképnél hagy, 挨拶もせずに去る；急に遠くに置き去りにする。〕

fáklya (目 fáklyát) [名] たいまつ(松明)；(比)きらきら輝く精神。

fáklyásmenet [名] タイマツ行列，松明行列。

fakó [形] 鈍色(にぶいろ)の，淡黄色の，クリーム色の；色あせた，青白い。[名] 淡褐色の馬，白栗毛の馬。

fakul [自] 鈍色になる；色がさめる，退色する。

fal¹ [名] 石垣，石べい；(屋内の)壁；板仕切；屏風(びょうぶ)；(兵)城壁，囲壁。〔négy fal között, 四方壁の間に，室内で。a falnak fülei vannak, 壁に耳あり。fejjel a falnak szalad, 強情である，無理を通そうとする。falnak beszél, 馬の耳に念仏をいう。〕

fal² [他] むさぼり食う，がつがつ食う；飲みこむ；むさぼり読む。
falánk [形] 大食の，どん食の，がつがつ食う。
falánkság [名] 大(どん)食，暴食。
falat [名] 一口の食物，一片の食物，小片。〔betevő falatja nincs, 彼は一片のパンも持たない。〕
falatozik [自] 軽い食事をする，間食(おやつ)をとる，弁当を食べる。
falaz [他] 壁を築く；壁で囲う；城壁をめぐらす；閉じこめる，隠す。
falburkolat [名] 板張，壁のおおい，羽目板。
falemez [名] (建)板木，羽目板，パネル。
falevél [名] 木の葉。
falfestmény [名] 壁画，フレスコ(画)。
fali [形] 壁の；障壁の，城壁の。
falinaptár [名] 壁ごよみ，壁掛けごよみ。
falióra [名] 柱時計，掛け時計。
faliszekrény [名] 押し入れ。
falka (目 falkát) [名] (しか・狼・犬などの)獣群；飛ぶ鳥の群(シャコなどの群)。〔falkánként, 群(組・隊・集団)をなして，群ごとに。〕
falu (複 falvak) [名] 村，村落；里，人里；村人。〔falun, いなかで。falura megy, いなかへ行く。〕
falubeli [形] 村の；村に住む。[名] 村人。
falusi [形] 村の，地方の；質朴の，粗野な，単純な。〔falusi bíró, (村の裁判官を兼ねた)村長。falusi élet, 田園生活，農村生活。falusi nép, いなかの人，地方民，農民，百姓。falusi táj, いなか風の地域(地方)。〕[名] 村人。
falusias [形] 村らしい，村のような，静かな；素朴な。
famentes [形] 木質繊維のまざらない(紙など)。
fametszet [名] 木彫，木版彫刻；木版，木版画(刷)。
fanatikus [形] 熱狂的，狂信的，凝り固まった。[名] 熱狂者，熱狂的信者。
fanatizmus [名] 熱狂，熱狂的信仰，こり固まり；(政治的)過激。
fánk [名] ドーナツ。
fantasztikus [形] 空想的，架空的；珍奇の，奇抜の，奇異の，突飛の；幻想的。
fantázia [名] 空想，幻想，想像；奇想，思いつき，気ま

fanyalog 258

ぐれ；(音)幻想曲。
fanyalog [自] 嘆息する，悲嘆する，うめく；渋面をする。
fanyar [形] 渋い，しぶ辛い；すっぱい，酸性の；(比)いやな，不愉快な，辛らつな(言葉)；不愛想な(態度)。
far [名] (鳥・馬などの)後部(尾ろう)，でん部，しり(尻)。
fárad [自] 疲れる；(…のために)苦労する，骨を折る，尽力する，努力する；心配する，世話する。
fáradhatatlan [形] 疲れしらずの，うまない；うまずたゆまず，せっせと努める。
fáradozás [名] 苦労，尽力，努力，骨折。
fáradozik [自] 骨を折る；格闘する。
fáradság [名] 辛労，骨折，労苦。
fáradságos [形] 困難な，難渋な，骨の折れる，苦労の多い，めんどうな，やっかいな。
fáradt [形] 疲れた，くたびれた，疲労した，あきた。
fáradtság [名] くたびれ，疲労。
farag [他] 彫刻する。
faragás [名] 彫刻すること；彫刻，木彫；彫刻品，木彫り品。
faragatlan [形] 鉋(かんな)をかけない，削らない；(比)無骨な，無作法な，ぶしつけな，粗野な，野人的な。
faragott [形] 彫刻装飾のある，彫刻を施した。〔faragott kép, 偶像。faragott mű, 彫刻品。〕
farakás [名] 材木の堆積，(とくに)薪(まき)の堆積(火刑用の)。
fáraszt [他] 疲れさせる，疲れ果てさせる，煩わす，うませる，あきさせる。
fárasztó [形] 疲れさせる，骨の折れる，困難な，苦労多い，めんどうな，うんざりする。
fark [名] → farok.
farkas [形] 尾(しっぽ)のある。[名] (動)狼(オオカミ)。〔nőstény farkas, 雌狼。〕
farkasétvágy [名] 飢えたオオカミのような空腹，病的飢餓。
farkasordító [形] 酷寒な(寒さ)。[名] (猟)狼穽(オオカミのわな)。
farkasszem [名] オオカミの眼；どう猛(粗野)な眼；(植)馬勃菌(ホコリタケ)。〔farkasszemet néz, にらめっこす

fecseg

る；対立してにらみ合う；考えた上で引き受ける。〕

farkcsóválás [名] 尾を振ること；(比)へつらうこと，おもねり，追従。

farmer [名] ジーンズ。

farok [名] 尾，しっぽ；(文字の)はね；(比)おしまい；(比)彗星の尾，長尾。

farol [自] (馬車などが)後へ退く，後退(あとずさり)する；後方へ滑る。

farsang [名] 謝肉祭，ざんげ節，カーニバル祭。

fás [形] 木材のような，木質の；森林のある，樹木の茂った；(比)ごつごつした，堅苦しい；無骨な，無器用な；気の抜けた，間抜けの。

fasiszta [名] ファシスト，イタリー国権党員。

fásli [名] → kötöző, pólya. (外科医の)包帯，バンド；脱腸帯。

fasor [名] 並木，並木道。

faszén [名] 木炭，炭(すみ)。

fatörzs [名] 木の幹，樹幹。

fátyol [名] ヴェール，顔おおい，面被，面しゃ，覆面。

fátyolos [形] ヴェールを被った，覆面した，おおった；モヤがかかった；くぐもった(声)。

fattyú (目 fattyút, fattyat) [名] 私生児，庶子；(動・植)雑種。

favágás [名] 木を切り倒すこと，森を切り開くこと，伐木；(比)木挽(こびき)の仕事，無味乾燥な仕事。

favágó [形] 木を切る…。〔favágó balta, favágó fejsze, 木を切るナタまたはオノ(斧)。〕 [名] 伐木者，きこり，こびき。

fax [名] ファックス。〔faxot küld, ファックスを送る。〕

fazék (目 fazekat) [名] (土製の)つぼ，なべ，かめ；(ガラスの)びん；るつぼ(ガラス工場の)。

fazekas [名] つぼ工，陶工，びん作り(人)。

fázékony, fázós [形] 寒がりの。

fázik [自] 冷たく感じる，寒さを感じる，ひやりとする，ぞっとする；(比)身を引く。〔fázik a lábam, 私は足が冷える。Nem fázol?, 君は寒くないか?〕

február [名] 二月。

fecseg [自] べちゃべちゃしゃべる。

fecsegés [名] おしゃべり，下らない話，じょう舌，雑談。
fecsegő [形] 多弁の，おしゃべりの，口まめな。[名] おしゃべり屋，じょうぜつ家。
fecske (目 fecskét) [名] (鳥)つばめ(燕)。
fecskefészek [名] つばめの巣。
fecskendez [他] (繰り返し)射出させる，噴出させる；(…に…を)はねかける，振りかける(洗礼・灌水)；注射する。
fecskendő [名] (医)注入(射)器；かん腸器；消火器，消火ポンプ。
fed, föd [他] おおう，蓋(ふた)をする；(危険を)防護する；屋根をふく；(相互に意見・告白が)一致する，相合する。
fedd [他] 非難する，とがめる，責める，小言を言う，しかる，なじる，問責する。
feddés [名] 同上のこと；けん責，戒告，懲戒；非難，しっ責。
feddhetetlen [形] とがめるところなき，非の打ちどころのない，欠点のない；無傷の，非難のない，罪のない。
fedél (目 fedelet) [名] (容器・時計などの)蓋(ふた)，おおい；(本の)厚表紙；(家の)屋根。
fedeles [形] おおわれた；屋根のある；蓋のある；表紙のある(本など)。
fedélzet [名] (船の)甲板(かんぱん)；屋根，屋蓋；機内。
fedetlen [形] おおわれていない，むき出しの，あらわの；屋根のない；無帽の。〔fedetlen fővel, 帽子なしで。〕
fedett [形] 被われた；曇った(天気)。
fedez [他] (支出を)支弁する，(費用を)引き受ける；(剣撃を)防ぐ；(兵)整とんする(互いに)，保護する，援護する；(需要に)応ずる；(欠損を)補てんする；(雄馬が)交尾する。
fedezék [名] 避難場；(兵)援護(物)，塹壕(ざんごう)；防空ごう。
fedezés [名] おおうこと。
fedezet [名] (商)保証；補償担保；資金準備；償還，賠償，補てん，払い戻し；充足(需要等の)；支払，支弁；(兵)援護，護衛。
fedezetlen [形] おおわれていない；卓布のない；保護されない；(商)無担保の；(兵)無援護の。
fedő [名] (器具の)蓋(ふた)，おおい。
fegyelem (目 fegyelmet) [名] 規律，育成，訓育，し

つけ，陶冶(とうや)；(学校の)規律，風紀；(兵)軍紀。
fegyelmez [他] 訓育(練)する，規則に従わせる，しつける；(兵)軍紀を守らせる。
fegyelmezetlen [形] 規律のない，無規律の，訓練のない。
fegyelmezett [形] 規律正しい，訓育のゆき届いた，訓練された；(兵)軍紀の厳正な。
fegyelmi [形] 訓練(上)の，懲戒用の；訓育に関する；規律上の，服務上の；厳格な。〔fegyelmi eljárás, 懲戒処分；懲戒手続。fegyelmi vizsgálat, (法)懲戒審理(問)。〕
fegyenc [名] 有罪人；囚人(徒)。
fegyház [名] 監獄，刑務所；感化院。
fegyver [名] 武器，兵器；(兵)火器，小銃。〔fegyvert ragad(fog), 武器を取って立つ。a fegyvert leteszi (lerakja), 武器を横たえる，降服する。fegyverre, 武器を執れ！，戦闘準備！〕
fegyveres [形] 武装した。[名] 武装者(兵)。〔fegyveres hatalom (erő), 兵力，軍勢；交戦国，軍国。fegyveres szolgálat, 軍務，兵役。〕
fegyvergyár [名] 武器(小銃)製造所，造兵しょう，兵器しょう。
fegyvergyártás [名] 造兵，兵器製造。
fegyverkezés [名] 最新軍備。
fegyverletétel [名] 武器を差し出す(または投ずる)こと，降服。
fegyverszünet [名] 戦闘中止，休戦。
fegyvertár [名] 兵器庫，兵器しょう。
fegyvertelen [形] 武器なしの，武装しない，兵器を帯びない，無防御の。
fegyverviselés [名] 兵器を携帯すること。
fegyverzet [名] 軍備，戦闘準備；装備。
fehér [形] 白い，白色の；純白の，潔白の；清潔の；純潔の，無垢(むく)の；白色人種の；白色(テロなど)。[名] 白いこと，白さ；白色；白ワイン；白色人種；白い部分；(複で)反革命者。
fehéredik [自] 白くなる，白色になる；純白になる，潔白になる；白髪になる。
fehérít [他] 白くする，さらす，漂白する；青白くする。

fehérítő [形] 白くする；さらす。[名] 漂白所, 布さらし場；漂白剤。

fehérje, fehérnye [名] 卵白, 白味(卵の)；(生・化)蛋白質(たんぱくしつ)。

fehérnemű [名] 白リンネル類, 下(はだ)着類。

fehérnép [名] 女ども, 女連中。

fehérség [名] 白いこと；白さ；白色。

fehérvérűség [名] (医)白血病。

fej¹ [他] (牛の)乳を絞る；(比)しぼり取る, (金品を)巻きあげる。

fej² [名] あたま, こうべ, かしら；頭脳；頭, 首領, 頭目, 首長, 長；上端, 頂。[形] (キャベツ等の)…個。〔a lázadás feje, 反乱の首領。fejből, 暗記して, そらんじて。fejenként, 一つごとに, 一人ずつ, 一人当りに, 毎…。fejtől állt, (…の)頭のところに, まくらもとに。〕

fejbólintás [名] うなずき, うなずいて会釈すること。

fejében [後] …と交換に；…に対して。〔hála fejében, 謝礼として, 感謝の念から。fizetés fejében, 支払いの代わりに。〕

fejedelem (目 fejdelmet) [名] 王位を持たない, 地域の統治者；第一人者, 王者；領主, 大公；公(侯)爵；族長, 頭, 長。

fejedelemség [名] 侯(公)爵の位；侯(公)爵領；公(侯)国。

fejedelmi [形] 大公の(如き)；品位ある, 堂々たる。〔fejedelmi család, 大公の一門。fejedelmi személy, 大公。〕

fejel [他] クツの底(または鼻革)を取り替える；(スポーツ)ヘディング；(レスリング等で, 反則の)頭突き。

fejes [形] 頭の；(比)リーダーシップのある。

fejetlen [形] 頭のない, 無頭の；知恵のない, 思慮のない, 軽率の；ろうばいした；才のない, 物の分からない, 愚鈍の；無政府の, 混乱の。

fejetlenség [名] 頭がないこと；無知, 無思慮, 軽率；乱世, じょう乱, 無政府。

fejezet [名] (本・論文の)章；主要部, 主題；(建)柱頭。

fejfa [名] 木製の墓標(ぼひょう), 十字架。

fejfájás [名] 頭痛。

fejfájós [形] 頭が痛い, 頭痛持ちの。
fejhallgató [名] (無線電話の)載頭受話器, イヤホーン, ヘッドホーン。
fejkendő [名] スカーフ(女性用の簡単な)。
fejlemény [名] 発展(達・育), 進化。
fejleszt [他] 発達(展・育)させる, 啓発・育成・養成する; (産業を)発達させる; (電気・熱)を生ぜしめる。
fejlesztés [名] 同上のこと。
fejletlen [形] 未発達(展)の; 発育不完全の, 発育の悪い。
fejlett [形] 発達した(文化); がん丈な, 発育のよい(体); 発展した, 先進の。
fejlődés [名] 発展(達・育), 進化。
fejlődési [形] 同上の。〔fejlődési folyamat, 進化の過程。〕
fejlődik [自] 進化する, 発展する; 発育する。〔a hernyó pillangóvá fejlődik, 毛虫はチョウに発育する。〕
fejőstehén [名] 乳牛。
fejszámolás [名] 暗(胸)算。
fejsze (目 fejszét) [名] まさかり, おの(斧)。
fejt [他] (縫目を)解く, ほどく; (ナゾを)解く; さや(莢)を取る, 殻を取り除く, (豆さやを)割る; (鉱石を)切り出す; (タルから酒などを飲み口をあけて)注ぎ出す。
fejteget [他] (ぜんじ)解く, ほどく; 分析する, 詳論する, 説明する(理由を); 解説する, 問題を解く。
fejtegetés [名] (隅々まで)論ずること, 詳論すること; 説明, 論述; 解説, 討論。
fejtés [名] 解くこと; 石切(場); 解(判)読, 解明; 分析; 詰め替えること(酒・その他の液体を)。
fejtörés [名] 頭を悩ますこと, 肝胆を砕くこと, 焦心苦慮; 沈思熟考, 思案すること。
fejtörő [形] 同上する; 頭を悩ます; 努力を要する。 [名] パズル。
fejvesztés [名] ざん首, 断頭, 打首; 死刑, ざん罪。
fék [名] (馬の)手綱, 馬勒(ばろく); (工)制動機, ブレーキ, 歯止(はどめ)。〔féken tart, 手綱を引き締める; 制御する(人または情欲・本能などを)。〕
fekély [名] (医)潰瘍。

fekélyes [形] 潰瘍(かいよう)を生じた，化膿した。
fekélyesedik [自] 潰瘍になる，デキモノになる，化膿する。
fekete [形] 黒い，黒色の；黒髪の；(比)(悲哀・不幸・不吉の象徴)悲しい，陰うつな，不吉な；闇の。〔fekete áfonya, (植)こけもも(すのき属)。fekete cukor, 甘草の液汁。〕
feketedik [自] 黒くなる，黒く染まる，暗色になる；黒く見える。
feketekávé [名] ブラックコーヒー(牛乳を入れない)。
feketéllik [自] 黒く見える，黒光りする。
feketerigó [名] (鳥)黒鳥(クロツグミ)。
feketeség [名] 黒いこと，黒さ，黒色；(比)暗黒，陰うつ；腹の黒いこと，邪悪，極悪；黒く染めた物。
Fekete-tenger [固] 黒海。
fékez [他] (馬を)御する；(工)制動機(歯止め)をかける，ブレーキをかける；(比)(情欲)を制御・抑制する。
fékezhetetlen [形] (動物など)馴れがたい；(比)御しがたい；狂暴(粗暴)な，手に負えない。〔fékezhetetlen ösztön, 止め度なき本能。〕
fékező [名] (汽車の)制動手；(工)ブレーキ，制動機，歯止め。
fekszik [自] 横たわっている，寝ている；在る，いる，すえてある，置いてある；位置する。〔ágyba fekszik, ベッドに横になる，ふせる。〕
féktelen [形] (比)束縛のない，放恣の，ほしいままの，手におえない。
fektet [他] (…を)置く，横たえる，おろす，すえる；寝かす；(商)(倉庫に)貯える，貯蔵する；投資する，預金する；(書類などを)うっちゃっておく。
fekvés [名] ある場所を占めていること，平臥；(地)地形，位置；状態，地勢，場所柄；(動物の)巣，ねぐら；(音)音の高さ。
fekvő [形] 横になっている，横たわっている，倒れている，ふせている；病臥(が)の。〔fekvő beteg, ふせている・ねている病人。〕
fekvőhely [名] ふしど，寝床；(船や列車の)寝台。
fel, föl [副] 上へ，高く，上の方へ；こちらの方へ(近くへ)；北へ；さあこちらへ！，さあ上の方へ！；さあ上ってゆけ！，元

気でやれ！

fél¹ [形] 半分の，二分の一の。[名] 半，半分，なかば；党派；(訴訟や商売の)相手；同胞，身近な人。〔fél lábú, 片足の。fél vak, 半盲の。ügyfél, 訴訟(弁護)依頼人。〕

fél² [自] こわがる，恐れる，恐怖する；おそれはばかる；心配する，不安がる，懸念する。

felad [他] 渡す，交付する；問題を課す，命ずる；委(任)する；(手紙を)差し出す；(荷物を鉄道に)託送する；(城を)明け渡す，降服する；辞職する；廃業する；絶望する，手を引く，匙(サジ)を投げる，見はなす；告訴する，告発する。

feladás [名] 渡すこと，引渡，交付；投かん，発信，発送；(要さいの)降服，開城；告訴，密告，告げ口。

feladat [名] 課題，宿題，問題；務め，責務，職責，使命；役目。

feladó [名] 引渡人，差出人，発送人；告訴人。

feladóvevény [名] 受取証(郵便局などの)；預り証書(荷物の)。

feladvány [名] → feladat.

felajánl [他] (…に…を与え，又は為すために)申し出る，提供する。

felakaszt [他] 掛ける，つるし上げる；絞殺する。〔felakasztja magát, 首をつって死ぬ，首をくくる，いし(縊死)する。〕

feláldoz [他] 犠牲に供する；奉献(呈)する，捧げる，献ずる。

feláll [自] 立ち上がる，起立する；上がる，乗る，登る；整列する，隊列を作る。

felállít [他] 立たせる；建てる，建立する，設立する；組み立てる；配置・陳列する，据え付ける；(説・規則を)立てる，確定する；(隊列を)組む。

felállítás [名] 同上のこと；建設(立・築・造)，設置，創設；(工)装置，組立；整列，編成，配置。

felavat [他] 神聖にする，はらい清める；奉納する；僧職を授ける，…式を挙行する，(新しいものを)使い始める。

felázik [自] やわらぐ；ぬれる，しめる，湿っぽくなる；柔らいでとける。

felbecsül [他] 評価する，評定する，見積もる，算定する，査定する；尊重する。

felbecsülhetetlen [形] 量り切れない，評価しがたい；頗る高価の，この上なく貴重な。

felbélyegez [他] 収入印紙を貼る。

félbemarad [自] → abbamarad. 中断する，途中で止まる。

félbenhagy [他] 中断する，断ち切る，途中でやめる。

felbérel [他] 買収する(わいろで)。

félbeszakad [自] 止む，中止になる，中断になる。

félbeszakít [他] 中止(断)する，途中で止める；(話を)さえぎる，妨げる。

felbillen [自] ひっくり返る，傾いてくつがえる，転覆する；はね上がる，飛び上がる。

felbillent [他] くつがえす，転覆させる，ひっくり返す；はね(はじき)上げる。

felbiztat [他] 元気づける，鼓舞する，励ます，勢いをつける；扇動する，教唆する。

felbomlik [自] ほどける；解体する；ゆるむ；(秩序が)乱れる；くされかかる，腐敗する；(化)分解する。

felboncol [他] 解剖する。

felbont [他] 切り開く，断ち割る，開き破る；解体する；(手紙を)開封する；(契約を)解く，関係を断つ；離婚する；(会や軍を)解散する。

felbontatlan [形] 開かれない；開封されていない(手紙など)。

felborít [他] 転覆させる，ひっくり返す；(比)失脚させる，が解させる，悲境に陥れる；革命を起こす。

felborul [自] 転覆する，ばたんと倒れる，傾く，くつがえる；(比)急変する，急にかわる。

felbosszant [他] 怒らす，おこらせる，立腹させる；激させる。

felbőszít [他] おこらせる，憤慨させる；荒れ狂わせる，狂暴させる。

felbőszül [自] (…に対し)怒る，激怒する，憤慨する。

felbujt [他] かり立てる，けしかける，おだてる，扇動する，使そうする，教唆する。

felbujtó [名] 扇動・教唆者。

felbukkan [自] (突然)浮かび上がる；(比)出現する，現れる；(念頭に)浮かぶ；出没する。

felbuzdít [他] 激励する，鼓舞する，刺激する。
felbuzdul [自] 熱中する；憤慨する，激こうする；奮起する，興奮する，発奮する。
felbuzdulás [名] (にわかに)躍起となること；熱心(中)；憤慨，激こう；興奮。
félcipő [名] 短ぐつ。
felcsap [他] はね上がらせる；ぱっと開ける。[自] (炎)が急速に燃え上がる，炎上する；はね上がる；(雷が)落ちかかる，激しくぶつかる；(兵士・職工などの)募集に応ずる。
felcsavar [他] 巻く，巻きつける；ネジで締めつける，ねじあげる，強く締めあげる。
felcseperedik [自] 成長する，大きくなる，成人する。
felcserél [他] 取り違える，思い違いする，混同する，間違える；交換する，取り替える，換える。
felcsigáz [他] (…の)度を過ごす；(好奇心を)過度に刺激する。
feldagad [自] はれ上がる，水かさを増す；(比)増大する；(音)(音調が)強まる；(比)誇る，高ぶる。
feldarabol [他] 細かく(小分)する，切りさいなむ，切れ切れにする，分割する，寸断する。
felderít [他] 明るくする，晴れさせる；上きげんにする，喜ばす，晴れやかにする；暴露する，秘密をあばく；(…について)はっきりさせる，解きあかす；踏査する；(兵)てい察する。
felderítő [形] (兵)てい察する。[名] (兵)斥候；てい察機。
felderül [自] (天気が)晴れる，明るくなる；(顔色が)晴れやかになる，さわやかになる，すがすがしくなる。
feldíszít [他] 装う，飾る，装飾する，飾りたてる；奇麗にする，みがきたてる。
feldob [他] 投げ上げる，上の方へ投げつける。
feldolgoz [他] 製作する，加工する，細工する；題材とする；上きげんにする；(たまった仕事を)片づける；(器官が)消化する。
feldolgozás [名] 加工すること；仕上げ；製作，細工；(翻案の)改訂，改修；(テーマの)取扱，処理，手がけること。
féldombormű [名] 半浮彫の彫刻品，浅浮彫，薄肉彫。
feldönt [他] 押し倒す，突き倒す；投げ倒す，転覆させる，ひっくり返す；(比)(決議を)無効にする，破棄する，取り消

す。

feldúl [他] 荒らす，略奪する，荒廃させる，ふみにじる；かき乱す，破壊する；(夫婦の仲を)悪くする。

feldúlt [形] 荒らされた；(比)落ちつかない，かき乱された。〔feldúlt tekintet, 落ちつかない眼差し。〕

felduzzad [自] はれる，ふくれ上がる；(水が)みなぎる，増水する；増大する，かさむ；(比)(…で)張りきっている，充満している。

felduzzaszt [他] ふくれ上がらせる，はれさせる；増大させる，かさませる。

felé [後] (方向の)方へ；(時の)にかけて；の方に向かって，に対して。〔felénk tartott, 彼は味方であった。reggel felé, 明け方にかけて。öt felé volt, 五時頃だった。〕

-féle [尾] 種類を表わす後綴；…の種の，…流の。〔mindenféle, 各種の。Newton-féle elmélet, ニュートン式原理。〕

felébred [自] 目を覚ます，目ざめる；(感情・意識が)目覚める，呼び起こされる。

felébreszt [他] 目を覚まさせる，起こす；活気づける，励ます；(興味を)呼び起こす。

feledékeny [形] 忘れやすい，忘れっぽい，健忘性の，忘れがちの。

feledékenység [名] 忘れること，忘却；健忘；忘れがちなこと，等閑；忘れられること。

feledés [名] 忘れること；気晴らし；忘却，失念。

felejt [他] (…を)忘れる，忘却・失念する；見落とす，等閑にする，なおざりにする。

felejthetetlen [形] 忘れがたい，忘れられない，忘れ得ぬ。

felekezet [名] 信教，宗派(門)；(比)党派，味方，一味。

felel [他][自] 返事する，答える；応ずる，報いる，返報する；(…に対して)の責を負う，責任がある；保証する，請け合う。

feléled [自] そ生する，生気づく，よみがえる；(比)復興(活)する，回復する；(火が)燃え出す(始める)。

félelem (目 félelmet) [名] 恐れ，恐怖；い怖(敬)；心配，不安，懸念，憂慮。〔félelmében, (…を)恐れて，恐怖のあまり。félelmet nem ismer, 彼は恐いもの知らずだ。〕

felelés [名] (学校の質問や宿題などに)答えること；返答。

feléleszt [他] そ生させる，生き返らす，活気づける，元気づける，正気をつける；火を起こす。

felelet [名] 返事，答え，返答，答弁；（学校の質問に）答えた成果。

felelevenít [他] そ生・復活させる；呼び起こす，思い出させる，喚起する。

félelmes [形] → félelmetes.

félelmetes [形] 恐ろしい，すさまじい，物すごい，非常な。

felelős [形] 責任ある；答弁・弁明の義務ある。〔felelőssé tesz vkit, …を責任ある者とする。〕

felelősség [名] 責任あること；責任ある答弁の義務があること；責任。〔felelősségre von, （…に…について）弁明を求める。〕

felelőtlen [形] 責任のない；責任を顧みない，無責任な。

feleltet [他] （…に…何を）聞きただす，尋ねて聞き出す；（質問に）答えさせる；（生徒に）言わせる，試問する。

felemás [形] 不ぞろえの，ちぐはぐな，不似合いの，不つりあいの；違う，異なる。

felemel [他] （何を）上・揚・挙げる，高める；（価を）上げる；（利子・使用料を）高める；（声・頭・手を）あげる；（税を）高める；昇給・増俸する；（…の知識が）勇気づける。

félemelet [名] （建）中二階（一階と二階との間）。

felemelkedés [名] → emelkedés. 飛び上がること；上昇；（経）昇騰，好景気；（飛行機が）飛び出すこと，飛しょう，飛行；（比）飛躍，向上，発展；立身・成功すること。

felemelkedik [自] 起き上がる，立ち上がる，飛び上がる，ひらりと舞い上がる；そびえたつ，高まる；増大する；（比）立身する，向上する；奮起する。

felemelő [形] 崇高な，称賛的；心・精神・思想などを向上させる，気を引き立たせる。

felemészt [他] 吸収する，食い尽くす，消費（耗）する；使いつくす，使い果たす。

felenged [他] 登らせる；（凧などを）揚げる。[自] （氷・雪が）溶ける；（比）（心や感情が）和らぐ，打解ける；ゆるむ。

félénk [形] こわがる，小胆の，憶病の，びくびくする；内気な，小心な，恥ずかしがりの，はにかみやの。

félénkség [名] こわがる（びくびくする）こと；憶病，小心，こわがり。

felépít [他] 建て上げる，建築(設)する；組立てる。
felépül [自] 建てられる；実現する；治ゆ(癒)する，回復する。
felér [自] (…へ)登り届く，上り達する；(…と)同等である；(比)(…と)匹敵する，比肩する，劣らぬ，つりあう。〔Petőfi bármely nagy lirikussal felér, ペテーフィはどんな大叙情詩人にも匹敵する。〕[他] (に)届く，(に)達する；(に)及ぶ，(…に)追及する，比肩する，匹敵する；(比)(…を)とらえる，理解する，会得する，悟る。〔nem éri fel ésszel, 彼はそれを理解しない。〕
feles [名] 小農，半農民(作物の半分を小作料として払う農夫)。[形] 半分の，折半の；半農の。〔feles gazda, 半農民。〕
feleség [名] つれあい，妻，配偶者，内室，夫人。
feleséges [形] 既婚の。〔feleséges ember, 既婚の男性。〕
felesel [自] 声高く反抗(口答え)をする，抗言する；異議を述べる，口論する。
felesleg [名] → fölösleg.
félesztendő [名] 半年，六ケ月。
féleszű [形] 気の狂った，発狂した；偏屈の；愚鈍な，知恵の足らない，まぬけの。[名] 知恵の足らない人，愚人，まぬけ，とんま。
felett, fölött [後] …の上に，上方に，上の方に，(川など)の上流に；北に；…に就いて，に関して。
felette, felettébb [副] 非常に，極端に，甚しく，過度に，余りに，法外に。〔felette áll, (に)まさる，超然としている；すぐれる，(を)しのぐ，凌駕(りょうが)する。felettébb drága, 恐ろしく(非常に)高い，高価だ。felette nagyon, 余りに，法外に。felettébb ritka, 非常にまれな。〕
felettes [形] 目上の，上位の。[名] 目上，上役，上官。
félév [名] 半年，六ケ月。
féléves [形] 半年間の；(生まれて)半年経た，六ケ月の。
felez [他] 二等分する，両分する，折半する。
felezés [名] 二等分(両分)すること，折半すること。
felfal [他] むさぼり飲む，食いつくす，平らげる，のみ下す；(比)(…を)じろじろ(穴のあくほど)よく見詰める；(…に)見ほ

felforgat

れる。

felfed [他] おおい・ふたを取り去る；(比)露出させる，あばく，裸にする，暴露する(不正や秘密などを)。

felfedez [他] おおいを取り去る，ふたを取る；あばく；打ち明ける；発見する。

felfedezés [名] 被覆物を取り去ること；かくさず打ち明けること；発見すること。

felfedező [形] 発見するための。〔felfedező út, 探険旅行。〕[名] 発見者。

felfegyverez [他] (に)武装させる，武備を施す，装甲する。

felfegyverkezik [自] 武装する；戦闘の準備をする，開戦の準備をする。

felfejt [他] (縫目などを)解く，ほどく。

felfelé [副] 上方へ，上の方へ；逆のぼって；北の方へ。

felfeszít [他] 破り開く，打ちあける，こじ開ける；十字架に掛ける，磔刑にする。

felfog [他] つかむ；(球を)受け取る；(言葉を横合から)聞き込む，横取りする；悟る，理解する，会得する，了解する；(着物を)からげる，取り上げる；(剣)攻撃(打ち込み)を受け止める，ひっぱずす，防ぐ，払う。

felfogás [名] つかむ・とらえる・理解(力)；見解，所見，考え；解釈，観；評価。

felfoghatatlan [形] 理解・会得できない，測り知りがたい，考えられない，想像できない，不可解な，難解の，むずかしい。

felfogható [形] 分かり易い，会得・理解しうる，考え得られる，想像しうる，合点のゆく，平明の。

felfogóképesség [名] 理解力。

felfordít [他] 転覆させる，くつがえす，ひっくり返す，倒す(家などを)；崩壊する。

felfordul [自] 転覆する，くつがえる，ひっくり返る，倒れる，が解する；(動)へい死する，くたばる。

felfordulás [名] 転覆すること；が解；(比)無秩序，びん乱。

felfordult [形] さかさまの，逆の，転倒した，あべこべの，裏返しの；(比)誤りの，ばかげた，背理の，つむじ曲りの。

felforgat [他] 次々にひっくり返す，倒す，転覆させる；

felforgató

(比)変革を起こす，乱す，扇動する。
felforgató [名] 扇動者，革命家，革命党員。
felforr [自] 煮え立つ，沸き立つ；(比)激怒する。
felforral [他] 煮え上がらせる，煮え立たせる，沸き立たせる，煮沸させる。
felfortyan [自] (比)怒る，短気を起こす，激怒する，憤ぬする。
felföld [名] 高地，山地，高原，山国。〔a magyar felföld, ハンガリー高原。〕
felfrissít [他] 新鮮にする，元気づける，清新にする，清涼にする，さわやかな気持ちにする，晴々させる；(記憶を)呼び戻す；(比)(けい古を)やり直す。
felfrissül [自] (…で)元気づく，新鮮になる，さわやかになる，回復する；(記憶が)鮮明になる。
felfúj [他] (空気を吹き込んで)ふくらませる，膨張させる；(比)(人を)高慢にする，おごらせる。〔felfújja magát, 彼は自慢する。〕
felfut [自] よじ登る，走り登る；(植)からみつく，からんで伸びる，巻きつく，ほふくする，はい上がる。
felfúvódik [自] 膨脹する；(比)誇る，尊大に振舞う；ふくらまされる；(飼料により)鼓腸する；(医)胃腸内にガスがたまる，腹が張る。
felfüggeszt [他] 高く掛ける，つるし上げる；(事件を)未決のままに置く；(会議を)延期する，猶予する；(仕事を)中(停・休)止する；休(停)職させる。
felfüggesztés [名] 同上のこと；停(休)職；停止；延期，猶予。
félgömb [名] 半球；地球の半球。
felgyógyul [自] 本復する，全快する，治ゆする。
felgyújt [他] 点火・点灯・放火する；(感情などを)激しくゆする。
felgyűr [他] (ワイシャツの袖を)まくり上げる；(着物を)まくり上げる。
felháborít [他] 不快を催させる，まゆ(眉)をひそめさす；憤らせる，憤慨させる；激こうさせる。
felháborító [形] 不愉快極まりない，しゃくに障る，ひどい，忍びがたい。
felháborodás [名] 不快なこと，しゃくに障ること；憤激，

憤慨。
felháborodik [自] (…について)憤慨する, 怒る, しゃくに障る。
felhagy(vmivel) [自][他] 捨てる, なげやりにする; 遺棄する; 中止する, 止める; (官職を)辞める; (悪習を)止める。
felhajt¹ [他] 上へ押し上げる; (野獣を山上へ)かり立てる; (波やゴミを)立たせる; (価格を)騰貴させる。
felhajt² [他] (袖や被いを)まくり上げる, 折り返す; (暗礁に)乗り上げる; (コップを)空にする, 飲みほす。
felhalmoz [他] ためる, 貯める, 蓄積する, 累積する, 積み(盛り)上げる。
felhalmozás [名] 蓄積, 累積, 堆積, 集積; 沈でん。
felhalmozódik [自] 積もる, たまる, 堆積する, 増加する。
félhang [名] (音)半音; 小さな声。
felhangzik [自] 響く, 鳴り渡る; (音が)起こる, 上がる。
felhánytorgat [他] とがめる, 非難する(忘恩を)。
felhasít [他] 切り割く, 裂き開く, 切り分ける; (料)(サケに)切目を入れる。
felhasznál [他] 使用する, 用いる, 使う, 利用する, 役に立てる。
felhasználható [形] 応用し得る, 使用し得る; 役に立つ, 有用の; 手頃の, 適切な, 重宝な。
felhatalmaz [他] (…に…をなすことの)全権を与える, 委任する。
felhatalmazás [名] 全権を委任すること; 全権委任, 授権, 代理権授与。
felhevül [自] 熱する, 熱くなる; (比)熱中する, 興奮する; 激する, 怒る, 激こうする。
felhígít [他] (何で)薄く(淡く)する; (液体を)薄める; (化)稀薄(釈)にする。
felhív [他] 呼び出す; 呼びかける; 指名する; (注意を)向けさせる; 要求する, 要請する; 電話をかける; 促す。
felhívás [名] 同上のこと; 布告, お触れ, 告諭, 檄(げき); 勧誘(寄付・募集等の); 招請; 要求; (電話の)呼び出し; (法)催告, 勧告; (兵)指名点呼。
félhivatalos [形] 半官の, 半官的の, 御用の。
félhold [名] 半月; トルコの旗章; (兵)半月堡。
félholt [形] 半死の, 半死半生の。

félhomály [名] (画面などの)薄明(うすあかり), 薄暗闇。
felhord [他] (…の)上に置く, 運び上げる;(食物を)食卓に載せる;(土を運び上げる)土盛する。
felhorzsol [他] 皮を剥ぐ;ひっかく, すりむく, (皮膚に)掻き傷をつける, すり傷める。
felhoz [他] (…を)持って上がる, 運び上げる;提出する, 提議する, 申し出る;言及する, 言い表す;理由をあげる, 引用する, 出典を挙げる;つれて来る(田舎から上京させる)。
felhő [名] 雲;曇り(宝石などの);憂い。〔felhőbe nyúló, 雲にそびゆる。〕
felhőkarcoló [名] 摩天楼(まてんろう), 超高層建築。
felhős [形] 曇った;雲のような;憂いをおびた。
felhőszakadás [名] 猛烈なにわか雨, 集中豪雨。
felhőtlen [形] 雲のない, 曇らない, 晴れた。
felhőzet [名] 積雲, 集雲, 雲の峰;曇り。
felhúz [他] (何を)引き上げる;(…を)引き立てる;(旗を)揚げる;(幕を)開ける;(時計を)巻く;(着物を)着る;(クツを)はく;(手袋を)はめる;(テントを)張る;(錨を)揚げる;(眉毛を)つり上げる, (比)びっくりする;(肩を)上げる, (比)どうでもいい。
felidéz [他] 思い出させる, 回想させる;(幽霊を)呼び出す(呪法で);(災や戦争などを)誘致する, じゃっ起する, ちょう発する, 引き起こす。
félidő [名] 半時, ハーフタイム(前半と後半の)。〔első félidő, 前半のハーフタイム。második félidő, 後半のハーフタイム。〕
félig [副] 半分ほど;半ばまで;中途で;かなり;思ったほど…ない。
félig-meddig [副] 半ば, 半分だけ;幾らか, やや。
felindulás [名] 登り出すこと;感動, 激情;興奮, 激こう(動), 逆上(のぼせること)。
felindult [形] 激した, 興奮・激こうした;神経過敏の。
felingerel [他] 刺激する, 鼓舞・激励する;ちょう発する, 扇動する, 起き上がらせる;怒らせる。
felingerül [自] 怒る, 立腹する, 激する, 激(憤)怒する。
felír [他] (黒板などに)書き;書きつける, 書き留める, 記入する, 記録(載・帳)する;(処方箋を)書く。[自] (官庁に)請願書を提出する, 起訴する。

felirat [名] (見えるように)書かれたもの, 表題, 題名, 題詞; 碑銘(文), 刻銘, 文字による表象;請願書, 上書, 上奏文(議会などの);字幕;(ラベルの)説明書き。

felírat [他] 書載せさせる, 記録させる, 書き付けさせる。

felismer [他] (人・事・物の何たるかを)見分ける, (新しく)知る, 認める, 識別する, 弁別する;悟る, 認識する。

felismerhetetlen [形] 認識(知)しがたい, 識別しがたい, 見分けがたい;見覚えのない。

felizgat [他] 刺激・鼓舞する, こう奮させる;扇動する, 騒がせる, ちょう発する, 怒らせる。

feljáró [名] (乗物に入る)上り口, 登り坂;上り勾配の道路, 斜坂;はしご段, 階段。

feljavít [他] 良くする, 改良する, 改善する。〔talajt feljavít, 土地を改良する。〕

feljebb [副] (fel の比較級)さらに上方に。〔lásd feljebb!, 目を上に!〕

feljegyez [他] 記載(帳・入・録)する, 書き留める;筆記する。

feljegyzés [名] 書き留めること;記入, 記録, 記載, 文書; 注解(釈)。

feljelent [他] (法)告訴(発)する;密告する;告訴状を提出する, 哀訴する。

feljelentés [名] 同上のこと。

feljogosít [他] (…に…をなす)権利(資格または権能または理由)を与える, 権限を与える;(全権を)委任する;(…を)正しいと認める, 認可する。

feljön [自] (太陽または月が)上る;上って来る;強化する。

feljut [自] (上に登って)着く, 上に達する(届く), 頂上に登りつく;(比)昇進する, 出世する。

felkacag [自] あっはっはっと大笑する, 笑声をあげる, 高笑する。

felkap [他] すばやく引っつかむ;拾い上げる, 取り上げる, 集める;(着物を)着る;(マントを身に)まとう(ひっかける);流行させる。[自] (馬に)飛び乗る;上に達する, よじ登る。

felkapaszkodik [自] よじ登る, つかまって上がる, はい上がる;(比)(よい地位などに)はい上がる。

felkar [名] (解)上はく, 二の腕, 上腕。

felkarol [他] (物を)拾い上げる;(…を)抱く, 抱き上げる;

félkarú 276

(人・事件を)引き取る，世話する，引き受ける，尽力する；(…を)支持する，よりかからせる，助力する，援助する。

félkarú [形] 一本腕の，隻腕の，片腕の；(機)単臂の，一本肘の(機械)。

felkavar [他] かきまぜる，かくはんする，わき立たせる，扇動する；(胃を)むかむかさせる。

felkel [自] 立ち上がる，起きる，立つ；(太陽が)上る，出る；(群衆が)謀反する，反乱する。

felkelés [名] 立ち上がる(起床する)こと；(太陽が)上ること；(群衆の)ほう起すること，反抗して立ち上がること；一揆(いっき)，暴動，謀反，反乱。〔nemesi felkelés, 貴族の反逆，謀反。〕

felkelő [形] 上る(太陽)；ほう起する(群衆)。〔a Felkelő Nap Országa, 日出ずる国＝日本。〕[名] 謀反人，反乱者，反逆者。

felken [他] (香油を)塗る；(パンにバターを)ぬる；(塗油礼を施して)王位に即かせる；(宗)聖油を塗って清める。

felkér [他] (…に…を)請い願う；(…のポストを)承諾してもらう。〔táncra felkér, ダンスの相手を頼む。megjelenésre felkér, 出席を請う。〕

felkeres [他] (名所・旧跡・聖地などを)探す，探し出す；(…を)たずねる，訪問する；連絡を取る。

felkészít [他] 旅支度をしてあげる；(…に)備えて助力をする；(…に)装備する，支度を整えてやる，装具を整える；(軍隊を)武装させる；(船を)艤装(ぎそう)する；設備する，備え付ける。

felkészül [自] (開戦)準備をする，武装する；(…に対し)覚悟を極める；支度をする，用意を整える。

felkészültség [名] 準備のできたこと；知識；装備，支度；(兵)武装；(海)艤装(ぎそう)。

felkever [他] かきたてる，かきまぜる，かきまわす，かくはんする，混和する；(トランプの札を)切り直す。

félkezű [形] 片手の，隻手の，手ひとつの。

felkiált [自] 絶叫する，声高に叫ぶ，わめく，大声で言う；(驚きの)声を発する。

felkiáltójel [名] (文)感嘆符(!)。

felkoncol [他] ころす，虐殺する，殺りくする。

felkopik [自] 飢えに苦しむ，貧困である，困窮する；餓死す

fellendülés

る；(期待したものが)手に入らない。
félkör [名] 半円；半円形。
felköszönt [他] 祝う，乾杯する；(名前日などに)あいさつする(慶びを言う)。
felköt [他] 上に結びつける；(前掛やネクタイなどを)結ぶ；(剣を)帯びる；(包帯を)かける；(包帯で腕を)つるし上げる；絞殺する。
felkunkorodik [自] 巻きつく，巻きあがる，もつれる；(髪が)ちぢれる(上方へ)；(布地に)ひだが出来る。
felkúszik [自] はい上がる，よじ登る；(植)攀繞(はんにょう)する。
felkutat [他] くまなく捜す，ほじくり捜す，さがし回る，かきさがす，捜し出す；(厳重に)捜査する。
fellángol [自] 燃え上がる，燃え立つ；(比)激こうする；再燃する。
fellázad [自] 謀反を起こす，反抗する，立ち上がる(…に対して)；(比)激こうする。
fellázít [他] 背かせる，暴動を起こさせる；扇動・使そう・教唆する。
fellebbez [自] 控訴・上告する。
fellebbezés [名] (法)控訴すること。
fellebbvitel [名] 上訴，控訴。
fellebbviteli [形] 同上の。〔fellebbviteli bíróság, 控訴院。〕
felleg [名] 雲；(比)(雲のようなもの)曇(くもり)；(宝石の)きず(欠点)；(液体の)濁り。
fellegvár [名] 要さい内の独立した小堡塁，重城；とりで，衛城(都市内の)。
fellel [他] 見つけ出す，捜し出す，発見する。
fellélegzik [自] 深く息を吸う，息を吹きかえす，息をつぐ；安心してほっと息をつく。
fellendít [他] 飛躍させる，発展させる；(商)景気をつける，盛んにする(事業などを)。
fellendül [自] 飛躍する，躍進する，向上する；ひらりと飛ぶ；(商)景気がよくなる；(比)栄える，盛んになる，隆盛に赴く。
fellendülés [名] 飛揚，飛躍；向上，進歩；躍進，勃興；(経)好景気，好況；(比)全盛，繁栄。

fellép [自] (…に)上る；現れる, 出現する, 登場する, 踏み出す(政界に)；(劇)舞台に立つ, 役を演ずる；振る舞う, 態度をとる；立候補する；(医)発生する(悪疫が)。〔erélyesen fellép, 強硬な態度をとる。〕

fellépés [名] 歩きぶり；行動, 態度, 挙動；立ち現れること, 出現；(劇)登場, 出場；(医)発生(疫病の)。

fellobban [自] (さかんに)炎上する, 燃え立つ；(比)カッとなる, 興奮する。

fellobogóz [他] 旗を高くかかげる, 旗で飾る；満艦飾を施す。

fellök [他] 突き倒す, 押し倒す, くつがえす。

felmagasztal [他] 賞揚する, ほめたたえる, ほめそやす；賛美する, 称賛する；推挙する。

felmászik [自] よじ登る, はい上がる；(植)はいまつわる, 巻きつく。

felmegy [自] 上がる, のぼる；北上する；(経)(値段が)上がる, 騰貴する；(…の額に)達する；(服や靴が)着れる, 履ける。

felmelegít [他] 暖める, 温める, 熱する；(比)熱中させる, 興味を起こさせる。

felment [他] (法)無罪放免にする, 免訴する；(束縛・義務・税金・誓約等を)解(免)除する, 解任する；(けん疑を)晴らす, 解く；(都市・要さい等の)包囲を解く, 救援する。

felmentés [名] 同上のこと；免除, 解除；解放, 釈放；無罪判決；解(免)職；包囲を解くこと, 救援。

felmentő [形] 救援の；免除の, 放免の。〔felmentő sereg, (兵)(包囲された軍に対する)援軍, 援兵。〕

felmér [他] 計(量・測)る, 測量する, 図測する；境界を定める；調査する。

felmérés [名] 測量・測定すること；図測・図取りすること；境界画定など；現況調査, 観測。

felmérgesít [他] 怒らせる, 怒らす, 怒り狂わせる。

felmerül [自] (水中から)浮かび上がる；(比)現れる；(念頭に)浮かぶ；(問題が)起きる。

felmetsz [他] 切り開く, 断ち割る。

félmeztelen [形] 上半身裸体の。

felmond [他] (解約の)予告する；(契約を)取り消す, 解除する；辞表を出す；(詩など)暗誦・吟誦する；(学課を)立

felolvas

って答える，復唱する，読誦する。
felmondás [名] 辞表，(解約の)予告；暗誦，読誦。
felmondási [形] 同上の；解約告知の。〔felmondási idő，(法)解約告知期間。〕
felmos [他] (床などを)洗う，洗い清める；(汚れを)洗い流す，洗い取る；すり洗う；(水をかけて)正気に戻す。
felmutat [他] (…に…を)出して見せる，呈(提)示する；提出する。
felnevel [他] → nevel. 育て上げる，養育する；教育(化)する；しつける，薫陶する。
felnéz [自] 目をあげる，見上げる，仰ぎ見る，仰ぐ；注目・注視・注意する；立ち寄る。
felnő [自] 背たけが伸びる，成長する；成人する。
felnőtt [形] 成長した，成人した。[名] 成人，おとな。
felnyal [他] 舐(な)めつくす，残らず舐める；(動物が生まれた子を)舐めてきれいにする。
felnyalábol [他] (ひったくるように)取り上げる，持ちあげる，拾い集める，抱き上げる；かき集める，寄せ集めてまとめる。
félnyers [形] 半ば生の，半生(はんなま)の；(比)未開の。
felnyílik [自] 上へ開く，あく；解ける，ゆるむ。
felnyit [他] 上へ開く，開ける；公開する；(医)切開する；(結び目などを)解く。
felnyújt [他] 腕を伸ばして取り上げる；(両手を)上に差し上げる(ささげる)；差し出す，さし伸ばす。
felnyúl [自] (上に)達する，届く，及ぶ。
felnyúlik [自] (上方へ)伸びる；(に)達する，及ぶ，広がる；そびえる，ぬきんでる。
felocsúdik [自] われに返る，正気・本心に立ち返る；(感情・意識などが)目覚める，呼び起こされる。
felold [他] ほどく，解く；放つ，自由にする；解(免)除する，解放・赦免する；分解する，溶解する。
feloldódik [自] ゆるむ；ほどける，解ける；離れる；(化)溶解する。
feloldoz [他] 解く，ほどく；(宗)免罪する，無罪放免する。
felolvad [自] (氷が)溶ける，溶解する；(比)(固苦しいのが)打ち解ける。
felolvas [他] (…に)読み聞かせる；読み上げる，朗読する；講演する；(名前を)点呼する。

felolvasás

felolvasás [名] 朗読；講演；講義。
felolvaszt [他] 溶かす，溶解させる；液化する；(比)(感情・心などを)溶け入らせる，和らげる，感動させる。
felordít [自] 叫ぶ；(苦痛の)叫び声を発する，叫喚を発する；ほえ声を出す(犬・サルなどが)。
feloszlat [他] 解散する(議会・会議・組織・会社・軍隊等を)。
feloszlik [自] → oszlik. (議会・組織・会社などが)解散する；腐敗する，腐る，くずれる，崩壊する，壊滅する。
feloszt [他] 分かつ，分割する；分配する，配付する，振り当てる，割り当てる；区分する，分類する。
felosztás [名] 分かつこと；分割；分配，配当，割当；配置，区分。
félő [形] …の憂いがある，の心配がある，恐れ・気づかい・懸念がある。〔félő, hogy, …の憂いがある。〕
felől [後] …の方から，…の方より；に就いて，に関し。〔minden felől, 四方から。jobb felől, 右方から。bal felől, 左方から。felőlem, 私の方から；私について，私に関し。〕
felölt [他] 身につける；(衣服を)着る；(手袋を)はめる；縫いつける；(比)装う。
felöltő [名] コート，(特に男性の)スプリングコート。
felöltözik [自] 着物を着る，身支度する；(…の衣裳を)身につける。
felöltöztet [他] 着物を着せる，身支度させる，装う。
felönt [他] 注ぎ込む，ふりかける；(茶に湯を)注ぐ；(麦をひきうすのジョウゴに)注ぎ込む；(比)過度に飲む(酒などを)。〔felöntött a garatra, 彼は酔っぱらっていた(酒を飲みすごした)。〕
félős [形] → félénk. 内気な，小心な，気の小さい，憶病な；恐ろしい。
felpakol [他] 荷積みする，荷を積む；(…に…を)負わせる；(旅の)荷支度をする，(…を)荷支度させる。
felpanaszol [他] (…の前で…について)苦情をいう，愁訴する，嘆き訴える。
felpattan [自] (戸や花などが音をたてて)急に開く，開く；(イスから)飛び上がる，はねる；(馬に)飛び乗る；(びっくりして)立ちあがる。

felperes [名] (法)(民事の)起訴人, 訴訟人, 告訴者, 原告;(刑事の)告発者, 検事.

felperzsel [他] 焦がす, 焼く;火をつける, 放火する, 灰に帰する;(太陽が照りすぎて)枯らす(木を).

felpillant [自] 見上げる, 仰ぎ見る, 仰ぐ.

felpróbál [他] (衣類を)試着してみる, 仮縫いする, 着せ試みる;(寸法や型などを)合わせる.

felpuffad [自] ふくらむ, 張れる.

felpukkad [自] 割れる, ひびが入る;破裂する, 爆発する(気球が).

felragaszt [他] 貼り付ける, 糊(ノリ)ではる(広告・ビラを).

felragyog [自] 輝き出る;ひらめく;(顔が)明るくなる;(比)(名声が)輝きわたる.

felrajzol [他] 図取りする, 略図を引く, 製図する;記載(帳)する.

felrak [他] (車に)積む, 載せる, 荷積みする;(宝石や勲章で)飾りたてる.

felránt [他] ひったくる, かき集める;破って開ける, 引き裂く;(上の方へ)上げる(まゆ毛を);(着物を)からげる;(ドアを急に荒々しく)開ける.

felráz [他] 揺り起こす, 揺り上げる;(水薬を)振る;ゆすって目覚めさせる, 鼓舞する, 注意をうながす.

félre [副] わきへ, かたわらへ, 横に, 側に;離れて, あちらへ, 道をあけろ!, どけ!, あちらへ!

félreáll [自] (道を)よける, (道を)あける, 遠ざかって(離れて)居る;斜めになる.

félrebeszél [自] うわごとを言う, 訳の分からぬことを言う, 取りとめのないことを言う;逆上する.

félreért [他] 誤解する, 思い違いをする, 誤認する.

félreértés [名] 誤解, 勘違い, 考え違い;感情の行き違い, 不和, あつれき.

félreérthetetlen [形] 二様に解釈されない, 誤解されることがない, 間違いの生じない;明瞭な, 確かな.

félreérthető [形] 誤解し易い, 誤解を来すおそれのある.

félreeső [形] 遠隔の, 辺びの;遠くの, 遠方の, 遠ざかった.

félrefordul [自] 体の向きを変える, 身をかわす, 別の方を向く.

félrehív [他] 脇へ呼ぶ，座をはずさせる。

félrehúz [他] (幕を)脇に引く；脇へ呼ぶ；顔(口)をしかめる(ゆがめる)。

félrehúzódik [自] 身をかわす，脇に寄る；遠ざかる，離れる；(公の役割から)そっと身を引く。

félreismer [他] 見誤る，見ちがえる，誤認する，誤解する。

félrelép [自] 踏みはずす；過失する；不品行をする。

félremagyaráz [他] 曲解する，誤解する；間違って説明・解釈する。

felreped [自] (突然)裂ける，引き裂ける，破れる；ひびがきれる，割れる。

felrepít [他] 投げ上げる，飛ばせる；空中へ飛ばせる，はねあがらせる。

felrepül [自] 飛び上がる；(鳥が)飛び立つ；(飛行機が)飛揚する。

félretesz [他] 脇へやる，移す，片付ける，除く；取っておく，しまっておく；中断する；無視する；貯える，貯蓄する。

félreugrik [自] (脇へ)飛び退く，飛び去る，飛んで逃げる。

félrever [他] (harangot)(警鐘を)打ち鳴らす(警報によって呼び集める)；斜めに打つ。

félrevezet [他] 道を迷わせる；惑わす，邪路に導く，邪道に誘う，誘惑する；(誰を)欺く，だます。

félrevonul [自] 遠ざかる，離れる；脇へ退去する，退く；退隠する，引退する，引っ込む；(兵)退却する。

felrezzen [自] 身震いして驚く，はっとする，びっくりする。

felrezzent [他] 身震いするほど驚かせる，びっくりさせる。

felriad [自] はっとする，しゃんとする。

felriaszt [他] はっとさせる；(獣を)おどかしてかり立てる，驚かせて追払う。

felró [他] 彫みこむ；(…に…を)負わせる；(…に勘定を)負わせる，(支払を…の)負担にする；(功罪を…に)帰する；(…を…に)記帳しておく。

felrobban [自] 破裂する，張り裂ける，爆発(烈)する，砕け散る，粉々に飛び散る。

felrobbant [他] 吹き飛ばす，飛散させる，爆破させる。

felrúg [他] (足で)け飛ばす，押し・突き倒す，くつがえす；け上げる。[自] (…の額に)達する；(値段が)高騰する。

felruház [他] (娘に嫁入の)支度をしてやる，めんどう・世話

felszabadul

をしてやる；(…に官位・権限を)付与する；(…に…を)委任する；(兵士に)装具を整えてやる。

felsál [名] (料)牛の股肉。

felség [名] 帝王(妃)に対する尊称(陛下)；(帝王の)尊厳, 稜威, 王者の風采；(比)堂々たる威風。〔felséged, ő felsége, 陛下。〕

felséges [形] 帝王(妃)に対する尊称；荘厳な, 崇高な, 神々しい, 威風堂々たる, 最高の。〔felséges uram, 陛下。felséges kilátás, 荘厳な光景。〕

felsegít [他] 助けて立たせる, 助け起こす；(荷を背負うのを)手伝う；(洋服を)着るのを手伝う；(比)(貧者を)助ける, 助力する。

felségsértés [名] (歴)大不敬, 不敬罪, 大逆罪。

felserdül [自] 年ごろになる, 成長する, 成人する。

felsőhajt [自] ため息をつく, 嘆息する, 長大息する。

felsorol [他] 数えあげる, 数え立てる；(功罪などを)列挙する；(姓名を)読み上げる；(勘定書に)書き載せる。

felsorolás [名] 数え立てること；列挙, 枚挙；(姓名などの)点呼。

felső [形] 上の, 上方の, 上部の；高い, 上流の；上席の, 高級の；北の。[名] (トランプ遊びの)クイーン(女王)。

felsőfok [名] (文)最上級。

felsőház [名] 上院(参議院, 貴族院)。

felsőrész [名] (靴の)先端；(スーツの)上着。

felsúrol [他] こする, みがく；(石けんで床を)すり洗う；すりそぐ。

felsül [自] (陽射しで)火膨れになる；成功しない, 失敗する；(試験に)落第する；(劇)不評を被る。

felsülés [名] 火膨れ；不成功, 不首尾, 失敗；(劇)不評。

felszabadít [他] (…から)自由にする；(奴隷を)解放する；(包囲の城を)解く, 救援する；(工業系の生徒を)助手の身分にする；解禁する。

felszabadítás [名] 自由にすること；解放；救い出し, 救助。

felszabadító [形] 釈放する, 解放する。[名] 解放者, 救助者。

felszabadul [自] 自由になる；(工業系の生徒が)正式に助手になる；解(釈)放される；解禁される。

felszabadulás [名] 自由になる(解放される)こと；(城の)救援；解禁；(工業系の生徒が)助手になること。

felszakad [自] 裂ける，破れる；引き裂ける，割れる，ひびが入る，張り切れる；(古傷が)再び開く；(霧が)散る，消える。

felszakít [他] 破りあける，裂き開ける，引き裂く，割る；(乱暴に戸を)開ける；(比)(古傷に)触れる。

felszáll [自] 飛び上がる，飛揚する，上に登る；(道が)登りになる；乗り込む，乗船(車)する；(飛行機が)離陸する；(商)騰貴する；(温度が)上がる。

felszámol [他] 決着をつける；(商)清算する，解散する，(店を)たたむ。

felszánt [他] 耕作する，耕す，スキで返す；(悩みが顔に)しわを刻む；掘り出す。

felszárad [自] ひあがる，乾く；(雌牛の)乳がかれる。

felszárít [他] 乾かす，干す，涸(か)らす；(涙を)拭く，ぬぐう；(沼・湿地などの)排水をする，干拓する。

felszed [他] 拾い上げる，拾い集める，拾い取る；(錨を)上げる；(病気を)もらう；太る；(税を)取り立てる。〔a sátorfáját felszedi, 大急ぎで逃げる。〕

félszeg [形] へたな，無器用な，ふてぎわな，無骨な；一方的な，偏した，ひねくれた，ねじれた，ゆがんだ。

félszegség [名] 同上のこと；偏屈，がん固；無器用，へた；不体裁。

felszeletel [他] (羊肉などを)細かく切る，切り刻む，寸断する；(パンを)小さく切る。

félszemű [形] 一眼の，片目の，独(単)眼の。

felszentel [他] 祓い清める；神聖にする；僧職授与式を行う；奉(献)納する；(…を…に)手ほどきする；(新品を)おろす。

felszerel [他] 上に取り付ける；(家財などを)備え付ける，すえ付ける；支度を整えてやる；(兵)(新兵が)武装する；(船を)艤装する。

felszerelés [名] 支度を整えてやること；準備，装備；(兵)武装；(海)艤装(ぎそう)。

félsziget [名] 半島。

felszín [名] うわべ，表面，外面；水面；平面；(数)面積；(比)みかけ，外観，皮相。〔felszínre, 表面へ，上方へ，

feltár

明るみへ。〕
felszínes [形] → felületes. (比)皮相的な, 浅薄な知識の, 生かじりの；見かけを気にする。
felszív [他] 吸い上げる, 吸いこむ, 吸収する；(人を)惹きつける。
felszívódik [自] (…に)吸い込まれる, 吸収される；(人が)夢中になる。
felszólal [自] 発言する；異議・不服を申し立てる；(…に対し)抗議する；(法)訴願する。
felszólalás [名] (短い)演説；(口頭の)干渉, 異議申し立て；抗議(弁・告)。
felszólaló [名] 発言者, 演説者；異議申し立て人。
felszólamlás [名] 異(抗)議, 不服, 異議申し立て。
felszolgál [他] 仕える, もてなしをする；食事の給仕をする, 食事をさせる。
felszólít [他] 呼び出す；要(請)求する；勧める, 勧告する；促す, 励ます；(女性にダンスの相手を)願い頼む。
felszólítás [名] 呼び出す；要(請)求；勧誘(告)；(法)催告；召喚。
felszökik [自] とび上がる, 飛び立つ；(商)値段が急に上がる, 騰貴する；(熱が)上がる, のぼる。
félt [他] 心配する, 気づかう, 懸念する, おそれる；執着する。〔feleségét félti, 彼は妻に対して心配する, 気づかう。〕
feltalál [他] 見出す, 見付ける, 発見する；工夫する, 案出する, 発明する；虚構する；創作する。〔feltalálja magát, 行くべき道が分かる, 正道を見出す；(比)勝手が分かる, 精通している(何に)。〕 [自] (上に)辿り着く。
feltálal [他] (食物を食卓に)載せる, 食物を客に供する, ご馳走をする。
feltaláló [名] 発明者, 案出者, 創始者；創作者。
feltámad [自] そ生する, 復活する；(…に対して)立ち上がる, 反抗する, 謀反を起こす。
feltámadás [名] 生返り, 復活, よみがえり, そ生；復活祭；謀反, 暴動。
feltámaszt [他] (死から)呼びさます, よみがえらせる, そ生させる；(卓に肘を)突く, (卓に)よりかからせる, もたれかからせる；(…をクイで)支える, つっぱりをする。
feltár [他] (広く戸を)あける(開く)；(蓋を)開ける；(おお

feltart

いを)取る；(秘密を)暴露する；(心を)打ち明ける；(古墳を)発掘する，露出する；(医)切開する。

feltart [他] 差し上(持上)げている；(落ちないように)支える；(…の進出・続行を)引き留める，抑留する；妨げる，はばむ，停める，制止する。

feltartóztat [他] 阻止する，制止する，引き留める；(犯人を)拘(抑)留する，逮捕する。

feltárul [自] ひらく；(光景が)現れる；(遠望が)開けている；明らかになる；(前途が)ひらける。

félteke [名] → félgömb. 半球。

féltékeny [形] 嫉妬深い，りんき・やきもちぶかい，うらやむ。

féltékenykedik (vkire) [自] (…に対して)やきもちをやく，嫉妬する。

féltékenység [名] 嫉妬，ねたみ，りんき，やきもち。

felteker [他] 巻き上げる；(巻きロクロで)引き上げる；(滑車で)引き上げる(錨などを)；(糸巻きに糸を)巻きつける。

feltekint [他] (…を)見上げる，仰ぎ見る；(比)崇拝する。

feltép [他] → felszakít. 引き裂く；(手紙などを)破り開ける；割る。

felterít [他] (布を)広げる；(衣服などを干すため)広げる；卓布を敷く，食卓の準備をする。

felterjeszt [他] (書類を上級の役所に)提示する，提出する，差し出す；(文書で昇進などを)推薦する。

felterjesztés [名] (書類などを)提出，差し出し，呈示；(文書で昇進などの)推薦。

féltés [名] 気をもむこと，気遣い；やきもち。

féltestvér [名] 異父(母)兄弟；異父(母)姉妹。

feltesz [他] (…の上に)おく，すえる，立てる；(帽子を)載せる，掛ける；(引き受けてもらうために)見返りを約束する；決定する；仮定する，前提する。〔magában feltesz, (…を)目論む，企てる；決心する。〕

feltétel [名] 条件，制約；前提，仮定；予想，憶断。〔azzal a feltétellel, hogy …, …の条件で。feltételeket elfogad, 条件を承諾する，条件に同意する。feltételeket szab, 条件をつける。〕

feltételes [形] 条件付きの，制約された，制限された。

feltételez [他] 推定する，憶測する；前提する，仮定する；制限する，(に)条件をつける。

feltétlen [形] 無条件の, 無制限の, 絶対的の。
feltétlenül [副] 無条件に, 絶対的に；是非共, きっと, 必ず。
feltett [形] 覚悟した, 決心した；予想・推測した；かぶった(帽子)。〔feltett kalappal, 帽子をかぶって。feltett szándékom, わが固い決心, 覚悟した意図。〕
feltéve [副] …と仮定して, 予定して, 仮に…として(すれば)。〔feltéve, hogy, …と仮定すれば, 仮に…として。〕
feltevés [名] 仮定(説), 前提；予定(想), 推測(量・定)；(数)(方程式の)設定；(文書の)起草(作成)。
féltő [形] 心配して・気づかって守る；気が気でない(母親の心配)；大事な, 大切な；親愛な, かわいい。〔féltő kincs, 貴重品, 宝物。féltő gond, 大事にすること, 小心翼々の世話(配慮)。〕
feltölt [他] 注ぎ込む, つぎ足す；(土手に土を)盛り上げる, 土盛りする；補充する；充電する。
feltör [他] こわして開ける, 破って開ける；(戸や錠を)こじ開ける；開封する；(クルミを)割る；粉砕する；すりつける, 傷をつける；(田畑を)すきかえす, 開墾する。[自] 押し進む, 突進する, 前進する；(音が)浮かび上がる；(感情が)湧き上がる。
feltörik [自] (皮膚・腫物が)さける, き裂する, つぶれる；(足の皮がくつで)すりむける, 皮がはがれる。
feltöröl [他] (チリを)ふき清める, ふき取る, ぬぐい取る。
feltűnés [名] 人目につくこと, 人目をひくこと, 目立つこと, センセーションを起こすこと；注目, 注視。〔feltűnést kelt, 人目をひく, センセーションを起こす, 世人の耳目をおどろかす。〕
feltűnik [自] 現れる, 出現する, 見える, 姿を現す；(人の)目につく, (の)注意をひく。
feltűnő [形] 著しい, 目立つ, 耳目をおどろかす；異様な, 風変りな, 珍らしい。
feltüntet [他] (眼前に)示す, 明示する, 明らかにする；現せる, 姿を見せる；描写する, 叙述する。
feltűr [他] (…の縁やスソを)折り返す；まくし上げる, 折り上げる, 端折る(ワイシャツの袖などを)。
feltűz [他] 掲げる, 留める, 付ける；(留針で)くくり上げる；(旗を)掲げる；(着物を)からげる；(髪を)結ぶ；(剣を)つける, 帯びる。

felugrik [自] とび上がる, とび立つ；(球が)はずむ, はねかえる；(床から)はね起きる。

felújít [他] 新しくする, 新たにする；改める, 改(革)新する；修繕(理)する, 手入れする；(絵画を)修正する；生き生きと立ち直らせる, 再び活気づける, そ生させる。

felüdít [他] 新鮮・清新にする；活気づける, 気をひき立てる, 気分をさわやかにする；休養させる。

felüdül [自] 憩う, 休む, 休養する, さわやかになる；回復する, 元気が出る。

felügyel [自] 監督する, 監視する。

felügyelet [名] 監督, 監視。

felügyelő [名] 監督(視)人, 管理人；警部。

felül¹ [副] 上に, 上方に, 以上に。[後] の上側に, の上部方に, 上手(かみて)に；以上。[Bécsen felül nem jártam, 私はウィーンより向うの方へ行ったことがない。felülről beszél vkivel, おうへいに話す。]

felül² [自] (馬や自転車に)乗る, またがる；(馬車に)乗りこむ, 乗車する；(ベッドの上に)すわる；(比)(…の手に)うかうかと乗る, だまされる, 計略にかかる, 術策に陥る。

felület [名] うわべ, 表(外)面；平面, 面積；(比)みかけ, 外観, 皮相。

felületes [形] → felszínes. 表面・上面の；(比)皮相の, 浅薄な, うわつらだけの。

felülkerekedik [自] (…に対し)優勢を占める, (…の)上手を行く, (…に)勝つ, (…を)制圧する。

felülmúl [他] 優っている, 勝れている, 勝っている；通り越す, 行きすぎる；(誰を)ぬきん出る, 上に出る, しのぐ；(支出が収入を)超過する；(比)(困難・障害に)打ち勝つ, (を)克服する。

felülmúlhatatlan [形] 他から追い越されない, りょうがしがたき；打ち勝たれない, 無敵の；無比の, 類のない。

felültet [他] (…を車に)座らせる, 座りこませる, 乗せてあげる；(比)(…を動きのとれぬ)窮地におく；(…を)おもしろ半分にだます, (冗談に)一ぱい食わせる, かつぐ；だます, 欺く。

felülvizsgál [他] 再び調べる, 再検査・再審査する；確かめる；監督する。

felülvizsgálat [名] 再調査, 再検査；監督；(法)再審, 上告裁判。

Felvidék

felüt [他]（打って空へ）投げ上げる；（陣営を）張る；（書物を）ひらく，ひもとく，めくる；（比）（頭を）あげる，出現する。

felvág [他] 切り開く，切り取る，断ち割る；（本のページを）切り開く；（パンやハムを）切り取る；（比）（頭を）上げる；（ス）蹴っとばす；（馬が）駆け出す。 [自] ホラを吹く，大げさに言う，自慢する。

felvállal [他] 引き受ける，預かる，請け負う，担当する。

felvált [他]（金を）換える，両替する，取り替える；（歩哨を）交代する；（勤務を）交代させる；代わる。

felváltva [副] 交代に，交互に，代る代るに，順番に。

felvarr [他] 縫い付ける。

felver [他]（球を打ち上げる；（桶の栓を）打ち開ける；（人工的に）値をつり上げる；（馬に蹄鉄を）装う；目を覚まさせる；（仮の建物を）建てる；（アワやチリを）立てる；（比）励ます，呼び起こす（興味を）。

félvér [名] 混血児；雑種(馬)。

felvesz [他] 取り上げる，拾い上げる；留意する，顧慮する；（秘跡を）授与する；（入会に）許す；（入学・入院を）許可する；習慣がつく；引き受ける，取り扱う；（着物を）着る；雇う，採用する；借金する，負債を起こす；目録を作る，記録を書く；撮影する；受け取る；（仕事を）始める；（着物を）着る。〔fel sem veszi, 彼はとん着・心配しない，眼中におかない。〕

felvet [他]（何を）上に投げる，投げ上げる；再び投げる，投げ返す；（疑・質問などを）提出する；押し立てる，掲げる；（トランプを）投げつける；（ベッドを）作る；（目を）見開く，見上げる；爆破する。

felvétel [名] 取り上げること；（仕事などの）再開始；受容（取）；収容；採用，雇い入れ；（入会・入学・入隊・任用・帰化などの）許可，登録；迎接，接待；（金・資本の）借り入れ；調達；（調書・目録の）作製；（地図作成のための地形の）測量；（写・映）撮影；録音；（電報などの）受信。〔felvételi iroda, 採用(取扱)事務所。〕

felvetődik [自] 飛び上がる，飛しょうする；（偶然上のほうへ）現れる，行く，赴く；（首都へ）上って行く，上京する；（問題が）提出される；（考えが）胸に浮かぶ。

Felvidék [固] 上部地方；（ハンガリーの）上部（北部・高地地方・現在のスロヴァキア地方）。

felvidít [他] (気分を)晴れやかにする，陽気にする，気を浮き立たせる，快活にする，上きげんにする。

felvidul [自] (気分が)晴れやかになる，愉快になる，陽気になる，気が晴れる。

felvilágosít [他] 明るくする；解明する，説明を与える；明らかにする，明らかに述べあらわす，せん明する；蒙(もう)を啓く，開化させる；(誤解などを)説き明かす。

felvilágosítás [名] 明るくすること；明らかにすること；鮮明，説明，解明。

felvilágosodás [名] 明らかになること；鮮明；啓発，開明，開化，文明；啓蒙主義時代。

felvilágosodott, felvilágosult [形] 啓発された，開化・開明した，文明の；迷信・偏見を脱した；性教育を受けた。

felvillanyoz [他] (比)(電気をかけたときのように)ビリッとさせる(驚き・喜び・感激から)，活気づける，感激させる。

felvirágzik [自] (花が)咲き出す，開花する；(比)栄える，盛んになる，興隆する。

felvisz [他] 持ち(運び)上げる，揚げる；(…に)還元(そ及)する；(…に)起因(由来)する。〔felvitte az isten a dolgát, 彼は成功した。〕[自] (道や階段が)達する。

felvon [他] 引き上げる；(幕を)開ける；(旗・帆などを)揚げる；(ぜんまいを)巻く；(銃の撃鉄を)起こす；(海)(錨を)上げる。

felvonás [名] (幕などを)引き上げること；開幕；(劇)幕，段；(海)巻上げ，抜錨。

felvonó [名] 昇降機，エレベーター。

felvonóhíd [名] つり上げ橋，はね橋。

felvonul [自] 上方へ進む；(隊伍を整えて)行進する，進軍する，おし進む；列をなして行進する，練って行く，デモ行進する。

felvonulás [名] (民衆の)行列，行進；デモ行進；(宗)練り進むこと，供回り；(兵)分列行進。

felzavar [他] (水を)にごらす，不透明にする；(猟)(獣をおどかして)かり立てる，追っ払う；(人を)驚かす，騒がせる，激せしめる；かき立てる，かきみだす；(過去のこと等を)蒸し返す；扇動する。

felzúdul [自] (…について)いきりたつ，憤激する；反抗・反

逆・謀反・暴動する。
felzúdulás [名] いきりたつこと, 憤激；一揆(き), 暴動；反抗, 反逆.
fém [名] 金属, 金.
fémáru [名] 金属製品, 金物.
fémes [形] 金属の, 金属製の；金属質の；金属を含む；金属的な音の.
fémjelez [他] （金・銀の純度を示すため）極印を打つ, 検印を押す；太鼓判を押す.
fémjelzés [名] （金銀貨幣などに）刻印を打つこと.
fémlemez [名] 金属板, 板金.
fen [他] とぐ；みがく, 研磨する.
fene [名] （医）癌(ガン), 癌腫(ガンシュ), 下疳(ゲカン). 〔a fene egye meg!, そんなことは真平だ, どうにでもなれ！ vigye a fene!, 悪魔よ連れて行け！ menj a fenébe!, くたばって仕舞え！, 失せやがれ！〕[形] 恐ろしい, ものすごい, 極悪の, ひどい, 身の毛もよだつ, 残酷な, 野蛮な；呪(のろ)われた, いまいましい.
fenegyerek [名] 呪われた奴, 畜生.
fenék（目 feneket）[名]（深みの感じを伴う）奥；（海・船・樽・袋その他の容器の）底；（比）根底；後部, 尻；（劇）背景, 後景.〔nagy feneket kerít,（過去の事から）詳しく話す, うよ曲折を語る, まわりくどい言い方をする.〕
feneketlen [形] 底なしの；底知れぬ, 測り知りがたい, 限りない；飽くことない；探究しがたい.
fenevad [名] 野獣, 猛獣；（比）野獣のような人間, 凶悪な人間, 人非人.
fenn, fönn [副] 上に, 上方に, 高所に, 天上に；上流に；北に；中央に；起きて.
fennakad [自] ひっかかっている；たれている；（支払などが）停滞する；（言葉が）詰まる；（往来が）ふさがる；（自動車が）立往生する；（比）（小事に）こうでいする.
fennakadás [名] 中止(断・絶)；停止(滞)；じゃま, 妨害；（比）こうでい；（商）不況(振).
fennáll [自] 存続する, 存在する；立ち続いている, 立ったまである.
fennállás [名] 設立, 建設；存続, 存在, 存立.
fennen [副] 高く；たかぶって, 尊大に, 誇らしく.〔fennen

hangoztat, 声高く知らせる(告げる・報告する・布告する)。fennen lobogtat, 高くひらひらと飛ばせる, 高くひるがえさせる。〕

fennforog [自] 存在する, 有る, 現存する, 実在する。
fennhangon [副] 大声で, 声高く; 騒がしく; (比)公然と。
fennhatóság [名] 主権, 大権, 最上権, 支配権, 統治権; 自(宗)主権。
fennhéjázó [形] 高慢な, 不そんな, せんえつな, なまいきな。
fennmarad [自] 持続する, 永続する, 続く; 生き続ける; (夜, 寝ないで)起きている, 徹夜する; (家族員のうちで)生き残っている, 生存する; 存在する, 残存する, 残っている。
fennsík [名] (標高200メートル以上の)高原(地), 高台。
fenntart [他] 保持・支持・維持する; 固持する, 固執(主張)する; (家族を)扶養する, 養っていく; (権利を)留保する, 取っておく。〔magát fenntartja, 身を保つ, 暮らしていく; 保存される。〕
fenntartás [名] 維持・支持・保持; 扶養; 手入れ, 修繕; 制限; (権利の)留保。〔fenntartással, (権利を)留保して, 条件(制限)付で; 遠慮して。〕
fenntartva [副] 留保して; (権利を)留保して。〔a szerzői jog fenntartva, 著作権保有。〕
fenséges [形] 秀でたる, 崇高な, 偉大な, 荘厳な, 高貴な, 高尚な; (王および王族に対する尊称)陛下の, 殿下の。
fent [副] → fenn.
fentebb [副] さらに上方に; より以前に(述べた…)。
fenti [形] 上の, 以上の, 上記の; 前の, 先の。
fény [名] 光, 明り, 明るさ; 光輝, 光明, 灯火; 光彩, 映え; 外観(見), 見かけ; 栄よう, 華美; しゃし, ぜいたく; 権威; 明正さ; 喜び。〔fényt űz, ぜいたくをする。〕
fénycső [名] 蛍光灯, 蛍光管。
fenyeget [他] (…を…で)おびやかす, おどしつける, 威嚇する; (好ましからぬものが)切迫しておびやかす。
fenyegetés [名] おどかすこと; 脅迫, 威嚇; (好ましからぬものの)切迫。
fenyegető [形] 脅迫的の, 威嚇的の; 差し迫った(危険)。
fényes [形] 光る, 輝く, つやのある, 光沢(輝・彩)ある, 美しくきらびやかな, きらきら輝く, 明るい; 立派な, 顕著な,

華麗な，秀でた。〔fényes nappal, 白昼に，真昼に。〕
fényesít [他] 光沢を出す，みがく，光らす；(クツを)すり光らす(みがく)。
fényesség [名] 明るいこと；光輝，光彩，映え；光沢，つや；(比)立派なこと，すぐれたこと；壮観(見事)なもの；(神の)栄光。
fényez [他] とぐ，光沢をつける，つやを出す；(何に)漆又はニカワを塗る；(靴を)みがく。
fenyít [他] 訓練する，規則(軍紀)を守らせる；(子供を)しつける；懲戒する；きょう正する。
fenyítés [名] 処罰；懲戒，懲罰。
fénykép [名] 写真。
fényképalbum [名] 写真アルバム。
fényképész [名] 写真屋(師)，カメラマン。
fényképészet [名] 写真術；カメラマンの工房。
fényképez [他] 写真を撮る，撮影する；正確な写実をする。
fényképezés [名] 撮影(すること)。
fényképezőgép [名] カメラ。
fénykor [名] 全盛時代。
fénylik [自] 輝く，光る，光を発する，ひらめく；光沢がある。
fénymásoló(gép) [名] コピー機。
fenyő [名] (植)松の類；もみ(樅)；銀松；落葉松；笠松；黒松の一種。
fenyőerdő [名] 松林；モミの森。
fenyőfa [名] 松・モミの樹；モミ材，松材。
fényözön [名] 光流，光の奔流，強大な光。
fénypont [名] (物)光点，焦点；(比)頂点；全盛；極致。
fénytan [名] (物)光学。
fénytelen [形] 光(沢)のない，曇(濁)った。
fényudvar [名] (太陽や月の)かさ；ハレーション。
fényűzés [名] ぜいたく，しゃし，浪費；華美，豪しゃ。
fenyves, fenyveserdő [名] → fenyőerdő.
fér [自] 場所がある，空席(余裕)がある；入り得る，入れる，入る；辿り着く；必要である。〔ez nem fér a fejembe, これは私の頭に入られない，どうも解らない。〕
férc [名] (裁)仮縫糸，仕付糸，とじ糸；仮縫。

fércel [他] 留針で留める；仮縫する，粗縫(あらぬい)する，綴じ合せる；(製本の)仮とじする。〔fércelő cérna, 仮縫糸，仕付糸，とじ糸。〕

fércmunka [名] 繕い仕事；つぎはぎ仕事(細工)；(比)寄せ集め編集。

ferde [形] 斜(なな)めの，傾いた，傾斜した，ゆがんだ，ねじれた。〔ferdén áll a kalapja, 彼は斜めに帽子をかぶっている。〕

ferdít [他] 斜めにする，ねじ違える，ねじゆがめる，ねじ曲げる；(比)こじつける，曲解する。

féreg (目 férget) [名] 虫，蛆(うじ)；(こん虫の)幼虫；寄生虫(シラミなど)；(比)性悪な人；貧乏人，素寒貧。

ferences [名] 聖フランシスコ派の修道士(カトリックの)。[形] 聖フランシスコ派の。

férfi (複 férfiak) [名] 男，男子；(妻の夫に対する呼称)夫；男らしい人，丈夫。

férfias [形] 男らしい，男性的な，雄々しい，き然たる，剛健の。

férfiasság [名] 男らしいこと，男性的性質，果敢，き然たること。

férfiatlan [形] 男らしくない，女々しい；憶病な。
férfikor [名] 成(丁・壮)年；壮年期。
férfinév [名] 男性の名前。
férfiruha [名] 男子服，男服。
férfiú [名] 男。

férges [形] 虫だらけの，虫の多い；虫食いの，虫穴のある；虫のような。

fergeteg [名] → förgeteg.

férj [名] 配偶者，夫，良人，つれあい；主人，亭主。〔férjhez ad, 結婚させる，嫁にやる。férjhez megy, 嫁に行く。〕

férjes [形] → férjezett.
férjezett [形] 結婚した，既婚の，夫のある(女)。

férkőzik [自] (…に)近づく，近寄る；(…の所に)出入する；(…のそばに)取り入る，入りこむ，巧くもぐりこむ；言葉巧みに…の信任を得る。

férőhely [名] 収容数；積載量；(車両の)積荷量。〔kórházi férőhelyek, 病院のベッド数。〕

feszeget

fertő [名] 水たまり，泥たまり；沢，沼；(比)罪悪のふち。
fertőtlenít [他] 消毒・殺菌する。
fertőtlenítő [形] 消毒・殺菌する。〔fertőtlenítő szer, 消毒薬。〕[名] 消毒用の場所；消毒・殺菌薬；消毒する人。
fertőz [自] 伝染する。[他] (他を)汚す；伝染させる，感染させる；(比)堕落させる。
fertőzés [名] (医)伝染・感染すること；伝染病；(比)堕落。
fertőző [形] 伝染性の；害毒を流す。〔fertőző betegség, 伝染病。〕
fertőzött [形] 感染・伝染した，病毒に染まった。
feslik [自] 解ける，広がる；ほころびる；(縫目が)ほどける；(花・つぼみが)開く，現われる。
fess [形] 粋な，流行の，華しゃな，ハイカラな。
fest [他] 描く，染める，彩色する，ペンキを塗る；叙述する，描写する，写生する。
festék [名] 染料，塗料，化粧品，ペンキ，絵具；(印)印刷用インキ。
festés [名] 彩色すること；塗ること；描写，叙述。
festészet [名] 美術。
festmény [名] 絵画，(ことに彩色の)絵，油絵；墨絵。
festő [名] 塗る人，ペンキ屋；画工，画家(油絵師)；マニキュア師。
festőállvány [名] 画架，画家の架台。
festői [形] 絵画の(的)；描くに値する，絵になる；絵画のように美しい，美術的の。
festőművész [名] 絵画芸術家。
festőművészet [名] 美術。
fésű [名] くし(櫛)；(羊毛や大麻などをくしけずる)すきぐし(梳櫛)；(機械業者の使う)梳刷(くしばけ)，刷毛器。
fésül [他] (…の髪を)とかす，くしけずる；髪をゆう；(比)(表現を)何度も手直しする。
fésületlen [形] くしけずらない(髪)；梳(す)かない，さばかない(羊毛)；(比)ぞんざいな。
fésülködik [自] (自分の髪を)くしけずる，とかす。
feszeget [他] (…を…から)はずそうとする，(戸や錠を)無理に開けようとする；(比)(問題を)詳論する，論研する，討論す

fészek (目 fészket) [名] (動物の)巣；(鳥の)高巣；(比)住居；巣くつ，隠れ場；(病気の)中枢，中心；(革命の)火床。〔fészket rak, 巣を作る。〕

feszeleg, feszeng [自] 落ち着かず・不安げにあちこち歩く，騒ぎ立てる；当たり散らす，おこる；威張って歩く，大気どりで歩く。

feszélyez [他] こまらせる，煩わす，妨げる，悩まさせる。〔feszélyezi magát, 窮屈を忍ぶ，気がねする，遠慮する。〕

feszes [形] 張り切った，キッチリした(ダブダブしない)(ズボン等)；きちっと合った，きちんとした；ピンと張った，こわばった(洗たく物)；(比)強いられた，無理の；不自然の，わざとらしい，技巧を施した；固苦しい，厳格な。

feszít [他] 引っ張る，引き締める，張り詰める；(支柱で)突っ張る，ひきしめる；(比)大げさにする，仰々しくする，見せびらかす，誇りがましくする，ふんぞりかえる。〔keresztre feszít, はりつけ刑に処する，十字架にかける；(比)苦痛を与える。〕

fesztelen [形] 強いられない，無理のない，任意の；自由の，自然の，わざとらしくない；くつろいだ，のびのびした，遠慮しない，屈託ない。

fesztivál [名] フェスティバル。

feszül [自] 張り切っている，張りつまる(着物が窮屈だ)；(比)(精神が)集中する，専心する，張り切る；(国交が)緊張する。

feszület [名] キリストはりつけ刑の像，キリスト十字架像。

feszült [形] 張り切った，熱心な；緊張した，切迫した(国交関係)。

feszültség [名] 張り切ったこと；緊張(した関係)，切迫；緊張状態(国際間の決裂をはらむ)。〔elektromos feszültség, 電圧。〕

fetreng [自] (動物が)地上に転がる，のたうち回る，泥中にまみれる。

fi [名] 男の子，男児，少年；(どこかから来た)男；(動物の)仔。

fiadzik [自] 子を生む(動物が)。
fiáker [名] つじ馬車, 貸馬車。
fiatal [形] 若い, 年若い, 年少の。[名] 若者, 青年。
fiatalkor [名] 若き時代, 少壮時代, 青年時代。〔fiatal-koromban, わが少年時代に。〕
fiatalkorú [形] 青少年時代の, 若き時代の；(公)(14～18歳の)若者。
fiatalos [形] 青(少)年の, 若人の, 年若い；子供らしい, 若気の；(比)若々しい, 血気壮んな, 元気な, はつらつたる。
fiatalság [名] 若さ；青春, 青少年, 若い者(総称)；青春時代, 若いころ。
ficánkol [自] 小躍りする；ぎくしゃくした動作をする。
fickándozik [自] はね・飛びまわる(魚)；(ピチピチ)はね上がりまわる(若駒)；(子供が喜んで)じゃく躍する, こおどりして喜ぶ。
fickó [名] 奴, のらくら者, やくざ者, 不作法者；悪童, いたずら小僧, 腕白者；助っ人。
figura [名] 形, 姿；輪郭, 図様；(舞踏・スケートの)フィギュア；将棋の駒；(トランプの)絵札；像；(…の)人物；(数)図形, 図；(文)形容, 比ゆ。
figyel [自][他] 意を払う, 注目する, 気をつける；(声をひそめて)立ち聞きする, 傍聴する, 盗み聞きする(声や音に対し)。
figyelem (目 figyelmet) [名] 心(意)を用いること；注意, 注目；留意, 考慮, 顧慮；親切または丁寧な言行。〔figyelembe vesz, 注意する, 顧慮する, 顧みる。figyelmen kívül hagy, 看過する, 閑却する。figyelemmel kísér, 注目する, 注意している。〕
figyelmes [形] 注意深い, 注意の行き届く；綿密な, 細心な；親切な, 丁寧な, 如才ない。
figyelmetlen [形] 不注意の, うっかりした, 不熱心な, 好意のない, 無礼な。
figyelmeztet [他] 注意を促す, 警告する；催促する。
figyelmeztetés [名] 注意を促すこと；忠告, 勧告, 警告；(支払の)催促, 督促。
fillér [名] ハンガリーの貨幣の名(1フォリント＝100フィッレール)。
film [名] (写真の)フィルム, 感光膜；映画；映画芸術。
filológia [名] 博言学, 言語学；比較言語学；文献学。

filozófia [名] 哲学；哲学科；哲理；人生哲学。
filozófiai [形] 哲学の，哲理の。
filozófus [名] 哲学者；思想家，哲人，賢人；哲学研究者，哲学研究生。
fingik [自] 屁を放(ひ)る，おならをする，放ひする。
finn [名] フィンランド人，芬蘭人。[形] フィンランド(人・語)の。
Finnország [固] フィンランド国，芬蘭。
finnugor [形] フィン・ウゴルの。[名] フィン・ウゴル系の言語・民族。
finom [形] 細かい，微細の；美しい，精巧な，ち密な；上品な，優雅な，洗練された，優しい；感じ易い，敏感の，せん細な，思いやりある；おいしい。
finomít [他] 精製(練)する；純化する，洗練する；高尚にする，教化する；(能力を)高める。
finomság [名] 純良；繊細(弱)，精細(ち・巧)；感じ易いこと，鋭敏，敏感；優美，典雅，立派，上品；(金銀の標準量の)純分度；肌理(皮膚のキメ)の細いこと；(精神の)高潔；やさしい言行；おいしいこと。
finomul [自] 精製される；洗練される，純化する；高雅になる，上品になる，高尚になる。
fintor [名] しかめ面，渋面(じゅうめん)，しかめ顔。
finnyás [形] 好ききらいの多い，取り扱いにくい，むずかしい，気むずかしい；(食物で)選り好みする，好ききらいの甚だしい，デリケートな。
fiók [名] 引き出し；(郵便局の)私書箱；支局，支店，支社；末寺，末社；分会。
fióka [名] ひな。
fiókos [形] 引き出しのある。〔fiókos asztal, 引き出し付きの机。fiókos szekrény, 引き出しのある戸だな(あるいはタンス)。〕
fióküzlet [名] 支店(営業上の)。
firkál [他] めちゃくちゃに線を引く；書きつける。
firtat [他] (比)根ほり葉ほり問う，聞きただす，尋ね出す，つきとめる，究める。
fitogtat [他] 見せびらかす，誇示する，見えにする；自慢する，ホラをふく，えらそうなことを言う；(…の)風をする，装う。
fitos [形] 鼻ぺちゃの。[名] 鼻ぺちゃの人(特に娘)。

fodros

fityeg [自] だらりとたれている，ぶらさがる；たるんでいる，だらしがない。

fityma [名] (解)(陰茎の)包皮(ほうひ)。

fitymál [他] (人を)冷遇する，鼻であしらう；軽視する，べっ視する，ないがしろにする，侮る。

fitty [名] 指はじき，親指と中指とではじくこと(パチッ，ピチッ)。〔fittyet hány, (…を)指はじきする，軽べつする，愚ろうする，鼻であしらう。〕

fiú [名] 男の子，少年，男児，童子；むすこ；若者，仲間。

fiúi [形] 子の，子としての；子供の；子供らしい，男児らしい。

fiútestvér [名] 兄弟(兄または弟)。

fivér [名] → fiútestvér.

fizet [他] 払う，支払う，勘定する，報酬を払う。[自] (比)(…に…の)仕返し・返報・報復をする；罰を受ける；もたらす。

fizetés [名] 支払うこと；支払い；給料，賃金，月給，俸給。〔fizetés helyett, 支払いの代わりに。〕

fizetésemelés, fizetésjavítás [名] 昇給。

fizetési [形] 俸給の，支払いの，給料の。〔fizetési meghagyás, (法)支払いの催告・督促。〕

fizetésképtelen [形] 支払能力のない；(商・法)破産した。

fizetetlen [形] 支払われていない，不払いの，未払いの。

fizető [形] 支払いをする，勘定をする。[名] 支払う人，支払人；(カフェーやレストランでは)給仕頭。

fizika [名] 理学，物理学。

fizikai [形] 天(自)然界の；有形の；物理的，物理学上の；身体の，肉体的の。

fizikum [名] 体格，体質，身(肉)体。

fiziológia [名] 生理学。

flanell [名] フランネル，ネル。

floppy (lemez) [名] フロッピー・ディスク。

foci [名] サッカー。

focipálya [名] サッカー場，ピッチ。

fodor (目 fodrot) [名] ひだ飾り，おりめ，フリル；ちぢれ，皺(しわ)；縁飾り，すそひだ。[形] ちぢれた；シワのよった。

fodrász [名] 理髪師，床屋，美容師。

fodrászüzlet [名] 理髪店，床屋，美容院。

fodros [形] フリルのついた；ちぢれた(髪)；しわくちゃの

fodroz

(服);波立った。〔fodros hullám, さざ波。〕

fodroz [他] フリルをつける。〔a víz tükrét fodrozza, 水面にさざ波を立たせる。〕

fog¹ [名] (解)歯, 歯牙;(ノコギリの)ぎざぎざ, 刻み目。

fog² [自] (仕事に)着手する, 取りかかる, (仕事を)始める, (色が)着く, 染まる;(このペンは)良く書ける;よく切れる;よくきく(効果がある)。〔ez a kés jól fog, このナイフはよく切れる。a kréta nem fog, このチョークは書けない。nem fog rajta a tanács, いくら忠告してもだめだ。〕[他] つかむ, つかまえる, 捕える;捕虜にする, 禁固にする;(手を)取る, 握手する;(武器・剣・筆・言冒などを)取る;(馬を車に)繋ぐ;(…を励まして)仕事をさせる。〔未来を表わす助動詞〕…だろう, …であろう。

fogad [他] 歓迎する, 応接する, 引見する;に応ずる, 受け入れる, 受納する, 収容する;迎える, 歓待する;誓約する, 約束する;(命令に)従う;かける, カケゴトをする;請負う(断言する);(会員として)受け入れる, 採用する, 待遇する。〔gyermekül fogad, 養子にする(貰う)。szót fogad, (…の言・命令に)従う, 服従する。〕

fogadalom (目 fogadalmat) [名] 誓い, 誓約;(宗)祈(誓)願。

fogadás [名] 受納, 領収;接待, 応接, 引見, 迎えること;誓約, 祈願;歓迎会;執務時間;賭(かけ), かけごと。〔fogadást ad, 歓迎会を開く。〕

fogadkozik [自] 誓って言う, 断言する;(…の)義務を負う, 約束する。

fogadó [形] 歓迎する, 迎える。[名] 料理屋;宿屋, ホテル, 旅館。

fogadott [形] 受け容れられた, 受認せられた;養子になった;雇われた;賃借された。〔fogadott gyermek, 養子。fogadott leány, 養女。〕

fogadtatás [名] (来る人を)迎え入れること;歓迎, 迎接, 接待, 歓待, もてなし;受容。

fogalmaz [他] 文章にする;起草する, 草稿を作る;(法) (書式に従って証書を)作製・調製する。

fogalmazás [名] 文章化;起草すること, 草稿を作ること;作文;草稿, 草案。

fogalom (目 fogalmat) [名] 概念, 観念;知見, 考え;

foghízbüntetés

もの分かり，理解力。
fogamzás [名] 妊娠，受胎，懐妊。
fogan [自][他] 受胎する，妊娠する；芽生える。
fogantyú [名] 握り，柄(え)；(ドア・引き出しなどの)取っ手，ハンドル，引き手；(刀の)柄(つか)。
fogas[1] [形] 歯のある；細歯状の，ぎざぎざの；歯をつけた，鋸(のこ)の歯のような；(比)刺(とげ)のある，油断のならぬ，おとし穴のある。〔fogas kérdés, おとし穴のある質問。〕[名] 外とう掛け，衣類掛け。
fogas[2] [名] (魚)(ハンガリー特産の淡水魚の名)カワカマス，パイク。
fogás [名] つかむ・握る・とらえること；捕獲；握り(持ち)方，操法，扱い方；当てること，好い結果を得ること，選択を誤らないこと；巧妙な腕前，手くだ，術策，策略，手練，骨(こつ)，要領；落とし穴，わな；(一コースの)料理。
fogaskerék [名] (工)歯車(はぐるま)，歯輪。
fogaskerekű [形] 歯車の。〔fogaskerekű vasút, アブト式鉄道。〕
fogászat [名] 歯科医学。
fogat [名] 車馬の一組；(馬車や荷車をひく)動物。〔négyes fogat, 四頭立ての馬車・荷車。〕
fogatlan [形] 歯のない，歯の抜けた，歯の欠けた。
fogazat [名] (人・動物の)歯並び，歯列(しれつ)；(工)歯車の歯全体，歯車装置；歯細工，ぎざぎざ；(建)歯飾り，待歯(まちば)；(植物の葉の)鋸(きょ)歯状。
fogcsikorgatás [名] 歯の根をガタガタ震わせること；歯がみ，切歯(せっし)，歯ぎしりをすること；歯の根の合わぬこと。
fogdos [他] (繰り返し，あるいは次々に)つかまえる，取り押さえる；(女に)接近する，迫る；いじくりまわす；ひどい目にあわせる，虐待する；ちょろまかして取る；(兵士を)強募する。
fogékony [形] 理解力の早い；感受性ある，感応しやすい；侵されやすい，かかりやすい，感染しやすい。
fogékonyság [名] 感じ易さ，敏感；感受性(力)；受容力。
fogfájás [名] 歯痛。
foggyökér [名] 歯根(しこん)。
fogház [名] 刑務所，留置場；ろう屋，監獄。
fogházbüntetés [名] 禁固(拘留)の罰；投獄。

foghúzás [名] (医)抜歯(手術)。
fogideg [名] (解)歯神経。
fogkefe [名] 歯ブラシ。
fogkő [名] 歯石(しせき), 歯塩(はじお)。
fogkrém [名] 歯みがき粉。
foglal [他] 占取する, 所有権を得る, 占領する;囲む, (枠に)はめる, ちりばめる;抱く, 包む;(兵)包囲する;(席を)予約する, (席に)着く;抑留する, 差し押さえる。〔írásba foglal, 書き付ける, 書きつけておく(書面にしておく)。 magában foglal, 含む, 包括する。〕
foglalás [名] 征服, 占領;占取, 占有, 獲得;(法)差し押さえ, 押収, 抑留。
foglalat [名] (宝石の)台金, 座金(ざがね);(宝石の)はめ込み法, ちりばめ方;おおすじ, あらまし, 摘要, 大略, 内容, 要旨;つかむこと, とらえること;はめこみ, 枠で囲むこと, 縁付け。
foglalkozás [名] 従事すること;就業, 仕事, 用事;職業。
foglalkozásnélküli [形] 仕事のない;失業の, 無職の。
foglalkozik [自] (…に)従事する, 専念する, 掛り合う, 携わる;(比)没頭する, (…に考えを)奪われる。
foglalkoztat [他] 働かせる, 使役する, 参与させる, 仕事をさせる;専念させる。
foglalt [形] ふさがった;予約済みの;話し中の;忙しい。
fogó [名] ペンチ, くぎ抜き, 火ばさみ, 歯抜き, ピンセット;(ドア・引き出しなどの)取っ手, 柄, 握り;わな。
fogócska [名] 鬼ごっこ(子供の遊び)。
fogódzik [自] (…に)しがみ付く, 取りすがる;(…を)つかまる, 手がかりとする, 頼りとする。
fogoly (複 **foglyok**) [名] 被監者, 囚人, 囚徒;(兵)とりこ, 捕虜。〔foglyul ejt, 捕縛する, 捕える;(兵)捕虜にする。〕
fogolytábor [名] (兵)捕虜収容所。
fogorvos [名] 歯科医, 歯医者。
fogpiszkáló [名] つまようじ。
fogság [名] とらわれの身;捕虜の状態;懲役, 拘留, 禁足。〔fogságba esik, とらわれの身となる。két évi fogságra ítélték, 二年間の懲役刑の判決が下された。〕

fogsor [名] 歯列，歯並び。

fogva [副] の結果として，に応じて，のために；(…の髪を)つかんで(…を髪の所でつかんで)。[後](時)…から，より，以来。〔mától fogva, 今日から。〕

fogy [自] 減る，減少する，尽きる；(月が)かける；縮む，消失する；(体が)やせる，衰える；消費される；(商)さばける，売れる。

fogyás [名] 減ること；減少，縮少，消耗；やせ具合。

fogyaszt [他] (食物を)食い尽くす，食べる；(電気・ガスなどを)消費(耗)する，消尽する；(体重を)減らす；(編目を)へらす，つめる。

fogyasztás [名] 同上のこと；消費(量)，消耗(品)；やせること。

fogyasztási [形] 同上の；消費(耗)に関する。〔fogyasztási adó, 消費税。fogyasztási szövetkezet, 消費者組合。〕

fogyasztó [名] 消費(消耗・需要)者，購買者。

fogyatékos [形] 不完全な，不備な；欠けた，欠点(陥)ある；障害のある。

fogyatékosság [名] 同上のこと；欠点，きず，あら；障害。

fogyókúra [名] ダイエット法，減量講習会。

fohászkodik [自] (神に)祈願する，哀願する，切願する；嘆息する，嘆く。

fojt [他] しめ殺す，絞殺する，息の根を止める，窒息させる；抑えこむ。〔vízbe fojt, おぼれさせる，でき死させる，水死させる。〕

fojtó [形] 息のつまる，窒息させる，息苦しい。〔fojtó gáz, 窒息させるガス。fojtó szag, 窒息的臭気。fojtó meleg, 息のつまる暑さ。〕

fojtogat [他] のどを締める，窒息させる，絞殺する；息苦しくする；(比)じわじわとしめつける。

fojtott [形] 息の根を止められた，抑えこまれた；(音)曇った低い(声)；(料)蒸し焼きにした，煮こんだ；息のつまるような(空気)。

fok[1] [名] 海角，岬(みさき)(たとえば喜望峰)。

fok[2] [名] 度，程度；(針の)目(穴)；(文)級(原級，比較級などの)；等級，階段；(はしごの)段；(地)経度，緯度。

fóka 304

〔alapfok, 原級。középfok, 中級, 比較級。felső fok, 最上級, 最高級。fokról fokra, 一段ずつ, 段々と, 漸次。fokonként, 段々に, 漸次に, 段をなして, 徐々に。〕

fóka (目 fókát) [名] (動)アザラシ(海豹)。
fokhagyma [名] (植)ニンニク。
fokos¹ [名] 斧(おの);戦槌(せんつい), 逆鉾(さかほこ)。
fokos² [形] …度の。
fokoz [他] 高める, 上げる;増す, 増大する;倍加する;(商)値を上げる;(速度を)増す, 速める;(程)度を増す(高める);(文)比較級を作る;(比)押し進める;(愛国心を)高揚する。
fokozás [名] 高めること;増加;せり上げること;(文)(形容詞・副詞の)比較級変化, 比較級, 漸層法。
fokozat [名] 段階(等級)の順序;漸次増減;順位, 位階, 官等, 階段;(晴雨計などの)目(度)盛, 度合。
fokozatos [形] 累進的;漸進的;階段的, 順次の。
fokozódik [自] 高まる, 上がる, 増やす;(比)つのる, 高揚する。
fokozott [形] 同上した。〔magasra fokozott igények, 過当な要求。fokozott mértékben, さらにより増して。〕
fólia [名] (アルミ)ホイル, ラップ, ビニール・シート。
folt [名] 油染(あぶらしみ), しみ, 汚れ, 汚点;(衣服の)つぎ, つぎ布;(医)内出血;(天)黒点(太陽の);(比)(名声などの)きず, 汚点。
foltos [形] つぎを当てた;汚れた, しみのある;(比)キズ(欠点)のある。
foltoz [他] (衣服に)つぎを当てる;(何を)つくろう;(クツを)修理する;(比)つぎを当てたように覆う。
folttisztító [名] シミ抜き薬;クリーニング職人, シミ抜き屋;シミ抜き器, 洗浄器。
folyadék [名] 流動性(状態), 液状;流動体, 液体。
folyam [名] 水流, 大河;(定期刊行物の)年度の号。
folyamán [後] (時の)経過;(事象;出来事の)経過, 成り行き;(弁舌の)流ちょう。〔az év folyamán, 今年の中に。beszélgetés folyamán, 談話中に。〕
folyamat [名] (事件の)成り行き, 経過, 進行, 過程,

手順；(工)作業，運転；(脚本などの)筋の運び。〔folyamatban van, 進行・運転・活動中である；通用・流行している，行われている。〕

folyamatos [形] 流れる；流れるような，流ちょうな；持続的，絶えざる，不断の；経過中の。〔folyamatos ige, 持続を表わす動詞(文法)。〕

folyamodik [自] (…に対して)願う，請願する，要求する；(…を得んと)努める，志す，志願する；(求職のために)申し込む；(策略を)用いる；救助を求める；(神に)頼む；(…に)訴える；(危難を避けんとして…に)頼る。

folyás [名] 流れ，流動(状態)；(地)川のある部分；(比)推移，移動；(時・時勢の)流れ，成り行き，進行，運行，経過；(脚本などの)筋の運び。

folyékony [形] 流れる，流動する；溶けた，流動体の，液状の；(比)流れるような，流ちょうな(弁舌など)。

folyik [自] 流れる，流動する；(海・湖に水が)注ぐ；(容器が)漏もる；(鼻血が)したたる；続く，持続している，今まで通り進行している；(比)(…から…が)生ずる，起こる，発する；(…から…のことが)解る；(訴訟が)進行中である；(…が)行われて・催されている；(仕事が)進行(捗)する，うまく行っている，栄えている。〔ebből önként folyik, hogy…，このことから自ら次のことが解る。〕

folyó [形] 流れている；流れるような，流ちょうな；進行中の，継続中の；現行の，流通している，現在の；当座の。〔folyó évi(f.é.) január hó 2-án, 本年一月二日に。folyóvá tesz, 液化する；(商)流動化する，財産を正金(現金)に換える。〕[名] 流れるもの；河川。

folyóirat [名] 定期刊行物；雑誌。

folyósít [他] 液化させる，液体にする，流動化する；(商)財産を正金(現金)に換える，動産化する；(銀行で他人の当座に書き換えて)送金する。

folyosó [名] (建)廊下，回廊，通路；(比)廊下のような狭い領域(通路地帯)。

folyószámla [名] 当座勘定(預金)。

folyóvíz [名] 流れる水，流水，河水。

folytán [後] …の結果として，のために，の故に；…に従って，に因って；(命令に)基づいて。〔idő folytán, 時の経つうちに，時の経過につれて。〕

folytat [他] 続ける, 続行する, 先へ進める; (商売を)営む, 経営する, 扱っている; (事務を)採る; (良い・悪い生活を)営む; (交通・交際・文通を)絶たない, 怠らない。

folytatás [名] 続行, 継続; (話の)続き; (小説の)続篇。

folytatódik [自] さらに進む, 続く, 継続する, 続行される。

folytatólag [副] 続けて, 相継いて, 引き続いて, 続々と; 代わりがわり, こもごも。

folytatólagos [形] 継(連)続する, 絶えざる, 間断なき。

folyton [副] 絶えず, 持続的に, ひっきりなしに。

folytonos [形] 絶えざる, 間断ない, 連続した, 持続的。

folytonosság [名] 間断ないこと; 不断, 持続; 恒久(常); (法・政)連続, 永続・不変; (哲)連続定則, 連関法。

folyvást [副] 絶えず, 持続的に, 間断なく, 続いて, ひんぱんに。

fon [他] (糸を)つむぐ, 紡績する; 撚(よ)る, 編(あ)む, 組む; (髪を)ゆう。

fonák [形] 逆さの, 逆の, あべこべの; 不合理な, ねじれた, ひねくれた, 片意地の, 偏屈の, つむじ曲りの, 気まぐれな。

fonákság [名] 同上のこと; 不都合な行為。

fonal, fonál [名] 糸, より糸, 紡ぎ糸; 糸状のもの; (比)連続; (談話の)緒(いとぐち)。

fondorkodik [自] 謀(はかりごと)・陰謀・わるだくみ・策動する。

fondorlat [名] (法)陰謀。

fonó [形] 糸を紡ぐ, 編(あ)む; 物語る。[名] 糸を紡ぐ部屋, 紡績室; 糸を紡ぎつつ話し合う田舎の集い; 紡績工。

fonódik [自] ぐるぐる回る; からみつく, 巻きつく, からまる, まといつく; 組合う, 交差する。

font [名] (英米の量目の単位)ポンド; (英の貨幣単位)ポンド。〔fontszámra, ポンドで(計る)〕

fontolgat [他] (繰返し)考える, 思いはかる, 熟慮する, 吟味する。

fontos [形] 重要な, 主要な, 大切な, 重大な。

fontoskodik [自] もったいぶる, 偉そうにする, 偉ぶる。

fontosság [名] 重大なこと, 重要さ; 主要・大切・必要なこと; 重大な事物。

fonnyad [自] 生気を失う, しおれる, しなびる, 枯れしぼむ;

(比)衰弱する。
fonnyadozik [自] 徐々にしおれる。
fonnyadt [形] しおれた，枯れた；(比)衰えた，生気を失った。
fordít [他] (…を)振りまわす，回転させる；ねじる，よる；翻訳する，通訳する；(背を)向ける，返す；(ページを)めくる；(時を)費やす；(金を)かける；(…に注意を)向ける；(良い方に)向ける；(着物を)裏返しにする。〔hátat fordít, (…に)背を向ける。〕
fordítás [名] 向きを変えること；裏返しすること；翻訳すること，翻訳。
fordító [形] 翻訳する。[名] 翻訳者，通訳者。
fordítva [副] あべこべに，逆さまに，反対に；翻訳して。
fordul [自] 方向転換をする，向きを変える，回転する，まわる；(ダンスなどで)旋回する；(…の方に)振り向く；(誰に)申し込む，掛け合う。
fordulat [名] 方向転換，転回(向)，回転；急回転，急転，激変。〔döntő fordulat, 決定的回転，(安危の)分かれ目，危機。〕
forduló [形] 回転する，巡回する，めぐる；順ぐりの；折り返しの，次の(ページなど)。〔forduló postával, 折り返しの便で。〕[名] 曲がり角，折り返し点；一巡；(スポーツ)ラウンド。
fordulópont [名] 転回点，分岐点；転換点，変わり目。
forgács [名] 木片，木切れ，かんなくず；金片。
forgalmas [形] 交通ひんぱんな，にぎやかな；盛んな，活発な。
forgalmi [形] 交通・運輸・運行・往来の；流通の；営業(売上)の；作業の。〔forgalmi adó, 売上税；流通税。általános forgalmi adó(ÁFA), 消費税。 forgalmi dugó, 交通の渋滞。 forgalmi eszköz, (流通手段)通貨。〕
forgalom (目 forgalmat) [名] 交通, 往来, 運輸；交際；通信，文通；運転；(貨幣の)流通；(うわさの)流布；取引(関係)；売上，売行。〔forgalomba hoz, (貨幣を)流通させる；(うわさを)流布する，ひろめる；(言葉その他の物を)はやらせる，流行させる。forgalomban van, 流通している；流布している；はやっている，流行している。forgal-

forgás 308

mon kívül, 作業休止(停止)(にする等)；流通停止(にする等)。〕

forgás [名] 旋回(転)，循環，回転；方向転換；(天)運行，公転，自転。

forgat [他] 回転させる，まわす；(眼を)くるくるさせる；風向きを見て物を言う；(剣を)振りまわす，操縦する；(映画を)撮る，製作する；(手形を)裏書する；流通させる，現金化する；(ペンを)執る，書く；(ページを)めくる；(書物を)通覧する；(脳中)企らむ，もくろむ。

forgatag [名] 旋風(つむじかぜ)，舞い風，うずまき風；うず巻き；(比)めまぐるしいこと，混乱，雑とう，ひとごみ，混雑；騒動。

forgatás [名] (剣などを)振り動かす・振りまわす・振り上げること；(書籍を)めくること；(物)回転，旋回；(商)(手形の)裏書，譲渡，振替，流通させること；(農)(雑草を)掘り返すこと，開墾，耕作；(劇映画の)製作。

forgó [形] 回転する，旋回する；流通する，流布する；流行の，売れ行きのよい；故障なく運転する。[名] うず巻き；うず；関節，つがい；(帽子の)前立て，羽毛飾り；(おもちゃの)風車。

forgolódik [自] 走りまわる，奔走する，多忙である；(寝床の中で)ごろごろ寝転がる；(女の尻を)追う；(社交界に)しばしば行く，出入りする；(あれこれと)活動する，動きまわる。

forgópisztoly [名] 旋回式の拳銃(ピストル)，連発ピストル。

forgótőke [名] 流動資産。

forint [名] 昔，金銀貨幣の名であったが，第二次大戦後の現在，再びハンガリー貨幣の単位名となった。

forintos [形] フォリントの。[名] 1フォリントの貨幣。

forma (目 formát) [名] 形，形態，形相；構造，組立，輪廓；体格；(帽子・菓子などの)型；恰好，体裁；(衣服の)裁ち方，仕立；(本の)判，型，寸法；儀(礼)式；形式，書式；ひながた，モデル。〔ilyen forma, この種の，かかる，かくの如き形の。〕

formai [形] 形体の；形式上の；正式の；明示的。

formál [他] 形づくる，像(かたど)る，形成する，形に造る；型に入れて作る；(帽子を)型にかける；つくり出す。

formális [形] 形式的な；正式な；表面的な。

formálódik [自] (…の)形になる，形をとる；ある状態・形勢になる。
formaruha [名] 制服；(兵)軍服。
formás [形] 美しい形の，格好のよい，すらりとした；礼儀正しい，品のよい，美しい；粋な，スマートな。
formaság [名] 形式主義；(法)正式の手続き。
formátlan [形] 定形のない；不格好の；無作法の，礼儀を知らない，粗野な；方式違反の，違式の；手続き不備の。
forog [自] (…のまわりを)回転する，回る；(社交界に)出入りする；流通する，通用している；(噂などが)広がっている；循環する；(天体が)運行する。[veszélyben forog, 危険にちかづいている。társaságban forog, 社交界に活躍する。szóban forog, 話題になっている。]
forr [自] 沸く，煮え立つ，沸騰する，たぎる；(比)激こうする，興奮する，(血が)たぎる。[forr bennem a méreg, 私は激怒している。]
forradalmár [名] 革命家；革命党員。
forradalmi [形] 革命の，革命的の，革命主義の。
forradalom (目 forradalmat) [名] 国家の転覆，革命。
forradás [名] 傷あと，ふる傷；(顔の)切傷，あばた；(工)ろう接，はんだ付け；接合目，接合線。
forradásos [形] 傷あとのある，ふる傷のある，縫いあとのある。
forral [他] 煮る，沸かす，沸騰させる；興奮させる；(比)考えをいだく，思いをめぐらす；(悪事を)たくらむ，画策する。[bosszút forral, 復しゅうをたくらむ。]
forralt [形] 沸かした，沸騰させた。[forralt bor, 沸かしたワイン，お燗したワイン。]
forrás [名] 煮え立つこと，沸騰すること；泉，わき泉，水源，源泉；資源；(比)本場，原産地，製造元；起源，根元，根拠；典拠，出典，原文(書)，出所；参考書，資料など。[beszerzési forrás, 仕入先。]
forrásmunka [名] 参考書，典拠，出所，原文(書)。
forráspont [名] 沸騰点，沸点。
forrásvíz [名] 泉の水；わき水；清水。
forraszt [他] はんだでつける，ろう接する；接合する，溶接する。

forráz [他] 熱する,ゆでる,せんじる；熱湯に浸す；熱湯を注いで(ガチョウの羽毛を)除く；熱湯消毒をする。

forró [形] 熱い,暑い,たぎるように熱い,熱した；熱性の,しゃく熱的；(比)熱烈な,情熱的な,熱心な；緊張した。〔forró égöv, 熱帯。forró ima, 熱烈な祈り。forró óhaj, 熱願,熱望。〕

forrong [自] (比)激こうする,興奮する,騒動している。

forrongás [名] (比)不安,激動,動乱,さわぎ；(人心の)興奮。

forróvérű [形] 熱血の；情熱的な。

forszíroz [他] 強要する,圧力をかける。

fortély [名] ごまかし,てくだ；策略,かん策,手練,悪計,細工。

fortélyos [形] かん策の多い,こうかつな,ずるい,老かいな；開けにくい。

fórum [名] フォーラム；裁きの場所,裁判所(古代ローマの公事集会場用の大広場,法廷；公開の場；公共生活；公開討論会)。

foszfor [名] (化)燐(りん),燐素。

foszlány [名] ぼろ切れ,小切れ,切れくず；断片；破片；断雲,雲の切れ端。

foszlik [自] すり切れる,ぼろぼろになる；(糸が)解ける；(繊維に)ほぐれる；(比)変わる。

fosztogat [他] (羽毛を)むしる,はぐ；(都市などを)略奪する,強奪する,荒らす；(誰から)強奪する,奪い取る,収奪する。

fotoriport [名] 写真報道。

fő[1] [自] 沸く,煮える,ゆだる；熱湯消毒する；うだる。

fő[2] [名] 頭,首,かしら；人員。[形] (接頭辞として)主な,主要な,重要な；高位の,高級の；第一の,かしらの；卓抜の。

főbejárat [名] 正面玄関。

főbenjáró [形] 主な,主要な；主要な刑罰上の。〔főbenjáró bűn, (法)重罪,死刑。〕

főfelügyelő [名] 監督長官；会計監督官；(兵)総監。

főhadiszállás [名] (兵)大本営,本営,最高司令部；総司令官とその幕僚の総称。

főhadnagy [名] 副官；陸軍中尉。

főhatóság [名] 中央官庁。
főiskola [名] 単科大学；短期大学。
főispán [名] (歷)王に任命された知事。
főkapitányság [名] 警視庁。
főkapu [名] 本門, 表門, 正門。
főként [副] 主として, 主に, 殊に, 特に, なかんずく。
főkonzul [名] 総領事。
főkönyv [名] 原簿, 台帳(公債などの)；(銀行などの)台帳, 元帳, 原簿(当座帳に対し)。
föl¹ [副] → fel. 上へ, 高く。
föl² [名] (牛乳の)表皮, クリーム, 浮きかす。〔vminek a föle, (…の)最も重要なもの。〕
föld [名] 地, 土, 土(大)地；土壌, 地面；陸地, 大陸；国, 地域；地所, 耕地, 田畑。〔Föld, 地球。a föld népe, いなかの人, 地方人, 農民。a föld fia, 人間, 人。a földbe, föld alá visz, (…を)埋葬する；殺す。földhöz vág(csap), (…を)打ち倒す, 打ちのめす, ノック・アウトする。〕
földadó [名] 地租, 土地課税。
földalatti [形] 地下の, 地中の。〔földalatti vasút, 地下鉄道。〕[名] 地下鉄。
földbirtok [名] 土地所有；不動産(土地)；領地。
földbirtokos [名] 地主, 領主。
földcsuszamlás [名] 土砂くずれ, 山つなみ, 地すべり。
földesúr [名] (荘園)領主, 地主。
földgáz [名] 天然ガス。
földgolyó [名] 地球。
földgömb [名] 地球, 地球儀。
földhözragadt [形] とても貧しい, 赤貧の；頼りなき, 途方にくれた, 困窮した。〔földhözragadt szegény, 極貧の。〕
földi [形] 地上の, 地中の；(比)この世の, 世俗の, 浮世の。[名] 同国人, 同郷人。
földieper [名] (植)オランダイチゴ。
földkerekség [名] 全世界(地球および地球上の生物の総称)。
Földközi-tenger [固] 地中海。
földmérés [名] (土地の)測量, 測地；測量術。

földmunka

földmunka [名] 土木, 土木作業。
földmunkás [名] 土木作業員, 土方(どかた)。
földművelés [名] 農業, 農耕；農作, 農芸。
földművelésügyi [形] 農務の；農業関係の。〔földművelésügyi minisztérium, 農務省。〕
földművelő, földműves [名] 農夫, 耕夫, 百姓。
földnyelv [名] 岬(みさき), 小岬。
földönfutó [形] 放浪の, 亡命の, 逃亡の；追放された。[名] 亡命者, 放浪者。
földöntúli [形] 此世を越えた, 超俗世の；超自然の；彼岸の, 来世の。
földrajz [名] 地理, 地理学。
földrajzi [形] 同上の。
földrengés [名] 地震。
földrész [名] (五大州の一)大陸。
földszint [名] 一階。〔földszinten, 一階に。〕
földszintes [形] 平屋の。
földszoros [名] 地峡。
földteke [名] 地球。
fölé [後] …の上へ, 上部へ；…の上に(置く)；源流へ；北へ；(物・場所の)上方に。
főleg [副] 主として, 主に；殊に, 特に, とりわけ, なかんずく。
fölény [名] 優越(勢・勝), 卓越(絶), しのぐこと, 凌駕(りょうが)。
fölényes [形] (…を)追い越す, (に)優った；優等の, 卓越した, すぐれた；優勢な；高慢な, 尊大な, おうへいな, 威張った。
fölös [形] (牛乳の)表皮のはった；超過した, 余計(分)の, 過剰の, 不必要な；定員(額)外の；(比)うるさくて堪らない。〔fölös számmal, 過剰に, 余計(分)に。〕
fölösleg [名] 余分, 過剰, 余計；剰余額, 超過額, 余分の額。
fölösleges [形] 余りの, 余計(分)の, 過剰の, 過多の；不必要な, 無益な, むだの。
fölött [後] (…の)上に；源流で；北の方で；について, に関して。
főnemes [名] (男爵以上の)貴族, 華族, 貴人, マグナーシュ。

főz

főnemesség [名] 華族, 貴族；高貴の人々。
főnév [名] (文)名詞。〔főnévi igenév, (文)不定詞。〕
fönn [副] → fent.
főnök [名] 頭, 長, 首；酋長；事務長；主人, 店主；ボス, 上司。
főnyeremény [名] 主要利得, 大当りくじ, 一等の当選。〔megüti a főnyereményt, 一等に当選する。〕
főoltár [名] 本祭壇, 大祭壇。
főorvos [名] 医長；(兵)二等軍医, 軍医中尉。
főparancsnok [名] 司令長官, 総指揮官, 総司令官。
főpincér [名] ボーイ頭, 給仕長。
főpróba [名] (音)総練習, 一般試演；(劇)本式舞台けいこ, 本試演。
főrabbi [名] 高級のユダヤ学僧；ユダヤ教会長。
förgeteg [名] 雷雨, 暴風雨；乱世；(比)疾走する集団。
förtelmes [形] 身の毛のよだつ, 物すごい, ひどい；醜悪な, 気味の悪い, いやらしい。
fösvény [形] どん欲の, しみったれの, けちな。[名] どん欲者, けちん坊。
fösvénység [名] 物惜み, どん欲, しみったれ, けち。
főszerep [名] 主役, 主人公の役, 大役。
főszerkesztő [名] 編集長, 主筆。
főtárgyalás [名] (法)最終公判, 公開聴問会。
főtétel [名] (法)主要項目, 要点；(音)主題(想)；(論)主命題；(文)主文(章)；(数)公理；(商)主要金額, 締高。
főtiszt [名] (兵)高級将校, 参謀将校；高級官吏(役人)。
főtt [形] 煮た, 煮沸した。〔főtt tojás, ゆで卵。〕
főügyész [名] (法)検事正；検事長；控訴院検事。
főváros [名] 首府, 首都。
fővárosi [形] 同上の。[名] 首都の住民(人)。
föveny, fövény [名] 砂, 流砂, じゃり。
fővezér [名] (歴)総司令官, 総帥, 総指揮官；司令長官；連合軍総司令官。
fővonal [名] (鉄)本線, 幹線；主要道路。
főz [他] 煮る, ゆでる, 料理する；(火酒またはビールを)醸造する；熱湯消毒する。

főzelék [名] 野菜煮物, 青物煮物。
főzés [名] 煮ること；煮たき, 料理；火酒醸造(場, 業)。
főző [名] (ガス)コンロ；(ガス)ストーブ。
főzőedény [名] 炊事道具, 料理道具。
frakk [名] (男の)通常礼服, えんび服。
francia [形] フランスの。[名] フランス人；フランス語。
Franciaország [固] フランス国, 仏国。
frank [名] (フランス貨幣の名称)フラン。
fráter [名] (宗)兄弟；修道士(者), 行者；(軽べつ的に)奴(やつ), 無作法者。
frekvencia [名] 周波数；頻度, 度数。
freskó [名] 壁画。
fricska (目 fricskát) [名] 爪弾き(つまはじき), 指先で鼻端をはじくこと(人をたしなめるため), ひじ鉄砲。
frigy [名] 盟約, 同盟(条約), 連合；結婚。
friss [形] 新鮮な, 生々した；すがすがしい, 活発な, さわやかな；迅速な, 敏しょうな, すばやい。
frissítő [形] さわやかにする, 清涼にする, 元気をつける。[名] 元気をつける物, 清涼剤, 一時の渇きをいやす飲食物。
frivol [形] 軽薄な, 浮薄な；つまらない, 下らない；礼儀知らずの。
frizura [名] 理髪, 調髪, 結髪。
frizsider [名] → hűtőszekrény. 冷蔵庫。
front [名] (建)前面, 正面；(兵)正面, 戦線。
fröccsen [自] ほとばしる, 噴出する；(汚水などが)はねとぶ。
fruska [名] 小娘, 乙女, 少女, おてんば娘, フラッパー。
fúj [動] (息を強く)吹く；(ラッパを)吹奏する；(溶けたガラスを)吹く(職工が)；歌う；(鼻を)ふく・ぬぐう・かむ；(風が)吹く。〔**kürtbe fúj**, 角笛を吹く。**támadót fúj**, 突撃ラッパを吹く。〕
fújtat [他] (フイゴで空気を)送りこむ；(…に)吹きつける；(火を)吹いておこす。
fújtató [名] フイゴ；(音)(オルガンの)送風機, 風箱(風櫃)。
fukar [形] → **fösvény**. どん欲な, しみったれの, けちな。[名] けちんぼ, 守銭奴。
fukarkodik [自] けちけちする, 欲張る, 惜しむ。
fuldoklik, fuldokol [自] あえぐ, 息苦しくなる, 息がつ

fullad [自] 息がつまる，息ができない，窒息する，むせる。〔vízbe fullad, おぼれる，でき死する。〕

fulladás [名] 息のとまること；息づまり，窒息，絶息。

fulladozik [自] 息苦しくなる，呼吸が困難になる，息づまる，胸苦しくなる。

fullasztó [形] 窒息させる，息のつまる，息苦しい，息をきらす。〔fullasztó meleg, 息づまるような暑さ。〕

fúr [他] 穴をあける，穴をうがつ；刺し貫く；(井戸を)掘る；(トンネルを)通ずる，掘る；(比)悩ます，心配させる。

fura [形] → furcsa.

furakodik [自] 押し(分けて・退けて)入る，侵入する；忍びこむ，潜入する；出しゃばる。

fúrás [名] 穴をあけること；穿孔(せんこう)；井戸掘り；(トンネルの)開さく，山を切り開いて道を通すこと。

fúrat [他] 穴をあけさせる，錐(キリ)をもみこませる。

furcsa [形] おかしな，おどけた，こっけいな；風変りの，妙な，変な，奇異の，へんてこな；珍らしい，異常な，希代な。

furcsaság [名] 風変りなこと；おかし味，奇態，奇異；妙な物。

furdal [他] (繰返し)(錐などをもんで)穿孔する，穴をあける；(比)心配させる，困惑させる，苦しめる，いじめる，責める，いびる。〔furdalja a lelkiismerete, 彼は良心の呵責にさいなまれている，悔恨している。〕

furfang [名] はかりごと，計略，策略，悪計，手管，術数；奸知，悪がしこいこと。

furfangos [形] こうかつな，ずるい，こすい，術数ある，老かいの。

fúr-farag [他] 趣味で彫刻する，刻む；日曜大工をする，木工細工する；(比)訂正する，補正する，磨く，練る。

furkósbot [名] (ゴルフなどの)クラブ，節の多いこん棒。

furnír, furnér [名] 合わせ板，ベニヤ板。

fúró [形] 穴をあける。[名] きり(錐)，手もみの錐；穿孔器(せんこうき)，中ぐり機；(他人を)悩ます人。

fúródik [自] (せん孔して)入りこむ，めり込む；穴があく。

furulya (目 furulyát) [名] (音)リコーダー，かや笛，野笛(一種の牧笛，わが国の尺八のようなもの)。

furulyázik [自] 笛を吹く。

fut [自] 走る，かける，疾走する；逃げる，逃亡する；(液体が樽から)流れる，もれる；流行する；(火事などが)燃え広がる；広がる；競走する。[他] 足りる，充分である。

futam [名] (音)経過句，急調連続音；変調；旋転；(スポーツ)競馬。

futár [名] 急使，早飛脚，伝令，伝書使。

futás [名] 走ること，疾駆；競走；逃走，逃亡，敗走；逐電。

futball [名] (ス)サッカー。

futballista [名] サッカー選手。

futkározik [自] あちこちへ走る，かけまわる，走りまわる；(身震いが)繰り返し襲う。

futkos [自] 同上。

futó [形] 走っている，流れている；逃げる；継続する；一時の，暫時の，経過的の；現行の，現在の，当座の。[名] 走者，ランナー；(チェスの)ビショップ。〔futó ismeretség, 一面識。〕

futóhomok [名] 飛砂(ひさ)(砂漠などの)。

futólag [副] 暫時，一時的に；表面的に，上辺だけ，ざっと(目を通す)。

futólagos [形] ざっとした，表面的の，上辺の；一時的の，暫時の，すぐ去る。

futólépés [名] かけ足。〔futólépésben, かけ足で。〕

futószalag [名] ベルト・コンベア。

futószőnyeg [名] (敷物・階段用の)細長いじゅうたん，カーペット，粗毛せん。

futótűz [名] 猛火，りょう原の火；(物)地表火；(兵)導火索；(銃砲の)連射，連発。

futtában [副] 急いで，急速に；表面的に。

futtat [他] (馬などを)走らせる；競馬に出す；(エ)(金・銀などを)被せる，塗る，メッキ・金箔する；(植)(藤かずら等を)からみつかせる，根を張りつけさせる。

futtatás [名] 走らせること，競走，ランニング；競馬；(エ)被覆，メッキ；(植)植物がつる・枝などを壁や垣根に張りつけること。

fuvar [名] 運輸，運搬(送)；運送貨(荷)物，船荷，載荷，荷積み，積載；運賃；荷馬車。

fuvardíj [名] (託送荷物の)運賃，運送賃。

fuvarlevél [名] 運送状, 送り状；荷為替証, 船荷証券。
fuvaros [名] 運送車の御者；荷馬車夫；運送人。
fuvaroz [他] 積荷・運送・輸送する, 船または車で運ぶ；託送する。
fúvóhangszer [名] 管楽器。
fuvola [名] フルート。
fuvolázik [自・他] フルートを吹く。
fű (目 füvet) [名] 草, 芝, 牧草, 雑草。〔másodfű, 二年生の草。harmadfű, 三年生の草。fűnek-fának mondja, 彼は皆に言う, 世間に吹聴する, ふれ回る, 言いふらす。fűhöz-fához kapkodik, ワラやクキをもつかむ, 一本のワラにもしがみつく, 頼りない物をも頼りとする。〕
füge (目 függét) [名] (植)いちじくの実(無花果)。
fügefa [名] いちじくの木。
fügefalevél [名] いちじくの葉。
függ [自] 掛けてある, 掛かっている, たれている, ぶらさがっている, つり下がる, ひっかかっている；宙ぶらりんに動く, ゆらゆらしている；(…に)依存している；(…)次第である。〔attól függ, それ次第である。〕
függelék [名] 添え物, 付録, 追加；付属物, 付帯物件；装飾品(イヤリング・首飾りなど)。
függés [名] たれ下がっていること；垂下；つるし, 引掛け；従属, 隷属；依存, 依頼。
függeszt [他] 掛ける, つるす；つるし上げる, たらす；(眼を…の方に)向ける。
független [形] 従属しない, 他に依らない；独立の, 自主的の, 自由の。
függetlenség [名] 従属しないこと；独立, 不覇(ふき), 自主；独立独行すること。
függő [形] 従属している, 依存している, 頼っている；懸案の, 未決の, 未定の。〔függő kérdés, 懸案。〕[名] イヤリング, 耳飾り；未決。〔függőben van, 宙に迷っている, 未決のままである, 懸案中(にある)。függőben levő, 宙ぶらりん(の), 未決のままにある, 懸案中の。függőben tart, (事件を)懸案にしておく, 未決のままにしておく。függőben tartás, 解決せずに気をもませること。〕
függőágy [名] ハンモック。
függőhíd [名] つり橋。

függőleges [形] 垂直の。
függöny [名] カーテン；(寝台の)帳(とばり)；(劇)幕，緞帳。
függvény [名] (数)代数学の関数。
fül [名] (解)耳；耳状のもの；(耳状の穴)針穴(めど)，針目；(容器やその蓋についている)柄(え)，取っ手；(鐘の)耳；(書物のページの端，カバーの)折込み。〔fülében járt a nóta, 歌が彼の耳に入った。fülembe jutott, 私の耳に入った。〕
fülbaj [名] 耳病(疾)。
fülbemászó [形] 人に取り入る，誘惑的な；(音)好音の，佳調の，曲調の美しい。[名] (虫)はさみ虫。
fülbevaló, fülönfüggő [名] イヤリング。
fülcimpa [名] (解)耳たぶ，みみたほ。
fülel [自] 耳をそばだてる，耳をすまして聞く；(誰の言葉に)耳を傾ける，傾聴する。
fülemile (目 fülemilét), **fülemüle** [名] (鳥)さよなき鳥，ナイチンゲール，夜うぐいす。
füles [形] 針穴(めど)のある；耳の，長耳の；柄・取っ手・耳のある。[名] ろ馬(ロバ)。
fülesbagoly [名] (鳥)わしみみずく(フクロウの一種)。
fülfájás [名] (医)耳の痛み。
fülgyógyászat [名] 耳医科。
fülkagyló [名] (解)耳朶(ジダ，ミミタブ)，外耳殻(ガイジカク)，耳殻(翼)。
fülke (目 fülkét) [名] (建)壁がん(ヘキガン)，ニッチ，壁のくぼみ間；船室，船房；車室(汽車の)；電話ボックス。
fülledt [形] うっとおしい，むし暑い，むっとする，重苦しい，圧迫的。
füllent [自] 大ボラを吹く，大げさに言う，自慢する；虚言・うそを言う。
füllentés [名] 同上のこと；虚勢；虚言，うそ。
fülorvos [名] 耳科医。
fülsértő [形] 耳障りな。
fültanú [名] 聞いた事実を申し立てる証人，耳証人。
fűmag [名] (植)草の種子。
fürdés [名] もく浴，入浴；海水浴。
fürdet [他] 入浴させる，湯に入れて洗う，ふろに入れる(子供

füstölög

などを)。
fürdik [自] 入浴する，もく浴する，ふろに入る，水浴びる。
fürdő [名] 入浴，もく浴，湯治(とうじ)；浴水，ふろ水；浴そう，浴室；湯屋，湯場，ふろ屋，温泉，湯治場。
fürdőhely [名] 温泉(湯治)場；海水浴場。
fürdőkád [名] ふろ桶，浴そう。
fürdőköpeny [名] 浴用ガウン；(入浴後婦人の用いる)肩掛けの一種。
fürdőruha [名] 水着(みずぎ)。
fürdőszoba [名] 浴室。
fürdővendég [名] 浴客，湯治客。
fürdőzik [自] 湯治する，入浴する，もく浴する。
fűrész [名] のこぎり(鋸)。
fűrészel [他] (材木などを)のこぎりで引く・切る；のこぎりを動かす；バイオリンを下手に弾く；いびきをかく。
fűrészfog [名] のこぎりの歯；鋸歯。
fürge [形] 敏しょうな，すばやい；活発な，機敏な，すばしこい。
fürgeség [名] 敏しょう，活発，すばしこいこと，機敏。
fürj [名] (鳥)うずら(鶉)。
fürkész [他] 探り見る，探ていする，うかがう；(兵)てい察する，斥候する；(比)探究する，探る，研究する，調べる。
füröszt [他] → fürdet. 入浴させる，水浴びさせる。〔tejbe, vajba füröszt, (…に)重ね重ね恩を施す，凡ゆる善を施す。〕
fürt [名] ブドウの実のふさ(房)；(バナナなど果実の)房；(髪の)うず巻，巻き毛，縮れ髪。
fürtös [形] (髪の)縮れ毛の，巻き毛の；(植)房に似た，房のような。
füst [名] けむり(煙)；濃煙，濃霧，煙雲；湯気，蒸気。〔füstbe megy, 水の泡(アワ)となる，水泡に帰す，失敗に帰す。egy füst alatt, …と同時に，一度に，いっぺんに，すぐさま，突然。〕
füstfelhő [名] もうもうとした煙。
füstöl [自] いぶる，煙る；煙が上がる，湯気が立つ。[他] タバコを吸う，喫煙する；(肉を)いぶす，くすべらす，くん製にする。
füstölög [自] 煙を吐く，もうもうと煙がたつ，けむる；(比)

füstölt 320

(内心)なやむ，苦しむ。
füstölt [形] いぶした，くん製の。
füstös [形] タバコでけむった；くすぶった，煙くさい，けむたい；煙だらけの，すすけた；茶色の。
fűszál [名] (植)草の茎(くき，幹)。
fűszer, fűszerszám [名] 香料，薬味，調味料。
fűszeres [形] 香料入りの，薬味を入れた；香気ある，風味のある。[名] 食料品店。
fűszerez [他] 香料を加える，薬味を入れる，味をつける；(比)色どりを添える。
fűt [他] 熱する，温める；(ストーブ・汽かん・マキなどを)焚(た)く。
fűtés [名] 熱すること；加熱；たき火；暖房。〔fűtésre való anyag, 燃料。〕
fűtetlen [形] 温められない，暖房が入っていない。
fűtő [名] 火夫；燃料。
fűtőanyag [名] 燃料。
fűtőtest [名] 輻射暖房器；放熱器(装置)(ストーブなどの加熱または自動車などの冷却に用いる)。
fütty [名] 口笛を吹くこと；(比)非難，あざけり(口笛を吹いてののしる)；(ビール)200 cc。
füttyent [他] (一度)口笛を吹く(お断りだよ！，いやだよ！，ご免だよ！の意)。
fütyül [自] ヒューと鳴る；(口笛を)ヒューと吹く；(比)(小鳥などが)鳴く，さえずる；(比)あざける，からかう。
füves [形] 草の生い茂った，草ぼうぼうたる；草のような。
füvészkert [名] 植物園。
fűz¹ [他] → felfűz, befűz. (ひもや糸で)締める，縛りつける，くくりつける；(友情が両人を)結びつける；(花を)結びつける；編みこむ，組み合わせる，なう，よる；(本を)とじる；付record する。〔gyöngyöket zsinórra fűz, 真珠をひもにさす，糸に通す。〕
fűz² [名] (植)柳，楊(ヤナギ)(しだれ柳属)；きぬやなぎ。
fűzbarka [名] (植)柳のネコ(穂状花序)，ネコ柳。
füzér [名] 紐(ヒモ)，緒(オ)，細縄(ホソナワ)；飾りひも，レース，ささべり；モール；花づな，花ようらく(瓔珞)；数珠；(植)(麦・稲などの)穂。〔virágfüzér, 花飾り，花づな，花ようらく。〕

füzes [名] 柳の植込，柳の茂み(林)。
füzet [名] (仮とじの本)帳面(簿)，ノート，雑記帳など；(定期刊行物の)一冊，分冊，号，巻。
fűzfa (目 fűzfát) [名] (植)柳の木。
fűzfapoéta [名] ヘボ詩人。
fűző [形] 締める・くくる・結びつける。[名] コルセット(女性の胸衣)；(衣服の)結びひも，打ひも。
fűződik [自] (列に)加わる・並ぶ；(…と)結びつく，結合する，合一する；(比)関係がある，連続する。
fűzöld [形] 草色の，緑色の。
fűzött [形] とじられた，仮とじの；くくりつけられた，結びつけられた。

G

gabalyodik [自] もつれる，混乱する；(比)恋に落ちる。
gabona (目 gabonát) [名] 穀物(類)；穀粒；穀物の畑。
gabonaföld [名] 麦畑，穀物の畑。
gabonapiac [名] 穀物市場；穀物取引。
gabonarozsda [名] 五穀のさび菌・黒穂菌；(植)穀物の黒穂病。
gabonaszem [名] 穀粒。
gabonatermés [名] 穀物の収穫(米・麦の収穫，麦作)。
gabonatermesztés [名] 穀物の生産・耕作。
gabonatermő [形] 穀類を生ずる，穀物生産の。[名] 穀物生産者。
gácsér [名] (鳥)あひるの雄；雄鴨(オスガモ)。
gael [形] ゲールの。[名] ゲール人；ゲール語。
gágog [自] がぁがぁ鳴く；やかましくしゃべる。
gagyog [自] (幼児が)片言(かたこと)を言う；回らぬ舌で言う，口ごもる；分からぬことを言う；(外国語を)片言で話す。
gála (目 gálát) [名] 式服，礼服，晴着，盛(正)装；祝典。
galád [形] 恥ずべき，不面目な，下品な，いやな，けがらわし

galádság

い，卑しむべき，厚顔な。
galádság [名] 同上のこと；卑しむべき・恥ずべき行い，醜行，汚行。
galagonya (目 galagonyát) [名] (植)西洋さんざし。
galamb [名] (鳥)ハト(鳩)；(比)最愛の人，愛人。
galambbúg, galambdúc, galambház [名] ハト小屋。
galambősz [形] 真っ白の；白髪の。
galandféreg [名] (動)さなだむし，条虫。
gálaruha [名] 礼服，大礼服。
galéria [名] ギャラリー，画廊；(建)回廊。
galiba (目 galibát) [名] めんどう，煩労(累)，煩わしさ，苦労，骨おり。
Galicia [固] ガリツィア。
galiciai [形] ガリツィアの。[名] ガリツィア人。
gallér [名] カラー；(着物の)えり；(女服の)飾りえり；〔galléron ragad vkit, …の首をやくする・おさえる。〕
galuska (目 galuskát) [名] (料)粉だんご，すいとん。
galvánelem [名] (物)ガルヴァニ電池，化学電池(槽)。
galvanizál [他] 平流電気を通ずる；電気メッキする。
gálya (目 gályát) [名] ガレー船(帆とカイとで走る偏平船で，通常，奴隷または罪人が漕いだ)。
gályarab [名] 船の漕ぎ手として使役された奴隷，漕ぎ手の労役に課せられた罪人。
gályarabság [名] ガレー船の奴隷とする刑罰。
gally [名] 小枝，細枝。
ganaj [名] → ganéj.
gáncs [名] (つまずかせるために)足を出すこと；非難，攻撃，とがめ，異議，難癖，酷評；(比)困難，邪魔，妨害，支障。〔vkinek gáncsot vet, …に悪意の妨害をする，…をつまずかせる。〕
gáncsol [他] つまずかせる；とがめる，非難する，難癖をつける，責める。
gáncsoskodik [自] (絶えず)こごとを言う，非難する，とがめる。
ganéj [名] ふんにょう(糞尿)，排せつ物；馬ふん；寝わらくず(肥料になる)，堆肥(たいひ)；(比)卑しむべき奴。
garas [名] (昔の貨幣の名称)銭。

garasos [形] —ガラシュの価の, 銭の；安い。[名] —ガラシュ(の貨幣)。〔garasos kiadás, 僅かな支出。garasos ember, けちん坊, 欲張り。〕

garat [名] (水車の)ひきうす(臼)じょうご(麦をヒキウスの中に流し込む)；(解)咽頭(いんとう)。〔garatra felönt, 泥酔する。〕

garázda [形] けんか好きの, 争いを好む；短気な, 怒りっぽい, 乱暴な。

garázdálkodik [自] 暴威をたくましくする, 荒しまわる；けんかをしかける, 暴行する, 口論する；(次々に)破壊する。

garázdaság [名] けんか, 論争, 乱暴, ろうぜき；怒りやすいこと, 短気なこと。

garázs [名] 車庫, ガレージ；ヨット小屋。

gárda (目 gárdát) [名] 護衛者；(兵)衛兵, 近衛(このえ), 親衛兵；近衛軍団。

gargarizál [自] うがいする, 口をガラガラとすすぐ。

garmada (目 garmadát) [名] たい積する(やま), 積み重ね, こづみ, 山積；稲むら, かたい(禾堆)(稲・麦・枯草などの)。〔garmadába rak, 積み重ねる, 禾束を堆積する, 稲むらを作る。〕

garnitúra [名] (家具などの)一そろい, セット。

gát [名] 堤(つつみ), 堤防, 築堤, 土手；(比)妨げ, 妨害, 邪魔；支障, 障害；(ス)ハードル。〔gátat vet, (…を)阻止・妨害・制止する。〕

gátlás [名] (運動または機能の)妨害, 故障, 支障, 邪魔, 制止, 阻止；(医)器官の神経障害による機能中止。

gátló [形] 制(阻)止する, 妨げる, さえぎる；不便を与える, やっかいな。

gátol [他] → akadályoz. 妨害する, 邪魔する, 阻(制)止する。

gatya (目 gatyát) [名] ハンガリー農民のはく幅広の白麻製のズボン；下ばき, 股引き。

gavallér [名] 義きょう心に富んだ男, 男気の人；求愛者。[形] 騎士風の, きょう気の, 義きょう的な。

gavalléros [形] 騎士風の, きょう気の, おおような, 寛大な；上品な, 礼儀ある。

gaz [形] ごろつきのような, 悪党の, 無頼の；不徳義な, 陰険な；卑劣な, 下等な, いやな。[名] (植)雑草；(比)ならず

者，やくざ者，悪党(漢)。
gáz [名] ガス。
gázálarc [名] 毒ガス・マスク。
gázcső [名] ガス管。
gazda (目 gazdát) [名] (物の)所有者；持主；雇用主；裕福な農夫，(組織の)代表。
gazdag [形] 富んだ，裕福な，金持ちの；(含有量の)豊富な；(内容の)豊富な，実質の多い。[名] 富者，金持，富豪。
gazdagodik, gazdagszik [自] 金持ちになる，身を富ます，豊かになる；増やす，ふえる。
gazdagság [名] 富裕，豊富；数多，沢山；富，財産；多様性。
gazdálkodás [名] 農場経営すること；農作，農(耕)業；家計，家政，家事；倹約，経済。
gazdálkodik [自] 農業に従事する，耕作する，経営する，管理する；家政を執る；倹約・経済する。
gazdálkodó [形] 農耕に従事する。[名] 中・小規模の農耕者・農夫。
gazdaság [名] 農耕，農業，耕作；経済，理財；経済学。
gazdasági [形] 農業の，農事の，農耕の；農学の；農夫の；経済学の。〔gazdasági épület, 農業用の建物，農舎；農場管理者の家(管理事務所)。〕
gazdaságos [形] 節約になる，倹約的，経済的な，徳用な。
gazdaságtan [名] 経済学，理財学。
gazdátlan [形] 主人のない，持ち主のない(犬など)；放置された。
gazember, gazfickó [名] 悪漢，ならず者，やくざ者。
gázfűtés [名] ガスで熱すること；ガス暖房。
gázgyár [名] 都ガス工場(製造所)。
gázkályha [名] ガスストーブ(暖炉)。
gázlámpa [名] ガス灯，ガス街灯。
gázláng [名] ガスの炎。
gázló [名] (徒歩で)渡りうる浅瀬；(船の)喫水部，水線下；(鳥)渉禽(きん)類(ツル，サギ類)。
gázmérő [名] ガスの計量器(ガス・メートル)。
gázol [自] (水・泥の中を)渡る，徒渉する；(名誉を)じゅう

りんする，ふみにじる；(乗り物が)轢く・押しつぶす；(海)喫水(きっすい)する。〔vkinek a becsületébe gázol, …の名誉を傷つける，侮辱する。〕

gázolás [名] (水や浅瀬を)渡ること，渡渉；(乗り物が…を)轢(ひ)くこと，押しつぶすこと。

gázóra [名] → gázmérő.

gazos [形] 汚れた，ごみだらけの；雑草だらけの(庭など)。

gázos [形] ガス性の，ガス状の；炭酸ガスを含む。[名] ガスメーター検針者；ガス工事人。

gazság [名] 悪事，破廉恥。

gaztett [名] 無類の行い，けしからぬ行為，不正な行為，破廉恥な行為。

gebe (目 gebét) [名] やせこけた馬；やせこけた人。

gége (目 gégét) [名] (解)喉(のど)，咽喉(いんこう)；咽頭(いんとう)；気管；食道。

gém [名] (鳥)アオサギ；(井戸の)てこ，腕木(うでぎ)(はねつるべの)，つるべ，さお。

gémberedik [自] (寒気のために)かじかむ，凍える，しびれる，固くなる。

gémeskút [名] はねつるべ井戸(ハンガリー平原の)。

genealógia [名] 系譜(統)，血統，家系，系図；系譜学。

generáloz [他] オーバーフォールする。

géniusz [名] → lángész. 天分，天性，天才；守護神。

genny [名] (医)膿(うみ，のう)，膿汁。

gennyedik [自] うむ，化膿する。

gennyedt, gennyes [形] 化膿した，膿をもつ；化膿性の；膿状の。

geológia [名] 地質学。

geológus [名] 地質学者。

geometria [名] (数)幾何学。

gép, gépely [名] 機械，機関；機械装置，仕掛け；(芝居の)道具。

gépel [他] タイプライターで書く；ミシンで縫う；脱穀機で脱穀する。

gépész [名] 機械工；(船)機関手；機械科の学生。

gépészet [名] 機械学；機械工の分野。

gépészmérnök [名] 機械技師。

gépezet [名] 機械装置；機械の構造；(政治上の)機構，

機制(体)。
gépfegyver [名]（兵）機関銃。
gépgyár [名] 機械工場。
gépies [形] 機械的の；自動的の, 習慣的の, 単調な；(比)無意識的の, 無思想の。
gépírás [名] タイプライター版；タイプライターで記述された文。
gépíró(nő) [名] タイピスト(女)。
gépjármű [名] 自動車。
gépjármű-biztosítás [名] 自賠責保険。
gépkocsi [名] 自動車(ことに貨物用)。
gépkocsivezető [名] 自動車運転手。
géplakatos [名] 機械鍛冶屋。
géppuska [名]（兵）機関銃。
géptan [名] 機械学。
gereblye（目 gereblyét）[名] 土掻き；(枯草, まぐさを作るために用いる)熊手(くまで), まぐわ。
gereblyél, gereblyéz [他]（土を)熊手でならす；熊手でこそげる, かき集める。
gerely [名] 投槍(なげやり)。
gerelyvetés [名]（ス)やり投げ競技。
gerenda（目 gerendát）[名]（建)梁材(はりざい), けた, 角材；(鉄製の)けた；大はり, 桁構(けたぐみ)；(ス)平均台。
gerendázat [名]（建物の)構材全体, 梁材(はりざい), 結構, 本組。
gerezd [名] ひとかけら；(ブドウの)ふさ・房(果実)；一切れのリンゴ(オレンジなど)；(ニンニクの)一片(鱗片)。
gerillaharc [名] ゲリラ戦, 別働戦, 遊撃戦。
gerinc [名]（解)背骨(せぼね), 脊椎；山の屋根；(建)屋根の背, 棟(むね)；(比)中心の要素。
gerincesek [名]（複)(有)脊椎動物。
gerincoszlop [名]（解)脊椎骨。
gerinctelen [形] 無脊椎の。[名]〔gerinctelenek, 無脊椎動物。〕
gerincvelő [名] 脊髄(せきずい)。
gerjed [自] 活気づく, 燃え立つ, 生じる；(何らかの衝動, 情熱に)とらわれる。〔haragra gerjed, 怒る, 立腹する。〕

gerjeszt [他] 刺激する, 興奮させる；(食欲を)増進させる；(感情, 衝動を)起こす。

gerle, gerlice (目 gerlét, gerlicét) [名] (鳥)きじばと(山バトの一種)。

germán [名] ゲルマン人；ゲルマン語。[形] ゲルマンの, ゲルマン人の。

gesztenye (目 gesztenyét) [名] (植)栗(栗属の実または木)。

gesztenyesütő [名] 焼栗屋(人)；栗焼きなべ。

gesztikulál [自] 科(しぐさ)を入れて話す。

gézengúz [名] 手におえない子；ろくでなし, 能なし, 役立たず, のらくら者。[形] やくざな, ろくでもない。

gida [名] (動)子山羊；子じか。

giliszta (目 gilisztát) [名] (動)みみず；回虫。

gimnasztika [名] 体操, 体育。

gimnázium [名] (文科)高等学校。

gímszarvas [名] (動)赤鹿。

gipsz [名] (鉱)石膏(せっこう), 漆喰(しっくい)；(医)ギブス。

girbegurba [形] 曲りくねった, くねくねした, うねっている, う余曲折のある；(比)ひねくれた, ねじけた, 陰険な, 不誠実な。

gitár [名] (音)ギター。

gitározik [自] ギターを弾(ひ)く。

gizgaz [名] 雑草。

globáris [形] 全世界的な, グローバルな。

glória [名] 栄光, 光輪(こうりん)(宗教画などの)；(ミサの)この言葉で始まる部分。

glossza [名] (行間または欄外の)語句注釈, 傍注, 書込み；(比)皮肉な短評, 悪評。

góc [名] 焦点；(医)病巣。

gócpont [名] 中心；(交通の)要点, 交差点, 接合点, 連絡点(ことに鉄道の)；(物)焦点(レンズの)。

gól [名] (ス)ゴール, 決勝点；標的, 目標。

golf [名] (ス)ゴルフ。

gólya (目 gólyát) [名] (鳥)コウノトリ, こうづる(赤ん坊を連れて来ると伝えられる)；(大学・単科大学の)1年生。

gólyahír [名] (植)黄色い花の名(例, きんぽうげ, うまのあ

しがた等)。〔mocsári gólyahír, りゅうきんか。〕
golyó, golyóbis [名] 玉，球，まり；ビー玉；(数)球体，球状体；(兵)弾丸；(工)回転球。
golyóálló [形] 弾丸除けの，弾丸の通らない，防弾の。
golyóstoll [名] ボールペン。
golyószóró [名] (兵)(昔の)霰発砲(さんぱつほう)，(現今の)機関銃。
golyózik [自] (遊技)ビー玉遊びをする。
golyva (目 golyvát) [名] (医)甲状腺腫(こうじょうせんしゅ)，るいれき，腫瘍。
golyvás [形] 甲状腺腫にかかっている。
gomb [名] ボタン(釦)；(ドアの)押しボタン；(電話の)ダイヤル；(刀剣の)柄頭(つかがしら)。
gomba (目 gombát) [名] (植)菌(キノコ)，茸(タケ)。
gombázik [自] キノコを集める，キノコ狩りをする。
gomblyuk [名] ボタンの穴。
gombóc [名] (料)団子の類(ジャガイモや肉片やパンなどでこしらえたもの)。
gombol [他] ボタンを掛ける，ボタンで留める；(何の)ボタンひもをかける。
gombolyag [名] 糸をまいた球，糸玉；巻いたもの；巻軸，糸巻。
gombolyít [他] 巻いて糸玉にする，巻く，まきつける。
gombostű [名] ピン，留針。
gomolyog [自] (煙・蒸気が)もうもうと立ち上がる，輪になって上る，うずを巻く，旋回する；(群衆が)うずになって進む；(考えが)うず巻く。
gond [名] 心配，不安，心痛，苦労；世話，周旋，あっせん。〔gondot visel, (…のために)世話をする，尽力する，面倒をみる，配慮する。〕
gondatlan [形] 投げやりの，不注意の，怠慢な；手落ちのある，油断のある。
gondatlanság [名] 同上のこと；ぬかり，過失。
gondnok [名] 管理人；事務長；管財人；(法)後見人。
gondnokság [名] 管理業務；管理組織；(法)後見，財産管理(禁治産の)。〔gondnokság alá ad, (…を)後見の下におく。〕
gondol [他][自] 考える，思う；信ずる，想像する；(…の)

心である，つもりである。〔vmire gondol, …について考えている，…を熟慮する，考慮に入れる。Rád gondolok, 君のことを思っている。〕

gondola (目 gondolát) [名] ゴンドラ；(気球の)つりかご；(スーパーの)商品陳列ケース。

gondolás [形] ゴンドラを所有している；ゴンドラの。[名] ゴンドラの所有者・船頭。

gondolat [名] 考え，想，思想，観念；思いつき，着想。

gondolatjel [名] (文)横線，ダッシュ(会話の初まりを示す，又はカッコの代りの:—)。

gondolatmenet [名] 思考の歩み(順序)，思考の筋道，思考の過程。

gondolatvilág [名] 思索の世界。

gondolkodás [名] 考えること，思索すること。

gondolkodásmód [名] 考え方，思索方法；思想の傾向，意向，心持，志操；主義，信念。

gondolkodik [自] 考える，思う，しのぶ；思索する，沈思する，熟考する，熟慮する。

gondolkodó [形] 考える，しのぶ，思索する，沈思する，熟慮・反省する(ところの)。[名] 思索者，思想家。〔gondolkodóba ejt, 考え込ませる，思索せしめる，深く考えさせる。gondolkodóba esik, 沈思する，深く考えこむ，思索にふける。〕

gondos [形] 念入りの，細心の，注意深い，用心深い，綿密の，用意周到の，慎重の。

gondoskodás [名] 心づかい，世話，配慮；あっせん，保護。

gondoskodik [自] (…について)世話する，配慮する，気をつける；周旋する，尽力する，心配する；準備する，用意する。

gondosság [名] 注意深いこと，入念，細心，丹念，綿密。

gondoz [他] (子供を)世話する，保護する，手入れする；(子供の)守(も)りをする；(病人を)看護する；養育する；(植物の)手入れをする。

gondozás [名] 世話，心配，守(も)り，付添い，看護；(植物の)手入れ，培養；養育，扶育；(学芸などの)保護；(公)福祉。

gondozatlan [形] 世話されていなち，看護されていない，等閉に付された，手入れしない；身なりにかまわない，むとんちゃく

な，のん気な。

gondozott [形] 世話された；手入れされた；身なりに気をつけた。[名]（施設で）養育されている人。

gondtalan [形] 心配ない，のんきな。

gondviselés [名] 配慮；神の摂理，天道，神意，神慮；将来への備え。

gonosz [形] 悪い，悪質の，不良の；有害の，災いを与える；背徳の，極道な，邪悪な，悪意のある；意地悪い，陰険な，ずるい，無道の，ふらちな。[名] 悪人，悪徳者，背徳者。

gonoszság [名] 悪意，悪心；邪悪，陰険；神を恐れぬこと，無道，不埒（ふらち）；悪事，悪行。

gonosztett [名] 悪事，非行，悪行，犯行；犯罪，罪悪。

gonosztevő [形] 悪事を行う。[名] 非行者，犯罪人，罪悪人，犯人。

gordon [名] → nagybőgő（音）コントラバス。

gordonka（目 gordonkát）[名] → cselló（音）チェロ，セロ。

gordonkázik [自] チェロを奏する。

gorilla [名]（動）ゴリラ。

goromba [形] 粗野な，がさつな，あら削りの；無骨な，無作法な，厚顔な，下品な。

gorombaság [名] 野卑，粗野（暴）；無作法，無礼，厚顔；無愛想；無礼な言葉。

gorombáskodik [自] 無礼なことを言う。

gót [形] ゴート人（ゲルマン系民族）の；ゴシック式の。[名] ゴート人，ゴート族；ゴート語。

gödör（目 gödröt）[名] 穴；凹所；くぼみ；えくぼ。

gödrös [形] 一面に穴のある，穴の多い；あばたのある；（植）小くぼみのある；えくぼのある。

gőg [名] 高慢，ごう慢，尊大，不そん，自負。

gőgicsél [自]（乳児が気持ちよさそうに）声をあげる。

gőgös [形] 高慢な，ごう慢な，尊大な。

gömb [名] 球，球状体；玉，まり。

gömbalakú [形] 球形の，球状の。

gömbfelület [名] 球の表面，球面。

gömböc [名]（料）豚の胃袋に豚の脂皮や脂肉などを詰めた腸詰（ソーセージ）。

gömbölyded [形] やや円い，丸みある，やや円形の，円みを

帯びた。
gömbölyödik [自] 円くなる；肥満し出す。
gömbölyű [形] 球のように円い, 球形の, 丸みある, 円形の；丸々と肥った。
Göncölszekér (目 Göncölszekeret) [名] (天)北斗七星, 大熊星。
göndör [形] 縮れた；縮れ毛の。
göngyöl [他] (…を…に)巻きこむ。
göngyöleg [名] (商品の)包み, 束(たば)。
görbe [形] 曲った, ゆがんだ, 湾曲した, 斜(なな)めの。〔görbe szemmel néz, 斜めに見る, 斜視する, にらみ・ねたみ見る。〕
görbít [他] 曲げる, 湾曲にする；かがめる, ゆがめる；たわめる, ねじる。
görbül [自] 曲る；かがむ；湾曲する, たわむ。
görbület [名] 曲り, 屈曲；曲り角, 湾曲部, 屈曲部。
görcs [名] (医)けいれん, ひきつけ, 発作；(樹木の)節(ふし), 結節, こぶ。
görcsös [形] (医)けいれん的, 発作的；けいれん性の, けいれんを起こしている；(比)急激な, 激しい；(樹木の)コブのような, フシのある。
gördít [他] 転がす；(比)(罪や責任を他人に)転嫁する, なすりつける；弁解する, 申し開きをする。〔akadályt gördít vki elé, …の邪魔をする。〕
gördül [自] 転がる, 転げまわる, 回転する。
gördülékeny [形] 流暢(りゅうちょう)な, なめらかな, すらすら流れるような(文・弁)。
görény [名] (動)ニオイネコ(いたちの類)。
görget [他] ゴロゴロ転がす(岩石やタルを)。
görkorcsolya [名] ローラー・スケート靴。
görnyed [自] (重さで)曲がる, 湾曲する；背を丸める。
görnyedt [形] 曲がった；かがんだ；背を丸めた。
görög [形] ギリシャ(国・語)の。[名] ギリシャ人, ギリシャ語。
görögdinnye (目 görögdinnyét) [名] (植)スイカ(水瓜, 西瓜)。
Görögország [固] ギリシャ国。
görögtűz [名] 敵艦に放火するため古代ギリシャ人が海上

göröngy [名] 土くれ, 土塊；でこぼこ, がたつくこと。

göröngyös [形] 土くれの多い, でこぼこの, がたつく；土くれの, 平坦でない。

göthös [形] (病気で)せきこむ；病身な, 弱い；ぜん息の；(馬が呼吸病にかかって)息切れする。

gőz [名] 水蒸気, 蒸気, 湯気；もや, 霧。

gőzfürdő [名] 蒸気浴, 蒸しぶろ。

gőzhajó [名] 蒸気船, 汽船。

gőzmozdony [名] 蒸気機関車。

gőzöl [自] 蒸気を発する, 蒸発する, 蒸気または煙となって上る。

gőzölög [自] 蒸気を発する。

gőzös [形] 蒸気の, 蒸気体の；蒸気の多い, 蒸気のこもった；もうろうとした。[名] 汽動車, 蒸気自動車, 蒸気船。

grafit [名] (鉱)石墨(せきぼく), 黒鉛。

gramm [名] グラム(量目の名)。

gránát[1] [名] (鉱)ざくろ石。

gránát[2] [名] (兵)榴弾(りゅうだん)。

gránit [名] (鉱)花崗岩(かこうがん)。

gratulál [自] (vkinek)祝辞を述べる；(vmihez)祝意を表する。

griff, griffmadár [名] (ギ神)半獅子半鷲(わし)の怪物。

gróf [名] 伯爵。

grófné, grófnő [名] 伯爵夫人, 女伯爵。

grófság [名] 伯爵の身分；伯爵領。

groteszk [形] グロテスクな, 奇怪な。

guba[1] (目 gubát) [名] 裏も袖もない毛皮の外とう(マント)(ハンガリー農民の着る)。

guba[2] [名] 菓子パン；骨片製の数取り(貨幣)(こどもの遊び用)。〔eben gubát cserél, 交換して損をする。〕

gubacs [名] (植)五倍子(ゴバイシ), ふし, 没食子(モッショクシ)。

gubancos [形] 毛深い, たれ毛のある, ふさ毛のある；毛のもじゃもじゃの。

gubbaszkodik, gubbaszt [自] 身をかがめる, うずくまる, 縮ませる, しゃがむ；座りこんでいる。

gubó [名] (虫)まゆ(繭)。

guggol [自] うずくまる, しゃがむ, うずくまっている, 座っている。

gúla (目 gúlát) [名] ピラミッド; (幾)角錐(カクスイ), 稜錐体(リョウスイタイ)。

gúlaalakú [形] 尖塔状の, ピラミッド形の; (幾)角錐状の。

gulya (目 gulyát) [名] 家畜の牛群。

gulyás [名] 牛飼, 牧童; (料)ハンガリー料理の名(パプリカ入りの牛肉シチューのようなもの)。〔gulyás hús, 上記グヤーシュ料理の牛肉。〕

gumi [名] (弾性)ゴム; 樹脂。

gumiabroncs, gumikerék [名] ゴムタイヤ。

gumó [名] 突起, 結び目, 結節, ふし; (植)球根, 球茎, 塊根(ダリア, サツマイモ)。

gumós [形] 塊状の, 結節状の; 球茎ある, 球根ある; 節(ふし)の多い。

gúnár [名] (鳥)ガチョウの雄。

gúny [名] 侮べつ, 軽べつ, あざけりからかうこと, ひやかし, あざけり, 冷笑, 皮肉。〔gúnyt űz vkiből, (…を)あざける, なぶる, からかう。〕

gúnyirat [名] そしる文, 風刺文。

gúnykacaj [名] あざけり笑うこと, あてこすった笑い(軽べつした), 軽侮の声。

gúnynév [名] 綽名(あだな)。

gúnyol [他] あざける, あざけりからかう, べっ視する, ばかにする, 侮べつする。

gúnyolódik [自] (たえず)からかう, 茶化す, あざけり笑う, 侮る, 軽視する。

gúnyos [形] あざけりの, 侮べつ的, 皮肉の。

gurít [他] 転がす; (比)嘘をつく。

gurul [自] 転がる, ころがり回る。

gusztus [名] → ízlés. 味, 風味; 好み, たしなみ; 趣味, 好しょう(尚); 雅致。

gusztustalan [形] 不快な, 胸の悪くなるような, 下品な。

guta (目 gutát) [名] 脳出血。

gutaütés [名] (医)(麻痺や死をもたらす)脳出血の発作。

gúzs [名] (マキなどを束ねるための)枝であんだひも縄, (束柴

gügyög 334

の)タガ, 柳枝であんだ束ねひも, 結束用の柳枝。〔gúzsba köt, (…に)手錠をはめる, 人の自由をうばう, 人を動けなくする, 縛る, ナワをかける。〕

gügyög [自] → gagyog. 片言をいう, 回らぬ舌で言う(幼児が);口ごもる, どもる。

gümőkór [名] (医)結核病, 肺結核。

gümőkóros [形] 結核性の, 結核病の。

Gy

gyakori [形] 度々の, しばしばの, ひん繁の, ひん発の;よくある。

gyakoriság [名] しばしばなこと, ひん繁(発);ひん度, 度数。

gyakorlás [名] 訓練, 実習, 練習;実施, 実務, 実践。

gyakorlat [名] 実践;熟練, 経験, 老練;習作, 練習, けい古;練習問題;(法・医の)研修;(兵)演習, 訓練;見習, 実習。

gyakorlati [形] 実務に従える, 実地(際)の;応用の, 実用的の, 便利な;熟練の, 老練な。

gyakorlatias [形] 実用的の, 有用の, 実際的の;応用の利く, 実行できる。

gyakorlatlan [形] 実用的でない, 未熟の;(兵)未訓練の(新兵など)。

gyakorló [形] 実習中の;研修中の;実践課程の。[名] 実習生, 研修生;実習学校;研修中の教師。

gyakorlóiskola [名] 実習学校, 訓練学校。

gyakorlótér [名] 練兵場。

gyakorlott [形] 練習をつんだ;慣れた, 熟練した。

gyakornok [名] 見習期間中の従業員;見習鉄道員。

gyakorol [他] 練習する, けい古する, 行う, 行使する;実行(施)する;(職務を)執行する;研修する;(影響を…に)加える;(不法を…に)加える;(精神を)鍛練する, きたえる, 完成させる。

gyakran [副] しばしば, 度々, 幾度も。

gyaláz [他] (…を)侮辱する, そしる, ののしる, 罵倒する。

gyalázat [名] 恥辱, はずかしめ, 不名誉, 不面目, 汚名；侮辱, 無礼, りょう辱；侮辱する言葉。〔gyalázatába belevon vkit, …を恥辱の巻き添えにする(引き入れる)。〕

gyalázatos [形] 不名誉な, 屈辱的な, 恥ずべき；汚らわしい, 破廉恥の；下品な, 卑しむべき。

gyalázkodik [自] 悪口をいう, 中傷する, そしる, 侮辱する, ののしる, 非難する；(神聖を)冒とくする。〔gyalázkodó irat, ひぼう文(書)。〕

gyalog [副] 歩いて, 徒歩で。

gyalogjáró [形] 歩行者用の。[名] 徒歩者, 歩行者；人道, 歩道。

gyaloglás [名] 歩み, 歩行。

gyalogol [自] 歩行する, 歩く, 徒歩で行く。

gyalogos [形] 歩行者の；歩兵の；徒歩の。[名] 歩行者, 徒歩者, 歩く人；(兵)歩兵。

gyalogság [名] (兵)歩兵隊。

gyalogsági [形] 歩兵隊の。〔gyalogsági harc, 歩兵戦。gyalogsági tábornok, 歩兵大将。〕

gyalogút [名] 歩道；小路(こみち)；徒歩旅行。

gyalu [名] 鉋(かんな)。

gyalul [他] (何に)鉋をかける, 平滑・なめらかにする；(比)(…を)洗練させる。

gyalulatlan [形] 鉋をかけない；(比)無骨の, 粗野の, 無作法な。

gyalupad [名] 鉋台, 鉋をかける台。

gyám [名] (法)後見人, 補佐人, 保護者。

gyámanya [名] (未亡人である)保護者, 後見人。

gyámapa [名] 養父；後見人, 保護者。

gyámfal [名] (建)支え壁, 控え壁, 迫持受(せりもちうけ)。

gyámfiú [名] (被保護者)被後見人(男児), 未成年者。

gyámhatóság [名] 後見監督庁。

gyámkodik [自] 後見する；(比)監督する, 後見がましく振舞う。

gyámleány [名] 被後見人(女児), 未成年者(娘)。

gyámolít [他] 支持する, 助ける, 援助する, 扶助する, 後援する, 保護する。

gyámoltalan [形] 助けなき, 寄るべなき；無能な, 不器用な, ぎこちな, 不手際な。

gyámoszlop [名] (建)支柱，扶柱，方杖，扶壁，控え壁。

gyámság [名] 後見(保護)；後見人の職，後見役。〔gyámság alá helyez, (…を)後見の下におく，後見人をつける。〕

gyámszülők [名] → nevelőszülők. (複)養父母。

gyanakodik [自] 信用しない，邪推する，疑う。

gyanakvás [名] 疑心(惑)。

gyanakvó [形] ひがみ根性の，さいぎ心の深い，疑い深い。

gyanánt [後] として，の如く，のように，と同じく；のために，として，の如く，のように，と同じく；のために，にとって，に対する；の代りに，の代価として。

gyanít [他] 思う，おしはかる，推量(測)する；邪推する，ひがむ。

gyanta (目 gyantát) [名] 脂(やに)；樹脂(にかわ)，松やに；(バイオリンの弓にひく)ロジン，精製樹脂。

gyantáz [他] (バイオリンに)ロジンを塗る・すり付ける；ジプシー楽団に心づけを与え演奏させる。

gyanú [名] 疑念，疑い，疑惑，邪推，ねたみ疑い；推定，推測。〔gyanúba esik, 疑いをかける。gyanút fog, (…に対して)疑心を生ずる，邪推をする。gyanúba kever vkit, …に疑いをかける。〕

gyanúper [名] けん疑のあること，疑わしいこと。〔gyanúperrel él, (秘密を)かぎつける；(危険に)感づく；(…について)怪しむ，疑念をもつ。〕

gyanús [形] 疑わしい，けん疑をうけた，怪しい，不審の，うろんな，信用のできない。

gyanúsít [他] 邪推する，さい疑する，けん疑する(…を)；誣告(ぶこく)する，中傷する。

gyanútlan [形] 邪推しようがない，疑いのない。

gyapjas [形] 羊毛のような，羊毛質の；柔毛の。

gyapjú [名] 羊毛，ウール；羊の原毛；羊の毛皮。〔arany gyapjú, ギリシャ神話の金羊皮。〕

gyapjúfonal [名] 毛糸。

gyapjúszál [名] 羊毛糸，毛糸。

gyapjúszövet [名] 毛織物。

gyapot [名] 綿，木綿わた；(植)草綿，綿花。

gyapotcserje [名] (植)草綿(ワタノキ)。

gyár [名] (大)工場，製造所。

gyarapít [他] 殖やす，増やす，増加する，増大する；(公益などを)増進させる，発達させる，促進する；有利にする，結実させる。

gyarapodik, gyarapul [自] 殖える，増やす，増加する，増大する；(比)成長する，栄える。

gyári [形] 工場の。〔gyári jegy, 製造所の商標。〕

gyárigazgató [名] 工場長(支配人)。

gyáripar [名] 製造業。

gyarló [形] 愚かな；犯罪を起しがちな。

gyarlóság [名] 愚かさ；不品行。

gyarmat [名] 植民地，(海外の)属領地，保護領。

gyarmatáru [名] (コーヒーやコショウなど)熱帯の産物。

gyarmati [形] 植民地の，属領の。

gyarmatosít [他] 植民する，植民地を作る；植民地を開拓する，植民地をひらく，拓殖する。

gyáros [名] 工場主，製造業者。

gyárt [他] 製造する，製作する，作り上げる，こしらえる，調製する。

gyártás [名] 製造，製作。

gyártelep [名] 工場敷地，工場の建造物およびその付属設備の所在地。

gyártmány [名] 製造品，製作品。

gyász [名] 喪(も)，忌中；(俗)喪章，喪服；葬式(儀・列)。〔fél gyász, 後半期の喪。mély gyász, 本喪，第一期の喪。gyászban van, 彼は喪中である。gyászba öltöz, 喪服を着る。〕

gyászbeszéd [名] 弔辞，弔詞；葬式の説教。

gyászeset [名] 死亡，逝去；不幸(家庭内の)。

gyászhír [名] 悲報，訃報(ふほう)，凶報。

gyászinduló [名] (音)葬送行進曲，葬式マーチ。

gyászjelentés [名] 死亡の通知(広告)。

gyászkíséret, gyászmenet [名] 葬列，葬式の行列。

gyászmise [名] 死者の霊のミサ，鎮魂ミサ，死者供養のミサ。

gyászol [自] 悲しみ嘆く；喪に服する，喪にはいる。

gyászos [形] 悲哀な，悲しむべき，痛ましい，あわれな；悲しむ，嘆く，哀悼の；(俗)(軽べつ的に)あわれむべき，情けない。

gyászruha 338

〔gyászos emlékű, 悲しい追想(回想・追憶)の。〕
gyászruha [名] 喪服。
gyatra [形] 劣った；並の，平凡な，下らない；つまらない。
gyáva [形] おく病な，ひきょうな，気の弱い，内気の，はにかみやの，いくじない。
gyávaság [名] おく病，ひきょう；気の弱いこと，はにかむこと。
gyékény [名] むしろ，ござ，畳(タタミ)；(植)蒲(ガマ)属，燈心草，い草。
gyémánt [名] (鉱)金剛石，ダイヤモンド；(印)ダイヤモンド体活字(最も小さい活字)。
gyémántlakodalom [名] 金剛石婚式(結婚後60年目に行う)。
gyenge [形] 弱い，虚弱な，病身の；無気力の；きゃしゃな，かよわい。
gyengéd [形] (比)情愛深い，思いやりのある，やさしい，ものやわらかな，温和な；恋愛の。
gyengédség [名] 情愛の深いこと；柔和；恋情。
gyengeelméjű [形] 低能な，愚かな，間抜けな。
gyengélkedik [自] 病身である，具合が悪い，病気がちである，気分がすぐれない。
gyengeség [名] 弱さ，無力，衰弱；(比)薄弱；弱点，欠点，短所；気弱さ。
gyengít [他] 弱くする，弱める，衰弱させる；柔らかくする，薄める(色・液体・酒などを)。
gyengül [自] 弱くなる，衰える，衰弱する；ゆるむ，和らぐ，しずまる；柔らかくなる。
gyep [名] 芝生(しばふ)，芝草；芝地，草地，芝原；(ス)競馬場。
gyepes [形] 芝草の生えた，芝生で被われた。
gyeplő [名] 手綱(たづな)，引綱；(比)拘束，束縛，抑制。
〔gyeplőt megereszt, (馬の)手綱をゆるめる；(…の)気のままにさせる。〕
gyepszőnyeg [名] 芝生の敷物，芝生せん，芝生，芝草。
gyepű [名] 生垣(いけがき)；(歴史)かこい，防衛囲廊(盛上げ地または障害物を積みかさねて造られた防衛地域)。
gyér [形] まばらな，散在した；まれな，少ない，乏しい，不充分な，僅少の，少数の；稀薄な，密ならざる，薄い。

gyere [自] (jön の2人称単数命令法)来い, ここへおいで!

gyerek [名] 子ども; 子孫, 後裔。

gyerekes [形] 子どもの; 子どもらしい, 子どもっぽい, 子どもじみた;(比)未熟な, 愚かな。

gyerekeskedik [自] 子どもっぽく振る舞う;子ども時代を過ごす。

gyerkőc [名] 思春期前後の子ども, わんぱく者, 悪たれ小僧。

gyermek [名] 子ども, 児童; 子孫。〔fogadott gyermek, 養子(児)。〕

gyermekágy [名] 産褥(さんじょく), 産床;小児用寝台。

gyermekágyi [形] 産褥の, 産床の。〔gyermekágyi láz, 産褥熱。〕

gyermekbetegség [名] (医)小児病。

gyermekded [形] 子どもっぽいほどうぶな。

gyermekes [形] 子持ちの。

gyermekgyilkos [形] 子ども殺しの。[名] 子ども殺し, 幼(嬰)児殺し(の犯人)。

gyermeki [形] 子どもの;子どもとしての;子どもらしい, あどけない, 無邪気な。〔gyermeki szeretet, 孝心。〕

gyermekjáték [名] おもちゃ;子どもの遊び, 児戯。

gyermekkor [名] 幼年時, 子ども時代。

gyermekszoba [名] 子ども部屋, 育児室。

gyermektartás [名] 子どもの養育費, 子どもの扶養料。

gyermektelen [形] 子どもの無い, 子なき。

gyertya (目 gyertyát) [名] ろうそく;(物)燭光;蜜ろうそく(祭壇用)。

gyertyafény [名] ろうそくの光, 灯火。

gyertyánfa [名] (植)シデ属, アカシデ(赤垂柳)。

gyertyatartó [名] ろうそく台, ろうそく立て, 燭台。

gyérül [自] まばらになる, 少なくなる, 乏しくなる;(人口が)減る。

gyík [名] (動)とかげ(爬虫)。

gyilkol [他] 殺す, 殺害する, 虐殺する;(比)致命的打撃を与える。

gyilkos [形] 殺人の, 謀殺的の;人の命を奪う, 凶悪な,

血なまぐさい；大なる損害を生ぜしめる，危険な。[名] 殺人者，殺害者，人殺し，刺客。
gyilkosság [名] 人殺し，殺人行為；(法)謀殺；(比)流血の惨事，殺りく。
gyógyászat [名] 医術，医学。
gyógyforrás [名] 治療鉱泉(温泉)。
gyógyfű [名] (植)薬草。
gyógyfürdő [名] 薬湯，湯治浴。
gyógyhatás [名] 治療上の効力，治癒(ゆ)の力，薬効。
gyógyhely [名] 療養地，湯治場。
gyógyintézet [名] 療養所，療養院；転地療養所，サナトリウム。
gyógyít [他] 治療する，なおす，全快させる，健康に復させる。
gyógyítás [名] 同上のこと。
gyógyíthatatlan [形] 治らない，癒(いや)しがたき，不治の，難治の。
gyógykezel [他] 治療(手当)する，(医者が)手がける。
gyógykezelés [名] 治療，医療的手当(手術)。
gyógymód [名] 治療法。
gyógynövény [名] → gyógyfű.
gyógyszer [名] 薬，医薬，薬剤，薬品。
gyógyszerész [名] 薬剤師。
gyógyszerészet [名] 薬学，薬物学；薬学部。
gyógyszertan [名] 薬学。
gyógyszertár [名] 薬屋，薬店，薬局。
gyógyul [自] (病・傷など)なおる，快復する，全快する。
gyógyulás [名] 治癒，快癒，全治，本復，全快。
gyolcs [名] 亜麻布(あまふ)，リンネル。
gyom [名] (種)雑草；(聖)毒麦。
gyomlál [他] 雑草を取る，除草する，雑草を刈り取る；(比)(間違いを)常に修正する。
gyomor (目 gyomrot) [名] (解)胃(い)，胃部。
gyomorbaj [名] 胃病。
gyomorbajos [形] 胃病の；(比)いやな。
gyomorégés [名] (医)胸やけ，むしず。
gyomorfájás [名] 胃痛。
gyomorgörcs [名] 胃痙攣(いけいれん)。

gyomorhurut [名] 胃カタル(胃の粘膜炎症)。
gyomornedv [名] 胃液(いえき)。
gyomorrák [名] 胃ガン。
gyomorsav [名] 胃酸。
gyónás [名] (宗)(自らすすんでの)告白, 告解, ざんげ。
gyónik [自] (宗)(自らすすんで)告白する, 告解する, ざんげする。
gyóntat [他] ざんげさせる, 告白させる, 告白を聞く。
gyóntatószék [名] (宗)告白室, ざんげ室, 告解場。
gyopár [名] (植)ちちこ草, ほうこ草の類(有毛草)。〔havasi gyopár, (植)みやまうすゆきそう, 姫薄雪草。〕
gyors [形] 早い, 速やかな, 急速の, 足早の；すばやい, 迅速な。
gyorsaság [名] 早いこと, 迅速；速さ, 速力, 速度。
gyorsforraló [名] 早沸かしコンロ, アルコール又は石油コンロ。
gyorsír [他] 速記する。
gyorsírás [名] 速記(術)。
gyorsíró [形] 速記用の。[名] 速記者。
gyorsít [他] 速度を増す, 速める, 加速する；急がす, 促す, 促進する, はかどらす。
gyorsul [自] 速度が増す；増進する, はかどる。
gyorsulás [名] 速度が増すこと；加速；(物)加速度；(比)促進, 増進。
gyorsvonat [名] (鉄)急行列車。
gyök [名] (植)根；(比)土台, 根底, 基礎；(文)語根；歯根, (数)根(こん), 平方根。〔gyököt von, 平方根に開く。〕
gyökér (目 gyökeret) [名] (植)根。〔édes gyökér, (植)甘草。gyökeret ver, 根を張る, 根づく。〕
gyökeres [形] 根づいた, 根のある, 根状の；根の多い, 根だらけの；(比)根本的の, 徹底的の；深遠な(学識など)。
gyökerezik, gyökeredzik [自] 根ざす, 根づく；(比)…に基づく；定着する, 確立する。
gyökjel [名] (数)根(符)号($\sqrt{\ }$)。
gyökkitevő [名] (数)根号指数。
gyökvonás [名] (数)開くこと(平方または立方などに)。
gyömbér [名] (植)生姜(ショウガ)(の根)。

gyömöszöl [他] 押しこむ，差しこむ，突っこむ；詰める，つめこむ；マッサージする。

gyönge [形] → gyenge. 弱い，薄い。

gyöngy [名] 真珠(しんじゅ)；細かい泡；(比)貴重なもの，珠玉(しゅぎょく)。[形] 上々の，りっぱな，壮麗な，すばらしい，すてきな，絶美の。

gyöngyélet [名] 愉快な生活，すばらしい生活，楽しい生活。

gyöngyház [名] 真珠母(シンジュボ)，真珠殻。

gyöngyözik [自] (露や涙が)真珠のように光る；(ぶどう酒が)真珠のようにアワだつ；(汗が)真珠のように滴り落ちる。

gyöngysor [名] 真珠の一連(ネックレス)。

gyöngyszem [名] 真珠の目，一粒の真珠。

gyöngyvirág [名] (植)鈴蘭(スズラン)。

gyönyör [名] 喜び，楽しみ，慰み，娯楽，快楽，気晴らし；喜ばせるもの；大喜び，大歓喜，無上の快楽；快感，肉欲，肉感。

gyönyörködik [自] 楽しむ，喜ぶ，面白がる；うっとりする。

gyönyörű [形] 精選された；りっぱな，壮麗な，壮大な；結構な，すてきな；非常に美しい，絶美の；気持ちのよい，愉快な；美味の，芳しい。

gyönyörűség [名] 満足，楽しみ，慰み，娯楽；大喜び，狂喜；肉欲，肉感，快感，華美，華麗，派手；愛きょう，親切；好ましきもの，可愛い者。

gyötör [他] 苦しめる，煩わす，なやます；せめ苦しめる，拷問する。

gyötrelem (目 gyötrelmet) [名] (断末魔の)苦しみ，苦悩，苦痛，なやみ；可責(かしゃく)，責め苦，拷問。

gyötrelmes [形] 苦悩に充ちた，苦しい，つらい，憂き，悲痛の，責め苦の，せつない，悩み多い。

gyötrődik [自] (自ら)苦しむ，苦心する，心痛する，苦もんする；散々骨を折る，なやむ。

győz [他] 打ち勝つ，克(征)服する，負かす；(仕事を)やりとげる，完成する；(困難や費用などに)堪える，制御する；抑える，忍ぶ；強いる，強制する。[自] (…に)打勝つ，優る，圧倒する。

győzelem (目 győzelmet) [名] 勝利，戦勝；優勢。

〔győzelmet arat, (…に対し)勝利を勝ち得る。〕
győzelmi [形] 勝利の, 凱旋の, 祝勝の。〔győzelmi dal, 勝利を祝う歌, 凱旋歌。győzelmi ének, 同左。győzelmi jel, 勝戦の印(徽章), トロフィー, ；戦勝記念品；戦利品。győzelmi ünnep, 戦勝祝賀会, 祝捷(勝)会。〕
győztes [形] 勝利を得た, 勝利者の, 得意の。[名] 勝利者, 勝者。
gyufa [名] マッチ。
gyújt [他] 火を燃やす, マッチをつける, 点火する；放火する；(ろうそくを)ともす；(比)(情炎を)燃えたたす, 熱せしめる, 激動させる。〔gyertyát gyújt, ろうそくに火をつける。〕
gyújtogat [他] (繰り返し)火をつける, 点火する；放火する。
gyújtogatás [名] 点灯, 点火；(法)放火。
gyújtogató [名] (法)放火犯人；火つけ(人)。
gyújtópont [名] (理)焦点；(比)中心(交通などの)。
gyúlékony [形] 可燃性の, 燃えやすい, 発火性の；(比)(性情の)熱しやすい, 激しやすい, 怒りっぽい；(医)炎症性の。
gyullad [自] 火がつく, 燃えだす, 発火する；(比)熱する, 心を焦がす, ほれこむ；(医)炎症を起こす, ただれる。
gyulladás [名] 点火, 燃焼；(医)炎症, カタル。
gyullaszt [他] (比)(情炎を)燃えたたす, 熱せしめる, あおり立てる。
gyúr [他] こねる, 練(ね)る, こねて作る；(医)あんますする, マッサージする；きたえる；説得する；すばやく終える。
gyúródeszka [名] パスタの生地をつくる台。
gyutacs [名] 点火器, 発火器；(兵)信管, 雷管。
gyűjt [他] (寄せ)集める, まとめる；(切手を)収集する；(寄付・投票を)募集する；(財産を)蓄積する；(雨水を)ためる；(果実を)摘み集める；(昆虫を)採集する；(書籍を)編集する。
gyűjtemény [名] 集めたもの(寄付金・義援金など)；選集, 編集物, 集録, 叢書；収集物(採集・標本など)。
gyűjteményes [形] 集めた。〔gyűjteményes mű, 集録, 編書, 編集書；叢書；百科全書。〕
gyűjtés [名] 寄せ集めること；収集；募集；集金, きょ金；採集, 収納；集成, 編集。

gyűjtő [形] 集める, 収集する；集まる, 集合の, 全体としての, 集合的。[名] 収集者；(寄付金の)募集者, 徴収人；収入掛(役)；留置場。

gyűjtöget [他] (次々に)よせ集める, 収集する, 拾う；募集する；(金を)ためる。

gyűjtőlencse [名] (理)収れん・凝縮レンズ(一点に集まる), 集光レンズ, 凸面レンズ。

gyülekezés [名] 集まること；集まり, 集合, 会衆；(兵)集中, 併合；集会, 会合；会議。

gyülekezési [形] 集会の。〔gyülekezési jog, 集会権。〕

gyülekezet [名] 集まった人々；同じ教会に属している信者の集まり。

gyülekezik [自] 集まる, 会合する, 集合する。

gyűlés [名] 集まり, 会議, 会合, 集会, 集合；(医)化膿, 膿瘡(のうそう), 膿腫(のうしゅ)。〔gyűlést tart, 集会を催す, 会議をする。〕

gyűlésezik [自] 会議(集会)を催す。

gyülevész [形] 寄せ集めの；やじ馬の, うごうの衆の。

gyűlik [自] → meggyűlik. 集まる, 集合する；群をなす, 隊をなす；堆積(たいせき)する；増加する, つもる, たまる。

gyűlöl [他] 恨む, 憎む, きらう。

gyűlölet [名] 恨み, 憎み, 憎悪, けん忌。

gyűlöletes [形] 憎まれた, 憎らしい, いやな, きらわれた, 忌わしい。

gyűlölködés [名] (相互に)憎悪すること, 悪意あること, 意地悪いこと；敵意, 反感。

gyűlölködik [自] (相互に)憎み合う, きらい合う, 互いに敵意をいだく。

gyümölcs [名] 果物, 果実, 水菓子；(比)成果。

gyümölcsárus [名] 果物商(人)。

gyümölcsfa [名] 果樹。

gyümölcsös [形] 果実の；実をもつ, 実を結ぶ, 実り多い。[名] 果樹栽培地。

gyümölcsözik [自] 実を結ぶ；(比)効果がある, 役に立つ；利益になる, 儲(もう)かる。

gyümölcsöző [形] 実をならす, 実を結ぶ；(比)効果ある, 生産的；利益を生ずる, もうかる, 有利な。

gyümölcstermő [形] 実をならせる，実を結ぶ；果実の豊富な。

gyűr [他] シワくちゃにする(衣服などを)；(比)ムシャムシャ食べる；(誰かを)組みしだく。〔földre gyűr, 打ち倒す，投げ倒す，投げつける。〕

gyűrődik [自] シワくちゃになる。

gyűrött [形] シワくちゃになった，しわだらけの。

gyűrű [名] 輪，環；円，円周，圏；指輪，環輪。

gyűrűs [形] 輪(指輪・腕輪)をはめた；輪形(環状)の。

gyűrűsujj [名] 薬指(くすりゆび)，指輪をはめる指，無名指。

gyűrűzik [自] 輪形になって巻きつく(絡まる，のたくる，うねる)；細波(さざなみ)が立つ，波紋をなす(描く)。

gyűszű [名] 指貫(ゆびぬき)(裁縫用の，指先をおおう金属製の)。

gyűszűvirág [名] (植)ジギタリスの花，キンセン草(キンセンソウ)。

H

ha [接] (条件・仮定を表す)もし…ならば；…の限り，もし…の時は，…の場合には；もし…するとすれば；たとえ…にしても。

hab [名] あわ，あぶく(泡)；波，波浪；ほうまつ(泡沫)，浮きかす；あわ立たせたクリーム(牛乳などの)。

habar [他] かきまぜる，かくらんする；慌ただしく料理する；(比)不明瞭に話す，訳の分からぬ早口にしゃべる。

habár [接] たとえ…するとも，…であるが，たとえ…といえども，よし…にしても，たとえ…でも，…にもかかわらず，…だけれど。

habarcs [名] しっくい；どろ沼，沼沢，水たまり。

hableány [名] (神話)水の精，人魚；海のおとめ(美しい声で歌をうたい航海者をたぶらかして海中にひき入れる魔女，人魚。)

háborgat [他] 妨げる，乱す；煩わせる，不安にする，心配させる；騒がせる，悩ます。

háborít [他] かく乱する，乱す；妨げる，妨害する；煩わす，不安・心配にする。

háborítatlan [形] 邪魔の入らない, 滞りない；平穏な, 安静な；妨げられない, 煩わされない。

háborodott [形] (比)狂った；荒れ狂った。

háborog [自] 騒がしい, 立ち騒ぐ；波立つ, 荒れる；興奮する, 激こうする。

háború [名] 戦い, 戦争(役)；戦闘；不和, 確執。〔égi háború, 雷鳴・雷雨(の天気)。háborúba kevered, 戦争にもつれこむ。háborút visel, 戦争・交戦する。〕

háborús [形] 戦争の；戦争に関する；軍事上の；軍人らしい, 勇敢な；好戦的な。

háborúskodik [自] 互いに争う, 口論・争論する；けんかする, 敵対する。

habos [形] あわ立った, あわだらけの；クリーム入りの；波立つ；(布)波紋入りの。 [名] クリーム菓子；クリーム入りのコーヒー；あわ立ったビールなど。〔habosra edz, (鋼鉄に)波紋をつける(現わす), にえ(錵)を浮かせる；(…に)金銀を象眼する。〕

habozás [名] ちゅうちょすること, ぐずぐずためらうこと, 決心のつかぬこと, 優柔不断。〔habozás nélkül, ためらわずに, ちゅうちょせずに。〕

habozik [自] ちゅうちょする, ためらう, 決心がつかない, ぐずぐずする, 気迷いする。

Habsburg [固] ハプスブルク王家。

habzik [自] あわ立つ, あわを出す；(馬が)あわを吹く；口角あわを立てる。

habzsol [他] むさぼり食う, のみこむ；大いに楽しむ。

had [名] 軍隊, 戦争；大軍；(昔は)血族関係, 一族(その全体を意味した)。〔hadat üzen, 宣戦する。hadba megy, 出征する。a hadak Istene, 軍神。hadra kelt sereg, (兵)野戦軍。hadak útja, (天, 詩)銀河, 天の川。〕

hadállás [名] (兵)軍隊の配備・配置・編成。

hadapród [名] (兵)陸軍幼年学校生。

hadar [自] ぺちゃくちゃ早口にしゃべる, 息を切らしてしゃべる；激しい身振りをする。[他] からざお(殻竿)で打つ。

hadászat [名] 戦略；戦術, 兵法, 兵学。

hadbíró [名] (兵)軍法会議裁判官, 軍事裁判官。

hadd [間] hagy の命令法。(命じて)させる；せしめる；さあ

行こう！〔hadd lássam!, はて, はてな, ごらん! hadd legyen!, ほっておけ!, どうあろうとも!〕
haderő [名] (兵)武力, 軍事力；軍(陸・海・空の)；兵員。
hadgyakorlat [名] (兵)演習, 機動演習, 擬戦；武器操練；操兵。
hadi [形] 戦いの, 戦争の；軍隊の, 軍の, 軍事の。
hadifogoly [名] (兵)捕虜。
hadifogolytábor [名] 捕虜収容所。
hadifogság [名] 捕虜たること, とらわれの身；捕虜の状態。〔hadifogságba esik, 捕虜となる。〕
hadihajó [名] 戦艦。
hadiláb [名] 戦時定員(編成)(戦時の立場または備え)；(比)戦時装備。〔hadilábra állít, 戦時編成にする。hadilábon áll vkivel, …と不和である。〕
hadirokkant [名] 傷痍軍人。
haditengerészet [名] 海軍。
haditerv [名] 作戦計画。
haditett [名] 軍功。
haditörvényszék [名] 軍法会議。
haditudósító [名] 従軍記者。
hadjárat [名] 戦役；出征, 遠征；行軍。
hadköteles [形] 兵役の義務ある。[名] 兵役義務者。
hadkötelezettség [名] 兵役義務。
hadművelet [名] 作戦。
hadnagy [名] (兵)陸軍少尉。
hadonászik [自] (剣や手を)振りまわす；身振り・手まねする。
hadoszlop [名] (兵)縦隊, 縦列, 行進隊形。
hadosztály [名] 師団。
hadsereg [名] 軍隊, 軍勢, 軍。
hadszíntér [名] 戦場, 戦地。
hadtest [名] 軍団。
hadügy [名] 軍事, 軍政。
hadügyminiszter [名] 陸軍大臣。
hadügyminisztérium [名] 陸軍省。
hadüzenet [名] 宣戦(布告)。
hadvezér [名] 将軍, 軍司令官, 最高指揮官。

hadviselés [名] 戦争を行うこと，交戦。

hadviselő [形] 交戦中の；交戦する。〔hadviselő felek, 交戦者(国)。〕[名] 交戦国。

hág [自] (山頂に)よじ登る，達する；(人の足を)踏む；(雌馬に)乗りかかる，交尾する。

hágcsó [名] 踏み台；踏み段(自動車などの)。

hágó [形] 上がる，登る，上昇する。[名] 山路，とうげ(峠)，山あいの路，越え(峠)。

hagy [他] 放っておく，うっちゃっておく，そのままにしておく；残しておく，遺贈する；…することを許す，任せる。〔hagyj magunkra, そんなこと放っておいてくれ！，我々に任せてくれ！〕

hagyaték [名] 遺産，遺物，遺贈；相続財産。

hagyján [副] それはそう悪くない！，まあいいでしょう！

hagyma (目 hagymát) [名] (植)たまねぎ，ねぎ，球根；ニンニク，ニラの類。〔hagyma alakú, たまねぎの形の，球根状の。〕

hagymás [形] たまねぎ類の；球根状の；たまねぎで調理した。

hagyomány [名] 伝来のもの，伝統；伝説，言い伝え，口碑；旧習，習慣；遺産，遺贈，遺贈物。

hagyományos [形] 言い伝えの；伝来の，伝統的の；習慣的の，因襲的の。[名] 被遺贈者，遺産相続人。

hahota (目 hahotát) [名] 高笑い，大笑い，こう笑(大声で笑うこと)。〔hahotára fakad, 吹き出す，どっと笑う。〕

hahotázik [自] 大声で笑い出す。

haj [名] 毛，髪，頭髪，毛髪。〔hajba kap, つかみ合いを始める。〕

háj [名] 脂肪；あぶらみ(脂肉)。

hajadon [名] 未婚の女性。[形] 未婚の，(女性の)独身の。

hajadonfővel [副] 帽子なしで，脱帽して。

hajápolás [名] 頭髪の手入れ，理髪。

hájas [形] 太った，肥えた，脂ぎった；脂肪性の；脂で調理した；過度に肥満した。

hajcsár [名] 家畜を市場に連れていく人；家畜を追う人(牛追い，馬追い)。

hajdan [副] 昔，かつて，以前，いつか。〔hajdanában,

hajdanán, hajdanta, 同上。〕
hajdani [形] 昔の, かつての。
hajdú [名] 廷吏, 捕吏, 刑吏, 執行吏；ハンガリーの昔の軽装歩兵, 親衛兵。
hajfonat [名] (女の)あみ下げ髪；まげ；弁髪。
hajfürt [名] カールした髪の房。
hajigál [他] やたらに投げる, 投げまわる, 投げ散らす。
hajít [他] 投げる, なげうつ, ほうる, 投げ出す, 投げつける。
hajítás [名] 投げること, 投てき, 投げつけること。
hajkefe (目 hajkefét) [名] 髪をとかすブラシ(刷毛)。
hajladozik [自] 曲がる, たわむ, かがむ；ゆれる, ゆらめく, ゆらゆらする。
hajlam [名] 傾き, 傾向；心を傾けること, 好み, 性向, 性癖, 癖, 素質；(何をしようという)気；虚弱体質。
hajlamos [形] …の傾向がある, …の癖がある, …しがちである；(病気などに)かかりやすい, …の素因がある。
hajlandó [形] …の気がある, 傾向がある, 心が向いている；性癖ある；好意ある, 親切な。〔hajlandó jönni, 彼は来る気がある。〕
hajlandóság [名] 意向があること；心組み, 意向, 意中, つもり。
hajlás [名] 傾くこと；曲がって弓なりになること, 屈曲, 屈折；傾斜, 勾配。
hajlék [名] 雨露をしのぐ場所, 住まい；避難場。
hajlékony [形] 曲げ易い, ため易い, 屈折自在の, しなやかな；(比)御し易い, 従順な, 妥協的な；身軽な。
hajlékonyság [名] 曲げ易いこと, 柔軟, しなやかさ；身軽, 自由自在；従順, 素直；妥協。
hajléktalan [形] 家のない, 宿なしの。[名] 無宿者, ホームレス, 浮浪者, 避難人。
hajlik [自] 曲がる, しなる；身を屈する(礼), かがむ；傾く, しがちである；…に移行する, (…に)従う。〔kérésre könnyen hajlik, 彼は懇請に対してたやすく従う, に対してほろりとする, 動かされる。〕
hajlít [他] 曲げる, 屈する；たわめる(撓), ためる(矯)；(膝を)かがめる；(鉄を)曲げる；(文)変化(活用)させる。
hajlítás [名] 曲げること, ためること, 屈折；(文)語形変化。

hajlíthatlan [形] 曲げにくい，ためにくい；固い；意志強固な。

hajlott [形] 曲がった，曲がって弓なりになった。〔hajlott korban, 高齢にて，年老いて。hajlott korú, 高齢の。〕

hajmeresztő [形] 身の毛もよだつような，恐ろしい。

hajnal [名] しののめ(東雲)，あけがた，あけぼの，夜明け，あかつき，れいめい。〔hasad a hajnal, 夜が明ける。hajnalban, hajnalkor, 夜明け頃に。〕

hajnalcsillag [名] (天)明星，明けの明星，明けの星，金星。

hajnali [形] 夜明けの；朝の。〔hajnali harangszó, 夜明けの鐘，暁鐘。hajnali mise, (カトリックの)早朝のミサ。〕

hajnalka [名] (植)朝顔(あさがお)，(特に)西洋昼顔。

hajnallik [自] → hajnalodik.

hajnalodik [自] 夜が明ける，薄明かりになる，明るくなる。

hajnalpír [名] 朝焼け，東天紅，あかつきの光；(顔の)うっすらした赤さ。

hajnyírás [名] 髪を切ること，散髪，理髪。

hajó [名] 舟，船，船舶；艦；(教会堂の)側廊。〔hajóra száll, 船に乗る，乗船する。hajóra rak, 船に載せる。hajóra szállítva, 船に積んで。〕

hajóállomás [名] (海)寄港地，回船地，停船港；波止場。

hajófenék [名] (海)船底(船の)水線下部；(船の)竜骨；船体，船腹，船倉；艦背骨(材)。

hajófülke [名] 船室，客室(船のキャビン)。

hajógyár [名] 造船所，船きょ，ドック。

hajóhad [名] 船隊，艦隊；一国の軍艦(船舶)の総数；海軍力。

hajóhíd [名] 浮遊橋(ふゆうきょう)，船橋，いかだ橋。

hajókötél [名] 船の大つな(綱・索)，船索，網具(船の錨索，繋留索など)。

hajol [自] かがむ，体を曲げる。

hajóorr [名] 船首，艦首，へさき(舳)。

hajóraj [名] 船隊，艦隊；分艦隊，小艦隊，艇隊。

hajóroncs [名] 難破船の破片，漂流物，難破物。

hajós [形] 航海する，航海に従事する；側廊の。[名] 船乗

り，乗組員，海員；船頭，舟夫，水夫，舟子。
hajóskapitány [名] 船長，艦長。
hajóslegény [名] 乗組員，船員。
hajótörés [名] 難船，難破，沈没；(比)失敗，没落。
〔hajótörést szenved, 難船・難破・座礁する，岩に乗り上げる；(比)失敗する。〕
hajótörött [形] 難破した。[名] 難船者，遭難者(海上の)。
hajózás [名] 舟行，航行，航海。
hajózható [形] 水路の便がある，航行可能の，船の通れる。
〔hajózható víz, (海)(舟の通る)水路，航路。〕
hajózik [自] 航行・航海・舟行・通航する。
hajra [間] さあやれ！，さあさあ！，かかれっ！，やっつけろ！，いざ！；万才；やあ！(突貫の声)。
hajsza (目 hajszát) [名] 猟犬使用の狩猟，狩りたて，追い狩り(おいがり)；突貫作業；(比)追い立て，烈しい追求。
hajszál [名] 一本の髪の毛。〔egy hajszálon függött, egy hajszálon múlt, 危機一髪で間にあった。hajszállal sem jobb, まったくよくない。〕
hajszárító [名] ヘアドライヤー。
hajszol [他] (獲物を)追いまわす，駆り出す，駆り立てる；(比)追いつめる；過労させる，酷使する；激励する，鼓舞する。
hajt[1] [他] (牛馬を)追う，駆り立てる；御する，操縦する(運獣を)；(水車を)まわす，動かす，運転する。
hajt[2] [他] (植)芽をふく，発芽する，根付く；利益になる，もうかる。〔hasznot hajt, 役立てる，利用する。〕
hajt[3] [他] (膝・頭を)曲げる，かがめる；(…の状態に)させる。〔térdet hajt, ひざを屈する。fejt hajt, 屈服・服従する。〕
hajtás[1] [名] 駆る・追うこと；やること；ドライブ；操縦，運転。
hajtás[2] [名] (植)発芽力，生長力；若芽，若枝；ひだ，折り目。
hajtat [他] (牛馬を)走らせる，駆る，追う，御する，駆り立てる。
hajthatatlan [形] 曲がらない，たわめられない；(比)譲らない，がんこな，不屈の。
hajtó [形] 追い立てる，駆る；動かす，運転する；刺激を与

hajtóerő

える，勢いをつける，後押しする。[名] 勢子(せこ)，追う人，駆り立てる人。

hajtóerő [名] 推進力；原動力，動力。

hajtogat [他] (着物・紙などを)折る，たたむ；何度もお辞儀をする；(文)変化させる(語尾を)；同じことを繰り返し言う，確言する。〔magát hajtogatja, しばしば頭を下げてお辞儀をする。〕

hajtóka [名] 袖口(そでぐち)；(衣服の)折り返し，折りえり。

hajtóvadászat [名] 駆り立て猟，追猟。

hajtű [名] 髪針，ヘアピン。

hajvágás [名] 理髪。

hajviselet [名] 髪型，理髪の型，結髪。

hal[1] [名] 魚。

hal[2] [自] 死ぬ，死亡する，永眠する。

hál [自] 夜を過ごす，宿をとる，宿泊する，泊まる，寝る。

hála (目 hálát) [名] 恩を思うこと，感謝の気持ち，感恩，謝意；お礼，謝辞。〔hála Istennek, 有り難いことには，神のおかげで，有りがたや，うれしや。hálából, 感謝の念から，お礼として。〕

hálaadás [名] 謝辞を述べる・礼を言う・感謝すること。

halad [自] 進む，前進する；進歩する，発達する；(交渉が)はかどる；栄進・繁昌する；(時が)過ぎ去る，経過する。

haladás [名] 前進，進歩，発達，上達；成長，増進。

haladék [名] 遅滞，延滞，延期，延引；支払猶予，モラトリアム。〔haladék nélkül, 遅滞なく，ちゅうちょせず，即刻，直ちに。〕

haladéktalan [形] 即座の，即刻の。

haladéktalanul [副] 直ちに，即座に，即刻。

haladó [形] 前進・進歩する；進歩的の；上級クラスの。[名] 進む人；進歩主義者；上級クラスの生徒。

halál [名] 死，死去，死亡；崩御。〔halálán van, 断末魔に迫る，臨終が迫る，死にぎわ。halálát leli, 死ぬ。halálra ítél, 死刑を宣告する。életre-halálra, 生死を賭けて(かけて)。halálfia, (彼は)死神の子だ，死んだ(文学的表現)。halálom esetére, 私の死に際し。〕

halálbüntetés [名] 死刑。

haláleset [名] 死亡(の場合または件)。

halálfélelem [名] 臨終の悶(もだ)え, 断末魔の苦しみ；死ぬほどの心配(恐怖)。

halálhír [名] 死亡の知らせ, 訃報(ふほう)。

halálmegvető [形] 死を軽んずる, 大胆不敵な, 豪胆な。

halálos [形] 死すべき, 致命的な, 死ぬ；死ぬほどの；極端な。〔halálos ágy, 臨終の床。halálos aggodalom, halálos aggódás, 断末魔の苦しみ；死ぬほどの恐怖。halálos beteg, 死病の, 危篤の, 重態の。halálos bűn, (宗)神の恵みを失い霊魂の滅亡を来す罪悪。halálos csend, 死のような静けさ, 墓場の静寂。halálos ellenség, 不倶戴天(ふぐたいてん)の敵(仇)(終生のうらみ)。halálos félelem, 断末魔の苦しみ, 死ぬほどの恐怖。halálos ítélet, 死刑の宣告。halálos vétek, (宗)極罪, 許すべからざる罪。halálos szerelem, 大恋愛。〕

halálozás [名] 死去, 死亡。

halálsápadt [形] 死人のように青ざめた。

halálsejtelem [名] 死の予感。

haláltánc [名] 死の舞踏。

haláltusa [名] 断末魔の苦しみ；必死の戦, 苦戦。

halandó [形] 死すべき；死ぬほどの；人間の。[名] 死すべき者, 人間。

halánték [名] (解)こめかみ(耳の上, 髪のはえぎわの所)。

halas [形] 魚売りの；魚くさい。[名] 魚商人。

hálás [形] 恩義を感じた, 感謝する, 有り難がる；(比)得な。

halastó [名] 養魚池。

halász [名] 漁夫, 漁師。

halászat [名] 漁業。

halászbárka [名] 漁舟, 漁船。

halászik [他] すなどる(魚を捕る・捕ろうとする)；つかみ取ろうとする；(比)獲得しようとする。

halászlé [名] (料)鯉のスープ(パプリカで調理した)。

halaszt [他] 延ばす, 遅らす, 延期する, 長びかせる；猶予する；停止する, 停会する。

halasztás [名] 延引, 延期, 繰りのべ；期限延長；支払い猶予, 猶予。〔a dolog nem tűr halasztást, 事は延引・猶予を許されない。〕

halaszthatatlan [形] 延期・猶予しがたい；差し迫った, 焦びの, 必至の。

hálátlan [形] 恩知らずの, 忘恩的な；(比)有り難くない, 仕甲斐(しがい)のない, もうからない(仕事など)。

halcsont [名] 魚骨, 鯨のひげ。

haldoklik [自] 死にひんしている, 死にかけている, 消えんとしている。

haldokló [形] ひん死の, 死にかけている；(比)消えゆく, 衰えゆく, 枯れゆく。[名] ひん死の人, 危篤者。

halhatatlan [形] 不死・不朽・不滅の, 永遠の。[名] 〔halhatatlanok, 神々。〕

halhéj [名] 魚のうろこ。

halikra [名] 魚卵, はらご, キャビア。

halk [形] 低声の, かすかな；静かな, おだやかな, 和やかな, やさしい。

halkereskedő [名] 魚商人, 魚屋。

halkít [他] (光・色・音・声などを)弱める, やわらげる, しずめる, 低くする, 弱くする。

hall [自][他] 聞こえる, 耳にする；聞きこむ, 聞き知る, 了解する；傾聴する。〔hallani lehetett, 聞き取れたかも知れない。halljuk!, 聞こう!, 傾聴しよう!〕

hallás [形] 聞くこと, 聞き入れること；聴覚, 聴力, 聴官。

hallat [他] 聞かせる, 知らせる；響かせる, 声をたてる；安否を知らせる。

hallata [名] (hall の過去分詞に3人称単数の所有者表示の付いた形)耳にしたこと。〔hallatára, 彼がこれを聞きこんだ時。〕

hallatlan [形] 未聞の, 未曾有の, 珍しい；非常な, 法外な；聞き届けられない。

hallatszik [自] 聞きとれる, 聴こえる, 聞き分ける；理解・納得できる, 分かり易い。〔amint hallatszik, 人のいう如く, 噂(うわさ)の通り, 聞くところに依れば。〕

hallgat [他][自] (…に)耳を傾ける, 聴従する, 傾聴する, 言うことを聞く；(誰の言葉に)留意・注意する, 熱心に耳を傾ける；沈黙する。〔nem hallgat rám, 彼は私の言うことを傾聴しない。Hallgass! 黙れ!〕

hallgatag [形] 無口な, 口数の少ない, 寡黙の；控え目の, 秘密を守る, 口の堅い。

hallgatás [名] 傾聴すること, 耳をすまして聞くこと；沈黙, 無言；音信不通。〔hallgatással mellőz, (…を)黙過

hallgató [形] 沈黙している，静かにしている；無言の，じっとしている。[名] 傾聴者，聴講者，傍聴者；(大学などの)聴講生；聴衆。

hallgatódzik, hallgatózik [自] ひそかに聴く，耳をそばだてる，傾聴する，…に耳を傾ける，立ち聞きする；(医)聴診器で診察する。

hallgatólagos [形] 暗黙の，暗々裏の。

hallgatóság [名] 聴衆(総称)。

halló [名] もしもし。

hallomás [名] 聞き知ること，伝聞；うわさ(噂)，風説。〔hallomásból tud vmit, 何を聞き知る。hallomás szerint, 噂に依れば，聞くところに依れば。〕

hallószerv [名] (医)聴官，聴器；耳。

halmaz [名] かたまり，塊；やま，積み重ね，推積；集まり，群れ，集合，群衆。

halmazállapot [名] (物)物質的な状態・有様；集合・凝集状態。

halmoz [他] 積み重ねる，盛り上げる，堆積する，増す；収集する，集める。

halmozódik [自] 積み重なる，累積する；集まる，つもる，たまる；殖える，増加する。

háló¹ [名] 網(魚・鳥・獣を捕る)；ネット(ボール遊びの)；(買物用の)網；(汽車の)網だな；(比)道路・鉄道網；わな(罠)；クモの巣。〔vkit hálóba kerít, …を罠にかける。〕

háló² [名] → hálószoba.

hálófülke [名] (壁に設けた)凹間(くぼみま)，窓のない小寝室；(汽車・汽船の)キャビン。

halogat [他] 延期・猶予する；遅くする，遅らす，延ばす，繰りのべる。

hálóing [名] ねまき。

hálókabát [名] 朝のくつろいだ着物，部屋着，ひっかけ。

hálóköntös [名] 着替え前の女性の部屋着。

halom (目 halmot) [名] 高台，丘，丘陵，小山；やま(堆積)，かたまり(塊)，積み重ね。〔halomra dől, くずれる，崩壊する。halomra dönt, 崩壊させる，打倒する；くずす，倒す。〕

hálószoba [名] 寝室。

hálótárs [名] 同室で寝る者，寝室の友(仲間)。
hálóterem [名] 寝室(多数の寝台を備えた寄宿舎・兵舎などの)。
halott [形] 死んだ。[名] 死人，故人，物故者。〔halottak napja, (宗)死者の記念日，万霊節，招魂祭(カトリックの死者の霊を祈る祭，十一月二日)。〕
halottasház [名] 死体安置所。
halottaskocsi [名] 霊柩車。
halotti [形] 死の，葬式の。〔halotti beszéd, 弔辞，弔詞。halotti tor, 葬式のさいの供宴。〕
halottkém [名] (変死者などの)検屍官(公医)。
hálózat [名] (工)網細工；(建)網目飾り；(鉄道)網，ネットワーク；(比)網状のもの；家庭用電源。〔üzleti hálózat, チェーン店，支店網。〕
halpiac [名] さかな市，魚市場。
halpikkely [名] 魚りん，魚のうろこ。
halvány [形] 色つやのない，血色のわるい；青ざめた，青白の；色あせた，淡い；弱い。
hályog [名] (医)そこひ(内障眼)。〔szürke hályog, 白内障。zöld hályog, 緑内障。mintha hályog esnék le a szememről, あたかもそこひが私の眼から落ちたかのように私の迷夢がさめた。〕
hám¹ [名] 馬具；(馬の)鞍具・首革・胸革など；(果物の)外皮。〔kirúg a hámból, 途方もないことをする，度を超える，禁を犯す，拘束を脱する。〕
hám² [名] (解)上皮。
hamar [副] 即座に，すばやく，すみやかに。[形] すみやかな，迅速の，急速な，敏速な，すばやい。〔hamarabb, (比)より急速の，よりすばやい，より早い；早くとも。minél hamarabb, 出来るだけ早く。〕
hamarjában [副] 大急ぎで。
hamarkodik [自] 急ぎ過ぎる，あわててする，あわてふためく，軽率に振る舞う。
hamarosan [副] しばらくして。
hamis [形] にせの，まがいの，偽りの，偽造の，模造の；悪意ある，意地悪い；間違いの，誤った；不正の，悪がしこい；いたずら好きの，からかい気分の，おどけた。[名] 悪がしこい人。〔kis hamis!, この餓鬼め！〕

hamisít [他] 偽造・がん造・模造する；変造する；(酒などに)混ぜ物をする；ごまかす，惑わす。

hamisítatlan [形] 偽造されない；混ぜ物のない；本物の，真正の；純粋な；(比)純真な，信実な。

hamisítvány [名] 偽造物，がん造物(とくに，がん造貨幣)。

hámlik [自] 皮がはげる，うろこが落ちる，脱皮する，かさぶたが落ちる。

hámoz [他] 殻を取り去る，莢(さや)を取る，皮をはぐ。

hamu [名] 灰；(化)灰分；(詩)遺骨；ちり，ほこり，じんあい(塵埃)；(農)粉状土。〔hamuvá éget, 焼いて灰にする，焼き払う，焼き殺す。hamuvá van, 烏有に帰す，灰になる。〕

hamupipőke [名] (グリム童話の)灰かつぎの姫；(比)こき使われる娘。

hamuszín [名] 灰色。

hamutartó [名] (タバコの)灰皿。

hamv (目 hamvat) [名] 灰；蠟被(ろうひ)(果実・葉の表面に生ずる蠟粉)，果粉(スモモの)；(死者の)遺灰，遺骸。〔hamvai, (死者の)遺灰，遺骨，死骸。béke hamvaira, 彼の霊よ安かれ！，安らかに眠れ！ hamvaiból feltámad, 灰から蘇生する，復興する。〕

hamvad [自] 灰になる，朽ちる。

hamvas [形] 灰を振りかけた，灰をまき散らした；灰色の；(果物の)白粉におおわれた，粉を吹いた。

hamvaszt [他] 焼いて灰にする，灰じんに帰す，すっかり焼け失せさす；火葬する。

hamvazószerda [名] (カトリックの)聖灰祭(四旬祭の第一水曜日，火をかぶってざんげする日)。

hancúrozik [自] (子供が)気ままに騒ぎまわる・遊びまわる・跳びまわる・はねまわる。

háncs [名] (植)靱皮(じんぴ，内皮)；(大麻，だいまの)繊維筋。

handabanda (目 handabandát) [名] だぼら，針小棒大の言；大ぶろしき，から威張り，自慢，大言壮語；大騒ぎ。

hanem [接] (前の否定をうけてその反対を表す)…ではなく，それとは別に，然らずして；却って，これに反し；しかし，だが；さて，ところで，さりとて。

hang [名] 音響, 音声, 声。〔csengő hangon, 声高く, 明瞭な声で, 聞こえるように。férfias hangon, 男らしい声で。hangot ad, 音声を発する；意見を述べる。〕

hangadó [形] (比)音頭を取る, 指導的の, 牛耳る；流行の；標準的の, 決定的の, 権威ある。[名] 音頭取り, 指導者；流行のさきがけをする人；率先者, 先だち。

hangfal [名] スピーカー。

hanghordozás [名] 音調, 語調, アクセント。

hanghullám [名] (音)音波。

hangjegy [名] (音)音符, 楽譜。

hangköz [名] (音)音程, インターバル, 間(ま)。

hanglejtés [名] イントネーション。

hanglemez [名] レコード。

hangnem [名] (音)音調, 音の調子, 旋法；両調整(短音か長音かの決定)；(文)語調。

hangol [他] (音)調子を整える, 調律する；(比)…に調子にする；調和させる, 相和させる, 一致させる。

hangos [形] 声高の, 大声の；よく響く, 聞きうる, 明瞭な；やかましい, 騒がしい, 鋭く響く。

hangoztat [他] 音を出す, 歌い始める；公にする, 公言する, 公告・告示する；(文)音綴に分けて読む・発音する；…に力を入れて発音する, 調子をつける。

hangsúly [名] (文)強調, アクセント；(比)力説。

hangsúlyos [形] 強調された, アクセントのおかれた；調子の高い。

hangsúlyoz [他] (文)強音をおく, 音声を強める, 揚音をおく, アクセントを付ける；(比)強調する。

hangszalag [名] (解)声帯。

hangszer [名] (音)楽器。

hangszóró [名] スピーカー。

hangtalan [形] 鳴らない, 響かない, 無音・無声の。

hangtan [名] (物)響音学, 声音学；(言)発音学, 音韻論。

hangulat [名] 雰囲気, 気分, 気持ち, 機げん；人気, 世論；情緒, 情趣；(絵)調子, 色調。

hangulatos [形] 気分・情緒のゆたかな, 興趣ゆたかな, 情趣あふれる。

hangutánzó [形] 擬音の, 擬声の。〔hangutánzó

hányas

szó, 音声を模倣して作った語；(文)擬声語, 擬音語。〕
hangverseny [名] 音楽会, 演奏会, 合奏曲, コンサート。
hangversenyez [自] 演奏会をする；音楽会を催す。
hangvilla [名] (音)音叉。
hangzás [名] 響くこと, 鳴ること；響き, 音響, 音調。〔szép hangzás, 諧(調)音, 佳調, 好(快)音。〕
hangzatos [形] 口調のよい；好く響く。
hangzik [自] 響く, 鳴る, 音がする, 聞こえる, 反響する；(比)…という内容である, …と書いて・言っている。
hangzó [形] 音のよい, 鳴り響く, 反響する。[名] (文)母音。
hangya (目 hangyát) [名] (虫)アリ(蟻)。
hangyaboly [名] アリづか(蟻塚)。
hangyaszorgalom [名] アリのような勤勉さ, うまずたゆまずの努力。
hánt [他] (…の)皮をはぐ；殻を取り除く, さやを取る；(農)脱殻する。
hány[1] [疑] いくつ；幾ばく；何人。〔hány éves?, 何歳ですか。hányával, ある金額に対し幾つ。hányával adja a tojást?, 卵を幾つくれますか(たとえば50円で)? (hármával, 3個あげます。)〕[形] とてもたくさんの。
hány[2] [他] 方々へ投げ散らす, 投げつける；吐く, 吐き出す；とがめる, 非難する。〔hányja magát, 体をふるわせる, 体をゆすり動かす；厚顔・誇り顔に振る舞う。〕
hányad [名] …の部分；割り前, 割り当て分。
hányadán [疑] 如何にして, どういう風に, どんなに, どうして。〔hányadán vagyunk vele, 我々は彼と如何なる関係にあるか。〕
hányadik [疑] 何番目の。〔hányadika van ma?, 今日は何日ですか?〕
hányados [名] (数)(割って得た数, すなわち)商。
hanyag [形] 不注意の, 無とんちゃくの, なげやりの, 冷淡な, 等閑の；怠慢の, 不熱心な, だらしない。
hanyagság [名] 同上のこと。
hányan [疑] 何人で(複数の主語の場合に使う)。
hányas [疑] いくつの数字, 何点；何号の, 何番の；何人目の。〔hányas szoba?, 何号の部屋? hányas vagy?, 君何点だ?(én ötöst kaptam, 私は5点評

価でした。)〕
hányás [名] 投げる・投げ出すこと；吐くこと，吐き出すこと。
hanyatlás [名] 衰微，衰たい，たい廃；失敗；減少，衰弱；没落，堕落。
hanyatlik [自] 衰える，衰微する，すたれくずれる，後退する；へる，減退する；(商)不況に陥る，下落する；悪化する。
hányatott (élet) [形] 動揺変化の多い，起伏のある(生涯)。
hanyatt [副] 後方へ，背後へ，背中で。〔hanyatt esik, 仰向けに倒れる。hanyatt fekszik, 仰向けに寝る；疲れ切っている。〕
hanyatt-homlok [副] あわてふためいて，ろうばいして，大急ぎで，あわただしく，そそっかしく。
hányféle [疑] どれくらい多様の，どれくらい様々の，どれくらいの種類の。
hánykódik hánykolódik [自] (寝床で)のたうち回る，身体の向きを変える，輾転反側する，あちこちへ動く；(船が)ゆられる，振り動かされる；(海)波立つ；引きずる，漂泊する，ぶらつく。
hányódik [自] あちこちへ投げられる・投げつけられる；あちこちへ転々する，まよい歩く，漂泊する。
hányszor [副] 幾度，何回；何倍に。
hány-vet [他] 投げ散らす，振り投げる，あちこちへ投げる。
hápog [自] (カモなどが)ガアガア鳴く；(比)(人が)口をパクパクさせてしゃべる。
harácsol [他] 焼き払うぞとおどかしてある町に課税する，ある町から免焼金を徴求する；(比)強奪・ちゅう求する，強請する。
harag [名] いかり，憤ぬ，立腹；遺恨，憎悪。〔haragjában, 立腹して，怒って。〕
haragos [形] 敵意ある，反抗的な，御し難い，始末に負えない；怒った，立腹した；怒りっぽい，かんしゃく持ちの，短気な。
haragszik [自] 怒る，憤る；(…に)怨恨をいだく，敵意を持つ。
haragtartó [形] なだめ難い，和解させられない，許さない，恨みっぽい。
haramia (目 haramiát) [名] 盗賊，追いはぎ，ギャング；

山賊；悪党。
háramlik [自] (…に)帰する，与えられる，分配される，所有が帰する。〔még ránk háramlik a gyanú, 我々に対する疑いはまだ消えていない。〕
harang [名] 鐘，大鈴。〔öreg harang, 大きな鐘，大げさに言いふらすこと。majd megfizeti az öreg harang, いずれ大きな鐘がそれに報いる，すなわち，負債を帳消し(棒引き)にする日が来る。〕
haranglàb [名] 鐘架，鐘楼のかご，乗り箱(木組)。
harangozik [自] 鐘が鳴る・響く。〔harangoznak, 鐘を鳴らす(正午・祈禱・葬式などの鐘が鳴る)。〕
harangozó [名] (教会の)鐘つき番，鐘楼守り，鐘つく男。
harangszó [名] 鐘の響き，鐘声，鐘鳴。〔harangszóval, 鐘鳴を以て。〕
harangvirág [名] (植)つりがね草，ふうりんそう(風鈴草)。
haránt [副] 横に，はすかいに，斜めに，筋違い(すじかい)に。
harap [他] かむ，かみくだく，そしゃくする。
harapás [名] かむ・かじること；一かみの食物，一片の食物；少量。
harapdál [他] かじる，かむ。
harapófogó [名] やっとこ，くぎ抜き；ピンセット。
harapós [形] かみつく習性のある；(比)かみつくような，辛らつな，怒りっぽい。
haraszt [名] (灌木の)茂み，草むら，やぶ；(植)しだ(羊歯)；枯れた木の葉。
harc [名] 戦争，戦闘；闘争，競争；格闘；確執，けんか。〔harcba megy, 戦いに行く，出征する。harcra kel, 戦争を始める，開戦する。〕
harcászat [名] (兵)戦術，兵法，用兵術，軍略；(比)策略，駆け引き，打算。
harci [形] 争いの，戦いの，戦争の，戦闘の。〔harci dal, 戦歌，軍歌。harci düh, 戦いの激怒；戦いの激しさ・猛烈さ。harci kedv, 好戦心，戦闘欲；けんか好き。harci ló, 戦馬。harci mén, 軍馬。harci tudósító, 従軍記者。harci zaj, 戦いのどよめき，とっかん，勝ちどきの声。〕
harcias [形] 軍人らしい；勇敢な，好戦的；尚武の。
harcképtelen [形] 戦闘力のない，戦闘能力のない。

harcmező [名] → csatatér.
harcol [自] 戦う，争う；奮闘する，努力する；競争する。
harcos [形] 戦闘的な。[名] 兵士，軍人；勇士。
harctér [名] 前線。
harcsa (目 harcsát) [名] (魚)なまず。
hárem [名] (回教国民の)ハーレム，けい房。
hardver [名] (電算)ハードウエア，ハード。
hárfa (目 hárfát) [名] (音)竪琴(たてごと)，ハープ。
hárfázik [自] 竪琴を弾く。
harisnya (目 harisnyát) [名] くつ下，ストッキング。
hárít [他] (ス)防戦する；(罪・責任などを他人に)押しつける，塗りつける，転嫁する，帰属させる；よせ集める。〔másra hárít, 他人に転嫁する。〕
harkály [名] (鳥)キツツキ(啄木鳥)。〔zöld harkály, あおげら(緑キツツキ)。〕
harmad[1] [数] 三分の一の。〔egy harmada, それの三分の一。〕
harmad[2] [数] 第三番目の。〔harmad magával, 自分たち三人で。〕
harmadév [名] 第三年目の。〔harmadéve járt itt, 二年前はここにいた。〕
harmadik [形] 第三の，第三番目の；三年生の。[名] (学校)三年生。
harmadrendű [形] 第三位(階級)の；第三列次の，第三順位の；(地質)第三紀の；(比)大したことのない。
harmadrész [形] 三分の一。
harmadszor [副] 第三番目に，第三回目に。
hármas [数] 三号の，三番の。[名] 三の数字。
hármasszabály [名] (数)比例法(三つの既知数から第四の未知数を求める法)。
harmat [名] 露(つゆ)。
harmatos [形] 露しげき，露の多い，露にぬれた。
harmatozik [自] 露がおりる，露でぬれている(光っている)。
harminc [数] 三十，30。[名] 30 の数。
harmincad [数] 三十分の一，$\frac{1}{30}$。〔harmincad vám, 1848 年以前の，三十分の一税；$\frac{1}{30}$の税金を徴収する税関。〕
harmincadik [形] 第三十の，第三十番目の。

harmincas [形] 三十番の, 三十号の; 三十年代の(人); (千何百)三十年の。[名] 三十年代の人; 三十の数字。

hamónia [名] 和声, 調和。

három (目 hármat) [数] 三, 3。〔hármával, 三つごとに, 三つずつ, いつも三つ。hármával adom az almát, その値段でリンゴ三つ差し上げます。〕

háromèves [形] 三歳の; 三年(間の)。

háromláb [名] 三脚の器具, 五徳(台所用具), 三脚架(台); (ギリシャ神話)巫女(みこ)の座るいす。

háromnegyed [名] 四分の三, $\frac{3}{4}$〔háromnegyed négy, 3時45分。〕

háromszínű [形] 三色の。

háromszor [副] 三たび, 三回; 三倍に。

háromszori [形] 三回(度)の。

háromszoros [形] 三倍の, 三重の。

háromszög [名] 三角(形)。

hárs [名] (植)菩提樹(ぼだいじゅ)。

harsan [自] 響きわたる, 鳴りわたる; 鳴り響く, 鳴る; とどろく。

harsány [形] (音響の)さえた, 澄んだ, 朗々たる; 鳴り響く, 鋭い; はるか鳴り響く, 反響する。

hársfa [名] (植)菩提樹の木; 菩提樹材。

harsog [自] (ラッパが)ろうろうと鳴りわたる・反響する; (鳥が)ほがらかにさえずる; 鳴り響く, 声で叫ぶ, 歌う。

harsona (目 harsonát) (音)トランペット(ラッパの一種, トロンボーン)(真ちゅう製の吹楽器)。

hártya (目 hártyát) [名] (解)薄皮, 膜, 薄膜; 羊皮紙。〔dobhártya, (音)太鼓の革; (解)(耳の)鼓膜。recés hártya, (眼の)網膜。〕

hártyapapír [名] (模造の)まがい羊皮紙, 硫酸紙。

hárul [自] (…に)帰する; 課される; (…の方に)向かう, 方向転換する。〔rá hárult a gyanú, けん疑は彼に向かった。〕

has [名] (解)腹, はら。

hasáb [名] 木片, 割木, 太いたきぎ, まき; (印)(新聞などの)欄, 段; (幾)角壔, 角柱。

hasad [自] 割れる, 裂ける; 割れ目・裂け目ができる, ひびが入る。

hasadás [名] (木の)裂け目, 割れ目；(氷やガラスの)きれつ, 割れ目；(器物・ビンなどの)割れ目, きれつ；(物)核分裂；(石や木の)霜割れ, 凍裂；(比)バランスを崩すこと。〔hajnal hasadása, あけがた, 夜明け, 暁。〕

hasadék [名] (壁・塀の)破れ目, きれつ；割れ目, 裂け目；(山の)きれつ, 裂け目；(地)断層, 峡谷, 深淵。

hasadozik [自] (たびたび・しばしば・幾度も)割れる, 裂ける；(比)割れ目ができる, ひびが入る, 不和になる。

hasal [自] 腹ばいになっている；(比)(…に)はいつくばう, 平伏する。

hasas [形] 腹の出た, ふくらみある, 腹のふとい, 便々たる腹の；(動物の)妊娠した, はらんだ；(服)ウエストのゆったりした。

hascsikarás, hasrágás [名] (医)はげしい腹痛, せん痛。

hasfájás [名] 腹痛。

hashajtó [名] 下痢, 通じ薬。

hashártyagyulladás [名] (医)腹膜炎。

hasít [他] (木を)割る；(布を)裂く, 切断する；割れ目を入れる, 細長い切り目をつける, きれつを生じさせる；(主語なし)痛みが走る。〔a levegőt hasít, 空気を切って飛ぶ(鳥などが)。〕

hasmenés [名] (医)腹下し, 下痢。

hasogat [他] 割る, 裂く, つんざく, 引き裂く；刺痛を与える。〔lábát, kezét hasogatja, 足・手が痛い。〕

hasonlat [名] 比較, 対照；似ていること, 似通い；類似, 相似；等しいもの, 比すべきもの；写し；比した言葉, 比喩, 寓意(話)。

hasonlít [他] 比べる, 比較する, 対照する；等しくする, 一様にする, 平均する；(印)校合する。[自] 同じようである, 似ている, 等しい。

hasonlíthatatlan [形] 比較のできない, 比較されない；一様にされないほどの, 比類のない, 無比の。

hasonló [形] 似ている, 類似の, 近似の；比較できる；同じような；同型の。〔hozzá hasonló, あのような人・物。csalódásig hasonló, 見まぎれるほどに似ている。〕

hasonlóság [名] 似たこと；近似, 類似；似たところ, 近似点；(数)相似。

hasonmás [名] 似姿, 肖像；そっくりのもの, 生き写し；膳

本；(記録・証書の)模写；(原物そのままの)複写物；非常によく似た人。

használ [他] 用いる, 使用する；使役する；利用する, 適用する, 役に立てる, 応用する；あやつる, 取り扱う。[自] 役に立つ, 用に立つ；有益である, 利益になる；(からだに)かなう, (健康に)かなう, 為になる。

használat [名] 用いること；使用, 利用, 応用；用法；使用権。〔használatban van, 用いられている, 使用されている。〕

használati [形] 使用の。〔használati utasítás, 使用心得書, 使用説明書, 使用法, 用法。〕

használatlan [形] 用いられてない, 未使用の, 新しい。

használatos [形] 在来・伝来の；習慣の；普通の, 通常の；慣用の；通用する。

használhatatlan [形] 役に立たない, 無用の。

használható [形] 用いられる, 役に立つ, 有用の；適当の, 手頃の；利用しうる。

hasznavehetetlen [形] 役に立たない, 無用の, 無益の。

hasznavehető [形] 用いられる, 有用な, 有益な, 有効な, 役に立つ；手頃の, 適当な, 重宝な。

hasznos [形] 有用な, 有利な, 有益な, 役に立つ；好都合の。

hasznosít [他] 役に立てる, 有益にする, 利益にする, 利用する。

hasznosság [名] 有用, 有利, 有益；効用, 功利；利益あること；有利な事物。

haszon (目 hasznot) [名] 用, 益, 利；利益, 利得, 収益, 利潤, もうけ；効用；利点, 好都合。〔ebből senkinek sincs haszna, これから誰も利益を得ない。vkinek hasznára fordít, 誰の役に立たせる。hasznot hajt, 利益を生ずる, もうかる。hasznot húz vmiből, 何を利用する。〕

haszonélvezet [名] (法)用益；使用収益権, 用益権。

haszonélvező [名] (法)用益者；抑圧者。

haszonleső [形] 利己的の, 私欲の深い, どん欲な, 我欲を張る, 自分勝手の。

haszontalan [形] 役に立たない, 無益・無用の；むだな, 徒らな, むなしい；ろくでなしの, 能なしの, やくざの。[名] 役

haszontalankodik [自] 役に立たない・無益なことを追求する；いらないこと・余計なことをする。

haszontalanság [名] 無用・無益・不生産的なこと；むだなこと，役に立たないこと，及びその行為。

hasztalan [形] 無用・無益の；不生産的な，不利益な；損失の；むなしい，むだの，余計な。

hat¹ [自] 作用する，影響を及ぼす，効果を生ずる；活動する，行動する；届く，達する，及ぶ；しみこむ，侵入する，入りこむ，突きすすむ。

hat² [数] 6, 六。[名] 六の数。

hát¹ [名] 背，背中(せなか)，背部；裏部；裏面，背面，背後；(手足の)甲。〔nincs gonoszabb a föld hátán, 地上により邪悪なものはない。vkinek hátat fordít, 誰に背を向ける。háta mögött, 誰の背後で，誰に隠れて。hátba támad, (誰を)背後(うしろ)から襲う，攻撃する。〕

hát² [副] かような次第で，それ故に；それでは，であるから；さて，さあ；それというのは，そのわけは；何しろ…だから。〔menjünk hát, それでは行こう！hát gyere !, さあ来い！〕

hatalmas [形] 巨大な；力ある，力強い，勢力ある，権力ある；著しい，非常な，法外な，驚くべき；(俗)恐ろしい；すてきな；烈しい。〔hatalmasabb vkinél, 誰にまさる，誰を追い越す。〕

hatalmasság [名] 力，支配力，権力，勢力，権勢；強さ，威力，力強いこと，強大さ。

hatalom (目 hatalmat) [名] 力，権力，勢力；権勢，威力；支配権，主権，全権。〔fegyveres hatalom, 兵力，武力；交戦国；軍国。tengeri hatalom, 海軍力；海軍国。hatalmába ejt, 支配下に入れる，意のままにする；占領する；我が物にする，捕える。vkinek hatalmába kerül, 誰の手中に陥る，支配下に陥る。ez nincs hatalmamban, これは私の意のままにはならない(私の支配下にない)。hatalommal, 権力を以て，暴力を以て，無理に。〕

hatály [名] 効果，利き目；活動，作用；(法律の)効力(など)。〔hatályba lép, 作用を始める；効力・効果を生ずる；実施される。hatályon kívül helyez, 無効にする，廃棄する(法・契約などを)。〕

határozott

hatályos [形] 効果のある, 有効な；利き目のある, 作用する, 効験・効能のある。
határ [名] 境界, 国境；限界, 極限, 際限；制限；（市権などの及ぶ）領域, 領土, 地域；管轄区域。〔határt nem ismer, 境界・限界を認めない。határt szab, （…を）制限する。széles határú, 広範な地域の。határt von, （…に）境界をつける, 区切りをする。〕
határállomás [名] 国境駅。
határidő [名] 期限, 期間, 期日。〔határidőre, 期限に, 期間に。három havi határidőre, 三カ月の期限で。〕
határkő [名] 境界石；転換点。
határnap [名] 期日, 期限, 期間。
határol [他] （何に）境界をつける, 境界を定める；（何が）境をなしている, 局限する；（比）限定・制限する。
határos [形] 境に接した, 境界に隣接した。〔szeretete a gyengeséggel határos, 彼の愛は稀薄に近い。〕
határoz [他] 決心する, 決める；決定・確信・規定する；議決する。[自]（自分の立場を）決める, 決心する（…をするよう）。〔mást határoz, 別に（ちがって）決める。〕
határozat [名] 決心, 決意, 決定；決議, 決着, 裁決。〔határozatot hoz, 決定・決議をする。〕
határozathozatal [名] 決定, 決議。
határozati [形] 決定・決議の。〔határozati javaslat, 決定動議, 決議申出。〕
határozatképes [形] （議会の）決議能力ある, 定足数のある。
határozatlan [形] 決定または決議をしない, 未決・未定・不定の；不確かな, はっきりしない；決心のつかない, 不決断の, 優柔不断の；（文）不定の。〔határozatlan névelő, 不定冠詞。〕
határozatlanság [名] 同上のこと；未定, 不確定, 未解決；不決断, 優柔不断；不分明, あいまい。
határozó [形] 決定的, 断定的, 断固たる；決定・規定する。[名]（文）状況語, 状況規定語, 副詞。
határozószó [名] （文）副詞。
határozott [形] 決まった, 決定された；決意した, 断固・決然たる；確かな, 確定的な。〔határozott szavakkal,

明確な言葉を以て，határozott névelő, 定冠詞。〕
határőr ［名］(兵)国境監視兵(監視人)。
határtalan ［形］境(限)界のない；無(制)限の, 測り知れない；莫大な，巨大な；法外な，過度の(要求など)。
határvidék ［名］国境地域，境界地，辺境；国境管区。
határvillongás ［名］国境紛争；境界紛争，境界争い。
határvonal ［名］境界(国境)線。
hatás ［名］影響，効験，効果，効力，利き目；有効，作用；感化力，勢力，権威。〔nagy hatással volt, (…に)大きな影響があった，深い印象を与えた。hatást tesz, 影響を及ぼす，効果あらしめる，作用を与える。〕
hatáskör ［名］活動(作用)範囲；効力範囲；勢力範囲；領域；(法)(司法上の)管轄；権限；(比)専門内, なわ張り内；(兵)有効射程；威力圏，効力界。
hatásos ［形］効果ある，効験ある，効能ある，利き目のある；(比)有効な；有能な。
hatástalan ［形］影響力のない；作用しない；結果を伴わない，不成功の；効力のない，無効の。〔hatástalanná tesz, 麻痺させる。〕
hatékony ［形］有効な，効果ある，利き目ある，結果を生む；(比)感動させる，迫力ある，押し迫る。
hátha ［接］若しも…なら，…としたら(たまたま)。
hathatós ［形］有効な，効果ある，効能ある，利き目のある；印象ぶかい，意味ぶかい；まじめな，きびしい；(文)語勢ある。
hátizsák ［名］(登山用の)背のう，リュックサック。
hátlap ［名］(本などの)裏面，裏側，背面，次のページ。
ható ［形］可能な。〔ható ige, 可能の動詞(=járhat)。〕
hotóanyag ［名］有効成分，添加物。
hatod ［数］六分の一, $\frac{1}{6}$。
hatodik ［形］第六の，第六番目の。
hatol ［自］(…に)押し迫る，押し出る・進む，突き進む；侵入する，押し入る；しみる，しみとおる。〔előre hatol, (前へ)押し進む，突き進む，押し寄せる，前進する。〕
hatos ［形］六番の，六号の。［名］六の数字；(歴)六ペンスの銅貨；第六連隊の兵。
hatóság ［名］官庁，役所；当局。
hatósági ［形］当局の，官庁の。
hátra ［副］後ろへ, 後方へ，背後へ；遡って。〔hátra van,

残っている，余っている，留まる。hátrább, より後ろへ，さらに背後へ。hátra arc!, 回れ右！〕
hátrafelé [副] 後ろへ，後方へ，背後へ；遡って。
hátrahagy [他]（…を後に，死後に）残す，あとに遺す，(遺言して)残す；(…を)置き忘れる，遺棄する。
hátrál [自] ひく，引退する，引っ込む；(兵)退却する，退避する。
hátralék [名] 残り，残余，剰余；滞納金，延滞金，未払残金。
hátralékos [形] 遅れた，遅滞した；未払いの(金)。
hátralevő [形] 後に残った，残りの，残余の。〔életének hátralevő része, 彼の生命の残りの部分，余生。〕
hátráltat [他] 後退させる，止めておく(進出を)；阻止・抑止・邪魔する。
hátramegy [自] 後ろへ行く，後退する，退く。
hátranéz [自] 後ろを見る，ふり返り見る，回顧する，見返す，見まわす。
hátrány [名] 損害，損失；不都合，不利，不便；短所，欠点。
hátrányos [形] 不利な，損になる，害になる，不都合の。
hátsó [形] 後の，後方の，背後の；後部の；後日の。[名] 尻(しり)。
hatszoros [形] 六重の，六倍の。
hatszög [名] (幾)六角形。
háttér [名] (劇)後景，背景，遠景，バック；奥，後背地。〔háttérbe szorít, 押し戻す，押し返す；(敵を)撃退する；(比)押える，抑制・抑止する。〕
hátul [副] 後ろに，後方に，背後に，奥に。
hátulja [名] 後部，背後；(馬などの)後半部；(海)船尾，艦尾；(比)後方。
hátulsó [形] 後ろの，背後の；後日の；後部の。
hátúszás [名] 背泳。
hatvan [数] 六十，60。
hatvány [名] (数)べき，累乗，乗べき。〔hatványra emel, → hatványoz.〕
hatványoz [他] (数)(ある数を)自乗する；(比)強める，力づける，増す。
hátvéd [名] (兵)後衛，殿軍。

hattyú [名] (鳥)白鳥(はくちょう)，スワン。
hattyúdal [名] (伝説)死にひんした白鳥の歌；(比)(詩人の)辞世の詩歌，最後の作，絶筆。
havas [形] 雪のような；雪のつもった，雪におおわれた，白がいがいの。[名] 雪でおおわれた連山。
havasi [形] 雪山の。〔havasi kürt, 山の牧人の牛角ラッパ(じょうご状木管楽器)。havasi lakos, 山の住民。havasi pásztor, 山地の牧牛者(夏季，山上でチーズを作る)。havasi rózsa, (植)しゃくなげ属(石楠)。havasi gyopár, (植)みやままつゆきそう(姫薄雪草)。
havazás [名] 降雪，雪降り。
havazik [自] 雪が降る。
havi [形] 月々の，毎月の；月の。〔havi jelentés, 月報。havi kimutatás, 月々の報告，月報(銀行などの)。havi részlet, 月払い，月割，月賦金。〕
ház (目 házat) [名] 家，住まい，家屋，住宅，宅，邸宅；集合住宅。〔a ház egészen megtelt, 家はいっぱいだ。házat tart (visz), 一家をかまえる,世帯を持つ。ahány ház, annyi szokás, 所変われば品変わる。ház mellett, 家の近くに，家に接して。házról házra, 家毎に，戸毎に。házhoz szállítva, 家まで運んで，家まで配達して。〕
haza[1] (目 hazát) [名] 祖国，故国；故郷，郷里，生地；(動・植)原産地。
haza[2] [副] 家へ，わが家へ；郷里へ，本国へ。
hazaárulás [名] 祖国を裏切ること；国家反逆(罪)。
hazaáruló [形] 国家反逆の，国家反逆罪の。[名] 国家反逆者。
házadó [名] 家屋税。
hazafelé [副] 家の方へ，家路へ；我家へ，郷里へ；本国へ。
hazafi [名] 愛国者，国士。
hazafias [形] 愛国の，義烈の，愛国心ある；国粋主義的の。
hazafiság [名] 愛国心，義烈の志，憂国の情。
hazai [形] 祖国の，故国の，本国の；故郷の，郷里の，故郷をしのばせる，郷里のような；(商)その地方特有の，本国産の；その土地生まれの，土着の；自国の，内地の。

hazajön [自] 帰宅する，帰郷する；帰国する。
hazajövet [副] 帰路に，帰宅の途中に。
hazaküld [他] 家(故郷)に送る；(比)(学校から)追いかえす，突っぱねる。
házaló [名] 行商人。〔házaló kereskedés, 行商。〕
hazamegy [自] 帰郷する，帰宅する；帰国する。
hazamenet [副] 帰途に，帰り途に。
házas [形] 結婚した，既婚の。
házasélet [名] 夫婦生活，結婚生活。
házasfél [名] 配偶者(夫, 良人；妻, 夫人)。
házaspár [名] 夫婦，夫妻。
házasság [名] 婚姻，結婚；夫婦関係，結婚生活。〔házasságra lép, (…と)婚姻を結ぶ(約束する)，結婚する，結婚生活に入る。〕
házasságkötés [名] 結婚，婚姻を結ぶこと。
házasságtörés [名] 姦通(かんつう)，密通；不倫，不貞。
házastárs [名] 配偶者；(俗)連れそう相手(夫, とくに妻)。
hazaszeretet [名] 祖国愛，愛国心。
hazatalál [自] 家への道を見出す。
hazatér [自] 帰郷・帰宅する；帰国する。
hazátlan [形] 故郷のない，本国のない；故国のない；国籍のない，無国籍の；浮浪の；亡命の。
hazautazik [自] 帰国・帰郷する，帰国する。
házbeli [形] 家に属する。[名] 家の人。〔házbeliek, 家の人，同居人；同じ家・集合住宅に住む人々。〕
házbér [名] 借家料，家賃。〔házbérben lakik, 借家または借間している(家賃を払って住む)。〕
házfelügyelő [名] (集合住宅の)管理人。
házhely [名] 建築用地，建築敷地。
házi [形] 家の，家庭・家事の；家に属する・関する；家内での，家庭での；家政上の。
háziállat [名] 家畜。
házias [形] 家庭的の，家のために図る，家政上手の，世帯持ちのよい。
háziasszony [名] 主婦；世帯持ちのよい主婦；家政婦長，女中頭，お手伝い頭；女戸主；家主の妻。

házigazda [名] 一家の主人，家主，戸主，主人，家長。
házikenyér [名] 手製のパン，家庭で作ったパン。
házinyúl [名] (動) 飼いウサギ，家ウサギ。
háziorvos [名] 家族のかかりつけの医者，家庭医。
háziúr [名] 家の主人，家長，家主。
házkutatás [名] 家宅捜索。
házmester [名] (集合住宅の)管理人。
házsor [名] 家のならび，家並み。
háztartás [名] 所帯を持つこと，暮らし；家政を司ること，家計，世帯。
háztető [名] (家の)屋根。
hazudik [自] うそをつく，虚言する，偽りを言う。
hazudozik [自] (しばしば)うそをつく。
hazug [形] うその，偽りの，不実の；うそつきの，虚言を好む。
hazugság [名] うそ，虚言，虚偽，偽り；作りごと，虚構，ねつ造。
hazulról [副] 家から，わが家から；郷里から，故国から。
házsártos [形] 口げんか好きの，議論好きの。
hé! [間] おい，おーい，ねえ(歓喜・鼓舞・怪が・けげんを表わす叫び)。
hebeg [自] どもる，口ごもる；片言を言う。
hébe-hóba [副] 時たま，時折。
héber [形] ヘブライの。[名] ヘブライ語。
hederít (vkire, vmire) [自] (…のことを)気にする，心配する，顧慮する。〔nem hederít a szóra, 彼は言葉に気を留めない・留意しない。〕
heg [名] (医)傷あと，かさぶた，瘢痕(はんこん)。
heged [自] (傷が)治る，癒着する。
hegedű [名] (音)バイオリン，提琴。
hegedűs [名] バイオリニスト，提琴家。
hegedűvonó [名] バイオリンの弓。
hegeszt [他] 溶接する；(医)癒合(ゆごう)・癒着させる，傷をふさがらせる。
hegy [名] 山，山岳；頂，山頂；尖り，尖端，尖頂，絶頂；末端。〔kés hegye, 小刀の尖端，ナイフの切り先。hegyen-völgyön át, 山や谷を越えて，まっしぐらに。hegyen-völgyön túl, 山や谷の向こう側に。hegynek, hegyre fel, 山上へ，上方へ。〕

hegycsúcs [名] 山の頂，頂点，山頂，山のせん端(てっぺん)。

hegyes [形] 山の多い，山岳重畳の，山地の；とがった，鋭い，先鋭の；(比)皮肉の，あてこすりの，刺すような。〔hegyes-orrú, とがり鼻の。〕

hegyesszög [名] (数)鋭角，鋭い角度。

hegyez [他] とがらす，先をつける，鋭くする。

hegyfok [名] みさき(岬)，海角。

hegygerinc [名] 山の背，尾根。

hegyhát [名] 丘の尾根。

hegyi [形] 山の；山に関する(属する)；山にある，山に住んでいる。〔hegyi bor, 山地産のぶどう酒。hegyi forrás, 山の泉(わき泉)。hegyi kristály, (鉱)岩の結晶，水晶。hegyi lakó, 山地の住民，山人(やまびと)；山に住む人。hegyi legelő, 高山の牧場；高山の放牧。hegyi patak, 山の小川，山地の細流。hegyi tó, 山間の湖水，山の目。hegyi út, 山路，山道。〕

hegylánc [名] 山脈。

hegymászás [名] 山登りすること，登山。

hegymászó [名] 登山者(家)。

hegyoldal [名] 山の斜面(側面)，山腹。

hegyomlás [名] 山の地すべり，山くずれ，山津波。

hegység [名] 連山，山脈；山岳(地域)，高地，山地，山国。

hegyszoros [名] 山峡のあい路，山峡；とうげ(峠)。

hegytető [名] 山のいただき(頂点)，山頂。

hegyvidék [名] 山岳地域，山国。

hej! [間] おやおや，ああ，あらまあ，ああ，おお(歓喜・鼓舞・怪しみをあらわす叫び)。

héj [名] 樹皮；(メロン，ミカンなどの)皮；貝殻；(果実・卵・カキなどの)外皮；(豆の)さや(莢)；(パン)皮殻。

héja (目 héját) [名] (鳥)とび，おおたか，ちゅうひ。

héjas [形] 殻ある，さや(莢)のある，外皮のある；さやのような，さや状の。

hektár [名] 百アール(面積の名)(およそ1町25歩に当たる)。

hely [名] 所，場所，位置；空席，余地，ゆとり；所在地，ありか；住所。〔helyemben, 私の境遇・地位・立場にお

helybeli

いて。helyén van a szíve, 彼は立派な感情・理性を持つ；大胆である。nincs helyén az esze. 彼は気が狂っている。helyéből ki nem mozdul, 彼はその位置・立場から動かない。helyet foglal, 着席する。megállja a helyét, 立場を守る，地位を固守する，持ちこたえる，職責を尽くす。csak hűlt helyét találtuk, もはや彼の足跡を見出すことは出来なかった。helyhez köt, 固定の場所に配置する。

helybeli [形] ここの，当地の；当地産の。[名] 当地の人。

helybenhagy [他] 是なり(至当なり)とする，同意する，承諾する；許可する，認可する。

helyenként [副] 所々に，所によっては。

helyénvaló [形] 正しい；つり合いのとれた，調和した，ふさわしい，好都合の。

helyes [形] 正しい，正当な；望ましい，適当な，ふさわしい；礼儀正しい，行儀のよい；愛きょうある，可愛らしい，おとなしい，やさしい，親切な。〔helyes !，うまい !，でかした !，よろしい !〕

helyesbít [他] 直す，正す；訂正する，校正する；整とんする；きょう正する，修正する。

helyesel [他] (提案に)同意・賛成・承諾する；是認・認可する。

helyesírás [名] 正(綴)字法，正書法(文字の正確なつづり方)。

helyesírási [形] 正書法上の，つづり字法の，正しく書いた。

helyeslő [形] 賛成の，賛同の，同意の，承諾の。

helyett [後] …の代わりに，…の代理として，…の為に。〔helyettem, 私の代わりに。〕

helyettes [形] 補助の，代理の。[名] 代人，代理人，代任者；名代；補充(助)者。

helyettesít [他] (…の)代理をする；(…の職務を)代行する；(…を)代用する，補充する。

helyez [他] 置く，横たえる，立てる，据える，配置する；席につかせる，すわらせる；(…の職に)就かせる；(法)放免する。〔nagy súlyt helyez vmire, …を重視する。〕

helyezés [名] (…に)立てる(置く・据える)こと；配置・設置すること；就職させる(任に就かせる)こと。

helyezkedik [自] (…に)身をおく，位置する，座を占める，

着席する，居を占める；列に加わる，整列する，並ぶ；(スポーツ)それぞれ部署を定める。

helyhatóság [名] 地方庁，自治都市，町村役場。

helyi [形] 場所の，土地の，一地方の，地方的；場所に関しての；局部の。

helyiérdekű [形] 地域のための。〔HÉV=helyiérdekű vasút, 郊外電車。〕

helyiség [名] (建物内の)空間・場所；敷地，会場；母屋(おもや)，…所(クラブなどの)，部屋。

helyismeret [名] (ある)土地に関する知識，(ある)土地の事情に通じていること。

helyőrség [名] (兵)守備兵，守備隊，衛戍(屯営)部隊。

helyreáll [自] 立ち直る，回復・復旧する；修繕される。

helyreállít [他] 立て直す，再建する，補修・修繕・修理・手入れする；復旧させる，改新する。

helyreállítás [名] 同上のこと；修繕，復旧(興)，再建，改造。

helyrehoz [他] (過誤を)改善する；(損失を)取りかえす，償う，補充する；(破損を)修繕する；(化粧を)工合いよくする，手入れする；(非行を)きょう正する，まっすぐに正しくする；(疲労を)取り返す，回復する，平癒(ゆ)させる。

helyrehozhatatlan [形] 取り返しがたい，回復・修理しがたい；補充しがたい，償いがたい(損失など)。

helyreigazít [他] (間違いを)正す，訂正・修正する；(事務などを)整理する，かたづける；(印)校正する。

helyreigazítás [名] 同上のこと；訂正，修正(新聞の訂正広告などの)；きょう正，改め直すこと，ため直すこと。

helység [名] 市町村，行政区画；(建物内の)場所・空間。

helyszín [名] (事件の)現場。〔helyszínen, 現場で，その場所で，問題の場所で。〕

helyszíni [形] 現場の，現場に関しての；土地の，地方の，局所の。〔helyszíni szemle, helyszíni vizsgálat, 現場調査。〕

helytáll (vmiért) [自] (…に対し)立場を守る，地歩を固守する，退かない，耐える，よく抵抗する；(…の)代人となる；(…を)保証する，(…の身を)引き受ける；(…に対して…を)保証する，(…の)保証に立つ。

helytartó [名] (歴)太守，代官；総督。

helytelen [形] 正しくない，間違いの；不正確な，不当な，適当でない；似合いの，ふさわしくない。

helytelenít [他] 是認・賛成しない；非とする，非難・否認する。

helyzet [名] 位置，地位，境遇；形勢，場所柄，状況，時局，事情；(比)(小説または劇中の人物の)立場，場面。

hempereg [自] 転がる，転げ回る，回転する，ころころ転がる(寝床などで)；(比)ごろごろする。

hemzseg [自] うようよする，うごめく；群がる，おびただしくいる(ある)；(樹木などが)群生する。

henceg [自] 自慢する，えらそうにする，大げさに自慢する，威張る。

henger [名] 円筒，円柱；(工)圧延機，回転ローラー；地ならし機，コロ，ロール(道路工事用の)；(エンジンの)シリンダー，気筒。

hengerel [他] 地ならし機で(土地を)ならす；圧延機で平らにする。

hentereg [自] (地上に)ころがる；(泥の中に)まみれる，はう，はらばう。

hentes [名] 肉屋；ソーセージ商，くんせい肉商；(比)やぶの外科医。

hentesáru [名] 食用肉品類；くんせい肉類。

henyél [自] 怠惰にすごす，のらくら暮らす，なまける。

hepehupás [形] 平坦でない，でこぼこのある，がたがたの。

herceg [名] 公爵，侯爵；王子，皇子，親王，皇族。

hercegnő [名] 公爵令嬢，公女；王女，内親王。

hercehurca (目 hercehurcát) [名] 面倒な後始末；骨折り，心配，苦労。

here[1] (目 herét) [名] (虫)雄ばち；(比)怠け者，のらくら者，不精者。

here[2] (目 herét) [名] (解)睾丸(こうがん)。

herél [他] 去勢する，睾丸(こうがん)を摘出する；(宗)割礼を施す。

hering [名] (魚)にしん(鯡)。

hernyó [名] 昆虫(こんちゅう)の幼虫，毛虫，青虫。

hervad [自] しおれる，しぼむ，枯れる；衰える。

hervadt [形] しおれた，枯れた，ちょう落した；衰弱した，やつれた。

hervatag [形] じきに萎れる, たやすくちょう落する；(比)すぎ去り易い, はかない, 束の間の, 無常の, しばしの。

hét¹ (目 hetet) [数] 七, 7。

hét² [名] 週, 一週間。〔a nagy hét, (宗)復活祭の前週, 聖週間。〕

heted [数] 七分の一, $\frac{1}{7}$。[形] 七分の一の。

hetedhét [形] とても遠い(特に民話で)。〔hetedhét országban, はるかかなたの国で。〕

hetedik [形] 第七の, 第七番目の。

hetenként [副] 毎週, 一週間ごとに。

hetes¹ [形] 7番の, 7号の。[名] (数字の)七；七箇(人)組みのもの；七連隊の兵士。

hetes² [形] 生まれて一週間の, 一週間の。[名] 週当番, 週番人。〔e héten én vagyok hetes, 今週は私が週当番だ。〕

hétéves [形] 七年の, 七歳の。

hétfő [名] 月曜日。〔hétfőn, 月曜日に。〕

heti [形] 週の；一週間ごとの, 毎週の。

hetilap [名] 週報, 週刊誌。

hétköznap [名] 仕事日, 平日, 通常日, 週日(土・日曜以外)。

hétköznapi [形] 平日の, 通常日の, 仕事日の。〔hétköznapi ruha, 通常服, 普段着。〕

hétszeres [形] 七倍の, 七重の。

hetven [数] 七十, 70。

hetvenedik [形] 第七十番目の。

hetvenes [形] 七十番・号の；(千八百)七十年代の(ぶどう酒など)。[名] 七十歳台の人。

hetvenkedik [自] 自慢する, えらそうにする, 大げさに自慢する, えらぶる；七十歳台に入る。

hetyke [形] つらの皮のあつい, あつかましい, 図々しい；かっこいい。

hév (目 hevet) [名] 温かさ, 熱, 暑熱；炎熱, しゃく熱；(比)熱情, 激情。[形] 熱(暑)い；炎熱の, 烈火の；(比)熱烈な, 熱心な。〔hévvel, しゃく熱的；情熱あふれて, 激情的に。〕

HÉV [名] (=helyiérdekű vasút)郊外電車。

heveder [名] 麻糸で織ったひも；(幅広の)皮帯；(馬の)

腹帯；(ハンモックの)つりひも；(工)軌道をつなぐ鉄製挟接鈑；(建)挟撃材(はさみつなぎ)。

heveny [形] (医)急性の；激しい, きびしい。

hever [自] 横たわっている；(比)なまけて時を過ごす, のらくら暮らす。

heverészik [自] (気持ちよく)横たわっている, 横にねている。

heverő [形] 横たわっている, ねころんでいる；置いてある；(比)不精して(のらくら・なまけて)いる；(農)すきくわを入れない, 休作地の；(物・金が)利用されないでおいてある。〔heverő pénz, 利用されない金, 無利息の金, 死金, 遊金。〕 [名] ベッド, カウチ。

heves [形] 暑(熱)い；(比)熱烈な, 激しやすい, 激情的な, 熱血の；熱心な, 熱中した；短気な, 性急な, かんしゃく持ちの。

heveskedik [自] 性急である, 短気である；激こうする, 頭に湯気を立てて怒る。

hevesség [名] 気性の烈しいこと；性急, 短気；激烈, 激越, 狂暴。

hevít [他] あつくする, 熱する；(比)熱中させる, 鼓舞する。

hévíz [名] 温泉。

hevül [自] あつくなる, 熱する；(比)憧れる, 熱中する。

hevület [名] 熱心, 熱中, 精を出すこと；熱意, 熱情。

hézag [名] すきま, 切れ目, きれつ, 割れ目；(比)不備, 中断。

hézagos [形] すきまのある；穴の空いた；不備な, 不完全な；脱漏ある, もれ・おちのある。

hézagpótló [形] 専門知識を補う。

hiába [副] むだに, かいなく, ききめなく, 徒らに；無益・無用に, 空しく。

hiábavaló [形] 効果のない, むだな, 無益な, 無用な, 余計な；空しい, 空虚な, 実のない。

hiány [名] 欠乏, 不足, 不十分；欠陥, 短所；(商)損失, 欠損, 不足額。〔hiányát érzi vminek, …を持たない, …にこと欠く, …に不自由する；…の無いのをなげく, …の無いのを物足らなく感じる。hiányában, (…を)欠くために, (…が)無いので, 欠乏して。hiányt szenved, (…が)無いので苦しむ, (…の)欠乏に悩む。〕

hiányol [他] あら探しをする，とがめ立てをする，非を打つ，けちをつける；(比)いなくて残念。

hiányos [形] 欠けた，不十分な，不完全な。

hiányosság [名] 欠けたこと，不足，不完全，欠陥；(商品の)きず，不備；欠点，短所。

hiánytalan [形] 数に不足ない，全部そろった，欠員のない，全員の。

hiányzás [名] 不足・欠乏すること；(学校)欠席。

hiányzik [自] 足りない，不足する，欠けている，欠乏・不足している；欠席する；いなくて淋しい。

hiányzó [形] 欠けている；欠席している。[名] 欠員，欠席。

hiba (目 hibát) [名] 手落ち，おちど，間違い；見落とし，看過；失錯，欠点(陥)，不備の点，きず(商品などの)；肉体的欠陥(不具，虚弱など)。

hibás [形] 同上の；きずのある，いたんだ，損じた，悪くなった；罪のある，有罪の；誤った，間違った。

hibátlan [形] 誤りのない，きずのない，無過失の；正確な，申し分のない，完璧な，健全な。

hibázik [自] 誤る，間違える，思いちがいをする；過失を犯す；失敗する，やりそこなう；不足する，欠けている(存すべきもの，または，望ましいものが)。

híd (目 hidat) [名] 橋，橋りょう；(比)橋渡し，連絡；(医)(義歯の)ブリッジ。〔hidat ver, 橋を架ける。hidat lebont, 橋を取り払う(撤去する)，背水の陣を布く。〕

hideg [形] 寒い，冷たい，寒冷の；(比)冷静な，沈着な；冷酷な，無情な；冷淡な，不熱心な；ぞっとする；打ち解けない。[名] 寒さ，寒冷；冷たい料理；(比)悪寒，さむけ。〔kilelte a hideg, 彼は熱が出た(悪寒がする)。majd megvett az Isten hidege, 私はほとんど凍死した。〕

hidegrázás [名] 高熱のおののき，悪寒，おこり症，おこりの発作。

hidegvér [名] 冷血；(比)冷淡，冷酷，無情，愛情のないこと；落ち着いたこと，平静；無関心なこと。〔hidegvérrel, 冷血で；(比)無情で，冷淡で。〕

hidegvérű [形] 冷血の；無情の，冷淡の；無関心の。

hídfő [名] 橋頭；(兵)橋頭堡，橋頭陣地。

hiéna (目 hiénát) [名] (動)縞(しま)ハイエナ，ハイエナ；

(比)残忍な人。
hifi-torony [名] オーディオ・コンポ，ステレオ。
híg [形] 液状の；薄い，稀薄な；表面的な。
higany [名] (鉱・化)水銀。〔olyan, mint a higany, 絶えず動くもの；いらいらして落ち着きのない人。〕
higgad [自] 清くなる，透明になる，澄む(液体などが)；(比)冷静・沈着になる。
higiénia [名] 衛生；衛生学。
hígít [他] (液体を)薄める，淡くする；液化させる。
hihetetlen [形] 信じられない，本当らしくない，ありそうもない，非凡な。
hihető [形] 信じうる，信用しうる；いかにもありそうな，本当らしい。
híja [名] (3人称単数の所有者表示の付いた形)それが欠けている，欠乏している，不足する。〔híján van vminek, …が欠けている。〕
hím [名] 男；雄(牡)(動物の)。
himbál [他] 振る，揺する，揺さぶる，揺るがす，揺り動かす。
himbálódzik [自] 揺れる，動揺する；体を前後に動かす，揺する。
hímes [形] 刺しゅうのある；模様入りの；色とりどりの，多彩な，目もあやな。
hímez [他] 刺しゅうする，模様を描く；美しくする，装飾する。
hímez-hámoz [自] 当たりさわりのないことを言う；(美辞麗句を述べて)逃げる，言い逃れする。
himlő [名] (医)天然痘，とうそう(痘瘡)，皮疹，ほうそう。
himlőoltás [名] 種痘，ワクチン注射，予防接種。
hímnem [名] 男性；雄(牡)。
hímnemű [形] 男の，男性の，雄(牡)の；(文)男性の。
himnusz [名] 国歌。
hímpor [名] (植)花粉。
hímzés [名] 刺しゅうすること；刺しゅう品。
hínár [名] (植)水藻(も)，水草；(比)困難な状況。〔tengeri hínár, (植)海藻，海草。vkit kihúz, kiszabadít a hínárból, …を困窮(苦境・窮地)から救い出す。〕
hint [他] 振りかける，ばらまく，散布する；(比)まき散らす。

hinta (目 hintát) [名] ぶらんこ, 揺り板, シーソー板。
hintaló [名] 揺り木馬(おもちゃ)。
hintaszék [名] 揺りいす(椅子)。
hintőpor [名] パウダー, ベビー・パウダー。
hír [名] ニュース, 報道, 通報；音信, 便り, 消息；評判, 名声；うわさ(噂), 風評。〔se híre, se hamva nincs, 彼の足跡は(どこ)にもない, 彼は消えた。ez hírem nélkül történt, それは私の知らないうちに起こった, それについて私は何も知らない。hírül hoz, 通知が来る, 知らせる。híréből ismer, 彼の報道から知る。hírbe hoz, 評判にする, 悪評を立てる。fösvénység hírében áll, どん欲で評判になる, けちんぼうで評判だ。hírré szert tesz, 評判にする, 有名になる。hírt szerez, 有名になる。〕
híradás [名] 知らせること；知らせ, 報告, 通告；報道。
híradó [名] ニュース映画；ニュース番組；報告者, 報道者；広告する人(新聞などで)；使い, 飛脚, 先ぶれの使；(比)前兆。
hirdet [他] 通知する, 知らせる, 告げる；告知(示)する, 発表する；広告する；(何に賞を)懸ける。
hirdetés [名] 告知, 報告(知), 案内；公告, 告示, 提示；広告；声明, 発表, 宣言。
hirdetmény [名] 告知(示), 発表, 宣言；(新聞などの)広告。
hirdető [形] 知らせる・告げる・公布する(ところの)。[名] 告示者, 通知者；届出人, 申告者；広告事務所。
híres [形] 知られた；知名の, 有名な, 名ある, 著名な。
híresség [名] 有名, 著名, 名声, 評判；名士, 名家。
híresztel [他] → elhíresztel. 言いふらす, 流布する。
híresztelés [名] (うわさなどを)伝え・流布すること；評判, 流言, 噂。
hírhedt [形] 悪評ある, 悪評高い, 評判の悪い, 評判の芳しくない。
hírlap [名] 新聞, 日刊紙。
hírlapíró [名] 新聞記者。
hírlik [自] (…の)噂である, 噂をする。
hírnév [名] 評判；名声, 高名；好評, 盛名。
hírneves [形] 評判の, 有名な, 盛名の。
hírnök [名] 伝令者(使), クーリエール；先ぶれ, 触れ役。

hirtelen [形] にわかの,突然の,不意の,急の,即時の；思いがけない,予知しない；素早い,迅速な。[副] 突然,不意に,にわかに,だしぬけに；思わず,図らずも。〔hirtelenében, 大急ぎで,あわてて；直ちに,すぐ,たちまち。〕

hírvivő [名] 伝令者,触れ役；走り使い。

história (目 históriát) [名] 事の次第；歴史；説話,物語,話；よくない出来事。

hisz¹ [他][自] 信ずる,確信する；信用・信頼する；考える,思う。〔vmit hisz, …を信ずる,信用する；思う。vkiben (vmiben) hisz, …を信ずる。ne higgy neki!, 彼を信用するな！〕

hisz², **hiszen** [接] というのも,だって。[副]（肯定的間投詞）ああ,そうだ,実に；それどころか,いや；そうそう,ねえ。〔hisz ez ő, そう,それは彼だ。hisz itt van, いや,彼はここにいる。hisz tudja, そう,あなたも御承知の通り！〕

hiszékeny [形] 信じ易い,だまされ易い。

hiszem [名] 信じること,信じこむこと。〔jó hiszemben, 信念；信を置いて,誠心誠意で,堅く信じて。〕

hit [名] 神を信ずること,信仰,信心；宗教；誓,誓言,宣誓。〔hitet vall,（教えを）信奉することを公言する,告白する,信仰に身を捧げる（誓約する）。hitet tesz vmire, …を誓う,誓約・宣誓する。hitemre!, 誓って,確かに,真実！〕

hiteget [他] 希望をつながせる,（甘言で人を）つっておく,待たせておく,さもありそうに見せかける。

hitel [名] 信ずべきこと,信頼；信用；信用貸し,掛け,クレジット。〔minek hiteléül, 何の保証として。nyílt hitel, 無担保融資。határtalan hitel, 無制限融資,無限信用。hitelbe, 信用貸しの,信用で売る,信用取引する,掛けで売る。hitelbe vesz (vásárol), クレジット・掛けで買う。hitelre talál, 信ぜられる,信用される。hitelt megnyit, 信用取引を開始する。hitelt érdemlő, 信ずべき,信用せられる,確かな,確実な。hitelt felmond, 信用取引の解約を通告する。〕

hitelbank [名] 信用銀行。

hiteles [形] 信ずべき,信じてよりどころのある,典拠のある,確認された,確実な,信用すべき；保証つきの,請け合いの。〔nem hiteles, 保証されない,信じがたい,不確かな。〕

hitelesít [他]（公文書をもって）証明する，確認する，公正証書をつくる；署名・捺印して保証する。
hitelez [他] 信用貸しをする，融資する，掛けで売る；賃貸しをする；貸方に記入する。
kitelkártya [名] クレジットカード。
hitelképes [形] 信用能力のある。
hitellevél [名] 信用・信任状。
hitelszövetkezet [名]（商）信用組合（銀行），金融機関。
hites [形] 宣誓をした，誓約した，誓われた。〔hites feleség, 法的に結婚した妻。〕
hitetlen [形] 信じていない，疑っている；（宗）不信心の，信仰しない，無信仰の；信用のおけない，当てにならない。
hitetlenkedik [自] 信用しない，疑っている；（宗）信仰しない，無信心である；信用のおけない振る舞いをする。
hitközség [名]（宗）（ユダヤ教やバプティスト派の）教会区；教徒組合，講中，宗教会；教会区民。
hitoktató [名]（宗）宗教の先生；（カトリックの）教理教師，問答示教者。
hitszegő [形] 宣誓違反の，偽誓の，破誓の；違約の，不信の，不貞の。
hittan [名] 宗教学；神学；教義学，教義論。
hittérítő [名] 伝道者，宣教師，布教師。
hittudomány [名] 神学。
hitvallás [名]（宗）信仰告白；信条，教義；宗派，宗旨。
hitvány [形] 値打ちのない，つまらない；貧弱な；役に立たない，ろくでなしの，無用の，くだらない；卑しむべき，けちな。
hitványság [名] さ細なこと，くだらないこと，さ事；低劣なこと，下品，卑劣；俗悪；同上の言行。
hitves [名] 妻，夫人。
hiú [形] うぬぼれの，虚栄の；体裁屋の；むなしい，いたずらの，かいなき；空の，空虚の，実質のない。
hiúság [名] 同上のこと；虚栄（心）；うぬぼれ；つまらないこと；空虚なこと。
hív [他] 呼ぶ，呼び集める；呼びかける；電話をかける；（…と）いう，称する；（…に決闘を）いどむ（挑む）；現像する。〔Péternek hívják, 彼をペーテルと呼ぶ。〕
hivalkodás [名] 威張る（思い上がった）こと；うぬぼれ，自

慢，ごう慢。
hivalkodik [自] 虚栄をはる，誇示する，自負する，うぬぼれた振る舞いをする；威張る，得意がる，自慢する；成金根性を出す。
hívás [名] 呼ぶこと，呼び声；電話；挑戦；現像。
hívat [他] 呼び寄せる，呼びにやる，(医者を)呼びにやる。〔hívatva van, (…に召された)天分がある, (…に)適任である。〕
hivatal [名] 役所，官庁；職業，役目；官公職，公務；(比)本務，使命。〔hivatalból, 官の(公の)職務上。hivatalt visel, 官職をつかさどる；占める，奉職する，官につく。hivatalbalépés, 就任(職)。〕
hivatali [形] 役所の。〔hivatali titok, 職務上の機密。〕
hivatalnok [名] 公務員，官吏，公吏，役人；吏員。
hivatalos [形] 官の，公の，職務上の；公式・公定・公認の，儀式上の；招待された。〔hivatalos lap, 官報。hivatalos óra, 執務時間。hivatalos vendég, 公の招待客。〕
hivatás [名] 使命，天職；職業，仕事，職務(分)，職掌；人生の目的。
hivatásos [形] 職業上の，職業の，職業的。
hivatásszerű [形] 同上。
hivatkozás [名] 証拠・証人として引き合いに出すこと，引用，参照，援用。
hivatkozik [自] (…を)引き合いに出す，盾(たて)にする。
hívatlan [形] 召されない，呼ばれない，招かれない，招待を受けない；差し出がましい。
hivatott [形] (…を)天職・使命とする，(…の)天分ある，(…に)適任の。
híve(複 hívei) [名] 忠実な人，…について肯定的に考える人。
hívó [形] 呼ぶ，招く(ところの)。[名] 呼ぶ人，呼び出し人；呼び出し人(電話などの)；現像液。
hivogat [他] (たびたび)呼ぶ；招く，招待する。
hívő [形] 信仰する，信心ぶかい，敬けんな。[名] 信者，信徒。
hízás [名] 肥える・太ること，肥満すること。

hízeleg [自] おもねる, へつらう, 媚(こ)びる, 追随する; (誰に)お世辞をいう。

hízelgés [名] 同上のこと; 阿ゆ, 追随, お世辞, うれしがらせ, おべっか。

hízelgő [形] お世辞のよい, おべっかの, 追随の, ちやほやする, おもねる。[名] 阿ゆ者, 追随者, お世辞や, おべっか使い。〔hízelgő beszéd, きげんとりの演説; お世辞, おべっか, 口車, 甘言。〕

hizlal [他] (家畜を)肥やす, 肥やし飼いする。

hizlaló, hizlalda [形] 太らせる(ところの)。[名] 肥やし飼いする家畜小舎。

hízó [形] 肥やし飼い中の, 肥やしつつある。[名] (農)肥やし飼いの豚(家畜)。

hízott [形] 肥えた; 肥やした(家畜); (俗)肥大した・太った(人)。

hó[1] (目 havat) [名] 雪; 雪のかたまり, 雪塊; (比)雪白, 純白。〔hóban jár, 雪中行軍をする。havat hány, 雪をシャベルですくう。hóval borít, 雪でおおう。esik a hó, 雪が降る。〕

hó[2] (目 havat) [名] → hónap. (暦の)月。〔április havában, 四月に。〕

hóbort [名] 気まぐれ, でき心, 移り気; 奇行, 突飛な行い, 酔狂。

hóbortos [形] 気まぐれの, 酔狂な, 気ちがいじみた; 薄ばかの, ばかげた; 夢中になった, 熱中した; 奇妙な, へんてこな, 異様な。

hód [名] (動)ビーバ(海狸)。

hódít [他] 戦いに勝つ, 押えつける, 征服する; (国土・都市などを)侵(攻)略する, 占領する; (比)(人心を)得る, 迷わす, ろう絡する, (愛を)かち取る。

hódítás [名] 同上のこと; 征服, 略取, 侵略; (人心・愛情などの)獲得。

hódító [形] 征服する; 無敵の, 勝利の; (比)誘惑する, 誘惑的な。[名] 征服者, 侵略者。〔hódító háború, (兵)侵略戦争, 侵略戦, 遠征。hódító harc, (兵)侵略戦争, 遠征。〕

hódol [自] (…に)忠誠を誓う, 臣事する; 屈服する, 服従する; 専心する, ふける; (…に)敬意を表する, 服する。

hódolat [名] 帰服, 恭順, 忠誠の誓；敬意(を表すること), 崇敬の念, 畏敬。

hódoló [形] 忠誠を誓うところの；敬意を表する, 丁重な。[名] 嘆美者；忠実なる者, 忠僕；(昔の)臣下。

hódoltság [名] 占領状態；(トルコによって)占領された時期・地。

hóeke (目 hóekét) [名] 除雪機, 雪かき車。

hófehér [形] 雪白の, 純白の；白髪の；純潔な。

hófúvás [名] 吹雪；雪の吹き寄せ, 雪つもり。

hógolyó [名] 雪玉, 雪球；雪投げ。

hogy[1], **hogyan** [疑] 如何に, 如何にして, どうして；いかように, どういう風に, どんな仕方で；どのくらい, いかばかり。〔hogy vagy?, ごきげんは如何ですか？ hogyan adja?, これは幾らです(幾らで売りますか)？〕

hogy[2] [接] …のこと；…せんがために, …の目的で, …するために。

hogyha [接] もし…の時は, もし…ならば, …というような場合には。

hogyisne [間] ばかな, そんなことがあるものか。

hogylét [名] (生活)状態, 健康状態。

hogyne [間] もちろん。

hóhér [名] 死刑執行人, 処刑吏；(比)苦しめ手, 虐待者。

hol [疑] どこに；どこかで。[接] 〔hol így, hol amúgy, ある時にはこう, ある時にはそう；あるいは斯く, あるいはこのように；どうにでも, どうかこうか。hol ez, hol amaz, あるいはこれ, あるいはそれ。〕

hold[1] [名] 月。〔új hold, 新月。〕

hold[2] [名] (面積の単位)田畑の面積の名称(0.57 ヘクタール。ドイツ語の Joch に当る, たとえば, 9 ホルドの畑など)。

holdas [形] 月明りの, 月光明るい, 月の照る；(医)夢遊病の。

holdfény [名] 月の光, 月光。

holdfogyatkozás [名] (天)月食。

holdkóros [形] 夢遊病の, 夢中遊行する；(比)風変わりの。[名] 同上の人。

holdtölte [名] 満月；満月時。

holdvilág [名] 月光, 月の光。

holdvilágos [形] 月光明るい, 月の照る, 月明の。

holland [形] オランダ(人，語)の。[名] オランダ人。
Hollandia [固] オランダ，和蘭国。
holló [名] (鳥)烏。
hollófekete [形] 烏のように黒い，真黒い，漆黒の。
holmi [形] ある，何かの，何らかの；やくざな，つまらぬ。[名] 手荷物；がらくた物(複数)，つまらぬ物；つまらぬこと。
holnap [副] あす，明日に。[名] あす，明日；(比)未来，将来。
holnapi [形] 明日の。〔a holnapi nap, 明日，翌日。〕
holnapután [副] 明後日に。
holott [接] こうだから，どうせ云々だから；そこで，それで，そういうわけで；だから，…であるから，…なので；とはいえども，たとえ…とも，いくら…でも；…のに，…の時に。
holt [形] 死んだ；死んだような，生気のない。〔holt remény, かなわなかった望み。holt szén, 火の消えた(石)炭。holt tőke, 死資本，死金，不生産的資本(利をまない金)。〕[名] 死者；生涯；盲滅法。〔holtra ver, 死ぬほど打つ，打ち殺す。holtáig, 彼が死ぬまで。〕
holtáiglan [名] (holt に3人称単数の所有者表示が付いたものから作られている)死ぬまでの間。〔holtomiglan-holtodiglan, 死がわれわれ二人を別つまで。(結婚の誓いに際し)〕
holtrészeg [形] 泥酔した，ぐでんぐでんの，へべれけに酔った。
holttest, holttetem [名] 死体，死がい，遺がい。
hólyag [名] (解)膀胱(ぼうこう)；(医)火ぶくれ，水泡疹(すいほうしん)；(工)気泡(ガス等の)；(比)ばかもの，愚人，まぬけ。
hólyagos [形] 泡(あわ)のような；気泡(空気を含んだあわ)の多い；小あわの多い；火ぶくれを起こす。
homály [名] 薄暗闇；(比)もうろう，あいまい，不透明；もや。
homályos [形] うすぐらい，どんよりした，あいまいな；曇った，不明瞭な，はっきりしない。
homályosodik [自] 薄暗くなる，不明瞭になる；濁る；曇る；もうろうとなる；(比)あいまいになる。
homlok [名] 額(ひたい)；(建)正面，前面；表紙。
homlokegyenest [副] まっすぐに(外へ・前方へ)，一直

homlokzat 388

線に；脇道へそれずに。〔homlokegyenest ellenkező, 正反対の。〕

homlokzat [名] (建)正面，前面。
homok [名] 砂；砂浜，砂原；砂地。〔futó homok, (地)飛砂，流砂，漂砂。〕
homokbucka [名] 砂丘，砂山。
homokkő [名] 砂石，されき，さざれ石。
homokóra [名] 砂時計。
homokos [形] 砂の，砂地の；砂だらけの，砂の多い；砂のような；砂から成る。
homoksivatag [名] さばく，砂原，砂の荒れ地。
homokzátony [名] 砂州(さす)，浅瀬。
homorít [他] くぼませる，穴をあける，くり抜く，えぐる，うつろにする。
homorú [形] くぼんだ，空洞の，凹面(おうめん)の；みぞ付きの。
hon [名] 祖国，故国，本国；故郷，生国；産地。
hón [名] 脇(わき)の下，腕のつけ根。〔hóna alatt viszi, 彼はそれをわきの下にはさむ(わきの下で運ぶ)。〕
honalapító [名] 祖国の創始者(設立者)。
hónalj [名] 脇の下。
hónap [名] (暦の)月；(一カ)月。
hónapi [形] 月の；月々の，毎月の。
hónapos [形] …カ月の；月の；…カ月間の；…カ月後の(生後…カ月の幼児)。〔hónapos szoba, 月貸しの部屋。〕
honfitársak [名](複) 同国人，同邦人，同郷人。
honfoglalás [名] 国土占領(占領，征服)(マジャル人の現国土占領など)。
honfoglaló [形] 征服する(ところの)。[名] 国土占拠者(占領者・征服者)。
honi [形] 本国の，故郷の；故郷をしのばせる；祖国の，愛国の；国の，国家の。
honnan, honnét [疑] どこから，いずこ(何処)から。
honos [形] その土地生まれの，土着の；故郷の，郷里の；祖国の；(産物)その土地特有の。
honosít [他] 国籍に入れる，帰化させる；(動植物を)風土に馴らす。

horgolás

honpolgár [名] 国民。
hontalan [形] 郷里のない；無国籍の，本国のない；放浪の，亡命の。
honvágy [名] ノスタルジア，郷愁，ホームシック。
honvéd [名] (兵)国境守備兵；後備兵；国防軍(ハンガリーの 1848--1849 年の)。
honvédelem [名] 国防。
honvédelmi [形] 国防の。〔honvédelmi miniszter, 国防大臣。〕
honvédség [名] (1868-1918 年のハンガリー内閣による)後備軍；(1848-49 年，そして今の)国防軍。
hóolvadás [名] 雪解け。
hópehely (複 hópelyhek) [名] 雪片，ひらひらと降る雪。
hopp [間] おっと！；ほら；ああ。[名] (イディオムとして)〔hoppon marad, 何の得るところもなく留る；壁の花である(女性が，舞踊の相手がない)，縁がない。〕
hord [他] 持ち運ぶ，運搬する，持ってゆく；身につける；抱える；(小銃が)命中する，効果がある。
horda [名] ギャング；(未開の部族の)群；遊牧民の群(集団)。
hordágy [名] 担架。
hordár [名] 運ぶ人，使い走り，赤帽；担い手，運搬者，荷持ちや。
hordó [形] 運びゆく，担ってゆく，持ってゆく。[名] 樽(たる)；136 リットルのワイン樽。〔hordószámra, 樽づめで。〕
hordoz [他] (常に・屢々)持ち回る，運び回る，持ち運ぶ；(噂などを)触れまわる；(誰を)連れ回る；耐える；表わす。〔ajkán hordoz, 口ぐせに言う，常に口にする。〕
hordozható [形] 支え・運び・携帯し得る。
horgany [名] (鉱)亜鉛；トタン。
horgas [形] 鉤(かぎ)状の，鉤形にまがった，屈曲した，ゆがんだ。
horgászat [名] 魚をつること，魚つり。
horgászik [自] 魚をつる；(比)(物を)得ようとする。
horgol [他] かぎ針で編む(刺しゅうする)。
horgolás [名] かぎ針で編むこと(刺しゅう)；かぎ針による編物。

horgolótű [名] (編物・刺しゅう用の)かぎ針。
horgony [名] いかり(錨)。
horgonyoz [自] 投錨(とうびょう)する，停泊する。
hórihorgas [形] 足のひょろ長い，すね(脛)の長い。
horkan, horkant [自] (馬や犬なども)鼻息をたてる，荒い息づかいをする，あえぐ；(比)カッとなって攻撃する。
horkol [自] いびきをかく；(動物が)荒い鼻息をする，あえぐ；うなる。
horog (目 horgot) [名] 小さいかぎ，かぎくぎ；(衣服をかける)掛けくぎ；(漁)つり針，つり具。〔horogra kerül, わなにかかる，わな(罠)に陥る，計略にかかる。〕
horpadás [名] めり込むこと；へこみ，くぼみ，打ち込み；(地面)陥没，くぼ地。
hortyog [自] グーグーいびきをかく。
horvát [形] クロアチアの。[名] クロアチア人。
Horvátország [固] クロアチア国。
horzsol [他] こする，さする，摩擦する；(皮膚を)引掻く，すりむく；かする，かすめる。
horzsolás [名] こすること，押しつけてすること，摩擦；すり傷，擦過傷，かすり傷，傷あと。
hossz [名] vminek a hossza (空間的)長さ，長いこと；たけ，高さ；(時)時間，長時間。〔ennek se hossza, se vége, これには終りがない(無限だ)。〕
hosszában [副] 長さ(高さ)一杯に，縦(たて)に；沿って。〔hosszában és széltében, 縦(たて)と横において。〕
hosszabbít [他] 長くする，伸ばす，延長する；(時)延ばす，延長する。
hosszabbodik [自] 長くなる，伸びる；延長される；(時)延長される。
hosszadalmas [形] 長くつづく；長たらしい，あきあきする，回りくどい，う遠な，冗長な。
hosszan [副] 長く；永く，久しく。
hosszas [形] やや長い；(比)長たらしい，退屈な，冗長な。
hosszat [後] …に沿って；…の間(時間)。〔utca hosszat, 町に沿って。órák hosszat, 幾時間も。〕
hosszmérték [名] 尺度；尺度計(寸法を計る器)。
hosszmetszet [名] (地)たて切り，縦断；縦断面。
hosszú [形] (空間的)長い，長さの；たけ高い；(時間的)

永い, 久しい；(文)長母音の。〔hosszú lejáratú váltó, (商)長期手形。〕

hosszúkás [形] 長目の, 長方形の。

hosszúság [名] 長さ；たて；距離；時間；(地)経度；(比)分量。

hosszúsági [形] 同上の。〔hosszúsági fok, (地)経度。〕

hótakaró [名] つもった雪。

hova, hová? [疑] どこへ；どこに。〔hova való ön? あなたはどこの方ですか？〕

hovatovább [副] だんだん, 一層, 次第に；ますます多く(遠く, 先へ)。

hóvirág [名] (植)松雪草(まつゆきそう), スノー・ドロップ。

-hoz, -hez, -höz [尾] (接近・方向)何に, 何へ；…の近くに(へ), …の側に(へ)；傍に, …の許に。

hoz [他] 持って来る, 運ぶ, もたらす, 持参する；取りに(迎えに)行って持って(連れて)来る。〔ítéletet hoz, 判決を下す・宣告する。Isten hozta/hozott!, よくいらっしゃいました(歓迎の辞)！ hozd ide!, こっちへ持っておいで！〕

hozam [名] 生産高, 産出高, 収穫；利回り；かせぎ高, 所得。

hozat [他] (こっちへ)運ばせる, 持って来させる。調達する；用命する, 注文する, 手に入れる。

hozomány [名] 持参物, 持参金, 嫁資, 結婚資金, 嫁入り仕度。

hozzá [副] (-hoz …の3人称単数の独立形)その方へ, そのそばに, そこへ；その上に, おまけに, 加えるに；それに添えて, それと共に；彼(女)のそばに, 彼(女)の家へ。〔mit szól hozzá? どう思う。hozzám, 私の方へ, 私の家へ。hozzád, 君の方へ・家に。〕

hozzáad [他] (…に…を)加える, 添える, 付加する, 添付する；付言・付記する；嫁に与える。

hozzáér (vmihez) [自] (…に)触れる, 接する。

hozzáfér [自] (…に)達する, 獲得する；近づく, 迫る, 及ぶ。

hozzáférhetetlen [形] それに近づきがたい, 近寄りがたい, 寄りつきにくい；得がたい, 及びがたい；(比)親しみがたい, 愛想の悪い；手に負えない；買収されない。

hozzáférhető [形] 近づき得る，接近しうる；獲得しやすい。

hozzáfog, hozzákezd [自] （仕事に）とりかかる，従事する，就く，着手する；一緒につかむ。

hozzáfűz [他] （…に）結びつける，連絡をつける，つなぐ；縁故を作る；添える，加える。

hozzáillik [自] （それに）丁度よい，合う，適う，適合する；つり合いがとれる，似合う，調和する。

hozzájárul [自] 寄与する，貢献する，資する；力を尽くす，促進する；協力・協同する；寄付・義援・きょ金する；承諾・同意する。

hozzájárulás [名] 義援金；承諾・同意すること（誰に，提案に）。

hozzájut [自] （…に）達する，手が届く；（…を）かち得る，獲得する，手に入れる；都合がつく。

hozzálát [自] （…に）始める。

hozzányúl [自] （…に）着手する，手をかける，手を下す；触れる；取る，いじる。

hozzáragaszt [他] （…に）はり付ける，のり付けにする，固着させる。

hozzászámít [他] （…に）加算・合算・通算する，勘定に入れる，含める。

hozzászokik [自] （…に）慣れる，親しむ；習う，習慣ができる，癖がつく。

hozzászól [自][他] （…に就いて自分の）意見を述べる。

hozzászólás [名] （意見を）表明すること，所見を述べること；（論戦において）言明，申し立て。

hozzátartozik [自] それに属する，従属する，…の所有にかかる，（その中の）一個または一員である。

hozzátartozó [形] それに従属するところの。[名] 一族，身内の者，親族，家族；付属物（構成物の）。

hozzátesz [他] （それに）添える，加える，付け加える，付加する；付言・付記する。

hozzávaló [形] それに属する，その一つ（一員）である，その一部をなす；（それに）適した，ふさわしい，似合いの，丁度よい。[名] （洋服などの）服地・付属品。

hozzávetőleg [副] 概算して，おおよそ，ほぼ。

hozsanna [間] 万歳（国王や英雄にむかっての歓呼，神よ

彼に力をそえ給えの意)，ホザンナ(キリスト教での賛美の言葉)。

hő (目 hevet) [名] 熱，暑気；(物)温度；(比)熱心，熱中。[形] 熱い；熱心な。
hőálló [形] 耐熱の。
hőfok [名] 熱度，温度；感度。
hőforrás [名] 熱源；温泉の源(泉)。
hőköl [自] びっくりしてしりぞく，おどろいて飛びのく，しりごみする，ひるむ(動物などが)。
hölgy [名] (既婚または未婚の)貴婦人，淑女，女性。
hőmérő [名] 熱量計；寒暖計，温度計。
hőmérséklet [名] 温度，気温。
hőpapír [名] 感熱紙。
hörcsög [名] (動)やまねずみ，土かきねずみ，もぐら；(比)すぐにカッとする人；欲ばり，握りや。
hörgés [名] 喉(のど)をごろごろ鳴らすこと，喘鳴(ぜんめい)。
hörghurut [名] (医)気管支カタル(炎)。
hörgő [形] 喉をごろごろ鳴らせる(ところの)。[名] 気管支。
hörög [自] 喉(のど)をごろごろ鳴らす，ぜいぜい鳴らす；かすれ声で話す。
hős [名] 勇士，英雄，偉人；(小説や劇の)主人公，主役；(比)大立物，人気者。[形] 勇ましい，勇敢な，大胆な，英雄的，豪勇な。
hőség [名] 暑いこと；(物)熱，酷熱；猛暑。
hősi, hősies [形] 英雄的，英雄らしい；豪胆な，大胆な，勇ましい，剛きの。〔hősi halált hal, 勇ましい最後を遂げる，戦死する。〕
hősiesség [名] 勇敢なこと，大胆，豪勇；大胆な行為。
hőskor [名] 英雄神話の時代；躍進の時期。
hősnő [名] 女傑，烈婦，女丈夫，勇婦；女主人公(詩・劇・小説の)。
hőstett [名] 勇敢な行為。
hőszigetelő [形] 断熱の。[名] 断熱材。
húg [名] 妹。
húgy [名] 尿(にょう)，小水，小便。
húgycső [名] 輸尿管，尿道。
húgyhólyag [名] ぼうこう(膀胱)。
hugyozik [自] 小便する，放尿する。

huhog [自] (ふくろうなどが)なく；(比)不吉なことを言う・予言する。

hull [自] (血や涙が)流れる, したたる；(地上へ)落ちる, 落下する, 降下する。

hulla (目 hullát) [名] 死体(特に検死体), 死がい, なきがら, 屍(しかばね)。

hulladék [名] 廃棄物, くず, 破片, 残物；(金物の)切りはし, けずりくず；(材木)木くず, 木片(きぎれ), こっぱ；(布の)裁ちくず；そぎ肉；(料理の)切りくず, そぎくず。

hullám [名] 波, 波浪；大波, 巨浪；(物)波動；(比)波形, 波紋；変動, 起伏。〔e hír nagy hullámot vert, この報が大興奮をよび起こした。〕

hullámos [形] 波立つ；波状の, 波形の；波動する, 起伏ある。

hullámzik [自] 大波が立つ, 波動する, 波うつ；揺れ動く。

hullat [他] (葉や涙などを)落下させる, 落とす；(涙を)そそぐ。〔könnyeket hullat, (…のために)涙を流す, 涙を流して泣く。〕

hullócsillag [名] (天)流星。

humor [名] 滑けい, 自然のおかしみ, かいぎゃく, しゃれ, ユーモア。

humoros [形] 滑けい味のある, おかしみのある, おどけた。〔humoros író, ユーモア詩人・作家。〕

hun [形] フン人の, フン族の。[名] フン民族。

huncut [名] 悪い奴(邦語で愛称的に用いる悪い子＝いたずらっ子)。[形] いたずら好きの, からかい気分の, おどけた；ずるい。

huncutság [名] いたずら, ふざけ, ずるさ。

Hunor [固] ハンガリー神話で, 巨人王メンロートの子(フン族の祖), その弟はマゴル(マジャル族の祖)。

hunyorgat, hunyorít [自] 細目で見る；またたきする；目くばせする, 目で合図をする。

húr [名] (音)弦(弦楽器のつる)；弦(弓のつる)；(幾)弦。〔egy húron pendül, 結托している, 共謀している。〕

hurcol [他] 引っ張って行く；持っていく；(比)(…悩みなどを)ひきずる。

hurcolkodik [自] 荷物をあちこちに持っていく；移住する, 引っ越す, 転居する。

hurka (目 hurkát) [名] ソーセージ, 豚の血液や内臓の腸詰。

hurkol [他] 巻きつける, からませる；結び目を作る。

hurok (目 hurkot) [名] 輪縄；(猟)わな(係蹄, 罠)。〔hurokra kerül, わなに掛かる；術策に陥る。〕

húros [形] 弦のある。〔húros hangszer, 弦楽器。〕

hurut [名] (医)(粘膜)炎症, カタル(特に咽喉カタル, 鼻かぜ)。

hurutos [形] カタル性の, 感冒性の。

hús [名] 肉, (食用の)肉, (魚鳥肉に対し)獣肉；果肉。

huság [名] むち(鞭), 棒, こん棒, 丸太棒。

húsétel [名] 肉料理, 肉食品。

húsevő [形] 肉好きな；(動)肉食の。[名] 肉食動物。

húsgombóc [名] (料)肉団子。

húshagyókedd [名] (宗)カーニバル祭の最終日, 謝肉祭(カトリックの謝肉祭の火曜日)。

húsleves [名] 野菜入りコンソメスープ。

húsos [形] 肉の；肉のような；肉の多い, 肉より成る；(俗)肥った, 肥満した。[名] 食肉業者。

húsvét [名] (宗)キリスト復活祭(節)(キリストの復活を祝う, 三月下旬から四月上旬)；(ユダヤの)過越節(すぎこしせつ)。〔húsvét hete, (宗)復活祭(に始まる一)週間, 復活祭週。húsvétkor, 復活祭に, 復活祭のころ。húsvétra, 復活祭に(又は, まで)。〕

húsvéti [形] キリスト復活祭の；過越節(ユダヤの祭)の。〔húsvéti bárány, ユダヤ教の過越節の祝にほふる小羊(復活祭の兎の起源)。〕

húsvétvasárnap [名] 復活祭の日曜日, 復活祭週間の日曜日。

húsz [数] 二十, 20。

huszad [数] 二十分の一, $\frac{1}{20}$。

huszadik [形] 第二十の, 第二十番目の。

huszár [名] (ハンガリーの)軽騎兵(昔ハンガリーの法規では徴募兵 20 名の中一人が騎兵になったのでこの名がある)。

húszas [形] 二十番の, 二十号の, 二十年代の, 二十の。[名] 二十の数字；二十歳の人, 二十歳代の人；(兵)第二十連隊の者；二十フォリントの貨幣。〔a húszas években, 1920 年代において。〕

huta (目 hutát) [名] (工)精練所, 冶金工場, 溶鉱場。
húz [他] (車を)引く；(荷物を)引いて行く, 引き寄せる；(楽器を)弾く；押しつける；(くじを)ひく；記す, 描く；(利益を)引き出す；(歯を)抜く；(鐘を)鳴らす；(酒を)一気に飲む；(文章を)削除する；(時が)延期する；(比)怒らせる。〔delet húznak, 正午の鐘が鳴る。nótát húz, (バイオリンを)弾奏する, 弾く。harangot húz, 鐘を鳴らす。〕
huzakodik [自] 相手を小突きながら論争する；さからう, 拒む, 欲しない。
huzal [名] 金属線, 針金；電線。
huzamos [形] 持続的, 長期の。
húzás [名] 引く(引き寄せる)こと；引いて行くこと, けん引；抽せん；(候鳥の)渡り時, 渡り鳥の群れ；(文)削除。
huzat[1] [名] すき間風。
huzat[2] [名] 地殻；吹き流し；カバー。
huzavona [名] 意見調整による遅れ；延引, 遅延, 遅滞, 延期, 猶予(支払の)。
húz-halaszt [他] (永く)引き出す, 推しやる, ずらす；延ばす, 長びかせる, 延期する。
húzódik [自] 引っ張られる；ゆっくりと動く；長びく, 延びる, 遷延する；広がる, (距離的に)延びる；(…へ)引っ込む。〔soká húzódik, それは長びく。vkihez húzódik, 誰に身をぴったりつける, すがりつく, …に味方する。〕
húzódozik [自] いやいや引き受ける, ぐずぐずする, ためらう；疎遠になる。
hű [形] まことのある, 誠実な, 信義のある, 忠実な, 真実な；正確な, 厳正な, 間違いのない；ぴったりとした, そっくりの。
hűhó [名] 大騒ぎ, やかましい・騒がしいこと, 騒音；叫び, どよめき, 叫喚；泰山鳴動。〔nagy hűhóval, 大騒ぎして。hűhót csap, 警報を発する, 警急ラッパを鳴らす。〕
hűl [自] 涼しくなる；つめたくなる, 冷える；(比)(感情が)弱まる。〔hűlt helye, 彼の空席。hűlt helyét találja vkinek, …はもうそこにいなかった。〕
hüledezik [自] あきれて(あ然として)いる；当惑する, びっくりする, はっと思う, 不意を打たれる。
hűlés [名] 冷えること, 冷やすこと；風邪・感冒にかかること, 風邪をひくこと。
hüllő [名] 爬虫類；(比)ばか, 愚か者。

hűlye [形] 神経の鈍い, 低能な, 愚かな, 愚鈍な, 間抜けの。[名] ばか, あほう, 白痴；ばかげたこと。

hülyeség [名] 精神力の弱いこと, 愚鈍, 低能, 白痴；愚かなこと。

hűs [形] 冷々する, 涼しい；さわやかな, 清涼な, すがすがしい。[名] さわやかな日影。

hűség [名] 忠実, 誠実, 信義, 忠誠；節操, 貞節；正直, 実直；正確, 厳正。〔hűséget esküszik, (…に)忠誠を誓う。〕

hűséges [形] まことある, 誠実な, 忠実な；真面目な；貞節な；献身的な；正直な, 実直な；正確な。

hűsít [他] 冷たくする, 冷やす, 冷却する；涼しくする, そう快にする, すがすがしく・さわやかで気持よくする。

hűsítő [形] 涼しくする・清新・そう快にする(ところの)。〔hűsítő ital, 清涼飲料水。〕[名] 清涼飲料水。

hűt [他] 冷たくする, 冷やす, さます；涼しくする；さわやかにする；(比)冷静にする。

hűtés [名] 同上のこと；鎮静；(工)冷凍。

hűtlen [形] まことのない, 不誠実な, 忠実でない；不貞な, 不信な, 不忠な；裏切をする, 反逆的な。〔hűtlen kezelés, 不誠実なやり方；横領, 着服, 私消など。〕

hűtlenség [名] 不誠実, 不忠, 不信, 不義；着服；贈(収)賄；(法)国家叛逆罪。

hűtő [形] 冷やす, 冷ます；そう快に(さわやかに)する；冷却作用の。

hűtőszekrény [名] 冷蔵庫。

hüvely [名] 包み, 被い, 被覆；(植)殻, さや；(兵)薬きょう(莢), ケース, 弾薬筒；(剣の)さや(鞘)；(解)腔(ちつ)；(筋肉の)膜,(巻きタバコの)箱。

hüvelyes [形] さや(莢)のある；さやのような, さや状の。〔hüvelyes vetemény, (植)さや科(さや豆)類。〕[名] さや科植物。

hüvelyk [名] 親指；(足の)親指；インチ(吋)。

hűvös [形] 涼しい, 冷たい, うすら寒い；冷淡な。[名] 涼しい気候；涼しい場所：牢屋, 刑務所。〔hűvösre tesz, (…を)牢にたたき込む, 投獄する, 拘留する。hűvösre kerül, 入獄する。hűvösre fordul, 涼しくなる。〕

hűvösödik [自] 涼しくなる, うすら寒くなる, 冷たくなる。

I, Í

ibolya (目 ibolyát) [名] (植)すみれ。〔színes ibolya, (植)あらせいとう(花は白く, においがすみれに似ている)。〕
ibolyántúli [形] 紫外線の, 紫外線を用いた。
ici-pici [形] ちっちゃな, ちょっとの。
idáig [副] → eddig. ここまで；(時)今まで, 従来；その時まで。
ide [副] ここへ, ここに, こなたへ, こちらへ, これに。
idébb [副] 私の方へ, 私の近くへ；私の近くに。
ideg [名] (解)神経, (比)気力, 元気, 気はく；(医)けん, 筋(すじ)；(音)弦(げん)；(弓の)弦(つる, ゆみづる)。
idegbaj [名] 神経病, 神経疾患。
idegen [形] 見知らぬ, よその, 不案内の；馴れない, なじみのない, (比)冷淡な；奇異な, 珍しい；外国の, 外来の, 異国の。[名] よその人, 見知らぬ人, 外来客, 外国人, 他国人；異国, 外国；よその領地。〔előttem idegen, 私には未知だ。idegen váltó, 外国為替。idegenben, 他国で, 外国で, 異郷で。〕
idegenforgalom [名] 観光。
idegenkedik [自] 疎遠になる, 遠ざかる；好まない, きらう, いやがる。
idegenszerű [形] 異種の, 異様な, 珍奇な, 珍しい。
idegenvezető [名] ガイド。
ideges [形] 神経質の, 神経過敏の；神経衰弱の；(比)苛々した。
idegeskedik [自] 神経質に振る舞う；落ちつかなく振る舞う。
idegesség [名] 神経質, 神経過敏；神経衰弱。
ideggyógyintézet [名] 精神病院。
idegrendszer, idegzet [名] 神経系統；(比)精神状態。
idegroham [名] (医)神経衝動(ショック)；ヒステリー的発作。
idei [形] ことしの, 今年の。[名] 今年の収穫(特にワインの)。

ideiglenes [形] 一時の, 仮の, 当分の, 臨時の, 暫定的の。

ideig-óráig [副] 当分, しばらく, 一時, 差し当たり。

idejekorán [副] 適当な時期に, 丁度よい時刻に, 時におくれずに。

idejön [自] こちらへ来る。

idén [副] 今年に。

idény [名] → évad. 時節, 季節, 時候, シーズン。

ide-oda [副] あちこちに；かなたこなたへ, 行ったり来たり, あちこち, あてどなく。

idétlen [形] 時ならぬ, 時機でない, 季節外れの, その時機に至らない；未熟の, 機未だ熟せざる；不適当の, 不当の, 合わない, 不合理な；奇形の, 見苦しい, ぶざまな, ぶかっこうな；ばかな, 愚かな。

idétlenkedik [自] (不体裁・不似合・不作法)に振る舞う・話す, ふさわしからぬ行動をする。

idevágó [形] …に関する, に関係する；属する, 所属の, 当該の。

ideváló [形] ここの, 当地の；当地生まれの。

idevalósi [形] 当地の。[名] 当地の人。

idéz [他] (法)召喚する；呼び出す；喚起する；(文句を)引用する, 挙証する(証拠・理由などを)。

idézés [名] (原書などの)引用；(裁判所の)召喚；(思い出などの)喚起, 想起。

idézet [名] 引用；引用句, 引用文。

idézőjel [名] (文)引用符(„…")。

idom [名] 形, 形態, 外形；形式, 形相, 模型；姿(女性の)；(建)輪郭, 図案。

idomít [他] 形作る, 形成する, かたどる；(馬・犬などを)調教する, ならす, 慣れさせる, 訓練する, 仕込む。

idomító [形] 調教する。[名] 調教師, 動物に芸を仕込む人。

idomtalan [形] どでかい, とてつもなく大きい。

idomul [自] (…の)形になる, 状態にする；形づくられる, 形成される；(…に)順応する, 適応する；(動)調教される。

idő [名] 時, 時間；時刻, 時分, 日時；年齢, 年配；季節；暇, 余暇；時節, 時勢；時代, 時期；(文)時制；天気(候), 気象。〔rossz idő, 悪い天気, 風雨, しけ(時化),

idöjárás 400

あらし(嵐)。nincs ideje, 彼にはひまがない。ideje elmúlt, 彼の時代は過ぎ去った。ideje, 適当な時機, 今こそ(なすべき)その時だ。idejében, 適当な時機に, 丁度よい時刻に。tél idején, 冬季(期)に。egy ideig, 間もなく, しばし, 小時間。rövid idöre, しばしばの間, 暫時。hosszabb idöre, 永く, 長期間, 持続的に。ez idö szerint, 目下, 当今, 現時, 現在。idö folytán, idö múltán, 時の経過において, 時の経つうちに, 時と共に。〕

idöjárás [名] 天気, 天候, 天気模様, 気象。
idököz [名] 合い間。
idöközben [副] その間に, そうする中に, かれこれする中に, その間に。
idömérö [形] 時間を測る。[名] (物)クロノメーター(測時器, 精巧な時計); (競争・競馬などの)時間を測定するもの, 測時者, 従業時間係り。
idömérték [名] (文)音綴(シラブル)の長短; (音)速度, 拍子(ひょうし); (詩)韻律。
idönként [副] 時々, 折々; 定期に, 定時に。
idöpont [名] 時点, 時刻, 瞬間; 時機; (歴史上の)時機, 時代。
idös [形] 年寄った, 高齢の, 老いたる。〔比較級〕idösb, idösebb, 同名の二人, 特に父と息子のうちの年長の。idö sebbik, 年長者, 先輩。〕
idöszak [名] 時期, 時代, 年代, 期; 時節, 季節; 週期, 定期。
idöszaki [形] 同上の; 定時の, 定期の。
idöszámítás [名] 時間の計算; 年代, 年号; 時(…標準時など)。〔idöszámításunk elött, 紀元前。〕
idöszerű [形] 現代式の, 流行の; 時宜を得た, 時を得た, 時勢に合った, 時流にかなった。
idötartam [名] 時の長さ, 持続時間; 時間, 期間。
idötöltés [名] ひまつぶし, 消閑; 娯楽, 慰み, 気晴らし。〔idötöltésböl, 暇つぶしに, 娯楽に, 気晴らしに。〕
idöváltozás [名] 天気の変化。
idöveszteség [名] 時間の損失, 時の浪費・消費。
idözik [自] 留まる, 滞在する, とう留する; (比)長く専念する。
idült [形] 慢性の(病気など)。

igazodik

ifjú [形] 年若い, 年少の, 青年の；若々しい, 元気な。[名] 若者, 青年。〔(比較級)ifjabb, 同名の二人, 特に父と息子のうちの年少の。ifjabbik, 年少者；後進者, 新参者, 下級者。〕

ifjúkor [名] 青少年時代；青春期。

ifjúság [名] 若いこと, 若さ；若い時代, 青少年時代；青春；青年(男女)。

ifjúsági [形] 青少年の。〔ifjúsági mű, 青少年向き作品。〕

-ig [尾] (接尾辞で, 時・所の限界または終局点を表わす)…まで；…に至るまで；…の間。

iga (目 igát) [名] くびき；(比), 束縛, きはん；圧制, 屈従；負担, 重荷。〔igába fog, くびきを掛ける, くびきにつなぐ。〕

igaz [形] まことの, 真実の；正しい, 公正の, 正当の, 本当の, 本物の, 正真正銘の；実際の, 実の；誠実の, 正直な, まじめな, [名] 真実, 真正；正義, 正当, 真理；事実, 実際, 真相；正直者。〔igazat szól, 真実を語る, 有りのままを言う。igazad van, 君が正しい, nem adhatok igazat, ぼくは君が正しいとは思わぬ。igazát vedi, 彼の正当性を弁護する。〕

igazán [副] たしかに, まことに；真に, 本当に, 実際に；まじめに；ありのままに, 事実通りに。

igazgat [他] 方向を定める, 操じゅうする, 左右する, 指揮する, 管理する, 支配する, 主宰する；(衣服・髪・カラーなどを)具合いよくする。

igazgatás [名] 導くこと, 指導, 指揮, 管理, 支配；事務部門。

igazgató [形] 指揮する, 指導する, 支配する。[名] 管理人, 支配人；役員, 重役；理事；社長, 校長。

igazgatóság [名] 管理, 支配, 管理部；管理。

igazi [形] まことの, 本物の, 純正の, 本当の, 真正の；実際の, 真実の；たしかな, 実際に合致する, 公正な。

igazít [他] 真っすぐにする, 正す, 直す。〔útba igazít, (…に)正道を教える；教訓；訓戒する。〕

igazítás [名] 同上のこと；修正, 訂正, 直し；調整(時計・機械などの)。

igazodik [自] 順応する, のっとる, 従いならう, 準ずる, 手

本とする；(兵)右にならう，準ずる。

igazol [他] (正当だと)弁明する，是認・証明・立証・実証する；肯定・保証する。

igazolás [名] (正しい・正当なりと)認める・是認すること，立証(弁明・申し開き)すること。

igazolt [形] 同上された；(…の)権利・資格ある，正当な；証明・弁明された。

igazolvány [名] 証明書，合法認定書，身分証明書。

igazság [名] まことなること，真，真実，真理；事実，実際，真相；正当なこと，真正，正義。〔igazság szerint, 事実通りの，有りのままの；正しくは。igazságot szolgáltat, 正義によって処分・処断する；(…に)公正な処置をする。〕

igazságos [形] (心の)正しい，正直な；公平・公正な，正義の；正当の，法定の，合法の。

igazságszolgáltatás [名] (法)司法；訴訟，裁判。

igazságtalan [形] 正しくない，不正の，不公平な，不義な。

igazságtalanság [名] 不正；不義，不公平；不正な行為。

igazságügy [名] 司法；司法制度；法務省。

igazságügy-miniszter [名] 法務大臣。

ige (目 igét) [名] (文)動詞；言葉，言句，格言，ことわざ；(宗)神の言葉，神託，みことば；呪文(の言葉)，まじない。〔ikes ige, -ik の語尾で終わる動詞(ハンガリー語の)。〕

igekötő [名] (文)(ハンガリー語の動詞の前に付した)接頭辞。

igen¹ [問] はい，然り，左様；確かに，無論。[名] 然りという肯定，承諾，同意，承認。

igen² [副] 非常に，大いに，至って。

igenév [名] (文)動詞から作られたもの。〔főnévi igenév, (文)不定詞。melléknévi igenév, 分詞。határozószói igenév, 動副詞。〕

igenis [問] (目上に対して)そうですとも，はいそうです；もちろん，云うまでもなく，いかにも；なるほど；(兵)ハイそうであります。

igény [名] (権利の)主張，要求，請求；申し出，要望。〔igénybe vesz, (…を)要求する；(…に対し)権利を主

張する；費やさせる，必要である，要する。〕
igényel [他] 請求・要求する；求める，必要とする。
igénytelen [形] 求めるところのない，寡欲の；控え目な，おとなしい，地味な。
ígér [他] (…を)約束・約定する；期待させる，差し出す，提供する；申し込む，申し出る。
igeragozás [名] (文)動詞の語尾変化(動詞の語尾を変化させること，活用)。
ígéret [名] 約束，公約；期待，見込み。〔ígéret földje, (神がアブラハムに約し給うた)約束の国，あこがれの地，聖地パレスチナ。〕
igető [名] (文)動詞語幹，動詞の語根。
igéz [他] 魔力(神秘力)で支配する；(比)心を奪う，魅する，こうこつとさせる，うっとりさせる，悩殺する。
így [副] そういうように，こういうふうに，この仕方で；かくして，かかる次第で。
igyekezet [名] 努力，志，志向，志望，奮発，目的の追求；勤勉，精励，熱心。
igyekszik, igyekezik [自] 心を向ける，志す；発奮する，つとめる，努力する，はげむ；骨折る，労する；急ぐ。
igyekvő [形] (…に向かって)努力・力行・奮励する；野心満々たる。
ihatatlan [形] 飲めない，飲料にならない。
iható [形] (芸)飲める，飲料に適した。
ihlet[1] [他] 吹き込む，鼓吹する，暗示する；インスピレーションを与える。
ihlet[2] [名] 示唆，暗示，鼓吹；感づく，インスピレーション。
íj [名] 弓；いしゆみ(弩)。
íjász [名] 弓の射手，弓術家，弓手。
ijedség [名] 驚きあわてること，仰天，恐怖；当惑，うろたえさわぐこと，ろうばい。
ijedt [形] びっくりした，驚き仰天した，驚きあきれた，ろうばいした。
ijedtében [副] (それに)驚き，びっくりして；(それに)恐れて，不安で。
ijeszt [他] (…を)おびやかす，驚かす，びっくりさせる，おじけさせる；(誰の心中に)恐怖の念を起こさせる。
ijesztő [形] 恐ろしい，恐るべき，物すごい；忌わしい，いやな；

ひどい，はなはだしい。〔ijesztő alak, 怪異，お化け；かかし(案山子)，おどし。〕

iker (目 ikret, 複 ikrek) [名] 双生児(の一人)，ふたごの一人。

ikertestvér [名] ふたごの兄弟(又は姉妹)。

iktat [他] 記録・登録・登記する；挿入する；(比)メンバーに入れる。

iktató [名] 記録係，登録吏；記録簿。

illan [自] (煙・ガスなどが)発散・揮発・蒸発・消散する，匂いを失う；(比)滑り出る，こっそり逃げ去る，するりと逃げる，回避する。

illat [名] におい，かおり，香気；(酒の)芳香；(料理の)かおり，風味。

illatos [形] 芳香ある，かおる，香りを放つ。

illatozik [自] におう，芳香を放つ，かおる。

illatszer [名] 芳香物，薫香物，香料，香水，におい物。

illedelem (目 illedelmet) → illem.

illedelmes [形] 行儀よい，上品な，端正な，礼儀正しい；体裁のよい，格好の，ふさわしい。

illem [名] 上品な立ち居振る舞い，礼儀正しいこと，端正な態度；礼儀，行儀作法；ふさわしいこと，相応，格好。

illemtudó [形] → illedelmes.

illendő [形] ふさわしい，適当な，格好の；礼儀に適った，行儀のよい，品のある，礼節ある；愛きょうのよい。

illeszkedik [自] (…に)順応・適合する，合う；母音調和する。

illeszt [他] (互に)調和(順応・適合)させる；母音調和させる。

illet [他] (…の)権限に属する，権内にある；(賞讃に)値する，相当する；かかわる，関係する；ふれる，接触する。〔az elsőség őt illeti, 優勝は彼の受くべきものだ。ami azt illeti, それについては。〕

illeték [名] (国へ支払う)料金，手数料，使用料。

illetékbélyeg [名] 収入印紙，証紙。

illetékes [形] かなった，資格ある；(法)権限ある，権能ある，当該の。

illetékesség [名] 同上のこと；権限，職権，機能，資格。

illetéktelen [形] 権限・権能・職権のない；不適当の；管

轄ちがいの。
illetlen [形] 不適当な, ふさわしくない, 無作法な；失礼な, 行儀のよくない。
illető [形] 関係ある, 当該の, 例の, 問題の。[名] その人, 当該者。
illetőleg [副] (…に)関して(は)。[接] より正確に言えば；もしくは。
illetve [副] → illetőleg.
illik [自] 相応する, 適する；礼儀に適う；似合う, ふさわしい。〔jól illik neked, それはお前にとてもふさわしい。〕
illó [形] (化)揮発性の, エーテル性の。
illő [形] 似合いの, 格好な, ふさわしい；適当な, 相応した；礼儀に適った, 礼儀正しい。〔rangjához illő, 身分相応の。〕
illőképpen [副] 似合って, ふさわしく；礼儀正しく。
ilyen, ily [形] かくの如き, かような；このような, こんな。
ilyenféle [形] かような(種類の), このような。
ilyenformán [副] かように, そういうふうに；それほどに, かくの如く；それでは。
ilyenkor [副] そのような時, かかる時；そんな場合。
ilyesmi [名] そんなこと, そんな物。
ima [名] 祈り, 祈とう。
imád [他] (宗)崇拝する；(比)敬慕・熱愛・恋慕する。
imádkozik [自] 神に願う, 祈る, 祈とうする。
imádó [形] 崇拝する。[名] 崇拝者, 恋こがれる人。
imádott [形] 目の中に入れても痛くない。[名] 思慕・崇拝された女性, 恋こがれた女性。
imádság [名] 主の祈り, 祈とう。
imaház [名] プロテスタント・ユダヤ教の礼拝堂, 会堂, 教会。
imakönyv [名] 祈とう書。
íme! [間] そこを見よ, ごらん！, ほら。
imént [副] たった今, ついさっき。
immár, immáron [副] さて, 今や；ついに, とうとう。
immel-ámmal [副] どうやらこうやら, どうかこうか；何とか；仕方なく。
import [名] 輸入。→ behozatal.
impregnált [形] 防水の。

ín [名] (解)腱(けん), 靱帯(じんたい);(俗)ふくらはぎ, こむら。〔inába szállt a bátorsága, 彼は勇気を失った(気おくれがした, しょげ返った)。〕

inas¹ [形] 腱の多い, 筋張った;筋骨たくましい, 力強い。

inas² [名] 弟子, 徒弟, 見習い, でっち;奉公人, 召使, 下僕, 下男。

incselkedik [自] なぶる, ひやかす, からかう, 愚ろうする, うるさがらせる, 茶化す;ふざける, からかい合う;(鳥獣に)網を張る, わなをかける, 待ち伏せする。

inda (目 indát)[名] (植)つる(蔓), (ぶどうの)つる。

India [固] インド, 印度(国)。

indiai [形] インドの。[名] インド人。

indián [名] インディアン人(アメリカ・インディアン人)。[形] アメリカ・インディアンの。

indigó [名] (植)インド藍;藍(あい), インド藍。

indít [他] 動かす, 運転させる;(戦争を)起こす;ひき起こす, 誘致する;派遣する, 出発させる, 発送する;創刊する;おだてる, しり押しする;鼓吹する, 引き入れる。

indítás [名] 運転させること;派遣・発送・出発させること;開始;激励, しり押し;(物)感応(電気)の。

indíték [名] (決心または行為の)動因, 動機;(心の)誘因;(運動の)理由。

indítóok [名] 動機, 動因, 誘因, 原因。

indítvány [名] 申し出, 提議, 提案, 意見具申;(議)動議。

indítványoz [他] 申し出る, 動議を提出する, 提議する。

indok [名] (決心・行為の)動機, 動因;理由。

indoklás [名] 根拠を示すこと, 論拠を挙げること;動機・理由を説明すること。

indokol [他] 動機を示す, 理由を述べる;根拠を与える, 根拠を証明する。

indokolatlan [形] 根拠のない, 無根の, いわれなき, 動機不明の, 理由のない。

indokolt [形] 根拠ある, 理由ある, 立証された。

indul [自] 動く;(運動・腐敗…)し始める;出発する, 進む, 向かう, 行く;(競走に)加わる;(兵)出陣する。〔hadba indul, 出陣する, 出征する。rothadásnak indul, 腐敗し始める。romlásnak indul, 衰微し始める。〕

indulás [名] 出発, 発車, 出帆；滑り出し, 発進；(兵)行進。

indulat [名] 激昂, 激怒；熱情, 激情。〔jó indulattal van, (…に)好意をもつ, 好きである。ellenséges indulattal van, viseltetik, (…に)敵意を抱いている。〕

indulatos [形] 熱情的な, 熱烈な；激しやすい；激怒した。

indulatszó [名] (文)感嘆詞, 間投詞。

induló [形] 出発する, 行進する。[名] (兵)行進, 進軍, 行軍；(音)行進曲；(ス)競技者。〔indulóban, indulófélben, 行進中, 進軍中。〕

információ [名] インフォメーション, 情報, 知識, 案内。

információtechnika, információtechnológia [名] IT, 情報通信技術。

infravörös [形] 赤外線の。

ing [名] シャツ, シュミーズ。〔ingban, シャツ一枚で, 腕まくりで。〕

inga (目 ingát) [名] (物)振り子。

ingadozás [名] ゆらゆらすること, 動揺, 変動；(比)不安定, ちゅうちょ, ためらい；(天・理)偏奇, 偏向。

ingadozik [自] ゆらめく, 動揺する；よろめく, (相場が)変動する；(比)ちゅうちょする。

ingaóra [名] 振り子時計。

ingás [名] ゆれること, 動揺；変動, 不安定；ちゅうちょ, ためらい, しゅん巡。

ingatag [形] ゆらめく, 動揺する, 定まらない, 不安定の, 不確かな, (比)移り気の, うわ気の, 無定見の。

ingatlan [形] 動かない, 不動の, 固定した。[名]不動産。〔ingatlan birtok, 不動産, 地所。ingatlanok, (複)不動産；固定資産。〕

ingatlanközvetítő [名] 不動産屋。

inger [名] 刺激, 動因, 誘因；誘惑, 魅惑。

ingerel [他] 刺激する, 興奮させる；ちょう発する, 怒らせる。

ingerlékeny [形] 刺激に感じやすい, 敏感な, 神経過敏の；怒りやすい, 短気の。

ingerlő [形] 刺激的な；魅惑的な, 快美な, 楽しい, 愛らしい。

ingerült [形] 刺激された, いらだった, 腹を立てた；おだてられた。

ingerültség [名] いらだったこと，興奮；激動，激怒，憤まん；食欲をそそる。

ingó [形] 動かし得る，変動的の，動き易い；動産の。

ingóság [名] 動産。〔ingóságok(複) 動産，家財，家具；(商)有価証券。〕

ingovány [名] 沼沢地，沼地，どろ沼，湿地。

ingoványos [形] 沼地の，卑湿の；でい土の多い，どろだらけの；沼のような。

ingujj [名] シャツの袖(そで)。

ingyen [副] 無報酬で，無料で，無償で，ただで。〔ingyen sem, 断じてない，決して云々でない，毛頭云々でない。〕

ingyenélő [形] 寄生の。[名] のらくら者；寄食者，居候。

ingyenes [形] 無報酬の，無料の，ただの。

ingyenjegy [名] 無料入場券；無料乗車券，無料パス。

inkább [副] むしろ，いっそ，どちらかと言えば，より好んで；それどころか，反対に。〔egyre inkább, いやが上に，いよいよ，益々，段々。inkább hiszem, 私はむしろそれを信ずる。〕

innen [副] ここから，こちらから；これから(わかる)；(時)この時から；こちら側。[後] …よりこちら，…より前。〔Dunán innen, ドナウ川のこちらに。〕

innivaló [名] 飲み物，(アルコール)飲料。

inog [自] 動揺する，よろめく；確かでなくなる。

inség [名] 困窮，非惨，窮迫。

inséges [形] 悲惨な；困窮した，かつかつの，乏しい。[名] 困窮者，難民，被災者。〔inséges élet, 悲惨な生活。inséges év, 飢きんの年，凶年。〕

ínszakadás [名] (医)(肢体の)麻痺，(身体の)不随，腱(けん，すじ)のざ折(くじけ折れること)。

int [他] 手まねで合図する，手招きする，さしまねく；警告・忠告する，戒める；励ます，しり押しする。

integet [他] 身振りで知らせる；おいでおいでをする，手招きをする。

intenzív [形] 集中的な；鋭い，強い。

interjú [名] インタビュー。

internet [名] インターネット。

intés [名] 目くばせ，手招き，合図；忠告，警告，訓戒。

intéz [他] 導く，指揮(支配・管理・左右)する，御する；(…

の)準備をする；処理する；(…を)もくろむ，企てる，催す；(…にあて手紙を)書く，質問する。〔a sors úgy intézte, 運命が偶然にも斯く定めた。〕

intézet [名] (公共の)機関，施設；特殊研究所，寄宿学校，研究財団など。

intézkedés [名] 処理，指令，処置；規準(方策)を立てること；整えること，整とん。

intézkedik [自] 手配する；処分・処置をする；指令(規定・判定)する，方策をとる。

intézmény [名] 制度，機構，装置；(慈善・公共的な)設立物，施設(とくに学校)，財団。

intimszféra [名] プライバシー。

intő [形] いましめる，忠告・警告・注意する。[名] (学) (両親に送られる)警告書。

íny [名] 歯茎(はぐき)；(比)趣味，し好，好み。〔ínye szerint, その人の趣味に従って，たで食う虫も好き好き。nincs ínyére, それは口に合わない，気に入らない。〕

ínyenc [名] 食通，美食家，珍食家，食道楽の人。

inzulin [名] インシュリン。

ipar [名] 産業，工業；工芸；営業；実業。

iparág [名] 産業部門。

iparcikk [名] 工業製品。

iparengedély [名] 営業免許証，営業鑑札。

ipari [形] 産業の；産業用の。

iparkodik [自] → igyekezik. (目的に向かって)志す，努力する，奮励する，専心する，いそしむ。

iparművészet [名] 工芸，美術工芸。

iparos [名] 工業経営者，産(工・実)業家；小工業者；職工(人)。〔iparos osztály, 職工階級。iparosok(複) 職工；実業家，商工業者。〕

ír¹ [名] (医)軟こう，こう薬，バルム剤；(塗身用の)香油，塗油；(宗)聖油。

ír² [他] 書く，したためる，執筆する；書き送る，書き知らせる；記入・記載する。〔írva, 書いて，書面で，文書で。〕

iram [名] 歩調，速度。

iránt [後] …の方に，…に向かって，…に対して；…の為に；…に就いて，…に関して。〔irántam, 私の方に向かって。〕

irány [名] むき，方向，方向線，進路；目標；(比)傾向，

irányadó 410

大勢，風潮。〔irányomban, 私の方に向かって，私に向かい合って。irányában, その方に向かって。irányt követ, 方向を(傾向を)追求する。iranyt szab, 方向(傾向)を決定する。〕

irányadó [形] 標準的な，規範的な；権威ある，決定的な。
irányelv [名] 原則，原理。
irányít [他] 向ける，方向を定める；導く，指揮する；支配する，左右する；管理する。
irányítószám [名] 郵便番号。
iránytű [名] 磁針，磁石の針。
irányul [自] 向く，向かう；従う，準ずる(ならう)，順応する；(兵)右へならう。
irányvonal [名] 達成手段，政策；(数)指導線。
irányzat [名] (文学・政治などの)傾向，大勢，風潮；成り行き。
irányzatos [形] 傾向を示す，傾向的，すう勢を示す；プロパガンダの。
irányzék [名] (銃・測量器の)照尺，照準，照星，表尺。
írás [名] 書くこと；書体，筆跡；書いたもの，文書，書類；風(書の)。〔írásba foglal, 文書にまとめる，文書を作成する。írásban, 書いて，書面にして。〕
írásbeli [形] 書いた，書面による，文字による，文書の；筆記の。〔írásbeli dolgozat, レポート，作文。〕
írástudatlan [形] 読み書きのできない。[名] 文盲者。
írástudó [形] 文字の書ける，文字に通じている。[名] 文筆家；昔の学者；ユダヤの律法学者(神学者)。
irat [名] 書いたもの，文書，書類；著作物。
íratlan [形] 書かれない，不文律の。
irattár [名] 記録課(所)，古文書局；書類群。
irgalmas [形] 憐れみの心ある，憐れみ深い，情け深い，慈悲深い；(宗)慈善の。〔az irgalmas barátok, irgalmasok, 病人の看護を本務とするカトリックの尼僧団。〕
irgalmatlan [形] 無慈悲な，薄情な，無情な，冷酷な。
irgalmaz [自] 気の毒に思う，憐れむ，憐れみの情を起こす，かわいそうに思う。
irgalom (目 irgalmat) [名] 慈悲，憐れみ，同情，慈善心。
irha (目 irhát) [名] 獣皮，生皮；脂でなめしたカモシカの

革；(解)真皮。〔hordd el az irhádat!, 失せろ，下がれ！ félti az irháját, 彼の生命が危うい，彼の命が心配だ。〕

irigy [形] そねむ，ねたむ，うらやむ；斜視の，ねたみ深い。〔irigy szemmel néz, そねむ，斜視する。〕[名] しっと深い人。

irigyel [他] (…を)ねたむ，そねむ；好まない，(…やるのを)惜しむ。〔nem irigylem, 私は(お前がそれを得るのを)惜しまぬ(喜ぶ)。〕

irigykedik [自] そねむ，うらやむ，ねたむ。

irigység [名] そねみ，うらやみ，ねたみ，りんき，にくみ見ること。

irka (目 irkát) [名] 習字帳，練習帳，ノート。

irkafirka [名] ペンで下手に書きつづけること，悪筆，拙書，なぐり書き。

irkál [他] (下手な字を)なぐり書く，拙書する；めちゃ書きする。

író¹ [名] バターミルク(バターをとった後の酸味のある牛乳)，脱脂乳。

író² [形] 書くところの。[名] 書く人；筆者，作者。

íróasztal [名] 事務用机，仕事机。

iroda (目 irodát) [名] 官房，事務局；事務室；事務所，オフィス。

irodai [形] 事務所の。〔irodai munka, 事務の仕事。〕

irodalmi [形] 文学上の；文芸に関する；文献の。〔irodalmi nyelv, 文語，文章語。〕

irodalom (目 irodalmat) [名] 文学，文芸；参考書目，文献。

irodalomtörténet [名] 文学史。

írógép [名] タイプライター。

írói [形] 文筆家の，作家の，著述家の；文学(上)の。

írónő [名] (女の)作家，女性作家，けい秀作家。

írópapír [名] 書き物用紙，書写(写字)用紙；書簡用紙，便せん。

Írország [固] アイルランド国。

írószer [名] (ペン・インキ・紙などの)文房具。

írott [形] 書いた，書面の，文章の，書面による。

irt [他] 根ごと掘る，根絶させる，まっ殺する；(土地を)開墾

する；(森林を)切り開く。
irtás [名] 同上のこと；根絶，そう滅，皆殺し；開墾。
irtózás [名] 身ぶるい・ぞっとする・恐ろしいこと；戦りつ(恐怖)；きらうこと，憎しみ。
irtózatos [形] すさまじい，恐ろしい，身の毛もよだつ，物すごい，むごたらしい，無残な；いまわしい，いやな；とてつもなく大きな。
irtózik [自] ぞっとするほどきらう；わななく，身ぶるいする，戦りつする，肌がぞくぞくする，身の毛がよだつ。
irtvány [名] (農)開墾地，開拓地，未耕地。
irul-pirul [自] (戸惑って)すっかり赤くなる，真赤になる。
is [接] 同様に，また，亦，その上に；のみならずまた；…すら，…さえも，しかも全く。〔ingyen is megtenném, 私はただでもそれをするのに。〕
iskola (目 iskolát) [名] 学校，講習会；学派(統・説)；流派，流儀。
iskolai [形] 学校の；学校関係の；修学の。〔iskolai ünnep, 学校の祝祭，学校記念祭。〕
iskolakerülő [名] 学校の授業をなまける者，無断欠席生徒。
iskolás [形] 生徒の；生徒(子供)くさい；(比)初心の，未熟な；不器用な。[名] 生徒。
iskolatárs [名] 同級生，学友，同期生。
iskolaügy [名] 学事，学務事項，教育事項。
iskolázott [形] (高等)教育を受けた；教育・訓練された；経験・知識の豊富な。
iskoláztat [他] (高等教育の)学校へゆかせる。
ismer [他] 知る，識る，通ずる；見知る，認める，(よく)知っている，識別する，分かっている；認知する，認定する。〔névről, névleg ismer, 名前(高名)だけは知っている。látásból ismer, 顔見知りである，顔だけ知っている。személyesen ismer, 個人的に知っている。〕
ismeret [名] 知ること，承知；知識，見聞，識ること；(哲)認識(知)；学識。
ismeretes [形] 知られた；知っている，知り合いである；公知・周知の，紛れもない。
ismeretkör [名] 知識の範囲，認識圏。
ismeretlen [形] 知らない；未知の，面識のない；知名でな

い，有名でない。[名] 未知の人，無名の人；(比) 未知の場所；(数) 未知数。

ismeretség [名] 知り合いになること；相識，知己，懇意，知人；認識。〔ismeretségben vagyok vele, 私は彼と知り合いです。〕

ismeretterjesztő [形] 世間一般に広める，普及的，啓蒙的。

ismerkedik [自] (vkivel) (…と)知り合いになる。

ismerős [形] 知られている，知っている，知り合いである；見当識のある。[名] 知人，知り合いの人。

ismert [形] 知られた；知っている，知り合いである；著名な。

ismertet [他] (…を)紹介する，知らせる；(…について)論ずる，批評する。

ismertetés [名] (刊行物・プログラム等の)紹介，報告；(書籍の)紹介，論評，ブック・レビュー。

ismertetőjel [名] しるし，記号，目印；特徴；(医)徴候；(空)航空標識；(哲)標準，規範。

ismét [副] 繰り返して，再び，もう一度，再度，さらに，重ねて。

ismétel [他] 繰り返す，反復する；再演する；復習する；(進級できずに)留年する。

ismétlés [名] 繰り返し，反復；再言；復習。

ismétlődik [自] 繰り返される；重ねて起こる，繰り返し起こる，しばしば起こる。

ispán [名] (歴)(王城県の)知事；(大地主の)支配人，管理人，執事，管財人。〔főispán, 主席知事。alispán, 副知事。〕

istálló [名] 繋馬場，馬屋；(牛・馬などの)家畜小屋。

isten [名] 神，上帝，天帝，創造主；崇拝物，偶像。〔bizony isten !, 神に誓って，確かに。isten bocsáss !, ああ，かわいそうに，まあ不びんな。istenemre !, 誓って，確かに。az istenért !, どうぞ，お情けですから，後生だから，是非とも。isten mentsen !, そんなことはごめんだ，それは真っ平だ。isten neki !, さらば，ええままよ；仕方がない，どうも。isten hozta !, isten hozott !, よくいらっしゃいました，これはようこそ。isten éltesse !, あなたに神の助けあれ；神よ，あなたを助け給え；お元気で！〕

istenadta [形] 生来の，天性の，先天的の；生まれながら

の；自然の, 天然の；みじめな, 悲しむべき, あわれむべき。[名] 憐れな奴, 素寒貧, 貧乏者。〔istenadta nap, (神の与えた)ありがたい日々。〕

istenhívő [形] 神を信ずる, 信心の, 信仰深い。[名] 信神者, 信者。

isteni [形] 神の, 神のような, 神々しい, 神聖な；(比)この世ならぬ, 崇高な；すばらしい, 絶美の。

istenít [他] 神として崇める, 神化する；(比)(神のごとく)尊敬・景仰する。

istenkáromlás [名] (宗)瀆神(とくしん), 神聖を汚すこと, 冒瀆(ぼうとく)；不敬の言, 悪態(あくたい, わるくち)。

istennő [名] 女神；絶世の美女；(誰かの)崇拝する女性。

istenség [名] 神たること, 神格(性), 神徳；(卑)くず。

istentagadó [形] 無神論の。[名] 無神論者。

istentelen [形] 神から離れた, 神に背いた, 不敬の；不信心の, 神を思わぬ, 神を認めない；無道の, 無頼の, ふらちの。[名] 異教徒。

istentisztelet [名] 礼拝, 神事, 勤業(ごんぎょう)。

iszákos [形] 酒好きの, 飲酒癖のある。[名] 大酒家, でいすい者。

iszap [名] どろ(泥), でい土, でいねい, ぬかるみ。

iszapfürdő [名] でい土浴(温泉浴の一種)。

iszapos [形] どろだらけの, どろぶかい, 沼地の；どろ沼の多い, ぬかるみの。

iszik [他][自] 飲む；大酒を飲む；吸収する, 吸い取る。

iszogat [他][自] ちびちび飲む, すする, しゃぶる, 楽しみ味わいながら飲む。

iszony, iszonyat [名] 身ぶるい, わななき, 戦りつ, 恐れおののき・身の毛のよだつこと；びっくり仰天。

iszonyatos [形] びっくりさせる, ぞっとする, 物すごい, 恐ろしい；大変な, ひどい。

iszonyodik [自] びっくりする, 仰天する, ぞっとする；(…に)恐怖・けんおを覚える。

iszonyú [形] 恐ろしい, 物すごい, 身の毛のよだつ。

ital [名] 飲み物；(清涼・アルコール)飲料。〔italnak adta magát, 彼は飲酒にふけった。〕

itat [他] 飲ませる；水をそそぐ；ぬらす, にじませる, ひたす, つける, 浸透させる。

itatóspapiros [名] 液体を浸透させる紙, 吸い取り紙。
ítél [自][他] 判決を下す；判断する；意見を述べる。
ítélet [名] 判決, 裁決；評決, 判定；判断, 評価。〔ítéletet mond, (…に)判決を宣言する。〕
ítélethozatal [名] (法)判決を下すこと。
ítéletnap [名] (…の)最後の日；(宗)最後の審判日, 世界の末日。
itt [副] ここに(で), 当地で(に)；この時点で；今こそ。
ittas [形] 酔った, めいていした, ひどく酔った。
itteni [形] ここの, 当地の；当地産の。[名] 当地の人。
itthon [副] (ここ)宅で, 自宅で, 我家で；郷里で, 故国で。
itt-ott [副] (所)ここかしこに；(時)時に応じて。
ív (目 ívet) [名] (古)弓；(比)弓形, 弧形, 曲線；(建) アーチ, 弓形の天井, 円天井, 追持(せりもち)；橋弧(弓形)；(印)全紙一枚, 書物の16頁分。
ivadék [名] 子孫, 末えい, 苗えい, 卑属；後代, 世代, 一門, やから；(動)(一腹の子)やから, 子魚(養殖用の)。
ivás [名] (酒など)飲むこと；大酒, 暴飲。〔magát az ivásnak adja, 飲酒にふける。〕
ívás [名] (魚・カエルなどが)産卵すること；(同じく)産卵期。
ível [他] 弓形に曲げる。[自] アーチを描いて進む；弓形に曲がる；カーブを描いて上昇する。
ívfény [名] (物)弧光；弧光灯, アーク灯。
ívlámpa [名] 弧光灯(アーク灯)。
ivó [名] 飲む人；飲酒家, 酒客；酒場, 酒を飲む室, バー。
ivópohár [名] 水飲みコップ。
ivóvíz [名] 飲み水, 飲用(料)水。
íz¹ [名] 味覚, 味, 風味；(比)趣味, 好み；(果物の)ジャム, マーマレード。〔jó ízű, うまい, 美味の, 風味のよい。〕
íz² [名] (医)関節, 肢節, 四肢, つがい；結び目, 節結, 環；(全体を構成する)一員, 一人, 会員；部分, 区分；度, 回, 遍；(聖)世代, 代。〔harmad ízig, 第三代の子孫まで。első ízben, 第一に, 最初に。több ízben, 度々, しばしば, 何度も。ízekre tép, 粉々に砕く。ízről--ízre, 関節から関節へ, 関節ごとに；世代から世代へ, 代ごとに。〕
izé [名] (ちょっと心に浮かばない言葉の代わりに用いる, 例えば)ほらあの人, 何とかいったあの人, 何とかいったあの物…。
izeg-mozog [自] あちらこちらへと動く, すわって落ち着かな

ízelítő 416

い；ぐずつく，しりごみする，ためらう。
ízelítő [名]（俗）（うまい物の）一口，小片；試食物。
ízes [形] 美味の，風味のよい；趣味のよい；ジャムの。
ízetlen [形] 味のない，風味のない，まずい；無趣味な，下品な。
izgága [形] つむじ曲りの，口げんか好きの，議論をふっかける；訴訟癖のある；乱暴な，気ままな。
izgalmas [形] 刺激的な，おもしろい；人さわがせの，扇動的な。
izgalom（目 izgalmat）[名] 刺激，興奮，激動；誘発，扇動，いらだたせること。
izgat [他] 刺激する，ちょう発する，怒らせる；駆りたてる，扇動する。
izgatás [名] 刺激，ちょう発，怒らせる（興奮させる）こと，扇動すること。
izgató [形] 刺激的，ちょう発的，扇動的。[名] 扇動・教唆者。
izgatott [形] 刺激された，興奮（逆上）した，いらいらした，怒った。
izgatottság [名] いらだったこと，興奮・逆上したこと，激怒したこと。
izgul [自] のぼせる，興奮・逆上する，激する；緊張する。
Izland [固] アイスランド（氷国）。
izlandi [形] アイスランドの。[名] アイスランド人。
ízlel [他] → megízlel. 味わう，風味する，試食する，味を試す。
ízlés [名] 同上のこと；味覚，風味；趣味，このみ。
ízléses [形] うまい味（風味）のある；趣味のよい，センスのいい。
ízléstelen [形] まずい，味のない，風味のない；センスのよくない，趣味のよくない；失礼な，下品な。
ízléstelenség [名] 同上のこと；無味；悪趣味；同上の言行。
ízletes [形] 味のある，おいしい，美味の，風味のよい；（比）趣味のよい，センスのいい。
ízlik [自] 口に適う，美味である，味がある，おいしい。
izmos [形] 筋肉たくましい，筋肉の強い；勢力的な，力のこもった；力強い。

izom (目 izmot) [名] (解)筋(きん・すじ), 筋肉。
izraelita [形] ユダヤ教の。[名] ユダヤ教の信者。
íztelen [形] 風味のない, まずい；無趣味の, 失礼な, 下品な。
ízű [形] 味の, 風味の。〔jó ízű, 美味の。〕
ízület [名] (解)関節。
izzad [自] 汗をかく, 発汗する；(ガラスや鏡などが)曇る, 息吹がかかる；(比)格闘する, 苦しむ。
izzadás [名] 汗をかくこと, 発汗；(ガラス・鏡などが)曇ること, 息吹がかかること。
izzadság [名] 汗；発汗, 流汗；(ガラスの)水気, 露。〔arca izzadságával, 彼の顔に汗して。〕
izzadt [形] 発汗した, 汗だらけの；曇った(ガラス・鏡など)。
izzás [名] 焼いて熱くなること, しゃく熱, 白熱；(灯火が)きらきら輝くこと, こうこうと光を放つこと；(比)(感情が)熱すること, 熱中。〔fehér izzás, 白熱。vörös izzás, 赤熱。〕
izzaszt [他] 汗をかかせる, 発汗させる。
izzasztó [形] 汗を出させる, 発汗性の。
izzik [自] しゃく熱している；(灯火が)熱で輝く；(比)(感情が)激昂する。
izzó [形] 白熱・赤熱する；燃えるような(眼差しなど)；(比)熱烈な, 熱心な。〔izzó fény, 白熱光。izzóvá van, しゃく熱する, 熱して赤くなる；(比)熱心・熱烈になる。izzóvá tesz, しゃく熱になる・(比)熱烈にならせる。〕

J

jácint [名] (植)ヒヤシンス, 風信子。
jaj [間] おお痛い, ああ悲しい(悲嘆の声)；おや, これはこれは！[名] 苦痛の叫び声, 悲鳴；苦痛, 痛み。
jajgat [自] 嘆く, 悲嘆する, 嘆き悲しむ；不平をいう, 愚痴をいう, かこつ。
jajszó [名] 哀泣, 号泣, 悲鳴。
jámbor [形] 敬けんな, まじめな, けなげな, 信心深い；温厚な, 柔和な, やさしい, 行く順な；悪意のない, 無邪気な；単

純な, 愚直な, 質ぼくな。
jannicsár [名] 旧トルコ帝国の(捕えたキリスト教の子どもをイスラム教徒にした)近衛歩兵(スルタンの), ヤニチャル。
január [名] 一月, 正月。
Japán [固] 日本。
japán [形] 日本の。[名] 日本人。
jár [自] 行く, 歩く, 行き来する;(学校へ)通う;行く, 訪問する;車や舟で行く, 旅行する;活動している, 進行中である;適当である, ふさわしい;(誰の)義務である, 受くべきである。〔kocsin, hajón jár, 車・舟で行く。gyalog jár, 徒歩で行く。sok bajjal jár, 多くのやっかい(負担・煩労・苦痛)がともなう。〕
járás[1] [名] 歩くこと, 歩み, 動き;(天体の)進行;(比)行き方, やり方, 成り行き, 経過, 行程;(機械の)作用, 運転;(馬の)歩度。〔egy óra járásnyi, 一時間行程の, 一時間位かかる。ismeri a járást, 彼はよく精通している, 勝手が分かっている(場所の)。〕
járás[2] [名] (行政上の)管轄区域, 郡。
járat[1] [名] 動くこと, 歩み, 動き;(特定の用で)行くこと, 使命, 任務;(工)運転, 進行;(水車の)旋回;速度, 経過;(飛行機・船などの)便。〔mi járatban vagy?, 君は何の用でここへ来たのか?〕
járat[2] [他] 来させる, 歩かせる;(学校へ)行かせる;(新聞を)宅配させる, 購読している;(機械)動かす。
járatlan [形] 人気(ひとけ)がない, 人跡未踏の;未経験の, 未熟の, 精通しない。
járatlanság [名] 無経験, 未熟。
járatos [形] (…へ)よく行く, なじみの;知っている, 精通・熟知している。〔járatos vagyok e házhoz, 私はこの家についてはよく知っている, よく出入りするから。〕
járda (目 járdát) [名] 歩道, 舗道。
járhatatlan [形] 通行できない, 道の通じていない, 道のない;舟(車)の通らない。
járható [形] 歩ける, 通行しうる;舟(車)が通れる;(管・パイプなどの)通りのよい;(商)売れゆきのよい。
járkál [自] 歩き回る, 行ったり来たりする, うろつく。
jár-kel [自] 歩き回る, うろつき回る;(仕事で)駆け回る。
jármű [名] 運搬の具;乗り物。

járó [形] (医)歩ける；(舟・車が)行く, 通る；旅する；相当の, 適当の, ふさわしい。[járó beteg, 歩ける患者。egy napi járó, 一日の旅行(程)。]

járókelő [名] 通行人, 通りがかりの人, 通過者, 歩行者。

járom (目 jármot) [名] くびき(軛)；(比)束縛, 負担, 重荷, きはん。[járomba fog, くびきをつける, くびきにつなぐ。járom alá hajt, くびきの下におく；束縛・圧制する, 隷属させる。]

járomcsont [名] (医)ほお骨, かん骨。

járőr [名] (兵)(一隊の)斥候, てい察隊；巡察。

jártas [形] なじみの；(比)経験ある, 精通した, 老練な, 造けい深い。

jártasság [名] 経験あること；練達, 熟練, 老練, 手練。

jártat [他] 歩かせる, (先に立って)連れて行く, 歩行を教える, 導く；(比)(…を)あやつる；(目を)四方に配る, うろつかせる；(馬に)運動させる。[gyermeket jártat, 手引きひもで幼児に歩行を教える。jártatja a száját, しゃべり過ぎる, 口がすべる。]

járul (vmihez) [自] 赴く；くみする, 加わる, 味方する, 親密になる；寄与(助力・施しを)する。

járvány [名] 疫病, 伝染病, 流行病。

járványos [形] 伝染性の, 疫病の, 流行病の；(動)家畜流行病性の。

jász [形] ヤース(13～14世紀に定住し, 現在のヤース地方に住む)人の。[名] ヤース人。

jászol [名] まぐさおけ(秣槽), かいばおけ, (聖)(キリストが馬屋で生まれた故事から)揺らん, キリスト誕生図。

játék [名] 遊び, 楽しみごと, 娯楽, 戯れ, ゲーム；児戯に類すること；おもちゃ, がらくた；演技, 芝居。

játékos [形] 戯れの, ざれた, 遊び戯れる；遊び好きの。[名] 競技者；宝くじの購入者。

játékszer [名] おもちゃ類；(比)もてあそばれた人。

játékterem [名] ゲームセンター；賭博場。

játszik [自][他] 戯れる, もてあそぶ；(金のために)勝負ごとをする, かけする；(ス)競技する；(音)演奏する；(劇)演ずる。

játszma [名] (勝負事の)一勝負, 一番, 一ゲーム。

játszódik [自] 遊ぶ, 戯れる；(劇の物語は…で)演じられる。

játszótér [名] 遊戯場, 運動場。
játszva [副] 遊び半分に, 易々と, 楽々と, 遊びながら, 造作なく, 手軽に。
java (目 javát) [名] (3人称単数所有者表示の付いたもの) (vminek) (…の)大部分; 最もよき物, 最も優れた物; 最善; 長所, 美点, 精華; 福祉, 繁栄; 勝利; 財産; 利益; (商) (…の)受取勘定。〔java bor, 最良のぶどう酒。java korában van, 彼は良い年配だ(高齢)。javában mulatnak, 彼らは頗る楽しんでいる(非常に愉快に語り合っている)。javára van, それは彼のために幸いだ, 彼の利益のためにある。javára ír, 当座勘定に総額を記載する, 彼の功績である。a szegények javára, 貧乏人たちの利益のために。élete javát, 彼の生涯の大部分を。2：0 a javunkra, 2：0で勝利した。〕
javak [名] (複) 所有物, 財宝, 財産, 資産; 所有地, 地所。
javall [他] 是認する, 可とする; 勧める, 賞めそやす, 推せんする。
javaslat [名] 申し出, 提議, 建議, 提案, 意見具申; (議)動議。
javasol [他] 申し出る, 提議・提案する; 動議を提出する。
javít [他] 直す, 良くする, 改良・改正・改善する; 修正・訂正する; 修復・修繕する。
javítás [名] 同上のこと; 改良, 修正, 訂正; 修復, 修繕。
javíthatatlan [形] 改善しがたい; (人について)きょう正・済度しがたい; (物について)修繕のできない。
javítóintézet [名] 少年感化院。
jávorszarvas [名] (動) おおしか(北欧・北米産の)。
javul [自] よくなる, 改まる; 改心する; 快方に向かう。
javulás [名] 良くなること, 改まること, 良化; (道徳的に)改心すること; (病気が)快方に向かうこと。
jázmin [名] (植) ジャスミン属(そけい等)。
jég (目 jeget) [名] 氷; 霰(あられ); スケートリンク。〔esik a jég, 霰が降る。〕
jégcsap [名] 氷柱(つらら)。
jegenye (目 jegenyét) [名] (植) 白楊樹(ハコヤナギ)属(ポプラの類)。
jeges [形] 氷の; 氷におおわれた; 氷のような; (比)冷淡な;

そっとする。
jegesmedve [名] (動)北極熊，白熊(くま)。
jégeső [名] ひょう(雹)，霰(あられ)。
jéghegy [名] 氷山，大氷塊，流氷；氷に被われた山。
jéghideg [形] 氷のように冷たい；(比)冷淡な。
jégkár [名] ひょう害，あられ害。
jégkéreg [名] 氷皮(表面に凍結した氷)，氷の堅い表面。
jégszekrény [名] 氷室；製氷器；冷蔵庫。
jégvirág [名] (ガラス窓の)結露；(植)(しだ類)松葉菊属，氷花。
jégzajlás [名] 流氷が流れること。
jegy [名] 印，目印，記号，符丁；数字；音符；婚約；(学校の)考課，点数；券(パン券など)；切符，入場券；書付，カード；(宗)十字を切ること。〔jegyet vált, 切符を買う；(…と)婚約する。jegyben jár, 婚約している，いいなずけである。jegyül, …の印として，記号・証拠として。〕
jegyes[1] [形] 印をつけた，目印をした；烙印を押された。
jegyes[2] [名] 婚約の男(女)，婚約者，許嫁(いいなずけ)。〔jegyesek(複)，婚約者，いいなずけ，婚約中の男女。〕
jegyespár [名] 婚約中の男女。
jegyez [他] 記号(目印)をつける，表示(記帳)する；(商)相場表に記載(記帳)する。
jegygyűrű [名] 婚約の指輪，エンゲージ・リング。
jegyszedő [名] (入口で)切符を集める人。
jegyzék [名] 目録，リスト，表，索引；一覧表，明細書；書付，計算書，勘定書；(外交上の)ノート，通達。
jegyzékváltás [名] (外交上の)通達(牒)交換。
jegyzet [名] 覚え書き，備忘録，心覚え，メモ；草稿；注。
jegyző [名] 書記，(現今の)公証人，記録係(調書・議事録などの)；筆記者(裁判所書記)；(1949年までの村・町などの)官(公)吏，役人；(歴)年代記作家。
jegyzőkönyv [名] 公証書類，登記書類；記録，調書，議事録；外交文書，定議書。
jel [名] 印，記号，目印，目標；合図；(文)(複数形を表す -k などの)印；(化)符号。〔jelt ad, 合図をする。jeléül, …の印として。jellel ellát, (…に)印をつける，記号を入れる；調印・署名する；(商品に)商標・レッテルをはる。〕
jeladás [名] 合図，目くばせ；(比)暗示，注意。

jelen [形] 現在・現今・現代・現時の, 目下の, 今の；居合わせた, 席にある, 出席している。[名] 現在, 現今；現在の状況；(文)現在形。[副] 居合わせて；出席・参会している。〔jelen van, 出席・列席している。jelenben, 現今, 目下；当分。jelen idő, (文)現在時制。〕

jelenet [名] 現場；(劇)場, シーン；場面；(映画の)画面。

jelenkor [名] 現在, 現今；現代, 当代。

jelenleg [副] 現今, 目下, 今のところ, 今；当分。

jelenlegi [形] 同上の。

jelenlét [名] 現にあること, 居合わせること；出席, 参列, 臨場；立ち合い, 現前, 同席。〔jelenlétében, 彼のいる前で, (誰の)居合わせているところで。〕

jelenlevő [形] 席にある, 居合わせる, 出席している, 現にいる。[名] 出席者。

jelenség [名] 出現；(自然の)現象；出来事, 事件；(比)目立つ人。

jelent [他] 知らせる, 告げる, 報告・通知する；(…を)意味する, 意を表わす, 暗示する, 前兆である；(兵)(上官に対して)報告する。〔ez mit jelent?, これはどういう意味？ mit jelentsen ez?, どうとったらいいの？〕

jelentékeny [形] 意味ある, 意味深長な, 含蓄ある；重要な, 重大な；著しい, 顕著な。

jelentéktelen [形] さしたる意義ない, 重要でない；(比)さ細な, つまらない；小さい, 弱い。

jelentés [名] 意味, 意義；重要, 重大；報告, 報知, 通知；申告, 申し込み；陳述, 言及。〔jelentést tesz, 報告・通信・申告する。〕

jelentkezés [名] 訪れ, 申し出, 届出；出現。

jelentkezik [自] 現れる, 申し出る, 届出る。

jelentő [形] 意味ある, 意を表わす；意味ありげな；重要な, 著しい, 大いなる；(文)〔jelentő mód, 直接法, 陳述法。〕

jelentős [形] 意味ある, 意味深長な, 含蓄のある；重要・重大な。

jelentőség [名] 重要性；意義。

jelentőségteljes [形] 意味ある, 意味深長な；重要な, 重大な。

jeles [形] 優秀の, 立派な, 抜群の, 傑出した, すぐれた, 卓越した；主要な。[名] (成績)良。〔hazánk jelesei,

jelszó

わが祖国の大人物(偉大な人々，大立もの，大家，名士)。〕

jelez [他] (何らかの方法や音で)知らせる；動作で示す；(比)暗示する，ほのめかす；(合図で)知らせる，(信号で)報知する；(比)短く伝える。

jelige [名] 標語，格言，金言，モットー；見出し；合言葉。

jelkép [名] シンボル，表象，表徴，象徴；(数・化)記号，印。

jelképes, jelképi [形] シンボルの；象徴的，比喩的。

jelképez [他] 表(象)徴する，表徴化(象徴化)する，比喩で表わす(示す)，象徴的に表現する；記号で表わす，符号で示す。

jelleg [名] 印象，刻印，特色，特徴，特質；性格，人格。

jellegzetes [形] 特色ある，特性・特徴を示す，性格を表わす；固有の，特徴的；典型的，類型的，代表的。

jellem [名] 特質，特性，特色；人柄，品格，人格；個性；き然たる性格。〔erős jellem, 個性の強い人。〕

jellemez [他] (…の)特性・性格を表わす，性格を叙述する；特徴・特色をなす。

jellemtelen [形] 性格の弱い，主義・節操のない，操守なき，き然としたところのない。

jellemű [形] …の性格の。〔kiváló jellemű, 卓越した性格の。〕

jellemvonás [名] 特色，特徴。

jellemzés [名] 特徴の現れ；特性叙述，性格描写。

jelmez [名] 舞台衣装；仮装，変装。〔jelmezbe öltöztet vkit, 誰を仮装させる。〕

jelmondat [名] 金言，格言，ことわざ；題目，標語；題銘，座右銘。

jelnyelv [名] 手話。

jelöl [他] (…に)印をつける，記号をつける；(道や方向を)示す，指示する；(…を…に)選定・指命する；候補者として立てる，提出する。

jelölés [名] 記号・目印をつけること；(方向を)指示・表示する印；(…を…に)選定・指定すること。

jelölt [名] 候補者，応募者，志願者(…への)。

jelöltség [名] 候補者たること；(任官などの)志願，立候補。

jelszó [名] (兵)合言葉，暗号，合図；モットー。

jelvény [名] (会社などの)バッジ；(兵)標章，記章。〔jelvények, (複)印璽(いんじ)；勲章，記章；位階章；職章(標)。〕

jelzés [名] (合図で)知らせること，信号を送ること；記号・印を付すること，特色づけること；告げること，通知，報告；指示・表示すること。

jelző [形] 指示・表示するところの…。[名] (文)修飾語；停止信号。

jelzőlámpa [名] 交通信号，停止信号。

jérce (目 jércét) [名] (鳥)若いめんどり・鳥。

jó [形] よい(良，善)；実直な；上等の，立派な；親切な，丁ねいな，好意ある；ふさわしい；かなりの，随分な；役に立つ，有用な，有為な。〔jó drága, かなり値が高い。jó darab kenyér, でかいパン切れ。jó idő óta, 長い間，久しい以前から。jó korán, 相当早く，早期に。jó reggelt (napot, estét, éjszakát) kívánok!, おはよう(こんにちは, こんばんは, おやすみなさい)!〕[名] よいこと，善良；善人；親切，好意；慈悲，同情；(成績の)可。〔jónak lát, 便利・調法だと思う。jónak tart, 同上。jót akar, (…に)好意を持つ，好意を寄せる；幸いあれと願う。jót tesz, 善を行う，善事をする；親切を尽くす，慈善を施す；(…に)快感を与える，喜ばせる；(健康等の)ためになる。jóval szebb, はるかに美しい，大変美しい。〕

jóakarat [名] 善為；好意，親切，愛願。

jóakaratú [形] 善意の；好意ある，親切な，歓心を買う，心をよせた。

jobb [形] (比較級) より良い，一層よい；正しい；右の。[名] 右手；右側；(比)右翼(保守党)。〔jobbjában, 彼の右手に，右方に，右側に。〕

jobbágy [名] 農奴。

jobbágyság [名] 農奴の身分；農奴階級；農奴制；農奴(民衆)。

jobban [副] より良く，より多く；…より以上に，…よりもっと；可なり良い；より好んで，むしろ，いっそ。〔jobban van, 彼は健康状態が良くなっている。jobban szeret, より好きだ，(…の方が)好い。egyre jobban, いよいよ, だんだん。〕

jobbféle [形] より良い性質の，より良い種類の。

jobbik [形] (二つの中の)良い方の，優れた方の(物)；右側

の。

jobbra [副] 右へ, 右に, 右側へ, 右手へ。〔jobbra át!, 右向け右!〕

jobbulás [名] 良くなること, 改まること；改良, 改心；(病気の)快方に向かうこと。〔jobbulást kívánok, お大事に。〕

jócskán [副] かなり多く。

jód [名] (化)ヨード(沃度), 沃素。

jófajta, jóféle [形] 良い種類の, 優れた, 立派な。

jóformán [副] 言わば；あたかも, ちょうど。

jog [名] 権利；権限, 権能；正義, 公正；法, 法律(規)。〔joggal, 正当に。jogot tanul, 法律を学ぶ。jog szerint, 法律的に, 法律上；正当に, 正しくは。〕

jogalap [名] 法律上の理由(根拠・権限)。

jogállam [名] 法治国家。

jogar [名] → királyi pálca. 王笏(おうしゃく)(杖)；(比)王位, 王権。

jogász [名] 法学者, 法律家；法学部生。

jogbitorlás [名] (法)占有侵奪, (主権・王位などの)さん奪；横領。

jogcím [名] 法的根拠；(…を為す)正当な権利, 資格。

jogegyenlőség [名] 法の下の平等。

jogellenes [形] 違法の, 不法の。

joghallgató [名] 法科(大学)生。

jogi [形] 法律の；法律上の；法定の, 合法的の, 適法の；裁判の。〔jogi képviselő, 法律の代表者, 代弁者, 弁護士。jogi út, 法律的手段, 訴訟の方法。jogi vélemény, 法律上の鑑定・意見。〕

jogos [形] 正しい, 正義の, 公平な；合法の, 法律上正当の, 適法の。

jogosít [他] (誰に…をする)権利・資格・権能を与える。

jogosítvány [名] 運転免許証；免許, 権限。〔vezetői jogosítvány, 運転免許証。〕

jogosulatlan [形] 権利のない；不当の；いわれなき, 根拠のない。

jogosult [形] 権利・権能・資格ある, 正当な。

jogosultság [名] 権利・権能・資格・職権あること。

jogszerű [形] 法律上正当の, 法に適った, 合法の, 正当

の；権利・権能・資格ある。

jogtalan [形] 法律の保護をうけない，権利のない，公権喪失の；不法の，違法の；不正な，不公平な。

jogtalanság [名] 同上のこと；不適法，違法，不法性，不公平，不正当。

jogtanácsos [名] 法律顧問，顧問弁護士。

jogtudomány [名] 法律学，法学。

jogutód [名] 権利承継者。

jogvédelem [名] 権利の擁護，法律上の保護。

jogviszony [名] 法律的関係。

jóhiszemű [形] 誠実の，信義ある，信用できる；好意の，誠意・親切心よりの；正直な，まっすぐな。

jóindulat [名] 好意，親切，愛顧；善意の行為・努力。

jóindulatú [形] 好意ある，親切な，善意の；やさしい，おとなしい，気立てのよい；(医)良性の。

jóízű [形] うまい，美味の，風味のよい；(逸話)すばらしい，すてきな；(しゃれ)成功した，出来ばえのよい；(文人)情味(趣)ゆたかな。〔jóízű alvás, 心地のよい眠り。〕

jókedvű [形] 上きげんの，快活な，晴れやかな，朗らかな，うれしそうな。

jókor [副] ほどよい時に，時宜を得て，適時に。

jól [副] 良く，快く，愉快に；よろしく，うまく，然るべく，適当に；正しく，間違いなく；正確に，確かに。〔jól áll, よく似合う，ふさわしい。jól van, 彼は達者である，健康である。〕

jólelkű [形] 気立てのよい，人のよい；親切な，誠実な。

jólesik [自] (…が…の)気に入る，心地よい，(…にとって)快適である。

jóleső [形] 快い，気持ちよい，快適の，心落ちつかせる。

jólét [名] 福祉，安寧，裕福；繁栄；公安，公益。

jóléti [形] 福祉の，公安の。〔jóléti bizottság, 公安委員会(特にフランス革命時代の)。〕

jóllakik [自] 満腹する；堪能する；(比)飽きる。

jómód [名] 富裕，裕福，幸福(金銭上で)；安楽。

jómódú [形] 富裕な，裕福な，資力ある。

jóravaló [形] 役に立つ，有用の；働きある，才能ある，有為の，有能の；正しい，正直の，誠実の；感心な。

jós [名] 占い者，易者；予言者，透視者，千里眼。

jóság [名] 良いこと，良さ，優良；好意，親切，懇情；慈

悲，同情；寛容。
jóságos [形] 善良な，温和な；好意ある，親切な；寛大な，慈悲深い。
jóslat [名] 予言(知，示)，警告；(神託所の)神託，託宣。
jósnő [名] 占い女，女予言者，巫女(みこ)。
jósol [他] 予言する；予告・予知する，前兆を示す。
jószág [名] 資産，財産，所有物(動産・不動産)；家畜，獣；(人間，まれに動物の)子ども。〔apró jószág, 家きん，鳥類(食用)。〕
jószántából [副] 自発的に，(自ら)進んで。
jószívű [形] 善良な，親切な，気立てのよい；情深い，慈悲深い。
jótáll [自] (…に対して)保証する，請け合う；(…の)保証に立つ。
jótállás [名] 同上のこと；保証，引受責任，代当責任。
jótálló [名] 保証人，引受人，担保人。
jótékony [形] 善行をする，慈善ぶかい，慈悲の，博愛の。
jótevő [形] 善行をなす，慈善を施す，慈善の；(体の)ためになる，有益な。[名] 善行者，慈善家，恩人。
jóvahagy [他] 是認する，可とする；認可(同意)する；批准する。
jóvahagyás [名] 是認すること；許可，同意，承(受)諾；(法)裁可，批准；(議会)賛同。
jóvátehetetlen [形] 善処できない，無器用の，下手な；どうにもならない。
jóvátesz [他] つぐなう，賠償・補償する；改める，改良する；回復・復旧する。
jóvoltából [副] …のおかげで。〔isten jóvoltából, 天裕に依り，神の恵み(冥護)に依り。〕
józan [形] 道理を弁えた，思慮ある，常識ある；冷静な，合理的な，至当の；程よい，適度の，中庸をえた；素面の，酔っていない。
józanság [名] 思慮あること，冷静，中庸をえたこと。
jön [自] 来る，至る，行く；生ずる，発生する；出現する；伝わる；価いする，金がかかる。
jöttment [形] 外来の，走り寄りの，他国者の；放浪的，さすらいの。[名] よそ者，浮浪者，無宿者。
jövedelem (目 jövedelmet) [名] 収入，所得。

jövedelemadó

〔bruttó jövedelem, 総収入, 総所得。〕
jövedelemadó [名] 所得税。
jövedelembevallás [名] 確定申告。
jövedelmező [名] 収入(利益)のある, 有利な, もうかる。
jövendő [形] 来るべき, 将来の, 未来の, 次の。[名] 未来, 将来。〔jövendőben, 将来において, 行く末は, 将来は。〕
jövendőbeli [形] 未来の, 将来の。 [名] 許婚(いいなずけ)。
jövés-menés [名] 行ったり来たりすること, あちこちへぶらつくこと；忙しいこと；行き来(金の出入)。
jövet [副] 来る途中, こっちへの道, 帰路。
jövetel [名] 来着, 到着；接近；(宗)来臨。
jövevény [名] 新参者；新顔；外来者。
jövő [形] 次の, 来るべき；将来の, 未来の。[名] 未来, 将来；前途, 行く末；来るべき時代, 後世；来世。〔jövőben, 将来において, 行く末は, 将来。jövő héten, 来週に。jövő évben, 次年に。a jövő tavasz, 来春。〕
jövőre [副] 来年に。
jubilál [他] (…の)周年記念祝典を祝う。
juh [名] (動)めん羊, 羊。
juhar, juharfa [名] (植)かえで(楓)；かえでの木。
juhász [名] 羊飼, 牧羊者。
juhászkutya [名] 羊飼の犬, 羊の番犬, 牧羊犬(コリー・シェパード種等)。
juhhús [名] 羊肉。
juhocska [名] 小羊。
juhsajt [名] 羊乳からつくったチーズ(乾酪)。
juhtej [名] 羊の乳, 羊乳。
juhtenyésztés [名] 羊の飼育(飼養)。
juhtúró [名] カッテージチーズのような混ぜることができる羊乳からつくったチーズ。
július [名] 七月。
június [名] 六月。
jut [自] (…に)到る, 達する, 到達する；(…に)成功する；(誰に)帰する(与えられる)；至当する；(…の)結果となる；(悲境に)陥る；(合点に)達する, 思い出す。〔nem jut eszembe, 私には思い出せない。〕

jutalmaz [他] (…を…で)報いる, 報酬を与える, ほうびを与える。

jutalom (目 jutalmát) [名] 報酬, ほうび, 賞与；お礼, 謝礼物；(雇用関係の)賞与金, 手当, 心付。

jutalomdíj [名] 賞金, 賞品；謝礼, 報酬。

juttat [他] 到らせる, 送り届ける, 交付する, 渡す, 与える。〔te juttattad eszembe, 君が私に思い出させてくれた。〕

K

kabala¹ (目 kabalát) [名] 雌馬(ロバ・ラクダなどのメス)。

kabala² (目 kabalát) [名] 迷信, 盲信；マスコット, 護符(まもりふだ)。

kabát [名] (男の)上衣, 背広, ジャケット；(女の)上衣(裾のない), 短衣；外とう, オーバー。

kábel [名] (海)大綱(おおづな), いかりづな；(電)海底電線, ケーブル；外電。

kábeltévé, kábeltelevízió [名] ケーブルテレビ, CATV。

kábít [他] 知覚を失わせる, しびれさせる；混迷・失神させる。

kábítószer [名] 麻薬。→ drog.

kábult [形] 知覚を失った, しびれた, 無感覚の；ぼうっとした。

kacag [自] 大笑いをする, 声を立てて笑う。

kacagás [名] どっと笑うこと, こうしょう(哄笑), 大笑い。

kacaj [名] 大笑い, 高笑い；爆笑。〔kacajra fakad, 大声ではがらかに笑う〕。

kacér [形] (人の)気に入りたがる, きげん(人気)取りの；こびを呈する, へつらう, なまめかしい, あだっぽい。

kacérkodik [自] び態をつくる, 秋波を送る, 色目を送る。

kacérság [名] 気に入りたがること, こびを呈すること, 人気取り。

kacs [名] (植)(ぶどうなどの)巻きつる(蔓)。

kacsa (目 kacsát) [名] (鳥)あひる, 若あひる；かも, 若がも。

kacsázik [自] かも猟をする；がに股で歩く。

kacsingat [自] (…に)何度もウィンクする；よそ見をする。

kacsint [自] 目配せする，目で合図する，ウィンクする；よそ見をする。

kacskaringós [形] 曲がりくねった形の，からくさ模様に飾られた；(比)虚飾の，わざとらしい，不自然な。

kacsó [名] (女・子供の)おてて，小さい手。

kád [名] おけ(ぶどう栽培人や染色業者などの桶)；たらい，浴そう，ゆぶね。

kádár [名] おけ作り職人，おけ屋。

kagyló [名] 二枚貝；貝殻(かいがら)；(解)耳殻(外耳の一部)；(電話の)受話器；洗面台；便器。

kaján [形] 陰険な，悪意のある，意地悪い；にくみ見る，ねたみ深い，やきもちの，うらめしい。

kajla [形] 曲がった，湾曲した，ゆがんだ；内側(下方)へ曲がった；(比)注意散漫な，おっちょこちょいの。

kajszi [形] 初夏に熟する。

kaka (目 kakát) [名] (児童の言葉)うんこ(大便)。

kakaó [名] カカオ，ココア。

kakas [名] (鳥)おんどり(雄鶏)；(銃の撃鉄)。

kakasülő [名] 鶏のとや(鳥屋～すむ小屋)，または鳥屋へ登るときのハシゴ(梯子)。

kakukk [名] (鳥)かっこうどり。

kalács [名] ミルク入りのパン菓子。

kaland [名] 一般に危険を伴う，または波らん万丈の事件；突飛行為，武者修業，冒険；恋愛事件。〔kaland után jár, 冒険旅行に出かける，運だめしをする。〕

kalandor(nő) [名] 危険を伴うことを企てる人，冒険家(女)，武者修業者；山師，いかさま師。

kalandos [形] 冒険的な，大胆な；冒険好きの，伝奇的な，奇異な，空想的な。

kalandvágy [名] 冒険を渇望すること，冒険熱。

kalap [名] (つばのある)帽子，(きのこなどの)傘の部分。

kalapács [名] 金づち(槌)；ハンマー，玄能，大つち。

kalapál [他] 金づちで打つ。[自] (心臓が)強く打つ。

kalapos [形] 帽子をかぶった，(きのこ)傘のある；帽子用の。[名] 帽子製造人，帽子屋。

kalarábé [名] → karalábé.

kalász [名] (植)(穀物などの)穂(ほ)。
kalászos [形] 穂の, 穂のある；穂状の。[名] 穀物。
kalauz [名] ガイド, 案内者；道案内, 道しるべ；(交)車掌；(海)水先案内人；案内書。
kalauzol [他] 案内する, 導く；水先案内する。
kalitka (目 kalitkát), **kalicka** [名] 鳥かご；大形のおり, 鳥飼場；(比)狭いボックス。
kalmár [名] 小売商人, 商人。
kalóriaszegény [形] 低カロリーの。
kalóz [名] 海賊；海賊船。
kalózhajó [名] 海賊船, 略奪船。
kalózkodik [自] 海賊を働く, 海上略奪をやる。
kálvinista [形] (宗)カルヴァン派の。[名] カルヴァン派教徒。
kályha (目 kályhát) [名] ストーブ, 炉, いろり, だんろ；かま(窯), 陶瓦(陶器カワラ)製だんろ。
kamara (目 kamarát) [名] 国庫；君主の側近の臣(総称)；会議所；議会；法院。
kamasz [名] 青二才, 十代の少年・少女。
kamaszkor [名] 生意気盛りの年頃(少年期の末)。
kamaszodik [自] 少年期に入る。
kamat [名] 金利, 利子, 利息。〔kamatra ad (pénzt), 利息を取って金を貸す。〕
kamatláb [名] 利率, 利子歩合。
kamatoztat [他] 利子を生ませる, 利子を払わせる, 利子を付す, 利息付で金を貸す；(能力などを)有効に利用する。
kamera [名] ビデオカメラ。
kamion [名] トレーラー, (大型の)トラック。
kampó [名] かぎ, かぎの手；(衣類の)掛けくぎ；止め金, かすがい；上端がカギ形のつえ；(スポーツ)(ホッケーの)打球棒。
kamra [名] 食料貯蔵室, 倉庫；小部屋。
kan [名] (動物の)おす(雄)；(動)ぶた又はいのししの雄。〔vadkan, 野性いのしし。〕[形] (小動物)おすの。
kanál (目 kanalat) [名] さじ, スプーン。〔evőkanál, 食事用スプーン。vakoló kanál, 大さじ, 大ひしゃく。kanalanként, さじで, さじに盛って；一さじずつ。〕
kanapé [名] (背付きの)長いす, 寝いす, ソファー。
kanári, kanárimadár [名] (鳥)カナリア。

kanász [名] 豚飼い, 豚の番人; 粗野な人。

kanca (目 kancát) [名] (動)雌馬; めすのロバ; めすのラクダ。

kancellár [名] (歴)宮廷の官房長官; (ドイツなどでは)首相。

kancsal [形] 斜視の, 横目の, やぶにらみの; (比)ねたみの, にくみ見の; (文)おかしな。

kancsalít [自] 斜視する, やぶにらみしている; 横目で見る, ぬすみ見る。

kancsó [名] 水差し, ピッチャー; (取っ手付きの)大杯; (蓋と柄のある)大きいビール・ジョッキ。

kandalló [名] (壁に取りつけた)だんろ(暖炉), ストーブ。

kandikál [自] (好奇心で)のぞき見る, のぞく, 人目を忍んで見る, 横目で見る。

kandúr [名] (動)雄猫; (俗)女たらし。

kánikula [名] 三伏, 猛暑, 土用; (天)狼星, シリウス。

kankalin [名] (植)桜草属, プリムラ。

kankó [名] (医)淋病, 淋毒性炎症。

kanna (目 kannát) [名] 液体容器; ブリキかん, 水差し; やかん。〔öntözőkanna, じょうろ。〕

kanonok [名] (宗)本山の僧会員, 司教会員, キャノン。

kantár [名] 馬勒(ばろく)。

kántor [名] (宗)(教会の)合唱指導(揮)者, 合唱長; 詠歌隊長, 先詠者, 音頭取り。

kánya (目 kányát) [名] (鳥)とびの一種(はげたか, はやぶさ)。〔vigyen el a kánya!, 畜生失せやがれ!, くたばってしまえ!〕

kanyargó [形] うねりくねった, えんえんたる, 曲がりくねった。

kanyarít [他] 切る; (パンなどを)えぐって切る; はおる; 大きな身ぶりで書く; (比)(新聞の記事など)さっさと書く。

kanyaró [名] (医)はしか(麻疹)。

kanyarodik [自] うねって進む, 旋回する, うねりくねって移動する, 曲折する; 曲がる, たわむ。

kanyarog [自] (道や川が)ジグザグする, 曲がりくねって進む, 屈曲している, のたくる。

kap [他] 得る, 獲る, 受け取る, (手紙を)入手する, 貰う(受ける); つかむ, すばやく(…を)捕えようとする, 得ようとあせる, 奪い合う; (…に)遭う。[自] 始める, 開始する。〔vmibe

kapkod

kap, …にとりかかる，着手する，始める。lábra kap, 四方八方に手を出す(広げる)；起ちあがる，勢をうる，台頭する。lóra kap, ひらりと馬に乗る。vmin kap, (…)を奮い合う；(…に)夢中になっている。tetten kap, 現行犯を押さえる。vmire kap, …を入手・獲得する。hírre kap, 名声を得る，名高くなる。〕

kapa (目 kapát) [名] (農)くわ，十字くわ；つるはし，石割りつち。〔irtókapa, 開墾用のつるはし。〕

kapál [他] (農)耕す，くわですく；つるはしで掘る，開拓する；(比) (馬が前足で地を打つ)足踏みする。

kapálódzik [自] (馬が)足で掻く，こそげる，地だんだ踏む，地をふみならす；もがいて自由になろうとする；(比)はげしく抵抗する。

kapar [他] 掻く，削る，こそげる，ひっ掻く；(喉を)咳こませる；(けちけち金を)かき集める，ためこむ。

kaparás [名] ひっ掻くこと；ひっ掻き傷。

kapaszkodik [自] (…に)しがみつく，かじりつく；よじ登る；(植物が)木にしがみついて登る，からみついてよじ登る；(比)すがる。

kapcsol [他] 結び合わせる，結びつける，接合する，連絡させる，関連させる，組み合わせる；始動させる。

kapcsolat [名] 連絡，結合，関連，関係，交渉；(鉄，電)接続，連絡。

kapcsolatos [形] 結合(連絡・関連)した，結び合わされた。

kapcsolódik [自] 結びつく，結合する，合一する，一緒になる；(化)化合する。

kapdos [他] → kapkod.

kapható [形] 得られる，買うことができる，入手し得る。〔ez a cikk itt nem kapható, この商品はここでは得られない。〕

kapitány [名] (海)船長；(兵)大尉，中隊長；警察署長；(ス)キャプテン。

kapitányság [名] 同上たること，同上の地位または職。

kapkod [自] (…を)すばやく捕えようとする，得ようとあせる，得たがる，張り合う，奪い合う。[他] すばやくつかむ，手早く捕える，ひったくる，掻っ払う；素早く身につける；あたふたと行う。

kapkodás [名] (…を)とらえんと努め・争うこと；あわてふためくこと；性急なこと；やっつけ仕事。

káplán [名] 礼拝堂付きの僧侶；軍隊その他公私の団体に属する僧；助僧，副牧師；(刑務所の)教戒師。

kapocs (目 kapcsot) [名] (衣類の)ホック，留め金；(建)かすがい；釣り針。〔kapcsán (kapocs に 3 人称単数の所有者表示と接尾辞が付いた形)，(…に)連関して，関係して，因んで。ennek kapcsán, これに連繋して，これに関連して。kan kapocs, 洋服のホック(出っぱっているほう)。nőstény kapocs, (洋服のホックなどの)留め金。〕

kápolna (目 kápolnát) [名] (…付属の)礼拝堂(所)，小聖堂。

kapor [名] (目 kaprot) (植)ウイキョウ(香料), イノンド(セリ科)。

kapós [形] 求むる人の多い，望み手の多い，需要盛んな，所望された；引っ張りだこの，人気ある；求婚された。

káposzta (目 káposztát) [名] (植)キャベツ, 甘らん。

káposztás [形] キャベツの, キャベツ料理の。〔káposztás rétes, キャベツ製うず巻き形の麦粉菓子。〕 [名] キャベツ畑。

káprázik [自] ぴかぴかする，きらめく，ちらちらする。〔szemem káprázik, 私は目先がちらちらする。〕

kapta (目 kaptát), **kaptafa** [名] 靴型。〔mindent egy kaptára üt, すべてを同様に取り扱う，千篇一律に取り扱う。〕

káptalan [名] 本山の僧会(牧師団)；本山の僧会の総員(会館)。

kapu [名] 門, 入口, 玄関, 戸口；(ス)ゴール。

kapukulcs [名] 門のかぎ，門鍵。

kapupénz [名] (夜間の)開門料, 入門料。

kapus [名] 門番, 門衛；受付, 玄関番；(ス)ゴール・キーパー。

kapuszárny [名] ひらきどの戸，入口のドア，玄関のとびら。

kapuzárás [名] 閉門，門限；(比)シーズンの終わり。

kapzsi [形] どん欲な，欲ばりな。

kar[1] [名] 腕，ひじ；(いすの)ひじ；状態, 状況。〔karjaiba zár, 抱きかかえる，抱擁する。jó karba hoz, よい地位におく。jó karban, よい状態で，好況で，順調で。〕

kar² [名] (大学の)学部；合唱団；(階級代表の)議員，または階級国会；組合，団体。〔karok és rendek, 国会議員(1848年以前で，こう呼びかけた。各階級を代表する意)。〕

kár [名] 損害，損失；むだ；残念。〔kárba vesz, 失われる，なくなる，紛失する。kárba veszett, 失われた，なくなった，消えうせた；無益な，むだな，役に立たない。kárt tesz, 損害を加える，損害を与える。kár beszélni róla, それは話すまでもない。〕

karácsony [名] キリスト降誕祭(12月25-26日)，クリスマス。〔karácsonykor, クリスマスに。〕

karácsonyeste [名] クリスマス・イブ。

karácsonyfa [名] クリスマス・ツリー，クリスマスに飾る樅(モミ)の木。

karácsonyi [形] クリスマスの。〔karácsonyi ajándék, クリスマスの贈物。kellemes karácsonyi ünnepeket kívánok!, すてきなクリスマスを！〕

karaj¹ [名] (パンの)切れ，薄きれ。

karaj² [名] 動物の，特に豚の背骨脇の(おいしい)肉。

karalábé [名] かぶかんらん，コールラビ。

karám [名] 羊の囲い場または檻(おり)。

karambol [名] 交通事故，(多重)衝突，玉突き事故。

karát [名] カラット(金やダイヤモンドの量目の名)，宝石の重量の単位。

karátos [形] カラットの。〔24 karátos arany, 24カラットの金，24純金。〕

karbantartás [名] 整備，保守点検。

karbunkulus [名] (鉱)紅玉，紅宝石，ざくろ石，ルビー；(医)よう(癰)，ちょう(疔)，吹出物。

karcol [他] 裂け目を入れる；紙になぐり書きする；引っかく；エッチングする。

karcolás [名] 引っかき傷をつける・かすること；引っかき傷，引っかき；裂け目・割れ目を入れること。

karcolat [名] ペン画のスケッチ；(文)日常の出来事を短く，落ちをつけて描いた文章。

karcsú [形] しなやかな，すらりとした；細長い，ひょろ長い，やせぎすの，ほっそりした。

kard [名] 剣，大刀，サーベル。〔kardot ránt, 剣を取

る，剣をとって起つ，鞘(さや)から抜く。kardra hány, (剣で)斬り殺す，虐殺する，殺りくする。〕

karfa [名] ひじ掛け；欄干，てすり；(体操用の)平行棒(横木)。

karhatalom [名] 軍隊，特別警察隊。

kárhozat [名] (宗)永ごうの罰，永遠の死，地獄に落ちること，地獄の苦しみ，永ごうの責苦；(文)破滅。

karika (目 karikát) [名] 輪(わ)；(子供の)輪回し；輪鉄，鎖環，環輪；(目のまわりの)隈。

karikacsapás [名] (剣を)円形に振りまわすこと。〔úgy megy, mint a karikacsapás, ことがすらすらと運ぶ。〕

karikás [形] 輪のついた；隈のある；鞭(むち)の付いた。〔karikás ostor, 猟鞭(むち)。〕[名] 猟鞭(動物をおどかすための)；環形の牧人の鞭(むち)，獣を追い立てる鞭；調馬師のむち。

karima (目 karimát) [名] ふち(縁)，はし(端)，へり(辺)；(折り返し帽子の)辺。

karmester [名] (音)楽隊長，楽長，指揮者。

karmol [他] つめでひき裂く，引っかく，ごつごつかく；粗雑になぐり書きする。

karó [名] くい(杙)；棒，支柱，つっぱり。〔karóba húz, くいで支える，支柱する，(…に)くいを打つ；(昔の死刑)くいで刺し貫く；くしに刺す，突き通す。〕

károg [自] (カラスが)カアカア鳴く；不吉な予言を告げながら話す。

karom (目 karmot) [名] (猛鳥獣の)つめ(爪)，けづめ(距)；かぎづめ。

káromkodás [名] のろい，呪詛(じゅそ)；(口汚く)ののしること，毒づくこと。

káromkodik [自] 同上する。

karonfogva [副] 腕を組み合わせて，相たずさえて。

káros [形] 害になる，有害な，損害を与える；不利な，不利益な，損になる；(名誉を)傷つける。

károsít [他] 不利にする，損害を与える；(…を)傷つける，損傷する，害を加える。

károsodik, károsul [自] 損害を受ける，損失を被る。

karosszék [名] ひじ掛けいす。

károsult [形] 損害を受けた。[名] 被害者。

karöltve [副] → karonfogva.
káröröm [名] 意地悪い悪意の喜び, いい気味がり(他人の被害を快いとすること, ざまぁ見ろという心持ち)。
Kárpátok [固] カールパチア山脈。
karperec [名] (装飾用の)腕飾り, 腕環(わ), 腕おおい; (比)手錠, 手かせ。
kárpit [名] 掛けじゅうたん, ;窓掛け, カーテン, 張布; (劇)幕; (車)シート張り。
kárpitos [名] 壁紙工, 経師屋, 壁張師;屋内装飾工;家具商。
kárpótlás [名] 損害を賠償すること; (法)損害賠償, 補償, 補てん, 弁償。
kárpótol [他] 損害賠償をする, 補償・弁償する。
kártalanít [他] 弁償する;損害補償・補償する。
kartárs [名] 同僚, 同輩。
kártékony [形] 有害な,損害を与える;不利な,損になる;有害な, 悪性の。〔kártékony rovar, 害虫。〕
kártérítés [名] 損害賠償;損害賠償金。
kártevő [形] 損害を与える, 有害の;損になる, 不利益な;有毒な, 悪性の。
karton¹ [名] もめん織物, キャラコ, さらさ(更紗)。
karton² [名] ボール紙;ボール箱; (タバコの)カートン。〔kartonba köt, 厚紙表装する。〕
kartörés [名] (医)腕部ざ折(骨折)。
kártya (目 kártyát) [名] カルタ, トランプ;札, 券, カード。〔kártyát oszt, トランプのカードを配る。kártyát kever, トランプのカードをかきまぜる。kártyát vet, トランプ占いをする。〕
kártyás [名] トランプ遊びする人;トランプ遊戯者, とばく者。
kártyázás [名] トランプ遊びをすること。
kártyázik [自] トランプ遊びをする;かけごとをする。
kárvallott [形] 損害を受けた;不利益な。[名] 損失負担者, 被害者。
karzat [名] 教会の高廊, 合唱隊席; (劇)(安い)高桟敷; (議会の)傍聴席, 台座。
kas [名] (柳などで作った)かご(籠), ざる;はちの巣, 蜂房。〔kocsikas, 荷車の柳かご(運搬用の)。méhkas, はちの

kása

巣。〕

kása(目 kását)[名]煮つぶしのかゆ,からすむぎ(または,きびの)かゆ,(牛乳と粉との)かゆ,オートミール。

kásás[形]かゆの;かゆのような,粉のような,どろどろした。

Kassa[固]上部(北部)ハンガリーの都市(現在,スロヴァキア領)。

kastély[名]御殿,大邸宅,館(やかた)。

kasza(目 kaszát)[名](長柄の)草刈り鎌,大鎌。

kaszál[他]刈る,刈り取る。[自]大股で歩く。

kaszálás[名](草・麦等を)刈る(刈り取る・収穫する)こと。

kaszáló[名](大鎌で)刈り取る人,取り入れ人夫;牧草地,ほし草刈り場。

kaszárnya(目 kaszárnyát)[名]兵営,兵舎。

kataszter[名]土地台帳,地税台帳,地籍薄。

katedra(目 katedrát)[名]講壇,演壇;(大学の)講座,教授の職;講壇の机。

katlan[名]大がま,茶がま,湯わかし,やかん,なべ;蒸気かん,ボイラーがま;(地)噴火口;盆地(両側のけわしい)。

katolikus[形]ローマ・カトリック教の。[名]ローマ・カトリック教徒(旧教徒)。

katona(目 katonát)[名]軍人,兵士,兵隊。〔szökött katona, 逃亡兵,脱営兵。katonának áll, 兵士になる。〕

katonai[形]軍人の,兵士の;軍人らしい,軍人風の,尚武の,軍隊式の;軍事の,陸軍の。〔katonai erény, 軍人らしい美点(長所・徳性・美徳)。katonai fegyelem, (兵)軍紀。katonai hatalom, 兵力,武力;交戦国。katonai intézet, 士官学校;軍事学校。katonai szellem, 軍人精神。katonai szolgálat, 兵役,軍務。katonai ügyosztály, (兵)部隊,大隊。〕

katonaköteles[形]兵役義務の,徴兵の。[名]徴兵される人。

katonaruha[名](兵)軍服,軍の制服。

katonaság[名]軍隊,陸軍;軍務,兵役。

katonaszökevény[名]逃亡兵,脱営兵。

katonatiszt[名]士官,将校。

kátrány[名]タール(石炭・木材などを乾溜してつくった黒色粘液)。

kátyú [名] 大きな水たまり，泥たまり，泥沼，卑湿の地。
kaucsuk [名] 弾性ゴム，ゴム；ゴム製品；(修飾語として)ゴムの。〔kemény kaucsuk, 硬化ゴム，エボナイト。〕
kavar [他] かきまぜる，まぜかえす，まぜる，混ずる。
kávé [名] コーヒー(珈琲)。
kávéház [名] コーヒー店，カフェ，喫茶店。
kávéscsésze [名] コーヒー茶わん，コーヒーカップ。
kávéskanál [名] コーヒー用スプーン，茶さじ。
kávézik [自] コーヒーを飲む。
kaviár [名] (料)キャビア，(ちょうざめ等の)はらごの塩漬け。
kavics [名] 砂利，小石，砕石，さざれ石。
kavicsos [形] 小石の多い，砂利だらけの；バラスを敷いた。
kazal (目 kazlat) [名] (ピラミッドのように積みあげた)ワラや乾草の山，堆積(わらこづみ)，稲むら(塚)。
kazán [名] 大がま，大なべ；蒸気がま，汽かん，ボイラー。
kebel (目 keblet) [名] 胸，ふくらみ(特に女性の)；(比)ふところ(懐)，内部，奥，うち；心。
kebelbarát [名] (今日では皮肉な意味で)腹心の友，親友，心の友。
kecsege (目 kecseget) [名] (魚)こちょうざめ(川魚)。
kecsegtet [他] 希望をいだかせる，期待させる；甘言で励ます；(俗)あまやかす。
kecsegtető [形] 魅力ある，魅惑的な，そそのかす；励ます。
kecses [形] 優しい，しとやかな，優美な。
kecske (目 kecskét) [名] (動)山羊(特に雄やぎ)。
kecskebak [名] 雄やぎ。
kecskeszakáll [名] (比)山羊ひげ(あご下の尖ったひげ，ナポレオン三世ひげ)。
kedd [名] 火曜日。〔kedden, 火曜日に。〕
kedély [名] 気分，気質，気性；心持ち，気持ち，心情，情緒；こころ，心懐。〔derűs kedély, ほがらかな心持ち・気分の。〕
kedélyállapot [名] 心の状態，心情，心持ち，気分，きげん。
kedélyes [形] 気持ちよい，快い；温い心の，くつろいだ，のびのびする，居心地のよい。
kedv [名] きげん，気分，気持ち；する気，やる気；好き，快感，好ましいこと；快適，適意，気に入ること。〔jó kedvvel,

kedvel

よいきげんで。jó kedve van, 彼はきげんがよい。rossz kedv, 悪いきげん, 不きげん, 意気消沈。kedvét tölt, (…で)楽しむ, 慰む, 興ずる。kedvemért, 私を喜ばせるために, 私の気にいるように, 私のために…をする。kedvéért, 彼のために。kedvére való, (彼にとって)快い, 快適である, 気に入る; 性に合う, 気に合う, 意に適する。〕

kedvel [他] (…を)を愛する, 可愛がる; (…を)好んでいる, (…が)好きである; (…を)よろこぶ, 楽しむ, 好む。

kedvelt [形] 愛された, 好かれた; 好かれている, 大好きな(食物など); 受けのよい, 人気のある(人)。 [名] 好きな人, お気に入り, ちょうじ(いとし子)。〔kedveltje, 彼のお気に入り(好きな人, 愛人)。〕

kedvenc [名] かわいい人, お気に入り, 愛人, 好きな人; (食)好物; (場所)好きな所。

kedves [形] 親愛の, なつかしい; 好ましい, 愛らしい, やさしい, 可憐な, 柔和な, かわいい; 快い, 愛想のよい, 気持ちのよい。 [名] 親しい人; 愛人, 恋人。

kedveskedik [自] (…を喜ばすために)親切にする; (きげんをとるために)ていねいに振る舞う。

kedvesség [名] 愛らしい・好ましいこと; 愛きょう, 親切。

kedvetlen [形] 不きげんの, 不満の, 不平の, 気がむしゃくしゃした, 不愉快な。

kedvetlenség [名] 不きげん, 不満; むしゃくしゃしたこと, 気むずかしいこと。

kedvez [自] (…に)好意を持つ, 親切である; 都合がいい, 恩恵を与える; 好意がある, ひいきする。

kedvezmény [名] 特典, 恩典; 特扱い, 待遇; 割引(減価)。

kedvezményes [形] 特典の; 割引の。〔kedvezményes utazás, 割引旅行。〕

kedvező [形] 好意ある, 親切である, ひいきする; 特典の; 好都合の, 有利の。

kedvezőtlen [名] 好意のない, 不利な; 都合の悪い, 思わしくない(知らせ等)。

kedvtelés [名] 楽しみ, 快楽, 娯楽, 気慰み, 気晴らし, 暇つぶし。

kefe (目 kefét) [名] ブラシ, デッキブラシ; (印)校正刷。

kefél [他] ブラシで磨く, こする, ブラシをかける。

kefelevonat [名] (印)ゲラ刷，校正刷。

kegy [名] 恩恵，恩ちょう；好意，親切；後援；(女性の男性に対する)情愛，愛情。〔vkit kegyébe fogad, 誰を好意的に遇する。〕

kegyed [代] (女性への呼びかけとして)あなた，あなた方。

kegyelem (目 kegyelmet) [名] 慈悲，憐れみ；恩赦，特赦；恩恵。〔kegyelemre megadja magát, 無条件で降伏する。kagyelem útján, 恩赦で, 恩典によって。〕

kegyelmes [形] 慈悲深い，寛大な(刑など)；好意ある, 親切な。〔kegyelmes uram, 閣下(二人称)。〕

kegyelmez [自] (…に)恩赦・特赦する；恩恵を施す, 憐れむ, 可哀想に思う。

kegyenc [名] お気に入り，ちょう児。

kegyes [形] 慈悲深い，恵み深い，施しを好む, 寛大な；好意・愛情ある, 親切な, しとやかな；信心深い，敬けんな；信心ぶる。〔kegyes alapítványok, 慈善的造営物(財団・施物などの)。〕

kegyetlen [形] 無慈悲の；冷酷な，残酷な；(比)強烈な。

kegyetlenkedik [自] 残酷な行いをする, 暴行をする；無慈悲に振る舞う。

kegyetlenség [名] 残酷，無慈悲；同左の行為。

kegyvesztett [形] ちょうを失った, 逆鱗(げきりん, 怒り)に触れた, 面目を失った；不遇の, 不きげんな, 不興の。[名] 同上の人。

kehely (目 kelyhet) [名] 台つきの杯, 高足杯；(宗)聖さん杯；(植)花のうてな, 花がく。

kehes [形] (馬が呼吸器病にかかって)息切れする；咳をする。

kéj [名] 肉感的快感；快感, 歓喜, 歓楽。

kéjeleg [自] 肉感的享楽にふける, 楽しみに酔う, 有頂天になる。

kéjelgés [名] 酒色にふけりおぼれること, 淫蕩(いんとう)・快楽・好色にふけること；(法)売春行為。

kéjes [形] 歓楽的, 肉欲的；肉欲にふける；楽しみの。

kéjsóvár [形] 肉欲にふける, みだらな, 好色の, 肉欲的な；快楽を求める, 快楽に飢えた, 快楽主義の。

kéjutazás [名] (文学的, 今日では皮肉な意味で)遊覧の旅, 漫遊。

kék [形] 青い；空色の，碧色(へきしょく)の。[名] 青色，碧色；青ペンキ。

kéklik, kékellik [自] 青くなる；青色を呈する，青色に見える。〔hol a Kárpátok koszorúja kéklik, カールパート山脈の冠が青色を呈するところ。〕

kékfestés [名] 青色に染めること；紺染，藍染(反物などの)。

kékül [自] 青くなる，青色を呈する。

kel[1] [名] → kelkáposzta.

kel[2] [自] 起きる；(太陽などが)のぼる，上る；(植物)芽を出す；(武器を取って)起つ；(こね粉が)容積を増す，ふくれる；出現する；出発・出帆する；売れ行きがよい；kelt …，…に書かれた。〔útra kel, 出発する；用意する。kelt Szegeden 1905 oktober 23-a, セゲド，1905年10月23日記。〕

kelendő [形] 望み手の多い，人気ある；売れ行きのよい，需要のある，販路ある。

kelendőség [名] 同上のこと。〔kelendőségnek örvend, 売れ行きがよい。〕

kelengye (目 kelengyét) [名] 嫁入り支度，婚礼の調度品。

kelepce (目 kelepcét) [名] (落とし戸を備えた)落としあな，係蹄，わな；(比)計略。〔kelepcébe kerül, 落としあなに落入る。〕

kelepel [自] (コウノトリが)嘴を鳴らす；(水車などが)コトコン鳴る；(比)ぺちゃくちゃしゃべる。

kelés [名] 起き上がること，起床；(旅に)出ること；(商品の)売れ行き；(医)はれもの，かいよう(潰瘍)，おでき；こね粉の膨張。

kelet[1] [名] 東，東方；東洋。〔keletnek, 東に向かって，東方に向かって。keletre, 東へ，東方へ(に)。〕

kelet[2] [名] 日付，年月日。

kelet[3] [名] (商)販売，売れ行き。

keleti [形] 東(方)の，東からの；東洋の，東洋的。[名] 東洋人；東駅。〔keleti út, 東方旅行。keletiek (複) 東洋人。〕

keletkezés [名] 成立(出来・発生)すること；形成。

keletkezik [自] 発生・起源する；生まれる。

keletlen [形] (こね粉・パンなどが)ふくらまない，パン種・酵母を入れない(パンなど)。

kelkáposzta [名] (植)キャベツの一種(葉がちぢれている)，チリメンキャベツ。

kell [自] …する必要がある，すべきである，せねばならない；要する，入用である；望ましい。〔dolgozni kell, 働かねばならない。ahhoz nem kell pénz, それには金はいらない。〕

kellék [名] 必要物，必須物；(劇)小道具；(工)必要な器具・道具，付属物。

kellékes [名] (劇)小道具方。

kellemes, kellemetes [形] 快適な，気持のよい，好ましい。

kellemetlen [形] 不快な，不愉快な，いやな。

kellemetlenség [名] きまずさ，不愉快，いやなこと；妨害，障害(不便・やっかいなこと)。

kellet [他] 賞めそやす，このましくする。〔kelleti magát, (…に)好かれるようにする，気に入るように努める，(…に)取り入る。〕

kellete [名] (3人称単数の所有者表示の付いた形) 必要，入用，需要；相応，至当，適当，応分のこと；妥当，礼儀正しいこと。〔kelleténél inkább, 過分に，不相応に，過度に，甚だしく，法外に。kelleténél több, 余りに多く，必要以上に，過大に。kelletén túl, 必要以上に，不相応に，過分に，法外に。〕

kelletlen [形] 気がすすまない，好ましからぬ，気に入らぬ；不快な，不きげんな；いやいやながら，渋々の。

kellő [形] 好ましい，ふさわしい，適当の，相当の；該当する，合法的；必要な，ぜひ入用な。〔kellő időben, 適当の時に，時期におくれずに，丁度よい時に。〕

kellős [形] → kellő.〔kellős közepébe, 正しく真中へ。kellős közepében, 正しく真中で。〕

kelme (目 kelmét) [名] 上着地，織物。

kelt [他] 目覚ます，起こす；(比)喚起する，呼びさます；(鳥が)卵を温める。

keltez [他] 日付を書く(つける)。

keltezés [名] 日付，年月日；日付をつけること。

kém [名] 間ちょう，スパイ，見張り人。

kémcső [名] (化)試験管。

kemence (目 kemencét) [名] かまど；パン焼かまど；(工)溶鉱炉。

kemény [形] かたい，堅い；かたまった，ぐらつかない，しっかりした；強い，丈夫な；きびしい，厳格な，ひどい。〔kemény szavak, 粗野な（がさつな，そっけない，無愛想な）言葉。kemény víz, 硬水。〕

kémény [名] 煙突，煙出し。

keményedés [名] 堅くなる・固まること；硬化，凝結；(皮膚の)タコ，マメ。

keményedik [自] 堅くなる，硬化する，固まる；固体になる，凝固する；(天気が)きびしくなる。

keményítő [形] のりづけする。[名] でん粉，のり。

keménység [名] 堅いこと；堅ろう，堅固；かたさ，硬度；(比)きびしいこと，厳格；か酷，か烈。

kéményseprő [名] 煙突そうじ人(屋)。

kémia [名] → vegytan. 化学。

kémkedés [名] スパイ活動をすること。

kémkedik [自] スパイ活動をする；(比)見張る，探り出す，つきとめる。

kémlel [他] 見張り・監視する；探るように見る；探る，探究する，ほじくる。

kemping [名] キャンプ場。

ken [他] (バター・クリーム等を)塗る，すり込む；香油を塗る；油を差す；塗り広げる；(比)投げ飛ばす。〔másra ken vmit, …を他人に押しつける。〕

kén [名] (鉱)硫黄(いおう)。

kend [代] → kegyelmed. あなた(農民が使う，時に見下す呼びかけ)。〔kendtek, (複)あなた方。〕

kender [名] (植)大麻(たいま)，麻(あさ)。〔virágos kender, 雄麻，雄性の(短い)大麻。magvas kender, 雌性の大麻，雌麻。〕

kenderfonal [名] 大麻糸。

kendő [名] (四角か三角の)スカーフ；(女性の)ネッカチーフ；布巾。

kenet [名] 軟膏(こう)，塗り薬；(塗身用の)香油，香こう；聖油。〔utolsó kenet, 臨終の塗油式。〕

kengyel [名] あぶみ(鐙)；[解] 鐙骨；(ずぼんの裾を足の裏に固定させる)バンド(皮ひも)。

kenőcs [名] 塗り油(脂)；塗抹(とまつ)剤, すりこみ剤；ポマード；くつずみ(脂)；軟膏；香膏, 聖油。〔kenőcsszelence, 油つぼ, 給油器〕

kenőolaj [名] (滑らかにするための)塗油。

kénsav [名] (化)硫酸。

-ként [尾] …として；…にも(幸いにも)；…と同じく, 同様に；…のように, …の如く。〔hősként, 英雄的に, 英雄として。〕

kényelem (目 kényelmet) [名] 快適, 愉楽, 気楽, 安楽；便宜, 便利, よい具合(住宅の)。

kényelmes [形] 便利な, 好都合な；快適な, 気楽な, のんびりした, なごやかな, 気持ちのいい。

kényelmetlen [形] 不便な, 具合の悪い, 不都合な；不快な, 不愉快な, 気持ちの悪い；うるさい, 面倒な。

kényelmetlenség [名] 同上のこと。

kenyér (目 kenyeret) [名] パン；食物, かて, 食料。

kenyérhéj [名] パンの皮。

kenyérpirító [名] トースター。

kényes [形] 感じやすい, 敏感な；気むずかしい, 取り扱いのむずかしい；きわどい, デリケートな, 微妙な；あぶない；気取った, 上品ぶる。

kényeskedik [自] 見せかける, 気取る, わざとらしくする, 上品ぶる, 取りすます。

kényeztet [他] 甘やかす, 増長させる。

kényszer [名] 無理強い, 強制, 抑制。〔kényszer útján, 無理に, 強制的に。〕

kényszeredett [形] 無理強いされた, 強制された；(動・植物が)いじけた, い縮した, 生長を妨げられた。

kényszerhelyzet [名] やむをえない状態, ひっ迫の状態；(法)強制状態。

kényszerít [他] 強いる, 強制(強要・強迫)する, 余儀なくする；服従させる。〔háborúba kényszerítették, 戦争をせざるをえなかった。〕

kényszerű [形] 強制的の, 強いられた, 無理強いの；やむをえぬ, 余儀ない。

kényszerül [自] 強いられる, 強制される。〔kényszerülve, 強いられて, 無理に, 圧迫されて。〕

kénytelen [形] …せざるをえない；(…に)強いられた, 無理

強いの。
kénytelen-kelletlen [副] 無理に，いやいやながら。
kép [名] 絵，画像，肖像；映像；形，姿，形態；顔(つき)；光景；(劇などの)一場面；似姿；考え。〔a király képében, 王の名において，王の代理として。képét viseli vkinek, 誰の代理をする，誰を代表する。〕
képcsarnok [名] 画廊，絵画館，美術館。
képernyő [名] モニター，ディスプレイ。
képes¹ [形] 画で表わした，絵の；比喩的。〔képes újság, 絵入り新聞。〕
képes² [形] 出来る，可能の；能力ある，資格ある；(法)権能ある，能力を備えた。
képesít [他] (…の)資格・権能・能力を与える。
képesített [形] 権能を与えられた；資格・能力ある。
képesítő, képesítővizsgálat [名] (資格を与える試験)能力審査，資格検査，技能試験。
képeskönyv [名] 絵本，写真入りの本。
képeslap [名] 絵葉書。
képesség [名] 能力，才能，技量，素質，力量；資格；法的資格；(理)容量(積)。
képest [後] (に)比べて，比して，の割には。〔korához képest, 年齢の割には。〕
képez [他] 養成・陶冶(とうや)・教育する；形づくる，形成する；描く，象る。
képimádás [名] 偶像崇拝。
képlet [名] (数・化)式，公式；(一定の)形式，様(書)式。
képletes [形] 象徴的，比喩的；公式で表わした。
képmás [名] 似姿，肖像；生き写し(の人)。
képmutatás [名] 偽ること；ねこ被り，偽善。
képmutató [形] 偽りの，偽善の，欺まんの，ねこ被りの。[名] 偽る人，偽善者，ねこ被り，偽信者。
-képp, -képpen [尾] …のように，…として。
képtár [名] 画廊，美術館，絵画館。
képtelen [形] …出来ない；無意味の，ナンセンスの，つじつまの合わない，ばかげた，不合理な；極端な，べらぼうな，法外な。
képtelenség [名] 不可能なこと；能力がないこと；無意味，たわごと，ナンセンス，不合理。

képvisel [他] (…を)代理・代表する；(政)代議士として活動する。
képviselet [名] 代理, 代表；代議性。
képviseleti [形] 同上の。
képviselő [名] 代表者, 代理人；国会議員, 代議士。
képviselőház [名] 衆議院, 下院。
képzel [他] 想像する；(…を)思い浮かべる, 心に描く；空想する, 考える。
képzelet [名] 想像, 空想；想像力。
képzelődik [自] (…について)空想する, 幻覚する。
képzelőerő [名] 想像力。
képzelt [形] 空想の, 想像の, 架空の；実のない, うその。
képzés [名] 形式, 作成；(新兵の)教育・訓練；(文)派生, 転化, 転来。
képzett [形] 教育・訓練・鍛練された；派生辞の付いた。
képzettársítás, képzettársulás [名] (哲)連想, 観念連合。
képzettség [名] 育成, 陶冶(とうや), 教育, 教養。
képző [形] 形成する, 形成的, 造形的；教育する, 養成する。[名] 師範学校, 養成所；(文)派生辞。
képzőművész [名] 造形美術家(画家, グラフィックデザイナー), 彫刻家など。
képzőművészet [名] 造形美術(彫刻, 絵画, グラフィックデザインなど)。
kér [他] 請う, 願う, 頼む；要求・請求する, 求める。〔leányt kér, (男が女に)求婚する, 妻に求める。kérve kér, 切願・懇願する。kérem szépen, どういたしまして, すみません。〕
kerámia [名] 製陶業, 陶器。
kérd [他] → kérdez.
kérdés [名] 問い, 疑問, 質問, 照会；問題；懸案。〔kérdésképpen, 質問として；(文)疑問の形で。〕
kérdéses [形] 問題の, 件(くだん)の；不確かな, あいまいの, 疑問の；未決の, 未定の；疑わしい, 問題になっている。〔kérdésessé tesz, 問題にする。〕
kérdez [他] 問う, 尋ねる, 質問する；口頭試問する(学校で)。
kérdezősködik [自] (…に繰り返し…を)尋ねる, 問う,

kérdő 問い合わせる，照会する。

kérdő [形] 質(疑)問の，質(疑)問的；(文)疑問の。[名] 質問。〔kérdőre von, 答弁・弁明を求める。〕

kérdőjel [名] (文)疑問符。

kéredzik, kéredzkedik [自] (…へ行くことの許しを)請う；(…を)請い求めている(願っている・欲しがっている)。

kéreg (目 kérget) [名] 樹皮，(果物の)殻；(地球の)地殻；固くなった層；タコ(胼胝)；(医)皮質，外皮。

kéreget [他] 施しを請う，こじきをする，物貰いする，ねだる。

kerek [形] 丸い，円形の，丸味のある，球形の；(比)調和のとれた。

kerék (目 kereket) [名] 輪，車輪；刑具(車裂の刑)。〔kerékbe tör, (…を)車に結びつける(車裂の刑に処するため)。kereket old, 逐電する，にげ出して跡をくらます。〕

kerékagy [名] (車の)こしき，ハブ(車両の中心・中枢)。

kerekasztal [名] 円卓。

kerekded [形] やや円い，丸味ある，球形の；(比)調和のとれた。

kerekedik [自] 出て来る，出現する；生ずる，生起する，発する；起因・由来する；起こる，始まる；(比)(…に)まさる，打ち勝つ，圧倒する；結果として生ずる。〔szél kerekedett, 風が起こった。kedve kerekedett, 彼はその気になった。〕

kerekes [形] 車のついた；丸味を帯びた，やや円い。

kerekít [他] 円くする，丸める；(比)(スピーチなどを)即興で仕上げる，まとめる。

kerékpár [名] 自転車。

kerékpáros [名] 自転車乗り(人)；(兵)自転車兵。

kerékpározik [自] 自転車に乗って行く；自転車で行く；自転車競走をする。

kerékvágás [名] 車輪の跡，わだち；(鉄)軌道，軌条，レール。〔kizökken a kerékvágásból, 脱線する；(比)常軌を逸する。〕

kérelem (目 kérelmet) [名] 要請，申請，請願；頼み，願い，請い求めること。

kérelmez [他] 申請する。

keres [他] 探す，(紛失物を)探索する；探し求める；求める；稼ぐ。

kérés [名] 頼み, 願い, こい求めること；請願, 懇願。

kereset [名] 給料, 収入；賃金, 労賃；生活費, 生計；訴訟；請願書。

kereseti [形] 収入の；生計の。〔kereseti adó, 所得税。〕

keresetlen [形] 探し出したのではない；(比)人為的でない, 作為のない, 自然の。

keresett [形] よく売れる, 求める人の多い, 望み手の多い, 需要盛んな；人気のある；わざとらしい, いやに凝った, 虚飾の, 不自然の；気取った, すました；選ばれた, えり抜きの。

keresgél [他] 捜し回る, 探索する。

kereskedelem (目 kereskedelmet) [名] (商)商業, 貿易, 通商, 商業取り引き。

kereskedelmi [形] 商業上の, 商用の, 貿易の, 取り引き上の。〔kereskedelmi akadémia, 商科大学。kereskedelmi osztály, 営業部。kereskedelmi földrajz, 商業地理。kereskedelmi és ipari kamara, 商工会議所。kereskedelmi vásár, 見本市。〕

kereskedés [名] 商業取り引き, 商業活動。

kereskedik [自] (商)商談(取り引き)する, 商業を営む, 商う；捜し回る, 探索する。

kereskedő [名] あきんど, 商人, 取り引きする人, 貿易業者。

kereslet [名] 購買欲；(商)需要, 売れ口。

keresmény [名] 給料, 収入；賃金, 労賃。

kereső [形] 賃金・生計を得る。[名] 生計維持者。

kereszt [名] キリスト受難の像, 十字架, 磔架(たっか)；(比)苦難；十字形；(農)(12束の)禾堆(かたい), 稲むら。〔keresztbe tesz, (…を)十文字に置く, 交差させる。keresztre feszít, 十字架に掛ける, はりつけにする。keresztet vet vmire, (…に, 手または指で)十字を切る(神の助けを乞う際)。keresztben, 斜めに, 横に, 筋違いに；十字形に, 交差して。〕

keresztanya [名] (宗)代母(カトリック教の), 教母(新教の), 名親。

keresztapa [名] (宗)代父, 教父(幼児の洗礼に立ち合い, クリスチャン・ネームを与える人), 名親。

keresztcsont [名] (解)仙骨(せんこつ)。
keresztel [他] (宗)洗礼を施す；命名する。
keresztelés [名] 洗礼を施すこと，洗礼；洗礼式；命名式。
keresztelő [名] 洗礼の祝宴。
kereszténý [名] キリスト教徒。[形] キリスト教の。
keresztényi [形] キリスト教(徒)の。
kereszténység [名] キリスト教；キリスト教徒(総称)；キリスト教的精神。
keresztes [形] 十字架を付した；十字架の；十字形の，交差した；十字軍の。[名] 十字軍戦士。〔keresztesek, (複) 十字軍従軍者，十字軍戦士(騎士)。〕
keresztespók [名] (動)じょろうぐも(女郎ぐも)(背に白い十字の斑点ある)。
keresztez [他] 横切る；交錯する；邪魔する；(畜産)交配させる，雑種を作る。
keresztezés [名] 交差すること；横断；交差点；(動・植)異種の交配，雑種。
kereszteződés [名] 交差；(道路)交差点；(動・植)異種の交配，雑種。
kereszteződik [自] 互いに交差する，交錯する，相交わる；(利害が)衝突する；(手紙が)行き違う；異種交配する。
keresztfa [名] 十字架，磔架(たっか)；(建)横材，横はり，横木。
keresztfiú [名] (宗)洗礼を受ける男の子，教子。
keresztlány [名] (宗)教女児，名付け娘(洗礼をうける教父母から名を貰う子)。
keresztlevél [名] 洗礼証書(かつては，わが国の戸籍に相当した)。
keresztmetszet [名] (地・建)横断面，側面図。
keresztnév [名] 洗礼名，クリスチャンネーム(呼び名)。
keresztút [名] 十字路，交差点。
keresztutca [名] 十字街路，十字通り，四辻。
keresztül [後] (vmin の後に置く)(…を)つらぬいて，通って，通過して，経由して；(時間)わたって，通じて。
keresztülhúz [他] 端から端まで引っ張る；(語句等に)線(棒)を引いて消す；(比)まっ殺する，削除する。〔keresztülhúzva, 線を引いて；削除して，まっ殺して。〕

keresztül-kasul [副] すっかり，全く，徹底的に。
keresztülmegy [自] 通過する，横ぎる，横断する；(比)経験する，身に受ける，(苦悩辛酸を)なめる。
keresztülvisz [他] 通過させる，運び通す；実行・実施する；貫徹・成就する，終わりまでやりとげる。
keresztvíz [名] 洗礼水。〔keresztvízen(keresztvízre) tart, (子供に)洗礼をする。〕
keret [名] 縁(ふち)，枠(わく)，額ぶち，框(かまち)；(兵)幹部；範囲，限界，広がり；積立金。
kéret [他] 請わしめる，願わせる；呼んできてもらう。
kéretlen [形] 願われない，請われない，求められない；呼ばれない。
kérges [形] 殻のある，外皮のある；タコの出来た；(比)堅い，がん固な，荒々しい，無感覚の。
kerget [他] 追い払う，駆りたてる。
kergetődzik [自] 追っかけ合う，おにごっこする(遊戯)，互いに追いあう。
kering [自] めぐる，回る；(惑星が)周行(運行・回転・旋回)する；(血液が)循環する；(貨幣が)流通する；(噂)広がる。
keringés [名] 循環；流通；回転(惑星の)。
keringő [名] ワルツ(舞踏や曲譜)。[形] 回転(流通)するところの。
kerít [他] 囲む，包囲する，取りまく；閉じ込める，垣をめぐらす；(金を)算段・調達する；(落とし穴に)追いたてる，かりたてる；(男女の仲を)取り持つ，媒介する。
kerítés [名] 同上のこと；囲い，垣，隔て(の壁)；(男女間の)媒介，取り持ち。
kerítő [名] (男女の仲の)取り持ち役，媒介人，売春宿の亭主。
kérkedik [自] 自慢する，誇示する，いばる，見せびらかす。
kérlelhetetlen [形] 情に動かない，願いを容れない；仮借ない，きわめて厳しい。
kérő [形] 頼み請う，願う，哀願的。[名] 求婚者。
kerődzik [自] (牛などの)かむ，かみ直す，反すうする；(比)思いめぐらす，反復熟慮する，熟考する。
kerődző [名] 反すうする；(複)(動)反すうする動物。
kert [名] 庭；(植物を栽培する)園，菜園，果樹園；園庭，

花園。
kertel¹ [他] 垣を巡らす，障壁でかこむ。
kertel² [自] (比)えん曲に言う，遠まわしに言う，言いまぎらす，ごまかす。
kertész [名] 園芸家，造園家，園丁，庭師，植木屋。
kertészet [名] 園芸；植木職；造園業；園芸術，造園術。
kertészeti [形] 同上の。
kertészkedik [自] 園芸をする，庭作りをする，畑をいじる；園丁として勤める(仕える)。
kerti [形] 庭の，庭園の，菜園の。〔kerti ház, 庭園でとりまかれた家；四阿(あずまや)，亭(ちん)。kerti növény, 庭園植物，栽培植物。kerti pad, 庭園用腰掛(ベンチ)，庭いす。kerti ünnepély, 園遊会。〕
kertváros [名] (住宅地としての)郊外，近郊。
kerül [他] 回り道をする，遠回りをする；巡回する；避ける，遠ざける；(会合を)逃げる；(仕事を)恐れる；(…を)はばかる。[自] (…へ)達する，至る，届く。〔valahová kerül, ある場所へ達する，偶然に到達する。mennyibe kerül ez?, これはいくら? sokba kerülhet, それは値段が高いかも知れない。az út 3 napba kerül, この旅行は三日かかる。〕
kerület [名] 範囲，地区，区域(とくに行政上の)，管轄区域；区；選挙区等；(地)周辺，周囲，円周。
kerületi [形] 同上の。〔kerületi orvos, 区の医師。〕
kerülget [自][他] (しばしば…)の周りを忍び歩く，…の周りを巡る；さすらいつつ去る；回り道をする；(比)ためらう，ちゅうちょする。〔ájulás kerülgeti, 気絶せんばかりだ。〕
kérvény [名] 願書，申請書。
kérvényez [他] 申請する，申し込む。
kés [名] 小刀，ナイフ；刀；かみそりの刃(ハ)。
késedelem (目 késedelmet) [名] 遅延，遅滞。
késedelmi [形] 遅延の，遅滞の。〔késedelmi kamat, 延滞利子。〕
keselyű [名] (鳥)はげたか(禿鷹，コンドル属)。
kesereg [自] なげく，悲嘆する，うれい悲しむ；苦情を言う，不平を述べる。
kesergő [形] 嘆き悲しむ；かこつ，不平を言う；悲しそうな

keszen

(歌など)。[名] (音)哀歌(ラーコーツィの歌など)。

keserít [他] 苦々しく不きげんにする，不愉快にする，つらくする；(人を)悲しませる。

kesernyés [形] 苦味をおびた，ややにがい；(比)辛らつな。

keserű [形] 苦い，苦味ある；(比)苦痛の，きびしい，辛らつな，手痛い；がっかりする。

keserűség [名] にがさ，苦味；(比)手痛いこと(あてはずれ・失望・幻滅)；口惜しさ，痛憤；苦言，辛らつ，皮肉。

keserves [形] 苦味をおびた；(比)刺すような，きびしい，つらい，苦しい，痛烈な，切実な，心からの。〔keserves munka, 骨の折れる仕事。〕[名] (音)悲歌。

késes [名] ナイフ・小刀鍛冶，刃物師。

késés [名] (汽車の)遅着，延着；遅刻，遅滞。

késik [自] 遅れる；遅れて来る，遅刻する；(鉄)延着する；ぐずぐずする，のらくらする。

keskeny [形] (幅の)狭い，つまった；細長い，やせた，しなやかな。

késlekedik [自] 遅れる，遅くなる；ぐずぐずする，のらくらする。

késleltet [他] 遅らせる，遅延させる；のばす，延期する；引き止める。

késleltetés [名] 同上のこと；延期，遅延，繰り延べ。

késő [形] 遅い，遅れる；のち程の，あとの。

később [副] あとから，のちに；あとで。

későbbi [形] あとでの，つづく。

késszúrás [名] ナイフ(小刀)で刺すこと；小刀の突き傷，ナイフの刺し傷。

kész [形] (…に対し)準備・用意・支度のできた；完成した，出来上がった，ととのった；気乗りの，喜んで応諾する；唯々諾々たる。[副] 出来上がって。〔késznek mutatkozik, 快諾する。késznek nyilatkozik, 諾意を表明する。〕

készakarva [副] 故意に，殊更に，下心あって，つとめて，わざと。

keszeg [名] (魚)うぐい(鯉〜こい科)。

készen [副] → kész. 出来上がって，完成して，ととのって；用意されて，覚悟して。〔készen van, 用意・準備してある。készen tart, 用意ができている，用意している。〕

készenlét [名] 用意・準備・支度ができていること。〔készenlétben, 用意・準備して；持ち合わせて, 貯えて。〕

készít [他] 用意する；作る, しつらえる, こしらえる。

készítmény [名] 製造品, 製作品；調合薬。

készítő [名] 製造者, 製作者。

készlet [名] 在庫, 在荷, 備え, 貯え；付属品；用意の品, 貯えの品(冬のための糧食など)。

készpénz [名] 現金。〔készpénzben, készpénzen, 現金で。készpénzért, 現金に対して, 現金引き換えに。〕

készpénzfizetés [名] 現金払い。

készpénzkiadó és -elfogadó automata [表] 自動現金引出・入金装置。

készség [名] 用意してあること, 準備, 用意；練達, 器用；心を傾けること, 意向, 乗気, 心組み。

készséges [形] 喜んで応諾する, 乗り気の, 進んで為す, 喜んでする。

készt, késztet [他] 感動させる；(馬に)拍車をかける；刺激・激励・鼓舞する；(…を)余儀なくする, 強制する, しり押しする。

kesztyű [名] 手袋。

kesztyűs [形] 手袋をはめた。[名] 手袋製造人, 手袋屋。

készül [自] (…に対して)用意・準備する；出来上がる；(比)心構えをする, 覚悟する；(学)予習する。

készülék [名] 機器, 器具。

készülő [形] 準備・用意・支度する；(仕事に)従事中の。〔készülőben van, 準備中にある, 用意を整えつつある。〕

készülődik [自] (…に)準備・用意する；手配をする, 着手する。

készültség [名] 用意してあること；準備, 用意；習熟, 熟練, 上手；(兵)装備, 艤装；(警官の)当番班；(消防夫の)出発準備；(科学的)準備。〔készültséggel, 装備・装具を以て, 仕度をして；学識・造詣を以て。〕

két [数] 二つの；二種類の。

kétágú [形] ふたまたの, 二枝の。

kételkedés [名] 疑うこと, 疑念；疑いためらうこと, 迷い；懐疑。

kételkedik [自] 疑う, 不確かに思う, いぶかる；疑問視する, 信じない。

kétéltű [形] 水陸両棲の。[名](複)(動)水陸両棲(りょうせい)動物。

kétely [名] 疑い, 疑惑, 疑念; 疑心, 懐疑; 懸念, 危ぐ。

kétértelmű [形] 二重(様)の意味ある, 両義の; あいまいな, どっちつかずの。

kétes [形] 疑わしい, いぶかしい, 疑問の, 不確かな, おぼつかない; あいまいな, あやしい, いかがわしい。〔kétes követelés, いかがわしい要求(権利の主張)。〕

kétéves [形] 二年の; 二歳の; 二年間の; (植)二年生の。

kétfelé [副] 二方面へ; 二つの部分に, 二つに(分かれて, 割れて)。〔kétfelé szít, 両派に款(かん, よしみ)を通ずる, 両股(また)かける。〕

kétféle [形] 二種の, 二様の。

kétféleképp(en) [副] 二つの方法で, 二様で, 二様の仕方で。

kétkarú [形] 二腕の, 両肘(ひじ)ある。

kétnyelvű [形] 二カ国語を使用する; 二カ国語で書かれた; 二カ国語を話す。

kétoldalú [形] 両面の, 双方的, 両面ある, 二辺の。

kétpúpú [形] 二瘤(こぶ)の。〔kétpúpú teve, (動)二瘤らくだ, 双峰駝。〕

ketrec [名] 鳥かご; (獣の)おり(檻); (比)ろう舎, 監獄。

kétség [名] 疑い, 疑念, 疑惑, 疑心; 懐疑, 不安, 危ぐ。〔kétségbe esik, 絶望する, 落胆する。kétségbe ejt, (…を)絶望させる, 落胆させる。kétségbe von, どうかと思う, 信用しない, 問題視する。〕

kétségbeejtő [形] 絶望的な, 望みのない。

kétségbeesés [名] 絶望, 落胆; 絶望感。

kétségbeesett [形] 絶望した, 死にもの狂いの。

kétséges [形] 疑わしい, いぶかしの, おぼつかない, 不確かな。

kétségkívül [副] 疑いもなく, 確かに, 争うまでもなく。

kétségtelen [形] 疑いのない, 確かな, 明白な。

kétszer [副] 二度, 二回; 二倍。

kétszeres [形] 二重の, 二倍の, 二度の。[名] (農)混合播種の麦(パンにする麦); 小麦とライ麦との混合した粉。

kétszersült [名] ラスク。

kétszínű [形] 二色の, 二色ある; (比)二枚舌の, 二心ある, 建前の。

kétszínűség [名] 二色なること；(比)二心，二枚舌，建前。

kétszínűsködik [自] ふりをする，偽る，見せかける；二枚舌を使う，偽善をする。

ketté [副] 二つに割れて(分かれて)，二部分に，両方向に。

ketted [名] 二分の一；(音)二分の一(拍子)。

kettes [形] 二番の，二の。[名] 二の数；二つのもの・人。〔kettesével, 二個ずつ；二人で，二人ずつ；一対ずつ，kettesben, 二人一緒に；二つずつ，対(つい)に。〕

kettévág [他] 二つに切断する(断ち切る・割る)；中断する。

kettéválik [自] 二つに分離する(分かれる)；(互いに)分岐する，二分する。

kettő [数] 二，二つ(ただ述語的に用いる)；二の数。〔kettőnként, 二つずつ；二人ずつ。〕

kettős [形] 二倍の，二重の，二つの，複の；対の，二個一組の。[名] (昔の)二ペンスの貨幣；(兵)第二連隊の兵；(音)二部合唱(奏)，二重唱(奏)，ペアの踊り。

kettőshangzó [名] (文)二つ続く母音が，一音節を形成すること。主として外国語に見られるが，ハンガリー語でも，方言に見られる。デブレツェンでの kéiz=kéz など。二重母音。

kettőspont [名] (文)コロン(:)。

kettőz [他] 倍にする，倍加する，重複させる；(比)増加する；強める。

kettőzés [名] 倍にすること；倍加(重複)させること，重ねること；(比)増加すること；強めること。

kétüléses [形] 二人掛けの，二座席ある，二人乗りの。

ketyeg [自] チクタク鳴る(時計などが)。

kettyen [自] (一度)カチッと音をたてる。

kéve (目 kévét) [名] (農)(穀物の)束(たば)，一束。

kever [他] まぜる，まぜ合わせる，かきまぜる，混合する。

keveredik [自] まざる，混合する；(比)(…に)まきこまれる；かかり合いになる；くっつく。

keverék [名] 混合；混合物，混和物；調合薬；雑種。

kevert [形] 混合した，雑多な；雑種の。

kevés (目 keveset) [形] わずかの，少量の，僅少の，少しの。〔kevésen múlt, ほんの少し足らない；間一髪の，すんでのことで。kevésre becsül, 低く評価する，軽視する，

軽侮する，あなどる。kevéssel, 僅かに；少しばかり，ほんの僅かばかり。kevéssel előbb, もう少し早く(以前に・先に)。kevéssel azután, 間もなく，少し後に，その後ほどなく，やがて。〕

kevésbé [副] (egy kicsit の比較級)より少なく，より僅かに，より少量に；より劣って。〔annál kevésbé, さらに少ない；いわんや…でない。〕

kevesell [他] 少ないとみなす；過小に評価する，過小視する，軽視する，かろんじる。

kevéssé [副] (…に対し)ほんの少し。

kéz (目 kezet) [名] 手；人手；掌。〔kézről, kézre, 手から手へ。kézhez ad, 手交する，交付する。kézhez szolgáltat, 手渡する，送達・配達する。kezet fog, 握手する。kezet foghatnak, 彼らは互いに同等だ。〕

kézbesít [他] 渡す，配達する。

kezd [他] 始める，開始する；着手する，取り掛かる，企てる。

kezdeményez [他] 始める，企てる，発起・提唱・首唱する，イニシアティブを取る。

kezdeményezés [名] 提起・発起・発案・発議すること。

kezdet [名] はじめ，始まり，開始，発端；最初，手初め，第一歩。〔kezdetben, 初めに，最初に。kezdetén, → elején はじめに，発端に，初期に(戦争の)。〕

kezdetleges [形] 初歩の，初期の；幼稚な，未発達の，発育不全の。

kezdő [形] 初めの，最初の；初歩の。[名] 初心者，初学者。〔kezdő író, 新進作家(文士・著述者)。〕

kezdőbetű [名] 頭文字。

kezdődik [自] 始まる，開始する；(書き・降り…)始める；やり出す。

kezdve [後] (vmitől の後に置かれる)(何時から)始めて；…から始まって。〔mától kezdve, 今日から始めて。〕

kezel [他] 取り扱う；処理(管理・支配)する；操縦する；治療する。

kezelés [名] 取り扱い，処置，手がけること；手当，手術，治療；取り引き，かけひき；管理，処理；(工)操作，加工；(化)処理。

kezelési [形] 取り扱い上の，処理上の；管理上の；操作上の；治療上の。

kézelő [名] (シャツの)そで口，カフス。

kezes¹ [形] (人に)馴れた，なついた，従順な(動物)；扱い易い，柔順な，重宝な。

kezes² [名] (手形の)保証人，引き受け人；(兵)人質。〔kezest állít, (…に)保証人を立てる；人質を出す。〕

kezeskedik [自] (…に対して)保証する，請け合う；(…の)保証に立つ。

kezesség [名] 保証，請け合い。

kézfej [名] (解)掌部(しょうぶ)，掌骨；手の甲。

kézfogás [名] 手をにぎること，握手。

kézi [形] 手の；手動の；手づくりの。

kézikönyv [名] 便覧書，参考書。

kézimunka [名] 手仕事，手工芸，手細工。

kézipoggyász [名] 手荷物。

kézírásos [形] 手書きの，手蹟の，筆書きの；原稿の。

kézirat [名] 手で書いたもの，手稿；原稿。

kézitáska [名] (女の)手さげ袋，ハンドバッグ。

kézműves [名] 手職人，手工業者，手細工人。

kézszorítás [名] 握手。

kft. [略語] (=korlátolt felelősségű társaság)有限会社。

ki¹ [疑] 誰が，何人が。[関代] → aki. その人，ところのその人。〔ki jobbra, ki balra, 一人は右へ，一人は左へ(行く…)。kié, 誰の，誰の物か。〕

ki² [副] 外へ，(…から)外へ；(中から)外へ，表へ。〔ki!, 出て行け！，行ってしまえ！，失せろ！〕

kiabál [自][他] 叫ぶ，大声を出す；どなる，大声で呼ぶ。

kiábrándít [他] 酔いをさまさせる；(比)幻想を破る，めざめさせる，幻滅を感じさせる；(…を)失望させる，だます。

kiábrándul [自] 失望する，幻滅を感ずる，だまされる。

kiad [他] 差し出す；引き渡す，交付する，与える，授ける；振り出す；貸す，賃貸する；(業務を)果たす；出費する；ヒマをやる，解雇する；出版する；(声を)出す；派遣する，発送する。

kiadás [名] 手渡すこと；引き渡し，交付；支出，出費；(部屋の)貸し出し；版，出版。

kiadó [形] あいている，賃貸する(部屋など)。〔kiadó szoba, 貸間。〕[名] 出版者，発行者；発送係。

kiadós [形] 豊かな，たっぷりとした；みっちりした(訓練)。
kiadvány [名] 出版物；記録，証書。
kiaknáz [他] (鉱山を)掘りつくす；(比)利用する，食いものにする。
kialakul [自] 完成する，出来上がる；形成される，形ができる；構成・組織される。
kiáll [自] 外へ出ている，とび出ている，突出・隆起する；試合にそなえる；(列から)抜ける；(歯痛などが)止む；(…に対して責任を)引き受ける。[他] 耐える，忍ぶ；(試練に)堪える，持ちこたえる，屈しない；(試験に)及第する。
kiállhatatlan [形] 耐えがたい，忍びがたい，いとうべき，がまんできない。
kiállít [他] 外に立てる，展示する；(学校などで)立たせる，除名する；試合に送り出す；こしらえる；(官庁で文書を)起草する，作成する；(書類に)記入する。
kiállítás [名] 陳列；展覧会；発行；(外的の)装飾，装てい；除名；(証書の)交付。
kiállító [名] 陳列者，出品者。
kialszik [自] (ランプ・火などが)消える；(色が)あせる；しだいに衰える；静かに死す；しおれる，絶える。[他] 〔kialuszsza magát, 彼は十分に眠る，熟睡する。〕
kiált [他] 叫ぶ；(助けてと救助を請うて)叫ぶ，大声で呼びかける；(鳥)甲高く鳴く。
kiáltás [名] 呼ぶこと，叫び，叫喚；呼びかけ。
kiáltó [形] 大声で叫ぶ，泣き叫ぶ；(比)鋭い。
kiáltvány [名] 檄(げき)；宣言(布)；宣言書。
kiapad [自] かわく，干上がる，枯渇する；(比)尽きる，なくなる。
kiapadhatatlan [形] 枯渇しない，尽きない，なくならない，無尽蔵の，豊富な。
kiárad [自] あふれる，みなぎる，氾濫(はんらん)する。
kibékít [他] 和解させる，調停する，仲直りさせる；しずめる，なだめる，すかす，慰める。
kibékíthetetlen [形] 和解しがたい，非和解的の，相容れない；ゆるさない，がん固な。
kibékül [自] 和ほく・和解・仲直りする。
kibélel [他] (…に)毛皮などの裏地を付ける；(工)溝を付ける。

kibérel [他] 借りる，賃借する。

kibetűz [他] (暗号を)解読する，読み解く；(比)解明する，判読する。

kibír [他] 持ちこたえる，保持・持続する；辛抱する，耐える，忍ぶ，我慢する。

kibocsát [他] 放免する，免除する，手放す；放出する；(法令を)発布する，布告する；(債券・株券・貨幣を)発行する。

kibocsátás [名] 同上のこと；発行；公布。

kibont [他] (包んだものを)開ける，広げる，解く；(魚などを)さばく；(壁などに)穴を開けて壊す。

kibontakozik [自] (比)自由になる；広がる，展開する；現れる，明らかになる；(比)発展する，発達する(才能が)；(雲が)透(す)く，すきまができる，はれる。

kiborít [他] (水差しを)ひっくり返す；(比)気を転倒させる。

kibővít [他] 広くする，広げる，拡大する；増す，ふやす，増大する。

kibuvó [名] (比)逃げ口上，切抜け策，口実，とん辞。

kicsal [他] (敵などを)おびき出す，つり出す，誘い出す；(誰から…を)引き出す，だまして取る；(金を)まきあげる；(秘密を)巧みに白状させる。

kicsap [自] (河川が)はん濫する，あふれ出る；(火を)吹き出す；(兵)出(攻)撃する。[他] はたき飛ばす；(戸などを)閉める；(学校から)退学させる。

kicsapongás [名] それること；常軌を逸すること；放縦，気まま。

kicsapongó [形] 常軌をそれた，突飛な；放恣な，ほうらつな。

kicsavar [他] (洗たく物などの水分を)絞り出す；ネジを抜く，ひねる；(らせんを)ねじ取る；(木を)引き抜く，もぎ取る，取り去る；(意味を)ねじ曲げる。

kicsenget [他] (授業の終了を)鐘を鳴らして知らせる，呼びリンを鳴らせる。

kicserél [他] 取り換える，交換する。

kicsi [形] 小さい，細かい；僅かの，乏しい，微細の；ちっぽけな，ちびの；幼少の。〔kicsiben, ほんのわずかだけ。〕

kicsinosít [他] 美しくする，飾る，飾りたてる，装飾する。〔kicsinosítja magát, 着飾る，めかす。〕

kicsiny [形] 非常に小さい, 微小の；僅かな, 少量の；さ細な, 取るに足らない。[名] 子ども；(動物の)子。〔öcsém még kicsiny, 私の弟は未だ取るに足らない身分だ。kicsinyek, 子ども；細民；さ細なこと。kicsinye-nagya, 老幼, 誰でも。〕

kicsinyes [形] ちっぽけな, さ末の, さ細な, 下らない；気の小さい, 狭量の, 量見の小さい, こせこせした。

kicsinyít [他] 小さく見せる, 縮小する。

kicsinység [名] 小さいこと；微少, 僅少；さ細, 取るに足らないこと。

kicsíp [他] むしり取る；刺痛を感じさせる。〔kicsípi magát, めかし立てる, 飾りたてる, 盛装する。〕

kicsírázik [自] (地上に)発芽する, 芽ぐむ；(比)発生する。

kicsiség [名] 小さなこと；僅かなもの；つまらない事物。

kicsiszol [他] やすりですり落とす, 磨く, やすりで仕上げる；(比)(詩文などを)磨き上げる, 推敲する；洗練させる。

kicsoda [疑] どんな人か, 何人か, 如何なる人か, 誰か。〔kicsodáé?, 誰のものだ, 何人のものだ, 誰のだ？〕

kicsomagol [他] (荷・包みを)解いて取り出す；(スーツケースや, こうりを)あける, 解く。

kicsorbul [自] (刃が)欠ける, こぼれる, 割目ができる。

kicsordul [自] あふれる, あふれこぼれる；(涙が)こぼれる；(血が)わき出る, ほとばしる。

kicsorog [自] (容器が)漏(も)る；(容器から)したたる, 滴下する, ぽたぽた落ちる。

kicsúfol [他] からかう, あざける, ちょう笑する；軽べつする, ばかにする。

kicsúszik [自] すべって踏みはずす, すべる；すべり出る；(手から)すべり落ちる；するりと逃げる；(うっかり口を)すべらせる, もれる。

kidagad [自] はれ上がる, ふくれ上がる；(帆が風を)はらむ, ふくれる；(水かさが)増す, みなぎる。

kiderít [他] 明るくする, 明瞭にする；(疑問を)解き明かす, 解明・解決する；明らかにする。

kiderül [自] 明るくなる；あらわれる, 公になる, 露顕する；(問題が)明らかになる, わかる；(気分が)晴れやかになる；(天気が)晴れる。

kidob [他] (窓から外へ)投げる・投げ出す；捨てる；戸外へ追い出す。

kidolgoz [他] 作り上げる，仕上げる，完成する；仕事に従事する。

kidolgozás [名] 仕上げ，完成；成果。

kidől [自] 倒れる，転覆する；あふれる；(家畜が)斃死(へいし)する；衰える，衰微・衰退する；列をはずれる；ほろび去る，つかれて死ぬ。

kidönt [他] (車などを)転覆させる，くつがえす，ひっくり返す，投げ倒す；(風が木を)根こそぎにする，根を引きぬく；(液体を)こぼす。

kidudorodás [名] ふくらみ，隆起，突起；突起物。

kidudorodik [自] (眼・あご等が)とび出ている；突出・突起する，張り出す；外に現れる，目立つ。

kidug [他] 突き出す，押し出す；(舌を)出す。

kidülleszt [他] ふくらませる。〔mellet kidülleszt, 胸を張る。〕

kiég [自] 内側から焼け果てる，焼け抜ける；(火が)燃え尽きる，燃えおわる。

kiegészít [他] 完全にする，まとめる，そろえる；(欠けたものを)補う，補充(増補)する，(不足を)充たす。

kiegészítés [名] 同上のこと。

kiegészítő [形] 補いの，補充の，補足的；増補(付録)の。

kiéget [他] 焼き清める；十分に焼く，焼き固める(れんが等を)；焼きつくす，しゃく熱にする。

kiegyenesedik [自] 真直ぐになる；直立する，背のびする；起き上がる，立ち直る；(比)復興する。

kiegyenesít [他] 引き起こす；真っすぐにする，真っすぐに伸ばす。

kiegyenlít [他] 平らにする，均しくする，ならす；(困難を)除く；(争いを)調停する，和解させる；(商)清算する。〔kiegyenlítve, 清算して；和解して。〕

kiegyezés [名] 調停，和解；示談，和談，仲直り，妥協；協定，取り決め，和約，一致。〔A kiegyezés, (1867年のハプスブルクとの)和約，妥協。〕

kiegyezik [自] 和解する，妥協する，協定・和約する。

kiejt [他] 落とす；逸する，放す；(語を)発音する。

kiejtés [名] 同上のこと；(文)発音。

kiél [他] 実現する；全力をかける；(精力・財産を)消費する。

kielégít [他] 満足させる，要求に応ずる；(債権者に)支払う；(飢えや好奇心などを)満たす；(渇きを)いやす；(希望を)容れる；(期待に)添う。

kielégítő [形] 満足しうる，得心のゆく，申し分のない，十分な。

kiélt [形] 精根を失った，衰弱した；すさんだ。

kiemel [他] 持ち上げる，取り出す；目立たせる，引っ張り出す，浮き上がらせる；強調する。

kiemelkedik [自] 起き上がる，立ち上がる；突出する，つき出る，そびえる；ひいでる，卓越する，まさる；(水中から)浮き上がる；(比)立身する。

kienged [他] (囚人を)解放する；(鳥を)外へ放つ；(子供を)外へ出させる。[自] (氷雪が)解ける，融解する；(気候が)温和になる；(心の結ばれが)解ける，のびやかになる。

kiengesztel [他] 和らげる，なだめる，しずめる；和解させる。

kiépít [他] (街道を)築く；(空地に家々を)建てる；完成する；修理・改築・増築する。

kiépül [自] (建築が)仕上がる，落成する；(街並が)築かれる，発展する；(病気が)なおる，回復する。

kiér [自] (に)達する，届く，到達する；間に合う；(…まで)広がる，伸びる。

kiérdemel [他] …に値する。

kiereszt [他] 外に出す，行かせる；抜かす，外へ放つ，放出する，ゆるめる(網などを)；(囚人を)解放する。

kierőszakol [他] 強引に取る，奪い取る，強奪する；強行する。

kiesik [自] こぼれ落ちる；(手から)滑り落ちる；(窓から)落ちる；(記憶から)抜ける；(歯が)抜ける；見えなくなる，消え失せる；(スポーツ)脱落する；(仕事など)失う。

kieszel [他] 考え出す，案出(考案・工夫)する；でっちあげる。〔előre kieszel, 謀をする。〕

kieszközöl [他] (奔走して)得る，獲得する；交渉する，…するよう取り計らう；(尽力して)もたらす。

kifacsar [他] (洗たく物の水を)絞り出す，(果物を)搾る；(金を)搾取する，しぼり取る，せびり取る；(比)曲解する。

kifakad [自] 裂ける，割れる，破れ開く(ウミを持つハレモノ

などが）；(樹木が)発芽する，葉が出る；(花が)咲く，開く；突然…の状態になる；(言葉で)人身攻撃をやり出す，ののしる(怒号で)。

kifárad ［自］疲れきる，くたびれる，疲弊する(仕事などに)；(道具など)疲労をおこす；(丁寧な会話で, 2-3人称のみ)出て行く，出て来る。

kifarag ［他］刻む，彫刻する。

kifáraszt ［他］疲れさせる，煩わす；くたびれさせる，疲れ果てさせる；使い古す；出ていかせる。

kifecseg ［他］しゃべり散らす，(秘密などを)無分別にしゃべる，口走る。

kifejez ［他］(思想・感情などを)表わす，表現する，言い表わす，述べる；(感情などを)示す。

kifejezés ［名］表出，表示，表明，表現；言葉，語句；言いまわし，語法；(顔・眼・口調などの)表情。〔kifejezésre jut, 意を表わす，表現される。kifejezést ad, (感情・感謝の意などを)表現する。〕

kifejezéstelen ［形］無表情の，表情のない。

kifejező ［形］(言葉その他の)表情に富んだ, 意味深長な，示唆に富む。

kifejleszt ［他］発達・発展させる；発生させる。

kifejlődik ［自］発達(発育・発展・進化)する，開花する；展開する；変化する。

kifejt ［他］(豆のさやを)はぐ，取る；(縫目やもつれを)解く，ほどく；(鉱山)掘り出す，採掘する；説明(解釈・陳述・報告)する；(なぞなぞを)解く；(精力・エネルギー等を)展示する。

kifelé ［副］外へ，外側へ；よそへ，外国へ。

kifelejt ［他］(誤って，又は故意に，又は忘れて，語・行・句などを)もらす，抜かす，省く；(名簿から…を)落とす，忘れる，失念する。

kifér ［自］納まる，入れ場所がある，容れられる；(…を通って)出られる；声を限りに叫ぶ；(文字や文章)まだ入る。

kifest ［他］色をつけて描き上げる；(何に)色を塗る，着色・彩色する；ペンキを塗る；化粧する。

kifeszít ［他］無理に押し上げる；(戸・錠などを)こじ開ける；支える，突っぱる，寄せかける；(帆・幕などを)広げる，伸ばす；(胸を)中高にする，ふくらませる；(弓を)張る。

kificamít [他] 関節をはずす，筋を違えさせる，脱臼(だっきゅう)させる。

kificamodik [自] 脱臼(だっきゅう)する，筋を違える；(足首などを)くじく。

kifizet [他] 支払う，現金化する；完済する(支払って解雇する)。〔kifizeti magát, 報いられる，骨折りがいがある；仕がいがある，もうけになる。kifizetve, 報いられて；支払いずみ，勘定ずみ。〕

kifizetés [名] 支払うこと；支払われた額。

kifli [名] クロワッサン，三日月形のパン。

kifog [他] (水中から)引き上げる；外へつかみ出す；(馬を馬車から)離す，馬具を解く，(車から)はずす；天引きする，差し引く；(賃金を)引き去る，減ずる，(…を)策略に乗せる，一杯食わす，ペテンにかける，出し抜く，だます，欺く；(食べ物・飲み物)多すぎる。〔mégis kifogtam rajta, でも私は彼を策略に乗せた。〕

kifogás [名] (水中からおぼれた者を)救い出すこと；(馬具を)取りはずすこと；(比)異議，反論，異論，異存；抗議，非難；遁辞，口実，言い訳；(法)抗弁。〔kifogást tesz, 抗弁する，異議を唱える，抗議する。〕

kifogásol [他] 反論を唱える，異議を申し立てる，抗議する；(…に)非を打つ，(…の)あげ足をとる，とがめ立てする，あら探しをする，こき下ろす，けちをつける。

kifogástalan [形] 異議・反対のない，非難の余地ない，とがめるところのない；欠点・落度のない。

kifogy [自] なくなる；使いつくされる；(商)在庫がなくなる。

kifolyik [自] 流れ出る，あふれる，こぼれる；(容器が)もる(漏る)。

kifordít [他] 逆にする，逆さにする；ひっくり返す，裏返しする；こぼす；くつがえす，転倒させる。

kiforgat [他] 逆さまにする，ひっくり返す，くつがえす，転倒させる；(比)(…から)押しのける；(…の財産を)横取り(奪取)する，はぎ取る；(原文を)曲解させる；均衡を失わせる，常軌を越せしめる，脱線させる；(比)詳細に尋ねる。

kiforratlan [形] 発酵されない；(比)精りゅう(精製・精練・浄化)されない；成熟しない(青年)。

kifoszt [他] 略奪する，すっかりまき上げる；はぎ取る，裸にする。

kifőz [他] (…を)充分に煮る, 煮出す;(麻布を)煮て清める;せんじつめる;煮沸する;(陰謀を)企らむ, 共謀する;頭をひねって考え出す。

kifúj [他] (煙・ガスを)吐き出す;(風が)さらう;(風が顔面を)吹き去る;(鼻を)かむ;(息を)吐き出す。〔magát kifújja, 息をつぐ, 一息する;落ちつく, 息を吹き返す。〕

kifut [自] 外へ走り出す, 外出する;(船が)出帆する;(容器から)こぼれる, 流れる, あふれる;(中から四方へ)走り出る, 広がる;(主語なしでも)間に合う, 足りる, 十分である。

kifüggeszt [他] (看板を窓の)外に掛ける, 掲げる;(商品を)陳列する;(旗を)掲げる;(宣言を)掲示する, 張り出す。

kifürkész [他] 探究する, よく吟味する;(秘密などを)尋ねて聞き出す, 問い探る;(意向を)探る;(密かに)探索する。

kifürkészhetetlen [形] 探究しがたい, はいり込めない, うかがい知れぬ, 計り知れない;不可知の, 神秘な。

kifütyül [他] (芝居などで)口笛を吹いてあざける, やじる, ば倒する, ののしる;口笛を吹いて引っ込ませる。

kifűz [他] ひもを解く(はずす);(コルセットを)はずす;(結び目を)ゆるめる;(真珠の首飾りの糸を)抜き取る。

kigombol [他] (ボタンを)はずす;(財布を)開く, 金を出す。

kigondol [他] 考え出す, 案出・考案・工夫する。

kigúnyol [他] → gúnyol. あざける, 軽べつする;ばかにする, 侮辱する;冷やかす, からかう。

kígyó [名] (動)蛇(へび), くちなわ;(比)ヘビのような人, 陰険な人, 奸物(かんぶつ)。

kigyógyít [他] なおす, 全快させる, 健康に復させる。

kigyógyul [自] なおる, 治ゆ・回復・全快する。

kígyómarás [名] 毒蛇のかみ傷。

kígyóméreg [名] 蛇の毒。

kígyózik [自] 蛇行する, うねりくねって進む;(煙が)モクモクのぼる。

kigyullad, kigyúl [自] 燃え立つ, 燃え上がる, 発火する;(愛憎が)燃え立つ。

kihagy [他] (語・行・箇所などを)省く, 抜かす, 略す, 落とす, 忘れる;削除する。

kihagyás [名] (目録から)省略, 脱漏;(章句・語の)脱落;(原文やフィルムの)削除, 切り取り;(脈拍や記憶など

の)欠落。

kihajít [他] (窓から)外へ投げる，投げ出す；(戸外へ)追い出す，追い払う；(比)解雇する。

kihajlik, kihajol [自] (汽車の窓から)身を乗り出す；(樹木が)外へ傾く，傾斜する。

kihajt¹ [他] (家畜を)連れ出す。[自] (車を)外へ出す。

kihajt² [他] (衿を)外へ出す。

kihajt³ [自] (植)発芽する，葉を出す。

kihal [自] (家系が)死に絶える，断絶・死滅する。

kihallgat [他] (…の言を)傾聴する，(法)聴取(審問・試問・尋問)する；盗み聞く。

kihallgatás [名] (法)尋問，聴取，審問；謁見，引見，拝謁，接見；盗み聞き。

kihalt [形] 死滅した；荒涼とした。〔kihalt város, ゴーストタウン。〕

kihány [他] (…から)投げ出す，投げる；(食物を)吐き出す，嘔吐(おうと)する；(植物が頭を)持ち上げる。

kihasznál [他] 出来るだけ利用する，利用し尽くす；利用する。

kihat [自] 作用する，働く；働きを及ぼす；影響・勢力を及ぼす；くぐり抜ける。

kihatás [名] 作用(力)；効果，影響。

kiházasít [他] 嫁資を付けて結婚させる，嫁入支度をして嫁にやる。

kihever [他] (苦しみや悲しみを)持ちこたえる，耐える，切り抜ける；(…に)打ち克つ，克服する。

kihirdet [他] 知らせる，通告する；布告(発表・告知・公告・公布)する。

kihív [他] (…を外へ)呼び出す；(…に)ちょう戦する，決闘の申し込みをする；(トランプで)勝負をいどむ，賭(と)する；(劇で役者を)カーテンコールをする。

kihívás [名] 呼び出し；ちょう発，ちょう戦(決闘などの申し込み)。

kihívó [形] ちょう戦的な(態度など)；ちょう発的な(言辞)；誘惑的な。

kihord [他] 取り出す，運び出す，連れ出す；(知らせを)届ける；(胎児を)臨月まで持ちこたえる。〔lábon kihord vmely betegséget, …の病気を病臥せずに治す。〕

kihoz [他] 持ち出す，取り出す；(外へ)連れ出す；(比)推論(推断・演繹)する；思弁・思索する。〔kihoz a sodrából, (…の)度胸を失わせる，ろうばいさせる，どぎまぎさせる。〕

kihull [自] (毛や羽や歯などが)脱落する，抜ける，外へ落ちる，離れる；(手から)滑り落ちる(ペンなどが)。

kihurcol [他] 引きずり出す，重そうに引きずり出す(去る)。

kihurcolkodik [自] 引き移る，引っ越す，移転する(家財を携えて)。

kihúz [他] 引き出す，引き抜く；(困難な状況から)抜け出させる；(語句を)線を引いて消す，削除する；(剣を)さっと抜く；(歯を)抜く；(栓を)抜く；(引き出しを)開ける；(くじを)引く。

kihűl [自] 冷える，冷え切る，冷却する；(比)冷静(冷淡)になる。

kihűt [他] 冷やす，冷やし切る，冷却させる；(比)(情熱や欲望などを)静める，冷静にする。

kihüvelyez [他] 殻から取り出す，殻を取り去る，莢(さや)をむく。

kiigazodik [自] 行くべき道がわかる，出口が分かる；(出口を見つけて)脱出する；(比)わけが分かる，勝手が分かる，自分が分かる。

kiindul [自] 出発する；始まる；(比)(…の理論・事実から)出発する。

kiindulópont [名] 出発点，起点。

kiír [他] 書き写す，省略しないで書く；公布する。

kiírás [名] 書き写し，複写，書き抜き，抄録；公布，公告，告示。

kiirt [他] 根こぎにする，根絶する，退治する，絶滅させる。

kiismer [他] どう察する，看破する，見抜く，見通す。〔kiismeri magát, (…に)通暁している，熟知する，勝手が分かっている。〕

kijár [他] 策略で手に入れる，無心によって…を得る；追って捕える，努力して得る；(道路や履物を)踏みつぶす，悪くする；卒業する。[自] 外出する；(電車)発車する；与えられる，帰する，相応する，…を受くべきものである；飛び出す。

kijárás [名] 出て行くこと，外出；(学業の)修了。

kijárat [名] 出口；水路。

kijáró［形］当然の；当然なすべき；当然支払う筈の。［名］(蜂の巣の)出口；出口；仲介者，周旋人；ロビーイスト。

kijátszik［他］(トランプを切り札として)出す，賭(か)ける；遊び終わる；水泡に帰せしめる，ざ折させる(計画などを)；(…を)欺く，だます；(法律の)抜け道をくぐる。

kijavít［他］改良する；修繕・修復する；正す，校正する；(詩文を)添削する。

kijelent［他］説明・解明する；言明(断言・公言・宣言・声明・布告)する；(宗)示現・啓示する；(役所に)転居届を出す。

kijelentő［形］転居届の。〔kijelentő mód, 陳述法(事実を直接に説き示す話法)。kijelentő mondat, 平叙文。〕

kijelentés［名］同上のこと。

kijelöl［他］記号をつける，表示する(道路等に)；(時を)決定する，限定する；(仕事を)割り当てる；…に指定・任命する，指名する。

kijjebb［副］(ki の比較級)さらに遠い所で；さらに遠くに，さらに外へ。

kijózanít［他］酔いをさまさせる；(比)目をさまさせる，まじめにする；惑いを解く，心を落ち着かせる。

kijózanodik［自］酔いからさめる；(比)冷静になる，目ざめる，覚せいする，惑いが解かれる。

kijön［自］(…から)出て来る，脱する；刊行される；外にもれる，知れわたる，明らかになる；コツを忘れる；充分である；折り合いがつく；…の結果を生ずる，…の結果になる。

kijut［自］(…から出て…に)達する，とどく；抜け出す；(不快なことが)及ぶ。

kikacag［他］ちょう笑する，あざ笑う，あざける，冷笑する。

kikap［他］(パッと)取り出す；もらう，受け取る。［自］打撃を受ける，敗北する；(子どもが)叱られる，とがめを受ける，やられる，ひどい目にあう。

kikapcsol［他］(ボタンを)はずす；(スイッチを)切る，はずす，消す；止める。

kikefél［他］ブラシをかける，ブラシで磨く。

kikel［自］(ベッドから)起きあがる；(植)発芽する，芽ぐむ；孵化(ふか)する，(卵から)はい出る；(…に対して)ののしる；(…を言葉で)ひどく攻撃する，ののしる。〔magából ki-

kelve, 我を忘れて, 夢中になって, 激昂して。〕
kikelet [名] (詩)春, 春季, 陽春。
kikelt [他] → kikölt.
kikémlel [他] (気づかれないように)探り出す, 探索する; 秘密を問い探る; てい察する。
kiképez [他] 造り上げる, 形成する; 教育する; (肉体を)鍛練する; (工員を)養成する; (兵)訓練・教練する。〔kiképezi magát, 修養する。〕
kiképzés [名] 同上のこと; 形成, 完成; 養成, 教育, 訓練。
kikér [他] 取り出すよう頼む; 要求する; 請い求める, ぜひお願いする; 懇願・切願する; 断る, 謝絶する。〔kikérem magamnak, それはお断りする。〕
kikérdez [他] 質問する, 根ほり葉ほり問う; (学)(分かっているかどうか)質問する。
kikeres [他] くまなく捜す, 探し出す; (多くの中から)選り抜く, 選択する。
kikerget [他] 狩り立てる, 駆逐する, 放逐する, 追い出す。
kikerics [名] (植)いぬさふらん属, コルチカム(百合科)。
kikerül [他] 避ける, 迂回する; 回避する, 逃げる; (学校を)避ける, やめる(行かない); 新卒である。〔kikerülte a figyelmét, 彼は意を用いなかった(彼はその目をそらした)。 kikerülte a veszedelmet, 彼は危険を回避した。〕
kikerülhetetlen [形] 避けられない, 不可避の, 免れない。
kikészít [他] 整える, 支度する; 仕上げる, 加工(完成)する; (女性)化粧する; 消耗させる。〔kikészített engem ez a vizsga, この試験の結果にがっかりした。〕
kikészül [自] (外出の)用意が整う, 準備が出来上がる; がっかりする。
kikezd [他] 破壊する, むしばむ, 穴をあける; (ネズミが)かじる, かむ。 [自] 喧嘩を売る; (異性に対して)気をひく。
ki-ki [代] 各々; 各人, 誰も, 人皆。
kikiált [他] 外に向かって叫ぶ; 烙印を押す; 何々として宣言(公布)する; 呼び売りする(新聞や商品などを), (競売で)初値を告げる。
kikiáltó [名] 呼び売り人; 客引き; 競売人。
kikisér [他] 玄関まで見送る; 別れる地点まで見送る。
kikopik [自] (着物などが)すり切れる, いたむ, 悪くなる, 穴

kikölcsönöz [他] 借りる；貸す，貸し出す，貸し付ける。
kikölt [他] (卵から)ふ化させる。
kiköltözik [自] 引き移る，移転する，家財を携えて移る；(田舎などに)引っ越す。
kiköt [他] 結びつける；(家畜を屋外で)つなぐ；(船を)岸に着ける，しばりつける；(ニット類を)つくろう；(結び目を)ほどく；(…を約定から)除外する，留保する；申し合わせる，協定・契約する。[自] 着陸する，上陸する，岸につく，停泊する；(…に)関係をつける，けんかを吹きかける，因縁をつける。〔kikötve,(…を)除いて，留保して；条件として，仮に云々なりとして。〕
kikötés [名] 着陸，上陸；陸揚；(家畜を)外につなぐこと；約束，約定，制約，留保；(兵)さらし刑。
kikötő [名] 港，波止場(はとば)，港町。
kikövez [他] (石で道路を)舗装する，舗石を敷く。
kiközösít [他] 排斥する(特に宗教的に)，破門する；村八分にする，除名する。
kikutat [他] くまなく捜索する，あまねく探る；徹底的に究める，検査する。
kiküld [他] (外へ)遣わす，送り出す；(使者を)派遣する，使いに出す；(…を)発送する。
kiküldetés [名] (使命をおびての)派遣；委員，代表者；(公の)任務，使命。
kiküldött [形] 派遣(委任)された。[名] 派遣員,(派遣)委員；使者，使節；(新聞社などの)特派員。
kikürtöl [他] 大々的に知らせる；(比)仰々しく吹聴する。
kiküszöböl [他] (妨害や邪魔物を)除去する；(数)消去する。
kilábol [自] (水から)上がる；(困難から)抜け出る，のがれる，逃避する，難をさける；(病気を)克服する，切り抜ける，いえる。
kilát [自] (窓から)外を見る，眺める。
kilátás [名] 眺望，展望，眺め；景色，風景；(比)望み，見込み，期待，希望；見かけ，外見；機会，チャンス。〔kilátás van rá, それは望みがある。〕
kilátszik [自] (光が)こぼれる；見える，のぞく；(比)図抜

kilehel 472

(ずぬ)ける, 卓越する, ひいでる；(…のように)見える, 現れる, 出現する。〔kilátszik a lóláb, 本音(ほんね)を吐く。〕

kilehel [他] (気体を)吐き出す, 息を吐く；(香りを)はなつ, 発散する。〔lelkét kilehel, 息絶える, 死ぬ。〕

kilel [他] (多くの中から)見つけ出す；捕える；(病気に)かかる, とりつかれる。〔kilelte a hideg, 彼は熱病にかかった, 悪寒にとりつかれた。〕

kilenc [数] 九, 9。〔kilencenként, 九つごとに；九つずつ。〕

kilenced [数] 九分の一の。[名] 九分の一。

kilencedik [数] 第九番の, 第九の。

kilences [形] 九番の, 九号の。[名] 九つの数より成るもの(総数および名称)；九人組；九という数字；第九連隊の兵。

kilencven [数] 九十, 90。

kilencvenes [形] 九十番の, 九十号の。[名] 九十歳の人；九十歳代の人；九十年のブドウ酒；第九十連隊の兵。

kilép [自] 歩み出す；(靴などを)ぬぐ；(ス)(砲丸投げなど)越える；去る, 退く；急ぐ；列を離れる；(団体から)脱退する, 辞する；(子供時代を)過ぎる；自立する；(水が)あふれ出る, はんらんする。

kilépés [名] 歩み出ること, 外出；(党派から)退出, 退場, 脱退；大股に歩くこと。

kiles [他] (様子を)うかがう；待ち構える, 待ち設ける, 待ち伏せする；(…を)ひそかにうかがう, ねらう；(本を)かくして見る, 盗み読みする。

kilét [名] 何者であるか, 誰であるか, 身許は何であるか(を証明すること)。〔kilétét felfedezi, 何者なるかを発見する；(…に)何者なるかを打ち明ける(知らせる)。kilétét igazolja, 誰であるかを証明する・明らかにする；(旅券で)身許を証明する。〕

kilincs [名] (戸の)取っ手, 引き手, かけがね。

kiló [名] → kilogramm.

kiloccsan [自] (外へ)ほとばしる, 噴出する；(泥・水などが)はねる, はねかかる, はね飛ぶ。

kilóg [自] (…の外に)たれている, 掛けてある, つるしてある；逃亡する；重荷になっている。

kilogramm [名] キログラム, 千グラム。

kilométer [名] キロメートル，千メートル。
kilop [他] 盗み出す，取り去る，そっと取る，窃盗する。
kilopódzik [自] 忍び足で逃げる，こっそり逃げ出る，忍び去る。
kilő [他] (…から)射る；(銃や弓を)射る，発射する；射つくす；(鳥などを)射落とす；(…の目を)射落とす。
kilök [他] 戸外へ追い出す，突き・押し・投げ出す，(予告なしに)解雇する。
kilövell [自] 強く噴き出る，わき出る，射出する；はねる。[他] (火などを)発火させる，放つ；(光線を)投射する。
kilyukad [自] (ズボンや樽に)穴があく；水の漏れ口(出口)ができる；(比)どこかへつらなる(通ずる)。〔mire fog kilyukadni? どこへ行こうというのか，どうなることか。kilyukadt hajó, 漏(も)る船。〕
kilyukaszt [他] 穴をあける；(鉄)(切符に)パンチを入れる；(ズボン・ざる等に)穴をあける。
kimar [他] かみ除く，かじり取る，かみ取る；(酸)腐蝕させる，傷める(皮などを)；них 止のける，排斥する。
kimarad [自] 置き忘れる，見えない，遠のいている，現れない，退学する；落ちている，もれている，欠ける，脱落している(印刷など)，(遊んでいた)帰宅が遅くなる。
kimaradás [名] (名簿に)脱落，退学；外に残ること；(招待や式典に)欠席，現れないこと；長時間外出許可。
kimászik [自] はい出る；(危険や害悪から)逃れる，免れる。〔a bajból kimászik, 災難を免れる。〕
kimegy [自] 外に出る，外出する；迎えに行く；発送される；(比)(流行が)すたれる，用いられなくなる，遠ざかる；(色が)落ちる，(記憶が)抜け落ちる。
kímél [他] 大切にする，いたわる，保護する；(…に)注意する；(使用を)惜しむ，節約する，倹約する。
kimelegedik, kimelegszik [自] (からだが)ほてる，温まる；(気候が)暖かくなる。
kímélet [名] 大切にすること，いたわること，手心；寛大；情け深い処置。
kíméletes [形] 大目にみる，寛大の；やさしい，思いやりのある，いたわりの心がある。
kíméletlen [形] 情も容赦もない，仮借ない，無慈悲な，乱暴な，無情な，粗暴な。

kimenet［名］出て行くこと，外出；出口。［副］外へ出て，外出して。

kimenetel［名］出て行くこと，外出；出発；成り行き，結果。

kiment［他］（水・火・敵から）救い出す；恕する，ゆるす；（牢獄から）放免・解放・免除する；弁解する。

kimér［他］測る，測量する；測って分ける；（酒を）小売りする，一杯売りする；（罰などを）負わせる，割り当てる。〔kimérve，量り売りで。〕

kimered［自］（体の部分が）こわばる；（建物が）突出する，張り出す；（眼を）むく，見張る。

kimérés［名］（重さ・容量などを）計ること，計量；（土地の）測量；一杯売り，小売り(酒の)。

kimereszt［他］（眼を）むく，見張る。

kimerít［他］（井戸を）くみ出す，くみほす，水をくみ尽くす；（金などを）使い尽くす；（勢力を）使い果たす；…とみなす，構成要素である。

kimeríthetetlen［形］無尽蔵の。

kimerítő［形］ある限りを尽くした，委曲を尽くした，遺漏のない(叙述・表出など)；消耗させる。

kimért［形］量り売りの；(比)謹厳な，儀式張った，もったいぶった，固苦しい。

kimerül［自］くみ尽くされる，尽きる，枯渇する；疲れ果てる，困ばいする，過労する；(仕事など)限定される。

kimerülés［名］くみ尽くすこと，尽きること，枯渇；疲労，疲弊，疲れ果て，衰弱。

kimerült［形］使い尽くされた，尽きた；疲れ果てた，困ばいした，弱りきった。

kimerültség［名］くみ尽くされたこと；疲労，疲弊，困ばい。

kimeszel［他］白く塗る，漆くいを塗る。

kimond［他］発音する；声に出して言う；言い表す，陳述する；明言する，きたんなく言う，隠さずに言う；宣言する，布告する。

kimondhatatlan［形］発音しにくい；言い表しがたい，言いようのない，言うに言われぬ；名状しがたい，言語道断の。

kimos［他］洗濯する，洗い落とす，洗い清める，洗い流す。

kimozdít［他］押し除ける，わきにずらす，撤去する；移す，

転ずる；外へ行かせる。

kimutat [他] 見せる，示す，表す，証明する，明示する；報告する；(真実を)確認させる，証拠立てる。

kimutatás [名] 証拠文書；報告；(pénztári)会計報告。〔havi kimutatás, 月報，月々の計算表。〕

kín [名] 苦痛，責苦，苦悩；拷問，苛責。

Kína [固] 中国。

kínai [形] 中国の。[名] 中国人。

kínál [他] 勧める，申し出る；提供する(商品などを)；差し出す，棒げる，呈する，もてなす(酒や食物で)。

kínálat [名] 申し出；提供，供給。

kínálkozik [自] (…の機会が)現れる，起こる，生ずる；(…をしようと)申し出る；(…を辞せぬ)覚悟である；(…を)引き受ける。

kincs [名] 宝物，宝，貴重品；財貨・財宝，富。〔a világ minden kincséért sem, 世界中の宝に対してでも…しない，決して…しない。〕

kincsesbánya [名] 宝の山，尽きることがない可能性。

kincstár [名] 宝庫，財宝置場；国庫，大蔵省。

kinevet [他] からかう，あざける，ちょう笑・冷笑する，物笑いにする。

kinevez [他] (…を…に)任命する；指名する，命ずる；推挙する，選任する。

kinevezés [名] 任命すること；指名；任命，叙任。

kinéz [自] (内から外を)見る，見張る；(窓から)展望する；(意図など)うかがえる；(…の)外見を呈する，様子をしている。[他] 盗み見る；推測する；見出す，見たてる，選び立てる，選抜する，選び出す；(比)軽べつする，あざける。

kinézés [名] 外を見ること；外観，見かけ，外ほう(顔かたち)・相，様子，風さい；(…の)選択すること。

kinin [名] (化)キニーネ，キナ塩。

kínlódik [自] 苦労する，苦しむ，悩む，辛酸をなめる；骨を折る，疲れ果てる。

kinn [副] → kint.

kínos [形] 苦痛の，責苦の；苦しむ，悩み多い，苦悩にみちた，痛い；固苦しい。

kínoz [他] 苦しめる，悩ます；(あれやこれやと)思い悩ませる，煩わす，うるさがらせる；いじめる，苛責する。

kinő ［自］（不自然に）発芽する（生え出る）；（体のある部分が）飛び抜けて生育する；（体が成長して）…が合わなくなる。［他］（背が伸びて着物が合わなくなる，あるいは子供の靴が合わなくなる）ほど成長する；…になる。

kinövés ［名］生長すること；不良発生；木のこぶ；（人間の）ぜい肉，はれ物，いぼ；（背の）こぶ；（比）ゆがみ；変形，奇形。

kínszenvedés ［名］苦難，受難，責苦（せめく）；（比）苦悩，苦もん。〔Krisztus kínszenvedése, キリストの受難記（史）。〕

kint ［副］外に（で），戸外で；外部で，外側に；外国に，外国で。〔kint van, 外出している；（外に）貸したままの，未払（未回収の）。〕

kintorna（目 kintornát）［名］手回しオルガン，箱風琴（ハンドル付）。

kínvallatás ［名］虐待・ごう問による尋問。

kínzás ［名］苦しめること；ごう問，責め立て，責苦（せめく）。

kínzó ［形］苦しめる，悩ます；苦痛の，せつない，苦悩に満ちた，つらい，悲痛の。［名］苦しめる人，悩ます人；ごう問吏，責め立て人。

kínzókamra ［名］ごう問室。

kinyal ［他］な（舐）めて取る，ねぶり取る，なめて空にする（皿などを）。〔kinyalja magát, めかし立てる，飾り立てる。〕

kinyílik ［自］（門が）開く，あく；（花が）ほころびる，咲く；現れる；（翼が）広がる；（眼が）ひらく。

kinyit ［他］（戸・窓・門を）あける，（目など，体の部分を）開ける；開店する；（ガス，ラジオなど）つける。

kinyom ［他］押し出す，しぼり出す；はじき出す；印刷する；ふくらませる；（比）追い払う。

kinyomoz ［他］嗅ぎ出す，探し出す，見付け出す，踏査する；調査・探究する，根本を究める；（兵）てい察する。

kinyomtat ［他］印刷する，版にする，複製する，印刷に付する；（穀粒を）踏んではぎ出す。

kinyög ［他］うめき・しん吟しつつ述べる。

kinyújt ［他］（手足を）差し出す，伸ばす，差し出す（窓から外へ）；（鉄などを）引き延ばす。

kinyújtózkodik, kinyúitózik ［自］伸びる；（体，特に足を）伸ばす，伸びをする。〔kinyújtózva fekszik, 伸

kipattogzik

びてふせている，横になっている；置いてある(どこに)。〕

kinyúlik［自］広がる，伸びる，延びる；横たわる；(服などが)大きくなる，拡大する；(建)張り出す，突出する；延長する。

kioktat［他］(犬や馬を)仕込む，調教する；(皮肉な意味で人間を)訓練する；(比)(あらかじめ)教える，指示・指導する。

kiold, kioldoz［他］(結んだものを)ほどく，解く，ゆるめる；(問題を)解く，解決・解明する。

kiolt［他］(火・ガス・電気を)消す；(書いたものを)ぬぐい消す，まっ消する；(比)無くする，絶やす；殺す。

kiolvas［他］抜き読みする；読み終わる，通読する；(本などを読んで…を)見出す，知る；数え上げる，数え調べる，計算する。

kiont［他］(血や涙を)流す；(比)(感情を)発する。

kioson［自］(ひそかに)すべり出る，するりと抜ける，す早く逃げる，こそこそと姿を消す。

kioszt［他］分ける，分配・分与する；割り当てる，振り当てる，くばる；(比)(大勢に，特に子供に)ビンタをくらわす。

kiöl［他］絶滅させる，絶つ，殺す。

kiömlik［自］(涙が)流れ出る；あふれ出る，みなぎりあふれる；(比)(群衆が)押し出される。

kiönt［他］あふれ出させる，みなぎらせる；鋳る，鋳て造る(とかした金属を型に流し込んで器物を作る。)［自］あふれる，みなぎる，はんらんする。

kiöregedik［自］年をとる，老いる；老年のために無能になる。

kiözönlik［自］流れ出る；(ガスが)漏出する，もれる；(光が)放射する；(河川が)はんらんする；(群衆が)押し出される。

kipakol［他］(荷や包みを)解いて取り出す；(トランクを)開ける，開く；盗み出す；(比)(不平などを)きっぱりと言う。

kipárolgás［名］蒸発すること；気化，蒸発，発散；発汗。

kipárolog［自］蒸発する，発散する；発汗する。

kipattan［自］(火花が)パチンと音がして飛び上がる，はねる；(錠，つぼみなどが)急に開く；(比)(醜聞が)あらわれる，露顕する，あきらかになる。

kipattogzik［自］(つぼみが)裂ける；(植)発芽する；(皮膚が)腫れる，ひびが入る，き裂を生ずる；(花火が)パチンと音

がしてはねる。

kipécéz [他] (標柱や杭をたて)区画する，限界を標示する；(比)巻きこむ；明らかにする。

kipellengérez [他] (…を)さらし者にする；(比)ちょう笑・冷笑の的にする；(…の)醜態を曝露する，非を鳴らす。

kipihen [自] 休息・休養する，回復する。[他] (精神・肉体などを)休める。〔kipiheni magát, 疲れがとれるまで休息する。〕

kiporol [他] (着物のチリを)たたいて払う，はたく；(道具などに)はたきをかける。

kipótol [他] (損失を)償う，補償する；(怠慢を)是正する，改める；(情報を)補足する。

kipödör [他] 口ひげを巻く。

kiprésel [他] (ぶどうを)しぼり出す，押し出す；(比)(金を)しぼり取る，ゆする，強請・強奪する。

kipróbál [他] (効用・有能性を)ためす，試験・実験する；確める，試みて知る；(劇)試演する。

kipróbált [形] 実験ずみの，真正の，確かな；信用すべき，定評ある。

kipufogógáz [名] 排気ガス。

kipuhatol [他] 慎重に聞き出す；(秘密を)問い探る，探知する；(ある手段・方法に依り)調査する，確かめる。

kipukkad [自] (メリメリと)割れる，裂ける，裂け開く，破裂する。

kipusztít [他] 根こそぎにする，根絶させる，絶やす；絶滅させる，皆殺しにする；(山林を)荒らす。

kipusztul [自] 無くなる，滅びる，絶滅する，滅亡する；(害虫などが)根絶する。

kirabol [他] 略奪し尽くす，強奪・劫略する，はぎ取る。

kiragad [他] えらび出す；引き抜く，引き取る；裂き出す；(手から)ひったくる，もぎ取る，奪い取る；(波間から)救い出す。

kiragaszt [他] (おおいを)打ちつける，張りつける；(看板を外に)掲げる，掛ける；(商品を)陳列する。

kirak [他] 並べる，陳列する；包みを解く；陸揚げする，荷揚げする；(句読点などを)付ける；(…に宝石を)はめ込む；(比)(仕事から)追い出す。〔kirakva, 並べて，陳列して；象眼して，ちりばめて。〕

kirakat［名］陳列窓，飾り窓，陳列だな，ショーウィンドー；店先，店頭。

kirakodik［自］荷降ろしする，陸揚げする，降ろす；(市場で商品を)陳列する。

király［名］王，国王；(比)王者のような人，第一人者。

királyfi［名］(主としておとぎ話の)王子，皇子。

Királyhágó［固］(ハンガリーとトランシルヴァニアの境の)王の峠。現在はルーマニア領で，Piatra Craiului。

királyi［形］王の，王たる，王者なる；王者らしい；王室の，王党の。〔királyi herceg, 殿下。királyi korona, 王冠。királyi pálca, 王笏(おうしゃく)。királyi palota, 王宮。királyi szék, 王座。királyi trón, 王位。királyi tábla, (歴)最高裁判所。királyi ügyész, (歴)検事。〕

királyleány, királykisasszony［名］王女，内親王。

királyné［名］王妃。

királynő［名］女王，女帝。

királyság［名］王たること；王権，王位；国王の威厳；王政；王国。〔a magyar királyság, ハンガリー王国。〕

kirándul［自］(踵を)くじく；遠足に行く，小旅行をする。

kirándulás［名］遠足すること；小旅行，行楽。

kiránt¹［他］(剣を)引き抜く；裂き取る；(比)(…を苦境から)救い出す，脱出させる。

kiránt²［他］(食物を)フライにする。〔kirántva, フライにして。〕

kiráz［他］(衣服のチリを)振り出す，振り払う；(粉を)振り分ける；(比)(悪寒が)震わせる。

kirekeszt［他］締め出す，除去する，除く；除名する，排斥する。

kireped［自］(着物が)裂ける，破れる；(球や管が)破裂する；き裂を生ずる，ひびが入る。

kirepül［自］(鳥が)飛び出る，飛び去る，巣立ちする；(比)(仕事から)追い出す；(初めて)世に出る，門出する。

kirí［自］(…の中から)突出する，浮き出る；(比)(…と)著しい対照をなす，甚だしい差異がある；目立つ，著しい。

kirívó［形］(色の)けばけばしい，燃えるような，華美な；(比)目立った；著しい。

kiró [他] (誰に…を)科す，刑を適用する；(罰金を)科す。

kirohan [自] (どこからどこへ)走って出て行く，突進する；(比)(…に対し)攻撃・非難する。

kirohanás [名] 突進；(比)(言論で，激しく)非難攻撃。

kirostál [他] (穀物を)篩(ふるい)にかける；(良いものと悪いものを)ふるい分ける，選り分ける；(比)選り捨てる，選りすぐる。

kirúg [他] 追い出す，突き出す，投げ出す；(家や地位から)けって追い出す，追い払う，排斥する。[自] (馬が足で)け飛ばす；(…に)悪意を向ける。〔kirúg a hámból, あばれ出す, 不従順である；(青年が)放逸な生活をする, 道楽をする。〕

kis [形] (修飾語として用いる)小さい；少しの，僅かの，僅少の；幼年の；さ細の。〔kis ember, 小さい(小柄の)人。〕

kisajátít [他] (公用のために)収用・徴収する；(強制的に)所有権をはく奪する，没収する；自分のものにする，独占する。

kisasszony [名] 未婚の女性；令嬢，お嬢さん；娘，嬢。〔eladó kisasszony, 女子店員。〕

kisded [形] 小さい，幼い。[名] 幼児，乳児，赤ん坊。

kisebbik [形] (二つの中の)より小さいもの・人；より少ないもの。

kisebbít [他] 小さくする，少なくする，縮小する；(比)軽視する，おとしめる，くさす，けなす。

kisebbség [名] 少数；少数党；少数民族。

kisebesedik [自] 傷になる；(皮膚が)すりむける。

kisegít [他] (…から)救い出す，救助する；(…に)助力する，補助・援助する；(比)(…の困難を)救う。

kisegítő [形] 臨時雇いの，仮の。[名] 臨時の助手(雇)；補充員。〔kisegítőképpen, 間に合わせに，臨時に，仮に，応急的に。kisegítő eszköz, 逃げ道，方策，方便。〕

kiselejtez [他] (検査して)選り分ける，はねる，選り捨てる，選りすぐる；(不良品を)しりぞける，廃棄する。

kísér [他] (…に)同伴する，お供する，付き添う；送り届ける；(兵)護送する；伴う，付随する；(音)伴奏する。

kíséret [名] 従者，伴，同伴者，お付き；随行，案内；(音)伴奏；護送，警護。〔kíséretében, (従者を)従えて。〕

kiserked [自] (口ひげが)見えて来る，生え出す；(血が)にじむ。

kísérlet [名] ためし，試み；試験，実験；企て，努力；(法) 未遂行為。〔kísérletképpen, 試みに，ためしに，実験的に。〕

kísérletezik [自] 試みる，ためす，実験する；(観察・吟味・比較などを)試みる，為す。

kísérleti [形] ためしの，試みの；試験的，実験的。

kísérő [形] 付き添う；付随する。[名] 同伴者，連れ，伴侶；(音)伴奏者。

kísért [他] 実地に験す，試みる，やってみる；(比)(昔の出来事が)苦しめる；誘惑する。[自] 妖怪・ばけもの(幽霊)が出る。

kísértés [名] 誘惑；誘惑の手。

kísértet [名] (聖)(悪魔の)誘惑；悪夢；妖怪，お化け，幽霊，亡霊。

kísérteties [形] 同上のような；妖怪の，幽霊のような；怪しい，物すごい。

kísértő [形] 心をひく，そそのかす，誘惑する。[名] 誘惑者；悪魔。

kisétál [自] 散歩する，はいかいする，歩きまわる；軽々と抜け出す。

kishitű [形] 信仰の薄い；小心の，無気力の，小胆な，憶病な。[名] 小心者，気の弱い人。

kisiklás [名] すべり落ちること；脱線。

kisiklik [自] (…が手から)すべり落ちる；(汽車が)脱線する；(比)(本論から)それる；すばやく逃げる，逸走する，こっそり逃げる。

kisimul [自] 平らになる，なめらかになる；(しわなどが)なくなる。

kisipar [他] 小工業(工人・職工・職人の)。

kisiparos [名] 小工業者。

kisír [他] 泣いて苦痛を軽くする，泣いて悲哀を晴らす；泣き落とす；泣きはらす。

kiskereskedő [名] 小売商人。

kiskorú [形] 未成年の(18歳以下の)；未熟な。

kiskorúság [名] 未成年；未熟，未発展。

kismamaruha [名] マタニティウエア。

kisorsol [他] 抽せんに依って分配する，抽せんで分配(決定)する。

kisöpör［他］（チリを）掃き出す；（部屋を）そうじする，掃き清める。

kissé［副］少しばかり，多少，ほんの少し；いくらか，幾分か，どうやら。

kisugárzás［名］（物）（光・熱などの）発出，発光；放射，輻射(ふくしゃ)，放熱。

kisugárzik［自］（光を）放射する；（熱を）発する。

kisül［自］焼かれて脂肪が流れ出る，あぶって脂肪が出る，十分に焼ける；（植物が太陽で）干からびる；（電流などが）燃え尽く；（秘密が）明るみに出る，露顕する；…の結果になる。

kisüt［他］（パンなどを）十分にあぶる・焼く；（銃を）射る，発射する；（植物を太陽が）干からびさせる；こめてあるものを出す（持ち出す・取り出す）；（比）読み解く，理解する，考え出す；真相を知るに至る，秘密を見出す，明らかにする。［自］（太陽が）照り出す，輝き始める。

kisváros［名］小都会，田舎町。

kisvárosi［形］同上の。［名］小都会の市民。

kiszab［他］（服地を）裁って作る；量る，測定する；定める，決定（規定・確立）する；（刑を）科す；（税を）課す。〔kiszabva, 決められて，規定されて，規定通り。〕

kiszabadít［他］（ろう屋から…を）自由にする，放免・解放する；（義務から）免除する，救う；ゆるめる。

kiszabadul［自］自由になる，免れる，解放される；免債される。

kiszakad［自］（縫い目が）裂ける，切れる，破れる，ほころびる；（ズボンに）穴があく；…で痛む；（祖国から）離れる，遠ざかる；（感情が）ほとばしる。

kiszakít［他］引き裂く，引き抜く，引きむしる，引きはなす，もぎ離す，裂き取る。

kiszáll［自］（船・車から）上陸・下車する；（役職で）…におもむ(赴)く，出掛ける；（鳥が）飛び出る，巣立ちする；（比）出席をやめる。

kiszállás［名］（船・汽車・飛行機より）上陸・下車；陸揚げ；おもむくこと，臨場。

kiszállít［他］（船から）おろす，外に出す；上陸させる，陸揚げする；（商品を）持ち出す，輸出する；（乗り物から）降ろす。

kiszámít［他］算出する，計算する；概算する，見積もる；（比）思い量る，あらかじめ考量する。

kiszámíthatatlan [形] 数えがたい，計算しきれない，無数の；(比)当てにならない，移り気の，えたいの知れない。

kiszámított [形] 計算された，打算の；(比)謀をされた。

kiszámol [他] 数えながら置く；数える，計算する，算出する。

kiszárad [自] かわく，干上がる，涸(か)れる，枯渇する。

kiszárít [他] かわかす，干からびさせる；(湿地を)耕作地にする。

kiszed [他] 次々に取り出す；選び出す，選抜する，品分けする；(羽毛を)抜きとる；(ポストから手紙を)取り出す；(地中から芋を)掘り出す；(銀行から金を)引き出す；(染みを)抜く；(印)植字する；言わせる。

kiszegez [他] (…へ)くぎ付けにする，くぎで打ち付ける；ビョウで止める；(国旗を)立てる；(砲門を)構える，配列する。

kiszélesít [他] 広くする，広げる，拡張する；(比)(意義を)のべ広げる，布えんする，増す。

kiszellőzik [自] 汚れた空気を排出する，換気・通風する；(頭を)すっきりする。

kiszellőztet [他] (…に)新鮮な空気を通す；(頭を)すっきりさせる。

kiszemel [他] (多くの中から)選び出す，選択・選定する；取り出す，拾い出す。

kiszínez [他] 着色・彩色する；(比)鮮やかに描く；潤色する，飾る。

kiszív [他] (果汁を)吸う；(ささったものを)吸い出す；(パイプを)吸う；(太陽が)色あせさせる；(肌を)乾燥させる；(比)(金を)吸い取る，絞り取る，搾取する。

kiszivárog [自] したたる，漏出する，しみ出す；(比)(噂などが)知れ渡る，広まる，評判になる。

kiszivattyúz [他] ポンプでくみ出す，くみほす。

kiszolgál [他] (勤めの年期を)果たす；(年期奉公・兵役を)終わる；(…に)仕える，侍する；給仕する，(店でお客の)応対する。

kiszolgáltat [他] 奉仕させる；引き渡す，交付する。 〔kiszolgáltatja magát, 奉仕させる。〕

kiszór [他] ふりかける，まく；投げ散らす，分散させる；追い散らす，遠ざける。

kiszorít [他] 押し除ける，押し出す，排除する；(敵を)駆逐

する；立退かせる，遠ざける，追っ払う；(…から)奪い取る。

kiszögellik [自] (建) (角や隅が)突き出る，突出する，張り出している。

kiszúr [他] 刺しえぐって取る，穴をあける；(眼を)えぐり出す；押して出す，外へ出す；(比)(金で…の)きげんを取る；(金を)払う；(いやなことを)押しつける。

kitagad [他] しりぞける，除く；相続権をはく奪する；放逐する，勘当する。

kitágít [他] 大きくする，広くする，広げる，ゆるめる。

kitágul [自] 広くなる，広がる；ゆるむ，ゆるくなる；(裂け目が)大きくなる。

kitakar [他] 被いを取る，蓋をあける，(毛布などを)めくる。

kitakarít [他] (ごみなどを)片付ける，取り除ける，きれいに持ち去る；(室や服などを)そうじする，きれいにする。

kitakaródzik [自] ふとんをはぐ，カバーが取れる。

kitalál [他] (新しいことに)考えつく，推しあてる，推測・推察する；考え出す，工夫・案出・発明する。

kitálal [他] 食卓の上にのせる，(料理を)よそう；(比)(話や噂などを)聞かせる；(学識を)ひけらかす，てら(衒)う。

kitanul [他] (…を)習得する，研究し尽くす；つきとめる，知悉する；修業を終える，卒業する。 [自] (vmiből)，(習得したことを)忘れる，失念する。

kitapos [他] (道を)踏みならす；(靴のカカトを)踏みつぶす；(vmiből)引っぱり出す；奔走して手に入れる。

kitár [他] (ドアを)あける，開く；(腕などを)広げる，伸ばす；(比)(心を)打ち明ける，(心中を)ひれきする。

kitart [他] 外に出す，持ちこたえる，(…に)耐える，(…を)忍ぶ，辛抱する，固執する；(愛人の)金銭的面倒を見る；間に合わせる，用を足す。 [自] 支持する；持ちこたえる。

kitartás [名] 忍耐，がまん，根気，耐久力；支持。

kitartó [形] 辛抱強い，忍耐力のある，根気のつづく，持久性の；長くつづく。

kitárul [自] (景色が)広がる，展開する；(ドアが，ちょうつがいの許す限り)広く開かれる，ひらく；(比)(心中を)打ち明ける，ひれきする。

kitaszít [他] (…から)突き出す，突き除く；追い出す，排斥する，除名する。

kitát [他] (感激して・怒って・ぽかんと口を)あんぐりあける；

(意見を)ひれきする。
kitavaszodik [自] 春になる。
kiteker [他] ねじ取る，もぎ(奪い)取る；(語の意味を)ねじ曲げる。〔nyakát kitekeri, 殺す，ねじ開ける，破滅させる。〕
kitekint [自] 外をちらっと眺める。
kitelik [自] (顔が)ふっくらする；足りる，間に合う，十分である；出来る，可能である；才能がある；(期限が)満了する，満期となる。〔kitelik tõle, 彼からそれを期待し得る，彼はそれを成し得る。〕
kitép [他] 引き抜く，奪う；(思い出などを)消し去る。
kitér [自] さける，回避する；踏み越える，(話が)脱線する；(宗)ある宗派を脱ける；改宗する。
kitereget [他] (洗濯物を)干す；広げる，伸ばす，延ばす；拡張する，伸張させる；(他人の悪口を)示す。
kitérés [名] それること；回避；(演説)本論を離れること，脱線；(宗)宗派離脱；(工)避けること，待避(線)。
kiterít [他] (麻布を)広げる；(粉状のものを)バラバラに広げる；(洗濯物を)干す；(トランプを)広げて見せる；(死体を棺に)横たえる，延ばす。
kiterjed, kiterjeszkedik [自] 広がる，拡張する，行きわたる，伸びる；(何に)わたる，及ぶ，達する。
kiterjedés [名] 広がり，広さ；延び，伸長，拡張；膨張；立体；大きさ。
kiterjedt [形] 広がった，伸びた；広大な(地域)。
kiterjeszt [他] (翼を)広げる；(範囲を)拡張する；(指や股などを)伸ばす；(比)(法律を…にまで)及ぼす，応用する；広める，普及させる。
kitérõ [形] 回避の；待避の。[名] (道の)待避場所；待避線；迂回路；(話が)横道にそれること。
kitesz [他] 外に置く・出す；陳列する；(広告を)外に掲げる；さらす，放置する；値する；追い出す，(…を役目から)罷免する；(句読点などを)打つ；取り出す。〔kitesz magáért, 特にひいでる，ぬきんでる，頭角を現す；出現する。kitéve, …のなすがままに；…にさらして；…しがちな。〕
kitétel [名] 成句；(言葉の)表出，表白，表現；(品物の)陳列；免職，罷免。
kitevõ [形] さらされてある；(…金額に)なる，登る。[名]

(数)指数。
kitilt [他] (…を)国外に追放する；(学校や取引所から)追い出す；禁ずる，禁止する。
kitisztít [他] (内側を)そうじする，汚れを落とす；清める，浄化する；(靴を)磨く；(胃などを)空にする。
kitisztul [自] きれいになる；すっきりする；(天気が)晴れる；(状況が)はっきりする。
kitol [他] 押し出す，突き出す，押しのける；(比)ずらす，延期する。
kitoloncol [他] (外国人を)国外退去する，国外へ追放する。
kitölt [他] 詰め込む；満たす；(用紙に)書き込む；(ある期間を)勤め上げる；(怒りや不満を)漏らす。
kitöm [他] (…を)詰め込む，詰めものとする；(内に物を詰めて)はく製にする。
kitör [他] 壊す，穴を開ける；もぎ(破り)取る；(歯を)抜く；(…の腕などを)折る。[自] (戦争が)ぼっ発する；(軍隊が)出撃・進撃する，どっと出る；(火山が)爆発する；(騒動が)ぼっ発する；(獄から)脱出する；(植物が)芽を出す；(どっと笑いが)吹き出す；(火が)燃え上がる。
kitörés [名] (窓の)破れ；(腕や足の)骨折；(事物の)割れ目，裂け目；(悪評の)突発；(激怒の)ぼっ発；(戦争や革命の)ぼっ発；(喜びの)爆音；(悪疫の)出現；(火山の)噴火；(兵)(城さいからの)出撃，突出；(事件の)突発。
kitörik [自] 破れる；折れる；裂ける；砕ける；(足や腕が)折れる；(舌が)もつれる。
kitöröl [他] ぬぐい去る，ふき消す，ふき取る；(文章から単語を)けずる；(比)(思い出などを)追いやる，遠ざける。
kitudódik [自] (秘密が)明らかになる，知れわたる；(噂が)広まる，広がる，評判になる。
kitűnik [自] そびえる；(…から云々のことが)明白になる，事実が明らかになる；ひいでる，一頭地を抜く，抽んでる。
kitűnő [形] 優秀な，卓越した，抜群の，顕著な。[名] 優の成績。
kitüntet [他] 選り抜いて記号をつける，目印をつけて区別する；称揚(特記・特選)する；特待する，特別扱いにする，目立たせる，引っ立たせる，特に挙げる。〔kitünteti magát, 衆にぬきんでる，特にひいでる，目立つ，すぐれる。〕

kitüntetés [名] 賞揚, 顕揚, 表彰；栄誉, 名誉；表彰状, 勲章；優の成績。

kitűz [他] (旗・記章を)掲げる, 付ける；(期限を)確定する；(値段・目標・国境を)決める, 定める；(縫う時に)マチ針を刺す；(賞金を)掛ける。

kiugraszt, kiugrat [他] (馬を)疾走させる；(…を)驚かせる, びっくりさせる；(獣鳥を)驚かせて立ち上がらせる, 狩り出す, 放逐する；(秘密を)白状させる。

kiugrik [自] (窓から)とび出る, 突進する；(線路から)脱線する, くじく；目につく；(比)出世する；(宗)還俗する。

kiugró [形] 突き出た, 突出した；(比)顕著な, 目立つ。

kiújul [自] 新たになる, 改まる；再興・復活する；再び始められる, 繰り返される。

kiutasít [他] 外を指し示す, 出て行かせる, 追い出す；(…を国外へ)追放する。

kiutasítás [名] 同上のこと；追い出し, 放逐；(国外へ)追放。

kiül [他] (ある期間を)座って過ごす, 刑期を終える；(座っていたために, 服を)テカテカにする。[自] (家の外に)座る；(比)(感情が)現れる；突き出る, 出っ張る。

kiürít [他] 空にする, 明ける；飲み干す；運び去る, 片付ける, 移す；退去させる；(兵)撤退する, 明け渡す；(兵)退避させる；(医)排せつする。

kiürül [自] 空(から)になる；(医)排せつする。

kiüt [他] 打って出す, サーヴする(球を)；(岩石を)爆破する；(目を)つぶす；(歯を)抜かせる；(銃・刀を手から)落とさせる；(…を)押し除ける, 乗っ取る；(スポーツ)(…を)投げ出す, 戦闘力を失わせる；(時計が)時を打つ。[自] (火事・珍事・疫病・戦争などが)ぼっ発する, 突発する；(兵)出撃する, 包囲を突破する；(事件が)成功する, あるいは, 失敗する；(表面に)現れる, 浮かぶ；(医)発疹する。

kiütés [名] 叩き出すこと；(スポーツ)ノック・ダウン；(医)皮膚発疹；(悪疫の)流行。

kiűz [他] 狩り出す；追い出す, 駆逐する；(兵)敗走させる, 追撃する(国外へ)。

kivág [他] 切り去る, 切り取る, 切り抜く；刈り込む；(牛や豚を)屠殺する；投げ出す, 放り出す；(比)(即席で)口に出す。[自] ける, はねる。〔kivágja magát, 血路を開

く。]

kiváj [他] (幹を)うがつ, 穴をあける, くりぬく;(岩を)掘る, 開さくする;(眼を)つぶす。

kiválaszt [他] (多くの中から)選び出す, 選択する, 選抜する;(医)分泌する。

kiválik [自] そびえる;ひいでる, 卓越する, りょうがする, しのぐ, まさる;浮き出る, 目立つ, ぬきん出る;(党などを)抜ける, 退く。

kivallat [他] (…を)白状・告白させる;自白させる。

kiváló [形] すぐれた, ぬきんでた, 卓抜の, 優秀な;退いた。

kiválogat [他] (多くの中から)選び出す, 選択する;(果物などを)選び分ける, 選んでわきへおく。

kiválóság [名] 勝れたこと;優秀, 卓越, 抜群;名士, 名家, 歴々の人。

kivált [他] (捕虜・質物などを)金を払って取り戻す, 請け出す;身受けする, 買い戻す;(爵位などを)買う;(感情を)呼びおこす, 喚起する。

kiváltképp(en) [副] (多くの中でも)とりわけ, 特に, 殊に;なかんずく;主として, 主に;大いに。

kiváltság [名] 優先権, 特権;特典, 恩典。

kiváltságos [形] 特権を有する。

kivan [自] ほぼそろっている;(手段が)尽きる;破産している;(比)とても疲れる, 消耗する。

kíván [他] 願う, 欲する, 望む;求める, 請う;希望する, 祈る;要求・要請する;必要とする, 要する。

kívánalom (目 kívánalmat) [名] 欲望, 願望, 希求;要求, 請求。

kívánatos [形] 願わしい, 望ましい, 好ましい;魅惑的な。

kíváncsi [形] 好奇心の強い, 物好きな, 物見高い, 知りたがる。

kíváncsiság [名] 好奇心, 物好き。

kivándorlás [名] (外国へ)移住すること;移住;移民, 植民。

kivándorló [名] (外国への)移住民, 移民。

kivándorol [自] (国を出て)移住する。

kívánság [名] 願い, 願望;希望, 希求, 渇望;要求。

kivasal [他] アイロンをかけてシワを伸ばす;(比)(恐かつして金を)強奪する。

kivégez [他] 滅ぼす，たおす，殺す；死刑を執行する；終える。

kivégzés [名] 死刑執行。

kivehető [形] 取り出せる；借りられる；認めうる，知覚しうる；聞き取れる，聞こえる；聞き分け得る。

kiver [他] 打ち(追い)出す，狩り立てる，放逐する；(洋服などから埃を)はたく；(金づちを)つくる；刻印する；(メロディーをピアノ伴奏で)歌う；(比)噴き出る。

kivesz [他] 取り(引き・抜き)出す；(染みなどを)除外する；借りる；(手紙や話などから)…を推測(承知・察知)する。

kivet [他] (外へ)投げ出す，追い出す；(網・つり針を)投げる；(誰を屈辱的に)追い払う；(誰を馬から)突き落とす，打ち負かす，押しのける；(税金を)割り当てる，賦課する；算出・計算する，見積もる；(トランプで)占う；(比)忘れようと努める，(頭から)追い出す。

kivétel [名] 取り出す・引き出すこと；免除；例外，異例。

kivételes [形] 例外の，異例の；特別の。〔kivételes állapot, 非常時局，緊急(異例)状態。〕

kivetés [名] 投げ出す(追っ払う)こと；(税金の賦課などの)割り当て；計算，算出，算定，見積もり。

kivéve [副] を除外して，を除いて。

kivezet [他] (…を)外へ導く，連れ出す，追い出す；(比)(災難から民を)救い出す。〔kivezető út, 出る道，出口；(比)逃げ道，切り抜け策。〕[自] (道路や導管が)外へと向かう。

kivilágít [他] (他を)照らす，照明する；ライト・アップする。

kivilágítás [名] 同上のこと；照明，あかり，採光(の具合)；イルミネーション，灯火。

kivilágosodik [自] 夜が明ける，明るくなる；(比)(罪や意図が)露出する，現れる。

kivirágzik [自] 開花する，咲く；(比)栄える，盛りになる，興隆する；(化)風化する。

kivisz [他] 運び出す，持ち出す，搬出する；(…を)連れて行く；(商品を)輸出する；洗い落とす；(計画を)実行する，やり遂げる，貫徹する。[自] (道が)(…に)抜け出る。

kivitel [名] 輸出；(計画の)実行，実施，遂行；(法)執行。

kiviteli [形] 輸出の。〔kiviteli cikk, 輸出品。

kiviteli kereskedés, 輸出商(貿易)。kiviteli tilalom, 輸出禁止。kiviteli üzlet, 輸出業(商)。]

kivív [他] (自由や独立などを)努力して得る, 戦って勝ち取る；(成功・勝利・権利・成果などを)勝ち取る。

kivon [他] (クギやトゲを)抜き出す, 引き出す；(剣を)抜く；(流通しているものを)止める；(数)減ずる, 引く；(根を)引き抜く。〔kivonja magát, (…から)まぬがれる, のがれる, 避ける。

kivonandó [形] 引かれる, 減される。 [名] (数)数をへらすこと, 減数。

kivonás [名] 引いて除くこと；引き算, 減法。

kivonat [名] (書籍・記録などの)まとめ, 要約；(戸籍の)謄本, 抄本；(酒精の)エキス, 優良品。

kivonszol [他] 引きずり出す, 引っ張り出す(去る)。

kivonul [自] (兵)出陣・出征・進軍する／デモ行進する；退出する；(消防士が)出動する；(軍隊が)退却する。

kivonulás [名] デモ行進；(兵)出撃, 出征, 行進, 撤回(退)；(消防夫の)出動；(聖)ヘブライ人の)移住。

kívül [副] 外に, 外側に；外で, 外部で。〔kívülről, 暗記して。〕 [後] (vmin/vkin の後に)…以外。〔vmin kívül, …の外に, …以外。rajtam kívül, 私以外。〕

kizár [他] 締め出す；除外・排斥・除名する；失格させる；(相続権を)はく奪する, 勘当する；不可能にする。

kizárás [名] (門外へ)締め出すこと；除去, 排除, 排斥, 除名；(法)除斥；ロックアウト(工場閉鎖)；(競技)失格させること。

kizárólag [副] 専ら, 独占的に, ただ。

kizárólagos [形] 排他的の, 専らなる, 専有の, 独占的の。

kizökken [自] (鉄道)脱線する；(比)混乱する。

kizöldül [自] 緑色になる, 青々となり始める(森や樹木が)。

kizsákmányol [他] (鉱山などを)掘り尽くす；利用し尽くす, はぎ取る；(労働者を安い賃金で)酷使する, 搾取する。

kizsarol [他] (人から金などを)しぼり取る, ゆする, 強請する, 強かつして取る, 強奪する；(土地を)搾取する。

klasszikus [形] 模範・典型的な；古典の；新古典主義の；有力な；見事な。 [名] 新古典主義者；第一流の文豪；ギリシャ・ローマ時代の作家。

klinika [名] 臨床講義；（大学付属の）病院。

kóbor [形] 歩きまわる，浮浪（放浪・はいかい・漂泊）する；旅の。〔kóbor lovag, 武者修行者。kóbor áram, 漏電。〕

kóborog, kóborol [自] 歩き回る，ぶらつく，うろつき回る；流浪・放浪・遍歴する。

koboz [名]（音）リュート（リュートの一種，ハンガリー古代弦楽器，古代トルコ族よりの起源）。

kobzos [名]（音）リュート弾奏者，リュートを奏でる人。

koca（目 kocát）[名]（動）母豚（ぶた），雌豚；教師見習い。

koccint [他]（酒杯を互いに）つき合わせる，杯を打ち合わせる，祝杯をあげる。

kocka [名] 立方体，正六面体，さい，さいころ；（将棋盤の）目；四角，（織物の）チェック。〔a kocka el van vetve, 采（さい）は投げられた（すでに決定された）。kockán forog, かけてある，賭してある。kockára tesz, かける，賭する。〕

kockacukor [名] 角砂糖。

kockajáték [名] さいころ遊び；とばく（賭博）。

kockakő [名] 板石，敷石，舗石；（建）切石材（積）。

kockás [形] さいころ形の，四角の，さいころの目の；チェックの（布）。

kockázat [名]（運命に関する）危険，冒険；大胆不敵な行為，離れ業，敢行。

kockázatos [形] 運命をかけた，冒険的な，思い切った，大胆な。

kockázik [自] さいころ遊びをする，さいころでとばくをする。

kockáztat [他] 運命を賭（と）する，思い切ってやってみる，危険を冒す，冒険する，敢行する；賭（と）する，かける。〔mindenét kockáztatja, 彼はすべてを，財産，生命をかける。〕

kocog [自]（戸を）たたく；とぼとぼ歩く，ジョギングする；（馬が）跑（だく）をふむ，速歩する。

kócos [形] たれ毛のある，ふり乱した，もじゃもじゃ髪の，毛むくじゃらの。

kócsag [名]（鳥）あおさぎ，白さぎ。

kocsi [名] 客馬車；車両；荷車；馬車；自動車；タクシー。〔kocsira rak, 車に積み込む，積載する。〕

kocsikázik [自] (馬車で)遠乗りする，乗りまわる；馬車を御する(駆る)；車を乗りまわす。
kocsis [名] 御者。
kocsiszín [名] 車庫，車置場，馬車の納屋；(路面電車の)操作場。
kocsiút [名] 車道。
kocsma [名] 宿屋，飲食店；(いなかの)居酒屋，パブ。
kocsmáros [名] (宿屋や居酒屋の)主人，亭主。
kocsmárosné [名] (同上の)おかみさん，女将。
kocsonya (目 kocsonyát) [名] (肉の)煮こごり，(肉の)ゼリー；(化)ゼラチン，にかわ。
kofa (目 kofát) [名] (食料品の)女行商人，露店商女；果物売女；(比)おしゃべり(特に女の子)。
kohászat [名] 冶金，溶鉱。
kohó [名] (工)溶鉱炉，冶金工場，精練所。
kohol [他] (比)工夫(案出・考察)する；作り出す，でっち上げる；(陰謀を)企てる。
koholmány [名] 架空，虚構，つくりごと；虚言，作り話；陰謀，奸計(かんけい---わるだくみ)。
koholt [形] 架空の，虚構の，でっち上げの。
kokárda (目 kokárdát) [名] (ハンガリーの赤・白・緑3色の布又はリボンの)花結び，花形胸飾り。
koksz [名] コークス(骸炭)。
kókuszdió [名] (植)ヤシ(椰子)の実。
kolbász [名] ソーセージ，腸詰め。
koldul [他] ねだる，こじきする；物乞いする，無心する。
koldus [名] こじき，物乞い；(比)(こじき同然の)窮民，貧乏人。
kolera (目 kolerát) [名] (医)コレラ病。
kolerás [形] コレラ病の。[名] コレラ患者。
kolléga [名] 同僚，仕事仲間。
kolomp [名] (め牛の首の)鈴；(家畜の)鈴。
kolonc [名] はねつるべのオモリ木(丸太，切株…)；家畜(特に犬)の逃亡を防ぐために首に結びつける棒；(…の)お荷物。
kolostor [名] 僧院，修道院；尼僧院。
koma (目 komát) [名] (懇意な友への呼び掛け)さん，君；(兄弟同志のような)親友；(宗)洗礼の立会人，名親，

代父。
komaasszony［名］（宗）教母，名親；懇意な女；おしゃべり女。
komaság［名］教父母たること；代父母たち；心やすい友だち，おしゃべり相手。
komédia［名］喜劇，こっけいな劇；（比）狂言，いつわりごと；茶番，ばかげたこと。
komédiás［名］喜劇役者；（軽蔑の意味で）俳優；ペテン師。
komikum［名］陽気なこと，おかしみ，こっけい；喜劇，道化芝居；こっけい術。
komikus［形］おかしい，こっけいな；喜劇的な，奇妙な。［名］喜劇役者。
komisz［形］あさましい；卑しい，いやな，下劣な，下品な（人間など）；質の悪い（酒など）。
komló［名］（植）ホップ，カラハナ草（その花をビール醸造に用いる）。
komoly［形］まじめな，本気の，誠実な；おごそかな，厳粛な；重要な；熱心な。〔komoly zene, クラシック音楽。〕
komolyság［名］まじめ，厳粛，謹厳；重要；重要性。
komondor［名］（動）羊の番犬，牧羊犬。
komor［形］陰気な，陰うつな（天気など）；打ち沈んだ，ふさぎ性の；陰惨な，暗たんたる；痛ましい，悲しい，わびしい。〔komor tekintetű, 陰うつな目つき（眼差し）の。〕
komp［名］渡し船，引き綱渡し船（水流を利用した），カーフェリー。
koncepció［名］考え，構想；認識。
konda（目 kondát）［名］豚の群。
kondás［名］豚の番人，豚飼（ぶたかい）。
kondér［名］（料）大鍋。
konditerem［名］スポーツジム，フィットネス（クラブ）。
kong［自］ゴーンと響く；とどろく，反響する，鳴り響く。
kongat［他］鳴り響かす，とどろかす。［自］警鐘を鳴らす。
konok［形］がんこな，一徹の，強情の，執ような，がんこできわけない，かたいじの，冷酷な。
kontaktlencse［名］コンタクトレンズ。
kontár［名］へたな仕事師，拙工，ぞんざいな仕事師；（歴）ギルドに属していない職人。［形］つたない。

kontárkodik [自] そんざいな仕事をする；ふてぎわに・つたなく仕事をする。

konty [名] (頭髪の)まげ；(鳥の)とさか(冠毛)；(建)外角, 稜角(りょうかく), かど。

konzul [名] (古ローマ帝国時代の)執政官；領事。

konyha [目 konyhát] [名] 台所, 料理場, 炊事場；割ぽう, 料理(法), 食物。

konyhaedény [名] 食器。

konyhakert [名] 菜園。

konyhakés [名] 料理包丁(ほうちょう)。

konyhapénz [名] 台所費, 食費。

konyhasó [名] 食塩。

konyhaszekrény [名] 台所の食器棚。キャビネット。

konyít [他][自] たれる, 曲げる；(馬が耳を)たれさせる(意気をくじけさせる)。〔konyít vmihez, …について少し知っている(なまかじりである)。〕

kopár [形] 草木のない, 不毛の, 荒涼たる(地方)；赤裸々の, 禿(は)げた(山, 景色)；殺風景な。[名] 禿山。

kopás [名] 使いふるすこと；すれる(摩擦・損傷・磨損する)こと。

kopasz [形] はげた；羽毛のない, 毛の抜けた；草木のない。[名] はげた人。

kopaszodik [自] (頭が)はげになる；(比)(山が)裸になる, 露出する, 荒れる。

kopaszt [他] (木や実の)皮をはぐ；(羽毛を)むしる；(比)(特にお金を)むしり取る。

kópé [名] 悪者, 悪漢, 無頼漢；いたずらっ子。

kopik [自] すりへる, すり切れる, いたむ。

koplal [自] 断食をする；飢える。

kopó [名] (動)猟犬(耳をたらし, 強く吠える)；(比)私服刑事, 探偵。

kopog [自] トントンと打つ, ノックする。

kopogtat [他] (軽く)打つ, たたく；ノックする；(比)タイプライターを打つ。

kopoltyú [名] (魚の)えら(腮), あぎと。

koponya [目 koponyát] [名] (解)頭蓋骨；頭脳。

koporsó [名] 棺, 柩(ひつぎ)；柩状のケース。〔koporsóm bezártáig, わが墓まで, 死ぬまで。〕

kopott [形] 使い古した, 着古しの；すりきれた, ぼろぼろの, みすぼらしい。

koppan [自] にぶいたたき音がひびく；(ドアをトントンと)たたく音がする。

koppant [他] 鳴りひびかせる, にぶい音をたてる；(古)(ろうそくの心を)切る。

koptat [他] すりへらす, 使いへらす, 使い古す, いためる。〔száját koptat, 徒(いたずら)にしゃべる, おしゃべりする。〕

kor [名] 年齢, 年輩；(物の)古さ；時代, 世；時期, 時節；期日, 時刻, 時分。〔a honfoglalás korában, 征服定住時代に。a te korodban, 君の年輩で。korában (=idejében), その時代(当時)に。〕

-kor [尾] の頃に, の時代に；…時に。〔egy órakor, 一時に。〕

kór [名] 病気, 疾病。

kora [形] 早い；早過ぎた, 不時の。

korábbi [形] より早い；以前の, より昔の。

korabeli [形] 同時代の；同年齢の。

koraérett [形] 早熟の, 早成りの；ませた。

korai [形] (時刻・時期・時代の)早い；早期・初期の；早熟の, 早成りの(果実)；早すぎた, 不時の。

korán [副] 早朝に；早く, 早くから；早すぎて, 時ならず(死す, 生まれる)；以前に。〔korán érő, 早すぎの, 早熟の；早成りの, ませた；走りの, 早咲きの, 早成りの(果実など)。korán kelő, 早起きの人, 朝早く起きる人。korábban, より早く；より先に, より以前に。〕

korántsem [副] 断じて…ない, 全く…ない, 絶対に…ない；毛頭…でない, 決して…しない。

koraszülés [名] 早産。

koravén [形] ませた, 早熟の；ふけた。

korbács [名] 革むち, 馬むち, (ひも付きの)むち；(古)むち打ち。

korcs [形] (動・植)雑種の, 混種の；退化した, 堕落した。[名] 私生児；(動・植)雑種, 変種, 間種。

korcsolya (目 korcsolyát) [名] スケート・エッジ；(ス)スケート。

korcsolyázik [自] スケートをする。

korelnök [名] 年長議長, 古参順の議長。

korhad [自] 腐敗する，いたむ；(植物，特に木)(湿気で)朽ちる。

korhadt [形] 腐った，朽ちた，腐朽した；朽ち果てた。

kórház [名] 病院。

kórházi [形] 同上の。〔kórházi orvos, 病院の医者。〕

korhely [形] 放とうな，道楽な。[名] 道楽者，放とう者，遊とう児。

korhelykedik [自] だらしない・放とうな生活をする。

korhelyleves [名] (腸詰め入りの)ザワークラフトスープ，朝のスープ。

korhol [他] しかる，せめる，非難する，小言をいう。

korkülönbség [名] 年齢の差；年代差。

korlát [名] 横木，柵(さく)；格子；安全柵，欄干(てすり)；(体操)平行棒；(比)限界(度)。

korlátlan [形] 無制限の，限りない，果てのない，際限のない，無限の；拘束のない，自由な；放縦・奔放な。

korlátolt [形] 制限された，限りある；(比)狭い，融通のきかない，固ろうな，愚鈍な。〔Korlátolt felelősségű társaság=Kft., 有限会社。〕

korlátoltság [名] 同上のこと；制限，限定；拘束，束縛；狭あい；狭量，偏狭。

korlátoz [他] 柵(さく)で囲む，柵を設ける，限界をつける，制限する；(比)限る，制する，節する，拘束する。

korlátozás [名] 制限(拘束)すること；抑止；節減，節約；縮小。

kormány [名] (海)舵(かじ)，舵機(だき)；(自動車の)ハンドル；政府(権)；内閣；治世。

kormánykerék, kormányrúd [名] (海)舵(機)；(自動車の)ハンドル。

kormánylapát [名] 方向かじ，舵機。

kormányos [名] 舵手(だしゅ)，操舵手。

kormányoz [他] 操縦する；方向を定める；主宰(指図・支配・統治・管理)する。

kormánypálca [名] 王笏(おうしゃく)(杖)；王位，王権；覇権。

kormánypárt [名] 政権党，与党。

kormányrendelet [名] 政府の訓令(布告・告示)。

kormányzás [名] かじをとること；操縦，指導，統制，管

理；支配，統治；国家行政，施政。
kormányzat [名] 統治；国家行政，施政；内閣。
kormányzó [形] 政治を司る，統治する；支配する，管理する，取り締まる；操縦する。[名] (歴)摂政；(アメリカの)州知事。
kormos [形] すす(煤)色の；すすけた，すすで汚れた，すすだらけの；黒褐色の毛の；真っ黒い。
korog [自] (空腹のため腹が)グーグー鳴る；(鳥が)鳴く。
korom (目 kormot) [名] すす，ばいえん(煤煙)。〔bécsi korom, 松のばい煙。〕
koromfekete [形] すすのように黒い，真っ黒い。
korona (目 koronát) [名] 冠；王冠，(比)王位；国王；月桂冠，栄冠；(比)光栄，栄誉；精華；花冠；(医)歯冠；歯にかぶせた金；(天)コロナ，光冠；貨幣単位(1829年〜1926年までの)。
koronás [形] 戴冠(たいかん)・即位した；(比)栄冠を戴いた；金歯の。
koronáz [他] (…に)冠を戴かせる，即位させる；(比)栄冠を授ける。〔törekvését siker koronázta, 結果は彼の努力に報いられた。彼の努力の結果に栄冠が授けられた。〕
koronázás [名] 王冠を戴(いただ)かせること；戴冠式，即位式。
korong [名] 円盤；(月や太陽の)面；(陶工の)ろくろ台；(時計の)文字盤，(鉄道の)転車台。
kóros [形] 病気の，病身の；病気がちの，虚弱の；病的の，異常の；病理学の。
korosztály [名] 同年齢集団；(哲)年齢階級。
korpa (目 korpát) [名] (麦などの)ぬか，ふすま；(頭の)ふけ。
korpás [形] ぬかを含んだ，ぬかの付いた；ふけ(雲脂)の多い。
korsó [名] かめ，つぼ(壺)；(蓋と耳のある)ビール用のコップ(つぼ)。
korszak [名] 時期，時代；(歴史を画する)時期。
korszakalkotó, korszakos [形] 時代を画する，画期的な，エポック・メイキングな；破天荒の。
korszerű [形] 時宜を得た，時を得た，時流にかなった，時代にあった；現代式の，流行の。
korszerűtlen [形] 時宜を得ない，時勢に合わない；時代

kortárs [名] 同時代の者；同年輩。

kortes [名] 投票を集める人(運動員), 選挙運動員；政党員, 党の宣伝者。

korteskedik [自] 投票を取り集める, 選挙運動をする。

korty [名] 一すすり, 一飲みの量；一口分の食物。〔kortyonként, 一飲みずつ。〕

kortyol [自] ちびちび飲む。

kos [名] (動)雄羊；(天)白羊宮, 雄羊座；(兵)破壁器；(工)自動揚水機, ピストン。〔faltörő kos, (兵)破壁車, 破城つち(昔の)。〕

kosár (目 kosarat) [名] かご(籠), ざる；(気球の)つりかご；(犬の)口輪(くちわ)；(比)拒絶。〔kosarat ad (kap), ひじ鉄砲を食わせる(ひじ鉄砲を食らう)。〕

kóser [形] (宗)清潔な, 清浄な(食べ物, 食器がユダヤ教の典範に適った)；正しい, 善良な；適法の, 正規な, 正常な。

kóstol [他] (…を)味わう, あんばいをみる, 試食する；体験する。

kóstoló [形] 毒味の；試食の。[名] (豚をつぶした後の)試食品；毒味する人, 毒味役。

kosz [名] (医)ひぜん；かさぶた；汚れ。

kósza [形] うろつく, 歩き回る, はいかい(放浪)する；(比)取り留めのない, 変わり易い。〔kósza hír, うわさ, 流言, 風評。〕

kószál [自] ぶらつく, うろつき回る, 放浪・流浪・はいかいする。

koszorú [名] 花輪, 花冠；月桂冠；(比)輪(冠)状の物。

koszorúz [他] 花輪で飾る；ほうびを与える。〔erdőkoszorúzta hegy, 森で取り巻かれた山。〕

koszos [形] (医)ひぜんにかかった, ひぜん性の；(比)しみったれの, けち臭い；汚い, 汚れた。

koszt [名] 食事；食べ物, 飲食物；食事付宿, 下宿；まかない, 炊事。

kosztol [自] 食事をする, [他] 食べさせる。

kosztüm [名] (女性の)スーツ。

kóta (目 kótát) [名] → kotta.

kotkodácsol [自] (めんどりが)コッコ(クッコ)と鳴く。

kotlik [自] 卵を抱く, 抱卵する；(比)座り続ける。

kotlós, kotlóstyúk [名] 巣ごもりのめんどり(卵を抱く)。
kotor [他] 掘りかえし探す；(川を)浚渫(しゅんせつ)する；(ポケットの中を)探る。
kotorászik [自] 探し回る，引っかき回る，かき回して探す。
kotródik [自] 立ち去る，退去する；急いで去る，逃げる，姿を消す，逐電する。
kotta [名] (音)楽譜，音符；メロディー。
kottatartó [名] (音楽家の)譜面台，楽譜見台。
kottáz [他] (詩歌などに)譜を付ける，音符で書く。
kótyagos [形] 少し酔いかかった，ほろ酔いの；(比)移り気な。
kotyog [自] (めんどりが)クックと鳴く；ぺちゃくちゃしゃべる，しゃべり散らす，むだ話をする。
kotyvalék [名] ごった煮；うさんくさい食べ物；混合酒；ごったまぜ，ごたごた，寄せ集め。
kotyvaszt [他] 急いで料理する；混合する，混ぜものする(例，乳に水を)；混ぜ合わせる，かきまぜる，偽造する。
kovács [名] 鍛冶屋。
kovácsműhely [名] 鍛冶場。
kovácsol [他] (槌で)鍛える，鍛えて造る，打ち延ばす；鍛錬する。
kovácsolható [形] 鍛え得る，打ち延ばし得る；可鍛性の。
kovácsolt [形] 鍛えた，鍛え上げた；鍛練した。〔kovácsolt vas, 鍛鉄，錬鉄。〕
kovakő [名] 火打ち石；(鉱)石英。
kovályog [自] 飛び回る，飛び舞う，天がける；ぶらつく，漫歩する；さすらい回る，迷い歩く；(記憶などが)浮かぶ。
kovász [名] 酵母，パン種；(比)発展を促すもの。
kovászos [形] 同上の；酸化した，酸味を帯びた，すっぱくなった；パン種を入れた。〔kovászos uborka, すっぱくしたきゅうり。〕
kozmás [形] 焦げた；(料理の)焦げ臭い，焦げついた味の。〔kozmás ízű, 焦げ臭い味の。〕
kozmásodik [自] 焦げる，焦げつく；焦げ臭くなる。
kő (目 követ) [名] 石，岩石；宝石；鉱石；(医)結石(病)。〔minden követ megmozgat, 全力を尽くす。kővé válik, (驚きで)身動きできなくなる。kővé vált,

köb 500

石化した；(比)ぼう然自失した。〕
köb (目 köböt) [名] (数)立方(体)；三乗。
kőbánya [名] 採石場, 石切り場, 石坑。
köbgyök [名] (数)立方根, 三乗根。
köbméter [名] 立方メートル。
köbtartalom [名] (数)立方体の容積, 体積。
köcsög (目 köcsögöt) [名] (ミルクなどを入れる)つぼ。
köd (目 ködöt) [名] きり(霧)；薄煙り, 濛気(細かい水気), もや, かすみ, 濃霧；(比)もうろう, あいまい, 不分明。
ködmön [名] 毛皮のコート(外とうの一種)。
ködös [形] 霧のある, 霧ふかい；(比)あいまいな, 不分明の。
ködösödik [自] 霧が立つ；霧が深くなる。
kőfal (目 kőfalat) [名] 石垣(壁)。
kőfaragó [名] 石を切る人, 石工。
kőgát [名] 石堤, 石壁防波堤。
kőhajításnyi [形] 投石が届く距離の。〔kőhajításnyira, 投石が届く距離に。〕
köhécsel [自] 軽い咳(せき)をする, 咳が出る。
köhint [他] (一度)軽い咳をする。
köhög [自] 咳をする, 咳が出る。
köhögés [名] 咳。
kökény [名] (植)リンボクの類(野生スモモの類)。
kőkerítés [名] 石の囲い壁, 石垣。
kőkorszak [名] 石器時代。
kökörcsin [名] (植)西洋オキナグサ(アネモネ属)。
kölcsön [形] 貸した, 又は借りた；借りの, 借りた。[副] 借りて, 貸借して。[名] 貸し, 貸出し, 貸金；借り, 借財, 負債, 債務；国債；(比)返報(或事の仕返し)。〔kölcsönképpen, 貸して, 賃貸関係で, 貸借によって；信用借りで, 掛けで。〕
kölcsönad [他] 貸す, 貸し出す。
kölcsönkér [他] 借りる。
kölcsönös [形] 相互の, 相関の, 交互の。〔kölcsönös leszámolás, 相互勘定(清算)。〕
kölcsönösség [名] 相互, 相関；交互なること, 相互関係, 連帯組織；互恵主義。
kölcsönöz [他] (…から…を)借りる, 借用する；借りる。
kölcsönvesz [他] 借りる, 借り受ける。

kölcsönzés [名] 貸し，貸し出し；借り，債務。
kölcsönző [名] 借りる人；貸す人，貸し手，レンタル会社。
köldök [名] (解)臍(へそ，ほぞ)；(植)肉穂花，種臍(たねへそ)。
köldökzsinór [名] (解)へその緒，臍帯(さいたい)。
köles [名] (植)きび(黍)，あわ(粟)。
költ[1] [他] 詩を作る，創作する；考え出す，案出する，たくらむ。
költ[2] [他] (金を)費す，支出する。
költ[3] [他] (卵を)ふ化させる；目をさまさせる，起こす；(感情を)揺り起こす。
költekezik [自] 無駄遣いする，浪費・ぜい沢・散財する。
költemény [名] 詩，韻文；詩的作品；虚構，作りごと(話)。
költészet [名] 詩；(ある詩人の)詩全体；詩的想像(情緒)。
költő [名] 詩人。
költői [形] 詩人の；詩的，詩趣のある。〔költői mű, 詩，韻文；költői nyelv, 詩的な言葉，詩人的な言葉づかい。〕
költőpénz [名] 小遣い；ポケット・マネー。
költött [形] でっちあげの，虚構の，架空の；擬制的，見せかけの，仮定の。
költözik [自] 引っ越す，移転する；(渡り鳥が)渡る；(比)(感情などが)占める。
költözködik [自] 引っ越す，移転・移住する；移動する。
költöző [形] 引き移る，移住する；出発する，去る；移りすむ(鳥)。〔költöző madár, 渡り鳥，候鳥(こうちょう)。〕
költség [名] 出金，支出，出費，経費，費用。
költséges [形] 金のかかる，物入りの多い；高価な，ぜいたくな。
költségvetés [名] 費用見積り(予算)，予算(案)。
kölykezik [自] (とくに家畜が)子を産む。
kölyök (目 kölyket) [名] (とくに犬や猫の)子；(俗に)子ども；青二才。
köménymag [名] ヒメウイキョウの実，キャラウェーの実。
kőműves [名] れんが積み工，壁職人，左官。〔szabad kőműves, フリーメーソン，秘密結社のメンバー。〕

köntös [名]（文学的)衣服(とくに長衣)；(男性の)ガウン，バスローブ。

könny [名] 涙(のしずく)。〔könnybe lábad a szeme, 身も浮くばかりに涙を流す，泣きくずれる，身も世もなく泣く。könnyeket hullat, (…のために)涙を流す。könnyekre fakad, ワッと泣き出す，泣きくずれる。〕

könnycsepp [名] 涙(なみだ)，涙滴，涙のしずく。

könnyebbít [他] 軽くする，楽にする；和らげる；やさしくする，たやすくする。

könnyebbül [自] より軽く(容易に・軽快に)なる；楽になる，静まる，おさまる。

könnyed [形] 軽い，軽やかな；敏速な，軽快な；軽微な；容易な，楽な。

könnyedség [名] 軽いこと；軽快，敏しょう；(比)平易，容易，やさしさ，たやすさ；軽便；安楽，気軽。

könnyelmű [形] 軽佻浮薄の，軽率な，粗こつな；軽薄な，かるはずみの。

könnyen [副] 軽々と，身軽に，手軽に；やさしく，容易に，楽に。

könnyes [形] 涙ぐんだ，涙を流す；泣きそうな。

könnyezik [自] 涙が出る，落涙する；涙を流す，泣く；(木)樹液が出る；水滴が浮かぶ。

könnyít [他] 軽くする；楽にする；和らげる，しずめる；容易に(たやすく・やさしく)する。

könnyű [形] 軽い；軽快な，あっさりした；陽気な；やさしい，楽な，平易な。

kőnyomatos [形] 石版で印刷された，石版刷りの。

könyök [名] 肘(ひじ)，肘関節；(管・支線の)屈曲部。

könyöklő [名] ひじ掛け；窓敷居；(比)突進する人。

könyököl [自] 肘(ひじ)をつく，よりかかる；突進する。

könyörgés [名] 切に請うこと，哀願，嘆願，哀訴；祈禱，祈り。

könyörög [自] 哀願・祈願する；切に請う，請い求める，願う。〔könyörögve, 哀願して，祈願して，切に。〕

könyörtelen [形] 無慈悲の，不人情の，残忍な。

könyörület [名] 憐れみ，同情，思いやり，慈悲。

könyörületes [形] 同情ある，慈しみある，思いやりのある，慈悲ぶかい，憐れみぶかい。

könyv [名] 書物，本；帳簿，台帳；簿記；証明書（労働・軍隊・預金などの）。〔könyv nélkül, 暗記して，そらんじて。〕

könyvecske [名] 小冊子，小本，帳面。

könyvel [他] 記帳（記入・採録）する；帳簿をつける。

könyvelés [名] 記帳，簿記，帳簿づけ。

könyvelő [名] 簿記係，経理係，会計係。

könyvesbolt [名] 書店，書籍店，本屋。

könyvespolc [名] 書架，書だな，本だな。

könyvkereskedő [名] 書籍商人（取次）。

könyvkiadó [名] 書籍出版業者（発行者）。

könyvnyomtatás [名] 書籍印刷。

könyvszekrény [名] 本箱。

könyvtár [名] 図書館，文庫；叢書。

könyvtáros [名] 司書；図書館員。

kőolaj [名] 鉱油，石油。

köp [他] （つばを）吐く；唾棄する。

köpcös [形] 太く短い，ずんぐりした；でっぷり太った，肥満した，横ぶとりの。

köpeny [名] マント，（半）外とう；カバー；外被；仕事着，うわっぱり。

köpés [名] つばを吐くこと。

köpet [名] つば，つばき。

köpköd [自] （しきりに）つばを吐く；中傷する。

köpönyeg [名] 厚いマント，外とう。〔eső után köpönyeg, 後のまつり。〕

kör [名] 輪，円；圏；（活動の）範囲，区域，管区，なわ張り；仲間，サークル，団欒（だんらん）；集団，会，クラブ；（ダンスの）輪舞；（酒宴の）一座。〔körben, 円く，円形に，車座になって。körünkben, 我々の仲間で。〕

köré [後] …のまわりに，…の周囲に，…ぐるりに。〔maga köré, 自分のまわりに。köréje, その周囲，彼のまわり。〕

körforgalom [名] 環状交通，旋回交通（軸道）。

körforgás [名] 循環，回転，旋転，旋回；運行，巡回，周転。

körhinta [名] 回転木馬，遊動木馬，メリーゴーランド。

körít [他] （料）（肉料理に）野菜を付け合わせる；めぐらす，すそを付ける，取り巻く；ふち縫する，飾りを付ける。

körív

〔körítve, 飾りをつけて，つま付けして，あしらって。〕
körív [名] (建)ローマ式アーチ，円いアーチ，円拱(ドアや窓などの上の丸いせりもち)。
körkép [名] 円形画，全景，パノラマ。
körlevél [名] 回覧文，回状。
körmenet [名] 歩き回ること；巡回(行)，行進，行列；(宗)(葬式・祝祭などの)祈禱行列。
körmondat [名] (文)完全文(前段後段より成り，各段また数句よりなり，形式上まとまった文章)。
körmozgás [名] 円周運動，旋回；(遊星の)軌道運動。
körmöl [他] 引っかく，つめで裂く，かきむしる。
körmönfont [形] わるがしこい，ずるい，術策に富んだ，こうかつな。
környék [名] 界わい，付近，近隣，近郊，郊外，市外；周囲。
környékez [他] 囲む，囲いめぐらす，めぐらす，取り巻く；…させようとする；(比)感じさせる。〔ájulás környékezi, 目まいを起こす。〕
környezet [名] 周囲，四囲；環境，境遇；周囲の人々，取りまき連，側近者；四囲の情況。
környezetbarát [形] 環境にやさしい，エコロジカルな。
környezetszennyezés [名] 環境汚染。
környezetvédelem [名] 環境保護。
köröm (目 körmöt) [名] (人間の)爪(つめ)；(動物の)けづめ(距)，ひづめ(蹄)。〔vkinek körmére koppint, …を不愉快にさせる，懲らしめる。már a körmére égett, それは焦眉(しょうび)の急だ，危難が身に迫っている。〕
köröd [名] 円形広場(道路の集合点)。
körös-körül [副] ぐるりと，周囲に，めぐって；至る所に，四方八方に。
köröz [自] (役所で)通知を回す；運行・循環する；旋回・回転する；渦(うず)をまく。[他] 捜索する。
körszínház [名] (古代ローマの)円形劇場，ヒナ段式座席のある半円形公会堂。
körtánc [名] (伴奏ある)輪舞；輪舞歌；輪舞曲。
körte (目 körtét) [名] (植)梨(なし)の実；(電)電球。〔körte alakú, 梨形の，梨状の；電球の形の。〕

körtefa [名] 梨の樹。
körút [名] 環状街路・道路；周遊旅行。
körutazás [名] 周遊旅行。
körül [後] まわりに, 周囲に；付近に, そばに, ぐるりに；おおよそ, 位, 約, 頃。[副] ぐるりと, とりまいて, めぐって, あちこちに。〔maga körül, 自分の周囲に。〕
körüláll [他] …の周りに立つ, めぐらす, 取り囲む；…に迫る, 詰めかける。
körülbelül [副] ほぼ, およそ, ざっと, おおよそ。
körülfog [他] かかえる, 抱く；囲む, 取り巻く；(兵)包囲する。
körüljár [他] (…の)周りを回る；巡回・巡視する；(田畑を)踏査・歩測する；ぶらつく。
körülmény [名] (周囲の)事情, 有様, 状態, 情況；都合, 境遇；委細。〔ily körülmények közt, かかる事情の下で。〕
körülményes [形] 委細・詳細の, 詳しい；回りくどい, 面倒くさい, 儀式張る, 小やかましい, 煩雑な。
körülnéz [自] 周りを見回す, 振りかえり見る；展望する, ちらっと見る, 一べつする；調べながら回る。
körültekintés [名] 四辺を見回すこと；眺め, 展望, 全景；(比)用意周到, 思慮慎重。
körültekintő [形] 用心ぶかい, 用意周到な, 思慮ある, 慎重な。
körülvesz [他] 囲む, めぐらす, 囲いめぐらす, 取り巻く, 包む；(兵)包囲する。〔a várost fallal vette körül, 墻壁を以て町を取り巻いた。a leányt körülvették a kérők, 求婚者らが娘を取り囲んだ。〕
körvonal [名] (幾)円周線, 円周；(比)周囲, 周辺；輪郭, 略図, 見取り図。
körvonalaz [他] (の)略図・見取り図を引く, 輪郭を描く；描写する, スケッチする；(比)立案・企画・計画する。
körzet [名] 周囲, 近辺；(権能の)地区。
körző [名] (幾)コンパス。
kősó [名] (鉱)岩塩。
kőszén [名] 石炭。
kőszikla, kőszirt [名] 岩石；岩壁, 岩がけ, 岩角, 断がい, 絶壁。

kőszívű [形] 無情な，冷酷な。

köszön [自] 会釈・敬礼・あいさつする。[他] (…を)感謝する；おかげを蒙っている，…のおかげである；返礼する，報いる。

köszönés [名] あいさつ(会釈・敬礼・脱帽)すること，謝意の表明。

köszönet [名] 感謝の念・言葉；謝礼，謝辞，礼。〔nincs benne köszönet, それは骨折りがいがない。köszönettel felvettem, 感謝しつつ受け取った，ありがたく拝受。köszönettel tartoz, 恩を蒙って(受けて・感じて)いる，報恩の責を有する，感謝する。〕

köszönőlevél [名] 感謝状，礼状。

köszönt [他] あいさつ(敬礼)する，敬意を表する；(健康を)祝して飲む，乾杯する；祝詞を述べる；(新たな時や状況が)始まる。〔poharat köszönt vkire, …の健康を祝して飲む，乾杯する。〕

köszöntés [名] あいさつ，敬礼；会釈，お辞儀。

köszöntő [名] 祝賀のあいさつ，賀詞，祝詞；祝詞を述べる人，祝賀者。

köszörű [名] といし(砥石)，研ぐ道具。

köszörűkő [名] 砥石。

köszörül [他] みがく，研ぐ；(比)琢磨(たくま～学問・道徳をみがく)する；声の調子を整える。

köszörűs [名] みがき屋，研ぎ屋，研ぎ師，研磨工。

köszvény [名] (医)痛風，神経痛，関節炎。

köszvényes [形] 痛風病の，痛風にかかった；半身不随の。

köt [他] 結ぶ，しばる，つなぐ，結び合わせる；(くつ下や花輪を)編む；(ろくろで)巻く；(剣を)おびる；(結婚や条約を)結ぶ。〔kötve, 拘束・制限せられて；むずかしく，辛うじて，やっと，わずかに，ほとんど…しない。kötve hiszem, 私はそれをほとんど信じない(辛うじて信ずる)。〕

köteg [名] (紙幣の)束(たば)，綴(とじ)；(木の)くくり(括)；(禾本植物の)束，束ね；(わら・まぐさの)束。

kötekedik [自] (…と)からかいあう；(…に)因縁をつける，ケンカを吹っかける，敵対関係をつける。

kötél (目 kötelet) [名] つな，索，なわ，大つな(綱)。

kötelék [名] ひも，つな，繋索；(軍)隊形，編隊；被護送船団；包帯；管轄；(比)きずな，えにし，えん(縁)。〔baráti

köteléke, 友愛の絆(きずな)，交情。〕
kötelem [名] 義務；本分，本務；責務，責任；(法)債務；兵役。
köteles [形] 責任ある，義務である，義務的の，当然なすべき。
kötelesség [名] 責務，責任；義務，本分。〔kötelességemben áll, それは私の責務だ。〕
kötelez [他] 義務を負わせる，責任を持たせる，義務づける；(誰に)恩を着せる(施す)；強いる，余儀なくする。〔kötelezi magát, (…に対し)義務を負う，約束する。〕
kötelezettség [名] 義務，責務，親切，丁寧，お世辞。
kötelező [形] 義務を負わせる；義務的(強制的)の。
kötény [名] (女性の)前掛け，エプロン。
kötés [名] 結ぶこと；つな，ひも；編み物をすること；結合，接合；包帯；製本；結んだもの，束；(比)(契約・条約の)締結。
kötet [名] 巻，冊(本の)。
kötetlen [形] 結ばない・しばらない；製本しない，仮とじの；(比)拘束・抑制されない，自由な；放らつな，放縦な，きままな。〔kötetlen forma, kötetlen beszéd, 散文。〕
kötőgép [名] 編物機。
kötőjel [名] (文)ハイフン(-)；(音声)連音線，リエゾン。
kötőmód [名] (文)接続法。
kötőszó [名] (文)接続詞。
kötőszövet [名] (解)結締組織。
kötött [形] 結ばれた；製本された(本)；結び付けられた(軽気球)；編んだ(くつ下)；譲渡できない(土地)。〔kötött beszéd, 詩。〕
kötőtű [名] 編み物針。
kötöz [他] 結ぶ，結びつける，くくる，しばる，つなぐ；(医)包帯をする；(比)拘束する。
kötszer [名] 包帯。
kötvény [名] 有価証券，債券，保険証券；社債，公債。
kövér [形] 太った，肥えた，肥満した，肉付きのよい；脂身の(肉)；肥沃な；太い。〔kövér betűk, 太字。〕
kövérít [他] (家畜を)肥やし飼いする；太らせる，脂っこくする；太ったように見せる。
kövérség [名] 肥満，肥大；脂肪の多いこと。

köves [形] 石の；石のような，石状の，敷石の；宝石の飾りがついた。

követ¹ [他] 後につづく；追随する，後を追う，随行する；(規則を)守る；(命令に)従う，服する；(範例に)ならう，模倣する；(誰を)見習う，私淑する。〔egyik baj a másikat követi, 不運がつづく。〕

követ² [名] 使節，使者；(全権)公使；(歴)代議士；代理人，代表者。

követel [他] 要求・請求する。[名] 貸方。

követelés [名] 要求，請求；催促；(商)(代価の)請求権，債権，貸し。〔követelések(複) (商)資産，財産；現在資産(貸方)。〕

követelmény [名] 要求，請求；債権；必要物；(必要な)資格，要素，要件。

követendő [形] 手本としてならう；まねてする価値ある，模範とすべき。

követés [名] 追随；(規則などを)守ること；(命令などに)従う・服すること；(前例などに)依ること，まね・模倣すること。

következésképp(en) [副] その結果，それ故に，従って。

következetes [形] 矛盾のない，首尾一貫した，徹底的な。

következetesség [名] 一貫性；一貫した態度。

következetlen [形] すじみちの合わない，首尾一貫していない，前後どう着の，矛盾した。

következetlenség [名] 同上のこと。

következik [自] つづく，次に来る；(結論として)生ずる。

következmény [名] (実際の)成り行き，結果，帰結，結論。

következő [形] すぐ次の，その後の，つづく；下記の，次に述べる。[名] 次の人；次に述べること。

következtében [副] …の結果として；…のために，…に依って，…に基づいて，…に従って。〔ennek következtében, この結果，これに従って，これに応じて，これ故に。〕

következtet [他] 推論(結論)する；演繹する，結論をみちびく，結論を引き出す。

következtetés [名] 推理，推論(断)；演繹；結論，断定；(哲)三段論法。

követő [形] 次の，つづく，あとの；…に随う，…にならう；…

közbeszéd

を見習う，…をまねる。［名］随行者；後継者，門徒，門弟，弟子；模倣者，まね手。

követség ［名］使いをすること；使命；公使の任(職)；公使館；(古)代表者，派遣委員。〔követségbe küld, (誰を)代理として遣わす；(公使に)任ずる。〕

kövez ［他］舗装・敷石する；石で打ち殺す(昔の死刑法)。

kövezet ［名］敷石で舗装すること；石墨。

kövező ［名］舗装工，敷石工。

köz[1] ［名］間げき，中間の空間，すき，間隔；小さな十字路；(時間的)中間時，中絶時；小路，(家と家の間の)通路；二つの川にはさまれた地域。

köz[2] ［名］公，一般；共通，公共，共同；関連。〔közzé tesz, 公にする，公布・声明する。nincs közöm hozzá, それは私に何の関係もない。〕

közalkalmazott ［名］公務員。

közállapotok ［名］(複) 一般情勢(状態・形態)。

közbeeső ［形］間に横たわる，中間にある，介在する。〔közbeeső állomás, (鉄)中間駅(停車場)。〕

közbejön ［自］間にはいりこむ，間に立ち入る，仲に立つ；干渉・介入する，邪魔をする；…間に起こる。〔közbejött eset, 付随的出来事，突発事件，不慮の出来事，エピソード。〕

közbe-közbe ［副］時々，往々，折々，時として。

közbelép ［自］中に踏みこむ，歩み入る；(比)干渉(仲裁・調停)を試みる；(事件に)関係する。

közbelépés ［名］中に踏みこむ(間に入る)こと；(比)介入(立ち入り・干渉)すること；執り成す(調停に立つ)こと。

közben ［副］その間に，かれこれする中に，そうする中に。［後］云々する間に，云々中。〔ebéd közben, 食事中に。év közben, 一年間に。futás közben, 疾走中に。menet közben, 行く間に，進行中に。vándorlás közben, 遍歴中に。〕

közbenjár ［自］仲介・媒介・周旋する，取り次ぐ；仲裁・調停する；(…のために)とりなす，あっせんする。

közbenjárás ［名］仲介，周旋，媒介；仲裁，調停，和解；代願，取りなし。

közbeszéd ［名］世間話，日常の話；(言)日常用語，会話用語，俗語。

közbeszól [自] 言葉をさしはさむ，口出しする，干渉する。
közbeszólás [名] 他人の談話中に口をはさむこと；(他人の談話の)邪魔・干渉・まぜかえし。
közbevág [自] (…の)話をたち切る，言葉をさえぎる。
közbevet [他] (異議などを)さしはさむ；間にはいる。〔közbeveti magát, 仲裁する，居中調停する。〕
közbevetőleg [副] 付帯・付随して；その他に，別に；因みに，序でに。
közbiztonság [名] 公共の安全(寧)，公安，治安。
közbülső [形] 中間の，中等の，中位の，平均の；…の間の。
közcsendháborítás [名] 平和かく乱，治安妨害(邪魔・びん乱)。
közé [後] …の間へ，中へ；…の中に，間に。
közeg [名] (管理・行政の)機関，官庁(又，執行権者)；(政党の)機関紙，(生)媒質，媒体，媒介物。
közel [副] (空間的)近くに，手近に，遠くなく；近接・隣接して；(時間的)近くに，程なく，差し迫って；(関係的)近くに，近しく，密接に，親密に。〔közelről, 近くから，近所から，付近から，親密に。〕[名] 近所。〔közelében, その近くで，その付近で，そのそばで，そこから遠からぬ所で。〕
közelebbi [形] より近い；より詳しい，より詳細な；より親密な。
közeledés [名] 接近する・近づくこと，接近；近づきになること。
közeledik, közeleg [自] 近づく，接近する；押し寄せる，進み寄る，迫る；(比)親しむ，親近する。
közélelmezés [名] 食糧供給，公共の食糧供給。
közélet [名] 公共生活，公生活。
közeli [形] 近い，近くの，付近の，手近の；近接・隣接した；(時間的に)近い，ほどない，差し迫った；(関係的に)近しい，密接な，親密の。
közelít [自] 近づく，接近する。[他] 近づける，接近させる，近寄らせる。
közellátás [名] → rövidlátás. 近視，近眼；(比)短見，浅慮。
közelség [名] 近いこと，近隣；親近，親密；近似性。
közember [名] 普通の人，平凡な人，平民，市民；(兵)

並の兵士，兵卒。

közép (目 közepet) [名] 中央，中間，真ん中；中頃；(比)中道，中庸；平均。〔közepen, 真ん中に。tél közepén, 冬の真ん中に。〕

közepes [形] 中等(位)の；平均の；普通の；中庸の，平凡な，凡庸な。

közepett [副] 真只中に；真最中に。[後] …の中に，…の間に。〔közepette, その間に。〕

középfinom [形] (商)中位の品質，中等の(品など)。

középfok [名] 中級；(文)比較級。

középiskola [名] 中等学校。

középkor [名] (史)中世，中古；中生代。

középkori [形] 同上の。

középkorú [形] 中高年の。[名] 中高年者。

középpont [名] → központ, 中心(点)，中央；(比)核心，心髄，要点，眼目；(幾)同心。

középső [形] 中央の，中間の；間の；中ほどの。〔középső ujj, 中指。〕

középszerű [形] 中等の，中位の，中庸の；並の，平凡な；平均の。

középtermet [名] 中位の大きさ；中位の体格；中等の種類，中等品。

középút [名] 中央の道；(比)中道，中庸。

középütt [副] 真ん中に。

közérdek [名] 共同(通・有)の利益，公益。

közérdekű [形] 一般の利益の，公共の利益の；公益の。

közérthető [形] 一般人にわかる，平易な，通俗的な。

közérzet [名] (医)一般の健康状態(全身の)。

kőzet [名] 岩石(塊)；鉱物(石)。

közétkeztetés [名] 従業員食堂の食事。

közgazdaság [名] 国民経済；経済学。

közgazdasági [形] 同上の。

közgazdász [名] 経済学者，経済学専攻の学生。

közgyűlés [名] 総会，大会。

közhasznú [形] 公共の利益になる，公益の。

közhely [名] 公開場；(比)ありふれたこと；平凡なきまり文句，常とう句，ありふれた・陳腐な言葉；人気文句，流行句。

közhír [名] 公の知らせ。〔közhírré tesz, …を公表・

公布する, 公に発表する。〕
közhit [名] 一般に信じられていること, 一般的信念；衆評；風聞, うわさ。
közigazgatás [名] 国家行政；行政機関。
közigazgatási [形] 国家行政の。
közjegyző [名] 公の書記, とくに公証人。
közjó [名] 公共の利益, 公益；厚生。
közjog [名] 公法；国法；普通(一般)法。
közjólét [名] 社会福祉。
közkedvelt [形] (世間の)人望ある, 人気がある。
közkeletű [形] 一般に通用する, 一般慣用の, 一般的に妥当な。
közkézen [副] 一般に使用される, すべての人の手にある。〔közkézen forog, 全人の手にある, 一般に(次々と)使用される。〕
közkívánat [名] 一般の望み。〔közkívánatra, 一般の求めにより, 各方面の希望により。〕
közköltség [名] 公共の費用, 官公費；共同の費用。〔közköltségen, 官公費で；共同の費用で。〕
közlekedés [名] 交通, 往来；運輸；連絡。
közlekedésügy [名] 交通問題。
közlekedik [自] 往来(交通・交際)する；(…と)関係(交渉・取り引き)がある；(導管を)流れる。
közlékeny [形] かくしだてのない, 打ち解けた；腹臓ない, 話し好きの, おしゃべりの。
közlékenység [名] 同上のこと；同上の性格。
közlemény [名] 声明；知らせ, 通知；通達, 伝達, 公報。
közlés [名] (感情・思想・報告を)伝えること, 伝達, 通知；(秘密を)打ち明けること；公表, 発表；告示, 布告。
közlöny [名] (公の)機関紙, 新聞；官報。
közmondás [名] 人々の口に広くいわれる言葉, 成句；ことわざ, 格言, 俚諺。
közmondásos [形] ことわざの；ことわざのような。
közművelődés [名] 一般教育, 公衆教育, 社会教育。
köznév [名] (文)普通名詞。
köznyelv [名] (文)日常語, 会話語。
közoktatás [名] 公教育, 特に義務教育。
közoktatásügy [名] 公教育制度。

közöl [他] 伝える，知らせる，報ずる；(論文を)発表・発行する。

közömbös [形] (事物)軽重ない，差別ない，無差別の；どうでもよい，無関係の；(人)無関心の，興味を持たない，冷淡な；(化)中性の，中和した。

közönség [名] 民衆；社会，世間；聴衆，観客；読者，読書界。

közönséges [形] 一般の，普通の，通常の；ありふれた，並の，平凡な，俗な。

közöny [名] 無とん着，無関心；気分に変化ないこと，平気，ゆうゆうたる気持ち，おちつき；宗教などに冷淡なこと。

közönyös [形] 同上の；無とん着の，興味を持たない，冷淡な；退屈な。

közös [形] 共同・共通・共有の；公の；連帯の，相互の。

közösen [副] 共同的に，共同で；連帯で。

közösség [名] 共同体，集団；共有，共通，共同；共有性。

közösül [自] 一対になる；交尾・性交する。

közösülés [名] 性交，同衾(どうきん)，交接，ともね。

között [後] (空間的)の間で，の間に(おいて)；中・内で；(時間的)の間で。〔a Duna és a Tisza között, ドナウ川とティサ川の間に。〕

központ [名] 中心(点)，中央，真ん中；センター，本部，本局；(生)(脳の)中枢。

központi [形] 中心の，中央の；集中的な；(比)主要な，重要な。

központosít [他] 中心に集める，一点に集中する；中央集権制にする；(兵)集中する，統一する。

központosítás [名] 同上のこと；集中；中央集権。

közrehat, közreműködik [自] 助力・協力・協同する；共演する；(新聞に)寄稿する；(…と)共著する。

közreműködés [名] 助力，協力，協同；寄稿；共演。

közrend [名] 公の秩序，国家の秩序，治安；(歴)市民階級。

község [名] 村。

közt [後] → között. …の間で，…の中で，…の中間に。〔a legszebb köztük, 彼らの中で最も美しいもの。egymás közt, maguk közt, 相互の間で，相互間

に。〕
köztársaság [名] 共和国。
köztársasági [形] 共和国の。[名] 共和国民；共和主義の人。
közteher (複 közterhek) [名] 公共料金および税金。
köztisztelet [名] 一般の尊敬(敬意)。〔köztiszteletben álló, 一般に尊敬・畏敬されている。〕
köztudomású [形] 誰にも知られた, 一般に知られた, 有名な。
közút [名] 公道, 国道。
közúti [形] 公道の。〔közúti jelzőtabla, 交通標識。〕
közügy [名] (共同生活を営む)社会・公共・国家・共同体の事務；公務；公共の事務(利益)。
közül [後] …の中から, それらの間から；それらの中で。〔közülünk egyet, 我々の中の一人を。〕
közvélemény [名] 輿論(よろん), 一般の意見。
közveszélyes [形] 公安を害する恐れある, 公共的危険性のある。
közvetett [形] 間接の。
közvetít [他] 仲介(媒介・周旋・あっ旋)する, 取り次ぐ；(ラジオで)中継する, 放送する；とりなす, 仲裁・調停する。
közvetítés [名] 仲介, 媒介, あっ旋, 取り次ぎ；仲裁；中継, 放送。
közvetítő [名] 仲介者, 世話人, 周旋者；仲裁者；媒体；(商)仲買人；(結婚の)媒酌人, 仲人。
közvetlen [形] 中間のものを介さない, 直接の；(時)即時・即刻の；卒直な。
közvetlenség [名] 間接でないこと, 直接；即時。
közvetve [副] 間接に；遠回しに, えん曲に, それとなく。
krajcár [名] 19世紀の銅貨(小さな貨幣単位)；(比)小額。
krajcároskodik [自] けちけちする, しみったれる。
Krakkó [固] クラクフ市(ポーランドの)。
krákog [自] ガァガァ鳴く；せき払いする；(比)うなる, うめく。
krém [名] (食べ物)クリーム；(靴, コスメティック用品などの塗布用の)クリーム。
kréta (目 krétát) [名] チョーク, 白墨。

krími [名] 推理小説。
kristály [名] (鉱・化)水晶；結晶；水晶器, クリスタル・ガラス器；清水；水晶体。
kristályos [形] 水晶の；結晶した；結晶性の；透明の。
kristálytiszta [形] 水晶のように透明な；明白な。
Krisztus [固] キリスト, 基督。〔Kr. e. 西紀前。Kr. u. 西紀後。〕
kritika (目 kritikát) [名] 批評；批判；評論；論評。
kritikátlan [形] 無批判の；批判力のない。
kritikus [形] 批評の, 批評的；批判力のある；分かれ目の, 危機を蔵した, 危険な；(物)臨界の。[名] 批評家, 評論家。
kritizál [他] 批評する, あら探しする, けちをつける。
krokodil [名] 鰐(わに)。
kromoszóma [名] 染色体。
krónika (目 krónikát) [名] 年代記, 編年史；年表；記録；(中世の)史談。
krumpli [名] (俗語)じゃがいも, ばれいしょ。
kuckó [名] (部屋の)片隅, すみ, おく, ストーブのそば。
kucsma (目 kucsmát) [名] 毛皮ずきん, 毛皮帽, ふちなし帽。
kudarc [名] 逆転；失敗, 不成功, 不首尾；挫折；敗北；(劇)不評。〔kudarcot vall, 貧乏くじを引く, ばかをみる, 損をする；敗北する；痛いめにあう, 痛手をこうむる。〕
kufár [名] 市場商人；(食料品の)行商, 呼び売り人, 露店商人；仲買人, ブローカー；高利貸し。
kuglizik [自] 九柱戯をする。
kuka [形] 口が利けない, 舌足らずの, 声が出ない, 物が言えない；無声の, 発音しない。
kukac [名] (虫)地虫, うじ(蛆)虫, 虫(果物の中の)。
kukacos [形] うじのわいた, うじだらけの；虫の食った, 虫穴のある。
kukk [名] 口の中でつぶやく音, ムニャムニャ。〔egy kukkot se szól, ちっとも声を出さない, ぐうの音(ね)も出さぬ。egy kukkot sem tud, 一字も知らない。〕
kukorékol [自] にわとりが鳴く, ときをつくる。
kukorica (目 kukoricát) [名] (植)とうもろこし。
kuksol [自] うずくまる, しゃがむ；ちぢこまる；逃げ隠れる, は

い隠れる；居座る。
kukta (目 kuktát) [名] 見習調理人, 料理助手, 皿洗い, 台所の下働き。
kukucskál [自] のぞき見する, 盗み見する, うかがう, のぞく。
kulacs [名] 携帯用の木製水筒(酒びん)(わが国のひょうたんに当る)。
kulcs [名] 鍵；(比)(解決の)かぎ, 手がかり, 手引き；(音)音部記号；秘けつ, 秘伝, 秘密の法, 奥の手；料金表。
kulcsár [名] 管理人, 執事, 家令；食料庫係；ワイン係。
kulcscsont [名] (解)鎖骨(さこつ)。
kulcslyuk [名] 鍵穴。
kullancs [名] (虫)だに(扁虫, 壁虫)；(比)くっつくもの, やっかい者。
kullog [自] とぼとぼ歩く；のらくら行く, ぶらぶら歩く, ぶらつく；落後する。
kultúra [名] 文化。
kulturális [形] 文化の, 文化的。
kunkorodik [自] (ひげが)上を向く, 上に曲がる；(髪)カールする；(植)(つるが)巻きつく, まといつく, からみつく。
kunok [名] (複) クン→クマン→キプチャク人。
kunyhó [名] 仮小屋；掘っ立て小屋, 草ぶき小屋, 茅屋(ぼおく)；園亭。
kúp [名] (幾)円錐(えんすい形体)；円錐形のもの(例, 山, 樹木など)；(建)円蓋, 半球(弓形)天井, 穹窿(きゅうりゅう)。
kupa (目 kupát) [名] (取っ手付きの)大杯, 大酒杯；(スポーツ)優勝杯；(俗)頭蓋, やつ, 男；(昔の)量目(約１リットル)。
kupak [名] おおい, カバー；キャップ；パイプの蓋(ふた)；ずきん, ボンネット；(植)朔蓋(さくがい)。
kupola (目 kupolát) [名] (建)ドーム, キューポラ, 丸屋根, 丸天井, 円蓋(がい)。
kupolás [形] 丸天井の。〔kupolás épület, (建)丸天井建築物；円蓋建築。〕
kuporgat [他] かき集める, 寄せ集める；(比)(金を)ため込む。
kuporodik [自] しゃがむ, うずくまる, 屈する。
kúpos [形] (数)円錐形(体)の。

kurjant [他] 大声でどなる，はやしたてる，わいわい騒ぐ，歓呼する。

kurjantás [名] 同上のこと；歓呼のさけび。

kurta [形] (空間的)短い，近い；(丈の)低い，ずんぐりした；(時間的)短い，短時間の；口数の少ない；劣った。〔kurta korcsma, (秋から春まで営業する)村の居酒屋，腰掛け茶屋。kurta nemes, いなか貴族。〕

kurtán [副] 短く；(比)簡約に。〔kurtán fog (tart) vkit, (…の手綱を)引き締める；(比)(…を)制御・束縛する。〕

kuruc [名] ハンガリーの対墺自由戦争時代に，ラバンツ(墺軍)に対して洪軍将兵をクルツと呼んだ。〔Rákóczyi kuruc, ラーコーツィーの一揆の徒(対ハプスブルグ王家)。[形] 手にあまる，かたいじな，強情な。

kuruttyol [自] (かえるが)ガァガァ鳴く。

kuruzslás [名] やぶ医者(山師医者)の治療，いかさま治療；山師薬，ごまかし薬。

kuruzsló [名] やぶ医者，山師医者，無免許医者。

kuruzsol [他] 怪しげな治療をする；無免許で治療する。

kurva (目 kurvát) [名] 売春婦，娼婦，みだらな女；非常に，とても。

kuss! [間] (犬に)下に，臥(ふ)せ！；(人間に)静かに！(命令語)。

kussol [自] (犬が)うずくまる，臥す，すわる；(比)おとなしくなる。

kusza [形] 紛糾した，もつれた，こんがらかった，乱れた(髪など)；混乱・困惑した，途方にくれた。

kúszik [自] はう，腹ばう；はい登る，よじ登る；(植)からみついて登る。

kút [名] わき水，わき泉，井戸；泉。

kutat [自] ほじくり探す，探究(討究・調査・考査・研究)する；尋問する；(地質を)調査する；水深を測る。

kutatás [名] 探究，せんさく；踏査，探険；考査，研究，調査；尋問。

kutató [形] 探究する，研究する。[名] 探究者，研究者，調査者。

kutya (目 kutyát) [名] (動)犬，牧羊犬，猟犬；(比)子分；下衆(げす)；(人をののしって)奴，畜生。[形] ひどい，

kutyafuttában 518

難しい。〔kutya baja sincs. 必ず(…と)なる, 必ずそれに成功する；何一つ不自由しない。〕

kutyafuttában [副] 大あわてで。
kutyatej [名] (植)とうだいぐさ, たかとうだい(有毒)。
kutyaugatás [名] 犬のほえ声。
kuvasz, kuvaszkutya [名] (ハンガリー産の)羊の番犬, 牧羊犬；農家の犬。
kuvik [名] (鳥)ふくろうの一種；(比)不吉の鳥。
kül- (合成後の前項)外部の, 外面の；他所の；外国の, 国外の；対外の, 外国関係の；(比)皮相の, 浅薄の。
küld [他] (物を)送る, 発送する；(人を)つかわす, やる, 派遣する。
küldemény [名] 送付物, 送貨, 小包；発送の品, 送付品。
küldetés [名] (公の)代表派遣, 使節；(職業的)任務, 使命, 天職。
küldönc [名] (命令伝達の)伝令, 使者；特使；(ホテル等の)使い走り, 使いに立つ男；伝騎。
küldött [形] 派遣された。[名] → követ, 使者, 使節, 派遣員, 代表員。
küldöttség [名] 派遣団。
küldöz [他] (繰り返し)送る；つかわす。派遣する。
külföld [名] 外国(の総称)；他国, 異郷, 海外。
külföldi [形] 同上の。[名] 外国人。
külkereskedelem [名] (国際)貿易, 海外貿易, 対外貿易。
küllő[1] [名] (車輪の)輻(や), スポーク。
küllő[2] [名] (魚)きたのかまつか(鯉科の小魚)。
külön [副] 別に, 特に, なかんずく；その他に, 殊更に；別々に, 単独に。
különálló [形] 自立の, 独立の, 一本立ちの, 自主の；独自の。
különb [形] より優れた, より立派な, より良い。
különben [副] 然らざれば, さもなくば；然らざる場合には, 他の状態では, その他の点では；なお；ところで。〔különben is, そうでなくとも。nincs különben, その他に何もない, 即ち, それに他ならない。〕
különbözet [名] 差異, 差別, 相違；優劣, 異同；(商)

差額, 鞘(さや)。
különbözik [自] 相違する；異なる。
különböző [形] 種々の, 異なった, 様々の, 雑多の。
különbség [名] 相異, 差異；区別, 差別；優劣, 異同；見分け, 識別。
különc [名] 変わり者, 奇人, 変人, 偏屈者。
különcködik [自] 変人のように振る舞う；奇人・変人ぶる。
különféle [形] 異なった, 色々な, 種々な；多種多様の, 異種の。〔**különféleképp(en)**, 色々と, 別様に, 異なって, 種々様々に, 別々に, 様々に。〕
különítmény [名] (兵)別働隊, 分遣隊, 支隊。
külön-külön [副] 分離して, 個々に, 別々に, 各々別々に；一々, 小売で。
különleges [形] 特別の, 特殊の；特有の, 独特の。
különlegesség [名] 特殊(の事物)；特性, 特質, 特色(料理などの)。
különnemű [形] 異種(異様・異質)の, 別種・別様の；種々(様々・雑多)の。
különóra [名] 個人授教, 家庭教師や塾の授教。
különös [形] 特別(特有・特種)の, 特色をなす；珍しい, 珍奇な；特異の, 並はずれの, 変な, 異常な。〔**semmi különös**, 何も特別なことはない。**különösképp(en)**, 奇妙(奇怪・不思議)にも；取りわけ, 別して, 特別に, 殊に。〕
különösen [副] 特に, 殊に, 特別に；主として, なかんずく；極めて。
különszoba [名] 個室, 特別室。
különváltan [副] 分かれて, 別になって, 別居して。
különvélemény [名] 個々の意見・見解。
különvonat [名] (鉄)特別列車；臨時列車。
külső [形] 外の, 外部の；(比)外面の, 外的の, 表面の；皮相の, 浅薄の。[名] 外部, 外面；外観, 外ぼう。
külsőleg [副] 外観的に；表面的に, 外面的に；外用(薬)。
külsőség [名] 外面, 外形；外観, 外見, 見かけ；(比)皮相, 浅薄。
külszín [名] 外観, 外見, 外面；見かけ, 表面, 見せかけ。
külügy [名] 外務, 対外(外国関係の)業務(要務)。

külügyminiszter [名] 外務大臣。
külügyminisztérium [名] 外務省。
külváros [名] (都市の)郊外, 近郊；場末；(兵)郭外市。
külvárosi [形] 郊外の；場末の。[名] 郊外居住者。
külvilág [名] 外界。
kürt [名] (狩猟用の)角笛；(音)猟笛, 角ラッパ；警笛；(兵)ラッパ。
kürtöl [自] 角笛を吹く；(比)言いふらす, 吹聴する。〔világgá kürtöl, ラッパで吹き知らせる, 仰々しく吹聴する。〕
kürtös [名] 笛吹き, 角笛吹き；(兵)ラッパ兵。
küszködik [自] 戦う；争う, 格闘する；奮闘・努力する；論争する, 苦労する, 苦しむ, 辛酸をなめる, もがく。
küszöb [名] 戸口の上り段, 敷居；入口, 門口。〔az aratás küszöbön áll. 収穫は間もない。küszöbön álló, ほど近い, 差し迫った, 切迫している。〕
küzd [自] 戦う, 闘う；争う, 競争する；格闘する；奮闘・努力する；もがく。
küzdelem [名] 戦い, 戦闘；闘争, 競争；格闘, 試合；奮闘。
küzdelmes [形] 戦い多い, 闘争を伴う, 闘争的, 戦闘的；困難な, 苦難な。
küzdés [名] 戦う・闘うこと。
kvarc [名] (鉱)石英。

L

láb [名] 足, 脚；(尺度)フィート(呎)；(山などの)麓(ふもと)；(比)底部, (テーブルなどの)脚, 柱脚, 下部, 基準；(詩)脚韻；(音)駒(こま, 弦を支える)。〔lábra kap, 起き上がる, 元気を回復する；ひろまる, 普及(流布)する, 行きわたる。lábra állít, (…を)助け起こす, 扶助する。lábát megveti, 地歩を占める。lábbal tapos, 足で踏む, 踏みつける；ないがしろにする。〕
lábadozik [自] 徐々に元気づく, 回復する, なおる。
labanc [名] ハンガリーの対墺自由戦争時代に, 王党派(ハ

ブスブルグ)の歩兵に対するあだ名。

lábas, lábos [名] 浅鍋(あさなべ, 足付の移動できる), 平なべ(柄のある), ソースなべ。

lábatlankodik [自] (…の)道をふさいでいる, 邪魔をしている；妨げる, 困らせる；のらくらして暮らす。

lábbeli [名] (広義の)はき物(くつ, ブーツなど)。

labda (目 labdát) [名] 球, ボール, たま；遊戯用の球, 手まり；(比)おもちゃのボール。

labdarúgás [名] サッカー, しゅう(蹴)球。

labdarúgó [名] サッカー選手。

labdázik [自] ボール(球)遊びする, 球戯をする；(比)あちこちに転がす。

lábfej [名] (解)足(くるぶしから爪先まで)。

lábfürdő [名] 足湯, 足浴；足湯用の水。

lábikra [名] (解)ふくらはぎ, こむら。

lábmelegítő [名] 足あんか, 足湯たんぽ, 足温器。

lábnyom [名] 足跡。〔lábnyomon követ vkit, …の跡を追う, 追跡する, 追い迫る。〕

lábszár [名] (解)下腿(ひざから下の部分), 脚部, 下肢, すね。

lábtörlő [名] (玄関先の)くつふき, くつぬぐい, ドアマット。

lábujj [名] 足指, 足趾(あしゆび)。

lábujjhegy [名] 足のつま先。〔lábujjhegyen, 足のつま先で, 足の先で。lábujjhegyre áll, 足のつま先で立つ。〕

lacikonyha [名] (市場の)ロースト肉の屋台；(古)無料食物給付所(貧しい人への)。

láda (目 ládát) [名] 大形の箱；ふた付の長持ち；ロッカー；ひつ(櫃)(ふたのある大形の箱)。〔szövetség ládája, (聖)約ひつ(十誡を刻した石を納めた箱)。〕

ladik [名] 小舟, 川舟, 平底舟, はしけ。

lágy [形] やわらかい(柔, 軟)；やさしい, 温和な, 柔和な；(比)穏やかな。[名] 柔らかい部分。〔benőtt már a feje lágya, 彼はもう子供ではない。〕

lágyék [名] 横腹, わき腹, 鼠蹊部(そけいぶ)。

lágyéksérv [名] (医)鼠蹊ヘルニア。

lágyít [他] 柔らかにする；(比)(…の心を)やわらげる, あわれを感じさせる。感動させる。

lagymatag [形] 微温の, なまぬるい；(比)熱意のない, 気

lágyság　522

乗りしない，冷ややかな，無関心な；優柔な；(商)不景気な，活気のない。

lágyság [名] 柔らかいこと，柔軟さ；(比)軟弱；柔和，寛恕；親切，思いやり；施しを好むこと，慈悲心，慈善。

lágyszívű [形] 心のやさしい，柔和な；感じやすい，情にもろい，涙もろい。

lágytojás [名] 半熟卵。

lágyul [自] 柔らかになる；軟弱になる；(比)心弱くなる，やさしくなる；(態度・感情などが)和らぐ。

lajhár [名] (動)(米国産の動物)なまけもの，みつゆびなまけもの；(比)ろくでなし，なまけ者。

lakáj [名] (上流家庭の，制服を着た)従僕，仕丁，召使，従者。

lakás [名] 住むこと，居住；住居，住家；アパートの住まい。

lakat [名] 錠，錠前，エビ錠，ナンキン錠。

lakatlan [形] 人の住まない，住民がいない；(比)荒れ果てた。

lakatos [名] 錠前屋(師)。

lakbér [名] 家賃。

lakcím [名] 住所，現住所。

lakhely [名] → lakóhely. 居住地；住所。

lakik [自] 住む，居住する；宿泊する。

lakk [名] ラック，漆(うるし)，わにす(ニス，仮漆)。

lakkoz [他] ラック・漆を塗る，ワニスを塗る；(俗)ごまかす，取りつくろう。

lakmározik [自] (ごちそうを)食べる，美食する，たらふく食べる。

lakó [形] 居住・定住している；居住の；棲んでいる(動物)。 [名] 住人，住民，居住者；同世帯の人，同居人，借家人。

lakodalmi [形] 披露宴の，婚礼の。

lakodalom (目 lakodalmat) [名] 婚礼，披露宴。 〔lakodalmat csap, 結婚式を挙げる。〕

lakóház [名] 住家，住宅，邸宅。

lakóhely [名] 居住地；住所。

lakol [自] (vmiért)(…に対して)ざんげ(しょく罪・改心)をする；(罪・怨み・損害などの)償いをする。

lakoma (目 lakomát) [名] 供応(宴)，宴会，大供宴。

lakos [形] 居住・定住する。[名] 住民，住人。
lakosság [名] 住民(全体)，全人口，人口。
lakószoba [名] 居室，居間，茶の間。
lakosztály [名] 分室，部屋，アパート；一そろいの部屋，スイート・ルーム(ホテル・邸宅における)；(君主の)居室。
lakótárs [名] 同居人；同室者；家人；共同賃借家人。
lakozik [自] 宿泊する，住む，居住する。
laktanya (目 laktanyát) [名] 兵営，兵舎。
lám [間] 見よ，ごらん！
lámpa (目 lámpát), **lámpás** [名] ランプ，洋灯；スタンド；街灯。
lámpaernyő [名] スタンドの笠。
lámpafény [名] ランプの光，灯光。
lámpaláz [名] (劇)ばおくれ(場怯)；初登場のおじ気(一般に，公衆の前に始めて打って出る人を襲うおじ気)，あがること。
lánc [名] くさり(鎖)；(比)連鎖，連続(チェーン)；連山，山脈；(比)束縛，きはん，きずな；昔の地積の名(一連の牛が一日に耕す地積)。〔láncra ver, 鎖(足かせ・ろう獄)に繋ぐ。〕
lánchíd [名] 鎖橋，つり橋。
láncol [他] 鎖でつなぐ，連結・結合する。
láncolat [名] 連結，連繋，連鎖；列，並び。
láncszem, láncgyűrű [名] 鎖環，鎖リンク，くさりわ。
lándzsa (目 lándzsát) [名] 突くやり(槍)；(野蛮人の)投げやり；(魚を突く)やす。
láng [名] 炎，火炎；(比)情炎，怒りのほむら；大乱。〔lángba borul, 炎々と燃えだす；(顔が)赤くなる。lángra lobban, 炎々と燃え上がる；(比)かっとなる，急にのほせる。〕
lángelme, lángész [名] 天賦の才，天才；独創力；天才人。
lángeszű [形] 天賦の才のある；独創的，天才的。
lángol [自] 炎を立てる，燃え上がる，しゃく熱する；(比)(愛に)焦げる，熱望・熱中する。〔lángolva, 燃え上がって，熱心に，劇しく。〕
lángoló [形] 燃え上がっている，炎々たる；(比)熱烈な，熱心な；劇しい，激怒する。

lángos [名] パン菓子の一種(揚げ物のパン)。

langy, langyos [形] なまぬるい, 微温の；温和な, なごやかな, 心地よい；(比)いいかげんな, 冷淡な；(商)活気のない, 不景気な。

lankad [自] ぐったりする, 力を失う；疲れる, うむ, 弱る, 衰える；気がゆるむ；(植)しおれる。

lankadt [形] 疲れ果てた, 力・生気のない；くたびれた, たるんだ, だらけた。

lant [名] (ギリシャの)七弦琴, リュート(琵琶の一種)。

lány [名] 若い女性, 娘さん；(…の)娘。

lanyha [形] 生ぬるい, 微温的な；心地よい, なごやかな；静かな, おだやかな；(比)熱意のない, 手ぬるい, 無関心な；力のない, 優柔な；(商)活気のない, 不景気な。

lap [名] 平坦なもの；面, 平面；紙(1枚の)；新聞；ページ；トランプ札；ハガキ；(印)(たての)段, 欄；(大理石の)標。

láp [名] 沼, 沢, 湿原, 湿地；(数)平面。

lapály [名] 平坦, 平面；平(低)地, 平野, 野原。

lapát [名] シャベル, スコップ；(船の)オール, スカル；(水車の)翼板。

lapátol [他] シャベルですくう(掘る・仕事をする)；オールで漕ぐ。

lapít [他] のばす, 広げる；平らにする, 地ならしする；(洗たく物などを)のす, 押しのばす, 延べる。

lapocka (目 lapockát) [名] (解)肩胛骨；肩肉。

lapos [形] 平らな, 平たい；平面の, 偏平の；平坦な。〔lapos tetejű hegy, 平らな頂上の山。〕

lapostetű (複 lapostetvek) [名] (虫)けじらみ(毛虱)。

lapoz [他] (本の)ページをめくる。

lapozgat [他] 本のページをめくる；ざっと目を通す, 通読する。

lapp [形] ラップランド(人)の。[名] ラップ人。

lappang [自] 隠れる, 隠れている；潜んでいる。〔lappangva, 隠れて, 知られないで, 内密に；暗々裡に；潜在的に。〕

lappangó [形] 隠れている；秘密の, 内々の；潜在の；(医)潜伏(潜在)性の。〔lappangó láz, (医)潜在熱, 潜(行)熱。〕

Lappföld [固] ラップランド。
lapul [自] 平たくなる；頭をかがめる，ひっ込める，おじぎする；隠れる；(比)おし黙る，態度を鮮明にしない。
lárma (目 lármát) [名] わめき，さけび，どよめき，騒ぎ，騒動，騒音。
lármás [形] 騒がしい，騒々しい，やかましい，わめいている。
lármázik [自] 怒鳴り立てる；わめく；(子供が)さわぐ，騒動をおこす；(動物が)ほえる。
lárva (目 lárvát) [名] めん(面)，仮面；(動)幼虫。
lassan [副] ゆっくりと，徐々に；おだやかに，静かに，そっと。
lassanként [副] 段々・漸次・徐々に，次第に，少しずつ。
lassít [他] ゆるめる，弱める，緩慢にする，減速する，遅くする；遅らせる，遷延・遅滞させる。
lassú [形] ゆるやかな，ゆっくり・のんびりの；のろい，徐々の，緩慢な；しずかな，落ち着いた。
lassul [自] 遅くなる，ゆるくなる，ゆるむ，減速する；下がる，和らぐ，しずまる；弱る，衰える。
lassúság [名] ゆっくりなこと，緩慢；のんびり屋。
lat [名] 昔の半オンスの重量(17.5グラム)。〔latba vet, 自分の勢力に物を言わせる，干渉する。latra tesz, 言葉を慎重にする，一語もおろそかにしない。〕
lát[1] [名] 小切手などの呈示；(商)一覧，呈示。〔látra, 一覧の上で，一覧払いに。látra szóló váltó, (商)一覧払いの手形。〕
lát[2] [他] 見る，見える；認める，わかる，思う；(…に)会う，接する，面会する；…を始める。〔jónak lát, 良いと思う。álmot lát, 夢を見る。〕
látás [名] 見ること，目撃；見物，縦覧；視力，視覚；見かけ，外観，外見，様子；現象，現像；世界観。〔látásból ismer, 外見から知る。〕
látási [形] 見ることの。〔látási szög, 顔面角(鼻孔と耳を結ぶ線と，鼻孔と額とを結ぶ線のなす角)；(生)視覚。látási távolság, 視域，視界。〕
látatlan [形] 見られない，人に見付けられない，人目につかない。[名] よく見ないこと。〔látatlanban, よく吟味しないで。〕
látcső [名] 望遠鏡，双眼鏡。
láthatár [名] → látóhatár.

láthatatlan [形] 目に見えない, 見えがたい；会えない。
látható [形] 目に見える, 見うる, 可視的；認めうる, 明白な, 自明の。
latin [形] ラテンの；ラテン語の。[名] ラテン語。〔latinul, ラテン語で；ラテン風に。〕
látkép [名] 見晴らし, 眺め, 光景, 景色；風景の絵。
látlelet [名] (医)(医師の)検証, 死体解剖の調書。
látnivaló [形] 見る価値のある, 一見に値する；認めうる, 明白な, 目立つ, 顕著な。[名] 見る価値のあるもの, 見もの；見物の場所, 名所。
látnok [名] 予言者, 占い(人)。
látnoki [形] 予言者の；予言的, 警告的。
látogat [他] 訪れる, 訪問する, 見舞う；(学校などに)通う, 行く。
látogatás [名] 訪れる・見舞うこと, 訪問；(医)往診。
látogató [名] 訪問者, 見舞人；(図書館などの)入館者；(宗)参詣人；訪問, 見舞；往診。〔látogatóba megy, 訪問する。〕
látóhatár, látókör [名] 地平線；視界, 視野, 眼界；(比)人間知能の限界。
látóideg [名] (解)視神経。
latol, latolgat [他] (比)熟慮・熟考・吟味する。
látomás [名] 想像力；幽霊, 幻視。
látószög [名] (理)視角。
látszat [名] 外見, 外観, 外面, 見かけ；表面, 外部, 見せかけ；仮託, 虚構。〔látszatra, 外見上, 見たところ, うわべは, 表面上, 見かけのために。〕
látszerész [名] 光学機械製造人(または商人), 眼鏡屋。
látszik [自] …に見える；思われる；らしい；現れる；出現する。
látszólag [副] 外観上, 見たところでは, 表面だけ, 見せかけに。
látta [名] (lát の過去分詞に3人称単数の所有者人称表示の付いた形)。〔láttára, …の面前で, …に対して, …に直面して；…を見て, …を見ると。láttára felugrott, 彼はこれを見てとび上がった。〕
látvány [名] 光景, 情景, 有様；望見, 様子。
látványos [形] 見る価値のある, 一見に値する；目立つ,

壮観な，はでな，けばけばしい；見ものの，見世物の，興行物の。

látványosság [名] 同上のもの；展覧会や見せ物などの）見もの；見物の個所，名所；見せ物，陳列；舞台装置の華麗な劇(活人画など)；出し，見せびらかし，虚飾，華美。

láva (目 lávát) [名] (鉱)溶岩。

láz [名] (医)熱；熱病；(比)(病的な)興奮，熱中，わき立つこと，激動。

laza [形] ゆるい，たるんだ，ゆるんだ，ほどけた；(比)しまりのない，だらしない，しっかりしない；放漫な。

lazac [名] (魚)さけ(鮭)。

lázad [自] 謀反を起こす，反抗する。

lázadás [名] 謀反・反抗して立つこと；反乱，一揆(いっき)，(群衆の)蜂起，暴動。

lázadó [形] 暴動を起こす；反乱をちょう発する，扇動的な；謀反気のある。[名] 反抗者，反逆人，暴徒。

lázas [形] 熱がある，熱病のような；(比)性急な，興奮・熱狂した；〔lázas beteg, 熱病にかかった(患者)。〕

lázcsillapító [名] 解熱剤。

lazít [他] ゆるめる；柔らかくする；(緊張を)ほぐす。

lázít [他] いきりたたせる，激高・憤慨させる，怒らせる，反抗させる；扇動・教唆する。

lázító [形] 反乱をちょう発する，反乱させる，扇動的な；徒党を組んだ。[名] 扇動者，教唆者。

lázong [自] 激高・興奮する，荒れ狂う；謀反・騒動・反抗する。

láztalan [形] 熱のない，平熱の。

lazul [自] ゆるむ，ぐらぐらになる；柔らかになる。

ld. [略] (=lásd)参照。

le [副] (空間)(そこから離れて)下へ，下方へ；(より)下へ，低く；下流へ；地方へ；(より)少なく，減らして；(帽子を)脱いで。

lé (目 levet) [名] (肉や果実の)しる，つゆ，液；(植物の)養液；(焼肉の)肉じる；スープ。〔minden lében kanál, 彼は何ごとにも干渉する(出しゃばる)。〕

lead [他] 降ろして手渡す；届ける，通達する；預ける；(比)(体重を)減らす；(名刺を)出す；言う，(授業を)行なう；(ラジオを)放送する；実行する；(ス)(ボールを)パスする。

leadás [名] 渡すこと；通達；(手紙の)差し出し, 発送；(名刺の)寄託；(テレビの)放送；(ニュースの)公表, 発表；減量。

lealacsonyít [他] (品位を)おとしめる, みさげる, さげすむ, 軽視する；(音)(調子を)下げる。

lealacsonyodik [自] (自分の)品位が落ちる, 堕落する。

lealjasodik [自] (品位…が)低下する；おちぶれる, 堕落する, 零落する；体面を汚す, 卑しくなる。

lealkuszik [他] (商)(交渉して)値切る, 割引を求める。

leáll [動] (機械, 施設の活動が)止まる。

leány [名] → lány. 娘, 女の子；嬢；きむすめ(生娘), 未婚女性；(古)雇女, 女中。〔eladó leány, 年ごろの(結婚しうる・結婚適齢の)娘。〕

leányág [名] 女系。

leányiskola [名] 女学校。

leányka [名] 幼い少女, 小さい娘；(わせの白ワイン用の)ブドウの種類, およびワイン。

leánykérés [名] 娘に求婚する(縁談を申し込む)こと。

leánykérő [名] 求婚者；縁談を持ち込む人, 媒しゃく人。

leánynéző [名] 年ごろの娘の家への訪問, 求婚者。〔leánynézőbe megy, 見合いに行く。〕

leányzó [名] (古, 今ではジョーク)娘っ子。

learat [他] 刈り入れる, 取り入れる, 収穫する；(比)(行為の結果として)享受する, 獲得する。

lebben [自] ひらひら飛ぶ；ひるがえる, たなびく, ゆらゆらする；(比)(風のように)走る。

lebbent [他] ひらひらさせる, たなびかせる。

lebeg [自] ゆらゆらする, はためく, 吹き流される, 空に舞う, ちらつく, 漂う；(比)宙ぶらりんである, 掛かっている；定まらない；(声が)震える。

lebélyegez [他] 押印(刻印・消印・スタンプ)を押す；タイム・レコーダーを押す。

lebeszél [他] (…に…を)思いとまらせる, いさめてとめる；(…の考えを)捨てさせる。(自)(電話)話し終える。

lebilincsel [他] 鎖につなぐ；かせ(枷)をかける, 縛りつける；(比)魅惑する；(注意を)引く。

lebont [他] 引き倒す, 取り壊す；ほどく, 取りはずす；(家や橋などを)破壊する, 取り払う；(計画などを)取りやめる。

lecsillapodik

lebonyolít［他］（比）(事務を)処理・解決する，ケリをつける；実施する。〔nagy forgalmat bonyolit le, 交通量・売り上げが多い。〕

leborít［他］かぶせる，被う，包みかくす；(つぼやたるを)くつがえす，転覆する，倒す；(グラスなどを)ひっくり返す。

leborotvál［他］(ひげ・髪などを)そり落とす，そり取る。

leborul［自］(…の前に)倒れ伏す，平伏する，ひざまずく；落ちる。

lebuj［名］地下室の酒場，居酒屋(下等な)。

lebukik［自］転落する，ころぶ，落下・墜落する；水中にもぐる，沈む；(比)失脚する；(比)逮捕される；(比)白日の下にさらされる。

lebuktat［他］突き倒す・落とす；ひっくり返す，くつがえす；(比)零落・失脚させる，悲境におとし入れる。

lebzsel［自］ぐずぐずする，なまける，怠る；ぶらつく，ぶらぶらして暮らす，のらくらする。

léc［名］木ずり，こまい，小割り板。

lecke［名］課業，課程；問題，宿題；授業(時間)；(語学書の)課。

lecsap［他］急に投げ下ろす；(首を)はねる，打ち落とす，切り倒す；(ドアを)ばたんと閉める；(穀類を)とがき(斗搔)で均らす；振り落とす，取り除く。［自］(雷が)落ちかかる，落雷する；(鷹が)飛びかかる。

lecsapódik［自］(ドアが)バタンと締まる(閉じる)；(化)沈でんする。

lecsapol［他］(樽ののみ口から栓をぬいて)酒を出す，放出する，流し出す，注ぎ出す。

lecsatol［他］締金・尾錠をはずす；(馬車を)取りはずす，ほどく。

lecsavar［他］ネジを回して(ゆるめて)抜く・取る，ネジを巻きもどす。

lecsendesedik［自］静まる，鎮まる，穏やかになる，静寂になる；安心する；(風が)なぐ，和らぐ，静かになる。

lecsendesít［他］静かにする，静寂にする；安心させる，なだめる，和らげる，軽くする；落ちつかせる。

lecsillapít［他］滑らかにする，整える；(争議を)仲裁する，終らせる；静める，なだめる，和らげる，穏やかにする。

lecsillapodik, lecsillapul［自］鎮まる，安心する，落

ちつく；軽くなる，ゆるむ，和らぐ；(熱が)下がる；(風が)なぐ。
lecsukódik [自] 締まる，閉じる，ふさがる。
lecsúszik [自] 滑り・抜け落ちる，下へ滑走する；(比)おいしく食べ・飲む；(比)失敗する。
lecsúsztat [他] 滑り落ちさせる，すべらせる。
ledér [形] 気ままな，軽々しい，軽薄な；放とうな，不品行な，好色な；つまらない。
ledob [他] 投げ出す，投下する，投げつける，ほうる。
ledolgoz [他] (勤務時間を)やりとげる；(年期を)勤め上げる；仕事を完成する；(働いて借金を)返済する。
ledől [自] 落ち込む，くぼむ；くずれる，倒壊(墜落)する；横になって休む。
ledönt [他] 投げ倒す；(建造物を)転覆させる，ひっくり返す，引き倒す；取りこわす，取り払う。
leég [自] 焼け落ちる，全焼する；(料理が)こげつく；日に焼ける；(比)零落する，失敗する。
leejt [他] 漏らす，逸する；落とす，下ろす；(編み目を)見落とす。〔le van ejtve, ざまをみろ。〕
leél [他] (一生を)過ごす，暮らす；長生きする。
leemel [他] (…から)取り出し・引き出して(…へ)下ろす(例，子供を車から出して地上に下ろす)；(帽子を)脱ぐ(敬礼)；(銀)口座から引き落とす。
leendő [形] 将来の，未来の；来るべき，来る，次の。
leenged [他] 行かせる；落とす；割引・減価する；軽減する；(着物を)広げのばす。
leér [自] 下へ届く；(山上よりふもとへ)達する；(綱が井戸の底に)届く。
leereszkedik [自] (綱に伝って)下りる；慎重に下りていく；ゆっくりと腰を下ろす；高ぶらない，腰が低い，身を下げる，へりくだる。
leereszkedő [形] 高ぶらない，愛想のよい，人づきあいのよい；腰の低い，如才ない。
leereszt [他] おろす，低くする，沈める；(服)裾をおろす；(劇)(幕を)おろす；(音)調子を下げる(弦)；(銃の引き金を)おろす；(水を)流れさせる。
leesik [自] 落ちる，下る，落下する；がくんと落ちる；(雨，雪がある量)降る；(熱が)急に下がる；(編目を)落とす。
lefagy [自] 凍える，氷結する；凍傷する，凍えて損ずる。

lefegyverzés [名] 武器を取り上げること；武装解除，軍備撤廃(縮小)。

lefekszik [自] 横になる，床につく，寝る，ベッドに入る。

lefektet [他] （レールその他を）下に置く；（地上に）横たえる，すえる；床につかせる，寝かす；（植物を）横倒しにする。

lefekvés [名] 横になること，横が(臥)，就床，就眠。

lefelé [副] 下方へ向かって，地上へ，低く，下って(例。山のすその方へ歩み下る。健康が下り坂になる等)，下流へ。

lefest [他] 塗る；描く，写す；（比）描写・叙述・記述する。

lefizet [他] （借金を）償却する，払い込む，弁済する，納付する，買収する。

lefog [他] 押えつける；縛りつける；拘留する；差し引く，控除する；（太陽が）日焼けさせる；（死人の目を）とざす。

lefoglal [他] （物・人を）抑留する，差し押える；（座席を）先約・予約する，占める；（兵）占拠・占領する。〔lefoglalva，占められている，ふさがっている；「満員」「使用中」；予約された。〕

lefogy [自] （体重が）少なくなる，減る；やせる。

lefolyás [名] 流れ去ること；流出，流去，放出；（湖から流れ出す）川；経過；進行，成り行き。〔két hét lefolyása alatt，二週間以内に。〕

lefolyik [自] （から）流れ出る(去る)；（時が）経過する；（比）（に）由来する；（事件が）起こる，行われる；催される。

lefolytat [他] （訴訟・調査を終りまで）続ける；終える，完成する。

lefordít [他] 逆にする，あべこべにする，ひっくり返す；打ち倒す；翻訳する。

lefordul [自] 倒れる，くつがえる，さかさまになる；（高速道路などを）降りる。

leforráz [他] （鳥の羽毛に）熱湯を注いで除く，熱湯にひたす，十分にゆでる；（比）肝をつぶさせる。

lefőz [他] 煮つめる，せんじつめる，蒸す；（比）切り札を出して勝つ，へこませる，きめつける。

lefúj [他] （ちりを）吹き清める，吹き消す；吹き散らす，吹き飛ばす，吹き流す；（笛で）終わりを示す；（比）取りやめる。

lefut [自] （山から）下の方へ走る・降る，走り下る；（河川が）下方へ流れる；走り勝つ；（ストッキング）でんせんする；（亀裂などが）走る。

lég [名] (目 leget) 大気, 空気, 外気。〔légbe röpít, 吹き飛ばす, 爆破する。〕

leg…bb [頭] 最上級接頭辞。

legalább [副] 少なくとも, せめて。

legalsó [形] 一番下の, 最低の；最下等の。

legalul [副] 一番下に, 底に。

légáramlás [名] 気流；すき間風, 通風。

legázol [他] 踏みつける, 踏みにじる；(車で)ひき倒す；(馬で)踏み倒す, 馬蹄にかけて倒す。

légcső [名] (解)気管；(坑道の)通気孔。

legel [自] (家畜が)牧場へ草を食いに出る；草を食う。

legelész [自] (家畜が牧場で静かに)草をはむ, 草を食う。

legelő [形] 草を食う(…)。[名] 牧草地, 草原。

legeltet [他] (家畜を)牧場へ追う, 牧養・放牧する；(比)楽しませる(…を見て目を楽しませる)。

legenda [名] 伝説；聖徒伝；凡例。

legény [名] (15〜20歳位 の)若者, 青年；(古)従僕；(兵)兵卒；従卒；独身の男；新参の職人；(比)威勢のよい人。〔szegény legény, 浮浪人, 宿なし；追いはぎ。〕

legénység [名] 若い人々, 青年；青年団；(兵)兵員, 兵卒；(海)乗組員, 船員；(飛行機の)乗組員。

legesleg- [頭] (最上級を強調する印。)最も。〔legesleg-magasabb, 最高の。至高位者。legeslegelső, 最上の, 第一の；最高の, 無上の, 至上の；最も重要な。〕

legfeljebb [副] 多くとも, せいぜい。

legfelső [形] 最上の, 至上の, 最高の, 至高の, 絶頂の；首位(席)の；卓絶した；高貴の。

léggömb [名] 軽気球。

léghajó [名] 飛行船。

léghajózás [名] 飛行船での飛行。

léghuzat [名] (=huzat.)気流；通風, すき間風。

légi [形] 空気の, 大気の；空中の, 上空の。〔légi útvonal, 航空路。〕

légies [形] 空気のような；空中の；気状の, 気体の；(比)軽快な。

légikikötő [名] 空港。

légikisasszony [名] スチュワーデス。

légiposta [名] 航空便, エアメール。

légitámadás [名] 空中攻撃, 空襲。
légitársaság [名] 航空会社。
légkör [名] 大気圏；(比)雰囲気。
legközelebb [副] この次の時に, 近々に, 間もなく；最も近く, 次に。
legközelebbi [形] 最も近い, 最寄りの。[名] 最寄りの物(人)；最も近しい(親近な)人；同胞, 隣人。
légmentes [形] 真空の, 気密の, 密閉した, 空気のもれない。
légnemű [形] 空気の, 気体の, ガス状の。
légnyomásmérő [名] (物)検圧器, 気圧計, 晴雨計。
legördül [自] (酒だるなどが)転がり落ちる, 伝わり落ちる。〔a függöny legördül, 幕が下りる。〕
légszűrő [名] エアフィルター。
leguggol [自] かがむ, うずくまる, しゃがむ。
legurít [他] (下方へころころ)転がし落とす(酒だるなどを)。
legurul [自] (下方へ)ころころ転がり落ちる, 転げ落ちる。
legutóbb [副] 最後に, びりで；この頃, 近頃, 最近。
légüres [形] 空気のない, 真空の；(比)虚構の。
legvégső [形] 最後の, 最終の, 終わりの；臨終の。[名] 同上の物(または人)。
légzésbénulás [名] 心筋梗塞。
légzsák [名] エアポケット；(自動車用の)エアバッグ。
légy (目 legyet) [名] (虫)はえ(蠅)；下くちびる下のひげ(髭)；(兵)(銃の)照星。
légycsapó [名] はえたたき。
legyez [他] (扇子で)あおぐ；(火を)あおぐ；(虚栄心などを)大目にみる, 寛大にみる, くすぐる。
legyező [名] 扇子, おうぎ, うちわ(団扇)。
legyilkol [他] 殺す, 殺害する；殺りく・虐殺する。
legyint [他] (…を)かすめる, さする；軽く触れる・打つ。[自] 静かに手を振る(悲しみや断りの身振りとして)。
legyőz [他] 打ち勝つ, 打ち破る, 負かす, 征服(克服・圧倒)する。
legyőzhetetlen [形] 打ち勝ち(克服・征服し)がたい, 無敵の；難攻の。
legyűr [他] (服のしわを)のばす；(…を)取り押さえる；征服(圧服・抑圧・克服・制御)する, 打ち勝つ。

léha [形] 遊び好きな, ぶらぶらした；浮薄な, 軽々しい；役にたたない, 能なしの, やくざの。
lehajlik, lehajol [自] 下へかがむ, 屈する；身をかがめる, 低頭する, お辞儀する。
lehajt[1] [他] 下げる, かがめる；(頭を)下げる, たれる, 低くする；飲下する, のむ, かきこむ。
lehajt[2] [他] 下方へ狩りたてる, 追いおろす。
lehámlik [自] (皮が)はげる, むける, はく落する, はげ落ちる；(蛇が)脱皮する；(殻が)割れる。
lehámoz [他] 外皮や殻をはぐ, むしり取る；(馬具を)はずす。
lehangol [他] (音)低く調音する, 調子を乱す；(無電)(波長を)乱す；(比)(…の)調子を狂わせる, きげんをそこねる, 気を落とさせる。
lehangolt [形] 調子の狂った；(比)ふきげんな, 気落ちした；(商)不景気な。
lehány [他] 投げ落とす, 投げ捨てる, 投下する；吐き出す；(着物を)雑に脱ぐ。
leharap [他] かみ切る, かじり取る；ぶっつと切り取る。
léhaság [名] ぶらぶらすること；浅薄, 軽薄, 浮薄；以上の言行。
lehel [他] 息を吐く；(香を)発散する；(文)気音を発する。
lehelet [名] 息, 呼気, 気息, 呼吸, 微風, におい(香・匂)；(文)気息音(h の音を伴わない音)；(比)ガラスのくもり。
lehet [自] 出来る, なし得る, 可能である；有り得る。〔Ki lehet az？誰でしょうか？ Hol lehet kapni？どこで買えますか？〕
lehetetlen [形] 出来ない, 不可能の, 実行出来ない；有り得ない, 考えられない。
lehetetlenség [名] 同上のこと。
lehető [形] 可能の, 成しうる, 出来る；有り得る, かも知れない。〔lehetővé tesz, 可能にする；(実行しうるように)工夫する。〕
lehetőleg [副] 出来るだけ, なるべく。
lehetőség, lehetség [名] 可能なこと, 有り得ること；可能性, 蓋然性；可能にする状況。
lehetséges [形] 出来る, 可能の, 成しうる, 有り得べき。
lehord [他] 運びおろす, 持ち去る, 運び移す；(比)こきおろ

lejátszik

す，けなす；非難する，しかりとばす，ののしる，がみがみ言う。

lehorgaszt [他] (fejét)(頭を)さげる；たれる；意気をくじけさせる。

lehorzsol [他] (皮を)はぐ，かき除ける，かきさく；削る，すりはがす。

lehoz [他] 持って降りる；おろす，さげる；(比)(記事に)する，報道する；(哲)推論・推断する，結論を導く。

lehull [自] (木から葉が)下へ落ちる，落下する；(雪が)降る，(服や髪が)ふわっと下がる。

lehuny [他] 閉じる。〔lehunyja a szemét, 彼は目を閉じる，死ぬ。〕

lehúz [他] 引っ張る，引き抜く；(くつや手袋を)脱ぐ；(誰かを)殴る；(皮を)はぐ,引き下ろす；(比)勝つ；酷評する；(課題を)やりとげる；(時を)過ごす。

lehűl [自] 冷える，冷たくなる；(比)静まる，冷静になる。

lehűt [他] 冷やす，冷却する；(比)(喜びを)さます，静める，和らげる。

léhűtő [名] 役立たず，能なし，やくざもの，のらくら者，怠惰者。

leigáz [他] くびきの下におく，押さえつける，圧制する，隷属させる，征服する。

leír [他] 書き写す，書き取る；述べる，記述・描写する；(商)(損失などとして)記帳する。

leírás [名] 記述，叙述；描写；帳消し。

leirat [名] 訓令，指令，布告；教書，勅書；(法王の)答書，御書。

leírhatatlan [形] 書くに値しない；筆紙に尽くしがたい，書き尽くせない，名状すべからざる；描写のできない。

leíró [形] 記述的の，叙述の，描写の。[名] 筆写人，筆耕；記述者，叙述者。

leiszik [他] (ビールの泡などを)飲む。〔leissza magát, 彼はひどく酔っている，でい酔する。〕

lejár [自] 降りて来る，おりる，下る；(時が)過ぎ行く，経過する；(有効)期限が切れる；(流行が)過ぎる，過ぎ去る。

lejárat [名] 期限；経過；(商)(手形の)期限切れ，満期。〔lejárat ideje, (商)(手形の)支払期限，満期。〕

lejátszik [他] 最後までやり通す。〔lejátstotta a szerepét. 彼はもう言うべきことがない，もう重きをなさない。〕

lejjebb [副] もっと下の方へ，下方へ；低い値へ；低い地位へ。〔lejjebb szállít, さらに下へさげる(落とす，おろす)；(比)見下げる，あなどる，軽視する；(商)(価を)引き下げる，減額する。〕

lejön [自] おりる，下りて来る；下がる；近づく；はがれる；(比)差し引く；(比)刊行される。

lejt [自] 下を向く，傾斜する；(ダンス)はねる，とぶ；(喜んで)おどり上がる。

lejtő [名] (地)傾斜，こう配；斜面，坂道，坂，山坂，山腹；(兵)(築城の)斜堤，内岸。

lejtős [形] 急傾斜の，切り立った，けわしい；斜めの，傾いた，傾斜した。[名] 下り坂，斜面；(比)堕落の道。

lék [名] (氷にあけられた)穴，孔；(スイカの熟否を見るためにあけられた)切目；(船の)漏り口。

lekap [他] (急に)引きおろす，引き倒す；(帽子などを)手早く取り除く；(料理を)こがす；(写真を)手早く撮る；(比)(…を)こきおろす，非難する，けなす。

lekaszál [他] (草を)刈りあげる，刈り尽くす；次々に射つ。

lekefél [他] ブラシで払う，ブラシをかける；(髪を)ブラシでとかす。

lekenyerez [他] (…を)買収する，わいろ(袖の下)を使う；ろう絡する，うまくまるめる。

lekonyul [自] だらりとたれている；葉がしなびてたれる，葉がしおれる。

lekopik [自] いたむ，はげる，すりきれる，消耗する；(身についた振る舞いが)失われる。

leköp [他] つば(唾)を吐きかける，唾棄(だき)する；(比)軽べつする。

leköszön [自] 辞職(退職)する；退位する。

leköt [他] (ひもで)結びつける，くくる；(…を)結びつける，義務づける；(医)包帯をかける；(動脈を)縛る；(法)契約・約定する；(俳優が出演を)契約する，身を委ねる；(比)引きつける。〔a figyelmet leköti, 注目せしめる，引きつける，心を奪う，魅する。〕

lekötelez [他] (…に感謝の)気持ちを起こさせる，義理を感じさせる，恩義を施す，恩を着せる。〔lekötelezve, 恩義を受けて，恩義を感じて。〕

lekötelező [形] 義務を負わせる…，よく世話をしてくれる，

lélektelen

親切な, 愛想のよい, お世辞のよい。

leküld [他] (…を地方へ)つかわす, やる；(使いを)派遣する；送る, 発送する。

leküzd [他] (障害・困難・病気などに)打ち克つ, (…を)打ち破る, 克服する。

leküzdhetetlen [形] 打ち克ち(征服し)がたい；抑制しがたい(元気)；難攻不落の(要塞)。

lekvár [名] ジャム。

lel [他] 偶然見出す, 出くわす, 見付ける。〔mi lelt? 君はどこがわるいのか。a hideg lel, 僕は熱がある。〕

leláncol [他] 鎖でつなぐ, 手かせ足かせをかける, 縛りつける；(比)拘束する。〔leláncolva, 鎖でつないで；拘束して。〕

lelapul [自] 平たくなる；横たわる；かがむ, しゃがむ, うずくまる。

lélegzet [名] 息, 気息, 呼吸；息を吸うこと, 呼吸作用。〔lélegzetet vesz, (事が一段落ついて)息をつく, 深く息をつとする。〕

lélegzetvétel [名] 息を吸うこと, 呼吸作用；一休み。

lélegzik [自] 息をする, 呼吸する；息をつぐ, ほっとする；(比)生きている。

lélek (目 lelket) [名] 魂；精霊, 亡霊；精神, 心；生命；(魂の持ち主)人間, 個人, 住民；(比)心髄, 精髄, 中心, 眼目。〔jó lélekkel, やましいところのない良心を以て, 良心的に。szívvel-lélekkel, 全霊を打ちこんで。teljes lelkemből, 衷心から, 誠心誠意で。hazajáró lélek, 幽霊。〕

lélekharang [名] 葬式の鐘, 弔いの鐘, 弔鐘。

lélekjelenlét [名] 沈着な心構え(危急の際), 心の平静。

lélekölő [形] 精神を殺す, 活気を殺ぐ；無味単調な, 退屈な。

lélekszakadva [副] 息切れして, 絶息して, 気息えんえんとして。

lélekszám [名] 人口。

lélektan [名] 心理学。

lélektani [形] 心理学の, 心理学的；心理作用の, 心理的, 心的。

lélektelen [形] 魂(精神)のない, 非情の；生命のない；感激のない。

lelemény [名] (詩的表現)工夫, 案出；創作力, 工夫力, 独創力；こしらえごと, 作りごと(小説など)。

leleményes [形] 創作の才ある, 工夫に富む；創見的, 独創的；策のある, かしこい。

leleplez [他] 被いを取り除く, あらわにする；仮面をはぐ；除幕式を行う。

lelet [名] 発掘品；掘出し物, 見付けた物；(医)検証, 証明。

lelkendez [自] 感激(熱中・熱狂)する, 夢中になる；興奮であえぐ。〔lelkendezve, 息切れして, あえぎながら, かたつばのんで, 気息えんえんとして。〕

lelkes [形] 魂・生命・生気ある, 魂のこもった；感激した, 熱烈な；住人のいる。

lelkesedés [名] 感激すること；霊感, 感奮, 熱狂, うっとりすること；歓喜, 有頂天。

lelkesedik [自] (…に対して)感激する, 夢中になる, 熱狂する, 有頂天になる。

lelkesen [副] 感激・熱狂して。

lelkesít [他] 感激(感奮・熱狂・興奮)させる；刺激する, 鼓舞する。

lelkész [名] 牧師, 説教師, 新教僧。

lelketlen [形] 心なき, 無情の, 冷酷な；情味を欠いた, かたくなの；生命のない, 活気のない, 死んだ。

lelketlenség [名] 同上のこと；無情, 薄情, 冷酷。

lelki [形] 精神の(的), 霊の(的), 心の(的)；知的の, 知力上の。〔lelki nagyság, 精神的な偉大さ, 寛大で人をいれる度量；精神界の偉人。lelki nyugalom, 心(魂)の安静, 精神の平和, 安心立命。〕

lelkierő [名] 精神(道徳)力, 気力, 心の強さ, 剛毅(ごうき)。

lelkiismeret, lelkiösmeret [名] 良心, 良知；精神的意識。

lelkiismeretes [形] 良心的な, 誠実な。

lelkiismeretesség [名] 良心的なこと, 誠実なこと；正確, 几帳面。

lelkiismeret-furdalás [名] 良心の呵責(かしゃく), 悔恨, くやみうらむこと。

lelkiismeretlen [形] 良心のない, 不誠実な, 不正直な。

lelkiismeretlenség [名] 良心のないこと；不誠実。
lelkipásztor [名] 牧師。
lelkület [名] 意向, 心がまえ, 心術, 心持ち, 志操；精神状態, 性情, 情調。
lelóg [自] たれる, 下がる, たれ下がる。
lelő [他] (…を)射倒す, 銃殺する；射撃によって撃破する；(木から鳥を)射殺す, 打ち落とす；(野獣を)射たおす；(比)かすめ取る。
lelőhely [名] 出所, 産地, 発掘地；(鉱)鉱脈(床・層)；(比)出典。
lelök [他] 押し・突き倒す, 突きのける, 押しやる；投げ落とす, 追い落とす；くつがえす。
leltár [名] (商)在庫品調べ, 棚卸し；備品目録, 財産目録。
leltároz [他] 財産目録(商品目録)を作る；棚卸しする。
lemarad [自] 居残る；落後する, おくれる, 遅刻する；(勉強などで)ついていけない；(荷物が)届かない。〔lemarad a vonatról, 汽車に乗りおくれる。〕
lemásol [他] 書き写す, 書き取る；模写・複製する；(法)…の謄本を作る；(比)真似る, 盗作する。
lemászik [自] (下に)はい込む, はらばって下がる, かじりついて降りる。
lemegy [自] (太陽などが)沈む, 没する；沈没・没落する；(階段を)下りて行く；地方に行く；終える。
lemenet [名] 降りること, 下降；下り道(坂)；降り口；(比)頽廃。[副] 降りる際に。
lemenő [形] (先祖から子孫へ)伝わる。[名] 下降；(法)子孫。〔lemenőben van a nap, 日は沈まんとしている, 暮れかかっている。〕
lemerül [自] (水中に)もぐる, 沈む, 没する；(比)隠れる, 姿を消す。
lemészárol [他] 屠る, 殺りく・虐殺する。
lemez [名] 板金, 金属板；(写真の)種板；(蓄音器の)円盤, レコード, シート。
lemond [他] 断念する, 断つ；あきらめる, 放棄する；(王位を)退位する；辞職(辞退・謝絶)する；(要求を)放棄する；(医者が病人を)見放す。
lemondás [名] 放棄, 断念, あきらめ；退位；辞職, 退職。

lemos [他] (汚れを)洗い去る, 洗い落とす, 洗い流す, 洗浄する。

len [名] (植)亜麻。〔lenből való, 亜麻製の。〕

lencse (目 lencsét) [名] (植)レンズ豆, ひらまめ; (理)レンズ, 透鏡; (解)(眼球の)水晶体; (皮膚の)そばかす, ほくろ。

lendít [他] 振り回す; 始動(運転)させる, 進ませる; 感動させる; 励ます, 奨励(促進・振興・助長・進捗)する。

lendül [自] 振り回される, 飛び上がる; 飛躍・躍進する; (比)興隆・振興・奮起する。

lendület [名] 振り回すこと, 振動; (比)はずみ, 意気ごみ; (比)飛躍, 向上, 興隆, 勃興, 躍進; (商況の)活発, 好景気。

lendületes [形] 勢いよい; 活気ある, 活発な, 飛躍的; 隆盛な, 盛んな, 流行の; 意気ごんだ。

lenéz [自] (高所から)見おろす, 下を眺める; 立ち寄る。[他] カンニングする; 見さげる, 軽べつ(軽視)する, あなどる。

lenézés [名] 見おろすこと; (比)侮ること; 軽べつ, 軽視。

leng [自] 揺れ動く, ゆれる, ゆらめく; (風が)そっと吹く。

lenge [形] ゆらゆらする, ゆらめく, 揺れ動く; (比)(服や布地)ごく軽い, 薄っぺらの。

lengés [名] 揺れること; 一振り; (ス)回転。

lenget [他] 揺り動かす; (ハンカチなどを)振る。

lengyel [形] ポーランドの。[名] ポーランド人。

Lengyelország [名] ポーランド国。

lenn [副] → lent.

lenolaj [名] 亜麻仁(あまに)油。

lent [副] 下に, 下方(部)に; 下階に; 底(奥)に; 下流に; 南に; 地方に。

lény [名] 生きもの, 生物, 被造物。

lényeg [名] (哲)実在, 実存, 実体; 本体, 本質, 本性; 実相, 真相。〔lényegében, 本質的には, 実際に。〕

lényeges [形] 実体ある, 実在の; 本質的な, 根本的の; 重要な, 主要な; 本体の, 本性の。

lényegtelen [形] 実体のない; 本質的でない; 主要(重要)でない; 第二義的の。

lenyel [他] 飲み下す, 飲み込む, 吸い込む; (比)傾聴する; (比)(感情を)呑み込む。

lenyír [他] (頭髪・羊毛を)刈りとる, 切りとる；(ひげを)そる。

lenyom [他] 押さえつける；(…を水に)沈める；(相場を)引き下げる, 下落させる；印刷・複写する；(比)気落ちさせる, 落胆させる。

lenyomat [名] 印刷, 版；打印, 印刻, 極印；印刷物, 複製品。

lenyugszik [自] 床につく, 就床・就眠する；(太陽が)沈む, 没する。

lenyúz [他] (動物の皮を)はぐ, (野菜などの皮を)むく；(比)(服を)着古す；(…に)不快の感を起こさせる, 痛めつける。

leold [他] (結び目を)解きはなす, ほどく, ゆるめる；はずす；(化)溶かす, 溶解させる。

leolvad [自] (雪や氷が)溶けつくす, 溶け去る；溶け落ちる, 溶解する；(比)(在荷や金などが)減る, 少なくなる。

leolvas [他] 音読する, (楽譜を見て)歌う；(書き物などから)読み取る, 判読する；(比)(金銭を)数えて出す, 勘定する。

leolvaszt [他] (雪を)溶かす；(鉱)溶解して分ける, 溶融する。

leomlik [自] (壁や建物が)くずれる, 倒れる；(塗料が)離れる, 落ちる, はげる；(髪が肩まで)たれ下がる；(着物が)引きずる；(…の前に)ひざまずく。

leöblít [他] (食器を)洗い落とす, 洗い流す, 洗い去る, すすぐ；(食後, 酒を少量)飲む。

leöl [他] (若鶏を)殺す, 屠る；(人を)殺りく・虐殺・ざん殺する, 犠牲にする, いけにえにする。

leönt [他] (水を)注ぎ出す(移す), 注ぎかける；(…に水を)ふりかける, 注ぐ；(肉などに)ソースをかける；(俗)(酒を)ぐいと一息に飲む。

lép¹ [自] 歩む, 歩行する；(道を)行く；(職やポストに)就く；(馬に)乗る；(示談に)応ずる；(同盟や結婚生活に)入る。〔trónra lép, 王位に即く, 即位する。szövetségre (frigyre) lép, 同盟する, 同盟を結ぶ；結託する。házasságra lép, (…と)結婚する。nagyokat lép, 大股(また)で歩く, かっ歩する。〕

lép² [名] (解)脾臓(ひぞう)

lép³ [名] 鳥もち。〔lépre kerül, (鳥が)わなに掛かる, 捕えられる; ひっかかる, だまされる, 一杯食わされる。lépre megy, わなに掛かる; ひっかかる。〕

lép⁴ [名] みつばちの巣, はちの巣。

lepárol [他] 蒸溜(じょうりゅう)する, 煮出す, 煮つめる;(ワインから火酒を)蒸溜してつくる。

lapattan [自] はね返る;(ボタンが)はじける;(馬から)飛び降りる。

lépcső [名] 登り段, 階段, はしご段; 踏み板(段・台);(兵)梯形編成。〔lépcsőnként, 階段をなして; 段々に, 順々に。〕

lépcsőfok [名] 踏段, 階段, はしご段(横木);(比)程度, 段階, 等級。

lépcsőház [名] 階段部分。

lépcsőzetes [形] 段のある; 階段状の, 等級ある;(兵)(陣地の)階状配置の。

lepecsétel [他] 押印する; 封ずる, 封印・密封する;(法)差し押さえる。

lepedő [名] 敷布, シーツ; 映写幕, 銀幕, スクリーン。

lépeget [自] 小股(こまた)で歩く, こせこせ(ゆっくり・徐々に)歩く。

lepel (目 leplet) [名] おおい, 包み, 被覆; おおう物, ヴェール;(植)はなぶた(花蓋, 花被)。

lepény [名] 円い平たい薄焼きのパン菓子(パイの類)。

lepereg [自] 巻き戻る;(露や涙が真珠のように)一滴ずつ転がり落ちる, したたり落ちる;(時が)過ぎゆく;(出来事が)展開する。

lépes [形] 蜂房の。〔lépes méz, 蜂房(はちの巣)の中の蜜。〕

lépés [名] あゆみ, 歩行; 歩調, あゆみぶり; 歩幅;(ダンスの)ステップ;(比)対策, 処置。〔lépésben, 歩調を取って。lépésről lépésre, 一歩一歩と, 徐々に。lépést tart, 歩調を保つ(そろえる)。〕

lepihen [自] (休息のため)横になる; 就寝する。

lepke (目 lepkét) [名] (虫)ちょう(蝶), こちょう(胡蝶); ちょう類; 蛾(が)。

lépked [自] ゆっくりと歩く, 大またに歩く, 闊歩(かっぽ)する; 歩調正しく歩く。

leplez [他] おおう, 包みかくす, おおいかくす；(比)いつわる, 秘する, 隠す。

leplezetlen [形] 隠さない, あからさまの, 公然の；いつわらない, 率直な。

lepotyog [自] 次々のこぼれ落ちる。

lepottyan [自] ぽたんと落ちる, 急落・崩壊する；転げ落ちる。

lépten-nyomon [副] 歩一歩, 至る所；次々に。

lerág [他] かみ切る, かじり取る；かみ砕く；(骨を)しゃぶる。

leragad [自] (眼が)落ちて閉じる(ふさがる)；取れぬようにくっ付く, 粘着・付着・固着する。

leragaszt [他] 張り付ける, 付着させる；(ノリで)貼る, にかわづけにする；ふさぐ。

lerajzol [他] スケッチする, 写し取る, 描写する；(言葉で)生き生きと語る。

lerak [他] (荷を)卸す, 下におく, 荷揚げする；(武器を)投ずる(差し出す), 降服する；(川が砂を)沈でんさせる；(土台を)すえつける；(試験を次々に)クリアする；(書類を)分類する；(料)重ねる。〔a fegyvert lerakja, 武器を下におく, 降服する。〕

lerakódás [名] (沖積土の)沈でん物, 堆積物, 沖積土(層)。

lerakodik [自] 積荷を降ろす；下へ置かれる, 降ろされる。

lerakódik [自] 堆積する, 沈でんする。

leránt [他] 引きおろす, 引き倒す；(おおいを)取りはずす；(比)こきおろす, けなす, 酷評(非難)する；しかりつける。

leráz [他] 振り離す, 振り落とす, 振り捨てる。〔leráz magáról, leráz nyakáról, (ある物を)やっかい払いする。〕

lerészegedik [自] 酔う, ひどく酔う, 泥酔する。

lereszel [他] (やすりで)こすり落とす；(刃物を)やすりで研(と)ぐ, やすりをかける。

leró [他] (負債や利子を)支払う, 償却する, 弁済する；(義務を)果たす。

lerogy [自] → leroskad. 沈む；くじける, がっくりくずれる, ばったり倒れる；崩壊・倒壊する。

lerohan [自] 駆け降りる, 走って降りる, 突進する。[他] 占領する；打ち勝つ。

lerombol [他] 引き倒す，打ちこわす；(建物を)くずす，取り払う；(城さいを)散々に破壊する。

leront [他] (建物などを)取りこわす，破壊する；(効果や価値を)減ずる，傷つける；無効にする，無くする。

leroskad [自] ばったり倒れる，くずれ落ちる，へたりこむ；崩壊・倒壊する；(重荷で)へこむ，沈む；(…に)屈する，たおれる。

les¹ [他] 待ち伏せする・隠れてねらう；うかがう；(注意して)聞く。

les² [名] 隠れ場，潜伏所，待伏場；(兵)埋伏所。〔lesben áll, 待ち伏せ(潜伏)している，隠れてねらう，途に要する。lesből, 隠れ場から，待ち伏せして。〕

lesegít [他] 助力して助け降ろす；(…を車から)降りるのを助ける；(…の外とうを)脱ぐのを手伝う。

leselkedik [自] (vmire) (…を)待ち伏せする，つけねらう，(…の動静を)うかがう，ねらう。

leshely [名] (猟)隠れ場，待伏所；(兵)伏兵所。

lesoványodik [自] (体が)やせる；衰える，衰弱する。

lesöpör [他] 塵(ちり)などを払う，掃き去る，掃き清める，掃除する。

lesújt [他][自] (樹木などに)打ち当てる，打ち倒し，きり倒す，伐採する；投げ倒す，投げ付ける；落雷する；(比)打ち破る，鎮圧・粉砕する，打ち負かす；苦しめる，悩ます。〔lesújtó pillantás, 圧倒的の瞬間。〕

lesúrol [他] こすり落とす，こすりみがく。

lesül [自] 焦げつく；(顔が日に)焼ける，茶色になる；(植物が陽で)しおれる。

lesüllyed [自] 沈下・沈降する；(潜水艦が水中に)沈む，潜航する；(地底が)落ち込む，陥没する；(比)没落する。

lesüllyeszt [他] 沈める，深く打ち込む；(水中に)入れる，沈める，沈没させる。

lesüpped [自] 落ち込む，沈没する，沈む(ぬかるみの中に)；(地)しだいに沈下する。

lesüt [他] (肉を)焼く；(日が肌を)焼く；(頭を)たれる；(眼を)伏せる；(声を)低くする。〔lesütött szemmel, 眼を伏せて，伏せ目で。〕[自] (月が)光る，照る。

lesz [自] …になる，為る；(van の未来として)あるだろう，存在するであろう。〔rajta leszek, 心を向けよう，努力する

であろう。hová legyek?, 何に着手し，何をなすべきか。mi legyek?, 何になるべきか。légy orvos!, 医者になりなさい! legyen, légy szíves!, お願い!，すみません!

leszakad [自] 裂ける，ちぎれる，折れる；めり込む，折れ込む，引き切れる；(建物が)崩壊・墜落する；(がけが)切り立つ，そそり立つ，けわしい；(比)(集団から)取り残される。

leszakaszt, leszakít [他] 引き裂く，引き離す，裂き取る；(花や実を)摘み取る。

leszalad [自] 走って降りる；立ち寄る；(温度計などが)下がる；ほつれる；(…が)呑みこまれる。

leszáll [自] (鳥などが枝に)止まる；(…から)降りる；(飛行機が)着陸する；(馬・汽車から)降りる；(水上機が)着水する；(液体が)沈でんする；(太陽が)沈む；(物価が)下がる；(霧が)下がる；(音)音色が下がる。〔leszáll a víz alá, 水中にもぐる，沈む。〕

leszállít [他] おろす，下げる；(列車から)下車させる；(価を)引き下げる，軽減する；(馬術)下馬させる；(商品を)引き渡す；(音)調子を低くする。

leszámol [自] 数え挙げる，勘定・計算する；差し引く，控除する，決済する；(比)諦める；清算する，話をつける。

leszámolás [名] 数え上げること；決済すること；(比)報復；諦め，清算。

leszármazás [名] 血統，素姓，門地，由来，起源；後えい，子孫，卑属親。

leszármazik [自] (…から)伝わる；(…の)系統をひく，後えいである；(文)(何語より)起源(由来・派生)する。

leszármazott [形] (…に)起源(由来)した。[名] 後えい，子孫。

leszavaz [他] (…を)投票多数決により否決する；投票により排斥する。[自] 反対・否認する。

leszed [他] (食卓を)片付ける；(果物を)摘み取る，採集する。

leszerel [他] (機械を)分解する，取りはずす；武装を解除する，武器を奪う；犠装(ぎそう)を解除する。[自] 軍備を解く。

leszerelés [名] 取り去る(取り壊す)こと；(機械の)分解；軍備の縮小(撤廃)。

leszid [他] しかりとばす，ののしる，非難する。
leszokik [自] (…の習慣・癖を)やめる，捨てる，直す。
leszoktat [他] (…の習慣・癖を)やめさせる，捨てさせる；直させる，是正させる。
leszól [自] (下位の者に)話しかける；(高所から…に)呼びかける。[他] 悪口を言う，けなす。
leszorít [他] 押し込む，圧する，おさえつける；(価を)低下させる；(どこへ)押し除ける，排除する；(敵を)駆逐する。
leszorul [自] 押し除けられる，排除させられる；(高所から低地へ)追い払われる。
leszúr [他] (剣で)刺し殺す，突き殺す，突き倒す；(動物を)屠殺する；突き差す；しかりとばす。〔pénzt leszúr, 金をしぶしぶ出す，支払う。〕
leszűr [他] こす，濾過する；こし浄める，浄化する；(教訓などを)引き出す。
lét [名] 在ること，存在；現存；いのち，生存；実在，本質，本体；滞在，とう留，居留。〔állami lét, 国家的存在。Budapesten létemkor, 私のブダペスト滞在中。létemkor, 私の滞在中。szegény létére is, pontos fizető, 彼は貧乏であっても，きちょうめんな支払者である。magyar létedre többet tehetnél, お前はハンガリー人であるから，より多くを為し得よう。〕
letagad [他] 否認・否定・拒絶する；(…の)承認を拒む；(…に)そむく。
letakar [他] 被う，被せる，被いをかける，隠す，秘密にする。
letapos [他] 踏みつける，踏みにじる，踏みつぶす。
letartóztat [他] 捕える，捕縛・拘留する。
letartóztatás [名] 捕縛，逮捕；拘引，拘留，禁固。
letaszít [他] 突き落とす，突き倒す，崩壊させる；投げ落とす，追い落とす；(帝王を)退位させる。
letelepedik [自] (…に)居を構える，住居をきめる，定住する；座り込む，腰を据える；(鳥が)止まる。
letép [他] 引き裂く，引き離す，引きはがす，引きちぎる；(…の衣類を)はぎ取る；(花を)摘み取る。
letérdel [自] ひざまずく，ひざを地に突いてかがむ。
létére [名] (lét に3人称単数の所有者表示が付いた形に接尾辞 -ra を付けたもの。後置詞的用法)…であるにもかかわ

らず；…であるために，…であるが故に。

leterít [他] 地に投げつける，打ち・投げ倒す；(食卓を卓布で)被う，テーブル掛けを広げる・伸ばす；(…を攻撃で)打ち倒す・殺す。

letérít [他] (方向を)変えさせる，それさせる；(船に)道を失わせる；(比)(人を)道に迷わせる，惑わす。

létesít [他] (…を)やり遂げる，成就・完成する，仕上げる；成立させる，創立(構成・組織)する。

létesül [自] 成立する，出来上がる；創立(建設・設立)される。

letesz [他] 置く，おろす；(金などを)預ける，寄託する；(武器を)置く(降服する)；(着物を)脱ぐ；(荷を)おろす；(法案を)提出する；(…を)役からやめさせる，左遷する；(誓約を)なす；(試験を)済ます，及第する；(受話機を)置く；(乗物から誰かを)降ろす；叱る。[自] (比)断念する。〔a fegyvert leteszi, 武器を投じる(差し出す)(降服する)。letesz vmiről, 何を捨つ，諦める，断念する。〕

letét, letétemény [名] 寄託，供託；寄託(供託・保管)物；預かり金；デポジット。

letéteményes [名] 受託者，受寄者；保管人，預り人。

létezés [名] 存在すること；生存，生活，生計；生命(いのち)。

létezik [自] 有る，在る，存在する，存続する；生存(生活・衣食)する。

létfeltétel [名] 生活(生計・生存)条件(事情)。

létfenntartás [名] 生計，衣食。

letiltás [名] (…に)行くことの禁止；差し押さえ；禁令，禁制，禁止。

letipor [他] 踏みつける，踏みつぶす，踏みにじる。

letisztáz [他] 清書する，きれいに書写する。

letisztít [他] (汚い物を)ぬぐい取る，どろを落とす；きれいにする，清める，そうじする。

létjogosultság [名] 生存権。

letorkol [他] 飲み込む；(俗)大声を出して黙らせる，やりこめる，言いへこます；(粗野に)はねつける。

letölt [動] (ある期間を)過ごす；(電算)(ファイルなどを)ダウンロードする。

letör [他] 破り(折り・摘み)取る；(運動を)阻止・抑制す

る；(比)くじく，疲れさす。
letörik [自] (枝が)折れ・砕けて落ちる；(比)くじける；(経済的に)破綻する。
letöröl [他] ぬぐう，ふき取る，ふき清める；こすり消す；線を引いて消す，さく除する；(恥ずかしいことを)忘れ去る。
létra (目 létrát) [名] はしご(梯子)；踏み段；(比)(はしご状のもの)乾草をつむ馬車の両側の枠。
létrafok [名] はしごの踏み段。
létrehoz [他] 生み出す，成就する，成立させる；創作・製作する；設立・創設する；発生させる，発出させる；ひき起こす，なし遂げる。
létrejön [自] 出来上がる，成就・成立する；作られる；建設・設定される；実現する；起こる，生ずる；(協定が)一致する。
létszám [名] 全員，総数，人数；(兵)兵員，定員。
letűnik [自] (地平線上に)消えて・見えなくなる，消失する；影を消す，逃亡する；(賞賛などが)失せる。
letűz [他] (旗を)立てる，揚げる；(針で)留める，結びつける，固定させる；(比)(太陽が頭を)焼き付けるように照らす。
leugrik [自] 飛び降りる，はねかえる；(馬などから)降りる；飛び散る。
leül [自] 腰をおろす，座に着く，座る；(鳥が樹に)棲(と)まる；定住する。[他] (獄中で)過ごす。
leülepedik [自] (流動物が)沈でんする；(液体が)澄む，清く透明になる；(比)(いろんな印象が)納まる。
leültet [他] 座らせる，着席させる；座らせておく，据える；投獄する。
leüt [他] (…を)たたき落とす，打ち落とす；(樹木を)打ち切り倒す，伐採する；(…の首を)はねる；(動物を)ぶち殺す；(総額から…を)差し引く；(高い点のカードで相手のカードを)手に入れる；(ス)(テニスなどで)スマッシュを打つ。[自] (雷が…の上に)落ちる。
levág [他] 切り離す，切断する，切り取る；(本などを地上へ)投げつける；(動物を)切り殺す，屠り殺す；(首を)はねる；(比)(…を)(激しく批判して)たたき落とす；(比)だまし取る。[自] (道を)はずれる。
leválik [自] (漆などが)離れる，はがれる；(グループを)抜ける。

levegő [名] 空気；大気；気体；(比)空(くう)；(比)空き地；(比)雰囲気。

levegőszennyezés [名] 大気汚染。

levél (目 levelet) [名] (植)葉；書面, 手紙；(平らな)パスタ；(針)袋。〔keresztlevél, 洗礼証書(戦前には, わが国の戸籍に相当した)。levél útján, levélben, 書面で。adóslevél, 債務証書。

levelez [自] (…と)手紙のやりとりをする, 文通・通信する。

levelező [形] 通信の。〔levelező lista, メーリング・リスト。〕[名] 手紙を書く人, 文通者；(会社の)通信係；(新聞社の)通信員；通信課程の学生。

levelezőlap [名] 郵便葉書, はがき。

levélpapír [名] 書簡用紙, 便せん。

levélszekrény [名] 郵便箱；郵便(ポスト), ポスト。

levéltár [名] 公文書保管所；記録保管所。

levélváltás [名] 手紙の交換, 文通。〔levélváltást kezdik, 文通を始める。〕

lévén [副] (lesz の動副詞)…があるので；…であるので。〔nem lévén szegény, 貧しくはないから。nem lévén pénzem, 私には金がないから。〕

levendula (目 levendulát) [名] (植)ラヴェンダー(地中海地方原産の植物で, 薬用・香料に用う)。

lever [他] 打ち下す, 打ち倒す, たたき落とす；打ち込む；元気を失わせる, 失望させる, 意気消沈させる；(敵を)征服・圧服する；(暴動を)抑圧する, 制する。

levert [形] 打ちのめされた；意気阻喪した, 喪心した, しょう然たる, 落胆した；打ちしおれた。

levertség [名] 同上のこと；意気消沈, 落胆, 失望。

leves [形] 汁(しる)の多い, 汁気のある, ジューシーな。[名] スープ, 煮出し汁；肉汁, 肉スープ。

leveses [形] つゆの多い, 汁気のある；(果物)ジューシーな；(料理)スープより成る。

leveseskanál [名] スープさじ, 大さじ, 大スプーン。

levesestál [名] スープ用深皿(そこからスープを各自がとる)。

levesestányér [名] スープ皿。

levesz [他] 取りおろす, はずす；(帽子などを)脱ぐ；(助力をやめて…から手を)引く；(眼を)そらす；止める；(比)撮影す

る；(約束して…を)だます；除ける，取り除く，削除する；差し引く。

levet [他] 投げ落とす，投げ捨てる；(荷を)おろす；(衣・帽・くつを)脱ぐ；落馬させる；(比)(不安などを)脱する。

levetkezik, levetkőzik [自] 着物を脱ぐ，裸になる，脱衣する。

levetkeztet, levetkőztet [他] 着物を脱がせる，裸にする；身ぐるみはぐ。

levezet [他] (…を)下へ案内する，導く；(水流を)排出する；放出する；(比)(感情を)解き放つ；(会議などを)司会する，議長となる；(哲)推論(演繹)する；(医)助産する。

levisz [他] (高所から)下へ運ぶ，おろす；運び去る；連れ去る；連れて行く；(…から汚れを)取り除く。[自] 下に通じる。

levon [他] 引き去る，減じる，差し引く；(…から教訓を)引き出す；(旗を)巻く，降服する；(…から)推断を下す。

levonás [名] 減ずる(引き去る)こと；控除(天引き)すること；(印)青焼き。

levő, lévő [形] (存在の van の現在分詞)(どこに)居る，在る，存在する，現存する。〔jó karban lévő，良い状態にある，好況の，順調の。közel lévő，近くにある。távol lévő，遠く隔たる；遠縁の；不在の。〕

lexikon [名] 百科事典。

lezajlik [自] 経過する；(大嵐が)吹きやむ，催される，行われる。

lezár [他] 締める，閉じる；ふたをする，ふさぐ；(ガスなどを)止める；封ずる；終える，締め切る；閉場・閉会する。

lézeng [自] 当てもなく歩き回る，あちこちさまよう，さすらう；ふらふらしながら歩く；(比)辛うじて生活する，貧困な生活をする；(比)人数が少ない。

lézer [名] (理)レーザー。

lezuhan [自] (はげしくドタンと)落ちる；(航空機が)墜落する；(価格が)暴落する。

liba (目 libát) [名] (鳥)がちょう；(比)間抜け女，ばかな女。

libabőr [名] 鳥肌。

libamáj [名] がちょうの肝(きも)；フォアグラ。

libasor [名] アヒルの行列。〔libasorban mennek，一列で歩いて行く。〕

libeg [自] (炎が)ゆらゆらする；(風に)揺れる,漂う；ふらふら歩く。

libeg-lobog [自] (髪や旗が風に)ゆらりゆらりする,ひらひらと飛ぶ,翻える,ゆり動かされる。

liberális [形] リベラルな,自由主義な。

libériás [形] 仕着せをきた,(徒弟や御者の)制服の。〔libériás inas, 制服を着た徒弟〕

licitál [自][他] (…に)値をつける,競売する,せりあげる；勝る；(自)(トランプ)せり札の宣言をする。

lidérc [名] 鬼火(おにび),狐火(きつねび)；悪夢,亡霊,まもの。

lidércnyomás [名] 夢魔,うなされ,悪夢；(比)恐怖。

lift [名] エレベーター。

liget [名] 遊歩林；小さな森,林。

lihég [自] 息を切らす,あえぐ；息がきれそうにセキをする,ぜん息である；(比)渇(熱)望する。〔bosszút lihegve, 復しゅうに燃えて。〕

likőr [名] リキュール酒。

lila [形] 紫色の。(目 lilát) [名] 紫色。

liliom [名] (植)ゆり,白ゆりの花；(紋章)ゆりの花。

limlom [名] (家具)がらくた,くずもの,古道具。

Lipcse [固] ライプチヒ市(独)。

líra (目 lírát) [名] (音)(古ギリシャの)七弦琴；叙情詩；(比)叙情性。

lírai [形] 七弦琴の；叙情詩の；叙情的な。

lírikus [形] 叙情詩の；叙情的な。[名] 叙情詩人。

liszt [名] 粉,穀粉；小麦粉,あら粉。

lisztes [形] 粉状の；粉を含む；でん粉質の；粉を吹いた,粉だらけの。

litánia (目 litániát) [名] (宗)連禱(れんとう,僧俗交互の読経)；愚痴,泣きごと,愁嘆。

liter [名] リットル,1000 cc。

literes [形] 1リットルの；1リットル入りの。〔literes palack, 1リットルのペットボトル。〕

lízing [名] リース,賃貸借契約。

ló (目 lovat) [名] (動)馬；軍馬,騎馬；(ス)鞍馬。〔lóra ül, 馬に乗る。hátas ló, nyerges ló, 乗馬。〕

lóbál [他] 振る,振り動かす,振り回す(手などを)；ぶらぶら

させる。

lobban [自] パッと燃えたつ，炎々と燃え上がる；(比)カッと怒る；(比)火がつく。〔szerelemre robban, 恋に落ちる。〕

lobbanékony [形] 燃え易い，可燃性の，発火性の；(比)おこりっぽい，短気の。

lobbant [他] 燃え立たせる，燃やす，点火する；怒らせる，たきつける。

lobog [自] 炎々と燃え上がる，揺らいで燃える；(光が)ちらちらする；(風に)ひらひら飛ぶ，ひるがえる，ゆれる；(比)(感情が)燃え上がる。

lobogó [形] バタバタと風に翻える；(炎が)炎々と燃え上がる；激情的の。[名] 旗，軍旗，船旗，吹き流し。

lobogtat [他] (風に)翻えらせる；(旗やハンカチを)振り回す，振る。

lóca (目 lócát) [名] (農家の背もたれのない)長腰掛け(ベンチ)，壁際の腰掛け。

loccsan [自] バシャッとはね返す；(水などが)音立てて落つる，ほとばしる，噴出する，はねる。

locsog [自] 小波を立てる，ぴちゃぴちゃと音がする；(比)ぺらぺらしゃべる，くだらないことを話す。

locsol [他] 水をまく；(…に)水をそそぐ，注ぎかける，振りかける。

lódít [他] 押しやる，突き動かす；(比)誇張する，ほらをふく。

lódul [自] (大きなものが)押しやられる，突き動かされる；退去する。〔lódulj!, 失せろ！ さがれ！〕

lóerő [名] (機)馬力(馬一匹の力)。

lóg [自] ぶら下がる，ぶらぶらする，たれる；ずり落ちる；(比)ぶらつく，うろつく；(比)サボる，ずらかる；(軍隊から)逃亡する。

lógat [他] たらす，たれ下がらせる，(あちこちへ)振り動かす。〔fejét lógatja, 彼は頭を振り動かす。〕

logika (目 logikát) [名] 論理(学)；弁証法；推理，論法。

logikai [形] 論理の；論理的の。

logikátlan [形] 理に合わない，非論理的。

lógós [形] ぶら下がった，ぶらぶらした。[名] 副え馬，予備馬；(比)ずる休みの人；逃亡兵；余計者。

lóhát [名] 馬の背。〔lóháton megy, 馬に乗って行く，騎

乗する。lóhátról beszél, 高慢な口をきく。〕

lóhere（目 lóherét）[名]（植）つめくさ, おらんだげんげ, うまごやし, クローバー。

lóistálló [名] 馬小屋, うまや(厩)。

lóláb [名] 馬の足；(反すう動物の)裂蹄；(比)鬼・悪魔の足。

lom [名] ぼろ, 古着；古道具, がらくた, くだらぬもの。

lomb [名] 葉(の全体)；葉つきの枝。

lombik [名]（化）首の曲がったレトルト, フラスコ；蒸留器の頭部；試験管。

lombos [形] 葉の茂った, 葉の多い；灌木の茂った, やぶのように茂った。〔lombos fák, 落葉樹。〕

lombosodik [自] 葉がでる, 葉がつく, 新芽を吹く。

lombozat [名] 木の葉の茂み。

lomha [形] ぶしょうな, 怠惰な；遅鈍な, のろまな。

lomhaság [名] 物ぐさ, 不精, 怠惰；遅鈍, 緩慢。

lompos [形] 毛むくじゃらの, 変な；つぎはぎの, ぼろぼろの；ふしだらな, だらしない, 乱雑な；だらしなく着物を着た。

lomtár [名] がらくた物の置場, 物置。

lop [他] こっそり盗む, ちょろまかす, くすねる；(時間を)無為に過ごす；(他人の作品を)盗作する。〔lopva, 盗んで, こっそりと；内密に, 人目を忍んで, 気づかれぬように。〕

lopás [名] 盗むこと, 窃盗, こそどろすること。

lopó [名]（酒樽から出す）サイフォン, 吸い上げ管。

lopódzik [自]（どこへ）こっそり逃げる, 潜行・微行する, 忍び寄る, 忍び出る；(比)(感情が)しみ込む。

lopótök [名]（植）ひょうたん；ぶどう酒を樽から出す曲がり管(吸い上げ管), 吸いっこ。

lótenyésztés [名] 馬の飼育, 養馬, 畜馬。

lót-fut [自] 忙しくあちこち走り回る, 忙しく立ち回る。

lóugrás [名]（西洋将棋の）桂馬の動き(横飛び)。〔lóugrás szerint, でたらめに。〕

lovag [名] 馬に乗る人, 騎馬者, 騎手；(中世の)騎士；勲爵士, 騎士団員；(兵)騎兵；(女性を崇拝する)紳士。〔lovaggá avat, üt,（…を）騎士にする(刀をもって軽く肩をたたく礼式)。〕

lovagi [形] 騎士の；武勇の；騎士らしい；任侠の, 紳士らしい, 女性に親切な。

lovagias [形] 紳士らしい，女性に親切な；決闘にふさわしい。

lovagiasság [名] 騎士らしい(紳士らしい・任侠な)こと；騎士道。

lovaglás [名] 馬に乗って行くこと；騎馬，騎行，騎乗。

lovagol [他] (馬に)騎る，乗る，またがる；馬に乗って行く；(ス)競馬をする；騎馬戦をする；(比)くどくどと言う。

lovagrend [名] 騎士の勲爵；騎士団；騎士階級；騎士の身分。

lovas [形] 乗馬の，騎馬の。[名] 馬に乗る人；騎手；(兵)騎兵(卒)。〔műlovas, 曲馬師，馬術師。〕

lóvasút [名] 馬車鉄道。

lóverseny [名] 競馬。

lő [他] 射る，射撃・発射(砲)する，打ち出す。

lődörög [自] うろつき回る，のらくらする，ぶらつく，はいかい・放浪する。

lőfegyver [名] 小火器，小銃，ライフル，ピストル等。

lőgyakorlat [名] 射撃練習。

lök [他] 押しやる，押しのける；押し込む(海へ)；ぶつからせる，衝突させる；押し倒す。

lökdös [他] くり返し倒す；くり返し押しのける，くり返し押し出す。

lökés [名] 押す(押しやる)こと；突くこと；(比)圧力，衝動，刺激。

lőpor [名] 火薬。

lőszer [名] 弾薬。

lőtávolsag [名] (兵)射程。〔lőtávolságban, 射程内で。〕

lötyög [自] (液体が)飛びはねる；ぐらぐら(よろよろ・がたがた・ぶらぶら)する，揺れる；(皮が)たるむ，たわむ；(服が)ぶかぶかである。

lövedék [名] 投射物，発射物；弾丸，砲弾。

löveg [名] 飛び道具，発射火器の総称；(今日では)火砲，大砲。

lövell [他] 光を発射する，照らす，放射させる。[自] 飛び散る。

lövés [名] 射ること；射撃，発射，発砲。

lövész [名] 射手，射撃者；(兵)狙撃(そげき)歩兵。

lövészárok ［名］（兵）散兵壕，塹壕（ざんごう）。
lövet ［他］（…を）射撃・砲撃させる；（要さいを）砲撃して壊滅させる。
lövöldöz ［自］射ちまくる，めちゃくちゃに射撃する，乱射する。
lubickol ［自］水遊びする，バシャバシャ泳ぎ回る。
lucerna（目 lucernát）［名］（植）むらさきうまごやし，おらんだれんげ，クローバ。
lucfenyő ［名］（植）あかはりもみ（赤針樅）。
lucskos ［形］ぬれた，しめった；泥だらけの；汗だらけの。
lucsok（目 lucskot）［名］どぶたまり，ぬかるみ。
lúd ［名］（鳥）ちょう（鵞鳥）。
ludas ［形］がちょう入りの，がちょう料理の；関係ある，責任ある。
lúdtalp ［名］がちょうの足の裏；（比）へん平足（の人）。
lúg ［名］灰汁（あく），アルカリ水（液）。
lugas ［名］園亭，亭（ちん），四阿（あずまや）；格子組（藤棚などに用いる）。
lúgos ［形］灰汁の，アルカリ性の；（化）灰の，灰汁の。
lúgoz ［他］灰分を取り去る，灰汁を抜く；灰汁（あく）に浸して洗う。
lusta ［形］ものぐさの，のらくらした，無精な，怠惰な；のろまの，遅鈍な。
lustálkodik ［自］なまけて過ごす，ぶらぶらして暮らす。
lustaság ［名］ものぐさ，無精，怠惰，なまけ性。
lutheránus ［形］ルーテル派の。［名］ルーテル教徒，新教徒。
luxus ［名］豪華，贅沢。
lüktet ［自］（脈）打つ，鼓動する；ズキズキ痛む；（比）跳動する。

Ly

lyuk ［名］穴，孔；洞穴，巣穴，巣くつ；（ビリヤードの）四角の穴；（ベルトの）穴。〔lyukat bedug, 穴をふさぐ。〕
lyukacsos ［形］気孔・毛穴のある；穴だらけの，多孔の。

lyukas [形] 穴だらけの；穴をあけた（パンチを入れた切符）；（動，植）多孔の；気孔のある。

lyukaszt [他] 穴をあける；穴だらけにする；（鉄）パンチを入れる。

M

ma [副] 今日；このごろ，現今。〔mához egy hétre, 来週の今日。ma egy hete, 先週の今日。mához egy hónapra, 来月の今日。mától fogva, 今日から。mától holnapig, 今日から明日まで。máig, 今日まで，現在まで。mára, （おそくとも）今のところは，今日には，今日までは（充分だ）。〕

mackó [名] 子グマ；テディ・ベア；（俗）金庫。

macska （目 macskát）[名] （動）ねこ。

macskazene [名] やかましい音楽。

madár （目 madarat）[名] とり，鳥，禽。

madarász [名] （野鳥の）捕鳥者，鳥差し（人）。

madárijesztő [名] 鳥おどし，かかし（案山子）；（比）ひどくおかしな身なりの人，特に年輩の女性。

madártávlat [名] 鳥瞰図（ちょうかんず），俯瞰図（ふかんず）。

madzag [名] より糸；細ひも，麻ひも，細引。

mag [名] （植）穀粒，つぶ；種，種子，さね，実；（木の）心（しん）；核，核心；精髄，心髄，魂；中心；原子核。

maga¹ [再・代] それ自身，自ら，自身で；ひとり，ただ…のみ；…すら，…さえ。自己，己れ。〔én magam, 私自身，ひとりで，独力で。tegye meg maga, 独りでしなさい！ki-ki tegye meg a magáét, 各自，自分のことは自分でなせ！mindenki magáért feleljen, 各人は自分の責を負えよ！magába száll (tér), 沈思・内省する；後悔・改心する。magához jön, (tér), 我に返る，正気づく，人ごこちがつく；旧に復する，回復する。magáévá tesz, 我がものにする（例，他人の意見を採用する…）；習得する；横領する。másod magával, 自分と共で二人。nyolcad magával, 自分と共で八人。magáé, 彼の

もの；汝のもの。magamféle, 私のような人，私の同輩。magával, 自分で，自ら，自身で；独力で，自分で。〕
maga² [人・代] あなた，貴方。
magán- (合成語の前項) 単独の，個人の；私の，公でない，私人の，私立(私営)の；私用の，自家用の。
magánélet [名] 私生活。
magánember [名] 私人。
magánérdek [名] 個人的利害；私利，私益。
magánhangzó [名] (文)母音，母字。
magániskola [名] 私立学校。
magánjog [名] (法)私法；個人の権利。
magánkívül [副] 我を忘れて，夢中になって。
magánóra [名] 個人教授，自宅教授。
magános [形] ひとりの；単身の；個人的の。
magántanuló [名] 私学生(自宅学習生)。
magánterület [名] 私有地。
magánügy [名] 私事，私用。
magánvagyon [名] 私有資産，私産，私財。
magánvállalat [名] 私企業，個人企業(経営，事業)。
magánvállalkozó [名] 自営業者。
magány [名] 孤独，寂りょう，遁世；寂しい所，僻地。
magányos [形] ひとりの，孤独の，寂しい；静かな，ものさびしい；かたいなかの，寂しげな。
magas [形] 高い；背が高い；値が高い；(身分のある)高貴な，気高い。〔magasba, 上の方へ，高く，上空へ。mind magasabbra emelkedik a nap, 太陽はしだいに高く上る。〕
magaslat [名] 高所，高み；丘陵，高台，小山；(比)優越；高尚。
magaslik [自] そびえ立つ；ぬきんでる，卓越する。
magasodik [自] 上がる，高くなる；高まる；そびえる。
magasság [名] 高いこと；高さ，高度；高所，高み，高地，丘陵。
magasztal [他] ほめる，ほめたたえる；賞揚(賛美・礼賛)する；(に)光栄を与える。
magasztos [形] ひいでた，卓越した(人物など)；崇高(高貴・高尚・高雅)な，気高い(精神など)；尊厳な(光景など)。
magatartás [名] 態度，姿勢，挙動，振る舞い，行儀，

品行。

magától [副] おのずから，ひとりでに，自然に。〔magától érthető, 自明の；言うまでもなく，もちろん，無論。magától lett, それは自然に生じた，ひとりでに成った。〕

magaviselet [名] 動作；行状，行儀，品行；振る舞い，態度。

magáz [動] 相手を maga と呼ぶ，丁寧称で話す。

magenergia [名] 核エネルギー。

magfúzió [名] 核融合。

maghasadás [名] 核分裂。

mágikus [形] 魔法の，魔術の，妖術(ようじゅつ)の，不可思議の。

máglya (目 máglyát) [名] (火葬または火刑のための)薪(まき)の山(束)，かがり火。〔máglyára ítél, 火刑を宣告する。〕

mágnás [名] (高貴の生まれの者)ハンガリーの大貴族。

mágnes [名] (理)磁石，磁鉄；(比)引力のあるもの。

mágneses [形] 磁石の，磁気の，磁気に因る；磁性の，磁力ある；(比)(人格・人品)人を引きつける力ある，人好きのする。

mágnesez [他] 磁化する，(…に)磁気力を伝える(通ずる・与える)。

mágnesség [名] 磁気(力)；磁気学；磁力現象，吸引性。

mágnestű [名] 磁針，磁石の針。

magnó [名] テープレコーダー。

magnós rádio [名] ラジカセ。

magnószalag [名] テープ。

magol [他] 丸暗記する，詰め込む。

magos [形] 粒の，粒状の；核(種)の多い；核・髄のある。

magtalan [形] 子を生まない，不妊の；実を結ばない，みのりなき；不毛の，不生産の。

mágus [名] (古代ペルシャの)道士，マージ教僧；魔法使い，魔術師。

magvas [形] 核・心の多い；核ある，髄のある；(比)内容豊富な，価値ある；含蓄ある(文章)。

magvavaló [形] 核(さね)離れのよい(果物など)。

magvető [名] 種をまく人，播種者；流布(首唱)者。

magzat [名] (医)胚(はい), 胎児；苗裔(びょうえい), 子孫；動物の子。〔hős magzatok, 英雄の苗裔。〕

magyal [名] (植)そよご(冬青), 西洋ひいらぎ。

magyar [形] ハンガリーの；ハンガリー語の。[名] ハンガリー人。

magyaráz [他] 明らかにする, 判明させる；説明・解明する。〔rosszra magyaráz, (間違って)悪く解釈する, 悪意に解する。〕

magyarázat [名] 説明, 解明；注解(釈)。

Magyarország [固] ハンガリー国, マジャル人の国。

magyarországi [形] 同上の。

magyaros [形] 純ハンガリーの；ハンガリー風の；ハンガリーらしい。

magyarosít [他] ハンガリー化する；(外来語を)ハンガリー語化する。

magyarság [名] (総称としての)ハンガリー民族；(…の)ハンガリー国籍(特質・特性)；(…の)ハンガリー在留民(例, 在日ハンガリー人)；(言語；スタイルなどの)ハンガリー風の特長・特質。

magyartalan [形] 非ハンガリー的(表現など)；マジャル風でない；マジャル人らしくない。

magyarul [副] ハンガリー語で；はっきりと, 分かりやすく；ハンガリー的に；ハンガリー風に。

mai [形] 今日の；現今の, 現時の, 目下の。

máj [名] (解)肝臓；(小牛・豚・鶏などの)レヴァー；肝臓薬。

májas [形] 肝臓をつめて調理した。〔májas hurka, (豚の)肝臓の腸詰・ソーセージ。〕

majd, majdan [副] やがて, いずれ；それから, 次に；あるいは…あるいは…；ある時は…。〔majd meglátjuk, いずれ, はっきりする。majd így, majd amúgy, ある時はこう, ある時はそう。majd itt, majd ott, あるいはここに, あるいはあそこに。majd bizony！, (なぜかなんて)馬鹿な, (そんなことがあるものか)異議あり！〕

majdnem(majd) [副] 殆ど, おおむね, 大抵；まさにあやうく, すんでのことで。

majmol [他] サル真似する, 模倣する。

majom (目 majmot) [名] (動)さる(猿)；(比)模倣

者，人まね小僧。

majomszeretet [名]（子に対する）盲目的愛情，甘やかすこと，子煩脳(こぼんのう)。

major [名] 農地，農場，農園；（折半）小作地。

majorság [名] 小作人の耕地；地主保有の不動産；農場；家禽(かきん)。

majszol [他] むしゃむしゃ食べる；少しずつかじる，かみ砕く；しゃぶる。

május [名] 五月。

mák [名]（植）けし；けしの種子(実)。

makacs [形] 一徹な，頑固な，強情の，しつこい；意地っぱりの，我がままな，手に負えない。[名] 強情者，頑固者，つむじ曲がり。

makacskodik [自] 頑固(片意地・我がまま)に振る舞う。

makacsság [名] 頑固，頑強，強情；御しがたい(手に余る・手に負えぬ)こと。

makk [名]（植）どんぐり，かしの実(樫実)；（トランプの）クラブ。〔egészséges, mint a makk, 彼は至って丈夫だ。〕

makog [自]（猿などが）キャッキャッ泣く；どもる，口ごもる，どもりながら言う；（不明瞭に）もぐもぐ言う。

mákony [名] 阿片。

mákos [形]（植）けしの；けしの実で調理された。〔mákos rétes, ケシの実入りの薄いパン菓子。〕

makrancos [形] けりかえす癖のある(馬)；御し難い，手に負えない，反抗的な；片意地の，不従順の。

mákszem [名]（植）けし粒(つぶ)。

mákvirág [名]（植）けしの花，しろげし；（比）いたずらっ子，わんぱく小僧，やくざ者。〔gyönyörűséges mákvirág, のらくら者，やくざ者，不良青年。〕

malac [名] 豚の子，乳豚；（比）汚い奴，豚野郎，わいせつ漢；インクの染み。

malacság [名] 下らぬこと；不潔，汚わい，汚物；わいせつな言行。

maláta（目 malátát）[名]（ビール醸造用の）麦芽こうじ。

málé[1] [名] とうもろこし製のまんじゅう(菓子)。

málé[2] [名]（比）ばか正直な人，愚人。[形] ぽんやりした，気のきかない，不器用な。

marad

málha（目 málhát）[名] 手荷物，こうり，旅具；(兵)（軍隊の後から送られる）装備。

mállik [自] 細かく砕け落ちる，分解する，くずれる，粉になる；チリとなる。

málna（目 málnát）[名]（植）きいちご（えぞいちご）（の実と木）。

malom（目 malmot）[名] 製粉機，ひきうす（臼），すりうす；製粉所，水車，風車；(子供の)（線の引かれた台で，二人が9個の石で遊ぶ）ゲーム。〔ez az ő malmára hajtja a vizet, これは彼にあつらえ向きだ・持ってこいだ。〕

malomkerék [名] 水車の輪。

malomkő [名] すりうす石，ひきうす石（臼）。

máltai [形] マルタ(島)の。[名] マルタ島の住民。

mályva（目 mályvát）[名]（植）ぜにあおい属（綿葵）。

mama（目 mamát）[名]（幼児語）ママ，かあちゃん，母。

mamlasz [名] 口を開け，あきれて物をみる人，まぬけ；のろま；ばか正直者，おろか者。

mámor [名] 酒に酔うこと，めいてい；(比)気持ちよく酔うこと，ほろ酔い；感激，興奮，有頂天，無我夢中，狂喜。

mámorító [形] 酔わせる，気持ちよく酔わせる；心をとろかす，夢中にさせる。

mámoros [形] 酒に酔った，めいていした；ほろ酔いの。

manapság [副] このごろ，当今，現今。

mancs [名]（犬・ねこ…の）足，とくに，爪を持つ前足(ひづめのある)；(比)不器用な手。

mandula（目 mandulát）[名]（植）はたんきょう，アーモンド，扁桃；(解)扁桃腺（へんとうせん）。

mankó [名] 松葉づえ，つえ；支え。

manó [名] 禍をなす霊，悪霊，悪魔，妖怪，ばけもの；(虫)かまきり。〔hegyi manó, 山の精，山霊。mi a manó ?, いったい何事が起こったのだ。eredj a manóba !, 失せやがれ！, くたばってしまえ！, こん畜生め！, manóba !, 失せやがれ！〕

mappa（目 mappát）[名]（地）地図；紙ばさみ，書類かばん；(書画の)おおい，ちつ；学校用かばん。

mar [他]（犬が）かむ，かじる；（ヘビが）かむ。

már [副] 既にもう，もはや，早くも；かねて，かつて。

marad [自] とまる，留まる，残る；滞在する，とう留する。

maradandó

〔vkire marad, まかされる。abban marad, 中止される；なされない；(旧友と)離れずにいる，あくまで誠実にとどまる；(ある意見に)固執する。mögötte marad, 後に留まる，残留する；おくれる；劣る，及ばない。〕

maradandó [形] 持続する，永続する；長持ちする，固定的な，不変な；不滅・不朽・永久の。

maradék [名] 残り物，余り，残余；子孫，後えい；(数)剰余，差額，差し引き。

maradvány [名] 残り物，残余；残がい；残額；残数。

marakodik [自] (犬が)かみ合う；つかみ合う；(比)いがみ争い合う，けんか口論する，論争する。

marás [名] (犬やヘビなどの)かむこと，食いつくこと，刺傷；(化・医)腐蝕。

maraszt [他] (客を)引きとめる，滞在するように懇請する。

marasztal [他] 留まるよう懇請・強請する；留めておく，引き留める，拘留する；(法)刑を宣告する。

marat [他] (酸で銅版を)腐食・侵食させる，腐刻する。

maratoni futás [名] マラソン。

marcangol [他] (肉を)ずたずたに裂く，引き裂く，かき切る；(比)(心情を)苦しめる，悩ます；中傷する，傷つける。

március [名] 三月。

márciusi [形] 三月の。〔márciusi ifjak, (1848年3月15日の市民蜂起に加わった)若者たち。〕

marcona [形] いかめしい，厳格な，尚武的な，好戦的な；近づき難い，怖い。

mardos [他] (繰り返し)かむ，かじる，しゃぶる；(心を)苦しめる，悩ます。

marék [名] → marok.

marha (目 marhát) [名] (動)牛；牛肉；(比)間抜け，おろか者，ばか；動産，富，財。

marhahús [名] 牛肉。

marhanyelv [名] 牛の舌(料理)。

marhasült [名] 牛のあぶり肉，牛の焼肉，ローストビーフ。

máris [副] 既に，早くも，もはや；今から，爾今；やがて，間もなく；直ちに。

márka¹ (目 márkát) [名] マルク(ドイツ貨幣の単位)。

márka² [名] トレード・マーク，商標；ブランド。

markol [他] (手一杯に沢山)握る，つかむ；(比)(心を)と

らえる。

markolat [名](サーベルの)握り，とって，柄(え)，つか。
markos [形] たくましい，力強い，強健な；(馬の寸法の名称)たなごころ(手のひら大，フィート位)。〔tizennyolc markos ló, たけ(丈)18マルコシュの馬。〕
már-már [副] ほとんど，すんでのことで，まさに，…しようとしている。
maró [形] 腐らせる，腐食させる；腐食性の；(比)皮肉な，いや味のある，辛らつな。
marok (目 markot) [名] くぼめた掌(てのひら)，手一杯，一握り，一つかみ；(農)束(たば)；(馬の寸法)約1フィート。〔marokkal, 一握りで，一つかみで，手一杯に。tele marokkal, 手のひらに一杯，手一杯に。〕
maroknyi [形] 一握りの，一つかみの；ごく僅かの，少数の，極小の。〔maroknyi nép, 一握りほどの(ごく少数の)民族。〕
Maros [固] (ティサ川の支流の)マロシュ川。
mars¹ [名] (兵)行進，前進，進軍，行軍；(音)行進曲。[間] 進め！去れ！外へ！
Mars² [固] (天)火星。
márt [他] (パンを液汁に，ペンをインキに)浸す，ぬらす；(食物を酢などに)つける，浸す；沈める，もぐらす。
martalék [名] → zsákmány. 獲物，略奪物；(兵)戦利品，分捕品；捕虜。〔martalékul ejt, 分捕る，奪取する。〕
mártás [名] 浸すこと，浸しづけ；(料)ソース，肉汁；浸し液。
mártír [名] 殉教者，殉道者，主義に殉ずる人；苦悩者。
márvány [名] 大理石；大理石製品，大理石像。[形] 大理石製の；大理石のような。
más [形] ほかの，他方の；もう一方の，異なった；別の，別種の。[名] 同上の物または人。〔nincs mása, 彼に及ぶものはない。nem marad más hátra, 外になすことがない，ほかの解決方法がない。〕
másfél [形] (第二が半分の)一個半の，1.5の。
másfelé [副] どこか他の所に，他の方に，他の場所に，他で。
másféle [形] 他の種類の，異種類の。
másfelől [副] 他方において，他の場合に；ある他の場所か

ら，他方(他所・よそ)から。
máshol [副] どこか他の所に，他で。
máshonnan [副] どこか他の所から，ある他の場所から。
máshova [副] どこか他の所へ，ある他の場所へ。
másik [形] 第二の，次の；(二つの中の)もう一方の，ほかの，他の。〔másik is, なお，もう一つ別のもの。〕
másként, másképpen [副] 他の仕方で，別様に，違えて；そうでなければ。
máskor [副] いつか他の時に，別の機会に，他日。
máskülönben [副] 他の場合には，さもなければ，…でないとしたら；かつまた，尚また，その上，かてて加えて；とは言え。
másnap [副][名] あくる日，翌日。
másnapos [形] 二日目の；二日酔いの。〔másnapos szakáll 無精ひげ。〕
másod [形] → második. 第二の，二番目の(合成語の前項)。
másodállás [名] 副業。
másodfokú [形] 第二度の，第二段階の；第二次の，次級の；(法)第二審級の。
második [形] 第二番目の，次の。[名] 同上のもの。〔január másodika, 1月2日。〕
másodlagos [形] 第二の，二次的，副の，従の，第二義の，付随的。
másodmagával [副] 自分も含め二人で。
másodperc [名] (時の)秒；一瞬間。
másodpercmutató [名] (時計の)秒針。
másodrendű [形] 第二位の，二級の；従の。
másodszor [副] 第二回目に，第二番目に，次に。〔másodszorra, 第二度(回)目に。〕
másodszori [形] 第二回目の，第二番目の，次の。
másol [他] 書き写す，書き取る；コピー(模写・複写)する；(写)焼き付ける；(比)模倣する。〔másolva, 写して，複写(模写)して。〕
másolat [名] 写し，謄本，写本；コピー，複写，透写。〔másolatban, 写しで，写本(謄本)で。〕
másoló [名] 写字生，筆耕；トレースを引く人。
másológép [名] 謄写版，複写器，コピー機。
másrészről [副] 他方(において)；別の側から。

meddő

másrészt [副] 他方においては。
mássalhangzó [名] (文)子音。
másutt [副] → máshol.
másvilág [名] あの世，来世。
maszat [名] しみ，よごれ；べとべとくっついた染。
maszatol [他] よごす，けがす，はみ出して付ける。
maszatos [形] きたない，汚れた，べとべとにくっついた。
mászik [自] はう，はらばう；よじ登る；忍び歩く，潜行する；(毛虫など)進む，はう；(植物が)からむ，まといつく；ののしる。
mászkál [自] (虫が)はい回る，ごそごそ動く，うごめく；(赤ん坊が)ハイハイする；歩き回る，ぶらぶら歩く。
maszlag [名] (植)さんざし(の実)；ちょうせんあさがおの類；その干し葉；(比)ごまかし，こけおどし。
mátka (目 mátkát) [名] (結婚当日の)花嫁，新婦；婚約した女性，許嫁(いいなずけ)。
matrac [名] (寝台の)下敷，マットレス。
matrica [名] (印)字母；ステッカー，シール。
matróz [名] マドロス，水夫，海員。
máz [名] うわ薬，エナメル(光沢剤)；(陶器の)やきぐすり；(比)表面を飾ること，外飾。
mázol [他] やき薬をかける；七宝を焼きつける；つやを出す；ペンキを塗る；(比)ふつり合いの彩色を施す；飾りたてる。
mázolás [名] 釉薬(やきぐすり)をかけること，つや付け；ペンキを塗ること；(比)なぐり書き，へぼ絵。
mázoló [名] 漆屋(にすや)，ワニス工，つや付け工，ペンキ屋(人)；(比)へぼ画家。
mázsa (目 mázsát) [名] (重量単位)ドイツ語のツェントネルに当たる(百ポンドの重さ，50 キログラムの重量)；大きなはかり；(俗)刑期の年数。(csapó mázsa, さおばかり(竿秤)。mázsánként, (重さ)百ポンドごとに，百ポンドずつ。)
mazsola (目 mazsolát), **mazsolaszőlő** [名] (種)核のない黒い乾しブドウ，大粒の乾しブドウ。
mécs [名] (寝室用)終夜灯，ランプ(ろうそく，又は油に浮かべた灯心を用いる)。
mecset [名] 回教寺院，モスク。
meddig [疑] (時)いつまで，どの位の間；(所)どこまで。
meddő [形] 実を結ばない，みのりのない；子を生まない；不毛の，不生産的な；利益を生まない。

medence (目 medencét) [名] 手水ばち，洗面器，水盤；プール；(地)盆地，くぼ地，流域；(石炭)地域。

meder (目 medret) [名] 河床；くぼみ，溝；挟間(はざま)，峡谷；(比)軌道(に乗る，など)。

medve (目 medvét) [名] (動)くま(熊)；(天)熊星座；(冶)金属の鋳塊。〔Nagymedve, 大熊星座，北斗七星。Kismedve, 小熊星座。〕

medvebocs [名] (動)若いくま，子ぐま，くまの子。

medvebőr [名] くまの皮；くまの毛皮。

meg [接] 並びに，及び，且つ，と；そして，それから；一方。〔egy meg egy, az kettő, 1足す1は2である。〕

még [副] まだ；なお，また，さらに，それ以外に；しかも全く，相変わらず；くわえるに，その上；…でさえ，…ですら，…さえ。〔még az atyjának sem hisz, 彼は自分の父をすら信じない。〕

megad [他] (必要なものを)与える；(負債を)返済・弁済・償還する；承諾(許可・同意)する，許す；(税金を)納付する；(比)あきらめる；(兵)(…を)甘受する，身を委ねる，降服する。〔megadja magát, 屈服・降服する；譲歩する；身を捧げる・委ねる；没頭する，ふける；(…を)甘受する，に従う，忍ぶ。〕

megadás [名] 服従，心服；恭順；帰依；あきらめ；専心，執心，愛着，たんでき；免訴；(負債の)弁済；(請願を)許可，承諾；(兵)降服。

megadóztat [他] 課税する，税を課する。

megágyaz [自] 寝床をのべる，ベッドの用意をする，ベッド・メーキングする。

magajándékoz [他] 贈る，呈する，贈与する。

megakad [自] つかえる；引っ掛かっている；停滞・停止している，立ち往生している；言葉が詰まる，言いよどむ，口ごもる，どもる。〔mindenki szeme megakad rajta, 各人の目がそれに止まったままである，皆がそれを見つめている。〕

megakadályoz [他] (…を)阻止・妨害・邪魔する，妨げる；故障させる。

megakaszt [他] (…を)阻止(妨害・禁示・停止・制止)する；(進行を)制止する；(速力を)緩める；(涙を)押える。

megalakít [他] 形づくる，形成する，造る；組み立てる，組織・編成・結成する。

megalakul [自] 形作られる，成る；組織(設立・組み立て・構成・形成)される。

megalapít [他] 建てる，基礎をおく；創立(設立・樹立・建立)する。

megaláz [他] 恥ずかしく思わせる，辱める，卑しめる，さげすむ；面目を失わせる，おとしめる，侮辱する；屈従させる，へこます。

megalázás [名] 恥をかかせること；おとしめる(軽視する・卑しめる・辱める)こと，侮辱。

megalázkodik [自] へり下る，卑下(謙そん)する；(…に)屈従する。

megaláztatás [名] ないがしろにする(辱しめる・品位を失墜させる)こと；侮辱，卑下。

megáld [他] (宗)祝福する；(…に)幸福を与える，(…を)幸いならしめる，恵む；(カトリック教徒の礼拝)十字の印を描く，十字を切る。〔Áldjon meg az Isten!, 神よ，汝を祝福し給え！さようなら！〕

megalkuszik [自] (…と)取引契約(商談・取引値段)などが成立する・まとまる；(…と)妥協・協定がまとまる，折り合う。

megalkuvás [名] 同上のこと；合意，折り合い；取り決め，協約，協定。

megáll [自] 立ち止まる，立ったままでいる；(車や機械などが)止まる，停止・中止する。[他] (比)立場を守る，うまく切り抜ける；(否定詞と)…我慢できない。〔megáll az esze, 彼の理性は止まっている，ぼう然自失している。nem állja meg szó nélkül, 何か言わずにはいられない。〕

megállapít [他] 確立・確定・設定する；きめる，決定(制定・規定)する；確かめる，確認(証明)する。

megállapítás [名] 同上のこと；(事実の)確認；(規則の)制定；検証；(契約の)約定；(法)証明。

megállapodás [名] 立ち止まっていること；停止，静止，休止；(相互的)一致，合意，折り合い；取り決め，申し合わせ，協約，協定，妥協。

megállapodik [自] 立ち止まる，休止する；(事件で)一致する，折り合う；(…と)申し合わせる，合意する，取り決める；(意見が)ぐらつかなくなる，しっかりする，堅固になる。

megállás [名] 立ち止まっていること；静止，停止，停滞，

megállít

中止，休止；間(ま)。
megállít [他] (車や機械を)止める，とどめる，停止する；引き留める，歯止めをかける；中断させる；(交通を)動かなくする。
megálló, megállóhely [名] 停留所，停車場。
megálmodik [自] 夢で予測する；夢をみる。
megalszik [自] 泊まる；(ミルク・血・液体が)凝結・凝固する。
megárad [自] 増水する。
megárt [他] 傷つける，害する；そこなう，損害を与える，害をなす。
megátkoz [他] 呪う，ののしる；(宗)呪逐(じゅちく)する，破門する。
megázik [自] 湿っぽくなる，濡れる，びしょ濡(ぬ)れになる。
megbabonáz [他] 魔法にかける，こうこつとさせる，悩殺する，たぶらかす，迷わせる；のろう，呪詛(じゅそ)する。
megbámul [他] 驚きあきれて見とれる，目をみはって見つめる，凝視する；驚嘆・嘆美・感心する。
megbán [他] 悔いる，後悔する，ざんげする；気の毒に思う，憐れむ，同情する；惜しむ，残念に思う，遺憾に思う。
megbánás [名] なげくこと；悔い，後悔，悔悟，悔恨，傷心；ざんげ，悔い改め。
megbánt [他] 故意に感情を傷つける，侮辱する，無礼を加える；傷つける，害する。
megbántódik [自] (…のために)侮辱されたと感ずる，感情を害する。
megbarátkozik [自] (…と)親しくなる，友達になる，親交を結ぶ；(…に)親しむ，慣れる，習熟する。
megbarnul [自] (葉が)かっ色・こげ茶色になる；日焼けする。
megbecstelenít [他] 名誉や誇りを奪う，そこなう，体面を汚す；(…を)辱める，侮辱・ひぼうする；(女性を)辱める。
megbecsül [他] 強姦する；評価・算定・査定する；重んじる，尊重・尊敬する。〔magát megbecsüli, りっぱな振る舞いになる，品行がよくなる。〕
megbékél, megbékül [自] (…と)和解・和ぼくする，仲直りする；和らぐ；落ちつく。
megbélyegez [他] 印(スタンプ・らく印)を焼きつける；

megboldogult

(比)恥辱を与える，汚名をきせる。

megbénít [他] 不随にする，しびれさせる，麻ひさせる；(比)無力にする，活気を失わせる；妨害する。

megbénul [自] しびれる，麻ひする，不随・不具になる；(比)活気が失せる；中断する。

megbeszél [他] 話し合う；会談する；相談(商議・談判・交渉)する；(…について)報告・説明する；(…と)了解・協定する。

megbeszélés [名] 話し合い；打ち合わせ；談話，会談。

megbetegedés [名] 病気になる・病気にかかること；発病。

megbetegedik, megbetegszik [自] 病気にかかる，病気になる。

megbirkózik [自] (…と)競う，争う，戦う；優劣を争う；(…に)打ち克つ，成功する。

megbíz [他] 委任・委託・委嘱する；信任する，任せる，託す。

megbízás [名] 委任，委託；依頼；委嘱；委任事務。〔megbízásából, …の委任(委託)に依り。megbízásképpen, 委託・委任の方法で。megbízást teljesít, 任務・委託を果たす。〕

megbízhatatlan [形] 頼りにならない，信用・信頼しがたい；不確実な，疑わしい。

megbízható [形] 頼りになる，信頼・信用できる；たしかな，確実な；信ずべき。

megbízik [自] (…を)信用・信頼する，当てにする，頼る；期待(確信)する。

megbízólevél [名] 信任状；(代理の)委任状。

megbizonyosodik [自] 確認される，確実となる；(情報の真実性が)立証される，判明する，明らかになる。

megbízott [名] 委託者，受託者，受命者；全権を与えられた人；訴訟代理人；(商)委託販売人，取次人。

megbocsát [他] (…に)許す，恕する，許容・勘忍する；大目にみる，怨みに思わぬ；(宗)(罪を)許す，容赦する。

megbocsátás [名] 同上のこと；許し，容赦；(宗)免罪。

megbocsáthatatlan [形] 容赦できない，許しがたい，恕しがたい；(宗)免除・免罪されない。

megboldogult [形] 至幸・至福の；故(もと)の，昇天し

た，死んだ；(死後)楽土にある，天国に昇った。[名] 天国に行った人，故人。

megbolondul [自] ばかになる；気違い・狂気になる；おかしくなる；夢中になる。

megbomlik [自] (組織が)破れる，くずれる，解体・が解する；(秩序が)乱れる；(機械が)おかしくなる；(頭が)狂う。

megborzad [自] わななく，身ぶるいする；(寒さのため)ふるえる；(肌が)ぞくぞくする，身の毛がよだつ。

megbosszul [他] (…に)復讐(ふくしゅう)・報復をする；恨をはらす，意趣返しをする，遺恨を晴らす。〔megbosszulja magát, 報いが来る，罰せられる，たたる。〕

megbotlik [自] (…に)つまずく，よろめく；(比)低俗になる；ぶつかる，衝突する。〔megbotlik a nyelve, 彼は言い違いする，うっかり言う(口がすべって)。〕

megbotránkozik [自] 眉(まゆ)をひそめる；憤る，おこる，憤慨・慨嘆する；(…で)感情を害する，不快に感じる；気にする，気にかける。

megbotránkoztat [他] 怒らせる，憤慨させる；眉をひそめさせる，不快を催させる，感情をそこねさせる。

megbukik [自] 破綻する，失敗する；(商)(会社が)破産する，支払い不能になる；(試験に)落ちる，落第する；(内閣が)倒れる；(劇)失敗する。

megbuktat [他] 転落させる，突き落とす；(試験に)落第させる，失敗させる；(内閣を)倒す；破綻させる。

megbűnhődik [自] (罪を)あがなう，償う；(罪を)服役して果たす；(宗)ざんげする。

megbüntet [他] (…に対して)罰する，罰に処する，懲らす。

megcáfol [他] 反ばく・論ばく・論破・否定する，やり込める；(情報を)取り消す，撤回・否認する。

megcibál [他] 強く引く，引っ張る，引きむしる；(髪をつかんで)ゆすぶる。

megcirógat [他] (頬を)なでる，さする；愛ぶする，可愛がる。

megcukroz [他] 砂糖を入れる，甘くする；砂糖をふりかける。

megcsal [他] だます，あざむく，惑わす，迷わす，たぶらかす，裏切る。

megcsap [他] むち打つ，たたきつける，なぐる；(音や匂いが)

耳・鼻に衝く；くすねる，盗む。
megcsapol [他] （栓を抜いて酒を）注ぎ出す；（たるの口を）開ける；（…に）穴をあける；（医）排膿管を挿入する，…を吸い出す。
magcsappan [自] 減る，縮小する；やせる；（関心が）少なくなる；（熱や物価が）下がる；（潮が）退く；（嵐や痛みが）静まる。
megcsendül [自] 鳴り出す，鳴り始める；鳴り渡る(ひびく)。
megcserél [他] 取り替える，交換する；（順序を）変える。
megcsinál [他] 為す，実行する；造る，こしらえる；直す；なし遂げる。
megcsíp [他] （虫やヘビが）かむ，刺す；（犯人を現場で）すばやく捕える，ひっ捕える；（指で）つねる；（凍えて）枯らす，成長を止める。
megcsodál [他] 驚きあきれて見つめる，凝視する；驚嘆(感嘆・嘆賞・嘆美)する；敬服・感心する。
megcsókol [他] 接ぶんする，キスする。
megcsóvál [他] （否定のため，また気にくわなくて，頭を）振る；（犬が喜びで尾を）振る。
megcsömörlik [自] 食傷する；（比）あきあきする。
megcsúnyul [自] 醜くなる，見苦しくなる；下品になる。
megcsúszik [自] 滑る，足を滑らす；（車輪が）はずれる。
megdagad [自] ふくれ上がる；（比）嵩(かさ)を増す，（量が）ふえる，（パンなどが）ふくれる；増水する；（医）腫(は)れる。
megdermed [自] こわばる，堅くなる，硬直する；（恐怖で）身がすくむ；（寒さで）かじかむ，凍る。
megdézsmál [他] （比）つまみ食いをする，盗む，こそ泥を働く。
megdicsér [他] ほめる，賞賛・賞揚する；ほめそやす，お世辞をいう。
megdob [他] （…を）投げつける；投げ当てる。
megdobban [自] （心臓が）動悸・鼓動する。
megdorgál [他] とがめる，なじる，非難する，しかりとばす，ひどくののしる；きめつける，たしなめる，説諭する。
megdöbben [自] ぎょっとする，びっくりする，衝撃を受ける。
megdöbbenés [名] 驚くこと；ろうばい，当惑，あわてること，びっくり仰天，ぼう然自失。

megdöbbent [他] びっくりさせる，驚かす，ろうばい(当惑)させる。

megdöbbentő [形] びっくりさせる，あきれさせる，当惑させる，縮み上がらせる；意外の，不意の。

megdöglik [自] (動物が)たおれ死ぬ；(俗)くたばる，往生する，おだ仏になる。

megdől [自] (草などが)倒れる；(建物や船が)傾く；(政権が)倒れる；(比)失敗する。

megdönt [他] (王位や立論を)覆す；(雨が稲を)倒す；(組織を)くずれさせる；(決議を)無効にする，反ばく・否定する；滅ぼす，無くす。

megdördül [自] (砲撃が)鳴り響く，とどろく；(雷が)鳴り始める。

megdrágít [他] 値上げする，高くつかせる；騰貴させる，せりあげる。

megdrágul [自] 値があがる，高価になる，騰貴する。

megdühödik [自] かっと怒る，激怒・憤激する；乱れ狂う。

megebédel [自] 昼食する，午さんする。

megédesít [他] 砂糖を入れる，甘くする；甘味をつける；(比)なごやかにする。

megedz [他] 十分に堅くする，鍛える，鍛え上げる，コーチする；(比)(心身を)鍛練する，強くする。

megég [自] 焼け落ちる，全焼・焼失する，灰になる；(食物が)焼ける，焦げる。

megegyezés [名] 意見が一致すること；妥結，合意，折り合い，妥協；取り決め，協定。

megegyezik [自] (意見が)一致する，妥結・和解する，折り合う；取り決める，同意する。合っている，気が合う(何について)；(言葉が)調和する。

megéhezik, megéhül [自] 空腹を感ずる，腹がすく，飢える；(比)…したい気分である。

megejt [他] (…を)やりとげる，実行・実施・成就する；(娘を)だます，誘惑する；妊娠させる；捕える，押える；制する。

megél [他] (…に)生きてあずかる；(ある場合に)生きてめぐり合う；(何歳に)達する；(一生の中に…を)実見・経験・体験する。[自] 暮らしている，生存している，残存する，存命中だ。

megelégedés [名] 満足していること，満足，喜悦。

megengedhető

megelégedik, megelégszik [自] (…で)満足する, 充分である。〔meg van elégedve a tanítványaival, 教え子に満足している。〕

megelégel [他] (…を)十分だと思う, 沢山だ, 飽きている；(…で)満足・得心する。

megélénkül [自] 生気づく, 活気・元気づく；活発になる, にぎわう。

megélesít [他] 鋭くする, とがらす, 切尖(刃)をつける；研ぐ。

megelevenedik, megelevenül [自] 生気・活気づく, 活発になる, 蘇生・復活・復興する；命がこもる；にぎわう, 繁盛する。

megelevenít [他] 生き生きと立ち直らせる, 生き返らせる, 蘇生させる；生気を与える, 活気づける, 元気づける；命を吹き込む。

megélhetés [名] 暮らし；生計, 生活の糧, 衣食住。

megelőz [他] (危険を)予防する, 未然に防ぐ；(病気を)防ぐ, まぬがれる；(…に)先んずる, 先行する, 機先を制する, 追い越す, 抽(ぬき)んでる, 勝る。

megelőző [形] 先だった, 先行の, 前の；予防的な。

megemberel [他] (…を丁寧に)取り扱う, 待遇する。〔megembereli magát, 元気を奮い起こす, 奮起する, 回復する。〕

megemel [他] 持ち上げる；(成果を)促進する, 増加する；(トランプの札を)切る。〔a kalapot megemeli, 帽子を上げる(あいさつのため)。〕

megemészt [他] 消化する, こなす, 吸収する；よく納得・理解・会得する；(比)(財産を)飲み尽くす, 費す。

megemlékezés [名] 思い出, 回想, 想起；回想録, 思い出話；記念(物)；(宗)記念式。

megemlít [他] → említ. (…に)就いて言う, 述べる, 話す, 言及する。

megenged [他] (…を)許す, 許諾・許可・認可する；認める, 同意・承諾する；恕する, 容赦する。〔engedje meg, hogy bemutatkozzam! 自己紹介させてください。〕

megengedhetetlen [形] 許容しがたい, 許しがたい；(文)譲歩の。

megengedhető [形] 許し得る, 許された, 差し支えない；

(法)適法の，合法の．
megér[1][他] (ある時または事に)生きて達する(あずかる)；(ある場合に)めぐり合う；(何歳に)達する；(…を)感得・実見・体験・経験する．
megér[2][他] (尊敬に)値する，値打がある．
megérdemel[他] (…を得るに)当る，値する，相当する；(称賛に)値する；(感謝を受ける)値打ちがある．〔fáradságot megérdemel, 骨折りがいがある．〕
megered[自] (涙や血が)流れだす，流れ始まる，(雨が)降りだす；(比)始まる；(話し)出す；(植物が芽を)出し始める．
megereszt[他] ゆるめる，ぐらつかせる；(栓を)開ける，(水などを)流す；(手綱)ゆるめる；(…に)まかせる，放任する．〔megereszti a kantárszárat, 手綱をゆるめる．〕
megérez[他] 勘づく，感知する；(痛みなどを)持ちこたえる．
megérik[自] 熟する，成熟する；(時期に)達している，機が熟する；成熟・円熟する．
megérint[他] (…に)触れる，手を接する；(…の心に)触れる，感動させる．
megérkezik[自] 着く，届く，到着・到達する；(船)入港する．
megerőltet[他] (過度に)緊張(過労)させる；酷使・虐待する．
megerőltetés[名] 緊張，努力，自制；強制，酷使．
megerősít[他] 強化する；固定・固着させる，取り付ける；(兵)(陣地を)強固にする，増兵する；(意見を)確証・保証する；確認する，裏付ける，挺入れする．
megerősítés[名] 同上のこと；確認，確証，裏書，裏付；固めること，確立．
megerősödik[自] 力が加わる，強まる；堅固になる，増大する；勢いがます，強化する；元気を回復する；(意見が)裏付けされる，支持される；(液体が)濃くなる．
megért[他] 分かる，さとる；理解・了解・会得する；把握(はあく)する，とらえる．
megértés[名] 理解，納得，把握，とらえること．
megértet[他] 分からせる，理解・会得させる；暗示する，説明する，ほのめかす．
megesik[自] 生ずる，偶発する，ひきおこる，じゃっ起する；(事件が)起こる；(娘が)妊娠する；憐れむ，気の毒に思う．

megesket [他] (…に)誓わせる，宣誓させる；(二人を)結婚させる。
megesküszik [自] 誓う，宣誓・誓約する；結婚する。〔megesküszik vkivel, (…と)結婚する。〕
megesz [他] 食いあげる，食べ尽くす。
megeszik [自] 食べる，食べてみせる。
megfagy [自] (水が)氷結する；(植物が)霜枯れする，こごえて死ぬ；(体などが)こごえる；(比)こおりつく。
megfagyaszt [他] こおらせる，氷結(冷凍・凝結)させる。
megfájdul [自] 痛み始める，痛みだす，痛む；心を痛める，心痛する。〔megfájdul a feje, 彼は頭痛がする。〕
megfázik [自] 冷たくなる，冷える；風邪を引く，風邪にかかる。
megfej [他] (牛の)乳を搾る，乳を出す；(…の)有り金をはたかせる，巻き上げる，うばいとる。
megfejt [他] (秘密を)解く；(なぞを)解く，判ずる；解き読む，解明・解釈する，判明させる。
megfejtés [名] 解くこと；解釈，解明。
megfejthetetlen [形] 説明のできない，解きがたい，解決のできない，謎(なぞ)のような。
megfeketedik [自] 黒くなる；暗くなる。
megfékez [他] (病気を)食い止める；(流れを)食い止める，防ぐ；歯止めをかける，制する，御する，制御・抑制する；馴らす，馴致する。
megfeledkezik [自] 忘れる，失念する；我を忘れる。〔megfeledkezik magáról, 我を(我が身のことを)忘れる，身のほどを知らない；夢中になる，逆上する。〕
megfelel [自][他] 答える，応ずる，返事をする；やりこめる，言いへこます，きめつける；(比)(目的に)かなう，適応する，相応する；(要求に)応ずる，通ずる；(…を)容れる。
megfelelő [形] 適切な，相応する，ふさわしい，似合う；一致する，同等の。
megfélemlít [他] (…の心中に)恐怖の念を起こさせる，恐れさせる；おどかす，脅迫する，威嚇する。
megfelez [他] (…を)二等分・折半する。
megfeneklik [自] (船が)海岸に乗り上げる，暗礁に乗り上がる，座礁(ざしょう)・難破する；(人・計画が)行き詰まる，手詰まりになる。

megfenyeget [他] (…で)おどかす, 威嚇・脅迫する。
megfér [自] (…に)余地・場所・席・地位がある; (…と)親しむ, 調和する。
megfertőz [他] よごす, 汚す; (名を)辱める, 面目を失わせる, 侮辱する; (神聖を)汚す, 冒とくする; (病気を)感染させる, 伝染させる。
megfésül [他] (髪を)くしけずる, とかす; (…の髪を)理髪・結髪する; (比)(原稿を)校閲する。
megfésülködik [自] 自分の髪をくしけずる, 自分の髪をとかす; 理髪・結髪する。
megfeszít [他] (弦を)強く張る, ひきしめる; (心・力を)緊張させる; (頭を)使う; (目を)疲らせる; 十字架にかける, 磔刑(はりつけ)にする; (比)(肉体を)苦しめる。
megfeszül [自] (弦・注意が)緊張する, ひきしまる, ぴんと張る。〔ha megfeszül, sem kap, 彼は努力しても, 何も得られない。〕
megfigyel [他] 注意深く見守る・聞き入る, 観察・観測する; 看守・監視・警戒する。
megfigyelés [名] (科学的)観察, 観測, 実測; (警察の)監視(督), 警戒, 尾行。
megfigyelő [形] 観測する…。[名] 観察者, 観測者; 注視者, 監視者; (医)集中治療室。
megfizet [他] (借金を)返済する; 支払う; むくいる, 返報する, 礼をする; 償う, 贖(あがな)う。
megfizethetetlen [形] 支払いがたい, 金で買えない; 非常に高価な, 貴重な。
megfog [他] つかむ, 捕える, 握る; 会得・理解・把握(はあく)する; 効力を及ぼす。
megfogad [他] (召使を)雇う, 採用する; (…を)可とする; 誓約する; (規則や忠告を)守る, (…に)従う, 服する。
megfogalmaz [他] (文章を)作成する, 起草・立案する。
megfogamzik [自] 根を張る, 根づく; 受胎する, 妊娠する; (比)身につく; (考えが)芽生える。
megfoghatatlan [形] つかまえがたい; (人)ひょうたんなまずの; 理解しがたい, 合点のゆかない, 不可解の。
megfogódzik [自] つかまる, しがみつく, かじりつく; とりすがる, 身を支える, 頼りとする。
megfojt [他] のどを締める, 締め殺す, 息の根を止める, 窒

息させる。
megfontol［他］熟考・熟慮・黙想・考量・吟味する。〔megfontolva, 熟考・吟味して, 慎重に, 思慮深く。〕
megfontolás［名］内省・黙考すること；熟慮, 考量, 省察；思慮深いこと。
megfordít［他］逆方向にする, 逆向きにする, ひっくり返す, 裏返す；転倒する, くつがえす, (電流を)逆行させる。
megfordul［自］うしろを向く, 半回転する；ひっくり返る；引き返す；(態度が)変わる；(風・天気が)変わる；(船が)方向を変える；(…に)現れる, 出現する；…次第である。
megforgat［他］回転させる；(土地を)掘り返す；(枯草を)ひっくり返して(乾かす)；(刀槍を)振り回す；(踊子を)回転させる；(比)(…を)困らせる, 苦しめる, いじめる, 愚弄する。
megfoszt［他］(…を)はぎ取る, 奪い取る；(権利・希望を)奪い取る；(地位を)やめさせる；(王位を)剥脱(はくだつ)する。
megfőz［他］煮る, ゆでる；料理する；(比)その気にさせる。
megfullad, megfúl［自］息がつまる, 息ができなくなる, 窒息する；溺死(できし)する。
megfutamít［他］(敵を)敗走・かい走させる。
megfutamodik［自］にげる, 逃走する。
megfürdik［自］ふろにはいる(浴する)；水浴する。
meggátol［他］(…を)妨げる, 止める, 阻止・制止・妨害する；故障させる, 邪魔する。
meggazdagodik［自］(…で)富む, 裕福になる, 金持ちになる, 身代をこしらえる；増す；価値が高まる。
meggémberedik［自］堅くなる, こわばる；(死んで)硬直する；しびれる, 麻ひする；(寒さで)かじかむ。
meggondol［他］(…を)よく考える, 思考(考量・考慮・熟慮)する；思案・吟味する。〔meggondolja a dolgot, 考えた末に計画を変える。meggondolva, よく考えて, 熟慮の上, 慎重に。〕
meggondolás［名］熟慮すること；熟考, 勘考；思慮の深さ, 慎重・冷静なこと。
meggondolatlan［形］無思慮の, 考えのない, 無分別の；うっかりした, 軽率な。
meggondolatlanság［名］同上のこと。

meggondolt [形] 意を用いた，用心深い，思慮ある，細心の，用意周到の；熟考の上の，慎重な，ゆっくりした。

meggyaláz [他] はずかしめる，侮辱する，無礼を加える；面目を失わせる，汚名を着せる；ののしる，そしる。

meggyengít [他] 弱める，弱くする；軟弱にする；衰弱させる；(溶液や酒を)薄める；(色を)薄くする。

meggyengül [自] 弱くなる；衰える，衰弱する；稀薄になる。

meggyilkol [他] 殺す，殺害する，暗殺する。

meggyógyít [他] (病気を)なおす，いやす，全快させる。

meggyógyul [自] (病気が)なおる，いえる，全快する。

meggyón [自] (…に)告白する，ざんげする。

meggyóntat [他] ざんげさせる；ざんげを聴取する。

meggyötör [他] 苦しめる，悩ます；きびしく責める，苦悩させる。

meggyőz [他] 打ち勝つ，成功する，勝ち誇る；(比)(…を)説き伏せる，説得する，納得・確信させる。

meggyőző [形] 承服(心服)させるに足る，納得のゆく；確かな，否定できない。

meggyőződés [名] 心服，納得；確信，信念；主義。

meggyőződik [自] (…に関し)得心・納得する；確信・確認する。

meggyújt [他] 火をつける，点火する。

meggyullad [自] 火がつく，燃える，発火・炎上する；(比)熟する，心を焦がす；(医)炎症を起こす，ただれる。

meggyűlik [自] (物が)寄り集まる，積もる，増加する，たまる；(傷が)うむ，うみを持つ，化膿する。〔meggyűlt vele a baja, 彼はそれに手こずっている(大困りだ，持て余している)。〕

meggyűlöl [他] (…を)憎みだす，きらう，ねたむ，憎悪する，うらむ。

meghág [他] (頂上に)登る，登って達する；(馬に)乗る；(比)(雄獣が)交尾する，(雌獣に)雄獣をかける。

meghagy [他] 手をつけない；(旧状)そのままにしておく；命ずる，指令する；規定する。

meghagyás [名] 置き去り；(…を為すべきやの)命令，指令；(事務の)委任，任務。〔meghagyása szerint, 貴下の命に依り。〕

meghajlás [名] 曲がり，たわみ；傾き，傾斜；身をかがめること；お辞儀，会釈。

meghajlik [自] (…の重さで)曲がる，わん曲する，たわむ，かがむ，屈する；(比)身を屈する，屈服する；(…に)頭を下げる，お辞儀をする。

meghajlít [他] 曲げる，屈する，たわめる；傾ける。

meghajol [自] (…の重さで)曲がる；(…の前に)身をかがめる(礼)，頭を下げる，お辞儀する；(…の理論に)屈服する。

meghajt¹ [他] (馬に)乗り疲らす；(医)下剤をかける；(機械を)動かす。

meghajt² [他] かがめる。〔meghajtja magát, 身をかがめる，お辞儀をする。meghajtja fejét, 彼は頭を下げる，お辞儀をする。〕

meghajtó [名] (電算)(パソコンの)ドライブ，ドライバー(ソフト)。

meghal [自] 死ぬ，死亡する。

meghalad [他] (…において)まさる，すぐれる，しのぐ；(支出が収入を)超過する；越える，追い抜く；(山を)登り越す；(何時を)過ぎる，経過する。

meghálál [他] (…について)返礼する，報いる，謝意を表する。

meghall [他] (…を)聞く，聴く；聞き知る，聞き込む，聞き分ける。

meghallgat [他] (講義や音楽に)耳を傾ける，傾聴する；(願いを)聴き届ける；(祈りを)聴許する；(法)聴取・審問する。

meghamisít [他] ごまかす，迷わす；模造・偽造・変造・がん造する。

meghámoz [他] (ジャガイモや果物の)皮をむく，はぐ；さや(莢)を取る。

meghánt [他] (樹皮を)むく；(農)脱殻する；(馬のひづめを)削る。

megharagít [他] 怒らせる，立腹させる；激させる，憤らせる，憤慨させる。

megharagszik [自] (…について)怒る，激する，立腹する。

megharap [他] かみつく；(人の心を)強く傷つける。

meghasad [自] 裂ける，破れる，割れる；(天が)開く；(心臓が)張り裂ける。

meghat [他]（…の心を）動かす，感動させる；（心に）触れる，感涙を催させる。
meghatalmaz [他]（…をなす）全権を与える；代理権を与える，委任する。
meghatalmazás [名] 全権を与えること；全権委任，権力授与，授権；委任状。
meghatalmazó [形] 全権を与える。[名] 全権委任者，授権者。
meghatalmazott [名] 全権を委任された人；（委任の）代理人，受任者；（外交の）全権使節，全権委員。
meghatároz [他] 決める，決定・確定・規定する；定義する，限定する。
meghatározás [名]（概念の）規定,定義；（年齢や病気の）決定；（日時の）確定；（医）服用量を決めること，調合。
meghatározott [形] 決まった，一定の；確定的の，確固たる；断固・決然たる。
megható [形]（人の）心を動かす，心に触れる，感動させる；心を痛めさせる，哀れを催させる。
meghatott [形] 心に触れた，感動した。
meghatottság [名] 心に触れたこと，感動；心を痛め（哀れを催させ）たこと。
megházasodik [自]（男性が…と）結婚する。
meghazudtol [他]（…の）虚言をとがめる，反ばくする；（…を詰問して）うそを白状させる；…を誤り伝える。
meghint [他]（…を）振りかける；（水を）まく，注ぎかける；（種を）まく；（砂利を）敷く。
meghitt [形] 親しい，懇意な，親密な，信任の厚い。[名] 親友，腹心の友，側近。
meghiúsít [他]（計画を）無効にする，くじけさせる，水泡に帰せしめる，失敗させる。
meghiúsul [自] 無効になる，くじける，失敗する。
meghív [他]（食事に）呼ぶ，招く，招待・案内する；（…を講座に）招聘（しょうへい）する，任ずる。
meghívás [名] 招聘（しょうへい），任命；案内，招待，召すこと。
meghívó(levél) [名] 招待・案内状（券）。
meghízik [自] 太る，肥える，脂肪質になる，肥満する。
meghódít [他] 戦に勝つ，征服する，屈服させる；（比）（人

の心や愛を)かち取る，うまくまるめこむ；(領土を)占領する。

meghódol [自] (…に)屈する，服する，隷属する；臣事する，忠誠を誓う；(比)屈服する。

meghonosít [他] (動植物を風土に)馴らす，(新しい風土に)順応させる；(外国の言語・風俗を)採用する，受容する。

meghonosodik, meghonosul [自] (風土に)馴れる，生えつく；(流行・風俗が)同化する，採用される，引き入れられる。

meghosszabbít [他] (スカートを)長くする；(期限を)延長・猶予する；(手形の支払を)延ばす。

meghosszabbítás [名] 同上のこと；伸長；延長，猶予。

meghosszabbodik [自] 長くなる，延びる；延期・猶予される；広がる，延長される。

meghoz [他] (…を)持って来る，たずさえて来る，もたらす；(…を)連れて来る；(持参金を)持って来る；(ある結果を)もたらす，生ぜしめる；(法)(評決を)下す。

meghökken [自] はっとする，あきれる；あっけにとられる。〔meghökkenve, びっくりして，あっけにとられて。〕

meghunyászkodik [自] (怒った動物)威嚇して体を丸くする；意気地なく引き下がる，譲歩する。

meghurcol [他] 引きずりまわる，引っ張って行く，連れ歩く；(…を泥の中へ)引きずり込む；(名を)汚す；非難・中傷する，けなす，くさす；虐げる，虐待する。

meghúz [他] (綱・索を)引っ張る；(鈴・ベルを)引く；(…の髪を)引っ張る；一押しで動かす；ピンと張る；一口で飲む；やせさせる；(原文を)縮める，短くする；しぼり取る。〔meghúzza magát, 平たくなる，へり下る，卑下する；屈伏・屈従する；身をひそめる。〕

meghúzódik [自] (…に)ちぢこまる；やせる；身をひそめる，潜伏する；(動物が地中に)もぐる；(比)隠遁生活をおくる。

meghűl [自] 冷える；風邪をひく，風邪にかかる。

meghűlés [名] 冷えること，冷却；風邪，感冒。

megidéz [他] (法)(…を)召喚する；(迷信で死者を)呼び出す。

megigazít [他] 正す，整える，訂正する；(衣服を)直す；(時計を)正しく合わせる；(物を)整理・整頓する；(器具を)

修正する；(誤謬を)正す；(心を)改めさせる。
megígér [他] (…を)約束する；婚約する。
megigéz [他] (…を)魔法にかける；惑わす，魅する，うっとりさせる，悩殺する，ろう絡する。
megihlet [他] インスピレーションをもたらす；霊感を与える，感得させる。
megijed [自] (…に)おびえる，びっくりする；怖がる。
megijeszt [他] 恐れさせる，おどかす，怖がらせる。
megillet [他] (…に)触れる，接触する；心を動かす，感動させる。[自] (…に)当然帰属すべきである；相応する，ふさわしい，適当する，値する。
megilletődés [名] 切に心に触れること，身にしみ渡ること，感に打たれること，感動。
megindít [他] 進ませる，動かす；(機械を)運転させる，始動させる；始める，開始する；創刊する；(比)(心を)動かす，感動させる；(戦争を)じゃっ起する，引き起こす；(調査を)開始する；(ストライキを)ひき起こす。
megindító [形] 人の心を動かす，感動させる；哀れを催させる。
megindul [自] (列車が)動き始める；(行列が)出発する；(機械が)始動する；(軍隊が)行進する；(交渉が)始まる；(涙などが)流れ出す；(比)心が動く，感動する。〔megindulva, 感動して，不安に。〕
megingat [他] 揺り動かす，震わせる；(比)(…の決心を)動揺させる；(信仰を)不安にする。
megint[1] [副] 再び，くり返して，更に，またもや，重ねて，もう一度，あらためて。
megint[2] [他] (…に)知らせる，通知する，注意する；通告・警告する。
megír [他] (手紙や文章を)書く，起草する；手紙で知らせる；文章にする。
megirigyel [他] (…を)うらやむ，ねたむ，そねむ，しっとする。
mégis [接] それでもなお，それにもかかわらず；それだのに，然るに，でも，やはり。
megismer [他] 見知る，認める；知り合う；認識(認定・識別・認知)する，知るに至る；(手形を)承認・認許する；是認・容認する。

megismerés [名]（人・事・物の何たるかを)知ること，認めること，識別・弁別すること；(哲)認識。

megismerkedik [自]（…と）知るに至る，知り合いになる；（…に）通暁する(詳しく知るに至る)。

megiszik [自][他]（飲物を)飲み尽くす；(杯を)飲み干す；(時や金を)酒を飲んで費す。〔magát megissza, で い酔する。〕

megitat [他] 飲ませる；(家畜に)水をやる。

megítél [他] 判断・判定する；批判・批評する；評価する；(有罪の)判決を下す。

megítélés [名] 判断・判定すること；批判；批評；評価，考量。

megízlel [他] 味わってみる，試食する，あんばいをみる；(比)味わう，享楽する；吟味する。

megizzad [自] 汗をかく，発汗する。

megizzaszt [他] 汗をかかせる，骨を折らせる；(知識を)吸収させる。

megjár [他]（…まで)往来する；(…を)巡る，歩き回る，通過する；(湿気が着物を)通す；(比)耐えられる；(…に)だまされる；(…で)失敗する。

megjavít [他] 良くする，改良・改善(きょう正・訂正)する；(機械を)修理する；(衣服を)直す；(建物を)修理する；(財産を)健全にする。

megjavul [自] 良くなる；改まる，改心する，直る；(病気が)快方に向かう；(天候が)持ちなおす；(商)好景気になる；(相場が)上向く。

megjegyez [他] 印をつける，記号を入れる；特色をつける；押印する；書きつける，記入する，書きしるす；(所見を)述べる，言う；(比)認める，気付く，覚えておく。

megjegyzés [名] 注意書き，所見，意見，思い付き；備考，摘要，注。〔megjegyzésre méltó, 注目に値する，述べる価値ある，顕著な。〕

megjelenés [名] 出現すること；顔出し，出席；(法)出頭；(劇)登場；(書籍の)発行，出版；現れ，現象；(比)外見，見かけ，様子，風采，人品。

megjelenik [自] 姿を見せる，出現する，現れる，出席する；生ずる，起こる，公にされる，出版・発行される。

megjelöl [他] 印・記号を付ける，表示する；指命(指示・

megjelölés 指定・選定)する。
megjelölés [名] (値段を)表示するもの；(リンネルの)特色付け；指名, 指定, 選定。
megjósol [他] 予言・予告する。
megjön [自] やって来る；到着する, 届く；(季節などが)やって来る；起こる。
megjutalmaz [他] (…に対して…を)報いる；賞を授ける, 報奨金を与える。
megkap [他] 得る, 獲る, 与えられる, もらう, 受け取る；(貸付金を)返してもらう；見つけだす；(病気に)かかる；つかむ, 握る；(聴衆の心を)捕える, 魅する, 感動させる；(…の表面を)焼く, 焦がす；(犬などが)そっと噛む。
megkaparint [他] かき集める；(金を)けちけちためこむ；(現場を)ひっつかむ, すばやく捕える, ひっ捕える。
megkapó [形] 人を引きつける, 感動させる, 魅惑的な；心身にしみる。
megkarcol [他] かきむしる, 引っかく, かき傷をつける(家具などに)。
megkarmol [他] 爪(つめ)で引っかく, かきむしる, かき裂く, かき傷をつける, 削る。
megkárosít [他] 損害を与える。
megkedvel [他] (…を)珍重・愛好する, 好きになる, 愛する, 好む。
megkegyelmez [他] 恩赦(特赦)を与える；(…に)恩恵を施す。
megkékül [自] 青くなる, 藍色(あいいろ)に・空色になる。
megkeményedik [自] 堅くなる, 固まる, 硬化する, 固体化する；(比)がん固に・かたくなになる, 無情になる。
megkeményít [他] 堅くする, 固くする；(鉄を)鍛える, 冷剛する, 焼き戻す。
megken [他] 塗りつける, 一面に塗りたくる；(機械に油を)さす；(医)こうやくをはる；(比)(…を)わいろで誘惑する, 買収する, 贈賄する。
megkér [他] (…から恩恵などを)願う, 請う；(娘に)求婚する；(子供が…に)許しを請う；(債務の返済を)求める；(…に…をするように)頼む, 請う。
megkérdez [他] (…について…を)尋ねる, 尋問する；(意見を)求める, 相談する, 照会する。

megkeres [他] (紛失物を)さがす, 捜す; (…を宅に)たずねる, 訪問する; (金を)稼ぐ; 要請する。

megkeresés [名] 情報の問い合わせ; 要請, 依頼; (紛失物の)探索, 追跡; (法)要請。

megkeresztel [他] (宗)洗礼を施す, キリスト教徒にする; 命名する; (進水した)船に命名する。

megkeresztelkedik [自] (宗)洗礼を受ける; 命名してもらう, キリスト教徒になる。

megkerget [他] (獣を)追いまわす, 狩りまわす, 追跡する; 追い払う; 追求(追及)する。

megkerül [他] (障害物を)避ける, 回避する; ぐるっと回る, 迂回する; (…の質問などを)かわす, はぐらかす。[自] (紛失物が)見出される, 姿を現す, 出現する, あらわれる。

megkeserít [他] 苦(にが)くする, いとわしくする; (比)味気なく(不愉快に)する, いやにならせる, 憤らせる, 怒らせる; (…の生活を)苦しくする, 悲しくする。

megkeserül [他] いたく悔いる, 後悔する; (…をいたく)惜しむ, 残念がる。

megkétszerez [他] 倍にする, 倍加する。

megkettőz [他] (賭け金を)2倍にする, 倍にする; (比)増加する, 強める。

megkezd [他] (…を)始める, 開始する; (…に)取り掛かる, 着手する; 口火を切る。

megkezdődik [自] 始まる, 開始する; 第一歩を踏む。

megkímél [他] (…に…を)免れしめる, 免ずる, 赦す; (…を)いたわる, 保護する, 大切にする; 節約(倹約)する。

megkínál [他] (…に…を)供する, 勧める; (…に座席を)呈する, 差し出す。

megkínoz [他] 苦しめる, 責めいじめる; 悩ます, ごう問にかける。

megkísérel [他] ためす, 試みる, 試験する, やってみる。

megkísért [他] (比)(悪魔が)そそる, 誘惑する。

megkíván [他] 欲しくてたまらない, 渇望・熱望する; …したい, しようと思う; 懇願・切願する; 要求する。

megkondul [自] 鳴る, 鳴りひびく; 響きわたる, 余韻がひびく。

megkopaszodik [自] 毛が抜ける, はげ(禿)になる; (鳥の)羽毛がなくなる。

megkopaszt [他] (…の羽毛を)むしる, 引き抜く; 丸坊主にする; (比)(…の有り金を)巻き上げる, はぎ取る.

megkoronáz [他] 冠を戴かせる, 栄冠を授ける; 王位に就かせる, 即位させる; 完成する.

megkóstol [他] 味わう, 味見する; 試食・試飲する.

megkoszorúz [他] 月桂樹や花環で飾る.

megkönnyebbül [自] 軽くなる, 和らぐ; (負担が)軽減される; 気が軽くなる, 楽に感ずる, 安心する.

megkönnyebbülés [名] 軽くなること, 軽減; 和らぐこと, 緩和; 安心すること; 慰安.

megkönnyít [他] (荷を)軽くする, 軽減する; ゆるめる, 楽にする, 和らげる; 容易にする.

megkönyörül [自] (…に対し)気の毒に思う, 憐れむ, 同情する.

megköszön [他] 謝する, 感謝する; (…に)謝辞を述べる, 礼を言う. 〔ezt nem köszöni meg, これを喜ばないだろう.〕

megköt [他] 結ぶ, くくる, 縛る, たばねる, つなぐ; (…に)結びつける, 連結する; 編む; (比)束縛・拘束する; (…に)義務を負わせる; (契約・条約を)締結する. 〔alkut megköt, 取り引き契約を結ぶ. megköti magát, 頑張る, 突っ張る, 意地を張る; (…を)己れの義務とする.〕

megkötöz [他] 縛りつける, 桎梏(しっこく)にかける. 〔megkötözve, 結んで, からげて, 縛りつけて.〕

megkövetel [他] 要求・請求する; 切望・強要する.

megközelít [他] (…に)近づける, 接近させる; 近づく, 接近する.

megközelíthetetlen [形] 近づきがたい, 寄りつけない; (比)清廉な, 買収できない.

megközelíthető [形] 近寄り得る, 接近し易い; (比)近づき易い, 人づきのよい, 愛想のよい.

megküld [他] (手紙や小包を)送る, 送付・発送する; (人を)つかわす.

megkülönböztet [他] (二者を)見分ける, 識別・鑑別する; 区別する, 差別をつける; 特別扱いをする.

megkülönböztetés [名] (二者を)見分け・識別すること; 区別, 差別, 判別.

megküzd [自] 戦いによって決する, 勝利を争う; (…を擁

meglevő

護して)闘う；(比)(弁論で争って)決着をつける；(…を)克服する, に屈せぬ；(試験に)及第する。

meglágyít [他] 柔らかくする；(比)(…の心を)和らげる, (…の心に)触れる, 感動させる。

meglapul [自] (地上に)平たくなる(隠れるため)；かがむ, お辞儀する；(比)(…に)はいつくばる。

meglassul [自] のろくなる；(動作などが)ゆるやかになる, 緩慢になる。

meglát [他] (…を)見る, 見つける, 認める；(…に)気がつく；分かる。〔majd meglátjuk, いずれ分かるわ。〕

meglátogat [他] (…を)見舞う, たずねる, 訪問する；(場所を)訪れる, に往く, 通う；(会に)出席する；(災難が)訪れる, (…に)遭遇する, 襲われる。

meglátszik [自] 見える, 現れる, 見えて来る；認められる, 明白となる。

meglazít [他] (ネジを)ゆるめる, ぐらつかせる；(農)(土を)柔らかにする, 耕うんする, 耕す；(帆綱を)ゆるめる；(比)(風紀を)だらけさせる。

meglazul [自] ゆるむ, ぐらぐらになる；和らぐ；柔らかになる；(比)放縦に流れる, だらしなくなる。

megleckéztet [他] (…に)くどい訓戒・説諭をする, 長談義をする；(…を)とがめる, 面責する, しかる。

meglehet [自] 可能である, なし得る, 出来る；有り得る, 起こり得る。

meglehetős [形] 相当な, かなりの。

meglendül [自] 一揺れする；揺れ出す。

meglep [他] (…を)不意に襲う, 不意打ちする, びっくりさせる, 仰天させる。

meglepetés [名] 不意を打つ(驚かす)こと；意外のこと, 不意の出来ごと；ハプニング。

meglepő [形] 不意の, 意外の, 驚くべき；びっくりさせる, 目ざましい。

meglepődik [自] 不意打ちを食らう, 驚く, びっくりする。

megles [他] (…の動静を)うかがう, ねらう, 待ち伏せする；耳をそば立ててうかがう, 見張る, 監視する。

meglett [形] 成人(成長・発育)した。

meglevő [形] 手許にある, 持ち合わせの；現にある, 現存の；用意している, 貯えてある, 貯蔵の。

meglocsol [他] (水を)注ぐ，注ぎかける，振りかける。
meglő [他] (射撃で)射当てる；射撃(発砲)する；射殺・銃殺する。
meglök [他] (…を)押しやる，押す；ぶつける，突き当てる，衝突させる。
megmagyaráz [他] 説明(解明・解釈・注釈)する。
megmagyarázhatatlan [形] 説明のできない，説明しにくい；合点のゆかない，妙な，謎(なぞ)のような。
megmámorosodik [自] ほろ酔う；気持ちよく酔う，陶然とする。
megmar [他] (犬が)かむ，かじる；(比)(…を言葉で)傷つける，中傷する。
megmarad [自] (場所に)留る，とまる，滞在する；生き残る；(…が)残っている，余っている；(営造物が)存続・存在する；(意見を)固守する，強く主張する。
megmarkol [他] むんずとつかむ，(大まかに)握る；とらえる，引っ捕える。
megmásít [他] 変更・修正・改正する；(意見や計画を)変える；偽造・模造・がん造する。
megmásíthatatlan [形] 変えがたい，不変の，不易の，一定した；取り消しがたい；如何ともしがたい。
megmászik [他] よじ登る，登りつめる；(…に)はらばいになって到達する；(…の上を)はい回る。
megmenekül [自] 逃げる，のがれる；(危険を)脱出する。
megment [他] (火中から)救い出す；(危険から)助ける，救助する；(宗)救済・済度する。
megmér [他] はかる(秤る，量る，測る)；(布の)寸法を取る；(重さを)量る；(コンパスで)測定する。
megmerevedik [自] かたくなる，こわばる，硬直する；凝固する；しびれる，かじかむ(寒さなどに)。
megmérgez [他] 毒を入れる，有毒化する；(…を)毒で汚す；毒殺する；(比)中毒させる。
megmoccan [自] 動く，活動する；わずかに身動きする。
megmond [他] 言う，伝える，述べる；知らせる，明らかにする，開示する；(宗)啓示する。
megmos [他] (…を)洗う，洗い清める。〔vkinek a fejét megmossa, 誰をしかり責める。〕
megmosakodik, megmosdik [自] 身体を洗う，身を

megnyilatkozás

清める；顔を洗う。
megmotoz [他] くまなく捜索する；(疑わしい人物を厳重に)調査・検査する。
megmozdít [他] 動かす，活動・運転させる；(所)位置をかえる，ずらす，移す，押しやる。
megmozdul [自] 動く，行動を起こす；活動・運転する；運動・進行・移行する。
megmozgat [他] (繰り返し)動かす；移動させる；(…のために)活動させる。〔minden követ megmozgat, 大々的な活動をする。〕
megmutat [他] 指し示す；見せる；(…に道を)示す，指摘する，教える；(実験などで)表示(表明・実証・証明)する。
megművel [他] (田畑を)耕す，耕作する。
megnedvesedik [自] しめる，うるおう，ぬれる，湿気をおびる。
megnedvesít [他] しめらせる，うるおわす，ぬらす，しめっぽくする。
megnehezít [他] 重くする；(比)(一層)重苦しくする，つらくする，困難にする。
megneheztel [自] (vmiért)気を悪くする，ムッとする。
megnevettet [他] (…を)笑わせる。
megnevez [他] 名づける，命名する，称する，号する，呼ぶ；指名(指定)する；任名(選任)する。
megnéz [他] よく見る，熟視・注視する；視察する，見て検査(検分)する。
megnő [自] (子供・植物が)大きくなる，成長する；成人する；(羽毛や植物が)のびる；増大する。
megnősül [自] (男が)結婚する(妻を娶る)。
megnyer [他] かち得る，獲得する；(宝くじで)もうける，得する；(戦争で)勝利を博する，勝つ；(恩愛・同意を)かちとる；(賞を)受賞する。
megnyerő [形] 人の心をひく，心をそそる，人好きのする，魅惑的，誘惑的。
megnyes [他] 剪定する，手入れする；(木の枝を)おろす，刈りこむ，切り落とす；(毛・髪などを)はさみで切る。
megnyilatkozás [名] (意見の)発表，意思表示；(感情の)打ち明け，表明，表白；公表，宣言，説明；(宗)天啓，示顕。

megnyilatkozik［自］（…に就て）自分の意思を知らせる，自分の意見を述べる（表明する）；現れる，出現する；発揮される。

megnyílik［自］（窓や門が）ひらく，あく；開幕する；（展覧会が）開催される；（店や市や季節が）始まる。

megnyír［他］（髪を）切る；（羊毛を）刈りとる；（芝生を）刈りこむ。

megnyit［他］（戸や窓を）あける，ひらく；（会議を）開催する；（医）切開する。

megnyitás［名］開会，オープニング；（会議を）開催すること；（遺言状の）開封；開始，開業，開場；（外科）切開すること。

megnyitó［形］開会の。〔megnyitó beszéd, 開会の辞；就任演説。〕

megnyom［他］（ボタンを）押す；押しつける，おさえつける；語尾を強く発音する；強調する；（比）窮地に陥れる。

megnyugszik［自］しずまる，落ちつく；（運命に）安んじる，従う，満足する；休む，休養する；（…に）同意・承諾する；穏やかになる，晴々となる。

megnyugtat［他］静める，落ちつかせる；なだめる，安心させる。

megnyugtatás［名］しずめること；穏やかにすること；鎮静，落ちつき；安心，慰安。

megnyugtató［形］落ちつかせる，安心・あんどさせる；鎮静的，安慰的。

megnyúlik［自］伸びる，広がる；延長する，長くなる。

megnyúz［他］→ lenyúz. 皮をはぐ，むく；（獣類を）屠殺する；（比）酷使する。

megokol［他］（…の）動機を示す；（正当化の）理由を述べる，理由を指示・説明する。

megokolás［名］（動機・理由・誘因・正当化の）説明・陳述；（判決の）理由，根拠。

megolajoz［他］（モーターに）油をさす，油を塗る。

megold［他］（結び目を）解きほどく；（なぞを）解く；（問題を）解決する，解明する；（衣服を）脱がせる，はずす；（馬のくつわを）ゆるめる，解く。

megoldás［名］解くこと；解決，解答，解明。

megoldatlan［形］解けてない，未解決の（問題など）。

megoldhatatlan [形] 解きがたい，解決不能の。

megoltalmaz [他] (…を…に対して)保護・擁護・ひ護する，かばう；支持・援助する。

megolvad [自] 溶ける，液化する；(金属が)溶解する，とけこむ；(雪などが)解ける。

megolvaszt [他] (…を)溶かす，溶解する，液化する；(雪などを)解かす。

megorrol [他] 感情を害する，ムッとする。

megostromol [他] 強襲・襲撃・殺倒する。

megoszlik [自] (意見が)分かれる，割れる，分裂する；(河や道が)分岐する。

megoszt [他] 分ける；分配する，配る；共感する；対立させる。

megosztozik [自] (…と)分け合う，相互に分け合う；分けられる，分配される。

megóv [他] 守る，保護(保管・保存・保全)する；防ぐ，予防する。

megóvás [名] 守護，保護，保全，保存，保管；防衛，予防。

megöl [他] 殺す，殺害する，殺りくする。

megölel [他] 抱く，抱きしめる，抱擁する。

megöntöz [他] 水を注ぐ，注ぎかける，振りかける。

megöregedik [自] 年をとる，年寄りになる。

megőriz [他] 貯えておく，保存・保管する；守る，見張り・監視する；(心の状態を)保つ。

megörökít [他] 記憶にとどめる；永遠に伝わせる，不朽(永遠)化する。

megőröl [他] (穀物をうすで)すりくだく；(砂を)砕く，磨砕する，打ち砕く；(紙を)パルプにする；(コーヒー豆を)碾(ひ)く。

megörül [自] (…について)うれしがる，喜ぶ，楽しむ。

megőrül [自] 精神錯乱する，発狂する。

megőrzés [名] 保存すること；保管，貯蔵；委託，信託；守ること。

megőszül [自] 白髪となる。〔becsületben megőszült, 永年勤続の。〕

megparancsol [他] 命ずる，命令する；指図・訓令する；委託する，委ねる；注文する。

megpecsétel [他] 封印・押印・なつ印する；密封・密閉する；(比)(特に結婚)式を挙げる；(不運を)定める。

mégpedig [接] というのも；しかも, その上に。

megpendít [他] (鐘や弦を)鳴らす, 振動させる；(比)(考えを)投げかける；提起する。

megpenészedik [自] 黴(かび)る, かびが生える, かび臭くなる。

megperzsel [他] 少し焼く, 焦がす, ほうじる, あぶる, 茶色にする；(比)(失恋の)痛みを残す。

megpihen [自] 休む, いこう, 休養する, 休憩する。

megpillant [他] (突然…を)認める, 見かける, 見つける；(景色を)ちらっと見る。

megpirongat [他] (…に対して)たしなめる, しかる, 意見する。

megpróbál [他] ためす, 試みる, 吟味する；やってみる, 実験する；(衣類を)試着してみる；(寸法や型を)合わせる；(比)(人に)試練を与える。

megpróbálkozik [自] (…で)試みる, 腕だめし(力だめし)をする。

megpróbáltatás [名] 試み；(比)苦難, 困難, 憂目；(宗)神罰, 試練。

megpuhít [他] 柔弱にする；(皮革を)柔らかくする；(心を)和らげる；穏やかにする, 丸くする；懐柔する, なだめすかす；(野獣を)飼い馴らす, 馴化する。

megpuhul [自] 柔軟・柔弱になる；(比)柔順になる, 丸くなる；弱る, 折れて出る。

megpukkad [自] 割れる, 裂ける, 破裂する, はじける。〔majd megpukkad nevettében, 抱腹絶倒する, 大笑いする。

megrág [他] かみ砕く, そしゃくする, かみこなす；(うじ虫などが)食いつくす；(比)熟考・熟慮する。

megragad [他] つかまえる, 握る；捕える, とりおさえる；(可能性や誰かの注意を)捕える；掌握する。[自] (…に)ねばりつく, 付着・粘着している；ずっと滞在する；(比)記憶に残る；(目が)離れない。

megragadó [形] 感動を与える, 感動的な；うっとりさせる, 心を奪う, 魅する；興味深い。

megrak [他] 積む, (船や車に)荷を積む；(薪を)くべる；

(兵)(兵隊を)駐屯させる，守備兵をおく；(比)散々なぐる，したたかなぐる。

megrakodik [自] (…で)荷積みをする，積載する。

megrándít [他] (急に)動かす；(肩を)すくめる；(腕や足などを)くじく，筋を違わす，脱臼(だっきゅう)させる。

megrándul [自] ちぢまる，収縮する；筋を違える，脱臼する；(手や足が)くじける。

megránt [他] ぐいと引く，強く引っ張る，ひったくる；ひきずる，ひき寄せる；筋を違えさせる。

megráz [他] ゆすぶる，ゆり動かす；(土地を)震動させる。

megrázkódik [自] 身をゆすぶる，ふるえる；ガタガタ動く，震動する，震える。

megrázkódtat [他] 揺り動かす，震動させる；衝撃を与える；(比)不安にする；たじろがせる。

megrázó [形] 揺り動かす；(比)胸を刺すような，悲しそうな。

megreked [自] ゆき詰まる；(車が泥中に)はまりこんでいる；(とげが)刺さりこんだままである；(管が)つまっている，ふさがる；(医)便秘する；(声が)しゃがれる；(比)停滞する。

megrémít [他] おじけさせる，びっくりさせる；ろうばいさせる，当惑させる。

megrémül [自] (…に)驚く，びっくりする，おじけ恐れる。

megrendel [他] 命令(用命・注文)する，あつらえる，取り寄せる；定める，指令(指定・指図)する。

megrendelés [名] (商)用命，注文，あつらえ，予約；委託；注文書。

megrendelő [形] 注文の。[名] (商)注文者，顧客，得意。

megrendít [他] 揺り動かす，震動させる；(比)ショックを与える，動揺させる，不安にする。

megrendítő [形] 揺り動かす；(比)ぞっとする，悲壮を催させる。

megrendül [自] 揺すられる，震動する；揺るぐ；(…から)大衝撃をうける。

megreped [自] 割れる，裂ける，破れる；ひびが入る，亀裂が入る；(比)(心が)傷む，断腸の思いをする。

megrepedezik [自] 裂ける；割れ目(裂け目・ひび)が入る，亀裂(きれつ)を生ずる。

megrepeszt [他] (気球を)破裂させる；(布を)破る，裂く；(比)心を傷ましめる，傷心させる，断腸の思いをさせる。

megrészegedik, megrészegszik [自] 酔う，ひどく酔う；(比)陶酔する。

megretten [自] おびえる，おじけ恐れる；ふるえ出す，仰天する，度を失う。

megrezdül [自] ふるえ出す；ふるえる，震動する；まばたく。

megrezzen [自] (ガラスが)揺れる，震動する；おどろき縮み上がる，びっくりする，面くらう。

megritkul [自] (森林が)明るくなる，まばらになる，切り透かされる；(空気などが)稀薄になる。

megró [他] (比)非難・攻撃する，とがめる，なじる，責める。

megrohan [他] (敵を)不意に襲う，襲撃する；(城に)殺倒・突貫する。

megromlik [自] 悪くなる，だめになる，傷む，損じる，腐る，変質する；(比)零落・破滅・堕落する。

megrongál [他] 損傷する，傷める，だいなしにする；(健康を)そこなう；(建物を)き損する，こわす。

megront [他] だめにする，悪くする，傷める，害する；堕落・腐敗・破滅させる。

megrostál [他] 篩(ふる)う，ふるいにかける；より分ける，選抜する。

megrovás [名] なじること，とがめ，非難，攻撃；しっ責，戒告。

megrozsdásodik [自] さびる，腐食する；(植物)うどん粉病にかかる，(化)酸化する。

megrögzött [形] 習慣的の，因襲の久しい，根底の深い，染みこんだ；がんこ一徹の，強情な。

megrökönyödik [自] 啞然として立ちつくす，(…から)びっくりする，自失する，あっけにとられる；(馬が)恐れて飛びのく，しり込みする，あとずさりする。

megrövidít [他] (長さを)短くする；(文章を)縮める，短縮する；(…に)損害を与える，不利にする，傷つける，害する。

megrövidül [自] 短くなる，縮小する，短縮される；(…で)損をする。

megrúg [他] (角で)突く；(フットボール，足で)ける，突く，打ちあてる。

megsajnál [他] (…のために…を)ふびんに思う，あわれむ，気

megsürget

の毒に思う，同情する；残念に(遺憾に)思う，惜む。
megsántul [自] 跛(びっこ)になる。
megsárgul [自] (紙や木の葉などが)黄色くなる，黄ばむ。
megsavanyodik [自] (酒などが)すっぱく(酸く)なる；すえる，傷む；(比)不機嫌になる，気むずかしくなる。
megsebesít [他] 傷つける，負傷させる；害する。
megsebesül [自] 負傷する，傷つく；傷つけられる。
megsegít [他] (…を)手伝う，助力する；助ける，力になる，助成する；援助・扶助する。
megsejdít [他] おぼろげに感ずる，感づく，予感する；気づく，看取・看破する。
megsejt [他] 予測する；気づく。
mégsem [接] にもかかわらず…でない。
megsemmisít [他] 無くす，絶滅・根絶する；破壊・廃棄する；(法)無効を宣す，破棄する，取り消す；全滅する，ほろぼす；(気持ちを)くじく。
megsemmisül [自] 無くなる；ほろびる，絶滅する；水泡に帰する；(比)絶望する。
megsért [他] 傷つける，疵つける；(法律などに)違反する；(比)感情を害する，傷つける，侮辱する，無礼を加える。
megsértődik [自] 傷つく，不快を感ずる，感情を害される，侮辱を感ずる。〔megsértődve, 名誉を傷つけられて，侮辱(不快)を感じて。〕
megsérül [自] 傷つく，負傷する；(事物が)損傷する，損害をこうむる，だいなしになる。
megsimogat [他] (手で)軽くたたく，さする，なでる；かわいがる，愛ぶする。
megsínyli [他] (災害などに)苦しむ；苦痛を感ずる；害を受ける，悪い結果に悩む。
megsokall [他] 余りに多いと思う，もう沢山だ；(比)あきあきする，いやになる，うんざりする。
megsóz [他] 塩を入れる；塩で味をつける；塩漬けにする。〔nagyon megsóz, 塩を入れすぎる，塩からくしすぎる。〕
megsúg [他] (…に…を)ささやく，耳打ちする，ひそかに伝える；(比)ほのめかす，教える。
megsül [自] 焼ける，あぶられる；(比)(暑さで)うだる。
megsürget [他] (…を)促す，促進する，せきたてる，かりたてる；(…を為すよう)勧める，さとす。

megsűrűsödik

megsűrűsödik [自] (液体や気体が)凝縮する；濃くなる，密になる，濃厚になる。

megsüt [他] (肉を)焼く，あぶる，焦がす；(太陽が肌を)日焼けさせる。

megszab [他] (服地を)裁つ，切って作る；(比)決める，決定(確定・規定)する，規則を決める；規制する。

megszabadít [他] ゆるめる，解く，自由にする；解放(放免・釈放・免除)する；救い出す，救助・救済する。

megszabadul [自] 自由になる；免れる，解放，放免される；(かごの鳥が)放たれる；(金を払って)身軽になる，楽になる，やっかい払いする。

megszagol [他] 嗅ぐ，くんくん嗅ぐ；(比)(危険を)嗅ぎつける，感づく，気づく，悟る。

megszakad [自] 切れる，裂ける，破れる，ちぎれる；(道が)途切れる；中断する，止む；(比)心が破れる，断腸の思いをする，傷心する。

megszakít [他] 断ち切る，やめる；(旅行を)中断する；(交友を)断つ；(話を)さえぎる，途中でやめさせる；(電流を)切る。

megszakítás [名] 同上のこと；中断，停止；断絶；(電)停電。

megszáll [他] (兵)包囲攻撃する，奇襲する；占領する；(病気や不幸が)ふりかかる，襲う；(場所を)占める；(悪魔が)取りつく。[自] (…に)泊まる，宿泊する；(兵)駐とんする。

megszállás [名] (ホテルに)投宿；(…のうちに)居住，寄寓；占領，占拠。

megszámlál [他] 計算・勘定する；合算・合計する；(人口・投票を)集計する。

megszámlálhatatlan [形] 数えきれない，無数の。

megszámoz [他] (…に)番号を付ける；(本に)ページ数を付ける，丁付けする。

megszán [他] (…を)憐れむ，同情する，ふびんに思う，気の毒に思う；ほどこしを与える。

megszárad [自] 干(ひ)る，乾く，干からびる，乾燥する。

megszárít [他] ほす，乾かす；干上がらせる；(水を)からす，排水する。

megszavaz [他] (…を)投票して決する，可決する；(法律

案を)票決する，投票で決する。

megszed [他] (果物などを)摘み取る，むしり取る，採集する，収穫する。〔megszedi magát, 財布(ポケット)がふくれる；身を富ます，金をためる。〕

megszédít [他] 目まいを起こさせる；知覚を失わせる，自失させる，混迷・失神させる；(比)目をくらませる，うろたえさせる。

megszédül [自] 目がくらむ，目まいがする；ぼう然自失する。

megszeg [他] (パンやスイカ等を)二つに割る；(約束を)破る；(法律を)犯す，違反する。

megszégyenít [他] (…を)赤面させる，恥じ入らせる；辱める；(比)…に勝る，しのぐ。

megszégyenül [自] 恥じる，恥ずかしくなる，赤面する。

megszelídít [他] (動物を)なつける，馴らす，馴化する；(馬を)仕込む，調教する；(比)取り扱い易くする，すなおにする，御し易くする。

megszelídül [自] 仕込まれる，馴れる，なつく；温順・柔和になる；しずまる，和らぐ。

megszentel [他] 神聖にする，祝聖(祝福)する；聖列に加える；(休息日を)守る；奉献する，捧げる。

megszentségtelenít [他] 僧職を奪う，還俗(げんぞく)させる；(…の)神聖をおかす，冒とくする；(神物・神域を)汚す。

megszeppen [自] 不安となる，心配になる；びくっとする。

megszeret [他] (…が)好きになる，(…に)なじむ，趣味を持つに至る；恋に落ちる。

megszerez [他] (…を)供給(調達・配慮)してやる；世話・周旋する；(働いて)得る，もうける；取得・獲得する；増やす。

megszid [他] 烈しくしかる，しかりとばす，ののしる，非難する。

megszilárdít [他] 強固にする；(城を)固める，強固にする；(信仰を)堅固にする；(平和を)確立する，安全にする。

megszilárdul [自] 固まる，強固・確実になる；基礎が固まる，確定・固定する。

megszokás [名] 慣れること；習慣，癖；風習；風土に慣れること，風土馴化；しきたり，常例，慣例。

megszokik [自] (所に)慣れる, 腰が落ち着く；(…に)慣れる, 親しむ, 習熟する。 [他] 慣れる, 親しむ, 習熟する。

megszokott [形] 習慣的, 通例の, 通常の, 平生の。

megszól [他] (…を)悪く言う, 悪口を言う, あらを吹聴する, 中傷する, けなす。

megszólal [自] 話し始める；発言する；(鐘が)鳴り響く, ひびきわたる, 響きだす, (鳥が)鳴き始める。

megszólaltat [他] 話させる, 語らせる；発言させる；鳴らせる, 響かせる。

megszólít [他] (対話者に)話しかける, 呼びかける；式辞を述べる；(会話中に)質問する, 提出する；異議を唱える。

megszólítás [名] 話しかけること；呼びかけ；(手紙の)あいさつ。

megszorít [他] 引きしめる；押さえる, 押さえつける, 拘束する；(…の手を)握りしめる, 握手する；制限する；(比)(…を)窮地に落とし入れる, 追い詰める, 困らせる。

megszorítás [名] 同上のこと；引きしめること；狭くすること；制限, 拘束, 抑制。

megszorul [自] つっかえる；(空気が)よどむ；零落・困窮する, おちぶれる；窮地に陥る。

megszökik [自] 逃げる, 逃げ去る；(義務を果たさずに)逃亡・脱走・失そうする；(兵)脱営する；(鳥が)飛び去る；(水などが気づかないうちに)流れ出す。

megszöktet [他] 逃がす, 逃亡・失そうさせる；運び去る, 連れて逃げる；(娘を)誘かいする。

megszúr [他] (とがったもので)突く, 刺す, 突き刺す；(比)(…を)あてこする, (…に)いや味をいう。

megszül [他] (子供を)産む, 分娩する；(比)(論文などを)生み出す。

megszületik [自] 生まれる, 生まれ出る；(比)(詩などが)生まれる。

megszűnik [自] (活動が)停止する, 中止する；(雷雨が)止む；(仕事が)中断する；(比)(血統が)絶える；(法律条約が)効力を失う。

megszüntet [他] 止める；中止・休止させる, 終息させる；撤廃・廃止する；(仕事を)やめる；(組織などを)閉じる。

megszűr [他] こす, ろ過する；柔らかくする。

megszürkül [自] 灰色になる；(比)白髪になる, ごましおに

なる；薄暗くなる。
megtagad [他] (神を)否認する；(…の承認を)拒む；(願いを)拒絶する；(服従を)拒む；(…の学説を)認めない。
megtakarít [他] 倹約して残す，節約する，貯蓄する。
megtakarítás [名] 同上のこと；倹約，節倹，貯蓄。
megtalál [他] (探して)発見する；(紛失物を偶然に)見つけ出す。
megtámad [他] (敵を)攻撃する；(意見を)論難・論ばくする，責める；(旅人を)不意に襲撃する，おそう；(法)論ばくする，論じて相手の説を攻撃する。〔hátulról megtámad, 背後から襲う。〕
megtámadható [形] 攻め(攻撃し)得る；(比)論難・論争し得る，抗議の余地ある。
megtámaszt [他] 支える，支持する；(…に)よりかからせる，もたれかからせる。
megtáncoltat [他] (女性を)踊らせる，踊りに誘い立てる；(比)きりきり舞いさせる；ひどくしかりとばす，面責(説諭)する。
megtanít [他] (…を)教える，習得させる；仕込む。
megtántorodik [自] よろめく，ふらつく；(信仰が)よろめく，ふらふら(動揺)する。
megtanul [他] (…を)習得する，覚える，身につける，修める。
megtapogat [他] (繰り返し)手でさわる。
megtart [他] 握る；(権力などを)持ちつづける，はなさない，保持(固守)する；(主張を)言い張る，譲らない，捨てない；(誓約を)守る，遵奉する；(結婚式を)挙げる，祝う；(講演を)行う；(選挙を)行う；保管・維持する。
megtartóztat [他] 制止・抑制する；引き止める，留置する；差し控えさす，妨げる。〔megtartóztatja magát, 差し控える，自制する，つつしむ。〕
megtekint [他] 見学する，視察・観察する；検査(検閲・臨検・吟味)する。
megtekintés [名] 同上のこと；視察，検察，検分。〔szíves megtekintésül, 高覧に供して。megtekintésre, (商品を買手に)見本として。megtekintésre méltó, 見る価値のある，一見に値する。〕
megtelik [自] 一杯になる，満ちる；(顔が)丸くなる；満月

megtép [他] (羽毛を)引きむしる, 引っ張る, むしり取る；ひったくる, はぎ取る；(比)苦しめる, 悩ます。

megtépáz [他] (髪や服を)くちゃくちゃにする；(ゆすぶって)引っぱる, 引きむしる, (衣類などを)引き裂く；(比)(…を)いじめる, ひどい目にあわせる。

megtér [自] 戻る；(神に)帰る, 戻る, 立ち帰る；(宗)キリスト教信者になる, 悔い改める。

megterem [自] 大きくなる, 増大・成長・発育する；生ずる, 発生する。[他] (果実を)生ずる, 産する；収穫を上げる。

megteremt [他] 生産する, 作り出す；創造・創作する；工夫する。

megtérés [名] 復帰；(比)転向, 改心；(宗)改宗。

megterhel [他] (荷を)積む, 負わせる, 積荷する；(比)世話・めんどうをかける, 煩わす；(商)(…の)負担にする, (…に)借財を負わせる。〔megterheli magát, 荷を負い過ぎる。megterhelve, 重荷を負って；やっかいをかけて。〕

megterhelés [名] 荷を積むこと；荷積み, 積荷, 積載；荷の積み過ぎ, 過載；(比)過重の負担。

megterít [他] おおう, 被う；(食卓に卓布を)掛ける；(比)食卓の支度をする。

megtérít [他] (…を)悔い改めさせる, 転向・改宗させる；(宗)キリスト教に改宗させる, 信者にする；(損害を)補償する；払い戻す, 返済する。

megtermékenyít [他] (植)実らせる, 結実させる；(動)受胎させる, はらませる；(土地を)肥やす, 豊じょうにする；(比)生産的活動を促す。

megtermékenyítés [名] 同上のこと；結実；受精, 受胎。

megtermékenyül [自] 実る；受胎する；(土地が)豊じょうになる。

megtermett [形] 体格のよい, がっしりした；力のこもった, 強壮な, 精力的な。〔jól megtermett, りっぱな体格の, 恰好のよい, からだつきのよい。〕

megtérül [自] 補償(償還・補充・返済)される, 支払われる。

megtestesít [他] (…に)形体を与える, 具体化する；擬

人化する，実体化する。
megtestesül［自］形体をうる，具体化する，実体化する。
megtesz［他］為す，行う，果たす；成し遂げる，実行・成就する；(距離を)進む；(…に)任命・指令する；(効果を)生ずる。
megtetszik［自］気に入る，心に適う；現れる，出現する。
megtéveszt［他］惑わす，迷わす，混乱させる；だます，ごまかす。
megtilt［他］禁ずる，禁止する，差し止める。
megtisztel［他］尊敬する，敬意を表する。
megtisztelő［形］名誉・栄誉ある，光栄の，尊敬に値する；へつらった，媚(こ)びた，お世辞の。
megtiszteltetés［名］敬意を表すること，光栄；表敬訪問。
megtisztít［他］浄める，浄化する；清掃・そうじする，きれいにする；(液体を)こして澄ます；(鶏の)羽をむしる；(空気を)浄化する；(敵を)一掃する，粛清する；(血を)清浄にする。
megtisztul［自］清らかになる；純になる；きれいになる；(罪が)清められる。
megtold［他］(綱を)つぎ足す；(…を…で)つぎ足す，付加する(長くする，高くする)；(耳にしたことを)補足して伝える。
megtorlás［名］仕返し，返報；報復；(政・外)制裁，報復。
megtorol［他］(…に)しっぺ返しする，報復・ふくしゅう(復讐)する，あだを打つ。
megtölt［他］(…を…で)一杯にする，満たす；(銃に)装てんする；(パイプに刻みタバコを)詰める；充電する；(料)詰め物をする。
megtöm［他］(…を…に)詰め込む，ふさぐ，充たす；(家禽に)えさを無理に食わせる；満腹させる。
megtör［他］砕く，破る，こわす；(クルミを)割る；(沈黙を)破る；(光を)屈折させる；(法律や教訓を)破る，犯す；(比)(人を)屈服・制御する；(心身の健康を)損う。
megtörik［自］(氷が)砕ける，破れる；(訊問で)口を割る；(光が)屈折する；(船が)難破する；が解する，くずれる，つぶれる；骨折する；(心が)砕ける；(比)(眼が)だんだんと衰える；静かに死ぬ。〔megtörve, 破れて，砕けて；屈折して；衰え

て。〕

megtöröl [他] ふき取る，ぬぐい清める，ぬぐう；ほこりを取る。

megtört [形] 砕けた，破れた，折れた；屈折した；(比)落胆した；衰弱した。

megtörténik [自] 起こる，実現する，実行される；偶発する。

megtréfál [他] (…を)からかう，あざける，ばかにする；冷やかす，ふざける，かつぐ。

megtud [他] (間接に通知を受けて)知る；(ニュースなどを)聞き知る，聞き込む；問い合わせる。

megtudakol [他] (…について)照会する，問い合わせる；問うて知る，尋ねて知る；(法)尋問する。

megtűr [他] 忍ぶ，耐える，辛抱する；恕する，許容する，甘受する。

megugat [他] (犬が…に向かって)ほえる，ほえつく。

megújít [他] 新たにする，改める，一新する；更新(改新・革新・再興)する；(家を)改築する；(条約を)継続して締結する；(元気を)回復させる，活気づける，生気を与える。

megújul [自] 新たになる，一新する；更新される；再興・復活する；再び始まる，繰り返される。

megun [他] 飽きる，いやになる，うむ，うんざりする。

megundorodik [自] 吐き気を催す；いやになる，飽きる，うむ。

megül¹ [他] (しっかと具合よく馬に)乗る。[自] (…に)座っている，座ったままでいる(客などが定着する)。

megül² [他] (記念日を)祭る，祝う；祝典を挙行する。

megünnepel [他] (祝典を)あげる，祝う，祭る。

megüt [他] 打つ，たたく，なぐる；(楽器を)たたく；(災害や病気が)襲う，死に至らしめる；(…に)つき当てる，ぶっつける，衝突させる；(トランプの札を)切る，切札を出す；(耳を)たたく，横顔をぶつ。〔a mértéket megüti, 寸法があう，尺があう；適当だ，ふさわしい，りっぱだ。megüti magát, 衝突する，ぶつかる。〕

megütközés [名] (敵と)衝突，遭遇；遭遇戦；(比)(…に関し)あつれき(仲たがい，争いあうこと)。

megütközik [自] (敵と)衝突する；(…に関し)意見がぶつかる，争い合う。〔megütközve, 衝突して；(…に関し)

ぶつかって，仲たがいして；ろうばい(当惑)して，驚いて。〕
megüzen [他] (…を)伝えてもらう，伝言する。
megvadít [他] 獰猛(どうもう)にする；怒らせる；(馬を)暴れさす，野性化する；(子供を)手におえなくする。
megvadul [自] 獰猛になる；いきり立つ；(馬が)荒れる，粗野になる，野生化する；(子供が)手におえなくなる；(自然現象などが)荒れ狂う。
megvág [他] そっくり切る，切り離す；細かく切る；一打を与える，むち打つ；(…から金を)巻き上げる，せしめる。
megvakar [他] (かゆい部分を)かく；(爪で)ひっかく，こそげる，こする；(馬を)金櫛(かなぐし)で手入れをする。
megvakul [自] 盲目になる，失明する，見えなくなる。
megválaszt [他] 選び出す，選出する；選択(選抜)する；選挙(選定)する。
megválik [自] 別れる，離れる，分離する；手離す；(意見や立場が)決まる，決定される；辞する，辞職する。〔majd megválik，やがて決まる，決定される(明らかになる)。〕
megvall [他] 告白(自白・白状)する；認める。
megválogat [他] (多くの中から)選び出す，選び抜く；選択・選抜する，品分けする。
megvalósít [他] (…を)実現する；果たす，実行・遂行する；行為に現す；実施する。
megvalósul [自] 実現する；成就する。
megvált [他] (宗)救い出す，救済する；(罪を)あがなう；(金を支払って)身請けする，解き放す，取り戻す；(料金を支払って)受け取る；(入場券を)買い入れる；金を払って(義務などを)免除してもらう。
megváltás [名] 買い戻し；救出；請け出すこと；(宗)救済，贖罪(しょくざい)。
megváltó [名] 救済者，救世主(あがない主，キリスト)。
megváltozik [自] 変わる，変ずる；(…に)姿を変える，変化(変形)する。
megváltoztat [他] 変える，変化させる；変形する；修飾する；修正・改正する。
megvámol [他] 関税を課す。
megvan [自] 生まれる；存在・現存・存続する；出てくる；行なわれる；(…なくても)可能だ；準備が出来ている。
megvár [他] (現れるまで)待つ，待ち通す；期待(予期・待

望)する。

megvárakoztat [他]（人を)待たせる；遅参する。

megvarr [他]（衣類を)縫う,縫い合わせる；(本を)とじる。

megvásárol [他] 買う,購入する；(比)買収する,贈わいする；(…に)わいろを使う。

megvendégel [他] もてなす,ちそうする,供応する。

megvénhedik, megvénül [自] 年をとる,年寄る,老人になる；年寄りらしくなる。

megver [他] 散々打つ,たたく,打ちのめす；(敵を)撃破する,打ち砕く；(神が)懲らしめる,罰する。

megvesz[1] [他]（…を)買う,買い取る,購入(買収・取得)する；(要さいを)襲撃して奪取する,占領する；(競売で)せり落とす；(…に負債を)払わせる,返させる。〔majd megveszi a hideg, 彼はやがて凍えて死ぬ。〕

megvesz[2] [自] 激怒する,怒り狂う；(…に)すっかり夢中である,恋こがれる。

megveszteget [他]（…に)贈賄する,わいろを送る,買収する；(役人を)腐敗させる。

megvesztegethetetlen [形] わいろの利かない,買収されない,収賄しない,清廉な。

megvesztegethető [形] わいろの利く,買収し得る,金しだいの。

megvet [他]（…を)軽べつする,軽んずる,卑しむ；見下す,さげすむ,侮る,無視する；(…の)寝床をとる；(…の)基礎を築く；(…に)足を踏みしめる。〔megveti az ágyat, 彼は寝床の用意をする。megveti a lábát,（どこに)彼は地歩を占める。〕

megvétel [名] 買うこと,購買,購入；(商品の)取得；(兵)(要さいの)占領。

megvetemedik [自]（木が)曲がる,ゆがむ,反る。

megvetendő [形] いやしい,下劣な,下品な；排斥すべき,いまわしい,きらうべき。

megvetés [名] 軽べつ,あなどり,軽視,さげすみ,侮べつ,侮辱。〔megvetésre méltó, 卑しむべき,軽べつすべき,あなどるべき,劣等な,下品な。〕

megvető [形] 軽べつする,見下げる,ばかにする,みくびる。

megvigasztal [他] 元気を引き立てる,慰める,慰安を与える,朗らかにする。

megvigasztalódik [自] (…で)自ら気心を慰める, 慰む；元気を出す, 安心する。
megvilágít [他] 照らす, 照明する, 明るくする；(比)説明する, 啓発(教育)する；(写)露出する。
megvilágítás [名] 同上のこと；照明, 採光(の具合)；イルミネーション, 灯火；(絵)明暗の配置；(比)局面；(写)露出。
megvirrad [自] (夜が)明ける, 夜明けになる。
megvisel [他] (衣服を)使いいためる, 着破る, 着古す；(比)ひどく衰弱させる, 疲れさす；苦痛を経験させる, 辛酸をなめさす。
megvitat [他] すみずみまで論ずる, 詳論(論究・討論)する；(法廷で)弁論する。
megvív [他] (戦いで)争って決着(解決)をつける, 決戦する, 戦い抜く, 打ち勝つ；(城を)襲撃して奪取・攻略する。[自] (vkivel), (…と)争う, 戦う；対抗する, 競争する；決闘をする。
megvizsgál [他] 検討(調査)する；検査・吟味する；監査する。
megvon [他] (…から…を)取り去る；(旅券や信用などを)取り上げる, 奪う；(…の言葉を)封じる, 二の句をつかせぬ；(病気が…を)疲労させる；(国境を)線で決める, 標示する。〔megvon magától, (szájától), 節約する, 断つ, 癒す；(食物を)切り詰める。〕
megzabál [他] (動物が)むさぼり食う, 動けなくなるほど食べる。[自] 食いすぎて体をこわす, 食い過ぎる。
megzaboláz [他] (馬を)手綱で御する；(比)(人を)制御・制ちゅう・拘束する；(激情を)抑制する。
megzavar [他] (水を)かくらんする, 濁す；(仕事を)妨げる, 妨害する；(比)(平和を)乱す, 混乱させる；困惑させる, あわてさせる, 過度にかり立てる。
megzavarodik [自] (水が)濁る；曇る, あいまいになる；乱れる, 混乱する, 当惑する；(頭が)おかしくなる。
megzendül [自] 鳴り出す, 響き始める；鳴りひびく, 響く。
megzenésít [他] 曲をつける。
megzörget [他] (戸を)たたく, ドンドンたたく, がたがた鳴らす。
megy(不, menni), [自] (ある所へ)行く, おもむく；歩む,

進む；過ぎる；達する；上映(演)される；ふさわしい。
megye (目 megyét) [名] 県(ハンガリーの行政区画)，州。〔egyházmegye, 教区, 寺区；司教管区, 監督管区。〕
megyei [形] 県(州)の；県(州)に関する。〔megyei adó, 県民税。〕
meggy [名] (植)西洋みざくら(の実)，黒さくらんぼう。
meggyfa [名] (植)西洋みざくらの樹；みざくら材。
méh¹, **méhe** [名] (虫)蜜蜂。
méh² [名] (解)子宮；内部, 奥。〔a föld méhében, 地球の内部(深奥)で。〕
méhész [名] 養蜂家, 蜜蜂飼養家。
méhkaptár, méhkas [名] 蜜蜂の巣, 蜂房。
méhraj [名] 蜜蜂の群, 蜂の群れ。
mekeg [自] やぎがメーと鳴く；(比)(人が)高い声で途切れ途切れ話す。
mekegés [名] やぎがメーと鳴くこと。
mekkora [疑] どのくらいの大きさの；どれほどのサイズの。[感] なんと大きな。
méla [形] 沈思的, 物思わしげな, めい想にふける, 静かに考える, 夢のような；ふさぎこんだ, 憂うつな。
mélabú [名] 憂うつ；気ふさぎ, 憂愁, 哀愁。
mélabús [形] 憂うつな, 陰気な, ふさぎこんだ, 物さびしい。
méláz [自] 考えにふける, 沈思する；憂うつになる, 悲しく考えこむ。
meleg [形] 温かい, 温暖の；暑い, 熱い；(比)情熱のこもった；大変な。[名] 暖かいこと, 暖かさ, 温暖；暑さ。〔melegében elbeszél, ほやほやのニュースを語る。〕
melegágy [名] (農)温床, 暖床；(比)(罪悪の)温床, 源泉。
melegedik, melegszik [自] 暖くなる, 温暖になる, 熱(暑)くなる；温まる, 火にあたる, 日向ぼっこする。
melegház [名] 温室。
melegít [他] 温める, 温かにする, 熱くする；(料理を)温める。
melegség [名] 暖かいこと, 温かさ, 温暖, 暑さ；(比)熱情, 熱心；温情, なさけ。
melegvérű [形] (動)温血の；(比)熱血の, 烈しい, 怒り

易い, 短気な。〔melegvérű állatok, 温血動物。〕
melenget [他] 温める, 温かくする, 熱する；（比）(計画などを)温めている。
mell [名] 胸, 胸廓(部)；(女の)乳房, 懐(ふところ)；（比）(シャツの)胸部；(人の)胸中, 心中, 胸きん。
mellé [後] の側へ, わきへ, 近くへ, そばへ；それに添えて, これと共に, 同封して。
mellék [形] 二次的の, 第二の；付属の, 従属の；副の, 補助(追加・追補)の；側面の, 横手の, 分枝の。[名] (隣接する)地方, 地区, 地域, 地帯。〔Duna mellék, ドナウ川地方。〕；(電話の)内線。
mellékág [名] 大枝；(河川)支流, 分流；分家。
mellékel [他] (…を…に)加える, 添える, 付する；封入・同封する。〔mellékelve, 同封・封入して, 添えて。〕
mellékes [形] 追加・付加の；副次的, 付帯的, 付随的, 従の；枝葉の；ささいな。[名] 副収入, 臨時収入。〔ez mellékes, これは何んでもないささいな事だ。〕
mellékfoglalkozás [名] 副業, 兼業；兼務, 兼職。
mellékfolyó [名] 支流。
mellékíz [名] 本来の味とは異なる不快な味。
mellékjövedelem [名] 副収入, 副収益, 臨時収入。
melléklet [名] 添付書類；付録, 別刷りの印刷物。〔vasárnapi melléklet, 日曜版。〕
mellékmondat [名] (文)従属文。
melléknév [名] (文)形容詞；(…の)あだな。
mellékút [名] わき道, 横道, 間道；（比）(問題をわき道へそらせる)誘致, 牽制。
mellékutca [名] 横の小路, 路地；不倫。
mellény [名] ヴェスト, チョッキ；(女性の)肌着。
mellényzseb [名] チョッキのポケット。〔a mellényzsebéből kifizet, 無雑作に払う。〕
mellérendelt [形] (文) 従 属 的 な。〔mellérendelt mondat, 従属文。〕
mellesleg [副] 序でに, ちなみに, そえて；従属的に, 付帯して, 付随的に。
mellett [後] 近くに, 付近に；かたわらに, …の側に, …と並んで。〔a tenger mellett, 海の近くで。elhaladt mellettem, 彼は私のそばを通り過ぎた。〕

mellhártyagyulladás [名] (医)肋膜炎, 胸膜炎。
mellkas [名] (解)胸郭, 胸腔(部)。
mellkép [名] (絵や写真の)胸像, 半身像。
mellől [後] そばから, 横から, わきから；…から離れる(去る)。〔a ház mellől, 家のそばから…。〕
mellőz [他] わきへ除ける, 後回しにする；等閑に付す, ゆるがせにする；省略(無視)する；回避(黙過・看過)する。
mellőzés [名] 等閑に付すこと；看過, 無視；除去, 除外, 省略；(事実の)不作為, 怠慢。
mellső [形] (動物の)前(足)の；胸の。
mellszobor [名] 胸像, 半身像。
melltű [名] 胸の(スカーフの)止め針；ブローチ。
mellvéd [名] (建, 兵)胸しょう(高さ胸に達する囲い), 胸壁。
méltán [副] 当然のこととして, 正当に；当然, 正しく, 公平(公正・相応)に。
méltányol [他] 価値ありとする, 価値を認める, 評価する；可とする, 是認する, ほめる。
méltányos [形] 合理的な, 適当な, 至当な, 正当な, 妥当な。
méltánytalan [形] 値(あたい)しない, ねうちのない；不当(不公平・不合理)な。
méltat [他] (誰を…に)ふさわしい・適当と判定する(評価する)；価値ありと判定(考慮)する。
méltatás [名] (…の公正・妥当の)評価, 批評, 査定。
méltatlan [形] 価値(品位)のない；面目を汚す, 威厳を損じる；不当(不正・不相応・不合理)な；(…に)値しない, 資格のない。
méltatlankodik [自] 憤慨する, 怒る。
méltó [形] (…に)ふさわしい, 相応・適当する；(…に)値する, …の価値ある；公正な, 堂々たる。〔ez méltó hozzá, これはそれにふさわしい。〕
méltóság [名] 威光, 威厳, 品位, 気品；位階, 高位, 高官, 顕職；貫録, おもみ。〔méltóságod, (身分ある人への尊敬)閣下。〕
méltóztatik [自] (非常に丁寧で, 時に皮肉の意をこめた会話で, 不定詞とともに用いる。)…でいらっしゃる。〔méltóztassék helyet foglalhi, どうぞお座りくださいま

mely [疑] どの, いずれの, いかなる；何。[間] (感嘆詞)何という！[関・代] → amely.

mély [形] 深い, 深遠な；深刻な；奥行ある；くぼんだ, 低い；(色)濃い。[名] 深さ, 深み；奥行。

mélyed [自] 沈む；深くまで達する；深くなる, 沈潜する；(学問に)没頭する。

mélyedés [名] 深まること, くぼむこと, 掘り下げること；くぼみ, 穴, 低地；(壁の)壁がん；(比)(学問に)没頭, 沈潜。

melyik [疑] どの, いずれの, どちらの。〔melyikük, 彼らの中のどれ, あるいはだれ。〕

mélyít [他] 深くする, 深める, 掘り下げる, くぼめる；沈める, たれる；(知識や印象を)深める；(色を)濃くする。

mélyreható [形] 本質的な, 根源的な(思想など)；鋭敏な；洞察力ある。

mélység [名] 深いこと；深さ, 深み, 奥行；吃水(きっすい)；(考えなどの)深淵さ。

mén [名] (動)雄馬, 種雄馬；軍馬。

mendegél [自] ぶらつく, ぶらぶら歩く, のんびり歩く。

mendemonda (目 mendemondát) [名] むだ話, おしゃべり, だ弁, 雑談；風評, 風聞, 風説, うわさ, 世評。

menedék¹ [名] 逃げ場, 隠れ場, 避難所。〔menedéket talál, 避難所を見出す, 避難する；亡命する。menedékét futásban keresi, 逃げて助かろうとする。〕

menedék² [名] 山坂, 傾斜, 山腹。

menedékhely [名] 避難所, 隠れ場。

menekül [自] 逃げる, 遁走する, 逃亡する；脱出する, 助かる；避難する, 亡命する。

menekülés [名] 逃げること, 逃亡(逃走・脱走・脱出)；避難。〔menekülés közben, 逃走中。〕

menekült [名] 亡命者, 難民。

menés [名] 行くこと；歩行, 行進；(兵)行軍, 進軍。

ménes [名] 種馬の群；種馬飼育所, 養馬場。

meneszt [他] (…を…へ)送る, 遣わす, 差遣する；(使用人を)去らせる, 解職・解雇する。

menet [名] 行くこと；歩行, 進行；推移；(ねじなどの)無限らせん；往旅；車行, 航行；(兵)行進, 行軍；(葬式の)行列；(スポーツの)ラウンド。[副] …へ行く途中に。

menetdíj [名] 運賃，乗船賃，乗車賃，旅費。
menetelés [名] (兵)行進，進軍，行軍。
menetirány [名] 進行方向；(兵)行軍路；(鉄)行き先。
menetjegy [名] 乗車券，切符。
menetjegyiroda [名] 乗車券発売所，旅行社。
menetlevél [名] 通行証；貨物運送状；(兵)旅行命令書。
menetrend [名] 旅程；ダイヤ；(汽車の)時刻表。
menettérti [形] 往復の。〔menettérti jegy, 往復切符。〕
mennél [副] → minél.
menő [形] 行く，歩行する；人気がある。
ment[1] [形] 解放(免除)された，自由の；(困窮から)救われた，憂えのない，苦労のない。
ment[2] [他] 許す，恕する；救い出す，救助する，助ける；保護する，守る；弁解する。〔ments Isten !, そんなことが(あってたまるものか)；とんでもない；真っ平御免！〕
menta (目 mentát) [名] (植)はっか(薄荷)。
mente [名] 行くこと。歩いていくこと。〔mentében, mentén, …に沿って，付近において。〕
menteget [他] 言い訳する，弁解・弁護する；言いつくろう，飾る，隠す(過ちなどを)。
mentegetődzik [自] 申し開き(言い訳・弁解)する；逃げを張る，遁辞を構える。
menten [副] すぐに，直ちに，即刻；解放されて，自由で。
mentes [形] 免除された，拘束のない，自由な；免税の；(医)免疫の。
mentés [名] 救助，救済，救命；宥恕を請うこと；弁明，弁解。
mentesít [他] (負担・責任を)免除・解除する；(心配・苦労を)除いてやる，軽減する；免ずる，自由にする；(医)免疫にする。
menthetetlen [形] 救われぬ，助からぬ，許し(宥恕し)がたい，申し開きができない。
menthető [形] 救いうる，助かる望みのある；恕しうる，許して差し支えのない。
mentő [形] 救うための。[名] 救急隊員；救急車。
mentőautó, mentőkocsi [名] 救急車。

mentől [副] → minél.
mentőöv [名] 救命帯, 救命胴衣。
mentség [名] 弁明, 弁護, 口実, 逃げ口上, 遁辞。〔kopasz mentség, 白々しい口実。mentségemre, 自己弁明として。〕
mentsvár [名] 避難所, 隠れ場；望楼, 城さい(とりで)；(比)頼みとするもの, 最後の頼みの綱。
menza [名] 学生食堂, 学食。
meny [名] 嫁。
menyasszony [名] 婚約の女, いいなずけ(許嫁)；(結婚当日の)花嫁, 新婦。
menyasszonyi [形] 同上の。
menyecske [名] 新婚の女, 新妻, 若妻。
menyegző [名] 婚礼, 結婚式, 結婚披露宴。
menyét [名] (動)いたち。〔hölgymenyét, 貂(てん)。〕
menny [名] 天空, 空, あおぞら(青空)；(宗)天上界, 神の国, 天国, 極楽。
mennybemenetel [名] (キリストの)昇天；聖母被昇天, その祝日(8月15日)。
mennydörgés [名] 雷が鳴ること, 雷鳴, かみなり。
mennydörög [自] 雷が鳴る；(比)雷のような音を出す, とどろく；どなる, 怒りで絶叫する。
mennyei [形] 天の, 空の；天にある, 天にまします, 在天の；(比)地上のものならぬ, 神のような, 妙なる, 崇高な。
mennyezet [名] (建)天井；天井画；(床の)天蓋(てんがい)；(祭壇の)天がい；龍がい。
mennyi [疑] どれほど, どれくらい, どのくらいの量の；いか程。〔mennyi az idő? 何時ですか？mennyibe kerül?, いくらです？mennyiben?, どの点に関して；如何なる程度(範囲)にまで。mennyien, 何人で。mennyire, どれほどの遠さ(距離)；どの程度に；どんなに高く；どの点まで。mennyire becsülöd?, 君はこれをどのくらいに評価するか(尊重するか)。〕[間] 如何に, どんなに(感嘆の声)。
mennyiség [名] 量；数量；分量；(数)数量。
mennykő [名] (雷神の矢)電光, 雷；(比)ひどいやつ(奴), とてつもない奴。
mennykőcsapás [名] 雷鳴, 落雷；(比)不幸などの襲

mennyország

来，晴天の霹靂(へきれき---かみなり)。

mennyország [名] (宗)天国，神の国；パラダイス。

mer [他] 敢行する，敢てする，思い切ってやる，決行する；…する自信がある。

mér [他] 計(測，量)る；(酒を)量り売りする；評価する；つり合わせる，度合いを計る，比例させる；(一撃を)食わす，加える，与える。

mérce (目 mércét) [名] 枡(ます)，昔のマスメの名(約3.77リットル)，穀量の名；寸法；度盛；秤；(比)基準。

mered [自] 直立する；(髪が)硬直する，逆立つ；(筋肉が)こわばる；堅くなる，石化する；(目が…を)にらむ，凝視する。

meredek [形] 急傾斜の，けわしい，切り立った，険阻な，そびえ立つ。[名] 傾斜，坂，山坂。

meredt [形] 硬直した，こわばった；まひした，(寒さで)かじかんだ；(眼の)すわった，凝視した，じっと見つめている。

méreg (目 mérget) [名] 毒；(医)毒物，毒素；麻薬；(動植物の)毒液；(比)害毒，毒心；激怒，憤怒。〔mérgében, 立腹して。〕

méregdrága [形] 途方もない高価の，非常に高価な。

méregfog [名] (ヘビなどの)毒牙。

mereng [自] 熟考(沈思)する；めい想(空想)にふける；夢にみる。〔merengve, 物思いにふけって；夢幻的に。〕

merénylet [名] 敢行，大胆不敵な所業；暗殺，刺殺；犯罪，非行。

merénylő [名] 凶行者，犯罪者；暗殺者，刺客。

mérés [名] (寸法を)計ること；(重さを)量ること；(土地の)測量，測地；酒の量り売りをすること，一杯売り。

merész [形] 果敢な，大胆不敵な，向こう見ずの，思い切った。

merészel [他] 敢行する，敢えてする，大胆にも…をする，危険を冒す。

merészség [名] 敢行，果敢，大胆不敵；冒険，一か八か。

mereszt [他] (眼を)見張る，見つめる，凝視(熟視)する；見すえる，かつ目する，じろじろ見る，大きな目をする。

méret [名] 寸法；大きさ(長さ・高さ・幅)；(管や筒の)口径，内径；(弾丸の)直径；(比)つり合い，比例。

merev [形] かたい，曲がらない；(比)固苦しい，ぎこちない，

がん固な，強情な；情を知らない，親しみがたい；直立した；(材料の)たわめがたい，堅くもろい。
merevedik [自] こわばる，堅くなる；(死んで)硬直する；しびれる；凝固(凝結)する；(寒さに)かじかむ。
merevlemez [名] (電算)ハードディスク。
merevség [名] かたいこと，堅さ，こわばり；堅苦しさ，ぎこちなさ，ぎすぎす；(比)厳重，厳格，きびしさ；強硬な(非妥協的)態度；(医)(関節の)硬直症。
mérföld [名] [形] マイル(の) (1609.33 メートル)。
mérföldkő [名] (石の)マイル標，里程標；画期的な出来事。
mérgelődik [自] かっかとする，いらだつ，怒る。
mérges [形] 有毒の；毒々しい；(比)毒意(悪意)ある，怨みをもった；怒った，怒り狂った；(医)毒のある，毒の入った。
mérgesít [他] いらだたせる，怒らせる，立腹させる。
mérgez [他] 汚染する，毒で汚す，毒化する；害をもたらす；(医)中毒させる。
merít [他] くみ出す，くみ取る；引き出す；(比)(原文を)引用する，借りる；スプーンをスープに入れる，つける。
mérkőzés [名] 力くらべすること，競争；対抗，試合，マッチ，競技，勝負。
mérkőzik [自] (…と)力くらべする，優劣を争う，闘う，試合をする。
mérleg [名] はかり；天秤(てんびん)，台ばかり，さおばかり；均衡，平衡，つりあい，バランス；(商)収支，貸借対照表，バランスシート。
mérlegel [他] 計る，計量する；考量(熟考・思案・吟味)する。
mérnök [名] 技師，エンジニア。
merő [形] かたい，締まった；真の，本当の，全くの，私心のない；大胆な，果敢な；固苦しい；がん固な，手においかねる。〔merőben, 完全に，徹頭徹尾。merő hazugság, 全くの虚言。merőn, 恐れず，大胆不敵に。merőn néz, 眼をすえて見る，凝視する，見つめる。〕
merőkanál [名] (スープなどをよそう時に使う)おたま。
merőleges [形] 垂直の，鉛直の。[名] 垂直線。
merre [疑] どちらへ，何れの方向へ，どこへ？
merről [疑] 何れの方向から，どちらから。

mérsékel [他] 適度に・程よくする；和らげる，緩和(制限)する，温和にする；(価を)軽減・減価する；(音を)低める；(温度を)適度にする。

mérsékelt [形] 適度の，ほどよい，温和な，節度ある，中庸な；緩和(軽減)された，安い(値段)。

mérséklet [名] 自制，抑制，克己。

mersz [名] 勇気，元気，志向。〔nincs mersze, 彼には…の勇気がない。〕

mert [接] なぜなら，そのわけは，何となれば；…だから；…の故に；…であるから。

mért [疑] → miért.

mértan [名] 幾何学。

mértani [形] 幾何学(上)の，幾何学的。

mérték [名] 度合，尺度，規模；ものさし，定規；標準，規準；(比)節度，適度，節制；(作詩の)韻律，拍子；(設計の)段階，階級。〔nagy mértékben, 高度に，大いに，非常に，甚だしく。teljes mértékben, 十分に，たっぷりと。mérték felett, 並はずれて，過度に，非常に，甚だしく。mérték nélkül, 過度に，際限なく，極端に，無茶に，非常に。〕

mértékegység [名] 度量(衡)の単位。

mértékletes [形] 適度の，程よい，中庸を得た，節度ある。

mértéktelen [形] 節度なき；過度の，極端な；放縦な。

merül [自] 沈む，沈みこむ，入り込む；(眠りに)沈む；(思いに)沈む，沈思する；(学問に)ふける，没頭する；忘れられる，葬り去られる；(潜水艦が)もぐる，沈潜する；(船が)沈没する。〔gondolatokba merül, 考えにふける，沈思する。〕

mérvadó [形] 標準的，規範的，権威ある，決定的な。

mese (目 mesét) [名] おとぎ話，童話，物語；(比)作り話，虚構の話，寓話，たとえばなし。〔találós mese, 判じ物，なぞ。〕

mesél [他] おはなしをする；語る；ホラを吹く。

mesés [形] 童話の；物語の；作りごとの，でたらめの，架空の，うそのような；途方もない。

meseszerű [形] 童話のような，おとぎ話のような。

messiás [名] (宗)救世主，メシヤ，キリスト。

mester [名] (職人の)親方，長，頭；小学校教師；専門家；上手，名人，大家，師匠；師，教師，先生。

mesterember [名] (手)職人，職工，手細工人。
mesterfogás [名] すばらしい腕前，敏腕；技巧，骨(こつ)，要領，術，手加減，術策，たくらみ，手くだ，手練。
mesteri [形] 師匠(ししょう)らしい，親方らしい，名人らしい；(比)堪能な，名手の。
mesterkedés [名] 労すること；努力，尽力，骨折り；(比)かん計，たくらみ。
mesterkedik [自] 手入れをする，骨を折る；(…をしようと)たくらむ。
mesterkélt [形] 作為的の，わざとらしい，不自然な。
mestermű [名] 傑作，名作。
mesterség [名] 手仕事，手職；(一般に)職業；技術，術，技量，腕前；熟達，巧妙，堪能。
mesterséges [形] 人工的，人為の。
mész (目 meszet) [名] 石灰；(工)しっくい(漆食)。
mészárlás [名] (動物を)ほふること，屠殺(とさつ)；殺りく，虐殺。
mészárol [他] ほふる，屠殺する；虐殺する。
mészáros [名] 家畜をほふる人，屠殺者(とさつしゃ)；肉商，肉屋。
meszel [他] のろ(石灰塗料)で白くする，白く塗る；白ペンキを塗る。
meszelés [名] (壁を)白く塗ること；(石灰での)あら塗り。
meszes [形] 石灰のある，石灰を含む，石灰質の。
meszesedik [自] 石灰質になる，石灰質化する。
mészkő [名] 石灰岩(石)。
messze [副] 遠く，はるかに。[形] (時間的・空間的に)遠い，はるかな；(道のりの)長い，隔たる，遠くの。
messzelátó [形] 遠(老)視の，遠目の利く；(比)眼光遠大な，先見の明ある，達見の。[名] 望遠鏡，双眼鏡；老眼鏡；遠視眼者，老眼者，遠視。
messzeség [名] 遠いこと，隔たり，距離；遠い国，遠方；(時)遠い昔，遠い未来。
messzi [形] 遠い。[副] 遠くに。〔messzire, 遠方へ，遠くに，広く，はるかに。messziről, 遠方から，遠くから。〕
metél [他] 細かく切る，切り刻む，切れぎれにする，寸断(細断)する。
metélt [名] 麺類(めんるい)(ヌードル・マカロニ等の総称)。

métely [名] (動)肝蛭(かんてつ); (医)肝臓ジストマ, 肝蛭病; (比)伝染, 感染; 腐敗, 堕落。
méter [名] メートル。
méteráru [名] 布地。
metró [名] 地下鉄。
metsz [他] 切る, 断つ, 刻む; (枝を)刈る; 細かな彫刻をする; (銅に)版刻する; (数)交差させる; (身を)切る。
metszés [名] 同上のこと; (顔などの)造作。
metszet [名] 一切れ; 裁断, 切り込み; (銅・ガラスの)切断, 切り取り; (銅・木などの)彫刻; 版画; (詩や韻文の行の途中で意味の切れ目による)中間休止。
metsző [形] (刃物の)よく切れる, 鋭い, 鋭利な; (比)(身を)切る; (言葉の)はげしい, 辛らつな。[名] 切る人, 裁つ人; (銅や木の)彫刻者; (ユダヤ人の)肉屋。
metszőfog [名] (解)犬歯, 門歯, 糸切り歯。
mez [名] (体の)被い, 被覆; (詩的)身を被うもの, 衣裳, 被服, 衣服; (ス)ジャージ。
méz [名] はちみつ(蜜); (植)花蜜(はなみつ); (比)甘いもの, 砂糖。
mezei [形] 野の, 田園の; 農業の。
mézes [形] はちみつ入りの; はちみつの如く甘い。
mézeshetek [名](複) 結婚後の数週, 蜜月(みつげつ, ハネムーン)。
mézeskalács [名] はちみつの入ったパン菓子。
mézesmadzag [名] (猟)鳥もち; 誘いのえじき(えさ); (比)好餌(こうじ〜うまいえさ), 誘惑物, 甘言(甘い言葉で他人をだまし込むこと)。
mézesmázos [形] みつで甘くした; みつのように甘い(言葉)。
mézga (目 mézgát) [名] ゴム, ゴムのり; 樹脂(松やに)。
mezítelen [形] 裸の, むきだしの, あらわの, 衣服なしの; 赤裸々の, 素っ裸の。→ meztelen.
mezítláb [副] はだしで, 素足で。
mezítlábas [形] 裸足(はだし)の, 素足の。[名] 素足の人 (特にフランシスコ派の高僧の称), 昔の洗足教徒。
mező [名] 原, 野外, 平野; 田畑, 耕地; 草地, 草原, 牧草地; (理)場(磁場), 電界; (比)限界, 範囲, …の範囲, 界。

mezőgazda [名] 農業家, 農夫。
mezőgazdász [名] 農業学士。
mezőgazdaság [名] 農業, 農耕, 農芸。
meztelen [形] 裸の, 裸体の, 赤裸々の；ありのままの。
meztelenség [名] むきだし；裸, 裸体；赤裸々なこと。
mi[1] [代] 我々は, 私たちは。
mi[2] [疑] 何。(感嘆詞)どんなもの•こと；如何に。〔mi kék az ég!, 空は何と青いことよ! miben, 何で。miben lehetek szolgálatára?, 何でお役にたちましょう, 何をしてあげましょうか? mihez, 何のために；そのために。〕
mialatt [接] …の間に, …下に, かれこれする中に。
miáltal [関・副] そこを通って, それによって, …を以て。
miatt [後] …の所為•せいで, …のために；…に従って, …に由って；…の故に, …の訳で, …の理由で；…の結果。〔miattunk, 我々のために, 我々の所為•せいで。〕
miatyánk [名] (宗)主の祈禱文(天に在ます我らの父よを以て始まる)。
mibenlét [名] (…の)本来の状態；実状, 現状, 事情, 状況, 有様, 様子, 事(状)態；境遇, 身の上。
micsoda [疑] 何? 何ですって?；どんな, 如何なる(種類の)?；(感)何という…であろう! 実に…である!
midőn [接] (…した)時；…する間に, …していると；…しながら。
mielőbb [副] 出来るだけ早く；いくら早くとも, 早ければ早いほど…。
mielőbbi [形] 出来るだけ早い, 間もない。〔mielőbbi választ kérek, 出来るだけ速やかな回答を請う(折り返し回答を)。〕
mielőtt [接] …する前に, より早く, …に先だって。
miénk, mienk [名] 我々のもの。
miért [疑] 何のために, 何故に, なぜ, どんな理由で。
miféle [疑] どんな種類の, 如何なる種類の。
míg, miglen [接] (時間の継続)…する間, …する中に；(時限)…する時まで。
mihaszna (目 mihasznát) [名] 役立たず, 能なし, やくざ, のらくら者, ろくでなし。[形] つまらぬ, 下らぬ。
mihelyest, mihelyt [接] できるだけ早く, …するや否や, …すると直ぐに。

miként, miképp(en) [疑] 如何にして, どうして；どんな方法(仕方・手段)で。

mikor [疑] 何時, いつ頃。[接] …する時に, …の時に。〔mikorára, mikorra, いつに, いつごろに。〕

miközben [副] …の最中, …の途中。

mikrohullámú(sütő) [名] 電子レンジ。

Milánó [固] イタリアの都市, ミラノ。

milliárd [数] 十億(百万の千倍)。

millió, milliom [数] 百万。

milliomos [名] 百万長者, 大富豪。

milliós [形] 百万の；数百万を持つ, 数百万の；無数の。

mily, milyen [疑] どんな, 如何なる(種類の・形の)；(感嘆)何という…であろう；実に…である。〔milyen hős!, 何という偉人・英雄であろう！ milyen szép!, 何という美しいことよ！〕

mímel [他] …を装う, …のふりをする；(口実を)こしらえる。[自] (…に)まねる, 見習う, …のように身振りする。

mimika [名] (顔の表情の)まね, 身振狂言, 表情術。

mind [代] すべての人・もの, あらゆる人・もの, 皆, 全部, 全体。〔nem mind arany, ami fénylik, 光るものすべてが金ではない。mind a kettő, 二人とも, 二つとも。〕[副] 全体で, 最後まで, ずっと。

mindaddig [副] …の間は, …する間は；するまで, …である限りは。

mindamellett [副] …であるにも拘らず, それでもなお；ではあるが, それだのに, その上になお。

mindannyiszor [副] 毎度, その都度, その度ごとに, …するごとに。

mindaz [代] すべてそれ, すべてその人。〔mindarról, すべてそれに関し；すべてその人について。〕

mindazonáltal [副] それにも拘らず, …ではあるが, なおかつ, …であるのに, けれども, だがしかし。

mindeddig [副] これまで, 今まで, 従来。

mindegy [形] (すべて)同じ, 等しい, 差別ない；どちらでもよい, どうでも構わない。〔ez nekem mindegy, これは私にはどちらでもよい, どうでも構わない。〕

mindegyik [形][名] (二つのうちの)どれも, 各々の；いずれもの, 各人の, すべての。

minden [形] 一々の, 毎；あらゆる, すべての, 皆の. [名] すべてのもの・こと.〔minden bizonnyal, 確かに, 疑いもなく；多分, 恐らく, きっと. mindenem, 私のすべてのもの(所有物). sok minden, 種々さまざまのこと・もの. minden nap, 毎日.〕

mindenáron [副] 値段に拘らず, どんな犠牲を払っても, 是が非でも.

mindenekelőtt [副] 何よりも先ず, 第一に, なかんずく.

mindenes [形] 万屋の；多目的の. [名] 下男(何でも屋・万屋・何でも用事をする人).

mindenesetre [副] どの場合でも, 如何なる場合にも；いずれにせよ, どっちみち, とにかく.

mindenestül [副] 一切合切ともに(一切の荷物をたずさえて)；すべてひっくるめて.

mindenfelé [副] すべての方向に, 各方面に；至るところに, 津々浦々に.

mindenféle [形] 種々の, 各種の, 色々の, 雑多の.

mindenfelől [副] 各方面から, あらゆる方面から.

mindenható [形] 全能・万能の. [名] 全能者(神).

mindenhol [副] いたるところに, どこにも.

mindenhonnan [副] いたるところから, 四方八方から.

mindenhova, mindenhová [副] いたるところへ, 津々浦々へ.

mindenképp, mindenképpen [副] 各方法で, あらゆる方法で；いずれにしても, どっちみち, ともかく.

mindenki [名] すべての人, 全員, だれでも, 人皆.

mindenkor [副] どんな時でも, 常に, いつでも, 断えず.

mindennap [副] 毎日, 日々. [名] a mindennapok, 平日.

mindennapi [形] 日々の, 毎日の, 平日の；(比)平凡な.

mindennapos [形] 毎日の, 日々の, 日常の, 平日の；(比)平凡な, つまらない.

mindennemű [形] 種々の, 各種の；色々の, 凡百の.

mindenség [名] あらゆるもの, 一切, 全体；万有, 森羅万象, 天地万物, 宇宙.

mindentudó [形] 知らないことのない, 全知の, 全知全能の；物知り顔をする. [名] 全知全能者；物知り顔をする人.

mindenütt [副] 至る所に, どこにも.〔mindenütt

jelenvaló 遍在の, どこにでもある(神のどこにもあるをいう)。〕

mindez [名] これらすべて, これらの人々すべて。

mindhárom [形] 三つともの, 三人ともの。〔mindhármuk szíve, 彼ら三人ともの心。〕

mindig, mindég [副] 常に, 始終, いつでも；絶えず, 不断に, 間断なく。

mindjárt [副] 直ちに, すぐ, 即刻。

mindkét [形] 両方ともの, 双方の, 二つともの, 二人ともの。

mindkettő [名] 両方とも, 二人とも。

mindnyájan [副] 皆, すべて, 全員, 残らず, ことごとく。

mindössze [副] 全体で, 総計して, ひっくるめて。

mindszent [名] (カトリックの)万聖節(天上の諸聖徒を祀る祭, 十一月一日)。

minduntalan [形] 絶えざる, 間断ない, 絶えまない, 引きつづき。

mindvégig [副] 最後まで, 終わりまで。

minek [疑] 何のために；何の目的で, どんな訳(理由)で。

minél [副] …のかぎり。〔minél több, annál jobb, 多ければ, 多いだけ良い。minél előbb, 早ければ早いほど…；出来るだけ早く。〕

miniszter [名] 大臣, 閣員；全権公使。

miniszterelnök [名] 首相, 内閣総理大臣。

miniszteri [形] 内閣の, 各省の, 大臣の；政府側の。〔miniszteri rendelet, 省令, 訓令。miniszteri tanácsos, 省顧問。〕

minisztérium [名] 省, 本省。

minium [名] (化)鉛丹, 光明丹(サビ止め塗料)。

minőség [名] 性質, 素質；(商)品質；(比)資格, 権限, 肩書き。

minősít [他] 性格づける；(商)等級を付する, 分類する。

minősítés [名] 同上のこと；(商)等級を付すること, 分類。

mint[1] [接] (同等比較)…の如く, のように；(比較)…よりも；等しく, あたかも；…として。

mint[2] [疑] 如何にして, どうして；どんな状態で；どれほど。[関・副] …に応じて；…につれて。

minta (目 mintát) [名] (材料の)見本；模型, モデル；手本；(手紙・誓約の)書式, 方式；ヒナ型；(工)鋳型, 紙

型；模様，図案，意匠。
mintadarab [名] (展示会などの)見本。
mintakép [名] 下絵，図案；手本，模範，先例，典型；(比)理想(的なもの)；柄(がら)，意匠，模様；ヒナ型，型式。
mintaszerű [形] 立派な，完全な，優れた。
mintáz [他] モデルにする；(…型に従って)像どる，形作る，模造する；(服地)模様入りにする。
mintegy [副] ちょうど，さながら，あたかも；およそ，ざっと，ほぼ，約。
mintha [接] …なるかの如く，あたかも，まるで。
minthogy [接] (理由・原因)…だから(なので)；如何となれば，何故なら。
mintsem [接] 余り…で…することが出来ない；…できぬ程…である；…になるよりは，むしろ…の方が増しだ。
mínusz [名] マイナス。[形] マイナスの，零下の。
mióta [疑] いつ(何時)から；なんと昔から。[関・副] …して以来。
mire [疑] …の上に，…の上へ。[関・副] それに対し；(時間的)…の時，…するや。
mirigy [名] (解)腺(たとえば汗腺)；生殖腺；小牛の喉頭の肉；(医)淋巴のガングリオン。
mise (目 misét) [名] (カトリックの)ミサ；ミサ曲。〔éjféli mise, クリスマスの早暁の礼拝(ミサ, 勤行)。gyász mise, 死者の霊のミサ。hajnali mise, 早朝のミサ。nagy mise, (本祭壇で行う)本ミサ。misét mond, ミサを行う。〕
mitevő, mitévő [形] 〔mitévő legyek？何を為すべきや(余は何を為さねばならぬのか)。〕
miután [接] (時間的)…の後に(時に)；…の故に；…なんだから；何となれば。
mivel [疑] …で以て，…で，…に依って。[接] …となれば；…なるが故に，であるから，だから。
mivolta (目 mivoltát) [名] (…の)本質(性)，性質，素質。
mobil [名] 携帯電話。→ rádiótelefon.
moccan [自] 身動きする，少しばかり動く。
mocsár (目 mocsarat) [名] 沼，沢，沼地，湿地；(比)濁った(けがれた)生活。

mocsaras [形] 沼地の, 湿地の。

mocskol [他] よごす, 汚す；辱める, 名誉をけがす；侮辱する, そしる, ののしる, 中傷する；(比)冒瀆(ぼうとく)する。

mocskos [形] 不潔な, きたない；(比)根生の汚い, けちな；みだらな, 失礼な, 卑わいな。

mocsok（目 mocskot）[名] べとべとした物, 汚物, 不潔物；けがらわしい言葉, みだらな話；よごれ, しみ, 汚点；汚名；欠陥, きず。

mód [名] 方法, 仕方, 手法, 扱い方；流, 風, 式, 流儀；礼儀；手続, 手順；方策, 在りよう；資力, 能力, 資産；限度, 程度, 程合, 具合；(文)動詞の法。〔módjában áll, それは可能である, 出来る(…を為すことが)。módját ejti, 手段方法を見出す；可能である, 出来る。nincs benne mód, それは不可能である。macska módjára, ネコのように, ネコのやり方のように, ずるく。módjával, 程よく, 適当に, 節度を守って, 中庸を得て, 至当に。mód nélkül, 度を越えて, 非常に, 過度に, 極端に。〕

modern [形] モダンな, 今日的な；現代の。

modor [名] 行儀, 作法, 様子；礼儀正しいこと, 物ごし；(皮)わざとらしいスタイル(文体など)。

modoros [形] 様子ぶった, わざとらしい, 凝った, 不自然な, 気取った。

modortalan [形] 無作法な, 行儀よくない。

módos [形] 礼儀正しい, 行儀のよい, しつけのある, 上品な。

módosít [他] 改める, 変える, 変更・修正する；修飾する。

módosítás [名] 改正, 修正, 変更；修飾。

módosul [自] 変わる, 変化する；改まる, 修正(改正・限定)される；修飾される。

módszer [名] (踏むべき)手続き, 手順, 順序；方法, 方式；仕方, 流儀。

mogorva [形] ぶつぶつ・がみがみ言う, 不平を鳴らす；ふきげんな, 無愛想な, 気むずかしい, 怒りっぽい。

mogyoró [名] (植)はしばみ(榛)の実。

mogyoróbokor [名] はしばみの灌木。

moh, moha [名] (植)(沼地に生ずる)こけ(苔), 蘚苔類(せんたい類)。

mohamedán [形] イスラム教の。[名] イスラム教徒。

mohó [形] 飢えた, むさぼり食う；貪欲な。

móka (目 mókát) [名] → tréfa. 冗談, しゃれ；おどけ, 道化。
mokány [形] 荒々しい, 粗野な, がさつな, 無作法な；人に馴れない, 馴致しがたい(馬)；わるがしこい, 食えない, こうかつな(百姓など)；小さいが丈夫な, がっしりした。
mókázik [自] 冗談をいう, しゃれる；おどける, ふざける, からかう。
mókus [名] (動)りす, 栗鼠；リスの毛皮。
Moldva [固] (地名)モルドヴァ。
molnár [名] 製粉業者, 粉ひき；粉屋の主人, 水車場の主人。
moly [名] (動)が(蛾), 衣が, しみ(ダニの類)。
monarchia [名] 君主政体；君主国。
mond [他] 言う, 言い表わす；述べる, 申し立てる, 陳述する；告げる, 伝える, 知らせる；(文章などが…にとり)おもしろい。〔beszédet mond, 演説をする。ítéletet mond, 判決を言い渡す, 判決を下す。〕
monda (目 mondát) [名] 口碑, 昔話, 伝説, 物語；(比)比喩的伝説。
mondakör [名] 伝説圏(一つの中心をめぐる伝説)。
mondanivaló [名] 言うべきこと；真意。
mondás [名] 言うこと, 話；発言, 陳述；言葉づかい, 語法；金言, 格言, ことわざ。
mondat [名] (文)節, 文。
mondattan [名] 文章論, シンタックス。
mondavilág [名] 伝説の世界。
mondogat [他] 繰り返し言う・話す, 反覆している。
mondóka [名] 文句；簡単な式辞, あいさつ；お世辞, 弁明, 申し訳；(香具師の)口上；(子どもの遊び)唱え歌。
mongol [形] 蒙古の；蒙古人の。[名] 蒙古人。
Mongólia [固] モンゴル。
mór [名] 西北アフリカのムーア人。[形] ムーア人の。
moraj [名] たえずつぶやく(ぶつぶつ不平を言う)こと；不穏の音, どよめき, たえざるごう音。
morajlik [自] ただならぬ物音がする, ガヤガヤ音がする；(流水など)ザワザワと音がする；(風や浪が)荒れ狂う, 激する。
Moravia [固] モラヴィア(チェコ領内)。
mord [形] 陰気な, 陰うつな, 陰惨な；打ち沈んだ, 暗たん

たる。
mordul [自] (vkire)(…に)不平を鳴らす, ぶつぶつ・ぶうぶう言う；うなる, しかりとばす。
mormog [自・他] (熊が)うなる；つぶやく。
mormol [自・他] (比)ぶつぶつ言う；一本調子に読む；さらさら音がする。
mormota (目 mormotát) [名] (動)マーモット(山ねずみ)。
morog [自] ぶつぶつ・不平を言う；うなる。
morva (目 morvát) [名] モラヴィア人。[形] モラヴィアの。
Morva [固] (地)現在チェコ領内のモラヴァ川, モラヴィア川。
morzsa (目 morzsát) [名] 破片, 細片, 屑；パン屑, パンの小片(食べこぼしの)；パン粉。
morzsálódik [自] ぼろぼろにくずれる, 細かく砕ける, 粉々になる。
morzsol [他] (掌や指で)細かく砕く；(穀物のもみがらを)除く, 去る；(ロザリオを回して)祈りを唱える；もぐもぐかじる；もぐもぐ言う, 含み声で言う。
mos [他] 洗う, 洗濯する；(水が岸を)洗う；(医)洗浄する。
mosakodik [自] 自分の体を洗う, 身を清める；顔を洗う；沐浴する；(比)弁解する。
mosás [名] 洗うこと, 洗濯, 洗浄；洗濯業(屋)。
mosatlan [形] 洗っていない, 洗濯していない, 汚ないままの。
mosdat [他] 洗う, 洗濯する；清める；(比)沐浴(ゆあみ)させる。
mosdatlan [形] (人に用いる)洗っていない, 不潔な, 不浄の, 汚い, 汚れた；(比)卑わいな, みだらな。
mosdótál [名] 洗面器。
moslék [名] よごれた洗い水, 洗いながし水, そそぎ水；台所の残り汁(豚の飼料)；(比)水っぽい酒・汁・ソースなど。
mosogat [他] (汚れを)洗い去る, 洗い落とす；(食器を)洗い清める。
mosógép [名] 洗濯機。
mosókonyha [名] (マンションの共同の)洗濯場。
mosoly [名] 微笑, ほほえみ, 愛きょう笑い；笑い。
mosolyog [自] 微笑する, ほほえむ, にこにこする, 愛きょう

笑いする；淡々と受け取める。

mosómedve [名] (動)あらいぐま(洗い熊)(樹上に住み，夜間，食物を洗い食べる動物)；その毛皮。

mosónő [名] 洗濯女。

most [副] 今，現在，今日；その時；ついさっき；これから。

mostan, mostanában, mostanság [副] 最近，現在，目下，この頃；今こそ，今や。〔mostanig，今まで，現今にいたるまで。mostanra，さし当たり，今のところ。mostantól fogva，今から，今後，自今，以後，将来。〕

mostani [形] 今の，現今の，現在の，目下の。

mostoha [形] 継母(ままはは)の；愛情・好意のない。[名] 継母(父)。

mostohaanya [名] 継母，義母。

mostohaapa [名] 継父，義父。

mostohagyerek [名] 継子。

mostohaszülők [名](複) まま親，養父母。

mostohatestvér [名] 異父(母)の兄弟姉妹。

moszat [名] (植)海草(こんぶ)。

Moszkva [固] モスクワ。

motor [名] エンジン；オートバイ；原動力。

motorkerékpár [名] オートバイ。

motoszkál [自] 手探りで捜す，こそこそ探りつつ五里霧中に行く。〔motoszkál a fejében vmi, たえず頭の中にある考えが往来する，たえず気にかかる。〕

motoz [他] 手探りで捜す，厳重に取り調べる。[自] 手探りで進む。

motozás [名] 手探りで捜すこと，捜査(拘置所や税関で)，臨検。

motring [名] → matring. 糸や絹のかせ，糸束，たばになった糸。

motyog [自] 口の中でモグモグ・ぶつぶつ言う，つぶやく。

mozaik [名] (芸術的)モザイク，象眼，切りはめ細工，寄せ木細工。

mozaikkép [名] モザイク像，モザイク絵，象眼素描；(想像で描く)肖像画。

mozdít [他] 動かす，運転・活動させる；(ある場所から)ぐいと押す，押しのける，わきにずらす，移す。[自] 前進させる，進歩させる。

mozdony［名］機関車。
mozdonyvezető［名］機関手。
mozdul［自］動く, 運動・行動する；活動・活躍する；(比)進む, 進歩・前進する。
mozdulat［名］運動, 動作；行動, 動静；手振り, 身振り, 挙動；移動。
mozdulatlan［形］動かない, 不動の, 静止の；(比)心の動揺しない, 自若たる, 冷静な；進歩しない。
mozgalmas［形］変化の多い, 活気ある；活動的な, 活発な, 勤勉な。
mozgalom（目 mozgalmat）［名］運動, 動作, 活動；(政治的)示威運動, デモ；よく動くこと, 活発。
mozgás［名］動くこと；運動, 活動, 動作；移動。
mozgássérült［名］身体障害者。
mozgat［他］（静止の位置から）動かす；運転させる；行動させる；(比)（…の心を）動かす, 喚起する, 刺激する。
mozgató［形］発動の, 原動の。［名］動かす人, 率先者, 発起人；(エ)モーター, 動力。〔mozgató erő, 発動力, 原動力, 推進力。〕
mozgékony［形］（比）軽快な, きびきびした；活発な, 敏しょうな；活動的な, 勤勉な, 忙しい。
mozgó［形］動く, 動かし得る, 移動性の；変わり易い；移動する（巡回展覧会など）。［名］映画館。
mozgókonyha［名］（兵）移動炊事車(調理場)；その調理人。
mozgólépcső［名］エスカレーター。
mozgolódás［名］動き回ること；(比)動揺, 不安。
mozgolódik［自］動き回る；行動を起こす, 行動する；(比)動揺する。
mozgósít［他］（兵）動員する。
mozgósítás［名］動員, 動員召集。
mozi［名］映画館。
mozlim［形］イスラム教の, イスラム教徒の。［名］イスラム教, イスラム教徒。
mozog［自］動く, 運動する, 行動する；揺れる, 揺らぐ, 揺らめく；(歯が)ぐらぐらする。
mozzanat［名］つかの間；要素；(劇)間言(あいごと), 挿話；局面。

mozzanatos [形] つかの間の(一時的・瞬間的)。

mozsár (目 mozsarat) [名] (料理)すりばち, 乳鉢(にゅうばち), やげん(薬研); (兵)臼砲(きゅうほう)(榴弾砲); 曲射砲。

mozsárágyú [名] 臼砲, 曲射砲。

mozsártörő [名] (うすの)杵(きね), すりこぎ(すり小木)。

mögé [後] (…の)うしろへ(裏・背後・奥)へ(に)。〔fa mögé, 樹のうしろへ。〕

mögött [後] (…の)後に, 背後に, 奥に, 後方に。〔mögötte, 彼の後ろに, その背後に。vki mögött marad, 誰の後に残る, 残留する。〕

mögül [後] …の後から, 背後から。〔fa mögül, 樹の後から。〕

MTA [名] (=Magyar Tudományos Akadémia)ハンガリー科学アカデミー。

mukk [名] もじゃもじゃ口の中で物をいうこと, 口の中でつぶやく音, むにゃむにゃ。〔egy mukkot sem mond, 一言も言わない, 少しもしゃべらない。〕

mukkan [自] 言い出す。

mulandó [形] 過ぎ去り易い; 無常の, はかない, 一時の, 束の間の, 仮の, 暫くの; 滅亡すべき, 死ぬべき。

mulandóság [名] 同上のこと。

múlás [名] (月日の)過ぎ行くこと, 経過; 消え失せる・消滅すること。

mulaszt [他] (機会を)逸する, はずす; おろそか・なおざりにする, 怠る, 放っておく, 等閑に付する; 去らせる。[自] (学校を)欠席・欠勤する。

mulasztás [名] 同上のこと; 手落ち, 遺漏, 過失; 不注意, 怠慢; (法廷や学校の)欠席。

mulat [自] 楽しむ, 慰む, 興ずる, おもしろがる; (楽しく)滞在(とう留)する。

mulatás [名] 楽しみ, 慰み; 宴会; (楽しい)滞在, とう留。〔Jó mulatást kívánok!, 楽しんできてください!〕

mulató [形] 慰みの, 娯楽の。[名] 享楽客, 楽しむ人; 道楽者, 放とう者; 娯楽場, 遊戯場, 宴会場。

mulatóhely [名] 娯楽場, 遊戯場, 宴会場。

mulatozik [自] しょっちゅう楽しむ, 慰む, 興ずる。

mulatság [名] 慰安, 娯楽, 興, 慰み; 宴会, 余興。

mulatságos [形] 楽しみになる, おもしろい, 愉快な, 喜ばしい, 楽しめる.

mulattat [他] (…で)もてなす, 楽します, 慰める, 気を晴らせる, 心をまぎらわす; (…の)相手をする, (…と)楽しく談話する. 〔mulattatva, 楽しく, おもしろく, おかしく, 愉快に.〕

mulattató [形] 楽しみになる, おもしろい, 愉快な, おかしい. [名] 楽しませる人.

múlékony [形] 過ぎ去り易い; すぐ去る, 暫時の, はかない, 無常の, 一時的の.

múlik [自] (時が)たつ, 過ぎ行く, 経過する; (苦痛などが)なくなる, 消え失せる; ほろびる, 消滅する; (…に)かかわる, 関係する, 因る. 〔5 perccel múlt 3 óra, 3時5分過ぎ. rajtam nem fog múlni, それは私にかかわる(関係する)ものではなかろう. kevésen múlt, それは殆ど関係しなかった.〕

múló [形] 通り過ぎる, 一時の, しばらくの; 仮の, 当分の; 短命の, もろい, はかない. [名] 過ぎること. 〔múlóban van, 過ぎる.〕

múlt [形] 過ぎ去った, 昔の, 過去の, 既往の. 〔múlt idő, 過去時制.〕 [名] 過去, 既往, 往昔.

múltkor [副] 以前に, 先日; この間.

múlva [後] …経ってから後, …過ぎたら. 〔5 perc múlva 3 óra lesz, 3時5分前.〕

mulya [形] 粗野な, 無骨な; のろまの, 鈍重な; 不器用な, 無作法な. [名] 無骨者, 間抜け, のろま, 無作法者.

múmia [名] ミイラ, 木乃伊; ひからびた死体; (比)しわだらけの老人.

munka (目 munkát) [名] 働き; 骨折り, 苦労, 努力; 仕事, 労働, 勤労; 工事, 工作, 作業; (機械の)活動, 運転; 製作, 作り; 製作物, 細工品; 業績, 論文, 研究; 仕事の手ぎわ, 出来ばえ. 〔munkához fog (lát), 仕事に着手する. munkát ad, 仕事を与える, 働かせる.〕

munkaadó [名] 雇主.

munkabér [名] 労働賃金, 労賃.

munkadíj [名] 労務費.

munkabíró [形] 労働しうる, 労働能力ある, 働き得る. [名] よく働く人.

munkabuzi [名] ワーカホリック，仕事中毒(の人)。
munkaerő [名] 労働力。
munkaidő [名] 労働時間；就業時間。
munkakedv [名] 勤労意欲(希求・やる気・する気)。
munkaképes [形] 労働能力ある,労働に堪えうる,働き得る。
munkaképtelen [形] 労働にたえられない,労働不能の,働けない。
munkakerülő [形] 働くのがきらいな,怠惰な。[名] 働くのがきらいな人，怠惰者，不精者，のらくら者。
munkakör [名] 活動範囲(部門・職務・区域)。
munkálat [名] (複雑な)仕事。
munkálkodik [自] よく働く。
munkanélküli [形] 仕事のない，失職・失業の。[名] 失業者。
munkás [形] (人の性格に関し)勤勉な,労苦をいとわぬ；よく働く，活動的な。[名] 労働者；職工。
munkásosztály [名] 労働者階級。
munkásság [名] (工場の)労働者全員；業績。
munkatárs [名] 同僚；(ラジオ局の)職員；(新聞・雑誌の)同人，寄稿家。
murva [名] (舗道用の)砕石，敷砂利，バラス，砂れき(砂と小石の)；(植)苞(ほう，もみがら，殻)。
muskátli [名] (植)ゼラニューム(てんじくあおい属)。
muskotály [名] マスカット・ブドウ酒(じゃこうの香あるブドウ酒)；(植)マスカット種ブドウ。
must [名] (渋い白い)新ぶどう酒；(発酵前の)ぶどう液。
mustár [名] からし(ねったカラシ)，マスタード；(植)からし菜。
mustármag [名] からし菜の種。
muszáj [形] …しなければならない。[名] 必要；窮余の状況。
muszlim [形][名] → mozlim.
mutat [他] (…を)見せる，示す，表示・指示・表明する，現す；知らせる，教える。〔példát mutat, 模範を示す。〕
mutatkozik [自] 姿を見せる，現れる；明らかになる，知れる，わかる；(真実なることが)証明される，如実に示される。
mutató [形] 指示する,表示する…。〔mutató névmás,

(文)指示代名詞。〕［名］表示器；(時計の)針；(本の)目次，索引；(商)見本，標本；(経)指数。
mutatós［形］表示のある；人の心をひく，快よい，気に入る。
mutatóujj［名］人差指。
mutatvány［名］見本(標本)品；壮大な見せ物，ショー；離れ技。
mutatványszám［名］(新聞雑誌の)見本号，見本冊子。
mutogat［他］(しばしば)見せる，現す，見せびらかす；(手で)何度も指し示す。［自］手話で話す。
múzeum［名］(美神の殿堂)博物館，陳列館。
muzulmán［名］イスラム教徒(彼は帰服したの意)。［形］イスラム教の。
múzsa(目 múzsát)［名］(神話の)美神(文芸美術を司る九人の女神)；(比)詩や芸術にインスピレーションを与える女性。
muzsika(目 muzsikát)［名］音楽；楽曲；楽器。
muzsikál［自］音楽を奏する。
muzsikaszó［名］音楽，音曲(音楽的な響き)。〔muzsikaszóval，音楽を奏して；音楽で，音楽的響きを以て。〕
muzsikus, muzsikás［名］音楽家；楽手，楽人；音曲師，旅音楽師。
mű(目 művet)［名］製作物；作品，著作；芸術品(作品)。
műalkotás［名］芸術品，美術品；作品の創造(製作)。
műanyag［名］プラスチック；合成樹脂。
műcsarnok［名］美術館；展示館。
műegyetem［名］工科大学。
műemlék［名］歴史的建造物；モニュメント。
műértő［形］芸術通の。［名］芸術品鑑定家；目きき。
műfaj［名］(芸術的・文学的の)ジャンル。
műfogsor［名］入れ歯。
műfordítás［名］文学的(特に詩の)翻訳。
műhely［名］仕事場；作業場。
műhold［名］人工衛星。
műholdfelvétel［名］衛星写真。
műjégpálya［名］スケートリンク。
műkedvelő［形］芸術道楽の。［名］芸術愛好家，芸術

道楽家。
műkereskedés［名］美術品店，骨董店(屋)。
műkincs［名］芸術的宝庫，芸術的貴重物。
működés［名］働き；活動；(機械の)運転，操業；運営；稼働；利き目，作用，効用；(医)機能。
működik［自］働く，活動・行動する；(機械が)稼働する；作用する，効果がある，利く；(役人が)職務にある，働いている；機能する。
műláb［名］義足(脚)。
műmelléklet［名］(新聞や書籍などの)美術付録。
műpártoló［名］芸術保護者(擁護者・後援者)。
műselyem［名］レーヨン。
műsor［名］プログラム，番組；(劇)興行目録；(音)演奏曲目。
műszaki［形］技術的な，技術の；専門的な，学術的な。〔műszaki egyetem, 工科大学。〕
műszer［名］(外科・楽器等の精巧な道具)器具，機械。
műszerész［名］器具製造人(精巧な器具の)。
műtárgy［名］芸術品；(鉄道の橋などの)建造物。
műterem［名］(芸術家の)仕事場，製作室，アトリエ。
műtét［名］(外科の)手術。
műtő［名］手術室。
művel［他］為す，行う；修める，研究する；(畑を)耕す；(鉱山を)開拓する；(精神を)鍛練・陶冶・訓練する；(文化を)進める，教化する。
művelés［名］(土地の)耕作；(肉体や精神の)養成，陶冶(とうや)，訓練。
művelet［名］操作，作業，処置，実行；(兵)作戦；(数)運算，演算。
műveletlen［形］無教育の，無学の；未開の，粗野な，野蛮な；耕作されていない。
műveletlenség［名］(土地の)未耕作，未開墾；(比)無教育，無教養，無修養。
művelődés［名］耕作；養成，かん養；陶冶(とうや)，教育，教養，修養；文化，教化，文明。
művelődéstörténet［名］文化史。
művelődik［自］耕作される；養成・教化される；研究・修行される。

művelt [形] 修養された, 教養・教育・文化のある；耕作された。[名] 同上の人。
műveltető [形] 行わせる。〔műveltető ige, 使役動詞。〕
műveltség [名] 育成, 陶冶, 教育, 教養, 修養；文化, 文明。
művész [名] 文芸家, 芸術家(美術家, 画家, 詩人, 音楽家, 俳優など)。
művészet [名] 芸術, 美術, 文芸；技巧, 巧妙, 技量。
művészeti [形] 芸術の, 技術の；芸術的な, 美的な, 美術的な；芸術家風の。
művészettörténet [名] 美術史。
művészi [形] 芸(美)術家的な；芸(美)術的な；精巧な, 巧妙な；器用な。〔művészi érzék, 芸術趣味, 芸術に対する理解, 美術心。művészi hajlam, művészi ösztön, 芸術的本能, 美術家の素質・天分。〕
művészies [形] 芸術的な, 美的な；巧妙な, 芸術家風の。
művésznév [名] 芸名。
művésznő [名] 女性芸術家。
művezető [名] (職)工長, 技術指導者。
művirág [名] 人造の花, 造花。

N

-n, -on, -en, -ön [尾] …の上に, …において, …の上で；…の表面に・で。〔fán, 木の上に, 木に。kézen, 手で(に)。falon, 壁に。〕
nád [名] (植)葦(あし), よし, かや, い, 灯心草；(禾本科の)茎。
nádas [形] 葦(あし)の生えた；葦の茂った, 葦でおおわれた。[名] 葦の茂った所, 葦原, 葦沼。
nádfedél [名] かやぶき屋根。
nádfedeles [形] かやでおおわれた, かやぶき屋根の。
nádor, nádorispán [名] (昔, ハンガリーの)副王, 皇帝の目代(もくだい)。
nádpálca [名] 籐(とう)の杖・むち。

nadrág [名] ズボン，短い(女性・子ども用)ズロース。
nadrágszíj [名] ズボンの革帯(革ひも)，ベルト。
nadrágtartó [名] ズボンつり。
nagy [形] (形の)大きな，大きい；(面積の)広い；(背の)高い；長い；大勢の；大人の；(比)気高い，崇高な；重大な；激しい，強烈な；すぐれた，偉大な。[名] 偉大なもの；偉人，巨星，大立者。[副] とても。〔a nemzet nagyjai, 国民的大人物。nagyban, 大規模に，大仕掛けに；(商)卸売で，大量で；大体において，全体として；大変に，非常に；全く，全然。nagyot mond, 大げさな言い方をする，大言壮語する，誇張する；自慢する，空いばりする。nagyot nevet, 高声で笑う，高笑い・大笑いする。nagyot néz, 驚いて眼をみはる，大きな眼をする，注目する。nagyra van vmivel, …を自負する，うぬぼれる。nagyot sóhajt, 長いためいきをする，嘆息する。nagy nehezen, 大骨折で，難儀して；どうやらこうやら，ようやくのことで，かろうじて。〕
nagyanya [名] 祖母。
nagyapa [名] 祖父。
nagybácsi, nagybátya [名] 叔父，伯父。
Nagyboldogasszony [名] (宗)聖母マリア。〔Nagyboldogasszony ünnepe, 聖母マリアの昇天祭(8月15日)。〕
nagybőgő [名] (音)コントラバス。
nagyböjt [名] (宗)四旬節，大斎(復活祭前の四十日間の断食)。
nagycsütörtök [名] (宗)キリスト復活祭前週の木曜日，聖木曜日，洗足木曜日(キリストが使徒と最後の晩さんをなし，使徒の足を洗った記念の日)。
nagyérdemű [形] 功績の大きい(多い)。〔nagyérdemű közönség, ご来場のみなさま。〕
nagyfokú [形] 高度の，極度の，過度の。
nagygyűlés [名] 総会，大会。
nagyhatalom [名] 大きな権力，大勢力；大国，強国，列強。
nagyhét [名] (宗)復活祭の前週。
nagyít [他] 大きくする，増大(拡大・規模を大きく)する；(比)大きく見せる，大げさに言う，誇張する。〔nagyítva, 拡大して，引き伸ばして；誇張して。〕

nagyító [形] 大きくする, 取り広げる, 拡張・増大する；誇張する。〔nagyító készülék, 写真引き伸ばし機。〕[名] (理)拡大鏡, 顕微鏡, むしめがね。

nagyítólencse [名] (光)拡大レンズ, 拡大鏡, 凸面, 凸面レンズ。

nagyjából [副] (細かくせんさくせずに)引っくるめて, あらまし, ざっと, 概括して。

nagykendő [名] ショール, 肩掛け。

nagyképű [形] 勿体ぶる, 気取る, てらう, うぬぼれる, 尊大ぶる。

nagykereskedő [名] 卸売業者；問屋。

nagykorú [形] 成年の, 丁年の。[名] 成年。

nagykorúság [名] 成年, 丁年。

nagykövet [名] (外交上の)大使。

nagykövetség [名] 大使の任；大使の職；大使館。

nagylelkű [形] 度量の大きな, こせつかない；寛容・おおような, 気高い, 義侠の, 雅量の。

nagylelkűség [名] 度量の大きいこと, ふとっぱら；気前のよさ；おおよう, 寛大, 雅量。

nagymester [名] (称号)騎士団長；(チェスの)グランド・マスター；大家, 巨匠；偉人, 名人。

nagymise [名] (宗)(カトリック)正式・荘厳ミサ。

nagynéni, nagynéne [名] 伯(叔)母(おば)。

nagyobbít [他] 大きくする, 拡大・拡張・増大する, 引き伸ばす。

nagyobbrészt [副] 大部分は, 大概は；主として。

nagyon [副] 非常に, 大いに, 大変に, 甚だ, ひどく。

nagyothall [自] 聞くに困難である, 耳が遠い。

nagyothalló [形] 耳の遠い。[名] 耳の遠い人。

nagypéntek [名] (宗)キリスト受難の日, 受苦日(復活祭の前の金曜日, キリスト磔刑の記念日。)

nagyrabecsülés [名] 大いなる尊敬；(手紙の)敬具, 謹言。

nagyravágyás [名] 名誉心, 功名心, 野心, 野望；自負心, うぬぼれ。

nagyravágyó [形] 功名心の強い, 野心満々たる；自負心の強い, うぬぼれた。[名] 野心家。

nagyrészt [副] 大部分は, 多くは, 大抵は, 十中八九は,

殆ど。

nagyság [名] 大きいこと，大きさ；(比)大立者，名士；偉大，雄大；高尚，高義，尊貴。〔nagyságod, (1945年前，中産階級の人に対する呼び掛けの敬語)貴下，貴殿，あなた。〕

nagyságos [形] 雄大(宏大)な，堂々たる；めぐみ(慈悲)深い；好意的，情ある；上流の生まれの；(敬称)貴下の，貴殿の，あなたの。〔nagyságos úr, (中産階級の呼び掛けの敬語)様，殿，氏；だんな様(奥様)。〕

nagyszabású [形] 大規模の，大仕掛けの。

nagyszájú [形] 大口の；(比)大言を吐く，ほら吹きの；やかましい；怒鳴りたてる。

Nagyszeben [固] 現在，ルーマニア領, Sibiu。(ドイツ語の Hermannstadt 市。)

nagyszerű [形] 大規模の，広大な；雄大・壮大な，堂々たる，立派な；素晴らしい。

nagyszombat [名] (宗) 復活祭の前の土曜日。

Nagyszombat [固] 現在，スロヴァキア領，Trnava。(ドイツ語の Tirnau 市。)

nagyszülők [名](複) 祖父母。

nagyujj [名] 親指(おやゆび)；足の親指。

Nagyvárad [固] 現在，ルーマニア領, Oradea。(ドイツ語の Grosswardein 市。)

nagyváros [名] 大都会。

nagyzás [名] 大げさ，誇大，ほら，大言壮語。

nagyzási [形] 同上の。〔nagyzási hóbort, 誇大狂, 誇大もう想狂。〕

nagyzol [自] ほらを吹く，大言する；えらそうにする，空威張りする，虚勢を張る。

-nak, -nek [尾] …に，…対して，…にとって；…だと。〔neki, néki, 彼に，彼女に，それに。〕

-nál, -nél [尾] …のそばで，…の近くで；…の中，…の際；…のもとに，…の所に；(比較)…より。〔nálam, 私の許に，私の所に。〕

Nándorfehérvár [固] (今日のユーゴの)ベオグラード市。

nap [名] 太陽；日にち；日，一昼夜。〔egy nap alatt, 一日で。egy napon, ある日に。egész nap, 一日中，全日，終日。e napon, この日に。egy napra, 一日か

かる, 一日を要する。napról-napra, 日々, 毎日。〕

napa (目 napát) [名] しゅうとめ(姑, 夫の母), 義理の母, 義母。

napéjegyenlőség [名] (天)昼夜平分時(春分, 秋分, 彼岸の中日)。

napelem [名] 太陽電池

napernyő [名] 日がさ。

napfény [名] 日光; (比)昼の明るみ。〔napfényre jön, 明るみに出る, 知れわたる, 公になる。〕

napfényes [形] 日光に照らされた, 日の照る, 日当たりのよい; (比)嬉しい; うららかな, ほがらかな, 明るい。

napfogyatkozás [名] (天)日食。

napfolt [名] (天)太陽の黒点。

naphosszat [副] 終日, 全日, 一日中。

napi [形] 日々の, 毎日の, 日常の, 通常の; 日の…, 昼の…。〔három napi, 三日の, 三日かかる。napi árfolyam, 日々の相場。〕

napibér [名] 日給。

napidíj [名] (出張の)日当。

napilap [名] 日刊新聞。〔reggeli napilap, 朝刊。〕

napirend [名] (会議の)議事日程; 日程, スケジュール。〔napirenden, 議事日程において。〕

napisajtó [名] (総称として)日刊新聞。

napjában [副] …の日において; 日に(何回など)。

napkelte [名] 日の出。

napközben [副] 昼間に, 日中。

naplemente, napnyugta [名] 日没。

napló [名] 日記, 日誌; 日刊新聞。

naplopó [形] 無精な, 怠惰な, のらくらの。[名] なまけ者, のらくら者。

napnyugat [名] 西。

Nápoly [固] (イタリアの)ナポリ市。

nápolyi [形] ナポリの。[名] ナポリ人。

naponként [副] 日ごとに, 日々, 毎日。

naponta [副] 毎日, 日々, 一日に(幾回など)。

napóra [名] 日時計。

napos[1] [形] 日の照る, 日当たりのよい; うららかな, 晴天の。

napos[2] [形] 昼間の(勤務など); …日を要する(旅など); 生

まれて幾日の(幼児など)。〔egy napos, 一日間の, 一日の；生まれて一日の。három napos, 三日間の；生まれて三日の。〕

nappal [副] 昼に，昼間に。[名] 昼間。

nappali [形] 昼間の，昼の。〔nappali munka, 一日の仕事；昼間作業。nappali szoba, 居間，リヴィングルーム。〕[名] リヴィングルーム。

nappalodik [自] (主語なしで)昼間になる。

napraforgó [名] (植)ひまわり(向日葵)。

naprendszer [名] (天)太陽系。

napsugár [名] 太陽の光線，日光。

napszám [名] 日雇い仕事；日当，日給，日雇賃。〔napszámba dolgozik, 日雇賃取り仕事をする。〕

napszúrás [名] (医)日射病。

naptár [名] カレンダー，暦，手帳。

napvilág [名] 日光；白昼；明るさ。〔napvilágot lát, 世に生まれる，現れる，出現する。napvilágra jön(hoz), 明るみに出る，知れわたる，公になる(明るみに出す，公にする，暴露する)。〕

narancs [名] (植)オレンジ。

narancsfa [名] オレンジの木。

narancslé [名] オレンジジュース。

narancssárga [形] だいだい色の，オレンジ色の。

nárcisz [名] (植)すいせん(水仙属)。

nász [名] 婚礼，結婚式。(複数の場合には，既婚者相互の両親の義)。

naszád [名] (河川の)ランチ，小艇；(海)砲艦。

nászajándék [名] 婚礼の際の贈物(新郎新婦相互間の，また他人からの)。

nászéjszaka [名] 婚礼の夜，結婚式の夜。

násznagy [名] 婚礼の立会人(証人，後だて)。

násznép [名] 婚礼客，婚礼に招かれた人々。

nászút, nászutazás [名] 新婚旅行。

nátha (目 náthát) [名] (医)鼻カタル，鼻かぜ，感冒，風邪。

náthás [形] 鼻かぜをひいた；感冒性の。

ne[1] [否] …しないよう，…するな，命令法の否定詞。〔ne aludj!, 眠るな！ ne tedd!, それを為すな！〕

-né [派] 〜の妻をあらわす派生辞。〔királyné, 王妃。Szabóné, サボー夫人。〕

nedű [名] → nedv；酒(特にワイン)。

nedv [名] (動・植物の)汁(しる), 液, 果汁；酒精飲料, 美酒；(生理)リンパ(液)。

nedves [形] じめじめした, 水気ある, 湿気ある, ぬれた, しめった。

nedvesít [他] しめらす, 少しぬらす；(農)うるおす, 灌漑する。

nedvesség [名] ぬれ, しめり, 湿気；水気, 水分；液。

nefelejcs [名] (植)わすれなぐさ(勿忘草)。

néger [形] 黒人の。[名] 黒人, ネグロ。

négy [数] 四の；四の数および数字。〔négyen, 四人で；四個で。négyenként, 四つ毎に, 毎四個；四人毎に。négyfelé, 四方へ(去る)；四つに(切る)。négyféle, 四種類の, 四通りの。négyféleképpen, 四通りの方法(流儀)〕

negyed [数] 四分の一；(時間)一時間の四分の一, 十五分。[名] (都市の)区；(音)四度音程。〔háromnegyed kettő, 1時45分。〕

negyedév [名] 一年の四分の一, すなわち三カ月。

negyedéves [形] 三カ月の, 三カ月つづく；(大学の)四年の。[名] (大学の)四年生。

negyedik [形] 第四番目の。

negyedóra [名] 一時間の四分の一, 十五分。

negyedrész [名] 四分の一。

negyedszer [副] 第四番目に, 第四回目に。

négyes [形] 四番の；四重の；四頭立ての(馬車)。[名] 四の数字；四より成るもの, 四単位より成るもの(第四連隊の兵士, 四人乗りボート)；(音)四重奏曲, 四重唱；四の数および数字；カドリール；(成績の)良。

négykézláb [副] 四つんばいになって。

négyszemközt [副] 二人きりで, 内密に, 親密に。

négyszeres [形] 四倍の；四重の；四回(度)の。

négyszög [名] (数)四角形, 四辺形, 方形。

negyven [数] 四十, 四十の；四十の数。

negyvenes [形] 四十の；(世紀の)四十年代の…。[名] 四十の数字；第四十連隊の兵士。

négyzet [名] (幾)正方形；(数)二乗，自乗，平方。
négyzetes [形] 正方形の；二次の，平方の。
négyzetgyök [名] (数) 平方根，2乗根，ルート。
négyzetméter [名] 平方メートル。
néha [副] 時たま，時々，往々，折々，間々。
néhai [形] 故人となった，物故した，今は亡き，故(もと)の。
néha-néha [副] 時たま，まれに。
néhány [形] いくつ(いくらか)の；ある小数の，若干の，二・三の。〔néhányan, いく人か，若干名，二・三人。〕
néhányszor [副] いくたびか，二・三度，数回。
nehéz [形] 重い，重々しい；重苦しい；骨の折れる，むずかしい，手のかかる，困難な；重大な；ひどい；費用のかかる，負担の重い；消化しがたい。〔nehezemre (nehezére) esik, それは私に(彼に)むずかしい。〕
nehezedik [自] (比)重く押しつける，のしかかる，荷になる；困難になる，やっかい(面倒)になる。〔új átok nehezedik rá, 新しい呪いが彼にのしかかっている。〕
nehézfejű [形] 頭の鈍い，愚かな。
nehézipar [名] 重工業
nehezít [他] 重くする；(比)重苦しくする，つらくする，困難にする，妨げる。
nehézkes [形] 鈍い，遅鈍の；無骨な，不活発な。
nehézség [名] 重さ，重量；(比)むずかしさ；面倒，困難。
neheztel [自] (…に対し)うらむ，にくむ，悪くとる，不平を鳴らす，不きげんになる。
neheztelés [名] 悪感情，うらみ，憎しみ，意趣。
nehogy [接] …しないように，…でないように，…でないために。
néhol [副] ところどころ。
neje [名] …の妻。
nejlon [名] ナイロン。
neki [副] (ここから)彼(女)に；彼(女)にとって；まっしぐらにその方へ。[間] 始めよ！，掛かれ！，やれ！，進め！。[頭] …に向かって。〔Isten neki !, 神かけて，ええままよ，かまわず！〕
nekiáll [自] (vminek)(…に)取りかかる，従事(着手)する，就く，始める。
nekiesik [自] (…へ)転がり落ちる；(…に)熱中する，熱心に取りかかる，励む；(…に向かって)突進(攻撃)する，襲う。

nekifekszik [自] （…に心・注意力・精力を）傾ける，身を入れる，没頭する，熱心に行う；（仕事に）取りかかる，着手する，やり始める。

nekimegy [自] …に向かって突進する，まっしぐらに行く；走って衝突する，ぶつかる，突き当る；(比)（…を弁舌で）やっつける，攻撃する。

nekiront [自] …に向かって飛びかかる，突進・殺倒する；不意を襲う，襲撃する。

nélkül [後] …無しに，…を持たずに；…を欠いて，…にかまわず；…することなく，…せずに。〔könyv nélkül, 暗記して，そらんじて。nélkülem, 私なしで。〕

nélkülöz [他] （…を）持たぬ，欠いている，無しで甘んずる。[自] （…の）欠乏に苦しむ，困窮する，窮乏する；不自由にする，こと欠く。

nélkülözés [名] 無しで済ますこと；不自由，欠乏，不足。

nélkülözhetetlen [形] 無くて済まない，欠くべからざる，不可欠の，必要欠くべからざる，必須の。

nem¹ [名] 種，種類；(動植)属；（男女・雌雄の）性；同じ姓の人，家族，氏族；(文)性。〔emberi nem, 人類。〕

nem² [副] （否定）いや，いえ，否，然らず；…でない。〔nem éppen, まさにというのではない，別に…という程でもない，はっきりにではない。éppen nem, 全く…ではない，毛頭…ではない，断じて…ではない；決して…しない，決して…せぬ。már nem, それ以上ではない，もはや…でない。〕[名] 否定の言葉。

néma [形] だまった，沈黙した；無言の，物言わない，口がきけない。[名] 無言の人，口がきけない人。

némajáték [名] 身振り狂言，無言劇，パントマイム，黙劇；（演劇の）しぐさ，所作。

nemcsak [接] …のみならず；単に…であるのみならず，また；ただに…のみならず。

nemde [接] そうではありませんか，ねえそうでしょう？

nemdohányzó [形] 喫煙しない。[名] 禁煙席（場所）。〔nemdohányzóknak, 喫煙しない人のために（禁煙車などの客車の標札）。〕

némely, némelyik [代] 若干の人々。[形] あるいくつの；若干の，いくらかの。

némelykor [副] 時としては，時々，折々，往々，間々。

nemes [形] 貴族の, 名門の, 家柄や素姓の貴い;(比)高雅な, 高貴・高尚・高潔な, 気高い, 義気ある, 寛大な;称賛すべき;品格ある, 血統の正しい(馬など);良い種類の(果物);強くて良い(ぶどう酒);価値ある, 高価な(外国為替)。[名] 小貴族, 士族(この制度はエンドレ三世の制定にかかるもの, 元来は血統の正しい家柄出身の者)。〔falusi nemes, いなか貴族, いなか紳士;大地主。〕

nemesi [形] 身分の高い, 貴族の, 貴紳の, 名門の;(比)高貴の, 気高い, 高雅な。〔nemesi birtok, 貴族の所領(地所, 地産, 所有地)。〕

nemesít [他] 貴族に列する, 授爵する;(動植物の血統や種類を)良くする, 改良する;(比)高尚にする, 気高くする。

nemesség [名] 貴族の身分(生まれ);貴族社会(階級);(比)高貴, 高尚, 品格;おうよう, 雅量。〔nemességre emel, (…を)貴族階級に列せしめる, 授爵する。〕

német [形] ドイツ(人)の。[名] ドイツ人。〔németül, ドイツ語で;ドイツ風に。németül tanul, ドイツ語を学ぶ。〕

Németalföld [固] オランダ, ネーデルランド。

németalföldi [形] オランダ(人)の。[名] オランダ人。

németes [形] ドイツ(人)風の, ドイツ人特有の, ドイツ的(ゲルマン的)の。〔németes kiejtés, ドイツ人的発音・語調。〕

németesít [他] (を)ドイツ化する, ゲルマン化する。

Németország [固] ドイツ国。

nemez [名] フェルト, 毛せん, らしゃ。

nemhogy [接] いわんや;まして…なおのこと;ただに…のみならず, なお…;…どころか, 況んや。

nemi [形] 種の, 種属の, 種類の;性の, 性的;雌雄の。

némi [形] ある, 何らかの;若干の, 少数の, 二・三の, 少しばかりの, 多少の, いくらかの。

némiképp(en), némileg [副] いくらか, 多少, やや;どうやら, 可なり。

nemleges [形] 否定・否定的の, 打ち消し(消極的)の。

nemlét [名] 無, 虚無, 空, 非有, 不存在, 非実在;(仏教の)死。〔nemlétében, …が無い場合には;…を欠くために;…が無いので;…の代りに。〕

nemrég(en) [副] この間, 最近, 近頃。

nemsokára [副] やがて, 間もなく, じきに。

nemz [他] (馬が子を)産む, 生み出す, 分娩する；(子どもを)儲ける(父親の立場から)；(比)こしらえる, 生み出す, 作り出す。

nemzedék [名] 世代, ゼネレーション, 時代；代, 一代(通常 30 年)；一時代の人々。〔a mai nemzedék, 現代。nemzedékről nemzedékre, 世代から世代へ。〕

nemzés [名] 生み出すこと。

nemzet [名] 国民(独立の文化をもつ独自の国家的体制の下に一体をなす民族)；国民国家；民族(単に広く血族的文化的団体を意味する時)。

nemzetellenes [形] 非国民的, 国民精神に反する。

nemzetgazdaság [名] 国民経済(学)。

nemzeti [形] 国民の, 国民的；国民固有の；国家の, 国立の；本国の。〔nemzeti büszkeség, 国民的誇り・自負・矜持(きんじ)。nemzeti himnusz, 国歌。nemzeti irodalom, 国民文学。nemzeti nyelv, 国語。nemzeti szín, (国家の色)国家の紋章及び国旗の色。Nemzeti Színház, 国民劇場。nemzeti viselet, その国独特の服装, 民族服。nemzeti zászló, 国旗。〕

nemzetiség [名] 国籍；国民(民族)性；ある国に在住する少数民族。

nemzetiségi [形] 同上の。〔nemzetiségi kérdés, 民族(国籍)問題。〕

nemzetközi [形] 諸国民間の, 国際間の；国際的, 万国共通の, 世界的。

nemzetőr [名] 民兵, 義勇兵。

nemzetőrség [名] 民兵軍, 国民軍(フランス革命時代の)。

nemzetség [名] 同じ出の人；姓, 家族, 氏族, 一家, 一門；血統, 血族, 子孫。

néne (目 nénét) [名] 姉；(俗)小母さん(中年の女性に対する呼称)。

néni [名] 小母さん。

nénike [名] 小母さん(同上の呼称)。

nép [名] 庶民, 下層民；群衆, 民衆, 大衆；人々, 世人；民族, 人民, 農民。〔fegyveres nép, 軍隊。föld népe, いなかの人；百姓, 農夫；同国人, 同郷人。gyalog nép, 歩兵部隊。hadi nép, 軍隊。paraszt nép, 農

民。〕
népdal [名] 民謡，俗謡，民衆の歌。
népes [形] (家族の)成員が多い；人の多い。
népesedés [名] 人口が増えること，人口増加。
népesség [名] 住民；人口。
népfelkelés [名] 民衆蜂起；(兵)戦時総動員。
népfelkelő [名] 民兵；国防兵，義勇兵。
népgyűlés [名] (政)国民議会(スイスの)。
néphagyomány [名] 言い伝え，伝説，口碑(いいつたえ)；伝統；因襲，慣習。
néphit [名] 民間の信仰。
népi [形] 民衆の；人民の；農民の。〔népi író, 農民派作家(両大戦間に，工場労働者でなく，農民に基盤を置いた改革を求めて，農村を調査して，作品を書いた作家)。〕
népies [形] 農民風の；平易な，民衆に好かれる。
népiesség [名] 農民風なこと；人気あること；民衆受けがすること。
népképviselet [名] 人民(国民)の代表；代議制。
népköltés, népköltészet [名] 民衆文学，農民(口承)詩。
népmese [名] 民話；創作民話。
népmonda [名] 民間伝承，農民伝説。
népnyelv [名] 民衆言語；方言；俗語，卑語。
néposztály [名] 社会階級。
néprajz [名] 民俗学。
népség [名] 民衆，大衆；烏合の衆；(特に)下民，下層民；全住民；(劇)(舞台の)端役，だしに使われる人。
népszámlálás [名] 人口調査，国勢調査。
népszerű [形] 民衆的な，大衆的な；人望ある，人気ある；通俗の，俗受けのよい，平易な。
népszerűség [名] 大衆向き，通俗，俗向き；民衆に好かれること，俗受け；人気あること，人望；流行。
népszerűsít [他] 民間に普及させる，一般に広める；通俗(大衆)化する，平易にする；人望を得させる，人気を取らせる。
népszínmű [名] 農民劇(ミュージカル風の)。
népszokás [名] 農民の慣習，習俗，国風。
néptánc [名] 民族舞踊。

néptelen [形] 無人の；人跡まれな，住民が少ない；荒れ果てた，寂れた。

néptömeg [名] 民衆，群衆；烏合(うごう)の衆。

népünnepély [名] 民間の祝祭(祝典・祭礼)。

népvándorlás [名] 民族移動(特に4～6世紀におけるゲルマン民族の)。

népviselet [名] (各民族，および地方独特の)伝統的な服装。

nerc [名] ミンク；ミンクの毛皮。

nesz [名] 軽い物音・騒音；さらさらする音，衣ずれの音；うわさ，風評；かこつけ，口実。〔neszét veszi vminek, …に気付く，かぎつける。〕

nesze! [間] ほら！ そらやる！ (殴る際に)お見舞するぞ！ さあ！ (2人称，親称を使う相手に)。〔nesztek!，おまえたちだ。〕

nesztelen [形] 物音なき，静かな，ひっそりした。

netalán, netán [副] ひょっとして，もしや，たまたま，偶然に，万一にも。

netovább [名] 極致；限界。

név (目 nevet) [名] 名，名前，姓名；名称，呼称；名義，名目；名声，評判，声価。〔nevén szólít, (…の)名で呼ぶ。jó néven vesz, (…を)歓待・厚遇する，もてなす；(…を)善意にとる。rossz néven vesz, (ある言行を)悪意に・悪く取る。név szerint, 名に依って，名を指して，指名して，名をあげて。anyja nevében, 母親の名代で。〕

névadó [名] 名づけ親(人・場所・建物等の名称の基となる人物)。

nevel [他] (子供を)育て上げる，育成(訓育・薫陶)する，しつける；飼育する；栽培する。

nevelés [名] (子供を)育て上げること，養育，育成；教育，訓育，しつけ。

neveletlen [形] 未教育の，しつけのない，不作法の，行儀が悪い，腕白の。

neveletlenség [名] しつけのないこと，礼儀作法がなっていないこと。

nevelő [形] 育て上げる，教化する；教育上の，教育的の，教化的の。[名] 教育者；(家庭)教師，師伝，師匠；学校，学院。

névelő [名]（文）冠詞。
nevelőanya [名] 養母；里子の乳母。
nevelőapa [名] 養父。
nevelőintézet [名] 寄食学校；教護院。
nevelőnő [名]（昔の住み込みの）女性家庭教師, 女性の養育係。
nevelőszülők [名]（複）養父母。
nevelt [形] 訓育された；教養・教育のある；養子の, 養子縁組の。[名] 養子；施設育ちの子ども。
névérték [名] 名目価値；額面価格, 額面価（貨幣の表面の）。〔névértéken alatt, 額面割れ。〕
neves [形] 名（声）ある, 名高い, 有名な, 評判の。
nevet [自]（愉快に）笑う, 高笑う；あざけ笑う, 冷笑する, ちょう笑する。[他]（…を）あざけり笑う, ひやかす, 冷笑する, からかう, 物笑いにする。〔nevettében, 笑いながら, 大笑いして, 笑い極まって。〕
nevetés [名] からからと笑うこと, 大笑い, 高笑い。
nevetség [名] 笑い；おかしさ, あざけり；おかしいもの, 笑うべきもの, ばかげたこと, 茶番, 笑い草。
nevetséges [形] 笑うべき, おかしな, ばからしい, こっけいな, 奇妙な。
nevettető [形] 笑いを催させる, 笑わせるような；おかしい, 笑うべき。
nevez [他]（…と）名付ける, 命名する, 称する, 号する, 呼ぶ；指名（任命・推挙）する；(ス)（競技に）登録する。
nevezetes [形]（人）名高い, 有名な, 著明な；（物）顕著な, 注目すべき, 著しい；重要な, 重大な, 多大の。
nevezetesség [名] 記憶すべき（注意すべき）こと；著しい事物, 見物, 名所, 名物；評判, 名声, 好評。
nevezett [形] …と名付けられた, …という名の, …と称する；すでに挙げた, 前述の, 上記の。[名] 言及した人。
nevező [名]（数）分母；競技登録者。
névjegy [名] 名刺。
névleg [副] 名義・名目上。
névleges [形] 名のみの, 名義上の, 名目上の, 有名無実の；公称の。
névmás [名]（文）代名詞。
névmutató [名] 固有名詞索引（表）；索引。

névnap [名] 聖者の日，霊名の祝日；名前の日。
névrokon [名] 同姓の人，同姓異人。
névsor [名] 名前順；人名一覧表，名簿，人名カタログ。
névszó [名] (文)名詞的品詞(名詞・代名詞・形容詞の総称)。
névtelen [形] 無名の，匿名の；名もない，知られていない，未知の。〔névtelen katona sírja, 無名戦士の墓。〕[名] 無名氏，匿名の筆者。
névtelenség [名] 無名。
névutó [名] (文)後置詞。
néz [他] 見る，熟視する，注目する；眺める，観察(見物)する；見なす，…と見る；(…を)かえりみる，顧慮・考慮する。[自] (…の動向を)チェックする；考えを…へと向ける；面している。〔külsejére nézve, 外面・外観に関しては。állás után néz, 仕事を探す。〕
nézeget [他] (くりかえし)見る，見回す，眺める，注視(観察)する；ざっと目を通す。〔nézegeti magát a tükörben, 鏡に姿を映して見る。〕
nézelődik [自] あれこれ見る，見回す。
nézés [名] 心を留めて見ること；注視，凝視；表情。
nézet [名] 意見，見地，見方，見解，所見，考え；(建)立面図。〔nézetben vagyok, 私はこういう考えである。nézetem szerint, 私の考えに従えば，私の見るところでは，私の見解では。〕
nézeteltérés, nézetkülönbség [名] 意見の相違，見解の不一致。
néző [形] 見る…，見える…；見せる，観覧の。[名] 観覧者，観客，見物人。
nézőközönség [名] (総体としての)観衆・観客。
nézőpont [名] 視点，着眼点；見地，観点，立脚点。
nézőtér [名] (劇)客席，観客席。
nikkel [名] (鉱)ニッケル，白銅。
Nílus [固] (アフリカの)ナイル川。
nimfa [名] (ギリシャ神話)ニンフ，妖精(川・泉・山林にすむ半神半人の少女)。
nincs, nincsen [自] (三人称単数)存在しない，無い。〔nincs pénzem, 私は一文もない。nincsenek itthon, 彼らは在宅していない。〕

nitrogén [名] (化)窒素。
no [間] (鼓舞・激励)さあ, さて！；(驚き・嘆賞)ああ, おお！
nógat [他] あと押しする, 駆りたてる；励ます, 鼓舞・激励する, 勢いをつける。
noha [接] …であるのに, …だけれども。
nomád [形] 牧草を追って移動する, 遊牧の；住居の定まらない, 流浪の。[名] 遊牧民；流浪者。
nos [間] さあ, よし, いざ, よろしい；ところで, さて, それじゃ。
nóta (目 nótát) [名] 歌, 唄, 歌謡；歌の節, ふし, 曲調, 旋律；こと, 話。〔régi nóta, 昔の節(ふし)。mindig a régi nóta, いつもいつも同じ節, 陳腐な話。〕
november [名] 十一月。
nő¹ [名] 女, 女性；妻, 家内, つれあい, 女房。〔nőül megy vkihez, …の嫁にゆく, 結婚する(女性が主語)。nőül vesz vkit, …を妻として迎える, 結婚する(男性が主語)。〕
nő² [自] 成長・発育する；増加・増大する。
nőgyógyászat [名] (病院の)婦人科。
női [形] 女の, 女性の；女にふさわしい；(生)雌(めす)の。〔női betegség, 婦人科の病気。női munka, 女性の仕事(労働)。női szabó, 女性服テーラー(裁縫師)。〕
nőies [形] 女性のような, 女(妻・主婦)らしい；女性的な, しとやかな；女々しい。
nőnem [名] 女, 女性；(文)女性名詞。
nőnemű [形] 女性の；雌の；女性名詞の。
nőrablás [名] 強姦罪；(古代の結婚のための)少女略奪。
nős [形] 女房持ちの, 妻帯の, 既婚の(男)。
nőstény [名] (動)雌；(修飾語として)雌の。
nősül [自] (男が)結婚する, 妻をめとる, 嫁をもらう。
nőtestvér [名] 姉妹(姉または妹)。
nőtlen [形] (男)未婚の・独身の。
növekedés [名] (量の)増えること, 増殖, 増加, 増大；(植)成長, 発育, 生育, 発生。
növekedik, növekszik [自] 増える, 増大する；発育・生育・成長する。
növekedő, növekvő [形] 成長する, 発育的；増大する, 漸増的, 漸興的。〔növekedőben(növekedőfélben) van, 成長・発育中である；増大中である。〕

növel [他］（を）増す，増やす，増大する；成長させる。
növendék [名］教え子，生徒，弟子；（修飾語として）思春期の，若い。
növény [名］植物，草木。
növénytan [名］植物学，本草学。
növényvilág [名］植物界，草木；（ある）地方植物。
növényzet [名］地方植物，分布植物，草木群（一地方の）。
nővér [名］姉；（宗）修道女，尼僧；看護婦。
növés [名］（植物などの）成長，発育，発生；（物の）増加；（人の）身長，背たけ，背；体つき，恰好。
növeszt [他］（髪などを）伸ばす；成長させる，発育させる；増大させる。
nukleáris [形］原子力の，核兵器の。
nulla [名］（数）ゼロ；0点；取るに足らない人。

Ny

nyafog [自］愚痴を言う，泣き言を並べる；不明瞭に物を言う。
nyaggat [他］いじめる，悩ます，困らせる；（主として楽器を）台なしにする。
nyáj [名］（羊や山羊などの）群；（宗）（教会の）会衆；烏合の衆。
nyájas [形］温か味（友情・好意）ある，親切な；愛想のよい，高ぶらない，腰の低い，人づきのよい；心地（気持ち）のよい（声など）；晴れやかな（風景）。
nyájösztön, nyájszellem [名］群集心理。
nyak [名］首；（びんの）口；洋服のえり，カラー；（馬の）ひらくび（平頸）。〔nyakába borul vkinek, …の首に抱きつく。nyakába veszi a várost, 町中をはせまわる（くまなく捜索する，調べまわる）。nyakon csíp, （…の）首をつかむ；（比）（…の責任を）追求する，詰問する。vki nyakán ül, …の世話になっている。vki nyakára nő, 誰よりもたけが高くなる，（比）…をりょうがする。vminek nyakára hág, …を浪費する，使い果たす，散財する。vki

nyakára jár, (…に走りかかる)…の許へしつこく押しかける，…をうるさがらせる。vki nyakát szegi, …をほろぼす，殺す。〕

nyakas [形] 首の付いた；びん状の；えり(襟)・カラーの付いた；(比)強情な，がん固な，執ような。

nyakaskodik [自] 意地を張る，がん張る，強情・がん固である，すねる。

nyakcsigolya [名] (解)頸椎(けいつい--脊椎の最上部)，椎骨(ついこつ--背骨を形成する一々の骨)。

nyakkendő [名] ネクタイ，蝶ネクタイ；(ボーイスカウトの少年などが)首にまくスカーフ。

nyaklánc [名] (女性の)首飾り，ネックレス。

nyakleves [名] 横面を打つこと，五本の指跡の付くほど強く張る平手打ち。

nyakra-főre [副] 大急ぎで，あわただしく，ろうばいして。

nyakszirt [名] (解)うなじ(項)；えりくび，くびすじ(首筋)。

nyaktörő [形] 生命の危険をともなう，あぶない，危険極まる，冒険の。

nyal [他] なめる，なぶる；軽く触れる，接ぷんする。

nyál [名] だ液，つば；(子供や動物の口から出す)粘液，よだれ，泡。〔folyik utána a nyála, 彼はそれによだれをたらす(ノドから手が出るほどそれが欲しい)。〕

nyaláb [名] 束(たば)，ひとかかえ，小束(小枝の束，まき束，花束)。

nyalakodik [自] 試食する，舌鼓を打って味わう；つまみ食いする，美食する；(比)べちゃべちゃ接ぷんする；(猫)なめてきれいにする。

nyalánk [形] 食道楽の，美食好きの；甘党。[名] 美食好きの人，食道楽の人。

nyalánkság [名] 美食を好むこと，食道楽，食通；うまい料理，美食，ごちそう。

nyálas [形] よだれだらけの；よだれをたらす，鼻汁たれの；青二才の；おべっか使いの。

nyaldos [他] (繰り返し)なめる，ねぶる；(波が)洗う；(炎が)なめる。

nyálkahártya [名] (解)粘膜。

nyálkás [形] 粘液状(性)の，粘液質の，粘液をふくむ，ね

ばる；粘液でつまった。
nyalogat [他] なめまわす，繰り返しなめる，しゃぶる；なめながら食べる。
nyápic [形] やせた，肉のない，かぼそい，やせぎすの。
nyár (目 nyarat) [名] 夏，夏季。〔vénasszonyok nyara, 晴れた初秋の日, 小春日和。nyáron, 夏に, 夏季に。〕
nyaral [自] 避暑をする，避暑地で夏を過ごす；夏に田舎住まいする。〔nyaralni megy, 避暑に行く。〕
nyaralás [名] 避暑；夏の別荘暮らし。
nyaraló [形] 避暑中の。[名] 別荘；避暑客。
nyaranta [副] 夏ごとに；夏に，夏の間。
nyárfa (目 nyárfát) [名] (植)ポプラ，はこやなぎ(白楊)。
nyargal [自] (馬が)かけあし(疾走)する；大またで走る；(比)くどくど言う。〔nyargalva, (馬で)かけあしで, だく(跑)をふませて。〕
nyári [形] 夏の；夏に生ずる；夏向きの, 夏風の。〔nyári időszámítás, 夏時間。nyári hőség, 夏の暑さ。nyári nap, 夏の日。nyári ruha, 夏衣, 夏服, 夏着。〕
nyárias [形] 夏らしい，夏のような。
nyárs [名] かなぐし(鉄串)，焼きぐし；やり(槍)；(昔，トルコやペルシャの)くし殺し刑。〔nyársba húz, くしに刺す, くし殺しの刑に処す(昔の)。〕
nyársonsült [名] くし焼きの肉。
nyárspolgár [名] プチブルジョア(小市民)；視野の狭い人。
nyavalya (目 nyavalyát) [名] 病気, 疾病, わずらい；(医)てんかん；(比)不幸な有様, いたましい境遇；(比)地獄。〔menj a nyavalyába, くたばってしまえ。〕
nyavalyás [形] 病気がちの；病身な；(比)不幸な, みじめな, あさましい；卑劣な。
nyavalygás [名] 健康がすぐれない(病気がちな)こと, 病弱；愚痴。
nyavalyog [自] 病弱(病身)である；(比)みじめである, 困窮している；愚痴を言う。
nyávog [自] ニャー・ニャー鳴く；(高い声で)訴えるように言う。

nyávogás [名] (猫が)ニャー・ニャー鳴くこと；訴えかけ。
nyekken [自] うなり(うめき)声を出す。
nyel [他] のみ込む, のみ下す；せきばらいをする；(お金などを)浪費する。
nyél [名] 柄, つか(柄)(刀や斧の手に握る部分)；(旗の)さお；(工)柄, 取っ手, ハンドル；(植)葉柄(ようへい)。〔nyélbe üt, (…を)成し遂げる, 完成する；工夫して整える, 旧状に復する。nyélbe ütés, 仕上げ, 完成；経営, 管理；実行, 履行。〕
nyelés [名] のみ込むこと, えん下, のみ下すこと。
nyeletlen [形] 柄のない, 取っ手のない；(植)葉柄のない。
nyelv [名] (生)舌；(比)話題, 噂；言語, 言葉；語法；専門用語；(鐘の)撞木(しゅもく)；(天秤の)指針；(吹奏楽器の)舌。〔magyar nyelven, ハンガリー語で。nyelvemen van, 私の舌に浮いている, 言葉が口先まで出て言えない〕。
nyelvbotlás [名] 言いそこない, 言い間違い, 失言。
nyelvemlék [名] 文献による言語の記念物, 言語記録。
nyelvérzék [名] 語感, 言語的感覚。
nyelves [形] 舌がよくまわる, 口まめの；議論好きの, でしゃばりな；(工)舌のある；(楽器の)舌の, 発音板の。
nyelvész [名] 言語学者。
nyelvészet [名] 言語学。
nyelvészeti [形] 言語学の, 言語学上の。
nyelvezet [名] 話しぶり, 語調；言い表し, 文体, 表現法。
nyelvi [形] 舌の；言語の；言語法の。〔nyelvi hiba, 語法上の誤びゅう・まちがい。〕
nyelvjárás [名] 地方語(弁), 方言, くになまり。
nyelvkönyv [名] 言語の教則本, 言語の教科書。
nyelvtan [名] 文法, 文典。
nyelvtanfolyam [名] 語学講座。
nyelvtudomány [名] 言語学。
nyelvtudós [名] 言語学者；文法家。
nyelvújítás [名] 言語の改新(改良・刷新)；(特別な)新造語句の使用, 新語使用。
nyer [他] もうける, 得る, 獲得する；勝利する。〔amit nyert a réven, elvesztette a vámon, 悪銭身につかず。〕

nyereg (目 nyerget)［名］鞍(くら)；サドル；鼻梁；(眼鏡の)ブリッジ；(弦楽器の)板鞍。〔kivet a nyeregből, (…を)馬から突き落とす(騎士の試合で)；(比)打ち負かす,押しのける。〕

nyeremény［名］当りくじ,懸賞金,賭金(かけきん),褒美；利益；(比)当たり。

nyerés［名］もうける(利得する)こと；(当たりくじ等の)獲得物,収得金。

nyereség［名］もうけ,利益,利得,利潤；獲得物,賞(富くじの当たりなど)；(比)宝,資産。〔tiszta nyereség, 純益。ő nagy nyereség nekünk, 彼は私たちの宝だ。〕

nyereségvágy［名］射利心,利欲心；利得渇仰,強欲。

nyergel［他］(馬に)鞍を置く,装鞍する,鞍を締める。

nyerges［形］鞍を付けた,装鞍した；くぼんだ鼻梁の。［名］鞍師工,馬具師；乗用馬。

nyerít［自］(馬が)いななく；(比)(人が)いやな笑いをする。

nyerő［形］勝ちになる,受賞の,当たりくじの；(比)人の心を得る,人を引きつける,魅力ある。［名］勝者,当せん者。

nyers［形］生(なま)の,生(き)の,料理しない；天然のままの,加工しない；(比)粗野(粗暴・無骨)な,荒々しい,がさつな,無愛想な。

nyersanyag［名］(商)原料(品)。

nyertes［名］勝者,受賞者；当せん者,利得者。［形］勝ちになる；当たりの(くじ)。

nyest［名］(動)胸白貂(むなじろてん)。

nyestkutya［名］狸(たぬき)。

nyihog［自］(馬が)いななく；(人が)ひそかに笑う,せせら笑う,冷笑する。

nyikorog［自］(戸・車・輪などが)ギシギシ鳴る,キシキシきしる；歯ぎしりする。

nyíl［名］矢；石弓の矢。〔Isten nyila, (神話)雷神の矢,稲妻。mint a nyíl, 矢のように速く,矢のように真っ直ぐに。〕

nyillalik［自］刺されるような痛みを感ずる；(比)(考えなどが)ひらめく。

nyilas［形］弓で武装した；弓の付いた；(歴)(ハンガリーのファシスト党)矢十字党の。［名］弓の射手,弓手；矢十字党員；(天)人馬宮,射手座。

nyílás［名］開くこと；開放, 公開；開封；(花が)咲くこと, 開花；(コンパスの)開き；(戸や窓の)開き戸；(壁の)逃げ道, 出口；(森林の)空地, すかし, 間伐.

nyilatkozat［名］意見表明, 言明, 声明, 宣言.

nyilatkozik［自］(…に関し意中を)打ち明ける, 明きらかにする, 告白(開示・表明・公表)する, 述べる；(…に味方また敵対の旨を)声明する.

nyilaz［他］弓で矢を放つ(射る).

nyílegyenes［形］一直線な, まっすぐな.

nyílik［自］(ドアが)開く, あく；(会が)開かれる, 開始される；(花が)咲く；破れひらく, 裂ける；面する.

nyílsebes［形］矢のように速い, すみやかな.

nyílt［形］締まっていない, 開いている；妨げのない, 自由な；おおいのない, むき出しの；公の, 公然の, 公開の；自由に出入りできる；(比)腹蔵なき, 率直な, 打ち解けた, こだわりのない, あからさまの, まっすぐな.

nyíltság［名］開いていること, 開放；(比)飾らない(腹蔵ない)こと, 率直, 公明正大.

nyíltszívű［形］打ち解けた心の, あからさまの, 腹蔵なき, 率直の, 公明正大の；正直な, 無邪気な.

nyilván［副］明らかに, 明白に；きっと, たしかに；多分, 恐らく.

nyilvánít［他］明らかにする, 明示する；公にする, 公表(公開・発表・表明)する；述べる, 打ち明ける；言明(声明・宣言・公言)する.

nyilvános［形］公の, 公然の, 公開の, 周知の；公共の, 社会の；明らかに分かる, 紛れ方なき, 明白な.

nyilvánosság［名］公然；公開, 周知, 公知；公共；公衆, 世間, 社会.〔nyilvánosságra jut, 公になる, 知れ渡る, 暴露される, 世間に知れる.〕

nyilvántart［他］明白(明瞭)にする；(帳簿や目録を)公表する, 目立つようにする.

nyilvántartás［名］同上のこと.

nyilvánvaló［形］当然の, 明らかの, 明白な, 紛れもない.

nyílvessző［名］弓の幹材(さお).

nyír[1]［他］刈る, はさみで切る；(樹枝や羊毛を)刈り込む, 切り払う；(ひげを)そる.

nyír[2]［名］(植)白樺(しらかば).

nyírás [名] 刈ること，刈り込み；(羊毛を)刈り込むこと；(ヒゲを)そること。

nyírfa [名] (植)白樺の木；白樺材。

nyirkos [形] 水気ある，しめっぽい，ひんやりした；湿気のある。

nyirok [名] (医)淋巴液。

nyírokedény [名] (医)淋巴管。

nyírott [形] 刈った，刈り込んだ；(ひげを)そった。

nyit [他] 開く，開ける；始める，開始する；(機会を)開く；(方法を)提供する。[自] 開く；始まる，開催される；(花が)咲く。〔nyitva van 9 órától 5 óráig, 9時から5時まで開い(営業し)ている。〕

nyitány [名] 初まり；(音)前奏，序奏，序曲，序楽(オペラ等の)。

nyitás [名] 開く(開ける・公開する)こと；開始。

nyitja [名] (vminek)(…の)かぎ(鍵)；(解決の)かぎ，手がかり，手引き；解式，秘めて，こつ，極意。〔mindenneknek ez a nyitja, これがすべてを解くカギだ。vminek a nyitjára rájön, 何の真相を知るに至る，秘密を見出す。〕

nyitogat [他] (度々)開ける，開く；開けようとする。

nyitott [形] 開いた，開けっ放しの，公開の；屋根がない，囲いがない；未解決の。

nyivákol [自] (赤子が)泣く，哀泣する；(猫が)訴えるように鳴く。

nyolc [数] 八，8；八の数。[形] 八の。〔nyolcanként, 八つごとに，いつも八つ，八つずつ；(いつも)八人ずつ，八人で。nyolcféle, 八種(類)の。nyolcféleképp(en), 八種の方法(仕方)で。〕

nyolcad [数] 八分の。[名] 第八番目；(音)オクターヴ，八分音符；第八音程。〔nyolcad magával, 第八番目(自分と他の七人で)。〕

nyolcadik [数] 第八の，八番目の。[名] 第八番目；(学級)第八番目の級(第八年の級)。

nyolcas [名] 八の単位より成るもの(例，八行詩，第八連隊，第八組，バスなどの8番路線，カルタの8等)。八の数字。[形] 八つの。

nyolcórás [形] 八時間の；8時発・着の。

nyolcszög [名] (幾)八角形，八辺形。

nyolcvan [数] 八十, 80。

nyolcvanas [名] 八十の数字；(ある世紀の)80年代；八十歳代の人；80番の電車・室・番号など。[形] 80の印のある；80年代の。

nyom[1] [名] (獣の)足跡, 臭跡；わだちの跡, 跡形, 手掛かり。〔vki nyomába lép, …の後について行く, …にならう。nyomába sem léphet, 彼と比較にならない, 彼の後にもついて行けない。nyoman, …の足跡をたどり, に依り, に基づいて, に従って。vki nyomára akad, …の足跡を見付ける, の手がかりがつく。nyomon követ vkit, …のすぐ後について行く, に追いこませる。nyomot hagy, 足跡を残す。nyomra vezet vkit, …にヒントを与える, …を軌道に導く(善導する)。〕

nyom[2] [他] 押す, 圧す；(重量を)計量する；(くつが)締めつける；(手に…を)滑り込ませる；(ぶどうを)圧搾する；(本を)印刷する；印象づける, 銘記する, 感動させる；強く握手する；(比)後押しする；圧迫する, 苦しめる。

nyomás [名] 押すこと, 押されること；(比)圧迫；印刷, 刷り。

nyomasztó [形] 圧迫する；押しつぶされるような, 重苦しい；圧制的な, 圧倒的な。

nyomat [名] 打印, 銘刻；明らかな印, 明証；複写, 印刷物；版画；刷り, 印刷。

nyomaték [名] (比)(弁士の)力説, 強調；(文)強勢, 語勢, 揚音, 強音, アクセント；(工)力の能率, 力率, 強圧, 重圧。

nyomatékos [形] 力を入れた, 強調された；(比)重要な, 大切な；(文)アクセントの。

nyomban [副] 即座に, 即刻, すぐさま, 直ちに。

nyomda (目 nyomdát) [名] 印刷所；印刷業；印刷術。

nyomdafesték [名] 印刷用インキ。

nyomdász [名] 印刷者, 印刷工。

nyomdászat [名] 印刷業。

nyomkod [他] (材料を)型に入れる；(土・粉を)こねる, 練る；(筋を)もむ, あんまする, マッサージする。

nyomor [名] みじめな境がい, 窮境；困窮, 貧困, うきめ, 苦しみ。

nyomorék [形] (体, 足・脚などの)不自由な, 身体に障害のある。[名] 身体障害者。

nyomorog [自] 窮乏に苦しむ, 困窮生活をする。

nyomorult [形] みじめな, あさましい；貧窮の, 赤貧の, 憐れむべき, みすぼらしい。

nyomós [形] 重い, 重苦しい；重要な, 重大な, 大切な。

nyomott [形] 押さえられた, 圧搾された；印刷された；(比) 意気消沈した, ふさいだ；(商) 沈滞した, 不景気の。

nyomozás [名] 捜索；(…の後を)追う(追跡・追求・探索する)こと。

nyomtalan [形] 痕跡(足跡)のない。

nyomtat [他] (本を)印刷する；(麦穂の中身を)踏み落とす。

nyomtatás [名] 印刷に付すこと；印刷されたもの；(農)(麦の穂の)踏み落とし。

nyomtató [形] 印刷する…；(農)麦穂を踏み落とす…。[名] 印刷工, 印刷屋。〔nyomtató(gép) 印刷機, プリンター。〕

nyomtatvány [名] 印刷物；小冊子や本など；(郵便の)印刷物, 書籍小包。

nyomul [自] (群衆が)押し進む, 押し出る, 押し迫る, 突き進む；(兵)前進(進出・進展)する；(物が障害を)乗り越えて進む。

nyög [自] うめく；嘆息する, こぼす。

nyögés [名] うめき声；嘆息, 愚痴。

nyugágy [名] 安楽いす, 休息用ベッド, デッキ・チェアー。

nyugalmas [形] 静止・休止の；静かな, 平静の；安らかな, 落ち着いた, 安心の；静寂な。

nyugalom (目 nyugalmat) [名] 休止, 静止；落ち着き, 冷静；休息, 休養；静けさ, 静寂, 平和(など)；安心立命, 安堵(あんど), 安心。〔nyugalomba helyez, (恩給を与えて)退職させる。nyugalomba vonul, 恩給退職する；隠退・隠居する。nyugalomra tér, 就寝・就眠する。〕

nyugat [名] 西；西方；西欧。〔nyugat felé, 西方へ。nyugat felől, 西から, 西方から。nyugaton, 西において, 西方・西欧において。〕

nyugati [形] 西の, 西方よりの, 西方への。[名] 西欧人。

nyugdíj [名] 退職年金。
nyugdíjalap [名] 基礎年金；年金基金。
nyugdíjas [名] 年金生活者。
nyugdíjaz [他] (…に)年金を給して退職させる。
nyughatatlan [形] 活発な；不安な, 心配な, 気が気でない, 落ち着かない；不満の。
nyugodalmas [形] 静かな, 穏やかな；安らかな, 落ち着いた, ゆうゆうたる。
nyugodt [形] 静かな, 平静な, 穏やかな；安らかな, 落ち着いた, 平和な；沈着な, 自若たる；すがすがしい(顔色)。〔nyugodt lélekkel, 良心にやましいところなく, 落ち着いて, やすんじて。〕
nyugszik [自] 休む, 休息する；静止する；眠る；永眠する；しずまる, 安心する；(太陽が)沈む, 没する。
nyugta[1] [名] (vminek / vkinek)静止；休息；平穏, 平和, 安堵(あんど), 安心。〔nincs nyugta, 彼は安心できない。〕
nyugta[2] [名] 受取証, 領収書, レシート。
nyugtalan [形] 不安な, 穏やかならぬ, 落ち着かない, 動揺する, 不穏の；憂慮・懸念の。
nyugtalanít [他] 不安にする, 心配させる；ろうばいさせる；煩もんさせる；騒がす, 激させる；(兵) (敵を)悩ます。
nyugtalankodik [自] 落ち着かない動作をする；(…に)不安を感ずる, 心配する。
nyugtalanság [名] 気の落ち着かぬこと；不安, 懸念, 危惧, 憂慮；苦悩, 煩もん；動揺。
nyugtat [他] (…を)落ち着かせる, 静める, 安心させる, なだめる；(…に)受取証を与える(書く)。
nyugtató [名] 精神安定剤, 鎮静剤。
nyugtáz [他] 受取証を与える, 領収書を出す。
nyugton [副] 静かに, おだやかに；落ち着いて, 安らかに, 平静に。
nyújt [他] 差し出す, 提出する, 呈する, 捧げる；申し出る；(希望を)与える, 起こさせる；(姿・観を)呈する；広げる, 圧し延べる；(手を)さし伸べる；(文)(語を)長く発音する。
nyújtható [形] 引き伸ばし得る, 広げられる；可延性の；延長可能の；提供できる。
nyújtó [形] 引き伸ばす, 広げる…。[名] (器械体操の)横

棒, 鉄棒, 水平棒；(工)金属を伸ばす職工。
nyújtogat [他] (繰り返し)さし伸べる, 差し出す, 提供する；引き伸ばす, 延長する, 広げる；(舌を度々)出す。
nyújtózkodik, nyújtózik [自] (体を・手足を)伸ばす, 背伸びする。
nyúl[1] [名] (動)うさぎ, 野兎。
nyúl[2] [自] (…に)手を下す, 手をかける, 着手する, 取りかかる；(…に)触れる, 手を伸ばす；(ポケットへ手を)入れる。〔vmihez nyúl, …に手を伸ばす。〕
nyulánk [形] ほっそりした, すらりとした, 細長い, やせすぎの, 優美の。
nyúlik [自] 伸びる, 広がる, 膨張する；(植物などが)すばやく成長する；(講演などが)長くなる；(時間が)長くなる。〔hosszúra nyúlik, 長く伸びる。〕
nyúlós [形] 引き伸ばすことのできる, 張力のある；粘る, 粘り強い, 粘り気のある, 膠(にかわ)のような。
nyúlszívű [形] 臆病な。
nyúlvány [名] 伸長, 延長, (解)突起, 骨突起；(建)突出部, 張り出し；(山脈の)支脈；(船の)肋材(ろくざい)。
nyurga [形] 細長い, ひょろ長い, やせぎすの。
nyuszt [名] (動)てん(貂), 黄色のいたちの一種。
nyúz [他] 皮をはぐ, 引きはぐ；(比)暴利をむさぼる, ぼる；使いへらす, 使い古す, いためる, 損じる；(比)しゃくにさわるほど繰り返す。
nyúzás [名] 皮をはぐこと；皮はぎ業。
nyúzott [形] 皮をはいだ, 搾取・酷使された；使い古された。
nyű[1] [他] (着物を)使い古す；(麻を)引き抜く。
nyű[2] (目 nyűvet) [名] (虫)うじ(蛆)(肉にたかるハエの)。
nyűg [名] (馬にかけるなわの)あしかせ(足枷)；(比)妨害, 邪魔, やっかい(物)；短索。
nyűgös [形] 面倒な, やっかいな, 気むずかしい；ぶうぶう・ぶつくさ言う, すねる, だだをこねる(子供)。
nyűtt [形] 着古した, すり切れた。
nyüzsgés [名] うよめき, うようよする(群がる・うごめく)こと；蝟集(いしゅう--たくさん集まること), 雑とう, 混雑, 賑わい。
nyüzsög [自] うようよする, 群がる, うごめく, 賑わう。

O, Ó

ó¹ [形] 年長の，老いた，年寄りの；古い，古くなった，時代おくれの，すたれた；昔の，古代の．

ó² [間] おお，ああ；おい，ねえ；まあ．

oázis [名] オアシス(砂漠の中の沃地，林泉)．

óbégat [自] なげく，悲しむ，哀泣する；不平をいう．

oboa [名] (音)オーボエ．

óbor [名] 1年以上経ったぶどう酒．

Óbuda [固] 旧ブダ(1872年にブダとペストと統合して，首都の一地域に)．

óceán [名] 大洋，海洋，大海．

ócska [形] 使い古した，着古した，古びた；(比)粗悪な．

ocsmány [形] むかつくような，不快な，いやな；卑しい，卑劣な；恥ずべき，不面目な；わいせつな，みだらな．

ocsmányság [名] 同上のこと；卑わいな言葉や行為．

ocsú [名] 穀物のくず(実入り少ない穀粒，落ちた穀物のくず粒)．

ocsúdik [自] 我に返る，己にかえる，正気に返る，落ち着く．

oda [副] (ここから)あちらへ，その方へ，そこへ；そこに；向こうで；(述部として)失くなって，消え去って；失望・絶望して．〔oda és vissza, 行き帰り，往復して．ide-oda, あちこち，行き帰り；あてどもなく，ちゅうちょして，迷って．oda az egész nyaram, 夏全体が消え去った．〕

óda (目 ódát) [名] (詩)(ギリシャの)頌歌，頌詩，(ほめたたえる)詩歌．

odaad [他] 差し出す，与える，渡す，交付(譲与)する；献ずる，捧げる；放棄する．

odaadás [名] (物を)渡すこと；交付，引き渡し，譲与；身を委ねること，献身，犠牲，忠誠；ふけること，没頭，たんでき，帰服，帰依．

odaáll [自] (そこに)自分の立場(位置・座)を占める．

odább, odébb [副] より先へ；さらに，それ以上に；さらに遠くへ，はるかに；あそこに，向こうに．

odabenn, odabent [副] その内に，その内部に；中で，内

部で。
odadob [他] (あちらへ)投げる，投げやる；(向こうへ)投げすてる，投げ落とす；(比)(人生を)投げ出す，(考えもせず)嫁となる。
odaég [自] (料)焦げつく；焼失する，灰になる；焼死する。
odaér [自] (…に手を)触れる，着ける；(目的地に)届く，達する，到達する。
odaért [他] 含める。〔odaértve, (そこに)…を入れて，含めて(例，費用を含めて)。〕
odafenn, odafent [副] あそこに，あの方に，あの高い所に；天に，天上に；あの世で，天国で，(比)宮中で，国王の許で。
odahívat [他] (タクシーを)呼ばせる；(…へ)招かせる，呼ばせる。
odáig [副] (ここから)そこまで，あそこまで；(時)それまで，その時まで。〔odáig van, 彼は具合が悪い；失望している。〕
odaígér [他] (…に…を)約束する；(娘をやる)約束を結ぶ，将来を約束する；(比)期待させる，たのもしい，見込みがある。
odaítél [他] (法)(…に…を)決定(判決)によって与える；(…の権利を)承認・是認する；(…を…の)所為(せい)にする，帰する。
odajön [自] (そこへ)到達する，来る。
odakiált [自] (…に向かって助けを)呼びかける，声をかける，さけぶ，高い声で呼ぶ。
odakinn, odakint [副] 外で，外部で，戸外で；野外・市外・郊外で；外国で，海外で。
odalép [自] (…の方へ)行く，歩み近づく。
odamegy [自] あちらへ行く(おもむく)；向かう。
odamenet [名] (あちらへの)行き，往路。[副] あちらへの行きに，往路に。
odanéz [自] (あちらを)見やる，注視(望見)する，眺める。
odatalál [自][他] (住所など)そこへ行く道を見出す；(目標に)達する，届く，的中する。
odatapad [自] (壁などに)くっつく，粘着・固着する；(目や視線が)離せない。
odatapaszt [他] (…に)はり付ける，のりではる；(比)(耳を壁に)ぴったりくっつける(聴き取るために)。

odatart [他] (…の方へ手などを)差し伸ばす, 捧げている. [自] (…に)近付く.

odatartozik [自] (そこに)属する, …の管轄になる；…の所有にかかる, …の一部分である；(…に)適合する.

odatesz [他] (そこへ)置く, すえる, 横たえる；就職させる；付け加える.

odaugrik [自] (そこへ)飛び行く, 飛び着く；飛び返る, 弾(はず)む.

odautazik [自] (あちらへ)旅行する, おもむく, 行く.

odavaló [形] あの地の, そこの；この出身の.

odavan [自] 去っている, 失せている, 無くなっている；行ってしまった, 遠くに離れている；具合が悪い；希望を失っている, 落胆している；(…に)逆上している, 有頂天である.

odavesz [自] なくなる, 失せる；…で没する, 生命を失う.

odavet [他] (あっちへ)投げやる, 投げ捨てる, 投げ落とす；身を投げ出す；寄りかかる；なぐり書きする；肩越しに言う.

odavisz [他] あちらへ持って行く, ひきずって行く. [自] 案内する, 先導する(この路はA村へ通ずる等).

ódon [形] 古めかしい, 古風の.

odú [名] (岩石の)くぼみ, へこみ；(動物の)巣くつ, ほらあな；(樹木の)うろ；狭くて暗い住まい.

odvas [形] くぼんだ, 中空の, うつろの(樹木)；穴だらけの, 多孔の. 〔odvas fog, 虫歯.〕

oh [間] おお, ああ；おい, ねえ, まあ(驚喜, 悲嘆などを表わす.)

óhaj [名] 願い, 望み；希求, 願望, 切望；祈願.

óhajt [他] 願う, 欲する, 望む, 求める；請う；(…のために)希望する, 祝う；待ちこがれる, 熱望する. 〔óhajtva, あこがれて, 渇望して, 待ちこがれて. mit óhajt？ 何をお望みですか？〕

óhajtás [名] 願望, 切望, 熱望, 希求；祈願.

óhatatlan [形] 避けられない, 不可避的の, 免れがたい；やむを得ない, 必らず起こる, 必然的の.

ok [名] 原因, 根源, 根拠；誘因, 理由, 縁由, 機縁；動機, わけ；証拠；責務. 〔ő az oka, それは彼の責任(せい)だ. nincs ok, どう致しまして(お礼やおわびには及びません). okot ad(szolgáltat)vmire, 何をひき起こすきっかけを与える. alapos oka van rá, それに関するよき根拠がある. ok nélkül, 根拠なく, いわれなく.〕

okád, okádik [自] (つばを)吐く；へどを吐く，嘔吐(おうと)する；(火山が)噴出する。

okfejtés [名] 原因の探求(追求)；理由の論証・論理的説明，推理，推論，論究。

okirat, okmány [名] 公の文書；証書；記録；史料；公正証書；訴訟記録。

oklevél [名] 公の記録(証書)；特許状，免許状，免状，証書；卒業証書；学位記；賞状，勲記。

okol [他] (…に)責を帰する，所為(せい)に帰する；(…に罪ありとして)告訴する，とがめ立てる。

ókor [名] 大昔，原始時代。

ókori [形] 古昔の，原始時代の；原始時代史に関する。

okos [形] ものわかりのよい，利口な，賢い；訳の分かる，分別ある，理性的な，判断の正確な；気の利いた，如才ない；(皮肉)悪賢い，こうかつな。[名] 賢者；賢いこと。〔okosabbat nem tehettem, 私はそれ以上分別あることを成し得なかった。〕

okoskodás [名] 利口ぶること；へりくつ，推論，推断，こじつけ。

okoskodik [自] 利口ぶる；へりくつを言う，こじつける，推論する。

okosság [名] 物分かりのよい(分別ある・利口な)こと；気の利いた(如才ない)こと；思慮，分別；機敏，抜け目ないこと；(比)こうかつ，策略。

okoz [他] (…を)引き起こす，誘起する，生ぜしめる，誘う；ちょう発・扇動する。〔bajt okoz, 禍を引き起こす，害をなす。〕

oktalan [形] 理性のない，道理を弁えぬ，不合理・不条理の，理屈に合わない。

oktalanság [名] 理性のないこと；背理，不条理；無思慮；同上の言行，ばかげたこと。

oktat [他] 教える，教育する；指導する，知識を授ける。

oktatás [名] 教えること，教育；教授，授業。

oktatásügy [名] 教務，教育関係の事務；教育制度，学制。

oktató [形] 教えになる，教育・教訓的の；教える，教育する，教授する。[名] (小学校の)先生，教師，教員，訓導；家庭教師，師伝。

október [名] 十月。

okul [自] (vmin)(…に依って, 例えば, 痛い目にあって)利口になる, 賢くなる；教訓を受ける, 啓発される, 学ぶ；心得る, 経験する。

okvetlen [形] 無条件の, 絶対的な, 確かな, 断固たる。

ól [名] 家畜小屋；豚小屋, 鶏小屋；(動物を飼う)おり, 箱。

oláh [形] ワラキアの, ルーマニアの。[名] ワラキア人(ルーマニア人を呼ぶスラヴ名)。

olaj [名] 油；植物油；(宗)聖油。〔olajat önt a tűzre, 火に油をそそぐ；(比)激情をあおる。〕

olajág [名] (植)オリーブの樹の小枝(平和のしるし)。

olajbogyó [名] オリーブの実；(比)オリーブの実の形のもの。

olajfa [名] (植)オリーブの樹。〔Olajfák hegye, (聖)かんらん山(エルサレムの付近)。〕

olajfesték [名] 油絵具, 油ペイント(ペンキ)。

olajfestmény [名] 油絵(油絵具で描かれた絵)。

olajkép [名] 油絵。

olajos [形] 油状の, 油質の；油を含む；油で調理した。

olajoz [他] (に)油を塗る, 油をさす, なめらかにする；(宗)聖油を塗る。

olajzöld [形] オリーヴ色の, 茶色がかった緑色の。

ólálkodik [自] (盗みなどの機会を狙って)うろつき回る, うろうろする, こっそり待ち伏せる, うかがう, 狙う。〔ólálkodva, 見張って, 監視して, ひそかにうかがって, うろつき狙って。〕

olasz [形] イタリアの。[名] イタリア人。〔olaszul, イタリア的に；イタリア語で。〕

Olaszország [固] イタリア国。

olcsó [形] 安い, 低値の, 廉価の, 安価の；(比)安易な。

olcsóság [名] (値段の)安価, 低廉；安物。〔csupa olcsóság, 安物ばかり。〕

old [他] (もつれ・結び目を)解く, ほぐす, 緩める；(なぞを)解き明かす, 解決する；(物を)溶かす, 溶解させる。

oldal [名] (人体の)脇, 脇腹；(物の)側面, 横；部面, 場面；方面, 方向；味方, 党派；(書籍の)ページ；(兵)翼, 側面；(船)舷(ふなべり)；(かべの)側壁, 隔壁；(数)辺, (荷車の)側欄；(山の)斜面, 中腹；(メダルの)表面。〔a titok fúrja az oldalát, 秘密が彼をひどく悩ます(いらい

oldalág 664

らさせる)。vkit oldalba lök, 誰の脇腹を突く。oldalán, 脇に, そばに, 側に。oldalán lévő, その脇にある；彼のかたわらにある；(比)彼を助ける。oldalról, 横脇から；側面(横合)から。oldalba támad meg az ellenséget, (兵)敵の側面攻撃をする。〕

oldalág [名] (木の)枝；(血族の)傍系；(川の)支流, 支川。

oldalas [形] 脇・側・そばにある；側の, 側面の, ページの；側生の, 傍系の。[名] (料)(豚の)肋肉, 脇肉。

oldalborda [名] (解)あばら, 肋骨；肋肉；(比)愛妻。

oldalfal [名] 側壁, 横手の壁；仕切り壁。

oldalt, oldalvást [副] かたわらに, 横に, 脇に, 側方に；横から。

oldat [名] (化)溶解, 分解；溶液。

oldhatatlan [形] 解きがたい, ほどき得ない；溶解しがたい；解決しがたい。

oldható [形] 解きうる, ほどき得る；可溶の, 溶解し易い。

oldódik [自] 解ける, ほどける；溶ける, 溶解する；分解される。

oldószer [名] (化)溶解液。

olimpia [名] 国際オリンピック大会。〔a téli(nyári) olimpia, 冬期(夏期)オリンピック。〕

olimpiai [形] オリンピックの。〔olimpiai játékok, オリンピック競技。〕

olló [名] はさみ(鋏)。〔kerti olló, 刈り込みばさみ, 枝切り刀。〕

ollóz [他] はさみで切る；(新聞などから)切り抜く；はさみ技をする；(比)剽窃(ひょうせつ)する, まる写しする。

ólmos [形] 鉛の, 鉛製の；鉛を含有する；鉛で飾った；鉛のような；重苦しい。〔ólmos eső, みぞれ。〕

ólom (目 ólmot) [名] (鉱)鉛。

ólombánya [名] 鉛鉱山。

ólomsúly [名] (水深を測る)測鉛；(つり糸の)鉛のおもり。

ólomüveg [名] (化)鉛硝子(ガラス), プリント硝子。

ólomzár [名] 鉛の封印(税関などの)。

olt[1] [他] (火を)消す；(比)(渇きを)いやす, 和らげる；(牛乳を)凝固させる。

olt[2] [他] 接ぎ木(つぎき)する；(子供に)種痘する；(比)(思

想などを)吹きこむ。

oltalmaz [他] かばい守る，防護(保護・えん護)する。

oltalom (目 oltalmat) [名] 守護，えん護，擁護，かばうこと；防衛，御。〔oltalmat ad (nyújt), 保護を加える。〕

oltár [名] (宗)備え物の壇，祭壇。

oltárkép [名] (宗)祭壇の上や背後に描かれた画像。

oltás[1] [名] (火を)消すこと；渇きをいやすこと；(牛乳を)凝固すること。

oltás[2] [名] 接ぎ木(つぎき)；種痘。

oltatlan[1] [形] 消えていない；凝固しない。〔oltatlan mész, 生(せい)石灰。〕

oltatlan[2] [形] 接ぎ木できない；種痘できない。

olthatatlan [形] 消すことの出来ない，止めどのない；いやしがたい。

oltóanyag [名] (医)痘苗，接種素，ワクチン。

oltókés [名] (農)接ぎ木用ナイフ。

olvad [自] とける，溶解する；解けて無くなる，消え失せる；(雪が)解ける；(比)溶け込む，感動する；(固苦しいのが)打ち解ける；(比)(お金が)浪費される。

olvadás [名] 溶けること，溶解，溶融；雪解け。

olvas [他] 読む；数える，勘定する；(法律を)適用する；(罪などを)非難する。

olvasás [名] 読むこと；読書，読み方；(議会における議題の)朗読，音読；数え読むこと；(金銭の)勘定。

olvasatlan [形] 読み終わっていない；数えられない。

olvashatatlan [形] 読みがたい，読みづらい；おもしろくない。

olvasható [形] 読みうる；読み易い，分かりよい。

olvasmány [名] 読み物，読本；作品，名文選。

olvasó [形] 読書する…。[名] 読者，読書家；朗読者，講義者；バラの花環，(カトリックの)ロザリオ，じゅず，念珠。

olvasókönyv [名] 読本，リーダー。

olvasott [形] 読まれた；多読の；よく読まれる，人気がある。

olvaszt [他] (金属を)溶かす，溶解する；液化する；(料)(豚の脂肉やバターを)溶かす；(比)合体させる。

olyan, oly [形] かかる，かくの如き；そのような，かような。〔olyan ember, かような人。olyan okos, かくも利口

olyanféle [形] そのような種類の, その種の。
olyanforma [形] そのような外観の, そのような大きさの。
olyanképp(en) [副] そのように, そういう風にして; それほどに。
olyankor [副] かかる時, その時, そんな時に。
olyasmi [代] そういうこと, そんなこと; そんな物, あんな物。
olyasvalaki [代] そんな人, かかる人, かような人。
olykor [副] 時には, 時としては, たまに, 時折, 間々。
olykor-olykor [副] 時をおいて, 時々, 往々, 間々; 途切れ途切れに, 気まぐれに。
omladék [名] くずれ・壊れた石・土; 廃墟。
omlik [自] 倒壊・崩壊する, くずれる; (粉菓子が)細かく砕ける; (液体が)流れ出る; (髪などが)垂れ下がる; (椅子などに)沈みこむ。
omlós [形] くずれ易い; ほろぼろになる, もろい(パン菓子)。
ón [名] (鉱)すず(錫)。
onnan, onnét [副] あそこから, かなたから, その場所から; (比)それから(由来する…)。〔innen-onnan, ここかしこから, 四方八方から。〕
ónos [形] 錫(すず)の; 錫を被せた, 錫メッキした。〔ónos eső, みぞれ。〕
opál, opálkő [名] (鉱)蛋白石(たんぱくせき), オパール。
opera (目 operát) [名] オペラ, 歌劇。
operaház [名] 歌劇場, オペラ座。
operál [他] 作業(操作)する; (医)手術を施す; (兵)作戦を立てる。
Óperenciás-tenger [名] (ハンガリー民話の)世界の涯の海, 大洋。
operett [名] (音)小歌劇, オペレッタ。
optika (目 optikát) [名] (物)光学; (カメラなどの)レンズ。
optikai [形] 光学上の; 眼の, 視覚の。
óra (目 órát) [名] 時計; 1時間; 時, 時間; 授業, 授業時間; (ガスなどの)計量器(メーター)。〔hány óra van?, 何時ですか。hány az óra?, 何時ですか。öt (az) óra, 五時です。hány óra alatt?, いく時間で?(何時間かかるか)。öt óra alatt, 五時間で(五時間かかる)。órák

hosszat, órakon át, 数時間ずっと。〕
óraadó [形] 授業をする…。[名] 時間講師。
órai [形] …時間の, …時間かかる。〔három órai út, 三時間の道。〕
óramutató [名] (時計の)時針, 短針。
óramű [名] 時計の機械(仕掛)(ゼンマイ仕掛)。
orángután [名] (動)オランウータン, しょうじょう。
óránként [副] 毎時間, 一時間毎に；時給で。
órányi [形] …時間の, …時間かかる。〔órányi út, 一時間の旅。három órányira, 三時間の, 三時間かかる(道程の…)。〕
órarend [名] 時間表, 時間割り(学校の)。
órás [形] …時間の, …時間かかる；時計屋の。[名] 時計屋。
óraütés [名] (時を報ずる)時鐘；時計の打つ音。
orbánc [名] (医)丹毒；(豚の)丹毒。
ordas [名] 狼。[形] 焦げ茶色の, 薄暗い灰色の。
ordít [自] (ライオンや狼が)ほえる；(子供が)泣きわめく；(牛や羊が)うなる；(人が)大声を出す, どなる。
ordítás [名] 同上のこと。
ordítozik [自] 間断なくほえる, わめく。[他] 大きな声で繰り返す。
orgazda (目 orgazdát) [名] (法)(盗品の)故買商人。
orgazdaság [名] (法)故買, 盗品売買。
orgona¹ (目 orgonát) [名] (音)(会堂の)大型オルガン, パイプオルガン
orgona² (目 orgonát) [名] (植)むらさきはしどい, りらの花。〔kerti orgona, ライラック。〕
orgonál [自] パイプオルガンを弾奏する；(風が)どよめく。
orgonasíp [名] (音)パイプオルガンの音管(風笛)。
orgyilkos [名] 暗殺者, 刺客。
orgyilkosság [名] 暗殺, やみ討ち。
óriás [名] 巨人, 大男；(比)巨大なもの, 怪物, 巨獣。[形] 巨大な, 巨人の。
óriási [形] 巨人のような, 巨大な；(比)途方もない, 素晴しい, すごい。
óriáskerék [名] 観覧車。
óriáskígyó [名] (動)王へび(熱帯アメリカ産で, 獲物を締

め殺す大へび)，ボア。
orkan [名] ぐ風，台風，ハリケーン。
ormány [名] (鼻と口とが一緒になっている)長鼻，口鼻(豚・猪・象などの)；(昆虫などの)口さき，吻。
ormótlan [形] (建)破風のない；不恰好な，形式不備の，異様な形をした；(人について)みにくい，奇形の；ぶざまな，きのきかない，無作法な。
orom (目 ormot) [名] (家の)棟(むね)，屋根の一番高い所；(樹木の)頂上，てっぺん；(建)切妻(きりづま)；(山の)頂，頂上，峰。
orosz [形] ロシアの；ロシア人(語)の。[名] ロシア人。〔oroszul, ロシア風に；ロシア語で。〕
oroszlán [名] (動)しし，ライオン。〔nőstény oroszlán, 雌しし，めじし。〕
oroszlánrész [名] 最大の分け前，うまい汁，過分の配当，不当な分け前；(難局に立つ)主力。
oroszlánszelídítő [名] しし使い(馴らす人)，ライオンの調教師。
oroszlánszívű [形] ライオンのような勇猛心の，剛胆な。〔Oroszlánszívű Richard, ライオンのような勇猛心のリチャード(王)。〕
Oroszország [固] ロシア国。
orr [名] (人間の)鼻；(豚や象の)鼻口(鼻と口のある突き出た部分)；(比)(履物の)尖り，さき，前部；(船の)へさき，船首，波切り。〔fitos orr, pisze orr, 低い鼻，だんご鼻。folyik az orra vére, 鼻血が流れる。fenn hordja az orrát, 鼻を高くしている，高慢である。mindenbe beleüti az orrát, 何ごとにも鼻を突っ込む(手を出す，万事に余計な世話をやく)。vkinek borsot tör az orra alá, …に(…を)手きびしく言ってきかせる。〕
orrcimpa [名] (解)鼻翼，小鼻。
orrcsont [名] (解)鼻骨。
orrhang [名] (文)鼻音；鼻声。
orrhegy [名] (解)鼻先，鼻端。
orrlyuk [名] (解)鼻孔(びこう)。
orrol [自][他] 邪推(曲解)する；悪くとる，悪意に解する，いきどおる，怒る，憤慨する。
orrszarvú [名] (動)さい(犀)。[形] orrszarvú

bogár, (甲虫)鼻角虫, サイカブトムシ。
orsó [名] (紡績工の)錘(つむ), ぼうすい(紡錘); 糸車, カタン糸巻, ボビン; (時計の)円錐車輪(えんすいしゃりん); (ケーブルなどの)巻きわく; がペン; (建)(らせん段階の)親柱, 手すりの端の柱。
orsócsont [名] (解)撓骨(とうこつ, 前膊部にある)。
ország [名] 国, 邦; 国家。
országgyűlés [名] 国会, 議会。
országgyűlési [形] 国会の。〔országgyűlési képviselő, 国会議員, 代議士, 衆議院議員。〕
országház [名] 国会議事堂。
országos [形] 全国に関係する, 全国的; 国の, 国家の; 全国民の, 一般の。〔országos érdek, 国の利害。országos csapás, 全国的災難, 惨禍。országos eső, 全国的な雨。országos gyász, 全国的な喪・哀悼。országos ügy, 国の業務, 国務。országos vásár, 大市, 歳の市(年一回ないし数回開催の大市)。〕
országrész [名] (国の)一地方, 一地域; 地区, 区域, 管区。
országszerte [副] 全国至る所で, 国中どこでも。
országút [名] 国道。
ország-világ [名] 世間一般の人々, 万人, 皆。〔ország-világnak elmond vmit, 世間一般の人々に何かを告げる。〕
orvos [名] 医師, 医者。
orvosi [形] 医者の; 医療上の, 医術の, 医学の; 医薬の。
orvoslás [名] なおすこと, 治療, 手当; 治療法; (比)矯正法。
orvosol [他] …をなおす, 治療(救治)する, 健康に復させる; (比)(わざわいを)取り除く, 是正する; 矯正する。
orvosság [名] 医薬, 薬剤, 薬品; (比)薬。
orvostudomány [名] 医学, 医科学, 医術。
orvtámadás [名] 背信的不意打ち, 裏切り的襲撃, 待ちぶせて襲撃すること。
orvul [副] 裏切って, 反逆的に; 待ちぶせして。
orvvadász [名] 密猟者。
oson [自] 忍び足で(こっそり)歩く, 滑り込む; 姿を消す, 人目につかぬように逃げる, ひそかに席をはずす。

ostoba [形] ばかの, おろかな, 頭の鈍い(間抜け・う愚)の。[名] ばか者, 愚人, 間抜け。

ostobaság [名] ばかな(ばかげた・下らぬ)こと, 愚鈍, 愚事；背理, ナンセンス。

ostor [名] (打つ)むち(鞭, 笞)；(動・植)鞭毛(べんもう)；(比)天罰, 災難, 災やく, たたり。〔Isten ostora, 神のむち(天罰)。végén csattan az ostor, 最後に笑う者は最もよく笑う。〕

ostorcsapás [名] むちで打つこと, むち打ちの刑。

ostoroz [他] むち打つ, 鞭撻(べんたつ)する, はげます；むち打ち刑を施す；(比)こらす, 悩ます, 苦しめる；ば倒する。

ostrom [名] (兵)襲撃, 突撃, 突貫；(包囲された場所の)攻撃, 攻城；(比)突きとばす(押し倒す)こと；うるさく求愛すること。〔ostrom alá fog, (兵)攻囲する；(比)(…を)取り巻く, …に迫る, 殺倒する。ostrommal bevesz, 襲撃して占領(奪回)する。ostromot kiáll, 襲撃を切り抜ける。〕

ostromállapot [名] (兵)戒厳状態。

ostromol [他] 包囲・攻囲する；襲撃・突貫する；(比)(…に)うるさく迫る(せがむ・求愛する)。

ostya (目 ostyát) [名] (カトリックの)聖餅(せいへい, 晩さん用のパン, キリストの体と見なされる)；ウェーファス, 軽い薄焼きの菓子；(医)オブラート。

ószeres [名] 骨とう(古物)商人；古着商人, 古着屋。

oszlás [名] 分かれること；(大衆の)分散, 解散；(死体の)分解, 解体, 腐敗。

oszlik [自] (霧が)晴れる；溶ける, 溶解する；分かれる, 分解する；(多くの部分に)分裂する, 割れる；(死体が)分解する；(腫れなどが)ひく, (問題が)なくなる。

oszlop [名] (建)円柱, 柱；柱像, 立像；(比)柱状のもの, 柱石など；(比)支え手, 支柱；(兵)縦隊(列)；(解)脊柱。

oszlopcsarnok [名] (建)柱廊(玄関), 車寄せ, ポーチ, 回廊；列柱廊, 林立した柱のある場所；(寺院の)周廊。

oszlopfő [名] (建)柱頭(円柱状の物のかしら)。

oszlopos [形] (円)柱状の, 柱形の；柱式の, 柱のような；柱のある。〔oszlopos ember, 支持者, 後援者, 擁護者, 扶助者(つっかい棒, ささえ)。társadalom oszlopostagja, 社会の支柱。〕

Ószövetség [名] 旧約聖書。

oszt [他] 分かつ，区分する；分割(分配・分与)する；(トランプを)配る；(命令を)下す，授ける，与える；(数)除する，割る；(…と意見を)分かつ(同意見だ)。

osztag [名] (兵)小隊，区隊；支隊，分遣隊。

osztalék [名] (商)(利益)配当額，配当金。

osztály [名] 階層；階級；(業務の)部門，区分；(各省の)局，部，課；(デパートの)売り場；(学校の)級；(遺産の)分配；カテゴリー；(兵)師団。〔lovas osztály, 騎兵師団。osztályonként, 局(部・課)ごとに；学級ごとに；(兵)師団(部隊)ごとに。〕

osztályfőnök [名] (省の)局(部・課)長；(学校の)担任の教師。

osztályos [形] (学校の)級の；(病院の)科の；共同相続の。[名] 関係者，関与者，仲間；共同相続人，共同分割者。

osztályoz [他] 等級に分ける；(動植物を)分類する；採点する。

osztályozás [名] 分類する(等級に分かつ)こと；部分わけ，等級別，級分け，格づけ；採点。

osztálytárs [名] 同級生。

osztandó [形] 割ることができる。[名] (数)被除数，実(じつ)。

osztás [名] 分配，配分；(数)割り算，除数；(比)(意見を)分かつこと。

osztatlan [形] 分けられない；(法)未分の(相続財産，共同相続)；全部が一致した，満場一致の。

osztható [形] 分かち得る，区分できる，可分の；(数)割り切れる。

osztják [形] フィン・ウゴル語族中のオビ・ウゴル派の一種族(マジャル族と近親)である，オスチャークの。[名] オスチャーク人・語。

osztó [形] 分ける(分配する)；施行しうる。[名] (数)除数，約数，法，分母；(トランプの)分配者；(工)分割器，割りコンパス。

osztogat [他] (ビラなどを)配る；(大勢にビンタなどを)食らわす；(ス)(ボールを)次々に送る。

osztozik, osztozkodik [自] (…と…を)分け合う，分

osztrák

配にあずかる；(喜び・悲しみを)分かつ；(見解を)共にする，賛成(同意)する。

osztrák [形] オーストリアの。[名] オーストリア人。

osztrák-magyar [形] オーストリアとハンガリー二重帝国の，オーストリアとハンガリーの。[名] (競)オーストリア―ハンガリー選択選手権。〔Osztrák-Magyar Monarchia, オーストリア＝ハンガリー君主国(二重帝国)。〕

osztriga (目 osztrigát) [名] (貝)かき(牡蠣)。

óta [後] …以来，…から。〔tegnap óta, 昨日来。〕

otromba [形] (物)不格好な，不格好で動作が鈍い；(比)下品な，粗野な。

otrombaság [名] 不格好なこと；粗野なこと；粗野な言行；俗悪さ，野卑，無作法。

ott, ottan [副] そこに，あそこに，向うに；そこで，かしこで，かなたで。

ottani [形] そこの，かしこの，かの地の，あの地の。

otthon[1] [副] わが家で；故郷(故国)で；自宅で；くつろいで；精通した。〔mindenütt jó, de legjobb otthon, わが家にまさるものはない。〕

otthon[2] [名] わが家，自宅；ホーム；会館。〔szociális otthon, 老人ホーム。otthonról, わが家(自宅)から。〕

otthoni [形] わが家の；故郷(故国)の；家庭的な；家での。[名] 家族；故郷の人。

otthonias [形] わが家のような，うちとけた，くつろいだ，なつかしい；故郷のような気のする，居心地のよい。

otthonos [形] わが家のような，くつろいだ；故郷のような気がする；繁殖した；(比)(…に)あかるい，精通・熟達した。

ottlét [名] (そこに)現に居る(滞在する)こと；出席，参加，臨場。〔ottléte alatt, 彼がそこにいる時。ottlétemkor, 私がそこに滞在中。〕

ótvar [名] (医)(子供の)湿疹(しっしん，かいせん，ただれ，あせも)；(赤児の)乳痂。

óv [他] (…に対して)守る，護る，防ぐ，予防する；(比)かばう，擁護する。〔óva int, (…に対して)警戒(注意)する；予告・予報する(…をしないように)。〕

óvadék [名] (商)保証，担保，保証金，抵当；保釈金。

óvakodik [自] (…に対し)用心(警戒)する；敬遠する。

óvás [名] (…に対し)保護，擁護，庇護，警戒；予防；抗

議, 異議, 異論, 不服, 故障；(商)引受拒絶, 支払拒絶。〔óvást tesz／emel, (…に対し)抗議・異議を申し立てる。〕

óvatos [形] 用心(注意)深い, 念入りの；慎重な, 控え目の。

óvatosság [名] 用心深いこと, 慎重。

óvilág [名] (アメリカを除いた)旧世界；古代, 太古。

óvintézkedés [名] 予防策。〔óvintézkedéseket tesz, 予防策を講ずる, 用心・警戒する(…に対して)。〕

óvoda [名] 保育園, 幼稚園。

óvónő [名] (幼稚園・保育園の)保母。

óvszer [名] 防護手段, 予防法；(医)予防剤, 防腐剤；避妊具, コンドーム。

oxigén [名] (化)酸素。

Ö, Ő

ő [代] 彼(彼女, それ)は。

öblít [他] (布や食器を)洗い流す, すすぐ；(口を)すすぐ。

öblöget [他] (繰り返し)洗い流す, すすぐ。[自] (七面鳥の雌が)コロコロ鳴く。〔torkát öblögeti, のどをうがいする。〕

öböl (目 öblöt) [名] (地)小湾, 入江, 入海；うろ, くぼみ。

öcs [名] 弟；甥；(年下の人への親しみをこめた呼びかけとして)おまえ。

öcsi [名] (家族内で)息子；(未知の少年への呼びかけとして)君。

ökológia [名] エコロジー, 生態学。

ököl (目 öklöt) [名] こぶし(拳), げんこつ, げんこ(拳固)。〔ökölbe szorítja a kezet, 手をこぶしに握る。ököllel is fölér, 手でもつかまえられる, 一目瞭然だ, 分かり易く, 明白だ, ökölre megy, げんこでなぐり合う。〕

ökölcsapás [名] こぶしで打つこと, げんこつ, パンチ。

ökör (目 ökröt) [名] (動)雄牛；去勢牛；(比)のろま, あほう, 抜け作, まぬけ。

ökörcsorda [名] 雄牛の群。

ökörnyál [名] 空中に漂うクモ(蛛蜘)の糸(この糸を伝わってクモは移動する)。

öl[1] [他] 殺す, 殺害・虐殺する；(獣を)ほふる, 屠殺する；(比)(悲しみなどを酒などで)紛らわせる；(比)注ぎこむ；(比)痛めつける, 悩ます, 苦しめる。

öl[2] [名] ひざ(膝)(腰かけたときの)；両腕；(比)胸, ふところ, 乳房(女の)；(昔の尺度)尋(ひろ, 約1.9メートル)；一尋四方；四立方メートルの薪の山。〔a természet ölén, 自然のふところに。ölbe vesz, (…を)ひざに抱き上げる。〕

öldököll [他] 殺りく・虐殺・惨殺する。

ölel [他] 抱く, 抱擁する；抱きしめる；愛を交わす。

ölelés [名] 抱くこと, 抱擁；抱き合うこと, 抱き締めること；愛を交わすこと。

ölelkezik [自] 抱き合う, 相抱く；(物・ことが)重なり合う。

öles [形] 一尋(ひろ)の(一尋の高さの・長さの, 厚みの)。

ölt [他] (針に)糸を通す；(縫うために針を)刺す；抱える；(衣服を)身につける, 着る；(…に向かって)舌を出す, 愚弄する。

öltés [名] 一針, ステッチ；(衣服)身につけること。

öltöny [名] (一組の)衣服, (男性の)スーツ。

öltözik, öltözködik [自] 着物を着る；身なりを整える。

öltöző, öltözőszoba [名] 更衣室, 衣装部屋；(劇)楽屋, 支度部屋(俳優の)。

öltöztet [他] 着物(衣裳)をきせる；身だしなみをよくする。

ömlik [自] 流れ出る, あふれ出る；(河川に)注ぐ, 流れつく；(血が)したたる, たれる；(ガスが)漏る；(お金が)集まってくる；(比)(不満などが)あふれ出る。

ön [代] あなた, 貴方, 貴女。

önálló [形] 独立の, 一本立ちの；自力の, 自主的；(比)独創の。

önállóság [名] 独立, 自立；自治, 自主；独立性, 独自性。

önállósít [他] 独立(自立)させる；一本立ちにする, 後見人を解除する。

önbecsülés [名] 自尊, 自敬。

önbizalom [名] 矜持, 自信。

öndicséret [名] 自画自賛, 自賛；自慢。

önelégült [形] 自己満足の，自画自賛した，自ら足れりと得々たる．
önelétrajz [名] 自伝，自叙伝；履歴(書)．
önérzet [名] 自己感情，自意識；自尊心，自負心，自信．
önérzetes [形] 自覚した；自尊心(自負心)の強い．
önfejű [形] 気ままな，むら気の，我がままな；我執の，意地っぱりの，がんこの，強情の．
önfeláldozás [名] 自己犠牲，献身的な行為．
önfeláldozó [形] 献身的な，犠牲的な．
önfeledt [形] 忘我の，無我夢中の；私欲なき．
önfenntartás [名] 自己保存，自衛本能；生計，衣食．
öngyilkos [形] 自殺の；危機的．[名] 自殺者，自害者．
öngyilkosság [名] 自殺，自害；自滅．
öngyújtó [名] ライター．
önhitt [形] うぬぼれた，高慢ちきな，思い上がった，僭越な，ごう慢な．
önismeret [名] 己れを知ること；自覚，自己認識．
önként [副] おのずから，自発的に，自由意思で，自ら進んで；ひとりでに，自然に．
önkéntelen [形] 思いがけない，心ならぬ，故意でない；無意識の，一人での．[副] 心ならず，思わず知らず；無意識に，一人でに．
önkéntes [形] 自由意思の，自発的の，自ら進んでの；志願の，義勇の．[名] (兵)志願兵；義勇兵；ボランティア．
önkény [名] 専横，専権，専制；圧制．
önkényes [形] 専横な，専制的な，独裁的な；圧制的な．
önkényuralom [名] 専制主義，専制政治；専政，暴政．
önképzőkör [名] 同好会(高校生の，校内でのサークル)．
önkiszolgáló [形] セルフサービスの
önkormányzat [名] 自治，自律；自治権(制)；地方自治体．
önköltség [名] (商)原価，元価(もとね)，生産費．
önmaga [代] 彼(彼女，それ)自身，己れ自身．〔önmagáért, 彼自身のために，己れ自身のために．〕
önmegtartóztatás [名] 控えること，抑制；節制，節欲，禁欲；我慢，自制，克己．

önműködő [形] 自動的に活動する, 自動の；自発的の。〔önműködő ajtó, 自動的に開閉するドア。〕

önön [代] (強調形) 自らの, 自身の。〔önön maga, 彼自身。önön gyermekei, 彼自身の子供たち。〕

önöz [他] ある人に向かって「ön＝あなた」という呼び掛けを用いる。

önszántából [副] 自発的に, 自ら進んで。

önt [他] そそぐ, つぐ；(鋳形に)流し込む, 鋳造する；(比)起こさせる；(比)(感情などをある形で)表わす。

öntelt [形] うぬぼれた, 高慢ちきの；思い上がった, 僭越の。

önteltség [名] うぬぼれ, 高慢；得意, 思い上がり。

öntés [名] つぐ(そそぎ込む)こと, 注出；流し込み(鋳造)。

öntet [名] (料)ソース, ドレッシング；砂糖ごろも；鋳造。

öntöde [名] 鋳造所(工場)。

öntött [形] 鋳造した；(料)ドレッシングがかかった。

öntöttvas [名] 鋳鉄。

öntöz [他] (水を)注ぎかける, ふりかける, ふりちらす；灌水する；しめす, ぬらす。〔vérrel öntöz, 血で(…を)ぬらす。〕

öntöző [形] そそぐ, ふりかける, 注出する；さす(酒を)；灌水(灌漑)する。[名] じょうろ, 灌水器, スプリンクラー；イースターで娘たちに水をかける若者。

öntudat [名] 自意識, 意識, 自覚；(心理学的)正気。

öntudatlan [形] 知らずしての, 自覚のない, 無意識の；正気を失った。

öntudatos [形] 自意識ある, 意識的(自覚的)の, 正気の。

öntvény [名] (合金)；鋳造物, 鋳物；原型, 鋳型。

önuralom [名] 自制, 克己, 我慢。

önvédelem [名] 自己防衛。

önzés [名] 利己(心), 我欲, 私欲(他を排しての)；利己主義, 自己中心主義(エゴイズム)。

önzetlen [形] 利己的でない, 私欲のない, 無私の；私なき, 公平な。

önző [形] 利己心ある, 利己的, 我欲の, 利に専らな。[名] 自己中心主義者, 利己主義者, 自分勝手な人。

őr [名] 見張り, 監視, 監守人, 番人；(兵)番兵, 哨兵, 衛兵。〔őrt áll, 歩哨に立つ, 立哨する。〕

ördög [名] 悪魔, 悪霊；(比)悪霊；(比)悪魔のような人, 悪人, 鬼。〔szegény ördög, かわいそうな奴。az ör-

örmény

dögöt !, こんちくしょう！〕
ördögi [形] 悪魔の；悪魔のような；極悪非道な；とてつもなく大きい。
öreg [形] 年を取った，年老いた；年上の，古参の；年がたった；古い。[名] 老人；長上，上役；古参；(誰かの) 父親・夫。〔öreg ágyú, 巨砲, 重砲。süket mint az öreg ágyú, とても耳の遠い人。öreg betű, 大文字，花文字。〕
öregedik, öregszik [自] 年を取る，年寄る，老いる；ふける；(物が)古びる；使い物にならなくなる。
öreges [形] やや老いた，初老の；年寄りらしい；年寄りじみた。
öregít [他] 年寄らせる，老いさせる；ふけさせる。
öregség [名] (人)老年；老人；年寄りらしさ；(物)古さ。〔öregségtől roskadt tagok, 老齢のため衰えた肢体(四肢，手足)。〕
öregségi [形] 老齢の。〔öregségi biztosítás, 養老保険。〕
őrház [名] 番(人)小屋，見張りの家。
őrhely [名] 見張(監視)所；(兵)しょう所。
őriz [他] 見張る，監視・警戒する；護る，守る，保護する；保存(貯蔵)する，取っておく，貯えておく；予防する；防ぐ。
őrizet [名] 見張り，監視，警衛；保管，保護，寄託；(法)拘留；(兵)衛兵(隊)，警護。〔őrizetére bíz, 預ける，託する，任せる。〕
őrizetlen [形] 見張り(番人・監視)のない；不用心な。
őrizkedik [自] (…に対して)警戒(用心・自衛・自警)する；慎重である，敬遠する。
őrjárat [名] 巡回(察)；夜警，夜回り；(兵)斥候，てい察。
őrjöng [自] 怒り狂う，怒気を含む；気違いじみる，狂乱・熱狂する；熱望する。
őrködik [自] (…に対して)番をする，見張る，監視・警戒する；守る，保護する。
őrláng [名] パイロットランプ，表示灯。
őrlő [形] (粉に)ひく…。[名] 粉ひき(人)；製粉機。
őrlőfog [名] 切歯，臼歯(きゅうし)，奥歯。
örmény [形] アルメニアの。[名] アルメニア人。〔örményül, アルメニア風に；アルメニア語で。〕

Örményország [固] アルメニア国。
őrnagy [名] (兵)陸軍少佐, 大隊長。
örök [形] 永遠の, 永久の, 不朽の;限りない, 無期の。[名] 相続, 遺産。〔örök áron elad, 永久的に譲渡する, 売却する。örökbe fogad, 養子にする。örökül hagy, 遺産としてのこす, 遺言して贈る。öröktől fogva, 大昔から, 古来。〕
örökbefogadás [名] 養子とすること;(法)養子縁組。
örökké [副] 永久(永遠・未来永ごう)に;不朽・不滅に。
örökkévalóság [名] 永久のこと, 永遠, 無窮;不朽, 永続;(宗)天国;永遠のような時間。
öröklakás [名] 分譲アパート・マンション。
öröklés [名] 受け継ぐこと;継承, 相続, 世襲;受け継いだもの, 遺伝質(性)。〔öröklés útján, 相続(権)に依って。〕
örökletes [形] 遺伝の;相続の。
öröklődik [自] (財産)伝わる, 継承せられる, 相続される;(病気)遺伝する;(習慣が)…に伝わる(家風として)。
öröklött, örökölt [形] 受け継いだ, 親ゆずりの, 世襲の, 先祖代々の;相続(継承)した;遺伝の, 隔世遺伝の(病気など)。〔öröklött jószág, 相続財産;世襲領地。〕
örököl [他] (…から…を)受け継ぐ, 相続する;位を継ぐ, 継承する。
örökös[1] [形] 永久(永遠の);たえざる, 不断の;終身の(会員);相続(世襲)の;遺伝の。〔örökös herceg, 世嗣太子, 皇太子。örökös királyság, 世襲王国。örökös tartományok, 世襲地, 王室領地, 御領地。〕
örökös[2] [名] 相続人, 後継者。
örökösödés [名] 継承, 相続;遺伝。
örökösödési [形] 継承の。〔örökösödési háború, (王位)継承戦争。〕
örökre [副] いつまでも, 無窮に, 永久(永遠)に。
örökség [名] 継承したもの;相続財産。遺産。
örökzöld [形] 常緑の, ときわの。[名] (植)常緑樹。
őröl [他] (穀物やコーヒーを)ひく, 粉にする;(比)ずっと嚙む;(比)(人を)段々に弱らせる, 精力を消耗させる, 衰弱させる, 酷使する。
öröm [名] 喜び, うれしさ, 歓喜, 楽しみ;喜びを与えるもの。

örv

〔örömében sír, うれし泣きする, うれしさの余り涙を流す。örömet szerez, (…を)喜ばせる, 楽しませる。örömmel, 喜んで, 快く, きん然として。〕

örömanya [名] (婚礼の時の)花嫁(花婿)の母。
örömapa [名] (婚礼のときの)花嫁(花婿)の父。
örömest [副] 喜んで, 心よく; 進んで。〔édes örömest, 心から喜んで。nem örömest, 好まずに, いやいやながら。örömestebb, より好んで, むしろ, いっそう。〕
örömhír [名] 喜びの知らせ, 吉報, 快報。
örömittas [形] 喜びに酔った, 狂喜した。
örömmámor [名] 喜びに酔う(喜びに夢中になる)こと; 狂喜, 有頂天。
örömtelen [形] 楽しみのない, おもしろがらない, 味気ない。
örömtűz [名] 祝火, 祝いの大かがり火; 喜びの(目の)輝き。
örömujjongás [名] 喜びの叫び, 歓呼の声(嵐), 大かっさい。〔örömujjongással, 歓声をあげて, 歓呼して。〕
örömünnep [名] 喜びの祝い, 祝賀会, 賀宴; 祝典, 佳節。
őrs [名] 見張所, 衛兵所, しょうしょ(哨所); 衛兵, 哨兵, 歩哨; 騎哨。
őrség [名] 見張り, 警戒, 警戒, 警戒; (兵)衛兵, 哨兵, 歩哨; 守備隊, 衛戍部隊; 近衛兵。
őrszem [名] 見張り, 哨兵, 番兵, 衛兵, 歩哨。〔őrszemmel kísér, (…を)注意深く見張る, 警戒する。〕
őrszoba [名] 衛兵室(詰所); 交番。
őrtorony [名] 監視塔, 望楼台, 見張楼; (都市の)鐘楼。
örül [自] (何に)喜ぶ, うれしがる; 幸いである。
őrület [名] 発狂, 狂乱; 熱狂; 激怒の発作, 乱行。
őrületes [形] 発狂した, 気違いじみた, ばかげた, 非常識な; 夢中になった, 熱中した, のぼせた。
őrült [形] 気違いじみた, 発狂した; 夢中(有頂天)になった。[名] 同上の人。
őrültség [名] 発狂; 狂気ざた, 乱行, ばかげたこと, 無分別。
örv [名] (犬の)首輪; (比)かこつけ, 口実, 言いわけ, 言い逃れ, 遁辞; (植)輪生体; 渦巻き形の巻き貝; (首に)輪条(渦巻き)のある(動物)。

örvend [自] 喜ぶ, うれしがる;(健康を)亨受している。〔örvendek a szerencsének, 初めまして, お目にかかれてうれしいです。〕

örvendetes [形] 喜ばしい, うれしい, 楽しい, 朗らかな, 面白い;結構な, 好都合の, 満足すべき。

örvény [名] (河川の)うずまき, 渦流;急流, 早瀬;(空)渦巻き気流, 旋風;(比)深いふち, 奈落, 谷底, 幽谷, 底なし穴。

őrző [形] 番する, 監視する;保管する。[名] 番人, 監視人, 看守人。

ős [名] 祖先, 始祖, 先祖。[形] 先祖の;非常に古い, 太古の, 古代の, 大昔の;初期の, 原始的の, 根源の。〔ősök, 祖先。〕

ősállat [名] (動)原始世界の動物, 大洪水前の動物。

ősbemutató [名] 初演, プレミエ。

ősember [名] 原始人, 原人。

őserdő [名] 原始林, 密林。

őshaza [名] (民族の)発生の地, 源の故郷;(動・植物の)起源の地。

ősi [形] 先祖の, 祖宗の, 先人の;太古の, 古代の;古い, 古風の, 時代がかった;人の記憶にない昔の;本来の。〔ősi jószág, 家産, 先祖からの財産。ősi kard, 祖先の剣。ősi szokás, 祖先の風習, 伝来の慣習。〕

őskor [名] 原始時代, 史前時代, 太古;原始世界, 太古の世界;(比)(…の)初期。

őskori [形] 同上の。

őskőkor [名] 旧石器時代。

őslakó [名] 原住民;土着人;土地っ子。

őslény [名] 原(始)生物;有史以前の実在(存在物);化石のような人。

ősnyelv [名] 源祖語。

ősrégi [形] 非常に古い, 太古の, 大昔の。

őstörténet [名] 太古史, 原始史, 有史以前の研究。

ösvény [名] 小径, 小道。

ősvilág [名] 原始世界;太古の世界;原始時代, 太古。

ősz¹ [名] 秋;晩年。〔ősszel, 秋に。〕

ősz² [名] 白髪;白髪の老人, おきな(翁)。[形] 灰色の, ネズミ色の;白髪の, 老いた。〔ősz szakállú, ゴマ白の髭

(ひげ)の, 白ひげの。〕

őszes [形] 灰色をおびた, 灰色(ネズミ色)がかった。

őszi [形] 秋の。〔őszi szél, 秋風。őszi táj, 秋の風景。őszi vetés, (農)秋の種まき, 秋まき, 冬季作物の種まき。〕

őszibarack [名] (植)ももの実。

őszies [形] 秋らしい, 秋のような；秋向きの。

őszinte [形] 誠意のこもった, 真しな, 実直な, 本心から出た；腹臓なき, 打ち解けた, 率直な, 公明な。

őszinteség [名] 誠実, 実直, 真し, 公明, 率直；本当のこと, 飾らない言葉。

őszirózsa [名] (植)よめな, しおん, アスター種；えぞ菊。

összbenyomás [名] 全体の印象, 総括的(一般的)の印象。

össze- [頭] 一緒に；互いに；一つに；残らず；あちこち。

összead [他] (数)加算(合計)する；(寄付金を)集める, 出し合う, きょ金する；縁組(結婚)させる, 夫婦にする。

összeadás [名] (数)加, 加法, 合計すること；(婚約者を教会で)縁組(結婚)させること, 婚礼。

összeakad [自] 偶然に出会う, 思いがけずに出会う, めぐり会う；(物が)くっつく, 合う。

összeáll [自] 集合(集会)する, 集まる；一緒になる, 団結する；(…に)加わる, 組みする, 仲間入りする, 徒党を組む；(液体が)凝結・凝固する；(男または女と)くっつく, ひっつく。

összeállít [他] 一緒に立てておく, 並べる, 集める；総括する, まとめる；整頓する；編集する；(並べて)比較(対照)する；(計算書を)作成する；(列車を)編成する；(機械を)組み立てる, (組み合わせる)；そろえる。

összeállítás [名] 同上のこと；召集；組成, 組み立て；編集；接合；組み合わせ, 配合。

összebarátkozik [自] (…と)親しくなる, 友情を結ぶ, 親密になる；(…に)親しむ, 慣れる。

összebeszél [自] (…と)申し合わせる, 了解する, 取り決める, たくらむ；(いろいろな)ばか話をする, むだ話をする, 分けのわからぬこと(うわごと)を言う。

összebújik [自] 次々に隠れる, うずくまる；互いに身を寄せる, つめて集まる；(比)鳩首(きゅうしゅ)協議する, 頭を集めて相談する。

összecsap [他] よせ集める；(足のかかとを)打ち合わせて音

összecsapás 682

を立てる(反意を示すために);(仕事を)急いでぞんざいにする;(本を)パタンと閉める,閉じる。[自] ぶつかる;(兵)衝突(遭遇・交戦)する;(比)あつれきがある,争いあう;(波が頭上に)おおいかぶさる,波をかぶる;(ドアが)ガタンと閉まる。

összecsapás [名] (戦闘や政治的な闘いにおいて)はげしい衝突;(兵)遭遇,会戦;(比)すれ合うこと,あつれき,もつれ,もめ事,争い;試合。

összecsavar [他] 寄せ合わせる,ない合わせる(糸や縄を);(紙状のものを)ねじる,よる。

összecserél [他] 取り違える,思い違いする,混同する;(いたずらや悪意で)取り替える,交換する。

összecsinál [他] (分解したものを)組み立てる。〔összecsinálja magát, 大便をもらす。〕

összecsuk [他] 締める,閉じる;(傘を)たたむ;(ベッドを)折りたたむ;(本を)閉じる;(罪人を)閉じ込める。投獄・拘禁する。

összecsukódik [自] 締まる,ふさがる;(本が)ふさがる,閉じ合わされる;(口が)閉じる。

összedől [自] (建物や計画が)くずれる,崩壊(倒壊・が解)する。;(比)挫折する。

összedönt [他] (建造物を)倒す,くずす,くつがえす,つぶす,倒壊(破壊)する。

összedug [他] (ポケットに手を)差し込む,つっこむ;(腕を)組み合わせる;(比)鳩首(きゅうしゅ)協議する。〔kezeit öszszedugja, 手をこまねく,腕を組んでいる,傍観する。ösz-szedugott kézzel, 腕組みをして(見る…)。〕

összeegyeztet [他] (原本と)比較して,訂正する;一致(調和・和解・仲直り)させる,調停する。

összeér [自] 出合う;(両視線が)合う;(両極端が)相接する,相隣接する,相接触する。

összeesik [自] 倒れる,くずれ落ちる,意識を失う;(時間的に)落ち合う,出合う,一緒に起こる,ぶつかる;(身体が)やせる;(物が)適合する。

összeesket [他] (婚約者を)結婚させる,夫婦にする;結婚式を行う。

összeesküszik [自] (男女が)結婚する;(…に対し)結託(結束)する,徒党を組む,陰謀を企てる。

összeesküvés [名] 徒党を結ぶこと,結託,謀反,陰謀。

összeesküvő [形] 陰謀に加わる。[名] 共謀者, 謀反人, 一味の者, 陰謀者。

összefér [自] (…と)仲よくする, 和合(和ぼく・和解)する; 一致(適合・調和)する。

összefércel [他] 縫い(綴じ)合わす; (比)(材料を)寄せ集めて作る, つぎはぎ細工をする, 編集する。

összeférhetetlen [形] (…と)折り合わない, 相容れない, 一致できない, 両立しない, 調和しない, 矛盾する; 人づきの悪い。

összefirkál [他] 塗りたくる, 拙筆で書きなぐる, ぎくぎく書く; 濫作する, 粗雑に執筆する。

összefog [他] 一緒にまとめる; (牛と馬を)一緒に繋駕(けいが)する; (ひもなどが)止める, 固定する; 調整する; (洗濯などで他のものに)色うつりさせる; (比)総括(要約)する。[自] 力を合わせる, 団結する。

összefoglal [他] 組み合わせる, 接合する; (建)クギで接合する, 留める; (比)(内容を)総括(約言・摘要)する; (考えを)まとめる。

összefoglalás [名] 総括, 総合; 摘要, 概要, 大略, レジメ; (著作の)摘要, 要訳。

összefogódzik [自] 互いに密接につかまる(固く握る); (手を)取り合う, 互いにしっかりと握り合う。

összefolyik [自] (川が)合流する, 流れ集まる; (液体が)集中する; (色彩などが)まざる, 合わさる, 重なる; (比)(記憶などが)おぼろげになる。

összefon [他] 編む, 編み合わせる, 組み合わせる; 編み込む, 織りまぜる; (腕を)組む; (手を)合掌する; (比)結びつける。

összeforr [自] (傷が)癒着(ゆちゃく)する; (金属が)ろう付け(溶接)される; (比)(人が)親密になる; 合体する, 一体になる; 夫婦になる。

összeforraszt [他] (工)(ハンダで)ろう付けする, 接合(鍛接)する, わかし接ぎする; (医)(傷を)癒着(ゆちゃく)させる; (比)結びつける, 結婚させる。

összefut [自] 走り集まる, (群集が)集合する; 思いがけなく会う; (乗り物)ぶつかる; (ミルクや血が)凝固(凝結)する。

összefügg [自] つながっている, 結合している; 関連している, 連絡がある, 相互関係にある。

összefüggés [名] つながり，連絡；(事の)脈絡，相互関係，次第，連繋；因果関係；(哲)連関。

összefüggő [形] 脈絡のある，筋の通った；結合した；連繋(連関)のある。

összefűz [他] 縫い(とじ)合わせる；結び合わせる，組み合わせる；(靴ひもを)結ぶ；(紙を)とじこむ。

összeg [名] 総計，合計；総額，総高。

összegez [他] 合計・総計する；摘要・約言する。

összegöngyöl [他] (布を)巻く，巻き付ける；丸める。

összegyűjt [他] (物を)集める，採集する，運び集める；(金を)倹約してためる，貯蓄する；(人を)呼び集める，集合させる，召集する。

összegyűlik [自] (群衆が)群がり集まる；(会議に)会合・集合する；(物が)たまる，積もる，積み上がる，蓄積される，増加する。

összegyűr [他] (衣服を)しわくちゃにする；(紙を)丸める。

összegyűrődik [自] (衣服などが)しわくちゃになる；いためられる，傷つく，ボロになる。

összehajt[1] [他] (紙や布を)折りたたむ，折り重ねる。

összehajt[2] [他] (畜群を)駆り集める，寄せ集める，集合させる。

összehangzik [自] (…と)同時に響く，和音(諧音)をなす；(比)(…と)一致(調和)する；同意見(同感)である。

összehány [他] 投げてごった混ぜにする，まぜかえす，まぜ合わす，ごっちゃごっちゃにする；吐いて汚す。

összehasonlít [他] (…と)対照・比較する。

összehasonlíthatatlan [形] 比較にならない，無比の，無双の。

összehív [他] 呼び集める，集合させる；(国会を)召集する。

összehord [他] 運び集める，よせ集める；(製本で)丁合いを取る；(比)(資料などを)大量に集める；(比)くだらないことを言う・書く。

összehoz [他] 一緒にする，集める；(会を)つくる；(兵)(部隊を)集中する；(人々の)関係をつける，和解させる；(金を)ためる，調達する。

összehúz [他] 引き縮める，収縮する；(…に)ひだをつける；(額に)しわを寄せる；(口を)すぼめる；(家政を)切り詰める；縮小(短縮・省略)する；(兵)集結する。〔**összehúzza**

magát, 引っ込む，(自分を)引っ込める，縮まる；控え目になる，謙そんする；つつましく暮らす。〕

összehúzódik [自] (筋肉が)引き締まる，縮む，収縮する；しわがよる；(布が)狭くなる，縮小する；(質量が)引き縮まる，固くなる；(目が)細くなる；(体が)縮こまる。

összeilleszt [他] (互いに)合わせる，そろえる，対(つい)にする；適合させる，調和させる，ぴったり合わせる。

összeillik [自] (互いに)相合う，適合する；似合いである；そろっている，対(つい)(組み合せ)をなしている。

összeillő [形] 適合する，似合う，ふさわしい；組み合わせの，一そろえの；調和する。〔össze nem illő, (互いに)合わない，不相応な，不適当な；不調和な。〕

összeír [他] (種々雑多)書きちらす，駄作する；(データなどを)書き集める，記録する；(文)(二語を)一語にする(合成語にする)；(兵)(兵籍に)登録する，徴集する；(人口を)調査する。

összeírás [名] 記録；(物品の)一覧表，目録；(人口の)調査表；書き集め，駄作；(文)一語として書くこと；(兵)徴集，徴募。

összejön [自] 集まる，集合する；(…と)出会う，落ち合う；重なる；うまくいく；(比)(…と)論争する，口げんかする。

összejövetel [名] 集まり，集合，会合。

összekap [自] (…と)口論(論争)を始める。[他] うまく一所にかき集める，ひっかかむ；(力を)集中する；(スカートに)ひだを取る；(紙きれを)急いで束にする，包む；(比)(物事を)取りつくろう。

összekapar [他] かき集める；(比)(金を)ためる。

összekapcsol [他] (…を…と)結び合わせる，連結する，連絡(関連)させる；つぎ合わせる，とじ合わせる；(ホックを掛けて)締める；(工)(梁などを)くぎで留める，接合する。

összekavar [他] かきまぜる，混合する，かきまわす。

összeken [他] 塗油する；油を差す；一面に塗りたくる，塗りよごす。

összekerül [自] (…と)会する，出会う；(金が)まとまる，集まる；一緒になる，結婚する。

összekever [他] (…を…と)混合する，まぜ合わせる；とり違える；混合させる，混乱させる，もつれさせる。

összekeveredik [自] (…と)まざる，まじり合う；混同す

る，まぎれる；混血する。
összekoccan [自] 衝突する；(…と)争論・口論する；(グラスが)ぶつかる。
összeköt [他] (ひもで)結び合わせる，一緒にする，束にする，つかねる；結合させる，結びつける；(比)関連させる；(男女を)結婚させる。
összekötöz [他] 何重にも結ぶ，結び(縛り)合わす；(ひもで)くくる；(手や足を)縛る。
összeköttetés [名] つながり，結合；(交通の)連絡；(電話の)接続；(密接な)関係，コネ；(哲)連関；(解)接合部。〔**összeköttetésbe lép**, (…と)連絡(交渉)を始める。**összeköttetésben áll**, (…と)関係(交渉)がある。〕
összekulcsol [他] (両手を)組み合わせる，合掌する(祈る)。
összekuszál [他] (髪などを)くちゃくちゃにする，もつれさせる，こんがらかす；(比)混乱・紛糾させる。
összekuszálódik [自] (髪等が)もつれ合う，からみ合う，乱れる；(比)混乱・紛糾する。
összemegy [自] 縮まる，収縮する；(布が)狭くなる，縮み上がる；(皮膚に)しわがよる；(牛乳が)凝固・凝結する；(血が)固まる；(比)衝突する。
összemér [他] (衣類やクツ等の寸法を)比較する，計る；(比)(…と)優劣を争う，力を比べる；(剣を)交える，切りかう，剣術を使う。
összenéz [自] 互いに見る，互いに顔を見合わす。[他] (書類を)照合する。
összenő [自] (植)生えつく，合生する；(医)(傷が)癒着(ゆちゃく)する，なおる；(比)親密になる。
összenyom [他] 圧搾・圧縮する；圧しつぶす；(比)圧制・迫害する。
összeomlik [自] → összedől. くずれる，崩壊・倒壊する；(比)没落する。
összeölelkezik [自] 抱き合う，互いに抱擁(接ぷん)する。
összeönt [他] (一緒に)注ぎ入れる，注入する，つぎ込む。
összepárosít [他] 一対ずつにする，組にする，組み合わせる，番(つがい)にする；一緒にする，めあわす；交尾させる。
összerág [他] かみ砕く，かみ破る，食い破る(ネズミ等が)；(酸などが)腐食する。

összeragad [自] 粘着する, 取れないようにくっつく；交尾する。

összeragaszt [他] 付着(粘着・こう着)させる, つぎ合わせる；(工)(セメントで)接合する；(封ろうで)封じる。

összerak [他] 一緒におく, 寄せ集める；積み重ねる, 積み上げる；組み立てる, 組み合わせる；(お金を)集める；(人を)隣同士にする, 並べる。

összeráncol [他] (額に)しわを寄せる；(顔を)しかめる；小さい折り目をつける, ひだを付ける。

összeráz [他] (乗り物が)揺り動かす, 振り落とす(払う)；振って混ぜる；(比)親しくさせる。

összerázkódik [自] ふるえ上がる, い縮する；ひきつける, びくびくする；おののく, 戦りつする。

összerezzen [自] (痛み・恐れ・驚きで)びくっとする。

összerogy [自] つぶれる, くずれ落ちる, 倒壊(崩壊)する；(重荷に)屈する, 倒れる, 死す。

összerombol, összeront [他] (根本的に)ぶちこわす, 破壊・崩壊させる, 粉砕する。

összeroppan [自] 砕ける, くずれる, が解する；(比)くじける, 落胆する。

összeroppant [他] 押しつぶす, つき(ふみ)砕く, 粉砕する；(比)悩ます, 苦しめる, 弱らせる。

összeroskad [自] → összerogy.

összes [形] 総体(全体・総括的・全て)の；全き, 完全な；皆の, 一切の, 残らずの。

összesen [副] ひとまとめにして, ひっくるめて, 残らず；全体で, 総計して, 全体として。

összesít [他] 総計(合計)する。

összesöpör [他] 掃き集める, 掃いて寄せ集める, かき集める；完全に掃除する。

összesség [名] 全員；全体

összeszalad [自] 走り集う, 走って集まる；(民衆が)はせつける。[他] (町を)はせ回る。

összeszámol, összeszámít [他] 一緒に計算(加算・勘定)する；総計(合算)する, 見積もる。

összeszed [他] よせ集める；(落穂など)拾い集める, 選り集める, 拾集する；(分散した物を)かき集める；(お金などを)集める；(能力などを)徐々に出す。〔összeszedi magát, 気

をつける，心をしっかりする；元気を出す，奮起する，気を取り直す；全力を傾注する，一生懸命になる。〕

összeszid [他] (…を)しかりとばす，烈しくののしる，とがめる。

összeszokik [自] (互いに)慣れる，親しむ，習熟する。

összeszorít [他] 押し合わせる；押し込む，追いやる，かり立てる；(体験などが)締めつける；(部隊を)集中する；(怒って歯を)くいしばる。

összeszorul [自] 引き締まる，詰まる；(互いに)間隔を詰める，身を寄せる，密集する，圧縮される；(民衆が)集団になる；(心などが)締めつけられる。

összeszurkál [他] (短刀やナイフで繰り返し)刺し破る，刺し通す，突き殺す；ところきらわず刺す，突いて穴だらけにする。

összeszűr [他] 濾過(ろか)する，フィルターでこす；(多くの液体を)一緒に濾(こ)す。〔összeszűrték a levet, (…と)結託(共謀)した；(…と)馴れ合った(事を共にした)(…の言う通りになった)。〕

összetapos [他] 踏みにじる，踏みつぶす，踏み破る，踏み砕く，踏み荒らす。

összetart [他] 一緒にして(締めくくって)おく；まとめておく，総合する；固定する。[自] 助け合う；組み合わさる；(数)(線が)一点に集まる，収斂(れん)する。

összetartás [名] 結合，団結，合同；(比)一致和合，協調；(数)(線が)一点に集まること；(物)収斂。

összetartozás [名] (二つの事実の)相関性；相互の依存；同種・同質であること。

összetartozik [自] 同類である，一緒である；連繋(関連・連絡)がある；互いに依存する。

összetartozó [形] 連繋・関連・結合する；同質同種の；(法)連帯の。

összetép [他] 引き裂く，引き破る，引きちぎる；ずたずたに切る，細断する；(花を)むしり取る。

összetétel [名] 組み立て，組成，構成；(文)合成語。

összetett [形] 組み合わされた，合成の，混成の，複合の；(植)複葉の；(文)合成の，複合の；(比)複雑な。〔összetett kezekkel, 手を組んで，手を合わせて；何もしないで，のらくらと，不精に。összetett szó, 合成語。〕

összetéveszt [他] (二事を)取り違える，思い違える，混同

する。

összetipor [他] 踏み破る，踏み砕く，踏みつぶす，踏み荒らす；(比)じゅうりんする。

összetorlódik [自] (道の障害物のせいで)たまる，積もる，集まる；(仕事や書類が)積み重なる，かさむ。

összetör [他] 砕く，粉砕する，つく；(反徒を)撃滅・撃破する；疲労させる；打撲傷を負わせる；(比)(自信などを)打ち砕く。

összetörik [自] 割れる，裂ける，こわれる，折れる，砕ける(細片に)；疲労困憊する；(比)(気力が)打ち砕かれる。

összetört [形] 砕けた，ざ折した，失敗した；(比)疲労した；やつれた。

összetűz [他] 縫い(とじ)合わせる；(ピンで)留める；(料)(鳥などを)くし刺しにする。[自] (…と)口げんかする，口論する，いがみ合う。

összetűzés [名] 針やピンを刺す(ピンで留める)こと；(料)(鳥などを)くし刺しにすること；(比)口先のけんか，口論，いがみ合い；(兵)小ぜり合い，小衝突，遭遇戦。

összeül [自] 一緒に(並んで)すわる，同席する；(会期に)会する，協議・相談する，集まる(会議が始まる)。

összeütközés [名] 衝突すること；(列車の)衝突；(兵)遭遇戦；(法)争訟，権限争議；(比)争闘，あつれき，もんちゃく。

összeütközik [自] 突き当たる，衝突する；(兵)小ぜり合いになる；(比)ぶつかる。

összevág [他] 細かく切る，切り刻む；(映画のフィルムを)編集する；(かかとを)合わせる；(仕事などを)やっつける。[自] 符合(一致・調和)する；(…と)同意見(同感)である；(二者が)ぴったり合う。

összevágó [形] 符合(和合・調和)する；同意・同感する；(数)一致する，相合の。

összeválogat [他] 拾い集める，選び集める；選び出す，選り抜く；(陳列品・標本を)組み合わせる。

összevarr [他] 縫い合わせる，縫い込む；(衣服を)修繕する，つくろう。

összevásárol [他] 買い集める；買い占める；(ひとまとめに)ひっくるめて買う。

összever [他] なぐりつける，ひどくなぐる，散々たたく；追い

やる，かり立てる，追い込む；衝突し合う，互いに突き当たる。

összeverődik [自] (歯やグラスが)ぶつかり合う；烏合(うごう)の衆となる，あちこちから集まってくる。

összevesz¹ [他] 取りまとめる，一緒にする，総括する；買い集める；ひっくるめて買う，買い占める。〔összevéve, 全部で；合計・総計して；要するに，つまり，結局。mindent összevéve, 総体で，これを要するに。〕

összevesz² [自] (…と)仲違い(不和・争い)になる，けんかする；食べ合わせが悪い。

összevet [他] ごちゃごちゃに投げ込む；照合(比較・校合・対照)する；互いによりかからす，援助し合う。

összevissza [副] 入り乱れて，まじり合って，ごちゃごちゃに，雑然と，混乱して；一緒にして，全体で。[形] 不規則な，乱雑な，混乱した(話など)。

összevisszaság [名] 入り乱れたこと；混乱，混雑，混合；寄せ集め，ごたまぜ。

összevon [他] 引き縮める，収縮させる；統一する；(額に)しわを寄せる；(唇や口を)すぼめる；(帆を)引き締める；(文章を)短縮する；(兵)(部隊を)集中する；(多くの学校を)統合する。

összezavar [他] 混乱・紛糾させる，もつれさす，かきまわす；(誤って)取り違える，混同する，思い違える；(…を)あわてさせる，当惑・ろうばいさせる。

összezavarodik [自] もつれる，乱れる，混乱・紛糾する；(比)あわてる，困惑・ろうばいする；(水が)濁る；(ガラスが)曇る。

összezúz [他] (穀物を)打ち砕く，つき砕く，粉砕する；(指を)押しつぶす。

összezsugorodik [自] ちぢまる，縮む，収縮する；しわが寄る；(比)段々減る；引き締まる，ひきつける。

összhang [名] (音)和音，諧音；(比)和合，調和，一致。

összhangzat [名] (音)和声，音の調和，和音；一致，調和，和合。

összkép [名] 全景，全ぼう，全影，全体の姿。

összpontosít [他] 集中する，集結する；焦点を合わせる；中央集権化する；(注意などを)集中させる。

ösztökél [他] (農)(突き棒で刺激して牛馬を)駆る，追う；(比)刺激(鼓舞・激励)する。

ösztön [名] 本能, 天性, 本性; 駆り立てる力, 衝動; 性向(癖)。
ösztöndíj [名] (学生の)給費, 奨学金。
ösztöndíjas [形] 給費を受ける…。[名] 給費(学)生。
ösztönöz [他] (…に)駆りたてる; 刺激(興奮)させる; 鼓舞(奨励・振作)する, 励ます。
ösztönszerű [形] 本性の, 本能的の, 自然的の。
ösztönzés [名] 駆りたてる(しり押しする)こと; 刺激, 衝動; 鼓舞, 激励, 奨励; 教唆, 扇動。
őszül [自] 灰色になる; (髪が)白くなる。
öszvér [名] (動)らば(騾馬, 雄ロバと雌ウマとの雑種)。
öt [数] 五, 5。〔ötféle, 五種(類)の。ötféleképp, ötféleképpen, 五つの方法(流儀)で, 五様式で。öten, 五人で。〕
ötlet [名] 思い付き, 着想, アイディア。
ötletes [形] 才気あふれるばかりの, 機知に富んだ, 着想のゆたかな; 才知のある, 気の利いた, 利口な, 才ある。
ötlik [自] (比) (急に心に)浮かぶ, 思い当たる, 思いつく, 念頭に浮かぶ, 観念をもつ(…に就いて)。〔szembe ötlik, 眼に浮かぶ, 眼に映ずる; 眼につく, 注意をひく。〕
ötöd [数] 五分の一。[名] 第五番目; (音)五度音程。〔ötödmagával, 彼を含む五人で(彼自身と他の四人で)。〕
ötödik [数] 第五の。
ötödrész [名] 五分の一。
ötöl-hatol [自] 言葉をにごす; 言いよどむ, 口ごもる。
ötös [形] 五の字の印ある; 五番の, 五号の; 5時の; 五から成る…。[名] 五という数; 五の字; 5点(5段階評価の最上点); (兵)第五連隊の兵; (音)五重唱, 五部曲。
ötszög [名] 五角形。
ötszörös [形] 五倍の; 五重の。[名] 五倍。
öttusa [名] 五種競技。
ötven [数] 五十, 50; 五十の。〔ötvenféle, 五十種の。〕
ötvenedik [数] 第五十(番目)の。
ötvenes [形] 五十の; 五十番の, 五十号の, 五十代の; 五〇年代の; 五十からなる。[名] 五十歳の人; 五十代の人; 五十フォリント紙幣; 第五十連隊の兵; 五十番の(電車など); 五十という数字。

ötvény, ötvözet [名] 合金，アマルガム（水銀と他の金属との合金）。
ötvös [名] 金銀細工師(人)；飾り職。
ötvösmű [名] 金銀細工物。
ötvösművészet [名] 金銀細工(芸術)。
öv [名] 帯，腰帯，腰ひも，ベルト；(比)(天文，地理)帯，地帯；地域。〔biztonsági öv, シートベルト，安全ベルト。〕
övé [代] 彼/彼女/それの物。〔az övé, 彼の物，彼女の物。övéi, 彼(彼女)の物(複)。〕
övez [他] (…に)帯状に巻く(締める)；帯に(剣などを)つるす；(比)とり巻く，めぐらす，囲む；(兵)包囲する。
övezet [名] 地帯，区域，地方；(都市の)囲廊，城壁；(兵)地帯，区域。
őz [名] (動)小鹿(しか)の一種(白又は黄色の斑点あり), ノロジカ(野呂鹿)。
őzbőr [名] ノロジカの皮。
őzike [名] 小さなノロジカ。
özön [名] 満々たる水，大洪水；(比)大量。〔özönnel, あふれて，大量に，多数に；人の波を打って。özönével, 多量に，沢山に，おびただしく，豊富に；大群をなして。〕
özönlik [自] あふれる，みなぎる，こぼれる，満々とたたえる，とうとうと流れる；(大衆が)群れ集まる，寄りたかる；(手紙など)大量に届く。
özönvíz [名] 大洪水；(聖)ノアの洪水。
özvegy [名] 寡婦，未亡人，後家；男やもめ。[形] 未亡人の，やもめとなった。〔özvegy Nagy Pálné, 未亡人のナジ・パール夫人。〕
özvegyasszony [名] 未亡人，後家。
özvegyember [名] 男やもめ。
özvegység [名] 寡婦たること；寡婦の境遇，やもめぐらし。〔özvegységre jut, 未亡人，または男やもめになる。〕

P

pác [名] (野菜のピクルス用の)漬け汁，塩水；一種のソース；(工)(織物の)色留薬液；(なめし皮用の)つける液；(比)苦

境，窮状。〔dohány pác，タバコ用の香味(液体)。pácban van, 困窮している。〕

pacal [名] (豚や小牛の)食用小腸，はらわた，臓ふ；(料)臓物料理。

páciens [名] 病人，患者。

packázik [自] (…を)鼻先であしらう，なぶる，冷遇・軽べつする，あざけりからかう。〔ezzel nem lehet packázik, これをバカにする(愚ろうする)ことはできない。〕

pácol [他] (野菜をピクルス用の)漬け汁に漬ける；(肉類を)塩漬けにする；(鳥獣肉を)くん製にする；(獣皮を)液にひたす，つける，なめす；(材木・ガラスに)着色・焼付をする；(織物の)色止めをする。

pacsirta (目 pacsirtát) [名] (鳥)ひばり(雲雀)。〔búbos pacsirta, 冠毛(とさか)のあるひばり。mezei pacsirta, のひばり(野雲雀)。〕

pacskol [他] 平手で叩く，平らなもので叩く。[自] (水中で)水しぶきをあげる。

pad [名] ベンチ，腰掛け；足台；(学校や教会の)座席；屋根裏部屋。

padka [名] 小腰掛け，小さいベンチ(ストーブの近くの)；(道路の)路肩。

padlás [名] 屋根裏，屋根裏部屋；天井。

padlásszoba [名] 屋根裏の部屋。

padlizsán [名] ナス。

padló [名] (木または石の)床(ゆか)，板の間，フローリング；(海)上陸棧橋(足場)，舷門の渡り板；(劇場の)平土間。

páfrány [名] (植)しだ(羊歯)。

pagoda (目 pagodát) [名] 宝塔，堂，層塔。

páholy [名] (劇)仕切り棧敷，ボックス席；(フリーメーソンの)共済秘密結社会館。

pajkos [形] ふざけたがる，いたずらな，わんぱくな，茶目の(子供など)；ふざけた(歌)。[名] わんぱくな子，お転婆；義賊。

pajta (目 pajtát) [名] (農)(農家の)なや(納屋)，稲置倉，穀倉。

pajtás [名] 仲間，遊び仲間，相棒。

pajzán [形] いたずらの，ふざけたがる，茶目な，ひょうきんな，おどけた；品の悪い；(比)あいまいな。

pajzs [名] (戦士の)楯(たて)；(動)甲(亀などのこうら)；

pajzsmirigy 694

(紋章の)楯形；鍵穴の(楯形をした)覆い。〔pajzsra emel, (王を選挙した後, 王を楯に乗せる, 故事からして)(…を)首領として仰ぐ, 賞めそやす, 尊崇する。〕

pajzsmirigy [名] 甲状腺。

pakol [他] (スーツケースなどに)詰める；荷造り・包装する；包む, 束ねる；積み上げる；(工)固く締める, ふさぐ；(医)泥パックをする。[自] 去る, 出ていく。

pala (目 palát) [名] (鉱) (石板岩の)片岩, 板石, 石磐石；スレート, 屋根がわら。

palack [名] (ガラス製の)瓶(びん)；フラスコ；ペット・ボトル；(ガス)ボンベ。〔boros palack, ぶどう酒びん。〕

palacsinta (目 palacsintát) [名] (なべで焼いた)平たい卵入りの薄せんべいのような粉菓子(食後の), クレープの類。

palánta (目 palántát) [名] 植物, 草木；(農)若木, 稚樹苗。

palást [名] (国王や司祭や貴婦人の)式服マント, 打ち掛け；(帝王の)緋の衣；(比)隠べい手段；仮面, 口実, かこつけ。

pálca (目 pálcát) [名] 小杖, 棒ぎれ, ステッキ；ばち；(音)指揮棒；はし；警棒；(判事の)権杖；(兵)司令杖；(帝王の)笏(しゃく)；しないむち。〔pálcát tör vki felett, …に死刑の宣告(判決)を下す。〕

pálcika (目 pálcikát) [名] 小さい棒ぎれ, (日本の)はし；(刺しゅうの)ステッチ。

pálinka (目 pálinkát) [名] 果物からつくる蒸りゅう酒, ブランデー, ウィスキー, 火酒, 焼ちゅう。

pállik [自] (発汗などで)腐敗・腐朽する；(中が)くさり落ちる；(歯骨が)朽ちてうつろになる；(医)えそ(壊疽)にかかる；腫れる。

palló [名] 狭い板橋, 小橋, 歩橋；(海)上陸桟橋(足場)；(どろ道の)板敷；(工)厚さ4～10cmで1m以上の板；細長い金属板。

pallos [名] 大刀, 軍刀；(特に死刑執行人の)斬首(ざんしゅ)刀。〔pallos alatt hal meg, 彼は断頭台で死す。〕

pálma (目 pálmát) [名] (植)しゅろ(やし・びんろう)の樹；(比)(この葉は)勝利・平和・喜びの表章。〔a gyŏzelem pálmája, 勝利のシンボル。〕

pálmaág [名] しゅろの枝。

pálmafa [名] しゅろの樹，なつめやしの樹。

pálmalevél [名] しゅろの葉。

palóc [名] パローツ人（ハンガリー北部の特殊な方言・風俗を持つ地方人）。[形] パローツの。

palota（目 palotát）[名] 宮城，王宮，宮殿，御所；宏壮な邸宅；マンション，（時には）（ホテルの）花やかな大広間。

pálya（目 pályát）[名] 道，通路，（天・鉄道などの）軌道；走路，競馬場；（テニスなどの）コート，リンク；（比）（人生の）路；閲歴，経歴；専門，職業。

pályadíj [名]（認められた価値に対する）賞，ほうび，報賞；（勝者への）賞与；（文学の）懸賞。〔pályadíjat nyer, 報賞を獲得する，賞を得る。〕

pályaudvar [名] ターミナル駅，停車場，（大きい）駅。

pályázat [名] コンテスト；競争，せりあい（競合）；懸賞応募；応募作品；（商）入札。〔pályázat útján, 懸賞応募に依り；競争に依り。pályázatot hirdet, 競争を公告する；懸賞募集する（欠員を広告して）募集する。〕

pályázik [自]（職など得んと他人と）競争する；賞を得んと努める，競り合う；（…に対し）応募する；（比）嫌がらせをする。

pályázó [名] 懸賞応募者；競争者；志願者，請願者，希望者，候補者，応募者；（商）入札者。

pamacs [名]（画家やペンキ屋が建物に使う）粗刷毛（あらはけ）；（化粧用）刷毛（はけ），（床屋の石けん）ブラシ。

pamlag [名] ソファー，長いす，安楽いす，寝いす。

pamut [名] 綿，綿花，木綿（もめん）。

pamutszövet [名] 綿織物；木綿製品，綿布。

panasz [名] なげき，嘆息；不平，苦情，苦痛；（法）抗告，訴願，訴，告訴；異議，反対；（政）愁訴，哀訴。〔sok a panasz, 不平が多い。panaszra fakad, 苦情を言う，苦情を述べたてる。panaszt emel, panaszt tesz, （…に対し）訴える，哀訴する；告訴する。panaszképpen, 苦情として；訴えて，告訴して，哀訴的に。〕

panaszkodik [自] なげく，かこつ；不平を言う，悲訴する，苦情を持ちこむ（主人に）。

panaszkönyv [名] 不平申告簿，苦情記入帳（サービス機関・お店・旅客などの苦情を書きこむノート）。

panaszol [他] なげく，苦情・不平をいう，訴える。

panaszos [形] 苦情を訴える, なげき訴える。[名] 陳情者；(法)原告, 起訴人。

páncél [名] (兵)甲冑(かっちゅう), 鎧(よろい), (とくに)胸甲, 馬鎧；(電)(ケーブルの)外装；(海)(甲鉄の)装甲板；(動)甲(こうら)(亀などの)。

páncélos [形] 甲冑に身を固めた, 武装した, 装甲の；(動)被甲の, 有甲の。[名] 戦車隊員；戦車；甲鉄艦, 戦闘艦。

panelház [名] 規格住宅, 団地。

pang [自] 止まる, 停滞する, よどむ, とぎれる；(商)(景気が)不振である, 沈滞している；(医)(脈博が)結滞する。

pangás [名] よどみ, 停滞；(比)不活発, 不振, 不景気；停止, 休止。

pánik [名] パニック, 恐慌。

Pannonia [固] ハンガリー国のドナウ川西岸よりオーストリアの一部を合わせたローマ帝国の一州, チベリウス帝時代にこの州をローマ帝国領とした。

pánt [名] 鉄の紐帯(ちゅうたい), 鉄索；かすがい, 止めがね；ちょうつがい；(桶の)たが。

pantalló [名] パンタロン。

pantlika (目 pantlikát) [名] リボン, テープ。

pap [名] (カトリックの)司祭, 神父；(新教の)牧師, 宣教師；(ユダヤ教の)神学者, ラビ。

papa (目 papát) [名] (幼児語)パパ, とうちゃん, お父さん。

pápa (目 pápát) [名] (カトリックの)ローマ法王；(比)(各界の)権威者。

papagáj [名] (鳥)オウム。

pápai [形] ローマ法王の, 法皇の；法王庁の。〔pápai követ, ローマ法王の使節。〕

pápaszem [名] 眼鏡(めがね)。

papi [形] 司祭の, 神父の；牧師の, 宣教師の；宗門の, 教会の；聖職者の。

papír, papiros [名] 紙；(書いた, また印刷した紙)；文書, 書類；(比)身分証明書；(商)証書, 証券。〔itatóspapír, 吸い取り紙。papírra vet, (…を)書き記す, 起稿する。〕

papírkosár [名] 紙くずかご, 反古かご。

papírlap [名] 四角(一葉)の紙。

papírpénz [名] 紙幣。
papírszalvéta [名] 紙ナプキン。
papírzsbkendő [名] ティッシュ，ポケットティッシュ。
paplak [名] (村や小都市の)カトリック司祭の住居(すまい)，主任司祭の役宅；(新教の)牧師館。
paplan [名] 掛けぶとん，綿入りふとん；羽ぶとん。
papnevelő [名] 神学大学。
papol [他] 祈禱を唱える；説教(説法)する；(比)ぺちゃくちゃしゃべる，しゃべり散らす。
papos [形] 坊主風の，坊主くさい，抹香(まっこう)くさい；司祭(牧師)の。
paprika (目 paprikát) [名] (植)パプリカ，ピーマン；香辛料としてのパプリカ粉。
paprikajancsi [名] (市場の人形芝居)大きな鼻で，赤い服を着た人形；(中世の芝居の)道化役者，喜劇俳優。
paprikás [形] パプリカを振りかけた；(比)衝動的な，激しやすい。〔paprikás csirke, パプリカで調味したワカドリ(若鶏)料理。〕
papság [名] 司祭職，牧師職；司祭連(衆)，牧師連，僧徒階級。〕
papucs [名] スリッパ；(比)(妻に従う)お人よしの亭主；(腰帯の)剣差し；パンフレット・ケース；高速モーターボート。〔papucs alatt van, 彼の家ではかか天下だ。〕
pár [名] 対(つい)，ペア，組，二個；二人，番(つがい)，夫婦(めおと)；似たもの・人。[形] 二三の，若干の，いくらかの，少数の。〔egy pár jó kesztyű, 一組のよい手袋。nincsen párja, 彼は無双の人間だ，彼に及ぶ者はない。ritkítja párját, 彼に似た者は稀だ，比すべき者がない。páronként, 一組(一対)ずつ；番(つがい)で；二個(二人)ずつ。
pára (目 párát) [名] 蒸気，湯気，湿気；もや；(動)呼気，吐息；動物，特に馬。〔szegény pára！あわれな動物よ。〕
parabolaantenna [名] パラボラアンテナ。
parádé [名] パレード；見せびらかし，誇示，華麗，荘麗；飾りたてること，おめかし；(兵)観(閲)兵式。〔parádét csap, 豪しゃな暮らしをする，衣裳に金をかける。〕
paradicsom[1] [名] (聖)パラダイス，楽園，極楽，天国；

paradicsom 698

(比)至福，無上の幸福。
paradicsom² [名] (植)トマト。
paradicsomi [形] 楽園の，極楽の，天国の；至って楽しい，至幸至福の。
parafa [名] (植)コルク形成層；コルク材，コルク(浮く物)。
paraj, paréj [名] (植)ほうれんそう；(大葉のある)雑草。
parancs [名] 命令，指令，指揮；(宗)戒律，戒め，掟(おきて)；(兵)守則；(法)(裁判所の)命令。
parancsnok [名] (兵)司令官；(海)船長。
parancsnokság [名] 司令官の職権；司令部，本部。
parancsol [他] 命令する，命ずる，指令・指示する；(処方を)命ずる。〔Mit parancsol？(お店などで，店主が客に)あなたは何をお望みですか(ていねいな形式)。〕
parancsolat [名] 命令，指揮，厳命；命令権，指揮権，(宗)戒律(モーゼの十戒など)。〔úgy megy, mint a parancsolat, それは規則正しく(迅速に)進む。〕
parancsoló [形] 命令的な，横柄ずくの，強制的な；否応なしの；(文)命令法の。[名] 命令者，号令者；支配者，統御者。
parány [名] (理・化)原子，微粒子，粒子。
parányi [形] 原子のように極小(微少・無限小)の；(比)ささいな，いささかの，つまらぬ。
párás [形] 蒸気(湯気)の出る；水蒸気の多い，蒸気に充たされた，むっとする；湿気のある。
paraszt [名] 農民，百姓；いなか者；(歴)農奴。[形] 百姓の；いなかじみた，いなかくさい，いなか風の；(比)野卑な，粗野な，不作法な。
parasztasszony [名] 農婦，百姓女；百姓の妻・おかみさん。
parasztház [名] 農家，百姓家。
parasztlány, parasztleány [名] 百姓娘，農家の娘，いなか娘。
parasztlegény [名] 農家の若者，いなかの青年。
parasztos [形] 百姓らしい；いなか風の，いなかくさい，げびた；粗野な，無作法な。
parasztság [名] 農民(総称)；(たとえば，ある村の農民全体)；(比)粗野な挙動(行状・態度)。
páratlan [形] (数)奇数の；半端(はんぱ)な，不ぞろいの；

(比)比較のできない, 無比の。

parázna [形] 好色な, みだらな, 淫乱な, 淫蕩(いんとう)な, わいせつな, 淫情を催させる, ちょう発的な；気ままな, 放縦な。

paráználkodik [自] 不品行をする, みだらな享楽にふける；不倫をする。

parázs [名] 赤熱, 灼熱(しゃくねつ), 烈火；灼熱の炭。[形] 燃えるような(目)；激烈な, 猛烈な(スキャンダル, 醜聞)。

párbaj [名] 決闘, 組打ち, 一騎打ち, 果たし合い, 試合。

párbajozik [自] 果たし合いする, 決闘する。

párbeszéd [名] 問答, 対話, 会話, 対談。

pardon [名] 許し。[間] 失礼。

párduc [名] (動)豹(ひょう)。

párhuzam [名] (数)平行線, 並行線；相似物, 匹敵する物。

párhuzamos [形] 平行の；相並んだ, 相同じ；同時の。[名] (数)平行線。

paripa (目 paripát) [名] (動)(乗馬用の)馬；駿馬；(比)(中世王公の飾り立ての)軍馬。

Párizs [固] パリ, 巴里。

párizsi [形] パリの。[名] パリっ子。

park [名] 公園, 遊園, 遊園地；大庭園；(自動車や機械などの一時)置場。

párkány [名] (壁や塀の)縁(ふち), 辺(へり), 際(きわ)；(井戸側の)ふち石；(指物細工の)玉縁(たまぶち), 刳形(くりがた)；(船の)舷；(窓やドアの)框(かまち)；(建)軒蛇腹(のきじゃばら)。

parkett [名] (建)はめこみ床, 寄木張りの床；(劇場の)平土間, 演奏席；ダンスフロアー。

parkolóhely [名] 駐車場。

parlag [名] 休耕地, 休閑地, 未開墾地。[形] 休耕の, 休閑地の, 未耕作の。〔parlagon hever, 耕作されないで(未開墾で)いる, 荒れている。〕

parlagi [形] 未開墾の, 耕してない自然のままの；(比)教養のない, 粗野な, 卑俗(野卑)な, いなか風の。〔parlagi tyúk (闘鶏でない, 普通の)雌鶏。〕

parlament [名] 国会；国会議事堂。

párlat [名] 蒸留物, 蒸留液。

parmezán [名] パルメザンチーズ(乾酪)。
párna (目 párnát) [名] (ベッドの)まくら(枕), クッション, 座ぶとん；(工)(モーターの)軸受け台, 座金(ざがね)；スタンプ台；(鉄道の)座鉄。
párnás [形] 羽を詰めた(座席・いす等)；やわらかい；丸々とした(指など)。
paróka (目 parókát) [名] かつら。
parókás [形] かつらを被った。[名] かつら師(製造人)。
párol [他] むす, 煮込む, シチューにする；(化)蒸りゅうする(水を)。
párolog [自] 湯気を立てる, 蒸発(気化・揮発)する。
párolt [形] 煮込んだ, シチューにした。〔párolt marhahús, 煮込んだ牛肉。〕
páros [形] 対になった, 一対の, 二個ずつの；(植)双生の, 対生の；(数)二で割り切れる, 偶数の。[名] (ス)ダブルス。
párosít [他] 対・組にする, 組み合わせる, 番(つがい)にする；結合する, 一緒にする；(動物のメスが)オスを選ぶ。
párosítás [名] 同上のこと；結合, 一緒になること, 交尾。
párosodik [自] (動)(…と)番(つがい)になる, 交尾する。
párosul [自] (…と)対(つい)になる, 組になる；結びつく, 結合する；(動)つがいになる, 交尾する。
part [名] (海や河川湖沼の)岸, 浜, 磯(いそ), 海辺；土手。〔partnak, (岸の)方へ, …に対して, 面して(舟を着ける…)。partra száll, 上陸(着陸・下船)する。partra szállít, 陸揚げする, 上陸させる。partra vet, 海岸に乗り上げる。partra vetődik, 海岸に乗り上げる, 座礁・破船する。partra vettet, 海岸に打ち上げられる, 漂着する；海岸に乗り上げる, 座礁する。〕
párt [名] 政党；派閥, 党派。〔vmi párthoz tartozik, ある党派に属する。vkinek pártjára áll, 誰の党派に与みする, …に味方する。vkinek pártját fogja, 誰の味方になる, 誰に左袒(さたん)する。pártokra szakad, 諸党派に分裂する, 諸派に分かれる, 分離する。pártot üt, (…に対し)そむく, 反抗する, 謀反(反乱・暴動・一揆)を起こす。〕
párta (目 pártát) [名] 未婚女性の花冠；(ハンガリー少女の)花輪の額帯(巻き)；(比)処女性, 処女の純潔；(植)花冠。〔pártában marad, 処女で残る(結婚せずに),

未婚である。〕
pártállás [名] 党の態度(構え・立場・状勢)。
pártatlan [形] 非党派的な, 中立の；私心なき, 偏見なき, 公平な。
pártfogás [名] ひ護, 保護, 支持, 援助, 愛顧, 引き立て, 後援, ひいき；好意, 親切, 心尽くし。〔pártfogásba vesz, (…を)保護(支持・援助・後援)する〕。
pártfogó [形] 支援する；好意的な。[名] 保護者, 後見人；愛顧者, ひいき, パトロン。
pártfogol [他] かばう, ひいきする, 保護(支持・援助・後援)する。
pártfogolt [名] (…の)お気に入り, ちょう児；子分, 被保護者。
parti[1] [形] 岸の, 海浜の, 沿岸の, 海岸に関する。
parti[2] [名] (勝負ごとの)一勝負；(トランプ遊びの)一番；(婚姻の望ましい)相手。
pártol [他] 支える, 支持・保護・後援する, ひいきする。
pártoló [形] 保護する, 推挙する。[名] 保護者, 愛顧者, パトロン。
pártonkívüli [形] 無党派の, 無所属の, 不偏不党の, 中立の。[名] 無党派の人
partőr [名] 沿岸警備員；(兵)海岸守備兵；水難救助者。
partraszállás [名] 上陸, 着陸, 下船。
partvidék [名] 海岸地方。
pártviszály [名] 党内不和, 党派争い, 派閥争い。
párzik [自] → párosodik.
paskol [他] 平手また平たい物で軽く打つ；(肉を)パタパタ軽くたたく；(雨が窓などを)打ちつける。
paszomány, paszománt [名] (金・銀・絹などの)飾りひも, レース, 組みひも, 金銀のモール。
paszta [名] ねり粉；パスタ。〔fogpaszta, 歯みがきねり粉。〕
pászta (目 pásztát) [名] 線, 条, 筋；(農)畝(うね)；(鉱)条痕。〔pásztánként, 線をなして；線・条・筋ごとに；地帯・区域ごとに, 所々に；畝(うね)をなして；うねごとに。〕
pásztor [名] 羊飼, 牧羊者；牧人, 牧夫；(ぶどう畑の)番

人；(比)(精神上の)牧人，牧師(新教の)。

pásztorbot [名] 羊飼のつえ，牧人のつえ；(宗)(新教監督の)笏杖(しゃくじょう)。

paszuly [名] (植)いんげんまめ(隠元豆)。

pát [名] (鉱)泥石(でいせき)，へげ石，スパー。

pata (目 patát) [名] (牛馬等の)ひづめ(蹄)。

patak [名] 小川，細流，クリーク。〔patakként, 流れをなして。〕

patakzik [自] (小川の如く)流れる，流動する；(涙・血・水が)ほとばしる，わく，吹き出る。〔könny patakzik szeméből, 目から涙が流れる。〕

patás [形] (動)ひづめ(蹄)のある。[名] (複数形で)蹄のある動物。

patika (目 patitát) [名] → gyógyszertár. 薬局，薬店。

patkány [名] (動)ねずみ。

patkányméreg [名] (薬)ねこいらず，殺鼠剤。

patkó [名] (馬などの)蹄鉄(ていてつ)；(長ぐつの)蹄鉄。

pattan [自] (むちで)鋭い音を立てる；はじける，はね返る，はねる；(ガラスなどが)破裂する；飛びつく，飛び上がる。〔lóra pattan, ひらりと馬に乗る。〕

pattanás [名] 飛び上がること，突き当たること；破裂すること；むちの音；(医)にきび，吹出物，発疹，小膿疱。

pattant [他] 鋭い音をさせる，破裂音を発せしめる；むちを鳴らせる。

pattog [自] (むちが)何度もピシッと鳴る，(たき火やモーターが)パチパチと音する，爆音を発する；(比)(人が)テキパキと力強く言う；どなりつける，ぷりぷり怒る，がみがみしかる，当たり散らす。

pattogó [形] パチパチ鳴る，爆音を発する；(比)テキパキした；大声で無理をいう，怒鳴る。

pattogzik [自] 裂ける，き裂を生ずる，ひびが入る。

patyolat [名] 上等の麻布の一種(リンネル，寒冷紗)；クリーニング店。

páva (目 pávát) [名] (鳥)くじゃく(孔雀)。

páváskodik [自] くじゃくが尾を広げる；(比)着飾って歩く，威張って歩く；見せびらかす，得意になる。

pávatoll [名] くじゃくの羽。

pazar [形] 乱費・浪費する，金遣いの荒い；豪しゃな，しゃしの，ぜいたくな。

pazarol [他] 浪費・乱費・空費・ぜいたくする。

pázsit [名] 芝草，芝生。

pecsenye (目 pecsenyét) [名] (料)焼肉，あぶり肉；(にわとりの)丸焼など。

pecsét [名] 印，印鑑；封印，印形，印判，押印；烙印；汚点，しみ，よごれ。

pecsétel [他] 封印する，封ろうを張る；押印する。

pecsétes [形] 封印・押印した；(比)汚点・汚斑のある，しみのある。

pecsétgyűrű [名] 印形付きの指輪。

pedig [接] (文の第二番目の要素として)(もう一方)は，ところが；(文頭)…なのに，にもかかわらず，だって。〔Ez kék, az pedig piros, これは青く，あれは赤い。Nem jött el, pedig megígérte, 約束したのに，やって来なかった。〕

pedz [他] (魚がえさに)かみつく，食いつく，かじる；わかり出す。

pehely (目 pelyhet) [名] (雪や花の)小片，薄片；わた毛，うぶ毛；(羊毛の)毛房；幼毛，小羽毛，ダウン(ジャケット)；(植)軟毛(葉や果実の)。

pehelyszőr, pehelytoll [名] 幼毛，わた毛，むくげ。

pej [形] (馬の)茶色の，シカ毛の。[名] 栗毛の馬。

pék [名] パン焼き職(の人)，パン屋。

példa (目 példát) [名] たとえ，例；先例，実例；見本，模範，手本。〔példának okáért, たとえば。példát ad (vesz), (…に)範を示す(手本にする)。példaként, 模範(手本・見本)として。példaképp, példaképpen, たとえば，例として，例を以て。〕

példakép [名] 手本，模範。

példány [名] (商品の)見本，標本；ひな形；(本などの)部数。

példás [形] 模範とすべき，典型的の；りっぱな，優れた，非難の余地ない；見せしめの，懲戒的の。

példátlan [形] 先例のない，比類ない，未曾有の；ひどい。

például [副] 例えば，例として。

pelenka (目 pelenkát) [名] (リンネル製の)おくるみ，むつき，おしめ(赤児の)。

pelikán [名] (鳥)ペリカン。
pellengér [名] (罪人を)さらす刑の台, さらし台, さらし柱。〔pellengérre állít, (…を)さらしものにする; (比)冷笑の的にする, …の非を鳴らす, 醜態を暴露する。〕
pelyhes [形] うぶ毛(むく毛・綿毛・軟毛)におおわれた; 綿毛のように柔らかい; むく毛の生えた。
pendely [名] (女性の)シュミーズ, (子供の長い)シャツ, 肌着(はだぎ); (漁)投網(とあみ)。
pendít [他] (楽器を)爪弾(つまびき)する; 鳴り響かせる; 鐘をついて知らせる; (比)(…に)関心・興味を起こさせる。
pendül [自] 音がする, 鳴り出す, 響く。〔egy húron pendül (vkivel), (…と)結託している, 馴れ合っている; (…の)いう通りになる。〕
penész [名] かび(黴)。
penészedik [自] かびが生える, かびる, かび臭くなる。
penészes [形] かびの生えた, かびだらけの, かび臭い; かびのような。
peng [自] 響く, 鳴る; (金属板や弦などの)余韻が響く; ちりんちりん・りんりんと鳴る。
penge (目 pengét) [名] (剣の)刃(は), 刀身; ひげそりの刃。
penget [他] チリンチリン鳴らす, 鳴り響かせる, 鳴り出させる; (比)慎重に提案する。
pengő [形] 響く; (硬貨)音がする。[名] (歴)1927年1月1日～1946年8月1日までの通貨; (歴)1900年以前の硬貨(pengő forint)。
péntek [名] 金曜日。〔pénteken, 金曜日に。〕
pénz [名] 金(かね), 金銭; 貨幣, 通貨。〔készpénz, 現金。nincs pénzem, 私は金を持たない。pénzen, 金銭で。pénzért, 金に対して, 金のために。pénzért mutogat, 金で見せる。készpénzért, 現金で, 現金に対して。pénzt szerez(előteremt), 金を作る(調達する)。pénzt keres, 金をもうける。pénzt ver, 貨幣を鋳造する。pénzzé tesz, 金にする, 金銭に替える。〕
pénzalap [名] 資本金, 資金, 元本, 元金。
pénzegység [名] 通貨単位, 貨幣の単位。
pénzel [他] (…に金を)融通・融資する, 資金援助する; (…を)わいろで誘惑する, 買収・贈賄する。〔pénzel vkit,

(…に)金を支給(補助)する。〕

pénzember [名] 金融業者, 理財家；金満家, 資本家。
pénzes [形] 金持ちの, 富める；金(かね)の。
pénzhamisítás [名] 貨幣偽造, 貨幣贋造(がんぞう)。
pénzhamisító [名] 貨幣偽造者・贋造者(にせ札作り)。
pénznem [名] 貨幣の種類。
pénzösszeg [名] (金銭の)総額, 全額；金高, 金額。
pénzpiac [名] 金融市場。
pénzsóvár [形] 金銭欲の, がめつい。
pénztár [名] 銀行の窓口, 現金出納所, 勘定台, レジ, 会計係, 帳場；切符売場。
pénztárca [名] 金入れ, がまぐち；(ズボンの)かくし, 財布, きんちゃく。
pénztáros [名] 出納掛, 会計係；レジ係；切符売場の人。
pénzügyi [形] 国庫の；財政上の, 財務の；通貨の, 金融関係の。〔pénzügyi tisztviselő, 財務官吏, 大蔵・財務省官吏。〕
pénzügyminiszter [名] 大蔵大臣, 財務大臣。
pénzügyőr [名] 収税吏員。
pénzváltás [名] 金を両替すること。
pénzváltó [形] 両替をする。[名] 両替人(業者)。
pénzverde [名] 造幣局(所)。
pénzzavar [名] 金に困ること, 財政困難(窮乏), 金融逼迫(ひっぱく)。
pép [名] ねり粉, つぶしたもの, (小児や老人の食物)麦粉のかゆ, オートミルの一種；木材パルプ。
pépes [形] ねり粉のような, ねばねばした；(牛乳と粉との)かゆのような, どろどろした。
per, pör [名] (法)訴訟, 裁判ざた；争訟, 係争, 争議(論)。〔vkit perbe fog, …を相手として訴訟を係属させる。pert akaszt vkinek a nyakába, …を相手どり訴訟を起こす。pert folytat, 訴訟を起こしている。a pert eldönti, 訴訟を判定する, 判決を下す。〕
perc [名] 分, 一分(一時間の六十分の一)；瞬間, またたく間, 束の間, 一刻。〔percekig(tartó), 数分間(数分間つづく, 数分間の)。〕
percmutató [名] (時計の)長針, 分針。

perec［名］プレッツェル（結び目状のクラッカー）；腕環。

pereg［自］ころがる，回転(旋回)する；(涙が)流れる；(比)(時が)経過する；(舌が)まわる；(太鼓が)とどろく。〔nyelve jól pereg, 彼の舌はよく回る。〕

perel, pöröl［自］(…と)論争(口論・弁論)する，言い争う，いさかいする。［他］(法)訴訟する，訴訟争いをする。

perem［名］(窓の)ふち(縁)，へり(辺)，はし(端)，きわ(際)；(布や衣服の)縫いぎわ；(絶壁・がけの)ふち，絶端；(工芸)フランジ，突縁。

pereputty［名］(俗)一味徒党，徒輩，連中，仲間，ぐる；縁者，一族，親戚知己。〔pereputtyostul, 家族全員ひきつれて。〕

peres, pörös［形］(法)争っている，訴訟の，係争・訴訟中の；訴訟好きの，議論好きの。〔peres felek, (法)訴訟当事者，敵味方，原被両方。〕

pereskedik, pörösködik［自］訴訟中である；(法廷で)弁論する。

pergamen［名］羊皮紙，革紙；(羊皮紙の)古文書，古写字。

perget［他］(細かいものを)まき散らす；(フィルムを)回して，上映する；回転・旋回させる；(キリで)穴をあける，突き抜く；(糸を)撚(よ)る；(舌を)まわらせる；(太鼓を)とどろかす。

pergő［形］まわる，回転・旋回する。［名］(牛などにつるした)鈴，カウ・ベル；紡ぎ車；(ハンガリーの)回転ダンス。

pergőtűz［名］(兵)連続速射；(比)(質問や論難の)やつぎばや。

perköltség［名］訴訟費用，裁判費用。

permetez［他］(香水などを)吹きかける，振りかける；(ブドウなどに)農薬をまく。

pernye(目 pernyét)［名］軽い灰，炎灰(ほのばい)。

peron［名］(駅の)ホーム，プラットホーム；(列車の)デッキ。

perpatvar［名］争論，論争，絶えざるけんか口論。

perrendtartás［名］(法)訴訟法，訴訟手続法。

persely［名］(寺院の)慈善箱，喜捨箱；(教会で喜捨金を受ける)鈴付の袋；貯金箱；(機)軸受け筒，ブッシュ。

persze［副］もちろん，無論，もとより；当然のこととして，もちろんそうですとも。

perzsa [形] ペルシャの。[名] ペルシャ人；ペルシャ語；ペルシャ・ジュータン。〔perzsául, ペルシャ語で；ペルシャ風に。〕

perzsel, pörzsöl [他] (コーヒーなど)こがす, あぶる, 焼く；(太陽が)焼きつける；(鳥の羽毛を)焼き取る；(鳥や豚を)毛焼する。[自] (肌などが)焼けつくように熱くなる。〔perzselő hőség, 焼きつけるような暑さ, こがすような暑熱。〕

Pest [固] ペスト市(現在のブダペスト市の, いわば下町(商業区), ドナウ川の東岸の部分)。

pesti [形] ペストの, ブダペストの。[名] ペスト人(ブダペストの下町の人)。

pestis [名] (医)ペスト, 黒死病；豚のペスト, 他の動物の伝染病。

pesztonka (目 pesztonkát), **pesztra** [名] 子守女, ナニー。

petárda (目 petárdát) [名] (兵)地雷, 爆発火具(城門破壊用)；爆竹, 花火；(鉄)霧中信号。

pete (目 petét) [名] (昆虫の)卵；卵子(らんし)；卵細胞, 胚子(はいし)。

petefészek [名] (解)卵巣(らんそう)。

petrezselyem (目 petrezselymet) [名] (植)オランダゼリ, パセリ。〔petrezselymet árul, (ダンス等で)仲間入りをせずに傍で見ている, ダンスの相手がいないので, 壁ぎわにすわっている娘を指す；壁の花である。〕

petyhüdt [形] だらけた, 締まりのない；だらだらした, 無気力の。

petty, pötty [名] ぶち, はん点, まだら；水玉模様；小さなしみ。

pettyes, pöttyös [形] 小点のある, ぶちの, まだらの(大理石…)；水玉の小さなしみのある(汚れ)。

pezseg [自] パチパチ音がする, 沸く, あわだつ, 沸きたつ, たぎる；(比)激こうする, 興奮する；にぎわう。

pezsgés [名] 同上のこと。

pezsgő [形] パチパチ音がする, ざわめく；沸騰する, 泡だつ；(比)激こう・興奮する。[名] 発泡性ワイン, シャンパン。〔pezsgő élet, 生き生きした盛んな生涯。〕

pézsma (目 pézsmát) [名] じゃこうのかおり。

piac [名] 市(いち), 大市, 年市, 定期市, 市場, 集散地；商取り引き；販路, さばき口；市場(しじょう)。

piaci [形] 同上の。〔piaci ár, 市価, 相場, 時価。〕

pici, piciny [形] 小さい, ちっぽけな, 極小の；ささいな, いささかの, わずかの。

pihe (目 piehét) [名] (鳥などの)わた毛, うぶ毛, むく毛。

piheg [自] 苦しく呼吸する, 息せく, あえぐ。

pihen [自] 休む, 休憩する；眠る；(機械などが)静止している, 止まっている；永眠している。

pihenés [名] 小休止, 休憩；休息, 休養；ねむり；おちつき, 安心, 安心立命；静止, 休止。

pihenő [形] 静止(休息)する, 休みの；眠る；永眠する。[名] 休憩(休息)所(階段の中段などの)；(時)昼寝, 午睡；休暇。〔pihenőt tart, 休憩する, 休む。〕

pihenőhely [名] 休み場, 休息場, (高速道路などの)レストエリア, サービスエリア。

pihenőnap [名] 休日。

pihentet [他] 休ませる, 休息させる；休養させる, 疲れをなおす。

pikkely [名] (魚の)うろこ(鱗)；(昆)鱗甲；(植)鱗葉, りん片。

pikkelyes [形] 同上の；うろこのある；うろこのような。

pillanat [名] 一瞬, 瞬間, せつな, ちょっとの間, 束の間。〔egy pillanat alatt, ちょっとの間に。egy pillanatra, ちょっとの間だけ。〕

pillanatfelvétel [名] (写)早取り(スナップ)写真。

pillanatnyi [形] 一瞬間の, 瞬時の, せつな的の, 一刻の；即座の, 立ちどころの；目下の, 現在の。

pillanatnyilag [副] さしあたって, 今のところ。

pillangó [名] (虫)ちょう, ちょうちょう；(比)売春婦；金ぴか服飾品。

pillangóúszás [名] (水泳の)バタフライ。

pillant [自] (…に対して)一瞥を投ずる, ちらっと見る, 瞥見する。

pillantás [名] 見ること, 目撃, 一瞥；瞬間, せつな。〔első pillantásra, 一瞥して, 一目で。〕

pillér [名] (建)柱, 支柱；橋台, 橋脚；(比)支柱となる物(また人), 柱石, 大黒柱。

pilóta [名] パイロット, 水先案内人；空のパイロット(飛行機の操縦者)。

pimasz [名] 生意気な奴, 無作法者, 無骨者, 野人; やくざ者, ろくでなし。[形] 粗野な, 卑劣な; 無作法な, 生意気な, あつかましい, ずうずうしい。

pimaszkodik [自] 生意気な振る舞いをする, 粗野な・下品な挙動をする。

pince (目 pincét) [名] 地下室; 地下室の酒場(居酒屋, ビヤホール)。

pincelakás [名] 地下の住居・住宅。

pincér [名] (カフェーやレストランの)給仕人, ボーイ, ウェイター。

pint [名] (液量の名)パイント(ほぼ, 1.6リットル); その量の入る容器。

pinty, pintyőke [名] (鳥)かわらひわ(ヒワ・アトリの類で, 鳴鳥)。〔úgy …, mint a pinty, ためらいなく, すばらしく。〕

pióca (目 piócát) [名] (動)ひる(水蛭), 吸血ひる; (比)吸血鬼(人の金をしぼり取る人間, 高利貸)。

pipa (目 pipát) [名] 吹管; 煙管(きせる), パイプ; パイプのがん首。〔török pipa, トルコ人の用いる水煙管, チィブク。egy pipa dohányt nem ér, 三文の価値もない。pipára gyújt, たばこに火をつける, たばこをふかし始める。〕

pipacs [名] (植)ひなげし, ポッピー。

pipál, pipázik [自] きせるが煙を吐く, タバコを吸う, けぶる, いぶる, くすぶる。〔a hegyek pipálnak, 山々はけぶっている(雲におおわれている)。〕

pipás [形] パイプをくゆらす。[名] パイプ愛煙家。

pír [名] (顔の)赤味; (空の)茜(あかね)色, 朱色。

pirít [他] 火にあてててこがす, あぶる, 焼く; (肉を)油でいためる・揚げる; (パンを)トーストにする; 茶色にする; (比)赤面させる, 恥ずかしがらせる。

pirítós [名] 茶色に焼いたパンの薄片, 焼きパン。〔vajas pirítós, バターつきトースト。〕

pirított [形] あぶった, 焼いた, いためた, トーストした。

pirkad [自] (夜明けの空が)赤らみがかる, (熟した果実が)赤くなる, 夜が明ける。

pirongat [他] 軽くしっ責する, なじる。

pironkodik [自] (…のせいで)赤面する, 恥じる, 恥じらう。

piros [形] 赤い, 赤色の; 朱の, 深紅の。

pirosít [他] 赤くする，赤く染める；口紅を塗る。
pirosító [名] 口紅，ほお紅。
piroslik [自] 赤く光る，赤く見える；赤くなる，赤味をおびる。
pirosodik [自] 赤くなる；(果物や天上が)赤らむ，赤味をおびる。
pirospozsgás [形] 血色のよい顔の；血色のよいほお(頬)をした。
pirosság [名] 赤色；赤味；朱，朱色，紅色。
pirul [自] (顔が)赤くなる，赤面する；はじる，はにかむ；(火で)赤くなる；(肉などが)茶色になる，焦げる。
pirula, pilula(目 pirulát) [名] 丸薬，粒剤，錠剤。
pisa (目 pisát), **pisi** [名] (幼児語)おしっこ，小水，小便。
pisál, pisil [自] おしっこする，小便する，放尿する。
piskóta (目 piskótát) [名] ビスケット，軽焼菓子；カステラ。
pislant [自] (一度)まばたきをする；きらめく；横目で見る。
pislog [自] (何度も)まばたきする，またたきする；横目でみる；(ランプが)かすかに光る，ともる。
pisze [形] だんご鼻の，低鼻の，天井鼻の，しし鼻の，あぐらをかいた鼻の。[pisze orrú, だんご鼻の。]
piszkafa [名] 火かき棒。
piszkál [他] (火を)かきたてる；(歯を)ほじくる，せせる；(堆積を)ひっかき回す；いじくり回す；(比)(…を)あてこする，皮肉を言って刺激する。
piszkálódik [自] (比)(寸鉄語で)いらだたせる；あてこすりを言う，からかい合う；引っかき回す。
piszkavas [名] 火かき棒(鉄の)。
piszkít [他] 汚す，よごす；(名誉を)汚す，辱しめる，そしる。[自] (犬が)ふん(糞)をする。
piszkol [他] 汚す，よごす；(比)そしる，ののしる，侮辱・中傷する，こきおろす，けなす。
piszkolódik [自] よごれる，不潔になる；(比)悪口をいう，そしる，ののしる，非難(侮辱)する。
piszkos [形] きたない，よごれた；(比)(根性の)きたない，けちな，しみったれの，卑しい；けがらわしい，みだらな，卑わいな。
piszmog [自] ぐずぐずこなす，つまらぬことに時をつぶし，仕事

が手間取る。

piszok (目 piszkot) [名] よごれ，不潔，汚物；しみったれ；(動物の)ふん；(比)下劣な奴。

pisszeg [自] シー！(静かに！)と叫ぶ；(劇場などで)弥次る。

pisszen [自] 恐れ恐れ言葉にする，ぶつぶつ言う，ぐずぐず不平をならす。

pisztoly [名] 拳銃，ピストル。

pisztráng [名] (魚)ます(鱒)の類。

pityereg [自] すすり泣きする，泣き事を言う；むせび泣く，べそをかく；雌七面鳥がヒナを呼ぶ。

pityókos, pityókás [形] 微酔の，ほろ酔いの，少し酔いかかった。

plakát [名] ポスター，プラカード。

pláne [副] 特に，なおさら。[名] 特別なこと。

plántál [他] 植える，栽培(植林)する；(比)すえつける，樹立する。

plasztika [名] 造形美術；形成外科。

platina (目 platinát) [名] (鉱)白金，プラチナ。

plébánia (目 plébanát) [名] 教区；司祭職；司祭館。

plébános [名] (カトリックの)主任司祭；(新教の)牧師。

pléh [名] 金属の薄板，ブリキ；トタン板，亜鉛板。[形] ブリキ製の。

pletyka (目 pletykát) [名] 噂；悪口, 陰口, そしり；噂する人。

pletykál, pletykázik [自] おしゃべりする；噂話をする；悪口(陰口)をいう癖。

plusz [形] プラスの。[名] プラス (正負の正)；超過分。[接] 加えて。

pocak [名] ビール腹，太鼓腹，ほてい腹。

pocakos [形] 便々たる腹の，ほてい腹の。

pocsék [形] 価値のない，つまらない，役に立たない；いやな；ひどく悪い，不細工な；哀れな，いたましい，悲しげな。〔pocsék idő(járás)，雨降りのいやな天気。pocsékká tesz，くつがえす，滅ぼす，破滅させる；だめにする，傷める，害する。〕

pocsékol [他] むだ遣いする，浪費・徒費・濫費する；台なしにする，傷つける，汚す。

pocsolya (目 pocsolyát) [名] (雨などの)水たまり；地下水；大きな水たまり，泥沼，湿地。

pofa (目 pofát) [名] ほお，よこづら；顔，面；(動物の)ほおの下部；(獣・へびの)口；(比)奴(やつ)；(道具の)あご部，一口。〔nincs pofája vmihez, …なほど生意気でない。〕

pofacsont [名] (解)ほお骨，顴骨(かんこつ)。

pofaszakáll [名] 頬髭(ほおひげ)。

pofázik [自] 頬(ほお)を一杯にふくらましてかむ；がつがつむさぼり食う；大声でどなる，しゃべり立てる。

pofon [副] 横面で。[名] 頬の平手打ち。〔pofon vág, 横面を張る。〕

pofoz [他] (何度も)横面をなぐる，耳辺を打つ。

pofozkodik [自] 互いに横面をなぐり合う；しょっちゅうなぐる。

pogácsa (目 pogácsát) [名] (料)(バターや卵でねった粉の)丸いパン；硬いスコーン。

pogány [名] (宗)異教徒，邪教徒；(歴)イスラム教徒。[形] 異教の；イスラム教の；(比)容赦ない；頑固な。

pogányság [名] 異教，邪教；異教徒；イスラム教徒(トルコ人)；残酷。

poggyász [名] 荷物；小荷物，手荷物。

poggyászkocsi [名] (汽車の)手荷物貨車，有蓋小荷物貨車。

pohár (目 poharat) [名] ガラスのコップ，酒杯，グラス。〔poharat ürít(emel) vkire, 誰のために乾杯する。egy pohár sör, 1杯のビール。〕

pohárköszöntő [名] (…に捧げての) 乾杯の辞。

pók [名] (動)くも(蜘蛛)；(獣医)飛節内腫(馬の病気)。

pókháló [名] くもの巣。

pokol (目 poklot) [名] (死者を迎える場所)めい府，めい土，黄泉；地獄，な落，浄罪火。〔eredj(menj) a pokolba!, 失せやがれ!, くたばってしまえ!〕

pokoli [形] 地獄の；地獄・な落のような；恐ろしい，極悪の。〔pokoli kín, 地獄の責苦(せめくるしめ)。pokoli lármát csapott, 彼は物すごい騒動を起こした。〕

pokróc [名] 粗毛布，粗末なケット；粗い毛織物(の上張り・マント・敷物)；(比)いなか者。〔goromba, mint a pokróc, 彼は野卑この上もない。〕

polc [名] 棚, ラック, スタンド；見台；飾り棚；足台, 構脚, 托架；(社会的な)地位, 身分, 境遇, 階級。〔magas polcra emelkedik, 高位高官になる, 出世・成功する。〕

polgár [名] 都会人, 市民；町人, 平民, 庶民；人民, 公民, 国民。

polgárháború [名] 内乱, 内戦。

polgári [形] 衆庶の；市民の, 人民の, 公民の；民事の；非軍人の, 文民の。〔polgári erények, 公徳心, 市民道徳。polgári év, (天文学的に厳密でない)常用暦年。polgári hatóság, 文官の官庁, 民事官庁。polgári házasság, 法律上の結婚。polgári iskola, 1945年以前の小学校；(中流子弟の)高等小学校。polgári jog, 市民権, 公民権, 公権。polgári réteg, 市民(庶民)階級, ブルジョア階級；市民の身分。polgári rend, 同前。〕[名] 小学校。

polgármester [名] 市長, 町長。

polgárság [名] 都会人, 市民全体；庶民階級(身分)。

politika (目 politikát) [名] 政治, 政策, 政略；(比)権謀, 術数。

politikai [形] 同上の；政治的, 政治上の；政策上の。〔politikai élet, 政治活動(生活)。politikai vita, 政治討論。〕

politikus [形] 政治上の, 政治的；政治学的, 政略的, 政策的；政治好きの。[名] 政治家；政客, 策士。〔politikus csizmadia, 政治狂, デモ政論家, 居酒屋政論家。〕

politizál [自] 政治を談ずる, 政論する, デモ政論で気炎を上げる。

póló(ing) [名] Tシャツ, ポロシャツ。

poloska (目 poloskát) [名] (虫)なんきん虫。

pólya (目 pólyát) [名] おくるみ, むつき；うぶぎ(産衣)；(医)包帯, つり帯；(兵)帯線；(紋)中帯。

pólyás [形] おしめを当てている, まだ幼い。[名] むつき児, 赤ん坊。

pólyáz, pólyál [他] (赤児を)むつきでくるむ(巻く・包む)；(医)包帯でつつむ(傷を)。

pompa (目 pompát) [名] 華美；盛観, 壮観, 豪華, けんらん；ぜいたく, 虚飾, 見せびらかし, はで；(儀式の)盛大,

ぎょうぎょうしさ。

pompás [形] 華美(華麗・絶美・立派)な, すばらしい, すてきな；ぜいたくな；堂々たる, 大した。

pompázik [自] きらびやか(きれい・美事・見る目もあや・りっぱ・はで)である；(見えのために)誇示する, 見せびらかす, 光る。

pongyola [形] 無とんじゃくな, 投げやりの, だらしない(風采…)。[名] (着やすい, 前が開いた女性の)部屋着。

pongyolaság [名] 無精, 無とんじゃく, だらしないこと(服装・風采などに)。

pont [名] 点, 項目；地点, 箇所；(音)符点；(文)句点, 終止点, ピリオド；小点, ポチ；(学校や競技において)評点, 点数。〔pontról-pontra, 逐一。pontonként, 一点一点, 一々, 逐一, 子細に。〕[副] ちょうど, まさに。

pontatlan [形] きちょうめんでない, だらしない, 時を守らない；厳密でない, 不正確な。

pontos [形] 一点も違わない；きちょうめんな, 時間通りの, 厳格な；精密な, 正確な；(ス)…点の。

pontosság [名] きちんとしたこと, 正確, 厳格, きちょうめん；精密, 精巧；規律正しいこと。

pontosvessző [名] (文)セミコロン(;)。

pontoz [他] 点を打つ, 点刻する；(文)句点を打つ；(音)符点する；(スポーツ)採点する；(法)条款・項目に分ける。

pontozás [名] 点を打つこと；(スポーツ)点をつけること, 採点；(文)句点を施すこと。

ponty [名] (魚)こい(鯉)。

ponyva (目 ponyvát) [名] 粗麻布, 帆布, ズック；スタンド；テント, 日除け, 天幕, 雨おおい, 車蓋, 防水布；(比)だ作(スタンドで売られた主として冒険小説)。

por [名] ちり状のもの, ほこり；粉, 粉末；(医)散薬, 粉薬；(死骸の)灰。〔poralakban, 粉末状で, 粉末にして。porba dönt, (…を)敗る；廃止する。porba tipor, (…を)敗る；はずかしめる。porban csúszik, ちりの中にはう；(…に)頭で地をたたく, 礼拝する, ぺこぺこ・屈従する。porban hever, 零落する, ちり・ほこりの中にうずもれている。porig aláz, ひどくはずかしめる, 面目を失わせる, 卑しめる。porrá lesz, ちり・ほこりになる, 死す。porrá zúz(tör), たたき砕く, 粉砕・粉末にする。vkin elver a port, …

を散々なぐる，したたかなぐる。port hint vki szemébe, …の目に砂を振りかける；あざむく，ごまかす，だます。〕

póráz [名] (犬やタカなどをつないでおく)綱(つな)，革ひも，革帯。〔pórázon tart vkit, (…を)意のままにする，自由に扱う。vkit rövidebb pórázra fog, …を拘束する。vkit hosszú pórázra ereszt, …の拘束を解いて放つ，自由にする。〕

porc [名] (解)軟骨。

porcelán [名] 磁器；瀬戸物。

porcika (目 porcikát) [名] (身体の特定できない)小片；(比)少量，少部分，切れっぱし；僅少，微量，みじん。〔minden porcikája reszket, 彼の全四肢は震えている。〕

porcogó [名] → porc.

porcukor [名] 粉砂糖。

póréhagyma (目 póréhagymát) [名] (植)ポレー，またはホロ(ニラの一種)。

porfelhő [名] 砂ほこり，砂けむり，雲のようなちりほこり，万丈の黄じん。

porhanyó [形] (農)もろい，開墾しやすい(土地)；粉末になりやすい，細かく砕けやすい(岩石など)；噛みやすい(食べ物)。

pormentes [形] 粉ほこりのない，ごみのない。

porol [自] ちりが立つ，ちりのように飛散する。[他] (布製品の)ほこりをたたいて払う，ほこりを払う。

porond [名] 小石，じゃり，砂；(舗道用の)砕石；(比)(昔，拳闘場に砂をまいたことから)闘技場；(サーカスの)演技場。

poronty [名] (俗)小児，児童；いたずら小僧，がき，わんぱく者；(動)おたまじゃくし。

poros [形] ちりだらけの，ちりっぽい，ちりまみれの；古くさい。

porosodik [自] ほこりだらけ(ほこりまみれ)になる；(比)使いものにならなくなる。

porosz [形] プロシャの。[名] プロシャ人。〔poroszul, プロシャ語で；プロシャ的に，プロシャふうに。〕

porszívó [名] 掃除機。

porta (目 portát) [名] 門衛小屋；(ホテルの)フロント；門，玄関；(古語)領主の邸，邸宅，やかた；(スルタン時代

の)トルコ朝廷。〔a fényes porta, スルタン・トルコ朝廷；トルコ政府。〕

portás [名] 門番，門衛，玄関番；受付；(ホテルの)フロント係。

portéka (目 portékát) [名] 小売物，商品；(個人の)持ち物。〔rossz portéka, 悪い奴，ならず者。〕

portörlő [名] ほこり払い用のぼろ切れ(布片)。はたき。

portugál [形] ポルトガルの。[名] ポルトガル人。

Portugália [固] ポルトガル国。

pórul jár [副] 憂き目をみる，失敗する。

porzik [自] ほこりが出る，ほこりが立つ；ほこりとなって飛び去る，消え失せる；ほこりだらけになる；花粉が飛び散る；粉末状にあふれる。

porzó [名] まき砂，インキ吸い取り粉(昔，吸い取り紙の代りに用いた)；(植)おしべ(雄蕊)，ゆうずい。

poshad [自] (永い間おかれたので)品質が落ちる，味が変わる；(卵が)腐る；(水が)停滞腐敗する，たまり水になる；腐敗する。

poshadt [形] 同上した；腐った，腐敗した(水)。

posta (目 postát) [名] 郵便；郵便局；郵便物；郵便配達人；びん(便)，消息，通信，便り。〔postán marad, 留置である，局留である。postára ad, (手紙を)郵便局に差し出す，投かんする。〕

postabélyeg [名] 郵便切手。

postafordulata [名] 郵便の到着。〔postafordultával, 折り返しで，すぐ次便で。〕

postagalamb [名] 伝書ばと(鳩)。

postahivatal [名] 郵便局。

postai [形] 郵便局の，郵便の，郵便事務の。〔postai megbízás, 郵便による支払い，郵便為替。postai szállítólevél, 郵便による荷物送り状。〕

postakocsi [名] 郵便馬車，駅逓馬車；(鉄)郵便車。

postás [名] 郵便配達人；郵便局員；メッセンジャー。

postatakarékpénztár [名] 郵便貯金局。

postautalvány [名] 郵便為替。

posvány [名] 沼，沢，沼地，卑湿の地；泥沼，沼沢地，ぬかるみ；(比)堕落。

posztó [名] (織物の)布；綿れ；ブロード，ラシャ；(ビリヤー

ド台の)フェルト布。〔se pénz, se posztó, 金も物もない。rosoz posztó, 役立たず(子供)。〕

pót- [合成語の前項として] 追加, 付録, 補充, 補欠, 補遺；修補, 増補；補給(金)。

pótkötet [名] 補遺, 補冊(巻), 別巻。

pótlás [名] (なくなった物の)代り, 代替；補足；補償, 賠償, 代償；(原本への)追加, 付録, 補遺。

pótlék [名] 補充品, 代用品(砂糖やコーヒーなどの)；施し金, 心付け, 賞与金；増し, 足し, 手当金, 追加金。〔karácsonyi pótlék, クリスマスの施し金。családi pótlék, 家族手当。〕

pótlólag [副] 補足的に, 追加(補遺)として。

pótol [他] 補う, 補充(追加)する；償う, 追い付く, 取り返す, ばん回する；(欠けた所を)修復する；(損害を)補償する。

pótolhatatlan [形] 代えがたい, 入れ替えがたい, 代りのない；補充し(償い)がたい(損失など)。

potom [形] 取るにたらぬ, つまらない, さ細の, 僅かの；ばかに安い, たいへん安い。

potroh [名] (虫の)後半身, 腹部；ほてい腹, たいこ腹, ビール腹。

potrohos [形] たいこ腹の, 便々たる腹の。

pótszög [名] (幾)補角(弧), 余角(弧)。

póttag [名] 補助または代理部員(たとえば, 補助判事など)；補欠員。

pótválasztás [名] 補欠(補足)選挙；決選(決定)投票。

pótvizsga [名] 再審査, 再検査, 再調査；追試験, 再試験。

potya (目 potyát) [名] 無料・ただの物。〔potyára játszik, ただで演ずる。szereti a potyát, ただのものを好む；居候することが好きだ。potyára, 金なしで, 無料で, ただで, 無報酬で。〕[形] 無料の, ただの；ただを好む；(学)やさしい(時間)。

potyog [自] (次々に)落ちる；ぽとぽとと落ちる。

pottyan [自] どしんと落ちる(倒れる)；ころげ落ちる, 急落する；急に(どこかに)至る。

pozdorja (目 pozdorját) [名] 大亜麻のはぎくず(屑), 亜麻くず。〔ördög pozdorjája, 悪党ども。pozdorjává tör, 微じんに砕く, 粉砕する；(敵や四肢を)粉砕する。〕

pózna (目 póznát) [名] 杭(くい), 棒くい, 棒(ぼう), さお, ポール。〔mérőpózna, 測量ざお, 測りざお。〕

Pozsony [固] ドイツ語でプレスブルグ, チェコ語でブラティスラヴァ, 昔ハンガリーの首都であったが, 今はスロヴァキアの首都。

pozsonyi [形] ブラティスラヴァの。[名] ブラティスラヴァ人。

pöcegödör [名] 大便つぼ, 肥えだめ；下肥え。

pöcköl [他] 指でパチッと弾く；止め金で締める；広げる, 伸ばす；くしに刺す。

pödör [他] (糸を)より合わせる, よる, ねじる；(ひげを)ひねる；(ひげにポマードを)すりつける。

pöffeszkedik [自] 尊大ぶる, 威張る, 高ぶる, えらぶる。

pöfög [自] (蒸気などが)ぱっぱっと吹き出る；(自動車やモーターが)パチパチ爆音を立てる；大声で話す。

pökhendi [形] 高ぶった, 尊大な, 横柄な, 高慢な, 無礼な。

pörgettyű [名] こま, 独楽；(物)回転儀。

pörk (目 pörköt) [名] (工)さび(錆)；(医)かさぶた(結痂)。

pörköl [他] (料)あぶる, 焼く, 焦がす, 煎る, むし煮にする。[自] 照りつける；ショットガンで射つ。

pörkölt [形] 焼いた。[名] むし煮の肉(ヘット・玉ねぎ・プリカで調味したハンガリー特有の子牛肉の料理)。

pötyög [自] (帆が後の方へ)だらりとたれている；(服が余りにもだぶだぶで)たるんでいる；(子供が)片言をいう, 喃語で話す；(外国語を)たどたどしく話す。

pötty [名] → petty.

Prága [固] プラハ, チェコの首都。

prágai [形] プラハの。[名] プラハ人。

praktikus [形] 実用的な。

préda[1] (目 prédát) [名] 獲物(えもの)；ろ獲品, 戦利品, 分捕り品；えじき；(比)簡単に手に入るもの。〔prédára bocsát, (敵の)略奪に任せる。〕

préda[2] [形] 金使いの荒い, 乱費する, ぜいたくの。

prédikáció [名] (新教の)説教, 説法；お説教。

prédikál [自][他] 説教(説法)する；(比)お説教をたれる。

prédikátor [名] 説法者，説教師，牧師；(聖)予言者，使徒。

prém [名] 毛皮；毛皮製品類。

prémes [形] 毛皮の，毛皮の付いた。

prés [名] (工)圧搾器，プレス(果物・印刷・紙幣などの)。

présel [他] (果物などを)圧搾する，押す，圧する；印刷する。

présház [名] (ブドウ酒などの)圧搾室(所)。

prímás¹ [名] (宗)(国内第一の)大僧正；監督長；主教。

prímás² [名] (ジプシー楽団の・バイオリンの)第一演奏者。

privát [形] プライベートな，私的な，個人的な。[名] 私人。

próba (目 próbát) [名] 試し，試み，吟味，試験，実験；見本；(裁縫の)仮縫い；(劇)下げいこ，予習；(数)検算；(貴金属の)試金。〔próbára tesz, 試す，試験する。kiállta a próbát, 彼は試験に合格した(及第した)。próbát tesz, (人・物を)試す，検査(試験)する。próbaképpen, 試みに，試しに，実験的に。〕

próbaidő [名] 試用期間；(技術・修道士などの)試補(見習)の期間；(法)執行猶予。

próbakő [名] 試金石；吟味。

próbál [他] 試みる，ためす，実験する，検する；試着する；(劇)試演する；やってみる，企てる，努力する。

próbálgat [他] (繰り返し)試す，試みる；やってみる。

próbálkozás [名] 試し；試み，試行錯誤；試験，実験。

próbálkozik [自] (…で)腕だめしをする，やってみる，試みる，試行錯誤する。

probléma [名] 問題，困難。

professzor [名] 教授。

próféta (目 prófétát) [名] 予言者，使徒。〔senki sem próféta a maga hazájában, どんな予言者も自国では通用しない(認められない)。〕

propeller [名] プロペラー，推進機；プロペラー船，内火艇，小蒸汽船。

prospektus [名] カタログ，パンフレット，小冊子，説明書。

protestáns [名] (宗)新教徒。[形] 新教の。

protestantizmus [名] (宗)(多く，ルター派の)新教；(総称)新教徒。

próza (目 prózát) [名] (韻文でない文)散文；(歌が入らない)演劇；(比)詩趣のないこと，平凡；無味乾燥，殺風

景。

prózai, prózaias［形］散文体の，散文的な；(比)詩趣のない，殺風景。〔prózai mű, 散文的な著作。〕
prózaíró［名］散文家，作家。
prüsszent［自］くさめする，くしゃみする。
pszt!［間］シッ！だまれ！静かにしろ！
pucér［形］裸の，赤裸々の，すっぱだかの；むき出しの，あらわの。
púder［名］お白粉。
pudli［名］(動)プードル。
puff!［間］(擬声)ブッ！パチッ！パタン！ボン！；チェッ！
puffad［自］(袋などが)ふくらむ；(顔が)はれる，ふくれ上がる；(お腹が)張る。
puffadt［形］はれた，ふくれた。
puffan［自］ブッ，パチッ，ポンという音を発する。
puffant［他］パチッと打つ。
pufogtat［他］(エンジンなどを)吹かす；わめく。
pufók［形］頬(ほほ)のふくらんだ，ゆたかな頬の，下ぶくれの(子供の顔)。
puha［形］柔らかい；軟弱な，人の言いなりになる；(比)心弱い，やさしい，女々しい。
puhány［名］(動)軟体動物。
puhít［他］柔らかくする，軟化させる；(比)(相手の心を)和らげる，動かす；なだめすかす。
puhul［自］柔らかくなる；(比)(態度が)軟化する。
pukkad［自］破裂する，裂ける，割れる，メリメリと裂ける，爆発する；(比)(激怒が)爆発する。
pukkan［自］(にわかに)パチンとはじける，割れる，裂ける，砕ける，パンと爆裂する。
pukkant［他］(突然)破裂・爆発させる，鳴りひびかせる。
pukkaszt［他］(比)(激怒を)爆発させる；破裂・爆裂させる，割る。
puliszka (目 puliszkát)［名］とうもろこしのかゆ(オートミルのかゆ)。
pulóver［名］セーター。
pulzus［名］脈。
pulyka (目 pulykát)［名］(鳥)七面鳥。
pulykakakas［名］(鳥)七面鳥(の雄)。

pulykaméreg [名] 突然の激怒, 短気, かんしゃく。
pun [形] カルタゴの。[名] カルタゴ人。
púp [名] せむし(状態), ねこぜ(猫背); 隆肉, こぶ(瘤); (医)脊柱湾曲。
púpos [形] 背の曲った, せむしの, ねこぜの, こぶのある, 丘状突起の。
puritán [形] 清教徒の, ピューリタンの; (比)厳正な。[名] ピューリタン, 清教徒(英国新教徒の一派)。
puska (目 puskát) [名] (兵)火器, 鉄砲, 小銃。
puskaagy [名] 銃床, 銃底。
puskacső [名] 銃身。
puskagolyó [名] 銃丸。
puskalövés [名] 銃の発射, 小銃射撃; 小銃の射程。
puskapor [名] 火薬。
puskaporos [形] 火薬の; 火薬で一杯の。〔puskaporos hordó, 火薬樽(たる)。puskaporos torony, 火薬庫。〕
puskatus [名] (銃の)床尾, 銃床尾。
puskázik [自] カンニングをする。
puszi [名] 軽い接ぷん; (子供のあいさつ)軽いキス。
puszta (目 pusztát) [名] プスタ, 原野, 荒野, 草原, ステップ。[形] 無人の, 人跡まれな, 荒りょうたる, 荒れ地の; 赤裸々の, ただの; (比)純粋の, 純正の, 真正の, まじりけのない。〔puszta földön, 地べたに。a puszta gondolat, ほんの考えだけ, 純粋の考え。puszta kézzel, 素手で, 武装せずに。puszta véletlen, ほんの偶然のこと, ほんの偶然の幸福, こぼれさいわい。〕
pusztán [副] 見捨てられて, 頼りなく, さびしく, 荒れはてて; 単に, ただ(それだけ)。
pusztaság [名] 荒涼たること; 荒れはてた寂しいところ, 荒れ地(野), 広野, 大草原, ステップ。
pusztít [他] 荒らす, 荒廃させる; 破壊する, だめにする, だいなしにする; (害虫を)みな殺しにする; (衣服を)使い古す, 消耗する; 大量に食べる。
pusztítás [名] 同上のこと。
pusztul [自] 荒れはてる, 荒廃する, だめになる; 衰微・破滅する, 衰える; (鳥獣などが)亡ぶ, 滅亡する; 使い尽くされる, 無くなる。

pusztulás [名] 荒れはてる(荒廃する・だめになる)こと；衰微, 破滅, 没落, 滅亡, 崩壊。

putri [名] 地下住宅；(ジプシーの)小屋。

puttony [名] (行商用やブドウを摘む時の)背負籠。

puzón [名] (音)ラッパの一種, トロンボーン(真ちゅう製の吹楽器)。

pünkösd [名] (復活祭から7週目の日曜日に行うキリスト教祭日)聖霊降臨祭, ペンテコステ；(ユダヤ人の)五旬節。〔pünkösdkor, 聖霊降臨祭に。〕

pünkösdi [形] 聖霊降臨祭の；五旬祭の。〔pünkösdi királyság, 短期間の栄華(栄耀栄華は長くはつづかぬ！) pünkösdi rózsa, (植)しゃくやく(芍薬)。〕

püspök [名] (宗)ビショプ；(新教の)監督；(ギリシャ教の)主教；(カトリックの)司教；(仏教…の)僧正, 管長。

püspöki [形] ビショプの, 監督の, 僧正の。〔püspöki megye, (宗)(司教・監督の)管区；(仏教)の寺領。〕

püspöksüveg [名] ビショプ帽(緑色で先のとがった帽), 司教冠。

R

-ra, -re [尾] (方向を表わす)(…に)(…の)上へ, 上に；(…の)表面へ, 表面に；…の方へ；…の距離に；…の時に；…の期間で；…までには。〔otthonra, 家へ, 自宅へ。rám, 私の上へ。rád, 君の上へ…。〕

rá [副] その方へ；その上へと；それに対して, それについて, そのために；その上に, その外に, なお, おまけに。 [頭] そちらの方へ。

ráad [他] おまけに与える, 付加する；(商)景品にする, 添える, まける；(…に着物を)着せる, 身仕度させる。〔magát vmire ráadja, …に専心・専念する, 没頭する, ふける。〕

ráadás [名] 添え物, 付加物, 追加；おまけ, 景品, 賞品, プレミア。〔ráadásul, 添え物(景品)として；それに添えて(加えて), その上に, おまけに。〕

ráakad [自] (…に)偶然出会う, 遭遇する；(ふいに)ぶつかる, 突き当たる, 衝突する；(地下資源を)掘り当てる, 発見

する。

rááll [自] (…の上に)位置する，身をおく，居る；(口や手足が)…するかまえになる；(比)(…に)同意(賛成・承諾)する。

rab [名] (兵)捕虜，ふ虜；囚人，懲役人；奴隷；(比)…中毒の人。[形] 捕虜となった，捕われの。〔rabbá teszvkit, …を捕縛する；(兵)捕虜にする；(比)(彼女の眼差しは彼を)引きつける，迷わす。〕

rabbi [名] (宗)(ユダヤの法律博士に対する尊称)師，ラビ(ユダヤ学僧の称号)，先生。

rábeszél [他] 説きすすめる，説得する，納得させる；なだめすかす。

rábeszélés [名] 説き伏せる(説きすすめる・納得させる)こと；説きつけ，説得，勧告；なだめすかすこと。

rábír [他] (vmire)(…をするよう)促す；説得する；しり押しする，おだてる。

rábíz [他] (…に)託する，委ねる，任せる；(…に)頼る，信頼する。

rábizonyít [他] 証拠をつき付ける；有罪を証明する。

rablás [名] 強盗すること；略奪；誘かい。

rabló [形] 略奪する，強盗する。[名] 強盗，略奪者；誘かい犯；海賊。

rablóbanda [名] 盗賊団，強盗団，追いはぎの一味；海賊団。

rablógyilkos [名] 強盗殺人，強盗殺人の犯人。

rablóvezér [名] 盗賊団長。

rabol [他] 強奪(奪取・略奪・追いはぎ)する；(女や子供を)誘かいする，奪い去る。

ráborít [他] (…を)その上にかぶせる，その上を被う；(…にふたを)かぶせる，ふたをする；(…に水を)かぶせる，注ぎかける。

ráborul [自] (…の上に)こぼれる；(夜の幕が町の上を)おおう，ふたをする；(…の上に)倒れる，かじりつく，投げかかる。〔ráborul a keblére, 彼の胸に(身を)投げかける。〕

raboskodik [自] 懲役に服している。

rabság [名] 捕われの身(状態)；拘禁，拘留，禁固，監禁，禁足；奴隷状態；(兵)捕虜の状態。

rabszolga (目 rabszolgát) [名] 奴隷；農奴；(比)あくせく働く人。

rabszolgakereskedő [名] (昔の)奴隷売買人，奴隷を

取り引きする商人。

rabszolgaság [名] 奴隷たること；奴隷の身分（境遇）；奴隷制。

rábukkan [自] たまたま見つける；見つけ出す。

rác [形] セルビアの。[名] セルビア人。

rács [名] 鉄ごうし，鉄さく；こうし垣，組みこうし，四つ目垣；グリル；(工)火床，(溶鉱炉の)シャフトの下方傾斜部。

rácsap [他] (…に)一撃を加える，平手打ちを与える；(敵に)飛びかかる，飛びつく；(…に対して)戸を締める，閉じる。

rácsavar [他] (らせんを)ねじる，巻き付ける，締めつける。

rácsavarodik [自] (周囲に)巻かれる，巻き付けられる；巻きつく，からまる。

raccsol [自] (発音のとき)rの音を強く響かせる。

rácsos [形] 格子で囲んだ，格子付きの。〔rácsos ajtó, 格子戸。rácsos kapu, 格子門。〕

rácsuk [他] (…を中に残して門や戸を)締める，閉じる。

radar [名] レーダー。

rádió [名] ラジオ(受信機)，ラジオ番組，ラジオ放送局。

radioaktív [形] 放射性の，放射能のある。

rádióközbetítés [名] ラジオ中継。

rádiótelefon [名] 携帯電話。→ mobil.

radioterápia [名] 放射線治療，放射線療法。

radírgumi [名] 消しゴム。

ráér [自] (…に)余暇・余裕・時間がある，ゆっくりしている。〔ráérő idő, 余暇，閑暇，ひま。〕

ráerősít [他] (…を…に強く)取り付ける，結び付ける，固定・固着させる。

ráerőszakol [他] (自説や，有難くない事を)押しつける，強いる，強制する，負わせる。

ráesik [自] (…の上に)落ちる；(分配や割前に)該当する，当る；(分け前を)手に入れる；(比)(…の上に突然)襲いかかる。

ráfér [自] (座席に)余地がある，そこへ入れる，場所がある；ぜひ入用だ，必要だ，役に立つ。

ráfizet [他] 追加払いをする，払い足す；損(欠損)する。

ráfizetés [名] 追加払い，補足払い；損失，欠損；追増金。

ráfog [他] (…に銃を)向ける，ねらう；(比)(…に罪を)被せ

rágcsáló

る，負わせる；根拠なき非難をねつ造して他人になする。〔fegyvert ráfog vkire, …に銃を向ける。〕

ráfordít [他] （鍵を）回す，回転させる，ねじる；（金や労力を）かける，費す，消費する；（力を…の上に）向ける，ふり向ける，あてはめる；（注意を）それに向ける，差し向ける。

ráförmed [他] （…を）怒鳴りつける，しかりとばす，剣もほろろにあしらう。

rag [名] （文）接尾辞，格。

rág [他] かむ，かみ砕く，かじる。〔mindent a szájába kell rágni, すべてを口腔でそしゃくしなければならない。〕

ragad [自] くっつく，ひっつく，粘りつく；（比）しがみつく；（病気が）伝染する。 [他] もぎ取る，引き抜く，ひったくる；引っ捕える，奪い取る，かき集める；（女子を）かっぱらう，誘かいする；（武器を）執って起つ；感嘆させ引きこむ，魅惑する。

ragadós [形] くっつきやすい，ねちゃつく，粘り気ある；伝染性の。

ragadozó [形] 生き物を捕食する；肉食の。 [名] 肉食動物・鳥。

rágalmaz [他] （人を）おとし入れる，そしる，中傷する；悪声を放つ，名誉をき損する。

rágalmazás [名] （人を）そしること，おとし入れること；ひぼう，中傷，悪口，名誉を傷つけること。

rágalom [名] そしり，中傷，名誉き損，悪口。

ragály [名] 伝染病，疫病，流行病；伝染，感染；（比）ペスト病。

ragályos [形] 伝染病の，感染する；流行病の。

ragaszkodás [名] （…に）愛着すること；愛情；（…に）忠義，忠節；貞節；執着，固執；熱中。

ragaszkodik [自] 愛着する；（…に）引きつけられる；執着する；（自分の考えに）固執する。〔véleményéhez ragaszkodik, 自分の意見に固執する。〕

ragaszt [他] のり付けにする，はる；（…を）密着させる；（比）（家に貯蔵室などを）建て増す；（比）（病気を）移す；（あだ名などを）つける。

rágcsál [他] かんで食う，よくかむ；（ネズミが）ポリポリ（ガリガリ）かじる；（パンなどを）口をもぐもぐさせて食べる。

rágcsáló [形] かじる。 [名] （動）齧歯類（げっしるい）（門歯でかじる動物）。

rágódik ［自］（固いものをゆっくりと）かみ砕く；（犬が骨を）モグモグ・ボリボリかじって食う；（比）思いめぐらす，考えこむ，熟考(熟慮)する；腐食させる。

rágógumi ［名］ ガム。

rágós ［形］ かみ切れない，固い。

ragoz ［他］（動詞を）変化させる；（名詞の）格を変化させる。

ragozás ［名］（文）語尾を変化させること；（名詞・動詞の語尾の）変化。

ragyás ［形］ あばた面の；（植）黒穂病にかかった，枯凋病の。

ragyog ［自］（太陽や星などが）輝く，光る，ひらめく，光を放射する；きらきらする，光沢がある；きらびやかで人目につく，見事である。

ragyogó ［形］ 光る，かがやく，光輝ある，きらめく；光沢ある，光を発する；（比）華麗・壮麗な。

rágyújt ［自］［他］（タバコなどに）火をつける；点火する；火をたきつける，放火する。〔pipára rágyújt, パイプに火をつける，nótára rágyújt, 調子を合わせる，歌を歌い始める。

ráhagy ［他］（…を）委ねる，任せる；反対しない，容認・承認する；（遺産を…に）遺贈する；（服を）大き目に裁断する。

ráhajol ［自］（…に対し）身をかがめる；（比）卑下・屈服する。

ráhúz ［他］（…で）おおう，被う；（毛布を…に）掛ける；（家を）高くする，上げる；平手で打つ，殴打する；（音）（ジプシーが）楽曲を仕かける，弾き始める；（刑）罰棒を食わす；（比）（罰則などを…に）適用・実施する。

ráígér ［自］（商）（…の申し出以上の）高値を申し出る，増価競売をする。

ráijeszt ［他］ おどかす，びっくりさせる，おじけさせる，こわがらせる；（…の心に）恐怖心を起こさせる。

ráillik ［自］（…に）当てはまる，適合(適当・相応)する，似合う，しっくり行く。

ráismer ［自］（すでに知るものをそれと）認める，見知る，識別する(たとえば，声で…と知る)；再認する，思い出す。

raj ［名］（みつばちの）むらがり，群；（虫や鳥の）群；群衆，集団；（兵）分(小)隊，部隊；（海）艦隊；（空）飛行機群。〔rajonként, むらがって，群をなして。〕

rajkó [名] ジプシーの子供；(比) 児童。

Rajna (目 Rajnát) [固] ライン川。〔Rajna vidéke, ライン川地方。〕

rajnai [形] ライン地方の。[名] ライン地方の人。〔rajnai bor, ライン地方産のぶどう酒。〕

rajong [自] (…に)感激(熱狂・心酔)する，夢中になる。

rajongó [形] 熱中する，熱心な，夢中になっている，感激(心酔)している。[名] 熱狂者；(俳優や歌手などの)追っかけ；(スポーツの)ファン；(宗)狂信者。

rájön [自] (…に順番が)来る，到来する；(敵が国土を)襲う，攻撃する；(不運・病気が)おおいかぶさる，襲う；(…に)感づく，気づく，思いつく，思いあたる。

rajta [副] その上に，その方に；その近くに；それ(彼)について；そこで。〔rajta van, rajta lesz, (オーバーや洋服を)身につけている；(比)(全力を持って)努力する，奮闘する。rajta van a kalap, 彼は帽子をかぶっている。rajtam a sor, 私の順番だ。rajtad áll, それは君にかかっている。rajtunk kívül, 我々を除いて，我々の外に。〕[間] (激励の言葉)さあ！，スタート！；(兵)かかれ！やれ！進め！

rajtaüt [自] 不意に襲う，襲撃する。

rajtaütés [名] 不意をついて襲うこと，襲撃，奇襲。

rajtaveszt [自] 挫折(失敗)する，うまく切り抜けられない，成功しない，だめになる；悲嘆に暮れる。

rajvonal [名] (兵)散兵線，散開隊形。

rajz [名] 図，画，絵；構図，構想；スケッチ，下絵；図案，意匠；製図，設計図；(文学)画法的叙述，描写。

rajzfüzet [名] 習画帳，下絵帳，スケッチブック。

rajzik [自] (みつばちが)巣別れする，巣立つ，群をなして移る；群れ集まる，ひしめく；(比)(思いつきなどが)あふれる。

rajzlap [名] 製図用紙，図画用紙。

rajzol [他] 図を引く，図を画く，素描(描写・略描)する，スケッチする；(比)叙述する，描写する。

rajzoló [形] 図を引く(図を描く)…。[名] 素描家；図案家；製図師，図工。

rajztábla [名] 製図板。

rak [他] 置く，すえる；(車に)積み重ねる，積みこむ，積載する；(鳥が巣を)作る；(火を)起こす，炭を積む；(文字や色を)置く。

rák [名] (動)かに属(ザリガニ, ウミガニ等); (医)ガン(癌), ガン腫; (天)かに座。〔folyami rák, ザリガニ。〕

rakás [名] (れんがの)積み重ね, すえ付け;積荷, 積載;備え付ける(装具を付ける)こと; (一重ねの書籍)堆積(やま), こ積み。

ráken [他] (…に油脂を)塗りつける; (パンにバターを)塗る; (比)(自分の罪を他人に)なすりつける, 着せ掛ける。

rákényszerít [他] (…を為すように)押し付ける, 強制する, 余儀なくする; (ありがたくないものを)無理に押し付ける。

rákerül [自] (…に順番が)来る, 当る;登録される。〔rákerül a sor, 彼(彼女)の番だ。〕

rakéta (目 rakétát) [名] ロケット; (打上げ花火の)火のロケット, ぱっと燃え上がる照明弾。

rákezd [自] …にとりかかる, …をなし始める。〔rákezdi a nótát, 歌を歌い始める。rákezd a panaszra, 不平を言い始める。〕

rákiált [自] (…に)呼びかける。

rakodik [自] 手荷物をまとめる; (荷を)積み卸しする; (船や車に)積みこむ; (旅商人が商品を)並べる, 陳列する;そろえる, 整とんする。

rakódik [自] 積み上がる, 堆積する;たまる, 集まる, 詰まる。

rakodó [形] 積荷する…。[名] (海)荷役場, 積卸場;波止場, ふ頭, 岩壁, 河岸(かし); (鉄)貨物用プラットホーム;積込み人夫, 仲仕;荷造り人。

rakodóhely [名] 荷揚場, 荷役場, 荷積場。

rakomány [名] (船や車の)積荷, 載貨;運送貨物。

rakoncátlan [形] 腕白な, 行儀の悪い, 制御しがたい, 手におえない, 扱いにくい;おてんばの(娘);堪えられない, たまらない, 気ままな, 放恣(ほうし)な。

rákölt [他] (…に金を)みだりに費やす, 支出する, 消耗する。〔ráköltöttem minden pénzemet, 私はそれにすべての金を費やした。〕

ráköt [他] (…に…を)結びつける, 縛りつける; (…に…を)課する, 負担させる。

rakpart [名] 波止場;河岸のプロムナード。

raktár [名] 倉庫, 貯蔵庫, 積込所, 商品置場。

raktáros [名] 倉庫管理人, 倉庫番, 蔵番。

ránéz

raktároz[他] 庫入(格納・貯蔵)する，蓄える。
Ráktérítő[名] (天, 地)北回帰線(巨蟹宮の夏至線)。
rákvörös[形] (ゆでガニのように)真赤な；血色のよい。
rálép[自] 踏む，(…に)足を踏み入れる，立ち入る；(ある道に)入りこむ，差しかかる；(…に)加わる。
rálő[自] (…に向かって)射る，射撃(発射・発砲)する。
ráma(目 ramát)[名] ふち(縁)，わく(枠)，額ぶち，かまち(框)，刺しゅうのかまち，(くつ屋の)型；(比)あるタイプ(型)。〔rámába foglal, わくにはめる，わくに縁をつける。〕
rámegy[自] (…に)足を踏み入れる；(…に向かって必死に)突進する；専念する；(大金が)かかる；費やされる, 消耗する, 尽きる；納まる, …に空席がある；(時が)かかる。
rámordul[他] (…を)どなりつける, しかりとばす, いじめる。
rámosolyog[自] (…に対し)ほほえみかける，笑いかける，笑顔をみせる。〔a szerencse rád mosolyog, 幸運は汝にほほえむ。〕
rámutat[他] (…を指で)指し示す,知らせる,教える；(比)注意を向けさせる。
ránc[名] (衣服の)たたみ目，折り目, ひだ；(顔の)しわ(皺)。〔homlokát ráncba szed, 額にしわをよせる。vkit ráncba szed, 誰を規則に従わせる，訓育する；屈服させる，苦しめる。〕
ráncigál[他] (熱心に)引っ張る；(比)煩わす, 苦しめる。
ráncol[他] (着物に)ひだを付ける, 折目をつける；(顔を)しかめる；(手紙を)折り重ねる。
ráncos[形] 折目のある，ひだのある；しわのよった，しわだらけの(顔など)。
rándít[他] (不意に)引っ張る，ぐいと引く；(肩を)すくめる, 急に引っ込ませる。
rándul[自] 身を震わせる，びくっとする；脱きゅう・筋違えする；(車などが)急に動き出す；(…へ)行く，赴く, 遠足する。〔vhová rándul, どこへ遠足する。〕
ránehezedik[自] (…に)すべての重みがよりかかる, 重くなる, 重く押しつける；(比)(…に対し)重荷に(やっかいに)なる, (…を)苦しめる。
ránevet[自] …に笑いかける，笑顔で見る。
ránéz[自] (…に)目を向ける, …の方を見る, …に注意する；じっと見る, 注視する。

rang [名] 序列, 位；階級, 等級, 格；地位, 身分。〔rangjához illő, 身分相応の。身分相応に。első rangú, 一流の, 一級の。magas rangú, 高位の, 高官の。〕

rángás [名] けいれん, 引きつけ。

rángat [他] (繰り返し)引っ張り回す, 引きずり回す；(比)(服を)急いで着る；(比)こき使う。

rángatódzik [自] (体の部分が)ひきつる, びくびくする, けいれんする。

rangfokozat [名] (役所や軍隊の)階級, 等級, 位階, 序列。

rangkórság [名] 位階を欲しがること；位階欲(マニア)。

rangsor [名] 列次, 席次, 順位, 等級, 階級, 位階。

ránt¹ [他] もぎ取る, 引き離す, 引き抜く；ひったくる, 奪取する；(問題に)引きずりこまれる；引っ張る, 引きずる；(服を)急いで着る。〔magával ránt, (ならくへ)突き落す, ひっさらってゆく；引き寄せる, つり込む。kardot ránt, 剣をひき抜く, 鞘(さや)を払う。〕

ránt² [他] (料)フライにする；焼きこむ, いためる。〔levest ránt, スープにルーを入れる。tojást ránt, 玉子をスクランブルにする。〕

rántás¹ [名] 引き裂くこと；急激に引く(押す)こと；引っ張ること。

rántás² [名] (料)(濃くするための)ルー。

rántott [形] パン粉でフライにした, 充分焼いた, ルーを入れた。〔rántott csirke, フライドチキン, チキンカツ。rántott leves, ルーでつくったスープ。rántott tojás, 玉子とじ。〕

rántotta [名] (料)スクランブル・エッグ, オムレツ。

ráolvas [他] (…に対し)呪禁(まじない)をする, 呪文ではらう；責める, 非難する；(魔法で)しずめる。

ráparancsol [他] (…に…を)指図・命令する；厳命する, 厳しく教えこむ。

rápazarol [他] (…のために)浪費・徒費・乱費する。

ráragad [自] (…に)粘着する, 付着する；(病気が)感染する；(笑いなどが)移る。

rárohan [自] (…に)突進する, 飛びかかる, 飛びつく；(敵に)切り込む, 攻撃する, 襲う。

ráront [自] → rárohan.

ráruház [他]（…に…を）任せる，委任・委託する；渡す，譲渡する。

rásóz [他]（不良品を）説きすすめて押し付ける(つかませる・売り付ける・背負わせる)；罰を与える；（…にふざけて平手打ちを）食わせる。

rásüt [自]（太陽や月が…の上に）照る；照らす。[他]（馬に焼き印を）焼き込む，押す；（誰に焼き印の刑を）課す；（…に…を）白状させる，服罪（承服）させる；（…に）発砲・発射する。

rászáll [自]（鳥が…の上に）飛びつく，飛びかかる，とまる；(比)（…の手に・所有に）伝わる，帰する，帰属する；(比)わずらわす。

rászán [他]（…に時を）捧げる；（…に何を）献ずる，寄せる；（考慮の末）決心する，決める；（費用などを）割あてる。〔rászánja magát, (…に)身を捧げる，献身的に従事する，専心する；決心・決意する。〕

rászed [他] だます，あざむく，詐欺にかける；ぐろうする，なぶる，ごまかす，ばかにする。

rászegez [他]（…を）くぎ(釘)で止める；固定させる；（武器を）向ける。〔rászegezi szemét, (…に)目を留めて見る，じっと見つめる，凝視する。〕

rászokik [自]（…に）慣れる，親しむ，習熟する，習慣になる；ふける。

rászoktat [他]（…を…に）慣れさせる，親しませる，習熟させる。

rászorít [他]（牛に索を）締めつける，押しつける；(比)強いる，強制する，余儀なくする。

rászorul [自]（…に）つまる，縮まる，しまる；（の必要に）せまる，要する；（…に）頼りである。

rátalál [自]（偶然に…に）出くわす，ぶつかる，遭遇する；（骨折って探し求めた後に）見つける，見出す，発見する。

rátámad [自]（…に）飛びかかる，落ちかかる，重く落ちかかる；（敵に）殺倒する，不意を突く，襲う；(比)（…に）かみつく。

rátámaszkodik [自]（…に）身を支える，もたれる，よりかかる；(比)…にたよる，たのむ；…に基づく，を基とする。

rátarti [形] ごう慢な，横柄な，うぬぼれた，思い上がった，つんとした，不そんな，無作法な。

rátér [自] (脇道に)逸れる；(別の道に)進む；(本筋に)戻る。〔rátér a tárgyra. 本題に移る。〕

rátermett [形] (…に)適する，適当(適切)な；天与の，生まれつきの。

rátermettség [名] 同上のこと；適合性，適性；素質，能力，才能。

rátesz [他] (…に)載せる，重ねおく；張る，張り付ける；(卓に布を)敷く；(料理を)盛る；(帽子を)かぶる；(トランプに金を)賭ける。〔kezét ráteszi, (…に)手をつける，着手する。〕

rátukmál [他] 押し付ける，強要する，強いる；説きつけて買わせる。

rátűz [他] (…をピンで)刺す，留める，つける；(太陽が…を)照らす。

ráugrik [自] (…に)跳びかかる，飛びつく。

ráun [自] (…に)うむ，あきる，飽きあきする，いやになる。

ráuszít [他] (…に犬を)追立てる，けしかける；(比)(…に…を)使そう(扇動)する，そそのかす。

ráüt [自] → **rácsap**。(平手で…を)打つ，たたく；(…に)相似る，同じようだ。[他] (馬に蹄鉄を)打ち付ける；(…に切手を)はる；(卵を)割って混ぜる。

rávall [自] (…の不利になることを)申し立てる，陳述する；…を裏切る；(法)証言(供述・告発)する；(その人)そのものである。

ravasz¹ [形] ずるい，こすい，抜け目のない，悪企みの，本心を現わさない，好策の，不信の；いたずら好きの。

ravasz² [名] (銃の)引金(ひきがね)，撃鉄。

ravaszkodik [自] こうかつに振る舞う，ずるく行動する，策略・計画を用いる；利巧ぶる，小知をろうする。

ravaszság [名] ずるいこと，陰険さ，こうかつさ，老かい；ごまかし，ずるさ；同上の言行。

ravatal [名] 棺台，棺架；地下の納骨堂，地下の墓。

rávesz [他] (衣服を)重ねる，身につける；勧めて(説得して)…をさせる，…におだてる。

rávet [他] (上や表面に)投げる，投げつける；(太陽が光線を地上に)投ずる；(…に眼を)投ずる。〔ráveti magát, (…に，床に)身を投ずる，よりかかる；(仕事に)専念する，従事する；(読書に)没頭する。〕

rávisz [他] (上や表面へ)導く；(…を)持って行く；(工)

(模様などを)転写する；(比)(…を)連れて行く，動かす，つり込む，誘いゆく，誘惑する。〔nem visz rá a lélek, (私は)それを行う決心がつかない，良心を殺してそれを行うことができない。〕

ráz [他] (頭や手を)ふり動かす，ゆすり動かす，震動させる，ガタガタ震わせる；(粉を)ふるい落とす，篩(ふるい)にかけておとす；(比)(衝動などが)震わせる。〔a hideg rázza, 寒さが彼を震わせる(悪寒発作)。〕

rázendít [他] (音を)響かせる；(声を)立てる；(楽器を)鳴らせる，演奏し始める，弾奏する；(歌を)歌い始める。

rázkódás [名] 震えること；体が震え動くこと；震動，震かん，動揺；(脳の)激動，衝動，ショック；(医)震盪(しんとう)。

rázkódik [自] ぶるぶる震える，身震いする；ガタガタ動く，震動する。

rázós [形] でこぼこのある，平たんでない，がたつく；静電気を起こす；(比)わずらわしい。〔rázós út, がたつく道路。〕

rázúdít [他] (灌水・シャワーを)あびせる，注ぎ振りかける；(比)(次々に難題が)襲いかかる。

rázúdul [自] (洪水などが)襲いかかる；堕落する；(雨や突風が)降りかかる；(比)(次々に難題が)襲いかかる。

reáliskola [名] (1945年以前の)実業学校(中等)。

rebben [自] (鳥が)飛び立つ，羽ばたく；(急に)パッと動く。

rece (目 recét) [名] 網(あみ, ネット)；網状のもの(網目，網膜，鉄道網など)；(医)(神経などの)網；(貨幣の)ぎざぎざ。

réce (目 récét) [名] (鳥)かも(鴨)；あひる(家鴨)。

recehártya [名] (解)(眼の)網膜。

recept [名] レシピ；処方箋。

recés [形] 網の；網状(網形)の，網状に編んだ；筋のはいった；ぎざぎざの入った(ヘリなど)。

reccsen [自] バリッ・メリッ・ペキッと音がする。

recseg [自] (床板などが割れる・砕ける際に)バリバリ・メリメリ・ペキペキッと音がする；(キィーキー)嫌な音がする。

redőny [名] 巻上げ日除け，巻上げすだれ；(建)よろい戸，雨戸，シャッター，ブラインド。

redőz [他] (額やスカートに)しわを寄せる；(衣服に)小ひだをとる，小折目を付ける。

reform [名] 改革, 革新；改正, 改善, 刷新。
reformáció [名] (宗)宗教改革。
reformál [他] 再造(改造)する；改革(革新・刷新・改良)する。
református [形] 改革(革新)派の。[名] 改革派(カルヴァン)教徒。
rég [副] 昔；長らく, 永い間。〔rég volt, 久しい昔のことだ。régtől fogva, 昔から, 古くから, 以前から。〕
rege (目 regét) [名] 伝説, 物語(古い), 昔話；(比)作り話, たとえ話, 虚構。
régen [副] ずっと以前に, ずっと過去に；昔から, とっくに。〔régebben, ずっと以前に, それより先に, かって。régebbi, 以前の, 元の, より古い, さらに昔の。〕
régente [副] 以前, 昔, かつて。
regény [名] 小説, 物語；騎士道物語。
regényhős [名] 小説の主人公。
regényíró [名] 小説家, 作家。
réges-régen [副] 大昔に, ずっと以前に, ずっと以前から。
régész [名] 考古学者。
régészet [名] 考古学。
reggel [副] 朝に。[名] 朝, 早朝；初め。〔korán reggel, 朝早く。reggel 6 órakor, 午前6時に。jó reggelt kívánok. お早うございます。reggeltől estig, 朝から晩まで。〕
reggeli [形] 朝の。[名] 朝食。〔reggeli idő, reggeli óra, 朝の時刻。reggeli ima, 朝の祈禱。reggeli szellő, 朝風, 朝風。〕
reggelizik [自] 朝食をたべる, 朝食をとる。
régi [形] 昔からの；古代の, 昔の；前の, 元の；古い。〔régibb, ずっと昔の。régiek, 昔の物また人；老人, 先輩。〕
régies [形] 古風な, 古めかしい, 流行おくれの。
régimódi [形] 古風な, 古めかしい, 古くさい, 時勢おくれの；すたれた, 陳腐な。
régiség [名] 古代の遺物(建造物や家具等の美術品), 古物, こっとう品。
régmúlt [形] ずっと以前から, 大昔から；(文)大過去の。[名] 大昔；大過去(現在は使われないが, かつては, írtam

remeg

volt, írtam vala などの時制があった）。〔régmúlt idő, (文)(動詞の)大過去，過去完了。〕

régóta [副] 昔から，以前から，永い以前から，余程前から。

rejlik [自] (…に)潜んでいる；(…に)包まれている，含まれる，存在する；(…に)隠れている，ひそんでいる。

rejt [他] (…に)隠す，秘する；内々にする；隠ぺいする，目立たないようにする。〔rejtve, 隠れて，ひそかに，内々に。〕

rejteget [他] (長いこと)おおい隠す，秘密にする，かくす；目立たぬようにする；(犯人を)隠匿(いんとく)する。

rejtek, rejtekhely [名] 隠れ場所，潜伏所；(兵)(伏兵の)埋伏所；(比)(心の)内奥，奥底。

rejtély [名] パズル，なぞ(謎)。

rejtélyes [形] なぞのような，不可解な；不可思議な；訳のわからない。

rejtett [形] 隠され(秘められ)た，隠れた；内密・内証の；見つけにくい。

rejtezik, rejtőzik [自] 隠れる，潜伏する；潜んでいる。

rejtvény [名] パズル；クイズ。

reked [自] 刺さり込んだままである，停止している；(言葉が)つまる，口ごもる，言いよどむ。

rekedt [形] 停止している，行きづまっている；しゃがれ声の，声のかれた。

rekesz [名] (船の)区切り，仕切り，区画；(金庫の)たな；(文)角がっこ(=[ ])；(解)横隔膜；(植)胞室；(建)小間，納戸，押し入れ；(印)(活字のケースの)小間(こま)。〔rekeszbe tesz, かっこに入れる。〕

rekeszizom [名] (解)横隔膜。

rekettye (目 rekettyét) [名] (植)えにしだ属(金雀花)。

rekkenő [形] つまる，ふさがる；うっとうしい，蒸し暑い，重苦しい(暑さ)。〔rekkenő hőség, 重苦しい暑気，むし暑さ。〕

reklám [名] 広告，宣伝。

reklamál [動] クレームを言う，苦情を言う；(心配して)尋ねる。

rém [名] 幽霊，亡霊；おどかす物，化物(おばけ)。[形] 恐ろしい；ひどい；みにくい，醜悪な。

remeg [自] おののく，震える；(…のせいで)身ぶるいする；恐

れる；(声が)震える。

remegés [名] (手や声の)震えおののくこと；戦りつ；(声や光の)震え。

remek [形] りっぱな，卓越した，巧妙な，すてきな。[名] 傑作，名作，芸術品。

remekel [自] (音楽で)りっぱに奏する，卓越する；(…で)ぬきんでる，すぐれている，顕著だ，異彩を放つ，目立つ。

remekmű [名] 傑作，名作。

remél [他] (良きことを)期待(予期)する；(かくあらんと)見込みをもつ，希望をいだく，希望する；当てにする，頼みとする。

remélhető [形] 予期(期待)しうる，希望しうる。

remény [名] (良きことの)望み，期待，希望；信頼，確信，予期。〔azon reményben, …の希望をいだいて。〕

reménykedik [自] 希望する；切に願う，懇願・切願する。

reménység [名] → remény.

reménytelen [形] 希望のない，見込みのない，絶望の。

rémes [形] 恐ろしい，おそるべき，おじけさせる；憎むべき，忌わしい；身の毛のよだつ，物すごい，ひどい。

remete (目 remetét) [名] 隠者，隠せい者，隠とん者，世捨て人，仙人，道士，行者；(比)孤独を好む人。

remeteség [名] 隠者生活，またその状態；隠者のいおり，隠家。

rémhír [名] 恐怖させるような知らせ，凶事(変災)の報。〔a rémhír hozója, 凶事(変災)を知らせる使者。〕

rémít [他] びっくりさせる，度肝(どぎも)を抜く，驚かす，おじけさせる，おどろかす。

rémkép [名] おそろしい物，異形の物；怪物，妖怪，お化け。

rémlik [自] (…が，…に)思える，思われる，見える，…らしく見える；(…の目先に)ちらつく，(…の念頭に)うかぶ。

rémregény [名] ふるえおののく小説，血なまぐさい内容の小説。

rémség [名] 恐ろしい出来事；(比)ひどいこと。

rémtörténet [名] ぞっとする話，残虐な話。

rémuralom [名] 恐怖政治，暴力政治。

rémület [名] びっくり仰天すること，ぞっとする気持；恐怖，い(畏)怖，おどろき。

rémült [形] びっくり仰天した，恐怖・恐がくした。

rend [名] (社会の)順序，秩序，規律；(部屋の)整とん，

rendelő

整理，排列；(行列の)順位，順番，席次；(社会的の)地位，身分，格；階級，等級；(宗)(ベネディクト派僧団の)品級；(農)束(たば)(麦束・稲束・刈草の列)；(衣服の)一組，一そろい；(動)類，科，門；(中世武士の)結社，団体(騎士団)；(1848年までの階級代表の)議員；勲章，徽章。〔a harmadik rend, 第三階級(市民)(貴族・僧侶に対し)。rendek, (複)(昔の上層各階級代表より成る)国会議員。egy rend ruha, 一そろいの服装，一組の衣服(衣類や装飾品を含む)。rendbe hoz, rendbe szed, …を整理(処理・解決)する。rendben van, 整とんされている；わかった。renden van a szénája, その件は万事好都合である。rendet tart, 秩序を維持する，整とんする。rendre utasít, (…に)正道を教える，訓戒して正道に呼び戻す，忠告する，迷妄を正す。〕

rendel [他] (…を…に)命ずる，充てる，地位に就かせる；(商)(…を)注文する；(医)処方する；(宗)(神が)指令する，定める；(…を…の脇に)付ける；(法)召喚する，命ずる。[自] (医)診察する。

rendelés [名] 命令・指図すること；(兵)命令，指揮；(商)注文；(宗)摂理，神意，天命；(医)診察。

rendelet [名] 行政命令，訓令，指令；省令；(商)支払命令，用命；(医)処方(書)。〔rendelet szerint, 訓令に依り(に従って)。rendelete szerint, 貴命(ご注文)に応じて。N. úr rendeletére, N氏の指図に応じて。rendeletet ad, 命令を下す。〕

rendelkezés [名] 処分，処理，処置；省令，条令；自由に任せる(使わせる・用立てる)こと。〔rendelkezésére áll, (…の)処置に従う。rendelkezésére állok, (貴殿の)処理に私は任せている，あなたに従います，御意のままに。rendelkezésére bocsátom, (…の)自由処置に私は任せる。〕

rendelkezik [自] (vmivel)(…を)意のままにする，処理・処分する；(vkivel)(…に)命令する。

rendellenes [形] 秩序に背く，規則違反の，反則の；異常の，変則の；変調の，不整の(機械など)。

rendellenesség [名] 異常，変則，変態；不規則；(機械の)不整，変調。

rendelő [形] 注文する…；診察する(医者)。[名] 注文

rendeltetés

者, 得意；医院, 診療所。〔rendelő óra, 面会時間；(医)診察時間；執務時間。rendelő szoba, 診察室。〕

rendeltetés [名] (物の)あて(宛), 目当て；(人の)使命, 天職, 職分；宿命, 運命, 天命；(宗)神の選抜(天国へ救わるべき者の予定)。

rendes [形] 秩序立った, 整とんした；きちんとした, 規則正しい；正規の, 本官の；日常の, 通常の, 尋常の, 普通の；適当の(値段)；習慣的の(客, 常得意, 常連)。〔rendes ár, 平常価格。〕

rendetlen [形] だらしない；きちょうめんでない, 時間を守らない；不規則な, 乱れた；整とんされていない, 無秩序の, 乱雑な；ふつりあいの；異常の, 変則の；行儀の悪い(子供など)。

rendetlenkedik [自] だらしなく振る舞う；(内臓器官が)乱れる。

rendetlenség [名] 無秩序, 不規則, 不規律；乱雑, びん乱。

rendez [他] 並べる, 整列・整とんする, 順序を正しくする；(問題)を解決する；(事務を)処理する；(河川を)調整する；(祭典・舞踊会を)組織する；上演(開催)する, 催す, 企てる。

rendezés [名] (本などを)並べること, 整列, 陳列, 配列；(庭や予算などを)整理, 整とん；処理, 決定；(河川などを)直線に直すこと, 修正；組織する(取りまとめる・アレンジする)こと；開催, 上演, 上場。

rendezetlen [形] 無秩序の, 乱雑な；不規則な；整とんされていない；解決されていない。

rendezett [形] 整とん・整備された, 秩序立った, きちんとした；よく配置された, 整った；よく整備(組織)された(行政・都市など)。〔rendezett tanácsú város, 自治都市。〕

rendezkedik [自] 整理(整とん)される, 片づく；秩序が立つ, 順序がつく, 筋道がとおる；用意・準備をする, 処置をする, 手配する；(…に)適応・順応する, 則る。

rendező [形] 整とん・組織する…。[名] (催しごとの)司会者, 世話人；(劇・映)監督, 組織者, まとめ役。〔rendező pályaudvar, (鉄)操車場, 列車編成停車場。〕

rendhagyó [形] 不規則の, 反則の, 変則の；変態の；常規を逸した, 異常な。〔rendhagyó ige, (文)不規則動

詞。〕
rendít [他] → megrendít. 揺り動かす, 震わす；(比)感動(ショック)を与える, 動揺させる；不安にする, 危うくする。
rendjel [名] 勲章, 勲位；(兵)記章, 勲章。
rendkívül [副] 非常に, 甚しく, 特別に, 極めて。
rendkívüli [形] 非常の, 非凡の, 特別の, 甚だしい, 並々ならぬ。
rendőr [名] 警官, 巡査。
rendőrfőkapitány [名] 警視総監；警察の長(かしら)。
rendőri [形] 警察の；警察による。〔rendőri felügyelet, 警察の監視。〕
rendőrség [名] 警察；警察署；警察隊。
rendőrtiszt [名] 警察官。
rendreutasít [他] 警告する；(議員などを)懲罰に付す。
rendszabály [名] (行政・組合・団体の)規則, 法令, 命令, 規約；方策, 手管；処分, 処置。
rendszám [名] (文)序数；(自動車やヨットなどの)番号；(行)書類番号。
rendszámtábla [名] (自動車の)ナンバープレート。
rendszer [名] 組織, 体制；(学問の)体系, 系統；学説, 学派；(動・植)分類；(政)制度, 政体；方式, 型。
rendszeres [形] 組織的, 系統的, 体系的；秩序立った。
rendszeresít [他] 系統立てる, 組織・秩序立てる；分類(整理)する；(制服などを)導入する。
rendszerint [副] 大抵, 通例。
rendtartás [名] 秩序を保つこと；(執務・訴訟の)規則, 法規, 規約；執務法, 執務案内；(学校の)規律, 学則, 校則。
rendű [形] …級の, …等級の, …階級の。〔alsóbb rendű, 下級の。első rendű, 第一級の。〕
rendületlen [形] 揺るがしがたい, 毅然とした, 確固とした；揺るがない, 不動の；(比)堅固な, 不屈な, しっかりした, びくともしない；平気な, 落ち着いた, 冷静な。
rendzavarás [名] 治安・秩序を乱すこと；治安妨害, じょう乱, 騒動。
reng [自] 震動する, 震える；揺れる, ゆらめく, よろめく, ぐらぐらする。

rengeteg [形] 非常に大きな, 巨大な, 広大な, ばく大な, 途方もない；たくさんの, 多量の。[名] 原始大森林。

renyhe [形] 活性のない, 不精な, なまける；不活発な, 緩慢な, 遅鈍な。

répa (目 répát) [名] (植)ビート；砂糖大根。

répacukor [名] てんさい糖(てんさい製の砂糖)。

repce (目 repcét) [名] (植)あぶらな(油菜・なたね・からしな)。

reped [自] き裂を生ずる, 割れ目・ひびが出る；(花びんに)ひびが入る；(布が)裂ける, 破れる；(鉛管が)割れる, 裂ける；(皮膚に)ひびが切れる。

repedés [名] 割れ目, 裂け目, きれつ(亀裂)；(花びんの)割れ目；(布の)裂け目, ほころび；(管の)破裂；(医)ひび, あかぎれ；(壁の)き裂；(地)断層, 地割れ。

repedezik [自] 割れ目ができる；(ガラスに)ひびが入る；(陶器や壁などに)き裂を生ずる；(医)ひびが切れる。

repedt [形] ひびの入った(さら・壁・ガラス・管・材木など)；破れた(布)；ひびの切れた(唇)。

repes [自] (幼児が)嬉しくて腕を何度も突き出す。(小鳥のように)ちょこちょこ小飛びにとぶ；(比)(うれしさの余り)小おどりする, はねあがる。〔a szíve örömében repes, とても喜ぶ。〕

repeszt [他] 裂く, 割る；(ガラスを)割る, 割れさせる；(管を)破裂させる；(布を)破る, 裂く；(石切場で)爆発させる。

repít, röpít [他] (鳥を)飛ばせる；(空中に…を)飛ばせる, 投げる；(乗り物を)疾走させる；(火薬を)爆発させる。〔levegőbe repít, 空中に爆破させる。〕

repked, röpköd [自] (鳥が)ちょこちょこ小飛びにとぶ, 飛び回る。〔ágról-ágra repked, (鳥が)枝から枝に飛び回る。〕

repkény [名] (植)つた, きづた(常春藤)。

repül, röpül [自] (鳥や飛行機などが)飛ぶ, 飛行・飛揚する；(乗り物などが)飛ぶように進む；(時が)飛ぶように過ぎる。〔állásából, munkából repül, 暇を出される, 追い出される。〕

repülés [名] 飛ぶこと, 飛行・飛揚すること；飛行, 航空。〔repülés közben, 飛行中に。〕

repülő [形] 飛ぶところの, 飛び行く, へんぽんたる；飛行用

の；(比)飛ぶような，足早な。[名] 飛行機；飛行士。
repülőgép [名] 飛行機，航空機。
repülőtér [名] 空港，飛行場。
repülőtiszt [名] 飛行将校。
rés [名] (城廓や要塞の)裂け目，破れ目；(壁や門の)破れ目，き裂；(柵…さくやや生垣の)開き，すきま，穴；(兵)突破口，逃げ道。[résen van, 油断なく警戒している，用心している。rést lő, 突破口を作る。rést talál, 突破口(逃げ道)を見出す；口実を見出す。rést tör, 難局を打開する。rést üt, 突破口を作る；(敵中に)血路を開く。]
rest [形] 怠惰な，ものぐさの，のらくらした，無精の，なまけた。[名] なまけ者，不精者。
restelkedik, röstelkedik [自] なまける，怠る，のらくらして暮らす；遠慮(気兼ね)する，はじらう，恐縮がる。[restelkedve, いやいやながら，不本意ながら，不承不承に。]
restell, röstell [他] 少し恥ずかしく思う；うんざりする；(…を為すのに)余りになまけている(怠惰である)。[restell felkelni, 彼は起き上がるのに余りになまけている。restellem az esetet, 私はこの事件にうんざりする。nem restellte a fáradságot, 彼は労をいとわなかった。restell hajolni, 彼は殆どお辞儀もしない，身をかがめない。restell vmit megtenni, …を為すことをいやがる。]
rész [名] (全体の)一部分；区分；割当，分け前，配分；(比)関与，関心，同情；派，党，側，組。[része van a dologban, 彼はそのことに関係がある。részemről, 私の方(側)では，私自身で。atyai (anyai) részről, 父(母)方の血筋で。részt vesz, (…に)関係・関与する，あずかる；参加する；同情する。részenként, 部分的に，一部は，ある部分は，幾らか；一部分ずつ，分けて。részt, 一部分は，半ば。]
részben [副] 部分的に，一部分は，ある部分は。
részeg [形] ほろよいきげんの，酒に酔った；恍惚とした。[名] 酔っぱらい。
részeges [形] 飲酒癖のある，よく酔っぱらう。
részegítő [形] 酔わせる，ひどく酔わせる；恍惚とさせる。
részegség [名] 酔い，深酔い，陶酔；(比)心酔，熱中，夢中になること。
reszel [他] やすりをかける，やすりで磨く；すりへらす(やすり

reszelő [形] やすりをかける…；(わさびを)おろす…。[名] やすり(鑢)；おろし(擦子)；やすり工具(または機械)。

részes [形] …に与かる, 関係(関与・参加)している；…の部分から成る；(文)与格(第三格)の。〔részes arató, 収穫の現物給与をうける刈入れ人。〕[名] 関係(与)者；分有者, 社員, 株主；(法)共犯者。

részesedés [名] 与かること, 関与, 関係, 協力, 参加；シェアー；配当；寄与。

részesít [他] (…を…に)与からせる, 関与・協力・参加させる。

részesül [自] (…に)与かる, 関与・関係・参加する。〔nagy kitüntetésben részesült, (大きな栄誉が)与えられた, (…に)浴した。〕

részint [副] 一部分は, 幾分か, いくらか；一部分ずつ, 部分的に；一つには。

reszket [自] 震える, 震う, 震動する；(恐怖・さむけから)おののく, 身震いする。〔reszket a keze, 彼の手は震えている。reszket vmiért, …に夢中になっている。〕

reszketeg [形] 軽く震える, 小刻みに震える, おののく。

részleges [形] 一部の, 一部分の；部分的の, 局部の, 一局部の；個々の, 個別的の, 別々の。

részlet [名] 部分, 一部；細目, 詳細, 子細；個々, 別個；一部支払い, 分割払い, 内金。〔részletenként, 分割払い(月賦払い)で；細かに, 詳細に；一々〕

részletes [形] 詳細(子細)の, ことこまかな, 詳述の；細別した。

részletez [他] 逐一記する, 詳記する；(商)内訳する。

részletfizetés [名] 月賦払い, 分割払い, ローン。〔részletfizetésre, 分割払いで, ローンで, 月賦払いで。〕

részrehajlás [名] かたより, 偏ば, 性癖, えこひいき, 不公平；偏愛。

részrehajló [形] 党派心ある, 党派的な；えこひいきの, 不公平の, 偏狭の。

résztvevő [名] 参加者。

részvény [名] (商)株券, 株式。

részvényes [名] 株主。

részvénytársaság [名] 株式会社。

részvét [名] 交感, 同情, 同感; 思いやり, 気の毒に思うこと, 憐れみ; 悔やみ, 弔意; 関心。[részvétet érez, …に対し同情(同感)する, 憐れむ。részvétet kelt, 同情を喚起させる, 憐れみを起こさせる。részvétet tanusít, …に悔み(同感)を述べる(表現する)。]

részvétel [名] 参加。

részvevő [形] 関心(興味)を持つ; 同情する。

rét[1] [名] 草地, 草刈り場; 牧草地, 草原。

rét[2] [名] (紙の)折りたたみ, 折り重ね; …倍の, …重の(折りたたみ)。[kétrét, 二つ折判。negyedrét, 四つ折判, 四つ切り判(の型)。ívrét, (印)全紙形。]

réteg [名] (地・鉱)層, 積み, 重み; (岩)脈; (社会の)層, 階級。[rétegenként, 層を成して, 層状に, 重なって; 層ごとに。]

réteges [形] 層をなした; 成層の; 層状の。

retek (目 retket) [名] (植)はつかだいこん; 赤かぶ。[hónapos retek, バラ色の小かぶ。]

rétes [名] (料)麦粉でつくった薄い層をなし, ジャムやケシの実をはさんだ菓子。

retesz [名] (門の)ボルト, かんぬき(閂), かけがね, 留め(締め)具。

retteg [自] ずっと非常にこわがる, 恐れる, おののく。[rettegve, こわがって, ふるえて]

rettegés [名] 恐れ, 恐怖。

retten [自] (…に)びっくりする, 驚く, おじける, 恐れる, しり込みする。

rettenetes [形] 恐ろしい, すさまじい; ひどい, 非常な; いやな, 醜悪な, みにくい。

rettenthetetlen [形] 恐れない, おじけづかない; 大胆不敵な, 剛胆な。

rettentő [形] 恐ろしい, 恐るべき, 物すごい; (比)ひどい。

reuma [名] リューマチ。

rév [名] 渡船場, 停泊場, 河岸(かし); 渡し舟; (比)避難所, 安息所。[révbe ér, 入港する, 河岸につく。]

révedezik [自] 空想にふけり夢をみる, いろいろと空想をたくましくする, 夢幻的に当てなく迷う。

révén [後置詞的] [副] …を通じて, に依って。[barátai révén, 彼の友人達に依って(を通じて)。]

révész [名] (渡船場の)渡し守, 渡船夫, はしけ業者, 船頭。

révkalauz [名] (海)(沿海航路の)パイロット, 水先案内人。

réz (目 rezet) [名] (鉱)銅; 銅器; 銅板, 銅板画; 銅貨。〔sárgaréz, しんちゅう, 黄銅。〕

rezdít [他] (ガラス窓を)震えさせる, 振動させる; 恐れおののかせる。

rezdül [自] (弦や窓が)震える, 振動する; 恐れおののく。

rezeda (目 rezedát) [名] (植)もくせい草(木犀草)。

rezeg [自] (弦や木の葉が)さらさら音をさせて動く, 振動する; (影像やヘビの舌などが)ちらちらふるえる, おののく。

rezes [形] 銅の; 銅色の(鼻など); 銅を含む; (酒飲みの)赤い斑点のある(皮膚・鼻など); どら(声)。

rezesbanda [名] (音)銅製楽器隊, 吹奏楽団。

rézgálic [名] (化)硫酸銅。

rezget [他] 震わせる, 振り動かす, 振る, 震動させる。

rezgő [形] 振動する(弦); 震動的の, 振動し易い; 振動性の。

rézkarc [名] エッチング, 腐食(食刻)銅版術; 銅版画。

rézmetszet [名] 銅版; 銅版画; 銅版術。

rézpénz [名] 銅貨, 銅銭。

rezzen [自] (窓ガラスが)振動し始める; (恐ろしさに)震え出す, 身震いする, 震えちぢみ上がる。

rezzent [他] 振動させる; 震えあがらせる; 驚かす, がっくりさせる, おじけさせる; (猟)(野獣などをおどかして)かり立てる, 追い立てる。

rézsútos [形] 斜めの, 傾いた; 筋ちがいの。

rí [自] べそをかく, むせび泣く, すすり泣く。

riad [自] (びっくりして)目が覚める; おびえる, おじけ恐れる, おそれ飛び上がる; 警報が鳴りひびく。

riadalom [名] 驚き, 恐怖; 恐れあわてること, ろうばい; 興奮, 大騒ぎ, 騒動。

riadó [形] 警報の。[名] (兵)警報, 警急。〔riadót fú(ver), 警急ラッパを吹く(警急太鼓を打つ)。〕

rianás [名] (湖上結氷の)きれつ, ひび, われ目, さけ目; (氷河の深い)割れ目。

riaszt [他] (…をおどかして)目を覚まさせる; おじけさせる, お

どかす，恐怖を抱かせる；(兵)(警報ラッパで)緊張態勢をとる。

ribiszke (目 ribiszkét) [名] (植)すぐりの実。
rideg [形] もてなしの悪い，不親切な，温みのない，不愛想な；不きげんな，気むずかしい，陰うつな；ぶっきらぼうの，味気ない；寂しい；(動)(一年中)放し飼いの。〔rideg magatartás, 不愛想な態度。〕
rigó [名] (鳥)つぐみ。〔sárgarigó, 金色のつぐみ，こうらいうぐいす，こまうぐいす，黄鳥。feketerigó, 黒つぐみ。〕
rikácsol [自] 金切声をあげる，鋭く叫ぶ；がみがみいう，怒鳴り立てる；(鳥)キーキー鳴く。
rikít [自] 鋭い声で叫ぶ，キーキー声を立てる；(色や模様などが)けばけばしい，刺激が強い，派手である。
rikító [形] (色の)刺激の強い，けばけばしい，派手な。
rikkancs [名] 新聞の呼売り人。
rikolt [自] 耳をつんざくような鋭い甲走った声を出す，絶叫する；(楽器や鳥が)鋭い甲高い声を響かせる。
rím [名] (詩)韻，押韻。
rimánkodik [自] (…に)押し強く(うるさく)物請いをする，泣きつく；切願・哀願・懇願する。
rímel [他][自] 韻が合う，韻をふむ。
rímes [形] 韻を合わせた，韻のある；韻の…。〔rímes krónika, 韻のある年代記(記録・史話など)。〕
ring [自] (木の枝が)揺れ動く；(小舟が)揺れる；(水や収穫物が)波打つ。
ringat [他] 振る，揺り動かす，ゆさぶる；(比)(子供を)ゆすって眠らせる；(比)思いこむ。〔álomba ringat, ゆすって寝入らす。abban a hitben ringatja magát, hogy győzni fog, 勝利えるだろうという思いに酔う。〕
ringatózik [自] 揺れ動く，揺れる；(身を)ゆさぶる；(比)(夢に)ふける，空想を抱く。
ringyó [名] しょう婦，女郎，遊女。
ripacs [名] (医)(天然痘の)あばた，あざ，痘痕(とうこん)；大根役者。
riport [名] ルポルタージュ，リポート，報道。
ritka [形] 稀な，めったにない，いたって珍しい；薄い，稀薄な(人口など)；目のあらい，密でない，まばらな(種蒔き)；(印)間をあけた。〔ritka eset, めったにない場合，稀有の事件。

ritkaság

ritka szerencse, めったにない幸せ。ritka szakállú, 薄ひげのある。〕

ritkaság [名] 稀なこと, 稀有, 珍奇；稀有(珍奇)な事物；珍品, 骨董(こっとう)品。

ritkít [他] (森の木を)伐り透かす, 明るくする；(液体)薄くする, あわくする；(印)(活字の)間隔をおいて植字する, 行間を広げる。〔párját ritkítja, 彼に匹敵する者はいない, 彼の如きは稀だ, 彼は無双の人間だ。〕

ritkul [自] (森が)透(す)く, 明るくなる；(液体が)薄くなる, 稀薄になる；(毛が)稀になる, 乏しくなる, まばらになる。

rizs [名] (植)稲；米；米飯(めし)。

rizsföld [名] (農)稲田。

rizskása [名] 米がゆ(牛乳で煮た米のかゆ)。

rizspor [名] 米の粉；米の白い粉(おしろい)。

ró [他] (…に…を)彫る, 刻み込む；(比)慎重に書く；(比)(負担・義務・罰・税金を)課す, 科する, 命ずる。〔adót ró a népre, 国民に税金を課す。〕

robaj [名] ザワザワする音, ざわめき, 大騒ぎ, 騒音, 雑音；たえざるごう音, とどろき, どよめき。

robban [自] 爆発・爆裂する；(感情が)爆発する；(突然大きな音とともに)現われる。〔levegőbe robban, 空中に爆発・飛散する。〕

robbanás [名] 破裂すること, 爆裂, 破裂, 爆発；爆音。

robbanó [形] 爆発すべき, 爆発性の；爆発力ある, 爆音をたてる。〔robbanóerő, 爆発力。〕

robbanóanyag [名] 爆薬, 爆発物。

robbanólövedék [名] 爆発弾, 爆弾。

robbanómotor [名] 爆発性発動機(内燃機関)

robbant [他] 爆発(爆裂・爆破・破裂)させる。

robog [自] (列車や自動車が)ガタガタ・ゴトゴト音を立てて走る, ガラガラ騒音を伴って回転する；(列車などに乗って)急いで行く。

robot [名] (農奴の)賦役(ふえき), 夫役(ぶやく), 強制労働；(比)苦労, 辛苦, 苦役。〔robotképpen, 賦役として。〕

robotol [自] 賦役に服する, 強制労働に従事する。

rohad [自] → rothad. くさる, 腐敗・腐朽する。

rohadt [形] → rothadt. くさった, 腐朽・腐敗した；不

快な, おぞましい。

roham [名] 襲うこと, 攻撃, 襲撃, 突撃, 突貫; 強襲, 襲来, 突進; (病気・感情の)襲来, 発作, 激発。〔rohammal bevesz, (要さいなどを)突撃して奪取する。rohamot intéz, …に対して突撃・突貫する。〕

rohamcsapat [名] (兵)突撃部隊。

rohamlépés [名] (兵)突撃の歩度, 襲歩; 早いテンポ。

rohamos [形] 手早い, すばしこい; 早い, 急な, 急速な(流れ…)。

rohamoz [他] (要さいを)突撃して奪取する, 攻撃する。

rohan [自] 全速力で走って来る, 疾走する; (敵に)飛びかかる, 突進する, 襲いかかる。

rojt [名] 総(ふさ), 房; 縁(へり), ふさ・へりかざり。

rojtos [形] 房のある, 房で飾った, 縁飾(へりかざり)のある; 房のような。

róka (目 rókát) [名] (動)きつね, 狐; (比)ずるい奴, こうかつ漢, 老かい漢; きつねの毛皮。〔rókát fog (kap), 焼ける, 焦げる。〕

rókalyuk [名] きつねの穴。

rókázik [自] (比)もどす, おう吐する, ゲーと吐く。

rokka (目 rokkát) [名] (麻つむぎ用の)糸まき車, 紡車 (つむぐぐるま)。

rokkant [形] 体に障害・欠陥のある, 執務不能の; 老廃の。[名] 傷痍軍人。〔hadirokkant, 傷痍軍人。〕

rokkantság [名] 身体に障害・欠陥のあること; 病(廃)疾; 勤務不能の状態。

rokon [名] 近親者, 親戚の人, 血族者; (動・植)同種; 同語族; 同気質の人。[形] 親戚・親類の; 類似の, 近似の, 同種の; 同気質の; 同語族の; 気持ちの相通ずる。〔közeli rokon, ごく近い親戚, 近縁。távoli rokon, 遠い親類, 遠縁。rokon értelmű, (文)同義の, 類義の, 同意義の。rokon értelmű szavak, 同義語, 類語。rokon érzés, 共感, 同感, 同情, 好意。rokon érzésű, 同感の, 好意的。rokon érző, rokon gondolkozású, 同感の, 共鳴の; 同じ考えの, 同意見の, 同志の。rokon hangzású, (文)同音の, 同音異議の。rokon hangzású szó, 同音(異義の)語。〕

rokonság [名] 親戚であること, 親類関係; 同系統, 近

rokonszenv 748

似，同質；(化)親和力。
rokonszenv [名] 共感，同感，思いやり，同情，好意；傾愛，愛好，愛情。〔rokonszenvet érez, (…に)同感・同情する。〕
rokonszenves [形] 同情すべき，同情を起こさせる，好意を持たせる；好感の，好感を抱かせる，気持ちのよい。
rokonszenvezik [自] (…と)好感を抱く，同感・同情する，好意を持つ。
-ról, -ről [尾] …の上から；…から；(…の距離)から；(日時)から；…について，関して。〔rólam (rólad, róla, stb.), 私に関し(汝に関し, 彼に関し…)。〕
rom [名] 残骸，残址，廃墟，廃址，荒れ跡，瓦礫(がれき)。〔romba dől, くずれる，崩壊(倒壊)する。romba dönt, 破壊(粉砕)する，崩壊させる。romokban hever, 灰じんの中にうずもれている。〕
római [形] ローマ帝国の；ローマの。 [名] ローマ帝国人；ローマ人。
román [形] ルーマニアの。 [名] ルーマニア人。
románc [名] (民謡調の)物語詩；恋愛詩，哀歌。
Románia [固] ルーマニア国。
romantika (目 romantikát) [名] (文学)ロマン派の文芸，ロマン主義；(比)冒険心。
romantikus [形] (文学)ロマン派の，ロマン主義の；冒険(恋愛)物語の，伝奇的な；ロマンティックな。 [名] ロマン派の作家・芸術家。
rombol [他] 破壊する，打ちこわす，粉々にする；滅ぼす，打ちくだく。
romboló [形] 荒廃させる，破壊的な。 [名] 破壊者，撲滅者；(兵)駆逐艦。〔romboló szellem, 破壊的精神。〕
romhalmaz [名] 破片，(崩壊物)の堆積(やま)，残骸の堆積。
romladozik [自] 次第に腐朽・崩壊する，くずれる；損ずる，傷む；滅びる，衰退する。
romlandó [形] すぐだめになる；傷み(変質し・腐敗し・こわれ・破損し)易い；滅亡・破滅すべき。
romlás [名] (肉や果物の)腐敗；(生活の)低下；(力の)衰弱；(道徳の)乱れること，衰退；破損，損壊。〔rom-

lásnak indul, 腐りゆく；衰えゆく，衰微する。〕

romlatlan [形] 破損していない，腐敗していない；(比)堕落しない，清廉・清浄な，操行のよい；健全な。

romlatlanság [名] 清廉，清浄，品性正しいこと。

romlik [自] (食品などが)いたむ，腐る，腐敗する，悪くなる；破れる，こわれる；(健康状態や天候が)悪くなる；傾く，衰える，凋落する；零落・滅亡する，ほろびる。

romlott [形] 腐った，いたんだ(果物・肉・魚)；(比)乱れた，くずれた(健康など)；邪悪な，悪い(道徳など)。

róna (目 rónát) [名] 野，原，平野(地)。[形] 平たんな，平たい，でこぼこのない。

roncs [名] (飛行機などの)破片，砕片；(船の)難破物，漂流物；(病気などの結果)廃疾者；(比)残骸，残存物，ほろ。

roncsol [他] 破る，損ずる，いためる；打砕く，破壊する；粉砕・細断する。

ronda [形] 見苦しい，下品な；まずい，いやな；ごみごみした，むさくるしい，汚い，不浄な；びろうな，けがらわしい，みだらな，卑わいな。

rondít [他] 汚くする，よごす，けがらわしくする；(犬などが)粗相をする。

rongál [他] (物を徐々に)悪くする，こわす，損ずる，いためる；(機械や仕掛けの)調子を狂わせる，具合を悪くする，そこなう，だいなしにする。

rongy [名] ほろぎれ，ほろくず，ほろつぎ；雑きん；着古した服；堕落した人(特に女性)。[形] 見すぼらしい；卑しい，下劣な。

rongyos [形] ほろほろの，つぎ合わせの，ずたずたに裂けた；ほろをまとった；みすぼらしい，貧しげな，哀れな；価値のない。

ront [他] 壊す，いためる，悪くする；駄目にする，破壊する；(信用を)落とさせる，(信任を)傷つける；(健康を)害する；魔法をかけていためつける。[自] 突進する，飛びかかる。

rop [他] (ダンスを熱情的に)踊る，舞う。

ropog [自] ボリッ・メリッ・ベキッと音がする(又は割れる，砕ける)；(鉄砲)ぽんぽん音させて打ち出る；(火)パチパチ鳴る。

ropogós [形] ガリガリ音のする(かた焼きのパン)；ギシギシ・パチパチ・キュッギュッ・パリパリ音のする；(情熱的に)踊る(ダンス)。[名] (情熱的に踊る)ダンス(特にチャールダーシュ)；(料)コロッケ。

ropogtat [他] パリッ・ベキッ・メリメリと音をさせる；パリパリと音をたてて食べる；(単語やr(アール)の音を)はっきり発音する。

roppant¹ [形] 途方もない巨大な, でかい；並々ならぬ, 非常な, 法外な。

roppant² [他] パリッ・ベキッ・メリメリと音をさせる, 鳴りひびかせる(床や壁などを)。

roskad [自] (家や山などが)くずれる, 崩壊・倒壊する, くずれ落ちる, が解する；(力が入らず)くずれ落ちる。

roskadozik [自] 倒れる(病気や重荷のために)；ぜんじ倒壊(崩壊・が解)する。

roskatag [形] (建物の)倒れそうな, 荒れ果てた, 修理の届かない；(人間の)病弱な, 衰微した, 虚弱な, 老衰した。

rost¹ [名] (動植物の)繊維, 筋(すじ)。

rost² [名] (肉などを炙る)焼き網。

rosta (目 rostát) [名] 篩(ふるい, 特に穀物のための), 金網ふるい, 粗篩(あらふるい)；(運河の)閘室。

rostál [他] ふるう, ふるい分ける；大目ふるいにかける；(比)精選・選抜する。

rostély [名] (窓やストーブの)鉄格子, (炉の)火格子；(肉などの)焼き網, あぶりこ。

rostélyos [名] あぶり肉, 焼肉(子牛などの)。[形] 格子形(状)の。

rostos [形] 繊維性の；筋(すじ)だらけの；細線のある。

rossz [形] 悪い, 粗悪な, 粗末な；邪(よこしま)な, 意地の悪い；有害な, 腐った, いたんだ；不吉な, 不幸な；不都合な, 悪性の；下手な, 才能のない。[名] 悪事, 悪意；悪, 害, 邪悪；不幸, わざわい, 凶事, 災難；不快；悪人。〔rossz néven vesz, (…の言行などを)悪くとる, 悪意に解する, 邪推する。rosszra magyaráz, 悪く解釈する, 悪意に解釈する。〕

rosszabbodik [自] 悪くなる, 悪化する；(病気が)重くなる, つのる。

rosszakarat [名] 悪意, 悪心, 敵意。

rosszakaratú [形] 悪意の, 敵意の。

rosszalkodik [自] (子供が)不良(不作法)な振る舞いをする；良くないことをする；良くない症状が出る。

rosszaság [名] 悪いこと, 不良；悪意, 害悪, 邪曲；悪

事，曲事；同上の行為；（子供の）悪い行儀；（商品の）悪質，粗品。
rosszhiszemű [形] 悪意の，悪意ある；不誠実（不正直）な；（法）罪を認めない。
rosszhiszeműség [名] 悪意，害意；不正直，不誠実。
rosszindulatú [形] 悪意ある，意地悪い，敵意を持つ，邪悪の；（医）悪性の（腫物など）。
rosszkedv [名] 不きげん，不満；不興，不快。
rosszkedvű [形] 不きげんの，気がむしゃくしゃした，不満の，不平の。
rosszkor [副] 折悪しく，間が悪く，時ならず，機宜を失して。
rosszullét [名] 具合が悪い（気分が勝れない）こと；不快，微恙（びよう～軽い病気）。
rothad [自] 腐敗（腐朽・壊敗）する；（人が絶望的な状況で）衰弱する。
rothadás [名] 腐敗すること；くされ，腐朽，腐乱；衰弱。〔rothadásnak indul, 腐り出す，腐りかける。〕
rothadt [形] くさった，腐敗（腐朽・壊敗）した；衰弱した。
rothaszt [他] 腐らす，腐朽・腐敗させる。
rovar [名] 虫，こん虫。
rovarevő [形] 虫を取って食う（鳥）；食虫の（植物）。[名] 食虫動物・植物。
rovás [名] 切り目，刻み目，切り口（木や石の）；割符（わりふ），計算木；（比）勘定，会計，計算。〔rováson van, 貸し（掛け・付け）になっている。az ő rovására, 彼の勘定（負担）に。〕
rovásírás [名] 楔形（せっけい）文字（北欧古字や突厥文字などの）。〔székely rovásírás, ハンガリーのセーケイ地方の人たちが17世紀まで用いた楔形文字。〕
rovat [名] （簿記・書物・新聞などのページの段）欄。〔bevételi rovat, 収入の欄。〕
rozmár [名] （動）海馬；せいうち（海象）。
rozmarin(g) [名] （植）まんねんろう，ローズマリー。
rozoga [形] 揺れる，よろよろする，ぐらつく，ぐらぐらの；病気がちの，虚弱な。〔rozoga épület, まさに崩壊せんとする建造物。rozoga ház, 破屋。rozoga szék, ぐらぐらするいす。〕

rozs [名] (植)ライ麦, はだか麦。
rózsa (目 rózsát) [名] (植)ローズ, バラ；バラ結び, バラ花飾り；バラ色；(顔の)赤み；(比)愛人, 恋人。
rózsabimbó [名] バラの蕾(つぼみ)。
rózsabokor [名] バラの株(樹)；バラの茂み。
rózsafa [名] バラの樹；バラ材。
rózsafűzér [名] バラで編まれた花輪；(宗)カトリック教徒の念珠, 数珠(じゅず)。ロザリオ。
rózsaillat [名] バラの香り・芳香。
rózsakoszorú [名] バラの花冠。
rózsaolaj [名] バラ油, バラ香油(香料として使う)。
rózsás [形] バラのような, バラ色の；バラ柄の；バラの樹・花でいっぱいの。
rózsaszál [名] バラの一枝。〔(比)szép rózsaszál, 美しく生き生きした若い女性。〕
rózsavíz [名] バラ水(バラの葉からつくった香水)。
rozsda (目 rozsdát) [名] さび(錆)；(植)植物の腐敗症, 黴(かび)症(五穀の)。
rozsdafolt [名] さびの汚れ(しみ, 汚点)；鉄さび(特に洗鉱の)；(植)黴症の斑点。
rozsdamarta [形] さびで腐蝕した。
rozsdás [形] さびた；(植)黴病にかかった。
rozsdásodik [自] さびる, 酸化する。
rozskenyér [名] ライ麦パン, 黒パン。
röffen [自] (豚が)ブーブーうなる；(比)(…に)ブツブツ不平・文句をいう, がみつく。
röfög [自] (豚が頻りに)うなりつづける。
rög [名] かたまり, 土くれ, 土塊；(比)出身地；耕作地。〔röghöz tapad, 土地から離れられない, 故郷に執着する。〕
rögeszme [名] 一事への熱狂, 偏執狂, 凝り固まり；固定観念, 偏執観念；(医)妄想。
rögös [形] 土くれの；土塊でおおわれた；高低のある, 平坦でない, でこぼこの；(比)困難な。
rögtön [副] 即座に, 即刻, 直ちに, すぐ；不意に, だしぬけに；すぐ脇に。
rögtönöz [他] (演説や演奏や詩作などを)即座に行う, 即興で行う；(劇)アドリブを言う。〔rögtönözve, 即席・即

座に，準備なく，にわか作りに，臨機に。〕
rögtönzés [名] 即座の催し，即座の思い付き，即興詩，即興楽。
rögtönzött [形] 即席に作った，即興的に演じた。
röhej [名] 声高い笑い，大笑い，こう笑，高笑い；お笑い種。
röhög [自] 大声で笑う，高笑いする；笑い興ずる，ふざける。
röhögés [名] 大声でしきりに笑うこと，ばか笑い，こう笑，高笑い；(そうした)笑い声。
röntgen [名] エックス線；レントゲン写真；エックス線写真機；エックス線治療。
röpirat [名] 小冊子，パンフレット；(宣伝文の)仮とじ本，趣意書など。
röpke [形] 飛び行く，ピョンピョン飛ぶ(チョウ)；(比)すぐ去る，一時的の，暫時の；無常の，はかない，永続きしない。
röppen, reppen [自] 飛び上がる，飛揚する；(鳥が)飛びたつ，飛び去る；(比)(考えなどが)急に思い浮かぶ。
rőt [形] 茶かっ色の，焦茶色の，かば色の。
rőtvad [名] (猟)あかしか；黄かっ色に白ぶちのあるしか(鹿)。
rövid [形] 短い；近い(距離)；低い(背丈の)；簡単な；(料)少ない水で煮た。〔a rövidebbet húz，(…で短いくじを引く)損をする，失敗する。rövidre fog, 約説・要約する，かいつまんで所見を述べる；(…の手綱を)引きしめる，束縛する，制御する。rövidre fogott, 簡約の，簡潔の，簡明な；概略の，概要の。〕
rövidáru [名] (糸)小間物商品。
röviden [副] 短い形で，簡単に言えば，略言すれば，これを要するに；(時)間もなく，やがて。〔röviden végez (elbánik) vkivel, …と手っ取り早く事を定める，手早く(雑作もなく)片付ける。〕
rövidesen [副] すぐに，じきに。
rövidhullám [名] (ラジオなどの) 短波。
rövidít [他] 短くする，簡単にする；短縮する；略語にする。
rövidlátás [名] 近視，近視眼；(比)短見，浅慮。
rövidlátó [形] 近眼の，近視の；(比)短見の，浅慮の。[名] 近視。
rövidség [名] 短いこと，短さ，短小；(時)短時間，短期；簡潔，簡単，要約；(比)不利益，損害，損失；不都合，

不便；短所。〔rövidséget okoz (szenved), (…に)損害(妨害)を与える。〕
rövidül [自] 短くなる；簡単になる，短縮される。
rövidzárlat [名] (電気の)ショート，短絡，漏電。
rőzse (目 rőzsét) [名] きり枝，まき，そだ，しば；たばしば(束柴工事などの)。
rubin [名] (鉱)紅宝石，紅玉，ルビー。
rúd [名] (金属の)棒，ボルト；竿(さお)，棒；(車の)ながえ；かじとり棒；(乾草を締めつける荷車の)締め棒；(料)スティック菓子；(競)棒高跳。〔arany és ezüst rudak, 金銀の延棒。rájár a rúd, (災難が)彼につきまとう，彼を目差す，彼をねらう。kifelé áll a rúdja, 彼はまさに解職されようとしている。〕
rúg [他] ける；(角で)突き刺す，突く，押しやる。[自] (馬が)後へける；(費用が)…の額に達する；はね返る，はずむ，弾力をもつ；(手足が)突く，押す；手足をじたばた動かす，あがく，もがく；(銃発射のさい)反動で体が後ろに引っ張られる。〔az adósság 100 koronára rúg, 負債は百クローンに達する。〕
rugalmas [形] 弾力性のある，はずむ；柔軟な，しなやかな。
rugalmasság [名] 弾力あること；弾力，弾性；柔軟性。
ruganyos [形] ぜんまい仕掛けの；はずんだ。
rúgás [名] 足けり，キック；(銃発射のさいの)反動。
rugdal, rugdos [他] …をさんざんにける，足ではねとばす，けとばす。
rugdalózik, rugdalódzik [自] (たえず)足をける；(動物が)互いにけり合う；もがく，あがく，じたばたする。
rugó [名] 弾機，弾条，発条，ぜんまい，ばね。
rúgós [形] よくはねる・ける癖のある(馬)；角で突く癖のある(雄牛)；(銃発射のさい)反動のある。
ruha (目 ruhát) [名] 衣服，着物，服装，装束，衣裳(いしょう)；布切れ，布地；ぞうきん。〔díszruha, 礼装，大礼服。ünneplő ruha, 晴れ着，日曜日の晴れ着；礼服。ruhát felvesz/levet, 服を着る/脱ぐ。〕
ruhadarab [名] 衣類(個々の物；上衣・ズボンなど)。
ruhafogas [名] (板に掛クギのある)衣服掛，衣桁(いこう)；ハンガー。
ruhakefe [名] 衣服用ブラシ(刷毛)。

ruhanemű [名] 衣類(個々の物；上衣, ズボンなど)；布巾など。

ruhaszekrény [名] 衣裳戸だな, たんす, ワードローブ。

ruhatár [名] (劇・鉄)クローク, 携帯品置場, 携帯品預り場；(職場などの)服をしまうロッカー；全衣裳。

ruhátlan [形] 着物を着ていない, 裸の。

ruház [他] 着せる, 着物を着せる；衣服の面倒を見る；(…に)任ずる, 職を与える；(比)(権利を)譲渡・移転する, 委ねる；(称号を)与える, 授ける。〔vkire ruház, (…を)誰に譲渡・委託する, 委ねる。〕

ruházat [名] (総称としての)衣類・衣裳。

ruházkodik [自] 着物を着る, 衣服を着る。

rum [名] ラム酒(さとうきび製の火酒)。

rusnya [形] けがらわしい, ごみごみした, むさくるしい, むかつくような, いやな；不潔な, びろうな, いんわいな。

rusznyák [名] ルテニア人(カールパチア・ウクライナ地方の人)。

rút [形] (顔の)醜い, いやな；(比)卑しい, 卑劣な, げびた(挙動など)；卑わい・いんわいな(言辞)。

rútság [名] 醜さ, 不格好, 不体裁(げびた, いやしい)。

rücskös [形] でこぼこした。

rügy [名] 木の芽, 芽生(めばえ), つぼみ(蕾), 若芽；(比)萌芽(ほうが), 兆候。

rügyezik [自] きざす, 発芽する, つぼみがつく, 葉が出る；(比)兆(きざ)す。

rügyfakadás [名] 発芽すること；発芽, 出芽；(比)発芽時期の春。

rüh [名] (医)疥癬(かいせん, ひぜん), かさぶた。

rühes [形] 疥癬(かいせん)にかかっている；ひぜんの；痂(かさぶた)だらけの；(比)むかつくような, 醜い。

S

s [接] és の略字, 而して, そして；と, 及び。

sablon [名] (ステロ版の)模型, モデル；(セリー・連続物の)型；(比)(文芸美術上の)平凡なありふれた作品, 陳腐な言

説, きまり文句。
sablonos, sablonszerű [形] 型通りの, 型にはまった, きまり切った, 機械的の, 千篇一律の；ありふれた, 平凡な, 陳腐な。
sáfrány [名] (植)さふらん, うこん草。
saját [形] 自身の, 自分の, 自己の, おのれの, 私有の；固有の, 特有の, 独特の, 天性の；本来の, もとの, 原の, 真の；所有にかかる, 所属の。[名] 固有のもの, 本来属するもの, 所有物。〔saját kezevonása, 彼自身の手跡, 筆跡, 自筆。saját háza, 彼自身の家, 自宅。sajátja, 彼のもの。sajátjává tesz, → elsajátít. (…を)我が物とする, 自己のものとする, 私する, 取得する。〕
sajátképpen [副] 元来, 本来；厳密に, 的確に；真に；実際は。
sajátos [形] 固有の, 持ち前の, 本来の；独特(特有・特殊)の, 特色ある；異なる, 別な。
sajátság [名] 固有のもの, 固有性, 特性, 特殊性。
sajátságos [形] 特有の, 特色をなす, 固有の；特異の, 異常の；珍しい, 奇妙な。
sajgó [形] 苦しい, 痛い；刺すような, ヒリヒリ・チクチク痛む。
sajnál [他] (…を)ふびんに思う, あわれむ, 同情する；節約する, けちけちする；惜しむ, 残念がる, 追慕する；苦情をいう；悔いる, 後悔する。〔sajnálja a pénzt, 彼は金銭を出し惜しむ。őszintén sajnálom, 私は心からそれを悲しむ(残念に思う)。〕
sajnálat [名] 思いやり, 憐れみ, 同情；悔み, 弔慰；遺憾の念, 残念, 後悔。〔sajnálatára, 残念ながら, 遺憾ながら。〕
sajnálatos, sajnálatraméltó [形] 憐れむべき, 気の毒な；情けない, 哀れな, 嘆かわしい；痛ましい, 悲しい, 残念な, 遺憾な。
sajnálkozás [名] 気の毒に思うこと, 遺憾の念(謝罪, 陳謝, わび)。
sajnálkozik [自] 同情する, 憐れむ；気の毒に(遺憾に)思う(謝罪・陳謝・わび)。〔sajnálkozva, 気の毒に思って, 遺憾に思って。〕
sajnos [形] 悲しむべき, 残念な, 遺憾な, 嘆かわしい, [間] 残念ながら, 悲しいことには, 不幸にも, 折悪しく。

Sajó [固] タートラ山より発してティサ川にそそぐ川の名。この河畔で, 蒙古軍のヨーロッパ侵入のさい, 蒙古・マジャル両軍の衝突があった。

sajog [自] ズキズキ痛む；(火傷などで)ヒリヒリ・チクチク痛む, うずく；(比)(心が)痛む；憐れむ。

sajt [名] チーズ, 乾酪。

sajtó [名] (りんごやぶどう等の)圧搾機, 圧縮機；印刷機；新聞；報道, メディア。〔napi sajtó, 日刊新聞。sajtó alá ad, 印刷に付す。sajtó alatt van, 印刷中である。〕

sajtóhiba [名] (印刷の)誤植。

sajtol [他] (ぶどうやりんご等を)しぼる, 圧搾する。

sajtóper [名] 出版法違犯訴訟, 名誉毀損の訴訟。

sajtos [形] 乾酪質の, チーズのような。[名] チーズ製造販売人；チーズ商。

sajtószabadság [名] 新聞言論(出版)の自由。

sajtótörvény [名] 新聞言論(出版)法。

sakál [名] (動)(犬属の猛獣)ジャッカル, 金狼(熱帯地方産)。

sakk, sakkjáték [名] チェス遊び。

sakkozik [自] チェスをする。

sál [名] ショール, マフラー, 肩掛け。

salak [名] (ぶどう酒などの)おり, 沈でん物, 浮きかす；(工)(溶鉱炉の)かなくそ, スラッグ, 鉱滓(こうし～こうさい)；(生)排泄物；(人間の)くず, やくざ。

salakos [形] かすの, くずの；かなくその多い；スラッグのような。

saláta (目 salátát) [名] (料)サラダ；(植)サラダ菜, ちさ。

salétrom [名] (化)硝酸カリウム, 硝石。

salétromos [形] 硝石の, 硝石を含む；硝石に似た, 硝石性の。

salétromsav [名] 硝酸。

samanizmus [名] シャーマニズム。

sámfa [名] くつの木型, くつ型。

sampon [名] シャンプー。

sánc [名] (兵)シャンツェ, 堡塁, 城壁, 野堡, ざん壕。

sáncárok [名] (築城の)溝, 堀, 外壕, 城壁壕。

sáncol [他] 堡塁を築く, 要さい化する, ざんごうで囲む, 築

sanda [形] やぶにらみの，斜視の；(比)うらやましがる，そねむ，ねたむ，嫉視(しっし)する。〔sanda szemekkel néz (vkire), (…を)横目(流し目)で見る；ねたみの目で見る。〕

sandít [自] 横目で見る，ぬすみ見る；やぶにらみする。

sánta [形] びっこの，あしが悪い；(比)つりあいを失った；(詩のリズムが)狂った。

sántikál [自] びっこを引く，びっこを引き引き行く。〔vmiben sántikál, (…を)ひそかに準備する，たくらむ(陰謀を)。〕

sántít [自] びっこ(は行)する；(詩のリズムが)おかしい，ぎくしゃくしている；(考えが)的を得ていない。

sanyarú [形] あわれな，みすぼらしい，みじめな，乏しい，困窮した(生活)；つらい，見かねるような，傷ましい(難行苦行)。

sápad [自] 青白くなる，青ざめる；色があせる，退色する。

sápadt [形] 青白の，青ざめた；血色のない(恐怖のため)；うっすらした色の。

sapka (目 sapkát) [名] (縁なし・ひさし付の)帽子；鳥打帽；(女性の)ボンネット；(兵)一種の軍帽；(宗)僧帽。

sár (目 sarat) [名] 泥，ぬかるみ；泥土，泥沼；(原料)粘土，ローム，沃土，堕落；不品行。〔kiáll a sarat, (持場を)固守する，持耐える。sárba ránt, (…を)泥の中へ引きずり込む，中傷する，そしる，ののしる。kihúz a sárból, 困窮から救い出す。megáll a sarat, 十分に務め尽くす，力の限り働く。〕

sárcipő [名] (雨や雪どきの)オーバーシューズ，ゴムぐつ。

sárga [形] 黄色の，黄の；黄ずんだ。

sárgadinnye [名] (植)まくわうり，メロン。

sárgállik [自] 黄色く光る(輝く)；黄色に見える。

sárgarépa [名] (植)人参。

sárgaréz [名] 黄銅，真ちゅう。

sárgarigó [名] (鳥)こま・うぐいす(こうらいうぐいす，黄鳥属)。

sárgás [形] 黄ばんだ，帯黄色の。

sárgaság [名] 黄色いこと；(医)黄疸(おうだん)。

sárgít [他] 黄色くする；黄色に染める；黄金色にする。

sárgul [自] 黄色くなる，黄色に変る；黄ばむ。

sarj [名] 芽ばえ，萌芽，新芽，きざし；(比)苗えい，子孫，

後えい，後継者；鈍った刃先。

sarjad［自］もえ出る，生え出る(地中から)；(樹木が)新芽を出す；(比)…の出身である。

sarjadék［名］芽ばえ，萌芽；子孫，苗えい，後えい。

sark［名］(天・地・理)枢軸，極。

sarkal［他］(靴に)かかとを付ける(添え足す)；(競)かかとでける。

sarkalás［名］(靴に)かかとをつけること；(民族舞踊で)かかとをつけて立つこと，かかとで床をけること。

sarkalatos［形］本質的，根本的；基本的，基礎的；欠くべからざる，主要な。

sarkantyú［名］拍車；(おんどりの)けづめ(跳爪)；(艦首の)衝角(しょうかく)；(建)ダム，せき；(植)距(すみれなどの花の袋状の部分)；(鳥の胸の)さ骨。

sarkantyús［形］拍車を付けた；(植)距の。［名］(拍車のついたブーツで踊る)チャールダーシュ，その踊り手。

sarkantyúz［他］(馬に)拍車を当てる，拍車で駆る；(比)激励・鼓舞・刺激する。

sárkány［名］(伝説の)りゅう(竜)，飛りゅう；たこ(凧，紙とび，もとは竜の形)；(銃の)撃鉄，打金；(比)口やかましい女，悪婦，鬼女。

sarkcsillag［名］北極星。

sarki［形］極の，両極の；(一番近い)通りの角の。〔sarki fény, 極光，北光。〕

sarkkör［名］(地)極圏。

sarkpont［名］(機)心棒，心軸，旋回点，運動の中心点；(地)極，極地；(比)要点。

sarkvidék［名］極地地方。〔északi sarkvidék, 北極地方。déli sarkvidék, 南極地方。〕

sarló［名］(農)穀物を刈る半円形のかま，とがま(刈り入れ用の鎌)。

sármány［名］(鳥)あおじ(ひわ・ほおじろの類)。

sarok（目 sarkot）［名］かかと(踵)；かど(角)，すみ(隅)(街角，室の隅角)；(建)突角，出角；(本の)背；(ドアの)ひじがね。〔sarokba szorít, (…を)困らせる，窮地に追い込む。sarkon fordul, 向きをかえる，転回する。sarkába sem hághat(léphet), 彼はあの人に遠く及ばぬ(彼の足許にも及ばぬ)。állj a sarkodra, 汝の場所を持

sarokház

ちこたえよ！ sarkában van vkinek, …のすぐ後に追い迫る(後ろにいる)。〕
sarokház [名] 町角の家。
sarokkő [名] (建)隅石, 基石, 礎石；(戸口の)隅石。
sarokvas [名] (門やひらき戸の)ひじがね(肱金)；(靴の)鉄のかかと(踵金)。
sáros [形] 泥でよごれた, 泥だらけの；泥の, きたない, ぬかるみの；(比)債務を負った。
saru [名] サンダル；やり(槍)の受筒(うけづつ)；(鉱山の)選鉱機, 滑りみぞ；(車の)滑り止め, 歯止め, ブレーキ；(橋の)支え, 支柱。
sas [名] (鳥)わし(鷲)；(工)(矢来や柵の)杭。
sás [名] (植)すげの類, ひげぐさ。
sáska (目 sáskát) [名] ばった, いなご。
sáskajárás [名] ばった・いなご雲集の襲来。
saskeselyű [名] (鳥)はげたか(コンドル属)。
sasorr [名] わしばな(鷲鼻), かぎばな(鈎鼻)。
sasszem [名] わしのような鋭く光る眼；(比)けい眼, 鋭い眼。
sátán [名] サタン, 魔王；悪魔。
sátor (複 sátrak) [名] テント, 天幕；(海)(甲板上に張る)日おい, ひよけ, あまおおい(雨覆)；(市場の)露天, ブース；(機関車の)機関手室；(植)繖房(さんぼう)花；(聖)幕屋。〔**sátort üt**, テントを張る。**sátort felszed (elbont)**, テントを撤する。〕
sátorfa [名] テント柱, 天幕の杭。〔**felszedi a sátorfát**, テントを取払う。**hordd el a sátorfát**, さっさと逃げろ, 消え失せろ。〕
sátoros [形] 天幕に住んでいる；旅の, 市場の(商人)；ほろ(幌)のある, 天蓋(がい)付きの。
sátoroz, sátorozik [自] 天幕に住む, 天幕生活をする；野営する；(くじゃくが)尾を広げる, 得意になる。
sav [名] (化)酸(類)；胃酸。〔**savvá válik**, 酸になる, 酸性になる。〕
sáv (目 sávot) [名] (色や織物, 道路等の)線, 条, すじ, 縞(しま)；(地質の)帯；(ラジオ)周波ゾーン。
savanyít [他] 酸っぱくする, 酸味を帯びさせる；(きゅうり等を)酢漬けにする。

savanykás [形] ややすっぱい, いくぶん酸味ある(酒)。
savanyú [形] 酸っぱい, 酸性の；(比)いやな, 不愉快な, しかめづらの；憂うつな, 陰うつな；悲しそうな, しょう然とした。〔savanyú arcot vág, 不きげんな顔をする, 顔をしかめる。〕
savanyúság [名] 酸っぱさ, 酸味；つけもの；(比)不きげん, きむずかしさ。
savas [形] 酸っぱい, 酸性の；やや酸っぱくなった, 酸味を持たせた；胃酸過多の。
savó [名] 乳清, 乳しょう, 脱脂乳, 練乳。
sávos [形] すじ(しま)のある, しまになった, 条になった。
sci-fi [名] SF, 空想科学小説。
se [否] …もするな；…も…ない。
seb [名] 傷, 負傷, 創傷；(比)(心の)傷；(比)痛手。〔sebet ejt, 負傷する, 傷害をうける。〕
sebbel-lobbal [副] 大あわてで, 大急ぎで, 大至急に。
sebes[1] [形] 速やかな, 手ばやい, 急速の, 迅速の, 急な；性急な, 烈しい。
sebes[2] [形] 傷ついた, 負傷した。
sebesség [名] 速さ, 速力, 速度；迅速, 快速；(仕事の)敏しょう。
sebesül [自] 負傷する, けがする, 傷つく。
sebesült [形] 負傷した。[名] 負傷者。
sebész [名] 外科医。
sebészet [名] 外科医術；外科学；(病院の)外科部門。
sebezhetetlen [形] 傷つけられない, 傷つけがたい；害されることのない, 不死身の。
sebezhető [形] 傷つけられる, 傷つけ易い；(比)敏感な, (感情を)害されやすい。
sebhely [名] 創痕(こん)(きずあと), 傷跡, 刀傷, 刀痕。
sebhelyes [形] 創痕のある, きずあとの；切傷だらけの, 刀創だらけの。
described [名] (医)創傷熱。
sebtapasz [名] (医)創傷軟膏(こう), 創こう薬, ばんそうこう。
sebtében, sebten [副] 急いで, 速やかに, 迅速に, 急速に；大急ぎで, あわただしく。
segéd [名] 手助け, 助力；扶助；補助者, 助手；加勢人

(けん闘家・ボクサーの)；立会人，介添人(決闘の)；(商)手代。
segédeszköz [名] 補助器具；補助手段；マニュアル。
segédige [名] (文)助動詞。
segédkezik [自] (…に)力添え(助力・味方)する；(…を)手伝う，補助(扶助・援助)する。
segédlet [名] 助力，援助，手伝い，協力，協同；(学問を補助する)資料集・法令集など。
segély [名] 助け，救い；援助，扶助，補佐，救助；補助金，手当て。〔segélyt nyújt, (…に)助けを供する，援助する，救う。vminek segélyével, 何の助けを以て。〕
segélyez [他] (補助金を下付して)補助(支援)する。
segélykiáltás [名] 助けを呼ぶ窮迫の叫び，救助の呼びかけ。
segélynyújtás [名] 扶助，救助，援助；補助；補助金の供与。
segg [名] (俗)しり，けつ，臀部(でんぶ)。
segít [他] 助ける，手伝う，援助・救助する；(…を)助けて…を達成する。[自] 助力する，味方する。〔segít vkin, 誰に助力(味方・援助)する。ezen nem lehet segít, これは手のつけようがない(しょうがない)。〕
segítség [名] 助け，補助，救済；援助，救助；補佐，助力，世話，手伝；救出。〔segítségére van, (…に)力添え(味方・助力)する，助ける。segítségül jön, 助けに来る，助力に加わる。segítségül hív, (…を)助けに呼ぶ。segítségül megy, 助けに行く。〕
sehogy [副] どうしても(決して)…しない；断じて…しない，絶対に…しない。
sehol [副] どこにも…ない；どこでも…しない。
sehonnan, sehonnét [副] どこからも…しない；どこからも…ない。
sehova, sehová [副] どこへも…しない。
sejt¹ [名] (植・解)細胞；小房，小室；(はちの巣の)蜜房，蜂窩(ほうか〜ハチのアパート)；(比)(非合法の党の)細胞。
sejt² [他] (…を)感づく，予感する，おぼろげに感ずる；推量(推察・臆測)する；想像(予測)する。〔mit sem sejtő, 悪意のない，無邪気な，何も疑わずに，何の気もない。mit sem sejtve, 何も知らずに，何の気もなく。〕

sejtelem (目 sejtelmet) [名] 予感, 予想；推定, 想像。
sejtelmes [形] 不安の予感にみちた, 不安を感じさせる, 心配な, 不吉な(事物)；神秘な, 不可思議な。〔sejtelmes éjszaka, 神秘な夜。〕
sejtés [名] おぼろげに感ずること；予感, 予想。
sejtet [他] 予感(予想)させる；遠回しに言う, それとなく言う；暗示する。
sekély [形] (水が)深くない, 浅い, 徒歩で渡れる；(比)浅はかな, 皮相の。[名] 浅い箇所, 渡り得る浅瀬。
sekélyes [形] 浅い, (徒歩で)渡れる；(比)浅はかな, 皮相な。[名] 浅瀬。
sekrestye (目 sekrestyét) [名] (宗)聖器室, 聖器格納庫, 儀式用具室。
sekrestyés [名] 聖器保管人, 納室係, 聖器守(もり), 堂守(どうもり)。
selejt [名] (選び捨てられた)廃物, 残物, くず；(商)傷物, 見切り物, 不良品, たなざらし物；(果物など)傷物。
selejtes [形] がらくたの, できそこないの, くずにする；不適の, 不合格の。〔selejtes áru, 不良品, 売れ残り品, たなざらし品, 見切り品, くず商品。〕
selejtez [他] 不良品をはねる。
sellő [名] (神話)水の精, 水魔(河川や泉の女神)；人魚；(川の)早瀬。
selyem (目 selymet) [名] 蚕糸, 生糸, 絹糸；絹布, 絹織。[形] 絹の；生糸の；絹布の；絹のような。
selyemgyár [名] 絹物(絹糸・絹布)工場。
selyemhernyó [虫] かいこ(蚕)。
selyemruha [名] 絹の服。
selymes [形] 絹のような；絹質の；絹のような柔らかい(毛髪の, 光沢のある)。
selypít [自] [他] 「シュ」の音を「ス」で発音する/言う。
sem [副] …でもない；…も…もしない；…すらない, …さえもない, 決してない。〔ő sem jön, 彼もまた来ない。hallani sem akar róla, 彼はそれについて聞こうもしない。sem te, sem ő, 君でも, また彼でもない。〕
semeddig [副] どこまでも…ない(しない)；いつまでも…しない(ない)。

semelyik [形] いかなるもの(人または物)も…ない；いずれのものも(どれも)…ない。

semennyi [形] どんな量の…もない。〔semennyit, 何も…ない, 少しも…ない, ちっとも…ない。〕

semerre [副] どの方向へも…がない；如何なる方向へも…がない；どっちの方へも…ない(逃げ道などが)。

semerről [副] どの方向からも…ない。如何なる方向からも…がない。

semhogy [接] (命令法とともに)…をすることができない；…するには余りに…である；…できぬほど…である；むしろ…である。

semleges [形] 中立の, 不偏不党の, 局外中立の；(文)中性の；(化)中性の。[名] (複数形で)中立諸国；(文)中性。

semlegesít [他] 中立にする, 局外中立を宣言する；(法)無効にする；(商)相殺する；(化)中和させる。

semlegesség [名] 不偏不党のこと；中立, 局外中立；中立国；中性。

semmi [代] 何も…ない, 何も…しない, 何ごともない。[名] 無, 皆無, 虚無。〔semmibe vesz, 眼中におかない, 無視する, 看過する；軽視する, 侮る。semmivé tesz, 無くす, 滅ぼす, 破壊する；(兵)全滅する；(法)無効にする, 破棄する。semmi haszna belőle, 彼はそれから何の利益も持たない。semmit, (何もない, 何事もない)にあたる。semmi más, (より)外の何物でもない；…の外に仕方がない。〕

semmiféle, semminemű [形] いかなる種類のものも…(し)ない；どんな種類のものも決して(し)ない。

semmiképp(en) [副] どの道(決して・どうしても・必ず)…(し)ない。

semmikor [副] (もはや)決して…しない, 断じて…しない。

semmilyen [形] (否定的の答)いかなる種類のものも…(し)ない；決して…(し)ない。

semmis [形] 無の, 空の, 空虚な；つまらない, 価値のない；(法)無効の。

semmiség [名] 同上のこと；空虚；無価値；無効；ささいな物, 下らぬ物, つまらぬ物；小事。

semmitmondó [形] 言うに(取るに)足らぬ, 無意味な, 意

味をなさない；うつろな, ほんやりした；物の数でない, 微々たる。

semmíttevés [名] 無為, 怠惰, のらくら。

semmíttevő [形] 仕事をしない, 無為の, 怠惰の, 不精の, のらくらの。[名] 何もしない人, なまけ者, のらくら者。

senki [代] ひとりも…しない；だれも…しない；なんびとも…しない；取るに足らない人。〔más senki, 彼に外ならぬ, 外ならぬ彼が。senki fia, …も…しない。〕

seprő¹, **seprű**¹ [名] ほうき。

seprő², **seprű**² [名] (酒)かす(糟)；(ぶどうの)絞りかす(糟)；おり(残滓), 沈でん(沈積)物；(比)人民のくず, 下層の民。

serceg [自] (揚げ油などが)パチパチ音を立てている；きしる, きしむ音がする, キリキリ音がする；(ラジオが)ジージー鳴る。

serdül [自] 成長(成人・成熟)する(子供がおとなになる)。

serdületlen [形] まだ成人しない, 未成年(未丁年)の；年ごろでない。

serdülő [形] 成人する…；青年の, 成人の。[名] 成人。

sereg [名] 群がり, 集まり；大群；大勢, 群衆；(兵)軍勢, 軍隊, 部隊。〔seregenként, seregesen, seregestül, 隊をなして, 群をなして, 大勢で。〕

seregély [名] (鳥)むくどり(掠鳥)。

sereghajtó [名] 行列におくれた(連れにはぐれた・あとから来る)人, はぐれた者, のろま；(兵)落伍兵, 敗残兵。

sérelem (目 sérelmet) [名] 傷, 創傷；(比)無礼, 侮辱；損害, 不利, 侵害；悲嘆, 苦情, 不平, ぐち；(法)違反(憲法)。

sérelmes [形] 傷つける, 危害を加える；不快を与える, 無礼・侮辱する, 名誉を傷つける；損害を与える, 不利な, 有害な；(法)利益を損ねる。

serkent [他] (…に…を)刺激する, かりたてる；(馬を)拍車でかる, 追いたてる；(比)(…の気を)引き立てる, 元気づける, 激励(鼓舞)する。

serkentő [形] 振興する, 元気をつける, 励ます, 鼓舞する；刺激的, 気を引き立てる, 心をそそる。[名] 刺激物。

serleg [名] 台付の杯, 高足杯, 大杯；優勝杯；(宗)聖さん杯。〔a Davis-serleg, デヴィス・カップ。〕

serpenyő [名] (取っ手のある)浅なべ, フライパン(あげなべ), 平なべ；(天秤の)秤皿(はかりざら)。

sért [他] 傷つける，負傷させる；感情を害する，侮辱する，無礼を加える；(法を)侵害する，犯す；(権利を)き損する。

sérteget [他] (繰返し)侮辱する，無礼を加える；名誉を傷つける，感情を害する，悪口をいう。

sertés [名] 剛毛(こわい毛)のある家畜，とくに豚；豚肉。〔anya-sertés, 雌豚。〕

sértés [名] 軽い傷，創傷；名誉を傷つけること，侮辱，無礼，感情を害すること；(憲法の)違反；(権利の)侵害。

sertéshús [名] 豚肉。

sértetlen [形] 損傷のない，無傷の；侵害なき，無難の，無事の，全き，完全の；違反しない(憲法)。

sérthetetlen [形] 傷つけられない，そこなわれない；犯すべからざる，不可侵性の；聖なる；神聖な。

sértő [形] 感情を害する，侮辱的，無礼な，不敬な。[名] 侮辱する人，無礼を加える人；侮辱する言動。

sértődés [名] 侮辱され(無礼を加えられ)たと感ずる(思う)こと；被害者意識。

sértődött [形] 侮辱された，感情を害した，腹を立てた；無礼(侮辱)を受けた。

sérülés [名] 傷害，負傷，怪我；(物の)破損，き損；(医)外傷；(比)損害，損失。

sérült [形] 傷ついた，負傷した；損じた，損傷・破損した(物)。

sérv [名] (医)ヘルニア，脱腸。

sérvkötő [名] 脱腸帯。

séta [目 sétát] [名] 散歩，しょうよう，散策；(静かな)行進；(展覧会などの誘導された)見学。

sétabot [名] ステッキ。

sétahajózás [名] 舟遊びすること，舟遊び，(短い)クルージング。

sétál [自] 散歩・しょうよう・散策する；(閉じた空間を)行ったり来たりする；(皮)のそのそ歩く；さぼる。

sétáló [形] 散歩している。[名] 散歩者，ぶらぶら歩く人。

sétány [名] 遊歩道；プロムナード。

sétatér [名] 散歩場，遊歩場。

sétaút [名] 散歩道。

settenkedik [自] (敵やどろぼうなどが)忍び足で歩き回る，こっそり歩き回る，うろつき回る。

sí [名] スキー(用具)；スキー(行為)。
síel [自] スキーをする。
siet [自] 急いでいる；急ぐ，せく；敏速にする；いそいそと…する；(時計が)進む。〔az óra siet, 時計が進む。sietve, 急いで，迅速に。〕
sietség [名] 急ぎ足；急ぎ，急速；速やかに用を弁ずること；性急，あわただしさ。
siettében (過去分詞に人称表示と接尾辞を付けた) [副] 急いでいて；急いだせいで。
siettet [他] 早める，急がす；せき立てる，急ぎたてる，促す，促進する，はかどらせる。
sík [形] 滑らかな，平滑の；平らな，平たんな，平面の。[名] 平面；戦場；試合場；(幾)面，平面，水平面。〔sík tenger, 沖，外洋，公海。sík föld/mező, 平地，低地，平野。síkra szólít, 試合場へ呼び出す。〕
sikál [他] (床などを)こする，すり磨く；滑らかにする，平滑にする；研ぐ，つやを出す。
sikamlós [形] 滑りやすい,すべすべ；つるつる滑る；(比)いかがわしい，きわどい。
sikátor [名] 小径(こみち)，路地(ろじ)；狭い通路，細道。
siker [名] 成果；成功，好成績，上首尾。〔sikert arat, 成功する，成果を示す。〕
sikeres [形] 効果ある，大成功の，上首尾の，成功的；さいさきよい，栄える，繁盛する；有用の，効能ある；便利の。
sikertelen [形] 不首尾・失敗の；効果・利き目(ききめ)のない；収益のない，不生産的な。
sikertelenség [名] 不結果,不首尾,効果なし；不成功，失敗。
sikerül [自] (…に)よく行く，成功する，成就する，首尾よくゆく，うまくゆく；(…の)好結果となる，(…の)好運に恵まれる。〔rosszul sikerül, 成功しない，不成功である，うまく行かない，失敗する。〕
siket [形] → süket.
sikít [他] 鋭い声(キーキー声，金切り声)で叫ぶ，大声で叫ぶ，絶叫する，わめく。
sikkaszt [他] 横領(着服・私消)する；(手紙などを)横取りする。
sikkasztás [名] 同上のこと；横領，着服，私消。

sikkasztó[形] 横領(着服)の罪ある。[名] 横領者，着服者。

siklik[自] すべって踏みはずす，足をすべらす，すべる；(車輪が)空転(からまわり)する；(比)(視線や光源が)次々に移っていく。

sikló[形] 滑走する。[名] (動)へびの一種(無毒のへび)；(鉄)ケーブル電車，登山鉄道。

sikolt[自] 大声で叫ぶ，わめく，叫喚する；金切り声をあげる，悲鳴をあげる；(楽器)鋭い音を出す。

sikoltás[名] 同上のこと；悲鳴。

sikong[自] (嬉しくて)はしゃぐ。

sikongat[自] (繰り返し)叫ぶ，わめく，泣き叫ぶ；(暴風が)ほうこうする，怒号する；(子供が)泣きわめく。

síkos[形] よくすべる，すべり易い，つるつるする。

síkraszáll[自] 出陣・出征する；…に対して闘う・競う；…するために主張する。

síkság[名] 野，原，平原，平野，平地。

silány[形] 劣った，劣等の，(品質または状態の)良くない，下等な；つまらない，価値の低い。

síléc[名] スキー板。

sima[形] なめらかな，つやのある(髪や皮膚)；平たんな，平らな(道など)；光沢ある，光った(顔など)；(比)無地の，飾りのない(スカート)；丁寧な，いんぎん(慇懃)な；穏やかな，親切な，温和な(挙措)。[名] ビンタ。

simít[他] 平らにする，なめらかにする；(大理石に)みがきをかける；(紙に)つや出しをする；(カンナで木を)削る；(細工)ヤスリをかける；(比)立派にする，飾る；念入りにやる，仕上げる，推敲する，練る(詩文を)。

simítás[名] 同上のこと。〔simítást megtesz (végez)，(…の)仕上げをする。〕

simogat[他] (手で繰り返し)なでる，さする，愛ぶする。

simogatás[名] (手で)なでる(さする)こと；愛ぶ，こび。

simul[自] ムラがなくなる，なめらかに(すべすべに)なる；(比)(…に)当てはまる，適合する；体をすり寄せる；(服が体に)ぴったり合う，しっくり合う；(…の意に)従う，屈従・順応する。

simulékony[形] しなやかな，曲げやすい，ためやすい；(比)意の如くなる，扱い易い，従順な，御し易い，言いなりになる。

sín[名] (鉄)軌道，レール；(車輪の)締金(しめがね)，鉄帯；

sirat

(外科)(接骨用の)副木。

sincs, sincsen [自] 彼(彼女・それ)も無い；何も無い。〔nekem sincs, 私にもない。ott sincs, そこにもない。sehol sincsenek, それらはどこにもない。〕

sintér [名] 皮はぎ人；(動物の)屠殺人；藪医者(特に外科医)。

síp [名] 呼子(よびこ)，小笛；(羊飼の)野笛；芦笛(あしぶえ)；(猟)鳥笛(とりぶえ)；(音)オルガンの音管；汽笛。〔síppal-dobbal, 大騒ぎして，笛や太鼓で。sípra olt, (園)接枝(接木・接芽〜つぎめ)する。〕

sípcsont [名] (解)すね骨，脛(けい)骨。

sipít [自] 金切声を出す。

sípol [他] (口)笛を鳴らす；口笛を吹いて呼ぶ；(動物, 特に鳥が)ピーピー鳴く；(胸が)ゼイゼイ言う。

sipoly [名] (医)瘻(ろう)，瘻管(ろうかん)(病名)，たとえば，じろう等。

sípos [名] 笛の吹奏者，笛手。

sípszó [名] 野笛(鳥笛)の音(ね)；しきりに口笛を吹くこと。〔sípszóval csalogatja a madarakat, 鳥笛でだまして捕る。〕

sír[1] [名] 墓穴；墓石；墓場；(比)死。〔sírba száll, 死す。sírba visz, 死なせる，死に至らしめる。〕

sír[2] [自] (嘆いて)泣く，涙を流す，声高く泣く；(…を)惜しんで泣く；(比)嘆く，かこつ，訴える。

siralmas [形] 哀れな，可哀そうな，傷ましい，悲しげな，情けない，あさましい。

siralom (目 siralmat) [名] 惜しんで泣くこと，悼むこと；嘆き，嘆息，悲嘆，哀泣；痛恨，痛惜，哀歌。〔Jeremiás siralmai, (聖)エレミア哀歌。〕

siralomház [名] 死刑囚監房(処刑前の供応室)。

sirály [名] (鳥)かもめ(鷗)。

siránkozik [自] (たえず)嘆く，悲しむ，かこつ；(…のために)泣く，涙を流す。

sírás [名] 泣く(嘆く・悲しむ)こと，悲しみ。

sírásó [名] 墓穴掘り人夫。

sírás-rívás [名] しきりに嘆く(うめき泣く・ヒーヒー泣く)こと。

sirat [他] (…を)泣き悲しむ，嘆く；(死を)悔やむ，悼む。

sírbolt [名] 地下納骨堂, 地下墓所(聖堂の)。
sírdogál [自] たえずひそかに泣く, 涙を流してメソメソ泣く。
sírdomb, sírhalom, sírhant [名] 墓塚, 土まんじゅう；(古代の)石塚。
síremlék [名] 墓標, 墓石。
síri [形] 墓の, 墓穴の, (比)死の, 臨終の；嘆きの, 悲しみの。〔síri csend, 墓地の静寂, 死のような静けさ。〕
sí-rí, sír-rí (過 sírt-rítt) [自] 長々と泣く, ひどく泣く；嘆き悲しむ。
sírkő [名] 墓石。
sírós [形] 涙を催させる, あわれっぽい, 涙ぐましい；涙もろい, 泣き虫の。
sisak [名] (兵)かぶと(兜)；かぶと形の軍帽, ヘルメット；潜水帽；(建)球帽形の円天井, 円蓋。
sistereg [自] (水の中で熱い鉄が)ジュッジュッと音を立てる；(焼ける肉が)ジュージュー音を立てる。
sivalkodik [自] 鋭い声を出し続ける, 声高に叫び続ける, わめき続ける。
sivár [形] 荒涼たる, さびしい, 荒れ果てた, 不毛の；人の住まない, 殺風景の；(比)冷淡な, 無とんじゃくな；陰うつな, 暗い；無味乾燥な。
sivatag [形] 無人の, 荒れた, 荒涼たる；(比)陰うつな, 暗い, 物さびしい。[名] 荒野, 無人の境, 砂ばく。
sivít [自] 鋭い声(悲鳴)をあげる；(子供などが)いやな声をあげる；(嵐が)ほうこうする, ごうごう鳴る, うなる；(ブレーキなどが)キィーッと言う。
sízik [自] スキーで走る, スキーをする。
skarlát[1] [名] (医)猩紅熱(しょうこうねつ)。
skarlát[2] [形] 火の色をした, 深紅色の。[名] 深紅色。
skárlátpiros [形] 深紅色の, しょうじょうの如く赤い。
skatulya (目 skatulyát) [名] 箱, とくにボールや木製の小箱；(皮)箱のような建物。
skót [形] スコットランド(人)の。[名] スコットランド人。〔skótul, スコットランド的に；スコットランド語で。〕
Skótország [固] スコットランド国。
sláger [名] 低級な流行歌, 俗歌；客をつる商品, (一般の)流行のもの。
smaragd [名] (鉱)翠玉(すいぎょく＝エメラルド), 緑玉, 碧

玉(へきぎょく)。

sminkel [他] 化粧をする，メイクする。

só (目 sót, savat) [名] 塩(しお)；(比)塩梅，風味；(化)塩(えん)，塩類。〔hiányzik sava borsa, 全く味がない，気が抜けている。〕

sóbálvány [名] (聖)塩の柱(地の塩，世の腐敗を防ぐ健全分子，中堅階級)。〔a csodálkozástól sóbálvánnyá válik, 驚いて動けない。〕

sodor¹ [名] (水の)流れ，水流，流動；(海)航跡(ふなあと)，船脚(ふなあし)，船路；(比)成り行き。〔a víz sodra, 水の流れ。vkit kihoz a sodrából, …をろうばいさせる，あわてさせる，どぎまぎさせる。〕

sodor² [他] 巻き込む；ねじる，ひねる，よる；(比)誘いゆく，引きよせる，引きずる。[自] 持ち去る，誘い行く，引きよせる。〔magával sodor, 心を奪う，感動・感激させる。〕

sodrás [名] (糸などを)よる(ひねる・より合わせる・ねじる)こと；(タバコを)巻くこと；水の流れ，水力，水勢。

sodródik [自] のたうちまわる，体をねじ曲げる，じたばたする，身をもがく；引きずられる，巻き込まれる。

sodrony [名] 金属線，針金，電線，ケーブル。〔sodronyt húz, 針金にする。〕

sógor [名] 義兄弟；親戚の男性；(比)懇意な人，親しい隣人。

sógorasszony, sógornő [名] 義姉妹；(比)親戚の女性。

soha [副] 決して…(し)ない，かつて…(し)ない；最早…(し)ない。〔soha többé, 決して二度と…(し)ない，もはや再び…(し)ない。〕

sóhaj [名] ため息，嘆息。

sóhajt [自] (…について)ため息・嘆息をする；哀願・切願する。

sóhajtás [名] 大息・嘆息・ため息すること。

sóhajtozik [自] (しきりに)ため息をつく；哀願する。

sohanapján [副] (否定詞なしで)(未来において)決して…ない。〔majd megkapod sohanapján, 決して手に入らない。〕

sok [形] 多くの，多数の；さまざまな，多種の。〔sokba kerül, 高価である。sokban különböz, (往々)相違

する，区別せられる。sokra becsül, 高く評価する, 大いに尊重する。sokra visz, 進歩(熟達・成功・出世)する。ezzel nem fogsz sokra menni, これにより君は立身出世(進歩)しないだろう。sokad magammal, お前の多くの仲間と私も一緒に。sokan, 大勢で, 多人数で。sokat, 多く; 大いに。sokkal, (…よりも)遥かに・ずっと(大きい・美しい等)。sokkal előbb, ずっと以前に。nem sokkal ezután, それから間もなく。〕

soká, sokáig [副] 久しく, 長く, 長い間, ずっと。

sokadalom [名] 大人数; 群衆, 大衆; (商)大市, 歳の市(特に, デブレツェン市の)。

sokall [他] (…を)余りに多すぎると思う; 余りに値が高いと思う。〔már sokallja, それは彼に多すぎる; それは彼を買いかぶっている。〕

sokára [副] 長時間の後, 永く待って, 久しくして, かなり遅れて。〔sokára lesz még, それはまだ先のことだ。〕

sokaság [名] 多数, 多くの物, 沢山; (人の)多数, 群衆。

sokatmondó [形] 意味するところ多い; 含蓄ある, 力ある; 意味深長な, 暗示(示唆)的な; 重大・重要な。

sokfelé [副] 多方面にわたって; あらゆる方向へ, 四方八方へ。

sokféle [形] 多種の, 色々の, 種々の, 多種多様の。

sokféleség [名] 種々, 多様, 雑多, 多様性。

soknyelvű [形] 色々な言語の, 雑多な言語の; 数カ国語を話す, 数カ国語で書かれた; 種々な言語での。〔soknyelvű lakosság, 多言語住民。〕

sokoldalú [形] 多面(多辺)の; (幾)多角(多辺)形の; (比)多方面の, 博識の; 多才(多芸)の; 広汎な, 該博な; 多くの分野に活動する。

sokszínű [形] 多色の, 多彩の, 色とりどりの。

sokszor [副] 度々, しばしば, 何回となく。

sokszoros [形] 数倍(幾倍)した; 繰返し(反復)した; 何度もの。

sokszorosít [他] (印)コピー(複写)する, 印刷する。

sokszög [名] (幾)多辺形, 多角形。

sokszögű [形] 多くの角のある; (幾)多角形の, 多辺形の。

solymár, sólymász [名] 鷹匠(たかじょう), 鷹司, 鷹使い。

sólyom（目 sólymot）［名］（鳥）鷹，はやぶさ。

sommás［形］かいつまんだ，総括的，大約（大要・概要）の；略式の，簡約の。〔sommás eljárás, (法)略式訴訟手続。〕

sompolyog［自］（罪悪感を感じてや，悪事を働こうと）のそのそ歩く；（…に）忍び寄る，にじり寄る；こっそりぶらつく，うろつき回る。

sonka［名］豚のハム。

sopánkodik［自］（…のために）嘆く，嘆息する，悲しむ；泣きながら不平をいう，かこつ。

sor［名］並び，列；家並，通りの片側；(印)行；(兵)隊列；(数)級数；(数)位取り，句切り；順序，順番；階級，地位；めぐり合わせ，天命，運；経過。〔rajtam a sor, 私の順番だ。rám kerül a sor, 順番が私に来る。egy sorba tesz,（…と）対等(同格)にする；同列におく；対立させる。nagy sor ez!, これは小事ではない，意味深長だ！a csillagképek sorában, （天）星座の下で。évek során, 長年月来。sort kerít vmire, …に取りかかる，着手する，…をなし始める。sorban, sorjában, 順番に，順々に，次々に。soronként, 順に従って，順次に；列をなして；行を作って，一行ずつ，行ごと（各行）に；(兵)伍ごとに。soron kívül, 列を度外視して，特別に。〕

sorakozik［自］並ぶ，列を作る；整列する，隊伍を整える。

sorakozó［形］整列する…。［名］(兵)集まること，集合の合図。

sorfal［名］（傍観者の）行列，人垣（ひとがき）；(兵)兵隊の垣，整列兵。〔sorfalat áll,（兵士や警官を道の両側にと列させて）人垣を作る，と列する。〕

sorkatona［名］(兵)戦列兵，常備兵（歩兵の）。

sorol［他］並べる，並ばせる，列を作らせる；列挙する，並列させる；（分類して）整とんする，そろえる；数え立てる，数え上げる，枚挙する。［自］家々を順番に訪れる。

sorompó［名］さく(柵)，垣，矢来；遮断機；囲いの場所（特に，法廷の手すりで囲んだ所；被告席）；往来上の横木，関木；(比)障壁，邪魔。〔sorompóba lép, 人と論戦（争論）する。〕

soros［形］…列の（例．二列の）；…行の。〔négysoros, 四行の（詩など）。〕

soroz [他] 整列させる，整とんする，そろえる；分類する，等級をつける；(兵)兵籍に編入する；(現役兵を)徴募・徴集する。

sorozás [名] 列に入れること；分類，類別；(兵)兵籍に加える(合格と決定する)こと；新兵の募入(徴集・募人)。

sorozat [名] (書籍の)双書，シリーズ；(物の)続き，連続，セット；(兵)隊列；(適齢者)登録，徴兵；(数)級数。

sorra [副] 順序通りに，順番に，順次に。

sorrend [名] 順序，順番，順位，序列。

sors [名] (比)運，運命，命数，天命，宿命；くじ(籤)。〔sorsot vet/húz, くじを引く；抽せんする。vaksors, 偶然の運，万一の運。〕

sorscsapás [名] 運命の打撃，非運，不運，不幸，失敗。

sorsdöntő [形] 運命を決する，決定的の；決然たる，確固たる。

sorshúzás [名] (宝くじや福引きの)くじを引くこと，抽せん，くじびき。

sorsjáték [名] 宝くじ遊び，福引き。

sorsjegy [名] 宝くじ(券)。

sorsol [自] 抽せんする。[他] くじを引く。

sorsolás [名] 抽せんで決めること，くじを引くこと，くじびき。

sorszám [名] (文)序列(第一，第二…)；連続番号；(記録ばさみの)番号。

sorszámnév [名] (文)序数詞。

sortűz [名] (兵)一斉射撃；(海)片舷整射，片舷砲斉発。

sorvad [自] 衰える，衰弱する，やせ衰える，やつれる；(比)萎縮する，しおれる，弱る。

sorvadás [名] (しだいに)衰えること，衰弱，やつれること；(医)(栄養不足からくる)萎縮症。〔tüdősorvadás, 肺病，肺結核。〕

sorvaszt [他] (ざんじ)弱らせる，衰弱させる，やつれさせる；萎縮させる。

sós [形] 塩をふった；塩味・塩気のある；塩辛い；塩漬の；塩の；(化)塩を含有する。〔sós terület, 塩田。sós fürdő, 塩泉浴；塩泉浴場。sós víz, 塩気のある水，塩水。〕

sósav [名] (化)塩酸，クロル水素酸；(商)塩の精。

sósborszesz [名] 塩気のあるアルコール(ぶどうの絞りカスで

sörfőző

つくったもの）；薄めたアルコール製の塗擦剤。
sóska（目 sóskát）［名］（植）（かたばみ属）すかんぽ，すいば，こみやまかたばみ。
sótalan, sótlan［形］塩のない，塩気のない；味のない，気の抜けた，無味の；(比)妙味のない，退屈な，けん怠させる。
sótartó［名］(卓上の)食塩入れ，塩つぼ。
sovány［形］やせた，肉のおちた，やつれた；細長い，ひょろ長い；赤身の(肉)；やせた(土壌)；(比)粗末な，貧弱な；僅少の，乏しい。〔sovány ebéd, sovány koszt, 乏しい食物，貧弱な食事。sovány falat, 十分でない食事，粗食。sovány föld, やせ地，やせ土，貧弱な土地。〕
soványít［他］（…を）やせさせる，脱脂する；(黒服は)やせ形に見える。
soványodik［自］やせる，衰える，やつれる，しょうすいする。
soványság［名］やせこけ(やつれ)たこと；細長い(ひょろ長い)こと；(比)やせた人。〔ez a kis soványság, この少しやせすぎた人。〕
sóvár［形］熱望(渇望)する，欲しくてたまらない，垂えんする；あこがれた，恋しがる；飢えた，情欲的な。
sóvárog［自］（…に対して）切望・渇望・熱望する；（…に対して）待ちきれない，やきもきする，焦がれる；（…に）恋慕する。〔sóvárogva, あこがれて，あこがれに充ちて；渇望して；恋しがって，思い悩んで。〕
sóz［他］（…に）塩を振り掛ける(入れる)；塩気をつける，塩で味をつける；(比)（…を）いやというほどたたきつける；（…に）わいろをつかませる。
sömör［名］(医)皮疹，水疱性発疹，帯状疱疹，湿疹，ヘルペス，たむし。
söntés［名］(居酒屋の)売台，献立台；居酒屋，酒亭，バー，ビヤホール。
söpör, seper［他］掃く；掃き寄せる；(裾が)引きずる。
söpredék［名］掃きくず，ごみ，廃棄物；(比)無頼の徒(人間のくず)。
söprű［名］ほうき(帚)。
sör［名］ビール，麦酒。
sörény［名］(馬やライオンの)たてがみ(鬣)。
sörét［名］(猟用の)細粒鉛弾，散弾(さんだん)。
sörfőző［名］ビール醸造者。［形］ビール醸造の。

söröshordó [名] ビールのたる。
söröspohár [名] ビール・コップ；ビール・ジョッキ。
söröz, sörözik [自] ビールを飲む。
sörözős [形] ビールを飲んでいる。[名] (主としてビールを飲む)居酒屋，ビヤハウス，ビールを飲む人。
sőt [接] なおしかも，その上，加うるに；いや(反対に)，それのみか，いやそればかりか，それどころか。〔**sőt inkább**, かえって，むしろ，それどころか，反対に。〕
sötét [形] 黒ずんだ，濃い；暗い，暗黒の，暗やみの；(天気)どんよりした，うっとうしい，曇った；(比)陰気な，陰うつな，不安な；陰密(陰険)な。[名] 暗やみ；暗さ。
sötétbarna [形] 暗い茶色の，濃いとび色の；栗毛色の(馬)。
sötétedik, sötétül [自] 暗くなる，日がくれる；暗黒になる；(天気が)曇る；(比)不明瞭になる；陰気になる(顔が)。
sötétít [他] 暗くする，暗黒にする；曇らせる，(比)陰気にする，不明瞭にする。
sötétlik [自] 暗く見える，薄暗い中にかすかに見える。〔**a távolban sötétlik a kastély**, 城は遠くに薄暗い塊をなして見える。〕
sötétség [名] 暗さ，暗黒，暗やみ；黒色；あいまい，不分明，薄暗いこと；(比)陰気，陰惨，陰うつなこと，不安なこと；(宗)無知もうまい，未開；(聖)難儀，不幸。
sötétzöld [形] 暗い緑色の，暗い青色の，濃い緑色の。
sövény [名] まがき，生けがき；囲い，かき根。〔**élő sövény**, 生けがき。**fonott sövény**, さく(柵)。〕
spanyol [名] スペイン人。[形] スペインの；スペイン人の。〔**spanyolul**, スペイン風に；スペイン語で。〕
Spanyolország [固] スペイン国。
spanyolviasz [名] 封ろう(封印用の)。
spárga¹ (目 **spárgát**) [名] 結びひも，からげ縄(なわ)，ほそひも。
spárga² [名] (植)アスパラガス。
spártai [形] スパルタの，スパルタ的，スパルタ風の。[名] スパルタ人。〔**spártai erkölcsök**, スパルタ風の道徳(厳格な礼節)。〕
spékel [他] (料)(肉に)ベーコン(豚の脂身)をはさむ，さし入れる；(比)(語に引用を)さしはさむ；(演説などにラテン語を)

さしはさむ，まぜる。
spenót [名] (植)ほうれんそう。
spontán [形] 自発的な，自然に起こる；率直な。[副] 自発的に，自ずと。
spórol [動] 倹約する，節約する；当てにする，期待する。
sport [名] スポーツ，運動，競技。
sportol [動] 運動する，スポーツする。
sróf [名] 螺旋(らせん)，ねじ，ねじボルト；(比)強制，強要。
stadion [名] スタジアム。
statiszta [名] (劇)だんまり役者，端役，エキストラ(無言で舞台に立つ役者)；(比)(出来事の)脇役，目撃者。
statisztika (目 statisztikát) [名] 統計，統計表；統計学。
statisztikai [形] 統計上の；統計学的(の)
statisztikus [名] 統計学者。
státus [名] 状態，有様，形状；国，国家；(常設された職域の)ポスト・身分；役人や雇用者のリスト；(法)身分。
stb. (s a többi の略)などなど。
stílus [名] 型，様式，流，式，風，スタイル(建築・音楽などの)；書風，書体；文体，語のつづり方，語法；言いならわし；(比)行動様式，仕事の仕方。
stimmel [他] (音)(楽器の)調子を合わせる。[自] (音)(オーケストラが楽器の)調子を合わせる；一致する，合っている；(主語なしで)正しい。〔nem stimmel, おかしい。〕
stóla (目 stólát) [名] (宗)(カトリック司祭の首にかける)ストラ(襟たれ)，白法衣；(結婚式・葬式などの謝礼)ころも代；(比)(女性用)毛皮のえり巻。
stoppol [動] 時間を計測する；(席を)予約する；(サッカーで)足でボールを止める；ヒッチハイクする。
strand [名] 海水浴場，野外プール。
strázsál [自] 番をする，見張りをする；(兵)歩哨に立つ，立哨する。
strucc [名] (鳥)だちょう(駝鳥)。
suba (目 subát) [名] (羊皮で作った)袖のない毛皮付マント(ハンガリーの羊飼い特有のうちかけ外とう)。〔suba alatt, 内密に，ひそかに。〕
súg [他] (…の耳に)ささやく，つぶやく，私語・耳打ちする；(比)(本能が)教える；(舞台や学校で)わきで教える，小声で

耳打ちする，ひそかに教える。

sugall [他] (…に)ほのめかす，それとなく言う；暗示(鼓吹)する，吹きこむ；霊感を与える。

sugár (目 sugarat) [名] 放射線，とくに光線，射光；射出する水の流れ，噴水；(数)半径。

sugaras [形] 光線の；光線を射出する；光ほうを放つ；光線状の，放射形(性の)。

sugárbetegség [名] 放射線障害。

sugárfertőzés [名] 放射能汚染。

sugároz [他] 照らす，(…に)光線を投射する；(ラジオ番組を)放送する；(比)(表情などが)発散させる。

sugárzás [名] 光線を発すること；放射，射光，発光；光輝，光ほう；放熱。

sugárzik [自] 光を放つ，光を発する；光る，輝く；(光を)放出・放射する；(比)(感情などが)発せられる。

sugárzó [形] 放射・発光する，光を放つ，輝く；ふく射性の。

súgás [名] (…の耳に)つぶやくこと，ささやき；(劇場や学校で)小声で耳打ちする(ひそかに教える)こと。

sugdos [他] (しばしば…の耳に)ささやく，私語する，耳打ちする；内証話をする。

súgó [名] (劇)そばにいて教える者，黒子，プロンプター；(比)密告者。

súgólyuk [名] (劇)プロンプターの隠れている箱(舞台上の隠れ場所)。

suhan [自] すばやく音もなく進む；急ぎかすめ去る，通り過ぎる，疾過する；(車が)すべるように走る。

suhanc [名] 若僧(わかぞう)，青二才。

suhint [他] ヒューっと音をさせて打つ；(サーベルを)振り上げる，打ち振る，ふり回す；投げつける，放(ほう)る。

suhog [自] (絹服などの)サラサラすれ音がする；(むち等が)風を切るシューシュー・ヒューヒューという音を発する；(紙を)しわくちゃにする音がする。

sújt [他] (手荒く)打つ，たたく；投げ付ける，ぶつける，打ち倒す，負かす；(雷が)襲う，雷電する；(運命が)襲う，苦しめる，悩ます。〔földre sújt, (…を)投げ倒す，地にぶつける，負かす。〕

sujtás [名] 打ちひも，飾りひも(軍服や貴婦人の服につけ

súly [名] 重さ, 目方, 重量；(比)載貨, 重荷, 負担；(比)重要さ, 大切, 重大さ；(比)権威, 威信, 信望(道義的重さ).〔súlyt helyez vmire, …に重さを置く, …を重要視する.〕

sulykol [他] (洗たく物を棒で)たたく, 打つ, 打ちつける；(学課を)詰め込む(頭へ).

sulyok (目 sulykot) [名] 打つ器具, きぬた(砧)；(洗たく器の)きぬたつち(槌).〔sulyokkal egyengeti az utat, 道路を打ってならす. elveti a sulykot, 大ぼらを吹く, 大げさに言う, 誇張する.〕

súlyos [形] 重量ある, 重い；重々しい, 重苦しい, 重く圧する；(比)困難な, やっかいな, めんどうな, つらい, むずかしい(事)；(比)重きをなす, 重要な, 重大な；厳しい, 厳格な；深甚な.

súlyosbít [他] 重くする；重大にする；(比)重苦しくする, 困難にする, 悪くする.

súlyosbítás [名] 重くなること；(法)加重(刑の)；(比)悪くなること.

súlyosbodik [自] (比)重大になる, 悪くなる(病気などが).

súlyosodik [自] (負担などが)重くなる, 重さが増す；(比)重大になる, 甚だしくなる, 烈しくなる, 悪くなる.〔a politikai válság napról-napra súlyosodik, 政治的危機は日毎に悪くなる.〕

súlypont [名] (物)重心；(比)重要な点, 主要点, 要点.

súlytöbblet [名] (商)超過重量, 過重(この小包は目方が三キロ超過しているなど)；(空港で)重量オーヴァー.

summa (目 summát) [名] 金高, 金額；合計, 総和, 総計, 全体, 全部；(比)本質.

sunyi [形] 悪意ある, ずるい, こうかつな；陰険な, 腹の黒い, 偽善的な, 不信な, 盗み見る(目つき).

súrlódás [名] すれること；すれ, 摩擦；(比)あつれき, 確執, もんちゃく, 不和.

súrlódik [自] (車が側欄に)すれる, 互いに摩擦する；(比)たえずもんちゃく・もめごとがある.

súrol [他] こする, する, さする, かする；すり磨く, すり洗う；(自動車が)軽くかする・衝突する, ひっかける；(比)抵触する.

súrolókefe [名] (床などをすり磨く)掃除用ブラシ, モップ。

surran [自] 急ぎかすめ過ぎる, 疾過する, すべり抜ける;すばやく逃げる, 逸走する。

susog [自] 耳語する, ささやく;(木の葉が)ざわめく, 音をたてる;(紙が)きしる。

suta [形] 気のきかぬ, ぶきっちょな, 不細工な, 下手な, へまな;角のない, しっぽのない, 羽がない。〔suta tehén, 角のない雌牛。suta tyúk, しっぽや羽が短いめんどり(雌鶏)。〕

suttog [自] ささやく, 私語・耳語する;(ひそかに他人の)うわさをする。

suttogás [名] 耳語, ささやき;(ひそかに…に関するいつわり的な)うわさ(噂)。

suttyomban [副] ひそかに, こっそり, 内証で。

sügér [名] (魚)すずき(淡水魚)。

süket [形] 聾の, 耳の遠い;無感覚の, 鈍い;(比)人の意見を聞かない;働きが悪い;ばかな。

süketnéma [形] ろうあ(聾啞)の。[名] 聾啞者。

sül [自] (火で)あぶられる, 焼ける;(太陽で)焼ける;焼けるように熱い。

süldő [形] 若年の, 若い。[名] 1年未満の豚。

sületlen [形] (料)焼けない, 半焼けの, 生(なま)の;(比)味のない, まずい;(比)無味乾燥の, つまらない, ばからしい, 気の抜けた。〔sületlen tréfa, つまらぬ(気の抜けた)しゃれ(洒落)。sületlen tészta, 半焼けの粉菓子。〕

sületlenség [名] 生焼け, 生揚げ;気の抜けたこと, 無味乾燥;ばかげたこと, 下らないこと。

süllő [名] (魚)大すずきの類(かますに似る)。

sült [形] 焼いた, あぶった;揚げた;(比)完全な, 全くの。[名] (料)焼肉, あぶり肉。〔sült bolond, 気違い, 無法者, 大ばか者, 間抜け。〕

süllyed [自] 沈む, 没する;(ぬかるみへ)はまる;(相場)下落する;(罪に)陥る, 堕落する;(比)没落・零落する。〔fokról-fokra süllyed, 一段ずつ没落する。〕

süllyedés [名] 沈むこと;(船)沈没;(土地)沈下, 陥没;(示度計の示度)下がること;(相場)下落すること;(比)没落, 衰微, 零落, 堕落。

süllyeszt [他] はまらせる, 沈める;沈没させる;(土地を)沈下させる;(…の下へ)見えなくする, 隠れさせる;まぎらわせる,

ごまかす(奇術);(比)失格・失権させる,名声を失わせる;衰微・没落させる。
süllyesztő [形] 沈める;没落させる…。[名] (劇)奈落(ならく)(舞台の下へ姿を消すための)。
sün, sündisznó [名] (動)はりねずみ(英),やまあらし(米)。
süpped [自] 沈む,はまる,ぬかる,没する,沈み込む;くぼむ,陥没する;(比)ふける。〔magába süpped, もの思いにふける。〕
sürgés, sürgés-forgás [名] 活動的な生活,生き生きした活動,うざまず活躍,忙しいこと。
sürget [他] 急かせる,かりたてる,促す,催促(督促)する。
sürgetés [名] (…に対して)…せよと強いる(せき立てる・迫る)こと;促進,催促,督促。
sürgető [形] 切迫した,急ぎの,焦眉(しょうび)の,緊急の;切なる,懇ろな。
sürgölődik [自] (…に)忙殺されている;(…のために)忙しい,熱心に働く。
sürgöny [名] 電報;(ラジオによる)緊急放送。
sürgős [形] 急ぎの,急を要する,緊急の,至急の。
sűrít [他] (液体を)濃くする,密にする;(ガスを)圧搾する,凝集・凝結させる。
sűrített [形] 同上した。
sürög-forog [自] 仕事に従事しながら行ったり来たりする,盛んに働く,活動する。
sűrű [形] 濃い,濃厚な;濃密な,ちょうみつな(人口など);目のつまった;繁った,密生した(森など);(印)間隔の狭い,詰め組の(植字);しばしばの,ひんぱんな(訪問など)。[名] 密生した箇所;ジャングル。
sűrűség [名] 濃さ,濃厚,濃密;(物)濃度;密度;(物体の)目詰み,ち密,精密;ひんぱんに繰り返すこと;森の茂み,草の茂み,やぶ。
sűrűsödik [自] 密になる,濃くなる,濃厚になる;凝縮(凝結・集中)する(液体などが)。
süt [他] (肉を)焼く,あぶる,揚げる;(パンを)焼いて作る;(罪人に)烙印(らくいん=焼印)を押す;(髪を)カールする;(ピストルを)発射する;(眼を)下げる,低くする。[自] (月や日が)光る,輝く,照る。〔a szemét a földre süti, 彼

は地上を見つめている。〕

sütemény [名] (オーブンで)焼いて作った粉菓子類, パン菓子。〔házi sütemény, 手製のパン菓子。〕

sütés [名] 焼く・あぶること; (パン等の)焼いて作ったもの。

sütkérezik [自] 日なたぼっこする; 温まる, 火にあたる; (比)(賞賛などに)ひたる, 楽しむ。

sütnivaló [名] 焼くべき・焼かれる(肉); イーストの種; 知恵。〔elment a sütnivalója, 彼は頭が変だ, 気が狂っている。〕

sütő [形] 焼く, 揚げる。[名] パン焼職人; パン屋; パン焼きかまど, オーブン。〔sütőben áll, パン焼きかまどにある。〕

sütöde [名] パン製造業; パン焼き場。

süveg [名] (ハンガリー農民の用いる)毛皮の縁なし帽子; 縁のない男帽子。〔papi süveg, 僧侶の三角または四角の帽子。püspöki süveg, 司教冠。leveszi a süvegét, 彼は脱帽する。〕

süvít [自] ヒュウヒュウ・ザワザワ・ビョウビョウと鳴る; (風や嵐が)ひゅうと吹く; (弾丸が)風切る音を発する。

sváb [形] (18世紀にハンガリーに移住した)ドイツ人の; シュヴァーベン(旧大公国, 現在はバイエルン州南西部)の, シュヴァーベンなまりの(方言)。[名] (18世紀にハンガリーに移住した)ドイツ人; シュヴァーベン人。

Svájc [固] スイス国。

svájci [形] スイス(人)の。[名] スイス人。

svéd [形] スエーデン(人・語)の。[名] スエーデン人。〔svédül, スエーデン風に; スエーデン語で。〕

svédasztalos [形] (食事) ビュッフェスタイルの, バイキングの。

Svédország [名] スエーデン国, 瑞典。

Sz

szab [他] (布地を)切る, 裁つ; (価格・日時・条件などを)決定(確定)する, 定める, 決める; (罪を)課する, 処する, 負わせる; (…に)命ずる, 指図(指令・規定)する; 制約(制限)する; (支出を収入に)一致(適応)させる, 準じさせる。

〔feltételül szab, (…に)条件をつける。〕

szabad [形] 自由な, 拘束のない, 気ままの; 勝手な, 随意な, 気楽な, 屈託のない; 自発的な, 独立の(意志); 遠慮しない, こだわりのない; さえぎるものがない, 開け放しの; 外野の, 戸外の, 天空の; (席や場所の)空いている; 仕事のない, ひまな; 雇用されていない; 係累のない, 独身の; 無料の, ただの, 無税の; 免許された, 許可された, ゆるされた; 無制限の; 解放された; 裸の, 赤裸々の。[名] (政治的に)自由な人, 自由の身; 戸外, 屋外, 露天。[他] (限られた形で)(…に…が)許されている。〔nem szabad, …してはならない, 駄目だ。szabadban, a szabad ég alatt, 戸外で, 野外で, 露天で。szabadjára hagy (vkinek vmit), (…を…の)自由意志(裁量・判断)にまかせる。szabad idejében, 彼の暇な時に。szabad kérnem? 差しつかえないですか, お願いできますか。szabad szemmel, 肉眼で。szabadjon megjegyznem, メモを取るのをお許し下さい, 失礼ですが, メモを取らせて下さい。szabadon bocsát, szabadon ereszt, 自由にする, 解放・釈放する(捕虜や囚人などを); (兵)除隊にする; (法)免訴(放免)すること。〕

szabadalmi [形] 特許の。〔szabadalmi hivatal, 特許局。〕

szabadalom (目 szabadalmat) [名] 特権, 特典; 特許証, 特許状; (比)得意, 得手(えて), 十八番, お手のもの。

szabadelvű [形] (政)自由主義の; 自由な, 寛大な, 偏見にとらわれない。[名] 同上の人。

szabadgondolkodó [形] 自由思想の。[名] 自由思想家, 自由信仰主義者(何らの権威や教義に拘束されず, 自由に思想・信仰する)。〔szabadgondolkodó folyóirat, 自由思想雑誌。〕

szabadidő [名] ひま, ひまの時間, 余暇。

szabadít [他] (…から)自由にする; のがれさせる, 脱せしめる, 救い出す。

szabadjegy [名] 無料入場券; (鉄)無料乗車券, パス。

Szabadka [固] 昔のハンガリーの都市名(ドイツ語ではMaria-Theresiopel, セルビア語ではSuboticaといい, 現在, セルビア領。)

szabadkőműves [名] 秘密共済組合員(中世の石工組合に発す)，自由結社員，フリーメーソン員。[形] 同上の；秘密結社の。

szabadkozik [自] 断る，遠慮する。

szabados [形] 不作法な，失礼な；放縦な，みだらな；しまりなき，だらしない，放らつな，我がままな；世間なれした，(図々しい)物腰の。[名] 奴隷から解放された人。

szabadság [名] 自由，自主；不き(奔放)，独立；休暇。〔költői szabadság, 詩文に限り許された文法上の特例。szabadságomban áll, 私の自由に任されてある，私の勝手である。vkinek szabadságára hagy, (…を)…の自由に任せる，勝手にさせる。〕

szabadságharc [名] 自由のための戦い，(ハンガリーの1848～49年の)独立戦争。

szabadságvesztés [名] (法)自由はく奪の刑，禁固刑。〔vkit tíz hónap szabadságvesztésre ítél, …に十カ月の禁固刑を宣言する。〕

szabadtéri [形] 野外の。〔szabadtéri színpad, 野外ステージ。〕

szabadul [自] 自由になる，解放される；救い出される，救助される；(…から)まぬがれる，脱する，やっかい払いする，身軽になる；免債する；(徒弟生活から)解放される，出る，去る。

szabadulás [名] 自由になること；解放，釈放，放免；免除，解除；救出(済)。

szabály [名] 規則；(行政)命令，訓令，指令；定款，規定，規律；法則，原則，規律。〔a szabály ellen vét, 規則に違反する(もとる・さからう)；規則を犯す。szabály szerint, 規則に従って(依って)，規定通りに。szabálytól eltér, 規則に違反する。〕

szabályellenes [形] 規定に反する，反則の；不規則な，変則の，異常の。

szabályos [形] 規則に適った，規則正しい，規則的の，規則だった；定規の，規定の，正規の，正式の；つりあいのとれた，よく調和した；線を引いた，ケイを入れた。

szabályoz [他] 決定する，定める；規制する；(河川を)調整(調節)する；(機械などを)調整する。

szabályozó [形] 規定(調整)する…；規則的，調整的な。[名] (機械や時計などの)調節器，調整器；線(ケイ)引き；

整理者, 調整者。
szabályszerű [形] 正規の, 正式の, 規則正しい, 規則的な, 法則(規定)に適った, 規定の；本当の, 真実の；つりあいのとれた, よく調和した。〔szabályszerű öltözet, 制服〕
szabálytalan [形] 不規則な；不整な；不ぞろいな, 不つりあいな；無秩序な；規制でない, 規定に反する；変則の, 異常の；(医)脈はく不整の(鼓動), 脈はく不ぞろいの。
szabálytalanság [名] 不規則なこと；反則；不整, 不ぞろい；不順, 異常, 変則；(医)脈はく不整(な鼓動)。
szabályzat [名] 準則, 規則；(会社や協会の)規約, 定款；(行政上の)訓令, 訓示, 心得；(宗教上の)品級, 作法。〔őrsi szabályzat, (兵)歩しょう服務規定。〕
szabás [名] 切り方, 裁ち方, 裁断；(衣服の)体裁, 恰好；(比)様式, 型, 風；規則, 規定。
szabatos [形] 規則正しい, きちょうめんな；的確な, 適切な, 妥当な；正確な, 精密な；過不足ない。〔szabatos felelet, 適切な答。szabatos beszéd, 妥当な辞。szabatos stílus, 過不足ない物言い。〕
szabó [名] 裁断師, 裁縫師, 仕立屋。
szabóság [名] 仕立職, 裁縫職業。
szabott [形] 規定された, 規定通りの；確定された, 定められた(値段)；(哲)精確・精密・厳密な。〔szabott ár, 定価, 定額。szabott jog, 実定法, 人定法。〕
szabvány [名] 規準, 標準, 規範；法則, 原則；指図, 規定, 訓令, 命令。
szag [名] におい(香気, 臭気)；(食物の)かおり, 風味；(猟)残臭(動物の通過した跡の)。〔rossz szag, 悪臭。〕
szaggat [他] (衣服などを)引き裂く, 引きちぎる, ずたずたに切る, 破る, ぼろぼろにする(衣類などを)；(果物などを)むしる；(パスタなどをある大きさに)切る；(比)苦しめる, 悩ます, うるさがらせる。[自] (手足が)キリキリ痛む, 激痛する。〔szaggat a tagjaimban, 私の四肢がピリピリする。〕
szaggatott [形] ずたずたに切られた；ちぎれた, すり切れた, ぼろぼろの；(文章)句切りの短い, ぽつぽつした(文)；断続的な；(音)断音的な；(兵)種々の, 雑多の, 多様の。〔szaggatott terep, 断続地域(土地)。〕
szaglál [自] (何度も)嗅ぐ, かぎ探る。

szaglás [名] 同上のこと；きゅう(嗅)覚。
szaglász [自] → szaglál.
szaglik [自] 匂(にお)う；くさみが出る，くさみが発散する，においがする。
szagol [他] (…を)嗅ぐ，嗅ぎつける；(比)感づく，推測する。
szagos [形] におい(匂)がある，香りがある；香気(芳香)ある。〔szagosvíz, 香水。〕
szagtalan [形] 香気なき，香りのない，無臭の；(比)無味乾燥の。
szagtalanít [他] においをなくす，香りをなくす，無臭にする。
szagú [形] におい(匂)の，香りがある。〔jószagú, 芳香の。rossz-szagú, 悪臭の。dohány szagú, タバコのにおいの。〕
száguld [自] 全速力で走る，疾走する，跑(だく)をかける。
száguldozik [自] (繰り返し)全速力であちこち走る；(馬が)疾駆する。
száj (目 szájat；szám 私の口…) [名] (人間の)口；(動物の)口；(比)(びん・管の)口；(河川の)開口部，河口。〔vkinek szája íze szerint beszél, …の話に調子を合わせて言う(相づちを打つ)。szájába rág vkinek vmit, …に…を言い含める(詰め込む・くどく繰り返して言う)。száját ki nem nyitja, 彼は口を開かない，沈黙する。száját tátja, (驚がくのあまり)あんぐり口を開ける，あ然とする。szájától elvon vmit, 食う物を切りつめる，食う物を食わずに…を残す。a világ szájára kerül, 世人の噂(うわさ)にのぼる。számból vette ki a szót, それこそ私が言おうとしていたことだ。〕
szájaskodik [自] 大言する，大言壮語する；大声で口答えする；大声でいろいろ要求する。
szajha (目 szajhát) [名] 売春婦，娼婦。
szájhagyomány [名] 口伝え(くちづたえ)，言い伝え，口碑(こうひ)。
szájhős [名] 口先ばかりの人，からいばりする人，空元気の人，虚勢を張る人，ほら吹き，大言者。
szájíz [名] 味，風味，後味；好み，嗜好(しこう)。
szajkó [名] (鳥)かしどり(樫鳥)，かけす。〔szajkó módra, オウムのようすす，機械的に，無意識的に。szajkó

módra mondja fel a leckét, 彼は学課をオウムのようにそらで言う。〕
szájkosár [名] くつこ(口籠)(馬や犬の口にはめる籠)，口輪。
szájpadlás [名] (解)口蓋(こうがい)，上あご。
szájtátva [副] ぽかんと口をあけて，見とれて，あ然として。
szájüreg [名] (解)口腔。
szájvíz [名] (薬)うがい水，含嗽剤(がんそうざい＝口をすすぐ薬剤)。
szak[1] [名] (時に関し)時間帯，時期，年代，時代(相)。
szak[2] [名] (大学の)専攻；専門，分野；(職務の)範囲，権限。〔nem vág szakjába, それは彼の専門外だ，それは彼には不得手だ。szakonként, 区分して；専攻ごとに；専門(部門)ごとに。〕
szakács [名] 料理人，コック。
szakácskönyv [名] 料理書，料理法の本。
szakácsné [名] 料理女，女性のコック。
szakad [自] 裂ける，砕ける，ちぎれる，割れる；破れる，折れる；(党派が)分かれる，分裂する；(屋根が)落ちこむ，墜落する，ころがり落ちる；(雨が)土砂降りする，滝のように降る；流れこむ，入りこむ；(川に)枝分かれする；(暴風に)吹き流される，漂流する；…が終る；(血統が)絶える，滅びる；(比)(見知らぬ土地に)流れつく。
szakadás [名] 裂けること；(堤防等の)破れ目，裂け目，割れ目，ひび，きれつ；(衣類の)さけ目，ほころび；(党の)分裂，分離；(宗)教会(宗派・教派)の分裂または分立；(比)仲間割れ，反目，離反，不和，争い。
szakadatlan [形] 絶えまない，間断ない，絶えざる，つづけての，連続した。
szakadék [名] (壁の)割れ目，裂け目，ひび；(氷河の)きれつ；山峡，あい路，峡道，深えん，深谷；(比)亀裂。
szakáll [名] ひげ，ほおひげ(鬚)，あごひげ(髯)；(植)(イネ科の植物の)芒(のぎ)，(とうもろこしの)殻；(比)ひげのようなもの。〔szakállt ereszt, ひげを生やす。a maga szakállára, 独断で，一存で，自力で，自分の責任で。〕
szakállas [形] ひげのある；ひげづらの；(植)芒(のぎ)のある。
szakasz [名] (川や道路などの)一部分；(本の)段落；

szakasztott

(時)時期, 時代；(分かたれたもの)区画, 部分；部, 科, 班, 課, 局；(車の)コンパートメント；(兵)小隊, 区隊；(鉄道の)区間, 区域；(法)条, 条項。〔szakaszonként, (文章の)段落ごとに；区間ごとに, 地区ごとに；時代ごとに；(兵)小隊をなして, 小隊ごとに。〕

szakasztott [形] (本物と見違えるほど)よく似ている, そっくり似ている。[副] そっくりに。〔szakasztott olyan, mint az atyja, 彼はお父さんにそっくりだ(生き写しだ)。〕

szakember [名] 専門家, くろうと。

szakértelem [名] 専門的知識(造詣・熟達・精通)。

szakértő [形] 専門の知識ある, 精通した, 熟練の, 造詣深い。[名] その道の通(つう), 専門家；鑑定家。〔szakértők véleménye szerint, 専門家たちの意見に依り。〕

szakiskola [名] 専門学校；職業学校。

szakismeret [名] 専門知識, 専門的造詣。

szakít [他] (布を)引き裂く, 引き切る, 千切る；引き抜く；(鳥の羽毛を)抜く；(花を)摘みとる；(パンを)砕く, 折る；(時を)割く。[自] (…の影響から)抜け出す；(…と)仲違いする, 絶交する。〔szakít egy kis időt, (…のために)僅かの余暇を作る。〕

szakképzettség [名] 専門教育；熟練；専門能力。

szakkör [名] 専門(の世界)；専門家・同業者の仲間。〔szakkörökben, 専門部内にて；専門家の世界において。〕

szakközépiskola [名] 農業・工業・商業高校。

szakma [名] 専門(職業)；(職業の)部門。

szakszerű [形] 専門的の, 専門家的の, 本職の, くろうとの。

szaktárs [名] 専門を同じくする人, 同職業者；同じ課題を研究する同僚。

szakvélemény [名] 専門家の鑑定(意見・判断)。

szál [名] 糸(いと)；(植)茎, わら, さお；葉柄, 花こう(梗)；(比)(全体の)一部分, 一片, 一切れ, 一かたまり；(金属の)線(すじ), 細線。〔egy szál gyertya, 一本のろうそく。egy cselszövény szálai, 陰謀の脈絡。egy hajszál, 一本の毛髪。szép szál férfi, 美しい男性。szép szál lány, 美しい娘。egy szálig, 最後の一人まで；最

後の一片まで。egy szál kardra kihív, (…に)決闘をいどむ。szálanként, 糸一本ずつ；一株ずつ；線・筋ごとに。〕

szalad [自] 走る，駆ける；逃げる，姿を消す；(…を求めて)走り回る；押し寄せる；(比)(場所が)乱雑である。〔vkihez, vki felé szalad, …のところへ馳せつける。szalad az idő, 時は流れる。〕

szaladgál [自] あちこちへ走り回る，東奔西走する。〔könnyű kalandok után szaladgál, あてどもなく(目的なしに)うろつく。〕

szalag [名] (絹帯の)ひも，帯，リボン；(機械の)ベルト；テープ；(勲章の)綬(じゅ)；(裁)織縁(ふち，へり)；(馬や騎兵の)飾りひも；(髪を結ぶ)リボン；(解)靱帯(じんたい)；(建)小縁(こへり)；(…の)線条，筋。

szalámi [名] サラミ・ソーセージ，ハンガリー式ソーセージ(大腸詰)。

szalaszt [他] 走らせる；送り出す；(兵)かい走させる。〔a cselédet a boltba szalasztja, 召使を店へつかわす。〕

szálfa [名] 大立木，大木，老樹；(建)幹材，建築材木，製材。

szálka (目 szálkát) [名] (木や金属の)かけら，破片；とげ(棘)；(魚の)骨；(植)(穂の)のぎ(芒)。〔más szemében a szálkát is meglátja, a magáéban a gerendát sem veszi észre, 他人の目にはトゲをも見るが，自分の目の大梁も気付かない。szálka a szemében, 彼にとって目の上のコブだ，嫌な奴だ。〕

szálkás [形] (木の)かけらだらけの，荒い；棘(とげ)だらけの，とげの多い；筋(すじ)だらけの(肉)；骨だらけの(魚)；(植)芒(のぎ)の立った(穂)；(印)細い活字の。〔szálkás deszka, カンナをかけない荒い板。〕

száll [自] (鳥や飛行機が)飛ぶ，飛揚する；(風に)ひるがえる；飛んで行く，とび立つ，赴く；(乗物・岸・山へ)上がる，登る，昇る；(船や乗物から)下降・下船する；上陸する；(馬に)乗る；乗車する，乗船する；(宿屋に)投宿する；(飲食店に)立ち寄る；(比)沈思・内省する；出陣する；(物価が)騰貴する；(財産が…に)帰属する，の手に入る。〔hajóra száll, 乗船する。magába száll, 沈思・内省する，くやむ。partra száll, 上陸する。táborba száll, 出陣・

出征する。fogadóba száll, 宿屋に投宿する。fejébe száll a bor, 酒が頭に上る。harcba száll vkivel, …と戦いに入る。szállok az úrhoz, 神の救いを。]

szállás [名] 宿；(兵)宿営；(農)豚小屋の前庭。〔szállást kér, 宿を請う。szállást kap, 宿を見出す。szállást ad vkinek, 誰かを泊める，宿泊させる。〕

szállásadó [名] 舎主，宿屋の主人，宿を貸す人。

szállingózik [自] ひらひら飛ぶ；ふわりふわり動く；(ぜんじ)集合する；(噂が)徐々に広がる。〔egyenként szállingózik, 一人ずつ徐々に集まる。a hó szállingózik, 雪がふわりふわり降る。〕

szállít [他] 配達(送付・発送)する；輸送(運送・送達)する；(乗り物などに)乗せる。〔a házhoz szállít, 家へ配達する。〕

szállítás [名] 輸送，運送；配達，送付，納入。

szállítási [形] 運送の。〔szállítási díj, 運送費。szállítási idő, 納入時期。szállítási költség, 輸送費，運送料，運賃。〕

szállítmány [名] (商品の)送り，発送，送達，運送送付；納入，調達，配達。

szállító [形] 配達する，運ぶところの…。[名] 運送業者，運送人；回送者；(商)商品配達人，用達人，出入商人。

szállítóeszköz [名] 輸送機関(手段)；交通機関。

szállítólevél [名] 送り状，荷為替証，船荷証券；(郵送や鉄道の)交付証，引渡証。

szálló, szálloda [名] ホテル，宿屋，旅館。

szállóige [名] 広く世人が口にする言葉，慣用語；俚諺(りげん)。

szalma (目 szalmát) [名] (穀物の)わら，麦わら，禾茎；連合いが留守中の夫・妻。〔a csáki szalmája, (誰にもかかわりのない無主の動産)遺棄物，拾得物。〕

szalmakalap [名] 麦わら帽子。

szalmakazal [名] わらこづみ(わら堆積)，いなづか(稲塚)，いなむら。

szalmaözvegy [名] 夫が旅に出て空けい(寝室)を守る妻；妻が旅に出たためヤモメ生活をしている夫。

szalmaszál [名] わらくき(藁茎)，わらしべ。〔a szalmaszalba is belekapaszkodik, わらをもつかむ。〕

szalon [名] サロン，客間；社交室，応接室，集会室；(船やホテルの)大広間；(ファッションメーカーの)展示・販売スペース。

szalonka (目 szalonkát) [名] (鳥)やましぎ属。

szalonna (目 szalonnát) [名] 豚の脂身，ラード，ベーコン；(パンの)生焼けの部分，すべすべした個所。

szalvéta [名] ナプキン。

szám [名] 数；数字(アラビア数字など)；番号，番地，室の番号；(歌などの)曲；(新聞・雑誌の)号；(選挙の)定足数，議決定数；(クツや帽子の)寸法，号，大きさ；(文)(単・複)数；(比)子細，てん末，説明，弁明，報告。〔folyó szám, 連続番号。kerek szám, 大づかみの数，概数，はしたなき数。páros (páratlan) szám, 偶数(奇数)。számba jön, számba megy, 合算する，加算する，算入する。számba vesz, 勘定(計算)に入れる；(比)考えに入れる，考慮する；(…を…の)借りにする；(…に)負担させる，負わせる；合算・合計する。nagy számmal, 多数に，沢山に，多く。számon kér, (…について…に)弁明(釈明・答弁)を求める。számot ad vmiről, (…について)釈明(弁明)をする，てん末を報告する。számot tart, (…に対し遺産を)要求する；(…を)当てにする，頼みとする，期待する。számot tesz, 数え立てる，計算する，見積もる；一役を演ずる，意義を有する，重要である。nem tesz számot, それは数の中に入らない。számot vet vmivel, …を考えに入れる，考慮する；(状況に)考慮を払う，(事情を)しんしゃくする。szám szerint, 数に応じて(数が多い，または少ない)。

számadás [名] (管理や取り扱いについて)弁明すること；釈明，説明，答弁，報告。〔számadásba tesz, (…に)負担させる，(…の)借りにする。számadásra von, (…に就いて…に)答弁・弁明を求める。nyilvános számadásra kötelezett, 公開の弁明(報告)が義務づけられている。〕

szamár (目 szamarat) [名] (動)ろば(驢馬)；(比)愚か者，愚鈍，ばか。[形] ばかげた，愚かな。〔ostoba szamár!, 驚き入った愚人！〕

számára [後] …にとって；…のために。〔számomra, 私には，私にとって。számunkra, 我々には，我々にとって。〕

számarány [名] 数の割合，比例。
szamárfül [名] ろばの耳；(比)書物の隅の折り目(不注意のため折られた)；(比)耳に手を持って行った軽べつの印(しるし)。〔szamárfület mutat vkinek, …を軽べつする，侮る，ちょう笑する。〕
szamárság [名] ばかなこと，愚かな事；ばかげた行い，愚行。〔nagy szamárságot csinált, 彼は大へま(失策)をした。〕
számérték [名] 数値。
számfejtés [名] 会計検査，監査。
számít [他] 数える，計算・勘定する；考量する；見なす。[自] 考慮・しんしゃくする，問題にする。〔drágán számít vmit, 彼は何を高く計算(要求)する。rosszul számít, 誤算する；(比)当てが外れる，見当違いをする。ez nem számít, これは考慮されない，それは関係ない。számít vmire, számít vkire, 彼は…を当てにする。számíthatsz reám, 君はぼくを頼りにすることが出来る。számítva, 計算に入れて，含めて，(…を)当てにして，頼りにして，期待して。nem számítva, 計算に入れずに，…を含めずに；(…は)別として。〕
számítás [名] 計算，算定，算法；査定，見積もり，評価，概算；勘定，会計；推定，予測。〔számításom szerint, 私の算定(推定)に依れば。számításba jön, 考えの中に入れられる，問題になる，考慮・しんしゃくされる。〕
számító [形] 計算する；(比)打算的の，功利的の；冷静に思慮する。
számítógép [名] コンピュータ。
számjegy [名] 数字；番号。
számkivetés [名] 国外追放，放逐；流刑，流罪；異郷に在ること，亡命。
számla (目 számlát) [名] 請求書，領収証，勘定書；(商)勘定，(銀行) 口座。→ bankszámla.〔folyószámla, 当座勘定。számlára, (…の)勘定(責任・負担)で(買う)。〕
számlakivonat [名] 決算報告書；残高証明書。
számlál [他] 数える，計算(勘定)する；列挙する；見積もる，評価する。
számlálatlan [形] 数えられない，無数の。

számláló［形］数える。［名］(数)分子(分数の)。
számlap［名］(時計などの)文字盤。
számláz［他］計算書に記入する，書き付け(勘定書)を作る；(品物の)送状を作る。
számnév［名］(文)数詞。
szamóca（目 szamócát）［名］(植)野生おらんだいちご；いちごの草my木。
számol［他］［自］(…を)数える，計算(勘定)する；数を言う；列挙する；考慮する；報告する。〔számol vmiről, …について計算書を作る；勘定(清算)する。vmiért majd számolni fogunk, いずれ(…と)話をつける，談判をする。〕
számolás［名］数える(計算する)こと，勘定；計算，算法。〔írás, olvasás, számolás, 読み・書き・数えること。〕
számológép［名］計算器。
számos［形］多数の，沢山の，おびただしい，幾多の；数えうる。〔a gyermek nem számos, 子供は多くない。〕
számoz［他］…に番号をつける；(本に)ページ数をつける，丁付けする。〔számozva, 数えて；番号をつけて；ページ数をつけて。〕
számra［後］個数で，数に従って；数ごとに，数に付き。〔darab számra, 一つずつ，一個ずつ；小売りで。halom számra, 山ごとに，ひと山ずつ，ひと積みごとに。röf számra, エルレ(約6呎)ごとに，一エルレに付き。〕
számsor［名］数の順序，数の系列，数の連続。
számtalan［形］数えきれない，計算されない；無数の，おびただしい。
számtan［名］算数，数学。
számtani［形］算数の，数学の；数理の，数学的。
száműz［他］(政治犯を)追放する；流刑に処する；国外退去する。〔száműzve, 追放して，流刑に処して。〕
száműzés, száműzetés［名］追放すること；国外追放，流刑；追放(破門)の宣言；亡命；(比)廃止，禁止。
száműzött［形］追放された，流罪の，亡命の，異郷にある。［名］被追放者，国外退去させられた人。
számvetés［名］計算(勘定)すること；算数；査定。
számvevőszék［名］会計検査院。
számvitel［名］経理，会計，出納。

szán¹ [他] (…を)あわれむ, ふびんに思う, に同情する；(…を)惜しむ, 残念に思う, 遺憾に思う；(…に…を)運命づける；充てる, 供する, 授ける, 贈る；(…をするように)決める, 決心する；(…に)捧げる, 献ずる。〔vkinek szán, …に与えることを決める。vmire szánja magát, …に身を捧げる, 専心する。〕

szán² [名] ソリ(橇)。〔szánon utazik, ソリで旅する。〕

szánakozik [自] あわれむ, ふびんに思う, 気の毒に思う。〔szánakozik vkin, vkinek sorsán, …を, …の運命をあわれむ, 同情する。szánakozva, 同情して, あわれんで。〕

szánakozó [形] 人情の(同情心の・思いやりの)ある, 情けある, 親切な。

szánalmas [形] 気の毒な, 哀れな, ふびんな, 可哀そうな, 痛ましい；哀れっぽい, 悲しげな。

szánalom (目 szánalmat) [名] 気の毒に思うこと, 同情, あわれみ, 思いやり, 慈悲。〔szánalmat érez, (…に)同情する。szánalmat ébreszt vkiben, …に哀れを催させる。〕

szanaszét, szanaszéjjel [副] 散在して, ばらばらに, 分散して, 四方八方に, あちこちに。

szanatórium [名] サナトリウム。

szándék (目 szándékot) [名] 目論み, 意図, 計画；意思, 決意, 決心；目的。〔feltett szándék, 固い決心(意図)。szánt szándékkal, 故意に, わざと, わざわざ, 下心あって。szándékát változtatja, 考えを変える, 考え直す；決意を変更する。〕

szándékol [他] (…を)目指す, 志す, もくろむ；(…する)つもりである, 意図である。

szándékos [形] 望んだ, 故意の；予謀の, 犯意ある。〔szándékos emberölés, 人殺し, 殺人。〕

szándékozik [自] (…する)つもりである, 目論んでいる；(…をしようと)思う, 考えている。

szánka (目 szánkát), **szánkó** [名] 小形のソリ；ボブスレー。

szánkózik [自] ソリを走らす, ソリに乗って行く；ボブスレーですべる。

szánt [他] (土地を)すき返す, 耕す, 耕作する；土地を掘り

száraz

返す。
szántalp［名］(工)ソリの滑り木。
szántás［名］(土地を)すき返す，耕す。
szántásvetés［名］耕作，耕し，種をまくこと。
szántóföld［名］耕地，耕作地，田畑。
szántóvető［形］農耕の，耕作の(器具)。［名］耕作人，農夫。
szántszándékkal［副］故意に，わざと，下心あって。
szapora［形］(動物の)多産な，繁殖力の強い；生産力のある，収穫の多い，収益多い；すばやい，速やかな，急な，急激な(仕事)；度々の，しばしばの，ひんぱんな。
szaporít［他］殖やす，増す，増加(増大・繁殖)させる。〔szót szaporít, おしゃべりする。〕
szaporodás［名］殖える(増加・増大する)こと；増殖，繁殖。
szaporodik, szaporul［自］増す，殖える，はびこる；(数)増加する；(動・植)繁殖する。
szappan［名］石けん，シャボン。
szappanos［形］石けん質の；石けんだらけの。［名］石けん工。
szar［名］排せつ物，くそ，うんこ，大便；くだらないもの・人；苦境；(ののしり言葉として)〔menj a szarba, くたばれ!〕。
szár［名］(植)茎(くき)，幹(みき)，軸(じく)；(長ぐつの)脚部，胴；(きせるの)羅宇(らう)，煙管；(馬の)手綱；(解)脛骨(はぎぼね)，臑(すね)，脚；(三角形の)辺；(コンパスの)足，分枝；羽軸；(しょく台の)取っ手。
szárad［自］かわく，干る，ひからびる，乾燥する；(比)しぼむ，しおれる；やせる，しわがよる。〔a szégyen már rajta szárad, 恥は彼に結び付く。〕
száradt［形］かわいた，乾燥した，ひからびた；しおれた，枯れた。
száraz［形］かわいた，乾燥した，ひからびた；(比)無味乾燥の，飾り気のない，そっけない，無愛想の，何のおもしろみもない，ありのままの；(人間の)やせこけた，やつれた；(ワイン)辛口の。［名］陸地〔száraz ország, 禁酒国。szárazon, 乾燥して，ひからびて；冷淡に，無愛想に，そっけなく；獲物一つなく。nem viszed el szárazon, 君はそれに対し責

任を負うべきだ(罰せらるべきだ)。százrazon és vízen, 海陸両路で, 水路と陸路で。
szárazföld [名] 陸地；大陸。
szárazföldi [形] 同上の。[szárazföldi éghajlat, 大陸性気候。]
szárazság [名] 乾燥；旱ばつ, 不毛；(比)無味乾燥, 無愛想, そっけないこと, 冷淡。
szardínia [名] (魚)いわし。
szarik [自] 排せつする, 糞(ふん)をする, 大便する。
szárít [他] かわかす, 乾燥させる, ほす, ひあがらせる。
szárító [形] 乾かす…。[szárító kamra, 乾燥室。] [名] 干し場, 乾燥場(室)。
szárított [形] 乾燥させた, かわいた, ドライの(果物または肉など)。
szarka (目 szarkát) [名] (鳥)かささぎ属。
szarkaláb [名] かささぎの足；(植)ひえんそう(飛燕草)；角ばった読みにくい文字；(比)目の周囲の細かいしわ。
származás [名] 後えい, 末えい, 子孫, 直系卑属；(人間の)起原, 由来, 初め；(商品の)原産, 出所；生れ, 血統, 家柄；(文)(語の)起原, 語原。
származású [形] …由来の, 生れの…；起原の；…原産の；(文)語原の。[magyar származású, ハンガリー起原(生れ・家柄)の。]
származik [自] (…に)基づく, 系統を引く, さかのぼる；(…)の生れである。の出身である；(…より)生ずる, 発する, 起る；(文)(…により)派生(由来)する, (…を)語原とする。
szárny [名] (鳥の)翼(つばさ), (虫の)羽；(飛行機の)翼；(風車や船の)帆；(建)突出部, 翼面, 側堂；(窓や門のひらき戸, とびら；(兵)翼；(動)ひれ(鰭)；(比)ひ護, 保護, 監督。[szárnyát szegi vkinek, …の自由を束縛する, 放恣(ほうし)の振る舞いを制する。szárnyra kel, 飛び上がる, 飛び立つ。]
szárnyas [形] 翼のある, 羽毛のある(鳥)；羽状の(植物)。[名] 鳥類, 家きん(とくに食用の)。
szárnyashajó [名] 水中翼船。
szárnycsapás [名] 羽ばたき。
szárnyépület [名] (建)(家の)翼面, 突出部；(寺院の)側廊, 側堂。

szárnysegéd [名] (兵)(皇族・将官付の)副官, 侍従武官；幕僚, 伝令士官。

szarv (目 szarvat) [名] 角(つの)。(伝説の)角杯；角質；角笛；角状の物；すきの轅(ながえ)；(月の)上弦の両端。〔szarvak, (複)角, (とくに)しか(鹿)の枝角。〕

szarvas¹ [形] (動・植)角のある, 角の生えた；角状の；角質の。[名] (料)クロワッサン；こやしの山, 堆肥(たいひ)。

szarvas² [名] (動)(雄)しか。

szarvasagancs [名] シカの又角(またづの), 枝角。

szarvasbogár [名] (虫)くわがたむし。

szarvasbőr [名] シカのなめし皮；しか皮, バックスキン。

szarvasmarha [名] (動)畜牛。

szász [形] ザクセンの；トランシルヴァニアの移住ドイツ人の。[名] ザクセン人；トランシルヴァニアの移住ドイツ人。

szatíra (目 szatírát) [名] 風刺(あてこすり)の詩文, 風刺詩, 落首(らくしゅ)；風刺, 皮肉, 当てこすり, いやみ。

szatírikus [形] 風刺・あてこすりの, 風刺を好む, 皮肉な。[名] 風刺作家。

szatócs [名] (店持ちの)小売商人, 雑貨商, 乾物屋；食糧雑貨商。

szatyor (目 szatyrot) [名] 手さげ袋, 買物袋。〔vén szatyor, 意地悪ばあさん, ばばぁ。〕

Száva [固] Save, Sau (ドイツ語), 墺国のケルンテンに発し, ベオグラード付近でドナウ川に合流する支流の名称。

szavahihető [形] 信用・信頼し得る, 信用できる, 確かな, 確実な。

szavajárása [名] (その人特有の)話し振り, 話し方の癖, 口調。

szaval [他] (詩や名文などを)高唱・朗読する；朗吟・吟詠する；そらで唱える, 暗唱する；(皮)えらそうに話す, 演説口調で話す。

szavalás, szavalat [名] (古典など)朗読, 高唱；暗唱；吟唱；熱弁。

szavaló [形] 朗読する…；演説口調の；熱弁する。[名] 朗読者。

szavatartó [形] 約束を守る, 信用ある, もの堅い。

szavatol [他] (法律的にも…を)保証する, 請合う。

szavatosság [名] 保証, 請合。〔szavatossági idő,

szavaz [他] 投票する；票決する。

szavazás [名] 投票すること；票決；(議会の)採決，評決。〔szavazásra jogosított, 投票権をもつ，投票権のある。〕

szavazat [名] (票決された)票；投票権。

szavazati [形] 投票の。〔szavazati jog, 投票権，選挙権。〕

szavazó [形] 投票する…；選挙権がある。[名] 投票する人，投票者。

száz [数] 100，百の数；百または百の概数；(スポーツ)百メートル。[形] 非常に多くの。〔százan, 百人で。százanként, 百を単位にして，百ずつで，百こで；数百ずつ，幾百となく。százannyi, 百位の，百ほどの。százával, 幾百となく，百ずつ。százszor, 百度，百回。〕

század[1] [数] (数)百分の一。〔századszor, 第百番目に，第百度目に。〕

század[2] [名] (年の)百年，世紀。

század[3] [名] (歩・騎兵の)中隊。

századik [形] 百番目の，第百の；百の。[名] 百番目のもの。

százados [名] (兵)中隊長，大尉。

századparancsnok [名] (歩・騎兵の)中隊長。

százalék, száztóli [名] 百分の一；百分率，パーセンテージ，百分比。

százalékos [形] 同上の。

százas [形] 百の。〔százas bankjegy, 百フォリントの紙幣。százas szoba, 第百号室。〕[名] (数)百位の数；百の数；百の記号；百フォリントの貨幣；百人よりなる団体の一員。

százfelé [副] あらゆる方面へ。

százféle [形] 百種の，凡百の。

százszoros [形] 百倍の。[名] 百倍。

százszorszép [名] (植)ひなぎく(雛菊)，えんめいぎく(淵明菊)。

szed [他] 寄せ集める，ためる，蓄える；(果物や穀物を)拾い集める；(花や葉を)摘み取る；(印)植字する；(薬を)服用する；(会費などを)取り立てる，徴収する；(兵)募集する；分け

る；(比)たたむ；整理する；(比)手に入れる；(考えを)形にする。〔ráncba szed, (衣服を)たたむ，折りたたむ；(…を)きょう正する，訓練する。rendbe szed, 整理する；処理する，解決する。szedi magát és elmegy, 彼は勇気を奮い起こして出て行く。〕

szédeleg [自] めまいがする，頭がぐらぐらする；ふらふら行く；(比)ごまかす，だます，ペテンをする。

szeder [名] (植)きいちご(木苺の実)；えぞいちご(の木)；くわ(桑)の実。

szederjes [形] (血のめぐりが悪くて)紫がかった。

szedés [名] (果物や花の)摘み取り，取り入れ，収穫；(寄付金の)募集；服用；(兵)募集；(印)組み，植字。〔gépi szedés, 機械組み。kézi szedés, 手組み。〕

szédít [他] めまいを引き起こさせる，目をくらませる；(比)ぼう然たらしめる，人の目をくらます，だます。

szédítő [形] めまいを催させる；(比)目を見張らせる，特別な。

szedő [名] 集める人，収集者；(ぶどうを)摘む人・収穫する人；(印)植字工。

szédül [自] めまいがする，目が回る；(比)バランスを崩して倒れる；(比)ぼう然自失する，ぼう然となる。

szédülés [名] めまいがする(目が回る・ぼう然自失する)こと。

szédületes [形] めまいを催させる，ぼう然自失させる；(比)驚くべき，非常な。

szeg¹, **szög** [名] くぎ(釘)，びょう，木くぎ。〔szeget szeggel, 売り言葉に買い言葉；歯には歯；眼には眼；そっちがそっちなら，こっちもこっち；同じ仕返しをすること。szeget ütött a fejembe, それは私を考えこませた。〕

szeg² [他] (…に)縁どる，縁縫いする；(…にパンを)切る；(鳥の羽の)端を切る；(意欲を)そぐ。〔nyakát szegi, (…の)首を折る；(比)すさまじいことを耳にする；失敗する。kedvét szegi vkinek, (…する…の)意欲をそぐ。szavát szegi, 約束を破る，破約・違約する。〕

szeg³, **szög** [名] (地)かど(角)，すみ(隅)；(数)角(かく)，角度。

szegecs [名] (工)びょう，目くぎ，しめくぎ，リベット，無頭くぎ。

szegecsel [他] びょうで留める，びょう締めにする；しめくぎで

締める，リベットでしめる。

szegély [名] 縁(へり)，わく；(衣服の)縁縫い，縁取り；(紙の)余白，欄外；(地平線の)端(はし)，際(きわ)；額縁，枠(わく)。

szegény [形] みすぼらしい，哀れな，悲しい，不幸な；貧しい，貧困な；貧弱な，粗末な，つまらぬ；不毛の，やせた；死んだ，故(もと)の。[名] 貧乏人，哀れな人。〔szegény apám, 亡き父。〕

szegényedik, szegényül [自] 貧しくなる，貧弱になる；零落する，落ちぶれる。

szegényes [形] 貧しげな，貧弱な；粗末な，みすぼらしい，つまらない；つましい。〔szegényes ebéd, つましい昼食。〕

szegénylegény [名] (歴)(農奴や兵役などからの)逃亡者(時に追いはぎなどもした)。

szegénység [名] 貧乏，貧困，貧窮，貧民(の総称)；稀少，欠乏；貧弱，浅薄，無気力。

szeges, szöges [形] くぎを打ちつけた。

szegez, szögez [他] くぎ(びょう)で止める；(本を)とじる，仮とじする；(…に眼を)固定させる，注視する；(…に剣を)向ける。〔szuronyt szegez, 銃剣を構える。szegezi az oldalamat, 私は腹が痛い。〕

szegfű [名] (植)石竹(せきちく)，からなでしこ(唐撫子)，おらんだなでしこ，カーネーション。

szegfűszeg [名] (植)丁子(ちょうじ)。

szegről-végről [副] 遠くから，離れて(親類)；こと細かく。〔szegről-végről rokonságban vannak, 彼らは遠縁の間柄にある。〕

szegy [名] (牛類の)胸，胸部；(料)胸肉。

szégyell [他] (…を)恥じる，恥じらう；しゅう恥を感ずる，恥ずかしがる。〔szégyell kimondani, 口に出すのも恥ずかしい。szégyelli magát, 恥じ入る。〕

szégyen [名] 恥，恥辱；汚辱，汚名，不名誉；屈辱，侮辱，りょう辱；恥ずべき行為・性格および行為者。〔ő a falu szégyene, 彼(女)は村の汚点だ。szégyent vall, 恥辱(不名誉)を被る。szégyen, gyalázat！，それは何たる侮辱ぞ。〕

szégyenkezik [自] 恥じいる，はじらう，恥ずかしがる，赤面する；恐縮する。〔szégyenkezve, 恥じて，はじらって，

きまり悪がって；恐縮して。〕

szégyenletes [形] 恥ずべき，恥辱になる，不面目な；無礼な，恥になる，屈辱的な，不名誉極まる。

szégyenlős [形] 恥ずかしがりの，はにかみやの，内気な；控え目な，つつしみ深い，しとやかな。

szégyenszemre [副] 恥ずかしくも，見苦しく，…の面目をつぶして；しょげて，こそこそと。

szégyentelen [形] 恥知らずの，無恥の，破廉恥の，厚かましい，無遠慮な。

széjjel [副] 分かれて，離れて，分散して，ちらばって。〔széjjel dobál, 散らす，散乱させる。〕

szék [名] いす，腰掛け；席，座，座台；(比)(高官の)座；肉屋；(比)通じ，便通。〔királyi szék, 王位，王座，玉座。〕

székel [自] (王公が)都にする；(大公使が)駐在する；(裁判所が)置かれている；(医)通便がある。

székely [形] (トランシルヴァニアの南東に暮らす，ハンガリー民族の一グループ)セーケイ人。[名] セーケイ人。

Székelyföld [名] セーケイフェルド，セーケイ人の地。

szekér (目 szekeret) [名] (両側にハシゴ形の枠ある四輪の)荷馬車，荷車；キャラバン車。〔vkinek a szekerét tolja, (自分の都合で)…に助力・加勢する。〕

szekerez [自] (物を)荷馬車で運ぶ；(人が)荷馬車を駆る(御する)；(人が)荷馬車で行く(おもむく・旅する)。

székesegyház [名] (カトリック)司教座聖堂；(ビショップの席がある)カテドラル。

székház [名] (役所・機関・組織・組合などの)本部建物。

székhely [名] (組織・機関などの)所在地；(県・市・町村の)官庁所在地。

székláb [名] イスの足。

széklet [名] (医)排便，通便。

székrekedés, székszorulás [名] (医)秘結症，秘結，便秘。

szekrény [名] 洋服だんす，戸だな，箱；(トラックやバンの)荷台；(工)(機器の)金属製のおおい；食器戸だな。〔fiókos szekrény, たんす。falbaépített szekrény, 戸だな，押し入れ。〕

széktámla [名] イスの背もたれ。

szel [他] (パン・肉・ハム等をナイフで)切り分ける；薄く切る，切り刻む；(船が波を)裂く，切る，破る。

szél[1] [名] 風，気流；予兆；(消化器内の)ガス，放屁(ほうひ)，おなら；(医)脳出血。〔szélnek ereszt, (…を)馬耳東風と聞き流す，意に介しない。megütötte a szél, 彼は中風にかかった，彼は卒中を起こした。vkinek csap a szelet, …に言い寄る，…に媚(こ)びる。〕

szél[2] [名] 端(はし)，縁(ふち)，辺(へり)，際(きわ)；周辺，境界；開口部；(本の)欄外，余白；(織物の)幅，幅員。〔a sír szélén, 墓のへりで。〕

szélcsend [名] 無風，なぎ(凪)。

szeleburdi [形] 天気のように変り易い，落ちつかない，移り気の；浮薄の，定見のない，軽率な，むら気の，無思慮な。[名] 軽はずみな人，軽率な人。

szelel [他] (穀物を)篩(ふるい)にかける，あおいで分ける。[自] 風が通る，風通しがある，空気が通る。

szélenergia [名] 風力。

szelep [名] 弁，バルブ，調節弁；(自転車タイヤの)空気を入れる口；通風弁；(オルガンの)音栓・ストップ。〔biztonsági szelep, 安全弁。〕

szeles [形] 風のよく吹く，風の多い(強い)；風のあたる，風にさらされた；(比)軽々しい，軽率な，軽薄な，軽はずみの，浅はかな；(比)(腸内に)ガスがたまった。

széles [形] 幅の広い；広がった，広大(広範)な；多岐にわたる；…の幅ある；両腕の大きな動作の。〔széles jó kedvében, 大はしゃぎで，喜び有頂天になって，狂喜して。két méter széles, ニメートルの幅のある。〕

szélesség [名] ひろがり，広さ；幅，幅員；(地)緯度，緯線；(比)広いこと，広大。

szélességi [形] 広さの；緯度の。〔szélességi fok, (地，天)緯度。szélességi kör, 緯度圏。〕

szelet [名] 切れ，切片；一枚，ひときれ；(地)(地球儀の)球分。〔szeletekre vágja a húst, 肉をスライスする。〕

szélhámos [形] 詐欺師の；信頼できない。[名] 食わせ者，詐欺師，山師，ペテン師。

szélhámoskodik [自] 詐欺をする，だます，あざむく，ペテンにかける。

szélhámosság [名] 詐欺，インチキ，詐欺行為。

szelíd [形] 柔らかみのある，心地よい；温和な，柔和な，温順な，温良な，やさしい；(気候の)温暖な，穏和な，おだやかな；(動)人に馴れた，馴化した，なついた，仕込まれた。

szelídít [他] (動物を)馴らす，手なずける，調教する，仕込む；(無礼な表現を)和らげる；しずめる，なだめる。

szelídítő [形] 緩和する；調教する。[名] 馴らす人，調教師；御する人，制御者。

szelídség [名] 穏やかなこと；柔和，温順，優しさ。

szélirány [名] 風の吹いてくる方向，風向。

szélkakas [名] 風見鶏，風向計；(比)気の変り易い人，無定見の人，無節操漢。

szellem [名] 精気，神霊；霊気，霊魂，幽霊；亡霊，妖怪；化け物，おばけ，精霊；心，精神，意義；機知，才気；真髄，精髄。

szellemdús, szellemes [形] 精神ゆたかな，奥深い，才知ある；才気かん発の，きびきびした，気の利いた；機知に富む。

szellemesség [名] 多才，才気かん発，機知に富むこと，機知に富んだ言葉，冗談。

szellemi [形] 精神の，霊の；精神的，形而上の；知的，理知的；才知ある，機知に富む，利口な，気の利いた。〔szellemi munka, 知的労働。〕

szellő [名] 微風，和風，軽風，そよ風。

szellőzik [自] 風通し(空気の流通)がよい，清々している；散歩に出る，風に吹かれる。

szellőztet [他] (…を)風に当てる，外気に当てる，換気する；(室に)風を通す，風を入れる，通風する；(比)(問題を)明らかにする。〔szellőzteti a fejét, 彼は風に吹かれに行く，散歩に行く。〕

szellőztető [名] 送風器，扇風器，換気装置；通風孔。

szélmalom [名] 風車。

szélroham [名] 一陣の風，突風，疾風；陣風(急に烈しく，ひとしきり吹く風)；降風(おろしかぜ)。

szélrózsa [名] (海)ら(羅)針牌(ら針盤の指斜面)(趣がバラの花に似る)，羅針儀方位。

szélső [形] 最も外の，最も遠い；先端の，最端の；端(はし)(果て)にある；(比)極端な，過激な，極度の；甚だしい，非常の。[名] (サッカーの)ウイング・フォワード。

szélsőség [名] 極端に走る(度を過ごす・やり過ぎる)こと；極端，極度。

széltében [副] ひろがりにおいて，広く；どこにも，至るところに。

széltében-hosszában [副] 長さと幅において，縦横に；四方八方に，あまねく，至るところに，どこでも；こと細かに。

szélütés [名] (医)(肢体の)まひ，不随；中風；卒中の発作。

szélütött [形] まひした，運動不能の；中風(卒中)にかかった。

szelvény [名] 区切り；(工)垂直断面，縦断面図，側面図；クーポン，切符の半券；(鉄)(線路の距離を表わす石と石の間の)区間。

szélvész [名] 大風，暴風，嵐；突風，旋風；(冗)(修飾語として)お転婆な。

szélvihar [名] 暴風雨，時化(しけ)，大荒れ，大風，大旋風。

szem [名] (動物の)目，眼；まなざし；視力；見方；(穀物の)種子，粒，小粒；(兵)照星；(植物の)芽，蕾(つぼみ)；(ブドウやイチゴの)しょうか(漿果)；(クジャクなどの)はん紋；(景色の)湖沼；(こん虫類の羽にある)眼状斑；(チーズの)穴，孔；(針の)めど；(サイやカルタの)点；(編物の)編み目；(鎖の)環(かん)。〔szembe, まともに，向かって，対して。szembe jött velem, 彼は私に向かって来た。szeme láttára, 彼の見ているところで。szemébe mond, (…に…を)面と向かって言う，あけすけに言う。szem elől téveszt, 目を放す，見失う。szem előtt, 眼前に，明白に(見る)。szemére hány (szemére vet), (…の…を)非難・しっ責する。fél szemére vak, 彼は片目が見えない。szemet húny, (臨終の人の)眼をふさいでやる。szemet szúr, (人の)耳目を驚かせる，人目をひく，センセーションを起こす。irígy szemmel néz, (…を)羨望(せんぼう)する。szemre vesz, (…に)目を留める，注視する。szemügyre vesz, 同上。szemmel látható, 眼で見られる，見やすい；鮮明な，あからさまの，明白な，明瞭な。szemmel tart, (…を)見失わないようにする；監視(監督・警戒)する，見張る；(…に)注意する，心を配る。szemtől szembe, 面と向かって，まともに，大っぴらに。〕

szembeállít [他] (…と)向かい合わせる；(比)対比(対照)する；敵対させる。
szemben [副] 向かい側に，相対して，向かい合って。[後] (vkivel/vmivel と共に)真向かいに，正面に；対抗して；直面して；…と異なって。〔ezzel szemben, これに対して。vmivel/vkivel szemben áll, (…に)直面する，対立(対抗)する。szemben álló, 向かい側の，対立(対抗)する…。〕
szembeötlő [形] 目につく，目立つ；目覚ましい，ぱっとした，派手な，著しい。
szembesít [他] (法)(…と)対質(対決)させる。
szembeszáll [自] 対決する；(…に)反抗(抵抗・ちょう戦)する。〔szembeszáll a veszéllyel/viharral, 危険/嵐を冒して進む。〕
szembetegség [名] 眼病。
szembetűnő [形] 目立つ，一目瞭然の，顕著な，著しい，明白な。
szemcse (目 szemcsét) [名] 小粒，小穀粒，細粒；小さなでこぼこ。
szemcsés [形] (鉱)砂質の，粒の，粒状の；粒が多い，粒々の，細粒にされた；でこぼこの。〔szemcsés kötőhártyagyulladás, 結膜炎。〕
szemelvény [名] 選集；抜粋，抄録，詩歌選。〔szemelvények Arany Toldijából, アラニュ作のトルディ詩抄。〕
személy [名] 人，人間；人物，人格；(法)法人；ひとがら，人品，風采；みずから，自身；個人；(俗)身をもち崩した女性；(劇)登場人物；(文)人称；名代，代表者；(比)各駅列車。〔személy szerint, 自ら，自身；本人で，個人的に；(文)人称に依り。〕
személyazonosság [名] (人の)同一であること，同一性；アイデンティティー；身許。
személyazonossági [形] 同上。〔személyazonossági igazolvány, 身分証明書。〕
személyes [形] 一身上の；人身の；おのれ自身の，個人的；一個人の，一私人の；(文)人称の。
személyeskedik [自] 個人的批判にわたる，人身攻撃をする；(…に)あてこすり(いやみ・皮肉)を言う。

személyi [形] 人の, 人的；人身の；個人的, 一私人の；自らの；本人の；(総称)人員の, 職員の。〔személyi kiadás, 人件費。〕

személyiség [名] 人たること；人格, 性格；個人, 個性；(比)名士。

személyleírás [名] 人相書(犯人等の)。

személynév [名] 人名(人の名, 個人の名前)。

személynévmás [名] (文)人称代名詞。

személypoggyász [名] 旅客(の預けた)手荷物。

személyrag [名] (文)所有者を示す人称語尾；(動詞の)人称活用語尾。

személyszállítás [名] 旅客輸送。

személytelen [形] 人に関係しない, 物的の；(文)非人称の, 無人称の。

személyvonat [名] (鉄)各駅列車。

személyzet [名] (総称)人員, 職員；従業員；召し使い；乗務員, (船の)乗組員, 船員。

szemérem (目 szemérmét) [名] 恥じらい, しゅう恥心, 廉恥, はにかみ, 内気；恥辱感, 不名誉感。〔női szemérem, 女の性。〕

szemérmes [形] 恥ずかしがる, 恥じらう, 内気の, はにかみやの；慎しみ深い, しとやかな, 控え目な；純潔な, 清浄な, 身持のよい。

szemérmeskedik [自] 慎み深い風をする, とりすます；恥ずかしがる, はにかむ。

szemérmetlen [形] 恥を知らない, 無恥の, あつかましい, 破廉恥な；純潔でない, 不純な；みだらな, いん乱の, 不品行の。

szemes [形] 目のある；鋭い, けい眼の, 明敏な；気をつけた, 注意深い, 用心深い, 抜け目のない；粒の, 粒状の；粒多い。[名] 抜け目のない人；粒状の餌；穀物倉。

szemész [名] 眼科医。

szemészet [名] 眼科医学。

szemét (目 szemetet) [名] ゴミ, 汚物, 不用物, 廃棄物, くず, がらくた；ゴミの山；(比)けがらわしい人；けがらわしいこと。

szemétdomb [名] (ゴミや, ねわらの)たい積(やま)；がらくたの山。

szemetel¹ [自] ゴミだらけにする，よごす；(物を)散らかす，不潔にする；(比)(家庭の)ゴミを集める。

szemetel² [自] (主語なしでも)小雨・ぬか雨が降る。

szemetes [形] 不潔の，きたない，ゴミで一杯の；余計なものがまじった。[名] ゴミ収集人。

szemeteskocsi [名] ゴミ運搬車。

szemfedél, szemfedő [名] 死骸を被う布，死衣，経惟子(きょうかたびら)，棺衣。

szemfényvesztés [名] 人の目をくらますもの；手品，魔術，奇術，妖術；(比)ごまかし，見かけ倒し，幻惑するもの。

szemfényvesztő [形] 人の目をくらます…，手品の…。[名] 妖術者，魔術者，手品師，奇術師。

szemfog [名] (解)犬歯(いと切り歯)；(動)牙(きば)。

szemfüles [形] 鋭敏な，けい眼の；抜け目のない；ぬかりのない，気の利いた，油断のない，細心な，注意深い。

szemgolyó [名] (解)眼球。

szemhéj [名] (解)目蓋(まぶた)。

szemideg [名] (解)視神経。

szeminárium [名] (大学などの)ゼミ；神学校；研究会，セミナー。

szemközt [副] 差し向かいに，向かい合って；敵対して。[後] (vkivel/vmivel)向かい側に。〔szemközt lakik, (…に)向かい合って住む。szemközt jön, 向かって来る。szemközt fúj a szél, 向かい風である。〕

szemközti [形] 正面の，向かい合っている…。

szemle (目 szemlét) [名] 視察，検査，論評，取り調べ；(兵)観兵(式)；(文)雑誌，評論。〔bírói szemle, 司法の取り調べ。szemlét tart, 検査する，論評する。〕

szemlél [他] 熟視(観察・視察・熟考)する；検察(検査・検分・吟味)する；(兵)検閲・閲兵する。

szemlélet [名] 熟視，視察，観察，実見，目撃；(哲)観照，直観，直覚；見解，見地，意見；概観，観(例，人生観など)；(兵)検閲。

szemléletes [形] 目に見えるような，明白な，一目瞭然の；具象的な；直観(直覚・観照)的な。

szemléltet [他] 目に見えるようにする；具体的に説明する，実物(実例・図解)に依り示す，見本を示す。

szemléltető [形] 目で見えるようにする…；実例によって示

す…, 直観的の。〔szemléltető oktatás, 直観教授法, 実物教授。〕
szemlencse [名] (解)水晶体；(眼鏡や顕微鏡の)接眼レンズ, 対眼レンズ。
szemlesütve [副] (恥ずかしさで, 戸惑って)目を伏せて。
szemmérték [名] 目で測定すること, 目測。
szemorvos [名] 眼科医。
szemölcs [名] (医)いぼ, こぶ；(解)小乳頭；小乳頭状突起(歯根・毛根にある)；(動)いぼ状突起。
szemöldök [名] (解)眉(まゆ), まゆ毛。
szempilla [名] まつげ(睫毛)。
szempillantás [名] またたく間, 瞬間, せつな。
szempont [名] 視点；着眼点, 見地, 観点, 見解。〔vminek szempontjából, …の観点から。〕
szemrehányás [名] とがめ, 非難, しっ責, しかりせめること。
szemrehányó [形] とがめる, 非難する, 非難のこもった, 排斥の意を表示する。
szemrontó [形] 目を悪くする, 目を傷める, 目を害する。
szemtanú [名] 現場の目撃者, 居合わせた者(現場の証人)。
szemtelen [形] 横柄な, 無礼な；恥知らずな, 破廉恥な, 図々しい, あつかましい, 厚顔な, 鉄面皮の。
szemtelenkedik [自] 厚顔無恥に(図々しく)振舞う；厚顔にそばに寄る。
szemtelenség [名] 図々しさ, 出しゃばり, 恥知らず, 無恥, 厚顔, 破廉恥, 鉄面皮。
szemügyre vesz (…に)目を留める, 注視する。
szemüveg [名] (各種の)めがね；コンタクトレンズ；(比)(なんらかの)目(で見る)。
szemüveges [形] めがねを掛けた。[名] めがねの人。
szemzés [名] (農)接芽(つぎめ, 芽による接ぎ木) (法)。
szén (目 szenet) [名] 炭；木炭；石炭；(化)炭素。〔eleven szén, しゃく熱の炭火；烈火。kőszén, 石炭。rajzoló szén, 木炭筆。〕
széna (目 szénát) [名] 刈り草, 乾草, 枯草, まぐさ。〔nincs rendben a szénája, 事件は整っていない, 解決されてない, 都合がよくない。lekaszált széna, 刈りと

った草。〕
szénakazal ［名］乾草・枯草のたい積(山)。
szénbánya ［名］炭坑。
szende ［形］おとなしい，柔和な，温和(温厚・温良・温順)な，やさしい，おだやかな。［名］(劇の)純な娘役；純な娘役をつとめる女優。
szendereg ［自］うとうと眠る，まどろむ，仮眠する，うたたねする，居眠りする。
szenderül ［自］Álomba szenderül → elszenderedik. うたたねする，うとうとと寝入る，まどろむ。〔jobblétre szenderült, 彼は眠るが如く(安らかに)死んだ。〕
szendvics ［名］サンドイッチ。
szenes ［形］炭でよごれた，真黒になった；石炭で熱くなった；焦げた，炭火した，炭になった；(化)石炭(炭素)を含んだ，炭素を生ずる。［名］炭焼き人；炭屋。
szénmonoxid ［名］(化)一酸化炭素。
szénpor ［名］炭粉，粉炭，微粉炭；石炭くず，炭じん(細粉)。
szénsav ［名］(化)炭酸。
szent ［形］(宗)神聖な，聖なる；浄い，神々しい，尊い；(比)犯すべからざる，触れてはならない。［名］(人)聖徒，聖人，聖者，聖女；(親しい人への呼びかけとして)〔kis szentem, 私の愛しい人。〕
szentbeszéd ［名］(宗)説教，説法。
szentel ［他］(寺院や鐘を)捧献する；(…を聖職に)任ずる，品級を定める；はらい清める，聖ならしめる，神聖にする，聖化する；聖者とする，聖列に加える；(軍旗を)祝別する，祝聖する；捧げる，献ずる；(比)(…に)献身する，(…に)捧げる。
szenteltvíz ［名］(宗)はらい清められた水，聖水。
szentély ［名］(宗)神聖な場所；聖所，聖殿(神殿，奥の院など)；神社；(比)私室。
szentesít ［他］(習慣を)神聖なものとしてあがめる，聖化する；批准する，裁可(認可)する，法律力を付与する。
Szentföld ［固］聖地，エルサレム。
szentháromság ［名］(宗)三位一体(説)。
szentírás ［名］聖書，バイブル；絶対的な真理。
szentjánosbogár ［名］(虫)ほたる(蛍)(聖ヨハネ祭のころ飛ぶ故に)。

szentkép [名] (宗)聖人の御影, 聖像, 聖徒の像。

szentség [名] 神性, 神聖, 聖性；清浄, 高徳；聖事, 宗教上の事物, 神に関すること；(キリスト教)聖ざん式, (カトリック)聖体拝領；聖ざん式のパン, 聖餅。〔halotti szentség, 終油式。〕

szentségtörés [名] 神に背くこと；背神, 不信心, 無信仰；神聖をけがすこと, とく神, とく聖(行為)；(伝統などへの)冒とく行為。

szentszék [名] (宗)聖座(カトリック教会の法王の座)；ローマ法王庁；(法王親臨下の)枢機官会議；教会裁判所。

szenved [他] 耐え忍ぶ, 辛抱・我慢・甘受する；(損害・被害を)受ける, 被る。[自] 痛む, 悩む, 苦しむ(病気に)；心に苦痛を受ける, 不快を感ずる；行きなやむ, 渋滞する。

szenvedély [名] 激情；(恋の)情熱, 情欲, 愛欲；熱中；道楽, 愛好。

szenvedélyes [形] 情熱的, 熱烈な, 多感な, 熱中した, 渇望の。

szenvedés [名] 耐え忍ぶこと, 忍従, 堪忍；受難, 受苦(キリストの)；苦痛, 苦悩；(恋の)煩もん；長きにわたる病苦, 煩い；病気, 疾患。

szenvedő [形] 苦しんで(悩んで)いる；具合が悪い, 病める, 不快である；辛抱・忍耐する；(文)受け身の, 受動的, 受動形の(動詞)。[名] 苦しむ人, 患者。

szenny [名] けがれ, よごれ, 不潔；(比)きず, 欠点, 汚点, 汚名；けがらわしい言葉, わい談, 醜行。

szennyes [形] 不潔の, きたない, よごれた；(比)根性のきたない, しみったれの；卑しい, 下品の；けがらわしい, 卑わいな。[名] よごれ物, 洗たく物。

szennyez [他] 不潔にする, よごす；(名誉を)けがす, そしる。

szennyezés [名] 汚染；公害。

szennyeződés [名] 汚染；汚染されたもの。

szennyeződik [自] 汚染される。

szép [形] 見事な, 立派な, うるわしい, 美しい, すばらしい；快適の, けっこうな, 好ましい；すぐれた；親切な；衷心(まごころ)の。[名] 美しいもの；美しい女；美しい部分。〔a szépet teszi vkinek, …のきげんを取る, に媚(こ)びる；に秋波を送る。szebb, (より, 一層, さらに)美しい, 美事な, 立派な, きれいな。szebben, より美しく, より立派に, より

szerda

みごとに。szebbnél szebb ruhák, どれもこれも美しい服。〕

szépanya [名] 曾祖父母の母親, ひいひいばあさん。
szépapa [名] 曾祖父母の父親, ひいひいじいさん。
szépen [副] よく, 上手に, 立派に；見事に, うまく；快く, 楽しく, 丁寧に, やさしく, おだやかに；静かに, 無事に；相当に, 十分に, 大層。〔köszöm szépen, まことにありがとう, もう沢山です, どうぞ宜しく(言って下さい), (反語的に)ありがたいね(実は, いまいましいな), ええ, そうです。〕
szépérzék [名] 美感, 審美的感情。
szépíró [名] 能書家, 書家；純文学者, 文学者。
szépirodalom [名] 純文学。
szépít [他] 美しくする, 立派にする, 飾る, 装飾する；婉曲的に言う, 遠まわしに言う；(比)(欠陥を)脚飾する, 潤飾する, 取りつくろう。
szépítőszer [名] 化粧品, 美顔料。
szeplő [名] そばかす(雀斑, 赤斑)；(比)汚点, 汚名；きず, 欠点。
szeplőtelen [形] そばかすのない；よごれない, 汚点なき；潔白の, 清浄・無垢(むく)の。
szépművészet [名] 美術。
szépnem [名] (比・冗)女性。
széppróza [名] 文学的散文, 純文学。
szépség [名] 美しさ, 美, 美麗；美しいもの, 美点；美人, 麗人, 美女。
szeptember [名] 九月。
szépül [自] (人が)美しく(立派に)なる；(物や街などが)美しくなる。
szer [名] 器具, 道具, 工具；体操用具；薬剤；手段, 方法, 仕方, 流儀, 風, 様式, 方式；生産物。〔féregirtó szer, 殺虫剤。se szeri, se száma, 無数の, 数えきれない, 多数の。könnyű szerrel, 苦もなく, たやすく, 楽に。szert tesz vmire, …を得る, 手に入れる, 調達する, 取得する。〕
szerb [形] セルビアの。[名] セルビア人。〔szerbül, セルビア風に；セルビア語で。〕
szerda (目 szerdát) [名] 水曜日。〔szerdán, 水曜日に。szerdánként, 水曜日ごとに, 毎水曜日に。〕

szerecsen [名] ムーア人（西北アフリカの回教徒アフリカ人），サラセン人（アラビア人）。

szerel [他]（機械を）組み立てる，据え付ける，装置・配置する；（付属品や馬具を）装着する；装具を整える，用意・準備する；（船）艤装（ぎそう）する；（競）（ボールを）奪う；（ゴールを）阻止する。

szerelem（目 szerelmet）[名] 恋愛，情事；恋人，愛人；恋愛関係；（比）熱中するもの。〔szerelemre gyúl (lobban), (…に対し) 恋の炎を燃やす，ほれる。〕

szerelés [名] 機械を組み立てる（据え付ける）こと，装置；（競）（スポーツ選手）用具を身につけること。

szerelmes [形] 愛の；恋している；可愛らしい，好きな。[名] 恋人，愛人。〔szerelmes vkibe, …にほれている，…に恋している。szerelmes barátom, わが愛する友；かわいい友。〕

szerelmeskedik [自]（…と）じゃれる，いちゃつく，恋愛遊戯にふける；浮気（かりそめの恋）をする；…に言い寄る，愛を求める；情を通ずる。

szerelmi [形] 恋の，恋愛の，性愛の，恋慕の，色恋の；色情の，なまめかしい，色っぽい，女にこびる。〔szerelmi bánat, 恋の悩み，恋の悲しみ，悲恋。szerelmi boldogság, 恋の幸福，恋の成就。szerelmi dal, 恋の歌，恋歌。szerelmi kaland, 色事，情事，恋の火遊び。szerelmi költészet, 恋愛詩；恋愛文学。szerelmi láz, 熱烈な恋心，恋病。szerelmi vallomás, 恋を打明ける（口説く）こと。szerelmi viszony, 恋愛関係，情事。〕

szerelő [名]（工）機械組立技師，組立工，仕上げ工；修理工。

szerelvény [名]（工）（機械的装置の）組立，装置；（鉄道）列車；（兵）（武器を除いた）装具，装備。

Szerémség [固] 現在，クロアチア領の，サヴァ川の下流とドラヴァ川の間の南スラヴ地方。（ドイツ語で，ジルミエン地方）

szerencse（目 szerencsét）[名] 幸運，幸福；偶然の幸福，ぎょうこう；意外の授かり物；成功，繁栄；光栄，名誉；祝賀（祝詞）。〔a szerencse kedvez neki, 彼は運がよい，運が彼を幸いにする。jó és bal szerencsében, 幸不幸に際して，よかれあしかれ，運を天に任せて。van szerencsém, (あいさつの辞)私は光栄である。光栄に存じます。legyen szerencsém, 我に光栄あらしめよ(どうぞ宜しく)。szerencsémnek tartom, それは私の栄誉である(光栄に思う)。szerencsét kíván, (…に)幸運(成功)を祈る。szerencsét próbál, 運試しをする。〕

szerencsejáték [名] ばくち, 一六勝負, かけごと, 勝負事; 宝くじ。

szerencsére [副] 幸いなことには, 幸運にも, 運よく, 幸いにして。

szerencsés [形] 運のよい, 幸福な; 繁栄の, 成功の; 好都合の; めでたい, 幸せの, 幸先のよい; (表現などの)適切な, 妙を得た; 幸福感にひたった, うれしい, 喜ばしい。〔szerencsésnek érezheti magát, 彼はそれを幸福だと思う。〕

szerencsétlen [形] 不幸な, 不運な; 不吉な, 不祥な; 薄命な, 災難の, 悲惨の; 哀れな, 悲しい; 失敗の。

szerencsétlenség [名] 不幸, 不運; 不吉, 不祥, 不幸せ; 不吉な出来事, 凶事, 災難, 災い, 遭難; 不成功。

szerény [形] 分を知った, 節度ある, 謙そんな, 控え目な, 慎み深い; 廉恥心ある; 質実な; 分相応な; 僅かな, 高の知れた, 多からぬ。

szerénység [名] 謙そん, 控え目, へりくだり; 謹慎, 節制; しとやか; 質素, 地味。

szerénytelen [形] 不そんな, 無遠慮な, 図々しい; 気取った, もったいぶった; 無作法な, 無礼な; 過ぎた, 法外の, 途方もない(要求など)。

szerep [名] (劇)役, 持役, 役割; (比)役目, 職務, 任務, 役まわり; ポーズ, 身の振り。

szerepel [自] 或る役を演ずる(勤める); (或る物として)現われる, 姿を現わす, 象(かたど)る, 象徴する; 登場する。

szereplés [名] (…の演ずる)役, 役割; (比)(ある事件における)役目, 関与; 職務, 職責。

szereplő [名] (劇)演ずる人, 登場人物; 俳優, 役者; (比)関係者, 関与者, 当事者。

szereposztás [名] (劇)役者に役を割り当てること, 配役, 役割。

szeret [他] 愛する, 愛着する, 好む, 好く; 好きである, 愛好(珍重)する; (条件法+不定詞)…をしたいと思う。

szeretet [名] 愛, 愛情, 慈愛, 愛着; 博愛; 愛好; 好意,

親切。

szeretetház [名] (キリスト教運営の)慈恵院(救護院, 保護所, 収容所, 養老院, 感化院など)。

szeretetreméltó [形] 愛らしい, やさしい, 人好きのする, あいきょうある;愛想のよい, 親切な。

szeretett [形] 愛された, いとしい, 最愛の;かわいい, かけがえのない, 秘蔵の。〔szeretett anyám,(手紙の呼びかけとして)愛するお母さん。〕

szeretkezik [自] セックスをする;恋愛関係をつづける;(…と)じゃれる, いちゃつく;かりそめの恋をする, 浮気をする。

szerető [形] 愛する, 愛着する, 情深い, 慈愛にみちた;やさしい, 親切な, 懇ろな。[名] 恋人, 愛人, 意中の人。

szerez [他] (働いたり, 勉強して)手に入れる, 取得・獲得する;用意・調達する;(病気に)かかる;(非難を)受ける;(迷惑を)被る;(平和を)作り出す, 樹立する;(…に喜びや悲しみを)ひき起こさせる, 生じしめる, 与える;作曲する。〔pénzt szerez, 金を調達(才覚)する。〕

szerint [後] に基づいて, に従って, にならって;に応じて, に因って, に準じて;の意見によれば, の考えでは;の手に成った, の編集した。〔szerintem, 私の意見によれば, 私の考えでは。〕

szerkeszt [他] (機械などを)組み立てる, 組成(構成)する;(原稿を)整理する, 順序を立てる, 編集する;起草(作成)する。

szerkesztés [名] 同上のこと;組み立て, 組成, 構成;編集;起草。

szerkesztő [形] 組み立てる;編集する;起草する。[名] (新聞・雑誌の)編集者。

szerkesztőség [名] 編集;編集局;編集局員(総称)。

szerkezet [名] (機械の)仕掛・装置;(機械の)構造(組み立て, 結構, 構成, 組織), 仕組み;(人体の)つくり;(文)成句法;(文の)構造。

szerszám [名] (職人の)道具, 手工具, 器具, 用具;(馬の)装具, 馬具。

szertár [名] 道具・器具置場;(教材などの)置場, 器具室, 保管所;(兵)兵器庫, 兵器室(廠)。

szertartás [名] 儀式, 式典;儀礼, 礼法, 作法;(宗)教会の儀式, 礼拝の形式(習慣);(カトリック)教会定式

書。
-szerte［合成語として，副詞］至る所に。〔országszerte, 全国至る所に，津々浦々に。〕
szertelen［形］度はずれた，極端な，むちゃな，過度の，法外の，甚だしい，非常な；広大な，無限の，巨大な。
szertelenség［名］際限ない(度を過ごす・やり過ぎる)こと；過度，過激；法外，極端；巨大，膨大；むちゃな振る舞い。
szerteszéjjel, szerteszét［副］ここかしこに，あちこちに，至る所に，四方八方に，どこでも(散らばって)；ばらばらに。〔szerteszéjjel hever, あちこちに散在する，至る所にころがっている(横たわる)。〕
szertorna［名］器械体操。
szerv［名］(生)器官(特に，聴・嗅などの感覚器官)；(比)(執行・立法の)機関；(団体の)機関(新聞・雑誌など)。
szerves［形］器官の；機関の；組み立てられた，組織的；系統的；有機の，有機的。
szervetlen［形］生きていない；有機的組織を欠いた；(化)非有機的，無機の。
szervez［他］(団体を)組織(編成・機構化)する；(機関を)創設(創立・設置)する；(催し物などを)企画する。
szervezet［名］有機体；(生物の)組織，構造；(肉体の)体質，体格，素質，たち；機構，機関；(団体の)組織，編成，構成，制度；(機関内の)部門。〔nem kormányzati szervezet, NGO。〕
szervező［形］編成(創設)する；有機的組織を与える。［名］組織者，編成者，創設者，発起人；企画者，主催者，幹事。
szervi［形］有機の，有機的；組織的，系統的；機関の；器官の(疾病)，体質の。
szerzemény［名］獲得物，取得物；利得，利益，収入，もうけ；(法)(働いて)収得した私財；(音)作曲作品，楽曲；作品。
szerzet［名］宗教会，教団，僧団；(俗)風変わりの人，変人。
szerzetes［形］修道士の；修道生活の；隠遁的な。［名］(独居する)修道士；修道女。
szerzetesrend［名］修道会，僧団。
szerző［形］取得する…；創作・作曲する…。［名］(お金

の)稼ぎ手，(財産の)取得者；著者；(音)作曲家(者)；(原因の)惹起(じゃっき)者，主動者，主謀者，張本人。

szerződés [名] 契約；条約；協約，協定；取り決め，約定；契約雇用。

szerződik [自] (…と)条約(契約・約定)を結ぶ，締結する；契約で働く。

szerződtet [他] (契約に依って)雇う，雇用する；(…を…に)従事させる，義務的に縛る。

szerzői [形] 著作者の権限に属する；著作者の。〔szerzői jog, 著作権。〕

szerzőtárs [名] 共著者，合作者。

szesz [名] アルコール(酒精，木精)；酒；(比)口実，遁辞，逃げ口上。

szeszély [名] 気まぐれ，むら気，移り気，出来心；(比)変わりやすさ。

szeszélyes [形] 気の変わり易い，移り気の，むら気の，気まぐれの；突飛な，不規則な；(比)変わりやすい。

szeszes [形] アルコール(酒精)性の；アルコールを含む；少し酔いかかった，ほろ酔いの，ほろ酔いきげんの。〔szeszes ital, アルコール飲料。〕

szétágazik [自] 枝に分かれる；二つに分かれる，ふたまたになる，分岐する；分派する；(意見が)かけ離れる，相違する。

szétáll [自] 二つ，または多くの部分が末広形になっている，末端が離れている。

szétbomlik [自] 崩壊・が解する，くずれる，粉々になる，ほろほろになる；(結んだり，編んだりしたもの)ほどける，ばらばらになる；(化)溶けて分解(解体・分離)する；風化する。

szétbont [他] ばらばらにする，解体する；分解・分離させる，破壊する，取りこわす；(着物を)解く；ほどく；(化)分析する；(折りたたみ式のベッドなどを)開く。

szétesik [自] 分解・分離する，粉々になる；砕け落ちる；崩壊する，ばらばらになる，多数部分に分かれる；(土地が)分散する；(組織などが)解体する；(作品が)だらだらしている。

szétfolyik [自] 四方に流れる，こぼれる；(つる草が)四方に這う；雲散霧消する；(比)(作品などが)だらだらしている。

szétfolyó [形] ぼけた；(比)ゆるんだ，たるんだ，だらしない；散慢な，冗長な。

szétforgácsol [他] まき散らす，分散(散乱)させる；(比)

(精力や才能を)浪費(濫用・消耗)する。
szétfoszlik [自] (鱗〜うろこが)落ちる,(皮が)はげる; (織物の糸が)ほどける;(着物が)ぼろぼろになる;(ふちが)ほどけてふさが下がる;(雪が)溶けてなくなる;ちらばる,散乱・四散する;(比)(希望などが)消える,うせる。
szétfő [自] 煮えてくずれる,煮えてとろとろになる。
szétfut [自] (群衆が)四散(散乱・散会)する;(水が)流れ去る,退(ひ)く;(つる草が)四方に這う;(色が)融け合う,にじむ;(知らせが)広がる。
széthord [他] (郵便物などを)配達する;持ち去る,運び去る;言いふらす,伝播させる(ニュースや病菌を)。
széthull [自] こぼれ落ちる;くずれる,くずれ落ちる,崩壊する,こなごなになる;(比)(人間集団が)分解・分裂する。
széthúz [他] (二枝を引っ張って)引き離す;(カーテンなどを)開ける;広げる,長くする。[自] 相分かれる,相違する,かけ離れる;不一致である,不和である。
széthúzás [名] 引き離すこと;広げること;(比)分裂,分離;(意見の)相違,不一致,不和。
szétkerget [他] (敵や群衆を)追い散らす;(組織などを)解散させる;仕事に送り出す;(比)(煙などを)取り除く。
szétküld [他] (諸方面へ)発送・送付・送達する(ビラ・注文・手紙などを)。
szétmegy [自] 散らばる,散乱・四散する;分解(消滅)する,砕け落ちる,くずれる,壊滅する;切れ切れになる,ぼろぼろになる(着物などが);(郵便物などが)あちこちに送付される;(知らせが)広がる;(インクが)にじむ。
széznéz [自] 周囲を見回す;(…の方を)展望する;ながめ渡す。〔szétnéz a könyvek közt,本をざっと見る。〕
szétnyílik [自] (扉・窓・錠が)あく;(結び目・着衣・髪などが)ほどける,解ける,ゆるむ;(花が)ひらく,咲く;(道が)開ける。
szétnyom [他] 押しつぶす,押し砕く,踏み砕く;(内部から)押し出す。
szétoszlat [他] (警察は群衆を)解散させる,追い散らす;(霧を)散り散りにさせる。
szétoszlik [自] 分かれる,細分・分解する;(集会が)散会・解散する;(群衆が)散り散りになる,四散する,散らばる,散乱する;(霧が)散る,消え失せる。

szétoszt [他] 分ける，分割する；(小冊子を)分配・配付する，くばる；振り当てる，割り当てる。

szétpukkad [自] 粉みじんになる，粉々に砕けて飛び散る；(榴弾～りゅうだんが)破裂・爆発する；(シャボン玉が)われる，砕ける。〔majd szétpukkad mérgében, 怒りのあまりどうしていいかわからない。〕

szétrak [他] 離して(分けて)置く；(商品を)配列して並べる，陳列(配置)する；区分けする；(足などを)広げる；(比)(労働者を)配分する。

szétreped [自] 割れる，ひびが入る；破裂する，張り裂ける；(木や枝が)裂ける，ぷっつり切れる；(くだや花びんが)亀裂(きれつ)する，ひびが入る；(皮膚に)ひびが切れる；(比)(胸が)張り裂ける。

szétrepül [自] 飛び散る，散らばる，四散・飛散する；(鳥が)飛び去る，飛び立つ。

szétrobban [自] 破裂・爆発・爆裂する；(比)分裂・分解する(党派などが)。

szétrobbant [他] 爆破・爆裂・粉砕させる；(群衆を)追い散らす，分散させる；(党派を)解散させる。

szétroncsol [他] 粉みじんにこわす，粉砕する，つぶす；細断する，寸断する，こま切れにする，きれぎれにする。

szétszakad [自] (織物が)切れ切れに裂ける，ずたずたにちぎれる，破れる。

szétszed [他] (機械などを)分離・分解・解体する；(家や足場などを)取りこわす，取りくずす；(比)酷評する；(比)(vkit)専念する，攻撃する。

szétszedhető [形] 分離(分解・解体・分析)し得る；(建造物)分解できる，取りくずせる(ボート，家具)。

szétszór [他] (種子を)ばらまく，まき散らす，散布する；(群衆を)追い散らす，分散させる；(比)(噂を)言いふらす，流布・伝播する。

szétszóródik [自] 散らばる；ばらまかれて(ばらばらになって・分散して・散乱して)いる，散らばっている。

széttapos [他] (足で)粉砕する，押しつぶす，踏む，踏みつぶす；(比)踏みにじる，踏み荒らす。

széttép [他] 引き裂く，引きちぎる，ずたずたに裂く，断ち切る，寸断する；(比)(関係などを)断ち切る。

széttör [他] (二つ或いは多くの細片に)割る，裂く，砕く，

こわす, くじく, 粉砕する; (比)解放する。
szétvág [他] 切り離す, 切断する, 断つ, 切り落とす。[自] 次々に一刀両断にする; 爆発する。
szétválaszt [他] 分離させる, 引き分ける, 分かつ; 仕切る, 隔てる; 区別・区分する; (化合物を)分解・分離させる。
szétválik [自] 別々になる, 分離する, 分かれる; 分岐する; 離婚(別居)する; 離別する, 不和になる; 分裂する; 別方向に向かう; (化合物が)分解・分離する。
szétver [他] 打ち砕く, たたきこわす, 粉砕する, 破壊する; (敵を)打ちのめす, 潰走(かいそう)させる; (群衆を)追い散らす, 散乱させる。
szétvisz [他] (四方八方へ)運ぶ; (爆弾などが)破壊する; (噂を)流布する; (病気を)まんえんさせる, はびこらせる。
szétzúz [他] 打ち砕く, つき砕く, 粉砕する, 押しつぶす, 圧搾する; (比)烏有(うゆう〜無)に帰す, 絶滅させる, 滅ぼす。
szexuális [形] 性的な。〔szexuális zaklatás, セクシャルハラスメント, セクハラ。〕
szid [他] しかる, ののしる, 侮辱(しっ責・非難・悪口・ひぼう)する。
szidalom [目 szidalmat] [名] 悪口, 侮辱, りょう辱, 無礼, ひぼう, 中傷, ば倒; 名誉き損。〔szidalomra fakad, あくまで悪口を言う, 侮辱に及ぶ。〕
szidás [名] しかる(しっ責する)こと; ののしること, おしかり, こごと, とがめ, 非難。
sziget [名] 島, 島しょ; (周囲とは異なる)島のような地域。
szigetel [他] (理)絶縁する; 防音にする; 防湿にする。
szigetelés [名] (理)絶縁すること; 絶縁剤; 絶縁体。
szigetelő [形] 絶縁している, 絶縁の; 絶縁体(物)の。[名] (電)絶縁体(物), 碍子(がいし)。〔szigetelő réteg, 絶縁層。〕
szigetország [名] 島国。
szigetvilág [名] 群島。
szigony [名] (捕鯨用の)もり, やす; 捕鯨砲, もり打ち砲。
szigorít [他] きびしくする; (罪を)きびしくする, 重くする, 加重する。
szigorlat [名] (かつては)(大学院への)入学試験; (現在は)大学の試験。

szigorlatozik [自] 大学での試験を受ける。
szigorló [名] 学位試験受験者，ドクトル(博士)候補者。
szigorú [形] きびしい，厳重(厳格・厳粛・しゅん厳)な；ひどい，か酷な，堪えられない。
szigorúság [名] きびしいこと；厳格，厳重，厳正；ひどさ，か酷性，冷酷，無情；正確。
szíj [名] 革ひも，革帯；(工)革ベルト；(剃刀をとぐための)革砥(かわと)。
szíjaz [他] 革ひもで結び付ける，革ひもで締める(くくる)。
szikár [形] 丈の高いやせた，やせぎすの；肉の落ちた，やせ身の；やつれた。
szikes [形] ソーダ質の，ソーダを含有する。
szikla (目 sziklát) [名] 岩，岩石；岩壁，岩山，断がい。
sziklafal [名] 岩壁；絶壁，断岸。
sziklás [形] 岩の；岩のような，岩石質の；岩だらけの，岩の多い；岩より成る。
sziklazátony [名] 岩礁，海礁，暗礁。
szikra (目 szikrát) [名] 火花，火の粉；せん光，微光；(比)(才知の)ひらめき，ほのめき；微少のもの，ほんの少し，微量。〔szikrát hány, 火花を散らす(発する)。egy szikra becsülete nincs, 彼には少しも体面を重ずる心(廉恥心)がない。egy szikrát sem adok, 私は少しも与えない。〕
szikrázik [自] 火花を発する，火花が散る；(比)ピカピカする，せん光を発する。
sziksó [名] (化)炭酸ソーダ(ナトロン)，炭酸塩。
szil [名] (植)にれ(楡)；にれ材。
szilaj [形] 荒れ狂う，荒だった，激烈な；性急な，短気な，血気にはやる，かんしゃくの；騒ぎ好きの；物おじする，人に慣れない，馴致しがたい(馬)；乱暴な，手荒い，過激な。〔szilaj indulat, 憤激。szilaj gyermek, 騒ぐ癖のある子供。〕
szilánk [名] 破片，裂片，かけ，こっぱ；(骨やガラスの)破片；木片，かんなくず；マッチ軸木。
szilárd [形] しっかりした，丈夫な；堅い，堅固な，堅ろうな；固定・固着した，不動の，一定の；(物)固体の；(比)確固(断固・き然・自若)たる；確実な，堅実な。
szilárdság [名] ぐらつかない(動かない・しっかりした)こと；堅固さ，強固さ，堅ろう；確実，堅実；一定したこと，不変；

(比)断固たること。
szilárdul [自] 固まる，強固になる，固定的になる；確実になる，確定(確立・安定)する。
szilfa [名] → szil.
szilva (目 szilvát) [名] (植)スモモの類，西洋スモモ，プラム。
szilvafa [名] スモモの樹。
szilvapálinka [名] 西洋スモモで作った火酒(ブランデー)。
szilvás [形] スモモの木の多い；スモモを詰めた；スモモで調理した。[名] スモモ園。
szilveszter [名] 大晦日，一年の終わりの日，十二月三十一日。
szimat [名] (犬などの)嗅覚(きゅうかく)；(猟)遺臭，残臭，残香，(動物が通った場所に残す)移香(うつりか)。
szimatol [他] 匂いを感じる；かぐ；(比)かぎつける，勘づく，さとる，(狩)かいで追跡する，かぎ探す；(比)調べる。
szimultán [形] 同時の，同時に起こる。
szín¹ [名] 色，色彩；膚色(はだいろ)；(比)(織物の)表(おもて)，面；(比)多種多様，陰影；極上，最上；表面，水面，水準，水平；上部(うわべ)，見掛け，外観，様子；(法廷の)前面，眼前；口実，逃げ口上，仮託；(宗)聖さん礼のパンとブドウ酒の形色。〔jő színben van, あなたは健康そうに見える。valljon színt, (トランプ遊びで)同じ組の札を出せ；(比)向背を決せよ，旗幟(きし，態度，方針)を鮮明にせよ。a tenger színe felett, 海面上。az alatt a szín alatt, それにかこつけて(口実にして)。más színben látom, 私はそれを違った色合において見る。színre, 外観上，うわべは，見掛けは。az osztály színe előtt, 学級(クラス)の面前で。színről-színre, 面と向かい合って，相対して，まのあたり，互いに見る前で。a nemesség színe, 貴族の精華(選り抜き者)。
szín² [名] (劇)，舞台，舞台面，場面。〔színre hoz, 舞台にのぼす，上演・興行する。színre alkalmazás, 舞台に応用する(舞台に適するように改作する)こと；舞台にかける(上演する)こと。színre alkalmaz, 舞台に適するよう改作する；上演する。〕
szín³ [名] (馬車の)置場，小屋，納屋，車庫。
színarany [名] 純金。

színárnyalat [名] 色調, 色合い；(色彩の)濃淡, 明暗, ニュアンス。
színdarab [名] (劇)脚本, 戯曲, 劇。
színe-java [名] 選り抜きのもの, 最も優れた者；精選物, 優良物。
színes [形] 色付きの, カラーの；有色の, 色とりどりの, 多色(多彩)の。[名] 有色人(黒人)；(比)色鉛筆；(比)(新聞の)呼びものの欄。
színész [名] 俳優, 役者。
színészkedik [自] 役を演ずる, 芝居をやる；俳優の職に従事する；(比)狂言をやる, 風をする, いつわる。
színésznő [名] 女優。
színez [他] いろどる, 着色・彩色する；色味(いろあじ)を付ける, 彩りを加える；(音)装飾する(震え声で)。
színezet [名] 着色, 彩色；(文学)色合, 色調, 特色；(比)見掛け, 外観, 様子。〔helyi színezet, 地方色, ローカル・カラー。〕
színezüst [名] 純銀。
színfal [名] (劇)舞台の脇道具(側壁・書き割り, 背景)。
színfolt [名] (画)汚れ, 汚点(色彩の)；画面を浮き立たせる鮮明な色。
színház [名] 劇場, 芝居小屋。
színházi [形] 同上の。〔színházi jegy, 劇場入場券, 観劇券。〕
színhely [名] 舞台面, 場面, シーン, 景；(劇中の事件が行われる)場所；(事件のおこった場所)現場。
színjáték[1] [名] 演劇作品, 戯曲, 脚本；演技, 演劇。
színjáték[2] [名] 色彩の変化(千変万化)。
színjátszó [形] 劇団の。[名] 劇団員。〔színjátszó társaság, 劇団。〕
színkép [名] (物)分光景(スペクトル), 分光。
szinkron [名] 吹き替え, アフレコ, 追加録音；(比)同時性。
színlap [名] 芝居の番付(番組), 演劇プログラム。
színleg [副] 外観上, 見うけたところ；表面上, 体裁上, うわべは；偽って, 虚構で。
színlel [他] …の風を装う, …するような振りをする；…の真似をする, …を模倣する。[自] 風をする, 装う；(劇)ふん

(扮)する。〔betegséget színlel, 仮病をつかう。〕
színlelt [形] 見せかけの, 偽りの, 虚構の, 偽善的, 装った, 仮面の。
színmű [名] 演劇の作品, 脚本, 戯曲, 劇。
színműíró [名] 劇作家, 脚本作家, 戯曲作家。
színművész [名] 俳優, 役者。
színművészet [名] 演劇芸術。
színpad [名] 劇場舞台；芝居；(文学的, たとえば歴史などの)舞台。〔színpadra lép, 舞台に上る, 登場する。〕
színpadi [形] 舞台の；演劇上の, 舞台上の(効果など)；戯曲の。
szint [名] 水平面, 水準面, 水面；(比)水準；(地質)(鉱脈の)層。
színtársulat [名] 劇団。
színtartó [形] 洗たくの利く, 洗っても色のさめない。〔színtartó szövet, 洗いの利く布。〕
szinte [副] 殆ど, おおむね, 大抵。
színtelen [形] 無色の；色彩に乏しい, 蒼白い；(比)生彩(特色)のない, ぱっとしない(文章)。
szintén [副] それと同じく, 同様に, 等しく, やはり。
szintez [他] 層と層の間を均等にする；水平にする, ならす, 等しくする, 平らにする。
színtiszta [形] 全く純精・純粋の, 真に純粋の, 清浄無垢(むく)の；全くの。
színű [形] …色の。〔hasonló színű, 同じような色の。〕
színültig [副] 際(きわ)まで一杯に, 縁(ふち)までなみなみと。
színvak [形] (医)色盲の。[名] 色盲患者。
színvakság [名] (医)色盲症。
színvonal [名] 平面；水準。〔a kor színvonalán, 時代の水準に。〕
szipka (目 szipkát) [名] 葉巻タバコ用パイプ。
sziporkázik [自] 火花を発する, 火花が散る；(比)ひらめく。
szippant [他] (空気を)吸う, 吸いこむ, 息をする；(タバコを)一服吸う。
szippantás [名] 同上のこと；吸いこんだもの(特に紫煙)。
szirén [名] (ギ神)セイレーン(妖しい歌声で船人を惑わすと

sziréna

いう半人半魚の海の精）;（比）悪女，ヴァンプ。
sziréna［名］汽笛，号笛，警笛。
szirom（目 szirmot）［名］（植）花弁，はなびら。
szirt［名］岩，岩石；断がい，絶壁；海礁，暗礁；岩礁。
sziszeg［自］うめく；（蛇や炎など）シューシューという。
sziszegő［形］シューシューという；摩擦音の。［名］（文）摩擦音。〔sziszegő hang, シューシューという音。〕
szisszen［自］（苦痛から）うめき声を上げる。
szisszenés［名］うめき声を上げること；うめき声。〔szisszenés nélkül, うめき声を上げずに，苦痛をこらえて。〕
szít［他］（火を）かき起こす，たき付ける；（比）（感情などを）かき立てる；（不和を）助長する，扇動する。［自］（…に）くみする，味方する，賛成（加担）する。
szita（目 szitát）［名］目の細かいふるい，こしき（濾器）；あら目のふるい。
szitakötő［名］（工）ふるい造り工；（虫）とんぼ。
szitál［他］ふるいにかける，ふるい分ける，漉(こ)す；より分ける。［自］霧雨が降る，しとしと降る；霧がかかる；（鷲などが獲物をねらって）旋回しながら飛ぶ。
szitkozódás［名］毒づくこと；悪口，中傷，のろい・ののしること，そしること。
szitkozódik［自］（…に対し）無礼（悪口）をいう，侮辱（中傷）する，ののしる。
szitok（目 szitkot）［名］呪詛（じゅそ～のろい）の言葉，悪口雑言，侮辱的言辞，ののしる言葉。
szív[1]［名］（解）心臓；心；中心部。〔szívből, 心から，実意をこめて，懇ろに。megesett a szíve rajta, 彼はあの人を憐れんだ，可哀想に思った。szíven lőtte (találta) magát, 彼は自分の心臓を射抜いた。vmit vkinek szívére köt, …を…に切に説く，たたきこむ，熱心にすすめる。szívére vesz vmit, …を心にかける，意にとめる，肝に銘ずる；考慮する。jó szívvel, 心から喜んで。〕
szív[2]［他］吸う，吸いこむ，吸収する；（空気を）吸いこむ；（タバコを）吸う。
szivacs［名］スポンジ，海綿；（動）海綿属。
szivacsos［形］海綿状の，海綿性の。
szivar［名］葉巻タバコ，シガー。

szivarka [名] 紙巻タバコ, 巻タバコ。
szivárog [自] したたる, 滴下する; にじみ出る, しみ出る, 分泌する; 流れ出る, 漏(も)れる; ぽつぽつと集まる。
szivarozik [自] 葉巻タバコを吸う。
szivárvány [名] にじ(虹); (工)サイフォン, ポンプ。
szivárványhártya [名] (解)(眼球の)虹彩, 虹彩膜。
szívás [名] 吸いこみ, 吸い上げ; タバコを吸うこと; (工)ポンプで吸い上げること。
szivattyú [名] (工)ポンプ(喞筒)。
szivattyúz [他] ポンプで吸い上げる; (水を)吸い上げる(吸い出す)。
szívbaj [名] (医)心臓疾患, 心臓病; (比)失恋の悲しみ。
szívbajos [形] 同上の。
szívbeli [形] 心の; 心からの, 真心からの, 誠意ある, ねんごろな。〔szívbeli bánat, 心痛, 悲嘆, 傷心。szívbeli öröm, 衷心からの喜び。〕
szívbeteg [形] 心臓疾患の, 心臓病の。[名] 同上の人。
szívbillentyű [名] (解)心臓の弁膜。
szívburok [名] (解)心の う(袋)。
szívdobogás [名] 心臓の鼓動(動悸)。
szível [他] (…を)好む, (が)好きである; 愛している, 可愛いく思う; 我慢(許容・甘受)する, 恕する。〔nem szívelhetem, 私は彼を許容できない。〕
szívélyes [形] 心からの, 誠をこめた, 懇篤な; 愛想のよい, 温味ある; 親切な, 世話好きの。
szívélyesség [名] 愛想のよいこと; 温情, 親切, 好意, 誠意, 懇篤。
szíverősítő [形] 強心の効ある。[名] 強心の効あるもの(薬剤・酒)。
szíves [形] 心からの, 真心からの, 誠実な; 情深い, 情宜ある; 好意ある, 親切な。〔legyen szíves, どうぞ…をお願いします。〕
szívesen [副] 喜んで, 快く, 心から。
szíveskedik [自] 親切にする, 喜んで…する。
szívesség [名] 心からなること; 真心, 懇切, 誠実, 親切。〔vkinek szívességet tesz, …に親切をする。〕
szívfájdalom [名] (医)心臓疼痛(とうつう, うずき痛むこと); (比)悲痛, 傷心, 苦悩, 苦もん, 心痛, 断腸の思い。

szívgörcs [名] (医)狭心症，心臓の発作(けいれん)。
szívinfarktus [名] 心筋硬塞。
szívócső [名] (工)吸い込む管(くだ)；(理)サイフォン，吸引け器；(生物の)吸盤。
szívós [形] 強靱(きょうじん)な，持ちのよい，よく耐える，弾力のある；(比)ねばり強い，がん強な，執ような，しつこい。
szívszaggató [形] 胸の張り裂けるような，断腸の思いの，傷心の，悲痛の。
szívszélhűdés [名] (医)心臓発作，心臓まひ(しびれ)。
szívtelen [形] (比)心ない，無情な，冷酷な，冷ややかな。
szívügy [名] 大事なこと；情事，恋愛。
szívverés [名] 心臓の鼓動。
szláv [形] スラヴの。[名] スラヴ人。
szlovén [形] スロヴェニアの。[名] スロヴェニア人(南スラヴ人の一民族)。
szó (複 szavak) [名] 語, 言語, 言葉；言うこと, 話, 談；語句, 言句, 文言；誓言, 言質, 約束の言葉；単語, 詞。〔harangszó, 鐘声, 鐘の音。kakasszó, 鶏鳴(けいめい)。miről van szó?, 何の話をしているか。szót sem érdemel, それは言うほどのことでない。szóba hoz, …を話題にする。szó ami szó, 簡単に言えば，ひっきょう，つまり，要するに。szót fogad, (…の言に従う)命令に従う，聴従・服従する。szavának áll, szavát megtart, 約束を守る。szavát megszeg, 約束を破る，破約・食言する。szaván fog, …の言質を取る。szavamra!, 誓って(申します)。szóval, 約言すれば，一言で言えば。szó közben, 対話中，談話中。szóról-szóra, 一語一語，逐語的に，言葉通りに，字義に即して。〕
szoba (目 szobát) [名] 部屋，室，ルーム。
szobaasszony [名] (ホテルの)部屋係の女性。
szobabútor [名] 家具家財，じゅう器，器具。
szobalány [名] 小間使；(ホテルや客船の)部屋係の女性。
szóbeli [形] 口上・口述の，口頭の；口授の，口伝えの。〔szóbeli vizsga, 口頭試験。〕
szobor (目 szobrot) [名] 立像，彫像；記念像。
szobrász [名] 彫刻家，彫像家，彫り物師。
szobrászat [名] 彫刻(術)，彫刻芸術。

szocialista [名] 社会主義者。[形] 社会主義の。
szociológia [名] 社会学。
szócső [名] メガホン，拡声器；(比)代弁者，スポークスマン；政党などの機関紙。
szóda (目 szódát) [名] (化)ソーダ，曹達。
szódavíz [名] ソーダ水，炭酸水。
szófogadó [形] 従順な，おとなしい，すなおな(子供)。
szoftver [名] (電算)ソフトウェア。
szófukar [形] 口数の少ない，寡言(かげん)の，無口の，むっつりした。
szójáték [名] 語ろ合わせ，地口(じぐち)，しゃれ，縁語，掛け言葉。
szokás [名] ならわし，ならい，習慣；癖；風習，慣習。〔ahány ház, annyi szokás, 家の数ほど，ならわしがある。所変われば品変わる。ez nekem nem szokásom, 私のやり方でない。szokás szerint, いつもの通りのやり方で，いつものように。szokások rabja, 習慣にとらわれた人，習慣の奴隷。〕
szokásjog [名] (法)慣習法。
szokásos [形] 慣行の，普通の，通常の，常の；慣用の，普通に行われる，通用する。
szokatlan [形] 慣れない，不慣れの；いつもと違う，珍らしい，稀な，稀有の；常ならぬ，異常な；使用していない，使わない，すたれた(語など)。
szóképzés [名] (文)派生辞による語の形成。
szokik [自] …に慣れる，習慣となる，癖になる；習性となる，習熟する，親しむ。〔vmihez szokik, …に慣れる，習熟する。szokjál a korán keléshez, 早起きに慣れよ。korán szoktam felkelni, いつも早く起きます。〕
szókimondás [名] 腹蔵なく言うこと，率直な物言い，無遠慮な言葉遣い。
szókimondó [形] 包まず飾らず(遠慮なく)言う…；腹蔵なく言う…，心を打ち明けて言う…。
szókincs [名] (ある国・詩人・弁士などの)語彙。
szoknya (目 szoknyát) [名] スカート。
szokott [形] …に慣れた，通常・通例の，いつもの，常の。[名] 通常，普通。〔szokott módon, いつも通りの仕方で。〕

szoktat [他] 親しませる，慣れさせる，習慣をつける；(髪などをどんなふうにか)くせをつける。

szoktatás [名] (ぜん次)慣れさせること；慣らす(親しませる)こと。

szól [自] (…に就いて)言う，話す，説く，述べる，論ずる；(…に)話しかける；(…について)意見を述べる；(楽器が)響く，鳴る；(鐘の)音がする；(大砲が)とどろく；(論文は…を)取り扱っている。〔ez neked szól, これは君に関することだ，君に話しかけている。mit szól hozzá?, どう思うか?〕

szólam [名] (音)部(例，三部合唱など)；(主)語句の言いまわし；きまり文句，熟語，成句。

szólás [名] 話す・言うこと；熟語，イディオム。

szólásszabadság [名] 言論の自由。

szolga (目 szolgát) [名] 召使，奉公人，しもべ；従僕；下男。〔alázatos szolgája, 敬具。〕

szolgai [形] 奉公人の；卑しい，卑屈な；忠実な。

szolgál [自] 仕える，奉公する，雇われている；(兵)服役(勤務)する；…の役を務める，の役に立つ；…の結果(名誉・喜び・破滅)となる。〔mintául szolgált neki, それは彼に模範として役立った。nagy örömömre szolgál, それは私の大なる喜びとなる。

szolgálat [名] 仕えること，奉仕，奉公；(公的な)サービス(組織)；雇用関係；仕事，役目，勤め，勤務，職務；(宗)礼拝；(兵)兵役。〔szolgálatot tesz vmivel vkinek, …のために…を以て尽力する。szolgálatára, あなたの御用に。szolgálatára állok, 私はあなたの御用に立つ(御随意に使用下さい)。szolgálatba áll/lép, (…に)雇われる，奉公する。szolgálatba fogad, (…を)雇い入れる。szolgálaton kívül helyez, 退役(退職・免役)にする。〕

szolgálati [形] 職務(服務)上の。〔szolgálati bizonyítvány, 服務証明書，勤務証。szolgálati idő, 服務期限。szolgálati kötelezettség, 勤務義務；職務上の義務；(兵)服役義務。szolgálati szabályzat, 服務規程，就業規則。〕

szolgálatkész [形] 世話好きの，親切な；まめな，精勤な。

szolgáltat [他] 引き渡す，交付する；委ねる，任す；(電力を)供給・支給する；(法)(…を)正しいとする，裁判する。

〔igazságot szolgáltat, (…に対する)正義を行う，裁判をする。〕

szolgáltatás [名] 供給，調達；納入，用達；引き渡し，交付，給付；サービス；役務。

szolgaság [名] しもべの身分；束縛，屈従，隷属。〔szolgaságba ejt, 隷属させる，奴隷にする。szolgaságra jut, 奴隷となる；下男奉公する。〕

szólít [他] …に向って話しかける，呼びかける；呼び集める；…の名を呼ぶ，名を言う。

szóló[1] [形] 話す…，論ずる…；名指しの；…に関する；響く，鳴る…。[名] 述べる人，演説家，弁士。〔névre szóló, 指名の，名指しの。〕

szóló[2] [名] (音)独唱曲，独奏楽；独り。

szombat [名] 土曜日。〔szombaton, 土曜日に。〕

szomj [名] (のどの)かわき，渇；(比)渇望，熱望，欲。

szomjas [形] かわいた，渇した；(比)渇望する，むやみに欲しがる。

szomjazik [自] (のどが)かわく；(比)渇望・熱望する，欲しがる(名誉などを)。

szomjúság [名] (のどの)かわき，渇，かわくこと。

szomorít [他] (…の心を)暗くする，哀れにする，深く悲しませる。

szomorkodik [自] (…のために)深く悲しむ，憂える，嘆く；悲しい思いに沈む，心痛する，もだえる。

szomorú [形] 悲しい，哀れな，悲しそうな，しょんぼりした；憂うつな，陰うつな；憐れむべき；(比)陰気な(天気)。

szomorúfűz [名] (植)しだれやなぎ。

szomorúság [名] 心が沈むこと；悲しみ，悲哀，哀愁，憂愁；喪；悲しむべき(あわれな・情けない)こと；憂き目，苦難。

szomszéd [名] 隣人，近所の人，近隣の人，わきの人；隣家。[形] 近くの，隣りの，隣接の。〔szomszédban, 近所に，近辺に。〕

szomszédasszony [名] 隣りの奥さん。

szomszédos [形] 隣りの，近くの，近隣の，隣接する；近所に住む；隣人のよしみある。〔szomszédos állomás, 隣りの駅。szomszédos forgalom, (鉄)近距離運輸(交通)。〕

szomszédság [名] 隣人であること；近隣のよしみ，近所づ

きあい；近所，近隣，界わい；近所の人々。
szonett [名]（詩）ソネット（短・長の脚韻法則による 11 綴音の十四行詩）。
szónok [名] 演説家，雄弁家，弁士；（宗）説教師。
szónoki [形] 演説家の；演説に関する；雄弁術の；弁舌的の，能弁の。〔szónoki tehetség, 弁舌の才。〕
szónokias [形] 演説口調の；熱弁の。
szónoklat [名] 演説，講話；訓話；（宗）説法；長広舌。
szónokol [自]（公開で）演説する；長広舌をふるう。
szopik [自]（…の）乳を飲む，吸う。
szopóka [名]（パイプの）吸い口；（タバコの）フィルター；哺乳ビンの吸い口。
szoptat [他] 乳を飲ませる，授乳する；（泣く子に）乳を飲ませる。
-szor, -szer, -ször [尾] …回，…度，…倍。〔százszor, 百回，百度，しょっちゅう。〕
szór [他] まく，振りかける，まき散らす；（農）（麦を）箕(み)で簸(ひ)る，あおぎ分ける。[自]（弾丸が）散る。
szórakozás [名] 気晴らし，気散じ，うさはらし；楽しみ，慰安。〔jó szórakozást kívánok! 楽しんできてください!〕
szórakozik [自] 楽しむ，気散じする，気を晴らす；慰む，興ずる；（比）ぶらぶらして過ごす。
szórakozott [形] うっかりした，ぼんやりした，放心した。
szórakozottság [名] 放心，散心，ぼんやり，うっかり，不注意。
szórakoztat [他]（…の）気をそらす，心をまぎらわす，気を晴らす，気散じさせる；（…を）楽しませる，慰める，もてなす。
szórakoztató [形] 気晴らしになる，心をまぎらす，慰めになる，楽しみになる，おもしろい，愉快な，娯楽の。
szórend [名]（文）語順。
szorgalmas [形] 勤勉な，精励な；うまざる，熱心な，活動的な，活発な。
szorgalmi [形] 勤勉の。〔szorgalmi feladat, 任意（随意）宿題。szorgalmi idő,（学校の）授業時間。〕
szorgalom（目 szorgalmat）[名] 勤勉，熱心，精励，精勤。
szorgos [形] 急ぎの，切迫の，緊急の；よく働く，勤勉な；

念入りの，きちょうめんな。
szorgoskodik [自] 熱心(勤勉)である；…を為すべく急ぐ，いそしむ，専念する，骨を折る。
szorít [他] 押す，押し付ける；圧する，圧搾する；(比)圧迫・圧制する，苦しめる，悩ます；(…を)かり立てる，せきたてる，促す，強いる(仕事などに)；(お金や時間などを)ひねり出す。[自] (靴などが)締めつける。〔háttérbe szorít, 押し戻す，突き返す；(敵を)撃退する。vkivel kezet szorít, …と手を握りしめる，握手する。〕
szóródás [名] 四散・散乱すること，まき散らばること；(比)(統計)平均からの逸脱。
szóródik [自] 散らばる，散乱する；(物)放射状に広がる；(比)(統計)平均から逸脱している。
szorong [自] 押し合う，こみ合う；群がる，たかる；ぎっしりしている，密集している，押し詰まっている；(比)心配している，不安である，苦痛を覚える。〔szorongva, 押し詰まって，ぎっしりして；不安がって，心配して，びくびくして，胸に迫って。〕
szorongás [名] 込み合い，混雑；(比)不安，苦悩，憂慮，危惧。〔szorongásig, 押し詰められて，圧迫されて；こみ合って，充満して，窮屈に。〕
szorongat [他] (繰り返し)圧す，押える，押し付ける；(比)圧迫する，しいたげる，苦しめる，悩ます，心配させる。
szorongatott [形] 圧迫された，窮屈な，狭い；進退きわまる；困窮せる。〔szorongatott helyzett, 苦痛な状況。〕
szorongó [形] 密集している，押し詰まっている，ぎっしりしている；苦しんでいる，窮している。
szoros [形] 狭い，狭苦しい，窮屈な；詰まった，ぎりぎり一杯の；密接な，きっちりした；しっかりした，確実な。[名] 地峡；海峡。〔szoros értelemben, 狭義において。〕
szoroz [他] (数)掛ける，乗ずる。
szorul [自] 窮屈である；ひきしめられる，押し詰められる；押し込められる；(比)(胸が)締めつけられる(思い)，不安である；引っ込む，退(ひ)く；(兵)退却する；(比)殴られる，叱られる；(比)(…を)必要とする；(…に)頼るよう指示されている；(…に)頼る外ない；(…を)余儀なくされる。〔szívem szorul, 私の胸が締めつけられる，私の胸が痛む。vkire

szorulás　832

(vmire) szorul, …に頼るより外に当てにするものがない。vhová szorul, …へ押し込められる。egy szobába szorultunk, 我々は一室に押し込められた。〕

szorulás [名] 狭くなる(締まる)こと；狭さく；(医)便秘, 秘結；(比)困難, 苦境, 不安, 悩み。

szorult [形] 狭められた, 窮屈な；ごたごたした；圧迫された, 苦しめられた, 困った。〔szorult helyzet, 窮地, 難儀, 苦境。〕

szorultság [名] 当惑, 困惑, 大弱り；窮地, 苦境；困窮, 窮乏, 貧困。

szórványos [形] 散在する, まばらな, はなればなれの, ばらばらの；散在性の。

szorzandó [名] (数)被乗数, 実。

szorzás [名] 倍加すること；(数)掛算, 乗法。

szorzat [名] (数)乗積, 積。

szorzó [形] 乗法の, 乗ずる, 倍数の。[名] (数)乗数。

szósz [名] → mártás. (料)ソース。

szószátyár [形] おしゃべりの, じょう舌の, くどい。[名] じょう舌家, 美辞を並べたてる人, 誇張の言を発する人。

szószegés [名] 破約, 違約, 食言；裏切り, 不信；宣誓違反。

szószegő [形] 破約する, 食言する, 不信義の；誓いに背く。[名] 同上の人。

szószék [名] 演(講)壇；説教壇, 教壇。

szószerkezet [名] (文)文章の構造, 構文；語の配置, 配語法。

szószóló [名] 代弁者, 代理人。

szótag [名] (文)音てつ(綴), 音節, シラブル。

szótagol [他] 字を音節に分けて書く；音節を分けて発音する。

szótár [名] 辞書, 辞典, 字引；(ある個人の)語彙(ごい)。

szótlan [形] 無口な, 口を利かぬ, 物言わぬ, 無言の, 沈黙の, だまっている。

szótöbbség [名] 投票の多数(大多数・過半数), 多数決。

szottyan [自] (ポトンと)転がり落ちる；(…を)したい気分が起こる(襲う・突発する), …したい気になる。〔kedvünk szottyant, 我々の気が向いた(したくなった)。kedvem szottyant egy kicsit sportolni, 少しスポーツをやりたい気になった。]

szóval [副] 要するに，つまりは，一言で言えば。

szóváltás [名] 口論，舌戦，争論，討論，口げんか。

szóvirág [名] 言葉のあや(内容空疎な)，詞華，美辞，文飾，文章の彩(色あい～あや)。

szózat [名] (内心の，良心の)声；声明文，警告，宣言，檄文(げきぶん)；ハンガリーの第二の国歌の題名(Vörösmarty 詞：Szózat)。

sző [他] (布などを)織る，編む，組む；編み込む，組み合わす；(比)編み出す；(陰謀を)謀る，たくらむ。[cselt sző, 陰謀をめぐらす(企てる)。]

szöcske (目 szöcskét) [名] (虫)ばった(蝗虫，飛蝗)。

szög¹ [名] (数)角(かく)；かどの所，すみ(隅)，片すみ，町角(まちかど)；(建)突角，出角。[az öt szög, 五角形。]

szög² [名] → szeg¹. くぎ(釘)，びょう(鋲)。

szöglet [名] 角(かど)，隅(すみ)；(幾)角(かく，立体の)；(建)(壁などの)外角。

szögletes [形] 角形の，かど立った；かど張った；(比)無骨な，不作法な，粗野な。

szögmérő [名] (数・鉱)分度器，角度計，測角器。

szökdécsel, szökdel [自] ピョンピョン飛ぶ，はねまわる。

szőke [形] 金髪の，ブロンドの。[名] 金髪の人。

szökés [名] 逃亡，逃走；はねる(飛び上がる)こと；(兵)敗走，脱走。

szökevény [名] 逃走者；脱営兵；亡命者。(形容詞として)逃げゆく，逃亡中の。

szökik [自] (…から)逃げ去る；飛び上がる，はねる；(液体が)噴出・ゆう出する，ほとばしる；(兵)脱走・脱営する。

szökken [自] (急に)一飛びする，一躍する；(液体が)噴出する，ほとばしる；(急激に)わき出る。

szökőév [名] 閏年(うるうどし)。

szökőkút [名] 噴泉，噴水。

szöktet [他] (馬を)跳ばせる；(囚徒を)脱走させる；(兵)脱営させる；連れ去る，誘かいする。

szöktetés [名] (監獄より囚人を)脱走させること；(兵)脱営させること；連れ去る(誘かいする)こと。

szőlő [名] (植)ブドウの木；ブドウの実；ブドウ園。

szőlőcukor [名] (化)ブドウ糖。
szőlőfürt, szőlőgerezd [名] ブドウの房(ふさ)。
szőlőhegy [名] ブドウ園(丘)。
szőlőlé [名] ブドウ液；グレープジュース；(詩)ブドウ酒。
szőlőlugas [名] ブドウかずらがはう園亭(ちん)，ブドウだなの屋根の四阿(あずまや)。
szőlősgazda [名] ブドウ栽培者，ブドウ畑の主。
szőlőszem [名] ブドウの実(粒状果実)。
szőlővessző [名] ブドウのかずら(つる・幹)。
szőnyeg [名] じゅうたん，毛せん；敷物；(壁に掛ける)タペストリー；(ス)マット。〔szőnyegre hoz (kerül), 議題に持ち出す，議題にする(議題となる)。〕
szőr [名] 毛(人間の頭髪を除いて，一本の毛も，また毛の集合をも表わす)；(馬の尾の)長毛；(豚の)剛毛(こわい毛)；(植物の葉の)ひげ。〔szőr ellen, 毛並みと反対に，逆に(ブラシをかける)。szőr mentében, 毛並み通りに；穏健に。szőrén üli meg a lovat, くら(鞍)なしで馬に乗る。szőrén-szálán elveszett, それは完全に失せた(なくなった)。〕
szőrme [名] (うさぎ・てん・ビーバーなどの)(柔らかい)毛皮(製品)。
szőrmeáru [名] (柔らかい)毛皮類の商品。
szörny [名] 巨大なもの，恐ろしいもの，怪物，お化け，異形のもの；人非人，恐ろしい人間。
szörnyeteg [名] 巨大なもの，怪物，異形のもの。
szörnyű [形] 怪物のような，すさまじい，おそろしい，物すごい，ぞっとする，身の毛のよだつ，いやな。
szörnyűség [名] 奇怪，巨大；おそろしい物,すさまじき物，奇怪な出来事；ひどい所業，残虐，非道。
szőrös [形] 毛の生えた，毛のある；ひげをそっていない；多毛の，毛深い，毛だらけの；毛製の；(植)有毛の。
szőröstül-bőröstül [副] 毛や皮ごと；(比)残らず，すっかり，ことごとく。
szörp [名] 糖蜜水，シロップ。
szőrszál [名] 一本の毛，一毛髪。
szőrszálhasogatás [名] せんさくだて，綿密すぎること，ささいな区別を立て・煩雑な区別をなしすぎること；小事にこだわること。

szőrszálhasogató [形] せんさく好きの。[名] せんさく家, 綿密すぎる人；小事にこだわる人, やかましや。
szőrtelen [形] 毛のない, 無毛の。
szösz [名] (工) (麻, 亜麻などの) 糸くず, 麻くず。〔mi a szösz？ いったい何なんだ？〕
szöszke [形] 亜麻色の髪の；ブロンドの。[名] 亜麻色髪の人, 髪がブロンドがかった人。
szőttes [名] 手紡ぎの・手織りの・手編みの製品(織り物, 編み物)。〔házi szőttes, 手織物, ホームスパン等。〕
szöveg [名] 文章, 本文；(音) 歌詞, 筋書(オペラや劇などの)；(写真などの) キャプション；(比) 陳腐な言葉。
szövegez [他] 文章や手紙を作成(起草)する；(…の) 下書(草稿)を作る。
szövegíró [名] (音) (歌劇などの) 脚(台)本作家。
szövegkönyv [名] (オペラや演劇の) 筋書き, 台本, 脚本。
szövés [名] 織る・編む・組むこと；織物；(比) (作品の) 組み立て。
szövet [名] 織物, 織地, 反物, 布；(解) (筋の) 組織；(鉱) 石理, 石はだ(肌)。
szövetkezet [名] 組合, 団体, 連合；協同組合。〔fogyasztási szövetkezet, 消費組合。termelő szövetkezet, 生産組合。〕
szövetkezik [自] 結合する, 同盟する, 連合する, 合同する, 提携する。
szövetség [名] 同盟, 連合, 連盟；連合組合；(比) 結託, 陰謀。〔baráti szövetség, 友好(修交) 同盟。szövetséget köt, szövetségre lép vkivel, …と同盟を結ぶ。〕
szövetséges [形] 同盟(連合)の。[名] 同盟者, 連合者。〔szövetséges állam, 同盟国家, 連邦国家, 連邦。szövetségesek, 同盟者, (第二次大戦の) 連合国。〕
szövetségi [形] 連邦の。〔szövetségi gyűlés, 連邦議会。〕
szövődik [自] 織られる, 組まれる, 紡がれる；(比) (計略が) たくらまれる, 企てられる；(関係が) つくられる。
szövőgép [名] 機織(はたおり)機械, 動力織機。
szövőgyár [名] 織物工場。
szövőipar [名] 織物業, 繊維工業, 紡績業。

szövőszék [名] 織機(おりはた)，機台。
szövött [形] 織った，編んだ，手織りの。
sztrájk [名] ストライキ，スト。
szú [名] (動)木食い虫(松樹の害虫)；船食い虫，蝕木虫。
szúette [形] 虫の食った，虫に食われた，虫ばんだ。
szufla (目 szuflát) [名] 呼気，吐息；息(いき)，呼吸。
szuka (目 szukát) [名] (動)雌犬(めす犬)；雌おおかみ；(俗)しょう婦。
szultán [名] イスラム教国の君主，旧トルコの君主。
szundít, szunnyad, szunynyadozik [自] うとうと眠る，まどろむ，仮睡する，うたたねする。
szúnyog [名] (虫)蚊(か)；ぶよ。
szúnyogcsípés [名] 蚊が刺すこと；蚊の刺傷。
szúnyogháló [名] 蚊帳(かや)；蚊よけの窓掛(網)；(馬に被せる)蚊よけの薄紗。
szuper [形] すばらしい，すてきな，かっこいい，申し分ない。
szúr [他] (ナイフで…を)刺す，突く；(…の間へ)差し込む，挿入する；(医)刺すように痛む；(言葉を)書きこむ，添加する；(…が…の目を)引き付ける，注意をひく。[自] (トゲなどが)突き刺す。〔… közé szúr, …の間へ差しこむ，はさむ，挿入する。szemet szúr, (…の)眼を引きつける。〕
szúrás [名] (剣先で)刺す・突くこと；(剣で)刺した痕，刺し傷，突傷；(医)刺すような痛み。
szurkál [他] (繰り返し)刺す・突く；ちくちく刺す；ちくりと刺す；(比)あてこする，皮肉を言う。
szurkoló [名] (スポーツの) ファン，サポーター。
szurok (目 szurkot) [名] 松脂(まつやに)，チャン(歴青)。
szurony [名] (兵)銃剣。〔szuronyt szegez, 銃剣を構える(交差する)(銃剣術にて)。szuronnyal, 銃剣で。〕
szúrós [形] 刺すような，ぴりっとする，ちくちくする；舌を刺す，ヒリヒリする；(植)とげ(刺)のある，とげの多い；(比)肺ふをつく，辛らつな，皮肉な，とげのある(言葉など)。
szurtos [形] 汚れた，きたない，あかづいた，べとべとする，不潔な。
szusz [名] 息(いき)，気息，呼吸。
szuszog [自] 息を切らす，鼻息をする。荒い息づかいをする，あえぐ；ぐずぐずする，のろのろ仕事する。

szuvas [形] 虫の食った, 虫食い穴のある；腐った, 虫食いの(歯など)。

szűcs [名] 毛皮製造人；毛皮商人。

szügy [名] (動物, 特に馬の)胸；(料)胸肉。

szűk [形] 狭い, つまった, 窮屈な, 狭苦しい；限られた, 制限された；不十分の, 不足の；(比)僅かな, 乏しい；つまらない, 粗末な, 貧弱な, 不如意な。[名] 欠乏, 不足；窮乏, 貧困；場所の狭いこと。〔a pénz szűke miatt, 金に困って。tér szűke miatt, 場所に困って, 場所の狭いため。〕

szűkít [他] 狭くする, 狭める；制限する。

szűkmarkú [形] こぶし(握り)の；欲張りの, 欲深の, けちけちする, しみったれの。

szükség [名] 欠乏, 不足, 払底, 窮乏；急迫, 危急, 非常, やむを得ぬこと；必要, 要求, 需要, 必需；(比)大・小便。〔szükségem van vmire, 私には…が必要だ。szükség esetén, 必要の場合には, いざという時には, 一たん緩急あらば, 万一の場合には。szükségben, 逆境にある, 困窮・窮乏にある。szükségből, 必要に迫られて, 必要の結果として, やむを得ず。szükséget lát, 貧苦に苦しむ(悩む)。〕

szükséges [形] 必要な, ぜひなさねばならない；ぜひ入用な, 必須の, 緊要な, 欠くべからざる；所要の, やむを得ない。

szükségesség [名] やむを得ないこと, 不可避, 必然(性)；不可欠, 必要性, 必須。

szükségképpen [副] 必然に, 当然, ぜひとも, 必ず；断じて, 無条件に, 絶対的に。

szükséglet [名] 必要, ニーズ；要求, 欲求。

szükségszerű [形] やむを得ない, 必須の, 不可避の, 必然的, 宿命的な；必要な, 緊要な。

szükségtelen [形] 不必要の, むだな, 役に立たない, 無益な。〔szükségtelen mondanom, 私がそれを言うもむだだ。〕

szűkszavú [形] 口数の少ない, 寡言(かげん)の, 無口の；簡潔な(命令など)。

szűkül [自] 狭くなる, 狭まる, 収縮する；少なくなる, 減る。

szül [他] 分娩(ぶんべん)する, 産む, 生む；(動物が子を)産む；(比)生み出す, 産出する, 生ぜしめる。

szülés [名] 分娩する(産む)こと；産, 出産, 分娩；(比)(動

szülési [形] 出産の。〔szülési fájdalmak, 産の苦痛, 陣痛。〕

szülész [名] 産科医。

szülészet [名] (医)産科学, 産科医術, 助産術。

szülésznő [名] 産婆, 助産婦。

születés [名] 出生, 出産, 誕生；出身；(比)起こり, 始まり, 元。〔születésekor, 彼の誕生の時。születése óta, 彼の出生以来, 生まれてこの方, 生まれてから。〕

születési [形] 誕生の, 出生の, 生まれの；本来の。〔születési hely, 出生地, 生地。születési anyakönyv, 出生台帳, 出生登録簿。születési bizonyítvány, 出生証明書(生年月日の証明書)。〕

születésnap [名] 誕生日。

született [形] …生まれの；で生まれた, 土着の；生まれつきの, 生来の。〔Kis Pálné, született Deák Katalin, キシュ・パール夫人, 旧姓デアーク・カタリン。〕

születik [自] 生まれる, 誕生する；(比)(…から)発生する, 生ずる, 起こる。

szülő [形] 出産する。[名] 母(親)；父親。〔szülők, 両親, 父母。szüleim, 私の両親。〕

szülőanya [名] 実母(肉身の母親)；(比)もたらすもの, 原因。

szülőfalu [名] 生まれた村。

szülőföld [名] 郷里, 故郷, 生地；母国, 生国, 本国。

szülőház [名] 生まれた家, 生家。

szülői [形] 両親の, 父母の。〔szülői tekintély, 親の権威。〕

szülött [形] 生まれの, 生まれた。[名] 子供(男女児)；成果。〔városunk szülötte, わが町の生まれ(同市出身者)。〕

szülőváros [名] 出生都市, 故郷の町。

szünet [名] 休憩時間, 小休み, 休息；(学校の夏などの)休み；(劇)幕間(まくあい), 中入(なかいり), 間(ま)；(劇などの・夏場の)休場；(音)休止符；(兵)争いの中止, 休戦。〔szünet nélkül, 休みなく, 絶え間なく, 間断なく；休まずに, たゆまず。〕

szünetel [自] 止まる, 停まる；中絶(中断)する；間(ま)を

おく；休んでいる，休暇中だ；(劇)休場する；業を休む，休業する。

szünetjel [名] (ラジオの)中断を表わすシグナル；(音)休止符(記号)。

szünidő [名] 休暇期(特に，学校の)。

szűnik [自] やむ，止まる；とどまる，中止・中絶する；ゆるむ，やわらぐ，静まる；下がる(熱が)。

szünnap [名] 休日，安息日。

szüntelen [形] 休みなき，不断の，絶えざる，間断なき。[副] 絶えず，いつも，間断なく。

szüntet [他] 止めさす，停止させる，途中で止めさせる。

szűr[1] [名] (刺しゅうで飾られた)ハンガリー羊飼いのマント。〔kitesz vkinek a szűrét, …を家から追い出す，放逐する；暇を出す，解雇する；(…の地位を)奪う，取って代わる。〕

szűr[2] [他] こす，ろ過する；(ブドウ液を)こして澄ます；篩(ふるい)にかける。

szürcsöl [他] 少しずつ吸う，ちびちび飲む・すする(聞き取れるほどに)；楽しんで味わう。

szüret [名] ブドウの収穫，ブドウ摘み；ブドウの収穫祭；(果物などの)収穫；(比)好ましい機会。〔szüretkor, ブドウ収穫期に。〕

szüretel [他] ブドウの収穫祭を開く；ブドウを収穫する。

szüreti [形] ブドウ収穫の，ブドウ摘みの。〔szüreti mulatság, ブドウ収穫祝い(祭)。〕

szürke [形] 灰色の，ネズミ色の；ごま塩の，老いて白くなった。[名] 灰色；灰色の絵具；灰色の馬。〔szürke barát, (古)フランシスコ僧団の修道士。szürke nénék, (古)同上の尼。〕

szürkés [形] いく分灰色がかった，灰色をおびた，ネズミ色になった；(髪が)半白になった；(比)薄暗い。

szürkeség [名] 灰色，灰白色，ネズミ色；灰色のもの；(比)単調さ；(比)不分瞭。

szürkül [自] 灰色になる；(髪が)ごま塩になる；薄暗くなる，薄明りになる。

szürkület [名] 夕暮れ，たそがれ(黄昏)，薄明；れい明，あけがた，夜明け，あけぼの。〔szürkületkor, 黄昏に，あけぼのに，れい明に，薄明りに。〕

szűrő [形] 濾過する。[名] 濾過器(ろかき)(こし布, ろ紙など), フィルター;(写)フィルター;(比)再試験, 再検査。
szűrőpapír [名] ろ(過用)紙, こし紙。
szűz [形] 処女の;清浄の, 純潔むくの;手をつけてない;まだ未開拓の。[名] 処女, 乙女, 未婚の女性。〔Szűz Mária, 聖母マリア。〕
szűzesség [名] 処女性;清浄, 純潔。
szűzi [形] 処女の, 乙女の;処女らしい;純潔の, 清浄の。
szűzies [形] 処女のような, 乙女らしい;(比)淑(しと)やかな, 内気な。

T

tábla (目 táblát) [名] (ガラスや材木や金属などの)平たい板, 薄板;(告知用の)標札, 門札;掲示板, 看板;(本の)厚表紙;(スレートの)石盤, 黒板;チェス盤;(電気の)配電盤;(窓の)ガラス板;(本の)図版, さし絵;(農)(平板状の小さい畑)花壇, 耕地, 田畑;(工)羽目板;(チョコレート)板;(会食者の)名簿表;(法)(古)控訴裁判所。
táblabíró [名] (古)控訴裁判所判事。
táblázat [名] 板を張ること;板張り, 腰板;羽目, パネル;一覧表, 図式表;索引, 目録。
tábor [名] 宿泊地, 野営;(兵)陣地, 陣営;(比)軍, 軍勢;キャンプ;大群, 大勢。〔táborba száll, 出征・出陣する。tábort üt, 天幕を張る, 設営する。cserkész tábor, ボーイスカウトの野営。〕
tábori [形] 野営に関する;陣営の, 陣地の;軍の, 軍勢の;大勢の。〔tábori ágy, 野床, 折りたたみ寝台。tábori élet, 野営生活。tábori kórház, 野戦病院。tábori lelkész, tábori pap, 陣中牧師, 従軍僧。tábori mise, 陣中ミサ, 陣中供養。tábori pósta(posta), (兵)野戦郵便。tábori vadász, 猟兵, 乗馬猟兵。〕
tábornagy [名] 陸軍元帥。
tábornok [名] (陸軍の)将軍, 将官。
táboroz [自] (兵)陣を張っている, 駐軍する。〔szabadban táboroz, 野営する。〕

tacskó［名］(動)ダクスフント(アナグマ狩りに用いる足の短い小さな猟犬)；(比)白面の書生，青二才，生意気者。

tag［名］四肢，肢体(したい，手足)；一員，会員，組合員，構成員；(文)句，音節，つづり；(数)項(方程式の)；(農)畝(うね)。〔egy tagban, 一うねの耕地において。nem bírja tagjait, 彼は自分の手足を動かすことができない。család tagjai, 家族の成員。〕

tág［形］広い，広々とした；(衣服の)きつくない，ゆるやかな，たるんだ；(比)ふしだらな；(比)広義の(概念)。〔tágra nyitott szemmel, 広く見張った眼で，どう目した眼で。〕

tagad［他］(事実を)否定(否認)する，打ち消す；(主張を)拒む，論ばくする；(法)否認する。

tagadás［名］否定，否認，打ち消し，不承知，反対；(文)否定文。〔mi tagadás benne?, それは否定できない。〕

tagadhatatlan［形］否定(否認)できない，打ち消しがたい；争われない，議論の余地ない。

tagadó［形］断わりの・拒絶の。〔tagadó választ ad, 断わりの返事をする。〕

tagadószó［名］(文)否定詞。

tágas［形］(場所的意味)広い，広々とした，広大な；ゆるやかな，大きく(袖など)。

tagbaszakadt［形］(身体の)たくましい，横ぶとりの，太って丈の低い，ずんぐりした，がっしりした。

tágít［他］(衣類を)ゆるやかにする，広げる；(場所を)広くする，大きくする；(結びひもや束縛などを)ゆるめる，のんびりさせる。［自］ゆるむ，(道を)ゆずる，譲歩する；(追求の手を)ゆるめる；退却(屈従)する。〔nem tágít, 彼は一歩もゆずらない。〕

tagol［他］分ける(分解・分析する)；(論文を)分解して詳論する；(文)(音節・音てつの)節を分って発音する，はっきり発音する；音節に分ける；(文)句に分ける。

tagozódik［自］(部分に)分かれる，区分される，仕切られる。

tagság［名］会員(社員)たること；会員(全体)。

tagsági［形］会員の。〔tagsági díj, 会費；組合費。tagsági igazolvány, 会員証。〕

tágul［自］広がる；大きくなる，ふくれる；ゆるむ，ゆるくなる，ぐらぐらになる。

tágulás [名] 広くなる(大きくなる)こと；拡大(拡張・膨脹)すること；ゆるむ(ぐらぐらになる)こと。

táj [名] 地方, 地域, 地区, 地帯；周囲, 付近, 界わい；(解)局部(心臓などの)；(地方の)景色, 風景；(時)…時ごろ, 時分に, 前後に。

tájban [後] …頃に。〔dél tájban, 正午に, 正午ごろ。〕

táják [名] 地方；(解)局部；(地)風光, 風景, 山川；(雪の)景色。

tájékozatlan [形] 方向がわからない；(比)(…に)通じていない, 熟通していない, 無知の；(…に)無学の, 無教育の。

tájékozódik [自] (自分のいる位置が)わかる；(霧の中で)方向を見分ける(見定める), 行くべき道が分かる, 方向(勝手)が分かる；調べる。

tájékoztat [他] 方位を定める；(船を東へ)向けさせる；(道に関し…を)誘導(案内)する；(…に)正道を教える, 示教する, 知らせる；(比)(…の)迷もう(まよい)を正す, 正しく導く。

tájékoztató [形] 方位を決める…；正道を知らせる(教える)…；(問題の)概観を知らせる…, 案内の, 説明の。[名] 案内書, 説明書, 解説；内容紹介, 細目, 概要書。

tájkép [名] 風景画, 山水画。

tájnyelv, tájszólás [名] 方言, なまり。

tájszó [名] 地方言葉, 地方なまり, 方言。

tajték [名] あわ(泡), あぶく, 海あわ；(犬や人間などの口から出す)あぶく(涎)；(鉱)海泡石(かいほうせき)(パイプなど製作用の)。

tajtékos [形] あわ立つ；あわだらけの, あわでおおわれた；あわ(泡)のような。

tajtékzik [自] あわ立つ, あわになる；(馬などが)あわを吹く；(比)(激こうして)口角あわを飛ばす, 憤激する, 毒づく。

takács [名] はたおり, 織り手, 織工, 織匠。

takar [他] (…を…で)おおう(被う), 包む, くるむ；かぶせる, 掛ける；(収穫物を)納屋に収める, 収納する；(比)目立たぬようにする, 隠す, カムフラージュする。

takarékos [形] 節約する, 倹約な, 倹約した, 経済的な。

takarékoskodik [自] 節約(貯蓄)する；倹約する, 大切にする。

takarékosság [名] 節約・倹約すること；経済的なこと。

takarékpénztár [名] 貯蓄銀行；貯金組合。
takargat [他] (…を…で)おおう(被う・覆う)；ふたをする，かける；(…を…の中に)包む，封をする；(比)目立たないようにする，隠す，偽装する；(金を)隠す，しまっておく，貯蓄する。
takarít [他] (部屋を)清掃・掃除する，調える；(死体を)埋葬する；(農)(納屋などに)収納する。〔szénát takarít, 乾草を作る。〕
takarítás [名] (部屋を)清め(清掃す)ること。
takarítónő [名] 清掃婦，掃除女。
takarmány [名] (農)家畜の飼料，飼葉，糧まつ，まぐさ。
takaró [名] おおうもの，被い；掛けぶとん，毛布；寝台掛け；(家具の)掛け布；(植)包皮，さや(莢)；(比)口実，逃げ口上，隠れみの。
takarodik [自] 姿を消す，逃げ失せる，逃走・逐電する；(穀物が)収納される。
takarodó [形] 逃げる，逃走する。[名] (兵)帰営号音；門限号音，消灯号音(ラッパ)；(戦いで)後退号音。〔takarodót fúj, 消灯ラッパを吹く，(戦い)後退する。〕
takaródzik [自] (…で)おおわれる，包まれる；(毛布で)身を包む；(比)(…で)逃げ口上とする，口実とする。
taknyos [形] 鼻汁だらけの，鼻たらしの；鼻風邪の；(動)鼻疽にかかった(馬)；(比)青二才の。[名] 鼻たれ小僧，青二才。
tákolmány [名] 補てつ細工，つぎはぎ物；寄せ集め物，くだらぬ編集物，ごったまぜ。
takony (目 taknyot) [名] 鼻汁；(馬の)鼻疽病，馬鼻疽(ばびそ)。
tál [名] 盛り皿；(給仕用の)はち(鉢)；(鉢や皿に盛った)食物，料理。〔húsos tál, 肉皿。fatál, 木皿。négy tál étel, 四皿の料理。〕
talaj [名] 土地，地面；地盤，土壌；土質，地味；(比)土台，基底，根拠。
talajjavítás [名] (農)土地改良。
talajvíz [名] (理)地下水。
talál [他] (捜して)見出す，発見する；見つかる；(…を良い・悪い・正しいと)認める，悟る，思う，感ずる；(剣・弾丸などを胸に)当てる，突き当てる，傷つける。[自] (偶然に)

tálal 844

出会う，落ち合う，ぶつかる，衝突する；(弾丸が標的に)当たる，達する，届く；(計算が)ぴったり合う，一致する，当たる。〔fején találta a szeget, 肯けいにあたる，正こく(正鵠)を得る，急所を突いた。ha meg találja tudni, 若し彼が偶然にそれを聞き知るとしたら。vkire talál, …に突き当たる，出くわす。vhová talál, どこかへはからずも達する。minden talál, 万事しっくりと合う，うまくゆく。〕

tálal [他] (食事，食べ物を)供する，盛りつけて出す；(比)提示する。

tálalás [名] 食卓の供え(食事の用意・ぜん立て)をすること；(比)提示。

találat [名] (兵)当たること，命中弾；(比)(くじの)当たり。

találékony [形] 発明の才ある，工夫に富む，どう察力のある，才のある；気の利いた，器用な。

találgat [他] (繰り返し)推測しようとする；(謎などを)判じよう(言い当てよう)とする。

található [形] 見出し得る，存在する，居る，在る。

találka [名] (恋人の)あい引き，ランデヴー，デート。

találkozás [名] 出会う(行き合う)こと，かいこう(邂逅)；会合；(面会の)取り決め；(偶然の)一致；出会う場所；(物)(光波・電波などが)かち合うこと(交差，干渉)。

találkozik [自] (…と)出会う，相合う，落ち合う；(…と)ぶつかる，衝突する；見出される；(意見が)一致する。

találkozó [形] 同上の。[名] 出会い，かいこう，遭遇；面会，会見；同窓会。

találkozóhely [名] 会合の場所。

találmány [名] 発明，工夫，考案，案出；発明品；妙案，新構想。

találó [形] 適当な，適切な，ぴったり当たる，的確な。

tálaló [形] 食卓の給仕をする…。[名] 配ぜん室；配ぜん台。〔tálaló szobalány, 給仕する部屋付娘。〕

tálalóasztal [名] 配ぜん台。

találomra [副] 運を天に任せて，あてもなく，あてずっぽに，何が何やら分からずに，でたらめに。

talált [形] 発見された，捜し当てた，見出された，拾われた。〔talált gyermek, 拾い子，捨子。talált tárgy, 拾得物。〕

talpnyalás

talán, tán [副] 多分，おそらく，あるいは，ひょっとすると，もしゃ。
talány [名] 判じ物，なぞ；不可解な事物，難(問)題。
talányos [形] なぞの；なぞのような；あいまいな，疑わしい。
talapzat [名] (彫像・花びん・置物の)台，台座，足台；(建) (列柱の)柱脚，台石，基底，下敷；(工)受け軸台，受け台。
talár [名] (裁判官や弁護士らの着る)ガウンの官服；(牧師の)法衣，僧服。
tálca (目 tálcát) [名] (盛皿・杯・コップなどを給仕するための)ぼん(盆)。
talicska (目 talicskát) [名] 手押しの一輪車，猫車。
talicskázik [自] 手押し一輪車で運ぶ。
talizmán [名] お守り，魔よけ，護符。
tallózik [自] 落穂拾いをする，刈り残りを拾う；(比)補遺をする。
talp [名] (解)足裏，足のうら(裏)；(くつの)底，底革；(猫などの)足裏のふくらみ；(馬の)蹄(ヒヅメ)底；(鳥や熊の)足；(花びんや像の)台；(大砲の)砲架；(工)架台，構脚，うま；(樽をのせる)構台，木架；(車輪の)たが，輪縁(わぶち)；(建)(柱の)台座，柱脚；浮台(うきだい)。〔talpig becsületes ember, 心底から正直な，真正直な人。talpon van, 起きている；活動している；警戒を怠らない。talpra állít, (…を)助け起こす，扶助する。talpra áll, 起き上がる，立ち上がる；回復する；(経済的に)立ち直る。talpra magyar, 起てよマジャル人！(ペテーフィの詩)。〕
talpal [他] (くつに)底を付ける，革底を付ける。[自] てくてく歩く，とぼとぼ歩く，徒歩で旅行する；(比)奔走する。
talpalás [名] (くつに)底革(くつ底)を付けること；徒歩で行くこと；(比)奔走すること。
talpalatnyi [形] 1フィートほどの。
talpas [形] 脚(あし)(台)のある；足の太い，大足の；立っている。[名] (比)熊；(比)昔の歩兵。〔talpas pohár, 脚(あし)付き杯。talpas óra, 置時計。〕
talpfa [名] (鉄道の)枕木；枕木用材木；(車輪の)木製外輪(おおわ)。
talpkő [名] (建)基石，礎石，土台石；(比)基礎，根底。
talpnyalás [名] おべっか，あゆ，追従(ついしょう)。

talpnyaló [名] おべっか者，追従者。

talpraesett [形] 迅速な，機敏な；うまく思いついた，ざん新な，新奇な；できばえのよい，すばらしい，優秀な。〔talpraesett válasz, できばえのよい回答。〕

táltos [名] (お伽話の)駿馬；魔術僧，妖術者，シャーマン。

tályog [名] (医)膿瘍(のうよう)，腫物(しゅもつ)，腫瘍(しゅよう)。

támad [自] (考えなどが)浮かび上がる，現われる；(風や火が)起こる，生ずる，発生する；(…に対して)起ち上がる，反抗して立ち上がる，襲いかかる，いどみかかる，謀反を起こす；(…に対し)論難(論ばく)をする，反対する；(太陽などが)昇る；(聖書)蘇生(復活・更生)する，よみがえる。[他] (…を)攻める，襲う；(兵)攻撃する。

támadás [名] (群衆の)ほう起；(内乱の)勃発(突発)，反乱，一揆(いっき)；論ばく；(兵)攻勢，攻撃。〔támadást intéz, 攻撃をする。〕

támadó [形] 起こる，生ずる；不意に出現する；攻める，攻撃する；攻撃的，ちょう戦的；侮べつする，侮辱的，無礼な。[名] 攻撃者，ちょう戦者，侵害者。〔támadó háború, 攻勢戦，攻撃戦。〕

támasz [名] (建)支柱，つっかえ棒；(壁を補強する)控え壁；手がかり，足場；よりかかり，ひじかけ；欄干，手すり；(樹木の)副木(そえぎ)，支え；(画家の)腕づえ；(比)背後で支持する者，支持者，後援者，扶助者，後ろだて，パトロン。

támaszkodik [自] (…に)よ(拠)る；支えられている；もたれる，もたれかかる，すがっている；(比)(…に)依存する，たてこもる。

támaszpont [名] 足掛かり，足揚；立脚地，安固な地歩；(てこの)支点，拠点；(兵)基地。〔katonai támaszpont, 軍事基地。〕

támaszt [他] よりかからせる；(建物に)支柱をする；(支柱で)寄りかからす，突っ張る，寄せかける，立てかける；(騒動・疑惑・不和を)引き起こさせる，扇動する，そそのかす；(法)(…に対して)権利の要求(主張・請求)をする。

támla (目 támlát) [名] (腰掛けの)背もたれ，(いすの)ひじ掛け。

támogat [他] (…手で)支える；支える；(比)支持(助力・援助・扶助・補助)する；後援(保護)する。

tanári

támogatás [名] 支えること；(比)支持, 扶助, 援護；支援, 援助；救済, 救援；(政府の)補助金。〔támogatást élvez, 補助を受ける。〕

támolyog [自] よろめく, ぐらつく；ふらふら歩く, 千鳥足で歩く(酔って)。

tan [名] 教義, 学説；学問, 科学。〔(合成語として) számtan, 算数。nyelvtan, 文法。tankönyv, 教科書。〕

tanács [名] 意見, 助言；すすめ, 勧告, 忠告；(相談・評議の)会, 会議, 協議；(市などの)議会；(法)法廷の審議。〔tanácsot kér vkitől, …に助言を求める, 相談する。tanácsot ad, 助言する。〕

tanácsadás [名] (得策として)勧めること, 助言；(専門的な)指導。

tanácsadó [形] 助言を与える；指導する。[名] 忠告者, 助言者, 勧告者；相談役, 顧問。〔tanácsadó bizottság, 諮問委員会。jogi tanácsadó, 法律顧問。〕

tanácsháza [名] 市庁舎・市役所(市町村会の所在所)。

tanácskozás [名] 審議, 評議, 協議。

tanácskozik [自] (…に就いて)審議・評議・協議・商議する。

tanácsol [他] (…を)助言・忠告する；(得策として)勧める, 勧告する；提議する。

tanácsos [形] 勧むべき, 役に立つ, 為になる；得策の, 有利な；賢明な。[名] 参事官；顧問官。〔követségi tanácsos, 公使館参事官。〕

tanácstag [名] 協議会の議員；(市)議会議員。

tanácstalan [形] 途方にくれた；当惑・ろうばいした, あわてた。

tanácsterem [名] 会議室。

tanakodik [自] (…に関し)相談・協議する。〔tanakodik magában vmiről, (…に関し)熟考(勘考)する。〕

tananyag [名] 教材。

tanár [名] 教師；先生；講師。〔egyetemi tanár, 大学教授。rendes tanár, 正教授。〕

tanári [形] 教師の, 先生の。〔tanári oklevél, 教員免許。tanári kar, tanári testület, 教員スタッフ。〕

tanárjelölt 848

tanári szoba, 教員室。tanári vizsga, 教員資格試験。〕

tanárjelölt [名] 教員養成機関の学生，教職見習中の人。

tanársegéd [名] (教授の)助手。

tánc [名] 踊り，舞踏，舞踊，ダンス；ダンス音楽。〔táncot jár, 踊る，ダンスをする。táncra felkér, (女性を)ダンスに誘う(頼む)。táncra kereked, ダンスに取りかかる，ダンスを始める。〕

tánciskola [名] 社交ダンスの学校。

táncmulatság, táncvigalom [名] ダンスの娯楽(気晴らし)，舞踏の楽しみ；舞踏会，ダンスパーティー。

táncol [自] 踊る，舞う，ダンスをする；(比)飛ぶ，はねる，ゆれる(船や飛行機が)。

táncos [形] 舞踏の催しある；ダンスの；ダンスの好きな。[名] ダンサー，舞踏家，舞妓(ぶぎ，まいこ)；(社交ダンスの男性の)踊り手。

táncosnő [名] (職業的)女性のダンサー，舞妓(ぶぎ～まいひめ)；(社交ダンスの)女性の踊り手。

táncterem [名] ダンスホール，舞踏室。

tandíj [名] (学校の)学費，授業料。

tandíjmentes [形] 授業料免除の，学費免除の。[名] 給費学生。

tanfelügyelő [名] 視(督)学官。

tanfolyam [名] 講座，講習会，コース。

tanít [他] 教える，教育する，知識を授ける；馴らす，仕込む；(比)教え込む，注入する(良くも，悪くも)。

tanítás [名] 知識を授ける(教える)こと；教授，授業；教養。

tanító [形] 教育の；教える，教授・教育する；教師の，先生の；教育的の，教訓の；教訓めいた。[名] (現在では，小学校4年までの)教師，教員，先生。〔házitanító, 家庭教師。〕

tanítói [形] 教師の。〔tanítói állás, 教師の地位，教職。〕

tanítóképző [形] 教員養成の。[名] 教員養成機関。〔tanítóképző intézet, 師範学校，教員養成所。〕

tanítónő [名] (現在では，小学校4年生までの)女教師，

女性教員。
taníttat [他] (子供を)学校に通わせる, 教育を受けさせる。
tanítvány [名] (教師から見て)教え子；弟子, 門人, 門弟。
tankönyv [名] (学校用の)教科書。
tanrend [名] (授業の)時間表, 時間割。
tanszak [名] (物理などの)学科；(単科大学の)学部。
tanszék [名] 学科；講座(大学教授の職)。
tantárgy [名] (教授)科目。〔minden tantárgyban kitűnő, 各科目で優秀だ。〕
tanterem [名] 教室, 講堂。
tanterv [名] 教案, 授業計画, カリキュラム。
tantestület [名] 教員スタッフ, 教員全体。
tántorgó [形] よろめく, よろける, よろよろする；(比)定まらない, 不安定の。
tántoríthatatlan [形] 動かし得ない, 揺るがしがたい；きぜんたる, 確固たる, 不動の。
tántorog [自] (酔って)よろよろ(ふらふら)する, 千鳥足で歩く, よろめく。
tanú [名] 証人(その場に居合わせた人), 目撃者；(結婚式の)介添人・立会い人。
tanúbizonyság [名] 証言；証拠；証左。〔tanúbizonyságot tesz, (…に就いて)証言する。〕
tanújel [名] 証拠, 証左。
tanúkihallgatás [名] (法廷の)証人尋問。
tanul [他] (…を)勉強する, 覚える。[自] 学ぶ, 習う, 学問をする。
tanulás [名] 学ぶこと, 習うこと, 学問すること；勉強, 学習。
tanulatlan [形] 教育のない, 無教育の, 無学の；(労働者などの)未熟練の。
tanulmány [名] (学校での)勉学；(…に就いて)研究；論文；(画家の)習作, 下絵。
tanulmányoz [他] 研究する；調べる。
tanulmányút [名] 研究旅行。
tanuló [形] 学ぶ, 研究する, 修業する…；見習いの…。[名] 生徒, 学生；(実業高校の)学生；(講座などの)生徒。

tanulóifjúság [名] 小・中学校生徒。

tanulószoba [名] (学生寮の)勉学室, (学校の)補習室。

tanulság [名] 教え, 教訓, 訓戒。〔a történelem tanulságai, 歴史の教訓。erkölcsi tanulság, 道徳的教訓。〕

tanulságos [形] 教訓になる, 教訓的の；教育的の, 啓発されることの多い。

tanult [形] 教育(学問・教養・学識)のある；(…に)通じている, (…を)よく知っている；学んだ。

tanúság [名] 証言, 証人の陳述, 口供；立証, 証拠, 証在。〔tanúságot tesz, (…のために…に就いて)証言・立証する。〕

tanúsít [他] 言行で示す, 証明する；(真実なることを)証する, 保証・裏書する。

tanúsítvány [名] (文書による)証明；証言, 証明書。

tanúskodik [自] 証人として立証する, 証言する, 証人陳述をする(…に関し…のために)。

tanúvallomás [名] (法)証人の口述(供述・陳述・証言・証明・立証・声明)。

tanya (目 tanyát) [名] (プスタ：畑に孤立した)百姓家, 農家, 農場；夜の宿(やど), 宿泊所；(強盗の)隠れ場；(猟)(オオカミやキツネなどの)隠れ場, どう穴, ほらあな, 巣。〔tanyát üt, 設営する。〕

tanyázik [自] (…に)滞在する；腰を据える；(動物が)巣をかまえる, 巣くう, 住む。

tányér [名] 盛皿, 給仕ざら；円盤, 平円板；(植)茎衣(はかま), 花盤。

táp [名] → **táplálék**. 食品, 食物, かて(糧)；栄養, 栄養分。〔tápot ad vminek, …に補給する。tápot kap, 食物(栄養)をとる。〕

tapad [自] (…に)くっつく, ひっつく, ねばり着く, 粘着する；(比)(…に)まといつく。

tapadás [名] くっつくこと；粘着, 付着, 固着；(文法)(tokaji bor の代わりに tokaj など) (意味上の)省略。

tapadós [形] 粘着力のある, 粘着する；粘着性の, ねばねばする。

tápanyag [名] 栄養物, 栄養分；食物；補給物。

tapasz [名] (化)封泥(ふうでい), め塗り, パテ等；(壁塗り

の)しっくい；(医)こう薬，ばんそうこう。

tapaszt [他] (手をずっと)くっつける；(壁にシックイを)塗る，塗り込む；(船にマイハダを)詰める。

tapasztal [他] (…を)経験する；実体験(試験)する。

tapasztalat [名] 経験，実体験(実際に経験したこと)。

tapasztalatlan [形] 無経験の,未熟の,不調法の；実体験したことのない。

tapasztalatlanság [名] 無経験，未熟練，不調法。

tapasztalt [形] 経験を積んだ，経験のある；熟練(精通)した；世故に長けた。〔sokat tapasztalt ember, 経験に富んだ(老練の)人。〕

tapéta [名] (壁に張る模様のある紙)壁紙。

tapint [他] (軽い手で)触れる；触診する。[自] 至る；当てる。

tapintás [名] (手で)触れること；触感；(医)触診。

tapintat [名] (比)思いやり，デリカシー。

tapintatlan [形] 思いやりのない，考えの足りない，デリカシーのない，思慮の足りない，へまな，非常識な。

tapintatlanság [名] 同上のこと，及びその行為。

tapintatos [形] 思いやりのある，デリカシーのある。

táplál [他] (母が子を)養う，育てる；(自動詞としても)栄養分を与える；授乳する,食わせる,食物を与える,養育する；(火勢を)保つ,維持(給炭)する；(情熱・希望・憎悪を)胸にいだく。〔reményt táplál, 希望をいだく。〕

táplálék [名] 栄養分，滋養物；食料品，食物，かて(糧)；(比)養分。

táplálkozás [名] 身を養うこと，栄養(滋養)を取ること；栄養補給。

táplálkozik [自] (…で)身を養う，栄養分を補給する；(…で)生きる。

tápláló [形] 滋養のある，滋養分に富んだ，栄養になる；滋養の，栄養の。〔tápláló erő, 栄養力，滋養価値。tápláló cső, 食道。〕

tapló [名] ほくち(火口)(火打ち石で出す切り火の火を移し取る引火し易い綿のようなもの)。

tapogat [他] (繰り返し)(手で)触れる，さわってみる；手探りで探す；触診する；(比)(…を知るために)調べる，吟味する；探る，探りを入れる。

tapogatódzik [自] 手さぐりで探す；(比)暗中模索する。

tapos [他] 踏みつける；(皮を)踏んでなめす；(土地を)踏みならす；(比)(尊厳などを)踏みにじる。[自] 踏む；踏みつける，踏みにじる。

táppénz [名] 傷病手当金。

taps [名] 拍手かっさい；拍手の音。

tapsol [自] (…に)拍手かっさいをする。

tapsvihar [名] 拍手の嵐，かっさいのどよめき，嵐のようなかっさい。

tápszer [名] (赤ん坊や高齢者のための食べやすい)食品；(動物の子どものための)餌。

tár¹ [名] 倉庫，貯蔵所，商品置場；貯蔵物，在庫品；(美術館などで)集めたもの，収集，採集；(軍)弾薬庫。

tár² [他] 大きくひらく；(ドアを)あける；(…の前に…を)明らかにする，見せる。〔tárva, 大きく開けて，ひらいて。〕

taraj, taréj [名] (動物の)とさか(鶏冠)；(胃・棟・山・波などの)頂(いただき)，とさか状のもの(拍車の歯輪など)。

tarajos [形] 同上のある；(動)とさか(冠毛)のある。

tárca (目 tárcát) [名] 懐中用紙入れ，紙ばさみ；財布，タバコ入れ；(大臣の公文書入れ)大臣の職・地位；(文学)小話，物語(新聞の)文芸欄；(同上の)小品文学，随筆。〔tárca nélküli miniszter, 無任所大臣。〕

tárcsa (目 tárcsát) [名] (中世騎士の)小形の円楯(盾～たて)；信号板(シグナル)，円盤；(射撃の)的(まと)，標的；(電話の)ダイヤル，文字板。

targonca (目 targoncát) [名] 手押しの一・二輪車。〔villamos targonca, 電動四輪台車。〕

tárgy [名] 物，物体；対象，客体；事項，事件；主題，題目，題材；(文)目的語；(学校教育の)科目。

tárgyal [他] 論じる，議論する；(詩人が材料を)取り扱う；(主題を)論ずる，論究の対象とする；(商)(…と)交渉する；(法廷)審議(公判)をする。

tárgyalás [名] 商議，交渉；会合，話し合い，相談；(法)審理；(法廷の)公判；(議会の)議事，討論，討議；(文書論点において)論述。〔üzleti tárgyalást folytat, (…に就いて…と)商議(交渉)する。〕

tárgyeset [名] (文)目的格。

tárgyi [形] 物の，物的の；対象の；実証的な，事実に基づ

く。
tárgyias, tárgyilagos［形］客観的な；外観的な；具体的な；具象的な。
tárgymutató［名］内容索引，件名索引，事項索引；記録簿。
tárgyszerű［形］（比）内容・主題に適切な，目的にかなう。
tárgytalan［形］対象のない，空虚な；目的のない，無効の；必要ない。
tárház［名］（古）倉庫，貯蔵室；（比）（知識などの）豊かな源，宝庫。
tarhonya（目 tarhonyát）［名］牛乳と卵をまぜた穀粉製の乾いたパスタ。
tarifa（目 tarifát）［名］料金；定価表，物価表；運賃表，料金表；税金表。
tarisznya（目 tarisznyát）［名］肩に負う袋，雑のう，合財袋，道具袋，ずだ袋；（馬の首にかける）かいば袋；（軍）小雑のう。〔vén tarisznya,（卑）老婆。〕
tarka［形］班（ぶち，まだら）の（動物など）；雑色の，色とりどりの，多彩の；（比）雑然たる；ヴァラエティに富んだ出しものの。〔tarkánál tarkább szövetek, 色とりどりの織物，最も多彩な布。〕
tarka-barka［形］班点のある，ぶちの；多色の，雑色の；（比）雑然たる。［名］ヴァラエティに富んだ出しもの・（新聞などの）欄。
tarkállik［自］色とりどりに見える，多彩に現われる；多色（雑色・まだら）になる；（卑）（語や文章）飾り立てている。
tarkaság［名］色とりどりなること；雑色，複雑な彩色，ごたごたした模様；（比）多種多様，雑ばく。
tarkít［他］（…を）種々な色で染める（飾る）；（…に）色々な模様を描く；（別の要素を入れて）多彩にする。
tarkó［名］（解）頸窩（ぼんのくぼ），うなじ（項）の中央のくぼみ。
tárlat［名］ショー，展覧会，陳列会（絵や商品などの）。〔műtárlat, 美術展覧会。〕
tarló［名］（農）麦の刈株（残株）；刈株畑，刈後畑（かりあとばたけ）。
táró［名］（坑）（鉱山の水平の）坑道，横坑，通洞。
tárol［他］（収穫物を後日のために）倉庫に保管する，貯えて

おく；(商)(一時的に)保管する。

társ [名] (共同の)仲間, 同僚, 同輩；連れ合い, 伴りょ；(人間, 動物の)パートナー；共同持主, 共同所持者, 共同出資者；(罪の)共犯者。

társadalmi [形] 社会の, 社会的, 社会に関する；公的の；社交界の；社交的。〔társadalmi állás, 社会的地位(身分・官職など)。társadalmi osztály, 社会的階級。〕

társadalom (目 társadalmat) [名] 社会；仲間同士, 集合体, 集合団体；共同体。

társadalombiztosítás [名] 社会保障制度 (失業保険, 医療保険, 年金など)。

társadalomtudomány [名] 社会科学。

társalgás [名] 談話, 会話, 対話, 座談。

társalgó [形] 会話の；会話する…。[名] 応接室, 談話室, 社交室；(古)会話便覧；話相手。

társalog [自] (…と)談話・会話する。

társaság [名] 仲間集団；協会, 結社, 会；組合, 会社, 社団法人；社交, 仲間たち, 交際社会；(…と)連れ, 仲間。〔egyetlen társasága a fia, 息子が唯一の仲間。〕

társít [他] (…を…と)結合させる, 一緒にする；(…を…の)仲間に入れる, 仲間に加入させる；(…を…に)結合させる, 結びつける；(考えなどを)結びつける。

tarsoly [名] (古)(肩にかける, 平らな皮)カバン；ハンドバッグ；(兵)背のう, 飾袋(騎兵の)；(猟師や牧人の)革袋。

társszerző [名] (書籍などの)共同の著作者, 共著者, 合作者。

társtalan [形] 連れのない, 仲間のいない；(比)独身の, ひとりの；(比)孤独の。

társul [自] (…の)仲間になる；(…に)伴う；(商)提携する。

társulat [名] 協会, 結社, 会；組合, 会社, 商社, 社団法人；仲間, 集団；(俳優などの)一座, 劇団。

tart [他] 保つ, 保有(保持・維持・保存・支持)する；見守る, 遵守する, 励行(実行)する；(約束を)守る；行う, 為す(会を開く, 婚礼や講義をする)；(召使を)雇っておく；(馬を)飼う；(…を)尊重する, 評価する；(…を何と)みなす；取り扱う, 遇する, もてなす, 供応する；扶養する；止める, とど

める，拘留(抑留)する，制する，はばむ；(…と)思う，考える；制定(規定・指令)する。［自］(時)つづく，存続(経過)する；気づかう，心配する，恐れる；(…に)くみする，味方(加担)する；(…へ)向かって行く，乗りゆく；(…の方へ)近づく，赴く。〔jól tart, 良くもてなす。sokra tart, 高く評価する，大いに尊重する。nagyra tart, 同上。vminek tart, …だと思う。szemmel tart, 見守る。〕

tárt ［形］大きく開かれた，開放された，開いている。〔tárt karokkal, 開いた腕を以て，双手をあげて(歓迎する…)。〕

tartalék ［名］取っておきの物，用意の品，貯えの品，予備品；準備金；(兵)予備隊。

tartalékos ［名］(兵)予備兵。［形］予備の；(競)補欠選手を備えた。〔tartalékos állomány, (予備の)現在高，現在品；予備の総数。tartalékos tiszt, 予備将校。〕

tartalmas ［形］内容豊富な，実質多い；内容の濃い(記事など)；教養のある。

tartalmatlan ［形］無内容の，空虚な，浅薄な；実質のない，貧弱な。

tartalmaz ［他］(…を)含む，含み持つ，包含する；(比)ほのめかす；(文章が)伝える，内容を表わす。

tartalom ［名］(容器の)中味，内容；(比)(書籍や書信の)要旨，意味，趣意；(比)(…の)本質；目次；(化)含量；(鉱物やアルコール等の)含有物，成分。

tartalomjegyzék ［名］目次，目録；(書籍などの)事項索引。

tartály ［名］容器；貯水そう，タンク；石炭入れ；(万年筆の)インク筒。

tartam ［名］持続時間，期間，(講演や旅行の)持続期間。〔rövid tartamú, 短時間の，短期の。〕

tartás ［名］保持，保有，支持；身の保ち方，身のこなし方，態度，姿勢，構え；強度，硬度，厳格；雇用；(動物を)飼うこと；生計(の維持)；扶養；時間の長さ，存続期間。

tartásdíj, tartáspénz ［名］手当；(離婚し，別居した親が出す)養育費。

tarthatatlan ［形］持ちのわるい，長持ちしない；守られない，維持のできない(城)；(軍)持ちこたえられない，堪えられない，抵抗のできない。

tartó [形] 保有する；つづく，継続する；支持する，ささえる。[名] 容器；貯蔵所；貯水池，貯水そう，タンク；(工)支柱，桁(けた)材。〔hónapok óta tartó, 数か月来継続する。〕

tartogat [他] (繰り返し，自分で)留めておく，取っておく，貯えておく，保存する；(秘密を自分で)隠す，秘す；残しておく，留保する。

tartógerenda [名] (建)本桁(けた)，大梁(はり)；つなぎ梁。

tartomány [名] (古ローマ帝国の)征服地，属領；管轄区域，領地；(一国内の)州，県，郡，地方。

tartós [形] 持ちのよい，しっかりした，耐久の；永く続く，持続的，永続的。

tartósság [名] 持ち，永続性，耐久性；丈夫，堅ろう；(色などの)あせぬこと，長くつづくこと。

tartozás [名] 支払いの義務，債務，負債，借金，借り；(動植物の)所属(類)；道徳的責め(義務)。

tartozék [名] (家屋や建物の)付属物；付属地；(全体の)一部分，付属品(物)；アクセサリー。

tartozik [自] (…に)負債がある；恩義がある，おかげを蒙っている；(…に)属する；(…の)一部(一員)である；(…の)所有物である；(…に)関係する，かかわる；属する。(修飾語として(商)〔taltozik oldal, 借方。〕〔ez nem tartozik rám, これは私に関することではない。mivel tartozom?, いくら支払わねばならないですか。〕

tartózkodás [名] 滞在，とう留，駐在；(…から)差し控えること，不作為(棄権など)；(比)慎み深いこと，控え目，遠慮，はにかみ。〔tartózkodás nélkül beszél, 遠慮なく話す。〕

tartózkodási [形] 滞在の。〔tartózkodási hely, 滞在地，居住地，現在地。tartózkodási idő, 滞在時間。〕

tartózkodik [自] (…に)滞在する，居る，住む；(飲酒から)自制する，慎む；(…との交際を)差し控える，遠慮する。〔tartózkodva, 滞在して；控え目に。〕

tartózkodó [形] (…に)滞在する，滞在の；遠慮がちの，控え目の，慎み深い，内気の。〔tartózkodó hely, 滞在地。〕

tartóztat [他] (客を)引き留める；(不法行為者を)留めておく，制止する；遅れさせる，後らす；(…に)寄せつけない，阻止する。

tárul [自] (門やドアが大きく)あく，開く；(景色が)広がる，展開する，現われる。

tárva-nyitva [副] (ドアが)(…の許す限り)一杯に開け放しにして；(服の)ボタンをはずして。

táska (目 táskát) [名] (記録など入れる)手かばん；(生徒用の)かばん；(書類入れの)折りかばん；(旅行用の)手提げかばん；化粧道具入れ；(目の下の)たるみ；(植)さや；(料)ラビオリ。

taszigál [他] (ひじで)押す，押除ける；あちこち突く，突きまくる。

taszít [他] 突き(押し)返す；突きのける，突き落とす，押しのける，遠ざける；(剣をサヤに)入れる；(…を)おとしいれる，突き落とす，沈める；(…を)ひどい目にあわせる；(物)はねる，反発する。

taszítás [名] 手荒く押す(突きのける)こと；(物)反発；(比)がけから突き落とす(ひどい目にあわせる)こと。

tat [名] (船の)後部，船尾，とも(艫)(ヘサキに対し)。

tát [他] 大きく開ける，開け放す；(比)(感心して・驚いて・欲しそうに)口をあんぐり開ける。〔tátva，大きく開けて；口をあんぐり開けて。〕

tatár [形] タタールの；(史)(13世紀ヨーロッパに襲来した)蒙古の；蒙古風の。[名] タタール人，ダッタン人(中央アジアの回教遊牧民)；(史)蒙古人。

tataroz [他] (家を)修繕(修理・修復)する；(船体を)修繕する。

tatarozás [名] 修繕(修復)すること。

tátog [自] 口を何度も開ける；口をパクパク開けて言葉にならない。

tátong [自] (割れ目などが)ぽっかり空いている；(比)(劇場の座席が)空いている。

tátott [形] 大きく開いている，開け放しの；口をあんぐり開けた。

táv [名] (主として短距離の走る)距離，コース；(工)(部品と部品の規定された)距離。

tavaly [副] 昨年に，去年に。[名] 昨年，去年。

tavalyi [形] 昨年の, 去年の。

tavasz [名] 春, 春季；(比)(人生の)春, 青春。〔tavasszal, 春に。〕

tavaszi [形] 春の；春に関する；(料)蒸した野菜たっぷりの。[名] 春まきの穀物。〔tavaszi rozs, 春まいて夏に収穫するライ麦。tavaszi dal, 春の歌。tavaszi eső, 春の雨, 春雨。tavaszi szellő, 春の微風, 春風, そよ風。tavaszi napéjegyenlőség, 春分。〕

tavaszias [形] 春らしい, 春のような。〔tavaszias hangulat, 春のような気分。tavaszias öltözék, 春らしい装い。〕

tavaszodik [自] 春になる, 春が来る。

távbeszélő [名] (役)電話；電話機。→ telefon.

távcső [名] 望遠鏡；双眼鏡。

távirányító [名] リモコン。

távirat [名] 電報, 電信。

távirati [形] 電報の, 電信の；電信に依る。〔távirati iroda, 電信社。távirati tudósítás, 電信による報道。távirati úton, 電信により, 電信で。〕

táviratoz [他] 電報を打つ, 打電する。

távíró [形] 電信の, 電信による。[名] 電信技士；電信装置。

távíróhivatal [名] 電信局；電報局。

távlat [名] 見通し, 見晴らし, 展望, 遠近；(絵)遠近画法；経過；(比)将来の見通し, 見込み, 望み。

távlati [形] 遠近の；長期的。〔távlati rajz, 見取図, 遠近図；構図, 構想。〕

távmérő [名] 距離計, 測遠器。

távol [形] (…から)離れている, 隔たった, 遠い；遠縁の(親せき)。[副] 遠く隔たって, 遠くに離れて, 遙かに(時と場所)。[名] 遠距離, 隔たり, 遠方, 遠隔；距離。〔távolabb, より隔たった, より遠い；もっと先の。távolban, 遠方に, 遠くに, 遠隔の地に；(時)遠い昔に。távolból, távolról, 遠くから, 遠方から；(時)遠い昔から；(比)遠回しに。távolról sem, 少しも…ではない。〕

távoli [形] (…から)離れた, 遠い, 遠隔の；はるか昔の；遠縁の。〔távoli rokon, 遠縁に当る親せき。〕

Távol-Kelet [固] 極東。

távollét [名] 不在, 留守。〔távollétében, (…の)居ない所で, 陰にまわって。〕
távollevő [形] 不在の；遠く離れた。［名］不在者。
távolodik [自] (…から)遠ざかる, 退く。
távolság [名] 距離, 道程(みちのり)；(二物間の)隔たり, 間隔；遠隔の地, へき地。
távolsági [形] 遠距離の。〔távolsági forgalom, (鉄)長距離運輸。távolsági pont, (両者の)引き離し点, 隔たりの点, 間隔点。távolsági verseny, 長距離走。〕
távozás [名] 遠ざかること, 出発, 出立；(官職から)退官, 退職；(公生活から)引退；(登場人物の)退場。
távozik [自] (…から)同上する。〔távozz tőlem！, 立ち去れ！〕
taxi [名] タクシー。
te (目 téged, tégedet) [代] (家族, 友人の間で, また親しい仲とか子供に対して用いる, 2人称単数の人称代名詞)お前, 君, あなた。〔a te anyád, お前のお母さん。〕
tea (目 teát) [名] 茶の葉；茶, 紅茶；茶会；(医)せんじ液, せんじ薬。
teafőző [名] 茶わかし器, (紅茶用の)湯わかし, サモワール。
teáskanna [名] ティーポット, きゅうす, 茶びん。
teasütemény [名] 茶受け, 茶菓子, パン菓子(紅茶と共に食べる)。
teaszűrő [名] 紅茶をこす器。
teázik [自] 紅茶を飲む。
téboly [名] 狂気, 精神病；偏執狂；熱狂, …熱；(比)さんざんな状況。
technikus [名] 技術家, 専門家；(工専の)学生。〔fogtechnikus, 歯科技工手。elektrotechnikus, 電気技手。〕
teendő [名] 成さねばならぬこと；所用, 用務, 用事, 仕事, 事務。〔sok a teendőm, 私は所用が多い。〕
tégely [名] るつぼ；(クリームやポマードの)びん, かめ, つぼ；(化)分析炉, 灰皿(灰吹法の)。〔(工)olvasztó tégely, るつぼ(坩堝)。〕
tegez[1] [名] えびら(箙), 矢筒。
tegez[2] [他] (2人称の)君・お前・あなたで話しかける。

tegeződik [自] (…と)互いに君ぼくと呼びあう；君ぼくの間柄である。

tégla (目 téglát) [名] れんが(煉瓦)；れんがの破片；(俗)密告者。

téglagyár [名] れんが製造工場。

téglavörös [形] 赤れんが色の。

tegnap [副] 昨日，きのう。[名] 昨日，きのう。

tegnapelőtt [副] 一昨日，おととい。

tegnapi [形] 昨日の，きのうの。

tehát [接] それ故に，それだから；従って，因って，それで；つまり。

tehén (目 tehenet) [名] 雌牛，乳牛；(一般に)雌獣。

tehéncsorda [名] 雌牛の群れ。

tehenész [名] (農場で)雌牛の世話をする人。

tehenészet [名] 酪農場；搾乳場。

tehénistálló [名] 雌牛小屋。

tehénpásztor [名] 雌牛飼。

teher (目 terhet) [名] (荷車やだ馬の)積荷，載貨，荷，貨物；(比)負担，重荷；固定資産税；(法)刑罰；妊しん。〔teherbe ejt, 懐妊させる，はらませる，受精(受胎)させる。teherben van, 妊しん(懐妊)している，はらんでいる。terhére van vkinek, …の負担に(のやっかいに)なる，を煩わす。terhére ír, (…の)負担(債務)にする(記入する)。〕

teheráru [名] (商)運送貨物，積荷。

teherautó [名] 貨物自動車，トラック。

teherhordó [形] 荷物を運ぶ。[名] 荷かつぎ(人夫)，荷物運搬人，沖仲仕。

teherkocsi [名] 荷物車両；荷馬車；トラック。

teherpályaudvar [名] (鉄)貨物駅。

teherszállítás [名] 貨物運送。

teherviselés [名] (特に税)負担に堪えること。〔egyenlő teherviselés, 均等負担，負担の平等割当て。〕

tehervonat [名] (鉄)貨物列車。

tehet [他] することができる；責任がある。〔nem tehetek róla, hogy elkéstem, 遅刻したのは私のせいでない。〕

tehetetlen [形] 出来ない，無能な，無能力な；生活力の

ない，精力のない；無器用な，下手な；(医)性交不能の。
tehetetlenség [名] 同上のこと。
tehető [形] なし・行い得る，出来る，可能な；実行し(遂行し)得る；見積もり(評価し)得る。〔ezer forintra tehető a kár, 損害は千フォリントに見積もられる。〕
tehetős [形] 裕福な，富裕な；資力ある，財産ある。〔tehetős gazda, 裕福な物持ち(主，主人)。〕
tehetség [名] 才能，能力；手腕，技量；秀才；資力，財産，資産。〔tehetsége van vmihez, 彼には…の才能がある。írói tehetség, 文筆の才能。〕
tehetséges [形] 天賦の才ある，才能ある，才のある；技量ある，敏腕の，腕の利く。〔tehetséges művész, 才能ある芸術家。〕
tehetségtelen [形] 才能のない，凡庸な，平凡な。
tej [名] 乳，ミルク，乳汁，(特に)牛乳；(魚)雄魚精(しらこ)；(植)乳液，樹脂。〔tejben-vajban fürdik, ゆたかに暮らす。vkit tejben-vajban füröszt, …をあり余るほどのものでごちそう・供応する。tejjel-mézzel folyó Kánaán, ミルクや蜜であふれた国，あり余っている国，恵まれた国，飽食の国。〕
tejbedara, tejbegríz [名] ひき割麦の牛乳かゆ，セモリナのプディング。
tejel [自] (雌牛が)乳を出す；(植物が)乳汁(にゅうじゅう)を分びつする；(俗)しぶしぶ金をはらう。
tejelő [形] 乳の出る(雌牛)；乳汁を分びつする(植物)。
tejes [形] 牛乳の，牛乳入りの(コーヒー等)；牛乳でいっぱいの；乳の出る；乳色の；(植)乳液をもつ，乳液質の；(魚)しらこを持つ。[名] 牛乳配達人；牛乳屋
tejeskanna [名] 牛乳カン，ミルク容器；(バター製造用)かく乳器。
tejfel, tejföl [名] 乳脂，サワークリーム。
tejfog [名] (解)乳歯。
tejgazdaság [名] 搾乳業，酪農業。
tejszín[1] [名] 甘い乳脂，生クリーム。
tejszín[2] [名] 乳色。
tejút [名] (天)銀河，天の川。
tejüveg [名] 不透明な乳光色ガラス，乳色ガラス。
teke (目 tekét) [名] 玉，球，まり，丸，ボール(ボーリング

の)。
- **teker** [他] (糸を)よる, ひねる, しぼる；巻きつける, からめる；(ネジを)回す, ねじる。
- **tekercs** [名] (紙の)巻き物；(かたん糸の)糸まき, かせ；(電気の)感応コイル, 誘導線輪；(頭上に荷物を載せるための)頭敷きふとん；(建)(柱頭装飾の)渦(うず)形, 渦巻き。
- **tekeredik** [自] (糸が)からまる, 巻きつく, まといつく, からみつく；のたくる, のたうつ, うねる。
- **tekereg** [自] (ヘビが)のたくる, うねる；(俗)当てもなくさまよう, うろつく, ぶらつく。
- **tekervényes** [形] 屈曲の多い, だ(蛇)行状の(道)；(比)遠曲的, 複雑な, 込みいった。
- **teketória** (目 teketóriát) [名] 回り道する(う路を取る)こと；冗漫, はんさ, 回りくどい言動；(俗)気取る(もったいぶる)こと。〔teketória nélkül, かれこれ言わずに；遠慮なく, 無造作に, 簡単に。〕
- **teketóriázik** [自] めんどうくさいことをする, 儀式ばる, いやに丁寧に(他人行儀に)する。
- **tekint** [他] (…を…と)思う, みなす；考量(考察・顧慮)する。[自] (…に)目を向ける, 着眼する；じっと見る, 注視する, 見守る, 眺める。〔tekintve, …を顧慮して, …の故で。tekintve helyzetét, 彼の立場を顧慮して。nem tekintve azt, …にもかかわらず, それは別として, それはともかく, それを無視して。〕
- **tekintély** [名] (父の)威信, 権威；官憲, その筋, 当局者；(才能や財産などにおいて)卓越した人, 権威者, 大家。
- **tekintélyes** [形] 権威(威信・名望)ある；堂々たる, 威厳ある(風采)；著しい, おびただしい(金高)；重要な, 重大な(地位)；著名な(商人)；非常な, 大した(量)。
- **tekintet** [名] 見ること, 目撃, 注視, 凝視, 注目；意を用いること, 考量, 顧慮, しんしゃく；見地, 見解, 立場；関係, 関連。〔tekintetbe vesz, tekintettel van, (…を)気をつける, 顧慮する；考えの中に入れる, 認める；しんしゃくする, 留意する, 眼中におく。tekintetbe nem vesz, (…を)注意しない, 閑却する, 等閑に付す, 無視する。tekintettel vmire, (…を)顧慮(しんしゃく)して。〕
- **teknő** [名] 洗面器；(左官屋の)ふね(槽)；(麦粉の)こねおけ；馬ぶね(槽)；小桶(たらい)；船腹；(動物の)甲殻, 背

甲；(地質)向斜；(猟)野獣のねどこ(巣穴)。
teknősbéka [名] (動)かめ(亀)。
tékozló [形] 乱費する，放逸に暮らす，金使いの荒い；しゃしの，ぜいたくの．[名] 浪費者，乱費者．
tékozol [他] むだ遣いする，浪費(徒費・乱費)する．
tél (目 telet) [名] 冬，冬季．〔kemény tél, 厳冬. gyenge tél, 温和な冬，暖冬. télen, 冬に，冬季に. télen-nyáron, 夏冬に．〕
tele [副][形] 充ちた，いっぱいの，充満した；満員の．[頭] 充分．〔virággal tele, 花でいっぱいの．tele aggat, いっぱいに掛ける．teleeszi magát, 腹いっぱいに食う．teleönt, いっぱいに注ぐ，つぐ．telerak, 満載する，(表面を)おおう．teleszed magát, 飽食(満腹)する．teletöm, 一杯に詰めこむ．teletölt, なみなみと注ぐ．〕
telefon [名] 電話(機)．
telefonál [自] (…に)電話で話す，電話する．[他] (…を)電話で話す．
telefonállomás [名] 電話交換局．
telefonfülke [名] 電話ボックス．
telefonkagyló [名] 受話器．
telefonkártya [名] テレホンカード．
telehold [名] → telihold.
telek (目 telket) [名] (家を建てる)土地，地所，宅地；(史)(農奴の)土地，田畑．
telekkönyv [名] 土地台帳，土地登記簿，土地徴税台帳．
telel [自] (どこで)冬を越す，冬ごもりする，避寒する．
telep [名] (ある目的のための一時的な)場所，建造物；(移民の)植民地；新開地，移民都市，開拓地；住宅地；製造(製作)所，工場；(商)営業所；(電気・建築の)工作場；(電)電池，電槽(でんそう)；(地質)鉱脈，鉱床；(植)群生地；(植)コケなどの葉状植物．〔méntelep, 種馬飼育所，畜産所．〕
telepedik, telepszik [自] 居を定める，定住・移住する(植民地へ)；腰を据える，構居・定着する．
telepes [形] (移住者が)居を定める…；電気・電池の；葉状体の．[名] 移住者，移民．
telepít [他] (人を)移住(植民)させる，居所を定める；(兵)

(地雷を)埋める；(商)営業所を置く；(農)(新たに果樹園などを)設営する。

telepítés [名] 同上のこと；(手形の)支払地。
televízió [名] テレビ，テレビ受像機(略語は tv)。
televízióállomás [名] テレビ局。
telhetetlen [形] 飽きたらぬ，飽くを知らない，飽きない(飲食において)；おさまらない。
telhető [形] 出来る(実行し得る)限りの，あらん限りの。[名] 最大限の努力。
teli [副] [形] → tele. [名] 命中。〔telibe talál, 命中する。〕
téli [形] 冬の；冬らしい，冬のような。
télies [形] 冬らしい；冬のような。
telihold [名] 満月。
telik [自] (…で)一杯になる，充満する；丸くなる；(時が)過ぎ行く，経過する；(所期に)達する，十分である，足りる。〔nem telt bele egy hét, …に一週間かからなかった。nála telik, それで足りる，十分である，間にあう。a hold telik, 月が満ちる。telik, amíg telik, 出来るだけの範囲に及ぶ。ami tőlem telik, megteszem, 自分で出来ることなら何でもする。kedve telik benne, 彼の喜びはそれで満たされる。telve, (…で)満たされて。〕
télikabát [名] 冬のオーバー；外とう。
telít [他] 満たす；(…を何で)満足させる，飽き足らせる；しみこませる，しみ入らせる；(化)飽和させる。
telitalálat [名] (兵)完全命中弾，直撃弾；的中；(比)図星。
teljes [形] 完全な，そろった；完備した；全部の，完璧な，全きな；全体の，全数の，欠けない；すべての，皆の，残らずの，満員の。〔egész teljes ellátás, 三食まかないつき寄宿。teljes súly, (包装共の)総重量，全重量。teljes számú, 全数の，全部そろった，全員の，欠員のない。〕
teljesít [他] (為すべき事を)達成する，果たす，遂行する；(命令を)守る，遵守する；(義務を)履行する；(予期を)充たす；(願いや望みを)かなえる，実現させる；(…を)成就(完成・実行)する，行う。
teljesítmény [名] 到達；業績；性能。
teljesül [自] 実現される；成就(完成)する。

teljhatalmú [形] 全権を委任された，全権を持つ。
teljhatalom [名] 全権；(法)一般代理権，一般委任；(政)独裁政治・政権。
telt [形] (…で)満ちた，一杯の(杯)；満員の(車・席)；丸い；まじり気のない。〔telt arc, 丸々した顔。〕
temet [他] (死体を)埋める，埋葬する；(顔をハンカチーフの中に)隠す，見えないようにする；(雪が町を)被う，包む，隠す；(悲嘆を酒に)まぎらわす，隠す。
temetés [名] 埋めること；埋葬，土葬；葬儀(式・礼・列)；(印)脱落語句。
temetési [形] 葬儀の。〔temetési szertartás, 葬儀，葬式，葬礼。〕
temetkezik [自] (一家の墓所に)埋められる，埋葬される；(比)(書籍に)没頭する；(どこへ)埋もれる。
temető [名] 墓地。
templom [名] (カトリックの)聖堂，教会堂；(新教の)会堂，教会；(比)(学芸や芸術の)殿堂。
templomi [形] 教会の，寺院の；礼拝上の，宗教上の，宗規上の。
ténfereg [自] (町の中を)ぶらつく，うろつく，はいかいする。
tengely [名] 軸；(車輪の)心棒，車軸；(思想の)中心点；(地)地軸；(数)軸線；(工)伝達軸；(門やとびらなどの)枢軸，回転軸。
tenger [名] 海，海洋；(比)多数，多量。[形] 測り知れない，無限の；数え切れない，無数の，おびただしい数の。〔nyílt tenger, 沖，沖合，大洋，外洋，外海。tengeren, 海上に，海路で。tengeren járó, 航海に従事する。tengerre kel(száll), 海に出る，航海を始める，出帆する。〕
tengeralattjáró [名] 潜水艦，潜航艇。
tengerentúli [形] 海外(諸国)の；海外からの；海外向け(行き)の。[名] 海外から来た人(主としてアメリカ人)。〔tengerentúliak, 海外からの人々。〕
tengerész [名] 海員，水夫。
tengerészet [名] 海事(行政)；海上(艦船)勤務；航海術；船舶(艦)；(兵)海軍。〔kereskedelmi tengerészet, 商船，海運。〕
tengerészeti [形] 海事の。〔tengerészeti akadé-

mia, 海軍大学。〕

tengerésztiszt [名] 海軍士官。
tengerfenék [名] 海底。
tengerhajózás [名] 航海, 航行。
tengeri[1] [形] 海の, 海事の, 海に関する, 海に属する。〔tengeri hajó, 海船, 海洋艦船。tengeri hajózás, 航海。tengeri kereskedelem, 海上貿易。tengeri rabló, 海賊。tengeri rák, (動)ロブスター, 海ざりがに。tengeri repülőgép, 水上飛行機。tengeri szörnyeteg, 海の怪物；(魚)ぎんざめ。tengeri ütközet, 海戦。〕
tengeri[2] [名] (植)とうもろこし。
tengerjáró [形] 航海する, 航海に従事する。[名] 航海者；水夫, 海員, 船員；船舶。
tengernagy [名] 海軍大将；(海軍の)司令官, 提督。
tengeröböl [名] 湾, 入江, 入海。
tengerpart [名] 海岸, 海辺, 沿海。
tengerszem [名] 高山の谷間にある湖水, 小湖水。
tengerszoros [名] 海峡。
tengervíz [名] 海水。
tengődés [名] みじめな生活をする(細々と暮らす)こと。
tengődik [自] 空しく月日を送る；みじめな生活をする, 貧しく暮らす, 生きているだけだ, 露命をつなぐ。
tenisz [名] (ス)テニス, 庭球。
teniszezik [自] テニス(庭球)をする。
tennivaló [名] 為すべき仕事(作業)；課題。〔még sok a tennivalóm, 私にはまだ沢山の仕事がある。〕
tény [名] 事実。
tenyér (目 tenyeret) [名] てのひら(掌)。〔vkit tenyerén hord, …を大切にする, 甘やかす。〕
tenyérnyi [形] 手の幅くらいの, 手の大きさほどの；猫の額ほどの。
tenyészet [名] (動物の)繁殖, 飼育；(微生物の)培養；(植物の)栽培；(ある地方特有の)植物。
tenyészt [他] 培養する；(動物を)繁殖(養殖)させる；(農)(牛馬を)飼育する；栽培する；(比)(嫌な振る舞いなどを)助長する。
tenyésztés [名] 同上のこと。

ténye ző [名] (数)因子, 因数；(物)能因, 作因, 動原；成分, 要素, 要因, 原動力。〔kórokozó tényező, 病原。〕

ténykedik [自] 働く, 活動(行動)する；事務を取り扱う, 職務を行う。

tényleg [副] 本当に；実際のところ, 実際に；やっぱり, 確かに。

tényleges [形] 実際の, 実際的の, 現実の；(兵)現役の；現職の。〔tényleges szolgálat, (兵)現役；現職。〕

tép [他] (毛を)むしる；(花や果実を)摘み取る；(着物を)着破る；引き破る；引きちぎる, ずたずたに断ち切る。

tépdes [他] (細かく)引き裂く；(毛を一本ずつ)引きむしる；(花を一本ずつ)摘み取る。

tépelődik [自] (…に)沈思(心痛)する；物思いにふける, くよくよ思い煩う。

tepertő → töpörtyű.

tépőfog [名] (解)犬歯(糸切り歯)；(肉食獣の)きば(牙)。

tepsi [名] (オーブンで焼く際に使う)トレイ。

tér¹ [自] (別の方向へ)行く, 赴く；(習慣などへ)向かう, 振り向く, 転向する；帰る。〔magába tér, 内省(自省・後悔)する。magához tér, 我に復する, 正気に帰る, もどる。másra tér, (他のこと・他の問題へ)移行する, 移る, 変る。más vallásra tér, 他の宗教へ改宗する。napirendre tér, 議事日程に入る(…の討論を中止して)。nyugalomra tér, 就床する；(比)死ぬ。〕

tér² (目 teret) [名] (哲・理)空間；場所；余地, ゆとり；すきま, あいだ；広場；(比)領域, 領分, 領地；(活動の)範囲, 地域。〔teret foglal, 地歩を占める, 地盤を確立する, 占拠する。〕

térbeli [形] 空間の, 場所の；(数)空間的, 立体的。〔térbeli alakok, 空間的諸形態(広がりの形)。〕

térd [名] ひざ, ひざがしら(膝頭)。〔térden áll, ひざを屈する, ひざまずいている。térdet hajt, ひざを曲げる(屈する)。térdet, fejet hajt, 忠誠を誓う, 臣事する, 服従する。térdre borul, ひざまずく, ひざまずいて拝む。térden állva, térdre borulva, ひざまずいて, 正座して, 平伏して(哀願する…)。térden csúszva, 足下にひざまずいて,

térdel 868

平伏して。térdre esik, térdre rogy, ひざまずく, 正座して礼拝する。térdre esés, ひざまずくこと, 正座すること。〕

térdel, térdepel [自] (…に)ひざまずいている；(…へ)ひざまずく。

térdszalagrend [名] (イギリスの)ガーター勲章。

terebélyes [形] 枝の広がった, 多枝の；(冗)太った, 体格のいい；(比)堂々とした。

terefere (目 tereferét) [名] 世間話, 雑談, おしゃべり, むだ口, じょう舌。

tereferél [自] べちゃくちゃ多弁をろうする, じょう舌・むだ口をする。

tereget [他] (いくつかのものを次々に)広げる；(帆を)張る；(事業を)拡張する；(うわさ)を流布する；(洗たく物を)広げる, 掛ける。

terel [他] (農)(家畜を)追い立てる, 狩り立てる；(遠くに隔たった畜群を)方向を変えさせる；(…をどこへ)誘導する；(比)(話題を他へ)そらす, 転ずる。〔másra tereli a beszédet, 話題を他へ転ずる。〕

terem[1] (目 termet) [名] (ビル内の)広間, ホール, サロン；展示室, 会場；(病院)大部屋。

terem[2] [自] 成長する, 実る；生える, 生ずる, 発生する；実を結ぶ, 収入をもたらす；(…に)生まれつく；(…に)不意に現われる, 浮かび上がる。[他] (土地や樹木が果実を)生ぜしめる, 作り出す, 産出する。

teremt [他] (神が)創造する；(傑作を)創作する；(…を)作り出す, 生産する；(化)生ぜしめる, 発生させる；(…の頬を)平手で打つ；(地面に)倒す。

teremtés [名] 同上のこと；創造, 創作；(比)創造物, 人間。〔a teremtésit !, こん畜生 ! 〕

teremtette [間] おや ! まあ ! これはこれは ! はてさて ! 忌々しい ! ええくそ ! 畜生ッ ! こん畜生 ! ; 本当に ! 全く !。

teremtmény [名] 被造物；(神に対して)人間。

teremtő [形] 創造の, 創造的, 創造力ある。[名] 創造者, 創作者；(宗)創造主, 神。〔teremtő erő, 創造力, 独創力。〕

terep [名] 広がり, 地域, 土地, 空間；(建)地所, 敷地；

(兵)(演習の)地形，区域など；(地)地形，地勢；(比)場所。

térfogat [名] 容積，体積，立方体のかさ。

terhel [他] (車に)荷を積む；(石でポケットを)重くする；(比)(税金で民を)悩ます，苦しめる；(費用に)負担させる；(…を)うるさがらせる，煩わす，やっかい・めんどうをかける。

terhelés [名] 荷を積むこと；積載量；(工)負荷，荷重，重荷を負わせること；負担；(比)(…を…で)煩わす(悩ます・やっかい・めんどうをかける)こと，うるさくじゃまをすること。

terhelő [形] (法)(罪を負わせる)不利な(陳述)；(商)負担(債務)となる；やっかいな，うるさい，めんどうをかける。〔terhelő tanú, (法)有罪事実の証人，被告に不利な証人。〕

terhelt [形] 荷を積んだ，装荷した；抵当権の設定された；(医)遺伝素因を有する；(法)けん疑されている，告訴された。[名] 被疑者，被告。

terheltség [名] 積荷，積載；負担；(商)負債；(法)告訴；(比)やっかい(めんどう)なこと；(医)悪質遺伝。

terhes [形] 重荷の，負担になる；骨の折れる，つらい，苦しい；やっかいな，煩わしい，めんどうな，うるさい；費用のかかる；(比)(人間の)懐妊した，妊しん中の；(動物の)身持ちの，子をはらむ。

terhesség [名] 重荷；やっかいなこと，煩累，懐妊，妊しん。

terít [他] ひろげる，伸ばす，延ばす，展べる。〔asztalt terít, 食卓の仕度をする，配膳する。vkit földre terít, …を打ち倒す，投げ倒す。terítve van, 食卓にテーブルクロスが掛けてある，食卓の用意がしてある。〕

térít [他] (誰か，何かを別の方向に)向ける；(話題を)他へ向ける；(馬車を…)へ向かわせる，行かせる；動向・改心させる，悔い改めさせる；改宗させる；(党派を)転ずる；返済(賠償・弁償)する。〔másra téríti a beszédet, 話題を他に転ずる，そらす。〕

teríték [名] 一そろえのぜん(膳)部，一人前の一そろえの食器(皿，フォーク，ナイフ等)；(猟)猟の獲物；(仕立て用の)布。

térítés [名] 方向転換させること；教化，伝道，布教；転向，改心，改宗。

terítő [形] 広げる，被う…；食卓の準備をする。[名] 被う

物，カバー；テーブルクロス。

terjed [自] 広がる；及ぶ，達する；(疫病や火災が)伝ば・まん延する；(理)(音や光が)波及する；(庭が…にまで)広がる。

terjedelem (目 terjedelmet) [名] 延び，広がり，広大さ；面積；(音の)大きさ；(会話の)長さ；容積，体積；(比)(知識などの)範囲。

terjedelmes [形] 広がった，広大な，広範な；こうかん(浩瀚)な，大部な(書籍)；(比)長大な，冗長な(物語)。

terjedés [名] (領土の)広がり，範囲；(病気の)伝ば，まん延；(思想の)弘布，普及，流布；(物)(音や光の)波及。

terjeng [自] (香りなどが)広がる，散らばる；伸びる；(文章が)脇道にそれる。

terjengős [形] 長たらしい，だらだらした，くどい，冗長・冗漫な(小説・談話など)。

terjeszkedés [名] 拡大，拡張；侵入，蚕食。

terjeszkedik [自] 広がる，膨張する；拡大する；(…の領内へ)侵入(蚕食)する。

terjeszt [他] (店を)ひろげる，拡張する；(病気を)はびこらせる；(宗教を)広める，布教・伝道する；(…を)差し出す，提出(提議)する。〔vki elé terjeszt, …の前に提出(提議)する。〕

terjesztés [名] 広めること；(病)はびこらせること；(報道を)伝ば(普及)させること；(書籍や新聞の)流通。

térkép [名] (地)地図。〔fali térkép, 掛地図。katonai térkép, 軍用地図。hajózási térkép, 航海地図。〕

termék [名] 天然の産物，生産物；(工業)製品；商品；(比)(詩人などの)創作，作品。

termékeny [形] 実を結ぶ，実り多い；生産力ある，多産な；豊じょうな，肥沃な；(比)創作力に富む，多作の。

termékenység [名] 生産力，出産力；豊じょう，肥沃；多産；多作。

terméketlen [形] 肥えない，やせた，不毛の(土地)；利益を生じない，収益のない；(動)生殖力のない，子のできない；収穫のない，不生産的な，不作の。

terméketlenség [名] 地味のやせた(不毛な)こと；結実しない(収穫なき)こと；(動)生殖力のないこと，不妊；(比)不生産的な(利益を生じない)こと。

termel [他] （麦などを）生産（産出）する；（ぶどうを）耕作する；（製品を）作り出す, 製作・製造する。

termelés [名] 生み（作り）出すこと；収穫, 生産, 産出；（工）製作（製造）。

termelő [形] 生ずる, 産する, 生産する…。[名] 生産者；製造者。

termény [名] 生産物, 農作物。

termés [名] （植物の）発育, 成長；産出；取り入れ, 収穫；（生産物の）産額, 生産高；木の実, 果実；（比）収益, 所得。

terméskő [名] 荒石, 素石, 切石。

természet [名] 天然, 自然；生まれつき, 天性, 本性, 性質；素質, 体質；性分, 気質；（商）産物。〔természetben, 自然物で, 物品で, 現物で。〕

természetbarát [名] 自然を愛する人, 自然愛好者。

természetellenes [形] 自然に反する, 不自然な；変態的な, わざとらしい。

természetes [形] 天然の, 自然の；生まれつきの, 生得の, 天性の, 天賦の, 本性の；当然の, もっともな；自然のままの, 作為のない, 無理のない, 気取らない；（法）非嫡出子の。〔természetes ösztön, 自然衝動, 本能。természetes szám, （数）自然数。〕

természetfölötti [形] 超自然的な；不可思議な, 奇跡的な, 神業の。

természeti [形] 自然の, 天然の；自然法に適った；生来の, 天性の, 自然のままの；人為を加えない, 作為のない, 無理のない, 気取らない；野生の。〔természeti adomány, 天賦の才能, 天性, 天分。természeti jelenség, 自然現象。természeti ritkaság, 自然界の稀有（珍奇）。〕

természettudomány [名] 自然科学。

természettudományi [形] 同上の。

természetű [形] …の性質（気質）の。〔heves természetű, 激し易い（短気な）性質の…。jo természetű, 良い性質の。kemény természetű, がんこな性質の。különböző természetű, 種々（雑多・異種）の性質の…。tartós természetű, 永続的（持続的・長持ちする）性質の…。〕

termeszt [他] (穀物やぶどうを)栽培する, 生産する, 収穫する。

termesztés [名] 栽培；養殖。

termet [名] 身長, たけ, 高さ；体格, 容姿, 姿態。〔daliás termet, 堂々たる容姿, 威容。〕

termetes [形] たけの高い；しっかりした, 恰好のよい, 堂々たる体の。

termetű [形] …の体格の, 容姿の(人物など)。〔magas termetű, 背の高い…。szép termetű, 美しい容姿の…。〕

termő [形] 実を結ぶ, 生産的な；実がなる, 収益がある, 有利な；(農地)耕作し得る, 耕作に適した, 肥沃な, 豊じょうな；(植)雌ずいの。[名] 雌ずい, めしべ；収穫。

termőföld [名] 耕地, 田畑；(農・地質)腐植質土, 腐植土, 肥沃土。

terpentin [名] (植)テレビン樹の樹脂(松脂)。

térség [名] 平らなところ, 平坦な部分, 広がり；区域。

terület [名] 領土, 領地, 領域；地域, 範囲, 区域；広さ, 面積；(数)平面；(比)分野。〔ország területe, 国の領土・面積。〕

terv [名] 計画, 企画, 設計, 見積もり；プロジェクト；予定；設計図, 見取図, スケッチ；陰謀。〔terveket kovácsol, kifőz, kieszel, 計画を立てる, 案出する。〕

tervez [他] 立案する；計画を立てる；(家などの)見取図を作る。

tervezet [名] 起案, 草案, 腹案。

tervezget [他] つぎつぎに計画(立案)を立てる。

tervező [形] 設計(図案)する…。[名] 立案者, 設計者；デザイナー。

tervrajz [名] (家などの)見取図, 設計図, スケッチ, 略図。

tessék (動詞；tetszik の命令法3人称単数の古形)どうぞ…して下さい(…して頂きたい)；どうぞ；(聞きとれなくて)もう一度言ってください。〔tessék befáradni!, どうぞ, お入り下さい。〕

tessék-lássék [副] 見せかけのために, うわべだけに, 振りのために, 外観上。[形] 見せかけの。

test [名] 身体, からだ, 肉体, 体く, 胴体；(物の)主要部(車体など)；(物)体(固体など)；(数)立体；(比)実体。

〔testben, lélekben, 肉体においても，精神においても，身心ともに。〕
testalkat [名] 肉体の構造；体格。
testedzés [名] 身体を鍛えること，(肉体的の)鍛練・訓練。
testes [形] でっぷり太った，肉付きのよい，肥満した；(比)大部の(本)。フル・ボディの(ワイン)。
testhezálló [形] (体に)密着した，きちんと合った，しっくりした(着物など)；(比)(素質に)ふさわしい。
testi [形] 身体の，肉体の，肉体的；有体の，有形の，物体的；肉感的，官能的，肉欲の。
testmozgás [名] 身体の運動。
testőr [名] 近衛兵；護衛，ボディガード。
testőrség [名] 近衛隊；護衛隊。
testtartás [名] 身のこなし，姿勢，態度，挙動。
testület [名] 組織体，団体。〔diplomáciai testület, 外交団。tanári testület, 教師集団。〕
testvér [名] 兄弟，姉妹；宗教会員(僧侶間では互いを兄弟と呼ぶ)；修道女(姉妹)(尼僧相互間でもこう呼ぶ)。〔testvérek, 兄弟姉妹，同胞(総称)。〕
testvérgyilkos [形] 兄弟殺しの。[名] 兄弟殺しの犯人。
testvéri, testvéries [形] 兄弟(同胞)の；兄弟(姉妹)のような，親しい。〔testvéri szeretet, 兄弟姉妹間の情愛。〕
testvériség [名] 兄弟らしいこと(関係)，友愛，友誼，博愛。
testvérváros [名] 姉妹都市。
tesz [他] 為す，行う，する；造る，作る，調製(製作)する；取り扱う，関係する；(…へ)置く，据える，入れる；(…へと)変える；振りをする；(…に)任命(指定)する，為す；書く；付け加える；(…の意を)表わす，意味する；(金額)(…の結果として云々の)金高となる。〔nem tesz semmit, それは迷惑にはならない，それはどうでもよい。vhová tesz, どこに置く，立てる，据える，横たえる。erről nem tehetek, それに関し私は何もできない。jól tesz, (…に)善を行う，親切を尽くす，満足させる；正しくする。vmivé tesz, (…を)…にする，変ずる；(…を…に)任命する。magát teszi, …の振りをする，風をする，装う，ふんする。ez mit tesz？こ

れは何の意味か。〕
tészta（目 tésztát）［名］ねり粉；殼粉製の食べ物, パスタ；ケーキ。
tesz-vesz［自］あれこれ用事をする；仕事に精を出す, 多忙である, 活動する。
tét［名］かけ, かけ金, 賞金。〔jó tét, 善行, 親切な行い。〕
tétel［名］事項, 項目；(哲)定理, 命題；(文)文, 文章；主題, 題目；(宗)教義；(数)定理；(商)一組, 一そろえ；(計算の)内訳；(賭博の)かけ金；(音)楽章(交響楽の)；(学校)試験問題。〔tételenként, 一組(一そろい)ずつ；項目毎に；内訳して；一点一点, 子細に。〕
tételes［形］確かな, 確実な；実証的な, 現実的な；(音)…楽章の…；(法)確実な, 人為の, 人定の。〔tételes jog, 人定法, 実定法。〕
tetem［名］死体, 死がい；遺がい, がい骨。
tetemes［形］著しい, 顕著な, 目立つ；おびただしい, 多大の, 巨額の；重要な, 重大な；有力な。
tetet[1]［他］為さしめる, させる；実行(実現)させる；(どこへ)置かせる。
tetéz［他］積み重ねる, 盛り上げる, うずたかくする；積み重ねる, 累積する。〔szégyennel tetéz, 侮辱を積み重ねる, 非難を浴びせかける。tetézve, 積み重ねて, うずたかくして；浴びせかけて。〕
tétlen［形］活動を(仕事を)しない, 不活動の, 無為の；無精な, のらくらの。
tétlenkedik［自］何もしないでいる, 手をこまぬく, 傍観する；のらくらする, なまける。
tétlenség［名］何もしないこと, 不活発, 無為；なまけ, 不精, 怠惰。
tétova［副］あちこち；あやふやに, ためらいがちに。［形］あやふやな, はきはきしない, ためらいがちの。
tétovázik［自］決心がつかない, ためらう, ちゅうちょする, ぐずぐずする, 口ごもる, ひるむ；ふらふら歩く。
tető［名］家の頂き, 屋根；(山の)頂, 頂点, 山頂；(箱などの)ふた；(木の)てっぺん；(比)(性格の)頂点。〔tetőtől talpig, 頭のてっぺんから爪先まで, 徹頭徹尾, すっかり。〕
tetőpont［名］最高点, 頂点, 天頂, 絶頂；(天)子午線；(比)極点, 極致。〔tetőpontra hág, 頂上に達する。〕

tetőz [自] 頂点に達する；(洪水など)最高点に達する；(比)全盛を極める。[他] (家を)屋根でおおう。

tetszeleg [自] 自分にうっとりする；(普段と異なる状況を)楽しむ。

tetszés [名] 気に入ること；好み，好む(欲する)こと；満足，喜び；同意，賛成，是認；かっさい，歓声；専断，気まま。〔tetszés szerint, 随意に，好みで。tetszés szerinti, 随意の，好みの，任意の，気ままの，勝手の。tetszést arat, 賛成を得る，かっさいを博する。〕

tetszetős [形] 気に入る，気持ちのよい，好ましい；誘惑的な，心をそそるような，魅力ある；もっともらしい，道理らしい，真実らしい。

tetszhalál [名] 仮死，気絶，失神。

tetszhalott [形] 仮死の，気絶した，失神した。[名] 仮死者，気絶者，失神者。

tetszik [自] 気に入る；好かれる，好感を与える；(…の如く)見える，思われる，…らしい；丁寧な言い方の助動詞。〔mi tetszik?, 何をお望みですか。el tetszik menni?, お出かけになりますか。mit tetszik parancsolni?, 何を注文されますか。ha úgy tetszik, ご都合がよろしければ。ahogy tetszik, お気にめすように。ha tetszik, ha nem, 気に入ろうが，入るまいが。hogy tetszik a film?, 映画はいかがでしたか？〕

tetszőleges [形] 好みの，任意の，随意の，恣意的な。

tett [名] 行為，行動；振る舞い，行状；所業，仕事；犯罪。〔merész tett, 冒険，大担な行為，離れ業。tetten ér, tetten kap, 現行犯を押さえる。tettet végbevisz, 所業を完成・成就する。〕

tetterő [名] 活動(行動)力，実行力。

tetterős [形] 活動(実行)力ある；力強い，たくましい。

tettes [名] 実行者，行為者，(とくに)犯人。

tettet [他] (…の)振りをする，見せかける，いつわる，装う；(…の)真似をする，模倣する。〔tetteti magát, 振りをする。〕

tettetés [名] 振りをすること，見せかけ；振り，偽装，作為；いつわり，虚偽。〔tettetésből, 見せかけの為に。tettetés nélkül, いつわらずに，正直に。〕

tettetett [形] (…の)振りをした，見せかけの；偽りの，飾っ

た，虚偽の，偽善的な。

tettleg [副] 事実上，実際上。〔vkit tettleg bántalmaz, …を実際に虐待する，いじめる，暴行を加える。〕

tettlegesség [名] 腕力ざた，暴行，暴挙。〔tettlegességre került, 腕力ざたに及んだ。〕

tetű (目 tetvek) [名] (虫)しらみ(虱)。

tetves [形] しらみだらけの；(比)汚い，みすぼらしい；赤貧の，こじきのような。

teve (目 tevét) [名] (動)らくだ(駱駝)。〔egypúpú teve, 独峰らくだ，ひとこぶらくだ。kétpúpú teve, 双峰らくだ，ふたこぶらくだ。〕

tévé [名] → televízió.

téved [自] (道に)迷う，さまよい歩く；間違える，思い(考え・見当)ちがいをする，誤解する；過ちをする。

tévedés [名] 思い違い，取り違い，見当違い；誤解，間違い；過失，失策，見落とし。〔tévedésbe esik, 誤びゅうに陥る，間違いをする，思い違いをする。tévedésből, 過って，間違って。〕

tevékeny [形] よく働く，活動的，勤勉な；活発な，敏しょうな。

tevékenység [名] 活動；行動；活躍。

tévelyeg [自] 迷い回る，迷い歩く；(比)邪路に入る，間違いをする。

tévelygés [名] さすらい回る(迷い歩く)こと；(宗)迷信，邪教。

téves [形] 誤った，間違った，誤解に基づく；正しくない，偽りの，よこしまの。

téveszt [他] → eltéveszt. 邪路に導く；迷わす，欺き当惑させる，だます。〔utat téveszt, 道を誤る，道に迷う。szem elől téveszt, 見落とす，見失う，無視する。〕

tévhit [名] 思い違い；迷信，邪教，異端。

tévút [名] 間違った道，迷路，邪道。〔tévútra vezet, 邪路に導く，迷わす，惑わし欺く。〕

ti [代] お前たち，君たち。〔a ti házatok, お前たちの家。ti magatok, お前たち，君たち自身(みずから)。〕

tied, tiéd [代] お前の(君の)物。

tietek, tiélek [代] お前たちの(君たちの)物。

tigris [名] (動)とら(虎)。

tikkadt [形] ぐったりした，力を失った，だらけた，疲れた，衰えた；のどが乾いた。

tikkaszt [他] (暑さで)だらけさせる，弱らせる，疲労させる，うませる。

tikkasztó [形] (暑さで)力を失わせる，だらけさせる，弱らせる；うっとうしい，むし暑い。[tikkasztó hőség, うっとうしい(むし暑い・重苦しい)暑さ。]

tilalom (目 tilalmat) [名] 禁令命令，禁制，禁圧；(兵器携帯の)禁止；(宗)聖務禁止(停止)。

tilinkó [名] (音)牧人の笛，牧笛，野笛，あし笛。

tilos [形] 禁止された，禁制の。[名] 禁断のもの(こと・場所)。

tilt [他] 禁ずる，禁止する，差し止める。[tiltva van, それは禁止されている。]

tiltakozás [名] 異議の申し立てをすること；(法)抗議，異議，異論，故障。

tiltakozik [自] (…に対し)抗議する，異議を申し立てる，抗弁(弁護)する，苦情を言う。

tiltó [形] 禁ずる，禁止する，禁止的；(文)否定の命令の；(運動を)制限する，差し止める。

tiltott [形] 禁じられた，禁止された。

timár [名] なめし皮職人；皮革製造人，皮屋。

timföld [名] (鉱)礬土(ばんど)，アルミナ(アルミニュームと酸素との化合物)。

timsó [名] (化)明礬(ミョウバン)。

tincs [名] 巻き毛，毛髪のふさ，毛房(けふさ)；編んだ髪，おさげ髪。

tinó [名] (動)雄の幼牛(2～3歳の)，(特に)去勢食用牛。

tinta (目 tintát) [名] インキ，墨汁。

tintahal [名] (動)いか。

tintás [形] インキの；インキのような；インキだらけの(汚れた)；(俗)酔った。

tipeg [自] 小またに歩く，(子供などが)ちょこちょこ歩く。

tipor [他] 足で踏む，踏みつぶす；(比)(権利を)踏みにじる。[földre tipor vkit, …を地上に投げ(踏み)つける。]

tipródik [自] 何度も踏みつけられる。

típus [名] タイプ，型，類型；典型；モデル，手本，模範。

Tiszáninnen [固] ティサ川のこちら側の地方，即ち，アルフェルド平原側，ドナウ川寄りの方。

Tiszántúl [固] ティサ川の向こう側の地方(川の東岸地方)。

tiszavirágéletű [形] (tiszavirág「かげろう」から)短命の，はかない。

tiszt [名] 職員，役員，官公吏；(兵)将校，士官；責務，本分，役目，職務，官職。〔vasúti tiszt, 鉄道吏員。tisztében eljár, 職務を行う，責務を果す。〕

tiszta [形] 清い，清潔・清浄な，むくな，奇麗な；純な，純粋の；さっぱりした，きよらかな；明瞭な，鮮明な；白い，清浄な(布)；あからさまな，率直な，淡白な；完全な。[名] 明瞭，明白；清潔な服。〔tisztába tesz, 整理(処理)する，片付ける。tisztába jön, (に就いて)明らかになる，真相がわかる。tisztában van, (…に関し)明らかである，決着している。tisztát vesz, 清潔な服を着る〕

tisztálkodik [自] わが身を清潔にする，身なりを奇麗にする，化粧をする。

tisztán [副] 清潔に，清浄に，むくに；きちんと，さっぱりと；純粋に；全く，完全に；明らかに，明瞭に，鮮明に；きっぱりと，断然；やっと，単に(それだけ)。

tisztás [形] (森の)すかしてある，まばらな，稀薄な。[名] 森林の切り透かし，森林中の明き地，林間の空地。

tisztaság [名] 清潔，清浄，奇麗，むく；純粋；明瞭，明白；(水や空気の)透明，清澄；(洗たく物の)白さ，白色；(比)誠実さ，正直。

tisztáz [他] (下書を)清書する，書き直す；(比)(問題を)明らかにする，解く；(事件を)処理する，説き明かす，弁明する；(工)(金属を)清浄にする。〔magát tisztázza, 身の潔白を証する，罪なきことを証する，弁明する。〕

tisztel [他] (…を)尊敬する，敬う，尊ぶ，あがめる；重んずる，尊重する；(…に)敬意を表する，あいさつする。〔tisztelem atyádat, 君のお父さんに宣しく。〕

tiszteleg [自] (…を訪れて)敬意を表する；(女性に)いんぎんを尽くす，ごきげんをとる；あいさつする，敬礼する；(兵)礼砲を発する，捧げ銃をする。

tisztelendő [形] あがめるべき，尊敬すべき，尊い；(宗)師の(神父・牧師)。[名] 尊師，師。〔tisztelendő atya,

神父, 師父。tisztelendő anya, 母堂。〕

tisztelet [名] 尊敬；敬意；(宗)崇拝；(比)栄誉, 光栄(に俗する)。tiszteletben tart vkit, …を尊敬する, (…を)尊重する。tisztelettel, 謹んで, 恭しく；(手紙では)敬具。〕

tiszteletbeli, tiszteleti [形] 名誉上の；名誉の(地位…)。〔tiszteletbeli tag, 名誉会員。〕

tiszteletdíj [名] 礼金, 謝礼(体面を保つ身分の人；教師, 医師, 弁護士等への)。

tiszteletlen [形] 礼を欠く, 無礼な, 失敬な, 不敬な。

tiszteletlenség [名] 無礼, 非礼, 失礼；同上の行為。

tiszteletpéldány [名] 贈呈部数；献本, 贈呈本；著者への献本。

tiszteletreméltó [形] 尊敬に価する, 尊敬すべき；光栄の, 名誉の。

tiszteletettudó [形] 行儀のよい, よいしつけの；教養ある, 礼節を解する, 品のよい；いんぎんな, 丁重な。

tisztelgés [名] 敬意を表すること；(兵)敬礼(剣・銃砲・旗などで)；(…の宅へ)儀礼的訪問；敬意, 尊敬。

tisztelő [形] 尊敬する, 敬意を表する；丁重・丁寧な。[名] 尊敬者, 崇拝者；信奉者；嘆美者, 敬慕者。

tisztelt [形] 尊敬すべき, 重んずべき；敬語として次例の如く用いる。〔tisztelt közönség! 紳士淑女！ Tisztelt Cím! (手紙の冒頭に)拝啓。〕

tiszteltet [他] (…をして)敬意を表明させる；あいさつを送る, よろしくと伝言させる。

tisztesség [名] 名誉, 栄誉, ほまれ；尊敬に価すること；礼儀, 礼節, 端正, 丁寧。〔tisztességben áll, 尊敬(崇拝)されている。〕

tisztességes [形] 尊敬すべき, 信頼できる, 誠実な；礼儀正しい, 端正な, 丁寧な；正当(妥当)な(給料)；体裁のよい, ふさわしい, きちんとした(服装など)。

tisztességtelen [形] 不適当な；無作法な, 無礼な；不正な(競争)；不誠実な, 横着な, 破廉恥な。

tiszthelyettes [名] (兵)下士官。

tiszti [形] 公務員の；職務の, 職務上の；義務に従った, 義務的の；(兵)将校の。〔tiszti címtár, 公務員名簿。tiszti ruha, 将校の制服。〕

tisztikar [名] (兵)将校団，参謀団；(団体の)責任者連；公務員(職員)スタッフ；当局者。

tisztít [他] 清める，奇麗にする；(汚れを)取り除く；(くつを)みがく；(豆を)選り分ける；(小麦を箕で)扇ぎ分ける；(鉱物を)洗練する；(液体をこして)澄ます，精製する；(空気を)清潔にする；(医)洗浄する；(農)(モミやカラを)取り去る；(比)(倫理的に)向上させる。

tisztító [形] 清める，浄化する，清浄にする；(医)消毒する；洗浄する。[名] クリーニング職人；みがき屋(人)；クリーニング屋；精留器。

tisztítószer [名] 洗浄剤，下剤。

tisztogat [他] (繰り返し)清める，奇麗にする，みがく；(比)一掃する，追放する；(医)洗浄する，消毒する。

tisztogatás [名] 清潔・奇麗にすること；みがくこと；浄化；(医)洗浄，消毒；(比)一掃，追放。

tisztség [名] (官公の)職務，職責，任務；地位，境遇，身分，職。〔leteszi tisztségét，辞職する。fényes tisztségeket visel，高い官職を占める。vkit tisztségétől megfoszt，…を任務から免職させる。〕

tisztul [自] 清らかになる，清潔になる；(液体が)清浄・透明になる，澄む；(空気が)清らかになる，清まる；(空が)明るくなる，晴れる，光が出る；(比)(問題が)純化する，明確になる；向上する；急ぎ去る，逃げる。〔tisztulj innen!，下がれ！消え失せろ！〕

tisztulás [名] 清潔になること；(ブドウ酒など液体の)澄むこと，浄化；(天気が)晴れやかになること；(比)(問題などが)純化する(明確になる)こと；向上；(医)(女性の)月経。

tisztviselő [名] 吏員，公務員，行政機関で働く人，役人。〔állami tisztviselő，官吏；köz tisztviselő，公務員〕

titkár [名] 書記(官)；(személyi titkár)秘書(官)。

titkárság [名] 書記(官)・秘書(官)の職；官房，秘書課，書記官室。

titkol [他] 秘する，秘密にする；おおい隠す；言わずにおく，内々にする。

titkolódzik [自] 隠す，秘密にする；〔vki előtt titkolódzik，(…に対し)隠しだてする，秘密ありげな風をする，秘密ぶる。〕

titkon [副] 秘密で，こっそり，内々で，ひそかに，人知れず。
titkos [形] 内密の，秘密の，機密の；隠れた，内々の，人目を忍んだ，ひそかの(結婚・外交など)。
titkosírás [名] 暗号(文)，符帳；暗号記法。
titkosrendőr [名] 刑事，探偵。
titok (目 titkot) [名] 秘密，機密，内証；黙秘；秘伝，極意；神秘，不可思議。〔titokban, 秘密に，ひそかに，内証で，内々で。titokban tart, (…に)秘密にしておく，隠す。〕
titoktartás [名] 秘密を守る(秘密を他言しない)こと；隠す(隠し立てする)こと。
titoktartó [形] 秘密を守る，口の堅い。
titokzatos [形] 不可思議な，秘められた；あやしい，ナゾのような；神秘を好む，秘密主義の，打ち解けない，曰くありげの。
tíz [数] 十という数，10。[形] 十の，10の。〔tízen, 十人で。〕
tized [形] 十分の。[名] 十分の一(税)。
tizedel [他] (伝染病や災害が)大量に殺す；(兵)十分の一(人)を死刑に処す，一割を殺す。
tizedes[1] [形] 十進法の，十進法に依る；小数の。[名] (数)小数。〔tizedes számrendszer, (数)十進法，十進制。〕
tizedes[2] [名] (兵)上等兵。
tizedik [形] (序数)第十の，第十番目の。[名] 第十番目の人(物・日)。
tizenegy [数] 十一という数，11。
tizenhárom [数] 十三という数。13。
tizenhat [数] 十六という数，16。
tizenhét [数] 十七という数，17。
tizenkét [数] 12の。
tizenkettő [数] 十二という数。
tizenkilenc [数] 十九という数，19。
tizennégy [数] 十四という数，14。
tizennyolc [数] 十八という数，18。
tizenöt [数] 十五という数，15。
tízes [名] 十の数；十より成るもの；十人会；十位の数；(カルタの)十；十代(の年齢)。[形] 十号の；十番の。

tízszeres [形] 十倍の(十重ね)の；十回目の(チャンピオン)；何倍もの。

tó (目 tavat) [名] 湖；池，沼。

toboroz [他] (兵士・職工を)徴募・募集する；(投票してくれるように人を)勧誘する。

toborzás [名] 同上のこと。

toboz [名] (植)(モミ・マツの)実，まつかさ。

tobzódik [自] にぎやかに騒いで暮らす，放縦な生活をする，飲めや歌えやで暮らす，飲食にぜいたくを尽くす。

tócsa (目 tócsát) [名] 水たまり，泥沼。

tódul [自] (群衆が)馳せ集まる，押し合い群がる，なだれこむ，殺到する；(液体・お金が)流れこむ。〔felém tódultak, 彼らは私の方へ押し寄せて来た。〕

tojás [名] 産卵すること；卵；(比)卵形のもの；(比)精巣。

tojásfehérje [名] 卵白；(生・化)たんぱく(蛋白)質。

tojásos [形] 卵で調理した；卵の；卵だらけの。〔tojásos galuska, (ハンガリー料理)卵と牛乳の入った小麦粉団子。〕

tojássárgája, tojásszéke, tojásszike [名] 卵のきみ，卵黄。

tojik [自] 卵を産む，産卵する。

tojó [形] 卵を産む。[名] 卵を産む鳥，産卵鳥。

tok[1] [名] (バイオリンなどの)ケース；(剣の)さや(鞘)；(針・宝石の)小箱；(帽子・時計の)箱；(工)(滑車の)上被，被蓋(おおいふた)；(植)種袋，種子袋．

tok[2] [名] (魚)ちょうざめ(鰈鮫)。

toka (目 tokát) [名] 下あご，下ぶくれの頰(ほお)；(鶏などの)肉垂。

tokaji [形] トカイの。[名] トカイ産のブドウ酒(ハンガリーの極上酒)。

tokány [名] (料)肉にジャガイモや粉をまぜた煮込み，一種のシチュー肉。

tokmány [名] (草刈人の)砥箱(とばこ)(トイシを入れるさや)；(旋盤の)チャック。

tol [他] (車を)押す，ずらす，滑らす；(…を…へ)押し付ける；(過失を他人に)なすりつける，押しやる，突きかえす；(時)延期する，遷延させる。

-tól, -től [尾] …のところから，…から。

tolakodás [名] (群衆の中へ)無理にはいる(押し迫る・押し付ける)こと，ちん入，侵入；謹みの足りない(差出る・出しゃばる)こと，無遠慮。

tolakodik [自] (群衆の中を)突きのけて通る，押し合いへし合いする，突き合う；(無遠慮に)押し進む，差し出る，出しゃばる。

tolakodó [形] 押し合いへし合いする，押し迫る；出しゃばる，無遠慮の。[名] おせっかいな人，出しゃばり。

tolat [他] 押し進めさせる；(列車が)線路を変える，運転(操車)する。

tolattyú [名] (工)(蒸気機械の)摺動弁(しゅうどうべん)，摺弁。〔kettős tolattyú, ピストン弁。〕

told [他] (…に…を)添える，付加する，足す。〔10000 jennel toldja vki fizetését, …の給料を一万円増す。〕

toldalék [名] (…への)添え物, 付加物；(食卓の)つぎ足し板；(管の)つぎ足し；(本の)付録, 追加；(調書・法律の)付録，補遺；(文)(派生辞や格・接尾辞など)単語に付ける要素。

toldoz-foldoz [他] (四方八方から)補布(つぎ)を当てる，つぎはぎする，つくろう；リフォームする。

toll [名] 鳥の羽；(帽子の)羽毛；ペン；(比)文筆活動。〔jó tolla van, 彼は能筆(文章)家だ。keményen forgat a tollat, 辛らつに筆を振るう(扱う)。tollat foszt, 羽毛を羽茎からむしり取る。tollba mond vmit, (…に)何を口述する，書き取らせる。〕

tollas [形] 羽毛の；羽のある，羽をそなえた；羽で飾った；羽毛だらけの；羽状の。〔tollas ágy, 羽の寝床・ベッド。〕

tollasodik [自] 羽が生える；(比)裕福になる。

tollászkodik [自] (鳥が)くちばしで羽をかいつくろう，羽並みをそろえる；身なりを奇麗にする，めかす；(比)ぐずぐずする，のらくらする。

tollatlan [形] 羽のない；未だ羽毛の生えない。〔tollatlan kalap, 羽飾りのない帽子。〕

tollazat [名] (総体として)羽，羽毛，羽翼。

tollbamondás [名] 書き取らせること；ディクテーション，書き取り，口述。

tolltartó [名] ペン入れ，筆筒，筆箱。

tolmács [名] 通訳人；仲介者。

tolmácsol [他] 通訳する；仲介する；(音楽作品を)演奏する。

tolóablak [名] 上げ下げ窓，落し窓，引き違い窓。

tolóajtó [名] 引き戸，左右に開く戸。

tolódik [自] 押される，押し進められる；滑って進む。

tolókocsi [名] 車いす；(脚輪付きの)ストレッチャー。

tolong [自] (群衆が)われ先にと集まる，群をなして押し寄せる；押し合いへし合いする，突き合う；(人々が)流れこむ，なだれこむ，寄りたかる。

tolongás [名] 同上のこと；雑踏，混雑。

tolószék [名] 車いす。

tolózár [名] かんぬき(閂)，シャッター・ボルト，掛け金。

tolvaj [名] ぬすびと，盗人，どろぼう，こそどろ，押し込み；窃盗犯。[形] 盗みをする。

tolvajnyelv [名] どろぼう集団の隠語，暗語(符丁，用語，合い言葉)；(仲間うちの)特殊用語，専門用語。

tombol [自] (嵐が)荒れる，乱れ狂う，猛烈を極める；(激怒して)暴れ回る；(上きげんで)宴会をする。

tombola [名] (楽しみごと)一種の宝くじ，福引き。

tompa [形] 鈍くなった；とがらない，切れない，なまくらの(ナイフ等)；(頭の)ぼんやりした，鈍感の，遅鈍な；押しつぶされた(鼻)；光沢(つや)のない，くすんだ，どんよりした(色)。〔tompa hang, 鈍重な響き。〕

tompít [他] (刀を)鈍くする；(比)鈍らす，無感覚にする；(苦痛を)やわらげる，しずめる；(音を)低める，にぶくする；(調子を)低くする；(色調を)低くする，淡くする；(料)薄くする。

tompor [名] (主として動物)(単数，片方の)しり，でんぶ(臀部)；(解)大腿骨上部の突起。

tompul [自] 利かなくなる，鈍くなる；鈍感になる；(音)にぶくなる，低くなる；(色や光が)やわらぐ。

tompultság [名] 鈍くなったこと；やわらいだこと；無感覚，無神経；遅鈍，まひ状態。

tonhal [名] (魚)まぐろ。

tonna (目 tonnát) [名] トン(1000キログラムの重量)；(古)大たる(樽)。

topog [自] (馬が)あがく，もがく，地をける；(待ちきれず・じれったがり)地だんだ踏む，ばたばたする，踏みならす。

toporzékol [自] (激怒して)地だんだを踏む；(馬が)足踏

みする(前足で)；(子供が)じたばたする，もがく。
toprongyos [形] ほろを着た；ほろほろの，つぎはぎの；みすぼらしい，貧しげな。
tor [名] 供応，供宴，宴会；〔halotti tor, 葬式の宴会(食事)。〕
torkolat [名] (河川の)流入口，川じり，川しも，河口；(洞穴の)開口部，穴口；(兵)銃口，砲口。
torkollik [自] (…に)注ぐ，流れ出る；(通りなどが)合流する；(戦争などへと)進展する。
torkos [形] 食いしん坊の，大食の，貪食の；口のおごった，美食好きの。
torkoskodik [自] 間食をする，(お菓子などを)つまみ食いする。
torlasz [名] (流木や流氷などの)漂流物；(雪などの)吹きだまり；(往来止めの)横木，矢来，らち；(比)妨害物，邪魔物；(兵)バリケード，防塞(さい)，ろくさい。
torlódás [名] 積もること，堆積，集積；(水が)たまること；(人車の)混雑；(語頭の子音の)重複。
torlódik [自] 積もる，集積する；(水が)たまる，水かさが増す；(車が道路で)混雑する；(文)(語頭に子音が)重なる。
torma (目 tormát) [名] (植)わさび大根，西洋わさび。
torna (目 tornát) [名] 体操；(教科としての)体育；(比)(昔の)比武，試合，競技。
tornác [名] ポーチ；(建)(屋根のある)柱廊玄関；(教会)玄関；(地獄の)辺土；(解)(耳の)前庭，内耳腔。
tornacsarnok [名] 体育館；(雨天)体操場。
tornász [名] 体操をする人，体操選手，体操教師。
tornaverseny [名] 体操競技(競争)。
tornyos [形] 塔のある，塔のついた，物見やぐらのある；塔のように高く築き上げられた。
tornyosodik, tornyosul [自] 積み重なる，層をなす；高まる，上がる；高くそびえる。
torok (目 torkot) [名] のど(喉，気管，食道を含む)，のどくび(咽喉，喉頭)；(比)口，孔；(溶鉱炉の)上口；(兵)砲口。〔tele torokkal nevet, 大声をあげて笑う。torka szakadtából kiabál, 大声をあげて叫ぶ。torkig van vmivel, うんざりする(腹一杯飽食する)。torkig vagyok vele, 私はそれには飽きあきだ。torkon

fojt, 絞殺する。torkon ragad, のど首をつかむ。torkán akadt a szó, 言葉が詰まって出なかった。〕

torokgyulladás, toroklob [名] (医)咽喉炎(いんこうえん)。

torokhang [名] (文)喉音(のど), 喉頭音(息を出す時, 喉頭で出す音)。

torony (目 tornyot) [名] 塔, 高楼, やぐら(櫓)。

toronyiránt [副] (塔の方へ)道にかまわずずんずん越えて, まっすぐに。

toronyóra [名] 塔の時計；(教会等の)時計台の時計。

torpedó [名] 水雷, 魚雷。〔torpedóval megtámad, 水雷攻撃する〕

torpedóromboló [名] 水雷駆逐艦。

torta (目 tortát) [名] (料)ショート・ケーキ, デコレーション・ケーキ, 果物入りパイ。

torz [形] ゆがんだ, ねじくれた；ぶかっこうな, 奇形の；みにくい, ぶきりょうな；しかめた(顔)；(比)へんてこな, 異様な, 奇怪な。

torzít [他] ゆがめる, ぶかっこうにする, 醜くする；戯画化(ポンチ絵に)する。

torzonborz [形] もじゃもじゃした, かき乱れた(頭髪)。

torzul [自] ぶかっこうに(いびつに・見苦しく)なる；しかめ面になる。

torzsa [名] (植)茎(くき), 花こう, 心(しん)；(キャベツの)太くて短い茎；(トウモロコシの)穂状の花。

tót [形] (蔑称)スロヴァキアの。[名] スロヴァキア人。〔tótul, スロヴァキア語で；スロヴァキア的に。〕

tótágas [名] (開脚の)逆立ち。〔tótágast áll, 乱雑である, ひっくり返っている。〕

totya [形] (鍋など)大きく底の広い；大きなおしりの；無器用な, 下手な, ぎこちない；よぼよぼした, のろのろした。

totyakos [形] よぼよぼした, のろのろした；果汁質の(果物)。

totyog [自] 小刻みに走る；どうかこうか(よろよろ・よちよち)はやあしする。

tova [副] あちらへ, 彼方へ；さらにあちらへ(去って, 遠ざかり・隔たりを示す)。〔ide s tova, あちこちへ。〕

tovább [副] 遠くへ, なおはるかに；その先へ；進んで, つづい

tovább [副] その他，その上，これに加えて。

továbbad [他] 伝達・送達する；譲渡(移譲)する；移す，引き渡す。〔üzenetet továbbad vkinek, 伝言を…に伝達する。jogot továbbad, 権利を譲渡する。〕

további [形] その先の，その他の，それ以上の；なお一層の，さらに詳しい(委細など)；あとからの，今後の，将来の。〔további intézkedésig, 追ってさたあるまで，当分，差し当たり，仮に。további megrendelések, その上の命令(委託)；(商)追っての用命(注文)。〕 [名] 先のこと。〔minden további nélkül, 直ちに。〕

továbbít [他] さらにその先へ送付(運送・送達)する，送り届ける，伝達する。

továbbmegy [自] さらに先に進む，進行をつづける，前進する；(噂などが)広がる。

továbbra [副] (時)そのあとあとまで，今後も，将来まで。

tő (目 tövet) [名] (植)樹幹(みき)，根株(ねかぶ)；(建)柱幹；(家族の)根源，起源，始祖；(比)根幹，基幹，基礎；発端，本源，根元；(山の)底部，ふもと，山のもと・すそ；(足のあるもの)台足，付け根；(言)語根，語幹；最も近いこと，隣接。〔hegy tövében, 山のふもとに。tövéről hegyére, 根底から；詳細(微細)に，詳しく。tövestül, 根こそぎに，総ざらいに，残らず。〕

több [数] より多くの数(量)の，多数の。[形] いくつかの，何人かの。〔többre megy, többre visz, 進める；先へやる，促進(助成)する。többen, 多くの人が。többen közülünk, 我々の中の多くの者が。〕

többé [副] (否定語を伴う)それ以上は…ない；(時間的)今後・将来…ない。soha többé, もはや断じて…しない。többé nem, それ以上ではない。

többé-kevésbé [副] だいたい，幾分か，多少。

többes [形] 複数の。〔többes szám, 複数。〕[名] (文)複数；(数)多数，過半数。

többfelé [副] 多方向へ，諸方向へ；あちこち；多くの部分に。

többféle [形] 数種の，種々の，多種多様の，雑多の。〔többféleképp(en), 数種の方法で，多くの仕方・方式で。〕

többi [形] 残りの，その他の，それ以外の。[名] 残りのもの・人，その他のもの・人。〔a többiek, 残りのもの・人たち，その他のもの・人々。és a többi(stb. と略す)，云々，等々。〕

többlet [名] 余剰，過剰，余計；(商)剰余，超過，黒字。

többnejűség [名] 一夫多妻。

többnyire [副] 大部分，多くは，大抵は；(時)多くの場合，しばしば。

többség [名] より多いこと，多数；(選挙)大多数，過半数。

többször [副] 幾度も，数回も；(より)しばしば，度々。

többszöri [形] 度々の，数回の。

többszörös [形] 幾重の，数倍の，重複した。[名] (数)倍数。

többszöröz [他] 幾倍にもする；繰り返す；(数)乗ずる，掛ける；(印)複写・複製する。

tőgy [名] (雌牛，羊，うさぎ等の)乳房，乳頭。

tök [名] (植)西洋南瓜(ヘチマも)；(解)睾丸(こうがん)；(トランプの)ダイヤ；ばか。

tőke¹ (目 tőkét) [名] 資本(金)；資金；元金。〔álló tőke, 固定資本。beruházott tőke, 投下資本。forgó tőke, 運転資本，経営資本。〕

tőke² (目 tőkét) [名] (木の)根株，切株；(植)根茎(ねぐき)，地下茎；(工)かなしき台；(船の)竜骨，キール。

tőkebefektetés [名] (経)資本投資。

tőkehal [名] (魚)たら(鱈)。〔szárított tőkehal, 干だら，棒だら。〕

tökéletes [形] 完璧な，完全な，完備した，そろった，申し分のない，立派な。

tökéletesedik [自] 完全になる，良くなる；改良・改善される。

tökéletesít [他] 完全にする，完成する；改良・改善する。

tökéletesség [名] 完全な(申し分のない)こと；完璧，十全，円満；完備，完全，完成状態。

tökéletlen [形] 不完全な，不備な；欠けた，そろっていない；未完成の；(比)低能の，間の抜けた。〔tökéletlen fickó, あほう，ばか。〕

tökély [名] → tökéletesség.

tökfej [名] (皮・冗)あほな頭；(特に子ども)大きくて丸い頭；愚かな人，ばか者，おたんこなす。

tökmag [名] (植)南瓜の種子；(つまみとして，炒った)南瓜の種；ちび，ばか。

tökrészeg [形] べろべろに酔っ払った，泥酔した。

tölcsér [名] じょうご(漏斗)；(メガホンの)ラッパ；(解)漏斗(管)；(ソフトクリーム入れの)円錐形のウェハース；(火山の)噴火口；(兵)(榴弾の)じょうご。

tölgy [名] (植)かし，かしわ(柏，樫)。

tölgyfa [名] かしの樹(木)；かし材。

tölt [他] (…に酒などを)つぐ；(樽に…を)満たす，一杯にする；(…に油を)差す；(鋳型に…を)流し込む；(銃砲に弾丸を)つめこむ，装てんする；充電する；(キャベツに肉の)詰め物をする；(堤防の斜面に)盛土をする；(時間を)費やす，過ごす。〔idejét tölti, その時を過ごす。kedvét tölti, (…において)楽しむ。bosszúját tölti, (…の恨みを)はらす，復讐する。a Balatonon tölt egy hetet, 1週間バラトン湖で過ごす。〕

töltelék [名] 詰め物(肉)；(建)(壁に)つめこむ物(土砂・がれき)；(毛ぶとんの)つめ毛；入りびたりの人(々)。

töltény [名] (兵)弾薬筒，薬莢(莢)。〔éles töltény, 実包，実弾。vak-töltény, 空包，空弾。〕

töltés [名] 満たす(詰める)こと；(水・酒などを)つぐこと；詰められたもの；充電；時間つぶし；(堤防の)盛土，土手；(鉄)土台工事；(兵)弾薬筒；(弾薬を)装てんする・つめこむこと。

töltetlen [形] 満たされ(詰められ)てない；(兵)装てんされてない(銃砲等)。

töltőtoll [名] 万年筆。

töltött [形] 詰めこんだ；(兵)装てんされた(銃)；詰め込まれた(料理)。〔töltött káposzta, (ハンガリー料理)ロールキャベツ。〕

töm [他] 詰め込む，ふさぐ；(ガチョウなどを)肥育する；(歯を)充てんする；(比)飽くほど与える，ぜいたくさせる。

tömb [名] (チーズ・石材・木材・鉱物等の)厚切れ，塊(かたまり)，やま，堆積；(家の)一区画，街区；(回数券などのはぎ取り用の)厚とじの紙片，切符帳。

tömeg [名] (肉・石・雪などの)固まり，あつまり；集団，大

衆，群衆；大量。〔hagyatéki tömeg, 遺産全財産。〕

tömeges [形] 固まりの；多数の，大衆の，群をなした；大量の(生産など)。

töméntelen [形] 無数の，おびただしい，多くの，数えきれないほどの。

tömény [形] 集中した，凝集した；(化)濃くなった，濃縮した。〔tömény oldat, 濃縮した液体。〕

tömérdek [形] 非常に多くの，ばく大な数の，無数の；途方もないほどの大きな。〔tömérdek légy, 無数のハエ。〕

tömés [名] 詰める(押し込む)こと；(ベッドに羽毛などを)詰め込むこと；(歯を)充てんすること；(鳥や豚に麺類を食わせて)肥らせること；詰められたもの。

tömjén [名] (熱帯産のカンラン科の樹皮からつくられ，教会の儀式で用いる)抹香(まっこう)。

tömjénez [自] (香を)たく；(比)きげんをとる，へつらう，媚(こ)びる。〔vkinek tömjénez, …にこびる，へつらう，追従する。〕

tömkeleg [名] 迷宮，迷路，迷園；(比)混乱，混雑，錯そう。

tömlő [名] (液体を容れる)革袋；(vizes tömlő)水袋；(植)包のう；(解)のう胞，(ガスなどの)管，ポンプのホース；(自転車の)チューブ。

tömlöc [名] (古)(城内の)ろう獄，土ろう；(földalatti tömlöc)地下の暗ろう(やみろう)。

tömör [形] (鉱)まじり気のない，純粋の；実質ある，充実した，どっしりした；太く短い，ずんぐりした；圧縮された，密な；(文)簡潔な。

tömörít [他] 圧搾・圧縮する，濃くする，密にする，濃厚にする；収縮(凝結)させる；集める，密集させる；(文)簡潔にする。

tömörség [名] 実質に富む(充実した)こと；圧縮されたこと；(鉱)まじり気のないこと；(体の)ずんぐりしたこと；(文)簡潔・簡明なこと。

tömörül [自] 凝縮する，濃くなる，密になる；集合(密集)する；合同(連合)する；(文)圧縮される，簡明になる；(兵)集団となる，一団となる。

tömött [形] ぎっしり詰まった；充てんされた(歯)；目の詰まった，すき間のない(材木)；肥らせた(家禽)；どっしりした

(体)；(文)簡潔(簡単・簡明)な。
tömzsi [形] 太く短い，ずんぐりした，低くてがっしりした。
tönk [名] (植)樹幹，切り株，根株；(きのこの)軸；(比)倒壊，が解；(比)破産。〔a tönk szélén áll, 破産の直前にある。〕
tönkremegy, tönkrejut [自] 破れる，こわれる；損じる，破損する；(試験や企業に)失敗する；(商)破産する。
tönkretesz [他] いためる，こわす；(健康を)害する；(家族を)困窮に落とし入れる，零落させる。
töpörtyű [名] (ラードの脂を取った)かす。
töpreng, töprenkedik [自] (…に)思い悩む，想いに沈む，沈思する；熟慮・黙想する。
tör [他] (…を)破る，折る，砕く，こわす，欠く，こぼす，割る；(砂糖の固まりを)たたいて粉にする；(絵具を)こする，粉末にする；(クルミを)打ち割る；(道路を)開く，通ずる；(くつが足を)傷つける；骨折する；(馬に鞍を)つける，仕度する；(言葉を)下手に話す；(数)割る，除する，除法を行う；(工)(大麻を)たたき砕く。〔töri magát vmiért, …に没頭する，夢中になる。borsot tör vkinek orra alá, いたずらをする，ごまかす。töri a magyar nyelvet, 彼はハンガリー語をブロークンで話す。rosszban töri fejét, 彼は悪事をひそかに企んでいる。〕[自] 努力する。〔nagyra tör, 高きに精進する，努力する，志す。〕
tőr[1] [名] 短刀，匕首(あいくち)，懐刀；フェンシング用の刀。
tőr[2] [名] (落とし戸を備えた)落とし穴，わな(係蹄)。〔tőrbe csal, わなにおびき寄せる。tőrbe esik, わなに落ちる(かかる)。tőrt vet, わなを掛ける，落とし穴を設ける。〕
tördel [他] (木・石を)割る，砕く，粉砕する；(印)(文章をページや行に)組む；(比)(手を)もむ(途方にくれたときの仕草)。
tőrdöfés [名] 短刀で刺す・突くこと；短剣の刺し傷。〔szava tőrdöfés volt, 彼の言葉は痛烈を極めた。〕
töredék [名] (彫像などの)砕片，断片；未完の(欠けた)原稿，断簡，断篇。[形] 破片の，断片的の；未完の。
töredékes [形] 砕片の；断片的；未完の，断篇の。
töredezik [自] しだいに砕ける，崩れる，断片になる；寸断される，細かく分かれる，ぼろぼろにくずれる，分解する。〔töredezve, 破れて，砕けて，折れて，崩れて；(言葉が)切れ

切れになって,ブロークンで。töredezve beszél, ブロークンで話す。〕

törekedik, törekszik [自] 努める,努力する;目指す。

törékeny [形] こわれ易い,もろい,ぜい弱な;(比)か弱い,弱々しい。

törekvés [名] 希求,熱望,志向,志望;努力,精進,骨折。

törekvő [形] (…に)努力・精進する,熱心な;野心満々たる。

törés [名] 砕く(破る・裂く・こわす)こと;割れ目,切れ目,裂け目;(医)骨折,切断;(物)(光の)屈折;(工)(麻を)砕くこと,粉砕;(比)ざ折,不調;(比)不和。

töretlen [形] 破れない,砕かれない(クルミ等);(比)気落ちしない(意志);(物)屈折しない(光線)。〔töretlen föld, 開拓されない,人跡未到の土地;töretlen út, 前人未踏の道。〕

törhetetlen [形] 折れない,割れない(ガラス等);(比)破壊しがたい,揺るがしがたい;き然たる,打克ちがたい,確固たる。

törik [自] 割れる,砕ける,破れる;(物)屈折する;(くつわなどに)慣れる。〔ha törik, ha szakad, 何が起ころうとも。〕

törköly [名] (ブドウの)絞りかす(糟)(酢製造用)。

törlés [名] 消すこと;(文章などの)削除。

törleszkedik [自] 体をこすりつける(猫が主人にへつらって寄りかかる如く);(その人の意見に)従う,意のままになる。

törleszt [他] (負債を分割で)返済する;返済する;(比)仕返しする。

törlesztés [名] 返済;返済金;仕返し。

törmelék [名] 破片,砕片,砕けくず;瓦礫(がれき)。

törődés [名] (果物などが)いたむこと;気に掛ける(憂慮する・苦にする)こと;気づかい,心配;骨折,尽力。

törődik [自] (果物などが)いたむ;(体が)疲労する;(vmivel/vkivel)(…に)留意(憂慮・心配)する,骨折る,尽力する;(…に)馴れる,慣れる,順応する;(…に)身を任せる,忍従する,あきらめる。〔vmihez törődik, 何に慣れる,親しむ,習熟する。mit sem törődve azzal, それに無とんじゃくで,無関心で。nem törődöm vele,

私はそれを気にかけない。〕
törődött [形] いたんだ(果物, 虫歯など); 疲弊・衰弱した, 虚弱の。
török [形] トルコの。[名] トルコ人。〔törökül, トルコ語で; トルコ風に。〕
Törökország [固] トルコ国。
töröl [他] ふく, ふき去る, ふき清める; 無効にする; (文字を)消す; (債務を)線を引いて消す, まっ消する; (法律を)廃する; (条約を)解消する。
törölget [他] (繰り返し)ぬぐう, ふく; ぬぐい清める, 吸い取る; (文字を)消す, 削除・まっ消する; (埃を)はらう。
törölköző [形] ぬぐう…。[名] 手ぬぐい, タオル。
törött [形] 破れた, 砕けた, 割れた, 折れた, こわれた。
törpe [形] 小さい, 一寸法師の, ちびの; 微々たる; (比)発達の止まった。[名] 小びと, 一寸法師。
tört [形] 砕けた, 折れた。〔tört vonal, 屈折線, 破線。tört hang, かすれ声, 震え声。tört szív, くじけた心。tört cukor, くだいた砂糖。tört franciasággal beszél, 彼はフランス語をブロークンで話す。〕[名] 分数。〔szakaszos tört, (数)連分数。〕
történelem [目 történelmet] [名] 歴史; 歴史学; 史料, 記録。
történelmi [形] 歴史の, 有史の; 歴史上の。
történész [名] 歴史家, 歴史学者。
történet [名] 出来事; 物語, 説話; (古)変遷の叙述, 歴史。〔a város története, 街の物語。〕
történetesen [副] 偶然に, 不意に, 偶発的に, たまたま。
történeti [形] 歴史の, 有史の; 歴史的の。
történetírás [名] 修史, 編史, 歴史編さん。
történetíró [名] 歴史家, 編史家, 修史家。
történettudomány [名] 歴史学, 史学。
történik [自] (出来事が)発生する, 持ち上がる, じゃっ起する, 起こる, 生ずる, 偶発する; 行われる, 為される。〔mi történt veled?, 何があったの?〕
törtet [自] (繁みへ)押し進む, 前へ突き進む; (比)前者をむりに押しのけて進む。〔egymást lökdösve törtetnek előre, 押し合いへし合いして進む。〕
törtető [形] 野心家の。[名] 野心家, 猟官者, 野心満々

törtszám

の徒(破廉恥の)。

törtszám [名] (数)分数。

törvény [名] 法, 法則；法律, 法規；規則, おきて；法廷, 裁判所。〔törvénybe/törvény elé idéz, 法廷に召喚する。törvény szerint, 法律に従って, 法律に依れば。törvényt lát, (…を)裁判する；(…に)判決を下す。betartja a törvényt, 法を遵守する。törvényt szab/alkot, 立法する, 法律を制定する。szükség törvényt bont, 必要の前に法律なし。〕

törvénycikk [名] 法律の条文(項目・箇条・条項), 法条。

törvényellenes [形] 法律違反の, 違法の, 不法の。

törvényerő [名] 法律の効力, 法律力, 法力。〔törvényerőre emelkedik, 法律上の効力を生ずる, 法力を取得する。〕

törvényes [形] 法律上の, 法律による, 合法的；合法の, 適法の, 正当の。

törvényesít [他] 法律上合法と認める, 正当と認める, 確認する；(子供を)認知する。

törvényesség [名] 法律に適ったこと；合法性, 正当性, 法の範囲内；(子供の)嫡出子の身分。

törvényhatóság [名] 自治官庁(法律上の権力者)；自治の市町村。〔megyei törvényhatóság, ハンガリーの県会。〕

törvényhozás [名] 法律を制定すること；立法(権)；立法府(国会)。

törvényhozó [形] 立法の；立法権のある。〔törvényhozó testület, 立法部。〕[名] 立法府の成員(国会議員), 法律制定者。

törvényjavaslat [名] 法律案, 法律草案。

törvénykezés [名] 訴訟を起こすこと；訴訟(裁判)手続きをすること。

törvénykönyv [名] 法典, 法規(集)。

törvényszék [名] 司法機関；法廷, 裁判所。

törvényszéki [形] 司法の；裁判所の。〔törvényszéki bíró, 裁判所判事, 裁判官。törvényszéki boncolás, 司法解剖。〕

törvényszerű [形] 法則に適った；合法の, 適法の, 合法

trágárság

的の；法律上の，法定の；規則正しい。

törvényszerűség [名] 法律に従ったこと，合法性，法の範囲内；(物)法則；規則正しさ。

törvénytelen [形] 法律に従わない，不適法の，違法(不法)の；(子供の)庶出の，私生の。

törvénytelenség [名] 同上のこと；違法性；庶出，私生。

törzs [名] 胴体；(植)樹幹，幹(みき)；(家の)柱幹；(船の)骨組，船骨；(家族の)祖先，始祖；種族，氏族，酋族，部族；(兵)参謀部，幕僚，幹部。

törzsfő, törzsfőnök [名] 種族・部族の長，酋長。〔indián törzsfő, アメリカ原住民の酋長。〕

törzskar [名] (兵)(19世紀中葉まで)参謀部，幕僚；(比)(仕事や課題を行なう時の統率者)。

törzskönyv [名] 重要な公文記録簿，台帳；(動物の)血統書，系図帳。〔ménes törzskönyv, (馬の)種馬帳，血統書。〕

törzsőrmester [名] (兵)軍曹。

törzsvendég [名] (レストラン・カフェー・ホテル等の)常連(客)。

tősgyökeres [形] 根源的の，生粋の，父祖伝来の，生来の；純粋の，純血の。〔tősgyökeres magyar ember, 生粋の(純血の)マジャル人。〕

tőszám [名] (数)基数。

tőszó [名] (文)語根，語幹，基本形。

tövis [名] (植)とげ(刺)；(動)針；(比)(傷の後に感じる)痛み。

tövises [形] とげ状の；とげのある；いばらの多い，とげだらけの；(比)多難な，困難な。〔tövises pálya, 多難な人生行路。〕

tőzeg [名] (鉱)泥炭。

tőzsde [名] 証券取引所。

trafik [名] タバコ小売店。

trafikos [名] タバコ小売業者。

trágár [形] みだらな，下卑た，卑わいな，わいせつな。〔trágár beszéd, わい談，みだらな話。trágár viselkedés, みだらな行為。〕

trágárság [名] わいせつ，卑わい；みだらな話，わい談。

tragédia (目 tragédiát) [名] 悲劇; 悲劇的事件; 惨劇。

tragikomédia (目 tragikomédiát) [名] 悲喜劇。

tragikum [名] 悲劇的なこと; 悲劇性; 悲惨, 悲壮, 惨劇; 悲劇的事実。

tragikus [形] 悲劇の, 悲惨な, 悲劇的。 [名] (古代ギリシャの)悲劇作家。

trágya (目 trágyát) [名] 肥料, 堆肥(たいひ), こやし。 [mesterséges trágya, 人工肥料, 化学肥料。]

trágyáz [他] (農) (土地に)肥料をやる, 施肥する; (土地を)肥やす, 豊じょうにする。

traktor [名] トラクター。

traktál [他] (…を)もてなす, 楽しませる, 接待(供応・ちそう)する; 面倒をかける。

tréfa (目 tréfát) [名] 冗談, 滑けい, しゃれ; ふざけ, いたずら, 座興, 道化; 珍談, 一口話。 [tréfán kívül, 冗談はさておき, 冗談は抜きにして。tréfára vesz vmit, …を冗談に取り扱う, 茶化す。(el)érti a tréfát, 冗談が分かる, しゃれを解する。]

tréfál [自] 戯れる, ふざける; 冗談をいう, からかう, しゃれをいう, 笑い話をいう。

tréfálkozik, tréfálódzik [自] 冗談をいう, しゃれをいう。

tréfás [形] 冗談の, こっけいの, おかしい; 冗談好きの, 茶化した。

trilla (目 trillát) [名] (音)トリル, せん(顫)音, ふるえる音(符)。

trillázik [自] 震え音で歌う; (…に)トリルを添える; 陽気に歌う。

trolibusz [名] トロリーバス。

trombita (目 trombitát) [名] (音)トランペット(ラッパの一種)。

trombitál [自] ラッパ(トランペット)を吹く; (比)大きな音で鼻をかむ; (比)大きな声で繰り返す; (象が)鳴く。

trombitás [名] ラッパ手; トランペット奏者。

tromf [名] トランプの切り札。

trón, trónus [名] 王座, 玉座, 王位; (法王の)御座; (比)王権, 帝位。[trónra jut, 王位に即く。trónra lép,

即位する。〕
trónkövetelő [名] 王位の争奪者(覬覦きゆ者)。
trónol [自] 王位にある, 君臨している；(比)首座を占める, 中心人物になる。
trónörökös [名] 王位継承者。
trónutódlás [名] 王位継承。
tucat [名] 12個, ダース(打)。
tud [他] (…を聞き)知る, 耳にする；分かる, 心得ている, (…の)道を知っている, (…に)通暁している；(…が)出来る, 能う, (…の)力がある；(古)(金額を)割り当てる, 加える。〔tud németül, 彼はドイツ語が話せる。tudod/tudja/tudjátok/tudják, (相手の注意を喚起する)ねえ, ほら。〕
tudakol [他] (…に就いて)尋ねる, 問合わせる, 照会する。
tudakozódik [自] (…に就いて…に)尋ねる, 問う, 問合わせる, 照会する。
tudakozó (iroda) [名] 案内所；電話番号案内。
tudálékos [形] 生意気な, 知者ぶる, 利口がる, 差し出がましい。
tudás [名] 知ること, 知；承知, 聞知；知識, 学識。〔a tudás fája, 知恵の樹。
tudat¹ [名] 意識；知覚, 自覚。
tudat² [他] (vkivel vmit)…に…を知らせる, 伝える, うち明ける；通知(通告・発表・表明・声明・公表)する。
tudatlan [形] 無知・無学の；知らない, 承知しない。[名] 同上の人。
tudatlanság [名] 無知, 無学；知らぬ(存ぜぬ)こと。
tudatos [形] 知っている, 意識した, 意識的；意図的。
tudniillik [副] 詳しく言えば, 即ち；何となれば, その訳は。
tudnivaló [形] 知る価値のある, 注目すべき, 心得るべき；知らねばならぬ, 重要な；知れわたった, 周知の。[名] 同上のこと(また物)。
tudomány [名] 学, 学問, 学術；科学, サイエンス；知識, 学識, 造詣。
tudományegyetem [名] (総合)大学。
tudományos [形] 学術上の, 科学上の；学術的, 科学的, 学問上の。
tudomás [名] 知ること, 承知；知らせ, 通知, 報知；知識, 見聞, 聞知。〔tudomása van vmiről, 彼は…に就い

tudomásulvétel [名] 知ること, 承知, 認知。〔szíves tudomásulvétel végett, 御通知まで。〕

tudós [形] 学問ある, 学識ある, 博学の；科学の, 学術的。[名] 学者, 物知り, 識者。

tudósít [他] (…について)知らせる, 分からせる, 説明(報告・通知)する, 情報を与える。

tudósítás [名] 通知, 報告, 報知, 通信；陳述, 記述。〔tudósítás szerint, 報告に依れば。〕

tudósító [形] 知らせる, 情報を与える。[名] 報告者；(新聞の)通信員, 特派員。

tudta [名] 知識, 知ること；承知, 聞知, 関知；了承, 了解；報知。〔tudta nélkül, tudtán kívül, 彼に知らせないで, 彼の気がつかぬうちに。tudtára, tudtul ad, …を告げる, 通知する, 知らせる。tudtommal, 私の知るところでは。tudtával és beleegyezésével, 彼の承知と同意を得て, 承諾を得て；彼は知っていて。〕

tudvalevő [形] 知られた, 周知の, 知れ渡った, 著名の；よく知っての, 知しつの。

túl[1] [副] (所)…の向こうに, 他方に, 向こう側に, 彼方に, 彼岸に。[後] …を越えて, …を越して, 遠くに；(時)来世で；…にまさって, …以上に。〔a Dunántúl, ドナウ川の向こう側(ドナウ川より西の地域)。öt órán túl, 5時過ぎ。túl van vmin, (…より)以上である, 通り過ぎている；(…を)乗り越している, 切り抜けている。túl van a vizsgán, 試験を終えた。〕

túl[2] [副] (形容詞とともに)あまりに, …すぎる。〔túl finom, 極めて精巧な, 精巧過ぎる；上品すぎる, 非常にせん細な；(比)こうかつ極まる。túl merész, 暴勇の, 無鉄砲の, 向こう見ずの, 暴虎馮河(ぼうこひょうか)的の。túl sok, 余りに多くの, 非常に多くの, 多すぎる。〕

túlad [自] (vmin), (…から)免れる, 脱却する, やっかい払いする, 身軽になる, めんどうを免れる；(vkin)(…を)解雇する, 追っ払う。

tulajdon[1] [形] (…の)所有の；固有の；自身の。〔tulajdon szememmel láttam, 私はそれをこの目で見た。〕

tulajdon² [名] 所有権；所有物，財産；所有地；特性，特徴。

tulajdonít [他] (…に)属せしめる，付する，与える，帰する；(罪を…に)なする，着せる，負わせる，責に帰す，結び付ける；(せんえつにも…を)わが物にしようとする，(我が物と)うぬぼれる，主張(明言)する。〔magának tulajdonít, (…を)我が物顔にする，せん取する。

tulajdonjog [名] 所有権；著作権。

tulajdonképp(en) [副] 本来，元来，もともと；実は，真に；一体全体。

tulajdonnév [名] (文)固有名詞。

tulajdonos [名] 所有権者；所有者，持ち主；占有者，所持者。

tulajdonság [名] 固有のもの，個性，本性；特質，特性，特徴；特異の点；性情，性質；資格，身分。〔jó tulajdonság, 長所，美点。rossz tulajdonság, 欠点，欠陥。〕

túláradó [形] わきこぼれるほどの，あふれるばかりの；(比)度を越えた，度はずれの，包みきれないほどの(愛情)。

túlbecsül [他] 過大に評価する，過重する，買いかぶる。

túlbuzgó [形] 熱心過ぎる，非常に熱心な；はりきりすぎる。

túlél [他] (…よりも)生き延びる，生き残る，生き長らえる。

túlérett [形] うれすぎた，熟し過ぎた，らん熟した。

túlerő [名] (数また力において)優勢，圧倒的勢力。

túlfeszít [他] ぴんと張る，張り過ぎる；(精神を)過度に緊張させる；過度に疲労させる。

túlfeszített [形] 張りすぎた，張りつめた，締めすぎた，緊張しすぎた；(比)誇張された，極端な。〔túlfeszített húr, 張りつめた弦(げん)。〕

túlhajt [他] (家畜を)過度にかりたてる，追い疲らす；虐使・酷使する；(比)度を過ごす，やり過ぎる。[自] 通り過ぎる，先になる；超過する。

túlhalad [自] 行き過ぎる，通り越す；追い抜く。[他] (…を)しのぐ，りょうがする；(制限・限度を)越す，超える；(年齢)超える。

túlhaladott [形] 遅れた，廃れた，陳腐な，古くなった。〔túlhaladott álláspont, 時代遅れの見地(立場・見

解)。〕
tulipán [名] (植)チューリップ。
túljár [自] (vmin), (歩いて…を)追い越す, 通り過ぎる；(比)(…において…を)りょうがする, 優る, しのぐ。〔túljár vki eszén, (…に)策略で勝つ；(…を)策略に乗せる, 一杯食わせる。〕
túlkapás [名] (他人の権利の)侵害, 不法行為, 違犯, (行政の)越権, 乱用, 悪用；(職権の)乱用。
túllép [自] (境界を越えて)向こうに行く, 踏み越す, 突破する。[他も] (年齢を)越える；(比)(常軌を)逸する, 踏み超える。
túllő [自] 的を行きすぎる, 射越す, 射貫く；(比)やり過ぎる, 度を超す。
túlmegy [自] 行き過ぎる；踏み越える；(度を)超す。
túlmunka [名] 残業, 超過勤務。
túlnépesedés [名] 人口過剰, 過密化。
túlnyomó [形] 優勢な, 有力な；主な, 主要な, 多大な。〔túlnyomó rész, 大部分。túlnyomó többség, 大多数, 過半数。〕
túloldal [名] (通りの)反対側；裏ページ。
túlórázik [動] 残業する。
túloz [他] 過大視する；大げさに言う, 誇張する。
túlság [名] 極端なこと；度を過ごすこと, 過度, 過量；やり過ぎる(極端に走る)こと；(比)誇張する(大げさに言う)こと。〔túlságba visz, 極端に走らせる, 度を超す。〕
túlságos [形] 過度の, 法外の, 途方もない, 極端な；誇大の, 誇張した。〔túlságos sok, 非常に多く, 余りに多く, 過大に。túlságos népes, 人口過剰の。〕
túlsó [形] 向こう側の, 彼岸の；(メダルの)裏面の；(本の)次ページ(裏面)の。〔a túlsó oldalon, 向こう側に, 彼方に, 彼岸に；(本の)次ページ(裏面)に。túlsó part, 向こう岸, 彼岸。〕
túlsúly [名] 超過重量, 過重；(比)優勢, 優越。〔túlsúlyra emelkedik/jut, (…に対し)優勢を占める, を圧倒する。〕
túlszárnyal [他] (…を)追い越す, りょうがする；(…に)優る, 勝る, すぐれる。
túlteng [自] (急速に)繁殖・まんえん・普及する；(植物が)

繁茂する, はびこる, どしどし殖える, 増殖しすぎる；(医)(異状)肥大・増大する。

túlterhel [他] (…で)荷を負わせ過ぎる；(比)(過分の仕事・負担を)負わせる；税を課しすぎる, 重税を課す；(作品のテーマを)つめこみすぎる。

túlterhelés [名] 荷の積み過ぎ, 過度の積荷, 過載；(比)過重の負担；(重税など)負担過重；過食, 飽満, あきあきすること。

túltermelés [名] 生産過剰, 過剰生産。

túltesz [自] (vkin), (…に)抜きんでる, 優っている, 勝れている, (を)りょうがする；〔egymáson túltesz, 互いにより高値をつける, 追い越そうと競う；túlteszi magát vmin, 何の上に位置する, 座(居)を占める, …を無視する。〕

túlvilág [名] あの世, 後世, 来世。

túlvilági [形] この世を超えた, 超俗界の, 天国の；来世の。

túlzás [名] 度を過ごす(やり過ぎる)こと；過度, 極端；誇張, 大げさ。〔költői túlzás, 詩的誇張。túlzás nélkül, 誇張なしに。〕

túlzó [形] 誇張する…；過激な, 思い切った, 途方もない, 極端な, 極度の。[名] 誇張者；急進派(過激派)の人；熱狂者。

túlzott [形] 誇張した…；過度の, 法外な, 常軌を逸した, 途方もない；極端な, 過激な。

tunya [形] ぶしょうな, 無為の, のらくらな；だれた, のんきな, 放逸な, むとんじゃくな。

túr [他] (豚が鼻で)掘り返す, かき乱す, ひっかき回して探す。

túra [名] ツアー, 遠足, 旅行；周遊, 回遊；旅公演。〔autotúra, 自動車旅行。gyalogtúra, 徒歩旅行。hegyi túra, 山岳旅行。〕

turbékol [自] はとがクウクウ鳴く；(比)甘え声で話す；(比)いちゃつく。

turista [名] ハイカー, 漫遊者；ツアー客, 観光客, 旅行者。

turkál [他] (地面をあちこち)ひっくり返す；(ポケットなどを)かきまわして(ひっかきまわして)くまなく探す, ごちゃごちゃにする；(食べ物を)つっつきまわす。

túró [名] カテージチーズ・凝乳・乳酪・バターの一種(ハンガリーにおける)。

túrós [形] 乳酪・バター・カテージチーズの；乳酪質の；カテー

turpisság 902

ジチーズの入った，カテージチーズで調理した。
turpisság [名] ごまかし，こうかつ，ずるいこと，ペテン。
turul [名] ハンガリー神話の不思議な鳥，原始ハンガリー人のトーテム鳥，わが国の金鵄に相当する猛鳥(鷲)。
tus[1] [名] 墨絵の具，顔料，墨。
tus[2] [名] (兵)銃床尾。
tus[3] [名] シャワー。〔hideg tus, 冷水浴。〕
tus[4] [名] (万歳の声や敬礼に伴う)ファンファーレ，ラッパの華麗な吹奏。〔tust fúj, ラッパを吹奏する。〕
tusa (目 tusát) [名] 争い，戦い，闘い，争闘。〔lelki tusa, 精神的道徳的争闘。〕
tuskó [名] 木の丸太，切り株，根株，木塊；(比)無作法者。
túsz [名] (兵)人質。〔túszt ad/állít, 人質を出す(立てる・提出する)。túszul ad, (…を)人質として引き渡す。〕
tuszkol [他] 押しやる，(励まして)送り出す，突き出す；(比)(苦境に)追いやる，追いこむ。
tutaj [名] いかだ(舟)，(いかだ流しの)浮き台。
tutajos [形] いかだ流しの。[名] いかだ師，いかだ乗り。
túzok [名] (鳥)のがん(野雁)。
tű [名] 針；はり(鍼)；縫針，留針，(ネクタイ)ピン；指針；磁針。〔tűvé tesz vmit, くまなく探す，捜し回る，捜索する。〕
tücsök (目 tücsköt) [名] (虫)こおろぎ。〔házi tücsök, 炉のこおろぎ。〕
tüdő [名] 肺臓，肺。
tüdőbaj [名] 肺病；肺結核。
tüdőgyulladás [名] (医)肺炎。
tüdőtágulás [名] (医)肺気腫(はいきしゅ)。
tűhegy [名] 針のとがり，針の先端。
tükör (目 tükröt) [名] 姿見，鏡，スペキュラム；鏡面；滑らかな面；(服の)縁取り；(印)整版，メーカップ，組版；(比)コピー。
tükörkép [名] (鏡に映った像)鏡像。
tükörsima [形] 鏡のように滑らかな。
tükrös [形] 鏡のような；鏡のように輝く；鏡付の；反射光の。〔tükrös szekrény, 鏡付たんす。tükrös szoba, 鏡の間。tükrös távcső, 望遠鏡。〕

tükröz [他] (水は月を)反射・反映する, 反映させる；(鋼を)光らせる, みがく；(日光にキラキラ)光らせる；(医)反射鏡で診察する；(色彩を)反射させる；(比)(眼に喜びを)反影(表現)する。

tükrözés [名] 反映(反射)させること, 鏡に写すこと。

tükröződés [名] 映ること；反映, 反射。

tükröződik [自] (影が)うつる, 反射・反映する；現われる。

tűlevél [名] (植)針葉(モミやマツの)。

tündér [名] 妖精；(比)美しい娘。

tündöklés [名] (星などが)ピカピカきらめくこと, 閃光(せんこう)；輝き, 光輝；光彩, 映(は)え。

tünemény [名] あらわれ, 出現, 現象；徴候；現われた事柄, 出来事；(比)幽霊, 幻影。〔természeti tünemény, 自然現象。〕

tüneményes [形] 現象的の；稀有の, 異常な, 並はずれた, 不思議な；驚くべき。

tünet [名] あらわれ；(医)(ある病気に伴う)徴候, 症状；前徴, きざし(兆)。

tűnik [自] (…に)気付く, 感づく；(…と)見える, 思われる；(…)らしい；姿を見せる, 現われる, 出現する；(どこかへ)影を消す, 消え去る, 見えなくなる。

tűnődik [自] (vmin) (…に)熟慮・反省する, 思いめぐらす, 思いなやむ；めい想にふける, 思いに沈む。

tüntet [他] 隠す。[自] 示威運動をする, デモをする。

tüntetés [名] 示威運動, デモ。

tüntető [形] 見せるための, 見えを飾る, 外見を気にする；外面に示す, 示威的, 誇示的。[名] デモをする人。〔tüntető körmenet, 示威行進。〕

tűr [他] こらえる, 耐える, 忍ぶ, しんぼう(がまん)する；許容(容認)する, 大目に見る。

türelem (目 türelmet) [名] 辛抱, 忍耐, がまん, 堪忍。〔vallási türelem, (宗)容赦, 寛容, なさけ。türelemmel van vki iránt(vkihez), …に対して彼は寛容である。〕

türelmes [形] 辛抱強い, 根気よい, よく忍ぶ。〔vallási türelmes, (宗)寛大の, 寛容な, 雅量のある。〕

türelmetlen [形] 辛抱しきれない, 堪えられない, 忍耐のない, 性急な；寛容でない, 怒りっぽい；偏狭な, 特に宗教問題

türelmetlenkedik

で，他派を排斥する。
türelmetlenkedik [自] 堪えられなく（忍耐できなく・がまんできなく）なる；待ちぢれる，あせる，いらだつ，いらいらする。
türelmetlenség [名] 待ちきれない（辛抱ができない・あせる・いらいらする）こと，性急。〔vallási türelmetlenség, (宗) 他宗教を排斥すること，異端圧迫。〕
tűrés [名] 辛抱，堪忍，忍耐，根気，寛容，黙許。
tűrhetetlen [形] 堪えられない，がまんできない，忍びがたい，たまらない；許せない，容赦しがたい。
tűrhető [形] 堪えられる，しんぼうできる；勘弁できる，恕しうる，許容（容認）しうる，忍べる。
türtőztet [他] (magát) 差し控える，自制する；がまん（堪忍）する，堪える。
tüske (目 tüskét) [名] とげ(刺)；(動)針。
tüskés [形] とげのある；とげの多い；とげのような；(比)辛つな，てきびしい，風刺的な。
tüstént [副] すぐ，直ちに，即刻，即座に。
tüsszent [自] くさめ(くしゃみ)をする。
tűszúrás [名] 針で刺すこと；針傷；(比)ちくりちくりと虐める（いやがらせを言う）こと，辛らつな皮肉。
tűz[1] [他] (針で…を)刺す；(ピンで花を)留める；(花を帽子に)刺す；(旗を窓に)樹てる，掲げる；(裂け目を)針で縫う；(本を)仮とじする；(比)(問題を日程に)入れる，加える；(議題を)提出する，差し出す。[自] (太陽が)しゃく熱して照る。
tűz[2] (目 tüzet) [名] 火；火事，火災，炉辺；(宗)地獄の火；(兵)銃火；(比)情熱，熱情；血気，憤怒，逆上。〔tüzet fog, 火がつく，燃え出す。tüzet rak, 火をおこす，燃やす。〕
tűzálló [形] 耐火性の，不燃性の。
tűzbiztosítás [名] 火災保険。
tűzcsap [名] 消火せん。
tűzdel [他] (繰り返し)針で刺す(留める)；(着物の)ステッチを刺す；(クッションなど固定のために)刺し縫いする；(…に…を)差し込む；(料理に味付けの材料を)詰めこむ；(比)添入する。〔megjegyzésekkel tűzdeli a kéziratát, 原稿に注を入れる。〕
tüzel [自] 燃える，熱する，暖まる；(兵)発砲・射撃する。[他] 燃やす，たきつける；(比)(…に対し…を)たきつける，い

ら立たせる，刺激する，鼓舞する。
tüzelés [名] 火を焚く(暖める)こと；燃焼，加熱；(兵)発砲，射撃。
tüzelőanyag [名] 燃料。
tüzér [名] (兵)砲手，砲兵。
tüzérség [名] 砲兵隊；砲兵たち(複数)。〔néhéz tüzérség, 重砲兵隊。〕
tüzes [形] 火のような，燃える；赤熱の，炎色の；(比)焼けつくような，炎のような；熱烈な，熱情的な，激し易い。
tüzesít [他] (鉄を)熱する，しゃく熱にする。
tüzetes [形] 細目にわたる，委曲を尽くせる，詳細な，十分な。
tűzfal [名] 防火壁；耐火外壁。
tűzhalál [名] 焼死；火刑。
tűzhányó [形] 火を噴出する，噴火する。[名] 噴火山，火山。
tűzhely [名] かまど，いろり，炉床；炉辺，家庭；料理かまど，炊事場。
tűzifa [名] まき，たきぎ(薪)。
tűzijáték [名] 花火。
tűzkár [名] 火災の損害。
tűzkárosult [形] 火災に遭った。[名] 火災の被害者，焼け出された人，(火事の)り災者・被災者。
tűzkő [名] ライターの石；(鉱)ひうちいし(燧石)。
tűzoltó [形] 消防用の，消火用の。[名] 消防夫。
tűzoltóság [名] 消防署；消防隊。
tűzpiros [形] 火のように赤い，火紅色の。
tűzrőlpattant [形] 元気が満ちみちている，生気(活気)のある；熱烈な，激しい，性急の。〔tűzrőlpattant ember, 性急者，短気者，激こうし易い人。〕
tűzvész [名] 火事，火災。
tűzveszély [名] 火災の危険，火難。
tűzveszélyes [形] 火災の危険がある，引火しやすい，可燃性の。〔tűzveszélyes anyag, 可燃性物質。〕
tűzvonal [名] (兵)砲火線，戦闘線，戦列；火線，砲列。
tűzvörös [形] 火のように赤い。
tűzzel-vassal [副] 砲火と白兵戦で，銃と剣で；どんなことをしても。

TV [名] → televízió.
tv-csatorna [名] テレビチャンネル。

Ty

tyúk [名] (鶏の)めんどり；雌鳥；めんどりの肉。
tyúkhús [名] 鶏肉。
tyúkleves [名] 鶏肉スープ。
tyúkszem [名] (比)(形状の類似から)うおのめ, そこまめ, 肉刺(まめ)；たこ；(比)(誰かの)泣きどころ。
tyúktojás [名] 鶏卵。
tyű！ [間] (軽い驚きの声)おや, ちぇッ！；これはこれは, はてさて, ええくそ, 畜生っ, いまいましい！

U, Ú

uborka [名] (植)きゅうり(胡瓜)。
uborkasaláta [名] きゅうりのサラダ。
uccu [間] さあ！(激励を意味する詞)。
udvar [名] 中庭, 前庭；校庭；宮廷, 朝廷；御殿, 貴族の屋敷, 邸宅；(月の)暈(かさ), ハロー, コロナ。〔az udvarnál megjelenik, 宮廷に(邸内に)現われる。az udvaron, 中庭で, 構内で。virágos udvar, 花園。királyi udvar, 王廷。〕
udvarház [名] 豪農の邸宅, 貴族・大地主の屋敷；(荘園内の)領主の邸宅。
udvarhölgy [名] 宮廷女官。
udvari [形] 宮廷の, 宮廷に関する；中庭に面している, 中庭にある。〔udvari bál, 宮中舞踏会。udvari bolond, 宮廷のたいこ持ち；(昔, 宮廷にかかえられた)おどけ役, 御殿ほう間。udvari szállító, 宮中御用達, 宮内省御用商人。〕
udvarias [形] ねんごろな, ていねいな, 愛想のよい；礼儀正しい, 礼儀に厚い。

udvariaskodik [自] (…に対し)礼儀ある振る舞いをする，礼儀正しく話す。
udvariasság [名] 礼儀(作法)の正しいこと；優雅(みやびやか)；親切・ていねいな挙動。
udvariatlan [形] 不作法(無礼,失礼)な；無愛想な,粗野な,下品な。
udvarlás [名] 求愛・求婚すること；(古) (…に)儀礼的訪問をすること；きげんを取る(こびる・歓心を買う・お世辞をいう)こと。
udvarló [名] 女に言い寄る男,求婚者。
udvarol [自] (女に)言い寄る,求愛する；(古) (…に)へつらう,きげんをとる,歓心を買う,ねんごろを尽くす,いそいそと快くする。
udvartartás [名] 宮居(みやい)する・館(やかた)を構えること；(奉仕者を含む)帝室,王家,宮中,朝廷。〔királyi udvartartás, 王廷維持。az udvartartás költségei, 宮廷維持費。〕
ugar [名] (農)休閑地,休耕地,休作地,休田。
ugat [自] (犬が)ワンワン吠える；(比)ぺちゃくちゃしゃべる,がみがみ言う。
ugor [形] (マジャル語,ヴォグル語,およびオスチャーク語が属する)ウゴルの。[名] ウゴル語を話す人。
ugrál, ugrándozik [自] 飛んで歩く,ピョンピョン飛ぶ；はね上がる,はね回る,じゃくやく(雀躍)する；(馬車などが)ガタガタ揺れる。
ugrás [名] 飛ぶ(はねる)こと,はね返り；(比)跳躍,飛躍,躍進；(比)近道。
ugrat [他] (馬を…に向かって)駆けさせる,はねさせる,はね飛ばせる；(比)からかう。
ugrik [自] 飛ぶ,はずむ,はねかえる；飛びこむ；(比)はねあがる,飛躍する；(比) (学年などを)飛びこす；(俗)なくなる。
úgy [副] 左様に,そのように,そういう風に,その通りに,それほどに；このように,かくの如く。〔úgy békében, mint háborúban, 平時においても戦時においても。úgy …, hogy …,そのように,そういう風に；する程に,それ故に。úgy van, その通り(付加語)。úgy ám!, 明らかに,いかにも；もちろん,そうですとも!,たしかにその通りです。〕
ugyan [接] (…であるが)たしかに；(…ではあるが)なるほど；

ugyanakkor 908

それにもかかわらず，しかしながら。[副] 実は；たしかに；一体全体。[間] さあ！ そら！〔ugyan mondd meg, さあ，言って下さい！〕

ugyanakkor [副] ちょうどその時，折よく；ちょうど同じ時代，ちょうど同じ時期に。

ugyanakkora [形] ちょうど同じ位の大きさの(高さの・サイズの)。

ugyanannyi [形] 同じほどの，同じ量の。〔ugyanannyira, 同じ位の遠さに(離れて)；同じくらい，同じ程度に。apját ugyanannyira szereti, mint anyját, 彼は母と同様に父を愛する。〕

ugyanaz [代] あの同じ物(人)，同一の…。

ugyancsak [副] 大いに，とても；十分に。[接] …もまた，同様に。

ugyanez [代] この同じ物(人)，この同一の物(人)。

ugyanilyen, ugyanolyan [形] 全く同じ種類の，全く等しい，類似のこんな(あんな)。

ugyanis [接] 詳しく言えば，即ち；何となれば，つまり。

ugyanitt [副] ちょうどここに，ちょうどこの同じ所(場所)に。

ugyanoda [副] ちょうどそこへ，まさに同所へ，同じ場所へ。

ugyanonnan [副] ちょうどそこから，まさに同じ場所から。

ugyanott [副] ちょうどそこに，まさしくそこに，ちょうど同じ所(地点)に。

ugyanúgy [副] 全く同様に，ちょうど同じように，まさに等しく。

ugye [副] (相手に肯定の同意を求める)…ですよね；ねえそうでしょう；そうだろう，たしかに。

úgyhogy [接] …なので，；それで，つまり。

úgyis [副] さなくとも，どっちみち，いずれにせよ，とにかく。

úgymint [接] すなわち，たとえば，換言すれば，詳しく言えば。

úgynevezett [形] いわゆる；自称の。

úgysem [副] (否定文として)どうせ…でない；さなくとも…でない；…でもない；それにもかかわらず…でない；そのくせ…でない。

új [形] 新しい，あらたな；あらためての，新規の；新参の，初学の；近時の，近代の。[名] 新しいこと；新事実，新規。

újból [副] 新しく，新たに，改めて，再び，更に，重ねて。

újdonság [名] (流行の)新しさ；新しい物，新奇；(新聞

の)ニュース，変わったこと，異聞；新著作物；(劇)新作，新曲。

újdonsült [形] (比)成り立ての，成り上がりの，ほやほやの；新たに選任された，新たに選ばれた。〔az újdonsült képviselő, 新当選議員。〕

újév [名] 新年，正月，元旦。

újhold [名] (天)新月(まだ光をうけて輝かない頃の月)。

újít [他] 新たにする，一新する，刷新する；改良・改善する；(政)革新・改革する。

újítás [名] 改新，革新；刷新，改善。

újító [形] 更新・改正・刷新する…。[名] 更新者，革新者，改革者。

ujj [名] (手足の)指；(洋服やワイシャツの)袖(そで)。

újjáalakít [他] (工場などを根底から)やり直す，新たにする，改造・改築する，再組織する。

ujjas¹ [形] 指のある；(植)掌形の(葉)。

ujjas² [形] 袖(そで)のある。[名] 袖のある上着；ジャケット。

újjászervez [他] 再編成する；改革(改造)する。

újjászületés [名] 生まれ変わること；(宗)更正，再生；新生に入ること，悔い改め。

újjászületik [自] 生まれ変わる，更正する。

ujjatlan¹ [形] 指のない；足指のない(動物)。

ujjatlan² [形] 袖(そで)のない(女性の服)。

ujjlenyomat [名] 指紋。

ujjnyi [形] 指ほどの幅の；指ほどの太さの；指ほどの長さの。

ujjong [自] 喜びの声(歓声)をあげる，歓呼する。〔ujjongva, 歓呼・かっさいして。〕

ujjongás [名] しきりに歓呼すること，歓声。〔ujjongásban kitör, どっと歓声をあげる，歓呼の声を発する。〕

újkor [名] (史)英国の市民革命(1640年)からロシア革命(1917年)までの時代；新時代，近代，現代。

újkori [形] 同上の。

újmódi [形] 最新流行の；当世風の，新式の，モダンな。

újonc [名] (兵)新兵，新募兵；(学校)新入生；(宗)新修練者；(比)初心者，未熟者，新参者，新米。

újonnan [副] 最近。

újra [副] 新たに，改めて，再び，新規に，更に，また。〔újra

újság

még újra, 繰り返して, 再三, 幾度も。〕
újság [名] 新しい物(事)；新事件；変わったこと, 異聞, ニュース；新聞(紙)。
újságírás [名] 新聞雑誌記事を書くこと；記者の職；ジャーナリズム。
újságíró [名] 新聞雑誌記者, 通信員。
újságol [他] (…を)ニュースとして告げる(物語る・流布させる)。
Újszövetség [名] 新約聖書。
újszülött [形] 生まれたての, 生まれたばかりの。[名] 新生児。
újult [形] 更新(復活・再興)した；新たなる, 新鮮なる。〔újult erővel, 新たの(新鮮な)力をもって。〕
Újvilág [固] 新世界, 新大陸(アメリカ)。
Ukrajna [固] ウクライナ(国)。
ultraibolya [形] 紫外線の。〔ultraibolya sugarak, 紫外線。〕
un [他] (…に)飽きる, うむ, いや(嫌)になる。〔unja magát, 退屈する。〕
unalmas [形] あきさせる, 退屈させる, 冗長な；無味乾燥な, いや気のさす, つまらない, おもしろくない。
unalom (目 unalmat) [名] あきあきすること, けん怠, 退屈, つれづれ, じれったさ。〔megöl az unalom, 死ぬほど退屈だ。unalomból olvas, 彼はうさ晴らしに読む。〕
unatkozik [自] あきてだらける, 退屈する, あきる。〔unatkozik egyedül, ひとりで退屈する。〕
undok [形] 気のすすまない, 胸のむかつく, 不愉快な, いやな, にくらしい；卑しい, 下劣な, けがらわしい。
undor [名] けんお(嫌悪), 悪感, いやけ(嫌気)；不愉快, 不興；おう吐(吐き気)を催させること。
undorít [他] けんおの念を起こさせる, 不快を与える, 不愉快に思わせる, おう吐を催させる。
undorító [形] 気持ちの悪い, 不愉快な, いやな；胸の悪くなる, おう吐を催させる；にくらしい, いとうべき。
undorodik [自] (…に対し)いや気を覚える, おう吐を催す；(…を)忌みきらう。〔e látványtól undorodom, 私は一見していや気を催す。〕
unitárius [形] 唯一神教の。[名] 唯一神教徒, ユニテリ

アン教徒。
unoka (目 unokát) [名] 孫；(比)子孫。
unokabátya [名] 従兄。
unokafivér [名] 従兄弟。
unokahúg [名] 従妹；姪(めい)。
unokanővér [名] 従姉妹。
unokaöcs [名] 従弟；甥。
unokatestvér [名] 従兄弟姉妹。
unott [形] あきあきした，疲れ切った；うんざりする，退屈の，おもしろくもない。
unszol [他] (…を為すよう…を)励ます，鼓舞・激励する，勢いをつける，奮発させる。
unszolás [名] (…に対し…を)追い立てる・駆り立てること；促し・勧めること；しり押し，激励，鼓舞，奨励；(…に…を)強要すること，強請。
untat [他] (…を)あきあきさせる，退屈させる；いや気を催させる，うんざりさせる，いやがらせる。
untig [副] あきるほどに，いやになるほど；過度に，法外に。〔untig elég, あきるほど，おびただしく，いやになるほど沢山に，過分に。〕
úr (目 urat) [名] (呼びかけ語)様，殿，氏，君；紳士；主人，長；君主；(…の)命令者，支配者；(家の)持ち主，所有者；(妻の)夫(おっと)；(宗)主なる神。〔a magam ura vagyok, 私は私自身の主人である，私は独立している。uram, だんな(旦那)さん！；私の主人；私の夫(おっと)，つれあい，配偶者。az úr asztala, 聖さん。az úr asztalához járul, 聖さん式を行う(聖さん礼を受ける)。az úr imádsága, (キリストが弟子に示した)主の祈り。〕
uradalom (目 uradalmat) [名] (領主の)領地，領土，領分，所領，大きな私有地。
uralkodás [名] (主権者の)統治，施政；治世，御代；支配，統御。
uralkodik [自] (民を)君臨・統治・統御する；(vmin) (…を)支配する，管理する，取り締まる；(…に)傑出している，優勢である，打ち勝つ；(山などが)そびえる。〔magán uralkodik, 己れを制する，自制(克己)する。〕
uralkodó [形] 支配する，勢力ある，支配的；優勢の，重要な，有力な；人心を支配する；一般に行われている。[名]

支配者，統治者，君主；摂政；統御者，主宰者。
uralkodóház [名] 王家，王室，君主の家系，王朝；皇室，皇統。
uralom (目 uralmat) [名] 支配すること；統治，統御，主権；(政治上の)権力。〔uralomra jut，支配権を握る；主権者(君主)になる。〕
uralomvágy [名] 支配欲，権勢欲。
úrfi [名] (古)若主人，若だんな，若様，若殿，若紳士。
URH [名] (=ultrarövidhullám) VHF，超短波。
úrhölgy [名] (手紙の宛名の敬称として，女性に)…様。
úri [形] 主人(領主・紳士・高貴の人)の；貴人にふさわしい，堂々たる；交際社会・社交界の(紳士・淑女等)；良家の，上流階級の(子女など)。〔úri élet，紳士・貴族の生活；豪しゃな生活。〕
úriember [名] 紳士，殿方，社交界の人。
Uristen [名] 主なる神，天主，主。[感] (小文字で)おお！ああ！。
urna [名] (選挙の)投票箱，抽せん箱；遺骨つぼ；(大きな)花瓶。
úrnő [名] 女主人，主婦；女領主，女の支配者；名門の女性；(手紙の宛書，女性への敬語)女史。
úrvacsora (目 úrvacsorát) [名] (新教の)キリスト最後の晩さん。
uszály [名] (スカートの後ろの)引きすそ(引き裾)；(彗星の)しっぽ，尾；(海)ひきふね(引き船)；(皮)取りまき。
úszás [名] 泳ぐこと，泳ぎ，遊泳，漂うこと。
úszik [自] 泳ぐ；浮かぶ，漂う；浸る；(船が)進む；(比)(負債に)沈む，漂う；(比)…でいっぱいである。
uszít [他] (猟)追い出す，狩り立てる，駆る；(犬で)けしかける。[自] ちょう発する，促す。〔a sajtó uszít Németország ellen，新聞はドイツに対しちょう発する。〕
úszkál [自] 泳ぎ回る；(木の葉が水面を)浮流する。
úszó [形] 泳いでいる，遊泳する；浮遊する，漂う，漂流する；(比)ぼんやりした，もうろうたる；(動)泳ぎの。[名] 遊泳者；いかだ師；(魚)ひれ(鰭)。
uszoda [名] プール。
úszómester [名] プールのスイミング・コーチ。
úszónadrág [名] 水泳用パンツ。

uszony [名] (魚)ひれ。

úszóöv [名] 浮き袋，救命帯。

úsztat [他] (家畜を)洗場に入れる，水を浴びさせる；(馬に)水を飲ませる；(材木を)浮き流す，浮流させる，いかだ(筏)にして流す。

út (目 utat) [名] 道路；(町の)街路，大通り；(az igazság útja)(正義の)大道；旅行，車行，航行，線路；(比)道筋，経路，旅程，行程，道程；方法，手段。〔nagy útja van, 遠くへ行かねばならぬ，成すべき道が多い。járt út, 踏み慣らされた(人足しげき)路。utat mutat, (…に)道を指し示す，道を教える；(比)(道を示して)去れと命ずる，追い出す；(比)訓戒する。útba ejt, (…方に)途中で訪ねる(立ち寄る)。útba igazít, (…に)正道を教える；(を)正しく導く，訓戒する；(…の迷妄を)正す。útban, úton, 途中で，半途で，道すがら。az útból kitér, (…への道の外に出る)(…を)避ける，回避する；(…から)遠ざかる，(…を)したがらない。útján, その途上，その道すがら。fele útján, 中途(半途・途中)で。útnak indul, útra kel, 出発する。minden úton / módon, あらゆる仕方・方法・手段で；いずれにしても。〕

utal [自][他] (vkire, vmire)(誰・何を)証拠・証人として引き合いに出す；言及する；(誰・何に)頼ることを指示する，のっとる，拠る；(役)(書類で)移ちょうする，送る；払い込む。〔a beteget kórházba utalták, 病人を病院に入院させた。〕

utál [他] (…を)ひどくきらう，いやでたまらない，けんお(嫌悪)する。

utalás [名] 指示すること；言及，参照，照合；(事件・書類の)移ちょう，移達，付託。〔az ügy esküdtszék elé való utalása, 事件の陪審裁判所への移ちょう。〕

utálat [名] いやけ，嫌悪(けんお)，憎悪(ぞうお)；不愉快，不興，反感。

utálatos [形] 吐き気を催させる，いとうべき，いやな，忌まわしい。

utalvány [名] 支払命令書，支払委託；注文用紙；郵便小為替。

utalványoz [他] (商)(金額を)指定する，支払命令を発する。

után [後] あとに, 次に, 後に次ぐ, 後を追って；に従って, に依って, に依れば, にならって；に対して；(時)…年・月・日・時以後。〔Krisztus után 10 évben, キリスト後(A.D.)10 年に。tíz óra után, 10 時以後に。természet után fest, 彼は自然にならって描く。mérték után készült ruha, 寸法に従って作られた着物。a ház után öt száz forint adót fizet, 彼は家に対して 5 百フォリントの税を払う。〕

utána [副] 彼の後に, その後に, 次に, つづいて。

utánajár [自] (…の)後について行く, …に従う；(…に)従事(専心)する, ふける；(…に就いて)情報を得る, 問い合わせる, 照会する, 取り調べる。

utánanéz [自] (…の後姿を)見送る；(…の事情如何と)確めて見る, 調べてみる, 吟味する, さらに目を通す, 校閲する；(辞書で…を)調べる；〔vminek utánanéz, (…を)注視・監視する, さぐる；調べる。〕

utánjárás [名] 探索, 探究, 調べ回ること, 調査。

utánoz [他] (…を)模倣する, まねる；模造する, 偽作する。

utánozhatatlan [形] 模倣しがたい, まねのできない。

utánvét [名] (商)後払い；代金引き換え払い。

utánzás [名] まね(模倣)すること；模造, 模写, 写し；(動)擬態能；(商)偽造, 模造(工業権侵害の)。〔utánzásra méltó, 手本となる, 模範となる。〕

utánzat [名] 模造品, 模写；イミテーション, にせもの；模写画；透写。

utánzó [形] まねる・偽造・模作する…；模倣性の。[名] まね手, 模倣者；(商)偽造者；(文学・芸術の)模作者。

utas [名] 旅行者, 旅人, 旅客；乗客。

utasfelvétel [名] (飛行機などの)チェックイン。

utasít [他] 差し向ける, つかわす, 送る；(…をなすべく…に)指示・指令・指定する, 命ずる, 訓令する, 教訓を与える；(…を)教示・指導する。

utasítás [名] 命令, 指図；指令；(…への)手引き, 説明書。〔használati utasítás, 使用法。utasítás szerint, 訓令に従って, 指定・規則通りに。utasítást ad, 指令する。〕

utazás [名] 旅立つこと；旅, 旅行。

utazik [自] (車・船・飛行機で, …へ)旅立つ, 旅に出る；

旅行する；旅行中である；(商用で)旅行(出張)する；(比)責める。

utazó [形] 旅する，渡り歩く；旅行中の。[名] 旅行者，旅人，旅客；探検家；(商)出張店員，旅商人。

utazótáska [名] スーツケース。

útbaigazít [他] 道を教える；(比)正しく導く，案内する。

útbaigazítás [名] 行くべき道を教える(指導する)こと；(比)手引き，案内，指導。

utca (目 utcát) [名] 街路，通り；街(まち)，町；舗道，公道。〔kikerül az utcára, 仕事をやめさせられる，；(女性)身をもちくずす。az utca embere, 一般の人。〕

utcai [形] 街路・町の；街路での；街路に面した。〔utcai ablak, 街路に面した窓。utcai harc, (兵)市街戦。utcai lakás, 街路に面した住居。utcai ruha, 外出着。utcai zavargás, 街路での乱暴ろうぜき(暴行)。〕

utcaseprő [名] 街路掃除夫。

útépítés [名] 道路工事(築造・開設)。

úti [形] 道の；旅行中の；旅行に関する。

útiköltség [名] 旅費。

útikönyv [名] 旅行案内書，ガイドブック。

útirajz [名] 旅行記，道中記，紀行。

útirány [名] 旅行の道筋。

útitárs [名] 道連れ，旅の連れ。

útkereszteződés [名] 交差点。

útközben [副] 途中で，半途で；道すがら，旅行中に。

útleírás [名] 旅行記，道中記，紀行。

útlevél [名] 旅券，パスポート；(古)旅行許可書。

útmutatás [名] (行くべき道を)指示すること；道しるべ，道標；(比)指導，助言；ガイダンス。

útmutató [名] 道を表示する張り札，道しるべ，道路標(里程表)；旅行案内書。〔vasúti útmutató, 汽車の時刻表。〕

utóbb [副] (古) → később. 一層おくれて，より後に，追って後に；最後に；最終的に。〔két héttel utóbb, 二週間後に。〕

utóbbi [形] 最近の；後者の。[名] 後者。

utód [名] 後継者，継承者，後任者；後えい(裔)，子孫，あとつぎ。〔utódok, 後えい，びょうえい(苗裔)，子孫；後

継者たち。〕

utódlás [名] 引き継ぎ，相続，継承。〔az utódlás rendje, 継承順位(順序)。〕

utóhatás [名] 効果が後になって現われる(余波を残す)こと；後の影響；余波；副作用；後遺症。

utóidény [名] 夏の終り，避暑シーズンの終り頃。

utóirat [名] (手紙の)二伸，追伸，追白。

utóíz [名] 後味，後口(あとぐち)，余味，味の名残(なごり)；(比)余韻。

utójáték [名] (音)礼拝式後のオルガン曲，後奏曲；(劇)(本劇の後の)軽い切狂言，エピローグ，納め口上；(比)(事件の)余波。

utókor [名] 後世，後代；子孫・後えいの時代。

utólag [副] よりあとに，おくれて，後から，後で。

utólagos [形] 後からの，後来の；あとの，のちの，遅ればせの；事後の。

utolér [他] (…に)追いつく；(…を)追捕する，取りおさえる(逃亡者を)。

utolérhetetlen [形] 追いつき得ない，及びがたい，到達しがたい，得がたい；並ぶものなき，匹敵できない，たぐいなき。

utoljára [副] ついに，とうとう，最後に，おわりに，しまいに；つまり，ひっきょう，結局。

utolsó [形] (時間的)最後の，最終の，終局の；最も近い，最近の；悪党の。[名] 最後のもの。〔az utolsó Árpád, アールパード王家の最後の者。az utolsó ítélet, (宗)最後の審判。utolsó kenet, (宗)臨終塗油式，終油礼。〕

útonállás [名] 追いはぎ，つじ強盗；強盗的行為。〔ilyen árat kér valóságos útonállás, このような価を要求するとは真につじ強盗に等しい。〕

útonálló [名] 追いはぎ，つじ強盗。

utószó [名] (本の)あとがき，結語，跋(ばつ)；追加，補遺。

utóvégre [副] とうとう，ようやく；おしまいに，ついに，最後に。

útravaló [形] 旅行のための。[名] 旅行用糧食；(比)旅行の際の助言など。

útszéli [形] 道ばたの；(比)坊間(まちなか)に行われる，在り来たりの，平凡な，ありふれた，普通の；(比)俗な，卑俗な。〔útszéli csárda, (いなかの)道ばたにある居酒屋(安宿)。

útszéli kifejezés, 平凡な表現；ありふれた表出(表白)；陳腐な語句(用語)。〕
úttalan [形] 道の通れない, 通行不能の, 道のない, 人跡未到の。
úttörő [形] 先駆的, 率先的, 独創的, 新機軸を出した, 先端的。[名] 先駆者, 創始者, 率先者, 改革者。
útvesztő [名] 迷路, 迷宮, やわたのやぶ；(比)混乱, 混雑。
uzsonna(目 uzsonnát) [名] 軽食, 午後の間食(ミルク・コーヒー・菓子くらい), おやつ。
uzsonnázik [自] 軽食(おやつ)を取る, 午後の間食をする。
uzsorakamat [名] 高利。

Ü, Ű

üde [形] すがすがしい, さわやかな；清涼の, 冷えびえした；新しい, 新鮮な, 生々(青々)とした。
üdít [他] 涼しくする；すがすがしくする, 新鮮(清新)にする；(気分を)さわやかにする, 生々させる；引き立てる, 元気をつける。
üdítő [形] さわやかにする, 清涼にする；元気をつける(回復する)。〔üdítő ital, ソフトドリンク。〕
üdül [自] (古)元気を回復する, 全快する；(どこで)保養する。
üdülés [名] 休養, 保養。
üdülő [形] 保養する。[名] 保養する人；(場所)保養所。
üdv [名] (古)(宗)霊魂の健在；(神の恵み)救い, 救済, 祝福, üdvére。〔a haza üdvére, 祖国の祝福のために。〕
üdvlövés [名] (兵)敬砲, 祝砲, 礼砲, 一斉射撃。
üdvös [形] (宗)めい福をもたらす；有効(有益・有利)な, ためになる, 役に立つ。
üdvösség [名] (宗)霊魂の健全, めい福, 祝福；至福。
üdvöz [形] (古)幸あれ！救いあれ！栄えあれ！〔üdvöz légy！ようこそお出なさい！(歓迎の辞)。〕
üdvözít [他] (宗)…に永遠の幸福を得させる, 至福をもたらす(与える)；幸せにする。
üdvözítő [形] 永遠の幸福を得させる, 至福にする。[名]

(宗)救世主，キリスト。

üdvözlés [名] あいさつすること；人を迎えて歓迎すること，歓迎の祝詞。

üdvözlet [名] あいさつ；(宗)(天使の)お告げの祈り；あいさつの言葉，よろしくとの伝言。

üdvözlő [形] あいさつする，歓迎する。〔üdvözlő beszéd, 歓迎の辞。üdvözlő felirat, 祝賀文，上奏文，捧呈文。üdvözlő levél, 祝賀状。〕

üdvözöl [他] あいさつする；祝意を表する，祝辞を述べる；(…を)歓迎する；(…に)歓迎のあいさつを述べる；よろしくと伝言する。

üdvözül [自] (宗)済度される，めい福にあずかる，天国に救われる。

üget [自] (馬に)跑(だく)をふませて行く，速歩する。

ügetés [名] (馬の)速歩(はやあし)，だくあし(跑足)，だくをふむこと。〔ügetésbe kezdik, 速歩を取る。〕

ügy [名] 事柄，業務，用務，所用；用事，用件，仕事，取り引き；(訴訟)事件，問題；注意，用心。〔nincs kezem ügyében, それは私の関与することでない。ügyet vet vmire, …に注意(留意)する。〕

ügybuzgó [形] (軽)野心家の。

ügyefogyott [形] へたな，拙劣な，無器用な；なすすべのない；頭が弱い；(古)みなしごの。

ügyel [自] (…に)留意(注意・用心)する，気をつける，見張り(監督・監視)する；当番にあたる。

ügyelet [名] 当番；監督，監視，監理。〔állandó ügyelet, 常時警戒。〕

ügyeletes [形] 当番の；監視の。[名] 担当者，当番の人。〔ügyeletes tiszt, 担当役員；(兵)当直将校。〕

ügyelő [名] (戯)(技術畑の)舞台監督。

ügyes [形] 器用な，じょうずな，熟練した；すばやい，軽快な，巧みな，有為・有能な。

ügyes-bajos [形] 煩わしい，やっかいな，手数のかかる，苦労多い，骨の折れる，めんどうな。〔ügyes-bajos dolog, やっかいな事(物)。ügyes-bajos emberek, うるさくねだる人々；告訴人。〕

ügyeskedik [自] 巧みに(器用に)振る舞う；(転)野心的に動く。

üldözés

ügyesség [名] 技術が巧みなこと；巧妙，じょうず，器用；(手業の)熟練。
ügyész [名] 検察官，検事；(企業の)法律顧問。〔a bank ügyésze, 銀行の法律顧問。〕
ügyészség [名] 検察局。
ügyetlen [形] 無器用な，まずい，拙劣な，ふてぎわな。
ügyetlenség [名] 同上のこと，無器用，拙劣，ふてぎわ。
ügyfél [名] お客；(商)取引先；(法)訴訟依頼人，弁護士の顧客；依頼人。
üggyel-bajjal [副] 難儀して，千辛万苦して，やっとのことで，かろうじて。
ügylet [名] (商)取り引き，商売。
ügynök [名] 代理人，取扱人，代弁人；周旋人；(外交)密使。〔biztosítási ügynök, 保険代理人。kereskedelmi ügynök, 代理店。〕
ügynökség [名] 代理；代理機関，代理店，取扱所。〔követségi ügynökség, 公使館秘書課。hirdető ügynökség, 広告取扱所。hírszolgálati ügynökség, 捜査取扱所，通信社。〕
ügyvéd [名] 弁護士。
ügyvédi [形] 弁護士の。〔ügyvédi iroda, 弁護士事務所。〕
ügyvezető [名] 業務執行者，支配人，管理者；代理人，代弁人。
ügyvivő [名] 代理大(公)使；支配人，マネージャー。
ükanya [名] 祖母の祖母，高祖母。
ükapa [名] 祖父の祖父，高祖父。
ül [自] (…へ)座る，座す；(…に)座っている，着座している；(自動車に)乗っている；(車に)乗る，登る；(…に)就く，従事する，(…し)始める；(…に)在る，居る；おおう。[他] (スカートなどを)座ってボロボロにする；入牢(在監)する。〔hat hónapot ült csempészés miatt, 彼は密輸入のため6カ月入牢した。〕
üldögél [自] (ゆったり・のんきに)座っている，座りこんでいる。
üldöz [他] 追跡する，追求する；追撃する；追い払う；(賊を)追いまわす；(獣を)追い立てる，追いつめる；(犯人を)苦しめる，迫害する；(比)(不運が…を)悩ます。
üldözés [名] うるさくあとを追う(うるさくつきまとう)こと；追

跡, 追究, 追尾, 追窮；迫害；(警官の)探索, 捜索；(法)訴追。

üldöző [形] 追い求める…；探索する…；迫害する…。[名] 探索者；苦しめる者, 迫害者, うるさい人, 悩ます人。

üldözött [形] 追跡された；追いまわされた(獣)；迫害された…。[名] 迫害された人。

üledék [名] (液体の)ちんでん(沈澱)物；(化)おり(澱), かす, 残滓(ざんし)；(地)水成岩層。

ülep [名] (体のすわる部分)後部, でん部(尻)。

ülepedik [自] (液体が)沈澱する, 透明になる, 澄む。

ülés [名] すわる(座る)こと；座席, 腰掛, 議席；会合, 会議, 集会。

ülésezik [自] 会議・集合が開催される；会議に出席する。

ülésszak [名] 会合期間；招集期間；会期。

ülésterem [名] 会議室, 議場, 会場；(法)法廷。

üllő [名] (工)かなとこ(鉄床), かなしき(鉄敷)。〔kétágú üllő, ふたまたのかなしき。〕

ülnök [名] (古)陪審員。

ülő[1] [形] 座っている…；すんでいる(棲んでいる)(鳥)；座っての(仕事, 座業)。[名] 座っている人。

ülőhely [名] 座る場所, 座席；観客席。

ülte [名] 座っていること。〔ültében, 座っていて, 座して。ültében elalszik, 彼は座って居眠りする。〕

ültet [他] (…に…を)着席させる；(王座に…を)座らせる, のぼらせる；(植物を)植える, 栽培する；(比)(感化・勢力を)注入(扶植)する；(めんどりに卵を)抱かせる。

ültetés [名] (…をイスに)座らせること；(自動車に)乗らせること；(会食者を卓に)着席(配置・案内)すること；(農)植え付ける(栽培する)こと；(めんどりに卵を)かえさせること。

ültetvény [名] 植付, 栽培；プランテーション；(園芸)取り木, さし木, さし枝；若木, 苗。

ünnep [名] 祭り, 祝い；祭典, 祝典；祝日, 式日；催し。

ünnepel [他] 式を行う, 祝典を挙げる；(…を)祝う, 祭する；(…を)賛美する, 賞揚する。

ünnepelt [形] 祝われた, 高名の, 著名な。[名] 祝われた人(永年の在職または結婚で)。

ünnepély [名] 祝祭的なこと, 儀式ばったこと；儀式, 盛典, 祭典, 祝典；祝祭；盛大, 荘重, 華麗。〔zenei

ünnepély, 大音楽会。〕
ünnepélyes ［形］儀式の, 儀式ばった, 祝典的な；盛大な, 荘重な；業々しい, 物々しい。
ünnepi ［形］祝日の；祭りの, 祝いの；儀式の, 儀式ばった, 荘重な；祝典的の, はでやかな, 華美な, 壮麗な。〔ünnepi beszéd, 式辞, 祝詞；（宗）祭りの説教。ünnepi ebéd, ünnepi vacsora, 祝典的午さん（中食）；祝典的晩さん（夕食）。ünnepi játék, 祝祭の余興（特に演劇）。ünnepi lakoma, 祝祭的供宴。ünnepi menet, 祝祭の行列。ünnepi szónok, 祝辞を述べる人。ünnepi szónoklat, 式辞, 祝詞。〕
ünneplés ［名］祝うこと；祝典を挙げること；（詩人・英雄・美などを）賛美・賞揚すること。
ünneplő ［形］祝典を挙げる, 祝う；賛美する, 賞揚する…。［名］式服, 礼服, 晴れ着。〔ünneplő közönség, 賛美する会衆。〕
ünnepnap ［名］式日, 祝日, 祭日。
ünnepség ［名］祝日の儀式；祭典。
űr ［名］空間；（天）宇宙；（理）真空；（比）空虚なもの（又こと）。
űrállomás ［名］宇宙ステーション。
üreg ［名］空（あき）, 空間, 空虚；穴, 空どう；（医）（肺の）空どう（腔窩）；（解）くぼみ（窩, 腔）（眼孔, 眼窩など）。
üreges ［形］空洞の, うつろの, からの, くぼみのある；穴だらけの。
üres ［形］空（から）の, あいた（樽）；中空の, 中身のない（クルミ）；空位の, 欠員の（地位）；空いている（場所, 席）；清浄な, 無くの（紙；白紙）；空いている, 不毛の（土地）；（比）空虚な（演説）；用のない, 手すきの, 手あきの, ひまの。〔üres tér, 空間, 空隙（くうげき）；（理）真空。〕
üresedik ［自］からになる；空位になる, 欠員ができる；（家が）空になる, あきになる。
üresség ［名］空白, 空虚；（比）価値なき（役に立たない）もの；内容の空虚, 意味をなさぬもの。
ürge（目 ürgét）［名］（動）やまねずみ又はりす（栗鼠）の一種；（アメリカ産）じねずみ。
űrhajó ［名］宇宙船。
ürít ［他］空（から）にする, あける；飲み干す, 飲みあける（乾杯

など）；(池水を)干す；(家を)あけ渡す；(比)排せつする。
űrkomp [名] スペースシャトル。
űrmérték [名] 体積；(商)容量のはかり，ます(桝)。
ürmös [形] (植)ニガヨモギで造った。[名] ベルモット酒。〔ürmös pálinka, アブサン酒。〕
üröm (目 ürmöt) [名] (植)にがよもぎ；(比)苦味。
űrpálya [名] 衛星軌道。
ürü [名] (動)去勢羊。
ürücomb [名] 羊肉の脚部。
ürügy [名] 仮託，口実，弁解，言い訳，逃げ口上。〔ürügyül felhoz, (…を)逃げ口上として申し立てる(陳述する)。〕
ürül [自] 空になる；排せつする。
ürülék [名] 排せつ物，くそ，ふん便。
üst [名] かま，なべ；煮なべ；ボウル；(工)大がま，蒸気かん，ボイラー。
üstdob [名] (音)ティンパニ。
üstök [名] (髪毛の)ふさ(総)，束(たば)；(馬)前髪；(天)(彗星の)しっぽ(尻尾)。〔üstökön ragad, 髪総をつかむ，機会を捕える。〕
üstökös [名] (天)すいせい(彗星)，ほうき星。
üszkös[1] [形] 焼けた，焦げたにおいがする，焦げくさい；(医)脱疽(えそ)にかかった，壊疽症の，えそ性の。
üszkös[2] [形] (植)しなびれた，枯れた。
üszkösödik [自] こげる，炭化する；(医)えそにかかる，腐敗する；(植)黒穂ができる。
üsző [名] (動)3歳未満で子を産まない若雌牛。
üszök (目 üszköt) [名] 火種(ひだね)，火の粉，おき，燃え木；(医)壊疽(えそ)；〔hideg üszök, 冷えそ。üszköt dob vki házára, …の家に火を投ずる。üszköt vet a nép közt, 民衆の間に不和の火種を投ずる。〕
üt [他] (…を)打つ，たたく；(くぎを)打ち込む，突きこむ，押しこむ。[自] (稲妻が)落ちる；似る。〔vkit lovaggá üt, …を騎士にする(剣を以て肩をたたく儀礼)。lármát, zajt üt, 騒動する，騒ぐ。pártot üt, 反抗・反逆する，暴動を起こす。a taktust üt, 拍子を打つ。sok pénzt üt, 沢山の金銭を受け取る。az óra üt, 時計が時を打つ(鳴る)。hármat ütött az óra, 時計が三時を打った。

kártyával üt, トランプで切る(打つ)。egyik szín üt a másikat, 二つの色は調和しない。hordót csapra üt, 酒ダルに穴をあける。dobra üt vmit, 太鼓を打って…を世に知らせる;(敵が国内に)侵入する。vkire üt, …に似ている(子供が)。mi ütött beléd, お前は一体何を持って来たか。〕

ütem, üteny [名] (音)リズム, 調子, 節;韻律, 律動;(ダンスの)拍子, 旋律, 歩調, テンポ。

ütemes [形] 韻律のある, リズムのある, 律動のある。〔ütemes vers, 韻律のある詩(韻文)。〕

ütés [名] たたく・打つこと;打撃;(時計が)時を告げる音;(トランプの切札で)打って取ること。〔bottal való ütés, 杖(つえ)で打つこと。〕

ütközés [名] 衝突;(兵)遭遇;(比)あつれき, 争いあうこと, かっとう(葛藤), もんちゃく。

ütközet [名] (兵)遭遇戦, 戦闘, 戦い。〔ütközet színhelye, 戦場。〕

ütközik [自] (vmibe)(…に)突き当たる, ぶっつかる;(暗礁に)突き当たる;(兵)遭遇戦をする, 衝突戦をする;(俗)(口ひげが)生える。〔akadályokba ütközik, (困難に)突き当る。törvénybe ütközik, (法に)違反する。(二講座が時間的に)衝突する。〕

ütköző [形] 衝突する;違反する;同時に起こる。[名] (鉄)線路の終止点の車止め;(汽車の)緩衝器(バネ仕掛けの);(車の)バンパー;(錠の)肘壺。

ütleg [名] (ツエで)打つこと;殴打, なぐること;(棒でどしんどしん)乱打, 連打;(剣道で)打ち込み。

ütlegel [他] (…を棒で)なぐりつける, 散々になぐる, ひどくなぐる, 打ちたたく。

ütő [形] (軽く)打つ, たたく…;(比)適切な, 痛切な, 的確な。[名] (テニスなどの)ラケット;(打楽器の)たたく棒;(ゴルフの)クラブ;(時計の時刻を打つ)振り子;(鐘や鈴の)舌。

ütődik [自] (…に)突き当たる, ぶつかる, 衝突する;(足が石に)つまずく;(ドアが)たたかれる;(波が)打ち寄せる;(時計が時を)打つ, 鳴る;(果物が)傷つく。

ütőér [名] (解)動脈。(比)幹線道路。

ütöget [他] (繰り返し)たたく, つづいて打つ, 連打する;(テニスなどの試合前に)打ち合う;ウォーミングアップする。

ütőkártya [名] (トランプの)最強の一札, エース; 切り札, 勝ち札。

ütött-kopott [形] すり切れた, ぼろぼろの, みすぼらしい, 着古した(衣服); 具合が悪くなった, 傷のある, いたんだ(建物など)。

üveg [名] ガラス(硝子); びん。〔metszett üveg, クリスタル・グラス, カット・ガラス。egy üveg bor, 一びんのぶどう酒。kis üveg, 小びん。befőttes üveg, (ジャムなどの)びん; ガラスびん。〕

üvegajtó [名] ガラス戸。

üvegbura [名] (時計などに被せる)おおうガラス, ガラスぶた(蓋), ガラスのおおい。

üvegcserép, üvegdarab [名] ガラスの破片, ガラスくず; ガラス・タイル。

üveges [形] ガラス製の; ガラス質の; ガラス張りの; ガラスのような; びんの。[名] ガラスを扱う職人; ガラス屋; ガラス細工人。〔üveges szem, どんよりした眼。〕

üvegesmesterség [名] ガラス細工; ガラス細工品。

üvegfestés [名] ガラス彩色画法, ガラス焼付画法。

üveggyár [名] ガラス工場。

üvegház [名] (屋根が)ガラス張りの家; 温室。

üvegszál [名] グラスファイバー, ガラス繊維。

üvegtábla [名] ガラス板, 板ガラス。

üvölt [自] (犬やオオカミが)ほえる; 金切声を上げる; 怒号する; (風が)うなる, ざわめく; (海が)荒れ狂う。

üvöltés [名] 同上のこと; (犬やオオカミの)ほえ声; (風の)騒音。

űz [他] (野獣を)かりたてる, 駆逐する; (敵を)追跡(追撃)する; (…の仕事を)せきたてる, 促進する。〔ördögöt űz vkiből, 誰から悪魔をはらう(祈って払い除ける)。csúfot űz vkiből, …をちょうろうする, あざける, からかう。tréfát űz vkivel, …をからかう。〕

üzelmek [名](複) 秘密運動; 策動, 術策, 奸策(奸計, 陰謀)。

üzem [名] プラント, 工場, 製造所; 活動, 運動, 運行, 作用, 作業。〔motort üzembe állít, モーターを運転させる。hajót üzembe helyez, 船を運行させる。állami üzem, 国家企業, 専売業。〕

üzemanyag [名] 燃料。

üzemvezető [名] プラント(工場・製造所)の管理者(長・指導者・支配人)。

üzen [他] (vkinek vmit) …に…を告げさせる(伝えさせる・通知させる)。〔háborút üzen, (に)宣戦布告する。〕

üzenet [名] 知らせ, 報告；音信, 消息, 託言(ことづけ), 伝言；通達, メッセージ；(外交)覚え書き。

üzenetrögzítő(s telefon) [名] 留守電, 留守番機能付き電話。

üzér [名] 投機師, 相場師, 株屋；市場商人, 周旋屋。

üzérkedik [自] (vmivel) (…の)投機取引(思わく商売)をする, 仲買をする。

üzlet [名] 商行為, 商取引, 商売, 営業；ビジネス；業務；商店, 店。〔jó üzlet, 良い商売。piszkos üzlet, いかがわしい商売。üzlet et köt, 取り引きする, 商売する。〕

üzletember [名] 実業家, ビジネスマン。

üzletház [名] 商業ビル；商会。

üzlethelyiség [名] 営業所, 事務所；店。

üzleti [形] 仕事の上の, 事務上の, 業務上の；取り引き上の, 商業上の, 商用の。〔üzleti könyvek, 営業用諸帳簿, 営業経理簿。üzleti levél, 商用書簡, 商業上の手紙。üzleti összekapcsolat, 取り引き関係。üzleti negyed, 商店街, ビジネス街。üzleti út, 出張。〕

üzletszerű [形] 事務上の, 営業上の, 商業の；職業の, 職業的；商売の；ビジネスライクな。

üzlettárs [名] (商)共同経営者, 出資者。

üzletvezető [名] 店長；支配人, 管理人。

V

vacak [形] つまらない, 大したものでない；軽べつすべき；わずかな。[名] 役に立たない, やくざもの, ぼろくそ, がらくた, 寄せ集め物, 廃物(古着・古道具類)。〔vacak kis autó, がらくたの小形自動車。〕

vacog [自] がらがら・がたがた・がちゃがちゃ鳴る；(寒さのため歯を)がたがたさせる。

vacok(目 vackot)［名］（猟）（野獣；いのしし・うさぎ・りす等の）巣, ほら穴；（比）粗末な寝床；あばらや, 荒家, ぼう屋；（植）花托。

vacsora(目 vacsorát)［名］夕食, 夜食, 晩さん；（宗）正さん。〔az utolsó vacsora,（宗）最後の晩さん。〕

vacsorázik［自］夕食をとる, 晩さんをする。［他］…を夕食として取る。〔halat vacsorázik, 魚を夕食に食べる。〕

vad［形］野生の；自然のままの, 未墾の；野蛮の, 未開の；野育ちの, すさんだ, 放逸な；物おじする, こわがる（馬など）；（比）はげしい, 猛烈な；乱暴な, 残酷な, 残忍な；荒だった, 発狂じみた；恐ろしい, すごい（わいせつ本など）。［名］野獣；羊などの肉；未開人, 野蛮人；とっぴ・無謀なこと。

vád［名］（議会）非難, 弾劾；（法）公訴, 告発；けん疑（うたがい）；（検事の）論告。〔vád alá helyez,（…を）告発・告訴する。vádat emel vki ellen, …を告訴・告発する(…のため)。váddal illet vkit, 同上。〕

vadállat［名］（動）野獣,（特に）猛獣。

vadaskert［名］（猟）狩猟区, 猟場。

vádaskodik［自］（…に就いて…に対し）非難・弾劾する, 責める, 悪い噂を流す。

vadász［名］猟師, 狩人；（兵）猟兵；（貴族邸の）猟装のしもべ；密猟監視人, 猟場の番人。

vadászat［名］狩, 狩猟, 遊猟；猟師の職, 主猟職；銃猟法。

vadászfegyver［名］猟銃。

vadászgép［名］戦闘機。

vadászik［自］猟をする；（vmire）かり立てる, 追い立てる, 追跡する；（印）（誤植を）駆逐する, 追い払う；（比）（…を）得んと努める, 追求する；（結婚相手を）探し求める。

vadászkutya［名］猟犬（ポインター種など）。

vadászkürt［名］猟笛, 角笛；ホルン。

vadászpuska［名］猟銃。

vádbeszéd［名］（法）検事の論告；（比）非難攻撃, 弾劾, 演説。

vadcsapás［名］→ vadjárás.

vaddisznó［名］（動）いのしし。

vadgesztenye［名］（植）とちの実（食用に適せず）。

vadhús[1]［名］野獣（猟獣）の肉。

vadhús² [名] (医)肉こぶ(瘤)；(傷の)肉芽，ぜい肉。

vádirat [名] (法)公訴状，告訴状，訴訟書。〔vádiratot ad ki vki ellen, 彼は…を告発する。〕

vadjárás [名] (猟)獣の足跡，野獣の通い路。

vadkacsa [名] (鳥)野がも，かも(鴨)。

vadkan [名] (動)おすいのしし(雄猪)。

vadkörte [名] (植)野生のなし(梨)(ありのみ)。

vádló [形] 非難をこめた。[名] (民事の)起訴人，訴訟人，原告；(刑事の)告発者，検事。

vádlott [形] 告発された…。[名] 被告人；刑事被告人，犯罪容疑者。〔vádlottak padja, 被告席。〕

vadmacska [名] (動)野生ねこ，山ねこ。

vádol [他] (…で…を)非難・弾劾する；(法)告訴・告発する。〔vkit gyilkossággal vádol, …を殺人で告発する。vkit vmivel vádol, …に…のけん疑をかける，罪を帰する。〕

vadon [形] 自然のままの，荒れはてた，未開墾の。[名] 自然のままの地，未開墾の地，荒れ地，広野；開拓されない森，木の伐採されない森。

vadonatúj [形] 全く新しい，真新しい，ほやほやの。〔vadonatúj ruhában van, 彼は真新しい服を着ている。〕

vadorzó [名] 密猟(漁)者。

vadpecsenye [名] (鹿などの)野生の動物の焼肉。

vadrózsa [名] (植)野ばら，いぬばら。

vadság [名] 残忍，残酷，凶悪(な行為)；野蛮・未開の状態；無作法，野卑な振る舞い。

vadul [自] 荒々しく(粗暴に)なる；(植物が)野生化する；(人間が)粗野になる，すさむ；(子供が)手におえなくなる；(畑が)荒廃する；(馬が)ぎょっとする，おじる，おそれ狂う。

vág [他] (小刀で何かを)切る；(斧で木を)伐り倒す；(動物を)と殺する；(剣で)切り込む，切りつける；(…を)打つ，なぐる，たたく；(…を…へ)投げつける；開ける；(映画フィルムを)カットする；(比)(表情を)する；(比)言い続ける。[自] (急に)出かける；(目で)ウィンクする；…に属する。〔apróra vág, みじん切りにする。pofon vág, びんたを食らわす。ez a szakmámba vág, それは私の専門だ，私の得手だ。földhöz vág, 投げ倒す。vkinek elébe vág, …に先

vágány んずる，…を出し抜く，…の機先を制する。vki szavába vág, …の話に口を挿む，…の言をさえぎる。〕

vágány [名] (鉄道)軌道，軌条，レール；プラットホーム；(比)方向；(工)(滑車の)溝，ゴージ，ありみぞ(蟻溝)。

vágás [名] 切る・断つこと；切断；切り方，裁断；(鶏類の)屠殺；(材木を)切ること；(森林の)伐採；(山林の)伐採区域；(車輪の)跡，わだち；(剣道の)打ち込み，一打ち；(医)切り傷，傷口；(比)批判；(工)切れ目，破れ口；(古)ビールのコップ，ビール一杯(ビヤホールの用語)。〔ez a vágás talált, (剣道)一本入った；(皮肉が)急所を突いた。vágást ejt vkin, …に一撃を加える，誰を切りつける。〕

vágat [他] 切らせる，刻ませる，薄く切らせる。〔fát apróra vágat, 木を小さく切らせる。hajat vágat, 髪を刈らせる。fát vágat az erdőn, 森を伐採させる。utat vágat, 道を開かせる。libát vágat, がちょうを殺させる。〕

vagdalkozik [自] (でたらめに激しく)傷つける，切りつける。〔kardjával vagdalkozik, 剣で切り合う(激闘する)。csípősen vagdalkozik, 辛らつにあてこすりを言う，皮肉を浴びせる(互いに)。〕

vagdalt [形] 細かく切った。〔vagdalt hús, (料)刻み肉，ひき肉。〕

vagdos [他] (繰り返し)切る，細かく切る，刻む；切り込む，切りつける；(数々の物を)投げつける。〔vkihez vagdos a tányérokat, 誰に皿を投げつける。〕

vágó [形] 切る(断つ・と殺する)…；よく切れる，鋭利な。[名] 切る人，と殺者；(樹木の)伐採者；屠畜場；(映画フィルムの)編集者；(工)まるのみ(円鑿)。

vágódeszka [名] まないた。

vágóhíd [名] と殺台(所・場)。

vágómarha [名] と殺用の牛。

vágott [形] 細かく切った，刻んだ(肉)；ほふられた(獣)；伐採された(森林)。〔vágott seb, 切り傷。〕

vágtat [自] (馬が)かける，ギャロップする，駆け足(疾駆・突進)する；(比)全速力で走る。〔vágtatva, かけて，疾駆して；突進して。〕

vagy [接] 又は，或いは，若しくは；(疑問文と連結)しからざれば，さなくば。[副] 大約，おおよそ，たいがい。〔vagy… vagy…, …か…か；二者その一を選べ！両者の中の一者

を。vagy pedig, 然らずんば, さもないと, それとも。〕
vágy [名] 願い, 望み, 希望, 切望, 欲望, 願望；熱望, 渇望；あこがれ, どうけい；貪欲；(宗)邪欲, 色欲；(恋愛)恋いあこがれ, 熱愛。
vágyakozik [自] (…に)あこがれる, 慕う, 郷愁を感ずる；(…を)恋しがる, 熱望する。
vágyik [自] (vmire)…にあこがれる, を熱望する；郷愁を思う；恋しがる, 熱愛する。
vagyis [接] → azaz. 換言すれば, 即ち, もしくは。
vagylagos [形] (二者の中の)どれかの, いずれかの一方の。
vágyódás [名] (vmire, vmi után), (…に)渇望(願望・熱望)すること；あこがれること。
vágyódik [自] → vágyakozik. (…に)あこがれる, (を)恋しがる, 慕う, 熱望する。〔vágyódva, (…に)あこがれて, 恋しがって, 熱望して。〕
vagyon [名] 資産, 財産, 富。
vagyoni [形] 財産の, 財産上の。〔vagyoni felelősség, 財産上の責任。vagyoni viszonyai, (その)資産状態, 財産状態。〕
vagyonos [形] 財産のある, 有産の；生計のゆたかな, 暮らし向きのよい, 富裕な。[名] 資産家, 財産家。〔vagyonos osztály, 有産階級。〕
vagyontalan [形] 無資産の, 無産の；貧乏の。[名] 財産のない人。
vaj [名] バター, 牛酪。
váj [他] 空(うつろ)にする, 穴を作る；くる, 突き抜く, くぼめる, えぐる, うがつ；(坑道に)砕き掘る, 掘割る；(工)穴を開ける, ありみぞを作る；(火を)かきたてる；(歯を)ほじくる, せせる。
vajas [形] バターを塗った；バターで料理した。〔vajas kenyér, バター塗りのパン, バター付きパン。〕
vajastészta [名] バターを入れたねり粉菓子(粉菓子の一種)。
vajaz [他] バターをつける, バターを塗る；バターで料理する。
vajda (目 vajdát) [名] (史)(東・南ヨーロッパの)大守；(昔は)封建君主侯。〔cigány vajda, ジプシーの頭領, 団長。erdélyi vajda, トランシルヴァニアの大守。〕
Vajdaság [固] バーンシャーグ及びバーチュカ地方より成る

現在ユーゴスラヴィア領の一州。(セルビア語でヴォイヴォディナ。)

vájkál [他]（…を）掘り返す，掘り回す；[自]（vmin)何をかき回して捜す，引っかき捜す；(他人のことに)首をつっこむ。

vajmi [副] 非常に，大いに，甚だ。〔vajmi kevés, 非常に少ない。vajmi nehéz, 非常にむずかしい。〕

vajon [副]（直接疑問文）…だろうか；（間接疑問文）…かどうか。〔vajon él-e még? 彼はまだ生きているのだろうか。vajon ki tette ezt? 誰がこれをなしたのだろうか。vajon meg volt-e vele elégedve? 彼はそれで満足したのかどうか。〕

vajúdás [名] 産(陣痛)の苦しみをすること，産の苦痛；(比)永い間の生みの悩み。

vajúdik [自] 産の苦しみをする，陣痛に苦しむ；(比)(皮) (vmivel)…で生みの苦しみをする。

vak [形] 盲目の，失明の；(比)盲目的の，惑える。[名] 盲人。

vakablak [名]（建）めくらまど(盲窓)(窓の形をした壁の部分)。

vakáció [名] 休み，休暇。〔húsvéti vakáció, 復活祭の休み。karácsonyi vakáció, クリスマスの休暇。〕

vakar [他]（体の部分を）引っかく，かきむしる；(消しゴムで)削り消す，こそぐ，こする；(金属・皮革を)こそげる，そぐ，削る；(馬をクシで)すく，ブラシをかける；(比)頭をかく(困惑を示す意)。

vakaródzik [自]（体を）かく；(頭や耳の後を)かく；(爪で)かく；体をこすりつける。

vakbél [名]（解）盲腸。

vakbuzgó [形] こり固まった，熱狂的，狂信的。

vakít [他] 失明させる，盲目にする；目をくらませる，見えなくする，まぶしくする；(比)心を奪う，迷わせる，魅惑する，ごまかす。

vakító [形] 目をくらませる，盲目にする；まばゆい，まぶしい；目を奪う，光彩ある；心を奪う，惑わせる。

vakkant [自]（小犬が）キャンキャンほえる；(きつねが)コンコンなく；(人が)短く話す，辛うじて話す。

vaklárma [名] 空騒ぎ，偽警報。

vakmerő [形] 向こう見ずの，大胆不敵の，暴勇の，無鉄砲の，冒険的；ずぶとい，厚顔の，あつかましい，図々しい，無遠慮の。

vakmerőség [名] 大胆，無謀，冒険，無鉄砲；ずぶといこと，厚顔。

vakol [他] (建)(セメントやモルタルで壁を)塗る。〔durván vakol, 粗塗りをする；(壁を)平らにする。〕

vakolat [名] (建)モルタル，しっくい(漆喰)；(壁の)塗料。〔durva vakolat, 粗塗りの壁。〕

vakond(ok) [名] (動)もぐら(土龍)，もぐらもち。

vakondtúrás [名] もぐらの盛山，もぐら山。

vakság [名] 盲目，失明；(比)無分別；(鏡の)くもり。〔(医)éjjeli vakság, 夜盲症。〕

vaksi [形] 弱視の，近視の，近視眼の；半盲の，かすみ目の。

vaktában [副] 向こう見ずに，目をつぶって，盲目的に，盲滅法に，無分別に；運を天に任せて，当てずっぽに，むやみやたらに。

vaku [名] (写)(カメラの)フラッシュ。

vakul [自] 失明する，盲目になる；(まぶしくて)目がくらむ；(鏡やガラスが)曇る。

-val, -vel [尾] …で，…を以て；…と共に，…と一緒に，…を連れて；…と協同して；…と同時に。

váladék [名] (医)分泌物，排せつ物；(たんの)粘液。〔(医)gennyes váladék, 化のう分泌物，膿(うみ)。〕

valaha [副] いつか(昔)，曾て，以前，或時；いつか(将来)，他日，今後。

valahány [形] (そこにある)すべての，全部の，残らずの；いくつかの，いく人かの。〔valahány gyerek csak van, mind jöjjön ide, いる子供は全部ここへ来なさい。〕

valahányszor [副] …するごとに，…するたびに，…の度ごとに，その都度；何度か，いく度か。

valahára [副] ついに，とうとう，おわりに；結局，最後に；いつか(将来)。

valahogy(an) [副] 何とかして，どうにかして；とにかく；(比)なぜか；(禁止の文で)ひょっとして。

valahol [副] どこか・ある所で。〔valahol a városban, 市内のどこかで。〕

valahonnan [副] どこからか。

valahova, valahová [副] どこかへ。
valaki [代] 誰か或人が, 誰やらが, 誰かが。
valameddig [副] どこかまで；ある時まで。
valamely [代] 何か, ある物。
valamelyest [副] いくらか, 多少, やや；しばらくの間。
valamelyik [代] どちらか或人, どれか或物；(それらの中の)誰でも(何物でも)；いくらか。
valamennyi [数][形] すべての, 全体の, 全部の, 皆の, 残らずの, ことごとくの；いくらか。
valamennyire [副] 幾分か, 多少, いくらか, やや, 少しく, 少しばかりの。
valamerre [副] どこかへ, どこかしらへ。〔valamerre csak járt, 彼が行ったところどこにも。〕
valamerről [副] どこかから, どちらから。
valami [代] 何か或物, 何物か, 何か。[形] (漠然とした不確実な)或る(女)；何か或る…。〔valamivel, 幾分, 多少, いくらか, 少しばかり, ほんの少し。valamivel gyorsabban, (tovább), いくらか(少し)速く, (遠くへ)。〕
valamiként, valamiképp(en) [副] 何か或る方法で, どうにかして, 何とかして；とにかく。
valamikor [副] (過去)いつか, かつて, 以前；(将来)いつか, 他日, 将来, 今後。
valamint [関・副] あたかも…の如く, 丁度…のように；…と同じく, と等しく, と並びに。
valamirevaló [形] 役に立つ, 有用の, 取り柄のある, 適する；値打ちのある。
válás [名] 分かれる(分離する)こと；分離, 離別；分裂, 離反；離婚, 離縁, 変化。
válasz [名] 答, 返事, 返答, 返報。
válaszfal [名] 境界壁；(建)隔壁, 内壁, 中仕切。
válaszol [他] (…に…を)答える, 返事・回答する；応答する, 返しをする, 報いる。〔válaszolva, (…に)答えて, 返事をして。tegnap kelt becses levelére válaszolva, 昨日付の貴簡に答えて。〕
választ [他] 選ぶ, 選択(選定)する(二者いずれかを)；選挙する；引き離す, 分離させる；仕切る, 区分する。
választás [名] 選択, 選抜；選挙。〔választás színhelye, 選挙会場。választás napja, 選挙日。〕

választási [形] 選挙の。〔választási jog, 選挙権；被選挙権；選挙法。〕
választék [名] 選択肢；(商)品ぞろえ；髪の分け目。
választékos [形] 選びぬかれた, 選択(精選)された, ぬきんでた, 優れた；立派な, 上品な, 高雅な, 優美な。
választható [形] 被選挙資格のある；選択可能な。
választmány [名] (各種団体の)委員会。
választó [形] 選挙権のある；分離させる, 区分する；分離すべき；(文)選択的な。〔választó kötőszó, vagy のような選択的な接続詞。〕[名] 選挙人；選択者。
választójog [名] 選挙権, 投票権；被選挙権。
választókerület [名] 選挙区。
választott [形] (宗)神より選ばれた；選択(精選)した；選ばれた, 選挙された；選抜された, 選り抜きの。[名] 当選者；意中の, 恋人。〔választott bíró, 仲裁人, 仲裁判断人；(競技の)審判者。választott bíróság, 仲裁裁判所。〕
választóvonal [名] 分界線, 境界線；(心の)隔たり。
válaszút [名] 別れ路, 岐路；十字路, 辻。
válfaj [名] (博物学)種類, 類型, たち；変種, 変り種(退化した種属)。
válik [自] (vmivé)(…が…の)…になる(結果になる)；発展する, 成長する；(…に)なる, 変容する, 変形する；(vkitől)(…が…から)分かれる, 離れる；離縁する, 縁が切れる。〔becsületére válik, それは彼の名誉になる。a bor ecetté válik, 酒が酢(す)になる。kővé válik, 石になる。nagy művész válik belőle, 彼は大芸術家になる。halálra válik, 彼は死す。〕
vall [他] (犯人が)自白する；告白(言明)する；(…に対して)証拠を提示する；明らかにする。〔szégyent vall, 恥辱・汚名を被る。becsületet vall, 名誉を得る。vki ellen vall, …に不利な証言をする。〕[自] (vmire, vkire)…に関し露見する, 匹敵する。
váll [名] 肩；肩の骨；重荷；コルセット様の女性の胸衣, 女性用の胴着；(植)葉柄のつけ根。〔a vállán visz vmit, 彼は…を肩で運ぶ。félvállról néz vkit, …を肩越しに見る, べっ視する, ないがしろにする。vmit könnyű vállra vesz, …を軽く扱う。vállat von, 肩をすくめる(疑惑,

vállal 軽視,同情,当惑の意)。vállra!, (兵)になえ銃(肩へ)!〕
vállal [他] 請け負う；引き受ける；(孤児などを)引き取る。〔vmit magára vállal, …を引き受ける,担当する。〕
vállalat [名] 請け負うこと；(商・工業的)企業,会社。〔temetkezési vállalat, 葬儀企業。〕
vállalkozás [名] 引き受け,請負；起業,着手；企業。〔kockázatos vállalkozásokba bocsátkozik, 大変な仕事に取り組む。〕
vállalkozik [自] (vmire)(…を)企てる,企図する；請け負う,引き受ける；(…に)取り掛かる,着手する。
vállalkozó [形] 大胆な計画を立てる,思い切ったことをする；企業心に富んだ,投機心のある。[名] 企(起)業家；自営業。〔vállalkozó kedv, 企業心,事業を決行する勇気胆力,事業欲。vállalkozó szellem, 同上。〕
vallás [名] 宗教；宗派,宗旨；信仰告白。
vállas [形] 肩幅の広い；肩までの(エプロンなど)。
vallásháború [名] 宗教戦争。
vallási [形] 宗教の,信仰の；宗教に関する,宗教上の。〔vallási türelem, 信教の自由。vallási ügyek, 宗教関係事務。vallási vita, 宗教論争。〕
vallásoktatás [名] 宗教教育。
vallásos [形] 信心深い,信心のある,敬けんな；宗教的の,宗教上の。〔vallásos költészet, 宗教詩。〕
vallásszabadság [名] 宗教の自由,信仰の自由。
vallástalan [形] 無宗教の；不信仰の,無信仰の,神を信じない。
vallat [他] (…を)尋問・審理する。
vallatás [名] (法)尋問,審問,審理。
vallató [形] 尋問する…。[名] 尋問者。〔vallatóra fog vkit, …を尋問する。〕
vállcsont [名] 鎖骨。
vállfa [名] ハンガー。
vallomás [名] 自白,白状,告白。〔szerelmi vallomás, 恋の告白。vallomásra bír vkit, …に白状させる。〕
vállveregetés [名] (励まし,承任,祝福のため)軽く肩をたたくこと；(比)腰の低いこと,如才ない(高ぶらぬ)こと,お世辞。

vállvetve [副] 肩を並べて, 列をなして；(比)相協力して, 力を併せて。

vállvonogatás [名] 肩をすくめるしぐさ, 肩をすくめること (軽侮・焦燥・当惑を表わす身振り)。〔vállvonítással, 肩をすくめて。

való [形] 効力ある, 有効な；実際の, 真実の, 真の；現にある, 実在する, 実現する；本当の, 実際と合致する；…から成る, …で作られた；…に適する, 役立つ；…の為の；どこからの；…すべき(こと)；…に属する, の所有する。〔a gyermekeknek való könyv, 子供のための本。az iparnak a tömegtermelésre való áttérése, 工業の大量生産への移行。vmiből való, …で作られた。vmire való, …に役立つ。vhonnan való, どこの生まれ。vhová való, どこかに属する, どこかの。hová való ön? あなたはどこの人ですか。〕[名] まことのこと, 真実；現実, 実存, 事実。〔valóra válik, それは実現(成就)する。〕

valóban [副] 実に, まことに, 確かに, 実際。

valódi [形] まことの, 真の, 真正の；本物の, 正真の, 本当の。〔(数)valódi tört, 既約分数。nem valódi, 本物でない, にせの, 偽造の, まがいの。〕[名] 本物。

válogat [他] (多くの間から)選び出す, 選択(精選)する, 選り抜く, 捜し抜く, 品分けする。

válogatás [名] 選び出す(えり抜く)こと；品分け, 選択；選集；選り好み。

válogatós [形] (食物などに)選り好みする, 好ききらいの甚だしい, 気むずかしい。

válogatott [形] 選り抜きの, 精選・抜粋の, 最良の。

valójában [副] 実に, 実際に, 現実に, 本当に, 確かに。

válóok [名] (法)離婚の理由(原因)。

válóper [名] 離婚訴訟。

valóság [名] 現実, 実際；現実世界, 現実の事物；実在, 実存；真実, 実体, 本体, 本質。〔valóságban, 真に, 実際に, 実は, 本当に, 現実に。valósággal, 実際に, 真に, 本当に, 現実に。〕

valóságos [形] 真実の, まことの；現実の, 実際上の；そっくりそのままの。

valószínű [形] まことらしい, 有りそうな, 確からしい, もっともらしい, 確実性の多い, 当然予想される。

valószínűleg [副] 十中八九，多分，おそらくは。
valószínűség [名] まことらしい(ありそうな・本当らしい)こと；(哲)蓋然性。
valószínűtlen [形] 真実らしくない，有りそうもない，まことらしくない，実際らしくない。
valótlan [形] 真実でない，不誠実の；うその，偽りの，虚偽・虚構の；欺まんの，ごまかしの，本物でない，にせの；間違った，不正確な，不精密な。
válság [名] 分岐点，分かれ目；(政治的など)危機；(経済的)恐慌。
válságos [形] 分かれ目の，危機をはらんだ，危険な，九死一生の。
vált [他] 換える，取り換える，変更する；(歩哨を)交替させる；(金を)両替する；交換する，取り交わす；(切符を)買う；(言葉などを)かわす；(…色に)染める，彩色する，…の色にする。〔magához vált, 買い取る。jegyet vált vkivel, …と婚約を取り交わす。〕
váltakozik [自] 変わる，変化・変動する；交替する，交互になる，循環する(四季など)。〔váltakozva, 交互に，交替に，相互に，輪番に。〕
váltakozó [形] 交互の，交替の，互いちがいの；輪番に行う；変化に富んだ。〔váltakozó rendszer, (農)輪作，輪番耕作。〕
váltás [名] 交換，交替；両替；(仕事の)シフト；(切符の)購入。
váltig [副] 長い間；間断なく，たえず，いつも。
váltó [形] 交換の。[名]（商）為替手形；(ス)リレーチーム；(鉄)てんてつき(転轍機)。〔idegen váltó, 外国為替。saját váltó, 約束手形，自己宛の手形。〕
váltóáram [名] 交流（電源）
váltogat [他] しばしば取り替える，換える；変更する，更新する；選抜する；(手紙を)やりとりする。〔váltogatva, 交互に，交替に。〕
váltópénz [名] 小貨幣，補助貨幣。
változás [名] 変化，変動，変遷；変更。〔politikai változás, 政治的変動。színpadi változás, 舞台場面の変化。〕
változat [名] 変化；ヴァリエーション；(音)変奏曲；

(動・植)変種；多種，多様；(文学)脚色；(天)位象，盈虚(えいきょ～月のみち・かけ)。

változatlan [形] 変わらない，不変の，変更のない；不易の，恒常の，不断の；[文] 語幹が変化しない。

változatos [形] 変化の多い，種々(多様)の；(文章などの)変化(起伏)のある，抑揚変化のある。

változatosság [名] 変化の多いこと；多種多様；変化。

változékony [形] 変わり易い，不安定な；(比)移り気の。

változik [自] 変わる，変化する，改まる；変質する；(vmivé)(…に)変化する。

változó [形] 変わる，変化する；(数)変数の；(文)語幹が変化する。〔változó szerencsével harcol, 彼は変転する運命と闘う。〕[名] (数)変数。

változtat [他] (vmit vmivé)(…を…に)変える，変形させる，変化させる；修正する。

változtatás [名] 変えること；変更，改変；修正，改正；修飾。〔változtatásokat tesz, 改変をする。〕

váltság [名] 身代金による解放；身代金(みのしろきん)，身受金。

váltságdíj [名] 身代金。

valuta [名] 通貨；外貨。

vályú [名] (家畜の)水槽(みずぶね)，飼馬桶(かいばおけ)，馬槽(うまぶね)。〔itató vályú, 水かい場。〕

vám [名] 関税；(古)入市税；税関；粉ひき代(vamot)。〔behozatali / beviteli vám, 輸入税。kiviteli vám, 輸出税。vámot szed, 関税を徴収する。vámot fizet, 関税を収める。vámot vet ki vmire, 関税納付の義務ある，関税のかかる。〕

vámhivatal [名] 税関(の事務所)。

vámkedvezmény [名] 特恵関税，関税助成。

vámköteles [形] 関税納付の義務ある，関税のかかる。

vámmentes [形] 関税免除の，免税の，無税の。〔vámmentes kikötő, 無税港，自由港。〕

vámnyilatkozat [名] 税関への申告，関税検査届。

vámol [他] 関税を取り立てる(徴収する)。〔nincs (meg)vámolni valója? 課税品をお持ちですか。〕

vámos [名] 関税の徴収者，収税吏。

vámsorompó [名] 税関の柵(関所)，輸入禁止。

vámtiszt [名] 税関吏。
van [自] (lenni) 在る, いる, 存在する；である。〔neki van, 彼は持っている。háza van. 彼は家を持っている。rajta vagyok, hogy, 私は…に心を向けている。努力している。el van foglalva vmivel / vkivel, …で忙しい。hová legyek？何に着手し, 何をなすべきか。mi legyek？何になるべきか。légy orvos！, 医者になりなさい！〕
vándor [名] さすらい人, 放浪者, 旅行者；行商人；(宗) 巡礼, 巡拝者。[形] 放浪する, 渡り歩く, 巡行する(行商人など)；遊牧の, 水草を追うて移る；(動) 移住(転棲)する(わたり鳥)。
vándorlás [名] さすらい, 放浪；転職；(動) 渡り, 移棲(いせい)。〔vándorlása közben, 彼のさすらい(漂泊・移動)中に。〕
vándormadár [名] 渡り鳥, 候鳥；(比) 一所に留らない人, 渡り者, 旅鳥；ワンダル・フォーゲル(青年徒歩奨励会)。
vándorol [自] 移動(移行・移住)する；さまよい歩く, さすらう, 遍歴(放浪)する；(動) 渡る, 徒渉する。
vándorszínész [名] 旅役者, 旅回りの役者。
vándorút [名] 巡回旅行；(特に渡り職人の) 旅かせぎ修業遍歴；移住, 移動。
vanília (目 vaníliát) [名] (植) バニラ(熱帯地方産のらん科植物, 香料)。
vánkos [名] (毛や綿をつめた) 座ぶとん；羽根まくら, クッション。
vánszorog [自] (難儀して足を) 引きずるようにしててくてく・とぼとぼ歩く, 重そうに歩く, よろめき辛うじて進む。
var [名] (医) かさぶた(痂)；かいせん(疥癬)。
vár¹ (目 várat) [名] 要さい；築城都市, 都城, 城さい。〔királyi vár, 王城, 宮城。várt leány várat nyer, 時節が来ればよい事もある, 待てば甘露の日和あり。〕
vár² [他] 待つ, 待ち設ける, 期待(予期・待望)する。[自] 待つ, 控える, 奉仕する, 侍する, 辛抱して待つ。〔várva vár, 待ちこがれる。várva várt, 待ちこがれた, 待望の, 待ち構えた, 待ち設けた, 期待(予期)した。a kocsi vár ránk, 車は我々を待つ。〕
várakozás [名] 待つこと, 待ち合わせ；(比) 辛抱して待つ

varázsló

こと；待ち焦がれること；期待をかけること；予想，予期，期待，待望；(車の)待ち合わせ，停車。〔várakozást kelt, 期待を刺激する。〕

várakozik [自] (vkire, vmire) (誰・何を長いこと)待つ，期待をかける，待ちこがれる，期待(予期)する。

várakozó [形] (時節を)待つ…，じっと待つ…；期待に満ちた，待ちかねの，待望的。〔várakozó álláspont, 待期状態。〕

várakoztat [他] (vkit) (…を)待たせる；予想・期待させる。

várandós [形] 妊娠している；分娩近い，臨月の。〔várandós állapotban van, 彼女は臨月の状態にある。〕

varangy, varangyosbéka [名] (動)ひきがえる，がま(蟇)。

várárok [名] (兵)城砦の濠(ほり)；(都城の周囲の)ほり。

varas [形] (医)痂(かさぶた)で被われた，かさぶたのある；かいせん(疥癬)やみの。

varasodik [自] (医)かさぶたで被われる，かさぶただらけになる。

várat [他] 待たせる；期待させる。[自] 遅刻する。〔sokáig váratja az embert, 彼は人を永く待たせる。〕

váratlan [形] 予期しない，思いがけない，不意の，意外の。[副] 意外に，不意に，予想外に。

varázs [名] まじない(呪)，魔術，よう術；(比)無意識な力，魅力，げん惑；手品。

varázserő [名] 魔力，不思議な力，神通力；魅力。

varázsige [名] 呪文；魔法，まじない(呪禁)；(比)影響力のある言葉。

varázsital [名] 魔法の水薬，魔酒；ほれぐすり，激淫(げきいん)剤，びやく(媚薬)(性欲を起こさせる薬)。

varázslás [名] 魔法(妖術)を使うこと；(比)げん惑する(うっとりさせる)こと。

varázslat [名] 魔法をかけること；魔法，魔術，妖術；幻術；幻惑，惑わし；(比)惑できさせること，魅力，魔力。〔varázslatot űz / véghezvisz, 魔術をかける。〕

varázslatos [形] 魔法の，妖術の；怪しい，不思議の，神秘な；(比)幻惑させる，魅力ある，うっとりさせる。

varázsló [形] 魔法を使う，魔術を行う。[名] 魔術師，

魔法使い，妖術者。
varázsol [他] (vmit, vkit vmivé)魔法で(…を)作る，魔法で(…を)行う，魔法で(…を)惹起させる；(…を)魔法にかける；(比)魅する，うっとりさせる，悩殺する。
varázspálca [名] 魔法のつえ。
varázsütés [名] 妖術，魔法(の手ぎわ)；幻惑，こわく，まどわすこと。
varázsvessző [名] (地下に水などがあることを示す)Y字形の枝；魔法のつえ
várfal [名] (兵)要さい囲壁，城の塁壁，城壁。
varga (目 vargát) [名] くつ屋，くつ直し。
vargabetű [名] まわり道(迂回)。〔vargabetűt vet, ジグザグに行く。vargabetű által, 回り道をして。vargabetűt ír, 迂路・回り道をする。〕
vargánya (目 vargányát) [名] (植)食用菌(きのこ)，こもたけ，しいたけ(椎茸)の一種。
várható [形] 期待される，見込みのある，予想(予測・予見)し得る；ありそうな，もっともらしい。〔várható időjárás, 天気予報。várható válasz, 予測しうる回答。〕
várhegy [名] 城のある丘，城山。
varjú (複 varjak) [名] (鳥)からす(烏，鴉)。
várkapu [名] 城門；要さいの門(入口)。
várkastély [名] 城さい，城郭；居城，御殿。
vármegye [名] (史)封建時代の州，王城県；1945年以前の地方自治体，行政管区(日本の県に当る)。
várományos [名] (法)推定相続人，継承(相続)期待者。[形] 推定上の。
város [名] 市，都市；町；市役所；市民全体。
városaty(a) [名] (俗)市会議員。
városház(a) [名] 市役所。
városi [形] 市の，市立の，市有の；都人士の；都会らしい，都会風の。[名] 市民，都市に住む人。〔városi lakos, 市の住民，市民，都会人。városiak, 市民，都会の住民，都人士，町の人。városonként, 都市ごとに，町ごとに；町から町へ。〕
városias [形] 都会らしい，都会風の；都会人らしい。
városka [名] 小都会，いなか町，小さな町。
városnegyed [名] 市街区，市の地区。

városszerte [副] 全市で, 町中で。〔városszerte beszélik, 町中でうわさしている。városszerte ismeretes, 全市に知れ渡った, 満都評判の。〕

váróterem [名] 控室；(鉄)待合室。

varr [他] 縫う, 縫い合わせる；とじる；(医) (…に)縫合術を施す。

varrás [名] 縫うこと, とじること；針仕事, 裁縫；(医)(傷を)縫合した箇所。

varrat[1] [名] (着物などの)縫い目, 合わせ目；縫い方；(解)縫合部, 縫いぎわ。

varrat[2] [他] (着物などを)縫わせる；〔cipőt varrat, くつを作らせる。〕

varrógép [名] ミシン。

várrom [名] 城の廃址, 城さいの残骸。

varrónő [名] お針子。

varrott [形] 縫った, 縫い付けた；とじた；(医)縫い合わせた。

varrótű [名] 縫い針。

Varsó [固] ワルシャワ(ポーランドの首都)。

vártorony [名] 城塔, 城の楼, やぐら(櫓)；天守閣。

vas [名] 鉄；(鉄製の道具)刀剣；蹄鉄(ていてつ)；(最小の)硬貨；(医)鉄剤。〔nyers vas, 生鉄, 銑鉄。kovácsolt / vert vas, 鍛鉄。öntött vas, 鋳鉄。vasból való, 鉄製の, 鉄の。vasra ver, 鎖につなぐ, 足かせをはめる。〕

vaságy [名] 鉄のベッド, 鉄の寝台。

vasajtó [名] 鉄のとびら(扉, 入口, 玄関, 戸)。

vasal [他] (馬に)蹄鉄を打つ, 蹄鉄で装う；輪鉄(タイヤ)をはめる；アイロンをかける。

vasalás [名] 鉄具を装着すること；(馬や車の)装蹄, 装鉄；アイロンをかけること；(囚人に)かせをかけること, 拘留すること。

vasaló [名] アイロン, 焼きごて。

vásár [名] 市(いち)；大市, 年市, 定期市；バーゲンセール；はけ口, 販路；取引契約。〔országos vásár, 歳の市, 大市。megköti a vásárt, (…と)彼は売買契約を結ぶ。〕

vásárcsarnok [名] 市場(常設の建物)。

vásárfia [名] 歳の市で買った小さい贈物(みやげ)。〔vásárfiát vett a fiának, 彼は息子に小さいみやげを買った。〕

vásári [形] 市の, 市場の；市場普通の, 市場で売買される；売れ行きのよい。〔vásári áru, 市場商品；劣等商品, 粗悪な品。vásári munka, (市場向きの)粗略な仕事, 出来合い品。vásári zaj, 市場のけん騒(さわがしさ・やかましさ)；市場のごった騒ぎ(混雑騒ぎ)。〕

vásárlás [名] 買物, 購買。

vásárló [名] 買手, 買主, 購買者, 買物客；顧客, 得意先。

vasárnap [名] 日曜日, 安息日。[副] 日曜日に。〔vasárnaponként, 日曜日ごとに, 毎日曜日。〕

vásárnap [名] 開市日, 市の日。

vásárnapi [形] 日曜日の；日曜日らしい。

vásárol [他] 買う, 購う, 購入する, 買物をする。

vasáru [名] 鉄器類, 金物。

vasas [形] 鉄を被せた, 鉄の装具をした；蹄鉄で装うた；鉄を含む, 鉄分のある。[名] 製鉄工；(兵)甲騎兵, 胸甲騎兵, 重騎兵。〔vasas ásványvíz, 鉄分含有の鉱水。vasas láda, 鉄金具の付いた箱(荷)。vasas német, ドイツ甲騎兵。〕

vasérc [名] 鉄鉱石。

vasgyár [名] 製鉄所, 鍛鉄工場。

vásik [自] 消耗する, すり切れる, 使い古される, 古くなる；(小刀や斧が)鈍くなる, にぶる；弱まる, 衰える；(歯が)浮く, いらいらする。

vasipar [名] 鉄工業。

vaskereskedés [名] 鉄商, 金物商。

vaskohó [名] 溶鉄炉, 溶鉱炉。

vaskor [名] (有史前の)鉄器時代。

vaskos [形] 厚味のある, ふとい；広い；がっちりした, 横ぶとりの, 肥えた, ふとった；筋骨たくましい, 屈強な；なまの, 粗野な, 不作法な。〔vaskos kis kéz, ふとった可愛いおて。vaskos tudatlanság, ひどい無知。〕

vaslemez [名] 薄鉄板。

vasmarok [名] にぎりこぶし；(比) 強い意志。〔vasmarokkal, にぎりこぶ(鉄腕)をもって, 腕力をもって。〕

vasorrú [形] 鉄の鼻を持つ，がんじょうな鼻の；(比)魔法を使う。〔vasorrú bába, 魔女，鬼ばば，悪ばば；人を魅する女，魔法を使う女。〕

vásott [形] すりへらされた，刃のない(ナイフ)；使い古した，着古した，すれた(着物)；(比)腕白な，いたずらの；わがままの，だらしない。〔vásott ruha, 着古した服。vásott gyermek, 腕白小僧。〕

vasöntő [形] 製鉄の，鋳鉄の。[名] 製鉄所，鋳鉄所；鋳鉄工。

vasöntöde [名] 製鉄所，鋳鉄所。

vasrács [名] 鉄格子，鉄さく(柵)。

vastag [形] 厚い，厚味のある(織物)；太い(活字)；(色)濃い；(音)ふとい，低音の；濃密な(しゅう雨, 夕立)；(比)厚顔の，横柄な，図々しい，高ぶった，高慢な。

vastagbél [名] (解)大腸。

vastagság [名] 太いこと, 厚いこと；太さ, 厚さ；肥満；濃度；直径。

vastartalom [名] 鉄含有量(含有率)。

vasút [名] 鉄道；汽車；駅；鉄道輸送業者。〔kimegy a vasúthoz, 彼は駅へ行く。〕

vasútállomás [名] 鉄道の停車場，ステーション。

vasutas [名] 鉄道従業員，鉄道員。

vasúthálózat [名] 鉄道網。

vasúti [形] 鉄道の；鉄道関係の。〔vasúti forgalom, 鉄道による交通，鉄道運輸。vasúti kalauz, 鉄道の車掌。vasúti összeköttetés, 鉄道の連絡。vasúti szerencsétlenség, 鉄道の事故。vasúti térkép, 鉄道の地図，鉄道図。〕

vasútvonal [名] 鉄道路線。

vasvilla [名] (乾草や肥料などに用いる)長柄の鉄製のくま手。

vászon (目 vászont, vásznat) [名] 亜麻布，リンネル；亜麻製品，敷布；画布，キャンバス；映写幕，スクリーン。

vászonruha [名] (男の)リンネル製の服装。〔női vászonruha, リンネルの女服。〕

vatta [名] 詰め綿；タンポン。

váz [名] (解)骨格, 骸骨；(建)骨組, 本組, 枠(わく)；(文章の)草案，結構；(鳥の)案山子(かかし)。

váza(目 vázát)[名]花びん，かめ。
vázlat[名]見取図，略図；(建)設計(構造・模形)の図；(書物の)こう概，綱要，摘要；(絵)粗描(あらがき)，下絵，写生図，スケッチ；(文章の)草案，草稿。
vázlatos[形]スケッチ的(風・様の)；写生的の；あらましの，要領を示す，概要の。
vázol[他]スケッチ(粗描・あらがき)する；草稿を作る，下書きする；立案する，下ごしらえする，粗造(あらづくり・下造り)をする。
vécé(表示としてはW.C.も)[名]トイレ，便所，化粧室。
vécépapír[名]トイレットペーパー。
vecsernye(目 vecsernyét)[名](宗)連とう(禱)，晩禱，晩拝式(午後四時すぎ)。
véd[他]防護(防衛)する；保護(ひ護)する；(法)弁護(弁明)する(法廷で)；擁護する；(ス)(ゴールキーパーが)ガードする。〔védve, (風雨その他に)対して，…の害を受けないように，保護(防衛)して。〕
védekezés[名]身をまもること(自衛)；(法)弁護，抗弁；(兵)守勢，防御；(医)予防；(害虫などに対し)防衛，保護，擁護。
védekezik[自]自己弁護する，言い訳する，弁解する；自衛する，身を防ぐ，身を守る，抵抗する；(法)抗弁する。
védelem(目 védelmet)[名]保護，守護，擁護，ひ護；支持，後援；(法)弁護，弁明，弁解；(兵)防御，防衛，守勢；避難所，隠れ場；(ス)ディフェンス。
védelmez[他]防護・防御する；かばう，保護する；弁護・弁明する。
védelmi[形](兵)防御の，防衛的；(ス)ディフェンスの。〔védelmi eszköz, 防御手段，防衛手段(器具)。védelmi harc / háború, 防衛戦，防御戦，守戦。védelmi rendszer, 防衛組織，国防体制。〕
védenc[名](法)被保護者，子分；お気に入り，人気者；訴訟依頼人，弁護依頼人。
veder(目 vedret)→ **vödör**.
védett[形]保護(防衛・ひ護)された；(兵)えん護された。
védnök[名]保護者，擁護者，ひ護者，後ろだて，パトロン；(政)(保護国・領を統治する)国。
védnökség[名]保護者たること；保護；(政)保護国・領

統治。

védő [形] 保護(守護)する；(法)弁護する；(兵)防御(防衛)する，守勢の。[名] 防衛者，防御者；擁護者，パトロン；(法)弁護士，弁明者。〔védő és támadó szövetség, (兵)攻守同盟。〕

védőbeszéd [名] (法)弁論，抗弁；(広義の)弁解。

védőfegyver [名] (兵)防衛兵器；護身用武器。

védőgát [名] 防堤，防波堤。

védőoltás [名] (医)(種痘・牛痘などの)予防接種。

védőszent [名] (宗)守護聖徒；鎮守神，守護神。

védővám [名] (商)保護関税；保護税(関税の)。

védtelen [形] 防御力(抵抗力)のない；防備(武装)のない；(危険に)さらされた，守られていない，保護されてない。

vég [名] 末端，終わり，果て，最後；終局，結局，終結；(演説の)結び，結語；(訴訟の)決着，大詰め；(織物の)切れ，切れはし；目的；境界，限界。〔végek, 限界，境界。egy végben, 続けさまに，たえず。mi végből, 何の目的で，何のために。vége szakadt, おしまいだ，終わりだ。vége van, …はおしまいだ，…はすんだ，終わっている。vége hossza nincs, それは無限である，果てしがない。véget ér, 尽きる，終わる。véget vet, 終わらせる，結末をつける。véghez megy, 行なわれる，実行される，催される。〕

végállomás [名] (鉄)最終駅，終着駅。

végbél [名] (解)直腸。

végcél [名] 最終の目的(意図)；目標，目的地。

végeladás [名] 開店在庫品一掃の売り出し，蔵払い売り出し；投げ売り，クリアランス・セール。

végelgyengülés [名] (全身的な)衰弱，老衰，老もう。

végeredmény [名] 最終の成果(結果)；結論。

végérvényes [形] 最終の，最後の，決定的，終局の。

véges [形] 終わりある，限りある，限られた，制限(限定)された；一時の，無常の。

véges-végig [副] 端から端まで；終わりまで，最後まで；(…に)沿うておしまいまで。〔véges-végig a Dunán, ドナウ川に沿うておしまいまで。〕

végett [後] (…)のために，の目的で。〔boncolás végett, 解剖のために。mi végett？ 何のために？ gyógyulás végett, 全快のために。〕

végez [他] (vmit)(…を)行う, 為す, 済ます, 果たす; 終える, 完了する; きめる, 決定・決議する。[自] (vmivel)(…を)終わる, 完了する, 仕上げる; (仕事や問題を)片付ける, 落着させる, ケリをつける; 卒業する, 修了する。〔végzi kötelességét, 彼は義務を果たす。tanulmányait végzi, 彼は研究をする。börtönben végezte életét, 彼はその生涯をろう屋で終わった。〕

véghezvisz [他] 行う, 仕終わる, 完成(実行)する。

végig [副] 終わりまで, (…の)おしまいまで, (…の)端まで; (…に)沿っておしまいまで。〔végig az egész utcán, 道の端まで。végig az egész parton, 岸に沿っておしまいまで。〕

végigfut [自] 端から端まで走る; 急いで通過する, あわただしく素通りする; (本に)ざっと目を通す, べっ見(素読)する。

végighallgat [他] 終わりまで耳を傾ける, 傾聴(聴取)する。

végignéz [他] (出来事を)終わりまで眺める; 次々に見る; 注目する, じろじろよく見る。〔megvetően végignézett rajta, 彼はそれを軽べつ的に眺めた。〕

végigolvas [他] 終わりまで読む, 読み終わる, 通読する。

végigtekint [他] 通観(概観)する, 見渡す, 目を通す; (比)洞察する。

végítélet [名] (法)終局判決, 終審; (宗)世界最終審判。

végkielégítés [名] (古)(解雇)補償; (損害賠償の)清算。〔végkielégítéssel elbocsát vkit, …を補償を払って解雇する。végkielégítés fejében kap vmit, 全の清算のために彼は…を得る。〕

végkimerülés [名] 消耗; 疲れ果て, 衰弱, 疲労。〔végkimerülésig harcol, 彼は疲れ果てるまで闘う。párbaj végkimerülésig, 疲れ果てるまで果たし合う。〕

végleg [副] 最終的に; 決定的(確定的・明確)に; 常時, 完成に。

végleges [形] 決定的, 終局的, 確定的, 最終的の; 常時の。〔végleges állás, 常勤職。〕

véglegesít [他] 最終決定を与える, 最後確定をなす; 雇用する。

végletes [形] 極端の, 極度の; 過度の, 非常な。

végösszeg [名] 最終総額, 最終総計。
végpont [名] 終点, 目的地; (鉄)終着駅。〔a kutatóút végpontja, 探険旅行の終点。〕
végre [副] 最後に, 終わりに, とうとう, ようやく, やっと。
végrehajt [他] (計画を)実行する; (義務を)果たす; (判決を)実施(施行)する; (債務者を)差し押さえる, 押収する。
végrehajtó [形] 実行・施行する; 行政上の。[名] 実行者, 施行者; (法)執行者, 執達吏。〔végrehajtó bizottság, (行政)執行委員会; 業務執行委員会。végrehajtó hatalom, (法)執行権, 行政権。〕
végrendelet [名] 遺言; 遺言状(書)。
végrendeleti [形] 遺言(状)の, 遺言による。
végrendelkezik [自] 遺言する, 遺言状を作る。
végső [形] 最終の, 最後の; 終局の; 極端の, 極度の, 最後的の。〔végső cél, 最終の目的。〕
végszó [名] 最後の言葉; 跋(ばつ), あとがき; (劇)台詞(せりふ)の渡し。
végszükség [名] 極度の貧窮, 極貧, 窮迫。
végtag [名] 四肢, 手足。
végtelen [形] (場所)終わりのない, 果てしのない, 極(きわ)みのない, 広大無辺の; (時間)無限の, 永久の, 不滅の。[名] (数)無限; 広大無辺, 永遠。
végtelenség [名] 同上のこと; 無限, 無極, 無窮。
végtére [副] 終わりに, 最終に, おしまいに, 要するに, つまり, しょせん, 結局。
végtisztesség [名] 葬儀(告別式)。
végül [副] 終わりに, ついに, 結局, 最後に; ひっきょう, しょせん。
végzés [名] (何かを)行うこと; 決定, 決議; (訴訟の)判決; (神の)摂理, 天命。
végzet [名] (文)語につける派生辞・しるし・格・接尾辞; (宗)天主の思召, 天意, 神意, 宿命。
végzetes, végzetszerű [形] 宿命的な, のがれられない; 不吉な, 悪兆の, 不祥な, 不幸な, 痛ましい, 悲しい; 最後の, 致命の。
végződés [名] 終わり, 末端; (文)(単語につく)語尾; 終了, 結了, 完了。
végződik [自] (vmin)(…に終わる, 果つる; (vminél,

vegyes 948

vmivel)…で終わる；(文)(…の)語尾を有する，…の語尾で終わる。〔magánhangzóval végződik. 母音で終わる。〕
vegyes [形] 混合の，混成の；色々の，異種の，様々の，雑多の，寄せ集めの。
vegyész [名] 化学者。
vegyészet [名] 化学。
vegyészeti [形] 化学的，化学上の。
vegyészmérnök [名] 化学技師。
vegyi [形] 素材の組織的な；化学の，化学上の，化学的。〔vegyi elemzés, 化学的分解，化学分析。〕
vegyít [他] (…に…を)混ぜ合わす，かきまぜる，混和する；調合する，化合させる；合金する。
vegyül [自] まじる，混合する；…に迷いこむ，見失う；(化)化合する。
vegyület [名] 化学的結合，化合。
véka (目 vékát) [名] (昔の)計量の単位(25〜30リットル)，ブッシェル，ます(桝)，穀量の名(約三斗)；(両側に持つところがついた)大きな籠。〔véka alá rejti a mécsét, ともし火をともしてマスの下に置く，(聖)内気で自己の才知を包み隠す。〕
vékony [形] 薄い；細い；やせぎすの；稀薄な，まばらな；僅少の，乏しい。
vékonya (3人称の所有者表示がついた) [名] (解)わき腹，腰部；(動)腰関節部，横腹，背肉(フィレ肉)。
vékonybél [名] (解)小腸。
vékonyít [他] (綿や糸を)薄くする；やせさせる；やせて見せる。
vékonyodik [自] 薄くなる；やせる，やつれる；薄くなる。
vél [他] (…の)意見である，(…と)考える，推定する，思う，信ずる；説明する。〔jónak vél, よいと思う，結構と思う。úgy vélem, 私はこう考える。〕
vele [副] 彼(彼女・それ)と共に；それで；彼(彼女)を通じて。
velejáró [名] 随伴，同伴；(数)係数；(哲)属性。
vélekedés [名] 思う(考える)こと；意思，所見，所存，意向。
vélekedik [自] (…と)考える，思う，意見である；(…でし

ょうと)思う，(…の)つもりである，の考えである。〔másképp vélekedik, 考えが違う，意見を異にする。〕

vélelem [目 vélelmet] [名] 推量, 推測, 予測, 推定, 憶測；所見, 意向, 所存, 見解；(法)事実推定。

vélelmez [他] 推定(推量)する；(法)事実推定する。

vélemény [名] 意向, 意見, 所見, 考え, 推測；(専門家の)鑑定；(医)診察〔véleményem szerint, 私の所見・意見では。

véleményez [他] (専門家が…を)判定(鑑定)する, 意見を述べる。

véleményezés [名] (専門家の)判定, 鑑定。

véleménykülönbség [名] 意見の相違。

véleménynyilvánítás [名] 意見の発表。

Velence [固] ヴェニス(イタリアの都市)。

velencei [形] ヴェニスの。[名] ヴェニス人。

veleszületett [形] 生来の, 天性の, 固有の；(医)先天性の, 遺伝性の。

véletlen [形] 偶然の, 偶発の, 予期しない；思いがけない, 意外の, 不意の。[名] 偶然の事, 不意の事件；運, ぎょうこう, こぼれざいわい。[副] 偶然に, 思いがけず, 不意に, はからずも。

véletlenség [名] 偶然(不意)の出来事；偶発性。

velő [名] 髄(ずい), 心(しん)；(解)脳髄, 脳味噌；(比)真髄, 精髄, 要旨。

velős [形] 髄のある, 心のある；実質のある, 内容に富む；(比)核心のある, 力強い, 気力ある；(文章や言葉の)簡潔(簡明)な。

vélt [形] 想像上の, 推定の, 推測された；おく断の, 自称の, いわゆる。

vemhes [形] (動物の)妊娠した, 身持ちの, 子をはらんだ。

vén [形] 古い, 老いた, 年寄りの。[名] 老人；老賢人。

vénasszony [名] (皮)老婆, 老婦人。〔vénasszonyok nyara, 小春日和。〕

vendég [名] 客, 来賓, (ホテル)宿泊者；(レストランやカフェーの)客, 顧客, 得意；(劇)客演俳優(他の劇場からの)。〔vendégül, 客として, 客となって；得意として。vendégül meghív, 客として招く, 招待する。〕

vendégeskedik [自] 宴を張る, 酒盛りをする；

(vkinél)(…に)供応される，ごちそうになる；賓客として歓待される。
vendéghallgató [名] 聴講生。
vendégkönyv [名] 宿帳；芳名帳。
vendéglátás [名] もてなし，厚遇，歓待，接待，供応。
vendéglátó [形] 客を厚遇する，客あしらいのよい，懇ろな，もてなしのよい。[名] ホスト，もてなす人。
vendéglő [名] 料理店，レストラン；宿屋，旅館。
vendéglős [名] レストランの主人，料理店の主人；宿屋の主人，旅館主。
vendégség [名] 宴会；パーティ。〔vendégségben van, (…の許に)招かれている，客になっている。〕
vendégszereplés [名] 客演，他の座よりの出演。
vendégszereplő [名] 客演者，他の座よりの出演者。
vendégszeretet [名] 客を厚遇する(よくもてなす・懇ろな)こと，歓待；ホスピタリティ。
vendégszerető [形] 客を厚遇する，よくもてなす，懇ろな，歓待の；客好きな。
vendégszoba [名] 客間，客室。
vénség [名] (皮)老年，高齢；老人。
vénül [自] (皮)老いる，年寄る；年寄りじみる，老人めく。
vény [名] (医)処方，処方箋。
ver [他] 打つ，たたく，ぶつ，なぐる，撃つ；(敷物を)たたく；(貨幣を)鋳造する；(峰が天を)打つ，接する；(…を)投げつける；(闘いで)相手をやっつける。[自] (心臓が)ドキドキする，鼓動する。〔adósságokba veri magát, 負債を作る。véresre ver, 血のにじむほど(出血するほど)なぐる。〕
vér [名] 血，血液；生命力，活力；血統，血族。〔véreim! わが同胞よ。vérben fagyva hagy vkit, …をして血を浴びしめる。vért ont, (…のために)血を流す。vértől ázott, 血に染まった，血をあびた，血まみれの，血にひたされた。〕
véráldozat [名] 血なまぐさい犠牲(獣)，血祭り；(比)祖国のために流した血。
vérbaj [名] ばいどく(梅毒)，シフィリス。
vérbeli [形] 血の，血統の；まことの，傑出した。
vérbosszú [名] (史)殺人者に対する復讐(ふくしゅう)，かたき討ち。

vérbőség [名] 充血；多血症。

verbunkos [名] (兵)壮丁募集の軍曹；新兵募集の勧誘；18世紀末につくられたハンガリーの舞踏歌・舞踊(新兵募集の時に踊られた)。

vérdíj [名] 死刑犯引渡報償金；(史)殺人被害者遺族への賠償金。

veréb (目 verebet) [名] (鳥)すずめ(雀)。

véreb [名] (猟犬)手負の獣の血をかいで追跡する嗅覚の鋭い猟犬, 血にかわく犬；警察犬；(比)残虐な人間, 冷血漢。

véredény [名] (解)血管。

vereget [他] (軽く繰り返し)たたく(打つ, トントン打つ)。〔vállát veregeti vkinek, …の肩をトントンたたく。〕

verejték [名] 発汗；冷や汗；汗の結晶, 辛労, 労苦, 苦労, 努力。〔halálos verejték, ひん死の汗。véres verejték, 血の汗。〕

verekedés [名] なぐり合い, けんか, つかみ合い, 格闘。

verekedik [自] (互いに)打ち合う, なぐり合う, つかみ合う。

verem (目 vermet) [名] くぼみ, 穴, 孔；(古)墓穴；(食料を貯蔵する)穴蔵, 土倉；(古)わな。〔aki másnak vermet ás, maga esik bele, 人をのろわば穴二つ。〕

vérengzés [名] 流血, 殺伐, 虐殺。

vérengzik [自] 殺伐する, 虐殺する。

vérengző [形] 血にかわいた, 殺伐を好む, 凶悪の。

verés [名] 打つ(なぐる)こと；打撃, 殴打, めった打ち, 乱打；(心臓の)どうき(動悸), 脈はく；(貨幣の)鋳造。〔verést kap, 散々なぐられる, 乱打される。〕

véres [形] 血の；血まみれの；血のしたたる, 血の出る；血なまぐさい, 殺伐好きの。

vereség [名] (兵)敗戦, 敗北, かい走, 敗走；(ス)敗北。〔vereséget szenved, 敗れる, 負ける, 敗北する。〕

veret [名] 取付け金具(蹄鉄・装鉄・金物の装備)；(貨幣の)鋳造(刻印)。

vérfagyasztó [形] 血が凍えるほど恐ろしい, 身の毛のよだつ, 恐るべき。

vérfertőzés [名] 血族相かん(姦), 近親相かん。

vérfolt [名] 血こん(痕), 血のあと。

vérfürdő [名] 虐殺。

vergődés [名] (…に向かって)もがく；骨折る・努力・奮

vergődik

闘・格闘すること。〔keserves vergődés volt az élete, 彼の生涯は困難な努力の連続であった。〕

vergődik [自] もがく；努力(奮闘)する，骨折る，苦労する。

vérhányás [名] 血を吐くこと；(医)吐血。
vérhas [名] (医)赤痢(せきり)。
veríték [名] → verejték.
vérkeringés [名] 血液の循環。
verklis [名] 手回しオルガンの演奏者。
vérlázító [形] 実にいやな，腹立たしい，忍びがたい，ぞっとする，不快な；残忍な，極悪の，ひどい。
vérmérgezés [名] (医)膿血症，敗血症；腐敗作用。
vérmérséklet [名] 気質，気性，性分。〔vérmes vérmérséklet, 多血質。heves vermérséklet, 激しい気性。〕
vérmes [形] (比)血気に走る，性急の，短気な；過剰な。
verődik [自] (…に何度も)ぶつかる，突き当たる；(波が岩に)突き当たって砕ける；(光が卓上に)落ちる，当たる；群がる。〔tömegbe verődnek, 群がる，集まる。〕
verőér [名] (解)動脈。
verőfény [名] 輝かしい陽光。
verőfényes [形] 日の照る，日当たりのよい；(比)朗らかな，明るい，輝く。
vérpad [名] 処刑台，絞首台，断頭台。
vérrokon [形] 血縁の，血族の。[名] 血縁者，血族。
vers [名] 詩行，詩句；短詩，韻文。〔versbe foglal / szed, 韻文・韻詩にする。versenként, 詩句の形で；詩句ごとに。〕
versel [自] 詩を作る，作詩する。
verselés [名] 作詩すること；作詩法；詩風。〔időmértékes verselés, 韻律的作詩。〕
verseng [自] (…に対し)競争する；(…をかち得んと努力して)張り合う，相争う；(…と…に対して)競う，敵対する，争う。
versengés [名] 同上のこと；競争，張り合い，敵対。
verseny [名] 競争，対抗，角逐；(スポーツ)競技，試合，勝負。〔(商)tisztességtelen verseny, 不正競争。〕
versenybíró [名] (競技や試合の)審判者。

versenyez [自] (vmiért)(…のために)張り合う，競争する；(vkivel vmiért)(…と…のために)競争する；(vmiben vkivel)(…において…と)競争する。
versenyfutás [名] 短距離走。
versenyistálló [名] 競馬用馬の馬屋。
versenyképes [形] 競争のできる，競争に耐える。
versenytárs [名] 競争者，対手，敵手。
versenyzés [名] 競争，張り合い。
versenyző [形] 競争する，拮抗(きっこう)する，張り合う…。[名] 競技者。
verses [形] 詩の，詩的；韻を合わせた，押韻の。
versláb [名] (詩の)韻脚；(韻文の)脚。
versmérték [名] (詩)韻律，韻格，律格。
verssor [名] 詩の各行リズム。
versszak [名] 詩の節(段)。
verstan [名] 作詩論，詩形学，詩律学。
vérszegény [形] (医)貧血の，貧血性の。
vérszegénység [名] (医)貧血，貧血症；(比)無気力な。
vérszem [名]〔vérszemet kap, 勇気を得て厚かましくなる。〕
vérszerződés [名] 血による盟約，血盟。
vérszomjas [形] 血に飢えた，残忍な。
vérszopó [形] 血を流すこと(血を見ること)の好きな。
vert [形] 敗北した；殴打された；刻印された；鋳造された(貨幣)；鍛えられた(鉄)。〔vert föld, 踏み固められた土地。vert sereg, 撃破された(屈服した・負けた)軍隊。〕
vért [名] 甲冑(かっちゅう)，よろい，胸甲，具足。
vértanú [名] 殉教者，主義に殉ずる者。
vértanúság [名] 主義に殉ずること，殉教。
vértelen [形] 血液のない，無血の；貧血の，蒼ざめた。〔vértelen műtét, 無血手術。vértelen forradalom, 無血革命。〕
vértezet [名] 甲冑(かっちゅう)，よろいかぶと；武装。
vértisztító [形] (医・古)浄血作用をする，血を清浄にする。[名] 浄血剤。
vértolulás [名] (医)充血，うっ血。
vérzés [名] 出血；月経。

vérzik [自] 出血する, 血を流す；(比)とてもつらい, 残念に思う。

vés [他] (大理石に)ノミで彫る, 彫刻する；刺す, 突く；(比)心(記憶)に深く刻む。

vese (目 vesét) [名] (解)腎臓；(比)感情と思考の奥底。

vesebaj [名] (医)腎臓病。

vesekő [名] (医)腎臓結石。

vesepecsenye, vesesült [名] (料)腎臓の付いた腰部の焼肉；子牛のサーロイン(ローストの)。

vésés [名] ノミでほる(彫む・彫刻)すること；彫ったもの。

véső [名] (彫刻師の)のみ(鑿), 彫金刀, たがね。

vesz[1] [他] 取る, 得る, 取得する；(手紙を)受け取る；引き受ける；(人を)採用する, 雇う；(物を)買う, 購入する；(…から)汲み取る, 引き出す, 取り出す；(着物を)身につける, 着る；(…と)思う, みなす；失う。

vesz[2], **vész**[1], **veszik** [自] 消え失せる。損耗する；沈没する, おぼれる；亡びる, 滅亡する；生命を失う, 死す；傷む, 腐る；荒れ狂う, 気違いじみる, 狂暴的になる；身をほろぼす, 零落する。〔vízbe vesz, おぼれる, でき死する。a Dunába veszett, 彼はドナウ川ででき死した。〕

vész[2] [名] 嵐, 天災；不運, 凶事, 災難, 禍, 危難；損ずること, 破滅, 滅亡；没落, 衰微；敗戦, 敗北；(獣医)豚コレラ。〔a mohácsi vész, モハーチュの敗戦(トルコ軍に破れた戦い)。〕

veszedelem (目 veszedelmet) [名] 危害, 危難, 危険；禍, 害悪, 災難, 災禍。〔a szigeti veszedelem, スィゲトの危難(1566年のスィゲトヴァールのトルコ軍との戦い。ズリーニ・ミクローシュの叙事詩のタイトル)。a sárga veszedelem, 黄禍。〕

veszedelmes [形] 危い, 危険な, 危急の, 由々しい；破滅の基となる, 有害な, 害毒のある。

veszekedés [名] 争うこと；争論, 口げんか, 口論。

veszekedik, veszekszik [自] 争う, 口げんか(口論)する。

veszély [名] → veszedelem. 危害, 危難, 危険。〔veszélyben forgó, 危険に陥っている。veszélyben forog, 危険にひんしている。〕

veszélyes [形] 危ない，危険な；危急の，危篤の。

veszélyeztet [他] (…を)危険にさらす，危なくする，侵害しようとする；賭(か)ける。〔életét, egészségét veszélyezteti, 生活を，健康を危なくする。〕

veszélyeztetett [形] 危なくされた，危険にさらされた；おどかされた，危険な。

veszélytelen [形] 危険のない，無害の；安全な。〔veszélytelen gyógyszer, 害を与えない薬。〕

vészes [形] 危険に満ちた，危ない，破滅の基となる；すぐだめになる，傷み易い，悪くなりそうな；危険な，有害な；縁起の悪い，不吉の，不祥の；痛ましい，悲しい；(農)ペスト病にかかった(豚)。

veszett [形] 失われた，紛失した；狂犬病にかかった(犬)；堕落した；すさまじい；ひどい。

veszettség [名] (医)狂犬病；激怒，狂暴，狂乱，さわぎ狂うこと。

vészfék [名] (列車内の)非常通報装置。

vészharang [名] 警鐘。

veszít [他] 失う，無くす，紛失する；損失する；空費する；(勝負に)負ける。[自] (vmin)(…で)失う，損をする；(評判が)落ちる；(価値が)下がる。

vészjel [名] 危険信号；危急(非常・遭難・暴風雨などの)信号・合図(あいず)。

vészjósló [形] 凶事を予告する，凶変を知らせる，不吉な前兆の。

vészkijárat, vészkijáró [名] 非常口。

vesződik [自] 苦労する，骨を折る，かかずりあう，辛酸をなめる，さんざん苦労する，疲れ切る。

vesződség [名] 苦しみ，心配，労苦，困難，辛酸，煩労；面倒，煩しさ。

vesződséges [形] 骨の折れる，労苦の多い，疲れる，苦しい，つらい。

vessző [名] (柳などの細長い，しなやかな)小枝；つえ，むち(鞭，笞)；(ぶどうの木の)株；(文)句点，カンマ。

vesszőfutás [名] 配列笞刑，列間笞刑(二列の笞を持って打つ人々の間を通過させる刑罰)。

vesszőparipa [名] (子供が跨って遊ぶがん具で，棒の先へ馬の首をつけてある)竹馬，お馬；妙な愛がん物，道楽。

vesszőz [他] むちで打つ, むち打ちする；笞刑を加える。

veszt [他] 失う, 無くす；負ける, 失敗する；損する。〔csatát veszt, 敗戦する。pört veszt, 敗訴する。színét veszt, 退色する。kártyán tíz forintot veszt, カルタで10フォリント損する, 失う。árun száz forintot veszt, 商品で100フォリント損する。a csatában életét vesztette, 彼は戦死した。rajta vesztett, 彼に災いとなった。〕

veszte [(3人称の所有者表示のついた)名] (…の)没落, 衰微, 破滅, 滅亡。〔vesztébe rohan, 人を破滅させんとする。vesztére, (…の)没落をねらって。vkinek vesztére tör, …の破滅に努める, …の生命をねらう。〕

veszteg [副] 静かに, 穏かに, 動かないで, じっとして。

vesztegel [自] 静止(停止)する；(列車が)停車する；(船が)停泊する(検疫のため)。

vesztéget [他] (無分別に)浪費する, わいろを使う, 買収する；(商品を)投げ売りする。〔kár, hogy a szót is veszteget rá, それに贅言(ぜいげん～むだ口)するのも惜しい。〕

vesztegetés [名] 浪費すること；贈賄, 収賄；ろう絡, 誘惑。〔választási vesztegetés, 選挙の買収。〕

vesztegzár [名] 検疫のための交通遮断；その地域。

vesztes [形] (競争で)負けた, 屈服した。[名] 敗者, 失敗者(賭博～とばくの)。

vesztés [名] 損をすること；(勝負に)負けること。

veszteség [名] 失うこと, 喪失；(商)損失, 赤字, 欠損；(重量)減損, 減退, 消耗；喪失感。

vesztőhely [名] 処刑台, 断頭台。

vet [他] 投げる, 投ずる；(種を)まく；床(ベッド)を作る；推量(臆測)する；(写真を)撮る。[自] (vkire)(…の責に)帰す, 告発する。〔ágyat vet, 床をのべる, 床をとる。adót vet, 税を課す, 負わせる。asztalt vet, 食卓に卓布をかける。csapra vet, 樽(たる)の口をきる。cselt vet, (…に)わな(係蹄)をかける。számot vet, 計算する, 勘定する。magát vmire veti, …に没頭する, 専心する。〕

vét [自] (vmi ellen)(…に対し)過失を犯す, 不正を行う, 違反する, やり損なう；(vkinek)(…に)無礼を加える, 侮辱する, 逆らう, 傷つける。〔senkinek sem vétett, 彼

vétek (目 vétket) [名] (道徳的また宗教的の)罪, 罪悪, 邪悪；悪徳, 背徳；過失, 間違い。〔bocsánatos vétek, 軽罪。halálos vétek, 致命罪。vétekbe süllyed, 罪悪に落ち込む。〕

vetekedik, vetekszik [自] (…において…と)競う, 張り合う；口論する。〔vetekedve, 競争して, 張り合って, 競うて。〕

vetél [自] 主として, 動物が早産(流産)する；(比)稀に女性もまた。

vételez [他] (兵站部から糧食・弾薬などの)支給を受ける。

vetélkedik [自] 競う, 張り合う。

vetélytárs [名] (地位などの)競争相手, 張り合う者。

vetemedik [自] (vmire)(…に対し)身を委ねる, 敢行する, 決意する；(材木が)反る, 曲がる, ゆがむ；(比)(思想的に)堕落する。

vetemény [名] 食用植物, 野菜, 青物。〔hüvelyes vetemény, 豆科植物。〕

veteményes [形] 野菜の。〔veteményes kert, 菜園, 野菜畑。〕

vetés [名] (種・穀物などを)蒔(ま)くこと；種まき(播種)。

vetít [他] 映写(投射・投影)する；(…の投影図を)描く, 図面を引く, 設計する；(比)連絡する。

vetítés [名] 同上のこと；投影, 射影, 映写；(製図)投影画(平面)。

vetítőgép [名] 映写機。

vétkes [形] (vmiben)(…において)負い目ある, 罪ある, 有罪の, 刑を受くべき。[名] 罪人。〔vétkes bukás, 有罪破産。vétkes mulasztás, 有罪怠慢。〕

vétkesség [名] 罪あること, 有罪, 有罪性；罪状。

vetkőzik [自] 脱衣する, 着物を脱ぐ, 裸になる。

vetkőztet [他] 着物を脱がせる, 裸にする；(比)強奪(はく奪)する。

vétlen [形] 罪のない, 無罪の；潔白な, 無邪気な。

vetődik [自] (vhová)(どこかへ・どこかの海岸へ)はからずも達する, 迷い着く；(暴風に)吹き流される, 漂着(漂流)する；不意に出会う。

vetőgép [名] (農)播種機(種まき機)。
vetőmag [名] (農)まく種, 種粒。
vétség [名] (法)軽い犯罪, 軽犯罪, 過失, 違反。
vetület [名] (幾)射影, 投影;(製図)投影図;投影平面;正射影, 映写。
vevény [名] (郵便物の)受取証。
vevő [形] 買う…。[名] 買手, 買主;顧客, 得意先, 取引先。〔vevő képesség, 購買力。rendes vevő, 常客, 常得意。〕
vezekel [自] (罪を)あがなう, ざんげする。悔い改める;(宗)苦行をする。
vezényel [他] (兵)号令する, 命令する, 命ずる;(音楽などを)指揮する。
vezényszó [名] 命令, 号令。
vezér [名] (兵)司令官, 長, 指揮者, 統率者;首領, リーダー, 首謀者。〔rablóbanda vezére, 強盗の首かい(かしら)。〕
vezércikk [名] (新聞の)社説, 論説。
vezérel [他] 率いる, 導く, 指導(誘導)する;(機械を)操作する;(兵)指揮(命令)する。
vezérezredes [名] (兵)大将。
vezérigazgató [名] 総支配人;総裁, 総長, 社長。
vezérkar [名] (兵)参謀部。
vezérkari [形] 参謀部の。〔vezérkari térkép, 参謀部製地図。vezérkari tiszt, (兵)参謀将校。〕
vezérlő [形] 導く, 指導する;支配する, 勢力ある, 頭株の。〔vezérlő tábornok, (兵)軍司令官, 総司令官。〕
vezérőrnagy [名] (兵)陸軍少将。
vezet [他] (人を)導く, 連れて行く, 案内する, 率いる;指揮(指導)する;(電気・ガス等を)すえつける, 誘導する, 引く;(業務を)管理する, 取り締まる, 支配する;(自動車・飛行機を)操縦(運転)する;(事業を)経営する。[自] (道路がどこへ)達する, 通ずる, 導かれる;(スポーツ)前進する, 進む。
vezeték [名] (ガス・水道・電気等の)導管, 導線, パイプ, とい(樋);針金;(犬の引き)綱, ひも;(馬の)引きづな, 手綱;(工)排気管。
vezetéknév [名] 姓, 苗字(みょうじ)。
vezetés [名] 導く(指導する)こと;(兵)統率, 指導, 指揮;

管理，支配；案内，引率；運転；経営。

vezető [形]（…へ）導かれる(達する)(路)；良導性(伝導性)の(線)；指導する；指揮(支配)する；勢力ある。[名] リーダー，指導者；案内者；(自家用車の)運転手；(音)指揮者；(事業の)管理人，支配者，長；(理)伝導体。

vezetőség [名] 指導，指揮；管理，支配，指図；経営；幹部。

vézna [形] 弱々しい，かよわい，やせぎすの，病身の。〔vézna leány, やせぽち娘。vézna legény, やせた若者。〕

viadal [名] 戦い，争い，格闘，争闘，戦闘；(ス)競技。

viaskodik [自] 競り勝つ；(…と)戦う，闘う，争う，格闘する。

viasz, viaszk [名] 蜜蠟，ろう。

viaszgyertya [名]（祭壇用の）蜜ろう灯。

viaszsárga [名] 蠟のように蒼白い，蠟色の。

vicc（目 viccet）[名] 愉快な(慰みになる)一口ばなし；機知，とん知；奇知に富んだ言葉，ジョーク，しゃれ，笑話，座興，ふざけ，ユーモア；転機；こうかつ，悪がしこき。

viccel [自]（…に就いて…と）しゃれ(洒落)を言う，笑い話を言う，ジョークを言う。

vicsorgat, vicsorít [他]（歯を）剝く。〔fogait vkire vicsorgatja, …を威嚇する，怒る。〕

vidám [形] 朗らかな，楽しい，陽気な，愉快な，うれしそうな，快活な，上きげんの。

vidámság [名] 喜び，陽気，興，なぐさみ，愉快，快活，朗らかさ，上きげん。

vidék [名] 地方，地区，地帯；付近，近傍；いなか，地方。〔vidéken, 地方で，いなかで；近傍において。〕

vidéki [形] 地方の，いなかの。[名] 地方人，いなか者。

vidékies [形] 地方らしい，いなからしい，いなか風の，いなかびた。

vidra（目 vidrát）[名]（動）かわうそ(川うそ)；川うその毛皮。

víg [形] 喜ばしい，うれしい，愉快な，陽気な，快活な，楽しい，おもしろい，晴れ晴れした。

vigad, vigadozik [自]（飲んだり踊ったりして）楽しむ，喜ぶ，興ずる。〔sírva vigad a magyar, ハンガリー人は悲しい時でも涙を流して興ずる。〕

vigadó [形] 楽しむ,喜ぶ…。[名] 娯楽場,舞踏会(場)。
vigasz [名] 慰め,慰謝,慰安,慰ぶ;慰さめの言葉;慰問。
vigaszdíj [名] 残念賞;ブービー賞。
vigasztal [他] 慰める,気を引き立てる,朗らかにする,慰安を与える,励ます。
vigasztalan [形] 慰めようのない,希望のない,失意の,悲嘆にくれた,絶望的な,苦もんの。
vigasztalhatatlan [形] 慰めることのできない,慰めにならない,慰められない;わびしい。
vigasztaló [形] 慰める,慰めになる;慰謝する;元気を(気分を)つける。[名] 慰める人,慰安者,慰謝する人;慰めになること。〔vigasztaló szó,慰めの言葉,慰問の言葉。〕
vigasztalódik [自] (…で)気心を慰める,なだめる;元気になる。
vígjáték [名] 喜劇。
vigyáz [自] [他] (…に)注意(用心・留意・配慮)する;気をつける,警戒する。〔vigyázva,用心深く,注意深く,慎重に。vigyázz!,注意せよ,用心せよ;(兵)気をつけ! vigyázzban tiszteleg, 気をつけをして敬礼する。〕
vigyázat [名] 注意,用心;警戒,監視,監督。
vigyázatlan [形] 慎重でない,不注意な,思慮のない,無分別な;ゆるがせな,軽率な,かるはずみな。
vigyázatlanság [名] 不注意な態度。
vigyorgás [名] 無作法にニヤニヤ笑うこと;忍び笑い,冷笑,ちょう笑。
vigyorog [自] 冷笑(ちょう笑)する,せせら笑う,ニヤニヤ笑う。
vihar [名] 暴風雨,あらし(嵐),しけ(時化);(比)大混乱,騒動,(感情の)暴れ狂うこと,熱狂。
viharfelhő [名] 雷雲,あらし雲;(比)(不吉なことの)予兆。
viharos [形] 荒れ模様の,暴風雨の,荒れる,しけた;(比)荒れ狂う,大騒ぎの;激しい,激烈な,熱烈な,性急な;騒がしい,波らんの多い。〔viharos éj, 雷雨(あらし)の夜。viharos élet, 波らん多き生涯。〕
vihog [自] (無作法にも)しきりにくすくす笑う;(馬が)いななく。
vijjog [自] (わし・はげたか等が)ケンケン鳴く;(みさご・尾白

ワシなどが)鳴く。
világ [名] 人間世界, 世人, 世間；浮世, 俗界, 俗世, 物欲の世界；世の中, 社会, 世界；分野, …界；光, 光明, 明り。〔világért sem, 決して…せぬ, 少しも…せぬ。világgá megy, 世の中へ出る；外国へ行く, 旅に出る。világgá kürtöl, 世間一般の人々に告げる, ふれまわる。〕
világbéke [名] 世界の平和。
világbirodalom [名] 世界的帝国。
világegyetem [名] 宇宙, 天地万物, 森ら(羅)万象。
világéletében [副] その生がいで, その今までの人生で。
világfájdalom [名] (文)(18世紀から19世紀への転換期における)感傷的えん世感情, 世界苦, ロマンチックえん世主義。
világháború [名] 世界大戦。
világhírű [形] 天下に名ある, 世界的に名声ある。
világhódító [形] 世界を征服する…。[名] 世界征服者。
világi [形] 世界の；世の, 世間の, この世の, 現世の；俗世間の, 浮世の；(宗)宗門に属しない, 俗の, 異端の, 邪道の。[名] 俗人, 異端者。〔világi pap, 在俗僧, 在家僧, 僧籍のない説教師, 俗人の説教師。〕
világirodalom [名] 世界文学。
világít [自] 照らす, 明るくする, 照明する；(比)明らかにする。
világítás [名] 同上のこと；照明, 採光(の具合)；イルミネーション；灯火；(比)明らかにすること。〔világításba helyez, 吟味(調査)する, 明らかにする, 正しく理解させる。〕
világítótorony [名] (海)灯台；航空標式。
világjáró [形] 世界を漫遊する…。[名] 世界周航者, 世界漫遊者。
világkiállítás [名] 万国博覧会。
világlátott [形] (多くの国を見て)世事に明るい, 世故に通じた。
világos [形] あざやかな；明るい, 淡い, 透明な, 澄んだ；朗らかな；(比)明瞭な, 明せきな, 明白な, 明快な, 判然たる。[名] ライト・ビール；(チェス)白い駒。〔világos sör, (黒ビールに対して普通の)ビール。világos stílus, 明せきな文

体。〕
világoskék [形] 淡青色の, 水色の。
világosodik [自] 光を発する, 明るくなる。
világosság [名] 光り, 明り, 明るみ, 灯火；透明；清朗, 明瞭；(比)明せき, 明白, 判明, 分かり易いこと。〔örök világosság. (宗)天国での至福。〕
világoszöld [形] 淡緑色の, 浅緑の, あざやかな緑色の。
világpiac [名] (商)世界市場。
világpolgár [名] 世界市民；世界主義者, コスモポリタン。
világraszóló [形] 世界的に関心がある；世界的に重要な(事件など)。
világrész [名] (地)五大州の一, 大陸。
világszerte [副] 世界中に, 世界至る所に, 全世界に。
világtáj [名] 方位方角(東西南北)；世界の地域。
világtalan [形] 真暗の；曇った；盲目の, 失明の；盲目的の。[名] 失明者, 盲人。
világtörténelem [名] 世界史。
villa[1] (目 villát) [名] (農)(枯草用の)くまで(熊手), みつまた；(食事用の)フォーク；(動)二股の角。
villa[2] (目 villát) [名] (建)別荘；別荘風の住宅(田舎の)。
villám [名] 電光, いなずま(稲妻), 雷電；(比)せん(閃)光, ひらめき。
villámcsapás [名] 落雷。
villámgyors [形] 電光のように速い。
villámhárító [名] 避雷針(器・装置)。
villámlás [名] いなびかり(稲光)がすること；ピカリと光る・ひらめくこと。
villámlik [自] いなびかり(いなずま)がする；ピカリと光る, ひらめく。
villamos [形] 電気の。[名] 路面電車, 電車。〔villamos áram, 電流。villamos folyam, 同左。villamos gyár, 電気工場。villamos világítás, 電灯, 電気採光(照明)。〕
villamosít [他] 電化する。〔vasútat villamosít, 鉄道を電化する。〕
villamosság [名] (物)電気。〔pozitív villamosság,

陽電気。negatív villamosság, 陰電気。〕
villámsújtott [形] 電気を受けた，落雷を受けた。
villan [自] ピカッと光る，せん光を放つ，ひらめく；(比)(胸中に)ひらめく，急に思い浮かぶ。
villanás [名] 光ること，ひらめくこと；(比)(胸中に)ひらめくこと，急に思い浮かぶこと。
villany [名] 電気；電灯。
villanymotor [名] 発電機。
villásreggeli [名] 小昼食(朝食と昼食との間の食事，朝食より上等でフォークを使う)。
villog [自] 火花を発する，ピカピカする，ひらめく；キラッと光る；いなずまが光る。
villong [自] 相争う，反目している，武力闘争している。
villongás [名] 不和，争い，闘争，紛争，かっとう，あつれき(軋轢)。
vinnyog [自] (ウサギなどが苦痛で)鳴く；(赤児がむずがって)泣く。
viola (目 violát) [名] (植)すみれ。
violaszín [名] すみれ色。
vipera (目 viperát) [名] (動)まむし，毒へび；(比)意地の悪い女性。
virág [名] (植)花(華)；花盛り，花時；(比)華やかな時代，盛り，全盛；栄え，繁栄；精華，粋。〔életé virágjában, 彼の生がいの全盛において。a hadsereg virága, 軍の精鋭。virágom, (女性に対して)わが最愛の者，愛しき人。〕
virágágy [名] 花壇。
virágárus [名] 花売娘，花屋。
virágcserép [名] 花ばち(鉢)，植木ばち。
virágillat [名] 花の香；花の香水。
virágkor [名] 花時；(比)盛時，全盛時代。
virágnyelv [名] 花言葉。
virágos [形] 花のような；花の多い；花模様のある；花で飾られた；(ぶどう酒やビールの)あわ(泡)だらけの；(比)華麗な，あでやかな。
virágoskert [名] 花園。
virágpor [名] (植)花粉。
virágszál [名] 一輪の花。〔virágszálam！(比)(娘や

子供に対して)わが愛人よ。〕
virágvasárnap［名］(宗)復活祭の前の日曜日，枝の主の日(日曜日)(キリストが受難を前にエルサレムに入った日)。
virágzás［名］開花，花盛り，花時；(比)全盛，隆盛，繁栄。〔virágzásra emel, 繁盛させる，はやらせる。〕
virágzat［名］(一本の茎に咲く全体の)花；(植)花序(花のひらき方)。
virágzik［自］咲いている，開花している；(比)繁盛する，栄えている，隆盛である。
virágzó［形］花の咲いた，花盛りの；(比)今を盛りの，栄える，繁栄する，盛んな。
virgonc［形］軽快な，はしこい，手ばやい，機敏な；活発な，発剌たる，活気ある。
virít［自］花が咲いている，開花している；(場所が)花盛りである；生き生きしている，人目をひく(色などが)。
virrad［自］(主語なしで)明るくなる，薄明になる，夜が明ける；(比)(なんらかの時期が)始まる；(どんな状態に)目覚める。
virradat［名］払暁，夜明け，れい明，曙(あけぼの)；(比)よい時代の始まり。〔virradattal, virradatkor, 夜明けと共に，夜明けごろ，早朝に。〕
virraszt［自］起きている，夜をふかす，夜を明かす，徹夜する；よなべ(夜仕事)をする；(死者や病人に)よとぎ(夜伽)をする，番する，見張りする。
virsli［名］小さい腸詰(ウィンナー・ソーセージ)。
virtus［名］武勇，勇敢，豪勇；武侠；離れ業，芸当；功績，手柄，勲功，いさおし。
virul［自］花が咲いている，花盛りである；(比)栄えている，繁栄する，繁茂する。
viruló［形］花盛りの，今を盛りの；(比)盛んな，栄える，繁栄する；清新な，生き生きした。
visel［他］(衣服を)身につける，着る；(ひげなどを)はやす；(費用を)負担する；(責任を)引き受ける；(職位を)占める。〔háborút visel, 交戦する。hivatalt visel, 官職についている，ある職を司る，ある地位を占める。magát viseli, (…に)身を持す，ふるまう，行動する。〕
viselet［名］着用；服装，衣服，衣装；行為；品行，行儀，行状；振る舞い，動作，態度，挙動，様子。

viselkedés [名] 振る舞い，態度，行為；仕方，やり方，挙動；行儀，行状，品行。

viselkedik [自] 行動(挙動)する，振る舞う；(…の)態度をとる。

viselt [形] 着やぶれた，すり切れた，着古した(着物)；使い古した(家具)。〔viselt dolgok, (過去の)所業，行跡；業績，功績。〕

viseltetik [自] 振る舞う。〔barátsággal / szeretettel viseltetik vki iránt, …に対して友誼(親愛)をもって振る舞う。ellenszenvvel / gyűlölettel viseltetik vki iránt, …に対し反感(憎悪)をもって行動する。〕

visít [自] (子供が)金切り声をあげる，鋭く叫ぶ，叫びつづける；(鳥獣が)鋭い鳴声を発する。

viskó [名] 掘っ立て小屋，荒屋(あばらや)。

visz [他] 持ち運ぶ，持って行く，持ち去る，運搬する；連れていく；(衣類を)身に着ける，着る；(比)(仕事を)前進させる。[自] (…へ)導く，連れて行く，誘導する，もたらす。〔kocsin visz, 車で運ぶ；連れていく。hová visz ez az út? この道はどこへ導くか。ez az út a városba visz, この道は町へ通ずる。jégre visz, (…を)窮地に陥れる，あざむく。nagyra visz, 進歩(熟達・上達・成功)する，出世する，やり上げる。sokra visz, 同上。〕

viszály, viszálykodás [名] 不和，もん着，反目；争論，異論。

viszket [自] かゆい，むずむずする；くすぐる，情をそそる；(ダンスをしたくて)むずかゆい，もどかしがる。

viszketeg [形] かゆい，むずむずする。

viszketegség [名] かゆいこと，かゆみ；ひりひり・うずき；(比)むずむずすること，もどかしさ，何か大評判になることの渇望。

viszonoz [他] (…の)返しをする，報いる，返報する；回答(応答)する。

viszont, viszontag [副] その代りに，反対に，と対比して，に対して；しかるに，他方，取り替えに，交互に；然し，それにもかかわらず，とはいえ；(相手のあいさつなどに対し)そちらも，お返しに。

viszontagság [名] (世の中の)うつりかわり，変遷，浮沈，

栄枯盛衰, 有為転変。

viszontagságos [形] 変化の多い, 起伏のある。
viszontbiztosítás [名] 再保険。
viszontlát [他] 再び見る(会う), 再会する。
viszontlátás [名] 再び見る(会う)こと, 再会すること。〔(A)viszontlátásra! それでは近い内に! さようなら!〕
viszonzás [名] お返し。〔viszonzásul, お返しとして, 返礼として。〕
viszonzatlan [形] 返事のない; 報いられない(恋など); 報酬のない, お返しのない。
viszony [名] 関係, 関連; 交わり, 間柄, 仲; 交際, 親交; 状態, 状況, 事情, 立場, 境遇; (数)割合, つりあい(バランス), 比例。〔üzleti viszony, 営業関係。baráti viszony, 友人の間柄。szerelmi viszony, 恋愛の間柄。jó anyagi viszonyok között él, 彼は物質上よい環境にある。jogi viszonyok, 法的関係。〕
viszonyít [他] (vmit vmihez)(…を…に)対照(比較)する, 関係づける。
viszonylag [副] 比例して, 割合に, 関係的に, 相関的に, 比較的に。
viszonylagos [形] 相対的の, 比較的の。
viszonylik [自] (vmihez)(…に対して)関係にある; (…に対し)(…の)事情(状態)にある; (数)(…に)比例する。
viszonyul [自] (vmihez)(…と)関係(関連)がある; (…に対し)…の事情にある; (…に)似ている, 調和する; (数)(…は…と)比例する。
vissza [副] 元へ, 逆戻りに; 遡って; 遅れて。
visszaad [他] 返す, 戻す, 返却する; 返還する, 償還する; 報いる, 逆ねじをくわす; (光を)反射させる; 再現させる; (スポーツ)(玉を)投げ返す。
visszaállít [他] 元の所におく; 原状に返す, 修復(ばん回)する, 元に返す; 再び調える, 修復(再建・復旧・回復)する。
visszabeszél [自] (…に)反対の意見を述べる, 異議を述べる, 抗言(反ばく)する。
visszacsatol [他] 再び結びつける; (土地を)返還する。
visszaél [自] (vmivel)乱用(悪用・誤用)する。

visszaélés [名] 乱用, 誤用, 悪用；(法)背任行為。〔hivatalos hatalommal való visszaélés, 公権の乱用。〕

visszaemlékezés [名] 思い出すこと；回想, 追憶, 追想。〔visszaemlékezés vkire, …の回想。〕

visszaemlékezik [自] (vmire) (…を)思い出す, 回想(追憶)する。

visszaesés [名] (病気の)再発, ぶりかえし；(過失に)再び陥ること；不景気, 衰退。

visszaesik [自] (元の場所に)落ちる, 倒れる；引っくり返る；(病気が)再発する, ぶりかえす；再犯する, かさねて罪を犯す；(スポーツ)後退する；衰退する；(比)(前と同じ)間違いをする, 繰り返す, 再び陥る。

visszafelé [副] 元の場所へ；後方へ, 背後へ, 逆さまに, 反対に；帰りに。

visszafizet [他] 払い戻す, 償却(返済・弁償)する；(比)お返しをする(良いこと, 悪いこと)。

visszafogad [他] 再び採用する；再び受け入れる。〔a tékozló fiút vissafogad, 放とう息子を再び家に入れる。vkit kegyeibe visszafogad, …を再び恩恵に浴せしめる；再び入れる, 再び採用する。〕

visszafoglal [他] 取り返す, 奪回(奪還・再占領)する。

visszafojt [他] 抑圧する；押える, 阻止する, 抑制する；〔lélekzetet visszafojt, 呼吸を押える, 息を止める, 窒息させる。〕

visszafordít [他] 逆にする, 逆さにする；裏返す, ひっくり返す；くつがえす, 転倒させる；(本を)元の言語に翻訳する；(馬を)半転回させる, 後方に向ける；(道を)引きかえさせる。

visszafordul [自] 向き直す；引き返す, あと戻りする；(比)(感情などが)戻る；(兵)回れ右をする。

visszafut [自] 走り帰る, かけ戻る；(水が)逆流する；(兵)(砲銃が)後下がりする, 反衝する。

visszagondol [自] 再考する, 考え直す, さらに熟考する；思い出す, 回想(追想)する。

visszahat [自] (vmire) (…に)反作用する, 反動(反応・反響・反射)する；(法)効力が遡及(そきゅう)する。

visszahatás [名] 反作用, 反動, 反発, 反応；(法)既往にさかのぼること, 遡及(そきゅう)効(力)。

visszaható［形］（…に）反作用する；（法）既往に遡及する（力）。〔visszaható ige,（文）再帰動詞。〕

visszahelyez［他］元の位置に返す，旧に復す，元にもどす；復職（復位）させる；（法）復権させる；（医）復臼させる（脱臼した骨を元に収めること）。

visszahív［他］呼び返す，呼びもどす，召還する（代表者を）；回収する；（電話をしてきた人に）電話する。

visszahódít［他］(vmit vkitől) 取り返す，回復する；奪回する，再び征服する（城を）。

visszahúz［他］（手を）引っ込める，引っ込ませる；（兵）（哨兵を）撤退させる；（告訴を）取り下げる；（注文を）取り消す，撤回する，断る。

visszahúzódik［自］（獣がほら穴へ）引っ込む，退く；（世間から）引退（隠退）する；（兵）退却する。

visszaidéz［他］（…を記憶に）呼び起こす，追憶する，思い出す；（…を…の記憶に）思い出させる，しのばせる，喚起させる。

visszája（目 visszáját）〔（3人称の人称表示がついた）名〕（…の）反対面，裏面；反対，逆，さかさま。〔visszájára, 反対に，逆に。visszájáról,（…の）反対面から，裏面から；反対側から，転倒して。〕

visszajár［自］（往々）元に還る，逆戻りする，帰って来る（金などが）。〔Önnek két forint visszajár, 2フォリントお釣りです。〕

visszajön［自］帰って来る，帰還（復帰・回帰）する；もどってくる。

visszajövet［副］帰途に，帰路に，かえりがけに；もどってきたら。

visszakap［他］（財産・所有権・健康などを）取りもどす；（病気を）ぶりかえす；再び病気にかかる；（勢力・勇気を）回復する；（金銭の）返済をうける，返してもらう。

visszakapcsol［他］（分離した地方を）再び結びつける，連絡をつける；（電気・ラジオ・列車などを）再び結合（接触）させる；（ボタンを）かける。

visszakér［他］(vkitől vmit)（…から…の返還（返却）を求める（願う・迫る）。

visszakerül［自］もどる；（紛失物が再び）返って来る，現われる，見当たる，見つかる。

visszakísér [他] もどるのを見送る，付き添ってもどる；護送する，同伴する。

visszakozik [自] 前の状態に戻る；(比)前言を翻す。〔visszakozz！(体操や軍隊で)立ち直れ！撃ち方止め！〕

visszaköltözik [自] (前の住居に)引っ越す；(故国に)帰って来る。

visszakövetel [他] 取りもどしを要求する，返還(返却)を請求する。

visszaküld [他] 送り返す，返還(返送)する。

visszalép [自] (vmitől)(…より)あとずさりする，後退する，引っ込む；(前の場所へ)進む；断念する，取り消す；(vhová)どこへもどる，復帰する。

visszamarad [自] うしろに居残る，おくれる(軍隊など)；(商品が市場に)余って残る，残存する；(時世に)取り残されている，遅れている；落後している；(体などが)劣っている。

visszamegy [自] もどる；(旧地位に)復帰する；(過去や源泉に)さかのぼる，そ及する；(同じ道を)逆もどりする；(度合いが)少なくなる，(比)(計画が)なくなる。

visszanéz [自] 後ろを見る；見返す；振り返る。

visszanyer [他] (失った物を)取り返す，回復(回収)する；(財産を)回収する；(人望を)とりもどす。

visszanyúlik [自] (空間において)後方へ伸びる；(過去に)立ち返る，さかのぼる。〔ez az esemény messzire visszanyúlik, この事件は遠い過去にさかのぼる。〕

visszapillant [自] 後ろをさっと見る，顧みる；(過去を一瞥する)回顧する。

visszapillantás [名] 振り返って見ること；回顧，回想。

visszarak [他] (元の所に)返しておく，置きもどす，納める，元通りにする；片付ける；後ろに残しておく。

visszarendel [他] (…を…へ)呼びもどす，召還する；(商)注文を取り消す；命令を替える。

visszás [形] 逆さの，あべこべの；不合理な，条理の立たない，ばからしい；不愉快な，いまわしい。

visszasüllyed [自] 再び落ちる(沈む・陥る)；(比)再び(悪に)はまり込む(陥る)，再び堕落する。

visszaszáll [自] (鳥が)とび帰る；(乗物に)再び乗る；(法)(遺産は…に)帰属する；(比)(考えが)再び向く。

〔gondolatai visszaszállnak a szülõházába, 思いは生家に矢の如く走る。〕
visszaszerez [他] 取り返す, 取りもどす, 回復する；再び取る, 奪回する；買い戻す；(失地を)取り返す。〔visszaszerez vkinek az egészségét, …の健康を回復する。〕
visszaszól [自] 後ろを向いて言う；(横柄に)言い返す, 抗弁する, 文句を言う。〔visszaszól a szomszédjához, 背後の隣人に話しかける。〕
visszaszorít [他] 押しもどす, 押し返す；追い払う, のけさせる；(敵を)撃退する；(群衆を)制する, 押しのける；(涙や感情を)おさえる, 抑制する。
visszaszorul [自] 追い払われる, 追い返される, 追いもどされる；(兵)撃退される。
visszatalál [自] (vmire)帰り路が分かる, 帰路を見つける。
visszatart [他] 押しとどめる；(給料を)留めておく, 保留する, 渡さぬ；(涙を)おさえる, 制止する；(呼吸を)おさえる, 息を殺す；(vkit vmitõl)…を…から引き止める, 留めておく。
visszataszító [形] 寄せつけぬ, 突っ放すような, 拒む, しりぞける；反感を起こさせる, けんおの情を起こさせる, いとうべき, いやな。
visszatekint [自] 後ろを見る, 顧みる；回顧する, 過去にさかのぼる。
visszatér [自] もどる, あともどりする；(やめた職業などに)復帰する；(祖国へ)たち返る, もどる；(教会の膝下に)復帰する；(主題に)もどる；(比)本心に立返る, 改悟する。〔csapattestéhez visszatér, (兵)復隊する。〕
visszatérít [他] (…を)旧に復させる, 原状に帰する；(商)(保険金などを)払いもどす；(…を…に)たち返らせる, 引きもどす；(宗)(…を元の信仰に)たち返らせる, 復帰させる。
visszatérítés [名] (商)払いもどし(金銭の)；(宗)再改宗。
visszatesz [他] (…を)元の所におく, 元の場所に返す, 返しておく；(…を)復職させる；(剣をサヤに)納めておく；(医)(脱臼や骨折を)整骨(整復)させる。
visszatetszés [名] 気に入らぬこと；不愉快, ふきげん, 不満, 不平, 不快, 不興。〔beszéde visszatetszést kelt

visszaverődik

a hallgatóságban, 彼の話は聴衆の不快を買った。〕
visszatetsző [形] 気に入らぬ, 好ましからぬ, 不快な, いやな。
visszatol [他] 押し返す, 押しもどす, 突き返す；排斥する, 追い払う；(兵)(敵を)撃退する。
visszatükröz [他] (…を)反射(反映)させる；(比)表す, 感じさせる。〔levele visszatükrözi a családi lelkiállapotát, 彼の手紙は家庭の精神状態を反映させる。〕
visszatükröződik [自] (姿が)鏡に映る, (影が)映る；再現される, 反射する；(比)表われる。
visszaugrik [自] 元の場所へ飛ぶ；飛びもどる, 飛び返る；(バネが)はね返る, はじき返る；(大砲が)ひく, 元にもどる, 反発する。
visszautasít [他] 拒む, 断る, 認めない；(請願を)拒絶(却下)する；(贈物を)突っ返す；(判事を)忌避する；(…を…に)送り返す。
visszautazás [名] 旅行から帰る(帰路につく)こと, 復帰, 帰航。
visszautazik [自] 旅から帰る, 帰路にある；帰船する。
visszaüt [他] 打ち返す, 反撃する；殴り返す。[自] (祖先に)似ている。〔ez a vonás visszaüt a nagyapjára, この顔だちは祖父を思い出させる(しのばせる)。〕
visszavág [自] (…に)反撃する；口答えする, 言い返す；ぬからない(機知ある当意即妙の)返答をする。[他] 投げ返す；拒否する。
visszavágyik, visszavágyódik [自] (vhová)…へ帰りたがる；(過去に・誰に)追慕する, あこがれ；(望郷の思いに)胸をいためる, ホームシックになる。
visszavált [他] 買いもどす, 請けもどす；質受けする；身請けする, あがなう；元の通貨に交換する；払い戻す。
visszaver [他] 押し返す, 突き返す；(敵を)撃退する；(光や熱を)反射する；(音を)反響させる；(…の姿を)反映する；(風が煙を)吹き下ろす, 打ちおろす, 引き下げる。
visszaverődés [名] (光や熱の)反照, 反射；(音の)反響；(姿の)反映, 映像；(波の)打ち返し, 返し波。
visszaverődik [自] (光が)反射する；(音が)反響する；(波が岩壁で)砕ける, はねかえる。〔a fény visszaverődik a tükörről, 光が鏡から反射する。〕

visszavesz [他] (不良品を)取り返す, 取りもどす, 回収する; 買いもどす; (城市を)再び征服する, 奪回する; (約束や宣言を)取り消す, 取り下げる, 撤回する; (旧雇用人を)再び雇い入れる。

visszavet [他] あともどりさせる, 投げ返す; (申し込みを)拒絶する; (…を試験で)断る, 拒む; (官吏を昇進から)あともどりさせる, 後退させる; (兵)撃退する。

visszavezet [他] 再びつれて来る, 連れもどす; (子供を親もとに)連れもどす(連れ帰る); (比)(…を…に)立ち返らせる, 逆行させる, 還元(遡及)させる; (この現象を政治的原因に)帰する。

visszavisz [他] 持ち帰る, 運び帰る; 再びつれて来る, 連れもどす, つれ返す; (比)(…の原因に)帰する, 遡及させる, 還元する。

visszavon [他] (提案や法案を)撤回する; (言葉を)取り消す, 訂正する; (許可を)取り消す, 廃止する; (軍隊を)引き上げる, 退却させる; (告訴を)引っ込める, やめる; (比)引きもどす。

visszavonás [名] 取り戻し, 呼び戻し, 召還; (法案の)撤回; (委任・贈与の)取り下げ; (約束の)取り消し; (商)(注文の)取り消し; (兵)(軍隊の)召還, 退却させること; 不平のもんちゃく, 紛争。

visszavonhatatlan [形] 取り消しがたい, 取り返しのできない。

visszavonul [自] 退く, 引退する, 引っ込む; (兵)退却する; (…から)手を引く, 関係を断つ。

visszavonulás [名] 引っ込めること; (兵)退却; (世間から)引退, 引きこもり。

visszavonult [形] 引退した; 引きこもった, 隠とんした。

visszér [名] (解)静脈。

visszfény [名] 反射光, 反照, 反映。

visszhang [名] 反響, やまびこ, こだま。

visszhangzik [自] 反響(共鳴)する, 鳴りひびく。

vita (目 vitát) [名] 議論, 論争, 論議, 論難, 討論, 討議, 舌戦, 争議; 争訟, 係争。

vitat [他] 論争(討議・討論)する; 主張する, 確言する。〔sokat vitatott kérdés, 多く討議された問題。〕

vitatkozik [自] (vkivel vmiről/vmin) (…と…に

víz

就いて)論ずる，論争(討論)する。

vitel [名] 運搬，運送，輸送；(一車の)積み荷；(事務や業務の)管理(執行)。

viteldíj [名] 運送費，運賃，輸送費。

vitet [他] 持ち運ばせる，運搬させる，持って行かせる；連れて行かせる，導かせる，案内させる。〔a szállodához vitette magát, 彼はホテルへ車を走らせた〕

vitéz [形] 勇敢な，勇気ある，英雄的，超人的；(両大戦間，武功抜群な者に授けられた)称号，肩書(例，vitéz Horty Miklós úr)。[名] 勇士，英雄；(古)軍人に対する呼称。〔vitézül, 豪胆に，勇敢に，勇ましく。〕

vitézség [名] 勇敢，豪勇；大胆な行為。

vitorla (目 vitorlát) [名] (海)帆布；風見鶏；(猟)キツネの尾；(植)(チョウ形花の)上弁。〔felvonja a vitorlát, 帆を巻き上げる。levonja a vitorlát, 帆をたたむ，収帆する。〕

vitorlarúd [名] (海)帆架，帆桁(ほげた)(帆柱に横に渡す材)。

vitorlás [形] 帆のある。[名] 帆船；帆匠(ほぬい)。

vitorlázik [自] (vhova)(どこへ)帆走する，帆船で航行する(航海)する；グライダー飛行する。

vív [自] (vkivel)(…と)打ち合う，戦を交える；撃剣(戦闘)する；フェンシングをする。[他] (城を)襲撃(攻囲)する。〔csatát vív vkivel, …と戦を交える。haláltusáját vívja, 彼は死闘を戦う。〕

vívás [名] 打ち合う(戦を交える)こと；フェンシング，刀術，軍刀術；(兵)要さいの攻城(攻囲)。

vívmány [名] 獲得物，戦利品；(研究の)業績，功業，成果；(進歩・発達の)結果。

vívó [形] 戦を交える，決闘(撃剣)をする…；フェンシングをする。[名] 撃剣家，剣客，闘士；フェンシングの選手。

vívóállás [名] フェンシングの姿勢，構(かま)え。

vívódik [自] (vmivel)(…と)闘う，決闘する，戦を交える。〔a halállal vívódik, 彼は死と闘う。〕

víz [名] 水；河川，湖沼，海洋；(比)(汗などの)水滴。〔vízbe fúl / hal / hull, おぼれる，でき死する。vízbe fojt, vízbe öl, おぼらせる，でき死させる。vízre bocsát, (船を)進水させる。vizen és szárazon, 海陸両路で。〕

vízállás [名] 水かさ，水準。
vízálló [形] 水のとおらない，水のもらない(布など)；防水の，耐水の，湿気を防ぐ(壁など)；水溶性でない。
vízcsepp [名] 水滴。
vizel [自] 小便する，放尿する。
vizelet [名] 尿(にょう)，小水，小便。
vizenyős [形] 沼の多い，沼地性の；水を含んだ，しめっぽい；(比)うつろな(目)；(比)平板で退屈な，気の抜けた；(医)浮腫性の，浮腫にかかった，むくみの。
vizes [形] 水気ある，しめっぽい，湿潤の，ぬれた；水を混ぜた(酒)；水の(つぼ)；(比)治水の。
vizesedik [自] ぬれる，しめっぽくなる，湿気をおびる；水っぽくなる(酒など)。
vízesés [名] 水の落下；ばく布，たき(滝)。
vízfesték [名] (絵)水彩絵具。
vízgőz [名] 湯気，水蒸気。
vízhiány [名] 水の欠乏，水不足，渇水；ひでり，水飢きん，干害。
vízi [形] 水の；水に関係する；水質の；水性の。
víziló [名] (動)河馬。
vízimalom [名] 水車。
vízinövény [名] (植)水生植物；水草。
vízipuska [名] 水鉄砲；(古)消火ポンプ，消火器；放水器。
víziszony [名] 水への恐怖症；(医)恐水病，狂犬病。
vízjel [名] (紙の)すかし(紙幣のすかし模様など)；水位標，満載吃水線，乾舷。
vízkereszt [名] (宗)主顕節(一月六日，救世主の出現を祝う祭，みどりごキリストを拝した東方の三人の王によって名づく)，三王祭。
vízmentes [形] 水を含まない；(化)無水の，乾燥した；水の通らない，水のもらない；防水の，耐水の。
víznyomás [名] (物)水圧。
vízóra [名] (古代の)水時計，漏刻；水量計。
vízözön [名] 豪雨；大洪水；(聖)ノアの洪水。〔vízözön előtti, ノアの大洪水前の；(比)大昔の，時代後れの。〕
vízpára [名] 水蒸気，水煙。

vízrajz [名] 水路学，水路測量学。
vízsugár [名] ほとばしり出る水，水の噴出，噴水。
vízszint [名] 水平；水平面。[副] 水平に。
vízszintes [形] 水平の；地平線の。
vízum [名] ビザ。
vízvezeték [名] 水道；水道設備；水管，活せん(栓)；(台所の)流し，シンク。
vizsga [形] 研究(究・探索)する，せんさく好きの。[名] 試すこと；試験；テスト；試問；調査；(医)診察。〔írásbeli vizsga, 筆記試験。szóbeli vizsga, 口頭試験。〕
vizsgál [他] 試験(検査・調査・吟味・診察・化学分析)する。
vizsgálat [名] せんさく；調査，検査，吟味；捜索；(法)審理，審問。〔előzetes vizsgálat, 予審；(医)診察；(会計の)検査，審査。iskolai vizsgálat, 学校の試験。szakértői vizsgálat, 鑑定。vegyi vizsgálat, 化学分析。〕
vizsgálati [形] 同上の；同上に関する。〔vizsgálati díj, 試験料，査定料。vizsgálati fogság, 未決拘留。〕
vizsgáló [形] 試験(探索)する…。[名] 試験(検査・調査・審査・診察)する人；検査室。
vizsgálóbíró [名] (法)予審判事。
vizsgálódás [名] (付近を)せんさくすること；探究，探索；(兵)偵察。
vizsgálódik [自] (その周辺を)見張る，うかがう，せんさく(探究)する，探り見る，せんさくする；(兵)偵察する。
vizsgázik [自] 受験する；(車の運転の)試験をすます，試験を通過する，試験に及第する。
vizsgáztat [他](vkit)(…を)試験する；(…に)試験を受けさせる。
vizsla (目 vizslát) [名] ビズラ；(嗅覚の鋭敏な一種の猟犬)捜索犬，ポインター，セッター，ハリヤー(犬) [形] 探るような，探究的な(眼)。
vogul [形] ヴォグルの。[名] ヴォグル人(ウラル山脈の東，西シベリアに住む)；ヴォグル語。
voks [名] (古)(表決の)投票；票決；投票紙(札)。
volt [形] (van の三人称単数の過去分詞。)昔の，元の，かつての。

volta [(3人称単数の所有者表示がついた)名] (物の)性質, 性格, 本性, 特性, 特質。〔saját jó voltából, 自分の好意から, 自分の自由意思から。〕

voltaképp(en) [副] 本来, 元来, 根底において；ひっきょう, つまり；実際に, 真実に。

von [他] 引く, ひきずる, 引っ張る。〔magához von, 引きつける, 引き寄せる。következtetést von vmiből, …から結論を引き出す。vállat von, 肩をすくめる。hegedűt von, バイオリンを弾く。ködbe von, もや(霧)でおおう, 暗くなる。〕

vonaglik [自] (筋肉が)びくびくする, ひきつける, びくびく動く；けいれん(痙攣)する, 急動する, 震動する。

vonakodik [自] (vmitől)(…を)好まない, 欲しくない, 拒む；(…に)逆らう, 反抗(抵抗)する；(…することを)ためらう, ちゅうちょする。

vonal [名] 線, けい条, 筋；外郭線, 輪郭；(電話)線；(兵)整列, 並列；戦線；(鉄)路線；(海)航路；(比)程度, 標準。〔az arc vonalai, 顔だち。〕

vonalaz, vonaloz [他] 線(けい)を引く。

vonalka [名] 小さい線, 細い線。

vonalzó [名] (物)線引き, 定規(じょうぎ)；(けい)線を引く人。

vonás [名] 引くこと, 引っ張ること；線を引くこと；書くこと, 一筆；特徴, 特色；(古)(文)コンマ, 句点；(文)ダッシュ。〔vonásról-vonásra híven ábrázol vmit, …を正確に写す。〕

vonat [名] (鉄)車列, 列車；(兵)輜重(しちょう)隊。

vonatkozás [名] 関連, 関係；交渉, 交際。

vonatkozik [自] (vmire, vkire)(何・誰に)関係する, 関係がある；(…に)関連する, かかわる, 関係する。

vonatkozó [形] (vmire)(…に)関係(関連)する。〔a kérdésre vonatkozó irodalom, この問題に関係する文献。vonatkozó névmás, 関係代名詞。〕

vonatkoztat [他] (vmit vmire)(…を…に)関連させる, 適用する。

vonatvezető [名] (鉄)車掌, 列車長。

vonít[1] [自] (犬やオオカミが)遠ぼえする。

vonít[2] [他] 肩をすくめる(軽べつ・疑惑・当惑の表情)。

vonítás [名] 遠ぼえすること；遠ぼえ。
vonó [形] (弦楽器を)弾く。[名] (音)(バイオリンなどの)弓。
vonós [形] 弦楽の。[名] 弦楽器奏者。〔vonós hangszer, 弦楽器。〕
vonósnégyes [名] (音)弦楽四重奏曲；弦楽四重奏団。
vonszol [他] ひきずり(引っ張り)まわす, 引っ張っていく；(比)(苦能を)ひきずる。
vontat [動] ひきずる, 引く；(岸沿いに)引き船する。〔vontatva beszél, (比)ある単語を引き伸ばして話す。〕
vontatás [名] ひきずる(引く)こと；(海)引き船すること。
vontató [形] ひきずる, 引く…；引き船に関する。[名] ひきずる人, 引く人；けん(牽)引車；引き船；船を引く人。
vontatott [形] 引きずった；引き船の；(比)だらだら引き伸ばした, だらしない, だれた(文章, 談話)。
vonul [自] (…へ向かって)行進する；(自室へ)引っ込む, ひく, 隠とんする；(雲が南から北へ)吹き進む。
vonz [他] (理)引きつける, 引き寄せる；(比)心をひきつける, 魅する, 興味をそそる, 注意をひく；(文)支配する(与格を)。
vonzalom (目 vonzalmat) [名] (理)引きつける力, 引力；(心や目を)引きつけること；(比)魂を奪うこと, 魅力, 愛着, 愛好, 好意。〔vonzalmat érez, (vki iránt) (…に)魅力を感じる, ほれこむ。〕
vonzás [名] 引き寄せること；(理)引力；(比)魅力, 愛きょう。
vonzat [名] (文)(格の)支配。
vonzó [形] 引き寄せる；(比)人を引きつける, 魅力ある, 興味をひく。〔vonzó olvasmány, 興味をひく読み物。〕
vonzódás [名] 心惹かれること。
vonzódik [自] (vkihez) (…に対して)心を引かれる, 魅力(愛着)を感じる。
votyák [名] [形] ヴォチャークの。ヴォチャーク人(フィン族の一分派, カーマ河畔に住む)；ヴォチャーク語。
vő [名] 婿(むこ)。〔veje, 彼の婿。〕
vödör, veder [名] (水を汲む, また運ぶ)手おけ, バケツ。
vőfély [名] 新郎新婦の付添人(婚礼のとき)。
vőlegény [名] 婚約した男性, いいなずけの男性；(結婚当

völgy 978

日の)新郎, 花婿。

völgy [名] 谷, 谷間, 谷あい；峡谷, 渓谷；山間の平地。〔siralom völgye, 嘆きの谷, 浮き世, この世, しゃば(娑婆)。〕

völgykatlan [名] すりばち(摺鉢)状の谷, 嶮岨な谷, 山峡(やまあい)。

völgyszoros [名] あい渓, あいろ(隘路), 峡谷, 谷間のひきしまった所(狭窄)。

vörheny [名] しょうじょうひ(猩々緋), 赤色；(医)しょうこうねつ(猩紅熱)。

vörhenyes [形] (医)しょうこう熱病の；火の色の, しょうこう色の, 深紅色の。

vörös, veres [形] 赤の, 深紅の, 朱の；赤らんだ(顔など)。[名] 朱色；赤軍兵；赤ワイン。〔vörös bor, 赤ぶどう酒。〕

vörösbegy [名] (鳥)こばしこまどり(小嘴駒鳥), こまどり(駒鳥)。

vöröses [形] やや赤い, 赤みがかった, 赤味を帯びた(顔・髪など)。

vörösfenyő [名] (植)落葉松, えぞ松, 富士松, からまつ(唐松)。

vöröshagyma [名] (植)たまねぎ(球葱)。

vörösödik [自] 赤くなる, 赤味を帯びる；顔を赤くする；赤面する。

vörösréz [名] (鉱)銅。

vörösség [名] 赤いこと, 赤色, 赤味；朱, 朱色, 紅；(髪の)茶褐色。

Vörös-tenger [固] 紅海。

vulkán [名] 火山, 噴火山；(神話)火の神, 鍛冶の神。

W

watt [名] (電)電力単位の名称(蒸気機関の発明者 James Watt (1736--1819)の名に因む)。〔3 watt, 3 ワットの電力単位。〕

Z

zab［名］（植）オート麦，からすむぎ(燕麦)。

zabál［自］（動物が）食う，食事する；（比）がつがつむさぼり食う，餓鬼のような食い方をする；食い過ぎる。

zabálás［名］（動物の）食事；（比）がつがつ食う(たらふく詰める)こと，どん食，暴食，むさぼり食うこと。

zabla［名］手綱，馬のはみ，くつわ；（比）拘束，抑制。〔zablán tart vkit, …を拘束する。〕

zabliszt［名］からすむぎ粉，オートミル。

zabolátlan［形］手綱のない；（比）拘束のない，放逸な，気ままな，勝手な，手綱のきかない。

zabaláz［他］（馬に）手綱をつける，くつわをつける；（比）（…を)抑制(拘束・制御)する。

zabszem［名］からすむぎ(燕麦)の粒(穀粒)。

zacskó［名］小袋，紙袋；財布，かくし；陰のう；（目の下の）たるみ。〔lisztes zacskó, 粉袋；（有袋動物の）育児袋。〕

zacskós［形］袋状の，袋形の；だぶだぶした(着物)；有袋の(動物)；（目の下に）たるみがある。

zafír［名］（鉱）青玉，サファイア。

zagyva［形］混乱した，雑然とした；連絡のない，不統一の。〔zagyva zörej, 騒音。zagyva nyelv, わけのわからぬ語，不可解の語。〕

zagyvalék［名］ごったまぜ，寄せ集め，混合物；（比）めちゃくちゃな文句，訳の分からぬ話，ちんぷんかん。

zagyvaság［名］不統一，支離滅裂；ごたごた，紛糾，混乱；ごたまぜ，寄せ集め；むちゃくちゃな言葉，訳の分からぬ話。

zaj¹［名］ザワザワする音，騒音；絶えざるごう音，どよめき；騒ぎ，騒動，さわがしいこと。〔zajt üt, 警報を発する，警鼓を鳴らす；騒ぎをなす。nagy zajt üt, 大騒動を起こす。〕

zaj²［名］流水，浮氷。

zajlás［名］解氷，流氷；当たって砕けること；荒れ狂うこと；（激情が）荒れ狂う(みなぎる)こと。

zajlik［自］騒ぐ，叫ぶ，怒号する；（風が）うなる；（海が）荒

zajog

れ狂う；(森が)ざわめく；(波が)当たって砕ける；(氷が)解ける；(群衆が)陸続と通る，押し寄せる；(人生で種々の変化が)起きる。〔zajlik a Duna, ドナウ川の氷がとける。〕

zajog, zajong [自] 騒ぐ，怒号する，騒動する；ざわめく，荒れ狂う；(波が)押し寄せる。

zajos [形] 騒々しい，やかましい；仰々しい，物々しい；荒れ狂う，大騒ぎの；激烈(熱烈)な。〔zajos tetszés, zajos taps, 割れるようなかっさい(拍手)。〕

zajtalan [形] 騒音(物音)のない，静かな，ひっそりした。

zakatol [自] ガタガタとした音がする；(戸口で)どんどん(がたがた)させる；(機械や汽車が)騒音をたてる；(水車が)がらがら音をたてる；(心臓が)ドキドキ鼓動する。

zaklat [他] (…を…で)いらだたせる，苦労させる，悩ます，煩わす，うるさくつきまとう，苦しめる；(…に…を)しつこく迫る，けしかける，狩り立てる，扇動する。〔zaklatva, しつこく迫られ，いらだたされて，煩わされて。〕

zaklatás [名] (…で…を)いじめる(うるさがらせる・苦しめる・悩ます・困らせる)こと，邪魔，妨害；(…に…を)しつこく迫る(けしかける・狩り立てる)こと。〔szexuális zaklatás, セクシャルハラスメント，セクハラ〕

zaklatott [形] いらだった，悩まされた，煩わされた，苦しめられた。

zakó [名] 背広，ジャケット。

zálog [名] (法)質，質物，抵当，担保；(比)保証，しるし。〔zálogba ad / tesz, 質入れする，抵当に入れる。zálogul, 質物(担保・抵当)として。zálogul ad, 質に置く，抵当に与える。〕

zálogház [名] 質屋，質店。

zálogtárgy [名] 質物。

zamat [名] (果物の)風味；(ブドウ酒の)芳香；(ビフテキの)舌ざわり，風味；(コーヒーの)香り，芳香；(比)趣き，雅致(話し方の)。

zamatos [形] 同上の；風味ある；芳香ある；(比)趣きある，独特の味のある。〔zamatos magyarság, 生粋のマジャル人(語)。zamatos magyarsággal beszél, 趣きのあるマジャル語でしゃべる。〕

zápfog [名] (解)きゅう(臼)歯，奥歯，うす歯(臼)。

zápor, záporeső [名] 土砂降りの雨，にわか雨，強雨，

夕立，しゅう雨；(比)次々に落ちること。〔szakad a zápor, にわか雨が土砂降りする。〕
záporoz, záporozik [自] にわか雨が降る；次々に落ちる。
záptojás [名] くさった玉子。
zár¹ [他] 締める，閉じる，閉鎖する；錠をかける；(交通を)しゃ断する；(…を)拘禁する；(…に)封入(挿入)する；(手紙を書き)終わる；(電気を)止める；(印)締め切る，終わる。[自] (営業活動を)やめる；(スムーズに)入る。〔zárva, 閉店；しゃ断して；非公開で；範囲を限って；差し止めて。〕
zár² [名] 錠(じょう)，錠前；シャッター；(伝染病の)隔離；(法)供託，差し押え；(兵)包囲，封鎖；(海)船舶抑留；(文)(子音の)閉鎖。〔zár alatt tart, (海・兵)封鎖する；(鉄)(線路を)閉鎖する；(…を)錠を下ろしてしまっておく。vmit zár alá tesz / vet, …を差し押える。〕
záradék [名] (法)箇条，約款，条項；但し書き；(音)カデンツァ；(建)(アーチの)中央部。
zarándok [名] 霊場参詣人，巡礼，巡拝者。
zarándokol [自] 巡礼する，聖地に詣でる，霊場参りする。
záras [名] 締める(とざす・閉じる・閉鎖する)こと；(往来・進行・運動を)しゃ断(阻止・制止・封鎖)すること。
zárda [名] (女性の)僧院・修道院。
zárkózik [自] 閉じこもる，退隠する；(比)(…に心を)打ち明けない；(兵)列の間隔を詰める。〔zárkozz！ 整列(右へ)！〕
zárkózott [形] 閉ざされた；非公開の，私の；範囲を限った(クラブ等)；(比)心を打ち明けない，気心の知れない；内気の，小心な；無口な。〔zárkózott természet, 心を打ち明けない性質。〕
zárlat [名] 閉じこめること；通行止め，交通しゃ断；(伝染病の)隔離；(会計の)帳じり，締め切り，決算；(法)差し押え，供託；(兵)包囲；封鎖，閉鎖；(電気の)遮断，止めること；(音)カデンツァ，終止形。
záródik [自] 締まる，ふさがる，閉じられる；完結・終結する，落着する，済む；(商)計算ずみになる，勘定が済む，締め切りになる。
zárójel [名] (文・印・数)かっこ(括弧)。〔zárójelbe tesz, かっこ内に入れる。〕

záróra [名] (店などの)閉店時間；終了時間(投票の)。
záros [形] 錠のある，錠の付いた；締められる，止め金のある。〔záros határidő, (法)確定期限，失(除)権期限。záros nap, 同上の日。〕
zárótétel [名] (哲)結論；(音)最終楽章，終曲。
zárszámadás [名] (商)決算報告。
zárszó, zárószó [名] 閉会の辞；結語，結論；後書き。
zárt [形] 締められた，閉じられた(戸・窓など)；非公開の，秘密の(会議)；永く閉じられたムッとする臭い(空気など)；範囲を限った，他をまじえない(クラブ等)；密閉された；私的な，アットホームの；(文)閉音の(子音)；(兵)列間を詰めた，隊伍をつめた。〔zárt levelezőlap, 封かん葉書，簡易書簡。〕
zárthelyi [形] 大学，単科大学の監督下の(試験の)筆記の。〔zárthelyi dolgozat, 監督下の試験答案。〕
zártkörű [形] 閉鎖的な。〔zártkörű társaság, 私的会合，社交クラブ(非公開の)。〕
zártszék [名] (劇)安い席。
zárul [自] (ドアや窓が)締まる，閉じる，ふさがる；(会議が)終わる，済む；(事件が)落着する；(編集が)締め切りになる，終結する。
zászló [名] 旗；軍旗；船旗；艦旗；(比)旗じるし；(植)上弁(チョウ形花の)。
zászlóalj [名] (兵)大隊。
zászlórúd [名] 旗の握り，旗ざお。
zászlós [形] 旗(軍旗)のある，旗で飾られた。[名] (兵)准尉；(兵)(往時の)旗手。
zátony [名] 砂州，浅瀬。〔zátonyra fut, 浅瀬に乗り上げる，座礁する。zátonyra futás, 座礁；(比)失敗，不成功。
zátonyos [形] 浅瀬の。
zavar¹ [他] (…を)うるさがらせる，邪魔する，悩ます；(水を)濁らせる；(消化を)妨げる；(騒音が…を)邪魔する，困らせる；(カカシで鳥を)追っ払う，駆逐する；(鳥獣を森林の茂みから)追い出す。
zavar² [名] 不秩序，混乱，乱雑，紛糾；(人の)困惑，ろうばい，赤面；貧困，困窮，難儀。〔zavarba jön, 当惑(困惑)する。zavarok, 混乱，もつれ，ごたごた。anyagi

zavarok kergették az öngyilkosságba, 物的困窮が自殺に追いつめた。〕

zavarás［名］邪魔, 妨害；混乱(紛糾・困惑・ろうばい)させること。〔bocsánatot a zavarásért, お邪魔して申しわけない。〕

zavargás［名］騒ぎ, 騒じょう；けんか；混乱。

zavarodott［形］途方にくれた, 当惑(ろうばい)した；(頭脳の)混乱した, 気の狂った, 精神錯乱した。

zavarog［自］混乱する, 無秩序になる；(民衆が)騒ぎ立つ, 暴動を起こす, 動揺する。

zavaros［形］頭脳の混乱した；(談話など)あいまいな, つじつまの合わない；(水の)にごった, どんよりした。［名］濁水。

zavart［形］もつれ(乱れ・混乱し)た；困惑した, しどろもどろの, ろうばいした；頭脳の混乱した, 精神錯乱の。

zavartalan［形］妨げられない, 邪魔されない；安静(閑静)な(室)；(水の)にごらない；(ガラスの)曇らない, 澄んだ。

zavartság［名］混乱, 混雑；当惑, ろうばい, 赤面；(医)錯乱。

závárzat［名］(兵)(銃の)遊底；(砲の)閉鎖機。

zebra (目 zebrát)［名］(動)しまうま(斑馬), ゼブラ。

zegzug［名］稲妻形, 電光形, のこぎりの歯形, z字形, ジグザグ。〔bejártam e vidék minden zegzugát, 私はこの地方の隅々まで踏破した。〕

zegzugos［形］電光形の, ジグザグの；角の多い；曲りくねった, えんえんたる, うねって行く。

zeke (目 zekét)［名］(16--17世紀に用いた)皮製胴着, 短いジャケット, モンキージャケット。

zeller［名］(植)オランダみつば, セロリ。

zendül［自］鳴り出す, 鳴り響く；(雷が)響き渡る, とどろく；暴動(いっき)を起こす, 反抗する。

zendülés［名］響き；暴動, 謀反, 反乱, いっき(一揆)。

zendülő［形］反乱を挑発する, 暴動を起こす。［名］謀反人, 暴徒, いっきの徒。

zene (目 zenét)［名］音楽；楽曲, 曲譜；奏楽。

zenebona［名］大騒音；どんちゃん騒ぎ, 大騒ぎ, ばか騒ぎ；どよめき。

zenei［形］音楽の, 音楽上の；音楽的；音楽の分かる；音楽の好きな。

zeneiskola[名]音楽学校。
zenekar[名]合奏隊,楽隊,オーケストラ;バンド。〔templomi zenekar, (教会の)詠歌隊。〕
zenekedvelő[形]音楽好きの,音楽を熱愛する。[名]好楽家,音楽愛好者。
zenél[他]音楽を奏する,演奏する。〔vki fülébe zenél, …の耳に歌をうたう。〕
zenélőóra[名]音楽(入り)時計。
zenemű[名]楽曲,音楽作品;楽譜。〔zeneművek, 楽曲類,楽譜。〕
zeneműkereskedés[名]楽譜店(商)。
zeneművész[名]音楽芸術家。
zenés[形]音楽のある,音楽の付いている。
zenész[名]音楽家,音曲師,楽師,楽手。
zeneszerző[名]作曲家。
zeneszó[名]音楽演奏。〔zeneszóval, 音楽伴奏で,音楽付きで;景気よく。〕
zenetanítás[名]音楽の教授。
zeng[自]音がする,鳴る,響く,響き渡る;(雷鳴が)とどろく。[他]歌う,詠ずる,吟ずる,賛美する。〔az ég zeng, 雷鳴がする,とどろく。Isten dicsőségét zengi, 神の光栄を歌う。vki dicséretét zengi, …の賛歌を歌う。〕
zerge (目 zergét)[名](動)かもしか(羚羊)。
zéró, zérus[名]零,ゼロ,0;零度;ゼロ記号;無。
zihál[自]苦しい息使いをする,息をつまらす,息を切らす;息が切れそうにセキをする,喘鳴(ぜんめい)する。
zilált[形]乱れた,無秩序の,混乱した;くちゃくちゃの,乱髪の;くずれた;いたんだ;(比)落ち着きのない,困った。
zimankó[名](寒さの)あらし(嵐),吹雪,暴風雨。
zimankós[形]吹雪の。〔zimankós idő van, 吹雪である。〕
zipzár[名]→ cipzár. チャック,ファスナー。
zivatar[名]雷雨の天気,暴風雨,あらし,荒天気,時化(しけ)。〔zivatar készül, 暴風雨が接近しつつある。zivatarra fenyegető, 雷雨の兆ある,暴風雨の差し迫った。〕
zivataros[形]あらしの,暴風雨の,荒天の;荒れ模様の;あらしの多い,よく荒れる;(比)荒れ狂う。

zizeg［自］（風・水・木の葉などが）ざわめく，せせらぐ，さざめく；（蚊が）音をさせる；（人が）ささやく，私語する。

zizegés［名］さらさら音をたてる（ざわざわ鳴る）こと；ささやき，私語；つぶやくこと。

zokni［名］ソックス，靴下。

zokog［自］泣きじゃくる，おいおい泣く，号泣する。

zokogás［名］泣きじゃくること，号泣。

zokon［副］いとわしく，悪く，悪意に；つらく，痛ましく，堪えがたく，むずかしく。

zokszó［名］なげきの言葉，嘆息；不平，苦情，小言，非難。

zománc［名］エナメル（ほうろう，釉薬，光沢剤）；（解）（歯の）ほうろう質。

zománcozott［形］エナメルを塗った，やきぐすりをかけた。

zóna（目 zónát）［名］（地）地域，地帯（寒・温・熱帯などの）；（動植物の）分布地域，産地；（兵）要さい地帯など；（鉄道などの同一料金）距離。

zónaidő［名］（地球上の）地域時間，標準時。

zongora（目 zongorát）［名］（音）ピアノ。

zongorakíséret［名］ピアノ伴奏。

zongoraművész［名］ピアノ芸術家（名手），ピアニスト。

zongorázik［自］ピアノをひく（弾ずる）。

zongorista［名］ピアニスト，ピアノ演奏家。

zord［形］ひどい，過酷な；きびしい，烈しい（気候）；荒れた，未開の，自然のままの（地方）；温みのない，不親切な，客あしらいの悪い；味気ない，気むずかしい；悲しい，傷ましい。

zökken［自］（車が）がたつく，よろめく，ゆれる，動揺（震動）する；横滑りする。

zökkenés［名］（車両の）動揺，震動，衝動；（鉄砲の）反衝。

zöld［形］緑色の，草色の，青い（テーブル掛け等）；熟していない，未熟の；新鮮な（果物）；紺碧（こんぺき）の（眼）；青二才の。［名］緑色；草原；馬鹿げた話。〔zöld ágra jut, 成功（出世）する；職にありつく。zöldeket beszél, 凡百のおろかなことをしゃべる，いろいろな馬鹿げたことをいう。〕

zöldell［自］緑色になる；青々としている，緑色である（山や川が）。

zöldellő［形］緑色になる；緑色になった，青々とした。

zöldes [形] 青みがかった，帯緑色の，浅緑の。
zöldség [名] 草色なること；緑色，青緑；青草，緑野；青物，野菜；(比)馬鹿げたこと，不条理なこと。
zöldséges [形] 野菜の。[名] 八百屋。〔zöldséges kert, 菜園。zöldséges piac, 青物市場。〕
zöldül [自] 青くなる，緑色になる；(植物が)青葉(青芽)を出す。
zöm [名] 大部分，主要部(人口の)；(兵)主力，本隊(軍の)。
zömök [形] (背が低くて)がっちりした，太く短い，短くたくましい；がんじょうな，ずんぐりした。
zördül [自] がらがら(がたがた・がちゃがちゃ)音がする，ざわめく；(比)叱責する。
zörej [名] (固い物がぶつかる時の)がたがたという音；ざわざわする音；ざわめき，どよめき；(医)雑音。
zörgés [名] がちゃがちゃ音がすること；トントン(ドンドン)たたくこと(戸を)。
zörget [他] (戸などを繰り返し)どんどん(がちゃがちゃ)たたく；(囚人が)鎖をがちゃがちゃいわせる。
zörgetés [名] (戸などを繰り返し)どんどん(がちゃがちゃ)たたくこと；(戸などを)たたく音。
zörög [自] (戸口で)がたがた(がらがら)音がする；(車や紙が)きしる，きしむ音がする；(俗)(雷が)とどろく；(比)こぼす，愚痴を言う。
zörren [自] がちゃがちゃ(がたがた)音がする；きしる，きしむ。
zubbony [名] (兵隊の野戦勤務用の)ジャケツ；(水兵の)上着；(労働者の)仕事着，上っ張り；(女性の)上着；こども服。
zúdít [他] (…に…を)仰々しく浴びせかける，振りかける，投げつける；(叱責や難題を)浴びせかける。
zúdul [自] (小川の水が谷へ)流れ出る；(敵に)飛びかかる，襲いかかる，突撃する；(叱責や難題が)おそいかかる。
zug [名] 片隅，奥まった所，場末(都市の)；いおり，小室，隠れ場；寒村，僻地。〔zúgban árul, やみで売る。〕
zúg [自] ずっと低い声がする；(虫が)うなる；(頭が)鳴る；(鐘の)音がする，共鳴する；(群衆が)ざわめく，苦情をいう。
zúgás [名] 騒音，ひびき，うなり音(波・風・鐘などの)；(群衆の)ざわめき，不穏の音；(モーターの)ごとごという騒音。

zugíró [名] 三百代言，三文文士。
zúgó [形] 騒々しい，さわがしい，やかましい；ぶんぶん(がやがや)言う；ごろごろ鳴る，ごうごうととどろく；鳴りひびく(鐘)；ざわめく，ざわざわいう(群衆)。[名] 小さい滝，急流；水車用流水みぞ；水門。
zúgolódás [名] ブツブツ言うこと，不平(不満)を言うこと。
zúgolódik [自] (vmi ellen, vmi miatt)(変えられない状況の中で…に対し，…のために)ブツブツ言う，不平(不満)を言う。
zugügyvéd [名] いかがわしい(もぐり)弁護士，無免許弁護士，三百代言。
zuhan [自] 落下する；(深淵に)落ちる；(屋根から地上に)墜落する；(物価が)暴落する；墜落する；(比)堕落する。
zuhanás [名] (急激な)落下，墜落；どしんと落ちる(倒れる)こと；(兵)急降下；(激浪などの)どよめき，号音。
zuhany [名] 灌水浴，シャワー。
zuhanyoz [他] シャワーをあびせる。[自] シャワーをあびる。
zuhanyozik [自] シャワーをあびる。
zuhatag [名] 水の落下；滝，瀑布。
zuhog [自] (水や雨が)ザワザワ(バラバラ)音を立てて流れる(降る)。〔zuhog az eső, 雨が滝の如く降る。〕
zuhogó [形] 滝のように流れる，急流の。[名] 急流，急たん(湍)。〔zuhogó esőben, 車軸を流すような雨中に。〕
zúz¹ [他] つく，押しつぶす，押し砕く，突き砕く；(石を)割る；(工)砕鉱機にかける。
zúza [名] (鳥の)砂袋(すなぶくろ)，餌袋(えぶくろ)。
zúzda [名] 再生紙工場；(工)砕鉱場(機)。
zúzmara (目 zúzmarát) [名] 樹氷，氷花。
zúzmarás [形] 氷花で飾られた，樹氷に被われた。
zuzmó [名] (植)地衣(ちい)；蘚苔(せんたい)類。
zúzódás [名] 突き砕かれること；(医)打撲傷，打身，ざ傷。
zúzódik [自] 突き砕かれる；(医)打撲傷を負う。
zúzott [形] 粉砕された，突き砕かれた(鉱石など)；(医)打撲傷を負うた，打ち身のある。
züllés [名] 腐敗(堕落，零落)すること；(比)酒宴，酒盛り。
züllik [自] (社会の)秩序が乱れる，腐敗(堕落)する；零落する，おちぶれる，衰える；(比)酒盛りをする。
züllött [形] 腐敗(堕落・退廃)した；常規を逸した，放とう

な，乱れた。
zümmög [自]（蜂などが）ブンブン言う，うなる。［他］(dalokat)小声で歌を歌う，口ずさむ。
zümmögés [名]（蜂が）ブンブン言うこと，うなること；ブンブン言う音。
zürjén [名] フィン・ウゴル語族の民族，およびその言語(ウラルの北西側に住み，自称はコミ)。
zűrzavar [名] 混雑，混乱，雑踏；無秩序，乱脈，びん乱，ごたごた。〔a politikai zűrzavar, 政治上のごたごた(難局)。〕
zűrzavaros [形] 混乱(混雑)した，ごたごたした；無秩序な，不統一の，脈絡のない；不確かな。

Zs

zsába (目 zsábát) [名]（医）神経痛；腰痛；座骨神経痛。
zsák [名]（粉・麦・石炭などの）袋；（単位として）…袋の。〔egy zsák dió, 一袋のくるみ(胡桃)。〕
zsákmány [名] えじき(餌食)；（兵）戦利品，略奪品；（猟）獲物；（海）だ捕，捕獲物。〔a tűz zsákmánya, 炎のえじき。a vadász zsákmánya után jár, 狩人は獲物を追う。zsákmányul ejt,（…を戦利品として）分捕る，略奪する。a várost a katonáknak szabad zsákmányul ad, 町を兵の略奪に任せる。〕
zsákmányol [他] 略奪する，かすめる，はく奪する；（兵）略奪する。〔zsákmányolni megy, 略奪に行く。〕
zsákutca [名] 行きどまり，袋小路；（比）窮境，難局。
zsalu [名] よろい戸；よろい戸の板。
zsámoly [名]（背もたれのない）小さい腰掛け，スツール；（演台の）踏み段，階段；足台，足置(足をのせて休める)。〔az oltár zsámolya, 祭壇の踏み段。〕
zsarnok [名] 独裁者，専制君主，圧制者；（比）（家庭の）暴君。
zsarnoki [形] 専制的；暴政の，圧制的な。
zsarnokoskodik [自]（vkin)…に虐政を行う；圧制

的に振る舞う，暴君として振る舞う。

zsarnokság [名] 専制政治，暴(虐)政；暴虐・非道な行為。

zsarol [他] (vkit)(…を)強いる，絞り取る，強請する；(vkitől vmit)(…から…を)ゆすり取る，ねだる，ゆする。[自] 暴利をむさぼる。

zsarolás [名] ゆすり，強請，強要；(法)恐かつ取財。

zsaroló [形] 強請する，ねだる，ゆする，恐かつする…。[名] ゆする人，強要者；(法)恐かつ取財者。

zseb [名] かくし，ポケット。〔zsebre rak / dug / vág, ポケットに入れる，しまいこむ。zsebre tett kézzel, ポケットに手を入れて。〕

zsebkendő [名] ハンカチ。

zsebkés [名] ポケット・ナイフ，懐中小刀。

zsebkiadás [名] 文庫本，ポケット・ブック，袖珍(しゅうちん)本。

zsebkönyv [名] 便覧，教本；手帳，懐中ノート；年鑑，こよみ，暦。

zseblámpa [名] 懐中電灯。

zsebmetsző [名] きんちゃく切り(人)，スリ。

zsebóra [名] 懐中時計。

zsebpénz [名] こづかい銭，ポケットマネー。

zsebszótár [名] ポケット辞書，(多くとも見出し語が2万〜2万5千語の)小辞典。

zsebtolvaj [名] スリをする人。

zsebtükör [名] 手鏡。

zsellér [名] 田畑を持たぬ家だけを有する小百姓，小作人，農業日雇人。

zsémbel [自] ぶつぶつ小言を言う，ぐずる；がみがみ言う；(…と)口論する。

zsemle (目 zsemlét) [名] (朝食によく食べる上等の)小麦粉丸パン，白パン，巻きパン。

zsenge [形] かよわい，おさない，いとけない。[名] (果実の)初物，はしり，新；(比)処女作，最初の作品。〔zsenge liba, おさないガチョウ。zsenge gyermekkora óta, おさない子供の頃から。〕

zseni [名] 天才；神童。

zseniális [形] 天才的な；鮮やかな，見事な，めざましい。

zsibbad [自] しびれる, こわばる, まひする。
zsibbadás [名] 無感覚になる(こわばる)こと, しびれ, まひ。
zsibbadt [形] しびれた, こわばった, まひした。
zsibbadtság [名] しびれ, まひ, 不随状態。
zsibbaszt [他] しびれさす, まひさせる, 不随にする, 無力にする。
zsibong [自] (蜂などが)ぶんぶん言う, うなる；(群衆が)ざわめく；(感情などが)渦巻く。
zsibongás [名] 同上のこと。
zsibvásár [名] 古物市, 古着市, ぼろいち；(比)ざわめき, がやがや。
zsidó [名] ユダヤ人, ユダヤ教徒。[形] ユダヤの, ユダヤ風の；ユダヤ人の, ユダヤ語の；ヘブライ人(語)の。〔zsidóul, ユダヤ(ヘブライ)風に；ユダヤ(ヘブライ)語で。〕
zsidóság [名] ユダヤ人全体(人口)；ユダヤ精神(気質)。
zsiger [名] (解)内臓；(屠畜の)はらわた(腸), そうもつ(臓物)。
zsigerel [他] …の臓ふを取り出す。
zsilip [名] 水門の扉(とびら), 水門, せき(堰)。
zsilipgát [名] 水門のある堤防(土手)。
zsinagóga [目 zsinagógát] [名] ユダヤ教の会堂, ジナゴーグ。
zsinat [名] (カトリックの)宗教会議；(新教の)公会議, 総会。〔nicaeai zsinat, ニケアの宗教会議。〕
zsindely [名] こけら板, 屋根板。
zsindelyes [形] こけら板でふいた(おおった屋根など)。
zsindelyez [他] 屋根板でおおう, こけら板で葺(ふ)く。
zsindelytető [名] 板屋根, こけらぶき屋根。
zsineg [名] からげなわ(縄), ひも(紐), 結び糸, ほそづな(細綱)；(魚の)釣りひも。〔zsineggel megköt vmit, …をひもで結びつける。〕
zsinegel [他] ひもでくくる, 結びつける；(工)(ソファーなどの)クッションを結びつける；(工)すみ縄で線をつける。
zsinór [名] 縄(なわ), 索(さく), 綱(つな), 紐(ひも)；(ベルの)ひも；(衣服の)ささべり, (くつの)ひも；(金モールや絹などの)飾りひも, 組みひも；ほそひも, 小なわ。〔mintha zsinóron járna, あたかも一直線に行く。〕
zsír [名] ラード, (動物質の)脂肪, 獣脂, 動物油。

〔sütésre való zsír, 揚げ油。〕
zsiradék [名] ヘット, グリース, 脂肪体；獣脂製品。
zsiráf [名] (動)キリン(麒麟)。
zsírfolt [名] 脂肪の汚点, 脂斑(あぶらじみ)。
zsírkő [名] (鉱)凍石(滑石の一種)。
zsíros [形] ラードを塗った；脂の入った；脂だらけの, 脂の多い, 脂っこい；(鉱)油質の；(医)脂肪性(脂肪質)の, 肥えた。
zsírosodik [自] 脂肪質になる, 肥える, ふとる；油じみる。
zsíroz [他] ラードを塗る；(…に)獣脂を加える, 油で処理する；(工)塗油する, 油を差す；油でよごす。
zsírtalan [形] 脂肪のない, 肉ぬき(料理など)；脂肪のない(顔クリーム等)。
zsivaj [名] 大騒ぎ, どよめき, やかましい(さわがしい)こと, 騒動。
zsivajog [自] さわぐ, 騒動する, 怒号する。
zsivány [名] 強盗, 追はぎ, 山賊, 土匪(土地のひ賊)；浮浪人, 悪漢；いたずらっ子。
zsold [名] (軍人の)給料, 給金, 俸給。
zsoldos [名] 給料でやとう兵, よう兵(雇い兵)；金で働く人；買収された人。[形] 同上の。〔zsoldos csapatok, よう兵隊。zsoldos hadsereg, よう兵軍。zsoldos vezér, よう兵隊長。〕
zsolozsma (目 zsolozsmát) [名] (宗)礼拝式の祈禱文；賛美歌, 聖歌；祭式, 祈禱。〔délutáni zsolozsmára megy, 彼は晩禱に行く。〕
zsoltár [名] (ダビデ王作)聖歌, 賛美歌。
zsong [自] (ハチなどが)ブンブン言う, うなる；(比)(感情などが)渦巻く。
zsongás [名] (ハチやカなどが)ブンブンうなること。
zsongít [他] (痛みを)やわらげる, やさしくする；強壮(強健)にする；力をつける, 元気をつける, 生々させる, 気力を増さしめる。〔zsongíti az idegeket, 神経を強壮にする。〕
zsörtölődés [名] ブツブツ(ブウブウ・不平を)言うこと, たえずぶつくさ言うこと。
zsörtölődik [自] ガミガミ(ブツブツ)言う, 不平(小言)を言う；口ぎたなくしかる, 騒々しく言い争う。
zsúfol [他] ぎっしり詰める, 詰めこむ, 充てんする。

zsúfolt

〔zsúfolva, ぎっしり詰まって, いっぱい押し込まれて。〕
zsúfolt〔形〕ぎっしり詰まった, 押し込まれた。
zsugori〔形〕どん欲の, けちんぼうの, しみったれの, さもしい。〔名〕欲ばり, けちんぼう, 守銭奴。
zsugoriság〔名〕けち, しみったれ, どん欲, 欲ぶか。
zsugorodás〔名〕縮まる(しわが寄る)こと；減る(ほそまる)こと；萎縮する(やせる)こと。
zsugorodik〔自〕縮まる, しわがよる, しなびれる；ほそまる, 減少する；やせる, 萎縮する。
zsúp, zsupp〔名〕(屋根ぶき用の)わら, ふきわら。
zsupfedél〔名〕わらぶき屋根。
zsupsz〔間〕(堕落また破裂の音をあらわす間投詞)どしん, ばたん, ずどん, がたん, ざぶん(物の落ちる音)。
zsűri〔名〕審査員。

付録 **Képzők, jelek, ragok** 接尾するもの

①派生辞(képzők)

~andó, ~endő：…し得る，…されるべき。〔szállítandó(引渡し得る，引渡されるべき)〕

~beli：…内の，…仲間の。

~ék：…の所属員たち。〔Kisék(キシュ一家)，a kovácsék(鍛冶屋の者たち)〕

~endő：~andó をみよ。

~ható, ~hető：…し得る，…できる。〔választható (選び得る)，hihető(信じ得る)〕

~nyi：…ばかりの，…ほどの。〔egy kosárnyi rák(1 かごばかりのエビ)，mérföldnyi út(1マイルほどの道)〕

~szeri：~szori をみよ。

~szerű：似た，同様の，同種類の。〔fémszerű(金属のような)，meny-nydörgésszerű(雷鳴のような)〕

~szori(~szeri, ~szöri)：…度の，…回の。〔egyszeri beutazásra(1回の入国に)〕

~va, ~ve, ~ván, ~vén：…して，…しながら，…してから。〔nevetve(笑いながら)，meg van írva(書いてある)，az emberektől becsülve(人々から尊重されて)，beesteledvén, pihenni tért (暮れてから休憩した，就眠した)，ezt tudván, megbocsátok neked(私はこれを知りながら—これに気付きつつ，お前を許す)〕

②しるし(jelek)

~a (~e, ~ja, ~je)：彼の，彼女の，その。〔háza(彼の家)，keze(彼の手)〕

~ad：~d をみよ。

~ai：~i をみよ。

~ak：~k をみよ。

~am：~m をみよ。

~atok：~tok をみよ。

~d (~ad, ~od, ~ed, ~öd)：お前の，君の。〔házad(お前の家)，rokonod(お前の親類)，kezed (お前の手)，tükröd(お前の鏡)〕

~e：~a をみよ。

~**é**：…のもの。〔kereskedőé(商人のもの), kereskedőké(商人らのもの), Pálé(パールのもの)〕

~**ed**：~d をみよ。

~**ei**：~i をみよ。

~**éi**：…の複数のもの。〔kereskedőéi(商人のもの"複"), Páléi(パールのもの"複")〕

~**ek**：~k をみよ。

~**em**：~m をみよ。

~**etek**：~tok をみよ。

~**i** (~**ai**, ~**ei**, ~**jai**, ~**jei**)：彼の, 彼女の, その, の意で, 被所有物が複数を表わし, ~im, ~id のように, その後に人称表示が付く。〔teendői(彼の為すべきことども), házaik(彼等の家々), házaid(君の家々), tervei(彼の諸計画)〕

~**ik**：~i をみよ。

~**ja**, ~**je**：~a をみよ。

~**jai**, ~**jei**：~i をみよ。

~**juk**, ~**jük**：~uk をみよ。

~**k** (~**ak**, ~**ok**, ~**ek**, ~**ök**)：複数を表わす。〔anyák(母たち), padok(ベンチ"複"), könyvek(本"複"), hősök(勇士たち)〕

~**m** (~**am**, ~**om**, ~**em**, ~**öm**)：私の…。わが…。〔hazám(わが祖国), kardom(わが剣), szívem(わが心), gyönyöröm(わが楽しみ)〕

~**nk** (~**unk**, ~**ünk**)：我々の。〔hazánk(われらの祖国), helyünk(われらの席)〕

~**od**：~d をみよ。

~**ok**(I)：~k をみよ。

~**ok**(II)：古形。~uk をみよ。

~**om**：~m をみよ。

~**otok**：~tok をみよ。

~**öd**：~d をみよ。

~**ök**(I)：~k をみよ。

~**ök**(II)：古形。~uk をみよ。

~**öm**：~m をみよ。

~**ötök**：~tok をみよ。

~**tok**, ~**tek**, ~**tök**, ~**otok**, ~**etek**, ~**ötök**：お前たちの, 君達の。〔atyátok(お前たちの父),

helyetek(お前たちの席), tükrötök(お前たちの鏡)〕
~uk, ~ük（**~juk, ~jük**）：彼等の。〔házuk(彼等の家), honuk, hazájuk(彼等の祖国), helyük(彼等の席), elméjük(彼等の志向)〕
~unk, ~ünk：~nk をみよ。
③格・接尾辞(ragok)
~astul：~stul をみよ。
~at：~t をみよ。
~ával：~val をみよ。
~ba, ~be：…へ・に, …の中へ・に。〔iskolába(学校へ), Bécsbe(ウィーンへ), saját kezébe(彼自身の手へ)〕
~ban, ~ben：…で, …において, …の中で。〔iskolában(学校で), Bécsben(ウィーンにおいて)〕
~ból, ~bő1：…の内から, …から。〔kertből(庭から), aranyból(金製の), húsból(肉から)〕
~en：~n をみよ。
~ente：~nta をみよ。
~ért：…のために, …に対して, …に依って。〔szabadságért(自由のために), bérért(賃金のために), értem(私のために), érted(君のために)〕
~estül：~stul をみよ。
~et：~t をみよ。
~ével：~val をみよ。
~hoz, ~hez, ~höz：…へ, …に, …の方へ。〔ablakhoz(窓の方へ), templomhoz hasonló(寺院に似る), hozzám(私の方へ)〕
~ig：…まで。〔estig(晩まで), Bécsig(ウィーンまで), határig(国境まで)〕
~ként, ~képp, ~képpen：…として, …のように, …と同じ方法で。〔azonképpen(その方法で), próbaképpen(試みに, 実験的に, 見習として)〕
~kor：…に, …ころに。〔egy órakor(一時に), tavaszkor(春に, 春期に)〕
~lag, ~leg：…として。〔emberileg(人間として), kizárólag(…だけ)〕
~n(I)（**~on, ~en, ~ön**）：…に接して, …の上に, …において。〔asztalon(机の上に), falon(壁に接して),

Budapesten (ブダペストにおいて), nyáron(夏に)〕

~n(II) (**~an, ~on, ~en, ~ön**)：(1)…に。(2)…人で。〔szépen(美しく), négyen(4人で)〕

~nak, ~nek：…に, …として, …の方に, …の。〔nekem(私に), neked(君に), királynak(王に), kis pontnak látszott(小さい点に見えた), keletnek(東方に), szépnek nem éppen szép(美しくはない), királynak a kísérete(王の従者), száznak a fele(百の半分)〕

~nál, ~nél：(1)…の側に, …の近くに, …に接して, …に際して, …に当って, …の時に, …に依って, …において, …に従事して, …にかかわって, …の許に, …方に。(2)…より(大・小・長・短などの比較)を表わす。〔nálam(私のところに), ajtónál(ドアのところに), a torony magasabb a fánál(塔は木より高い)〕

~nként (**~onként, ~enként, ~önként**)：…ごとに, …ずつ, …当たり。〔évenként(年ごとに), helyenként(所々に), fejenként(一人当たり)〕

~nta (**~onta, ~ente, ~önte**)：…ごとに, 毎…。〔hetente egyszer(毎週1回), havonta(毎月)〕

~on：~n をみよ。

~onta：~nta をみよ。

~ostul：~stul をみよ。

~ot：~t をみよ。

~ott (**~ett, ~ött**)：…において, …で。〔Kolozsvárott(コロジュヴァール市で), Pécsett(ペーチュ市において), Győrött(ヂェール市で)〕

~ön：~n をみよ。

~önte：~nta をみよ。

~östul：~stul をみよ。

~öt：~t をみよ。

~ra, ~re：(1)の上に, …の方に。〔fára(木に, 木の上に), rám(私の方に), (2) nagy bámulatomra(私の驚嘆に), (3) Budapestre(ブダペストへ)〕

~ról, ~rő1：(1)…の上から, …から, (2)…に関して。〔fáról(木から), e tárgyról(この物に関して), rólam(私に関し), rólad(君に関し), útról letér(道からそれる), Budapestről írják(ブダペストから書いてくる)〕

~stul, ~stül：…を以て，…と共に，…と一緒に。〔kamatostul(利息ごと), mindenestül(一つ残らず, すっかり)〕

~szer：〜szor をみよ。

~szerűen：…に似て，…同様に。〔álomszerűen(夢のように)〕

~szor, ~szer, ~ször：…度，…回。〔hússzor(20回／度), negyvenszer(40回／度), többször(幾度, 数回)〕

~t (~at, ~ot, ~et, ~öt)：目的格。〔tőrt(短剣を), hazát(祖国を), hadat(軍を), kardot(剣を), törököt(トルコ人を)〕

~tól, ~tő１：(1)…から，…の側から。〔tőlem(私から), tőled(お前から), atyámtól(わが父から), (2) félünk a haláltól(我々は死を恐れる), reszket a hidegtől(彼は寒さで震える)〕

~ul, ~ül：…として，…語で，…に。〔adóul(租税として), jutalmul(報酬として), japánul(日本語で), rosszul(悪く，下手に)〕

~vá, ~vé(語末が子音の単語は, v がその子音に同化する)：…に(なる)。〔kővé változik(石になる), a hernyó átalakul pillangóvá(毛虫がチョウに変る), szép lánnyá változik(美しい娘に化ける)〕

~val, ~vel (~ával, ~ével)(語末が子音の単語は, v がその子音に同化する)：(1)…と共に，…を以て。〔kardjával(剣を以て), két kézzel(両手で), velem(私と共に), veled お前と共に), (2)…だけ, egy szótaggal hosszabb(一綴り・一音節だけ長い), (3) hármasával(３つごとに), ötével(５つごとに)〕

| 著者紹介 |

今岡 十一郎 ［いまおか・じゅういちろう］
(1888—1973)

東京外国語学校(独語学科)卒業。ブダペスト大学(哲学科)卒業。外務省嘱託。〈著書〉『新稿ハンガリー語四週間』,『ハンガリー語辞典』など多数。

目録進呈　落丁本・乱丁本はお取替えいたします。

平成21年9月30日　Ⓒ第1版発行

簡約ハンガリー語辞典

編著者	今 岡 十 一 郎
発行者	佐 藤 政 人

発 行 所

株式会社　**大 学 書 林**

東京都文京区小石川4丁目7番4号
振替口座　　00120-8-43740
電話　(03) 3812-6281〜3番
郵便番号112-0002

ISBN978-4-475-00103-8　　写研・横山印刷・牧製本

大学書林
語学参考書

今岡十一郎編著	ハンガリー語辞典	A 5 判	1152 頁
今岡十一郎著	ハンガリー語四週間	B 6 判	352 頁
岩崎悦子 浅津エルジェーベト 著	ハンガリー語 I	A 5 判	528 頁
岩崎悦子 浅津エルジェーベト 著	ハンガリー語 II	A 5 判	576 頁
早稲田みか著	ハンガリー語の文法	A 5 判	196 頁
岩崎悦子 浅津エルジェーベト 著	ハンガリー語会話練習帳	新書判	152 頁
岩崎悦子 浅津エルジェーベト 著	ハンガリー語基礎1500語	新書判	280 頁
岩崎悦子訳注	ハンガリー短篇集(I)	B 6 判	192 頁
岩崎悦子訳注	ハンガリー短篇集(II)	B 6 判	322 頁
荻島　崇著	フィンランド語辞典	A 5 判	936 頁
荻島　崇著	日本語フィンランド語辞典	A 5 判	960 頁
荻島　崇著	基礎フィンランド語文法	A 5 判	328 頁
荻島　崇編	フィンランド語基礎1500語	新書判	208 頁
小泉　保著	フィンランド語文法読本	A 5 判	368 頁
庄司博史編	フィンランド語会話練習帳	新書判	256 頁
小泉　保著	ラップ語入門	A 5 判	218 頁
吉田欣吾著	サーミ語の基礎	A 5 判	280 頁
小泉　保著	ウラル語のはなし	A 5 判	288 頁
小泉　保著	ウラル語統語論	A 5 判	376 頁

―― 目録進呈 ――